Werner Skrentny (Hrsg.)
Das große Buch der deutschen
Fußballstadien

Stadion am Uhlenkrug, Essen, 1927.

Werner Skrentny (Hrsg.)

Das große Buch der deutschen Fußballstadien

VERLAG DIE WERKSTATT

Verzeichnis der Abkürzungen:

*	Stadion existiert nicht mehr.
ER	Eröffnungsjahr
FV	Fassungsvermögen
SiP	Sitzplätze
StP	Stehplätze
üd.	überdacht
unüd.	unüberdacht
ZR	Zuschauerrekord

Die Deutsche Bibliothek – CIP-Einheitsaufnahme:
Ein Titeldatensatz für diese Publikation ist bei der Deutschen
Bibliothek erhältlich.

Fotos: Soweit die Urheber bekannt sind, wurden sie am Bild
vermerkt. Die genannten Rechte-Inhaber bzw. Archive sind
nicht in jedem Fall mit den Fotografen identisch.
Umschlaggestaltung unter Verwendung eines Fotos von
Markus Wendler.

Copyright © 2001 Verlag Die Werkstatt GmbH,
D-37083 Göttingen, Lotzestr. 24a
Alle Rechte vorbehalten.
Satz und Lay-out: Verlag Die Werkstatt
Druck und Bindung: Westermann-Druck, Zwickau

ISBN 3-89533-306-9

Inhalt

Vorwort

„Wie ein riesiger Polyp lag der Platz und zog in magischer Gewalt immer neue Menschenmassen in seinen Bereich" (*„Neue Mannheimer Zeitung", 11. Februar 1929, zum Fußball-Länderspiel Deutschland – Schweiz im Stadion Mannheim)*

Mit diesem Buch wird erstmals eine Enzyklopädie der deutschen Fußballstadien vorgelegt. Gewissermaßen ist es auch ein Nachruf auf eine Stadionlandschaft, die es so wie jetzt bald nicht mehr geben wird – eine einschneidende Veränderung, die sich auch ohne die Vergabe der Fußball-WM 2006 nach Deutschland ergeben hätte. Einige der Beiträge befassen sich mit legendären Plätzen, die bereits der Vergangenheit angehören, deren magische Namen wie „Zabo", „Plumpe" oder „Rothenbaum" aber nichts von ihrer Ausstrahlung verloren haben.

„Unsere Stadien in Deutschland haben einen Stand von 1974 und sind nicht mehr zeitgemäß. Wir hängen meilenweit hinterher", hat der unfehlbare Franz Beckenbauer 1997 erklärt. Hinterher hängt gewissermaßen auch dieses Buch, denn der Klassiker aller Stadionbücher, Simon Inglis' „The Football Grounds of England and Wales", der den Anstoß zur vorliegenden Arbeit gab, ist erstmals 1983 erschienen, während im „Fußball-Land" Deutschland ein derartiges Kompendium bislang fehlte.

„Ist das Stadion XYZ auch drin?", haben die meisten zuerst gefragt, als sie von der Recherche zu dem Band, die sich über lange Jahre erstreckte, erfuhren. Deshalb seien eingangs unsere Auswahlkriterien erläutert: Berücksichtigt sind alle Erstliga-Stadien der Bundesrepublik Deutschland und der Ex-DDR seit Entstehen der Oberligen nach 1945 sowie alle bundesdeutschen Zweitliga-Arenen ab 1963. Wenn am beschriebenen Ort ein Neubau entstand, wird auch dieser beschrieben. Außerdem war noch Raum für die Lösung fußballgeschichtlicher Rätsel wie dem des Länderspiels in Kleve anno 1910.

Stadien sind Orte der Erinnerung, verbunden mit Ereignissen und Namen und ganz privater Geschichte. Fortuna gegen Münster 1961 im Rheinstadion Düsseldorf, unvergessen, vielleicht eben auch, weil das Fernsehen abends in schwarz-weiß Bilder vom Mauerbau zeigte. Der Tag, als ich Gerd Müller (und den TSV Nördlingen) sah: Rasch noch

das Mittagsmahl als Bestandteil der Vollpension im Hotel in Bad Wiessee mitgenommen und dann Richtung Sportplatz enteilt. Stehplatz- und Tribünennachbarn fallen einem ein – der Mann aus Dortmund, der sich im Volksparkstadion Hamburg zum Eigenverbrauch für die 2. Halbzeit vier Becher Bier holte, und ein anderer auf St.Pauli, der uns schilderte, warum ein Dauerkartenkauf für ihn finanziell nicht drin sei. Dazu kommen Spieler und Spiele und Vereine, das nicht vorausprogrammierbare Geschehen und die Traditionen, die den Reiz des Fußballsports ausmachen.

Vor allem für den Erhalt lokaler Bezüge und Bindungen haben Fußballstadien eine hohe Bedeutung. Der erwähnte Autor Simon Inglis hat geschrieben: „Für viele Fußballfans ist das Fußballstadion der Ort, wo sie sich am häufigsten aufhalten – von der Wohnung und dem Arbeitsplatz mal abgesehen. Vielleicht ist es die letzte Verbindung zu ihrer Kindheit, mit ihren Eltern oder einer Gegend, in der sie aufgewachsen sind. So ist das nicht nur ein Stadion, sondern ein Ort öffentlicher Erinnerung."

Begriffe wie Betzenberg, Bökelberg, Tivoli beschreiben nicht nur den Standort deutscher Stadien; sie künden gleichzeitig von einem Mythos. Wo „das Runde", so die schlichteste aller Fußballformeln, „ins Rechteckige muss", der Ball also ins Tor, geht es auch um Leidenschaft und Identifikation. Was sich auf dem Rasen und den Rängen abspielt, widerspiegelt gesellschaftliche Realität. Für die ökonomische und historische Relevanz des Fußballs und seiner Kultstätten ist die monumentale Wucht der Betonschüsseln, die bald der Vergangenheit angehören werden, das durchaus angemessene Symbol gewesen.

Ganze Zeitphasen lassen sich an deutschen Stadien ablesen: Da ist der klassische Vereinsplatz der Anfangsjahre, da sind die Volksstadien und -parks der 20er Jahre, die wuchtig-trutzigen Sportstätten der NS-Zeit, die „Trümmerstadien" als Symbol des Wiederaufbauwillens nach Ende des 2. Weltkriegs, schließlich die „erste Stadion-Revolution", deren Auslöser die WM 1974 war, und nun das Wettrennen von Städten und Klubs hinsichtlich multifunktionaler High-Tech-Arenen.

Stadien sind Landmarken. Komme niemand auf die Idee zu behaupten, eines sähe wie das andere aus. „König Fußball" besitzt „Hütten" und „Paläste", die einen sind uns so lieb wie die anderen. Oftmals prägen Stadionbau-

ten das Gesicht ganzer Städte: Man denke nur an Münchens einzigartigen Olympiapark, und an die Arenen, die den Mittelpunkt der 20er-Jahre-Volksparks bilden. Manchesmal überragen sie die Stadt, Fixpunkte im Landschafts- und Stadtbild: Das ist mit dem Bieberer Berg von Offenbach so und mit dem Betzenberg, wo die Flutlichtmasten wie Krakenarme nach Kaiserslautern zu greifen scheinen, und wenn sie bei einem Abendspiel hoch oben auf dem Berg erstrahlen, dann empfindet das die ganze Region als Erleuchtung.

Lange, bevor sich ein Architekten- und Investoren-Heer mit multifunktionalen Sportstätten und der Frage beschäftigte, wohin zu welchem Anlass das Dach verschwinden oder wieder auftauchen sollte, war architektonisch Erstaunliches geschaffen worden. Da war die Frankfurter Tribüne, ein Stück Antike, das man in den Stadtwald der Mainstadt verpflanzt hatte. Es gab die Stein gewordene Phase des Stalinismus in Gestalt des Leipziger Zentralstadions, Essens „Herz aus Stahl" am Uhlenkrug und die bewundernswert funktionale Haupttribüne des Architekten Paul Bonatz in Stuttgart.

Für viele Fans ist das Stadion aber nicht allein ein Bauwerk, sondern vor allem ein Ort der Identifikation. Er ist ihnen bekannt, vertraut, und mit ihm sind sie geradezu familiär verbunden.

Nick Hornby („Ballfieber") hat beschrieben, was ihn immer und immer wieder ins Stadion Highbury von Arsenal London zog: „Was, bilde ich mir ein, würde mir widerfahren, wenn ich nur mal einen Abend nicht in Highbury gewesen wäre und ein Spiel verpasst hätte, das zwar für den Ausgang des Meisterschaftsrennens entscheidend gewesen sein mag, aber nur schwerlich Unterhaltung versprach, die man nicht versäumen durfte? Die Antwort ist, glaube ich, folgende: Ich habe Angst, dass ich im nächsten Spiel, demjenigen nach dem, das ich versäumt habe, irgendwas von dem, was vor sich geht, nicht verstehen werde, einen Gesang oder die Abneigung der Menge gegenüber einem Spieler; und damit wird mir der Ort, den ich auf der Welt am besten kenne, der einzige Platz außerhalb meiner Wohnung, von dem ich das Gefühl habe, dass ich dort uneingeschränkt und unzweifelhaft hingehöre, fremd geworden sein."

Zusätzlicher Reiz sind die Auswärtsfahrten zu anderen Stadien: Ein fremdes Terrain, der Weg zur Arena, der suchende Blick nach den Flutlichtmasten in der Ferne, die Einschätzung und das Erfahren des Umfelds der Spielstätte, die (hoffentlich freundschaftliche) Begegnung mit dem Anhang des Gegners. „Das Stadion des Gegners ist für viele Fans der einzige Eindruck, den sie von einer fremden Stadt erhalten. Mönchengladbach reduziert sich für viele auf den ‚Bökelberg', Bielefeld auf die ‚Alm' und Kaiserslautern auf den ‚Betzenberg'" (Dietrich Schulze-Marmeling). Es ist ein Reiz, der Auswärtsfahrten ausmacht, und erst recht spannend wird's bei Auslandsreisen: Glasgow, ohne die Arenen von Celtic und den Rangers besucht zu haben – undenkbar! Oder die Suche nach dem Heimspiel-Stadion in Athen – Panathinaikos' Heimat, damals eine Baustelle, war's nicht! Und der Schreck in andalusischer Mittagsstunde: „Was, Betis Sevilla spielt ja schon um 12 Uhr!"

Stadien als Bestandteil von Stadt-, Architektur-, Sozial-, Kultur- und Sportgeschichte sind in der Literatur erst in jüngerer Zeit verstärkt wahrgenommen worden. Inzwischen sind umfassende Bände z.B. zur Historie des Stadions Köln, des Berliner Olympiastadions und des Waldstadions von Frankfurt/Main erschienen. Wir hoffen, dass wir mit unserem Buch dem Anspruch gerecht werden, ein Standardwerk zur Geschichte der deutschen Fußballstadien aufgelegt zu haben. Es sei angesichts der behandelten 342 Stadien verziehen, wenn sich da und dort ein Fehler eingeschlichen haben mag, den der lokale Stadion-Freund eher entdeckt als ein Außenstehender. Insofern sind wir für Korrekturhinweise sehr dankbar.

Den Leserinnen und Lesern wünschen wir eine interessante Lektüre, die sicherlich in der Erkenntnis mündet, dass ein Stadion nicht nur ein Bauwerk ist. Dass ein Stadion auch so etwas wie eine „Seele" besitzt, hat zumindest Mario Basler erkannt: „Es ist ärgerlich für das Stadion", hat er einmal gesagt, nachdem Kaiserslautern daheim verloren hatte.

Werner Skrentny
Hamburg, im November 2000

Im Stadion des Rheydter SpV, 1958. Gemälde von Fritz Mühlen (1906-1981).

„In der Ehrenloge müssen Störungen vermieden werden"

Zur Geschichte der deutschen Stadien ■ Einleitung

Surft man durchs Internet, so stellt man erstaunt fest, dass etlichen Profiklubs ihr Stadion und dessen Geschichte eigentlich ziemlich egal ist. Zwar gibt's meist einen Stadionplan zum Angucken, aber wie die Arena wurde, was sie ist – solche Informationen sucht man oft vergebens. (Eine rühmliche Ausnahme bilden durchweg die ostdeutschen Klubs, die auf diese Tradition viel Wert legen.)

Doch es wäre angebracht, von der Stadionhistorie zu berichten. Sie ist wichtiger Bestandteil der Vereinsgeschichte, die anfangs immer einen mühseligen Weg darstellte. Das ist in diesem Buch an vielen Stellen nachzulesen: Fußball-Anfänge auf Exerzierplätzen und grünen Wiesen, im permanenten Streit mit Spaziergängern, Polizisten und Förstern. So war neben Sportplatz, Ball, Spielkleidung und Torgestängen schließlich der Zaun das Maß aller Dinge: Der separierte Platz, nicht einsehbar und nur für Eintrittskarten-Besitzer zugänglich, versprach Einnahmen und die finanzielle Sicherung der Existenz des Vereins.

Jene Vereinsplätze oder ihre Vorläufer auf öffentlichem Grund bildeten denn auch den Rahmen für die Aktivitäten des 1900 gegründeten DFB. Das erste Endspiel um die Deutsche Meisterschaft 1903 fand auf dem Altonaer Exerzierplatz statt, von 2.000 Zuschauern wird berichtet. Das nächste Finale wurde 1905 im Weidenpescher Park von Köln-Merheim vom KFC 99 ausgerichtet, 1906 war der 1. FC Nürnberg mit seinem Platz an der Ziegelgasse Gastgeber und 1907 die Mannheimer FG 1896 auf dem Platz an den Brauereien, der späteren langjährigen Heimat des VfR Mannheim. Die Bühne für den DFB boten die Fußball-Pioniere, die ambitionierten Vereine und ihre Spielstätten.

Nicht anders war's mit den Länderspielen, deren Austragung ab 1908 Union 92 Berlin im Stadtteil Mariendorf, der Karlsruher FV (neben dem Waldaustadion der Stuttgarter Kickers und dem LSK-Platz in Lüneburg die älteste in diesem Buch beschriebene Sportanlage mit dem Ursprungsjahr 1905) oder der MTV München ermöglichten.

Die Stadien jener Zeit, die so nicht hießen, sondern als „Platz" oder „Sportanlage" bezeichnet wurden, waren die einzige Möglichkeit, einem größeren Publikum Fußball zu präsentieren. Meist stand man eber erdig ums Spielfeld, manchmal gab es bereits Erdwälle, und als „Luxus" galt die überdachte Holztribüne. Sie versprach Mehreinnahmen – so wie heute VIP-Logen, business seats etc.

Stadion des 1. FC Pforzheim: ein klassischer, 1913 angelegter Vereinsplatz.

Ein echtes Stadion existierte bis 1913 nicht im Kaiserreich und wurde erst mit dem aus heutiger Sicht eigenartigen, aus damaliger Perspektive verständlichen Deutschen Stadion in Berlin verwirklicht. Die Olympischen Spiele, die erstmals 776 v. Chr. in der Antike stattfanden, waren 1896 in Athen wieder aufgelebt und der „olympische Gedanke" erfasste rasch maßgebliche Kreise in Deutschland. So musste denn das Deutsche (Olympia-) Stadion im Grunewald, vorgesehen für die Spiele von 1916, die im 1. Weltkrieg nicht stattfanden, ein olympisches und „Universal-Stadion" sein: Alle olympischen Sportarten sollten darin Platz finden: Rasensportler, Leichtathleten, Ringer, Schwimmer (weshalb innerhalb der Ränge ein Schwimmbecken lag!), Radsportler.

„Kein Sportplatz ohne Schwimmbahn!"
Es war u.a. Carl Diem, der Generalsekretär des Deutschen Reichsausschuss für Leibesübungen, der noch lange Zeit hartnäckig die Idee des „Universal-Stadions" verfolgte. Seine 1926 publizierte Parteinahme für den „Ideal-Sportpark" forderte u.a.: „Ein Sportplatz ist ein Schmuckplatz. Sei freigiebig mit schmückendem Grün, sparsam mit Zuschaueranlagen, weg mit Reklame und Bretterzaun! Kein Sportplatz ohne Schwimmbahn. Beziehe die Schwimmbahn in die Hauptkampfbahn ein; wo nicht, lasse sie frei im Gelände wirken. Eine Kampfbahn ist kein Hochbau, es ist gestaltete Natur, ein gefasster Ring mit Blick in die Weite. Eine Kampfbahn sei ein Bauwerk. Strebe Hufeisen an, vermeide Waschschüsselform. Oder baue

Tribünen (Anm.: das meinte Stehplätze) auf geschwungenem Grundriss auf der Langseite, die die Sonne im Rücken hat und gliedere sie in der Architektur." Und dann gab es noch die Anmerkung in den „Zwölf Geboten des Spielplatzbaus": „Übungsstätten ohne Brausen sind eine Kulturschande."

Auch Gerhard Krause, ein anderer Autor jener Zeit, plädierte für das „Universal-Stadion" als „ein Ausdruck der machtvollen Einigkeit des Sports". Generell lehnte er die vorhandenen Fußballplätze der Vereine ab, die er als „hässliche Sandplätze zwischen Bretterzäunen und hohen schwarzen Brandmauern, mit Zuschauertribünen, roh aus Holz gezimmert, Bretterbuden als Umkleideräume" diffamierte.

Ebenso vehement wandten sich „die Olympioniken", wie wir sie bezeichnen wollen, gegen überdachte Sitzplatztribünen. Erwünscht war „nicht eine Generation der Zuschauer, sondern eine Generation der (Anm.: Sport-)Ausübenden". Wieder Carl Diem in seiner Schrift „Grundsätzliches zum Stadionbau": „Der Schrei nach der Tribüne stammt im Wesentlichen aus dem Geldbeutel, und dieser sollte in unserer Sache nicht regieren. Zum Begriff des Sports gehört der freie Himmel, und wer nicht einen Regenschauer in Kauf nehmen will, der soll dem Sportplatz fern bleiben."

Die Entwicklung aber hatte die hehren Vorstellungen längst überholt. Mit Gründung der Weimarer Republik brach ein Sportboom aus, u.a. begründet im Acht-Stunden-Werktag und in der nach dem Unglück des 1. Weltkriegs begründeten Hinwendung zu Sportidolen wie Fußballern, Radfahrern, Boxern, Läu-

fern. Die Mitgliederzahl des DFB stieg vom Jahr 1920 bis ins nächste Jahr von 468.000 auf 770.000.

Also fingen die Städte an zu bauen: Als „Stadion" galt oft ein ganzer Sportpark, die Arenen selbst waren zwar auch für den Breitensport gedacht, vor allem aber als repräsentatives Objekt und Geldquelle. Förderlich waren dabei Arbeitsbeschaffungsmaßnahmen und Notstandsarbeiten, die Städte mit über 50.000 Einwohnern in Anspruch nehmen konnten. Duisburg war eine der ersten Städte, die ein Stadion erstellte, am Ort des heutigen in der Wedau, eine ziemliche Fehlplanung, die bald darauf Mitbewerber wie Köln, Düsseldorf, Frankfurt/Main, Dortmund und Altona besser aussehen ließ. Zudem wuchs allerorten das Fassungsvermögen von vereinseigenen Stadien, in Traditionsarenen wie dem Fürther Ronhof, dem „Sportpark Zabo" des 1. FC Nürnberg, in Hamburg beim HSV am Rothenbaum, in Dresden und in Gelsenkirchen mit der Glückauf-Kampfbahn des FC Schalke 04.

„Ehrengäste nicht an Stühle fesseln"
Aus heutiger Sicht muss man schmunzeln, dass immerhin eine Idee von Diem überlebt hat, nämlich die der „Ehrenloge". Insofern können sich alle Bundesliga-Manager und VIP-Logen-Protagonisten auf „Ahnvater Diem" berufen, der damals schrieb: „Der Raum für die Ehrengäste soll geräumig sein, dergestalt, dass diese nicht an die Stühle gefesselt sind, sondern sich bewegen und miteinander unterhalten können. Eine rückwärts gelegene Kleiderablage und möglichst ein geschlossener Raum für eine kurze Besprechung, Einnahme von Erfrischungen und dergleichen ist wünschenswert. Die Ehrenloge ist gegen das Publikum so einzufrieden, dass Störungen von dort her vermieden werden können."

Stadion, das war ursprünglich die griechische Bezeichnung für die 192,27 Meter lange antike „Kampfstrecke" zwischen Start und Ziel. In den 20er und 30er Jahren haben deutschtümelnde Zeitgenossen rasch Anstoß an dieser Bezeichnung genommen; der Begriff „Kampfbahn" setzte sich durch.

Zudem dienten in der Nazizeit Adolf Hitler, Hermann Göring, Horst Wessel etc. als Namensgeber. Heute ist die Bezeichnung „Kampfbahn" unseres Wissens nur noch in Hamburg-Altona, Krefeld und auf Schalke gebräuchlich.

Ein Stadion für 405.000
Das Prestigeobjekt der nationalsozialistischen Diktatur war das Olympiastadion in Berlin, doch mit 100.000 Plätzen

sollte es nicht genug sein. Noch größer, noch gigantischer, planten die Nazis: Da waren die ebenfalls mit Olympiastadion-Format ausgestatteten Neubauten in Hamburg, Dresden und Leipzig, die nie zustande kamen. Berlin sollte „Treffpunkt des Sports der Welt" werden, weshalb Olympiastadion-Architekt Werner March im Zuge der „Nord-Süd-Achse" und der Umgestaltung der Reichshauptstadt in Berlin-Südost das Drei-Rang-Stadion für 200.000 Zuschauer entwarf. Die Sichtweite vom obersten Rang der Kurve zum Anstoßpunkt auf dem Spielfeld hätte 170 Meter betragen, was alles über den Unsinn des Projekts besagt.

Noch mehr Menschen sollten Platz finden im „größten Stadion der Welt", einer Neuauflage des Deutschen Stadions in Nürnberg, zu dem am 9. Juli 1937 der Grundstein gelegt wurde. Es war als größter Bau des Reichsparteitagsgeländes vorgesehen. 405.000 Besucher (!) sollte die 540 Meter lange, 445 Meter breite und 82 Meter hohe Anlage aufnehmen, eines von Hitlers Lieblingsprojekten, weshalb er sich 1938 eigens ins Dorf Oberklausen im Fränkischen begab, wo aus Holz ein 1:1-Modell der Ränge erstellt worden war. Zur Unterhaltung des „Führers" mussten vor der gigantischen Tribüne gymnastische Vorführungen herhalten.

Das heutige Frankenstadion von Nürnberg, das seit 1933 „Stadion der Hitlerjugend" hieß, galt damals bereits als passé und wurde als „Altes Stadion" bezeichnet. Vom „Deutschen Stadion" der 405.000 ist nicht viel geblieben vor Nürnbergs Toren: ein Ziegelsteinsockel, errichtet anlässlich der Grundsteinlegung an der sog. Großen Straße, ein Granithaufen und der „Silbersee" als eine mit Wasser vollgelaufene Baugrube des Stadions.

Die „Trümmerstadien"

Mit Kriegsende hießen deutsche Arenen Victory-Stadium, Century-Stadium oder Stade de Montsabert und oftmals nutzten sie z.B. die GI's, die dem Baseball-Spiel frönen wollten, länger als erwartet. Die meist notdürftig wieder hergestellten Sportstätten erlebten bald einen noch größeren Zulauf als vor und im 2. Weltkrieg. Der Magnet hieß Oberliga und war kennzeichnend für das „Goldene Jahrzehnt" des westdeutschen Fußballs, das der WM-Gewinn 1954 krönte. Die Nachkriegszeit war die Zeit der „Trümmerstadien": Aus den Hinterlassenschaften des Luftkriegs schichtete man riesige Wälle auf, es war die Geburtsstunde des Niedersachsenstadions von Hannover, des Rosenaustadions in

Im Zeitgeist der 20er und 30er Jahre: die Adolf-Hitler-Kampfbahn in Stuttgart.

Augsburg oder des Südweststadions in Ludwigshafen.

In der DDR, wo die Errichtung von Sportstätten zentral gesteuert war, ging man derweil ein eigenes Bauprogramm an. Anlässe waren politische Kundgebungen wie FDJ- und Weltjugendtreffen. Leipzig erhielt das „Stadion der Hunderttausend", eine gesamtdeutsche Superlative. Generell gab es ein extensives Sportstätten-Bauprogramm, das aber meist westdeutsche Formate (überdachte Sitztribüne u.a.) nicht erreichen konnte. Es fehlte an finanziellen Mitteln, und so zeichnen die Stadien der ehemaligen DDR oft noch heute sehr kleine Sitztribünen aus. Indessen soll nicht übersehen werden, dass die Bevölkerung tatkräftige Mithilfe beim Bau der Sportstätten leistete, während das in Westdeutschland oft Baugeschäfte erledigten.

Mit Einführung der Bundesliga 1963 änderte sich alles. Der DFB schrieb ein Fassungsvermögen von mindestens 35.000 vor und eine Flutlichtanlage. Der Hamburger SV zog nun endgültig ins Volksparkstadion um und gab den Rothenbaum auf, was letztlich dessen Ende bedeutete. Der Meidericher SpV wurde im Wedaustadion heimisch, Hannover 96 im Niedersachsenstadion und Hertha BSC im Olympiastadion Berlin.

„Money, money, money..."

Noch spielte Dortmund in der Kampfbahn „Rote Erde", Schalke wie seit Jahrzehnten in der Glückauf-Kampfbahn, 1860 und der FC Bayern in München an der Grünwalder Straße, bis den nächsten großen Einschnitt die Vergabe der Fußball-Weltmeisterschaft 1974

nach Bundesdeutschland brachte. Die Bestandsaufnahme der Stadien im „Spiegel" 1969 las sich wenig angenehm: „Bislang bieten die Stadien der Bundesrepublik so gut wie keinen Komfort. Die meisten Fans weicht der Regen ein und lässt die Kälte erstarren. Zusammengenagelte, spanige Bänke schlitzen ihnen Löcher in Mäntel und Hosen. Trotzdem verlangen die Klubs bis zu 20 Mark Eintritt."

Der Bund gab Geld, die Länder taten dies, die Städte hatten die Spendierhosen an, die „ZDF-Glücksspirale" steuerte Mittel bei, und so wurde allerorten neu gebaut: Gelsenkirchen begann sein Ruhrstadion, das später Parkstadion hieß (OB Hubert Scharley: „Wir errichten das modernste Stadion Deutschlands"), in Düsseldorf und Dortmund wurde neu gebaut, München besaß bereits das nagelneue Olympiastadion. 20 Städte insgesamt wollten dabei sein, Austragungsorte waren schließlich Hamburg, Berlin, Frankfurt, Dortmund, Gelsenkirchen, Hannover, Düsseldorf, Stuttgart und München.

Die WM von 1974, die mit fast 500 Mio. Mark Um- und Neubaukosten zu Buche schlug, war kaum ein Jahrzehnt vorüber, da wurden erneut Ansprüche hinsichtlich des Komforts der Stadien laut. „Zugig und kalt", wurde das Parkstadion Gelsenkirchen beschrieben und als „Europas größte Kühlruhe" das Olympiastadion München bezeichnet. Spitzenreiter der Untersuchung eines Verbraucher-Instituts war im positiven Sinn das Rheinstadion Düsseldorf; Dortmunds Westfalenstadion und das Ruhr-Stadion Bochum wurden als „Deutschlands schönste Arenen" bezeichnet.

Auf fünf vor zwölf steht ständig die Uhr am traditionsreichen, heute heruntergekommenen Poststadion in Berlin.

„Multi Casas" allerorten

Es war noch nicht die Rede von einer Fußball-WM 2006 in Deutschland, da wurde allerorten modernisiert. Seit Ende der 90er verging kaum eine Woche, in der nicht irgendwo eine neue Arena, ein neues multifunktionales Stadion, ein „Multi-Casa" oder sonstwas angekündigt wurde. Es ist irgendwie symptomatisch, dass auch das „Heimstadion" des Herausgebers, nämlich das des 1. FC Pforzheim, an anderer Stelle neu gebaut werden soll...

Hamburg hat sein neues „Schmuckkästchen", Gelsenkirchen erhält „Europas schönste Arena", Dortmund baut für multifunktionale Zwecke um, Leverkusen hat bereits einen „Erlebnispark", Kaiserslautern hat die riesige neue Nordtribüne, im Berliner Olympiastadion wird gebaggert, in München demnächst der Abriss folgen, Wolfsburg hat Pläne, Stuttgart gestaltet die Haupttribüne um, Bremen will die Laufbahnen überdecken, Frankfurt wird neu bauen und Rostock tut es schon, Köln beseitigt sein noch gar nicht so altes Stadion – fehlt noch wer?

Oh ja, Unterhaching ist es, wo man sich mit dem bisherigen Ausbau begnügt, ebenso in Freiburg, Bochum und Cottbus. In der 2. Bundesliga wird dagegen Ulm das Baugeschäft ankurbeln, Duisburg sagt dem Wedaustadion in alter Form adieu, in Mönchengladbach ist das neue Nordpark-Stadion fast beschlossene Sache, Hannover steigt in die WM-Bewerbung ein, und auf Hamburg-St. Pauli geistern immer noch Neupläne umher, und selbstverständlich ist auch Reutlingen nicht mit dem zufrieden, was man an der Kreuzeiche hat. Überwältigend diese Entwicklung. Was in Großbritannien die Unglücke von Bradford und Hillsborough und in ihrer Folge der Taylor-Report angestoßen haben, scheint hierzulande nach einem Selbstmechanismus und natürlich aufgrund der Vorgaben von UEFA und FIFA in Gang zu kommen.

Verlierer Leichtathletik

Größter Verlierer dieser Entwicklung wird die Leichtathletik sein, eine der klassischen olympischen Sportarten, die fast überall aus den Stadien verbannt wird. Im Februar 2000 erhob der Deutsche Leichtathletik-Verband (DLV) „mit guten Argumenten Anspruch auf Verbleib in großen Stadien", doch bleiben nach der aktuellen Entwicklung allenfalls noch Berlin (möglicher Schauplatz der WM 2005), Bremen und Stuttgart unter den Bundesliga-Stadien als Austragungsorte. Andererseits waren die „Kombi-Stadien" mit Fußballfeld und leichtathletischen Anlagen ein Kind der Zeit, heute werden sich keine 60.000 Zuschauer mehr zu Länderkämpfen einfinden. Die Zukunft also gehört kleineren Arenen, in denen die entsprechenden Anlagen durchaus noch vorhanden sind.

Alles hat und alles wird sich dramatisch verändern: Irgendwann heißen die reinen Sitzplatzstadien nur noch *all seater* und *family parks*, die Sitzblöcke *entertainment areas (singing areas* fordern ja jetzt schon die Fans!), den VIP-Logen werden Saunen und Entspannungsräume – das hatten wir doch schon in Leverkusen! – angegliedert, es wird die *shopping zone* geben... Aber vielleicht sind Zuschauer irgendwann auch garnicht mehr von Bedeutung, das Geld holt man sich längst woanders. Die Teilnahme an Auswärtsfahrten, so erfährt man aus der Fanszene, hat seit Einführung des *pay-per-view*-Systems von „Premiere" drastisch abgenommen.

Carsten Grab, der kürzlich freiwillig aus dem Leben geschiedene Hertha-BSC-Fanbeauftragte und HSV-Fan, hatte 1999 in einem Beitrag für die „HSV-Supporter-News" angesichts der Entwicklung im Fußball-Geschäft bereits resigniert: „Der Kampf der Fans um ihren Lieblingssport scheint – zumindest im Profibereich – längst verloren, die nette Parole ‚Reclaim the game – holt Euch das Spiel zurück' – ist zur Farce gewor-

den. Vielerorts entstehen neue Arenen, die zu reinen Konsumtempeln verkümmern (...) In der Stadt- und Sozialplanung spricht man von einem Prozess der ‚Gentrifikation', der Verdrängung einkommensschwächerer durch einkommensstärkere Bevölkerungsschichten und die entsprechende Umwandlung der Wohngebiete hin zu Nobelquartieren. Nichts anderes vollzieht sich Schritt für Schritt, Saison für Saison in den Bundesligastadien. Nach amerikanischem Vorbild führt der Weg geradezu ins Verderben der Fankultur alter Prägung. Das einstmalige Hauptereignis – der Sport – mutiert fast zur Nebensache. In punkto Stimmung geht von den Rängen Eigeninitiative höchstens bei zählbaren Erfolgen der aktiven Millionäre auf dem Spielfeld aus. Ansonsten versuchen musikalische Einspielungen krampfhaft das teuer zahlende Publikum zum Mitklatschen oder Mitsingen zu animieren. Erste Vorboten der Uneigenständigkeit schwappen mit ‚la Olas' und ‚Steht auf wenn Ihr XYZ seid' oder ‚Auf geht's XYZ, schieß' ein Tor...'-Gesängen bereits durch deutsche Stadien. Und die Deppen auf den Rängen machen mit (...) Der Bundesliga-Zug ist Richtung Kommerz abgefahren. Notbremse ziehen zwecklos. Eine Alternative bietet sich nur auf den Nebengleisen der unteren Spielklassen oder im Ausland. Nutzt diese Schienen, so lange es noch geht..."

Kann eine Einschätzung der aktuellen Situation bitterer klingen?

„Das Publikum hat sich verändert"

Die veränderte Präsentation des Fußballs in den modernen Arenen lockt neue Zuschauergruppen an. Autor Dietrich Schulze-Marmeling: „Auch das Publikum hat sich in den letzten Jahren und im Zuge des Booms, den der Bundesligafußball seit einigen Jahren erfährt, verändert: In die Stadien strömen immer mehr ‚Gelegenheitsfans', zumal bei den Top-Klubs mit ihrer Ansammlung von Stars (...) Der Fußball hat in den letzten Jahren eine rasante Entwicklung erfahren. Die Stadien sind mit Logen ausgestattet worden, und ihre Stehplatzkapazitäten wurden reduziert. Sponsoren sind an die Stelle von klassischen Mäzenen getreten (...) Die Medienkonzerne sind im Begriff, vom indirekten zum direkten Organisator aufzusteigen."

In diesem Buch jedenfalls existieren sie alle friedlich nebeneinander – die Traditionsarenen, die Volksstadien, die „Trümmerstadien" und die Hightech-Arenen.   *Werner Skrentny*

Erwachsene
DM 3,-

Ordner

Anpfiff

Zuschauerandrang am Uhlenkrug Essen, 1967.

Stadion Tivoli

Eine Stein gewordene Legende

Hören wirkliche Kenner Namen wie „Tivoli", „Rote Erde" und „Zabo", schnalzen sie gewiss mit der Zunge, denn diese Arenen stehen für gute alte Fußballzeit, die Oberliga, Libella-Limonade, dichte Zigarettenrauch-Schwaden über den Traversen und den Stehplatz „zu zwei fuffzig". Insofern ist also das Stadion der Alemannia Aachen, der Tivoli, ein Klassiker. Und auch, wenn der Anhang der „Kartoffelkäfer" das nicht teilt – womöglich war es ein Glücksfall, dass der Klub lange in der Drittklassigkeit verharrte, denn sonst stünde dort kein klassisches Fußballstadion mehr, sondern womöglich ein weiterer „Erlebniswelt-Tempel".

So aber stockt einem fast der Atem, wenn man den Tivoli betritt: Das, was es vor Jahren einmal in Großbritannien gab, hier ist es (noch) zu besichtigen – ein gewaltiger Stehwall mit 23 Stufen, der legendäre Liverpooler Kop en miniature. Und eine Stehhalle hat der Tivoli, wo gibt's das noch!? Eng und steil ist das Ganze, ganz nah dran die Zuschauer, „da wird", gemäß dem DSF-Motto, „was abgeh'n auf dem Spielfeld", und prompt kam's so nach dem Aachener Wiederaufstieg in die 2. Bundesliga 1999/2000, als die Arena wie ehemals gefürchtetes Terrain wurde und in der Zuschauerrangliste mit einem Schnitt von 16.483 auf Rang 4 lag.

„Leidensweg eines gemeinnützigen Vereins"
Aachens Fußball-Ursprünge liegen in den 1890er Jahren am Marienthaler Kasernenhof (Frantzstraße). Die Alemannia entstand 1900 und hieß so, „weil der Name gewissermaßen das Deutschtum, das man hier an des Reiches Grenze zu vertreten gedachte, zu verkörpern schien". Mitte 1901 wurde man im Innenraum der Radrennbahn Zoologischer Garten (heutiger Westpark) heimisch, keine Lösung mit Zukunft, denn die Einnahmen kassierte der Zoo, und infolge Schaustellungen war der Platz des öfteren ramponiert. Im Frühjahr 1904 zog man auf den Waldspielplatz hinter der Waldwirtschaft Siegel um und streifte dort erstmals die gelb-schwarz gestreiften Trikots über. Als die Stadt den Sportplatz

schloss, ging die Wanderschaft weiter. „Kaum ein Verein Westdeutschlands hat die Stätte seiner sportlichen Tätigkeit so oft wechseln müssen", wurde 1925 „der Leidensweg eines gemeinnützigen Vereins" beklagt.

Im März 1908 kam die Alemannia endlich dort an, wo sie heute zu Hause ist: am Tivoli. Der Name des Geländes geht wohl auf ein altes Ausflugslokal „Gut Tivoli" zurück, das bereits um 1839 erwähnt wird. „Tivoli" war ursprünglich die Bezeichnung für eine römische Vorstadt, in der es offenbar hoch hergegangen sein muss; jedenfalls diente sie als Namensgeberin für diverse Vergnügungsstätten in aller Welt. Die Alemannia also zog aufs Gelände des alten Landgutes Tivoli, akzeptierte eine beachtlich hohe Miete von 360 RM und baute den Sportplatz Neu-Tivoli unter großem Aufwand in Eigenarbeit aus.

Tivoli-Baustein, Wert 50 Mark.

1925 stellte die Stadt weiteres Gelände zur Verfügung, so dass neben dem alten Platz am 3. Juni 1928 ein neues Spielfeld eingeweiht werden konnte, das sich zunehmend zum Aachener Publikumsmagneten entwickelte. 10.000 waren dabei, als 1932 die (Profimannschaft!) Austria Wien mit Sindelar gastierte, und 1938 meldete man im entscheidenden Rheinbezirk-Spiel gegen Beuel mit 11.000 ausverkauft. Weil der Tivoli (noch) zu klein war, wich man am Ostermontag gegen den 1. FC Nürnberg (1:3, 13.000) auch einmal ins Waldstadion aus.

Ungewollt musste die Alemannia auf den Tivoli verzichten, als am 23. Oktober 1938 dort gegen den VfL 99 Köln beim 1:2 Nationalspieler Reinhold Münzenberg des Feldes verwiesen wurde. „Der Schiedsrichter hätte als augenscheinlich kranker Mann ein solches Spiel überhaupt nicht leiten dürfen", weiß die

Chronik. Sei's drum, Reichsfachamtleiter Linnemann verhängte drei Spiele Platzsperre. Die unterliefen aus Solidarität erstaunlicherweise andere Gauligisten, die zugunsten von Aachen auf ihr Heimrecht verzichteten. Allerdings stieg die Alemannia ab, hatte aber dennoch Grund zum Feiern, als am 4. Februar 1939 das vom 41fachen Nationalspieler und Architekten Münzenberg geplante Vereinsheim eingeweiht wurde (der Neubau eröffnete 1957).

„Eine echte Kampfbahn"
Im September 1944 wurde Aachen geräumt, weit über ein halbes Jahr vor Kriegsende also, und die Alemannia fand ein schwer beschädigtes Stadion vor. In der Oberliga West seit 1947 von Anfang an dabei, spielten die Gelb-Schwarzen eher eine Nebenrolle, ehe 1951/52 Rang drei erreicht wurde. Dies und gesteigerte Ansprüche waren der Anstoß, im Sommer 1953 mit dem Stadion-Ausbau zu beginnen. Nach dem Richtfest am 30. September 1953 war im Dezember bereits der Stehplatzwall im Süden fertig, ebenso der Spielertunnel. „Eine echte Kampfbahn, eine der modernsten Anlagen in Deutschland", wurde gelobt. 20.000 fanden Platz, und erstmals war – obwohl der Bau noch nicht abgeschlossen war – am 6. September 1953 gegen Schalke 04 (2:3, 22.000) ein neuer Zuschauerrekord fällig.

Aachen blieb erstklassig, und nach einem wiederum dritten Rang 1955/56 (punktgleich mit dem Zweiten Schalke), als ein Schnitt von 12.400 erreicht wurde und in vier der fünf letzten Begegnungen jeweils 18.000 kamen, befand man den Tivoli erneut als zu klein und beschloss im Januar 1957 für 300.000 DM den Ausbau auf ein Fassungsvermögen von 33.200 (davon 2.200 Sitzplätze). Die neue 110 Meter lange Tribüne an der Westseite besaß ein Wellasbest-Betondach und – Premiere in Deutschland – eine Seitenverglasung aus Sekuritglas. Außerdem wurden die Nordseite aufgeschüttet und die Stehplatz-Gegengerade angeglichen.

Zur Einweihung am 28. August 1957 kamen Español Barcelona (2:4) und 32.000 Zuschauer, die die Torhüter-Legende Ricardo Zamora, damals Trainer der Katalanen, begrüßen durften. Am 11. September wurde mit Olympique Marseille (3:3) schon wieder internationaler Besuch empfangen, weil man erstmals unter Flutlicht spielen konnte. Die 240.000-Watt-Anlage mit 170 Lux war die damals lichtstärkste der BRD. In der Oberliga-Runde 1957/58 strömten 269.000 Menschen zum „Tivoli", ein

(Foto: Skrentny)

Die gewaltigen Stehränge des Würselner Walls am Aachener Tivoli.

Schnitt von fast 18.000, Spitze waren bei der lange Zeit führenden Alemannia 35.000 gegen Schalke. Die DM-Teilnahme verspielte Aachen, als es viermal in Folge auswärts (!) antreten musste…

Viele Schwerverletzte

Allerdings hatte man beim Stadionbau Sicherheitsmaßnahmen vernachlässigt, denn als am 3. April 1958 der 1. FC Köln zum „Endspiel" um die DM-Teilnahme vor 34.000 antrat und Hans Schäfer eine Ecke treten wollte, brach die Absperrung am Aachener Wall: Hunderte stürzten nach unten, und viele Besucher wurden schwer verletzt. Für die Platzherren war das Anlass, stärkere Zäune und Wellenbrecher zu errichten.

Stadionausbau und Flutlicht hatte die Alemannia im Hinblick auf eine mögliche spätere Bundesliga in Angriff genommen. Daneben bestritt man internationale Spiele unter Flutlicht und erwarb sich den Ruf einer „Flutlichtmannschaft" (Vereinschronik: „Unter Flutlicht ging kaum ein Spiel verloren"). Neuerlich baute der Klub, der 1961 mit 3.200 Mitgliedern größter westdeutscher Rasensport-Verein war, das Stadion aus: 42.000 Plätze standen nun am Tivoli zur Verfügung.

Das war bundesligareif, doch als die neue Klasse begann, blieb Aachen außen vor. Vergeblich die Klage vor einem ordentlichen Gericht. Auch in der letzten Oberliga-Spielzeit 1962/63 stand der Anhang hinter der Alemannia und Mannen wie Martinelli, Breuer, „Katze" Beara aus Belgrad und Branko Zebec.

Insgesamt 243.000 waren es (Schnitt 16.200), und wie aus Trotz strömten die Anhänger auch in der Regionalliga West 1963/64 in Scharen zum Tivoli: 375.000 insgesamt, Schnitt 15.252.

„Entschuldigung, Uwe!"

Am 17. Januar 1967 war Aachen zum ersten und einzigen Mal Austragungsort eines Länderspiels. Beim 2:0 vor 35.000 gegen Luxemburg wirkten u.a. Maier, Beckenbauer, Vogts, Overath und Seeler mit. Wichtiger aber war dieses Jahr aus Aachener Sicht, weil der Bundesliga-Aufstieg erreicht wurde. Wieder baute man aus, und wer 1.000 Mark spendierte, wurde Mitglied auf Lebenszeit. Der Neuling stürmte sensationell auf Rang zwei, „Konfettischlacht" war Trumpf, im Schnitt kamen 22.000 zum Tivoli und wurden u.a. Zeugen einer sporthistorischen Versöhnung, als sich Aachens Uruguayer Troche bei Uwe Seeler entschuldigte – den hatte er nämlich bei der WM '66 geohrfeigt.

Die Stadt stützte den Bundesliga-Aufsteiger, indem sie ihm 1968 für 1,3 Mio. DM drei Sportplätze abkaufte und 1972 weitere 2 Mio. für den Stadionausbau zur Verfügung stellte (eine Mio. kam vom Land). Da war Aachen aber schon nicht mehr in der Bundesliga, man steuerte Richtung Konkurs, Nachbarschaftshilfe lieferten mit Gastspielen fast zum Nulltarif Mönchengladbach, 1. FC Köln und Düsseldorf. Einen weiteren Kredit verweigerte die Stadt 1973 dem Vereinspräsidenten Münzenberg, stellte aber eine Bürgschaft über 250.000 DM. Der

Vereinschef war zu der Zeit namensmäßig bereits in Aachen verewigt: 1969 wurde anlässlich seines 60. Geburtstages das frühere Poststadion an der Krefelder Straße in „Reinhold-Münzenberg-Kampfbahn" umbenannt.

Inzwischen ist die Stadt Besitzer des Tivoli, geriet der Verein doch im Februar 1984 in größte Schwierigkeiten, als Alemannia-Präsident Egon Münzenberg (ein Neffe des Nationalspielers) sich infolge der Bauwirtschaftskrise nach Kanada absetzte und 3,5 Mio. DM Schulden zu Buche standen.

Letztmals ausverkauft vor dem Zweitliga-Comeback war der Tivoli am Buß- und Bettag 1986 im DFB-Pokal-Achtelfinale gegen Mönchengladbach (0:2 n.V.). Danach schien unter Trainer Neururer der Bundesliga-Aufstieg nahe, die Stadt hatte bereits 6 Mio. DM für den Stadionausbau avisiert, doch aus all dem wurde nichts. In der turbulenten Folgezeit starb Geschäftsführer Bert Schütt während der Jahreshauptversammlung. Ab 1990 gab es am Tivoli dann Amateurfußball.

Nach dem Wiederaufstieg 1999 wurde das Stadion mit viel Engagement renoviert (neue Rasendecke, Rasenheizung durch Fernwärme). In der Stehhalle wurde zum Aachener Wall hin der Junior-Club, ein abgegrenzter Bereich, eingerichtet, und im Januar 2000 erhielt die Tribüne neue schwarz-gelbe Sitzschalen. Sind die unbesetzt, liest man den Schriftzug Alemannia. Sollte Aachen aber noch höher hinaus wollen, so hat der Alemannia-Freund und DFB-Präses Egidius Braun schon vorsorglich mitgeteilt, der Tivoli sei zwar ein schönes Stadion, aber für die Bundesliga zu klein. Eine eigenartige Aussage, blickt man 2000 auf das Fassungsvermögen von Unterhaching, Cottbus, Wolfsburg, Leverkusen, Rostock – Aachen hätte in jedem Fall mehr zu bieten!

„Einzigartige Atmosphäre"

Als Teil der Tivoli-Legende hat Alemannias Publikum 1999/2000 seinen Ruf bestätigt. WDR-Sportreporter a.D. Kurt Brumme, der aus Aachen stammt, hat die alten Zeiten noch miterlebt: „Ein Stadion, das kaum diesen Namen verdiente. Ein Fußballplatz mit rutschigen Stehplatzwällen und modrigen Sitzbänken. Ein Stadion aber, in dem die Leidenschaft, die Begeisterung und die Anteilnahme für ein Team über 90 Minuten einer Eruption nahe kam. Den Tivoli betraten früher Gastmannschaften mit Gruseln." Und Stürmer Willi Bergstein: „Die Tivoli-Atmosphäre war einzigartig. Viele Spiele, die schon verloren schienen, wurden durch die Publikumsunterstützung umgebogen."

Berühmt war ebenfalls die „Streichholzparade": Bei Abendspielen ging kurz das Flutlicht aus, dann verwandelten Streichhölzer und Feuerzeug-Flammen das Stadion in ein Lichtermeer.

Die Spieler betreten das Feld nach wie vor durch den Tunnel, der von der Geschäftsstelle ausgeht und unter dem Wall der Stehhalle hindurchführt. Es waren Geschäftsstelle und Vorplatz, die im Frühjahr 1999 zum Trauerort wurden, als zahlreiche Anhänger dort Blumen und Andenken in Erinnerung an den im Alter von 50 Jahren beim Training verstorbenen Alemannia-Trainer Werner Fuchs niederlegten. Werner Fuchs wird in Aachen unvergessen bleiben – so wie viele große Fußballtage im Stadion Tivoli. *sky*

Stadion Tivoli Aachen
ER: 1908/1928/1957.
FV: 24.816, davon 3.632 üd. SiP auf der sog. Sparkassentribüne, 6.500 üd. StP, 9.300 StP auf dem Würselener Wall, 5.400 StP auf dem Aachener Wall.
ZR: 35.000, Oberliga West, 6.10.1957, Alemannia – Schalke 04 2:1.
Krefelder Straße 187, 52070 Aachen, Tel. 0241 / 15 33 16.

Aalen, Waldstadion: siehe im Statistikteil.

Ahlen (Westfalen)

■ Wersestadion
Glückaufstadion ist Vergangenheit

Seit Freitagabend, 9. Juni 2000, an dem LR Ahlen vor nicht ganz ausverkauftem Haus (10.100 Besucher) mit dem 2:1 über Union Berlin den Aufstieg realisierte, war Gewissheit, dass im Wersestadion künftig erstmals Zweitliga-Fußball präsentiert wird.

Mit Ahlen und Aalen ist das so eine Sache – Ahlen liegt in Westfalen, war eine Bergbaustadt (die Schachtanlage „Westfalen" schloss 2000), hatte einen Box-Bundesligisten und gab dem Ahlener Programm der CDU der britischen Zone 1947 den Namen. Aalen wiederum findet man in Nordwürttemberg. Die Ringerhochburg ist Heimat des Fußball-Drittligisten VfR.

Auf der Fußball-Landkarte ist Ahlen, die krisengeschüttelte 56.000-Einwohner-Stadt, erst seit jüngerer Zeit, seit sich Helmut Spikker, Hauptgesellschafter des Kosmetikimperiums LR International, finanziell engagierte. 1996 bildete man aus TuS und Blau-Weiß den neuen Klub LR (= Leichtathletik Rasensport) Ahlen; das ungewohnte Vereinskürzel geht auf den Hauptsponsor zurück. TuS-Heimat war das nach 1945 von Bergarbeitern erbaute Glückaufstadion mit seiner kleinen Holztribüne und einem Fassungsvermögen von 6.000. Im Hinblick auf die Ambitionen von LR war dies ungenügend, weshalb die gelegentlich als „Millionarios" bezeichneten Kicker vorübergehend auf den Blau-Weiß-Platz im Ahlener Norden auswichen, während im Süden anstelle des Glückaufstadions eine neue Anlage entstand.

Dieses über 11 Mio. Mark teure städtische Stadion war 1999 fertig und heißt Wersestadion, der Fluss Werse liegt nahebei. Eine Gerade hat man komplett überdacht, über 12.000 Menschen finden an der neuen Zweitliga-Spielstätte Platz. Am 28. Oktober 2000 gegen Fürth (2:0) kam entsprechend den DFB-Bedingungen eine Flutlichtanlage hinzu. *sky*

Wersestadion Ahlen in Westfalen
ER: 1999. FV: 12.058, davon 988 üd. und 914 unüd. SiP sowie 10.156 StP.
ZR: 10.100, Aufstiegssp. 2. Bundesl., 9.6.2000, LR Ahlen – Union Berlin 2:1.
August-Kirchner-Str. 14, 59229 Ahlen, Tel. 02382 / 70 13 58.

Alsenborn

■ Stadion an der Kinderlehre
Die bitteren Tage des Sommers '74

Bitterste Erinnerungen sind für viele aus dem „Fußballdorf" Alsenborn in der Pfalz mit dem Stadion an der Kinderlehre verbunden: Da hatten sie 1974 bis zur letzten Minute an der Erweiterung der Spielstätte auf ein Fassungsvermögen von 16.000 Zuschauern gearbeitet, etliche nahmen sich dafür extra Urlaub, das entscheidende Kriterium für die Aufnahme in die neue 2. Bundesliga Süd war schließlich erfüllt, und doch entschied der DFB für den 1. FC Saarbrücken und gegen den SV Alsenborn.

Der, konstatierte der „kicker", habe „fast Unvorstellbares geleistet": Der Innenzaun stand bereits, auf den Stehrängen für 15.000 fehlte nur noch der Glattstrich, eine Tribüne mit 1.050 Sitzplätzen war bestellt. Die Empörung über die Ablehnung der Alsenborner war bundesweit – „noch bevor der erste Anstoß in dieser neuen Fußballklasse erfolgt, hat sie ihren ersten Skandal" („SZ"), und der „kicker" schrieb vom „peinlichsten Fall seit dem Bundesliga-Skandal". Nachdem der 1. FC Saarbrücken bereits 1962 in der Erstauswahl für die Bundesliga auf wundersame Weise dabei gewesen war, war ihm nun auch 1974 der DFB hold gewesen – im Bundesverband besaß 1.-FCS-Ehrenmitglied Hermann Neuberger, der spätere DFB-Präses, großen Einfluss.

„Dorfverein" SV Alsenborn, 1919 gegründet und seit 1932 auf dem vereinseigenen Sportplatz An der Kinderlehre zu Hause, hat diesen Schock nie verwunden. Nach zwei Jahren in der Amateurliga Südwest verschwand er in den Niederungen des regionalen Fußballs. Das Stadion fasst heute noch 13.000, 300 finden auf der kleinen Tribüne Platz.

Alsenborn, zwölf Kilometer von Kaiserslautern entfernt, hatte zuvor als „Artistendorf" einen Namen, weshalb seine Bewohner „Bajazze" und „Seiltänzer" hießen; das „Circusmuseum Bajasseum" vor Ort erinnert daran. Zum bewunderten „Fußballdorf" wurde es, als sich der in Enkenbach-Alsenborn wohnhafte Fritz Walter, zwei Bauunternehmer und der Ex-Lauterer Otto Render als späterer Trainer zusammenfanden, um den SVA nach oben zu bringen. Seit 1965 Regionalligist, gewann man 1968, 1969 und 1970 den Titel und spielte in

Hier gab's beinahe Profifußball: das Stadion an der Kinderlehre.

(Fotos: Hoeck)

der Bundesliga-Aufstiegsrunde.

Der „Sportplatz Kinderlehre" konnte damals 8.000, später 10.000 Anhänger aufnehmen, weshalb man in der Aufstiegsrunde ins 70.000 fassende Ludwigshafener Südweststadion umzog. Ein Freundschaftsspiel dort 1966/67 gegen den Deutschen Meister 1860 München hatte immerhin schon 22.000 angelockt. Die „gute Stube des Südwest-Fußballs" wurde zum Kassenfüller des „Dorfklubs" umfunktioniert: Im Schnitt unterstützten über 20.300 die Aufstiegsbemühungen der Pfälzer, je 40.000 waren es gegen RW Oberhausen (1:4) und RW Essen (1:1), 36.000 gegen Hertha BSC (2:1), 28.000 gegen Bielefeld (0:1). Das waren andere Kulissen als an der Kinderlehre, wo sich meist um die 2.000 versammelten – die Bundesliga auf dem „Betze" spielte schließlich fast nebenan.

Für die 2. Bundesliga-Saison 1974/75 hatte man im 2.350 Bewohner zählenden Alsenborn mit einem Zuschauerschnitt von 4.500 kalkuliert und einen 860.000 DM-Jahresetat zur Verfügung. Alles vergebens, auch eine letzte Klage vor dem Landgericht war erfolglos.   *sky*

Stadion an der Kinderlehre
Enkenbach-Alsenborn
ER: 1932. FV 13.000 (früher 16.000),
davon 300 üd. SiP und 12.700 StP.
Flutlicht seit 1964.
ZR: 8.000.
Kinderlehre 1, 67677 Enkenbach-Alsenborn, Tel. 06303 / 6631.

Waldstadion

Ob sich Hoeneß und Breitner erinnern?

Ein Schloss thront über der früher sächsischen, nun thüringischen 44.000-Einwohner-Stadt Altenburg, einen großen Markt gibt es, ein großes schönes Theater und mitten im sehenswerten Zentrum einen Teich. Das ehemalige Leninstadion heißt jetzt Waldstadion, da weiß man gleich, wo man es findet, inmitten der Natur am südöstlichen Ortsausgang.

Die „Skatstadt" Altenburg ist im Osten fußballerisch ein Begriff, in der DDR-Liga war Motor eine feste Größe, 7.000 bis 10.000 kamen zwischen 1970 und 1980 zu den Heimspielen der zweiten Klasse. 1949-53 gehörte man sogar der Oberliga an und zählte 10.000 bis 15.000 Besucher. Sogar die Nationalmannschaft kam einmal nach Altenburg: 1980 zum Test gegen UBK Göteborg (3:1); hinzu kamen diverse U-18-, U-21- und Olympiaelf-Länderspiele.

Zwei Stadien – ein Name

1908 entstand Eintracht 08 Altenburg und legte 1923/24 die heute als „Altes Stadion" bezeichnete Städtische Kampfbahn an der Zwickauer Straße in nur sieben Wochen für 22.000 RM an. Die schlichte Anlage mit Rasenfeld, Laufbahnen und Stehrängen nahm die Öffentlichkeit am 11. Juli 1924 in Besitz; Sitzplätze, Baumreihen, Umkleiden und Waschanlagen fehlten noch. Am 12./13. Juli gestaltete der Turngau Osterland zu seinem 50-jährigen Bestehen dort die erste Großveranstaltung, vom 26. bis 28. Juli folgten die Arbeitersportler mit dem 2. Altenburger Kreis-, Turn- und Sportfest vor 15.000 („bis auf den letzten Platz gefüllt") – „der Besuch der auswärtigen Turn- und Sportgenossen und -genossinnen wäre ein viel besserer gewesen, wenn uns die wirtschaftlichen Verhältnisse und die Arbeitslosigkeit nicht einen Strich durch die Rechnung gemacht hätten." 1930 war das Unterkunftshaus – bis 1945 Heimstätte des VfL Altenburg – fertig gestellt. Vereinshaus und Sportplatz bestehen noch, die ganze Länge der Gegengerade nehmen Stehplätze ein.

Nach Kriegsende diente das Sportfeld als Anbaufläche für Kartoffeln, doch 1949 fand wieder ein erstes großes Spiel statt, als sich vor 15.000 Sachsen/Anhalt und Thüringen 0:1 trennten.

Altenburg, 1929: Das neue Unterkunftshaus wird gebaut.

Im selben Jahr stieg ZSG Altenburg in die höchste Spielklasse auf: Fußball lockte nun viele an die Zwickauer Straße, 1950/51 im Schnitt 10.235 Zuschauer zu Stahl Altenburg. 1952 verließ Stahl die Oberliga und hieß von da an aufgrund neuer Trägerbetriebe Motor.

Noch in der Oberligazeit, am 30. April 1950, unternahm OB Otto Kästner gemeinsam mit Sportfunktionären den ersten Spatenstich zum Stadionneubau; zu Gast aus der BRD war der SV Wunsiedel. Im selben Jahr erhielt die Städtische Kampfbahn den Namen Leninstadion, eine Bezeichnung, die auf das am 16. Juni 1957 beim 3. Kreis-, Sport- und Kulturfest mit 2.000 Teilnehmern eingeweihte neue Stadion überging. Wiederum kamen Gäste aus dem Westen, die Faustballer des SV Hof 1912 und die Fußballer des SC München 1911. Die Laufbahn schuf man 1963.

Zweimal war die Altenburger Spielstätte mit 25.000 ausverkauft: Beim DDR-Pokalendspiel 1963 Motor Zwickau – Chemie Zeitz (3:0) und 1969 beim UEFA-Jugend-Turnier und dem Spiel Bundesrepublik Deutschland – Spanien 2:1 – ob sich Uli Hoeneß, Breitner, Rüßmann und andere noch erinnern?

Nachdem die DDR der BRD beitrat, erneuerte man Spielfeld, sanitäre Anlagen, Sozialtrakt und Stehtraversen (die vorher z.T. gesperrt werden mussten) an der B 93. Rote Fahnen, nunmehr die der Sparkasse, flattern über dem weiten Rund, in einer Kurve liegt der Zugang zum Oval, seit ich eines Holzhäuschens stehen auf Stelzen unüberdachte Sitzplätze. Der Verein benannte sich 1990 in SV 1990 Altenburg um und stieg 2000 unter dem alten Namen SV Motor Altenburg (seit 1993) aus der Landesliga, der „Thüringenliga", ab.   *sky*

Waldstadion Altenburg
ER: 1957. FV: früher 25.000.
ZR: je 25.000. 1.5.1963, DDR-Pokalendspiel, BSG Motor Zwickau – BSG Chemie Zeitz 3:0; 22.5.1969, UEFA-Turnier, DFB-Jugendauswahl – Spanien 2:1.
Zwickauer Str 64, 04300 Altenburg, Tel. 03447 / 31 12 36.

■ Städtisches Stadion

Fritz Walters Erinnerungen

Just zum Wiederaufstieg der SpVgg Andernach aus „der Bäckerjungenstadt am Rhein" 1955 in die Oberliga Südwest war das neue städtische Rasenstadion mit kleiner Tribüne fertig gestellt.

Der nördlichste Oberliga-Südwest-Spielort, am linken Rheinufer näher bei Bonn als bei Mainz, war erstmals 1947–51 in der höchsten Spielklasse aktuell. Damals kickte die Sportvereinigung noch auf einem Aschenplatz vor der Fabrik der „Farben- und Oelwerke AG Düsseldorf", in der heute Zuwanderer untergebracht sind, an der alten B 9. Fritz Walter erinnerte sich später: „Selbstverständlich sind mir das alte Stadion mit dem roten Aschenplatz und das neue Stadion mit dem wunderschönen Rasen in guter Erinnerung geblieben."

Eben jenen Rasen im Städtischen Stadion weihte die „Walter-Elf" mit einem letzten Test vor dem 1955er Endspiel (3:4 gegen RW Essen) mit einem 1:3 gegen Andernach ein. 18.000 Besucher bedeuteten ausverkauft. Andernachs Oberliga-Gastspiel währte diesmal von 1955 bis 1957, 1971/72 gehörte man der Regionalliga Südwest an.

Die SpVgg Andernach gibt es heute nicht mehr: Nach der Fusion mit DJK und BSV heißt sie SG Andernach. *sky*

Stadion Andernach
ER: 1955. FV: 15 220, davon 220 üd. SiP.
ZR: 18.000, 17.6.1955, Freundschaftsspiel SpVgg Andernach – 1. FC Kaiserslautern 3:1.
Am Bassenheimer Weg,
56626 Andernach,
Tel. 02632 / 46 526.

■ Stadion am Schönbusch

Der Schlösser wegen: Drehung um 90 Grad

Dass die bayerische Schlösser- und Seen-Verordnung ein Fußball-Stadion tangiert, auf die Idee würde niemand kommen. Doch in Aschaffenburg am Main ist dem so geschehen: Hätte das dortige Stadion am Schönbusch nämlich Flutlichtmasten bekommen – an den Bau derselben ist derzeit nicht gedacht –, so würden diese in die Sichtschneise zwischen Stadtschloss Johannisburg und Gartenschloss Schönbusch ragen, weshalb man den Platz kurzerhand um 90 Grad drehen musste.

Dieser Umbau war am 12. Juni 1993 abgeschlossen: Die alte Haupttribüne mit 2.000 Plätzen ist nun eine Hintertortribüne, auf einer Geraden hat man eine mobile 1.000 Sitzplätze-Tribüne errichtet, auf der Gegengerade baute man die Stehstufen neu, nur zum Eingang hin sind die alten Stehränge noch erhalten. Da sich das Stadion am Schönbusch immerhin seit 1909 an diesem Ort befindet, stellt sich die Frage, warum die 90-Grad-Drehung nicht schon früher stattgefunden hat. Die Antwort gibt der Besitzerwechsel: Zum 27. Juni 1990 übernahm die Stadt die Sportanlage von Viktoria Aschaffenburg und fühlte sich der erwähnten Schlösser- und Seen-Verordnung verpflichtet.

Die „Ascheberger" aus dem „bayerischen Nizza" (gebietsmäßig gehört die Stadt zu Bayern, fußballerisch die Viktoria zu Hessen) haben etliche Jahre an namhafter Stelle im deutschen Fußball mitgewirkt: Ein Jahrzehnt gehörten sie zwischen 1946 und 1960 der Oberliga Süd an, waren von 1960 bis 1964 in der 2. Liga bzw. Regionalliga Süd, spielten Ende der 80er drei Jahre in der 2. Bundesliga. Den letzten Anlauf dorthin hat man 1992 unternommen, doch machte Unterhaching das Rennen. In der Oberliga Hessen finden sich nun meist 300 bis 900 Zuschauer ein.

„Die Mainbrücke war schwarz vor Menschen"

Das ist sehr wenig verglichen mit den Oberliga-Süd-Jahren: Fast 13.000 im Schnitt kamen allein 1952/53, überhaupt unterschritt der durchschnittliche Besuch pro Saison selten die 7.000er-Marke. „Da war die Mainbrücke schwarz vor Menschen", berichten Augenzeugen, wenn's hinaus ging zum Schönbusch, wo der 65-malige Nationalspieler Ernst Lehner (der Augsburger stieg in Aschaffenburg zum Sportamtsleiter auf) stürmte. Wie überhaupt die Viktoria prominente Namen in ihrer Historie aufweist: Ernst Kreuz, Hans Neuschäfer, Rudi Hoffmann, Gerhard Welz, Rudi Bommer, Felix Magath u.a.m.

Ein erstes Fußball-„Propagandaspiel" hatten Viktoria Frankfurt und der FC 1899 Offenbach 1901 auf dem Kleinen Exerzierplatz von Aschaffenburg veranstaltet, woraufhin sich im selben Jahr der FC und im folgenden der FC Viktoria gründeten, die 1904 zusammengingen. Bereits am 23. Mai 1909 weihte der Verein auf einem von sieben Grundstücksbesitzern gepachteten Gelände im Stadtteil Leider seinen Sportplatz am Schönbusch ein: Vor 1.200 gastierte der 1. Hanauer FC 1893 I und II (7:1, 2:1). 400 Personen bot die 1923 errichtete Holztribüne Platz, und bald darauf waren bereits 5.000 Zuschauer da (bei 1.414 Mitgliedern), als der 1. FC Nürnberg kam (1:4). Der Rekord wurde 1932 beim Gastspiel des Wiener SC (4:6) eingestellt; als Gast wirkte Nürnbergs Nationaltorwart Stuhlfauth bei der Viktoria mit.

Heimspiel vor der Brandruine

Bei Kriegsende war die Tribüne zerstört, auf dem Spielfeld taten sich drei Bombentrichter auf. Ab April 1946 war wieder ein Spielbetrieb am Schönbusch möglich, und auf allerlei Umwegen

Stadion am Schönbusch, Aschaffenburg: 1981 sahen 9.500 Zuschauer den Hamburger SV.

stieg der SV Viktoria 01 in die höchste Spielklasse auf, was zum geschilderten Zuschauerboom führte. In die Zeit fiel auch „der schwarze Freitag", als am 22. August 1958 infolge Brandstiftung die 700-Plätze-Tribüne am Schönbusch bis auf die Grundmauern niederbrannte; Inneneinrichtung und Sportausrüstung wurden komplett vernichtet. Das erste Heimspiel der Saison fand dennoch 60 Stunden später im Angesicht der Brandruine vor 5.000 gegen den FSV Frankfurt (2:0) statt.

Die Tribüne, die heutige Hintertortribüne, baute man neu, die Stadt gab einen Zuschuss, und das schwer beschädigte Hauptspielfeld sanierte die Viktoria später ebenfalls; Freiwillige und US-Soldaten halfen dabei. Ausgerechnet 1963, als das Ligensystem mit Einführung der Bundesliga neu geordnet wurde, stürzten die Aschaffenburger in die 1. Amateurliga Hessen und 1964 noch tiefer in die 2. Amateurliga ab. "Mäuschenstille am Schönbusch" wurde gemeldet, es kamen meist weniger als 1.000 Anhänger. 1970/71 spielte die Viktoria dann in der Regionalliga und erlebte gegen den 1. FC Nürnberg (11.000, 3:3) noch einmal einen großen Zahltag. Danach wirkten die Blau-Weißen meist in der Hessenliga.

Noch einmal brachten die 80er Jahre einen Aufbruch: „Knapp 40.000 Zuschauer in den drei Heimspielen der Aufstiegsrunde am Schönbusch haben bewiesen, wie groß im Raum Aschaffenburg der Hunger nach gutem Profifußball ist", bilanzierte der „kicker" 1985, nachdem die 2. Bundesliga erreicht worden war. Das Fassungsvermögen des Stadions lag zu der Zeit bei 1.100 Sitzplätzen und 13.900 Stehplätzen, insgesamt also bei 15.000. Und wieder stand Unterfranken treu hinter der Viktoria, 5.076 Besucher pro Spiel registrierte man. Nach dem Abstieg 1987 kehrte man 1988 direkt zurück, doch nur für ein Jahr. *sky*

Stadion am Schönbusch
Aschaffenburg
ER: 1909. FV: 15.000, davon 2.000 üd. SiP auf der Hintertortribüne und weitere 1.000 auf der Mobil-Tribüne der Gerade sowie 12.000 StP.
ZR: 19.000, Oberliga Süd, 11.1.1951, Viktoria Aschaffenburg – 1. FC Nürnberg 1:1; nach dem Umbau 12.000, Freundschaftsspiel, Alemannia Haibach – Bayern München.
Kleine Schönbuschallee 92, 63741 Aschaffenburg, Tel. 06021 / 80 07 02 („Viktoria-Treff").

Aue

▪ Erzgebirgsstadion

Vom Lößnitztal drang Wismuts Ruf hinaus ins Land

Ob seiner fantastischen Tallage gilt das Erzgebirgsstadion im sächsischen Aue als das schönste Stadion zumindest der neuen Bundesländer. Bereits 1928 war an der Lößnitz ein Stadion eröffnet worden, doch die Grundlage zum heutigen Bau, der bis 1991 den Namen des früheren DDR-Ministerpräsidenten Otto Grotewohl trug, schufen 1950 in nur vier Monaten die Kumpel des Wismut-Bergbaus, 400 Soldaten der Roten Armee und freiwillige Helfer. Nach der umfassenden Renovierung wird die Sportstätte heute internationalen Ansprüchen gerecht.

Weil die Auer Bürger in den 1920er Jahren wiederholt den Mangel an öffentlichen Sport- und Spielstätten beklagten, entstand auf der Liegenschaft hinter dem Zeller Berg am Ortsausgang nach Lößnitz in landschaftlich schöner Stadtrandlage das Städtische Stadion. Am 27. Mai 1928 übergab man das 29.000 qm große Areal mit 400-m- und 100-m-Laufbahn sowie Hauptspielfeld, Übungsplatz und zwei Tennisplätzen seiner Bestimmung. Das günstige Wetter zog beim Sportfest aller Auer Vereine 7.230 Zuschauer an.

Nach dem 2. Weltkrieg lockte die SDAG (Sowjetisch Deutsche Aktiengesellschaft) Wismut Tausende wie zu einer Wallfahrt herbei. Deutsche Bergleute begannen unter sowjetischer Hoheit in Schächte und Stollen einzufahren, um Uranerz zu gewinnen. Die Folgen dieser „Reparationsmaßnahmen" prägten die ganze Region in und um Aue, dessen Einwohnerzahl von 25.000 auf 35.000 anstieg, und das als „Wilder Westen" des Ostens galt.

Die Durchführung von Spielen im Städtischen Stadion war zur damaligen Zeit mit Schwierigkeiten verbunden. Einheiten der Roten Armee nutzten den Platz zur Ausbildung und zu Wettkämpfen, Freundschaftsspiele waren unregelmäßig und zufällig, die materiellen Bedingungen schlecht. 1946 entstand die Sportgemeinschaft Aue, aus der 1948 die BSG Pneumatik hervorging. Trägerbetrieb wurde 1949 die SDAG Wismut, die sich zum größten Betrieb des Erzgebirges entwickelt hatte. Ab 1950 hieß der Verein BSG Zentra Wismut. Jahr für Jahr war der Klub eine Spielklasse höher gerückt und hatte immer mehr Zuschauer angelockt, so dass das Städtische Stadion zu klein wurde.

Kumpels, Rotarmisten und Freiwillige
Die SED-Gebietsleitung Wismut, die sowjetische Verwaltung und „verschiedene gesellschaftliche Kräfte" entwickelten im Westerzgebirge ein Leistungszentrum des Fußballs. Auf Initiative von Gebietsleitung und des sowjetischen Wismut-Generaldirektors General Malzew entstand ab März 1950 in nur viermonatiger Bauzeit anstelle des Städtischen Stadions ein Neubau mit Wettkampfstätten für Leichtathleten, Schwimmer und Ballsportler. Wismut-Kumpels, Rotarmisten und freiwillige Helfer des Nationalen Aufbauwerk (NAW) arbeiteten rund um die Uhr. Materialien stellte die sowjetische Betriebsspitze zur Verfügung. Der Platz erhielt vom Lößnitzer Eingang her mittels einer Achteldrehung nach links eine neue Lage. Aufwendiger war es jedoch, das Flussbett der Lößnitz zu verlegen, die entlang der Lößnitzer Straße (der heutigen B 169) unter der jetzigen Gegengeraden in Richtung Anzeigetafel verlief. Heute fließt der Bach hinter der Tribüne.

Die Einweihung am 20. August 1950 nahm DDR-Ministerpräsident Otto Grotewohl (1894-1964) vor. Das Stadion erhielt dabei den Namen des früheren Braunschweiger Sozialdemokraten, der 1946 die SED mitbegründet hatte. Offiziell 35.000 Zuschauer erlebten eine Sportschau, Leichtathletik-Wettbewerbe und das Eröffnungsspiel Sportvereinigung Erzbergbau gegen Waggonbau Dessau, den FDGB-Pokalsieger von 1949 (3:3). Viele Quellen berichten aber, dass inoffiziell 50.000 dabei waren, von denen viele außerhalb des Stadions an den umliegenden Hängen standen. In der folgenden Festwoche verlor Aue im zweiten Einweihungsspiel 3:4 gegen eine DDR-Auswahl.

22.000 Sitzplätze bot das Otto-Grotewohl-Stadion, für diese Zeit ein Novum. Stehplätze gab es nur außerhalb des Stadions zum Nulltarif an den Berghängen. Nach sowjetischem Vorbild besaß

Das Stadion in Aue: 1956 (oben) und heute.

die Arena am Eingang Lößnitz einen hölzernen „Triumphturm" mit Uhr und manueller Spielstandanzeige. Anfang 1964 musste der Turm der Friedensfahrt-Ankunft weichen, da die Einfahrt für die Radsportler zu eng gewesen wäre. Nach dem Abriss des Holzkolosses errichtete man auf der unüberdachten Gegengeraden einen für die damalige Zeit modernen Anzeigeturm. Lehrlinge des benachbarten Messgerätewerkes Zwönitz bauten dafür eine elektrische Stechanzeige, deren vorprogrammierte Elemente fortan den aktuellen Spielstand auswiesen. Eine spezielle Uhr mit nur einem Zeiger drehte sich im Dreiviertel Stunden-Takt und zeigte die Bruttospielzeit einer Halbzeit an. Der einzige Ausgang oberhalb der Traversenkrone entstand Richtung Bahnübergang ebenfalls 1964. Ansonsten konnte man die Stadionränge nur von der untersten Reihe betreten und über sie auch wieder verlassen. Das Stadion besaß in beiden Kurven jeweils ein Marathontor und bestand somit aus zwei Oval-Hälften.

„Wismut, Wismut!"
Die Geschichte des Grotewohl-Stadions ist eng verbunden mit dem Aufstieg „der Namenlosen", wie die „FuWo", das Fachorgan des Deutschen Fußball-Verbandes der DDR, einmal jene Fußballer nannte, die im April 1950 aus Aue und einigen anderen Erzgebirgsorten zum Trainingslager in Rabenstein bei Chemnitz zusammengezogen worden waren. Am 12. Mai 1950 schlug die Geburtsstunde der BSG Wismut Aue, der ersten Sportvereinigung der DDR. Walter Fritzsch formte im Westerzgebirge eine Mannschaft, die 1951 den Aufstieg in die höchste Spielklasse der DDR schaffte. Wismut gehörte bis 1990 ununterbrochen der DDR-Oberliga an und bestritt von allen Mannschaften die meisten Spiele, 1.019 in Folge. 1956, 1957 und 1959 gewann man den DDR-Titel und 1955 den FDGB-Pokal. „Wismut, Wismut!" schallte es tausendfach von den Rängen des Stadions im Auer Lößnitztal, wie Reporter des Rundfunks und später des Fernsehens die Arena gern bezeichneten. Über die Mikrofone

drang der Ruf hinaus ins Land und ließ Aue weithin bekannt werden. Die Zuschauer saßen bis an den Spielfeldrand oder sahen von außerhalb zu, als renommierte ausländische Mannschaften zu Freundschaftsspielen (Wacker Wien, AC Madueiras und São Paulo aus Brasilien, oder auch SpVgg Fürth, Mainz 05) und zwischen 1957 und 1960 zu Europapokalspielen (Gwardia Warschau, Ajax Amsterdam, Young Boys Bern, IFK Göteborg, Rapid Wien) im Stadion weilten. Zu den fußballerischen Höhepunkten gehörten das Länderspiel DDR – Algerien (1984, 5:2 vor 8.000) und das Olympia-Qualifikationsspiel DDR – Portugal (1988, 3:0). 1955 und 1957 fanden im Lößnitztal Leichtathletik-Länderkämpfe gegen Bulgarien und Rumänien statt. Günter Lein überquerte dort als erster deutscher Hochspringer die Zwei-Meter-Marke (2,04 m, DDR-Rekord 1953).

Die Erfolge der Wismut-Fußballer in den 50er Jahren und die SDAG Wismut machten weitere Investitionen im Stadion möglich. 1955 war das Sportlerheim fertig, das Wohnungen für Spieler, Trainer und Gäste bot und bis heute Vereinsgaststätte und -geschäftsstelle beherbergt. Im folgenden Jahr wurde die Tribüne über fast die gesamte Platzlänge überdacht und schützte knapp 3.000 Besucher in zwölf von 15 Reihen. 1958 wandelte man die Sitzplätze in beiden Kurven in Stehplätze um, wodurch das Fassungsvermögen auf 25.000 stieg – man wollte damit dem erhöhten Zuschaueraufkommen Rechnung tragen. Da das in so kurzer Zeit erbaute Stadion zum großen Teil aus Holzaufbauten bestand, mussten diese von Baubrigaden des Bergbaubetriebs und der Werterhaltungsbrigade des Stadions abgebrochen und durch Mauerwerk und Betonteile ersetzt werden. 1974 entstand die große Sporthalle hinter der Lößnitzer Kurve, so dass auch bei schlechtem Wetter optimal trainiert werden konnte.

Durch die großzügige Unterstützung der SDAG Wismut erhielt das Auer Stadion zwar häufig Finanzspritzen, doch die ständige Nutzung und Witterungseinflüsse ließen an der Bausubstanz des Stadions und den dazugehörigen sozialen und sanitären Einrichtungen Langzeitschäden entstehen, die mittels Reparaturen nicht mehr zu beseitigen waren. Teilweise mussten Traversen, wie z.B. Teile der alten Auer Fankurve in den 80er Jahren, gesperrt werden.

24 Mio. – die größte Sport-Investition
1984, zwei Jahre vor dem eigentlichen Baubeginn, beschloss man ein Langzeitprogramm zur Rekonstruktion, die größte Investition auf dem Gebiet des

Sports in der Wismut: Das Staatssekretariat für Körperkultur und Sport, der Rat des Bezirkes Karl-Marx-Stadt und die SDAG Wismut stellten 24 Mio. DDR-Mark bereit. Prestigegründe – eine BSG wie Wismut Aue sollte nicht das modernste Stadion der DDR erhalten – und ökonomische Zwänge hatten die Aufgliederung der aufwendigen Renovierung in drei Bauabschnitte bei laufendem Spielbetrieb zur Folge. Von Sommer 1986 bis August 1992 gab es neue Traversen in den Kurven, die Gegengerade mit 3.300 unüberdachten Sitzplätzen wurde vollständig neu gebaut, die Tribünenüberdachung in den Kurven erweitert, eine Regiezentrale mit VIP-Raum und Reporter-Kabinen nach West-Standard eingerichtet, ebenso moderne Umkleidekabinen und Sozialräume. Neu war eine Tartanlaufbahn, und der Eingangsbereich wurde komplett ausgebaut.

Die im Herbst 1988 montierten Flutlichtmasten (höchster Mast 53,5 m über der Rasenfläche) hatten anfangs eine Leistung von nur 400 Lux und wurden anlässlich des 1.000. Oberliga-Punktspiels von Wismut gegen den 1. FC Magdeburg (0:0) am 13. Oktober 1989 eingeweiht. 26.000 pilgerten an diesem Freitagabend ins Stadion und machten das Jubiläum zu einem großen Volksfest. Die neue Anzeigetafel ging zum IFC-Spiel gegen Örgryte Göteborg (0:1) am 1. Juli 1989 in Betrieb. Abgeschlossen wurde der Umbau am 19. September 1992 anlässlich der Übergabe der 700.000 DM teuren Leichtathletik-Anlage mit dem Schüler-Ländervergleichskampf von 300 Teilnehmern aus Hessen, Württemberg, Thüringen und Sachsen.

Nachdem die Arena 41 Jahre lang Eigentum der SDAG Wismut gewesen war, klärte die Treuhand Ende Oktober 1991 die Besitzverhältnisse: Es übernahm der Landkreis Aue, ehe das Erbpachtrecht Ende der 90er Jahre auf den FC Erzgebirge Aue, den Nachfolger der BSG Wismut Aue, überging. Zum 26. November 1991, beim 3:0 gegen den 1. FC Nürnberg, wurde das Otto-Grotewohl-Stadion vom Landrat feierlich in Erzgebirgsstadion umbenannt.

Freibad den VIP-Parkplätzen geopfert
Infolge des Umbaus sank das Fassungsvermögen auf 20.000 (je 10.000 Steh- und Sitzplätze). In der Zeit nach der Wende zog Tristesse ins Lößnitztal ein: Die Zuschauerzahlen gingen in den vierstelligen, teilweise sogar dreistelligen Bereich zurück. 1990 stieg man unter dem neuen Namen FC Wismut Aue aus der Oberliga ab, 1991 verfehlte man – durch das Torverhältnis – die Relegati-

onsspiele zum Aufstieg in die 2. Bundesliga, 1992 benannte man sich in FC Erzgebirge Aue um, der sich 1994 für die Regionalliga Nordost qualifizierte. Dreimal erhielt das Erzgebirgsstadion Spiele um den DFB-Ligacup, doch erst als im August 1998 Bayern München (gegen Leverkusen) aufkreuzte, platzte das Stadion mit 19.000 Besuchern endlich wieder einmal aus allen Nähten. Aus Anlass dieses Spiels wurde die Flutlichtanlage fernsehgerecht auf 1.000 Lux erhöht, neue Kameraplätze für die TV-Übertragung oberhalb der Gegengerade geschaffen (das Tribünendach war dafür nicht mehr geeignet) und das alte Freibad hinter der Tribüne eingeebnet, um einen Pkw-Parkplatz für VIPs zu schaffen, die zusätzlich einen gesonderten Raum erhielten.

Nach der Qualifikation zur 3.Liga im Sommer 2000 hatte der DFB Sicherheitsbedenken, weshalb das Fassungsvermögen auf 16.300 gesenkt werden musste. Ein Nachteil ist nach wie vor die dezentrale Lage des Erzgebirgsstadions, das nur über eine Bundesstraße, die B 169, zu erreichen ist. Deshalb kommt es bei Spielen mit erhöhtem Zuschaueraufkommen bei sehr beengtem Parkplatzangebot zu einem Dauerstau bei der An- und Abfahrt. Trotzdem sind sich alle, die das Erzgebirgsstadion gesehen haben, einig: Der Besuch dort ist auch eine erschwerte Reise wert.

Burkhard Schulz

Erzgebirgsstadion Aue
ER: 1950, FV: früher 25.000, heute 16.403, davon 10.233 SiP, davon 5.319 üd. und 4.914 unüd., sowie 6.170 unüd. StP.
ZR: 35.000, nach anderen Angaben 50.000, Stadion-Einweihung, 20.8. 1950, Sportvereinigung Erzbergbau – Waggonbau Dessau 3:3; offiziell war zu DDR-Zeiten mehrmals mit 25.000 ausverkauft.
Lößnitzer Str. 95, 08280 Aue,
Tel. 03771 / 52 425.

■ BCA-Stadion *
Wo Helmut Haller begann

Als Gründungsmitglied der Oberliga Süd begann der BC Augsburg 1945 auf dem im Krieg ramponierten Sportplatz an der Donauwörter Straße in seiner Heimat, dem Stadtteil Oberhausen. Am 29. September 1946 wurde das durch freiwillige Arbeit der Mitglieder entstandene BCA-Stadion im Beisein von 18.000 gegen den VfB Stuttgart (2:4) eingeweiht.

1946/47 erreichte der BCA, der 14 Jahre lang der höchsten Spielklasse angehörte und aus dem Helmut Haller hervorging, einen Schnitt von über 9.600. Nach dem Bau des Rosenaustadions zog der Verein dorthin um. Das alte BCA-Stadion ist heute überbaut. BCA-Nachfolgeklub FC Augsburg ist jetzt u.a. mit der Geschäftsstelle auf der Bezirkssportanlage Nord (Paul Renz-Stadion), Donauwörther Straße 170, zu Hause.

sky

■ Stadion Haunstetter Straße *
Ehrung für Ernst Lehner

Bis zur Fertigstellung des Rosenaustadions spielte der TSV 1847 Schwaben Augsburg (13 Jahre in der Oberliga Süd) im 1920 eingeweihten vereinseigenen Stadion Haunstetter Straße und verzeichnete dort z.B. 1947/48 einen Zuschauerschnitt von 11.263.

Auf dem Stadiongelände entstanden später eine Berufsschule und Bauten der Firma Siemens. 2000/01 spielten Fußballerinnen und Fußballer (beide Bayernliga) der Schwaben im Ernst-Lehner-Stadion, Staufenbergstr. 15, wo sich auch das Sportheim „Schwabenhaus" befindet. Ernst Lehner (1912-1986) bestritt bis 1942 als Rechtsaußen 65 Länderspiele, war Europa-Auswahlspieler und wechselte 1947 von den Schwaben zu Viktoria Aschaffenburg.

sky

▨ Rosenaustadion

Rekorde für die Ewigkeit

Vom „Symbol des Wiederaufbauwillens" zum „Austragsstüberl"...

Im Rosenaustadion fanden oft Leichtathletik-Wettkämpfe statt.

(Fotos: Deininger)

Das Augsburger Rosenaustadion, das im Jahr 2001 ein halbes Jahrhundert alt sein wird, ist eine der bekanntesten deutschen Sportstätten, auch wenn die großen Zeiten längst vorübergegangen sind. Viele Jahre war es die größte bayerische Sportarena, geboren aus der Not der Nachkriegsjahre, heute leider eher nur noch ein „Austragsstüberl" statt Heimstatt für Großereignisse – wohl auch eine Folge des Niedergangs des Augsburger Fußballs; 2000 verweigerte der DFB dem FCA die Drittliga-Lizenz – auch das noch!

Am Anfang stand ein „Schwarzbau"
Kurz nach dem Krieg war der Bau des Stadions „topsecret": Die weitsichtige Stadtbauverwaltung ließ mit dem Hintergedanken, eine ovale Arena entstehen zu lassen, heimlich still und leise den von Bomben verursachten Trümmerschutt mit Loren und Lastwagen ins Rosenau-Areal karren. Am Anfang der Rosenau-Stadion-Historie stand somit ein Schwarzbau...

Den Stadionplan gab es bereits 1926, aber daraus war bisher nichts geworden. Ehe sich die Bürger der heutigen 265.000-Einwohner-Stadt versahen, war der Schutt entsorgt und das Stadionrund aufgeworfen. Den Vereinsvertretern schmeckte das Vorhaben ursprünglich gar nicht, doch später waren sie stolz auf „ihr" Stadion, das bereits bei seiner Einweihung 1951 als Symbol des Wiederaufbauwillens der Augsburger Bürgerschaft galt.

Das Rosenaustadion sollte das erste derartige deutsche Trümmerschutt-Stadion werden – bald schwenkte auch Ludwigshafen auf diese Linie ein, es folgten andere wie Hannover und Hamburg. Viele Jahre war es Bayerns größte Sportarena, und dies für die lächerlich anmutenden Entstehungskosten von 1,8 Mio. Mark – ein Spottgeld, verglichen mit dem späteren Münchner „Milliarden-Ding" Olympiastadion. Noch zum zehnjährigen Bestehen des Rosenau-Stadions schrieb 1961 der damalige Sportchef der „Süddeutschen Zeitung", Ludwig Koppenwallner: „Zu Länderspielen und -kämpfen kommt München ins Augsburger Rosenaustadion." Dessen große Zeit allerdings war 1972 vorbei, als München mit seinem Neubau im Olympiapark prunken konnte.

Eingebettet in die Eröffnungswoche vom 16. bis 21. September 1951 war das erste Fußball-Länderspiel auf Augsburger Boden, die B-Begegnung zwischen Deutschland und Österreich (1:1), in der mit dem einstigen POW-Kicker (Anm. POW = Prisoner of War = Kriegsgefangener) von Coventry City, Wilhelm Struzina (TSV Schwaben), auch ein Augsburger mitmischte. Das erste Punktspiel im neuen Stadion führte am 16.9.1951 in der Oberliga Süd die Schwaben und den VfB Stuttgart (0:4) zusammen, 30.000 waren präsent, Vereinsrekord des Klubs.

„Augsburg-Elf", „Geist von Augsburg", „Held von Augsburg"
Heute hat das Stadion nach Um- und Ausbauten (u.a. Sitzplatzblöcke auf der Gegengerade) nur noch eine offizielle Zuschauerkapazität von 32.420, wird hin und wieder von Sport-Fachverbänden für deren Ereignisse frequentiert, aber die stolzen Zeiten sind nun mal vorbei. Der Fußball-Zuschauerrekord steht für alle Ewigkeit auf 64.856 (!), aufgestellt auch dank hoch aufragender, schwankender Stahlrohr-Zusatztribünen am 9. November 1952 beim Länderspiel gegen die Schweiz (5:1), in dem die Walter-Elf nach der vorangegangenen 1:3-Pleite von Paris mit den Debütanten Hans Schäfer und Horst Eckel neu erstand. Der Begriff „Augsburg-Elf" prägte sich ein, denn acht Spieler des damals erfolgreichen Teams wurden 1954 in Bern Weltmeister! 56.000 sahen 1958 Deutschland – Bulgarien (3:0) und 52.000 das WM-Qualifikationsspiel 1961 gegen Griechenland (2:1); in beiden Begegnungen wirkte Lokalmatador Helmut Haller mit. Letztmals trat die Nationalelf 1985 in der Rosenau an (4:1 gegen Bulgarien, 30.000 Besucher).

Der Leichtathletik-Rekord steht seit September 1958 bei 85.000 Besuchern (in zwei Tagen), ebenfalls für die Ewigkeit bestimmt, als die bundesdeutschen Männer die Sowjetunion sensationell mit 115:105 Punkten schlugen. Willi Daume schwärmte wie viele andere von der Arena und prägte das Wort vom „Geist von Augsburg", der die Russen bezwungen hätte. Trotz der Hary, Germar, Fütterer, Lauer, Paul Schmidt, Kaufmann, Karl Friedrich Haas wurde damals ein Mann namens Ludwig Müller als Sieger über 5.000 m und 10.000 m zum „Helden von Augsburg". Immer, wenn in späteren Jahren Müller als Masseur der Fußballer von Hessen Kassel irgendwo den Platz betrat, prasselte Beifall auf den populären Läufer herab.

Im Feldhandball gab es den Publikums-Rekord in der Bernhard-Kempa-Ära am 15. August 1954, als sich Weltmeister Deutschland und Schweden vor 40.000 gegenüber standen. Ein Jahr vorher hatte man bei Deutschland – Österreich 30.000 gezählt, heute unvorstellbare Zahlen für eine Sportart, die in Vergessenheit geraten ist.

1972 schaffte es Augsburg, als Olympiastadt „geadelt" zu werden, denn neben dem Slalom im Spezial-Kanustadion wurden im Rosenaustadion fünf Spiele des Fußball-Turniers ausgetragen, u.a. mit dem späteren Olympiasieger Polen. Als die letzte große Blütezeit des Augsburger Fußballs anhob, als die Fusions-Mannschaft FC Augsburg (nach der Zusammenführung von BC Augsburg und TSV Schwaben 1969) in der „Hallerluja-Ära" um Heimkehrer Helmut Haller 1973/74 Regionalliga Süd-Meister wurde und um ein Haar in die Bundesliga aufgestiegen wäre, gab es Zuschauerzahlen von 42.000 gegen den 1. FC Nürnberg in der Regionalliga Süd (FCA-Vereinsrekord, Einnahme 205.000 DM) und von je 38.000 gegen Darmstadt und 1860. In der letzten Bundesliga-Aufstiegsrunde 1974 lag der Schnitt des FCA bei 25.500, Bestmarke waren 39.000 gegen den späteren Aufsteiger TeBe Berlin. Das Klassenziel aber wurde knapp verfehlt, um einen lächerlichen Punkt.

„Hausherr" EPA Larnax
Bei Privatspielen der beiden Augsburger „Paternoster-Mannschaften" BCA und TSV Schwaben, später FCA, und diversen Europacup-Spielen sah es ähnlich aus. Da kreuzten im Rosenaustadion der FC Bologna, FC Liverpool (1953 4:1 beim BCA vor 34.000), Odense, Newcastle United, Austria, Vienna, Rapid Wien, Belo Horizonte, Torpedo Moskau, Aberdeen, Hajduk Split, Dynamo Prag,

Racing Club Paris, Vasas Budapest, Nacional Montevideo, AS Rom, Racing Lens usw. auf. 1957 gewann Bayern München in der Rosenau vor 43.000 am 29.12. (!) mit 1:0 gegen Düsseldorf seinen ersten DFB-Pokal, und 1970 war EPA Larnax aus Zypern Hausherr im Rosenaustadion, beim 0:6 im Europacup I gegen Mönchengladbach.

Lange gab es das berühmte Internationale Jugend-Turnier des BCA/FCA, bei dem sich spätere Asse wie Bobby Charlton, Blochin, die Augsburger Eigengewächse Haller, Schuster, Lechner, Hochstätter, Riedle sowie die Nürnberger Cluberer Reisch, Flachenecker, Haseneder profilierten.

Wohltätigkeits-Exponent Max Gutmann lockte über Jahre Weltklasse-Sportler und Show-Stars mit seinen „Datschiburger-Kickers"-Veranstaltungen ins Stadion. Oft waren 12.000 bis 20.000 Zuschauer dabei. Begonnen hatte die Reihe 1965 mit dem Spiel der „Datschiburger Kickers" gegen Sammy Drechsels „FC Schmiere".

Hatten DFB, DLV und DHB das Rosenaustadion bevorzugt als „ihre" Veranstaltungsstätte reklamiert, so änderten sich die Zeiten. Allenthalben schossen Stadien aus dem Boden, oder wurden altbewährte wie das Olympiastadion Berlin reaktiviert. Die Präsenz großer Fachverbände in Augsburg ließ nach. Es bleibt eine Stadion-Chronik, gespickt mit großen Namen des Fußballs und Weltklasse-Athleten, die auf dem Rasen, auf Ziegel- und Rekortan-Bahn ihre Visitenkarten abgaben und Bestmarken in einer der traditionsreichsten deutschen Sportstätten erzielten. *Robert Deininger*

Rosenaustadion Augsburg
ER: 1951. FV: 32.420, davon 2.800 üd. SiP auf der Haupttribüne, 3.200 unüd. SiP auf der Gegengerade sowie 26.420 StP.
ZR: 64.856, Länderspiel Deutschland – Schweiz (5:1) am 9.11.1952.
Stadionstr. 21, 86159 Augsburg,
Tel. 0821 – 32 42 936, 57 44 95 (Stadiongaststätte).

■ Etzwiesenstadion
Fußball unterm Viadukt

Das Charakteristikum des Stadions der nordwürttembergischen Stadt, 30 km von Stuttgart entfernt, ist die schöne Lage im Murtal, das vom B 14-Viadukt überspannt wird, das wiederum den Hintergrund für fast alle Mannschaftsfotos der TSG Backnang liefert.

Etliche Fußball-„Promis" haben im Lauf der Jahre den Weg auf die Etzwiesen gefunden: Der einarmige Altinternationale Robert Schlenz führte die TSG 1967 in die Regionalliga-Aufstiegsrunde, die aus Oberliga bzw. Bundesliga bekannten VfB Stuttgart-Akteure Lothar Weise und Markus Elmer amtierten als Trainer, Ex-Nationalspieler Klaus-Dieter Sieloff ließ dort ebenso wie Willi Entenmann seine Karriere ausklingen, und Markus „Ton" Sailer, später St. Pauli, MSV Duisburg, Stuttgarter Kickers, machte durch Tore auf sich aufmerksam.

Der größte Erfolg der Vereinsgeschichte, der Aufstieg 1967 in die Regionalliga Süd, gelang allerdings ohne Stars; das als Etzwiesensportplatz bezeichnete Stadion besaß damals 10.000 Plätze.

Der 1919 gegründete FV Backnang hatte 1925 Gelände in den Etzwiesen gekauft und dank eigener Mittel, eines städtischen Darlehens sowie Industrie-Spenden im September für 15.000 RM das Spielfeld samt kleiner Tribüne realisiert. Waschen mussten sich die Fußballer in der damals noch sauberen Murr, bis 1928 ein Tiefbrunnen gebohrt wurde, der über eine Handpumpe den Waschtrog im Freien füllte. Tribüne, Platz und Klubhaus (seit 1929) wurden in den letzten Kriegstagen durch Fliegerangriffe beschädigt, erst 1949 konnte auf den Etzwiesen wieder Sport getrieben werden.

Den FV hatten die Alliierten nicht mehr zugelassen, und über die Station Sportvereinigung hieß der neue Hausherr im Murrtal TSG Backnang. Bereits 1950 war die neue Tribüne fertig gestellt, aber der rechte Zuschauerzuspruch setzte erst in den 60er Jahren ein. 1965/66 zog in der 1. Amateurliga Nordwürttemberg das Spiel des Neulings TSG gegen Union Böckingen schon mal 5.000 an, ehe der Verein in der Regionalliga-Aufstiegsrunde 1967 mit 6.500 gegen den Offenburger FV eine neue Bestmarke erreichte (das Ent-

50er-Jahre-Fußball an der Heidenmauer: Ausverkauft gegen Kaiserslautern.

scheidungsspiel auf dem Pforzheimer Club-Platz gewannen die Württemberger vor 10.000 mit 1:0 gegen den OFV). Die monatlich 13.500 DM teure Vertragsspieler-Mannschaft der Backnanger blieb ein Jahr in der zweithöchsten Liga, den besten Besuch erreichte man mit 8.000 am 12. Spieltag gegen die Stuttgarter Kickers (1:5), sonst lag der Schnitt bei 3.000.

Die nach wie vor vereinseigene Anlage wurde im Lauf der Jahre immer wieder saniert und erweitert: 1984 entstand ein neues Umkleidegebäude, weil der entsprechende Trakt in der Tribüne nicht mehr ausreichte, 1985 ein neues Klubhaus. 1986 gab die Stadt 220.000 DM für Tribünensanierung u.a. und 492.000 Mark für einen Kunstrasenplatz.

Als württembergischer Pokalsieger hofften die Backnanger 1991 im DFB-Pokal noch einmal auf großen Besuch im Etzwiesenstadion, in der 2. Hauptrunde kam aber „nur" der 1. SV Suhl aus dem Osten und gewann auch noch 3:1.

Die TSG-Fußballer gehörten 2000/2001 der Landesliga Staffel 1 an, der Gesamtverein hat die beachtliche Mitgliederzahl von 6.700. *sky*

Etzwiesenstadion Backnang
ER: 1925.
ZR: je 8.000, Regionalliga Süd 1967/68, TSG Backnang – Stuttg. Kickers 1:5, und Februar 1971, Freundschaftsspiel TSG – Bayern München.
Etzwiesen, 71552 Backnang,
Tel. 07191/60297 (Vereinsgaststätte), 65559 (Geschäftsstelle TSG).

Bad Kreuznach

◼ Friedrich-Moebus-Stadion

Stadion statt Golfplatz

Die Kurstadt im Nahetal, 15 km vom Rhein entfernt, ist nicht unbedingt im Fußball bekannt. Dies war ehemals anders, denn in den 50er Jahren tat ihr Kurdirektor kund: „Welchem Sportsmann in Deutschland ist nicht die ‚Heidenmauer' ein Begriff?" So hieß das Stadion, das nicht mehr besteht: Sein Nachfolger ist das Friedrich-Moebus-Stadion, in dem die SG Eintracht Bad Kreuznach 2000 nach langen Jahren in der Versenkung aufgetaucht ist und in der Oberliga Südwest spielt.

Nach Stilllegung einer Glashütte hatte ein Fabrikant dem 1. FK 02 das Gelände an der Heidenmauer überlassen, wo die Mitglieder in freiwilliger Arbeit eine Sportanlage schufen, die – noch nicht ganz fertig – am 1. August 1926 gegen die Offenbacher Kickers (3:1) eröffnete. Nach dem Abzug der französischen Besatzungstruppen aus dem Rheinland errichtete man 1930 eine gedeckte Tribüne für 500 Besucher und das Klubhaus. Bereits zwei Jahre später schloss sich der 1. FK mit dem FSV 07 zur SG Eintracht zusammen. Der FSV kam von der Pfingstwiese, wo sich heute das Moebus-Stadion befindet und wo es alljährlich die Nahetalkampf-

spiele gab, bei denen Weitspringer Karl Hornberger 1920 als erster Deutscher über sieben Meter ankam (7,11 m, ein deutscher Rekord, der bis 1935 Bestand hatte).

Als Spielertrainer führte der aus Düsseldorf-Benrath stammende Ex-Nationalspieler Jupp Rasselnberg, der nach Bad Kreuznach geheiratet hatte und dort ein Tabakgeschäft besaß, die Eintracht 1950 zum Oberliga-Aufstieg. Bereits am 1. Spieltag war der Zuschauerrekord an der Heidenmauer fällig, denn 23.000 – nach anderen Angaben 20.000 bzw. 25.000 – erlebten das 1:1 gegen den 1. FC Kaiserslautern mit. Zehn Jahre gehörte die Eintracht der damals erstklassigen Oberliga an, erreichte dann noch einmal für ein Jahr (1973/74) die Regionalliga. Zu jener Zeit war der CDU-Politiker und Weinkellerei-Besitzer Elmar Pieroth (später Senator in Berlin) Präsident, der den Klub in einem finanziellen Kraftakt in die 2. Bundesliga Süd hievte.

Das Stadion Heidenmauer gab es da schon nicht mehr, neue Spielstätte war das mit dem 5. Mittelrheinischen Turnfest am 11. Juni 1965 eröffnete Friedrich-Moebus-Stadion. Moebus (1885-1948) hatte fast zeitlebens fern seiner Heimatstadt gelebt, war als Diplom-Ingenieur Eisenbahnbauer in Siam (heute Thailand), im 1. Weltkrieg in Indien interniert, danach Bauleiter der IG-Farben-AG in Leuna. Als er 1948 in Merseburg starb, vermachte er sein Vermögen von 500.000 Mark der Stadt Bad Kreuznach, die dafür einen Golfplatz bauen sollte. Nach langen rechtlichen Auseinandersetzungen mit der Ostzone bzw. DDR (die ostasiatische Kunstsammlung von Moebus bekam nicht Frankfurt, sondern als Leihgabe das Museum für Völkerkunde Leipzig) erhielt die Stadt 1952 einen Erbschein und begann 1954 mit dem Stadionbau auf der Pfingstwiese (sieben Bauabschnitte, 1,3 Mio. DM Kosten). Zwar hatte man aus dem Erbe keinen Golfplatz finanziert, wohl aber einen Minigolfplatz.

Das Moebus-Stadion fasste anfangs 15.000 Zuschauer (davon 2.000 unüberdachte Sitzplätze), später 20.000 Zuschauer. Doch als die Eintracht 1975/76 in der 2. Liga zunehmend Schiffbruch erlitt, spielte sie zuletzt fast unter Ausschluss der Öffentlichkeit: je 800 gegen FC Homburg (0:0) und SSV Reutlingen (6:1), nur 400 gegen den FK Pirmasens (6:2). Den Besucherschnitt der Oberliga-Spielzeit 1950/51 von 5.033 erreichte man in der 2. Liga mit 3.316 nicht.

Das Mehrzweckstadion der 43.000-Einwohner-Stadt besitzt bis heute keine überdachte Tribüne. Im unteren Teil der (begehbaren) Wälle verlaufen rundum sechs Stufen. Entsprechend der Anlage sind die Nutzer vielfältig: Die Eintracht, DJK Adler, weitere Fußballvereine, Leichtathleten und Schulen. Wie stets in solchen Fällen werden sich manche nach der Heidenmauer zurücksehnen, auf der nun Schulbauten stehen – wenn sie sich denn überhaupt noch erinnern.

sky

Friedrich-Moebus-Stadion Bad Kreuznach

ER: 1965. FV 22.500, davon 2.300 unüd. SiP
Pfingstwiese/Güterbahnhofstraße, 55545 Bad Kreuznach,
Tel. 0671 / 450 61.

Eintracht-Sportfeld Heidenmauer Bad Kreuznach

ER: 1926, FV: max. 23.000 bis 25.000.
ZR: 20.000 bis 25.000, Oberliga Südwest, 1950, Eintracht Bad Kreuznach – 1. FC Kaiserslautern 1:1.
Das Stadion besteht nicht mehr.

Unter Denkmalschutz: Die Tribüne in Bamberg aus dem Jahr 1938.

(Foto: Stadtarchiv Bamberg)

Bamberg

▓ Volksparkstadion

27.000 kamen, aber Schalke nicht

„Der Süden Deutschlands kennt wenige Sportanlagen in der Geräumigkeit, mit dem Fassungsvermögen, der wundervollen Lage und dem idealen Anmarschweg." So wurde die 1926 eröffnete Hauptkampfbahn im Volkspark Bamberg gelobt, als der 1. FC Bamberg 1946/47 ein einjähriges Gastspiel in der Oberliga Süd gab und pro Begegnung 7.211 Besucher verzeichnete.

Die Hauptkampfbahn, heute als Volksparkstadion bezeichnet, lag im Stadion, zu dem mehrere Rasenspielfelder, Rollschuh- und Eisbahn, Reitbahn, Stadionschwimmbad, Tennisplätze, Festwiese, später Vereinsheime, der „Ehrenhain", eine Gaststätte, eine Jugendherberge (bis 1995) und eine Radrennbahn (Abriss 1982) gehörten. Das Stadion wiederum war Bestandteil des Volksparks, einem waldnahen Stadtviertel an der südöstlichen Peripherie der Stadt. Die Bedeutung eines Volksparkes, den man auch andernorts realisierte (z.B. Altona, Hamburg, Hamborn), erläuterte 1926 ein zeitgenössischer Text: „Der Volkspark soll der moderne Gesellschaftspark sein, der Park, wo Spiel und Sport getrieben, wo geturnt und getummelt wird, wo sich Alt und Jung austoben kann, wo man badet und den Körper der Sonne aussetzt, wo man im frohen Kampfe mit anderen die Lungen aufpumpt und die Sinne schärft."

Anlass der Verwirklichung des Volksparks war das 16. Bayerische Landesturnfest 1926 in Bamberg. Die Kampfbahn (Erdterrassen) fasste damals 15.000 Besucher. Bürgermeister Weegmann bei der Eröffnung am 16. Juli vor 5.000: „Die Stadtverwaltung war von der Erkenntnis getragen, dass man Turn- und Spielplätze schaffen soll, um Krankenhäuser zu ersparen."

27.000 Zuschauer fasste schließlich das Volksparkstadion, das 1938 eine überdachte Tribüne erhielt. Und so viele kamen auch 1946 nach dem Oberliga-Aufstieg des 1. FC zum „Festspiel" anlässlich des 45-jährigen Bestehens des Vereins, war doch zum Himmelfahrtstag ein Schalke-Gastspiel angekündigt. Der Schalker Bus aber blieb auf der Strecke liegen, weshalb die 27.000 anstelle des Kreisels die Kugelstädter von Schweinfurt 05 sahen. Freitagfrüh, 2 Uhr, trafen die Knappen endlich ein und zogen am Samstag immerhin noch einmal 12.000 an. Oberliga-Saisonrekord bedeutete dieselbe Zahl am 6. Juli 1947 gegen den 1. FC Nürnberg (1:2).

Nochmals 27.000 fanden sich im Volksparkstadion 1954 zum Amateur-Länderspiel gegen Frankreich ein, bei dem Lokalmatador Dieter Zettelmaier vom 1. FCB in der Mitte stürmte. Ebenfalls große Resonanz mit 26.000 Besuchern hatte das Bayerische Turnfest.

2000/01 gehört der 1. FC Bamberg der Landesliga Nord Bayern an. Im denkmalgeschützten Stadion, dessen Tribünendach die Stadt in den 90er Jahren reparieren ließ, spielen außerdem die Bamberg Bears (American Football).

sky

Volksparkstadion Bamberg

ER: 1926. FV früher 27.000, heute 22.500, davon 500 üd. SiP
ZR: je 27.000; Freundschaftsspiel, 1946, 1. FC Bamberg – Schweinfurt 05; Amateur-Länderspiel, 2.5.1954, Deutschland – Frankreich 1:1.
Moosstraße 127, 96050 Bamberg,
Tel. 0951 / 143 15.

Baunatal

■ Parkstadion

Zum Abstieg war das Stadion fertig

Anno 1976 tauchte unversehens ein Verein namens KSV Baunatal in der 2. Bundesliga Süd auf, den man als Fußball-Traditionalist nicht orten konnte. Genauso wenig wie die Stadt, von der einem im Schulunterricht und auch sonst nie berichtet worden war. Wir lernten aus der guten alten ARD-„Sportschau" und beim ZDF: Baunatal, drei Kilometer südlich von Kassel, VW-Werk und „Beppo" Hofeditz.

Als wir vor einigen Jahren den Fußballsport der Kultur zuordneten, hatte ein Rezensent der Zeitung, hinter der stets ein kluger Kopf stecken soll, nur Häme übrig, doch widerlegt der Vereinsname der Baunataler die Spötter: Kultur- und Sportverein bedeutet nämlich KSV, was mit den Wurzeln des Klubs im Arbeitersport zu tun hat, denn

auch im Württembergischen nennen sich dessen Nachfolgevereine SKG – Sport- und Kulturgemeinschaft (im übrigen bezeichnet inzwischen ein Günter Netzer die Nationalmannschaft als „höchstes Kulturgut"!).

Doch zum eigentlichen Thema Stadion: Das war nämlich zum Zweitliga-Aufstieg 1976 noch nicht vorhanden. Zwar hatte sich Baunatal zuvor zwei Jahre lang in der Spitze der 1. Amateurliga Hessen etabliert, doch mit dem großen Coup hatte wohl niemand gerechnet. Vielleicht war alles zu rasch gegangen in der heutigen 27.000-Einwohner-Stadt (über 5.000 KSV-Mitglieder!): Die Volkswagenwerk AG hatte 1957 auf den Trümmern des Rüstungsbetriebs Henschel-Flugmotorenwerke von 1938 gebaut, woraufhin sieben Dörfer zu einer Gemeinde zusammenfanden, die 1966 Stadtrechte erhielt.

Mangels geeigneter Spielstätte wich man – naheliegend – ins Kasseler Aue-Stadion aus, das seinerzeit 24.500 Plätze, davon 2.500 Sitzplätze auf der Tribüne, bot. Hessen Kassel stand damals als Amateurligist im Abseits. Drei Spielzeiten behauptete sich der Kultur- und Sportverein in der 2. Bundesliga

Süd (15., 16., 19.), und auch heute steht die „junge Stadt" weit vor dem fußballerischen Großstadt-Desaster Kassel, nämlich in der Oberliga Hessen.

Was Baunatals Stadion betrifft, so wurde es just im Abstiegsjahr fertig. Einfach zu spät, denn statt Nürnberg, KSC, Saarbrücken und Offenbach kamen nun Sindlingen, Heppenheim und Ziegenhain. Und auch das noch: Hessen Kassel ersetzte Baunatal damals in der 2. Bundesliga. So waren die 15.000 beim Hessentag 1999 eine Kulisse, die es im Fußball so bald wohl nicht mehr geben wird.   *sky*

Parkstadion Baunatal
ER: 1976. FV: 8.578, davon 2.578 üd.
SiP, 6.000 StP.
Altenbaunaer Straße 45,
34225 Baunatal,
Tel. 0561 / 49 35 53, 49 87 27.

Bautzen

■ Stadion an der Müllerwiese

Ecke Prisečanska / Humboldtowa

Prisečanska dróha / Humboldtowa dróha heißt die Straßenecke unweit des Stadions, doch keine Angst, wir sind nicht versehentlich ins Ausland geraten – Preuschwitzer Str./Humboldtstr. steht auch noch auf dem Schild, denn offizielle Bezeichnungen sind in Bautzen/Budyšín (Ostsachsen) in sorbischer und deutscher Sprache aufgeführt (die Sorben sind der kleinste Teil der slawischen Völker).

Bautzen war gemeinhin bekannt für sein Zuchthaus bzw. sein Gefängnis (genau genommen gab es zwei), etwas ungerecht, besitzt es doch eine wunderschöne Altstadt in formidabler Lage. Fußballerisch spielte die Stadt nur ein Jahr erstklassig. Das war 1944/45, aber die Aufnahme in diesen Band ist gerechtfertigt, weil 1966 im mit 15.000 ausverkauften Stadion an der Müllerwiese

Idyllische Lage: Stadion an der Müllerwiese.

das DDR-Pokalendspiel Chemie Leipzig gegen Lok Stendal (1:0) stattfand. Offiziell galt seit dem Ausbau in den 60er Jahren damals wie heute eigentlich nur ein Fassungsvermögen von 10.000.

Hat man den Eingang mit den beiden Kassenhäuschen passiert, fällt der Weg ab und man blickt auf eine idyllische Anlage im Tal der noch kleinen Spree, wobei den malerischen Hintergrund ein Eisenbahnviadukt bildet. Was nun Haupt- und Gegengerade ist, mag der Besucher entscheiden: Auf der einen Seite sind orangene Sitzschalen installiert, flankiert von Stehtraversen, auf der anderen sind teilweise Stehtraversen und der für DDR-Stadien anscheinend obligatorische Kampfrichterturm. Die eine Kurve ist ebenerdig, die andere begrünter Wall. Es gibt die Gaststätte „Sport-

lerheim", und wenn's die Platzverhältnisse nicht zulassen, spielt die Fußballsportvereinigung (FSV) Budissa Bautzen in der Bezirksliga eben auf dem Nebenplatz, wohin ein Brückchen übers Flüsschen führt, auf dem possierliche Enten schwimmen.

Am 5. Mai 1929 war die Städtische Kampfbahn Müllerwiese eingeweiht worden, und Tradition war in den 30er Jahren, dass der Dresdner SC an Silvester (!) zu einem Gastspiel kam. Motor Bautzen aus der heute 42.870-Einwohner-Stadt gehörte früher der DDR-Liga (zweithöchste Spielklasse) an, musste die fußballerische Führungsrolle in der Region aber dann dem nahen Bischofswerda überlassen. Denn der Nachbar war für zwei Spielzeiten in der Oberliga präsent.   *sky*

Stadion an der Müllerwiese Bautzen
ER: 1929. FV: 10.000, davon 1.420 unüd. SiP.
ZR: 15.000, 30.4.1966, DDR-Pokalendspiel, BSG Chemie Leipzig – BSG Lokomotive Stendal 1:0.
Humboldtstraße / Humboldtova 10,
02625 Bautzen, Tel. 03591 – 30 55 12 („Sportlerheim Müllerwiese"), 30 55 15 (FSV-Geschäftsstelle).

Bayreuth

Städtisches Stadion / Stadion an der Jakobshöhe *

Renoviert dank Michael Jackson

Bayreuther Festspiele gibt es seit 1876, jährlich kommen deswegen 60.000 in die „Wagnerstadt". Fußball-Festspiele erster Güte hätte es im Städtischen Stadion fast ab 1979 gegeben, doch die SpVgg Bayreuth, früher zu Hause im Stadion an der Jakobshöhe, verpasste den Aufstieg in die 1. Bundesliga knapp.

Das werden nur noch wenige wissen, und nicht allzuviele auch dies: Anderthalb Jahrzehnte lang gab's bezahlten Fußball in der oberfränkischen 74.000-Einwohner-Stadt, ehe die SpVgg 1989 aus der 2. Bundesliga abstieg. Der 1921 gegründete kleine Vorstadtverein war von der C-Klasse in die zweithöchste Liga gelangt; ein wesentlicher Faktor dafür war Sponsor und Präsident Hans Wölfel aus der Fleischbranche, der allerdings nie wie Geldgeber anderswo einen riskanten Kurs verfolgte. Letztlich übertraf die SpVgg jedenfalls die oberfränkischen Konkurrenten wie Bayern Hof, VfL Neustadt bei Coburg (dessen Stadion nur wenige hundert Meter von der Grenze zur DDR entfernt war) und 1. FC Bamberg.

„Die Altstädter", wie die SpVgg genannt wird, besaßen das Stadion an der Jakobshöhe, eine enge und stimmungsvolle Fußball-Arena, die 10.000 Plätze bot. Das war angesichts der Nachfrage auf Dauer zu wenig, weshalb die Stadt 1967 das Städtische Stadion am Ellrodtweg errichtete. Es war größer und moderner als die Jakobshöhe, aufgrund der Leichtathletik-Anlagen aber kein reines Fußballstadion mehr, was die SpVgg nicht am Umzug hinderte. Dort fanden anfangs 15.000 Besucher Raum, bis die Stadt in den 70er Jahren eine überdachte 3.000-Plätze-Tribüne bauen ließ (charakteristisch sind die zwölf halbrunden Dachteile und die Buchstaben überm Dach: „Städt. Stadion Bayreuth") und das Fassungsvermögen auf 20.000 erweiterte.

Tausende fieberten 1978/79 im Städtischen Stadion dem Bundesliga-Aufstieg entgegen, doch die Gelb-Schwarzen verloren ihr letztes Heimspiel gegen den FSV Frankfurt 2:4, verfehlten den Direktaufstieg und scheiterten in der

(Foto: Hoeck)

Städtisches Stadion Bayreuth.

Relegation mit 1:1 zu Hause und 1:2 in der Grotenburg-Kampfbahn an Bayer Uerdingen.

Dass das Stadion später überholt wurde, war einem Michael-Jackson-Konzert vor 28.000 zu verdanken. Der Veranstalter verlangte eine Sanierung der Stehplätze in der Ostkurve, verbesserte Zugänge und neue Treppen, weshalb die Stadt Bayreuth 300.000 Mark investierte.

2000/01 spielt die SpVgg mit Aufstiegs-Ambitionen im Städtischen Stadion in der Landesliga Nord, und ihr Trainer heißt Armin Eck, ehemals Profi bei Bayern München und dem HSV, aber aus den „Altstädtern" hervorgegangen. Das Stadion liegt am Roten Main, am gegenseitigen Ufer findet man den Sportpark Bayreuth mit Kunsteisstadion, Hallenbad, Dreifachturnhalle und Oberfrankenhalle vor. Das Stadion an der Jakobshöhe existiert nicht mehr: Das Gelände wurde verkauft und anschließend mit einem Supermarkt bebaut.   *sky*

Städtisches Stadion Bayreuth
ER: 1967. FV: 20.000, davon 3.027 üd. SiP und 16.973 StP.
ZR: je 20.000: Relegationsspiel Bundesliga-Aufstieg, 1979, SpVgg Bayreuth – Bayer Uerdingen 1:1; DFB-Pokal, 3. Hauptrunde, 12.1.1980, SpVgg – Bayern München 1:0 (auf gewalztem Schneeboden); nach anderen Angaben 18.000.
Ellrodtweg, 95448 Bayreuth,
SpVgg: Tel. 0921 / 677 88, 677 87.

Stadion an der Jakobshöhe
FV: ehemals 10.000
ZR: je 10.000; jeweils Regionalliga Süd: 4.4.1973, SpVgg Bayreuth – Bayern Hof 0:0; 29.9.1973, SpVgg – FC Augsburg (Tabellenführer, mit Helmut Haller) 3:3. (Anmerkung: nach einer Quelle spielten am 19.2.1972 SpVgg – 1860 München 3:1 vor 11.000 an der Jakobshöhe).
Das Stadion, Adresse früher Jakobstraße, besteht nicht mehr.

Bellheim

Franz-Hage-Stadion

„Aushängeschild der Stadt"

Zwischen Landau/Pfalz und dem Rhein liegt die kleine, 8.300 Einwohner zählende Verbandsgemeinde Bellheim. Hier gab sich in den 60er und 70er Jahren regelmäßig die damalige Fußball-Prominenz ein Stelldichein: 1. FC Saarbrücken und Neunkirchen, Worms und Pirmasens, Ludwigshafen und TuS Neuendorf.

Der FC Phönix 1921 Bellheim hatte sich 1962/63 erstmals in der 2. Liga Südwest etabliert und für die neue Regionalliga Südwest qualifiziert, in der er sechs Jahre lang mitspielte (1963-67, 1971-73). In den Reihen der Weinrot-Schwarzen stand Mitte der 60er Jahre Rolf Kahn, ehemals KSC-Bundesligaspieler, Vater von Nationaltorhüter Oliver Kahn. Zum Regionalliga-Auftakt wurde für das Phönix-Stadion ein Fassungsvermögen von 10.000 angegeben.

Das Bellheimer Stadion hat eine beachtliche Historie: 1921 verpachtete die Gemeinde dem im selben Jahr gegründeten FC Phönix ein Gelände im Walddistrikt „Erlenpfad", auf dem Mitglieder einen Sportplatz anlegten, der 1922 eröffnete. 1925 wurde er vergrößert sowie Umzäunung und Entwässerung geschaffen. Die Tribüne entstand 1953, und auf den beiden Vereinsspielplätzen bauten Phönix und VfL bis 1959 das neue Stadion. Da dessen Unterhalt die Vereine überforderte, übernahm die Gemeinde 1984 nach langen Diskussionen die gesamte Sportanlagen.

In drei Bauabschnitten hat die Gemeinde (bis 1987, 1989 und 1994) das gesamte Stadion saniert, eine Flutlichtanlage kam hinzu. Heute betrachtet Bellheim „das voll ausgebaute Stadion mit drei Sportplätzen und Leichtathletik-Anlagen mit Kunststoffbelag" als „Aushängeschild".

In Erinnerung an den Ehrenbürger, langjährigen Vorsitzenden und Ehrenvorsitzenden des FC Phönix erhielt die Sportanlage 1991 den Namen Franz-Hage-Stadion.   *sky*

Franz-Hage-Stadion Bellheim:
ER: 1922/1959. FV 10.000, davon 150 üd. SiP, 9.850 StP.
ZR: 6.000, 3.7.1992, Benefiz-Spiel „WM-Team gegen Altinternationale".
Zeiskamer Str. 72, 76756 Bellheim, Tel. 07272 / 76 757.

■ Deutsches Stadion Charlottenburg *

„Die Mutter der deutschen Stadien"

„Ein weit ausladendes, sanft in den Boden geschmiegtes Betonbecken. Das sattgrüne Oval des Rasens ist in reizvollem Gegensatz von dem schwarz-weißen Ring der Lauf- und der Radrennbahn umgeben, hellgelb leuchtet die inmitten der Zuschauerplätze ringsum laufende Brüstung, nur an der einen Langseite von dem glitzernden Spiegel des Schwimmbeckens unterbrochen. Lachende Sonne darüber – und lachende Jugend darin."

So hat Autor Gerhard Krause „die Mutter deutscher Stadien" beschrieben, das 1913 eingeweihte Deutsche Stadion von Berlin, das am Ort des heutigen Olympiastadions stand. Die erste Großsportanlage Deutschlands, die ihren Rekordbesuch mit 64.000 bei einem Fußballspiel verzeichnete, war gewissermaßen ein „Universal-Stadion": Sie bot ein Spielfeld für den Rasensport, Leichtathletik-Anlagen, eine Radrennbahn, ein Schwimmbecken u.v.a.m. – „ein Ausdruck der machtvollen Einigkeit des Sports".

„Ein deutsches Olympiastadion"
Pläne für „eine Feststätte für Deutsche Kampfspiele" hatten bereits im 19. Jahrhundert existiert. 300.000 bis 400.000 Zuschauer sollte sie fassen, und die Standorte waren nach deutschnationalem Verständnis gewählt: Der Kyffhäuser in Thüringen, wo angeblich Barbarossa schlummert(e); später sollte am Niederwald von Rüdesheim am Rhein im Angesicht der „Germania" oder beim 1913 eingeweihten Leipziger Völkerschlachtdenkmal gebaut werden.

Ausgangspunkt für den Bau im Grunewald war die Gründung des Internationalen Olympischen Komitees durch Baron de Coubertin 1894. Nachdem Deutschland bereits an den Spielen 1896 (Athen) und 1900 (Paris) teilgenommen hatte, gründete sich für die Spiele 1904 im US-amerikanischen St. Louis der Deutsche Reichsausschuss für Olympische Spiele (DRAfOS). Auf der Rückreise von den Athener Zwischen-Spielen 1906 konkretisierten die Verantwortlichen an Bord des Dampfers „Amphitrite" den Gedanken eines deutschen Olympia-Stadions. Die Grunewald-Pferderennbahn, die der vornehme Union-Klub plante und 1909 eröffnete, sollte es nach dem Entwurf des Geh. (Anm.: Geheimen) Baurat Dr. Ing. h.c. Otto March (Vater der späteren Olympiastadion-Architekten Werner und Walter, der vor der Stadioneröffnung verstarb) in einer Sandmulde aufnehmen. Das Bauwerk musste als Erdstadion tief gelegt werden, damit die bis zu 40.000 Rennbahn-Besucher von den drei Tribünen und Standplätzen einen ungehinderten Blick auf den Verlauf der Rennen werfen konnten.

Das Projekt allerdings fand keinerlei Anklang, obwohl es in der Kaiserzeit nationale Ziele verfolgte und als Schau-platz eines „deutschnationalen Olympia" – mit dem nach Thomas Schmidt „systemstabilisierende Interessen verfolgt wurden" – den „Patriotismus stärken, die Wehrkraft (...) erhöhen und die Jugend (...) ertüchtigen" sollte. Als in 180 Gesuchen alle deutschen Städte mit mehr als 50.000 Einwohnern und alle preußischen Provinzialverwaltungen gebeten wurden, die Zinsgarantie für den Bau zu übernehmen, stellte lediglich Brandenburg 1.000 Mark in Aussicht. Auch die Berliner Stadtverwaltung offenbarte kein Interesse. Vom DRAfOS-Vorsitzenden Egbert Hoyer Graf von der Asseburg (1847-1909), der sich aufopferungsvoll der Stadion-Idee verschrieben hatte, hat Carl Diem später berichtet: „Man kann sagen, er ist am Stadion gestorben."

1916: Die Spiele, die nie stattfanden
Als neuer Reichsausschuss-Chef verfolgte der Husarengeneral Victor von Podbielski, ein „Skatbruder" des Kaisers, den die Enthüllungen des Sozialdemokraten August Bebel sein Ministeramt gekostet hatten, die Pläne „für eine nationale Kampfstätte und eine Musterstätte, in der jede Art der Leibesübung zur Kräftigung und Hebung unserer Volksgesundheit unter sachlicher und ärztlicher Aufsicht betrieben werden kann" (DRA für Olympische Spiele 1908) und erreichte immerhin, dass der Union-Rennklub, dessen Mitglied von Podbielski war, schon einmal 800.000 Mark investierte. Die damals noch selbständige Stadt Charlottenburg wollte ebenfalls helfen, verlangte dafür für sich aber 126 Nutzungstage pro Jahr, was indiskutabel war. Als das IOC 1909 in Berlin tagte, musste Deutschland hinsichtlich einer Olympia-Bewerbung erst einmal passen: Schließlich besaß man kein geeignetes Stadion, und Stockholm kam für 1912 zum Zug.

Es war eine private Institution, der erwähnte Union-Klub, der im Mai 1912 die 2,25 Mio. RM für den Bau aufbrachte, der als „Arbeitsbeschaffungsmaßnahme" ausgeführt wurde. Daraufhin setzte sich Deutschland kurz vor Beginn der Spiele von Stockholm – Budapest und Alexandria zogen zurück – als Ausrichter der Olympischen Spiele 1916 durch, die wegen des 1. Weltkriegs aber nicht stattfanden. „Sr. Majestät Kaiser Wilhelm II, dessen Vorliebe und Verständnis für Körpersport und Leibesübungen ja bekannt sind", hatte sich an dem Vorhaben wohl interessiert gezeigt, aber keine Geldmittel zur Verfügung gestellt.

Noch im Glauben an die nahenden Olympischen Spiele wurde eine Baukommission gebildet, der die im Reichs-

Postkarte zur Eröffnung des Deutschen Stadions Berlin.

Armee-Meisterschaften 1914 im Deutschen Stadion.

ausschuss für die Olympischen Spiele vertretenen Sportverbände angehörten, darunter für den DFB ein G. Obst. Wohl auf seine Initiative wurden die Rasenplatzmaße von 90 x 60 m schließlich auf 110 x 70 m geändert. Es war natürlich kein fußballerisches Idealstadion, das da entstand, schließlich sollte es alle olympischen Sportarten beherbergen. An den Hintertorseiten lagen große Rasenflächen, die Leichtathleten, Turnern und Ringern dienen sollten. Überhaupt war die ovale Arena überdimensional ausgelegt, weil sie so vielen Zwecken dienen musste: Im Rund verlief eine 600 m lange Aschenbahn, zusätzlich gab es an der Zielseite eine 110-m-Strecke. Die Radsportamateure erhielten eine 666,75 m-Piste, die vor den Zuschauerrängen verlief – die damals modernste und längste deutsche Radrennbahn. Außerdem gab es auf der Gegengerade, die damals noch nicht so hieß, ein 100 Meter langes Schwimmbecken samt Sprungturm – ein für die deutsche Stadiongeschichte einmaliger Fall! Zum Schwimmbad gehörte eine gesonderte 3.000-Plätze-Sitztribüne ohne Überdachung.

Die einzigen überdachten Plätze im aus Stampfbeton und Eisenbeton gefertigten und „vom Studium der griechischen Klassik inspirierten Bau" (Schmidt) existierten „mit pavillonarti-

ger Uberdachung" in der Kaiserloge „für hochgestellte Personen, besonders für Se. Majestät den Kaiser, seine Gäste und das Gefolge". Das Fassungsvermögen des Deutschen Stadions belief sich auf 29.910 Plätze – zu dem Zeitpunkt unerreicht in Deutschland –, die sich wie folgt aufgliederten: 2.208 „Kaiserloge"-Plätze, 12.232 unüberdachte Sitzplätze, 12.470 unüberdachte Stehplätze und 3.000 unüberdachte Schwimmtribünen-Plätze.

Das weitläufige Oval war 294 m lang und 95 m breit, weshalb die Sichtweite von der Kurve bis zum Mittelkreis Zuschauer-unfreundliche 170 m betrug.

Mangels finanzieller Mittel konnte das Maximal-Bauprogramm allerdings nicht verwirklicht werden. So fiel die vorgesehene zentrale Warmwasserbereitung für das Schwimmbad weg.

Das „Universal-Stadion" war nicht allein als Sportstätte konzipiert, sondern sollte „so wie das Stadion zu Olympia" (Anm.: in Griechenland) „eine Stätte nationaler Kunst sein!" So gingen namhafte Künstler der Zeit, darunter Georg Kolbe, ans Werk: Inmitten der Schwimmbahn-Tribüne ragte eine auf einer hohen Säule postierte Siegesgöttin Victoria auf, davor zogen „vier feurige Rosse" einen Wagen. Die Skulpturen wie Neptun-Gruppe, Reiter und Athleten entstanden erst einmal „aus vergänglichem Material" (einer Gips-

Zementguss-Mischurg) und sollten für die Olympischen Spiele 1916 in Bronze ausgeführt werden. Dazu ist es nicht mehr gekommen, sonst wären die Kunstwerke wohl ebenso wie das Kupferdach des Kaiserpavillons der „Metallspende" im 1 Weltkrieg geopfert worden.

Fußball-Premiere ohne den Kaiser

„Die Mutter der deutschen Stadien" – Besitzer war der Deutsche Reichsausschuss für Leibesübungen –, nahm erstmals am 8. Juni 1913 zum 25-jährigen Regierungsjubiläum von Wilhelm II die Öffentlichkeit in Empfang; gleichzeitig eröffnete die U-Bahn-Station „Stadion". In der Kaiserloge stieg um 12.30 Uhr die Kaiserstandarte am Mast auf, „der Hof in seinem Glanze erschien, und mit dem Eintritt des Kaisers begann der Hauptteil des Weihefestes". 35.000 Turner, Sportler, Pfadfinder, Wandervögel und der Jung-Deutschlandbund zogen ins Stadion ein – die „Frankfurter Zeitung" kritisierte den Aufmarsch als „Militärschau". Der Kaiser hatte das Deutsche Stadion bereits verlassen, als die Fußballer aufliefen und im Endspiel um den Kronprinzenpokal Brandenburg dem Westdeutschen Spiel-Verband 3:5 unterlag.

Zwar gab es später weitere Kronprinzenpokal-Finale, doch waren es vor allem Sportfeste, die in Charlottenburg

Übertragung des Endspiels Hertha BSC – 1. FC Nürnberg 1927 durch Alfred Braun (rechts) und Carl Koppehel im Deutschen Stadion.

(Foto: Zentrum für Berlin-Studien)

stattfanden, so am 22. Februar 1914 zu Ehren des 70. Geburtstages „des greisen Vollenders des Stadions", Viktor von Podbielski (die Podbielski-Eiche steht heute beim Olympischen Tor), und im Juni 1914 die Armee-Meisterschaften, „die der staunenden Welt gezeigt hatten, welch' große Ausdehnung der Sport bereits in deutschen Heere gefunden hatte". Den Fünfkampf gewann Hohenzollern-Prinz Friedrich Carl von Preußen, der als Flieger im 1. Weltkrieg ums Leben kam. Am 27. Juni 1914 wurden Olympia-Vorspiele veranstaltet, in deren Verlauf die Fahne in der Kaiserloge auf Halbmast sank – in Sarajewo waren der österreichische Thronfolger und seine Frau ermordet worden. Das Fest, so berichtet die Chronik, „wurde dann stumm zu Ende geführt". Und weiter: „Wenige Wochen darauf marschierten die jungen Sportsleute gegen den Feind, und viele von ihnen nahmen ihre Stadionfreuden mit ins Heldengrab" (Wilhelm II erklärte am 1. August 1914 die Mobilmachung).

Mit dem Kriegsbeginn schloss das Stadion – „still und verlassen lag der stolze Bau des Deutschen Stadions im herrlichen Kiefernwald" – und die Pferderennbahn funktionierte man in ein Reservelazarett um. 1916 aber nahm man den Sportbetrieb wieder auf, es gab ein Sportfest im Andenken an den im selben Jahr verstorbenen von Podbielski, außerdem Kriegsmeisterschaften einzelner Sportverbände und ein Hindenburgfest. Die Stadtkommandan-

tur veranstaltete vor ausverkauftem Haus für die Berliner Kriegs-Witwen und -Waisen, man gab Schillers „Wallensteins Lager" und den letzten Akt von Richard Wagners „Die Meistersinger von Nürnberg". Der Eindruck, den u.a. die 300 Musiker zählende „verstärkte Opernhauskapelle" hinterließ, soll groß gewesen sein, doch weitere Theater- und Opernaufführungen im Deutschen Stadion waren eher misslungen.

Reklame, Profis und der Fußball
Der ehernen Amateursport-Idee musste man im Grunewald nach Kriegsende 1918 abschwören: Des liebes Geldes wegen wurden Reklamemalereien akzeptiert, und der Berufsradsport-Manager Schwarz durfte Fliegerrennen und Steherrennen hinter Schrittmachermotoren, später sogar Kleinautorennen und Schauflüge veranstalten. Zeitungsverlage wie Scherl und Ullstein sponserten Leichtathletik-Sportfeste wie „Europawettkämpfe", „Fünfstädtewettkampf" und „das große Nurmifest" des SC Charlottenburg (durchweg 1925). Der Besuch lag bei jeweils 30.000 bis 40.000.

Die ungewöhnlichste Veranstaltung im Stadion bedeuteten die Aufnahmen für einen Spielfilm: Die Fern-Andra-Filmgesellschaft des gleichnamigen Stars mietete die Arena und inszenierte dort ein altrömisches Zirkusfest, dessen Höhepunkt ein Wagenrennen war. Darin lenkte „die Andra" höchstpersönlich ein Vierergespann. Auch für diese Veranstaltung alt: Ausverkauft

Der Fußball besaß vor dem 1. Weltkrieg noch nicht die Massenzugkraft. Da auch große Stadien fehlten, musste sich der DFB mit Vereinsplätzen zufrieden geben, so auch für die ersten Länderspiele in Berlin bei Union 92 und Viktoria 89 jeweils in Mariendorf. Nach dem Krieg wurde dies anders. Am 24. Oktober 1920 gastierte die Nationalelf erstmals im Deutschen Stadion, 50.000 Eintrittskarten wurden verkauft und 55.000 waren da, als Ungarn 1:0 gewann. Es folgten weitere fünf Länderspiele auf der später als „Altes Olympiastadion" bezeichneten Spielstätte, doch den Zuschauerrekord für Länderspiele hielt damals Düsseldorfs Rheinstadion mit 60.000 (1926).

Berlin bürgerte sich vor allem als Austragungsort für die Endspiele um die Deutsche Meisterschaft ein, so 1922 im ersten der beiden legendären Finale zwischen 1. FC Nürnberg und Hamburger SV (2:2, vor 25.000 drei Stunden Spielzeit bis zum Einbruch der Dunkelheit), 1923 bei HSV gegen Lokalmatador Union Oberschöneweide (3:0 vor 64.000, neuer deutscher Zuschauerrekord im Fußball!), 1924 bei HSV gegen 1. FC Nürnberg 0:2 vor 35.000, 1927 bei 1. FC Nürnberg – Hertha BSC Berlin 2:0 vor 50.000. Ein weiterer fußballerischer Höhepunkt waren die Deutschen Kampfspiele 1922 (die nur einmal im Deutschen Stadion stattfanden) mit dem Endspiel Süd gegen West (4:1), einer Demonstration der fränkischen Fußballschule des Club und der „Kleeblättler".

Das letzte Fußball-Länderspiel im Deutschen Stadion fand am 19. März 1933 gegen Frankreich (3:3) statt. Die Arena sollte nach den ursprünglichen Plänen das Olympiastadion von 1936 werden, doch Hitler bestimmte anderes. So waren die Architekten Werner und Walter March verpflichtet, die erste große deutsche Sportarena, die ihr Vater geplant hatte, abzureißen. Mit nur 23 Jahren Existenz scheint das Deutsche Stadion von Berlin lediglich eine Episode deutscher Stadiongeschichte darzustellen, aber eine ganz bedeutende ist es allemal.   *sky*

Deutsches Stadion Berlin
ER: 1913. FV: anfangs 29.910, davon 2.208 z.T. üd. SiP. in der „Kaiserloge" und 15.232 unüd. SiP.; später auf ca. 50.000 bis 60.000 Plätze erweitert.
ZR: 64.000, Endspiel um die Deutsche Fußball-Meisterschaft, 10.6. 1923, HSV – Union Oberschöneweide 3:0.
Das Stadion besteht nicht mehr.

Olympiastadion Charlottenburg

Geheimnisse einer Arena

Steht das Münchner Olympiastadion für Weltoffenheit, beim olympischen Treffen 1972 (bis zum Terroranschlag) für „heitere Spiele", für ein demokratisches Bundesdeutschland und modernste, wegweisende Architektur, so manifestiert sich im Berliner Olympiastadion, dem Austragungsort der Spiele von 1936, anderes. Das wuchtige, trutzige, monumentale Bauwerk, das stets im Kontext mit seinem Umfeld, dem ehemaligen Reichssportfeld betrachtet werden muss, entsprach dem Zeitgeist, den die NS-Diktatur bestimmte. Und dem war einzig daran gelegen, die „Nazi-Spiele" und deren Architektur für Propaganda und Prestige zu benutzen.

Das größte Stadion der Welt, das größte Aufmarschgelände der Welt und das größte Freilichttheater der Welt entstanden 1936 auf dem Reichssportfeld. Es ist bezeichnend, dass die Berliner Arena mit immerhin 100.000 Plätzen den Machthabern bald zu klein erschien, denn die Olympischen Spiele sollten nach dem Sieg im 2. Weltkrieg ja für immer im Deutschen Reich stattfinden. Deshalb waren ein 400.000-Plätze-Stadion in Berlin und eine Sportstätte für 200.000 in Nürnberg vorgesehen, die aber ebenso unverwirklicht blieben wie „Olympiastadien" in Leipzig, Dresden und Hamburg.

„Lächerliche Monumente"

Die Bezeichnung Reichssportfeld („die Stätte nationaler Feste") verschwand in den 50er Jahren zugunsten der Benennung Olympiastadion, weshalb eine Kontroverse der 1990er Jahre anachronistisch anmutet, als die Umbenennung der Reichssportfeldstraße – im übrigen bereits 1950 beschlossen – zum Problem avancierte. Im November 1994 hatte die Bezirksversammlung Berlin-Charlottenburg entschieden, die Reichssportfeldstraße nach den Berliner Cousins Alfred und Gustav Felix Flatow Flatowallee zu nennen. Die beiden Turner hatten 1896 in Athen zu den olympischen Siegern gezählt. Beide waren jüdischen Glaubens; Alfred kam 1942 im KZ Theresienstadt ums Leben, Gustav Felix starb am 29. Dezember 1945 an den Folgen der Theresienstädter KZ-Haft an Unterernährung. Andernorts wäre eine solche Straßen-Umbenennung unproblematisch verlaufen, nicht aber in Berlin, wo der Regierende Bürgermeister demonstrativ der Grund-

steinlegung der Holocaust-Gedenkstätte fernblieb. Gemeinsam mit 290 Anwohnern widerstanden CDU und Republikaner auf Bezirksebene dem Beschluss. Nach langer Zeit sanktionierte erst das Oberverwaltungsgericht Berlin am 30. Januar 1997 die Umbenennung der 0,5 Kilometer langen Straße und setzte sich damit über den gegenteiligen Beschluss des Verwaltungsgerichts hinweg. Hätten wir den Raum, wir könnten noch leidlich mehr solcher Beispiele für Berlin nennen.

Der Fall Flatowallee ist symptomatisch für das historisch belastete Gelände. Auf Schritt und Tritt begegnet man Zeugnissen der Nazizeit, weshalb sich dieser Beitrag auch weniger auf sportliche Großereignisse in der Arena bezieht, sondern die Geschichte des Stadions und seines Umfelds in den Mittelpunkt stellt. Der Bruch mit der NS-Zeit war dabei nach 1945 keinesfalls so markant, wie man es annehmen müsste. Dank mancher Manöver gelang es, Hinterlassenschaften der Nazi-Zeit in die neue Republik hinüberzuretten.

Jene, die ihre Zimmer mit Rudolf-Hess- und Waffen-SS-Postern schmücken, können sich allerdings den Weg nach Charlottenburg sparen: Die „Führerloge" existiert nicht mehr, der NS-Adler dort ist 1945 beseitigt worden, und wer bewundernd vor den Monumentalplastiken im Stadion-Umfeld steht, dem ist nicht zu helfen. Die „FAZ" befand diese Kunstwerke als „historisch

weit entrückt, fremd, übertrieben, lächerlich" Hilmar Hoffmann, der frühere Kulturreferent der Stadt Frankfurt, hatte im Berliner „Tagesspiegel" die Idee geäußert, die reichlich vorhandenen Denkmäler zu verfremden, sie in Vitrinen und Cellophanhüllen zu stecken oder „der Größe nach antreten zu lassen". Sporthistoriker Hajo Bernett widersprach dem: „in einer demokratischen Gesellschaft ist jede Manipulation des geschichtlichen Nachlasses unerwünscht. Objekte der Kunst – auch wenn sie zweitklassig oder verführerisch sind – sollten grundsätzlich unangetastet bleiben."

„Die Identität des Stadions bewahren"

Für die Fußball-WM 2006 wird das Olympiastadion Berlin verändert, jedoch nicht so einschneidend, dass die NS-Architektur nicht mehr wahrzunehmen wäre – schließlich steht das Baudenkmal unter Denkmalschutz. Das Hamburger Büro gmp (Meinhard von Gerkan, Volkwin Marg und Partner) will „mit der denkmalgeschützten Bausubstanz besonders behutsam umgehen und die Identität des Stadions bewahren und eher noch erhöhen". Der WM-Endspielort von 2006 soll eine „leichte, von außen unauffällige Architektur-Konstruktion" erhalten, das Dach über den 76.000 Sitz- und 1.000 Logenplätzen werden „schlanke Stützen" tragen. Der Innenraum wird um 3,5 Meter abgesenkt, die Untertribüne nach dem Schubladen-Prinzip bei Fußballspielen ausgefahren und die Laufbahnen überdecken. Eine Konzession an den Denkmalschutz ist, dass die „historische Achse" – der Blick vom Stadion durch das vom 95 Meter breiten Marathontor

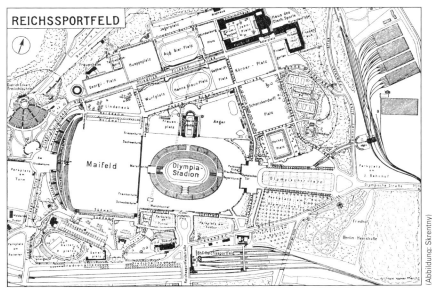

Lageplan des Reichssportfeldes von 1934/35. Der Haupteingangsbereich und die Maifeldtribünen wurden beim Bau noch verändert.

unterbrochene Rund auf Maifeld und Glockenturm, ein Einfall Hitlers – erhalten bleibt. Die Bezeichnung Maifeld stammt noch aus der NS-Zeit, denn dort sollten vor Hunderttausenden 1.-Mai-Feiern stattfinden, was nie geschah.

Den Denkmalschutz von 1966 für das Olympiastadion hatte das Landesdenkmalamt zuletzt wie folgt begründet: „Mit dem Olympiastadion und dem Gesamtensemble des ehemaligen Reichssportfeldes besitzt Berlin die wohl bedeutendste monumentale Sportanlage des frühen 20. Jahrhunderts in Europa. Sie ist ein unersetzliches Zeugnis der Olympischen Idee und der modernen Massensportbewegung. Die herausragende künstlerische Qualität der für die dreißiger Jahre zeittypischen neoklassizistischen Gestaltung hat – trotz des Missbrauchs für die ideologische Selbstdarstellung des Nationalsozialismus während der Olympiade 1936 – über ein halbes Jahrhundert ihre multifunktionale Nutzbarkeit und zeitlose Attraktivität für sportliche und kulturelle Großveranstaltungen Berlins unter Beweis gestellt. Sie ist zu einem der prägnantesten Wahrzeichen der Hauptstadt geworden."

Weil das Olympiastadion unter Denkmalschutz steht, wurden die vier Flutlichtmasten 1967 außerhalb der Arena postiert. Zusätzliche Lichtbänder liegen an den Dachrändern. Gegen den Willen von Architekt Werner March – „diese durchsichtige Haut verschandelt das Stadion" – planten Kurt Dübbers und Friedrich-Wilhelm Krahe im Hinblick auf die Fußball-WM 1974, bei der Berlin zwei Vorrundenspiele erhielt, beim 27 Mio. Mark teuren Umbau eine lichtdurchlässige Überdachung mit Acrylglas, die an den Längsseiten 26.000 Plätze schützt. Seit 1969 besitzt das Stadion eine Kunststofflaufbahn.

Das teuerste WM-Stadion
Am Marathontor begannen im August 2000 die Bagger ihre Arbeit, ein 25 Meter breiter Tunnel unter dem Tor wird in dem Zusammenhang originalgetreu rekonstruiert, und im Uhrzeigersinn werden die Bauarbeiten vier Jahre fortgesetzt, wobei der Sportbetrieb bei eingeschränkter Besucherzahl weitergehen wird. Mindestens 55.000 Plätze, bei Pokal-Endspielen 70.000, sollen während des Umbaus zur Verfügung stehen. Die Baumaßnahme wird das teuerste WM-Stadionprojekt der Bundesrepublik, 473 Mio. bzw. 538 Mio. DM sind avisiert – erfahrungsgemäß behaupten wir, es werden wesentlich mehr Kosten, hatte doch schon die Planungsgemeinschaft Deyle & Bung 660 Mio. DM angesetzt. 100

Mio. steuert der Bund bei. Zu tun haben nun wieder die Steinbrüche bei Kelheim und im bayerischen Altmühltal, die wie schon in den 30er Jahren Kalksteinblöcke (Travertin) anliefern müssen.

Kanzler Schröder tat drei Tage vor der WM-Vergabe am 3. Juli 2000 den ersten Spatenstich und erklärte neudeutsch: „Wir müssen das Stadion fit machen." Die Grünen waren gegen den Umbau, die Berliner PDS bezeichnete den Schröder-Akt als „ersten Spatenstich zum Millionengrab". Als privaten Investor hat das Land Berlin, das als Stadion-Besitzer erstaunliche 238 Mio. DM einsetzt, die Walter Bau AG aus Augsburg ins Boot geholt, die ihre 90 Mio. DM über einen Kredit (für den wiederum das Bundesland bürgt) finanziert. Weil die Auftragsvergabe zweifelhaft war, musste das Land Berlin das Unternehmen Hochtief mit 3 Mio. Steuergeldern abfinden, um dessen Klage zu umgehen.

Bis der Umbau in Angriff genommen wurde, hatte es analog zu München auch in der deutschen Hauptstadt eine lange Debatte gegeben. Der frühere Bundeskanzler Kohl sagte im April 1997 100 Mio. DM vom Bund zu, doch war man sich in Berlin nicht einig, was geschehen solle. Mal sollte ein privater Investor 1997 die 121 Hektar Olympiagelände gratis erhalten, dann wieder wollte Hertha BSC auf dem Maifeld nach dem Vorbild Amsterdam Arena ein reines Fußballstadion bauen. Auf dem Maifeld trainieren übrigens die Profis von Hertha, und gelegentlich richten Wildschweine (!) das Areal zugrunde.

„Der deutsche Sport braucht Gigantisches"
Die Historie des Olympiastadions Berlin beginnt mit dem Deutschen Stadion (siehe dort) im Jahre 1913, das für die 1916 nach Berlin vergebenen und wegen des 1. Weltkriegs nie ausgetragenen Olympischen Spiele gebaut worden war. Deutschland durfte seit 1928 (Amsterdam) wieder an den Spielen teilnehmen und erhielt 1931 den Zuschlag für 1936. Das Vergabeverfahren verlief nicht in gewohnten Bahnen, denn zur 30. IOC-Session in Barcelona (das Mitbewerber war) kamen wegen der dortigen Revolution nur 20 von 67 IOC-Mitgliedern. Man entschied für die Briefwahl, in der 43 IOCler für Berlin votierten, 16 für Barcelona und sich acht der Stimme enthielten. Das deutsche Organisations-Komitee plante, für die Spiele das Deutsche Stadion auszubauen, doch mit dem Machtantritt der Nazis änderte sich alles.

„Neger haben auf der Olympiade nichts zu suchen", teilte das NSDAP-Ver-

kündigungsorgan „Völkischer Beobachter" 1932 nach den Spielen von Los Angeles mit und schob 1936 nach: „Die Schwarzen müssen ausgeschlossen werden." Das war nicht im Sinne des 1933 an die Macht gekommenen Hitler, der die Spiele zur „Reichsaufgabe" erklärte. Bei seinem einzigen Besuch auf dem späteren „Reichssportfeld" am 5. Oktober 1933 lehnte er den Umbau des dortigen Deutschen Stadions zum Olympiastadion ab und meinte, „der deutsche Sport braucht etwas Gigantisches". Die „Vossische Zeitung" aus Berlin meldete am 17. Oktober 1933, „auf Wunsch des Kanzlers" sei ein „einheitlicher Komplex" vorgesehen, und am 16. Dezember war in der Presse zu lesen: „Deutschland erhält eine Sportstätte, die ihresgleichen in der Welt sucht." Tatsächlich war das „Reichssportfeld" der erste große Repräsentativbau der Nazizeit.

Hitler revidierte die Pläne von Architekt Werner March (seit Juli 1933 NSDAP-Mitglied) und dessen Bruder Walter, der US-Bürger war. Deren Vater Otto hatte einst das Deutsche Stadion konzipiert. „Der Führer" verlangte einen „wuchtigen Säulenring" und konnte sich auch mit dem Stahlbeton-Skelettsystem (ähnlich wie das von Otto Ernst Schweizer 1931 entworfene Stadion Wien) nicht befreunden. Nazi-„Hausarchitekt" Albert Speer schließlich plädierte hinsichtlich der Stadionfassade für die Muschelkalkverkleidung. „Das Natursteinmaterial sollte die vom Nationalsozialismus propagierten Werte der Bodenständigkeit, Schlichtheit, Dauerhaftigkeit, Widerstandsfähigkeit, Größe und Macht zum Ausdruck bringen" (Thomas Schmidt).

Den Namen „Adolf-Hitler-Feld" wollte der Diktator nicht, und auch die Forderung von Reichsinnenminister Frick „nach deutschen Bezeichnungen statt der griechischen und lateinischen Fremdnamen" (1934) setzte sich nicht durch, so dass die Sportstätte schließlich Olympiastadion (im Reichssportfeld) und nicht Olympia-Kampfbahn hieß.

„Millionen spielen keine Rolle"
Hitler erklärte das Bauunternehmen zur „Reichssache", Bauherr war fortan das Deutsche Reich: „Da spielen einige Millionen Reichsmark keine Rolle", meinte der Reichskanzler. Zeitweise waren täglich 500 Firmen mit 2.600 Arbeitern, die im Zwei-Schichten-Betrieb auch nachts tätig sein mussten, beschäftigt. 1935 traf der erste Muschelkalk-Transport aus der Nürnberger Gegend ein, weiteres Naturstein-Material aus fast allen Landesteilen – von Württemberg bis Sachsen, vom Fichtelgebirge bis Soest – folgten. Die

Steinbruch-Branche hatte Hochkonjunktur, denn gleichzeitig wurde das Reichsparteitagsgelände in Nürnberg gebaut. 27 Mio. RM stellten Großkonzerne für das Olympiastadion zur Verfügung, das „künstlerische Bauprogramm" (die Monumentalplastiken) finanzierten z.T. die Tabakfabriken Reemtsma (Hamburg) und Haus Neuerburg (Köln).

Das Olympiastadion war in einen Oberring, den 136 Pfeiler trugen, und einen Unterring geteilt und besaß offiziell 100.000, genau genommen aber 96.200 Plätze, davon 63.200 Sitzplätze. Heute noch geht man durch das „Olympische Tor" zwischen „Preußenturm" und „Bayernturm" auf die Arena zu; weitere Turmbauten, gewidmet den Schwaben, Franken, Sachsen und Friesen, stehen am Maifeld, das neben dem Stadion für das olympische Poloturnier und geplante Massenaufmärsche angelegt wurde. Unter der Ehrentribüne in der südlichen Mittelachse befand sich die „Ehrenhalle", in Erinnerung an IOC-Gründer Pierre de Coubertin auch „Coubertinhalle" genannt. Dort waren Porträtreliefs von Coubertin, Ernst Curtius (der im 19. Jh. Ausgrabungen in Olympia leitete) und Theodor Lewald (Vorsitzender des Deutschen Reichsausschusses für Leibesübungen) angebracht. 1951 sind sie gestohlen worden, und da für Curtius und Lewald keine Vorlagen mehr vorhanden waren, mussten die Porträts neu modelliert werden.

Nächtliche Meißelaktion
Das Rund des Stadions wird im Westen wie erwähnt durch das Marathontor unterbrochen. Die meisten Stadionbesucher kennen diesen Ort, an dem die olympische Flamme in der Schale loderte (ihr Münchner Gegenstück steht im Gebüsch!). Auf großen Tafeln kann man die Namen der Olympiasieger nachlesen, wobei auffällt, dass der Name des Marathonsiegers Kitei Son (Japan) nachträglich hinzugefügt worden ist. Die Erklärung: 1970 ließ sich der Südkoreaner Park Young Roh im Olympiastadion einschließen und ersetzte in mühsamer Meißelarbeit über Nacht den Namen Kitei Son durch Sohn Kee Chung. Der war tatsächlich Koreaner und musste 1936 auf Anweisung der japanischen Besatzer unter japanischem Namen starten. Das IOC verlangte allerdings, den Namen Kitei Son wieder anzubringen.

Verschwunden sind nach 1945 andere Namen an dieser Stelle, so Hitler als Schirmherr der Olympischen Spiele, der Reichssportführer und Präsident des Deutschen Olympischen Ausschusses (DOA) von Tschammer und Osten,

Das Olympiastadion im Bau.

Reichsinnenminister Frick und Carl Diem, Generalsekretär des Organisations-Komitee für die Spiele. Als „Karl Diem" tauchte er 1965 auf einer Ehrenplakette am Marathontor wieder auf. 1992 stahlen Olympiabewerbungs-Gegner das Relief des Sportfunktionärs und -wissenschaftlers, von dem noch zu lesen sein wird. Da die Gussform noch existierte, stellte man ein Duplikat her. Das Porträtrelief, das seit 1969 an Stadionarchitekt Werner March erinnert, hat dieser selbst bezahlt.

Ein Olympiastadion für Kairo
Werner March (1894-1976), der Chefarchitekt des Reichssportfeldes, konnte so gigantisch wie in Berlin nie mehr bauen lassen. Seit 1936 amtierte er als Leiter des „Technischen Instituts für Übungsstättenbau an der Reichsakademie für Leibesübungen", wo ihm sämtliche Pläne für Sportplatzbauten im Deutschen Reich zur Begutachtung vorgelegt werden mussten. Seine Planungen für ein Sportfeld in Athen (1938), das Belgrader Sportfeld samt 53.000-Zu-

Die Ehrentafel für Architekt Werner March.

schauer-Stadion, das Adolf-Hitler-Sportfeld Leipzig (1938) – am Ort des späteren Zentralstadions –, das Sportfeld Offenbach mit 20.000-Plätze-Stadion (1939), das Stadion Südstadt Berlin mit 200.000 Plätzen (1939-43), das Osnabrücker Sportfeld (1938/39) und das Großstadion Madrid 1944) sind wegen des 2. Weltkriegs durchweg nicht verwirklicht worden. Nach 1945 entwarf March den Wiederaufbau von Minden, das Wiesbadener Reitstadion (1951) und das Nasser-Sportfeld in Kairo mit dem Nasser-Stadion (1953, heute „Cairo International Stadium", 30.000 Plätze), das für die Olympischen Spiele 1968 vorgesehen war. 1960 erhielt der Olympiastadion-Architekt den Auftrag, die ehemalige NS-Kongresshalle in Nürnberg in ein Fußballstadion für 70.000 Besucher umzubauen, wozu es nicht kam. Nachdem sich Werner March 1965 als Teilnehmer am Wettbewerb für das Olympiastadion München nicht durchgesetzt hatte, zog er sich 1967 als Architekt zurück.

Was die Nachlasserschaften der NS-Zeit betrifft, so nimmt das Maifeld eine exponierte Stellung ein. Das 290 x 375 Meter große Gelände neben dem Stadion bot 75.000 Plätze. Die 44-stufige Tribüne mit dem „Führerstand" ist 1961/62 beseitigt worden, nachdem sie bereits beim Brand des dort eingelagerten Reichsfilmarchivs 1945 beschädigt worden war. Angeblich waren zwei Rotarmisten mit brennenden Fackeln ins Tribüneninnere eingedrungen und bei der Explosion der Filmmaterialien ums Leben gekommen. Den Glockenturm am Maifeld haben die Briten am 15. Februar 1947 wegen Baufälligkeit gesprengt. Nun aber steht er wieder, ist von einem Privatmann gepachtet und kann von April-Oktober von 9 bis 18 Uhr besucht werden.

„Bluterde" entfernt
In dem Turm befand sich die „Langemarck-Halle", Erinnerung an 80.000 junge deutsche Soldaten, die ohne jegliche Ausbildung – das Deutschlandlied

Eine der Ehrentafeln für Olympiasieger von 1936.

auf den Lippen – in der Yser- und Ypern-Schlacht in Belgien in den Tod stürmten. Diese „Gedenkstätte der Nation", in der noch heute die Verse von Hölderlin und Walter Flex an den Wänden zu lesen sind, ging auf einen Vorschlag von Carl Diem, dem OK-Generalsekretär, zurück. Diem gab später an, selbst in Langemarck gewesen zu sein, um „Erde von den Gräbern meiner dort gefallenen Freunde" zu holen. 1961 durfte er frohlocken, als ihm vom Architekten March mitgeteilt wurde, dass die „Langemarck-Halle" vom Senat wiedererrichtet wird: „Mit der Nachricht (...) haben Sie mir eine Freude gemacht." Den Schrein mit der „Bluterde" hatte man zwar Anfang der 60er Jahre beseitigt, doch findet jährlich am Volkstrauertag am Glockenturm „die zentrale Gedenkfeier des deutschen Sports" für die Kriegstoten statt.

Auch der Glockenturm über der Halle erstand neu. Das Problem war, dass die Glocke, gestiftet vom Bochumer Verein für Gussstahlfabrikation AG, verschwunden war. Die Briten hatten sie 1947 in einem Bombentrichter versenkt. Wiederentdeckt wurde sie, als sich ein Steinmetz an den Ort erinnerte. Das lädierte Stück mit der Aufschrift „Ich rufe die Jugend der Welt" ist nun am Südtor des Olympiastadions zu besichtigen. Volker Kluge teilt mit, die NS-Symbole auf dem Glockenmantel seien nur unzureichend abgeschliffen worden, eine Bronzetafel am Podest trage „die reichlich undifferenzierte Aufschrift ‚ZUM GEDENKEN AN DIE IM KRIEGE GEFALLENEN UND DURCH GEWALTHERRSCHAFT UMGEKOMMENEN OLYMPIAKÄMPFER DER WELT'". Für den Glockenturm hat man 1961 eine neue

Glocke gegossen, die ursprüngliche war sowieso nur schlecht zu hören.

Ein weiteres Überbleibsel der NS-Zeit sind die Stelen bei der Südosthecke am Stadion, die ebenfalls auf eine Idee Hitlers zurückgehen und auf denen die Namen der Olympiasieger genannt sind. Ex-Generalsekretär Diem hat nach 1945 geäußert, welch' glücklicher Umstand es sei, dass sich niemand mehr an den Stelen-„Erfinder" Hitler erinnern könne. Komplett kann man die Tafeln allerdings nur besichtigen, wenn man ein Ticket fürs Stadionbad an der Nordseite des Olympiastadions löst. 1998 hat das Nationale Olympische Komitee (NOK) dort nachträglich die 348 Olympiasiegerinnen und -sieger aus der DDR verewigen lassen.

Es würde zu weit führen, noch all die anderen Bauten und Denkmäler des früheren Reichssportfeldes zu würdigen. Nachdrücklich empfehlen wir bei weiterem Interesse das Buch „Olympiastadion Berlin" von Volker Kluge (Photographien Harf Zimmermann) aus dem Parthas Verlag, die zweifellos beste Monographie zu einem deutschen Stadion.

Das blutige Kriegsende

Nach den Olympischen Sommerspielen 1936 avancierte das Olympiastadion zur führenden Sportstätte des Deutschen Reiches. 1936 fand dort erstmals ein Fußball-Länderspiel statt (Deutschland – Italien 2:2), im Jahr darauf zum ersten Mal ein Endspiel um die Deutsche Fußball-Meisterschaft (Schalke 04 – 1. FC Nürnberg 2:0); dessen 101.000 Zuschauer gelten als Stadionrekord. Bis 1944 blieb das Olympiastadion Austragungsort des Finales, am 22. Juni 1941 spielten dort Rapid Wien und Schalke vor 95.000 – es war der Tag des deutschen Überfalls auf die Sowjetunion. Obwohl das Endspiel 1944, Dresdner SC – Luftwaffen-Sportverein Hamburg, wegen drohender Fliegerangriffe – das Stadion hat bei alliierten Luftangriffen oft als Orientierungspunkt gedient – erst am Vortag öffentlich angekündigt worden war, fanden sich 60.000 bis 70.000 Zuschauer ein.

Es gibt immer wieder Gerüchte, was alles sich in den Stadion-Katakomben verborgen haben soll. Tatsache ist, dass als Marathontunnel eine unterirdische Fahrstraße für Ehrengäste verlief. Sie war zu einem Bunker umgebaut worden, in dem die Firma Blaupunkt seit Kriegsbeginn auf einer Fläche von 2.400 qm Zünder für die Flugabwehr herstellte. Die Briten haben den Bunker später zu Teilen gesprengt, woraufhin ein Teil der Ränge einbrach. Im Stadion und seinem Umfeld waren zahlreiche

militärische Dienststellen untergebracht, außerdem sollten die Katakomben als Ausweichquartier für den Großdeutschen Rundfunk dienen.

Ausgerechnet der Ort, an dem „die Jugend der Welt" sich 1936 noch im friedlichen sportlichen Wettstreit auseinandersetzte, erlebte ein blutiges Kriegsende. Am 12. November 1944 waren 16- bis 60-jährige Männer aus Charlottenburg und Spandau auf dem Olympischen Platz als Volkssturm vereidigt worden. Dr. Karl Ritter von Halt, von SS-Reichsführer Himmler zum Reichssportführer ernannt, befehligte das „Volkssturmbataillon Reichsportfeld" (3/107), dem sich Carl Diem freiwillig anschloss und als „Ordonanzoffizier zur besonderen Verwendung" von von Halt fungierte. Diem hielt am 18. März 1945 vor blutjungen Hitler-Jungen im olympischen Kuppelsaal (wo die Jungs in Doppelstockbetten untergebracht waren) eine widerliche Durchhalte-Rede und schwadronierte vom „Heldentod". Zeuge war der damals 17-jährige HJler und spätere ZDF-Chefredakteur Reinhold Appel. Währenddessen wurden deutsche Soldaten, die nicht mehr kämpfen wollten, in der Murellenschlucht bei der Dietrich-Eckart-Freilichtbühne (heute Waldbühne) auf dem Olympiagelände exekutiert.

Als der Krieg nach Berlin und aufs Reichssportfeld zurückkehrte, meldete sich Karl Ritter von Halt mit einem Achillessehnenriss von der Truppe ab, besaß aber noch genug Kraft, um die Urne des früheren Reichssportführers von Tschammer und Osten aus der „Langemarck-Halle" zu entfernen und in einem Garten zu vergraben, wo sie die Briten später dank eines Minensuchgerätes aufspürten. Carl Diem, der Propagandist des aufopfernden Heldentods, war wegen einer Nervenlähmung am rechten Fuß am 26. April vom Dienst beurlaubt worden und ging nach Hause. Als die 55. sowjetische Garde-Panzerbrigade das Reichssportfeld bereits besetzt hielt, „mussten am 28. April mindestens 2.000 Angehörige der HJ-Volkssturmeinheiten bei einem letzten, militärisch völlig sinnlosen Versuch der Rückeroberung (...) des Reichsportfeldes ihr Leben lassen" (Achim Laude/Wolfgang Bausch in: Der Sport-Führer. Die Legende um Carl Diem. Göttingen 2000).

Das Landesdenkmalamt hat in seinem Exposé zum Olympiastadion „einen angemessenen Umgang mit der Problematik von nationalsozialistischer Architektur vorausgesetzt". Der könnte darin bestehen, dass die „Langemarck-Halle" in eine Gedenkstätte für Sportler umgewidmet wird, die Opfer des 2.

(Foto: Horizont)

Das Berliner Olympiastadion heute. Die Seitentribünen sind modern überdacht, doch für die WM 2006 wird ein genereller Umbau geplant.

Weltkriegs und nationalsozialistischer Verfolgung wurden. Nachdem die Berliner Gedenkstätte „Topographie des Terrors" bereits eine Ausstellung zur „Nazi-Olympiade" zusammengestellt hatte, wäre daran zu denken, diese als Dauerausstellung auf dem Olympiagelände zu etablieren.

„Deutsches Wembley" und Hertha-Rekorde

Das Olympiastadion besitzt heute den Ruf des „Deutschen Wembley", weil dort seit 1985 regelmäßig die DFB-Pokalendspiele stattinden. Vorher schon wurde die ehemalige Reichshauptstadt „Rest-Berlin" aus politischen Gründen als Endspielort um die Deutsche Meisterschaft bevorzugt, was zur Folge hatte, das eines der faszinierendsten Finale, nämlich Eintracht Frankfurt – Offenbacher Kickers 5:3 n.V., als „Main-Derby" 1959 nur 60.000 sehen wollten – 33.170 Plätze blieben leer! Den Pokalfinale-Bonus erhielt Berlin als Ausgleich, weil ausgerechnet der konservative DFB-Präsident Neuberger die Stadt als Austragungsort der Europameisterschaft 1988 ausgespart hatte.

Regelmäßig für den Fußball genutzt wurde die Arena ab 1963 mit Einführung der Bundesliga durch Hertha BSC Berlin. Vorher hatten sog. Groß-

kampftage stattgefunden, z.B. 1948 in der Deutschen Meisterschaft Union Oberschöneweide – FC St. Pauli (0:7), als für 70.000 Besucher lediglich *vier* Toiletten zur Verfügung standen. Hertha zog am 24. August 1963 gegen den 1. FC Nürnberg endgültig ein, es galten die Eintrittspreise: Tribüne 14 Mark, Unterring 8 und 6 DM, Oberring 4 DM, Stehplatz Marathontreppe 2,50 DM (dort darf heute niemand mehr stehen), Jugendplatz im Oberring 1 DM. Der Saisonrekord kam am 21. September 1963 zustande, als 81.111 Besucher (Einnahme 304.000 DM) Herthas 0:3 gegen den späteren Deutschen Meister 1. FC Köln sahen. Mit 34.687 Besuchern im Schnitt lag Berlin in dieser ersten Bundesliga-Spielzeit in der Zuschauer-Tabelle auf Rang 2 hinter dem VfB Stuttgart.

Als Hertha 1965 die Bundesliga verlassen musste (schwarze Kassen, Bestechungsgeld an „Fonse" Stemmer von 1860, monatliche Überweisungen an Sigi Held – der nie für Hertha spielte – u.a.m.), rückte aus politischen Gründen Tasmania 1900 nach, das, obwohl sportlich chancenlos, im Olympiastadion 17.276 Besucher im Schnitt verzeichnete – das waren fast so viele wie in Kaiserslautern und Neunkirchen, mehr noch als Braunschweig. Einen neuen Bundesliga-Besucherrekord im Olym-

piastadion stellte dann Hertha am 26. September 1969 mit 88.075 gegen den 1. FC Köln auf (1:0).

Die Arena war am 5. Juni 1971 auch Schauplatz eines der dunkelsten Kapitel deutscher Fußballgeschichte, als Hertha im verkauften Spiel gegen Bielefeld vor 35.000 mit 0:1 unterlag. Vom Block B beobachtete das Geschehen Offenbachs Vize Waldemar Klein, der 140.000 DM Bestechungsgeld in einem Koffer mit sich führte. Bielefelds Geldbote, mit 250.000 Mark ausgestattet, wartete derweil im Hotel. Die Folge war der Bundesliga-Skandal, der die Branche nachhaltig erschütterte.

Olympische Stätte ist das Olympiastadion nicht noch einmal geworden, denn Berlins Bewerbung für die Spiele 2000 scheiterte.   *sky*

Olympiastadion Berlin
ER: 1936. FV: früher 101.000, heute 76.243 SiP, davon 27.500 üd. (wegen Umbauarbeiten stehen nur 55.000 bis 70.000 Plätze zur Verfügung).
ZR: 101.000, Endspiel um die Dt. Fußball-Meisterschaft, 20. 6. 1937, Schalke 04 – 1. FC Nürnberg 2:0.
Olympischer Platz 3, 14053 Berlin, Tel. 030 / 300 633.

Mommsenstadion Charlottenburg

Gebaut für die Leichtathletik

Ungewöhnlich ist die Geschichte des „Mommse" in Berlin, das als Fußball-Spielstätte zu großräumig und weitläufig ist. Den Namen lieferte ein Literatur-Nobelpreisträger, in der Tribüne war ein Gymnasium zu Hause, und erbauen lassen hat das Ganze ein Leichtathletik-Klub.

Über die Stadion-Proportionen muss man sich daher nicht wundern: Bauherr und Besitzer war ursprünglich der Sport-Club Charlottenburg, der seinen Schwerpunkt in der Leichtathletik besaß. Dem SCC war bei 3.000 Mitgliedern und 55 Spielmannschaften der Platz in Witzleben zu klein geworden, weshalb man mit dem sog. Avussportplatz ein neues Domizil wählte (eröffnet am 6. Juni 1926 mit einem Sportfest, bei dem erstmals nach Kriegsende französische Leichtathleten auftraten). Am 11. September 1926 folgte vor fast 30.000 ein weiteres legendäres Meeting, bei dem Otto „der Seltsame" Peltzer über 1.500 m mit 3:51,0 Minuten Weltrekord lief und den Finnen Nurmi bezwang. Fußball wurde beim SCC ebenfalls gespielt, Akteure waren die später bekannten Trainer Tauchert, Faist und Kretschmann.

Der Avussportplatz war Vergangenheit, als der SCC am 17. August 1930 sein von Fred Forbat und Scheim geplantes neues Charlottenburger Stadion samt moderner, 104 Meter langer Tribüne, einem dreigeschossigen Mauerwerkbau mit Stahlskelettaufbau, einweihte. Zwei U-förmige verglaste Treppentürme rahmen die bemerkenswerte Haupttribüne bis heute ein. Westlich davon lag noch eine Caféterrasse.

Gymnasium in der Tribüne

Auf Dauer allerdings konnte der SCC die Anlage nicht halten: Arbeitslosigkeit, Finanzprobleme, das Aufkommen der Behörden- und Firmen-Sportvereine ließen die Mitgliederzahl unter 1.000 fallen. 1934 musste die Tribüne gezwungenermaßen an das Mommsen-Gymnasium vermietet werden, der Name SCC-Stadion verschwand von der Straßenfront der Tribüne, den neuen Namen lieferte der Historiker und Literatur-Nobelpreisträger Theodor Mommsen (1817-1903), verstorben in Berlin-Charlottenburg. Das Stadion bot damals 1.750 überdachte Sitzplätze und 36.000 Stehplätze, ein Fassungsvermögen, das ab 1950 verkleinert wurde.

Später zog dort Stadt- und Regionalligist Tennis Borussia ein, als Fassungsvermögen galten seitdem 18.000 Zuschauer. TeBe hatte einst in Niederschönhausen im Osten begonnen und fand den nächsten Platz an der Cicerostraße in Kurfürstendamm-Nähe an dem Ort, wo später das „Kabarett der Komiker" spielte. Gelegentlich war der „Kudamm" Schauplatz der „Nachspielzeit", als Zusammenstöße mit den Anhängern von Weißensee Polizei mobilisierten und die Straßenbahnen in langer Reihe Schlange standen. Einer der TeBe-Stars jener Jahre war Simon „Sim" Leiserowitsch, ein Jude, Leitfigur von Berlins Fußballidol „Hanne" Sobek. Unter dem späteren Reichstrainer Otto Nerz trainierten die „Veilchen" dann an der Seydlitzstraße, auf einem früheren Kasernenhof. Zu großen Spielen allerdings wich man woanders hin aus: gegen Hakoah Wien, den jüdischen Sportklub und österreichischen Meister, auf den Norden-Nordwest-Platz, gegen Cardiff City in die Radrennbahn Plötzensee und gegen die legendären Corinthians auf den Hertha-BSC-Platz.

Derweil wuchs nahe der Seydlitzstraße in Moabit „ein gewaltiger Berg": das Poststadion, zukünftige Heimat von TeBe. Tennis Borussia war in jenen Jahren ein exklusiver Klub: Das erste große Bankett feierte man im „Bristol", dabei die Tiller-Girls, Boxchampion Kurt Prenzel samt Gattin Fern Andra, einem Filmstar. Was die Völkerverständigung betraf, leistete man Schrittmacherdienste: „Allen Widerständen zum Trotz" (Vereinschronik) gastierte man 1924 als erstes deutsches Fußballteam nach dem 1. Weltkrieg in Frankreich, beim Club Français Paris, der sich danach an der Seydlitzstraße vorstellte.

Die charakteristischen Treppentürme an der Haupttribüne des Mommsenstadions.

(Foto: Landesbildstelle Berlin)

Die Machtübernahme der NSDAP bedeutete für den Traditionsverein einen wesentlichen Einschnitt, mussten doch zum 11. April 1933 die Mitglieder jüdischer Konfession den Verein verlassen.

Nach dem 2. Weltkrieg fand TeBe wie erwähnt im „Mommse" eine neue Heimat, eine allerdings anfangs unzulängliche, denn zu 75 Prozent waren die Stadionanlagen zerstört. 1948 immerhin funktionierte die Zentralheizung wieder, und das Klubheim war fertig gestellt, Lautsprecher und Uhrenanlage dagegen fehlten noch. Eine Sporthalle (ohne Einrichtung) in der Tribüne war ebenfalls vorhanden. Gezwungenermaßen musste TeBe 1952 das angestammte Terrain verlassen und viermal auf dem Spandauer-SV-Platz Neuendorfer Straße antreten, weil zahlreiche Anhänger nach zwei Platzverweisen gegen die „Veilchen" beim Spielstand von 2:1 (!) für TeBe gegen Wacker den Platz gestürmt hatten.

Der SC Charlottenburg übrigens kehrte 1983/84 im Fußball wieder in seine Heimat zurück, als er in der 2. Bundesliga mitwirkte. Seit September 1989 besitzt das denkmalgeschützte Mommsen-Stadion eine Flutlichtanlage.

Ungeachtet stolzer Geschichte hatte TeBe zuletzt infolge seiner Verbindung mit der Göttinger Gruppe ein Image als „Geldklub" und war zeitweise vor allem in Ostdeutschland regelrecht verhasst. So gab es Ende der 90er Jahre Anwohner-Proteste (!), als Tennis Borussia überlegte, in den Friedrich-Ludwig-Jahn-Sportpark im Osten der Stadt umzuziehen, wofür sich u.a. die Initiative „TeBe-Fans pro Jahnstadion" einsetzte. Statt Bundesliga-Aufstieg gab es 2000 den Lizenzentzug, der Besuch dürfte künftig in der 3. Liga noch spärlicher ausfallen als bislang. *sky*

Stadion im Sportforum Hohenschönhausen

Saß Mielke im Regen?

Mieter im Stadion des Sportforum Hohenschönhausen in Berlin ist heute der BFC Dynamo, der lange Jahre den DDR-Fußball dominierte. 1986/87 war der BFC wegen des Umbaues des Jahn-Sportparks hierhin umgezogen und trug auch internationale Spiele wie 1972 gegen Liverpool in Hohenschönhausen aus. Dynamo-Freund Mielke, der Chef des Ministeriums für Staatssicherheit, hätte beschützt unterm Tribünendach die Spiele seines geliebten Vereins „Düna-mo" verfolgt, heißt es, doch das kann nicht stimmen.

Denn einen dermaßen fehlgeschlagenen Tribünenbau haben wir sonst nirgends entdeckt: Es gibt zwar Sitzplätze, aber dorthin reicht der kleine Dachvorsprung nicht; unter dem liegen räumlich allenfalls drei Einfamilienhäuser-Terrassen, und irgendwie sieht das Ganze auch so aus! Die Presseplätze, immerhin mit Schreibpulten, sind seitwärts der Tribüne untergebracht, auch sie Wind und Wetter ausgesetzt. Bliebe noch die Möglichkeit, dass Mielke sich im „Glaskasten" auf der Tribüne in seinen Sitz kuschelte – falls nicht, wurde der Mann bei Regen nass, so wie alle anderen im Stadion auch!

Der BFC Dynamo gewann zwischen 1978 und 1988 zehn DDR-Meistertitel und war dreimal FDGB-Pokalsieger. Von 1990 an hieß er FC Berlin, seit 1999 trägt er wieder den alten Namen; ob das zum Anstieg des Zuschauerschnitts von 197 auf 909 beitrug, wissen wir nicht. 2000 spielt der Klub in der Oberliga, gesponsert von einem Unternehmen der Software-Branche aus Hellersdorf, das da-

mit die Nachwuchsarbeit der Dynamos anerkennen und 2005 die 2. Bundesliga anpeilen möchte.

Das weitläufig angelegte Sportforum im 120.000-Einwohner-Stadtteil wurde ehemals als „Kaderschmiede" des SC Dynamo bezeichnet, und da es heute über etliche Bundesstützpunkte und Landesleistungszentren verfügt, darf man es auch ruhig „Kaderschmiede" des BFD-Sports nennen. Nach dem Olympiastadion ist es der zweitgrößte Sportkomplex der Hauptstadt und wird täglich von 4.000 Sporttreibenden besucht. Die Treuhand Liegenschaftsgesellschaft hat das 55 Hektar große Gelände mit 25 Sporthallen, Stadien, Sportanlagen, dem „Wellblechpalast" (das Eisstadion, in dem der EHC Eisbären in der Bundesliga spielt), der kleinen Eishalle u.a.m. zu 90 Prozent dem Land Berlin übergeben. Seit 1990 flossen über 50 Mio. DM in die Sportforum-Sanierung; 50 Prozent der Kosten trägt bis ins Jahr 2001 die Bundesrepublik.

Der Magistrat von Berlin-Ost hatte 1952 das Gelände der Volkspolizei überlassen, 1988 war der Ausbau abgeschlossen. Das Stadion selbst war 1970 fertig gestellt und ist zwischenzeitlich saniert worden. Es gibt dort eine antiquierte, aber liebenswerte Anzeigetafel, einen Container für die VIPs und eine Straßenbahn-Haltestelle namens „Sportforum". *sky*

**Stadion im Sportforum
Hohenschönhausen**
ER: 1970. FV: 12.000, davon 20 überdachte und 2.380 unüd. SiP sowie 9.600 StP.
ZR: unbekannt.
Weißenseer Weg 51-55, 13053 Berlin, Tel. 030 / 97 17 00.

**Mommsenstadion
Berlin-Charlottenburg**
ER: 1930. FV: 15.000 Plätze, davon 1.719 üd. SiP.
ZR: unbekannt.
Heerstraße 82, 14055 Berlin,
Tel. 030 / 300 030.

Dach mit Nässe-Garantie: das Stadion in Hohenschönhausen.

Stadion Alte Försterei Köpenick

„j.w.d." – Traditions-Arena mit Zukunft?

Eigentlich hätte die Hauptstadt ja das vom Berliner Fußball-Verband stets gesuchte „reine Fußballstadion" für Zweitliga-Zwecke (2000/01 ist das kein Thema), doch gibt es hinsichtlich des Stadions Alte Försterei des 1. FC Union Berlin zwei Probleme: Einmal ist es, wie die Berliner zu sagen pflegen, „jwd", „janz weit draußen", nämlich in der Wuhlheide zwischen den Stadtteilen Köpenick und Treptow, und außerdem ist es nach wie vor nicht in optimalem Zustand; überdachte Sitzplätze immerhin wird es demnächst geben.

Die treue Anhängerschaft der „Eisernen", die so heißen, weil die Spieler einst in Blau gekleidet waren, so wie Schlosser eben, mag das nicht irritieren: Leidensfähigkeit scheint eine wesentliche Eigenschaft der „Eisern Union!"-Freunde; keine andere Fangemeinde musste soviel einstecken wie sie.

Die doppelte Union

Am 17. März 1920 begann die Geschichte des Stadions (der Name geht auf die benachbarte Alte Försterei Treptow zurück): Zu Gast beim SC Union 06 Oberschöneweide war vor 7.000 der Deutsche Meister 1. FC Nürnberg (0:1); 10.000 hätten Platz gefunden. Nach einem Bericht der „FuWo" soll im früher Sadowa genannten Gelände bereits 1906 Fußball gespielt worden sein. Für „große Spiele" bot das Vereinsstadion später nicht genug Raum, weshalb man 1923 als Berliner Meister im Wiederholungsspiel um die „Deutsche" gegen Arminia Bielefeld (0:0 in Bochum, 2:1 im Rückspiel) vor 12.000 ins damalige Grunewald-Stadion (= Deutsches Stadion) auswich.

1948 war Neuling Union Oberschöneweide in der damaligen Gesamt-Berliner Liga Meister und lockte 70.000 ins Olympiastadion, wo allerdings der FC St. Pauli in der Westzonen-Meisterschaft 7:0 gewann. 1950 kam es auch fußballsportlich zur Trennung in der Stadt. Ohne Erlaubnis reiste Union aus dem Osten zur DFB-Endrunde in den Westen (0:7 gegen den HSV in Kiel), die Flüchtlinge blieben „drüben" und gründeten den SC Union 06 Berlin. Nun gab es also eine doppelte Union: Im Westen den SC Union 06, im Osten die SG Union Oberschöneweide (DDR-Oberliga). Union 06 wurde im Poststadion heimisch (in der Nähe besteht bis heute

das Vereinslokal) und hatte dort – noch war die Grenze durchlässig –, auch aus Ost-Berlin guten Besuch. Das geriet der Ost-Union in der Wuhlheide zum Nachteil: Als BSG Motor Oberschöneweide stieg sie 1951 aus der Oberliga ab. Ein Comeback gab es erst 1966, als die aus dem TSC Berlin ausgegliederte Fußball-Abteilung 1. FC Union Berlin den Aufstieg schaffte.

Alte Liebe schien nicht zu rosten, denn die Alte Försterei verzeichnete im Oberliga-Jahr 1966/67 auf Anhieb den besten Besuch im Berliner Osten: 8.038 im Schnitt gegenüber 7.346 bei Vorwärts Berlin und 4.538 beim BFC Dynamo. 1968 eroberte der Verein den monströsen FDGB-Pokal, durfte aber im Europacup aus politischen Gründen nicht teilnehmen (Einmarsch der Warschauer-Pakt-Truppen in der CSSR, Neuauslosung). 1970/71 steigerte Union den Besucherschnitt sogar auf fast 12.000, und 1976/77 erreicht man die Marke von 17.692 Zuschauern – auch, weil das „Heimspiel" gegen den BFC Dynamo im Stadion der Weltjugend 45.000 besuchten. Die Begegnungen mit Dynamo hatten stets große Brisanz: Zu Zehntausenden zogen die Unioner vom Stadion der Weltjugend die Chausseestraße hinab zum Bahnhof Friedrichstraße, wo bereits ein großes und äußerst nervöses Aufgebot Volkspolizei wartete. Auf Höhe der Ständigen Vertretung der Bundesrepublik stimmten viele aus dem Köpenicker Anhang „Deutschland, Deutschland!"-Sprechchöre an – „ein kleines Stück Rebellion gegen die Obrigkeit", schrieb später die „Berliner Morgenpost". Es waren Zeiten, in denen ein Teil der Union-„Fans" Gewaltanwendung nicht ausschloss und ebenso berüchtigt war wie Gruppen aus dem Chemie-Leipzig-Umfeld. Dies war wohl mit ein Grund, dass auf der 1987 errichteten Südseite Trenngitter installiert wurden.

Anhänger bauten die Südtribüne

„Hübsch präsentiert es sich, dieses echte Fußballstadion, das gute Stimmung fördert", las man 1970. Es gab zum Abschluss der 1969 begonnenen Arbeiten einen neuen Rasen, neue Trainingsplätze, neue Sozialeinrichtungen, neue Traversen, einen neuen Ansageturm und „frische Farben allenthalben." Die steile Gegengerade hatte man auf

19 Stehstufen erhöht, die alte unüberdachte Haupttribüne verbessert, und im Rahmen einer Aktion „Berlin hilft Union" kamen später die Stehränge hinter den Toren ebenfalls auf eine Höhe von 19 Stufen; das Fassungsvermögen lag nun bei 23.500. Den Gästeblock, die so genannte Südtribüne an der Wuhle, bauten Anhänger des Klubs mit auf. Später kamen „Memozellen zur notdürftigen gastronomischen Versorgung" und „Lautsprecher für die Stadionfunkanlage im Bereich der Stehplätze" hinzu. Mit angepackt hatten in den Sommerferien die FDJ-Schülerbrigaden der 6. und 26. OS (= Oberschule) Köpenick. Das Stadion besaß zuvor 1.600 Sitzplätze und 15.400 Stehplätze.

Als die Grenze 1989 gefallen war, fand im Berliner Olympiastadion vor 52.000 die große „Verbrüderung" statt: Hertha gewann das Freundschaftsspiel und, fliegende Händler verkauften „Freundschaftsschals" mit der Aufschrift „Hertha- und Union-Power / gegen Kommunistenmauer". In der Qualifikation zur 2. Bundesliga scheiterte Union 1991 und verlor die letzte Partie beim BSV Brandenburg, woraufhin dieser und nicht der BFC Dynamo aufstieg. „Anhänger" des Rivalen BFC zerstörten daraufhin nach Rückkehr aus Magdeburg die elektronische Anzeigetafel der Alten Försterei (heute werden die Spielstände aus einem kleinen Backsteinhäuschen unter dem Plakat „Heim – Gäste" per Hand angezeigt – das passt zum Ambiente).

Noch ein Olympia-Stadion…

Der Zustand des Stadions galt zu der Zeit nach einem Bericht des „Berliner Kurier" als „lebensgefährlich": „Nicht bundesligatauglich", hatte die DFB-Kommission befunden – zu wenige Fluchttore für 22.500, ein zu niedriger Zaun, kein Flutlicht. Auch in Köpenick setzte man alle Hoffnungen in „Olympia 2000": Der Senat wollte die Traditions-Arena modernisieren und künftig 30.000 Plätze bieten. Nun, die Olympiade 2000 fand bekanntlich in Sydney statt.

Unter Trainer Frank Pagelsdorf schienen im baufälligen Stadion ab 1992 bessere Tage anzubrechen. Es gelang der Aufstieg in die 2. Liga, doch der DFB versagte Union wegen einer gefälschten Bankbürgschaft die Lizenz; stattdessen stieg TeBe auf. 1994 erreichte Union erneut den Zweitliga-Aufstieg, war aber mit 5 Mio. Mark verschuldet und erhielt wieder keine Lizenz. Viele Aktionen, eine Spendenkampagne und ein Gastspiel von Hertha BSC bewirkten wie schon zwei Jahre zuvor nichts.

1997 stand Union vor dem Konkurs, 3.000 Fans demonstrierten von Ost nach

(Foto: Grüne)

Stadion Alte Försterei: Die alte Liebe zu den „Eisernen" rostete nie.

West, woraufhin Nike und Karstadt-Sport als Sponsoren einstiegen, was den Verein vor dem Aus bewahrte: „Die glücklichen Fans verglichen das Köpenicker Abkommen sogar mit dem Marshallplan" („jungle world"). Das neue „Feindbild" lieferte nun TeBe: Beim Spiel im Februar 1998 in Charlottenburg harrten 2.000 „Eiserne" solange vor den Toren des Mommsen-Stadions aus, bis sie zur Pause gratis hinein durften – die gesparten 11.000 DM Eintrittsgelder erhielt die Union. Der Konkurs war weiterhin Thema in der Wuhlheide, der Retter fand sich schließlich in der Kinowelt AG der Brüder Kölmel, woraufhin die Fans skandierten: „Lasst uns in Kino geh'n, lasst uns ins Kino geh'n…" Danach waren die Töne aus Köpenick überlaut: Neuzugang Peter Közle tat im TV kund, man wolle die Nr. eins in Berlin werden, wieder gab es neue Ausbaupläne und das Vorhaben, das Stadion durch Union zu übernehmen („ein schönes Stadion könnte zur echten Goldgrube werden").

Millionen verschwanden im „Großstadtdschungel"

2000 scheiterte die Union in der Aufstiegsrunde zur 2. Liga. Der DFB hatte zuvor im Stadion dieselben Mängel wie bereits 1994 festgestellt, kein Wunder, ist doch laut „Berliner Morgenpost" „ein großer Teil der für die Unterhaltung dieser Sportstätte notwendigen Mittel

in den vergangenen zehn Jahren in unergründlichen Tiefen des Berliner Großstadtdschungels versickert".

Seit Herbst 1999 plante man die „Kleinstsanierung" – „die Bedingungen für die Sicherheit, die Presse und die Zuschauer in der Alten Försterei sind katastrophal", äußerte in diesem Zusammenhang eine SPD-Politikerin. Doch kaum waren 3 Mio. DM aus Lottomitteln vom Senat bereitgestellt, da regte sich – Berlin bleibt doch Berlin! – Widerspruch. Manfred von Richthofen, Präsident des Landessportbundes (LSB), hielt die Investition für „unnötig", da Berlin mit dem Olympiastadion, Mommsen-Stadion und Jahn-Sportpark bereits drei vom DFB akzeptierte Spielstätten besitze. Als von Richthofen vorschlug, Union solle in der 2. Bundesliga im Jahn-Sportpark spielen, rief das empörte Reaktionen hervor: Dort war schließlich Erzrivale BFC Dynamo zu Hause gewesen. Der Sprecher der Union-Fans: „Ein Heimstadion kann nicht einfach verlegt werden. Schon gar nicht an einen Ort, wo früher Stasichef Mielke dem Lokalrivalen applaudierte."

Nachdem das Stadion zum 1. Februar 2000 vom Senat an den Bezirk Köpenick überging, hat dessen PDS-Sportstadtrat Dirk Retzlaff erst einmal gratis 1.800 Schalensitze für Union beschafft – Überbleibsel der Hauruck-Aktion von 1999 im Olympiastadion, als für die Champions League die Holzbänke durch

Einzelsitze ersetzt werden mussten. Erstmals wird es nun eine überdachte Tribüne in der Wuhlheide geben. Weiteres ist ungewiss: Im Sommer 1999 hieß es, infolge des Baues einer Umgehungsstraße müsse das Stadion abgerissen und neu gebaut werden.

Man wird die Alte Försterei also im Auge behalten müssen, so oder so. Steigt Union in die 2. Liga auf, eröffnen sich tatsächlich Perspektiven: „Ostalgie" verlargt Identität, und vielleicht „verirren" sich sogar „Fußball-Traditionalisten" aus dem Westen in die nunmehr 80-jährige (!) Spielstätte. *sky*

Stadion Alte Försterei
Berlin-Köpenick
ER: 1920. FV: 23.500, davon 1.800 SiP (seit 2000 überdacht).
ZR: 22.000, Abstiegs-Entscheidungsspiel in der DDR-Oberliga, 1. FC Union Berlin – Chemie Leipzig 1:1.
Hämmerlingstr. 80-88, 12555 Berlin, Tel. 030 / 656 68 80.

Katzbachstadion Kreuzberg

Denkmalschutz im Kiez

Zu den denkmalgeschützten Sportanlagen Berlins zählt das Katzbachstadion von Kreuzberg, das Ende der 80er Jahre als Spielstätte von Türkiyemspor großen Zulauf hatte. Die vornehmlich aus Türken gebildete Elf mobilisierte Landsleute und „multi-kulti"-gesonnene Anwohner im nahen Kiez.

1914 bestand in Kreuzberg eine Sportplatzanlage mit Großspielfeld, Rundlaufbahn und längsseitiger Erdtribüne, die 1924 nach Entwürfen von Poststadion-Architekt Georg Demmler (Gedenktafel) auf ein Fassungsvermögen von 12.000 Besucher erweitert wurde. Mittels Aufschüttungen legte man auf den Längsseiten Stehstufen an, an deren Stirnseiten Bruchsteinmauerwerk – bis heute Charakteristikum des Stadions – steht. 1928 wurde der Fußballplatz neu angelegt, ein roter Ziegelbau diente als Umkleide und Gaststätte (Thomas Schmidt zum Baustil: „Nachwirkung des Expressionismus").

In den 60er Jahren, als dort der BFC Südring in der Regionalliga spielte, wurde das Fassungsvermögen noch mit 12.000 Menschen beziffert. 1981 wurden an der Katzbachstraße einige Umbauten vorgenommen, heute finden noch 5.000 Platz. *sky*

Katzbachstadion Berlin-Kreuzberg
ER: 1914/1928. FV: früher 12.000, heute 5.000, davon 1.000 unüd. SiP und 4.000 StP.
ZR: lt. Sportamt Kreuzberg ca. 5.000.
Dudenstraße 40-64, 10965 Berlin, Tel. 030 / 25 88 30 33.

Preußen-Stadion Lankwitz

Geld aus England, Rat aus England

An der Malteserstraße in Berlin-Lankwitz spielt heute die Verbandsliga und der BFC Preußen, doch ist dies eine ehrenwerte Adresse, gehört der Verein doch zum Berliner „Fußball-Adel".

Die Preußen, Berliner Meister von 1899 bis 1901, durften kurz vor der Jahrhundertwende einen Nebenplatz der von einem Engländer errichteten „Kurfürstendamm-Radrennbahn" bei der Wilmersdorfer Straße fast umsonst benutzen: Es war Berlins erster umzäunter Rasenplatz (Vereinschronik: „eine Sensation für die damalige Zeit"), auf dem Eintritt kassiert wurde und sogar „netzbestückte Tore" existierten. Dort geschah es im März 1901, dass die Preussen laut Vereinschronik „als erster Club auf dem Kontinent einer britischen Elf eine Niederlage bereiteten" (Surrey Wanderers unterlagen 3:8).

Die im Wachsen begriffene Stadt benötigte jedoch Baugrund, weshalb der Fußball-Pionier in Tempelhof am Teltowkanal 1903 auf dem ersten geschlossenen Sportplatz der Reichshauptstadt auf einem Pachtgelände ansässig wurde; zur Einweihung kam der Deutsche Meister VfB Leipzig, Torhüter der Gastgeber war der spätere DFB-Präsident Felix Linnemann.

1909 war auch dort wieder Schluss, fortan war man „Untermieter" bei anderen Klubs, ehe 1913 die Großsportanlage an der Kaiserstraße in Mariendorf entstand. Als der Verein in der Inflation nach dem 1. Weltkrieg nicht in wertbeständigen Geldmitteln zahlen konnte, folgte der Platzverweis durch den Besitzer und der Umzug aufs Tempelhofer Feld, das infolge des Versailler Vertrags militärfrei war. Auf 110.000 qm baute der oftmalige Berliner Meister etliche Sportplätze, darunter das „Hauptkampffeld" (mit Laufbahn), um das auf teils acht Meter hohen Erdwällen 40.000 Menschen Platz fanden und Städtespiele gegen London oder Paris verfolgen konnten. Der Reichspräsident ließ auf ein Gesuch der Preußen hin eine Mio. Mark überweisen, doch als die eintraf, war sie infolge Inflation nur noch eine Mark wert.

In einer finanziell misslichen Lage stellte sich der Retter in der Person eines Berliner Maklers ein, der einen englischen Windhundrennen-Veranstalter vertrat. Zwar wiesen die Preußen nach eigener Darstellung darauf hin, dass diese Rennen in Berlin nicht erlaubt seien, doch zahlten die Briten dennoch 5.000 Pound Sterling (= 100.000 Goldmark) Pacht im Voraus und renovierten für 40.000 Mark die Anlage. Windhundrennen fanden im Preußen-Stadion nie statt, doch durfte der Klub – es war ja alles rechtmäßig gelaufen bei der Vertragsunterzeichnung im Hotel „Excelsior" am Anhalter Bahnhof – das Geld behalten.

Preußen baute eine Tribüne, und Architekt Otto Hensel, ein Vereinsmitglied, ließ teils über 50 Stehstufen (!) auf den Rängen anlegen – das hatte er sich in England abgeguckt, wohin ihn der Klub „zum Studium großer Anlagen" geschickt hatte. Doch erneut war alles umsonst gewesen: 1936 verfügte das Luftgauamt den Ausbau des Tempelhofer Feldes zum Großflughafen, 290.000 RM Entschädigung bekamen die Preußen mit auf den Weg.

Sieben Sprengbomben
Nun kamen sie dort an, wo sie heute noch sind: Im seinerzeit dörflichen Berlin-Lankwitz. Architekt Dr. Erdmann plante die neue Anlage, die wieder nur kurze Zeit Bestand hatte, denn sieben schwere Sprengbomben und zahlreiche Brandbomben verursachten im 2. Weltkrieg die fast völlige Zerstörung. Den Rest besorgte die Berliner Bevölkerung, die auch das mitnahm, was eigentlich niet- und nagelfest war.

Die US-Amerikaner besetzten das Gelände, doch nach und nach schufen die Mitglieder des BFC Preußen aus der damals von Kornfeldern umgebenen Ruine wieder ein Sportgelände, den Preußen-Platz, der in den Regionalliga-Jahren 1972 bis 1974 ein Fassungsvermögen von 11.000 besaß und zeitweise die größte vereinseigene Sportanlage Westberlins war. Der BFC Preußen hat nach Ende seiner Regionalliga-Zeit in den 70er Jahren nie den Versuch unternommen, sich mit aller Macht im Profifußball zu etablieren. Er ist noch da – Blau-Weiß 90 und Tasmania 1900 nicht mehr. *sky*

Preußen-Stadion Berlin-Lankwitz
ER: 1937. FV: früher 11.000, heute 5.000.
Malteser Straße 24-36, 12249 Berlin, Tel. 030 / 775 73 65 (Geschäftsstelle).

Hans-Zoschke-Stadion Lichtenberg

Legenden um Erich Mielke

Die Normannenstraße im Osten Berlins ist nicht unbedingt bekannt dafür, dass sich dort seit den 20er Jahren ein Stadion befindet – Normannenstraße steht vielmehr für das Ministerium für Staatssicherheit (MfS), die „Stasi", deren Zentrale am 15. Januar 1990 von Demonstranten gestürmt wurde.

Ob die MfS-Leute ehemals am Sonntag dem Fußballspiel im benachbarten Stadion zugesehen haben? Der Neubau Normannenstraße 19, dessen Fenster verspiegelt sind, vis-à-vis dem Stadion, bot jedenfalls beste Aussichten in die Arena. Und Zeit zum Gucken müssen die Leute der MfS-Verwaltung ja gehabt haben, diente der Bau doch als „Sozialgebäude" der „rückwärtigen Dienste": Dort waren Speiseräume, Verhandlungssäle, der Friseursalon und eine Buchhandlung. Dass Minister Erich Mielke Fußballfreund war, ist bekannt.

Das Stadion wurde nach dem Sportler und Widerstandskämpfer Hans Zoschke (28.1.1910–26.10.1944) benannt, den die Nazis ermordeten. Zwischen den breiten Aufgängen von der Normannenstraße her erinnern eine Gedenktafel am Bruchstein-Mauerwerk und eine kleine Anlage an ihn.

Als Fußball-Stadion ohne Aschenbahn macht das Zoschke-Stadion, in dem der SV Lichtenberg 47 beheimatet ist, durchaus Eindruck. Es gibt einen breiten Umgang auf dem Wall, ein großer Teil der Geraden entlang der Ruschestraße bietet (unüberdachte) Sitzplätze, auf der Gegengerade sind Wellenbrecher installiert.

Das Zoschke-Stadion in Lichtenberg sollte im übrigen nicht verwechselt werden mit dem Stadion Lichtenberg an der Herzbergstraße, einem bemerkenswerten Bauwerk der Weimarer Republik (1919-20, Architekt: Rudolf Gleye). Für Berliner Fußballgeschichte ist der Ort von Interesse, weil dort am 20. Mai 1945, also noch in dem Monat, in dem das Deutsche Reich kapitulierte, das erste Nachkriegs-Fußballspiel vor 10.000 Zuschauern stattfand.

Doch zurück ins Zoschke-Stadion: Lichtenberg 47, heute in der Verbandsliga, war sogar einmal erstklassig, 1950/51 in der DDR-Oberliga.

Die damals Stadion an der Normannenstraße genannte Sportstätte war für die Weltjugendfestspiele 1951 fertig gestellt worden und 1952 Schauplatz des DDR-Pokalfinales.

(Foto: Skrentny)

In der Boulevardpresse wurde vom „Hinterhof der Stasi" behauptet, Minister Mielke habe das Zoschke-Stadion nach einer 0:1-Niederlage „seines" BFC Dynamo dort abreißen wollen, was Zoschke-Witwe Elfriede mit einer Intervention bei Erich Honecker verhindert habe. Nach einer anderen Version sollte das Stadion verschwinden und dafür ein Schiff nach Zoschke getauft werden, wozu es infolge des Zusammenbruchs der DDR nicht mehr kam.

Statt des Abrisses (wenn die Geschichtchen denn stimmen...) gab es 2,5 Mio. DM aus dem Sondermitteltopf „Aufschwung Ost", die in den Ausbau der Stehtraversen und den Neubau eines Sozialgebäudes investiert wurden.

Das weitläufige MfS-Domizil nebenan mit zahlreichen Gebäuden und Höfen dient heute verschiedenen Zwecken, u.a. einer „Forschungs- und Gedenkstätte Normannenstraße", die die Gauck-Behörde betreibt. *sky*

Hans-Zoschke-Stadion
Berlin-Lichtenberg
ER: 1951. FV: 12.000, davon 1.000 unüd. SiP.
ZR: 18.000, DDR-Pokalendspiel, 14.9. 1952, SG VP Dresden – BSG Einheit Pankow 3:0.
Normannenstr. 26-28, 10367 Berlin, Tel. 030 / 558 82 89.

Stadion Lichterfelde

Luftschutzraum und Kartoffelacker

Der Weg hinaus in Berlins Südwesten nach Lichterfelde, das zum Bezirk Steglitz gehört, lohnt, denn die denkmalgeschützte Tribüne des einstigen „Zentral-Spiel- und Sportplatz" ist ein feines, einfallsreich gestaltetes 20er-Jahre-Bauwerk.

Das Stadion liegt am Teltowkanal, gegenüber dem Klinikum Steglitz, und ist dank 5 Mio. DM bis 1983 gründlichst renoviert worden. Damals wurde es nach dem Olympiastadion und dem Mommsenstadion die dritte Westberliner Sportstätte mit international wettkampfgerechtem Leichtathletik-Standard. Die Flutlichtanlage stellte man 1981 auf, die Kunststoffbahn wurde in den 90er Jahren erneuert.

Torhäuser und Ehrenhof

Dass sich die Bauarbeiten von 1926 bis 1929 hinzogen, hatte mit dem ungünstigen Baugrund zu tun: Beim Teltowkanalbau hatte man das Bäketal als künftigen Stadion-Standort mit Sand aufgefüllt, weshalb sich noch in den 80er Jahren die Laufbahn auf einer Seite um 15 cm senkte.

Prunkstück der Anlage, die Stadtbaurat Fritz Freymüller konzipierte, war die 800-Plätze-Tribüne, eine frei tragende Eisenkonstruktion deren im Halbkreis geschwungenes Dach noch heute imponiert und eine erstaunliche Leichtigkeit vermittelt. Integriert ist die Tribüne in das zweigeschossige Hauptgebäude, das von den sog. Torhäusern flankiert wird, die ehemals als Gaststätte und Platzwart-Wohnung vorgesehen waren. Vor dem Hauptbau liegt der Ehrenhof, heute Stadion-Vorplatz. Thomas Schmidt hat das Bauwerk als Beispiel der „neuen Sachlichkeit und Nachwirkung des Expressionismus" klassifiziert.

Einweihung des 1,3-Mio.-RM-Projekts (inklusive Grundstückkauf) war am 16. Juni 1929. Aus diesem Anlass eine Tafel mit der Inschrift „Erbaut im 10. Jahre der Deutschen Republik" anzubringen, hatte die Berliner Stadtverordneten-Versammlung abgelehnt. Das Fassungsvermögen belief sich auf 800 überdachte Sitzplätze und ca. 4.700 Stehplätze.

Nach 1933 hieß die Anlage „Adolf-Hitler-Stadion" und war laut Landeswohlfahrtsamt während der Olympischen Spiele 1936 „geeignet zur Nutzung durch ausländische Sportler". Im Mai 1941 wurde das Hitler-Stadion erstmals durch Lufttreffer beschädigt, für

(Foto: Skrentny)

Das Stadion Lichterfelde.

den Sportbetrieb war es nur noch am Sonntag zugänglich. Seit 1943 diente das Hauptgebäude als Luftschutzraum für die Lichterfelder Bevölkerung, bis am 15. Februar 1944 eine Phosphorbombe den Turnsaal beschädigte.

Nach Kriegsende sollte das Stadion mit Wohnungen bebaut werden, was Bezirksamt und US-Army verhinderten; letztere suchte Sportstätten für die GIs. Infolge der Berlin-Blockade fand aber erst einmal kein Baseball dort statt, weil das Areal als Kartoffelacker diente. Ab Mai 1947 räumte man das Gelände, im April 1952 war der Umbau abgeschlossen, die Tribüne bot nun 2.000 Plätze. Von den 248.000 DM Baukosten hatten US-Bürger 136.000 DM gespendet.

Als 1965/67 die Lichterfelder SU (heute VfB) in der Regionalliga spielte, galt ein Fassungsvermögen von 10.000, aber so viele sind nie gekommen. 1991 bestritt Tennis Borussia seine Spiele in der Zweitligaaufstiegsrunde in Lichterfelde. Im August 1998 hätte Oberligist VfB Lichterfelde von 1892, der 1.500 Mitglieder hat und bei Heimspielen im Schnitt 100 Besucher, dort einen Großkampftag feiern können. Doch wich

man im DFB-Pokalspiel gegen Schalke 04 in den Jahn-Sportpark aus; sogar das Olympiastadion war als Austragungsort in der Diskussion gewesen. 4.500 Zuschauer brachten 50.000 DM ein – ein Viertel des Lichterfelder Saisonetats. Die Siegprämie, eine Woche Mallorca, bekamen die Lichterfelder aber nicht, denn Schalke gewann 6:0. *sky*

Stadion Lichterfelde Berlin
ER: 1929/1952. FV: 4.300, davon 800 üd. SiP, 1.000 unüd. SiP und 2.500 StP.
ZR: laut Bezirksamt Steglitz in den 50er Jahren über 6.000 Zuschauer; Anlass unbekannt.
Ostpreußendamm 8-17, 12207 Berlin, Tel. 030 / 79 04 25 86.

▓ Platz an der Rathausstraße Mariendorf

Länderspiel, Bundesliga – und Konkurs

Die Zeiten sind schnelllebig, im Fußball sowieso. Blau-Weiß 90 die Nummer eins im Berliner Fußball? „Hausherr" im Olympiastadion? „Der sensationellste Senkrechtstarter des deutschen Fußballs seit Bundesliga-Gedenken" („kicker-sportmagazin")? Gar nicht so lange her, es war Mitte der 80er Jahre. Aber hinsichtlich dieses Buches stellt sich die Frage, wo man den Klub, den es unter obigem Namen nicht mehr gibt, denn verorten soll?

Entschieden haben wir uns für den Süden Berlins, Mariendorf, Rathausstraße 10, nach wie vor die offizielle Vereinsadresse, und den Platz an der Rathausstraße als Spielstätte, der aufgrund seiner Ecklage auch als Platz an der Ullsteinstraße bezeichnet wird.

Tribüne dank Middlesborough
Union 92, Deutscher Meister 1905, und 1927 per Fusion mit Vorwärts 90 zu Blau-Weiß 90 geworden, begann auf dem späteren Flugplatzgelände Tempelhof, gründete danach die „Union-Baugesellschaft" und erwarb „ein wüst aussehendes Sumpfgelände", entstanden durch den Erdaushub, der beim Bau des Teltow-Kanals in einen Teil des früheren Mariendorfer Sees geworfen worden war. „Monatelang in den Abendstunden konnte man dort 20-30 Leute" bei der Arbeit sehen. Als der alte Dom vor dem Berliner Schloss am Lustgarten gesprengt wurde und die Garnisonskirche in der Neuen Friedrichsstraße niederbrannte, sicherten sich die Unioner Steine für ihren Sportplatzbau. Am ersten Oktobersonntag 1908 konnte „das für damalige Verhältnisse einmalige Schmuckkästchen" gegen Wacker Leipzig eingeweiht werden. Das Vereinsheim hatte der Wirt auf eigene Kosten verwirklicht. Weil ein Match gegen die Profis von Middlesborough einen Überschuss erbrachte, konnte eine 200 Sitzplätze-Holztribüne gebaut werden (1936 abgebrannt). Der DFB, stets auf Suche nach neuen Spielstätten, entschied 1911 für den Union-Platz: Über 10.000 sahen das 2:2 gegen England.

Zum Ende des 1. Weltkriegs waren vom Casino nur noch die Grundmauern übrig: Der Vereinswirt war verzogen und hatte den Bau abreißen lassen. 1923, mitten in der Inflation, erwarb Union das Sportgelände; die 3,5 Mio. Papiermark sollen in einem Waschkorb abgeliefert worden sein. Der Platz erhielt

500 m Stehstufen, und vor Beginn des 2. Weltkrieges hegte man Pläne, die Anlage an der Ullsteinstraße auszubauen. Stattdessen ging das neue Casino 1943 im Brandbombenhagel unter, die Geschäftsstelle war vernichtet, wobei die Wehrmacht das Gelände zuvor schon zur Aufnahme von Kfz, die im Krieg verwendet werden sollten, zweckentfremdet hatte.

1945 brachten 45 sowjetische Train-Einheiten ihre Pferde auf dem Blau-Weiß-Platz unter. Der Wiederaufbau begann Ende 1950, täglich arbeiteten zehn bis 20 Flüchtlinge daran, die Stehwälle aufzuschütten und Stehplatzstufen zu schaffen. Als 1953/54 die Rasenfläche erneuert werden musste, wich Blau-Weiß 90 auf den Bosesportplatz (Friedrich-Ebert-Stadion) nach Tempelhof aus.

Blau-Weiß 90 – Berlins Liebling

In der Stadt- und Regionalliga spielte der Traditionsverein wieder an der Ullsteinstraße, Fassungsvermögen zwischen 10.000 und 14.000. Ende der 60er Jahre nutzte der Klub das erneut umgebaute Stadion Tempelhof (10.000) und das Friedrich-Ebert-Stadion (15.000), ehe der Höhenflug begann, für den offensichtlich nur das riesige Olympiastadion eine adäquate Spielstätte zu sein schien. Blau-Weiß, inzwischen mit einer Nürnberger Werbeagentur liiert, stürmte 1984/85 in die 2. Bundesliga und löste Hertha BSC zumindest sportlich als Berlins Nr. 1 ab (Schnitt: Hertha 7.409, Blau-Weiß 3.522). In der Folgesaison, als Hertha (Schnitt 5.064 Besucher) und TeBe (1.972) aus der 2. Liga abstiegen, erreichte Blau-Weiß mit der besten Zuschauerzahl aller Zweitligisten (10.653) die Bundesliga und verpflichtete aus Augsburg den jungen Karlheinz Riedle. Es blieb bei dem einen Jahr Bundesliga, mit fast 21.000 erreichte Blau-Weiß 90 den besten Zuschauerschnitt seiner Geschichte. Die Berliner blieben in der 2. Bundesliga und im Olympiastadion, doch die Besucherzahlen sanken zusehends, zumal Hertha wieder nach oben kam. Vom Publikum verlassen, verlor der Emporkömmling 1992 die Lizenz und erklärte Konkurs.

SV Blau-Weiss heißt der Nachfolgeverein, nun in der Landesliga, 1. Abteilung, und mit Ambitionen auf den Aufstieg in die Verbandsliga.   *sky*

Platz an der Rathausstraße
Berlin-Mariendorf
ER: 1908. FV: früher 14.000 StP.
ZR: unbekannt.
Rathausstraße 10a, 12105 Berlin,
Tel. 030 / 706 50 92.

▨ Stadion der Weltjugend *

Das Wembley der DDR

Zu Zeiten, als die Mauer noch stand, ragten im Osten an der Chausseestraße und vom Westteil Berlins her gut sichtbar die Flutlichtmasten der erst nach dem DDR-Politiker Walter Ulbricht (1893-1973) benannten und später in Stadion der Weltjugend umbenannten Sportstätte auf. Wegen der Olympischen Spiele 2000 in Berlin – die bekanntlich nicht stattfanden – wurde sie abgerissen.

Am 7. April 1949 hatte der Berliner Magistrat im sowjetischen Sektor „den unverzüglichen Ausbau" des Stadion Mitte beschlossen, das ehemals das Polizeistadion gewesen war. 300.000 Ost-Mark wurden eingesetzt, weil es im Ostteil Berlins bis dahin keine geeignete Sportanlage für Großveranstaltungen gab. Nach offiziel er Lesart erging der Auftrag zum Bau erst Ende 1949, für Planung und Fertigstellung standen im Hinblick auf das FDJ-Deutschlandtreffen 1950 somit nur vier Monate zur Verfügung. „Es gibt kein Unmöglich!", wurde Ministerpräsident Ulbricht zitiert. Und gemäß ihrem Lied „Bau auf, bau auf / bau auf, bau auf / Freie Deutsche Jugend / bau auf!", packten die „Blauhemden" kräftig mit an. Am 18. März 1950 schrieb die „Tägliche Rundschau" vom „grünen Wunder an der Chausseestraße, die immer eine der hässlichsten Straßen Berlins gewesen ist und am hässlichsten vor den öden Fassaden der ehemaligen Maikäferkaserne war". Auf 135.000 qm fanden 60.000 Menschen Platz, zusätzlich war ein Aufmarsch-

„Es gibt kein Unmöglich…": In nur vier Monaten wurde 1950 das „Stadion der Weltjugend" erbaut. FDJ-Helfer packten mit an.

(Fotos: Landes- und Zentralbibliothek Berlin, Zentrum für Berlin-Stadien)

Illegal „'rübergemacht" zum Deutschlandtreffen 1950 im Ulbricht-Stadion hatten diese Bremer FDJler trotz Teilnahme-Verbot durch die Bundesregierung (links). – Wie der Sprecher- und Kampfrichterturm fiel das gesamte Stadion 1992 dem Abriss anheim.

gelände für 20.000 geschaffen worden sowie Grünanlagen, die laut „Rundschau" „zu den schönsten und größten in Berlin gehören." „Alles an diesem Stadion ist schlicht und hell, frei, voll Schwung, dabei sicher und fest in den Maßstäben."

Im Zeichen des Kalten Krieges

Anlass für den Stadionbau war das Deutschlandtreffen der Freien Deutschen Jugend (FDJ), das vom 27. bis 30. Mai 1950 in Berlin-Ost stattfand – nach West-Meinung „eine Veranstaltung im Zeichen der kommunistischen Friedenspropaganda." Nach DDR-Angaben nahmen 700.000 Jugendliche, davon 30.000 aus der BRD teil – Zahlen, die man im Westen, wo der FDJ die Nutzung des Reichssportfeldes untersagt worden war, bezweifelte. Zur Eröffnung des Walter-Ulbricht-Stadions am 27. Mai kamen allerlei illustre Gäste, darunter der sowjetische Schriftsteller Ilja Ehrenburg, die tschechische Lauf-Legende Emil Zatopek sowie zahlreiche Olympiasieger und Weltrekordler aus dem Ostblock. Auf der anderen Seite der damals noch durchlässigen innerstädtischen Grenze machten in diesen Pfingsttagen Politiker wie Ludwig Erhard (CDU) und SPD-Vorsitzender Kurt Schumacher, RIAS, Gewerkschaften und Firmen mobil, um die „Verbundenheit des freien Deutschland mit Berlin" zu demonstrieren. Für FDJ-Ausflügler hielt man im Westen Kost und Infomaterial bereit; 500 sollen nach West-Angaben dort geblieben sein.

Auch 1951 stand das Walter-Ulbricht-Stadion wieder im Mittelpunkt, als in Berlin-Ost vom 5. bis 19. August 1951 die III. Weltfestspiele der Jugend und Studenten abgehalten wurden. 26.000 Delegierte aus 104 Ländern kamen, weitere 2 Mio. Jugendliche nahmen teil. Inmitten des Kalten Krieges war ein „Gastspiel" im Olympiastadion kein Thema mehr. Als 26.000 FDJler in die West-Bezirke Neukölln, Kreuzberg und Wedding „einmarschierten", wurden sie von Gummiknüppeln und Wasserwerfern empfangen. Bei den Massenschlägereien – so meldet es die vom Westberliner Senat in Auftrag gegebene Chronik – wurde die Polizei „von West-Berliner Bürgern unterstützt".

Stätte des Pokalfinales

Mit 70.000 Plätzen war das Ulbricht-Stadion eine der größten DDR-Arenen (Architekt: Selman Selmanagic, Gartengestaltung: Reinhold Lingner); charakteristisch waren sein Zeitnehmerturm und das stattliche Mauerwerk. 1952 gastierten dort die Radfahrer der Friedensfahrt vor 55.000, das erste Fußball-Länderspiel dort 1954 (DDR – Rumänien 0:1) erlebten 70.000. Als Austragungsort der Pokalendspiele des FDGB (Freier Deutscher Gewerkschafts-Bund) gewann die Sportstätte Tradition: 1950 war Premiere bei Thales 4:0 über Erfurt vor 15.000, von 1975 bis 1989 wurde das Finale stets im Stadion der Weltjugend ausgetragen; Zuschauerrekord waren 55.000 – 5.000 mehr als zugelassen! – im Jahre 1975 bei Sachsenring Zwickau gegen Dynamo Dresden (2:2 n.V., Elfmeter-Schießen 4:3). Das letzte Pokalendspiel vor Ort sahen am 1. April 1989

noch 35.000 (Dynamo Berlin – FC Karl Marx Stadt 1:0), das letzte DDR-Länderspiel dort 12.300 (1988 DDR – Island 2:0).

Das Fassungsvermögen der Arena sank im Lauf der Jahre auch infolge von Renovierungen. Ab 1966 standen 15.000 Sitz- und 41.000 Stehplätze zur Verfügung. 1972-73 wurde das Stadion nach den Plänen von Jörg Piesel und Rolf Timmler erneuert und zu den Weltjugendfestspielen 1972 in „Berlin, Hauptstadt der DDR" in „Stadion der Weltjugend" umbenannt (Ulbricht verstarb während der Festspiele). Nun war noch Raum für 20.000 Sitz- und 30.000 Stehplätze.

Nachdem West- und Ost-Berlin und BRD und DDR eins waren, fiel das Stadion erst dem Verfall (der Sprecherturm war über und über mit rassistischen und faschistischen Parolen beschmiert) und 1992 dem Abbruch anheim. Doch statt der vorgesehenen Olympiahalle – das Rennen machte bekanntlich Sydney, ein Investor sprang ab – befindet sich an seiner Stelle heute u.a. seit 1996 ein öffentlicher Golfplatz. Zuvor wehte der Wind vom 13 Hektar großen Brachland den Sand in naheliegende Wohnungen. Der Abriss des Stadions der Weltjugend kostete 32 Mio. Mark, das übertraf den Kostenvoranschlag von 15 Mio. DM um 17 Mio.! Die damalige Senatorin für Stadtentwicklung, Michaele Schreyer (B 90/Grüne), meinte, die Kosten seien „hektikbedingt zu hoch" ausgefallen – was immer man darunter verstehen mag. Die Planungskosten für die nie gebaute Olympiahalle beliefen sich zudem auf 1,6 Mio. Mark, und die Begrünung des Brachlandes kostete noch einmal 600.000 DM – Landespolitik à la Berlin, wie man sie seit Jahren gewohnt ist. Das Bezirksamt klagte derweil: „Der Abriss des Stadions der Weltjugend hat die Hälfte unserer Sportanlagen vernichtet." Im Sommer 1999 gestand der ehemalige Sportsenator und spätere Bausenator Jürgen Klemann (CDU) der „Berliner Morgenpost": „Die Olympiahalle wäre nicht zwingend notwendig gewesen, denn schließlich gab es damals noch die Deutschlandhalle mit 10.000 bis 12.000 Plätzen."

Diese späten Einsichten helfen dem Stadion der Weltjugend auch nicht mehr.

sky

Stadion der Weltjugend Berlin
ER: 1950. FV: früher 70.000, zuletzt 50.000 (20.000 SiP und 30.000 StP). ZR: 70.000, 8.5.1954, Länderspiel DDR – Rumänien 0:1.

Das Grab von Werner Seelenbinder

Ehemals feierte man im Stadion Neukölln „die schnellste Bahn" Berlins für Radrennen, und eine Zeitlang lief dort Tasmania 1900, der spätere Bundesligist, auf. Dass die Sportstätte nach 1945 den Namen des von den Nazis ermordeten Olympiaringers und Widerstandskämpfers Werner Seelenbinder erhielt, ist heute nur noch wenigen bekannt; seine Grabstätte befindet sich auf dem Gelände.

Der heutige Sportpark Neukölln entstand 1925-30 nach den Plänen von Architekt Wagler durch Aufschüttung als Erdstadion. Karl Bonatz entwarf 1930 die Umkleidehäuser. Wegen der Erweiterung des Flughafens Tempelhof musste das Gelände 1933-36 von 480.000 auf 55.000 Quadratmeter verkleinert werden.

Nach Kriegsende fand die Arena des Arbeiterstadtteils als politischer Veranstaltungsort Verwendung, so bei der „Zentralen Kundgebung für die Opfer des Faschismus" am 9. September 1945. Danach erhielt die Sportstätte den Namen Werner-Seelenbinder-Kampfbahn nach dem mehrmaligen Deutschen Ringer-Meister, Sieger der Moskauer Spartakiade 1928 und Olympiateilnehmer 1936, seit 1928 KPD-Mitglied, im Widerstand und 1944 im Zuchthaus Brandenburg-Gören hingerichtet. Seelenbinder stammte aus Neukölln, gehörte dort Lurich 02 an und trainierte in der heutigen Schule Tho-

masstraße, wo seit Oktober 1992 eine Gedenktafel an sein Schicksal erinnert.

Der antikommunistischen Stimmung der 50er Jahre fiel der Name Seelenbinder-Kampfbahn zum Opfer. Nachdem nach der Wende 1993 die traditionsreiche Werner-Seelenbinder-Halle am S-Bahnhof Landsberger Allee abgerissen wurde, trägt keine Berliner Sportstätte mehr den Namen des Widerstandskämpfers. Die „sportbetonte Oberschule" im Berliner Sportforum Hohenschönhausen ist nach Seelenbinder benannt, ebenso ein Schwimm-Sport-Verein am Prenzlauer Berg, eine Schule in Apolda (wo es ein Geschwister-Scholl-Stadion gibt) und in Luckenwalde das Werner-Seelenbinder-Stadion. Es wäre an der Zeit, dem Neuköllner Stadion den Namen Werner Seelenbinder zurückzugeben.

Mit der Grabstätte Seelenbinders im Stadion scheint man nicht immer pfleglich umgegangen sein. Am 2. Juni 1948 klagte das Hauptamt für die Opfer des Faschismus (OdF) beim Magistrat von Groß-Berlin in einem Brief an Bezirks-Bürgermeister Timm, das Grab sei „in einem schlechten Zustand", man habe zahlreiche Briefe und Beschwerden von ehemaligen Widerstandskämpfern erhalten. Bei einer Boxveranstaltung in der Seelenbinder-Kampfbahn seien Zuschauer über das Grab gelaufen oder mit Fahrrädern darüber hinweggefahren. „Die Würde einer Grabstätte eines

hingerichteten antifaschistischen Kämpfers ist unter solchen Umständen keineswegs gewahrt", schrieben die OdF.

Sportlich traten am 21. Juli 1945 als erste die Radfahrer an, bei der „ersten Nachkriegsmeisterschaft der Berliner Zeitungsfahrer". Die ersten Nachkriegs-Bahnmeisterschaften der Berliner Radprofis folgten am 10. und 11. August 1946. Am 23. Mai 1948 wurde die neue Zement-Radrennbahn eröffnet, die aufgrund der speziell konstruierten Kurven als „schnellste" Bahn Berlins galt: Radfahrer konnten auf dem 500-Meter-Kurs Geschwindigkeiten bis 80 km/h erreichen, Motorradler etwa 120 km/h. „Für den Sport des kleinen Mannes", so Bezirks-Bürgermeister Richard Timm, sei die erste aus Trümmern neu erbaute Radrennbahn Deutschlands entstanden.

Tasmania 1900, aus politischen Gründen ein unglückseliger Bundesliga-Aufsteiger und daran zugrunde gegangen, trug hier bei einem Fassungsvermögen von 22.000 seine Regionalliga-Spiele aus. 1968/69 und 1971/72 zog Regionalligist 1. FC Neukölln ein und meldete nur noch Raum für 6.000. Ab 1984 hat man die Sportstätte rückgebaut und renaturiert; inmitten des Walles befinden sich nun eine Eisbahn und zwei Sportplätze, die Radrennbahn existiert nicht mehr.   *sky*

Stadion Neuköllr
ER: 1930. FV: früher 22.000, heute 3.500, davon 350 unüd. SiP.
Oderstraße 182, 12051 Berlin,
Tel. 030 / 625 10 01.

(Foto: Landesbildstelle Berlin)

Einweihung der Werner-Seelenbinder-Kampfbahn: Im Kalten Krieg verschwand der Name.

Prestigeobjekt gleich hinter der Mauer

Um 1920 waren am Ort des heutigen Stadions noch Spielplätze und der Sport-Kampfplatz an der „Einsamen Pappel" auf einem fast 100.000 qm großen Gelände. Das Bezirksamt Prenzlauer Berg hatte für die damalige Zeit sensationelle Pläne für den zwischen Schönhauser Allee, Cantian-, Gaudy-, Schwedter- und Eberswalder Straße gelegenen städtischen Besitz: Eine komplett überdachte Arena, eine der modernsten Europas, sollte dort entstehen!

Von 1825 bis Ende des 19. Jahrhunderts hatte das Preußische Kriegsministerium den Ort als Exerzierplatz genutzt. 1912 wollte der Zirkus Sarrasani auf dem „Exer" ein festes Haus errichten, aber wie erwähnt hegte man am Prenzlauer Berg andere Vorstellungen: Die neue Kampfbahn sollte „an der Spitze der europäischen Stadien" stehen. Das damalige Deutsche Stadion im Grunewald, argumentierten die Bezirksverantwortlichen, sei an der Grenze von Groß-Berlin zu dezentral gelegen, zum Teil veraltet und in finanziellen Schwierigkeiten. Das Großstadion an der „Einsamen Pappel" dagegen befände sich inmitten der am dichtesten bevölkerten Stadtteile Berlins und sei vom Alexanderplatz in wenigen Minuten zu erreichen.

Um das Spielfeld sollten eine Aschenbahn und um die wiederum eine Radrennbahn führen. Die zweigeschossige Tribüne würde 4.000 Plätze bieten, das gesamte Fassungsvermögen bei 30.000 Menschen liegen. Ungewöhnlich für die

20er Jahre: Alle Plätze wollte man überdachen, wovon sich die Planer „die Sicherung der Besucher gegen Witterungsunbilden aller Art" und „eine Erhöhung der Rentabilität" versprachen. Da die „Goldenen Zwanziger" aber ökonomisch so golden nicht waren, blieb das Stadion auf dem Papier.

Ost-West-Vergleiche

Erst 1951 konzipierte R. Ortner aus Anlass der III. Weltfestspiele der Jugend und Studenten an der Cantianstraße eine neue Sportanlage, die dank sog. freiwilliger Aufbaustunden nach nur halbjähriger Bauzeit Anfang August 1951 fertig gestellt war und den Namen Berliner Sportpark erhielt. Auf Antrag des Landesverbandes der Blockpartei NDPD beschloss der Ostberliner Magistrat am 1. Oktober 1952, das Areal Friedrich-Ludwig-Jahn-Sportpark zu benennen. Den 100. Todestag des „Turnvaters" feierte man in West und Ost damals getrennt: Das „Nationale Jahn-Festkomitee" der DDR legte in Freyburg an der Unstrut einen Kranz am Jahnschen Grab nieder und eröffnete ein Museum; die Jahn-Freunde im Westen versammelten sich zur Gedenkfeier am Jahn-Denkmal in der Berliner Hasenheide.

Der Jahn-Sportpark war in den 50er Jahren Schauplatz repräsentativer Fußballspiele – so 1958 bei der Begegnung Berlin – Warschau (3:1, 10.000) – und innerstädtischer Vergleiche, die man in der Hertha-BSC-Chronik allerdings vermisst.

Am 10. Juni 1959 staunten 25.000 nicht schlecht, als der ASK Vorwärts Berlin den damaligen Stadtliga-Dritten Hertha mit 7:1 distanzierte (Herthas Torhüter durfte als Polizist das Ost-Gastspiel übrigens nicht mitmachen). Als ob das 1:7 nicht genug gewesen wäre, schickte das „Neue Deutschland" noch einen Rat hinterher: „Nur die Bildung einer entmilitarisierten Freien Stadt würde Hertha und den gesamten Fußball der heutigen Frontstadt aus dem Dilemma herausführen." Hertha verlor auch das Rückspiel am Gesundbrunnen vor 26.000 mit 1:2, unterlag neuerlich im Jahn-Sportpark 1960 gegen den BFC Dynamo 0:1 vor 15.000 und dann wieder am Gesundbrunnen dem ASK Vorwärts 0:5.

Die Politik nahm nicht am 0:5 Anstoß, wohl aber daran, dass im Vereinsabzeichen des Armee-Sportklubs das Staatswappen der DDR zu sehen war. Hertha wurde vorgeworfen, damit gegen eine Vereinbarung zwischen Westberliner Senat und Landessportbund vom 4. Januar 1960 verstoßen zu haben. Zwei Senatoren samt Landessportbund drohten: „Bei Nichtbeachtung dieser Grundsätze tragen die Westberliner Vereine die Verantwortung für mögliche Störungen der öffentlichen Ordnung" – was immer das bedeuten sollte. Mit dem Mauerbau fanden die fußballerischen Ost-West-Vergleiche auch im Jahn-Sportpark, der direkt an der Grenze lag, ein Ende.

Die modernste DDR-Arena

Die Stadiongeschichte gestalteten Fußballer des BFC Dynamo, vier Länderspiele, die Leichtathleten des SC Dynamo und TSC Berlin, Kinder- und Jugendspartakiaden und der traditionelle

(Foto: Grüne)

Den 100. Todestag des Namensgebers feierte man in Ost und West getrennt: Jahn-Sportpark.

„Olympische Tag", der 1983 den 100-m-Weltrekord von Marlies Göhr (10,81 sek.) und 1984 den legendären Speerwurf des Potsdamers Uwe Hohn (104,80 m) brachte.

Verglichen mit anderen Stadien der ehemaligen DDR war der Jahn-Sportpark ein Prestigeobjekt. Angesichts der ungewöhnlich breiten Auffahrt zur Haupttribüne kann man sich vorstellen, wie hier die Polit-Prominenz in Staatskarossen vorfuhr. 1964 bereits besaß man am Prenzlauer Berg eine 900-Lux-Flutlichtanlage, seit 1970 eine Tartanbahn. Bei der im DDR-Jargon „ReKo" genannten Renovierung erhielt das Stadion 1986/87 (Dynamo wich in der Zeit ins Sportforum Hohenschönhausen aus) eine Ehrentribüne genannte viergeschossige, 60 m lange überdachte Haupttribüne, die 216 m lange überdachte Gegengerade-Tribüne und vier neue Flutlichtmasten mit 240 Scheinwerfern – für DDR-Verhältnisse ein geradezu luxuriöses Projekt, das man sonst im Osten nirgends fand. Von den 23.972 Sitzplätzen waren 10.182 überdacht; ein Manko: Die Haupttribüne ist zur sog. Wetterseite offen. Einweihung des „neuen" Jahn-Sportparks war am 25. Juli 1987 mit dem Match der Dynamos gegen MVV Maastrich.

Nach der Wende spielte das ehemals modernste Stadion der DDR in den Olympia-Plänen Berlins für 2000 eine Rolle und wurde bis 1999 für über 12 Mio. DM einer Generalsanierung unterzogen. Zuvor waren die Haupttribüne, deren Stahlkonstruktion mit Zementplatten aus krebserregendem Asbest verkleidet war, und die maroden Kurven zeitweise gesperrt worden. Trotz Laufbahn bietet die Arena bei Fußballspielen gute Sicht. Unweit des Stadions befindet sich die neue Max-Schmeling-Halle.

Am 2. Juni 1991 fand vor 4.800 im Jahn-Sportpark das letzte ostdeutsche Pokal-Endspiel statt (Rostock – Eisenhüttenstadt 1:0). Nachdem Dynamo unter dem Namen FC Berlin endgültig nach Hohenschönhausen umgezogen war, hatte die Sportstätte wechselnde Benutzer, zu denen nun auch die American Footballer von Berlin Thunder mit „Kicker" Axel Kruse in der NFL Europa gehören (Vorgänger waren 1994 die Berlin Bears). 1998 fanden dort die völlig verregneten Deutschen Leichtathletik-Meisterschaften statt.

Bedauerlicherweise war der Jahn-Sportpark Ende der 90er Jahre Schauplatz rassistischer und gewalttätiger Aktionen. Am 8. Mai 1997, dem Tag, der im Westen „Vatertag" und im Osten „Herrentag" heißt, wurde nach dem 1:0 der Reinickendorfer Füchse im Berliner Pokalfinale gegen Union Berlin von „Anhängern" der Unioner der viel zu niedrige Zaun überwunden und Flaschen und Steine, die wegen der Umbaumaß- nahmen herumlagen, gegen die Polizei eingesetzt; „der Mob raste", titelte die „BZ". Es bestand Erklärungsbedarf, den der Union-Vorsitzende Horst Kahstein wohl kaum erfüllte, als er kundtat: „Es kam alles zusammen – Alkohol, die Niederlage und die Wut, dass St. Pauli unseren Trainer (Arm. Karsten Heine) will." Noch schlimmer war es zwei Jahre später, wieder beim Berliner Pokalfinale am 11. Mai 1999, als ein Pulk von etwa 800 gewaltbereiten BFC-Dynamo-„Anhängern" beim Spiel gegen Türkspor Berlin ausländerfeindliche Parolen rief, nach dem 4:1 von Dynamo das Spielfeld stürmte und Spieler und Betreuer von Türkspor angriff und verletzte. Die Türkische Gemeinde Berlin sah sich danach zu einer offiziellen Stellungnahme veranlasst, verurteilte „das erschreckende Ausmaß an Ausländerfeindlichkeit" und forderte den Ausschluss des BFC aus dem DFB-Pokal (was nicht geschah). *sky*

Friedrich-Ludwig-Jahn-Sportpark
ER: 1951/1987. FV: früher 30.000, heute 20.000 SiP, davon 15.000 überdacht und 5.000 unüberdacht.
ZR: 30.000, Länderspiel, 13.3.1974, DDR – Belgien 1:0.
Cantianstraße 24, 10437 Berlin, Tel. 030 / 44 30 37 00.

■ Paul-Zobel-Sportplatz Pankow

„Hoch in der Gunst des Publikums"

16.000 Stehplätze bietet die 1930 als Sportplatz Pankow eröffnete Spielstätte, in der es nach dem 2. Weltkrieg einige Jahre Erstliga-Fußball gab. Nun spielt „im grünen Berliner Bezirk an der Panke" der VfB Einheit zu Pankow 1893 als Symbiose aus bürgerlichen und DDR-Traditionen.

Der Fußball aber hat Pankow nicht bekannt gemacht. Die Vorkriegsgeneration mag sich an den Gassenhauer „Komm' Karlinichen, komm' Karlinichen komm', wir woll'n nach Pankow geh'n, da ist es wunderschön!" erinnern, und Jüngere an Udo Lindenbergs Song „Entschuldigen Sie, ist das der Sonderzug nach Pankow?" Im Kalten Krieg war „Pankoff" (Bundeskanzler Adenauer) Synonym für die DDR.

Nach 1945 erhielt der Sportplatz den Namen von Paul Zobel (1891-1945), erst als Sozialdemokrat, dann als Kommunist im Arbeitersport engagiert und am 22. oder 23. März im KZ Dachau umgekommen.

Der VfB Pankow, der von 1933 bis 1936 der Gauliga angehörte, spielte 1947/48 als SG Pankow Nord um die 50. Berliner Stadtmeisterschaft mit und erhielt in der Spielzeit 1948/49 als erster Berliner Erstligist den alten Namen zurück. Dr. Ernesto Pöge berichtet in „Libero", dass die Pankower „relativ hoch in der Gunst des Publikums standen", weshalb unten stehender offizieller Zuschauerrekord bezweifelt werden muss. 1949/50 trug der VfB Pankow das Spiel gegen den BSV 92 (1:5) im Poststadion aus, 18.000 kamen, der Zuschauerschnitt lag bei 7.182. Als die Gesamt-Berliner Stadtliga aufgelöst wurde, landete der VfB in der DDR-Oberliga 1950/51 auf dem letzten Rang und blieb dennoch drin: Da „Berlin als politisches, wirtschaftliches und kulturelles Zentrum der DDR in der Oberliga vertreten sein muss", so verkündete es der Deutsche Sportausschuss, Sektion Fußball, blieben die gegen Saisonende umbenannte BSG Einheit Pankow und Oberschöneweide Oberligisten. Verstoßen wurden dafür der Vorletzte Lichtenberg (aus Berlin) und der Drittletzte Weimar. Pankow, wo etliche DDR-Politiker und -Literaten ihren Wohnsitz hatten, half es nichts: 1952 wurde man wieder Oberliga-Letzter und stieg ab.

Zuvor hatte sich 1951 in West-Berlin der VfB zu Pankow gegründet, und der fand 1991 in dem 120.000 Einwohner zählenden Bezirk mit der BSG Einheit zusammen, weshalb der heutige Landesligist VfB Einheit zu Pankow 1893 heißt. *sky*

Zobel-Sportplatz Berlin-Pankow
(so die offizielle Bezeichnung)
ER: 1930. FV: 16.000 StP.
ZR: nach Angaben des Bezirksamtes Pankow 3.500, Spielzeit 1931/32, VfB Pankow – Tennis Borussia Berlin 5:2.
Hermann-Hesse-Straße, 13156 Berlin, Tel. 030 / 4883 1722, -1800.

▨ Am Wackerweg Reinickendorf

Traurige Geschichten vom Wackerplatz

Wacker 04 war ein Berliner Traditionsverein – „war" deshalb, weil der heutige Verbandsligist inzwischen im BFC Alemannia 90 – Wacker aufgegangen ist, immerhin noch daheim auf dem Wackerplatz am Wackerweg.

Die Erinnerung daran, dass die Lila-Weißen früher die Gauliga, die erstklassige Stadtliga Berlins, durchgehend von 1963 bis 1974 die Regionalliga, vier Bundesliga-Aufstiegsrunden und vier Jahre lang die 2. Bundesliga bereicherten, ist verblasst; Namen wie Liedtke, Lunenburg, „Hanne"-Sobeck-Sohn Bernd und Alt-Herthaner Altendorff vielleicht auch. Wacker hat viel versucht, zuviel vergebens, und ob der dominanten Hertha ist der nach 1945 in Reinickendorf ansässige Verein vom geschätzten Publikum nicht angenommen worden.

Zuschauer bleiben aus

Viermal nahm Wacker an der Bundesliga-Aufstiegsrunde teil, 1972 als Meister, 1971, 1973 und 1974 als Berliner Vize. Wollte das wer sehen? 1971 wohnten je 6.000 den Begegnungen mit Nürnberg (3:2) und Düsseldorf (2:4) bei, gegen Neunkirchen zählte man aber 500. Nur 9.000 insgesamt (!) waren es im Aufstiegsrennen '72, 4.000 im Schnitt im folgenden Jahr.

Erst 1974 schienen die Berliner Wacker nach grandiosem Start zu entdecken: Nach dem 1:0 in Saarbrücken und dem 5:0 (!) zu Hause vor 12.000 gegen den 1. FC Nürnberg (Rückspiel 1:9!) kamen gegen Braunschweig plötzlich 25.000 – wir nehmen an, ins Olympiastadion und nicht an den Wackerweg. Doch wieder wurde es nichts, 468 Zahlende waren es zuletzt beim 3:2 über Wattenscheid.

Dennoch gingen die Wackeraner unverdrossen das Wagnis 2. Bundesliga Nord an, nicht auf ihrem damaligen, 600 Sitzplätze und 14.400 Stehplätze bietenden Stammterrain in Reinickendorf, sondern im Poststadion (5.000 Sitzplätze, 30.000 Stehplätze). Der 13. Rang 1974/75 war ein guter Einstieg, den lediglich 1.511 Besucher im Schnitt im Poststadion würdigten; Bundesliga-Vize Hertha zählte über 36.000.

Das Poststadion hat Wacker Ende 1975 verlassen, 5.000 sahen das Comeback am Wackerweg, aber grundsätzlich änderte sich nichts. 1975/76 kam was kommen musste: Drittletzter, Abstieg, nur in einem Spiel mehr als 1.500 Zuschauer auf dem Wackerplatz, in 15 von 19 Begegnungen sogar weniger als 1.000, Schnitt 881, Minusrekord 454 Besucher am 21. November 1976 beim 1:0 gegen Bayer Leverkusen, das noch nicht ahnte, dass Wacker auch Unterhaching heißen könnte.

Die Reinickendorfer hatten ohnehin freiwillig auf die Lizenz für die 2. Bundesliga verzichtet, kehrten jedoch, als sie die Amateur-Oberliga Berlin 1977/78 unbesiegt überstanden, erneut zurück – mit 750.000 DM Schulden und infolge DFB-Auflagen ohne nennenswerte Neuzugänge. Erneut reisten namhafte Klubs zum Wackerweg, beide Bayer-Werksvereine darunter, St. Pauli, Aachen, TeBe – Wacker endete als Letzter.

Das war's; heute weiß man, dass die neue Hauptstadt offensichtlich keinen Platz für eine Nr. 2 hat, geschweige denn eine Nr. 3. Es sei denn, sie wäre ein originäres „Ostprodukt" wie „Eisern-Union". *sky*

> **Wackerplatz Berlin-Reinickendorf**
> FV: 5.000 StP, früher 600 SiP und 14.400 StP, Flutlicht seit 1967.
> ZR: unbekannt
> Wackerweg 26, 13403 Berlin,
> Tel. 030 / 412 30 07.

Die Sitzränge auf der Gegengeraden am Wackerplatz.

(Foto: Grüne)

▨ Sportplatz Reinickendorf

„Jungfuchs" Häßler

In der Regionalliga Berlin waren auf dem Sportplatz Reinickendorf von 1963 bis 1969 die Reinickendorfer Füchse in Aktion, die damals ein Fassungsvermögen von 4.000 bis 5.000 angaben. 1973/74 gab zum Regionalliga-Farewell der BFC Meteor ein Gastspiel. Dem gehörte der junge Thomas Häßler an, ehe er am Freiheitsweg im „Füchsebau" als „Jungfuchs" auftrat. *sky*

> **Sportplatz Berlin-Reinickendorf**
> FV: 3.000 StP. ZR: unbekannt.
> Freiheitsweg 20-26, 13407 Berlin,
> Tel. 030 / 495 10 18.

▨ Sportplatz Monumentenstraße Schöneberg

Büsche, Hecken, Mauerwerk

Auf dem „Städtischen Sportplatz Monumentenstraße" trug Berlin-Regionalligist BSC Kickers 1900 von 1966 bis 1970 seine Begegnungen aus.

So „riesig" der Straßenname klingt, heute findet man dort einen „Allerwelts-Sportplatz" vor. Nach 1920 hatte das Hochbauamt Schöneberg die Sportanlagen auf einem 16.000-qm-Grundstück bauen lassen: Nach Thomas Schmidt bestanden „Groß- und Kleinspielfelder, Gymnastikhalle, Umkleidegebäude, Büro, Platzwart; Platz mit Büschen und Hecken umrandet; Stufentribünen (Aufschüttungen); eingesch. Mauerwerkbauten, verputzt, Flachdächer." Am 1. Juni 1946 eröffnete man den Sportplatz wieder, seit dem 16. Dezember 1992 ist das Land Berlin Eigentümer. *sky*

> **Sportplatz Monumentenstraße Berlin-Schöneberg**
> ER: nach 1920. FV: früher 8.000, heute 2.200, davon 200 unüd. SiP.
> ZR: unbekannt.
> Monumentenstraße 13c, 10829 Berlin,
> Tel. 030 / 781 15 11.

Neuendorfer Straße* / Ziegelhof / Askanierring / Grüngürtel

Spandauer Stadiongeschichten

Den guten alten Rock'n-Roll-Song „The Wanderer" könnten sie bei den Heimspielen des Spandauer SV abspielen, denn in den letzten Jahren ist der Verein wahrlich herumgekommen, und die heutige Spielstätte ist nur noch dem Namen nach identisch mit dem ehemaligen Sportplatz am Neuendorfer Weg.

Den mussten die Rot-Weißen, die 1999 aus finanziellen Gründen nach dem Rückzug eines Sponsors der Regionalliga Nordost den Rücken kehrten, wegen des Baues der Wasserstadt Oberhavel 1997 verlassen. Zwischen 9.000 und 13.000 hatten an der Neuendorfer Str. 18 Platz gefunden. Für den Rest der Spielzeit 1996/97 gastierte der SSV im Helmut-Schleusener-Stadion, dem früheren Stadion Askanierring, um dann 1997/98 auf dem Sportplatz Ziegelhof des Lokalrivalen Spandauer BC aufzulaufen. Den Askanierring hatte der Verein bereits 1975/76 in der 2. Bundesliga genutzt, nachdem er gemeinsam

mit Leverkusen aufgestiegen war – heute zwei Klubs und zwei Welten! Am 24. Mai 1998 bezog man mit einem Freundschaftsspiel gegen Hertha BSC den neuen Sportplatz am Neuendorfer Weg an der Streitstraße, der Verlängerung des Weges. Dort hatten vorher die britischen Streitkräfte der Alexander Barracks gekickt, die die Stadt 1994 verließen. „Sicherheitsrelevante Spiele" trug man zuvor bei den Reinickendorfer Füchsen am Freiheitsweg aus.

Das erwähnte Helmut-Schleusener-Stadion war als Stadion Askanierring 1950 vom Hochbauamt Spandau konzipiert worden, als ein früherer Wehrmacht-Sportplatz neu gestaltet wurde. Auf dem 26.000-qm-Gelände bot das Hauptspielfeld, umgeben von einem niedrigen geböschten Wall und mit unüberdachten Sitzplätzen, 14.000 Menschen Raum. Außerdem gab es in der weitläufigen Anlage eine 400-m-Bahn. Zu Zeiten der Regionalliga Berlin war dort der SC Staaken beheimatet.

Zur Spandauer BC-Heimstätte Ziegelhof ward am 1. Mai 1950 der erste Spatenstich getan. Die Mitglieder leisteten auf dem 10.000-qm-Areal an der Havel über 8.000 freiwillige Arbeitsstunden, der VBB bezuschusste Platzeinzäunung, Umkleidekabinen und Wasserzufuhr.

Ob auf der Sportanlage Grüngürtel in Spandau, die drei Plätze umfasst, 1963 bis 1974 Regionalliga-Spiele ausgetragen wurden, entzieht sich leider unserer Kenntnis.   *sky*

Platz an der Neuendorfer Straße
ER: 1998. FV: 2.500 StP.
ZR: unbekannt.
Streitstraße 86, 13587 Berlin,
Tel. 030 / 35 50 81 88 (Casino).

Helmut-Schleusener-Stadion
(bis 1993 Stadion Askanierring)
ER: 1950. FV: früher 15.000, heute 3.000 unüd. SiP und StP.
ZR: 15.000, Stadion-Eröffnung, 17.9. 1950.
Falkenseer Chaussee 280, 13583 Berlin, Tel. 030 / 333 23 78 (Platzwart).

Sportplatz Ziegelhof
ER: 1951. FV: 3.500 StP.
ZR: unbekannt.
Ziegelhof 10, 13851 Berlin,
Tel. 030 / 331 74 33.

Sportanlage Grüngürtel
ER: 1934. FV: 600 bis 1.000 StP.
ZR: unbekannt.
Askanierring 149, 13585 Berlin,
Tel. 030 / 375 40 70 (Platzwart).

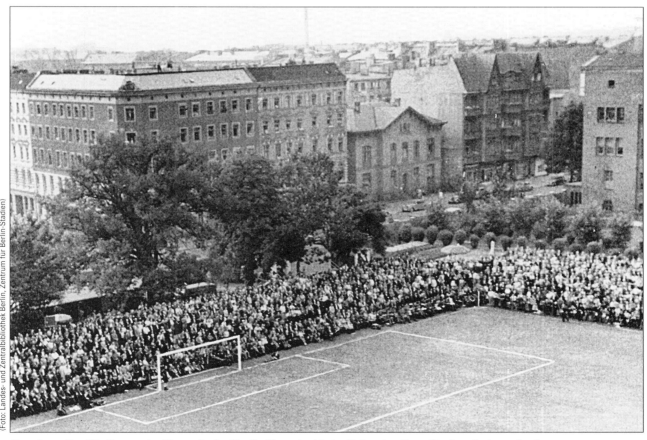

(Foto: Landes- und Zentralbibliothek Berlin, Zentrum für Berlin-Stadien)

Das ehemalige Stadion an der Neuendorfer Straße (Spandau) hat mit dem heutigen Stadion dort nur den Namen gemeinsam.

◼ Poststadion
Deutschlands größte Stadionruine

Es ist Sonntag, der Himmel düster, es regnet in Strömen – zweifellos das richtige Wetter, um Deutschlands größte Stadion-Ruine, das „Posthumstadion" in Berlin zu besuchen. Natürlich sind alle Zugänge verschlossen, wir finden hinein, genauso wie der Jungkicker, der allein auf grüner Flur den Torschuss übt. Als wir ihn später fragen, wo man wieder hinausfindet, antwortet er: „Nirgends!" – symbolisch für das Schicksal einer der traditionsreichsten deutschen Sportstätten, die keine Zukunft mehr zu haben scheint.

Poststadion 2000, das ist Verfall pur: überall Spuren der Zerstörung – leere Fensterhöhlen, ramponierte historische Lautsprecheranlagen, zertrümmerte Scheiben. Die Uhr an der Rückseite der imposanten Tribüne steht permanent auf fünf vor zwölf, wo es doch tatsächlich fünf nach zwölf ist, was das Stadion betrifft. Das Sport-Casino und die Kegelbahn im Tribünenkeller haben längst die Pforten geschlossen. Das riesige Rund der Stehränge, auf dem einstmals 55.000 Platz fanden, ist überwachsen und mit Ausnahme einiger weniger freigeräumter Traversen ein prächtig gedeihendes Biotop. Die Bauaufsicht hat den gesamten Zuschauerbereich gesperrt.

Olympiateilnehmer als Architekt
Bei Fertigstellung war die Sportstätte an der Lehrter Straße im Bezirk Tiergarten das modernste Stadion der Reichshauptstadt. Georg Demmler und Kleefeld planten es 1926/27. Die überdachte 76 Meter lange Tribüne im Stil des „maßvollen Expressionismus" (Thomas Schmidt) war seitlich offen und besaß einen zweigeschossigen Unterbau.

Der erwähnte Demmler (1873-1931) war eine bekannte Größe im Berliner Sportleben. Um 1900 besaß er einen Namen als Fußballer, „Cricketer" und Leichtathlet, war Olympiateilnehmer 1896 und 1900 und Deutscher Meister in einer Disziplin namens Fußballweitstoß. Demmler gehörte dem BFC Germania von 1888 an, gründete 1898 dessen Jugendabteilung, war 1898 Initiator der Deutschen Sportbehörde für Leichtathletik und 1900 Mitgründer des DFB. In Berlin plante er neben dem Poststadion u.a. den Sportplatz des BSV 92 in Wilmersdorf, das Kreuzberger Katzbachstadion und die Anlagen des Tennisklub Blau-Weiß am Roseneck. Der Baumeister ist auf dem Kirchhof der Jerusalems-

Gemeinde am Mehringdamm beerdigt. Im Katzbachstadion hat man 1952 eine Gedenktafel für den Architekten angebracht.

Bauherr des Poststadions war der 1924 als erster deutscher Post-Sportverein entstandene PSV Berlin, dem angesichts wachsender Mitglieder-Zahlen der gepachtete „Reichswehrplatz Moabit" an der Seydlitzstraße und das Übungsfeld eines früheren Offizierskasinos in der Wrangelstraße zu eng geworden waren. An der Lehrter Straße pachtete der Klub eine große Sandfläche, den vor dem 1. Weltkrieg von den Garde-Ulanen und der Feldartillerie benutzten Exerzierplatz samt weiterem Gelände. Die Bauarbeiten begannen 1925, der „Hauptkampfplatz" (= Poststadion) eröffnete offiziell am 1. Weihnachtsfeiertag 1927 mit dem Spiel des Post SV gegen Hertha BSC, die Tribüne war bereits seit dem Frühjahr fertig gestellt. Kuriosum des Einweihungsspiels: „Um dem Wettkampf eine besondere Note zu sichern", hatte Brandenburg-Meister Hertha auf eigenen Wunsch mit einem 0:3-Rückstand begonnen, den er mit dem 3:4-Endstand nicht mehr aufholte!

Fußball war schon vorher im neuen Stadion gespielt worden, denn Unterpächter Tennis Borussia zog am 9. Januar 1927 gegen den 1. FC Nürnberg ein, das Städtespiel Berlin – Paris fand am 20. Februar statt. Seit 15. Dezember 1926 war die gesamte große Anlage Eigentum des Vereins. „Das gewaltige Bauvorhaben" (Post SV) zahlte sich aus, belief sich die Mitgliederzahl doch bereits Ende 1929 auf 4.500: „Wir alle können stolz auf unsere Anlage sein, die als reine Vereinsanlage ihresgleichen in Deutschland sucht."

Bei Kriegsbeginn 1939 zählte der Post SV 22.000 Mitglieder, musste aber sein Stadion, zu dem u.a. eine Schwimmhalle und eine Ruderkastenanlage gehörten, aufgeben, da es für militärische Zwecke eingeplant war. Zuvor war im Poststadion wie erwähnt Tennis Borussia zu Hause, im Zeitraum 1924 bis 1931, in dem stets Hertha BSC Stadtmeister wurde, die andere überlegene Mannschaft der Reichshauptstadt. Ohne den Rivalen TeBe, so hat später Hertha-Idol „Hanne" Sobek gestanden, wäre sein Verein niemals Deutscher Meister geworden und hätte auch nicht sechs Endspiele um die „Deutsche" in Folge erreicht.

„Der Führer ist ganz erregt"
Es sind der legendären Spiele im Poststadion zu viele, als dass man sie hier aufzählen könnte. Im Winter 1929 war der amtierende Deutsche Meister Hamburger SV dort angesagt; TeBe-Aktivisten schippten eine Woche lang Schnee und hackten Eis, bestreuten letztlich den ganzen Platz mit schwarzer Muttererde, und dann gewann ihr Verein vor 14.000 mit 3:2. Auch die „ewigen" Endspiele Hertha – TeBe sah das Poststadion. Hitler erlebte dort sein einziges Fußballspiel. Das war beim Olympischen Turnier 1936, als Deutschland mit 0:2 gegen Norwegen ausschied (zuvor hatte es an derselben Stätte 9:0 gegen Luxemburg gewonnen). Auszug aus Goebbels' Tagebuch: „Ein richtiges Nervenbad. Das Publikum rast. Ein Kampf wie nie. Das Spiel als Massensuggestion. Der Führer ist ganz erregt, ich kann mich kaum halten." Als sich die deutsche Niederlage vor 50.000 Zuschauern abzeichnete, verließ Hitler vorzeitig das Poststadion.

Ebenfalls im Poststadion gewann der FC Schalke 04 seine erste Deutsche Meisterschaft, das war 1934 vor 45.000 mit einem 2:1 gegen den 1. FC Nürnberg, der Leichtathletik-Länderkampf mit Finnland im selben Jahr war ein weiterer Höhepunkt.

Bei Kriegsende war das Stadion inmitten Berlins durch Bombenabwürfe schwer beschädigt; die Wehrmacht, deren Kasernen in der Nähe lagen, hatte auf dem Spielfeld Flak- und Scheinwerferbatterien aufgebaut. Das Tribünengebäude war völlig ausgebrannt, das Hallenbad zum Teil zerstört, die Sporthalle ausgebrannt, die Baracken waren Ruinen.

Rechtsstreit ums Stadion
Mit Kriegsende mussten erst einmal die Besitzverhältnisse geklärt werden: Das Finanzamt für Liegenschaften, zuständig für ehemaligen Reichsbesitz in Berlin, übergab das Gelände zur treuhänderischen Verwaltung dem Bezirksamt Tiergarten. Als der Post-Sportverein dann 1952 wiedererstanden war, wollte der „sein" Stadion zurück. Die entsprechende Klage beschied die Berlin-Kommission im März 1953 abschlägig: Der Pachtvertrag der Postsportler sei 1939 gekündigt, das Gelände somit Reichsbesitz geworden und habe als Vereinseigentum am Stichtag 8. Mai 1945 nicht mehr bestanden. Man kam den Klägern entgegen, indem man ihnen andernorts einen neuen Sportplatz baute und zusätzlich 50.000 DM mit auf den Weg gab. Entschädigt worden ist der mit 6.500 Mitgliedern heute größte Berliner

Das Poststadion, dessen Tribüne ebenso wie die frühere Schwimm- und Ruderhalle (links im Vordergrund) unter Denkmalschutz steht, im Jahr 1967...

Sportverein Jahrzehnte später überraschend woanders: Nach der Vereinigung erhielt er Grundstücke in Grünau, Wendenschloss und Dolgenbrodt in der früheren DDR.

Als noch um die Besitzverhältnisse prozessiert wurde, hatte der Bezirk Tiergarten die Wiederherstellung des Poststadions längst in Angriff genommen. Im Sommer 1949 waren Instandsetzung und Erweiterung der historischen Tribüne beschlossen, über der am 1. Dezember 1949 bereits der Richtkranz schwebte. Nach nur zweimonatiger Bauzeit wurde die Tribüne wiedereröffnet, sie bot nun 3.000 Sitzplätze. 1950 folgten der Innenausbau (u.a. Sportkegelbahn) und die Installierung der Telefunken-Lautsprecheranlage.

Mit fast 5 Mio. DM, u.a. auch aus Mitteln der Alliierten, ging man daran, das ehemalige Kasernengelände zum Sportpark umzugestalten. Dank Notstands- und Haushaltsgeldern konnte man die Ränge durch Trümmerschutt erhöhen und das Fassungsvermögen auf 50.000 bis 60.000 Menschen erweitern. Damit war das Poststadion nach dem Olympiastadion zweitgrößtes Stadion der Stadt.

Als das Landesturnfest 1955 im Poststadion stattfand, nannte man die Größe der Gesamtanlage im Viereck zwischen Lehrter-/Seydlitz-/Rathenower-/Kruppstr. mit 201.600 qm; das Fassungsvermögen

des „Hauptplatzes" belief sich auf 55.000 Stehplätze, 2.600 überdachte und 2.500 unüberdachte Sitzplätze, insgesamt also auf 60.100 Plätze! Neuer Hausherr in der Stadtliga, später auch in der Regionalliga Berlin, wurde der SC Union 06, der früher Union Oberschöneweide hieß und aus Berlins Osten kam. Als Tennis Borussia 1967/68 die Spielstätte (seit 1963 mit Flutlicht) wählte, wurden 35.000 Plätze gemeldet. Flutlichtmasten ragten übrigens auch gar nicht so weit

entfernt hinter der Mauer auf, denn dort befand sich das Stadion der Weltjugend in Ostberlin.

1986, der Verein war in der Amateur-Oberliga Berlin drittklassig, wechselte Hertha BSC ins Poststadion. Etliche Anhänger hatten damals eine der eigentümlichsten Anreisen bundesdeutscher Fußballfans, nämlich via DDR zum Lehrter Stadtbahnhof beim Stadion: Die Fans fuhren zum S-Bahnhof Friedrichstraße, wechselten dort an den DDR-

... und als Biotop heute.

Grenzposten vorbei auf den oberen Bahnsteig, von wo der Zug den Ostteil durchquerte, die Mauer hinter sich ließ und den S-Bahnhof auf Westgebiet erreichte.

Allerdings war die Zuschauerresonanz der Herthaner in der Traditions-Arena 1986/87 eher bescheiden, durchschnittlich verloren sich nur 1.794 Menschen im weiten Rund. Als sich 1987/88 in der 3. Liga der Platz an der Osloer Straße als zu klein erwies, kehrte Hertha ins Poststadion zurück, wo beim 2:0 gegen Türkiyemspor die Hälfte der fast 12.000 Zuschauer Türken waren. Mit dem Zweitliga-Aufstieg 1988 war die Episode Poststadion für die Herthaner zu Ende.

Das Trauerspiel beginnt
Danach nahm das Unheil an der Lehrter Straße ungebremst seinen Lauf. Als der Senat 1988 ein Konzept „Sportstadt Berlin" mit einem Volumen von 700 Mio. DM publizierte, war der Baubeginn für ein „Kombistadion" Poststadion bereits vorüber – der hätte 1987 sein sollen. Für 31 Mio. Mark war ein Fußballstadion samt 400-Meter-Laufbahn geplant, Fassungsvermögen 22.000. Der Bezirk Tiergarten hatte dafür allerdings 54 Mio. DM angesetzt, und so kritisierte die „taz" „eine peinliche Planung, ein Zickzacklauf von Babel nach Schilda". Bereits im September 1987 war das „Kombistadion" passé, nun wollte die Sport-Enquete-Kommission des Senats eine reine Fußballarena. Der Berliner Fußball-Verband stimmte freudig zu in Zeiten, in denen Hertha BSC und Blau-Weiß 90 „im Rund des Olympiastadions nicht einmal mehr die Kantine vollbekommen" („taz"). Nun schaltete sich der Bezirk wieder ein, forderte 1.650 zusätzliche Parkplätze, so dass 100 Mio. für den Stadion-Umbau notwendig gewesen wären. Bei allen Planungen hat man offensichtlich nie die exzellente Anbindung des Poststadions an den öffentlichen Nahverkehr und seine zentrale Lage in Betracht gezogen, ebenso wenig sein beträchtliches Umfeld von 140.000 qm.

Mit der Olympia-Bewerbung Berlins für die Spiele 2000 war das „ausbaufähige" Poststadion selbstverständlich wieder ein Thema: „Das kleine Olympiastadion" sollte es werden, für 50.000 Besucher. Erfreulicherweise hatte der Denkmalschutz 1988 die erhaltenswerte historische Sportstätte entdeckt: „Insgesamt ist die sich aus verschiedenen Einzelanlagen zusammensetzende Gesamtanlage als denkmalwerte bauliche Anlage anzusehen. Als Symbol des Breitensports ist es denkmalwürdig", erklärte Landeskonserva-

tor Prof. Helmut Engel. Tribünengebäude, der Eingangsbereich an der Lehrter Straße mit den Kassenhäuschen und die 1994 zur Sporthalle umgebaute frühere Schwimm- und Ruderhalle genießen seitdem Denkmalschutz.

Nach etlichen Diskussionen sprach am 16. November 1988 der Senat endlich ein Machtwort: Umbaubeginn 1991, Eröffnung 1995, Fassungsvermögen der reinen Fußballarena künftig 25.000, die Leichtathleten müssten zur Seydlitzstraße umziehen. 80 bis 85 Mio. DM stünden für das Poststadion bereit.

Im Januar 1990 aber sperrte der DFB das Poststadion für Zweitliga-Spiele, zur Rückrunde wurden Hertha BSC und Blau-Weiß 90 ins Mommsenstadion von Charlottenburg „eingewiesen". Nun investierte der Senat dort, und 1991 begann weder ein Neu- noch ein Umbau an der Lehrter Straße. Das Projekt Poststadion war aber nach wie vor aktuell, nun sollten die 50.000 Stehplätze in 15.000 Sitzplätze umgewandelt werden (Kosten 78,4 Mio. DM). Ein reines Fußballstadion aber lehnten die Leichtathleten z.B. des ASV Berlin 1949 weiterhin ab und verlangten stattdessen eine neue Tribüne auf der Gegengerade und die Renovierung der Haupttribüne.

Im Frühjahr 1993 gab es frohe Kunde für alle Freunde des Poststadions: 1994 sollte der erste Spatenstich für das „Kleine Olympiastadion" erfolgen. Sportamtsleiter Reinhard Kaeßner versprach 15.000 Sitzplätze, eine überdachte Nordseite (Gegengerade) und eine 400-Meter-Kunststoff-Laufbahn – Kosten 80 Mio. Mark, Fertigstellung 1996.

Der Spaten blieb im Schrank, dafür stellte der Senat 1994 erst das Sportstätten-Sanierungsprogramm Berlin-West und danach das im Osten ein. Nach altbewährter Manier verlangte man 2 Mrd. Mark vom Bund. Für das Poststadion bedeutete die Einstellung der Sanierung, dass von den vorgesehen 80 Mio. noch 40 Mio. zur Verfügung standen. Die überdachte Gegengerade, das Stadiontor, die Casino-Renovierung und die Anzeigetafel waren vorerst gestrichen, ein bundesligatauglicher Ausbau nicht mehr vorgesehen. Prompt musste die Tribüne im Frühjahr 1996 wegen statischer Mängel gesperrt werden, der Begriff „Posthumstadion" machte die Runde. Aus den 40 Mio. waren inzwischen 5 Mio. Mark geworden, eingeplant nur noch für den Neubau des Marathontores (das tatsächlich fertig gestellt wurde!) und zwei Tennisplätze.

Kurzfristig keimte noch einmal Hoffnung auf, als sich 1996 die 600 Mitglieder zählende Sportgemeinschaft des Bundestages für das nur fünf Automi-

nuten vom Reichstag und sieben Gehminuten vom künftigen „Regierungsbahnhof" gelegene Stadion interessierte, im Jahr darauf aber erklärte: „Ohne Sanierung ist die Anlage für uns nicht nutzbar." Und Geld wollten die Bonner dafür nicht mitbringen.

Rodungsarbeiten auf den Rängen
Der Verfall des Poststadions war nun nicht mehr aufzuhalten, eine der schönsten Sportanlagen der Stadt verkam rapide und fiel dem Vandalismus anheim. Verbliebene 1,2 Mio. DM für Arbeiten im Stadion streichen die Regierungsparteien CDU und SPD im März 1999, eine Renovierung der Tribüne ist nicht mehr vorgesehen.

Nur auf den unteren Rängen der Riesenarena tut sich noch was: Im Februar 1999 beginnen dort 20 arbeitslose Jugendliche, meist Libanesen und Türken aus dem nahen Kiez Lehrter Straße, mit Rodungsarbeiten (!) und absolvieren so gleichzeitig eine Ausbildung zum Gartenbauhelfer. Neue Stützmauern und neue Sitzbänke werden angekündigt, daraus geworden ist bis zum Frühjahr 2000 nichts.

„Pläne für die Neugestaltung des Stadions sind erstellt", teilte uns zuletzt das Bezirksamt Tiergarten lapidar mit. „Aufgrund der finanziellen Lage des Landes Berlin konnte die Bauausführung bisher nicht erfolgen." Intakt sind lediglich die sechs Natur- und Kunstrasenplätze des Areals, auf dem u.a. die Traditionsvereine Minerva 93 und Union 06 sowie BFC Fenerbahçe 1989, BFC Tur Abdin und die „Drogenliga" spielen.

So wird das Poststadion, ein historisch bedeutender deutscher Sportstättenbau, wohl weiter verrotten, als trauriges Symbol für verfehlte Landespolitik. Vielleicht sollte man deshalb das neue Marathontor nach Bürgermeister Diepgen benennen. *sky*

Poststadion Berlin-Tiergarten
ER: 1927. FV: zuletzt 5.100, davon 2.600 üd. und 2.500 unüd. SiP; früheres Fassungsvermögen 35.000, in den 50er Jahren auf 60.100 erweitert, davon 2.600 üd., 2.500 unüd. SiP sowie 55.000 StP. Auskunft des Bezirksamtes Tiergarten vom 6.3.2000: „Die Zuschauerbereiche sind zur Zeit aufgrund des maroden Zustandes bauaufsichtlich gesperrt."
ZR: über 50.000, 7.8.1936, Olympisches Fußballturnier, Deutschland – Norwegen 0:2.
Lehrter Straße 59, 10557 Berlin, Tel. 030 / 39 05 27 73.

Hanne-Sobek-Sportanlage, Wedding

Sport zwischen Häuserruinen

„Sportring Wedding" stand an dem neu erbauten, villenartigen Gebäude, als am 11. Mai 1950 die große Sportanlage am Oskarplatz übergeben wurde, die bis 1948 noch als Schuttabladeplatz gedient hatte. 200 Erwerbslose hatten den Sportplatz im dichtest besiedelten Teil des Wedding und inmitten von Kriegsruinen des 250.000-Einwohner-Stadtteils, dessen Bewohner damals in sehr dürftigen Verhältnissen lebten, geschaffen.

Den Oskarplatz gibt's nicht mehr, und „stadionmäßig" gibt es zwischen Louise-Schröder-Platz und der Kreuzung Osloer-/Schwedenstraße nichts Besonderes zu besichtigen: zwei Sportplätze, getrennt durch eine Reihe von Pappeln, der eine Platz mit Stehstufen hinterm Tor und auf der Längsseite sowie Banden. Doch siehe da: Eine Gedenktafel am Eingang berichtet vom „unvergessenen Berliner Fußballidol" Hans (Hanne) Sobek (1900-1989), und Hanne-Sobek-Sportanlage heißt das Gelände nun auch. Der hat dort wohl nie gespielt, aber weil die Hertha aus dem Wedding stammt, geht die Namensgebung in Ordnung.

Zwei Regionalliga-Spielzeiten Ende der 60er Jahre lief der BFC Meteor 06 hier auf; 5.000 bis 6.000 Leute hätten Platz gefunden. Und dann – nichts mit Milan, Chelsea, Barcelona! – bestritt dort Hertha BSC seine Amateurliga-Spiele zu Beginn der Runde 1987/88. Zu viele Besucher wurden als Sicherheitsrisiko bewertet, weshalb die Hertha ins Poststadion zurückkehren musste. Das waren Jahre, in denen der Klub von der Champions League meilenweit entfernt war, und stattdessen „auf dem Schotterplatz Stubenrauchstraße" – für Fußballfreaks die Anschrift: Neuköllner Straße 277 – mit 1:2 dem TSV Rudow unterlag. Der hatte in der Vorsaison den Ball des Hertha-Gastspiels in eine Glasvitrine verfrachtet und bei der Wiederkehr des Traditionsvereins erfolgreich wieder ins Spiel gebracht.   *sky*

Hanne-Sobek-Sportanlage
ER: 1950. FV: früher 5.000–6.000, heute ca. 3.000. ZR: unbekannt.
Osloer Str. 42, 13359 Berlin,
Tel. 030 / 49 27 851.

„Die Plumpe", Hertha BSC-Platz am Gesundbrunnen Wedding *

Es war einmal: „Berlins schönste Kampfstätte"

Wenn nicht jetzt schon, irgendwann wird „die Plumpe" vergessen sein. Vermutlich gehört die einstige Spielstätte im Wedding bereits heute nicht mehr zum Allgemeinwissen der Hertha-BSC-Fans in Berlin, sind es doch meist „nur" noch Großväter und Väter, die dort Sport in einzigartiger Atmosphäre erlebt haben.

Auch die Hertha begab sich anfangs auf Wanderschaft quer durch Berlin. Der Berliner FC (BFC) Hertha 92, gegründet im Wedding, spielte neben Alemannia 90 und BFC Teutonia auf dem „Exer" (= Exerzierplatz), wo sich heute das Friedrich-Ludwig-Jahn-Stadion befindet. Sportplätze, zumal umzäunte – Bedingung für Einnahmen –, waren in jener Zeit Rarität, weshalb Gastronomen auf die Idee verfielen, dergleichen einzurichten. Anfang 1900 ließ der schwergewichtige Gastwirt Joseph Schebera beim Bahnhof Gesundbrunnen im Wedding, Ecke Behm-/Bellermannstraße, einen umzäunten Sportplatz bauen. Vielleicht aus Liebe zum Sport, wohl eher aber mit dem Hintergedanken, dass Sportvereine als Pächter zusätzliches Einkommen versprachen und Zuschauer und Sportler nach dem Abpfiff bei ihm einkehren würden. Scheberas Restaurant lag tiefer als die Straße, musste über eine Holzstiege betreten werden und hieß deshalb „die Kute" (= Kuhle). Der BFC Rapide Niederschönhausen war erster Pächter, konnte allerdings die notwendigen finanziellen Mittel nicht aufbringen, so dass Hertha 1904 einsprang. 200 Zuschauer fanden auf dem Schebera-Platz Raum, und womöglich sah dieselbe Zahl Herthas erste Berliner Meisterschaft 1906. Nach Differenzen mit dem Gastwirt wich der Verein für zwei Jahre nach Reinickendorf aus, dort war ein Kneipier namens Kuhrmann Gastgeber, doch 1909 kehrte man in den Wedding zurück.

Im selben Jahr übernahm Bankkaufmann Wilhelm Wernicke den Hertha-Vorsitz, der, da Sozialdemokrat, 1933 seine Position aufgeben musste. 1910 arrangierte Wernicke das Gastspiel des FC Southend United aus England, der Platz war „voll besetzt", Hertha gewann 3:1, die Zuschauer entrichteten 3 Mark für den Sitzplatz, 2 Mark für den 1. Platz, 1,25 Mark für den 2. Platz.

An der „Millionenbrücke"
Nach dem 1. Weltkrieg pachtete Norden-Nordwest (NNW) den Schebera-Platz, denn Hertha war finanziell klamm. Der Verein tat sich im Sommer 1923 mit dem Berliner SC zusammen, der Gelände an der „Millionenbrücke" besaß, jener Verbindung zwischen dem Wedding und dem Prenzlauer Berg, die so hieß, weil sie zwei Millionen Reichsmark gekostet hatte. BFC Hertha 1892-Hertha BSC hieß der neue Verein, der am 1. Juli 1923 eine „Sportplatz-Bau- und-Betriebs-GmbH" gründete, um eine frühere Eisbahn zu bebauen. Einige tausend Schweizer Franken steuerte ein BSC-Mitglied bei, so dass in der „schönsten Kampfstätte Berlins" sogar eine 3.600-Plätze-Holztribüne entstehen konnte. Zur Einweihung unterlag Hertha „auf dem einzigen Fußballplatz, den Berlin je hatte" dem Namensvetter Hertha Wien 0:5.

Die Weddinger stiegen in der Folge zu einer deutschen Spitzenmannschaft auf und trennten sich 1929 vom Berliner SC, der sich nach langen Verhandlungen im BSC-Kasino mit 76.000 RM (angesichts der Erfolge von Hertha bestimmt zu wenig!) auszahlen ließ. Fortan war der Hertha-Platz am Gesundbrunnen neben Olympiastadion (1936) und Poststadion (1927) eine der ersten Fußballbühnen der Stadt, hier ohne Laufbahn. Beschreibung aus den Hertha-Nachrichten von 1982: „Im Fußballstadion an der Plumpe, zu dessen unmittelbarem Einzugsgebiet die Arbeiterquartiere des Nordens gehörten, konnten die Gefühle für eine kurze Zeitspanne entfesselt werden. Hier durfte der Gegner als Konkurrent bekämpft, gehasst, ausgebeutet werden, und alle Phasen des Kampfes lagen sinnfällig offen vor Spielern und Zuschauern. Hier traten einige Wenige stellvertretend für die große Masse der Zuschauer heraus aus der Bedeutungslosigkeit, zu der die meisten in der Arbeitswelt verurteilt waren. Hier gab es in der Stunde des Spiels keine Herkunfts- und Vermögensunterschiede, nur Könner und Nichtskönner, und dies sei eine Form des ‚sozialen

Historisches Stadion am Gesundbrunnen: „Die Plumpe" mit ihren beeindruckenden Stehrängen.

Ausgleichs', wie sie sonst nur in der Utopie existiert."

„Zauberberg" und „Uhrenberg"
„Die Plumpe", die so hieß, weil „Plumpe" eine Berliner Vokabel für Pumpe ist und der Gesundbrunnen im Wedding eine solche besaß, war alleine schon ein Mythos, den zahlreiche andere Mythen speisten. Da war die erwähnte Millionenbrücke; es gab die gewaltigen Stehränge an den Hintertorseiten – ganz so, als hätte man ein Stadion von der britischen Insel in den Wedding versetzt –, den „Zauberberg" und den „Uhrenberg" (beide Bezeichnungen lassen sich nicht klären: Über dem „Uhrenberg" jedenfalls stand keine Stadionuhr); das legendäre Vereinslokal hieß „Domizil"; viele Anhänger, ungewöhnlich für Westberlin, reisten bis zum Mauerbau aus dem Osten an (es heißt, 50 Prozent der Hertha-BSC-Freunde seien Ostberliner gewesen); es gab vielgerühmte Rostbratwürste zu kaufen, gut gekühltes Flaschenbier und saure Gurken. Bei Schebera gab's „eine

Weiße mit 'ner Schrippe oder mit 'm Schnaps" und „Weiße mit Himbeer".

1936 war der Hertha-Platz sogar olympische Arena, es spielten Peru – Finnland 7:3 („ziemlich leere Ränge. Hier zog immer nur Hertha BSC!"), Japan – Schweden 3:2 und Peru – Österreich 4:2 n.V., letzteres ein Skandalspiel, denn peruanische „Fans" prügelten auf die österreichischen Akteure ein; zum Wiederholungsspiel trat Peru nicht an.

„Die Toten brachten wir zur Seitentribüne"
Der „totale Krieg" hatte für die Reichshauptstadt Berlin 1945 ebensolche Folgen; die Besatzung des nahen Hochbunkers am Humboldthain kapitulierte am 2. Mai 1945. Auszug aus der Hertha BSC-Chronik:

„Unser Sportplatz war nicht wiederzuerkennen. Tellerminen lagen überall herum und zwangen zur größten Vorsicht. Die Spielfläche hatte über 200 Bombentreffer aufzuweisen und sah wie umgepflügt aus. Hinter dem Uhrenberge türmten sich Mengen von Muni-

tion, Gewehren und Uniformstücken. Die toten Soldaten brachten wir zur hinteren Seitentribüne, um später für eine würdige Grabstätte sorgen zu können. Nach Abzug der Kampftruppen konnten wir unser Geschäftszimmer notdürftig aufräumen und dabei feststellen, dass viele schöne Erinnerungspreise nicht mehr vorhanden waren und von Volksgenossen (Anm.: NS-Bezeichnung für Mitbürger) in eigene Sicherheit gebracht worden sind. In der Nacht vom Sonntag des 6. Mai 1945 zum Montag erhellte ein riesiger Feuerschein unsere Gegend, der seinen Ursprung in dem Brand unserer Tribüne hatte. Wasser stand uns nicht zur Verfügung, und nur durch Abstoßen der brennenden Teile gelang es uns, einen Teil der vorderen Seitentribüne zu retten, die uns bis zum Umbau des Platzes gute Dienste geleistet hat."

Außergewöhnlich war in den Nachkriegsjahren „die Platzkommission" aus 80 Leuten, die erst Armbinden, dann Hertha BSC-Mützen trug und allerlei Schwierigkeiten zu überwinden hatte

(Hertha BSC-Chronik): „Komisch wirkte es schon, wenn ein 18-jähriger Erwerbsloser seinen achtjährigen Sohn auf seinen Ausweis mitnehmen will. Oder wenn ein männlicher Besucher aus Versehen den Ostausweis seiner Schwiegermutter vorlegt, um hiermit eine Ostkarte zu erlangen."

Am 10. Dezember 1950 war der Hertha-Platz wieder nutzbar und wurde mit einem 1:1 gegen Wacker 04 erneut eingeweiht. Hertha hatte sich mit dem Aus- und Umbau übernommen, kostspielig war zudem das Engagement der geflüchteten Spieler des Dresdner SC (zeitweise standen neun von ihnen im Team). Obwohl der Senat – ungewöhnlich für diese Zeit – dem Verein bereits 70.000 DM zugeschossen hatte, standen noch immer 300.000 DM Schulden zu Buche. Der Berliner Fußball-Verband und die Toto-GmbH retteten den Deutschen Ex-Meister vor dem Ruin. Sein sportlicher Niedergang – 1953/54 Amateurliga – war allerdings nicht aufzuhalten.

„Begeisternd, klein, eng"

Die DFB-Voraussetzungen für die Bundesliga – Fassungsvermögen 35.000, Flutlichtanlage – erfüllte „die Plumpe" nicht. Hertha zog ins Olympiastadion um und verzeichnete dort in der ersten Bundesliga-Spielzeit im Schnitt 34.687 Besucher – das war Rang 2 hinter dem VfB Stuttgart. Nach etlichen Wirrungen und Irrungen – siehe Olympiastadion Berlin – fiel das „begeisternde, kleine, enge Stadion" (Nationalspieler Erich Beer) dem Abriss anheim. In der Ära von Hertha-Präsident Heinz Warneke („Wenn wir nicht verkaufen, gehen wir Konkurs!"), zuvor Direktor der Deutschlandhalle, veräußerte der Klub das Gelände. Nachdem Hertha in den Bun-

desliga-Skandal 1971 involviert war, sank der Zuschauerschnitt im Olympiastadion von fast 44.000 auf knapp 24.000. Also musste das angestammte Terrain geopfert werden, was so einfach nicht war: Das Gelände galt ja als Grünfläche und nicht als Wohngebiet. Zitieren wir den früheren ZDF-Redakteur Hans-Jürgen Usko aus der „FAZ", demnach „die Keulen-Riege des Berliner Senats und der Hertha-Vorstand" die Umwandlung durchboxten, obwohl der Wedding hinsichtlich Sportanlagen mit 48 Prozent unter dem für Gemeinden geforderten „Goldenen Plan" für Sportanlagen lag. Usko schrieb „vom Filz zwischen Sport und Politik, der jahrzehntelang die Stadt überzogen hat". Herthas Mitglieder stimmten mit 163:15:57 (letztere sprachen von „Verrat") für den Verkauf der „Plumpe", das Abgeordnetenhaus segnete die Umwidmung in Baugelände ab, die Hertha-Schulden von 6,65 Mio. Mark plus ein Darlehen des Senats von 550.000 DM übernahm per Verkaufssumme die Münchner Baugesellschaft Optima. Nochmals Hans-Jürgen Usko: „Aus 22.000 Quadratmeter Grünfläche plus Fußball- und Zuschauerrängen, Tribüne und Heiterkeit und Spannung und Entspannung haben sie einen Alptraum aus Beton gemacht: Mietskasernen von abgrundtiefer Hässlichkeit."

Hertha kehrte 1965 noch einmal in den Wedding zurück, nachdem sie die Bundesliga verlassen musste. Da galt aber nicht mehr ein Fassungsvermögen von 28.000; zugelassen waren in der Regionalliga-Spielzeit 1967/68 nur noch 18.000. Das Abschiedsspiel am 22. Oktober 1974 gegen den 1. FC Nürnberg fand nicht mehr statt: „Die Plumpe" stand unter Wasser, die Cluberer blieben zu Hause, „Streichholz-Feuerwerk" und Blasmusik fielen aus.

Den größten Besuch erlebte „die Plumpe" nicht beim Fußball, sondern am 24. Juni 1948 während der Berlin-Blockade bei einer politischen Kundgebung. Die Sozialdemokraten hatten im „roten Wedding" (was früher eher KPD denn SPD meinte) zum „Widerstand gegen die sowjetische Bedrohung" aufgerufen: Über 70.000 Menschen strömten herbei, um den damaligen 2. Bundesvorsitzenden Erich Ollenhauer, den SPD-Landesvorsitzenden Franz Neumann und den Stadtrat und späteren Regierenden Bürgermeister Ernst Reuter („in Berlin wird der Kampf zweier gegensätzlicher politischer und wirtschaftlicher Systeme ausgetragen") zu hören.

sky

Plakat von 1929.

■ Sportplatz Wedding
Sanierung teurer als der Bau

Auf dem zu Regionalliga-Berlin-Zeiten als „Sportplatz an der Ungarnstraße" bezeichneten Gelände war und ist der SC Rapide Wedding beheimatet. Und stimmen die Angaben des Vereins für den kicker-almanach, so fanden dort 1968 2.400 Fußballfreunde Raum, in der Regionalliga-Abschiedssaison 1973/74 aber bereits 4.000.

Heute sieht man dort den „Typ Bezirkssportanlage": Stehstufen an den Längsseiten und eine Normaluhr als Ausstattung. Interessanter ist vielleicht der benachbarte Schillerpark mit seinen historisierenden Aufbauten, wo bereits 1907–1913 Großspielfelder und Spiel- und Tummelplätze angelegt wurden.

Der Sportplatz Wedding eröffnete am 23. Juli 1993 mit dem Spiel Rapide gegen Tennis Borussia neu. Die Erneuerungsarbeiten mussten für zwei Jahre eingestellt werden, als sich herausstellte, dass der beim Umbau verwendete Bauschutt durch Chlornaphtalinen (wird für Holzschutzmittel verwendet) verseucht war. So kam die Bodensanierung mit 1,2 Mio. DM fast so teuer wie der Platzumbau (1,3 Mio.).

„Die Rapiden" im Westen stammen ursprünglich aus Niederschönhausen im Osten, wo sie zuerst im Humboldthain auf dem „Exer" an der Schönhauser Allee gekickt hatten. Danach beackerten sie den Schebera-Sportplatz an der Plumpe im Wedding, den dann der BFC Hertha (= Hertha BSC) als Pächter übernahm. „Die Rapse" zogen in den Schlosspark Pankow an der Panke um und traten ab 1945 als Sportgemeinschaft Niederschönhausen auf. Im Mai 1950 wurde die Übersiedlung in den Westteil der Stadt beschlossen, wo SC Wedding und Rapide 93 zum heutigen Verein fusionierten

Haben „die Rapiden" ein Auswärtsspiel auf der Hanne-Sobek-Sportanlage (siehe dort), können sie übrigens zu Fuß dorthin gehen.

sky

Sportplatz Wedding
ER: 1993. FV: 3.000 StP.
ZR: unbekannt.
Ungarnstr. 67, 13349 Berlin,
Tel. 030 / 45 61 703.

▨ Stadion Wilmersdorf

Weinernte an Stadionhängen

Für 38.000 Zuschauer war das Stadion Wilmersdorf 1951 gebaut worden, doch steht heute nur noch eine unüberdachte 2.500 Plätze-Sitztribüne zur Verfügung. Ansonsten sind die Tribünenhänge renaturiert und z.T. wundersamer Verwendung zugeführt worden: Der nördliche Teil der einstigen Stehränge dient seit 1984 als Weinberg!

So versammeln sich denn alljährlich im Herbst der Bezirksbürgermeister, Mitarbeiter des Grünflächenamtes und Berliner Mitglieder des Rheingauer Weinkonvents auf dem Weinberg im Stadion zur Weinernte. Die meist 250 Kilogramm Trauben werden in den Wilmersdorfer Partner-Landkreis Rheingau-Taunus transportiert und dort in Oestrich-Winkel verarbeitet. Seit 1986 konnten jährlich etwa 320 Halbliter-Flaschen „Wilmersdorfer Rheingauperle" abgefüllt werden, die verschenkt oder für soziale Zwecke verwendet werden.

Wo sich früher schon Sportplätze befanden, entstand in der Nachkriegszeit von 1948 bis 1951 (Architekten: Birk und Ebert) die „Freiluftsportanlage", für deren Hauptkampfbahn samt Stehstufen Trümmerschutt angefahren wurde. Hausherr wurde Traditionsverein BSV 92, der, nach Angaben im kicker-almanach, zu Regionalliga-Zeiten zwischen 30.000 und 38.000 Zuschauer hätte begrüßen können – wenn sie denn gekommen wären. Bedenkt man, dass bei Erbauung des Stadions bereits Olympiastadion, Poststadion, Mommsenstadion, Hertha BSC-Platz u.a.m. existierten, kommen einem Zweifel an der Großzügigkeit des Wilmersdorfer Projekts.

„Sauber gedeckte Tische"
Die Vorläufer des BSV 92 bzw. der Klub selbst hatten andernorts gespielt: Der Berliner Thor- und Fußball-Club Britannia 1892 begann mit Erlaubnis des Generalkommandos auf dem Tempelhofer Feld entlang dem heutigen Mehringdamm und der Großbeerenstraße, wo man die „Kollegen" von Viktoria 89 und Helgoland 97 traf. 1901 bis 1905 gastierte Britannia in der Radrennbahn Friedenau, die dem Wohnungsbau zum Opfer fiel. In Friedenau trug man 1903 und 1904 auch die Endrundenspiele um die „Deutsche" aus. Nach einigen Jahren „Wanderschaft" war 1909 der Platz in Schmargendorf, beim Elektrizitätswerk und neben dem Gaswerk an der Forken-

beckstraße, vereinseigen. „Die Briten" besaßen dort (später) laut Vereinschronik „eine vom Wurm der Zeit angenagte Tribüne (Anm. 300 Plätze), ein schon verwittertes Kasino aus Holz, einen Hauptplatz und sauber gedeckte Tische zum Nachmittagskaffee". Beim 0:7 gegen Tottenham war immerhin der Kronprinz anwesend.

Mit dem 1. Weltkrieg und Kriegsgegner England war Britannia ein ungeliebter Name, weshalb man von da an Berliner SV 92 hieß. Der musste trotz 99-Jahre-Pacht Schmargendorf verlassen – Städtebau und Gasanstalt verlangten Raum – und eröffnete am 18. September 1932 mit dem Jubiläumsturnier (Gäste: TeBe, Minerva 93) das Stadion am Lochowdamm für 18.000. Für die Vereinsmitglieder galt seit 1931 Arbeitspflicht beim Stadionbau: Fünf Stunden pro Monat, für zwei RM pro Stunde konnte man sich loskaufen. Zur Einweihung erhielt man die „Preußische Staatsplakette" für „Verdienste auf dem Gebiet der Leibesübungen" und – eine nette Geste – 20 Pappeln von Tennis Borussia, die am „TeBe-Weg" am Kasino aufgestellt wurden.

Der BSV 92 hatte sich mit dem Neubau übernommen, so dass die Stadt die Anlage 1934 übernahm; der Verein blieb Pächter und benötigte weitere vier Jahre, ehe 58.000 RM Schulden getilgt waren. Bei den Olympischen Spielen fanden im Stadion am Lochowdamm Handball-Vorrundenspiele statt. Der „Altmeister" holte 1936, 1938 und 1943 wieder den Berliner Fußball-Titel, nochmals 1949, doch da bestand das Stadion am Lochowdamm schon nicht mehr. Im 2. Weltkrieg zerstört, war 1945 auch das Kasino abgebrannt, alles Brennbare geplündert worden, übers Hauptspielfeld verliefen Trampelpfade. Danach nutzte der Senat das Gelände als Trümmerschutt-Ablage. Der BSV, nun SG Wilmersdorf, genoss im Poststadion Gastrecht.

Schöner Schildbürgerstreich
Am 10. März 1951 fand der Traditionsverein im 35.000 Besucher fassenden Stadion Wilmersdorf eine neue Heimat, über die er nicht glücklich war: „Gut aussehend, aber unglücklicherweise von keinem Sportplatzbauer entworfen, sondern von einem Gartenbaumeister. Ein Stadion in einen Park zu legen, der nie während der Großveranstaltungen

richtig abzuriegeln ist, kommt fast einem kleinen Schildbürgerstreich gleich." 19.500 kamen zum Eröffnungsspiel BSV 92 – TeBe (1:1).

1954 gewann der BSV 92 letztmals die Berliner Meisterschaft (noch öfter war man Cricket-Meister, nämlich 17-mal) und stellte in Hans „Hänschen" bzw. „Henne" Appel (später St. Pauli) eines der Berliner Fußball-Idole. Zu den Endrundenspielen wich man ins Olympiastadion aus und verzeichnete dort 65.000 (0:3 gegen VfB Stuttgart) und 60.000 Besucher (1:2 gegen Hannover 96). Die Wilmersdorfer Spielstätte erwies sich nach wie vor als überdimensioniert, denn selbst in der Meistersaison 1953/54 kam der BSV nur auf einen Schnitt von 6.318 Zuschauern – rund 32.000 Plätze blieben demnach frei... Mit Bundesliga-Einführung belief sich der Besucher-Rückgang im Wilmersdorfer Stadion auf 60 Prozent. Die Regionalliga-Vertragsspieler verzichteten auf feste Gehälter und waren stattdessen an den Zuschauer-Einnahmen beteiligt.

Bereits in den 70er Jahren vereinten „die Störche" (Spielkleidung: schwarz, weiß, rot) allenfalls noch 30 Zuseher im Wilmersdorfer Stadion. Als der Berliner Fußball-Verband in dieser Zeit ein reines Fußballstadion verlangte, war Wilmersdorf neben dem Poststadion in der Diskussion. Ein anderer Plan war, das Stadion als Sportzentrum der Freien Universität (FU) zu nutzen, was Sportamt und BSV 92 ablehnten. Als Giftstoffe im Stadionboden gefunden wurden, baute man das Stadion 1987 bis 1991 für 2,7 Mio. DM um. Es erhielt eine Tartanbahn und die neue unüberdachte 2.500-Sitzplätze-Tribüne, hinter der die Horst-Käsler-Sporthalle (benannt nach dem ehemaligen Hallenhandball-Nationaltrainer) liegt. Angesichts des Weinbergs im Stadion titelte die „taz" im Hinblick auf den BSV 92 despektierlich: „Die Flaschen befinden sich auf dem Rasen." Zum Stadion an der A 10 unweit der Hohenzolerndammbrücke gehören neben dem Hauptspielfeld („Platz 1") noch weitere Sportplätze; das Eisstadion liegt nebenan. Der BSV 92 stieg 2000 in die Bezirksliga, 1. Abteilung, auf. *sky*

Stadion Wilmersdorf
ER: 1951. FV: früher 38.000; heute: 2.500 Plätze auf einer unüberdachten Sitztribüne.
ZR: 19.500, Freundschaftsspiel zur Stadion-Einweihung, 10.3.1951, Berliner SV 92 – Tennis Bor. Berlin 1:1.
Fritz-Wildung-Straße 9, 14199 Berlin, Tel. 030 / 82 36 05 8.

Ernst-Reuter-Sportfeld Zehlendorf

Sandhügel als „Tribüne"

1954 erbaut, erhielt das Stadion einen Rasenplatz, 400-m-Laufbahn und auf den Längsseiten Stehränge. Die jahrelang als „Tribüne" genutzten Sandhügel verschwanden damals. Im Folgejahr wurden Eingangshalle und Kassen errichtet.

Namensgeber Ernst Reuter (1889-1953) war Sozialdemokrat und Regierender Bürgermeister der Stadt, immer mal wieder zu sehen und zu hören mit dem Satz: „Ihr Völker der Welt, schaut auf diese Stadt!"

Ein Gemeindesportplatz an der Spandauer Straße, der heutigen Onkel-Tom-Straße, bestand bereits 1910. 1913 legte man einen Platz am Siebenendenweg an, wo 1919 nach der Fusion VfB Zehlendorf 03 und Hertha 06 eine Spielstätte erhielten. Hertha Zehlendorf ist seit Eröffnung auf dem Reuter-Sportfeld zu Hause, nur in der Bundesliga-Aufstiegs-

runde 1970 wich man ins Olympiastadion aus. Obwohl die „kleine Hertha" alle Heimspiele gewann (2:1 Offenbach, 2:0 Bochum, 7:2 Pirmasens, 5:1 Wolfsburg) und in Faeder (5 Tore), Sühnholz und Krampitz (je 4) gute Stürmer besaß, nahmen die Berliner die Mannschaft nicht an; 7.413 Besucher im Schnitt entsprachen nicht den Erwartungen.

Für die 60er und 70er Regionalliga-Berlin-Jahre meldete man vom Reuter-Sportfeld eine zwischen 6.000 und 7.000 Menschen schwankende Kapazität. Der Verein besitzt einen Namen als „Talentschmiede" und unternahm in den 70er Jahren ausgedehnte Weltreisen, auf denen man 1973 und 1975 in Südvietnam für kriegsbeschädigte Kinder spielte.

sky

Ernst-Reuter-Sportfeld
Berlin-Zehlendorf
ER: 1954. FV: 6.000 StP.
ZR: unbekannt.
Onkel-Tom-Straße 40, 14169 Berlin,
Tel. 030 / 80 91 23 21.

Weitere Berliner Regionalliga-Stadien 1963-74

Da sie architektonisch und historisch nicht weiter von Interesse sind, führen wir hier der Vollständigkeit halber weitere Spielstätten der Regionalliga Berlin auf, die von 1963 bis 1974 aufgrund der politischen Umstände als zweite Liga bestand. Wir nennen jeweils den Spielort, den Verein, der dort auftrat, und das damalige Fassungsvermögen.

Sportplatz Seebadstraße
VfB Hermsdorf, 1965-68
FV: 3.000

Hertzberg-Sportplatz Berlin-Neukölln,
An der Sonnenallee
1. FC Neukölln, 1969-70, 1971-72, 1973-74
FV: 4.500 bis 6.500

Alemannia-Sportplatz Veltener Straße
BFC Alemannia 90, 1967-69, 1971-72, 1973-74
FV: 4.000 bis 7.000

Stadion Britz-Süd am Buckower Damm
Neuköllner SF 07, 1967-68
FV: 6.000

Sportplatz Kühnemannstraße
VfL Nord 96, 1968-70
FV: 2.500

Karstadt-Sportplatz
Neuköllner SF 07, 1969-70
FV: 4.000

Sportplatz Sömmeringstraße
SC Westend 01, 1973-74
FV: 4.000

Sportplatz Wrangelstraße
BBC Südost, 1973-74
FV: 3.000

Sportplatz Maybachufer
RW Neukölln, 1972-73
FV: 5.000

Friedrich-Ebert-Stadion (1936/1950)
(Stadion Tempelhof) Bosestraße 21
Blau-Weiß 90 Berlin, 1972-73
FV: 15.000

(Foto: Landesbildstelle Berlin)

Einweihung des Ernst-Reuter-Sportfeldes im Jahr 1955.

▨ Stadion Alm

Steiniges Bauland, Kühe auf dem Rasen?

Die Alm, das ist zweifellos ein eigenartiger Name für ein Stadion in Ostwestfalen. Es soll ein Recke aus der erfolgreichen Mannschaft der 20er Jahre, Heinrich Pehle, gewesen sein, den die steinige Baustelle und das nicht ganz ebene Spielfeld zu der Bemerkung veranlasste, er käme sich dort vor wie auf einer Alm. So weiß es die Saga, und die Bezeichnung Alm ist für immer geblieben. Eine andere Version besagt, da der Platz relativ hoch gelegen sei und in den Anfangszeiten ringsherum Kühe weideten, die manchmal vor Spielbeginn vom Rasen vertrieben werden mussten, habe der Volksmund die Bezeichnung Alm geprägt.

Heute sind Arminia Bielefeld und die Alm in der Vorstellung der Fußballfreunde so eng miteinander verbunden, dass man sich kaum vorstellen kann, der Verein könnte jemals woanders gespielt haben. Dem war aber so: Nach der Gründung 1905 als 1. FC Arminia spielte man zuerst am Kesselbrink, einem großen Platz in der Innenstadt (heute Marktplatz und Busterminal). 1908 ging's weiter an die Kaiserstraße (die heutige August-Bebel-Straße im Bielefelder Osten) und 1910 zur Pottenau (nördlich vom Ostbahnhof, heute Gewerbegebiet).

Als einem der führenden deutschen Vereine wurde die Pottenau der Arminia bald zu klein. Man handelte dem Landwirt Lohmann eine Wiese an der Melanchthonstraße ab, die in Eigenarbeit zum Fußballplatz umgebaut wurde. Als Arminia auf der Alm ankam, war sie wie erwähnt schon wer: sechsmal Westfalenmeister, zweimal Westmeister und Teilnehmer an den Spielen um die Deutsche Meisterschaft, zudem mit dem ersten Nationalspieler eines westfälischen Vereins, dem Stürmer und Fußballidol Walter Claus-Oehler, ausgestattet.

Doch ausgerechnet mit dem Umzug auf die Alm gingen die ganz großen Jahre des seit 30. Januar 1926 DSC (= Deutscher Sport-Club) Arminia genannten Klubs erst einmal zu Ende. 1927 gewann man nochmals die Westfalen-Meisterschaft, spielte fünf Jahre lang in der Gauliga, aber mit der Vorherrschaft im westfälischen Fußball war es vorbei. Selbst der rot-weiße Lokalrivale VfB Bielefeld hatte zeitweise die Nase vorn.

Tribüne dank Aufstieg

Nach dem Krieg reichte es zu nur einem Jahr in der Oberliga West (1949-50) und zu fünfen in der 2. Liga. Die Stadt übernahm 1954 die Alm, baute sie zu einer Bezirkssportanlage aus und sprach dem DSC Arminia das Hauptnutzungsrecht zu. Der Platz erhielt 1957 eine Rasendecke, die Stehstufenränge auf der Spielstätte des Drittligisten wurden auf 12.000 Plätze erweitert. Da sich das Umfeld der Alm inzwischen vom ländlichen Stadtrand- zum dichtbesiedelten Wohngebiet gewandelt hatte, beschloss man 1958 einen Bebauungsplan, der auf der Alm nur Sportplätze, aber kein Stadion gestattete – eine Entscheidung, die über lange Jahre hinweg für Verdruss sorgen sollte.

1962 erreichte Arminia den Wiederaufstieg in die 2. Liga West und ein Jahr später mit einem 7. Platz so gerade eben die Aufnahme in die neue Regionalliga West. Bereits zum Aufstieg war die Alm auf 20.000 Plätze erweitert worden. Damals errichtete man als Rohr- und Bohlenkonstruktion die Südtribüne, die 1967 zu einer Erdwalltribüne mit 3.180 Plätzen umgebaut wurde.

Nach sechs Regionalliga-Jahren gelang 1970 der lang ersehnte Aufstieg in die höchste Spielklasse. Die Stadt war nicht kleinlich: Die Westtribüne mit 5.068 überdachten und 410 unüberdachten Sitzplätzen entstand, außerdem die Ost-Stehtribüne. Eine Flutlichtanlage wurde installiert und am 31. Oktober 1970 mit dem Punktspiel gegen Werder Bremen (3:0 vor 17.000) eingeweiht.

Nach dem Zwangsabstieg 1972 infolge des Bundesliga-Skandals feierte die Arminia das 70-jährige Vereinsjubiläum 1975 u.a. mit dem Freundschaftsspiel gegen Real Madrid, das Netzer und Breitner, Amancio, Santillana und Del Bosque auf die Alm brachte (2:4), vor ausverkauftem Haus eines der denkwürdigsten Spiele, das je in dem Stadion ausgetragen wurde.

Der „Alm-Roar", berühmt und berüchtigt

Auch beim Wiederaufstieg 1978 in die Bundesliga zeigte sich die Stadt großzügig und ließ auf der letzten noch offenen Stadionseite die Nordtribüne als Rohr- und Bohlenkonstruktion bauen. Mit 34.222 Plätzen erreichte die Alm die höchste Zuschauerkapazität ihrer Geschichte: 5.478 Sitz- und 1.100 Stehplätze bot die Westtribüne, 3.180 Stehplätze die Südtribüne, 17.964 (!) Stehplätze – geradezu englische Verhältnisse, wie sie einmal waren! – besaß die Osttribüne und 6.500 Stehplätze die neue Nordtribüne. Berühmt und berüchtigt war Bielefelds Stadion in jenen 70er und 80er Jahren für den „Alm-Roar", den frenetischen Lärm, den man durch Klopfen und Trampeln auf den Tribünen erzeugen konnte. Mancher Punktgewinn war auf diese dichte Atmosphäre zurückzuführen, allerdings auch mancher Ärger mit den Anwohnern.

Aber im Grunde waren all diese Tribünen-Konstruktionen nur zwangsweise Provisorien, sehr verschleißanfällig und daher mit einem hohen Wartungs- und Reparaturaufwand. Die Anwohner, deren Vorgärten manchesmal als Abtritt und Müllkippe missbraucht wurden, fühlten sich zudem von dem Argument hintergangen, hier sei – gemäß Bebauungsplan von 1958 – kein Stadion, sondern immer noch nicht mehr als ein Sportplatz.

„Nur noch eine Bruchbude"

Es trat das ein, was kurz über lang zu befürchten gewesen war: Eine Begutachtung durch eine Kommission des Regierungspräsidenten in Detmold ergab 1985 gravierende Sicherheitsdefizite. Sicherlich auch unter dem Eindruck der Stadion-Unglücke von Bradford und Brüssel wurde im August 1985 das Fassungsvermögen der Alm durch Flatterfähnchen-Absperrung auf 15.000 Besucher reduziert und die Nordtribüne komplett gesperrt. In der Pressekonferenz der Kommission stellte sich heraus, dass die erheblichen Stadion-Mängel bereits rund einen Monat vor dem Relegationsspiel gegen den 1. FC Saarbrücken am 17. Juli 1985 festgestellt worden waren. Die zu dieser Begegnung anwesenden 34.500 Zuschauer gelten bis heute als der Zuschauerrekord auf der Alm – fürwahr ein „Ritt über den Bodensee"... Die „Neue Westfälische Zeitung" brachte die Zustände in schonungsloser Offenheit auf den Punkt: „Die Alm ist nur noch eine ,Bruchbude'."

Die gegen Saarbrücken verlorene Relegation bedeutete den Abstieg in die 2. Bundesliga, und 1988 ging es noch tiefer, in die Amateur-Oberliga. Doch die Arminia kehrte finanziell saniert zurück, gewann 1995 den Titel der Regionalliga

West/Südwest und kam über die 2. Bundesliga 1996 per „Durchmarsch" wieder in der Bundesliga an. In der Zwischenzeit hatte man Ost- und Westtribüne saniert, die Osttribüne wurde zudem überdacht. Die Nordtribüne war bereits 1989 abgerissen worden, erhalten blieben 2.470 Plätze auf Erdwallstufen. Das damalige Fassungsvermögen von 19.500 Zuschauern war für die Amateur-Oberliga- und Regionalliga-Jahre ausreichend.

Mit der Rückkehr in die Bundesliga 1996 bestand neuer Handlungsbedarf. Beim damaligen Zustand der Alm wollte der DFB nämlich keine Spiele dort zulassen und mit lediglich 19.500 Plätzen wäre die Arminia im Oberhaus finanziell auch nicht zurecht gekommen. Alternativen boten sich an: Heimspiele in einer anderen Stadt, z.B. Hannover; der Bau eines neuen Stadions mit 50.000 Plätzen; die Modernisierung der „Bruchbude".

„Unikum" Alm

Die letztgenannte Lösung war die nächstliegende: Im Sommer 1996 wurden auf der Alm Nord- und Westtribüne neu gebaut (die 15 Mio. DM Kosten minderten Zuschüsse von Land und Stadt), woraufhin sich das Fassungsvermögen auf 22.512 Zuschauer erhöhte. Allerdings bot das Stadion nun einen eigenwilligen Anblick: Der Winkel aus West- und Nordtribüne erschien hochmodern und farbenprächtig, der Winkel aus Ost- und Südtribüne wie die Alm der alten Zeit. Dieses „Unikum" wurde am Dienstagabend, 20. August 1996, gegen den vermeintlichen Abstiegskandidaten St. Pauli mit einem 1:2 eingeweiht, 19.500 sahen zu. Am Ende der Saison stiegen die Hamburger tatsächlich ab, aber auch die Arminia. Das „Unikum" aus Alt und Neu auf der Alm blieb deshalb und auch wegen des Argwohns der Anwohner erst einmal bestehen.

Wieder ein Thema wurde der Umbau mit dem Wiederaufstieg 1999. Nach langen Verhandlungen beschlossen die Anwohner, der DSC Arminia und die Stadt zuvor den so genannten „Dreiecksvertrag": Mit diesem „Ostwestfälischen Frieden" wurde die Jahrzehnte dauernde Auseinandersetzung beigelegt und für den Umbau der Alm galt grünes Licht. Für 11,5 Mio. DM wurde am 16. Oktober 1999 die komplett erneuerte und überdachte Südtribüne im mit 26.601 Zuschauern ausverkauften Spiel gegen Borussia Dortmund (0:2) eröffnet. Letztes Überbleibsel der „alten" Alm ist somit die Osttribüne. Sie ist niedriger als die drei anderen, so dass

Auf der Bielefelder „Alm": zeitweise ein „Unikum".

(Foto: DSS)

(Foto: Bennert)

die Geräuschentwicklung noch nicht soweit vermindert worden ist, wie angestrebt. Bis 2003 ist aber auch an ihrer Stelle ein Neubau projektiert.

Glück gebracht hat die erneuerte Spielstätte den Arminen nicht, denn seit 2000 sind sie wieder zweitklassig. Aber eines kann dem Verein niemand nehmen: In Sachen Auf- und Abstieg zählt er zu den Spitzenreitern im bezahlten Fußball in Deutschland. Und die Alm als Stadionname ist inzwischen ein Klassiker wie es einmal Glückauf-Kampfbahn oder Zabo waren. *Harald Bennert*

Stadion Alm Bielefeld
ER: 1926/1957. FV: 26.871, davon 15.717 SiP (13.405 üd. SiP a. d. Nord- und Westtribüne, 1.782 a. der Südtribüne, 402 im sog. Logenkranz, 128 auf d. „Alm-Terrasse"; die 16 Tische dort mit je acht SiP werden tischweise (!) vermietet), 7.500 StP a. d. Osttribüne, 3.654 StP im unteren Bereich d. Südtribüne (die für UEFA-Cup-Spiele in SiP umgewandelt werden können).
ZR: 34.500, Bundesliga-Relegation, 17.7.1985, Arminia – 1. FC Saarbrücken 1:1 (der 1. FCS stieg dank des 2:0-Heimerfolgs auf).
Melanchthonstr. 2, 33615 Bielefeld, Tel. 05 21 / 96 61 10.

Bingen (Rhein)

Bischofswerda

▣ Stadion am Hessenhaus

Segen von zwei Pfarrern

Als die zweitälteste Oberliga, nämlich die im Südwesten, 1945/46 ihren Spielbetrieb aufnahm, war auch Bingen am Rhein dabei und durfte im Stadtteil Büdesheim namhafte Klubs wie FVS-Nachfolger 1. FC Saarbrücken, Neunkirchen, Worms und den aufstrebenden 1. FC Kaiserslautern begrüßen.

Die Binger Fußballvereinigung (FVgg.) Hassia mit Ursprungsjahr 1910 hatte seit 1919 in Büdesheim gespielt, das Gelände 1928 gekauft und dort 1930 das Vereinsheim „Hessenhaus" (bis heute existent) erbaut. Nach der turbulenten Oberliga-Auftaktsaison, die im Januar 1946 begann, stiegen vier der zehn Teams wieder aus, darunter Bingen. Zwar plante man bereits in den 50er Jahren ein neues Stadion, doch wirkte die FVgg. noch 1952/53 wiederum in der Oberliga an alter Stätte. Bingens Fußballanhänger und jene, die aus dem weinseligen Rüdesheim mit der Fähre herüber kamen, konnten nicht einen Sieg feiern, auch nicht in der Fremde, wohl aber Ensembles wie die „Walter-Elf" (9:1), Saar 05 (8:3) und den 1. FC Saarbrücken (7:1) bestaunen. 3:57 Punkte und 32:141 Tore bedeuteten den Abschied aus dem bezahlten Fußball für ein und allemal.

„Lebbe geht weider", sagt Stepanovic, auch in Bingen, und so weihte man am 25. Juli 1974 in Büdesheim das reine Fußball-Stadion nach anderthalb Jahren Bauzeit ein. Und weil es neben dem alten Vereinsheim Hessenhaus steht, heißt es Stadion am Hessenhaus. Außergewöhnlich, dass zwei Pfarrer, ein katholischer und ein protestantischer, die neue Spielstätte einsegneten, in der anschließend der 1. FC Köln gegen die Hassia ein 8:0 vor ausverkauftem Haus (5.000) erspielte.   *sky*

Stadion am Hessenhaus Bingen
ER: 1928. FV: 5.000, davon 222 üd. SiP auf der Tribüne neben dem Hessenhaus und 4.778 StP.
ZR: 8.000 auf dem alten Sportplatz, 5.000 am 25.7.1974 zur Stadion-Eröffnung bei Hassia Bingen – 1. FC Köln 0:8.
Hitchinstraße 32, 55411 Bingen, Tel. 06721 / 402 205, 449 27.

▣ Stadion im Wesenitzpark

11.000 Zuschauer, 14.000 Einwohner

Schon mal beim Zappen im TV in den Wesenitzsportpark von Bischofswerda im östlichen Sachsen geraten? Durchaus möglich, denn am 4. April 2000 übertrug das DSF in voller Länge von dort das U-18-Länderspiel Deutschland – Ägypten (3:0).

2.700 Zuschauer sahen vor Ort zu, aber das war kein Vergleich zu den Zahlen, die die BSG Fortschritt Bischofswerda ehemals in der DDR-Oberliga erzielte, in der sie zwei Jahre präsent war.

Pokal-Triumph
Auf dem Schützenhaus-Vorplatz, einer Wiese und dem Exerzierplatz hatte der 1908 gegründete Fußballklub „Germania" Pionierarbeit geleistet, ehe er 1919 im SV 08 Bischofswerda aufging. Die Wesenitz-Wiesen, auf denen sich das heutige Stadion im Wesenitzsportpark befindet, waren bereits seit 1916 Spielstätte. 1925 eröffnete am Ort einer früheren Sandgrube nur 300 m entfernt die Städtische Kampfbahn am Schmöllner Weg. Finanzier war in jenen Jahren der Verleger Mai des örtlichen Tageblatts mit dem wunderschönen Namen „Der Sächsische Erzähler".

Für Höhepunkte gegenüber sonstigem Fußball-Alltag in der sog. Provinz sorgten in der weitläufigen Anlage regelmäßige Gastspiele von Gauligisten wie Dresdner SC, Guts Muts Dresden, Fortuna Leipzig und Wacker Leipzig. Das waren freundschaftliche Vergleiche; der Ernstfall, der den bislang größten Erfolg von „Schiebock" (wie der Volksmund die Stadt nennt) bedeutete, trat am 19. April 1942 ein. Leider waren nur 1.500 dabei, als Bischofswerda den Pokalsieger von 1940 und 1941, den Dresdner SC, 'rauswarf – das 3:2 gegen die Schön, Machate und Co. war eine unerhörte Sensation.

Abschied von der „Schmirgelscheibe"
Wie andernorts auch wurden Bischofswerdas Fußballern nach 1945 diverse Namen aufoktroyiert, die Kampfbahn hieß „Stadion der Jugend". West-Gäste empfing man mit dem SC Tegel (1951) und TV Neckarweihingen (1960) auch zuweilen, und nach zehn Jahren Zweitklassigkeit gelang 1986 der Aufstieg in die DDR-Oberliga. Die alte Städtische

Kampfbahn, ein Hartplatz und deshalb von Gästeteams „Schmirgelscheibe" getauft (1990 erhielt sie einen Rollrasen, 6.000 Stehplätze sind vorhanden), die von 1953 bis 1969 mit Stehtraversen, Umkleidekabinen und Klubhaus ausgestattet worden war, hatte nun ausgedient: Die BSG Fortschritt bezog 300 m weiter das 1977 bis 1979 geschaffene „Stadion der Jugend Platz 2" an der Clara-Zetkin-Straße, wo man 1986 den Grundstein für ein Funktionsgebäude samt Sprecherturm legte, das allerdings erst im Mai 1988 fertig gestellt war.

Schon damals hatte man beim Zappen Richtung Bischofswerda Erfolg, denn zur Oberliga-Premiere am 16. August 1986 stieß erstmals auch das DDR-Fernsehen zur „Pforte der Oberlausitz" vor. Ausgerechnet Dynamo Dresden kam zum Auftakt, nur 36 Autobahn-Kilometer entfernt, ein Bezirksderby und insofern pikant, weil fast alle „Schiebocker" ehemals bei Dynamo in der Jugend und bei den Junioren gespielt hatten. Die Abteilung Propaganda hatte sich auf dem Spielplakat noch rasch mit der Mitteilung „Je stärker der Sozialismus – desto sicherer der Frieden!" verewigt. 9.000 kamen und erlebten ein 0:0. Das einjährige Oberliga-Gastspiel endete vor mit 9.800 ausverkauftem Haus mit einem bemerkenswerten 2:0 über Meister BFC Dynamo. 8.000 hatten im Schnitt die Spiele besucht. Der Oberliga-Status hatte den Oberlausitzern auch internationale Freundschaftsspiele ermöglicht, man traf auf Darmstadt 98 (1:2, 1:0), Erstligisten aus Polen, Ungarn, der CSSR, Jugoslawiens.

Bischofswerda war wieder zweitklassig, derweil das Stadion auf ein Fassungsvermögen von 11.000 ausgebaut wurde (1.000 unüberdachte Sitzplätze). Erstmals ausverkauft war es am 4. Mai 1988 im FDGB-Pokal gegen den späteren Cupgewinner BFC Dynamo (0:1). Das DDR-Olympiaqualifikationsspiel fünf Tage zuvor gegen Island (3:0) fand mit 4.500 Zuschauern weniger Anklang. Fast auf den Tag genau drei Jahre nach dem Dresdner Oberliga-Gastspiel musste ein von Geyer/Häfner betreutes Starensemble mit Kirsten, Sammer, Gütschow, Minge, Pilz, Jähnig, Lieberam etc. erneut an die Zetkin-Straße, denn

(Foto: Skrentny)

Gästetribüne im Wesenitzsportpark: eigenartige Winkel und sooo viele Wellenbrecher...

Am Hünting

Stadtrivalen als Nachbarn

Fortschritt war wieder erstklassig. Gütschow erzielte am 17. August 1989 das 1:0, 11.000 sahen zu, eine neue Rekordmarke – man bedenke die Einwohnerzahl von 14.000! Tatsächlich trieb die ganze Region den Fortschritt voran, worauf auch das Oberliga-Lied „Königsblau ist unsre Farbe" abhebt:

> „Die Fortschritt-Elf hat es geschafft,
> nach Schiebock kommen viele,
> Von Zittau bis nach Großenhain,
> ganz Sachsen sieht die Spiele."

Erneut reichte es nicht zum Klassenerhalt, über 7.300 hatten im Schnitt mitgefiebert, und Sponsor „Kombinat Landmaschinen Neustadt" selbstverständlich auch. Zum letzten Spiel in der Liga Nordost, Staffel A, kamen noch einmal 4.200, als der 1. FC Union Berlin dank eines 2:1 Meister wurde. Hernach wurde der seit 1. Juli 1991 Bischofswerdaer FV 1908 genannte Verein in die Amateur-Oberliga Nordost eingereiht, gehörte 2000/01 der Südstaffel dieser (4.) Liga an und kann seit dem 2. Oktober 1997 unter Flutlicht spielen (Sachsenpokal: Bischofswerda – Aue 2:4 n.E. [3:3 n.V.]).

„Trabi"-Wrack im Hinterhof

Das 1995 Wesenitzsportpark benannte Stadion der Jugend erinnert nicht nur mit einer hohen Säule, geschmückt mit den Plastiken dreier laufender Jungen, an realsozialistische Zeiten. Es gibt ein „Sporthotel", das nicht sonderlich frequentiert scheint, und im ehemaligen Funktionsgebäude von Fortschritt, hinter der Hauptgeraden ist ein unvollendeter Rohbau zu entdecken; im Hinterhof rostet ein „Trabi"-Wrack.

Überhaupt ist das Erscheinungsbild der Sportstätte etwas ungewöhnlich: Inmitten der Hauptgerade steht der obligatorische, diesmal dreistöckige Turm, davor liegt eine Art Loge, unter der ein Tunnel aufs Spielfeld führt. Es gibt Sitzreihen, nicht mehr komplett ausgestattet, und am Ende der Gerade ein zierliches Sprechertürmchen. Der Clou ist die sog. Gästetribüne: An die 1994/95 erbaute 1.000-Plätze-Sporthalle hat der Architekt eine steile Stehtribüne für 1.000 Besucher mit erstaunlich vielen Wellenbrechern angefügt, die in einem eigenartigen Winkel zum Spielfeld steht, gar nicht ins Gesamtbild passt, aber irgendwie eine hübsche Idee darstellt. Stehränge bietet auch die Gegengerade, während in den Kurven Werbeflächen auf weiten Strecken die Sicht aufs Spielfeld verhindern.

Mal gucken, wann wir das beim Zappen wieder ins Bild kriegen... *sky*

Stadion im Wesenitzsportpark Bischofswerda
ER: 1979. FV: 12.000, davon 1.000 unüd. SiP.
ZR: je 11.000, 4.5.1988, FDGB-Pokal, Fortschritt Bischofswerda – Berliner FC Dynamo 0:1, und 17.8.1989, DDR-Oberliga, Fortschritt – Dynamo Dresden 0:1.
Clara-Zetkin-Straße, 01877 Bischofswerda, Tel. 035 94 / 70 52 37.

Dass es in einer Stadt zwei Vereine gibt, die die lokale Fußballgeschichte bestimmen bzw. bestimmt haben und einander nicht freundschaftlich zugeneigt sind, das gibt es an vielen Orten. Dass beide Vereine unmittelbare Nachbarn sind, das gibt es wohl nur am Hünting im 70.000 Enwohner zählenden niederrheinischen Bocholt unweit der holländischen Grenze.

Am nordöstlichen Stadtrand Bocholts, am Hünting – so die Bezeichnung nach einer Gutsbesitzer-Familie – pachtete 1904 der im Jahr 1900 als Verein der „Gutbürgerlichen" gegründete Bocholter FC („die Schwarzen") ein Grundstück das in Eigenarbeit zu einem Fußballplatz hergerichtet wurde. Nach dem 1. Weltkrieg kaufte der FC das Grundstück und weiteres Gelände, baute es mit Kassenhaus, Zaun und zusätzlichem Trainingsplatz aus. „Kein anderer Platz am Niederrhein hatte diese Größe", meldet stolz die Vereinschronik.

„Schwarze" und „Grüne"

Inzwischen aber war man nicht mehr allein am Hünting: Der FC Olympia von 1911, der Verein der „kleinen Leute" („die Grünen"), hatte dort nach dem 1. Weltkrieg einen passablen Sportplatz geschaffen, etwa an der Stelle, an der man heute vom Kassenbereich des 1. FC zum Stadion geht. „Die Schwarzen" und „die Grünen" wurden damit unmittelbare Nachbarn und sind es bis heute geblieben.

Vereinigen gen blieben beide Anlagen allerdings nicht lange. Der Bocholter FC übernahm sich mit dem Bau einer Radrennbahn, die ab Ostern 1928 zusätzliche Einnahmen verschaffen sollte. Die Weltwirtschaftskrise verhinderte dies, und der FC musste seine große Vereinsanlage an die Stadt Bocholt verkaufen (die Radrennbahn wurde 1954 neu erbaut und dient als Trainings- und Wettkampfstätte).

Um Platz für eine städtische Großsportanlage zu schaffen, legte die Stadt dem FC Olympia 1939 nahe, ebenfalls zu verkaufen, anderenfalls würde ein Enteignungsverfahren eingeleitet. Was blieb dem FCO da anderes übrig?

(Foto: Hoeck)

Das FC-Stadion in Bocholt: Zur Tribünen-Einweihung kam Borussia Dortmund.

Noch vor dem Krieg baute die Stadt einen neuen Platz mit Rasendecke, das Emil-Irrgang-Stadion, benannt nach dem Bocholter Bürgermeister der Jahre 1933 bis 1939; das alte Stadion des FC Bocholt fiel dem Neubau zum Opfer. Das Irrgang-Stadion entspricht dem heutigen Platz des FC Olympia, der damals zum Trost das Dauernutzungsrecht für die neue Sportstätte erhielt.

Bocholt zählte zu den im 2. Weltkrieg am schwersten zerstörten Städten in Westdeutschland. Auch das Sportgelände am Hünting befand sich bei Kriegsende in einem trostlosen Zustand. Das Stadion war durch einen zehn Meter breiten und fünf Meter tiefen Panzergraben ruiniert. Alles, was brennbar oder sonstwie verwertbar war, hatten die Bocholter an sich genommen, so den kompletten Parkettboden der Radrennbahn. Auf einem einigermaßen erhaltenen Aschenplatz nahm Olympia den Spielbetrieb wieder auf, pachtete das Stadion zurück und brachte in Eigeninitiative Rasenplatz und Zuschauerränge (Fassungsvermögen 15.000) in Ordnung. Durch den Bau eines Klubgebäudes 1972-74 (erweitert 1982-84) bekam die FCO-Anlage, wie Bocholter das Sportgelände nennen, ihr heutiges Erscheinungsbild.

Der FC von 1900 hatte zwischenzeitlich 1937 mit dem Ballspielverein Bocholt zum BV 1900 Bocholt fusioniert, musste sich aber 1946 auf Anordnung der britischen Militärregierung in 1. FC Bocholt umbenennen. „Die Schwarzen" spielten bis 1948 an der Barloer Straße, ehe sie zum Hünting auf einen neu angelegten Aschenplatz zurückkehrten, aus dem das jetzige FC-Stadion entstand. In den 50er Jahren erhielt dieser Platz eine Rasendecke, die Zuschauerkapazität lag ebenso wie auf der Olympia-Anlage bei 15.000.

Mit dem einjährigen Gastspiel des 1. FC Bocholt in der 2. Bundesliga 1977/78 begann der Stadion-Ausbau: 150.000 DM wurden in die vom DFB geforderten Sicherheitsmaßnahmen investiert (Wellenbrecher auf der Gegengerade, der gut 100 m lange „Löwengang" als Spielertunnel, Umkleideräume). 1979 stellte der 1. FC nach zweieinhalbjähriger Bauzeit ein neues Klubheim fertig, und im Jahr des Wiederaufstiegs in die 2. Bundesliga 1980 die lang ersehnte Tribüne mit 2.233 Sitz- und 3.120 Stehplätzen (Fassungsvermögen des FC-Stadions nun 18.000 Zuschauer). Zur Tribünen-Einweihung am 18. Juli 1980 kam Borussia Dortmund. Am Ende der Saison belegte der 1. FC Bocholt einen für einen Aufsteiger guten elften Platz, musste aber infolge der Gründung der eingleisigen 2. Bundesliga zurück ins Amateurlager. Das Projekt einer 400-Lux-Flutlichtanlage war damit erledigt.

3. März 1984 –
das Sportereignis Bocholts

Trotz des Zwangsabstiegs sollte das „Spiel der Spiele" im FC-Stadion am Hünting noch kommen. Der 1. FC schaffte im DFB-Pokal 1983/84 als einziger Amateurverein den Einzug ins Viertelfinale, u.a. war Eintracht Braunschweig vor 20.000 im überfüllten FC-Stadion mit 3:1 n.V. ausgeschaltet worden. Das Viertelfinal-Spiel gegen Bayern München am 3. März 1984 gilt bis heute als *das* Ereignis im Bocholter Sport. 30.000 bis 40.000 Karten hätten verkauft werden können, 16.500 Besucher ließ der DFB zu, 18.000 meldeten die Medien, aber alle, die damals dabei waren, sind der felsenfesten Überzeugung, dass es weit mehr als 20.000 Zuschauer gewesen sein müssen, zusammengedrängt auf den Stehstufen, in den Bäumen und auf den Zäunen – Bilder wie aus alten Oberliga-Zeiten! Die Bayern brachten an diesem bitterkalten Karnevalssamstag ein 2:1 über die Zeit.

Den dritten Aufstieg in die 2. Bundesliga verpasste der 1. FC Bocholt 1984 knapp. Vielleicht wäre die vor allem vom 1. FC in den 80er Jahren angestrebte Fusion mit dem FC Olympia eine Möglichkeit gewesen, sich auf Dauer in der 2. Liga zu etablieren. Der Zusammenschluß scheiterte 1987 an der Mitgliederversammlung des FCO – die alten Gegensätze waren immer noch zu groß.

Der 1. FC fiel ins Mittelfeld der Oberliga Nordrhein, in der lange auch der FC Olympia Bocholt spielte, zurück. Als ernst zu nehmender Gegner erwies sich bis Ende der 80er Jahre, als die finanziellen Probleme bewältigt waren, das Finanzamt. Nach drei Regionalliga-Jahren 1984-87 spielt der 1. FC Bocholt 1999/2000 mit der Zielsetzung Klassenerhalt in der Oberliga Nordrhein, der FC Olympia Bocholt in der Landesliga.

Wo einst bis zu 15.000 Zuschauer zu hitzigen Lokalderbys kamen, verlieren sich derzeit am Hünting ein paar hundert Besucher. *Harald Bennert*

FC-Stadion Bocholt
ER: 1948 / 1980. FV: 18.000 Plätze, davon 2.233 üd. SiP und 3.120 üd. StP auf der Tribüne.
ZR: 16.350 (offizielle Besucherzahl) bis 20.500, DFB-Pokal, 3.3.1984, 1. FC Bocholt – Bayern München 1:2.
Am Hünting 19, 46399 Bocholt, Tel. 02871 / 30 795.

FC Olympia-Stadion Bocholt
ER: 1939. FV: 10.000 StP
ZR: 15.000, inoffizielles Amateur-Länderspiel (Olympia-Vorbereitung), 19.9.1956, Deutschl. – Holland 4:1.
Am Hünting 15, 46399 Bocholt, Tel. 02871 / 38 267.

▪ Ruhrstadion

Die „hängenden Gärten" an der Castroper Straße

Was den Neubau eines reinen Fußball-stadions anging, waren Bochum und der VfL anderen Städten und Lizenzver-einen um einiges voraus: Das 1979 fer-tig gestellte Ruhrstadion galt fast als Nonplusultra und eines der schönsten Deutschlands. Dass ein neues Stadion für den Bundesliga-Aufsteiger von 1971 kommen musste, hatte nicht nur Ver-einspräsident Ottokar Wüst erkannt: „Der Sturz des VfL in die Tiefe wäre sonst nicht mehr aufzuhalten."

Das am Ort des Ruhrstadions gele-gene vorherige städtische Stadion an der Castroper Straße verfügte über 1.300 überdachte und 1.400 unüber-dachte Sitzplätze sowie 34.000 Steh-plätze; die Holztribüne nannte Trainer Eppenhoff „Starenkasten", auf der Ge-gengerade stand der „Fahrradschup-pen". Im Vergleich zu Köln, Düsseldorf, Dortmund und Gelsenkirchen, die von den WM-Geldern profitiert hatten, und

generell gegenüber den anderen Bun-desligisten war Bochum ins Hintertref-fen geraten. VfL-Präsident Ottokar Wüst 1975: „Ich sehe den Tag kommen, an dem der hoffnungsvollste deutsche Bundesligist nicht mehr existenzfähig ist."

Bund und Land waren nicht willens, Bochums Stadion mitzufinanzieren. So-zialdemokratische Lokalmatadore wie der Bundestagsabgeordnete Karl Liedt-ke und Fraktionschef Heinz Eikelbek (der mit einem Stadionmodell im Koffer-raum seines Autos gen Bonn reiste) machten dennoch emsig Lobbyarbeit und fanden schließlich offene Ohren bei der Landesregierung.

Zuschauer saßen auf den Treppen
Das neue Stadion sollte dabei eigentlich nicht an der Castroper Straße, wo das Ruhrstadion heute steht, gebaut wer-den, sondern am Quellenweg. Da der

Neubau am Ort des alten Stadions ab-schnittsweise aber schneller zu verwirk-lichen war, entschied man für den heuti-gen Standort. Für den VfL bedeutete das nach dem 2:0 über den Deutschen Mei-ster Mönchengladbach am 6. März 1976 den Umzug für sechs Heimspiele ins Stadion am Schloss Strünkede in Herne. Den hatte man noch hinausgezögert, da der Klub gegen den Abstieg kämpfte. Den besten Besuch in Herne verzeich-nete Bochum am letzten Spieltag mit 25.000, als man sich mit 4:2 gegen den KSC den Klassenerhalt sicherte.

45.000 überdachte Plätze im Stadion-Neubau waren das Ziel. Als erstes konnte im September 1976 die Süd-tribüne an der Castroper Straße fertig gestellt werden (105 m lang, 17 m hoch, 5.968 orangefarbene Sitzplätze, 3,9 Mio. Kosten, sechs Monate Bauzeit). Die Stahlkonstruktion ihres Vorgängers wurde geteilt und auf die Bezirksportan-lagen Langendreer und Linden-Dahl-hausen verteilt. Zur Eröffnung der Süd-tribüne – 3. September 1976, 2:1 gegen Duisburg – kam auch Bundestrainer Schön. Bochum durfte nun 17.000 Zu-schauer unterbringen und verzeichnete aufgrund des Sitzplatz-Zuwachses die-selbe Einnahme wie ehemals bei aus-verkauftem Haus! Gegen Bayern Mün-chen brachte man auf der Baustelle z.T. auf Treppen 18.000 unter, die diesen Fußballnachmittag nie vergessen soll-

Das Ruhrstadion in Bochum galt 1979 bei seiner Eröffnung als eines der schönsten in Deutschland.

Das Bochumer Stadion 1979...

...und in den 20er Jahren.

ten: Nach 53 Minuten führte Bochum 4:0, in der 89. Minute aber fiel das 5:6 durch Uli Hoeneß. Eigentlich hätte schon das erste Heimspiel der Saison 1976/77 am 21. August gegen Karlsruhe im Ruhrstadion stattfinden sollen, doch war man mit den Arbeiten in Verzug, weshalb es verlegt wurde.

Die Rentner, deren Treff heute noch selbst in der Sommerpause vorm Stadion ist, kamen tagtäglich und sahen zu, was da empor wuchs. Und die lokale „WAZ" fühlte sich gar an eines der Weltwunder erinnert: „Wie die hängenden Gärten ragen die Tribünenbauten für das Stadion auf." Die 65 m lange Osttribüne mit 10.000 Sitzplätzen war im Januar 1977 fertig (2,9 Mio. DM) und wurde am 29. Januar mit dem 0:0 gegen Mönchengladbach eröffnet; 28.000 Zuschauer fanden nun Platz. Bis Juli 1977 folgte die Südost-Eckverbindung (4.500 Plätze). Gast im unfertigen Ruhrstadion war nun für seine ersten fünf Zweitliga-Heimspiele 1977/78 Wattenscheid, dessen Lohrheide-Stadion in Leithe sich ebenfalls im Umbau befand. Sollte die Resonanz gut sein, wolle man möglicherweise bleiben, teilte Präsident Klaus Steilmann mit, dessen Schwarz-Weiße dann immer wieder einmal nach Bochum zurückkehrten. Dort entstanden die Stehtribüne West (19.000 Plätze) und schließlich die Haupttribüne für 6.000. Abschluss der Arbeiten war im Juni

1979. Mit 49.522 Plätzen, davon 38.000 Stehplätzen, galt das 26 Mio. Mark teuere Ruhrstadion als eines der schönsten in Deutschland.

Die Einweihung am 21. Juli 1979 betrachtete die Stadtverwaltung „als Höhepunkt in der kommunalpolitischen Arbeit von Rat und Verwaltung Bochums nach 1945 auf dem Sektor Sport". Zur Feier des Tages spielten Bochum und Wattenscheid (3:0), und irgendwer war auf die Idee gekommen, Gotthilf Fischer zu engagieren. Beliebt muss Fischer gewesen sein, denn während des Auftritts wurden 500 seiner Singles geklaut. Tony Marshall und Ilja Richter traten auf, ein Oben-ohne-Ballett, und die Bank für Gemeinwirtschaft hatte 700 silberne Ruhrstadion-Medaillen prägen lassen. Insgesamt 70.000 Besucher wurden im strömenden Regen registriert. Es gab eine Lotterie, deren Hauptgewinner aus Witten verzichtete aber auf den ersten Preis, eine Reise zu den Olympischen Spielen nach Moskau, und wollte stattdessen lieber eine VfL-Jahreskarte!

Das Fassungsvermögen von fast 50.000 erwies sich als unrealistisch: Bei 42.000 galt „ausverkauft", das war schließlich in vier Bundesliga-Spielen der Fall. 1981 erhielt Bochum ein WM-Qualifikationsspiel zugesprochen, 7:1 gegen Finnland, das erste Länderspiel seit 1922 in der Stadt.

Nurmi und Owens auf der „schnellen" Bahn

Mit dem Ruhrstadion war der VfL an einem Ort geblieben, der eng mit der Vereinsgeschichte verknüpft war. VfL-Vorläufer Spiel und Sport (SuS) und sein Vorsitzender Constans Jersch, ein wichtiger Mann auch im Westdeutschen Spielverband, mieteten 1911 von einem Bauern das Gelände an der heutigen Castroper Straße. Der Sportplatz war mit den Maßen 70 x 130 m sehr groß, 500 Menschen wohnten der Einweihung gegen den VfB Hamm bei. Bis zum 7. September 1919 entstanden für 30.000 Mark dank Anteilscheinen und Eigenarbeit ein neuer Sportplatz, 400 Sitzplätze auf der Geraden, ein acht bis elf Meter breiter Stehwall und eine Laufbahn; Eröffnungsgast war SW Essen.

Nach der Fusion von SuS und TV Bochum 48 am 6. November 1919 war TuS Bochum 1848 neuer Besitzer. 1921 wurde die vereinseigene Anlage für 30.000 Zuschauer ausgebaut, zur Einweihung kam der Düsseldorfer SC 99, und 1922 war sie Austragungsort des Länderspiels gegen Ungarn (35.000, davon 6.500 auf Sitzplätzen). Eine andere denkwürdige Partie im überfüllten Stadion war 1934 das DM-Spiel Schalke – Benrath (1:2). Beliebt waren die Leichtathletik und seit 1924 die Internationalen Kampfspiele. Bochums Laufbahn galt als eine der „schnellsten" in

Deutschland, Sprinter Hubert Houben war ein bekannter Name, mittels Arbeitsplätzen holte man später 100-m-Weltrekordmann Arthur Jonath (Dortmund) und Erich Borchmeyer (Osnabrück) in die Stadt. Sogar Pavoo Nurmi und Jesse Owens liefen in Bochum. Nach der Zwangsfusion zwischen TuS und Germania 1938 zum VfL Bochum übernahm die Stadt die Stadionpacht und versprach den Ausbau.

Nach Kriegsende waren die zwischen Stadt und VfL geschlossenen Verträge nicht mehr auffindbar. Die Stadt zahlte die rückständige Pacht und übernahm nach einigem Hin und Her das Stadion in ihren Besitz. Am 15. Juli 1948 wurde es offiziell „Stadion an der Castroper Straße" benannt. Bei der Umgestaltung entstand die neue Tribüne, die im Mai 1955 eingeweiht wurde. Hausherr VfL stand bei Bundesliga-Gründung 1963 abseits und hatte mit dem Abstieg in die Amateurliga Westfalen, Gruppe II, den sportlichen Tiefpunkt erreicht – willkommen in Ickern, Meinerzhagen und Brambauer! Durch Losentscheid erreichten die Blau-Weißen 1965 gegen Erkenschwick die Regionalliga West und fielen 1967/68 im DFB-Pokal auf, als sie nacheinander KSC, VfB Stuttgart, Mönchengladbach, Bayern München ausschalteten und bis ins Endspiel kamen (1:4 gegen 1. FC Köln). 1971 stieg der VfL in die Bundesliga auf, und 1997 sah das Ruhrstadion dann sogar UEFA-Cup-Spiele.

So sind Bochum und der mit einem Sondernutzungsvertrag der Stadt ausgestattete VfL mit dem seit 1987 rasenbeheizten Ruhrstadion zufrieden – jedenfalls hören wir von dort nichts von MultiCasa, Arena oder Sport Dome.

sky

Ruhr-Stadion Bochum
ER: 1919/1979. FV: 31.000 Plätze, alle üd., davon 16.500 SiP und 14.500 StP.
ZR: je 42.000, Bundesliga; 11.8.1979, VfL Bochum – Hamburger SV 0:3; sowie gegen Bayern München, 4.4. 1981, 1:3, und 11.5.1985, 1:1.
Castroper Str. 145, 44728 Bochum, Tel. 0234 / 951 821.

Hundertprozentige Auslastung praktisch ausgeschlossen

Eine Frage, prädestiniert für Fußball-Experten: Was, bitte schön, verbindet die SG Wattenscheid 09 mit Eichenbaumrinde? Natürlich: Es ist das Stadion, hier: das Lohrheidestadion, das seinen Namen dem niederdeutschen Wort „Loeheide" verdankt, was so viel wie Gerberheide bedeutet, die wiederum zum Gerben verwendbare abgelöste Rinde der Eiche bezeichnet.

Seit 1966 ist das Lohrheidestadion Heimat der aus einer Fusion des Ballspielvereins 09 und der Sportgemeinschaft 1930 im Jahre 1934 entstandenen Sportgemeinschaft 09/30 Wattenscheid (ab 1945 vereinfacht nur noch SG 09 genannt). Es war ein langer Weg der SG 09 in das am Schnittpunkt von Lohrheide- und Hollandstraße erbauten und sich eigentlich auf der Stadtgrenze nach Gelsenkirchen befindende Stadion (das Areal wurde zum 1. April 1926 in einem Gebiets-Tausch von der Stadt Wattenscheid erworben). Erst am 21. August 1966 trug die SG 09 hier ihr erstes Spiel (1:1 gegen TuS Iserlohn) vor gut 1.000 Zuschauern aus. Die Besucherzahl scheint bis heute Synonym für die Attraktivität von Wattenscheider Fußballkünsten geblieben zu sein...

Kartoffeln statt Bälle
Seine ersten Spielflächen hatte der damalige Ballspielverein sowohl auf dem alten Marktplatz (wo, wie um 1910 üblich, die Tore für jedes Spiel auf- und abgebaut werden mussten) als auch auf einer Wiese unterhalb der Kirchenburg, nahe dem Zentrum der damals noch „freien" Stadt Wattenscheid. Da diese Spielfläche infolge des 1. Weltkrieges ab März 1916 zum Kartoffelacker umfunktioniert wurde, mussten die ab Dezember desselben Jahres wieder auflebenden Fußballspiele auf einem Platz an der Lohrheidestraße (vermutlich identisch mit dem heutigen Lohrheidestadion-Standort ausgetragen werden. 1928 zog es die BV-Kicker bis 1966 ins Beckmannstadion, das heute unter der Bezeichnung Sportanlage Berliner Straße den Jugendmannschaften der SG 09 als Spielstätte dient.

Nach der Fusion wurde ab 1935 bisweilen der Sportplatz an der Verbandsstraße als Heimstätte genutzt, ehe der Fusionsverein im Sommer 1966 ins Lohrheidestadion zog. Dieses war ab 1964 auf einem früheren Ziegeleigelände in unmittelbarer Nachbarschaft zur (ehemaligen) Zeche „Holland III/IV/VI" und in direkter Umgebung einer Siedlung ehemaliger Zechenangehöriger erbaut worden.

Ursprünglich wurde der Sportplatz Lohrheide 1964 für Rot-Weiß Leithe, einen Arbeiterverein mit anderen Ansprüchen als denen der SG 09, erbaut. Leithe musste 1966 jedoch der SG weichen und war darüber sehr erbittert.

Das Lohrheide-Stadion in Wattenscheid.

(Foto: Stadt Bochum)

Freitragende Osttribüne

Das Lohrheidestadion, das sowohl als Leichtathletikstadion (z.B. anlässlich des Europapokals der Leichtathletik-Vereinsmeisterschaften im Juni 1978) wie auch für außergewöhnliche Veranstaltungen (z.B. die im Oktober 1996 erfolgte „Bundessiegerprüfung für Gebrauchshunde mit internationaler Beteiligung") genutzt wird, wurde optisch zunächst geprägt durch eine kleine, an einen Fahrradstellplatz erinnernde überdachte Tribüne. Seither wurde das Aussehen mehrmals verändert. Als erste einschneidende Baumaßnahme wurde die alte Tribüne abgerissen und von März bis August 1972 unter der Regie des Wattenscheider Architekten Weber durch eine freitragende, 823 Sitz- und 2.100 Stehplätze fassende, 50 Meter lange und 18 Meter tiefe Tribüne (jetzt „Westtribüne") ersetzt, die am 27. August 1972 beim Pokalspiel gegen Eintracht Gelsenkirchen (2:1) eingeweiht wurde. 1975 folgte die Aufstellung einer Flutlichtanlage, die am 4. November auf die Zuschauer sowie die Mannschaften der SG 09 und von Schalke 04 (1:4) erstmals ihr Licht strahlen ließ.

Schließlich wurden Anfang der 90er Jahre die Stehplätze auf der Gegengerade zerstört und mit der Konstruktion einer weiteren Tribüne begonnen. Pünktlich zum Beginn der Saison 1992/93 war die „Osttribüne" mit ihren knapp 4.000 Sitzgelegenheiten fertig gestellt. Sie wurde am 6. August 1992 mit einem Freundschaftsspiel gegen Galatasaray Istanbul (2:3) eingeweiht. Durch diese Umbaumaßnahmen sank das Fassungsvermögen des Lohrheidestadions, zu dem auch der Espenloh genannte Nebenplatz (Heimstätte der Amateure) hinter der Westtribüne zählt, von einst 27.000 Plätzen auf nunmehr 19.500.

„Beste Bundesliga-Currywurst"

Trotz dieser bescheidenen Kapazität ist eine einhundertprozentige Auslastung bei Heimspielen praktisch ausgeschlossen. Böse Zungen behaupten sogar, die SG Wattenscheid benötige die Zuschauerzahlen einer ganzen Saison, um wenigstens einmal im Jahr ein ausverkauftes Stadion zu haben. Es war und ist aber auch gerade für eine „graue Maus" (es gibt wohl nicht viele Vereine, auf die dieses Image zutreffender ist) schwer, sich im Schatten von Bundesligakoryphäen wie Schalke, Dortmund oder Bochum zu behaupten. Selbst in der vierjährigen Zugehörigkeit zur 1. Bundesliga 1990-94 gelang es der SG Wattenscheid 09 selten, die Zuschauer in großen Massen ins Lohrheidestadion zu locken – was für diese den erfreulichen Nebeneffekt hatte, sich an der damals als „beste Currywurst der Bundesliga" prämierten Fleischfabrikation ohne Furcht vor größeren Warteschlangen erfreuen zu können. Und standen besucherträchtige Spiele an, wich die SG 09 ohnehin gerne ins Ruhrstadion Bochum aus. Letztlich muss man kein Pessimist sein, um zu prophezeien, dass Beschaulichkeit auch nach dem Abstieg der SGW in die Regionalliga 1999 an der Tagesordnung sein wird. *Holger Hoeck*

**Lohrheidestadion
Bochum-Wattenscheid**
ER: 1966. FV: 19.500, davon 4.800 üd. SiP sowie 500 üd. und 14.200 unüd. StP.
ZR: 23.400, DFB-Pokal-Viertelfinale, 11.2.1974, SG Wattenscheid 09 – Hamburger SV 0:1 n.V.
Lohrheidestraße 82, 44866 Bochum, Tel. 02327 / 32 11 66, 32 17 23.

Böhlen, Stadion an der Jahnbaude: siehe „Platz-Verweise".

Bottrop

■ Jahnstadion

Große Kasse gegen Rot-Weiß Essen

Das nach „Turnvater" Friedrich Ludwig Jahn getaufte Jahnstadion ist zwar seit jeher im Besitz der Stadt, doch geht die Idee eines Stadionbaus ursprünglich auf den Hauptnutzer der Arena, den VfB Bottrop, zurück.

Dieser beabsichtigte 1922 die Errichtung eines eigenen Sportplatzes, von der er jedoch noch während des Baus aufgrund steigender Ausgaben im Zuge der Inflation unfreiwillig Abstand nehmen musste. Dankbar übernahm die Stadt das Gelände und baute bis 1924 das heutige Jahnstadion aus, das noch im gleichen Jahr mit Reichsjugendwettkämpfen als Auftaktveranstaltung einer Spiel- und Sportwoche eingeweiht wurde.

Seinen einzigen Umbau erlebte das nahe der Innenstadt am Rande des Stadtgartens gelegene Jahnstadion 1952, als die Rasenfläche, die Laufbahnen und Teile der Zuschauerränge neu angelegt wurden. Überdachte Plätze und eine Flutlichtanlage vermisst man indes heute noch.

Um die „Feiertage" des Jahnstadions zu datieren, muss die Geschichte bis in die 50er Jahre zurückverfolgt werden. Während einerseits diverse Leichtathletikveranstaltungen die Massen anlockten (u.a. 1955 und 1957 Internationale Sportfeste), gelang es seinerzeit auch dem VfB Bottrop, die Zuschauer dank seiner sechsjährigen Zugehörigkeit (1950-56) zur 2. Liga West in den Bann zu ziehen. Aus dieser Zeit stammt der bis heute unerreichte Zuschauerrekord, als sich am 15. Juni 1952 zum entscheidenden Spiel um den Aufstieg in die Oberliga West gegen die SpVg. Erkenschwick zwar 18.000 Zuschauer einfanden, jedoch eine 1:2-Schlappe erleben mussten. Von Zuschauerzahlen dieser Größenordnung kann der VfB, mittlerweile in der Bezirksliga angelangt, heute nur noch träumen...

Immerhin drei Spielzeiten, nämlich 1963/64, 1965/66 und 1967/68, waren die Schwarz-Weißen in der Regionalliga West vertreten; zu ihren Akteuren zählten der Dreher Fred Bockholt, später Bundesliga-Keeper von RW Essen, Offenbach und Leverkusen, und der spätere Nationalspieler Dieter Herzog. Lag der Zuschauerschnitt in der ersten Spielzeit noch bei 5.579, so sank er über 4.235 auf schließlich 3.763. *Holger Hoeck*

Jahnstadion Bottrop
ER: 1924. FV: 25.000, durchweg StP.
ZR: 18.000, Relegationsspiel zur Oberliga West, 15.6.1952, VfB Bottrop (2. Liga) – SpVgg Erkenschwick (Oberliga) 1:2.
Hans-Böckler-Straße, 46236 Bottrop, Tel. 02041 / 28781.

◼ Das Nordpark-Stadion

Neue Heimat nach der Zweckehe

(Foto: Hoeck)

Das Nordpark-Stadion in Bonn: Umzug wegen des „Langen Eugen".

So viel die Politiker nach dem Krieg in der einstigen Bundeshauptstadt und jetzigen Bundesstadt Bonn von sich reden machten, so wenig die Fußballer. Dennoch verfügt auch die Stadt am Rhein über ein respektables Stadion für mehr als 10.000 Zuschauer.

In knapp dreijähriger Bauzeit entstand von 1967 bis 1970 zwischen der Kölnstraße und dem Rheindorfer Bach der Sportpark Nord. Das 160.000 qm große Areal (Kostenaufwand ca. 26 Mio. DM) wird von der A 565 durchschnitten. Etwa auf halber Strecke zwischen dem Autobahnkreuz Bonn-Nord und der Friedrich-Ebert-Brücke liegt im südlichen Teil des Sportparks das Stadion, dessen Fassungsvermögen offiziell mit 10.888 Plätzen angegeben wird. Der imposanten Tribüne gegenüber liegen Stehplätze, die Kurven sind begrünt – das war von Anfang an so. Im Bedarfsfall könnten sie ohne allzu großen finanziellen Aufwand ausgebaut werden, womit die Kapazität auf 20.000 Plätze erhöht werden würde.

„Langer Eugen" statt Stadion

Der Stadion-Neubau war notwendig geworden, weil der alte, 1927 erbaute Sportpark Gronau von der Stadt Bonn 1965 an den Bund verkauft worden war, der Gelände für Erweiterungsbauten benötigte. Heute steht das 1966-69 errichtete ehemalige Abgeordnetenhaus, der „Lange Eugen", z.T. auf dem Areal des früheren Sportparks, wo der Bonner SC zu Regionalliga West-Zeiten im Schnitt über 5.000 Zuschauer registrieren durfte.

Der Rasenplatz in der Gronau wurde bis 1970 bespielt und erst bebaut, als

der Bonner SC nahtlos ins neue Nordpark-Stadion wechseln konnte. Am 23. August 1970, dem 2. Spieltag der Regionalliga West, nahmen die BSC-Fußballer das noch nicht ganz fertig gestellte Stadion mit einem von 10.000 Zuschauern gefeierten 4:2 über Alemannia Aachen (nach 0:2-Rückstand nach 15 Minuten) in Besitz. Vier Wochen später, am 23. September, fand die offizielle Einweihung mit großer Musikshow, Fallschirmspringen, Prominentenfußball und einem Fußballspiel zwischen einer Mittelrhein-Auswahl und Bundesligist Rot-Weiß Oberhausen statt.

Adenauer im Ehrenpräsidium

Der vorherige Bonner FV 01, der Verein der „besseren Kreise", hatte zuvor von 1905 bis 1933 an der Richard-Wagner-Straße und ab 1933 an der Ebertallee gespielt. Die „BFVäuze" zählten vor dem 1. Weltkrieg und in den 20er und 30er Jahren zu den spielstärksten Mannschaften Westdeutschlands und gehörten von 1933 bis 1943 ununterbrochen der Gauliga an. Ein erster Versuch im Vertragsfußball endete 1950 in der 2. Liga West mit Abstieg und Lizenzentzug. 1959 bis 1962 hielten sich die Schwarz-Weißen drei Spielzeiten in der 2. Liga West. Ab 1956 spielte man in der Gronau.

Am 18. Juni 1965 fusionierte der Traditionsverein mit seinem Erzrivalen Tura Bonn in nur acht Minuten zum Bonner SC, dessen Ehrenpräsidium Polit-Prominenz wie Bundeskanzler Adenauer (CDU), Vizekanzler Mende (FDP) und Carlo Schmid (SPD) angehörten. Die Fusion war keine Liebesheirat, sondern ein Zweckbündnis, um Bonn dauerhaft im

bezahlten Fußball zu etablieren. Zu mehr als vier Spielzeiten in der Regionalliga West und einer in der 2. Bundesliga Nord reichte es in der Gronau und im Sportpark Nord aber nicht: Das Unternehmen endete 1977 mit Abstieg, Lizenzentzug und 1,5 Mio. DM Schulden. Die höchsten Zuschauerzahlen im Nordpark-Stadion erreichte man gegen den Wuppertaler SV und Bayer Leverkusen mit jeweils 12.000 Besuchern, weil damals auch auf den Umgängen Zuschauer standen. Beide Male kam es zu unerfreulichen Ausschreitungen.

Eine Tartanbahn und alle Einrichtungen für Leichtathletik-Wettbewerbe sind im Nordpark-Stadion vorhanden. 1973 erzielte Burglinde Pollak (DDR) im Europapokalfinale der Fünfkämpferinnen sogar einen Weltrekord in Bonn.

Seit Eröffnung des Stadions hat sich nicht viel verändert. 1976 wurden neue Tribünensitze eingebaut, 1981 die Tartanbahn renoviert und 1991 komplett erneuert. Nach der Qualfikation des Bonner SC für die neue Regionalliga West/ Südwest wurden 1994 Sicherheitszäune errichtet. Der Bau einer Flutlichtanlage war 1975/76 nach dem Aufstieg des BSC in die 2. Bundesliga im Gespräch, doch wie es momentan aussieht, wird das Stadion in absehbarer Zeit weder Flutlicht erhalten noch werden die Kurven ausgebaut.

Mehr als durch sportliche Großtaten sorgte der Bonner SC 1999 mit dem Vorhaben für Schlagzeilen, die kubanische Fußball-Nationalmannschaft zu verpflichten und für Bonn in der Oberliga Nordrhein antreten zu lassen. Nachdem für die Saison 1999/2000 schon alles perfekt schien, machten die Kubaner im letzten Moment einen Rückzieher. Schade, denn sonst hätten die Bonner Sportfreunde das Lied „Cuba, que lind es Cuba!" („Cuba, wie schön ist Cuba!") kennen lernen können! Ohne die Spieler von der Zuckerinsel stieg Bonn dann 2000 in die Verbandsliga ab. Tonangebend in der Sportszene der Stadt sind ohnehin Schwimmer, Fechter, Volleyballer und Badmintonspieler.

Harald Bennert

Nordpark-Stadion Bonn
ER: 1970. FV: 10.883, davon 2.462 üd. SiP und 2.590 üd StP auf der Tribüne, weitere 5.836 StP auf der Gegengerade.
ZR: je 12.000, Regionalliga West, 28.3.1971 Bonner SC – Wuppertaler SV 0:0 und 2. Bundesliga Nord, 22.5.1977 Bonner SC – Bayer Leverkusen 1:0.
Kölnstraße 250, 53117 Bonn, Tel. 0228 / 77 26 66. -7.

▢ Stadion „Am Quenz"

Flutlichtanlage: 1988 begonnen, 1996 fertig

In der 79.000-Bewohner-Stadt Branden-burg an der Havel, 70 km westlich von Berlin, wurde im April 1998 aus dem BSV Brandenburg wieder der FC Stahl, aber das Stahl-Stadion heißt seit 1. Ja-nuar 1993 unlogischerweise Stadion „Am Quenz", obwohl das ehemalige VEB Stahl- und Walzwerk noch da ist, übernommen von RIVA, dem drittgröß-ten Stahlproduzenten Europas.

Brandenburgs größte Sportstätte ist ein Kombistadion, weitläufig, der Wall von Bäumen gekrönt und selbstver-ständlich mit den entsprechenden leichtathletischen Anlagen. Seit 1972 gab es 600 überdachte Sitzplätze auf der Hauptgerade, 1986 dann die überdachte lange 2.400-Sitzplätze-Tribüne auf der Gegengeraden. Im Spiel gegen Erfurt am 27. September 1986 hatte die elek-tronische Anzeigetafel Premiere, und zu Beginn der Spielzeit 1988/89 bereitete man die Errichtung der Flutlichtanlage vor, was wegen des Zusammenbruchs der DDR erst acht Jahre später, zum 19. Dezember 1996 (gegen Energie Cottbus II), gelang (2.000 Lux). In dem Jahr eröff-nete auch die neue Tartanbahn. Neben der Sporthalle steht ein Ansageturm. Die Anlage machte beim letzten Ortster-min den Eindruck, als sei sie verlassen worden und würde verrotten.

Die BSG Stahl Brandenburg eta-blierte sich von 1984 bis 1991 in der Oberliga und qualifizierte sich als Tabel-lenfünfter für den UEFA-Cup 1986/87, so dass es im Stahl-Stadion internationa-len Fußball zu sehen gab. Über Cole-raine Belfast erreichte der Klub Runde 2, in der gegen den IFK Göteborg (1:1) 18.000 Zuschauer gemeldet wurden, doch schätzen Augenzeugen, dass 20.000 bis 22.000 in der Arena waren.

1991 glückte Stahl der Übergang in den bezahlten Fußball (2. Bundesliga, Gruppe Nord), doch das Gastspiel währte nur ein Jahr. Ehemalige Akteure wie Steffen Freund, René Schneider, Roy Präger, Angelo Vier, Timo Lange und Christian Beeck sind nun längst wo-anders. Als der BSV Brandenburg, dem die Fußball-Abteilung angegliedert war, vor dem Konkurs stand, gründete sich im April 1998 der FC Stahl wieder (2000/01 Verbandsliga). *sky*

Stadion „Am Quenz" Brandenburg
ER: nach 1945. FV: 15.500, davon 1.000 üd. SiP auf der Haupttribüne, 2.000 üd. SiP auf der Gegengerade, 12.500 StP.
ZR: ca. 20.000 – 22.000 am 5.11.1986, UEFA-Cup, 2. Runde, BSG Stahl – IFK Göteborg 1:1 (Hinspiel 0:2).
Am Neuendorfer Sand, 14770 Bran-denburg, Tel. 0 33 81 / 31 63 38.

▢ Städtischer Sportplatz Franzsches Feld

Zum Aufstieg gab's ein Stadion

Dass es ein schwieriges Unterfangen ist, im Schatten eines Bundesligisten die Publikumsgunst zu gewinnen, davon können so manche Vereine ein Lied sin-gen. Insofern muss man im Rückblick mitteilen, dass sich der SC Leu Braun-schweig in seinen Regionalliga Nord-Jahren 1969 bis 1973 recht wacker ge-schlagen hat. Und der Stadt sei be-stätigt, dass sie damals ein Herz für ei-nen „Fußball-Kleinen" hatte, war doch der Aufstieg von Leu Anlass, den 5.000 Besucher fassenden Sportplatz Franz-sches Feld (sog. A-Platz) zu bauen.

Erst aber hatte der SC Leu in der zweithöchsten Spielklasse auf dem Sportplatz Humboldtstr. 34 (Fassungs-vermögen 8.000) am Botanischen Gar-ten begonnen, wo jeweils 4.500 gegen Arminia Hannover (1:2) und gegen Mei-ster VfL Osnabrück (3:0!) bester Besuch waren. Währenddessen entstand der neue Sportplatz auf dem Franzschen Feld, der am 12. August 1970 mit dem Match Leu gegen Stadtauswahl Braun-schweig eröffnete. 5.000 Stehplätze standen zur Verfügung, aber offensicht-lich ließ man auch einmal mehr Fuß-ballfreunde ein: 5.500 waren es gegen Göttingen 05, je 6.000 gegen Wolfsburg und Meister Osnabrück 1971 (4:2!).

Leu stand freilich im Schatten von Bundesligist Eintracht, der im Stadion an der Hamburger Straße spielte und just in die Regionalliga abstieg, als die Blau-Weißen von Leu sich 1973 in die Amateurliga verabschiedeten.

Klar, dass die Eintracht in der Zu-schauergunst 1969 bis 1973 dominierte: 13.635, 17.230, 11.271, 12.052 als Sai-sonschnitt standen den Resultaten von Leu mit fast 3.000, 2.600, 3.543 und 1.900 gegenüber. Dennoch war man ei-gentlich freundschaftlich verbunden, denn die Eintracht, ältester Fußballklub der Stadt, hatte ihren 1923 letztmals ge-nutzten Sportplatz an der Helmstedter Straße dem SC Leu zur Verfügung ge-stellt, als der heimatlos war, und Trainer der „Löwen" war zeitweise Eintracht-Torwart-Idol Hans Jäcker.

Die Chronik: 1906 gründete sich der Ballspielverein Wacker, dem 1911 die Fußballabteilung im MTV beitrat, ehe sich 1922 bei der Scheidung von Turnen

Brandenburgs größte Sportstätte: das Stadion „Am Quenz".

(Foto: DSS)

und Sport der SC Leu 06 bildete (Leu = Löwe; der Burglöwe ist Wahrzeichen der Stadt). 1922 fand Leu das erwähnte Exil auf dem alten Eintracht-Platz und 1927 eine neue Heimat an der Salzdahlumer Str. 129a (heute Bezirkssportanlage Heidberg im Süden der Stadt). Nach dem Verbot des Arbeitersports durch die Nazis schlossen sich etliche Aktive dem SC Leu an. Die britische Militärregierung beschlagnahmte das Areal Salzdahlumer Straße von 1945 bis 1948, danach wurde das Sportgelände wieder hergestellt.

Auch das Franzsche Feld, wo Leu seit 1970 spielte, steht für Sportgeschichte: 1905 legte man dort den Prinz-Albrecht-Park an, in dem die Stadt 1909 Gelände für Spiel- und Turnzwecke anmietete; im Park befinden sich noch das Freie-Turner-Stadion und das Polizeistadion. 1931 bestanden dort 14 Übungsplätze, ein Kleinkinderspielplatz, zwei Faustballfelder und Leichtathletik-Anlagen, heute ist dies alles eine Bezirkssportanlage. Dort spielt u.a. der SC Leoni, ein Verein italienischer Zuwanderer; der SC Acosta allerdings ist ein Braunschweiger Traditionsverein: Der ursprüngliche Schwerathletik- und Artistik-Verein benannte sich 1906 nach dem berühmten Artisten Acosta, der in der Braunschweiger „Schauburg" auftrat.

Der SC Leu Braunschweig wiederum heißt seit 1977 Heidberger SC Leu. *sky*

Städtischer Sportplatz Franzsches Feld Braunschweig
ER: 1970. FV: 5.000 StP.
ZR: je 6.000, Regionalliga Nord;
16.5.1971, SC Leu Braunschweig – VfL Osnabrück (Meister) 4:2; 9.1.
1972, Leu – VfL Wolfsburg 0:2.
Herzogin-Elisabeth-Straße 81, 38104 Braunschweig.

Das Eintracht-Stadion nach Fertigstellung der Tribüne, 1924.

■ Städtisches Stadion an der Hamburger Straße

Vom Teilbiotop zum optimalen Ambiente

Es ist schon eine große Bürde, die das Schicksal den Fans der Braunschweiger Eintracht auferlegt hat: Da gehörte ihr Verein mehr als zwei Jahrzehnte fast durchgehend Deutschlands Elite-Klasse an, musste aber seine Heimspiele in einem spätestens seit Ende der 70er Jahre dahinsiechenden Stadion austragen.

In der seit dem Verkauf an die Stadt Braunschweig 1981 offiziell zum Städtischen Stadion an der Hamburger Straße deklarierten Arena (die im Volksmund jedoch weiterhin „Eintracht-Stadion" heißt) wurden umfangreiche Modernisierungsarbeiten durchgeführt, die 1995 pünktlich zum 100-jährigen Bestehen Eintrachts beendet waren. Seither zählt sie zweifellos zu den Schmuckstücken deutscher Stadion-Architektur, doch müssen sich die leidgeprüften Eintracht-Anhänger nunmehr seit über sieben Jahren mit drittklassigem Fußball begnügen.

Anfänge auf der Eisbahn
Selbstverständlich konnte niemand der 13 Pennäler, die 1895 den „Fußball- und Cricket-Club Eintracht Braunschweig" gründeten, absehen, dass über ein Jahrhundert später Gegner vom Kaliber eines VfL Hasetal Herzlake in ein 25.000 Zuschauer fassendes Stadion auflaufen würden, um gegen eine Elf ihrer „Urenkel" anzutreten. Diese Herrschaften konnten sich gegen Ende des auslaufenden 19. respektive zu Beginn des 20. Jahrhunderts schon glücklich schätzen,

auf dem Leonhardplatz (heute Standort der Stadthalle) sowie auf dem Kleinen Exerzierplatz (heute Pädagogische Hochschule) ihre ersten Spielstätten gefunden zu haben. Letzterer Platz hatte den besonderen Vorteil, dass dort aufgrund einer umzäunten Eisbahn bei so genannten großen Spielen Eintritt erhoben werden konnte (etwa am 15. November 1897 gegen die seinerzeit ruhmreichen Berliner Preussen). Da beide Plätze jedoch häufig aufgrund anderer Vergnügungen (Zirkus, Jahrmärkte etc.) gesperrt waren und der Spielbetrieb zudem oft durch bisweilen übers Spielfeld wandernde Spaziergänger beeinträchtigt war, kamen 1905 Überlegungen zum Bau eines vereinseigenen Geländes auf.

Am 29. März 1905 stellte daher der Vorsitzende Johannes Runge auf der Jahreshauptversammlung den Antrag für den Kauf eines fünf Morgen umfassenden Grundstücks an der Helmstedter Straße (gegenüber einem Krematorium), für dessen Kosten (insgesamt 5.000 Mark bei einer jährlichen Pacht von 400 Mark) hauptsächlich sieben Mitglieder bürgten. So kam es, dass Eintrachts Mitglieder die Sommerpause 1905 für die Erstellung ihrer ersten vereinseigenen Anlage – eines umzäunten Sportplatzes mit fest installierten Toren und Zuschauertraversen einschließlich einer Holztribüne mit 300 Plätzen – nutzten, die schließlich am 8. Oktober 1905 gegen Wacker Leipzig (3:0 vor 3.000) eingeweiht wurde. Einen Höhepunkt be-

Oberliga-Fußball der 50er Jahre in der Pokalendspiel-Arena.

sonderer Art erlebte der Sportplatz am 8. März 1908, als der als fußballbegeistert geltende Herzog Johann Albrecht von Mecklenburg und mit ihm weitere 2.999 Zuschauer das Spiel Eintracht – Victoria Hamburg (2:4) besuchte(n).

Im Fußballboom der Jahre nach dem 1. Weltkrieg erwies sich der Platz jedoch als zu klein. So suchte man ein neues Areal und fand es in einem größeren Spargelfeld an der Hamburger Straße, das sich im Besitz des Braunschweiger Waisenhauses befand. Noch 1920 erwarb Eintracht 37.500 qm (danach weitere 42.500 qm hinsichtlich einer späteren Expansion). Erst als im Eintracht-Stadion an der Hamburger Straße schon lange der Ball rollte, wurde am 20. Mai 1931 mit achtjähriger (!) Verspätung anlässlich eines Freundschaftsspiels der Norddeutschen Meistermannschaft Eintrachts von 1913 gegen eine Polizei-Auswahl (2:1 vor 5.000) offiziell Abschied vom Sportplatz an der Helmstedter Straße genommen, der hernach abgerissen wurde. Zwischenzeitlich hatte dort auch SC Leu gespielt.

Dollars aus Mexiko

Der neue Sportplatz an der Hamburger Straße bereitete den Verantwortlichen Eintrachts anfänglich jedoch Kopfschmerzen: Einerseits erschwerte ein sandiger Untergrund die Bildung einer stabilen Rasenfläche, andererseits gefährdete die allmählich einsetzende Inflation die Baufinanzierung. Retter in dieser schwierigen Situation war Karl Mues, ein mexikanischer Kaufmann, der sich aufgrund seiner eigenen sportlichen Vergangenheit im Verein Eintracht eng verbunden sah. Mues hinterlegte eine „größere Menge Dollarnoten" (die in diesen Zeiten mehr wogen als Aber-

millionen Reichsmark) und rettete somit den Bau des für „Norddeutschland vorbildlichen Stadions".

Noch 25 Jahre später wird das Stadion in einer 1948 erschienenen Chronik gepriesen. So heißt es dort über den „Platz im Kranze der Pappeln" u.a.: „Die Anlage hat immer wieder die Bewunderung aller anderen Städte ausgelöst, die sich einer solchen umfassenden idealen Sportstätte nicht rühmen können. Das Stadion [...] hat im übrigen Deutschland auch nur einzelne größere Brüder, die die Braunschweiger Anlage zwar an Fassungsvermögen, nicht aber in der Schönheit und in der sinnvoll durchdachten Zweckmäßigkeit übertreffen."

Obwohl die geplante überdachte Sitztribüne noch nicht fertig gestellt war und auch sonst gerade einmal zehn Stehränge bei der Premiere zur Verfügung standen, wurde am 17. Juni 1923 Einweihung gefeiert, die nach einer Rede von Sportfunktionär Dr. Carl Diem mit einem 1:10 vor 15.000 gegen den ruhmreichen Nürnberger Club als wenig gelungen in Eintrachts Annalen einging...

Ein erstmals ausverkauftes Stadion konnte Eintracht dann am 31. Oktober 1937 verzeichnen, als sich zum Pokalspiel gegen Schalke (0:1 n.V.) 24.000 (Vorkriegs-Zuschauerrekord) im Eintracht-Stadion versammelten. Weitere Besonderheiten der Zeit vor der Machtergreifung der Nazis: 1928 trug die deutsche Nationalelf im Eintracht-Stadion ein Testspiel gegen Cowdenbeath aus. Darüber hinaus wurde im Sommer des gleichen Jahres der „Ehrenhain für die Gefallenen des 1. Weltkriegs" mit einem Spiel erneut gegen den Club (diesmal „nur" 0:5...) eingeweiht. Noch ahnte niemand, dass dieses Symbol bald von der Gegenwart eingeholt werden sollte.

Harbig und Hagelstange

Aus der Zeit des NS-Regimes ging die Spielstätte, die am 31. Juli 1933 auf Einladung der Eintracht eine Kundgebung Hitlers erlebte, erstaunlicherweise ohne Schaden hervor – es fand sich sogar Zeit, inmitten der Kriegswirren im Sommer 1942 Sicherheitsreparaturen (u.a. Erneuerung des Tribünendaches) vorzunehmen. In die Leichtathletik-Geschichte ging die Arena ein, als Rudolf Harbig (seit 1941 Eintracht-Mitglied, weil er einem in Braunschweig stationierten Fallschirmjäger-Bataillon angehörte) bei den 21. Nationalen Wettkämpfen vor 5.000 Zuschauern mit der 4-x-800-m-Staffel einen Weltrekord (7:30,3 Min.) aufstellte. Harbig kam 1944 als Oberfeldwebel der Luftwaffe in der UdSSR ums Leben. Eine persönliche Bestleistung im Stabhochsprung erreichte 1938 im Eintracht-Stadion mit 3,71 m Rudolf Hagelstange vom MTV Nordhausen, aber bekannt geworden ist er eher als Schriftsteller und Feuilletonist.

Nach Kriegsende ging das Stadion in den Besitz der 5. Britischen Division über, für die es von 1945 bis 1947 nicht nur als Sportplatz, sondern auch als Materiallager diente.

Der 13. August 1950 sollte dann wieder zu einem Festtag in der Geschichte des Stadions werden: Zur Wiedereröffnung der inzwischen ausgebauten und renovierten Arena gastierte Fritz Walters 1. FC Kaiserslautern. 30.000 – die Presse berichtet sogar von 50.000 auf dem Stadiongelände – verfolgten einen 3:2-Sieg ihrer Eintracht. Auch der 21. Mai 1955 ging in die Historie der Arena ein, als zum einzigen Mal das DFB-Pokal-Endspiel in Braunschweig (Karlsruher SC – Schalke 3:2 vor 25.000) ausgetragen wurde.

Trotz oder gerade wegen des Baus einer Flutlichtanlage (Kosten 130.000 DM, Höhe der Masten 44 Meter, Stärke 200.000 Watt, 168 Lampen) leerte sich der Geldbeutel des Vereins vehement. Ein Versuch, die Kasse wieder aufzufüllen, stellte hierbei u.a. die im November 1958 ausgetüftelte Idee der Einführung eines „Aufbaugroschens" zwecks weiteren Stadionausbaus dar.

Höhepunkt '67: Die Meisterfeier

In den ersten beiden Bundesligajahren wurde das Stadion mit freundlicher Unterstützung der Stadt (Kostenteilung 50:50) für insgesamt 4 Mio. ausgebaut. So entstanden eine Vortribüne mit 2.000 Sitzplätzen unterhalb der Haupttribüne sowie die damals noch unüberdachte Gegengerade mit 10.000 Stehplätzen; das neue Fassungsvermögen belief sich

(Foto: DSS)

nun auf 38.000. Am 5. Oktober 1963 war erneut Schalke der Gegner, der für ein erstmals ausverkauftes Stadion nach dem Ausbau sorgte (3:2), bevor am 3. Juni 1967 als bis heute absoluter Höhepunkt 38.000 den Deutschen Meister Eintracht Braunschweig feierten.

Im Mai 1975 bewilligte die Stadt erneut eine finanzielle Unterstützung (1,5 Mio.) zur Modernisierung. Eintracht steuerte die gleiche Summe bei, da 35.000 unüberdachte Stehplätze bei nur knapp 3.000 Sitzplätzen für die Zukunft des Vereins im Zuge einer ständig erstarkenden Kommerzialisierung des Profifußballs keine großen Einkünfte versprachen. Dem wurde 1976 Rechnung getragen, als die Gegengerade für 3,2 Mio. renoviert und zu Beginn der Saison 1976/77 mit ihren nun 9.000 überdachten Steh- und 2.046 Sitzplätzen eingeweiht wurde (Fassungsvermögen nunmehr 35.000).

Zum modernen Stadion mangelte es nun nur noch an einer neuen Haupttribüne. Der finanziell weiterhin am Hungertuch nagende Verein begann im Februar 1979 daher mit der Modernisierung der Haupttribüne, die zunächst „nur" 5 Mio. DM in Anspruch nehmen sollte, nach einer Explosion der Baukosten letztlich jedoch mit 14,5 Mio. zu Buche schlug. Obwohl sich Eintracht zur Fertigstellung der Haupttribüne, die 1982 mit ihren 5.000 neuen Sitzplätzen eingeweiht wurde, entschloss, läutete dieser Bau schließlich den sportlichen und finanziellen Abstieg ein. Zum ei-

Das Eintracht-Stadion heute (oben). Unten: Blick auf die Südkurve.

(Foto: Hoeck)

gentlich zwangsläufigen zweiten Abstieg aus der Bundesliga 1980 gesellte sich ferner der unmittelbar bevorstehende Konkurs aufgrund einer Schuldenlast von insgesamt ca. 13,1 Mio. Um vom DFB überhaupt die Lizenz für die 2. Bundesliga Nord zu erhalten, blieb als einziger Ausweg der Verkauf des vereinseigenen Stadions für 11,9 Mio. DM an die Stadt.

Polizei sollte Südkurve räumen
Damit begann ein trauriges Kapitel in der Geschichte des Eintracht-Stadions, das nahezu zwölf lange Jahre währen sollte: Im Mittelpunkt des Streits zwischen Stadt und Verein stand die dringend erforderliche Restaurierung, da

der Verfall der Bausubstanz im Stehplatzbereich immer bedrohlichere Formen annahm. Während dabei auf der einen Seite der stets verschuldete Verein die Stadt als Eigentümerin in der Pflicht sah, für die Reparaturen aufkommen zu müssen, rief auf der anderen Seite die Stadt Eintracht als Hauptmieter des Stadions zur Finanzierung auf. Der Höhepunkt dieses unendlichen Trauerspiels war am 1. Spieltag der Saison 1989/90 erreicht, als ausgerechnet vor dem von über 25.000 Zuschauern besuchten Derby gegen Hannover 96 die Polizei unmittelbar vor dem Spiel aufgefordert wurde, die proppenvolle Südkurve zu räumen: Die Sicherheit der Zuschauer auf den im Laufe der Jahre abgerutschten und schiefen Stehrängen sei nicht mehr gewährleistet. Zum Glück folgte die Polizei dieser Anordnung nicht – eine Panik wäre unvermeidbar gewesen...

Im Sommer 1990 wurde die Südkurve schließlich vollständig gesperrt und verwandelte sich in eine Art Biotop, in dem Büsche und Gräser in die Höhe sprossen. Trotz einer Unterschriftensammlung engagierter Fans mussten Eintrachts treue Anhänger bis zum 15. Juni 1993 warten, ehe der Rat der Stadt endlich die Grundrenovierung des Stadions für insgesamt 25 Mio. DM bewilligte, von denen rund 6 Mio. DM die Toto-Lotto-Gesellschaft und das Land Niedersachsen beisteuerten.

Bis November 1995 wurde das Stadion mit Ausnahme der Haupttribüne komplett umgebaut: Die Südkurve wurde abgerissen und mit überdachten Stehplätzen wieder aufgebaut; die Nordkurve (Gästekurve) modernisiert, die Stehplätze auf der Gegengerade abgeschafft und komplett mit Sitzschalen versehen. Ferner wurde eine neue, 2,6 Mio. DM teure Flutlichtanlage mit je 350 Lux Leuchtkraft installiert.

Offiziell wurde das heute 25.000 Zuschauer fassende Stadion, das auch den Footballern der Braunschweig Lions als Heimstatt dient und immer öfter für Open-Air-Konzerte genutzt wird, im Rahmen der 100-Jahr-Feier der Eintracht im Juli 1995 eingeweiht und war erstmals beim „Endspiel" der Saison 1997/98 am vorletzten Spieltag gegen den Erzrivalen Hannover 96 (0:1) ausverkauft. Als letzter Akt der Modernisierung wurde schließlich zum ersten Mal in der Geschichte des Eintracht-Stadions eine Anzeigetafel installiert. Aktuellste Neuerung ist eine Video-Matrix, die am 7. Juni 2000 im Eintracht-Stadion aufgestellt wurde.

Und jetzt wartet Eintrachts Anhang eigentlich nur noch auf den Tag, an dem zum nunmehr optimalen Ambiente zumindest wieder Zweitligafußball im Eintracht-Stadion zu sehen sein wird.

Holger Hoeck

Städtisches Stadion an der Hamburger Straße Braunschweig
ER: 1923. FV: 25.000, davon 10.000 üd. SiP auf den Geraden, 10.000 üd. StP in der Fankurve und 5.000 unüd. StP in der Gästekurve.
ZR: 38.000, Bundesliga, 3.6.1967, Eintracht Braunschweig – 1. FC Nürnberg 4:1 (Meisterfeier).
Hamburger Str. 210, 38112 Braunschweig, Tel. 0531 / 23 23 00.

Bürgerpark, Sportplatz des Westens, Stadion Panzenberg

Umzüge war der BSV gewohnt

Fast, aber eben nur fast wäre es gelungen: Mit dem Wiederaufstieg in die Oberliga hätte sich der traditionsreiche Bremer SV im Jahre 2000 nachhaltig in Erinnerung bringen können. Doch den Meistertitel in der Verbandsliga verpassten die Blau-Weißen knapp, und den begehrten Platz in der „4. Liga" erreichten die Amateure von Hannover 96. Dass der BSV einst die Ligamannschaft aus Hannover zu Gast hatte, und zwar in der höchsten Klasse, ist zur Zeit Nostalgie.

Allerdings haben jene Spiele auch nicht im Panzenberg-Stadion stattgefunden, der heutigen Heimstatt des Bremer SV, der im Laufe seiner Geschichte mehrmals umziehen musste. Seine größte Zeit im Fußball erlebte der Verein zwischen 1947 und 1955 in der Oberliga Nord, als Trainer „Sepp" Reicherdt so bekannte Spieler im Team hatte wie Heini Tünnermann, Karl-Heinz Preuße (genannt „Wilhelm") oder Alfred Beck (genannt „Coppi", später sogar Nationalspieler). Zu der Zeit aber trat man im Weserstadion an, das bei den Lokalderbys mit Werder mehrfach ausverkauft war.

„Bausteine" für den Bürgerpark
Der Bremer SV, einst als BBV „Sport" gegründet, stammte aus dem westlichen Stadtteil Walle und galt als Arbeiterverein (im Gegensatz zum bürgerlichen SV Werder), gehörte aber nicht dem ATSB, sondern stets dem DFB an. Der Vorläufer hatte in Grambkermoor, später in Gröpelingen gespielt; einen neuen und schöneren Platz konnte dann der frisch umbenannte Bremer SV am 1. August 1920 vor 4.000 Zuschauern einweihen (0:1 gegen ABTS, auch aus Bremen). Dieses war der Bürgerpark-Sportplatz, in Eigenarbeit auf einem früheren städtischen Müllplatz hergerichtet und später nach und nach erweitert. Um eine Tribüne bauen zu können, wandte der Verein bereits in den 20er Jahren moderne Werbe- und Finanzierungsmethoden an, zum Beispiel den Verkauf von „Bausteinen", deren Erwerb gleichzeitig zum Besuch eines Ligaspiels berechtigte.

Viele Jahre lang konnten der Bremer SV und auch andere Vereine hier mitten in der Stadt ein Publikum begeistern; bis in die 30er hinein waren die Blau-Weißen erstklassig. Nach 1933 ging das Gelände verloren: Das gesamte Bürgerweiden-Terrain wurde in einen Aufmarschplatz umgewidmet, später auch zugepflastert und ist seitdem nie wieder als Sportgelände genutzt worden. Andererseits war der Bremer SV nicht nur Opfer, sondern, wenngleich ungefragt, ebenso Nutznießer der NS-„Machtergreifung", denn diese brachte das Verbot der Arbeitersportbewegung mit

Einweihung des Bürgerpark-Sportplatzes 1920. Man beachte die Pferdekutsche, die als Stehtribüne diente.

(Foto: Pruß)

sich und führte zur Zwangsfusion des Allgemeinen Arbeiter-Turnvereins der westlichen Vorstadt mit dem BSV, der dadurch in den Besitz des Sportplatzes an der Dedesdorfer Straße in Walle gelangte (nebst Turnhalle und Vereinsheim).

Ein echter Stadtteilplatz

Damit war man aus dem Stadtzentrum sozusagen nach Hause zurückgekehrt, was auch Vorteile hatte, denn der Platz an der Dedesdorfer Straße – ab 1936 „Sportplatz des Westens" – war ein echter Stadtteilplatz, mitten im Wohngebiet gelegen und außerdem ein „Grandacker", was gegen rasengewohnte Gästeteams von Vorteil war. Für Stimmung war hier gesorgt, wenn die Blau-Weißen aufliefen, und Anlieger, die keine Eintrittskarte besaßen oder das Wetter zu schlecht fanden, konnten aus ihren Wohnungsfenstern zusehen. Nach dem Krieg aber galt der wieder hergerichtete Grandplatz für die Oberliga als ungeeignet, und so gastierte der BSV nunmehr – siehe oben – im Weserstadion.

1963 begann mit der Bundesliga ein neues Fußball-Zeitalter. Der Bremer SV, im Jahr zuvor erneut aus der Oberliga Nord abgestiegen, konnte davon zwar nur träumen, aber immerhin bescherte ihm das ereignisreiche Jahr wieder eine neue Spielstätte, diesmal mit Rasen: das Stadion Panzenberg, das 1967 auch eine überdachte Tribüne erhielt. Zu spät kam diese allerdings für die Blau-Weißen, die 1965-67 noch einmal in der Regionalliga gespielt hatten, nun aber definitiv abgestiegen waren. Immerhin hatte das Panzenberg-Stadion noch zwei Jahre offiziell bezahlten Fußball erlebt; dies war übrigens in der Saison 1971/72 noch ein weiteres Mal der Fall, als der Polizei-Sportverein (in komplett grüner Sportkleidung!) in die Regionalliga aufgestiegen war und seine Spiele ebenfalls hier austrug.

Während heute sämtliche anderen Mannschaften des Bremer SV nach wie vor auf dem „Sportplatz des Westens" spielen, müssen die Fußball-Ligateams (Männer und Frauen) im Panzenberg-Stadion inzwischen mit solch trendigen Sportarten wie Football („Bremen Bravehearts") und Beach-Volleyball konkurrieren. *J.R. Prüß*

Stadion Panzenberg Bremen
ER: 1961. FV: 8.000, davon 250 üd. SiP.
ZR: 2.650, Reg.-Liga Nord, 6.3. 1966, Bremer SV – Bremerhaven 93, 3:2.
Landwehrstraße, 28217 Bremen, Tel. 0421 / 396 17 68.

Zwei vergebliche Anläufe, zwei Klubs im Unglück

Peterswerder und Pauliner Marsch mit dem alten Weserstadion, 1928.

„Drei Mal ist Bremer Recht" – wenn ein Text so anfängt, ist dem Autor nichts Besseres eingefallen, aber die Geschichte des Weserstadions *hat* so angefangen. Zwei vergebliche Anläufe hat es gegeben, an dem Ort ein Stadion zu bauen und auch zu betreiben, zwei Vereine stürzten sich darob mehr oder weniger ins Unglück, und erst dem dritten gelang es, die Stätte zu dem zu machen, was sie heute ist.

Der Allgemeine Bremer Turn- und Sportverein (ABTS) war 1919 aus dem Zusammenschluss dreier Vorläufer entstanden, von denen der Bremer SC im Fußball durchweg die erste Geige am Ort spielte – vor dem SV (damals noch FV) „Werder". Der hatte die Tüttelchen offiziell im Vereinsnamen und hieß so, weil sich die Gründer einst auf dem Stadtwerder zu treffen pflegten, um auf einer Weide in der Nähe des „Kuhhirten" Fußball zu spielen. Auf dem Gelände zwischen Peterswerder und Verdener Straße hingegen hatte der Bremer SC, ursprünglich in der nahen Pauliner Marsch beheimatet, schon 1909 seinen ersten Holztribünen-Sportplatz eingeweiht. Jedenfalls kann jener BSC-Platz als Vorläufer des heutigen Weserstadions gelten. Der Bremer SC bestritt dort am 1. Juni 1919 vor 7.000 Zuschauern das Endspiel um die Norddeutsche Meisterschaft, verlor es mit 0:2 gegen die Hamburger Kombination Victoria/88 und ging gleich danach im ABTS auf.

Eine Nummer zu groß

Der ABTS machte besonders im Fußball große Anstrengungen, hatte kurzzeitig sogar die (späteren) Nationalspieler Kurt Voß und „Seppl" Esser von Holstein Kiel in seinen Reihen und fühlte sich ab 1923 mutig genug, den alten Tribünenplatz nicht bloß zu modernisieren, sondern ein gänzlich neues Stadion am selben Platz zu errichten, inklusive Schwimmanstalt (denn auch der ehemalige Schwimm-Club von 1885 war in den ABTS mit eingetaucht). Gegen vielfältige Bedenken und Proteste von Anliegern setzten sich der Verein und seine Unterstützer schließlich durch. Die Bürgerschaft bürgte zunächst nur für die Badeanstalt, die auch für die Bevölkerung außerhalb des Vereins geöffnet sein sollte, dann aber für die gesamte Anlage. Baubeginn war 1925, noch im selben Jahr konnten die Deutschen Schwimm-Meisterschaften dort ausgetragen werden, und im September 1926 war auch das Stadion fertig. ABTS-Mitglieder, vor allem aber Notstandsarbeiter hatten den enorm schnellen Fortschritt ermöglicht.

Das Ergebnis konnte sich sehen lassen, doch war die neue 131 Meter lange

(Foto: DSS)

Das Weserstadion heute: Schöne Lage am Weserstrand – fast wie Fulham an der Themse.

Tribüne mit Kabinen und Restaurant gänzlich über Kredite finanziert, ebenso wie das Gesamtprojekt, das 1,25 Mio. Reichsmark kostete. Es kam, wie es die Pessimisten hatten kommen sehen. Die ABTS-Kampfbahn, wie sie zunächst hieß, war für den Namensgeber eine Nummer zu groß und die Schuldenlast zwei bis drei Nummern zu schwer. 1928 musste der Verein auf- und das Stadion abgeben; nur knapp und unter Änderung seines Namens in Bremer Sportfreunde rettete er sich vor dem Konkurs. „Weserstadion e.V." hieß der neue Eigentümer, und mit Beginn der 30er Jahre sah das Stadion dann neue Nutzer. Der SV Werder, bis dahin in der Huckelriede zu Hause, aus der dortigen Anlage aber herausgewachsen, wurde „Generalpächter" und konnte nach dem schnell einsetzenden sportlichen Aufschwung schon bald Endrundenspiele um die Deutsche Meisterschaft im Stadion austragen.

Erwähnenswert ist in dem Zusammenhang, dass schon vor dem 1. Weltkrieg auch Werder nur knapp der Pleite entronnen war, nachdem sich die Mannschaft für die Norddeutsche Liga qualifiziert und der Verein daraufhin den Huckelriede-Platz mit einer überdachten Sitztribüne versehen hatte. Die Zu-

schauermassen waren jedoch ausgeblieben, als Werder abgeschlagen den letzten Tabellenplatz einnahm.

Imposantes Gesamtensemble
Das Weserstadion hatte nun eine Tribüne mit 2.000 Sitz- und 6.000 Stehplätzen und fasste insgesamt etwa 25.000 Zuschauer. Erst recht imposant war das Gesamt-Ensemble, bestehend aus 20 Fußball-, Handball- und Hockey- sowie 36 Tennisplätzen und jedweder leichtathletischer Infrastruktur, ganz zu schweigen von der dazu gehörigen Schwimmanstalt, alles zusammen auf 40 Hektar Fläche.

Das Stadion diente nach 1933 häufig als Stätte von Propagandaveranstaltungen der NSDAP, zum Beispiel am Maifeiertag oder bei Rekrutenvereidigungen; auch Josef Goebbels trat hier auf. Ausgedient hatte nun der „Verein Weserstadion", der wie sein Vorgänger finanziell nicht zu Rande kam und im Dezember 1934 aufgelöst wurde; stattdessen übernahm die Stadt Bremen selbst die Anlage, die nun „Bremer Kampfbahn" hieß und im 2. Weltkrieg drei Flak-Türme beherbergte. Noch später lautete ihr Name „Ike Stadium"; da war der Krieg vorbei und US-Präsident Eisenhower („Ike") der neue Pate.

Erlesene Technik und Gastronomie
Nach dem 2. Weltkrieg begann die eigentliche Erfolgsstory des – nun endlich so genannten – Weserstadions, und die war und ist natürlich eng mit dem SV Werder verknüpft. Zwar mussten sich die grün-weißen Fußballer des Vereins für die ersehnten großen Erfolge lange vergeblich abstrampeln, aber ab den 60er Jahren stellten sich diese endlich ein – in Form von Deutschen Meisterschaften, Pokalsiegen und sogar einem Europacup, der allerdings im fernen Lissabon errungen wurde. All das ist in anderen Schriften besungen worden und wird es weiterhin. Dunkle Stunden erlebte das Weserstadion zwischendurch auch wieder, so 1980, als eine Rekrutenvereidigung unter inzwischen anderen Vorzeichen auf massive Protestaktionen traf und das Ganze am 6. Mai in eine berüchtigt gewordene Straßenschlacht ausartete.

In der Ägide des langjährigen Werder-Managers und jetzigen Schulsenators Willi Lemke ist das Weserstadion zielstrebig zu einer der modernsten multifunktionalen Arenen Deutschlands ausgebaut worden, mit Rasenheizung, erneuerten Tribünen an allen vier Seiten, Therapiezentrum, Kraftraum, Behindertenebene, Jugendinternat, Video-

Wänden, überhaupt erlesener Technik und Gastronomie, VIP- und Großraumlogen, die in den 90er Jahren als erste in einem deutschen Stadion zahlungskräftigen Menschen zur Verfügung standen. Mega-Rockstars von Tina Turner bis Elton John haben den Rasen erbeben lassen, und die Kunststofflaufbahn, die im Gegensatz zu anderen umgebauten Stadien beibehalten wurde, ermöglicht nach wie vor Deutsche Leichtathletik-Meisterschaften und ähnliche Veranstaltungen. Vermarktet wird das Ganze von der Bremer Sport & Freizeit GmbH, der das Stadion gehört und der es in jüngerer Zeit sogar gelang, die Weltschäferhundeausstellung an Land zu ziehen. Obendrein hebt die unbestreitbar schöne Lage am Weserstrand – fast wie beim Londoner Profiklub Fulham an der Themse – die Stätte noch über andere hinaus. Und den Fans? Gefällt es vermutlich mehrheitlich, solange Werder oben mitmischt.

Nicht vergessen sei, dass in der Oberligazeit (ab 1947) auch der Bremer SV, damals annähernd gleich stark, im Weserstadion Gastrecht genoss (1950 pfändete ihm einmal gleich nach Spielende das Finanzamt die Tageskasse) und dass damals schon Radrennen und Reitturniere für Abwechslung sorgten. Und dass bisher fünf A-Länderspiele des DFB im Weserstadion zum Austrag gekommen sind, zuerst 1939 gegen Irland (1:1) und in jüngerer Zeit am 30. April 1997 gegen die Ukraine (2:0) sowie am 28. April 1999 gegen Schottland (0:1).

Ob sich bei Werder wohl noch jemand erinnert, dass man im Frühjahr 1950 hier wegziehen und ein neues eigenes Stadion bauen wollte?

Jens Reimer Prüß

Weserstadion, Bremen
ER: 1926. FV: bei Konzerten 42.844; bei Sportveranstaltungen mit SiP und StP 35.901, davon 4.500 StP im Unterrang der Ostkurve vor den Business-Logen; bei Spielen unter UEFA-Aufsicht 33.744 Sitzplätze; alle Plätze überdacht.
ZR: 100.000 (grob geschätzt, im und um das Stadion), 19.6.1928, Empfang der drei Ozean-Überflieger, die mit dem Flugzeug „Bremen" von Irland bis Neufundland gereist waren. Auf dem Peterswerder 32, 28205 Bremen, Tel. 0180 / 5 93 73 37 (SV Werder), 0421 / 434 59 23 (Fan-Shop im Stadion), 491 31 10 (Sport- und Freizeit GmbH).

Zollinlandplatz und Nordseestadion

Der „Zolli" war eine Attraktion

Der Vereinsname Bremerhaven 93 – immerhin einmal Teilnehmer an der Endrunde um die Deutsche Meisterschaft –, ist spurlos verschwunden. So müsste man annehmen, dass auch der traditionsreiche Zollinlandplatz, der „Zolli", der weinroten 93er nicht mehr vorhanden ist. Stimmt aber nicht: Den „Zolli" im Stadtteil Lehe gibt's noch, dort spielt nun der FC Bremerhaven in der 4. Liga, und im wesentlich größeren Nordseestadion der OSC Bremerhaven in der 5. Liga.

Im September 2000 begin der OSC mit einem Festakt das 25-jährige Bestehen des Nordseestadions. Der Olympische Sport-Club war im Olympiajahr 1972 entstanden, als ATS 1859, PSV 1923, Judo-Club und eben TuS Bremerhaven 93 zusammenfanden. Im 1975 fertig gestellten Nordseestadion erreichten die OSC-Fußballer 1977/78 und 1979/80 die 2. Bundesliga Nord. Der Schnitt in der ersten Zweitliga-Saison lag knapp unter 3.000 in der 122.000-Einwohner-Stadt an der Wesermündung, vielleicht auch deshalb, weil die Fußballfreunde das weitläufige und zugige „Leichtathletik-Stadion" nicht annahmen. Zudem erwies sich im Nachhinein, dass die Bauweise qualitativ schlecht war und insbesondere der Untergrund des Spielfeldes Probleme bereitete. Die Zukunft des Stadions sieht man beim OSC denn auch eher in der Leichtathletik. Würden im Weserstadion Bremen im Hinblick auf die Fußball-WM 2006 die entsprechenden Anlagen beseitigt, so könnte Bremerhaven in die Bresche springen.

Rückkehr nach Lehe
1991 jedenfalls verließen die Vertragsfußballer den OSC und das Nordseestadion, firmierten kurzfristig als VfB Lehe und benannten sich zum 24. Januar 1992 als FC Bremerhaven; der Spielertrainer jener Zeit hieß Felix Magath. Somit war der FC wieder dort, wo ehemals Heimat von Bremerhaven 93 war: auf dem Zollinlandplatz in Bremerhaven-Lehe. Von 1948 bis 1963 als Erstligist in der Oberliga Nord und von 1963 bis 1974 in der Regionalliga Nord war dort stets die erste Fußballbühne der Seestadt, die bis 1947 noch Wesermünde hieß. „Das waren immer tolle Spiele und eine großartige Atmosphäre", sagt einer, der's wissen muss: Willi Reimann, ehemals ein 93er, ehe er Profi bei Hannover 96 und beim Hamburger SV war.

Die reine Fußballarena ohne jeden „Luxus" – es existierte noch nicht einmal eine überdachte Tribüne – hatte der Arbeitersportverein TuS Bremerhaven 93 im Jahr 1926 geschaffen. Der Name Zollinlandplatz ging auf den früheren Zollinlandbahnhof zurück, auf dessen Gelände die Sportstätte entstand. Nach dem Verbot von 93 durch die Nazis wurde sie von anderen Vereinen genutzt und war bei Kriegsende durch Bombentreffer sehr beschädigt.

An alter Stätte erstand 93 wieder neu und zog 1948 in die Oberliga ein. Der „Zolli" war im damals größten Passagierhafen mit bedeutender Fischereiwirtschaft nun absolute Attraktion: 111.000 Menschen strömten zu den Oberliga-Nord-Punktekämpfen herbei, ein Schnitt von 10.090! Bremerhaven

Nordseestadion Bremerhaven

(Foto: Sportamt Bremerhaven)

endete in der Zwölfer-Liga als Letzter, blieb aber drin, weil die Klasse auf 16 Teilnehmer erweitert wurde. Der Zollinlandplatz-Besucherschnitt von 1948/49 blieb Rekord: Selbst als die 93er 1954/55 zur Oberliga-Vizemeisterschaft stürmten, lag er mit 8.000 darunter.

Ab nach Bremen!
Für die Endrunde um die Deutsche Meisterschaft allerdings akzeptierte der DFB den „Zolli" mit seinem offiziellen Fassungsvermögen von 12.000 nicht – etwas komfortabler und geräumiger sollte es nach Ansicht der DFB-Oberen schon sein. So zog 93, das sich an zwei aufeinanderfolgenden Tagen im Rheinstadion Düsseldorf gegen Worms für die Endrunde qualifizierte (3:3 n.V., 3:2), gezwungenermaßen ins Weserstadion von Bremen um und verzeichnete dort eine gute Resonanz: 16.500 gegen Worms (1:0), 18.000 gegen Offenbach (2:0), 15.000 gegen den späteren Deutschen Meister RW Essen (1:1).

Den letzten Zahltag auf dem Zollinlandplatz, der heute noch 3.000 Besucher fasst, bedeutete das Braunschweig-Gastspiel im Februar 2000 in der Regionalliga Nord (0:4). Außergewöhnlich: Die Polizei beförderte Braunschweigs Anhang vom Hauptbahnhof in Bussen ins Stadion, und die Mannschaft wurde vor dem Spiel von einem langjährigen Fan aus der Gegend zu Kaffee und Kuchen geladen. Nach dem Abpfiff ging's zu dem Fan nach Debstedt (Stadt Langen) zu einem „Fischermahl", das ein Shanty-Chor musikalisch umrahmte.

Letztlich ist mit dem Zollinlandplatz ein Stück Sportgeschichte bewahrt worden, lebendig zumal: Wenn Sie einmal irgendwo in einem weiten Stadionrund das Transparent „Fischtown on tour" entdecken, dann wissen Sie: Aha, die Jungs vom „Zolli" sind auch da! *sky*

Zollinlandplatz Bremerhaven
ER: 1926. FV: früher 12.000, heute 3.000 StP.
ZR: 15.000, Oberliga Nord, 5.9.1948, Bremerhaven 93 – FC St. Pauli 3:0.
Pestalozzistraße 55, 27568 Bremerhaven, Tel. 0471 / 420 44.

Nordseestadion Bremerhaven
ER: 1975. FV: 10.000, davon 2.400 üd. SiP.
ZR: 10.000, Freundschaftsspiel, 1998, Leher TS – FC Bayern München.
Am Stadion 10, 27580 Bremerhaven, Tel. 0471 / 87 071 (OSC-Geschäftsstelle).

Glückauf-Stadion* / Elsterkampfbahn

Im „Schalke des Ostens"

Brieske und Senftenberg sind zwei unterschiedliche Orte, aber als Bindestrich-Klub (BSG Aktivist) Brieske-Senftenberg haben sie mit 13 Jahren DDR-Oberliga-Zugehörigkeit Fußballgeschichte gemacht und waren damit länger in der höchsten Spielklasse als Brandenburg, Dessau, Gera oder Eisenhüttenstadt! Die Elsterkampfbahn ist noch da, verschwunden dagegen das „Glückauf-Stadion" ebenso wie Hoffnungen auf fußballerischen Wiederaufstieg im einstigen Braunkohlerevier, das mit z.T. über 23 Prozent die höchste Arbeitslosenquote Brandenburgs aufweist.

Dementsprechend präsentierte sich die Keimzelle des Briesker Fußballs – Marga, die erste deutsche Gartenstadt –, laut „Berliner Morgenpost" 1996: „Vernagelte Fenster, feuchte Wände, bröckelnder Putz, verwilderte Gärten – die Bergarbeitersiedlung ‚Marga' gleicht in manchen Straßenzügen einer Geisterstadt. Jede dritte der rund 500 Wohnungen steht leer." Das wurde anders, 1998 hat die Sanierung (u.a. als Arbeitsbeschaffungs-Maßnahme) als „Expo-2000"-Projekt begonnen.

Prominenz in der Elsterkampfbahn
Die Gartenstadt Marga unweit des Dorfes Brieske wurde 1907 bis 1912 von der Ilse Bergbau AG gebaut, um einen Anreiz für Tagelöhner und Landarbeiter zu schaffen, im um 1860 begonnenen Braunkohleabbau zu arbeiten. Der Fußball kam 1919 in Marga an, bei der Fabrik wurde ein Schlackeplatz angelegt, aber die wirtschaftliche Not machte dem Arbeitersportverein FV Grube Marga den Garaus. „Glück auf" Marga hieß der 1925 entstandene DFB-Verein, doch 1929 kehrten die Arbeitersportler als FSV (= Freie Sportvereinigung) „Sturm" Marga zum ATSB zurück. Sie wurden am 9. April 1933 Ostdeutscher Meister, das Verbot des Arbeitersports durch die Nazis verhinderte die Fortsetzung des Wettbewerbs. Als Freier SV Sturm Marga ging der Klub im DFB auf. 1935 bauten vor allem Erwerbslose unweit des Ufers der Schwarzen Elster einen neuen Platz an der Badeanstalt (die es nicht mehr gibt): die Elsterkampfbahn, zu deren Premiere Gauligist Blau-Weiß 90 Berlin gastierte.

1941-43 durfte Marga dort mit Tennis Borussia, Wacker 04, BSV 92, Union Oberschöneweide noch mehr Fußball-Prominenz aus der Reichshauptstadt empfangen, waren die Lausitzer doch in die Gauliga Berlin-Brandenburg aufgestiegen. In jener Zeit gewann man den Ruf des „Schalke des Ostens" (den nach 1945 auch Wismut Aue pflegt), spielte man doch zudem wie die „Knappen" in Blau und Weiß. Passenderweise kam zum 80-jährigen Vereinsjubiläum 1999 die Altherren-Mannschaft der Schalker nach Brieske.

Der Name Marga blieb nach 1945, nunmehr als BSG „Franz Mehring" Marga. Mehring (1846-1919), sozialdemokratischer bzw. marxistischer Historiker und Publizist, wurde für die BSG in Anspruch genommen, da deren Träger, das Braunkohlewerk, seinen Namen trug. Die BSG gehörte 1949 zu den Gründungsmitgliedern der DDR-Oberliga, spielte dort ab 1950 als Aktivist Brieske Ost, ab 1954 als SC Aktivist Brieske/Senftenberg bis zum Abstieg 1963.

Torpedo kommt und lockt 33.000!
1953 verließ der Oberligist die Elsterkampfbahn und eröffnete das neue „Glückauf-Stadion" (Kinder bekamen damals schulfrei!). 33.000 Menschen – zehnmal so viel, wie Brieske Einwohner hatte! – kamen gegen Torpedo Moskau (0:5). Die neue Arena lag 300 m Luftlinie von der Elsterkampfbahn entfernt an der Briesker Straße (heutige B 169). Das Glückauf-Stadion besaß ausschließlich Stehplätze (wenn der Andrang nicht so groß war, nahm man auf den Stehstufen Platz) und einen schlichten, von Hammer und Schlegel gekrönten Turm für Offizielle und Presse, an dem sich als „Extra" eine Uhr befand. Links und rechts vom Turm waren Traversen als einfache Sitzplätze. 1956, als Aktivist nur knapp hinter Wismut Karl-Marx-Stadt Vizemeister wurde, waren im entscheidenden Spiel gegen die Sachsen 32.000 Zuschauer an der Briesker Straße (dass Brieske-Senftenbergs Fußballelf damals so gut war, hing wie andernorts auch u.a. mit der Delegierung begabter Spieler anderer Aktivist-Vereine zusammen).

Laut Überlieferung hatten sich überregionale Offizielle gegen den Namen

Glückauf-Stadion ausgesprochen, erinnerte der doch zu sehr an die „Glückauf-Kampfbahn" der Schalker. Die Aktivist-Anhänger allerdings waren überwiegend gegen die vorgesehene Benennung „Adolf-Hennecke-Stadion" (Bergmann Hennecke, ein weiterer „Held der Arbeit", hatte 387 Prozent der Tagesnorm geschafft und wurde in der DDR als vorbildlicher Proletarier inthronisiert). Aus der Rücksicht ist es erstaunlich, dass sich die „Basis" durchsetzte.

Nach der Wende etablierte sich auf dem Vorplatz des „Glückauf-Stadions" ein Gebrauchtwagen-Händler und 1997 wurde die Sportstätte abgerissen: „Wohnen im Stadion" hieß das Neubauprojekt. Kurios: Die Lindenstraße verläuft seither präzise so wie ehemals das Aschenbahn-Oval.

Der Protest des Stadionsprechers

Zu einem für DDR-Verhältnisse ungewöhnlichen Vorfall kam es in der letzten Oberliga-Spielzeit 1962/63 im Glückauf-Stadion. Zum Unbehagen der Briesker war der Vereinssitz Ende der 50er Jahre nach Senftenberg verlegt worden. Nun stand im Raum, dass die BSG Aktivist künftig für die Bezirks-Hauptstadt Cottbus spielen und seine Heimat verlassen sollte. Stadionsprecher Werner Riska rief deshalb bei einem Heimspiel die Besucher auf, gegen die geplante Verlegung zu protestieren.

Zusätzlich richtete Riska eine Eingabe an den DDR-Staatsrat: „Die (Anm. geplante) Verlegung hat in breiten Kreisen der Bevölkerung unseres Bergarbeitergebietes, besonders aber bei den Einwohnern von Brieske und den Kumpels des Braunkohlewerkes ‚Franz Mehring' große Verärgerung und Empörung hervorgerufen. Diese Empörung richtet sich sowohl gegen die in unserer Sportbewegung noch immer ausgeübte Methode des Kommandierens und Administrierens, sie richtet sich aber hauptsächlich dagegen, dass mit der Wegnahme der Fußball-Oberligamannschaft eine jahrzehntelange Tradition des Fußballsports zerstört und Tausenden von Kumpeln aus der Braunkohlenindustrie ein wesentliches Mittel der Freude und Entspannung nach schwerer Arbeit genommen wird." Genosse Riska, so war es eben, wurde anschließend SED-intern abgestraft.

Mit dem Oberliga-Abstieg 1963 wurde die BSG Aktivist tatsächlich nach Cottbus verlegt. Es blieb Brieske-Ost, das 1972 mit Senftenberg fusionierte und etliche Jahre zweitklassig war. Gespielt wurde nun vor allem in der Elsterkampfbahn, auf der Aschenbahn im Glückauf-Stadion fanden derweil Speed-

Der charakteristische Turm des Glückauf-Stadions: Einweihung 1953 mit Torpedo Moskau.

Biotop auf den Rängen: das inzwischen abgerissene Glückauf-Stadion, 1992.

(Foto: Schulz)

way-Rennen wie 1967 zum 10-jährigen Jubiläum des Allgemeinen Deutschen Motorsport-Verein (ADMV) statt. Dies, eine hübsche Episode bei der Arbeit für dieses Buch, wissen wir nur, weil der Opa unseres 17-jährigen Briesker Offiziellen Mitarbeiters noch ein Schmuckbrikett von diesem Anlass besitzt...

1973 kam die DDR-Nationalmannschaft zu einem Test für die WM-Qualifikation zu Brieske-Ost (0:9) an die Schwarze Elster, am 19. Mai 1981 trug sie gegen Kuba in der Elsterkampfbahn vor 6.000 Zuschauern ihr erstes und letztes Länderspiel dort aus (5:0). Die Gäste aus der Karibik erreichten anschließend ein 6:1 gegen Brieske-Senftenberg. 1989 stellte sich im Pokal Dynamo Dresden vor, damals mit Eduard Geyer als Trainer, Sammer, Kirsten, Pilz, Wagenhaus als Spielern (1:4). 1991 nahm BSG Aktivist Brieske-Senftenberg in der Elsterkampfbahn Abschied von der DDR-Liga im Spiel gegen den alten Rivalen BSG Aktivist Schwarze Pumpe Hoyerswerda (heute FSV Hoyerswerda).

Auch die Elsterkampfbahn hat unter der Industrialisierung des Gebiets gelitten: Unter dem Rasen ist so viel Kohlestaub, dass Wasser nicht abziehen kann und nach Regen der Platz meist unbespielbar ist. Neben dem Stadion entstand 2000 ein Rasenplatz mit Flutlicht als Teil des DFB-Jugend-Leistungszentrums. 1996 sollte auch die Elsterkampfbahn Wohnbauten weichen, inzwischen ist ihr Bestand aber gesichert.

Düstere Perspektiven

Bei Drucklegung befand sich der seit 20. Juli 1990 FSV „Glückauf" Brieske-Senftenberg genannte brandenburgische Verbandsligist (Zuschauerschnitt 1999/2000 ca. 330 in dem 2.193-Einwohner-„Kumpeldorf") in einer finanziellen Krise. Trotz der hohen Arbeitslosigkeit konnte eine Spendenaktion der Bevölkerung ein Insolvenzverfahren vorerst abwenden. Am 27.12.1999 ging das Kraftwerk Brieske vom Netz, und im Meuro-Tagebau wurde die letzte Kohle verladen. Die Braunkohlestandorte hatten bis 1990 72.000 Menschen beschäftigt, jetzt sind dort noch 15.000 tätig. Das Wahrzeichen von Brieske, die beiden „Schornstein-Riesen" des Heizkraftwerks, sind gegen den Willen einer Bürgerinitiative abgerissen worden.

Apropos Bergarbeiterdorf Brieske und Stadt Senftenberg: Der FSV Glückauf verlegte 1999 seinen Sitz in der Erwartung nach Senftenberg, dass Brieske Stadtteil werden würde. Beim Bürgerentscheid allerdings lehnten etwa 85 Prozent der Briesker die Eingemeindung ab. Das scheint schon ein besonderes Völkchen zu sein, tief im Osten, an der B 169, ehemals F 169.   *sky*

Elsterkampfbahn Brieske
ER: 1935. FV: 8.000, davon 350 unüd. und 2.000 üd. StP.
ZR: 6.000, 19.5.1981, Länderspiel DDR – Kuba 5:0.
Am Margaretengraben, 01968 Brieske.

Burghausen, Stadion an der Liebigstraße: siehe Anhang.

Robert-Kölsch-Stadion

Fast der gesamte Ort passte in die Arena

Wie hat einmal ein VfR-Anhänger laut geträumt: „Wenn alle Bürstädter zum Fußball gingen, dann wäre wenigstens einmal die Hütte voll!" Übervoll sogar, denn das Fassungsvermögen des Robert-Kölsch-Stadions überschritt nie die Zwölftausender-Grenze, aber das südhessische Bürstadt, ehemals Deutschlands kleinste Zweitliga-Stadt, beherbergt mittlerweile 16.000 Einwohner.

Da ist es auch nicht weiter verwunderlich, dass der Zuschauerrekord bei „nur" 10.000 liegt. Im Juni 1970 war's, anlässlich der Feierlichkeiten zum 60. Geburtstag des Vereins. Und wer war der damalige Gegner? Richtig, die Bayern waren es. Zwei Jahre später, mit Beginn der Spielzeit 1972/1973, wurde dann auch die neue Tribüne des Waldstadions eingeweiht.

Apropos Waldstadion: Bis 1990 trug die Arena noch diesen Namen, dann erfolgte die Umbenennung in Robert-Kölsch-Stadion. Der heute 85-jährige Gönner und Mäzen des VfR Bürstadt trug über viele Jahre Verantwortung im Vorstand und erfuhr zu seinem 75. Geburtstag diese hohe Ehre. Die Aufklärung tut not, sonst könnten Kölner Sportfreunde darüber ins Sinnieren kommen, wieso man ausgerechnet an der Bergstraße ein Stadion nach ihrem Lieblingsgetränk benannt hat…

Mittlerweile spielt der VfR nach seinem Abstieg aus der Oberliga Hessen in der Landesliga Süd, und selten verlaufen sich mehr als 300 bis 350 Zuschauer ins Kölsch-Stadion. Schade, denn dem VfR Bürstadt, der in den 70er und 80er Jahren inmitten der umliegenden Regional- und Zweitligisten VfR Wormatia Worms, SV Darmstadt 98 und SV Waldhof bei Zuschauerzahlen meist um die 5.000 erfolgreich die Rolle des Hechts im Karpfenteich spielte, scheint ebenfalls das Schicksal so vieler Kampfgefährten aus früherer Zeit zu drohen: Amateurfußball auf Lebenszeit.

Dem Kölsch-Stadion sieht man den sportlichen Abstieg nicht an. Seit 1990 wurden auf dem Nebenplatz eine neue Decke aufgebracht und zur Bewässerung der Gesamtanlage ein neuer Brunnen gebohrt. Die 650 Plätze der Haupttribüne verfügen seit März 1999 über blaue Schalensitze, und auch die Umkleideräume wurden allesamt generalsaniert. Dazu hat man das Fassungsvermögen der Arena reduziert: 8.000 finden derzeit noch Platz. Der letzte Großkampftag im südhessischen Ried war im März 1999: Über 6.000 meist jugendliche Besucher kamen zum U-15-Länderspiel Deutschland – Portugal (0:0).

                    Thomas Zachler

Robert-Kölsch-Stadion Bürstadt
ER: 1923. FV: 8.000, davon 650 üd. SiP.
ZR: 10.000, Freundschaftsspiel, Juni 1970, VfR Bürstadt – Bayern München (in Bestbesetzung) 1:1.
Nibelungenstraße 199, 68642 Bürstadt, Tel.: 06206 / 71172 (Geschäftsstelle).

(Foto: Zachler)

Tribüne des Robert-Kölsch-Stadions.

▣ Stadion an der Nienburger Straße

Fast „ein kleines Westfalenstadion"

Mitten in der Stadt, nur wenige Gehminuten vom Hauptbahnhof, findet man im niedersächsischen Celle das Stadion des TuS Celle FC, eine reine Fußballarena, in der die Stimmung zuletzt bei Gastspielen von Hannover 96 und Eintracht Braunschweig überbrodelte. Vorerst aber wird's so etwas nicht mehr geben, denn Celle hat sich 2000 nicht für die neue 3. Liga qualifiziert und gehört der Oberliga Niedersachsen an. Insofern werden wohl die Hintertorseiten in naher Zukunft nicht überdacht und „ein kleines Westfalenstadion", wie es mancher Sympathisant erhofft hat, nicht entstehen.

Seit 1928 wird das Gelände an der Nienburger Straße für Sport genutzt. Seit 1945 ist es die Heimat der Turn- und Spielvereinigung (TuS) Celle, die aus dem Zusammenschluss der bürgerlichen SpVgg 1921 und der in der NS-Zeit verbotenen Freien Turnerschaft der Arbeitersportler entstand.

Fünf Jahre lang, 1968 bis 1973, gehörte TuS der 2. Liga, das war damals die Regionalliga Nord, an. Knapp über 4.000 Besucher erlebten im Schnitt die Spiele der ersten Saison. Das Fassungsvermögen belief sich seinerzeit auf 10.000. Im Großen und Ganzen gilt dies heute noch, doch hat sich die Arena im Laufe der Jahre wesentlich verändert: 1977 entstand auf der Gegengerade eine überdachte Stehtribüne, es folgten eine Sitztribüne (die den Blick auf das schmucke und gut frequentierte Vereinsheim trübt), eine Flutlichtanlage (beides 1992), neue Umkleideräume (1995) und die Anzeigetafel (1996).

Aber wie geschrieben: Bis es wieder brodelt an der Nienburger Straße, kann es noch ein wenig dauern. *sky*

Stadion a. d. Nienburger Straße Celle
ER: 1928, FV: 11.000, davon 4.000 üd. SiP und 4.000 üd. StP.
ZR: 10.500, Regionalliga Nord, 25.5. 1969, TuS Celle – VfB Lübeck 1:2 (für TuS ging's um den Klassenerhalt, für den VfB um die Teilnahme an der Bundesliga-Aufstiegsrunde).
Nienburger Straße 28, 29225 Celle, Tel. 051 41 / 41 828.

▣ Sportforum und Stadion an der Gellertstraße

Zamora in der Kabine

Die Qual der Wahl hatte der Chemnitzer FC nach dem Zweitliga-Aufstieg 1999. Für ihn standen gleich zwei Sportstätten als Spielort zur Diskussion (weshalb wir beide Arenen zusammenfassend behandeln): das Stadion an der Gellertstraße, das als enge, stimmungsvolle, reine Fußballarena bei den CFC-Fans beliebt war und letztlich das Rennen machte, und das Stadion im großen Sportforum.

Proteste auf der „Fischerwiese"

Das „sächsische Manchester", die „Stadt der Arbeit und der rauchenden Schlote", despektierlich „Rußchemnitz" genannt, war von jeher gutes Terrain für den Fußballsport. Baubeginn an der Gellertstraße war am 31. Juli 1933, und eröffnet wurde das neue Stadion am 13. Mai 1934 vom Hausherrn Polizei SV Chemnitz – „Schlachtruf": „Eins – zwei – drei: Polizei!" – mit einem 5:1 vor 25.000 gegen die SpVgg Fürth. Bereits am 16. Juni 1934 folgte vor 20.000 der FC Madrid, Vorgänger von Real, mit „Wundertorwart" Ricardo Zamora, ein Spiel mit Erinnerungswert: Bis zur Pause hatte der zweimal hinter sich greifen müssen und blieb in der Kabine. Das löste minutenlange Proteste und ein Pfeifkonzert aus, woraufhin der Referee das Spiel in der 55. Minute unterbrechen musste und erst nach Zamoras Rückkehr fortsetzte (Endstand 5:2 für den PSV). Zu

Gauliga-Zeiten konnten an der Gellertstraße 35.000 zusehen.

Bei Kriegsende durch Bombentreffer schwer beschädigt, wurde das Stadion wiederhergestellt und danach Spielstätte der SG Nord, deren Nachfolger nach oftmaligen Namenswechseln schließlich FC Karl-Marx-Stadt hieß. Am 13. Juli 1950 beschlossen die Stadtverordneten, das Stadion nach dem im Vormonat verstorbenen Dr. Kurt Fischer zu benennen. Fischer (1900-1950), ehemals KPD-Redakteur und nach der Machtübernahme der Nazis in die Sowjetunion geflüchtet, war erster Nachkriegs-Bürgermeister vor Dresden, sächsischer Innenminister. SED-Landtagsabgeordneter und 1949/50 Chef der Deutschen Volkspolizei gewesen. Der Volksmund nannte und nennt die Spielstätte allerdings nicht beim offiziellen Namen, sondern „Fischerwiese".

Das erste interzonale Spiel in Chemnitz fand im Mai 1950 vor 25.000 gegen den VfV Hildesheim statt (1:1). Laut Presseberichten legten die Niedersachsen „ein Bekenntnis zur Nationalen Front der DDR" ab. Den Nachkriegs-Zuschauerrekord meldete die Gellertstraße am 13. November 1953, als am Bußtag 27.300 die Oberliga-Begegnung Chemie Karl-Marx-Stadt gegen Fortschritt Weißenfels (3:0) sahen. Das erste Jugend-Länderspiel DDR – BRD (1:2) am 4. Juli 1955 lockte noch mehr, nämlich

Das Stadion an der Gellertstraße: Namensschilder auf den Sitzschalen.

(Foto: Skrentny)

Das Sportforum in den 30er Jahren: 60.000 zur Eröffnung beim Polen-Länderspiel.

30.000, an, die laut „Sport-Magazin" (West) „die Westdeutschen stürmisch begrüßten", u.a. war ein Transparent mit der Aufschrift „Ost-Berlin grüßt den Sepp (Anm. Herberger) und seine Männer" zu lesen. Als DFB-Jugendbetreuer Helmut Schön, ehemals Dresden, bei einer Spielunterbrechung aufs Feld lief, gab es „Helmut,-Helmut!"-Sprechchöre.

Von der „Fischerwiese" aus eroberte der FC Karl-Marx-Stadt 1967 den DDR-Titel, woraufhin nach dem entscheidenden Spiel in Rostock Montagfrüh, Ankunft 8.13 Uhr, 5.000 Anhänger mit himmelblau-weißen Fahnen auf dem Bahnhofsvorplatz warteten und die Spieler auf den Schultern ins Sporthotel „Carola" trugen.

Zu Oberliga-Zeiten fanden an der Gellertstraße 22.000 Menschen Platz, und zum Heimspiel-Prozedere gehörte der Kopierdreher Leo Bachmann, der mit einer Vereinsfahne die obligatorische Stadionrunde lief und begeistert gefeiert wurde. Im Europacup 1968 allerdings wich man gegen RSC Anderlecht ins größere Thälmann-Stadion (dazu später) aus. Karl-Marx-Stadt musste 1970 die Oberliga verlassen, vorausgegangen war an der Gellertstraße das Pokalspiel gegen Vorwärts Berlin, in dem Schiri Rudi Glöckner (der im selben Jahr das WM-Endspiel leitete) einen Platzverweis aussprach, woraufhin FC-Anhänger den Platz stürmten und der Linienrichter mit seiner Fahne geschlagen wurde. Die nächsten „Heimspiele" fanden deshalb in Meerane, Altenburg und Halle statt, wo Wismut-Aue-Fans einen Sarg mit der Aufschrift „FCK" ins Wabbel-Stadion trugen.

Weil an der Gellertstraße nur wenige Sitzplätze existierten, es keine überdachte Tribüne und keine Flutlichtanlage gab, zog der Klub in den 70er Jahren in das Ernst-Thälmann-Stadion um, kehrte allerdings von 1979 bis 1990 wieder auf sein angestammtes Terrain zurück. Der Bau einer überdachten Tribüne an der Gellertstraße war im Frühjahr 1989 begonnen worden, Eröffnung war im selben Jahr am 22. Oktober gegen den 1. FC Lok Leipzig.

Bedeutende Sportstätten

Chemnitz, eine sächsische Fußball-Hochburg, besaß schon vor der Eröffnung des Stadions an der Gellertstraße bedeutende Sportstätten. 1924 schufen die Mitglieder des FC Preußen ein Stadion für 25.000 bis 30.000, wo u.a. die Arbeitersport-Begegnung Chemnitz – Moskau (2:7) und das DM-Spiel 1932 PSV Chemnitz – Beuthen (5:1) ausgetragen wurden. Nach den Kriegszerstörungen wiederhergestellt, galt für dieses Stadion an der Clausstraße in den 80er Jahren noch ein Fassungsvermögen von 15.000.

Der Chemnitzer BC wiederum weihte am 19. August 1928 sein Stadion am Marktsteig in Reichenhain im Beisein von 25.000 (Fassungsvermögen 40.000!) gegen den amtierenden Deutschen Meister HSV (4:2) ein. Letztlich ging der Verein an dem ehrgeizigen Projekt zugrunde: Die Sportstätte war zu abgelegen und besaß keine Straßenbahnanbindung, weshalb der 1899 gegründete CBC in der Weltwirtschaftskrise im Februar 1933 Konkurs anmelden musste, als CBC 33 wiedererstand und endgültig 1937 sein Stadion dem Post SV überlassen musste. Die Stadt hatte dem CBC stets Unterstützung verweigert, im Gegensatz zum Polizei SV, der ein wesentlich günstiger gelegenes Gelände erhielt und schließlich die Vorherrschaft des CBC im Chemnitzer Fußball brechen konnte.

Ein respektables Fassungsvermögen von 20.000 besaß auch das 1929 erweiterte Stadion des SV Sturm, das mit einem 3:7 vor 12.000 gegen die SpVgg Fürth eröffnete. Nach dem Krieg war es bis zur Überbauung landwirtschaftliche

Nutzfläche. Andere Chemnitzer Spielorte waren die Städtische Westkampfbahn (seit 1928), nach 1945 Bauarbeiterstadion, und die 1909 in Betrieb genommene Radrennbahn Chemnitz-Altendorf (1945 zerstört, Trümmer 1987 beseitigt), auf der 1933 vor 30.000 PSV und Dresdner SC das mitteldeutsche Pokalfinale austrugen.

Vom Flugplatz zur Kampfbahn

Womit wir beim zweiten bedeutenden Chemnitzer Stadion wären, das seit dem 29. April 1992 den Namen Sportforum trägt. Auf dem früheren provisorischen Flugplatz an der Reichenhainer Straße war 1921 der SV Olympia heimisch geworden. Im April 1926 begannen die Arbeiten für die Chemnitzer Kampfbahn unter Leitung von Baumeister Fischer, die infolge schlechten Wetters nicht so recht vorankamen. Die Anlage war deshalb bei der Einweihung am 12. Juli 1926 zum Sportfest des XIV.Turnkreises nur halb fertig, ehe Spielfeld, 100- und 400-Meter-Laufbahn und 10.000 Stehplätze folgten. Für den Juli 1932 wird für die Chemnitzer Südkampfbahn die erstaunliche Teilnehmerzahl von 30.000 gemeldet, als dort das 1. Rotsport-Landesfest ablief und der später von den Nazis ermordete Ernst Grube sprach, dessen Namen Stadien in Berlin-Spindlersfeld, Magdeburg, Riesa und Werdau tragen.

1935 begann der Ausbau der Südkampfbahn zur Großkampfbahn Chemnitz samt Tribüne, Stehtraversen und Kampfrichterturm. Die Grundsteinlegung zum bis heute dominierenden sog. Befehlsturm am 21. Februar 1937 war mit der Feier zum 15-jährigen Bestehen der NSDAP-Ortsgruppe Chemnitz verbunden, anwesend waren Reichsminister Dr. Frank, Reichsstatthalter Mutschmann und Staatsminister Dr. Fritsch. Auf 400.000 qm hatte man Kampfbahn und Aufmarschgelände angelegt; mit einer Feldbahn ohne maschinellen Antrieb schafften Fürsorgearbeiter über einen Kilometer Entfernung 150.000 Kubikmeter Erde herbei. Die mit dem Hakenkreuz versehenen Adler-Plastiken am Haupteingang schuf Bildhauer Hanns Dietrich aus Chemnitz.

Einweihung der Chemnitzer Großkampfbahn war 1938 mit dem Länderspiel Deutschland – Polen (4:1) vor 60.000, auf der Aschenbahn marschierte der Musik- und Spielmannszug der SA-Standarte „Feldherrnhalle" durchs Stadionrund. Polen hatte damals Ernest Wilimowski von Ruch Wielkie Hajduki aufgeboten, der später als Ernst Willimowski deutscher Nationalspieler wurde. Von Tschammer und Osten, der

Reichssportführer, sprach von der „vorbildlichsten Kampfbahn Mitteldeutschlands", und der „kicker" beobachtete: „Eine wunderbare Spielfläche, ein zweckmäßig schön angelegter Zuschauerraum, der trotz der den Rasen umgebenden Aschenbahn gut zum Spielfeld liegt, eine Tribüne und ein Befehlsturm, von dem aus die Anlage sich prachtvoll übersehen lässt, der Schönheit und Zweck vorbildlich vereinigt."

Seit dem 13. Juli 1950, dem Tag, an dem auch das Stadion an der Gellertstraße den Namen von Dr. Kurt Fischer erhielt, trug die im Krieg nicht beschädigte Großkampfbahn den Namen von Ernst Thälmann (1886-1944), dem im KZ Buchenwald ermordeten KPD-Vorsitzenden. Heute ist dieser Name verschwunden, genauso der Titel „Brigadeleiter Grünland und Technik bei der Sportstättenverwaltung Karl-Marx-Stadt". Der damalige „Platzmeister" des Thälmann-Stadions teilte zu DDR-Zeiten der „FuWo" mit: „Was, von mir soll die Rede sein? Wir sind ein ganzes Kollektiv, und jeder hat seine Aufgabe und seinen Anteil daran, wenn der Platz in Ordnung ist."

Fußballerische Großereignisse wurden meist ins Thälmann-Stadion (geläufig war auch die Bezeichnung Sportforum Ernst Thälmann) vergeben, so das Entscheidungsspiel um die DDR-Meisterschaft 1951 zwischen Chemie Leipzig und Turbine Erfurt (2:0) und das Olympia-Qualifikationsspiel DDR – BRD (3:0) vor 53.000 (!) im selben Jahr. Im Hinblick auf die Ankunft der Friedensfahrer in Karl-Marx-Stadt und den Leichtathletik-Länderkampf DDR – USA wurden von März 1967 bis Mitte 1968 2,8 Mio. Mark für 12.000 neue Sitzplätze aus Betonfertigteilen, eine neue Lautsprecheranlage, elektrische Zeitnahme und Flutlicht (eingeweiht 1970, DDR-Nachwuchs gegen Estnische SSR, 2:2) investiert.

„Stadt des Sozialismus" – mit Sportforum

Chemnitz, das dank „revolutionärer Tradition" und „dem Kampf der Chemnitzer Arbeiterklasse" zum 135. Geburtstag des Philosophen am 10. Mai 1953 den Namen Karl-Marx-Stadt erhielt, sollte das „Zukunftsbild einer sozialistischen Großstadt" sein. Als nach dem Bombenangriff am 5. März 1945 „eine tote Stadt" zurückgeblieben war, ging man daran, „eine helle, frohe Stadt des So-

zialismus" zu bauen, was man der Architektur der Innenstadt heute noch ansieht. Erich Honecker 1971: „Wer wissen will, wie der Marxismus auf deutschem Boden lebendige Wirklichkeit geworden ist, der mag in diese Stadt kommen."

Zur „sozialistischen Stadt" musste ein Sportforum nach sowjetischem Vorbild gehören, damals Trainings- und Wettkampfstätte von SC und FC Karl-Marx-Stadt samt 42.000-Zuschauer-Stadion mit Leichtathletik-Anlagen, der Radrennbahn für 18.000, dem Juniorenstadion für 5.000 und der Eissporthalle „VIII. Parlament" für 6.000, wo Kati Witt groß wurde. Heute noch ist das um das Thälmann-Stadion entstandene Sportforum sportliches Herz der Stadt, quicklebendig, wenn Eltern ihre Kinder bringen und abholen oder der Nachwuchs über den Rasen tobt.

1968 erreichte der 1966 gegründete FC Karl-Marx-Stadt im Thälmann-Stadion beheimatet, mit dem Team um Kapitän Dieter Erler die DDR-Meisterschaft „und löste eine Euphorie aus, die unerreicht in der Zukunft bleiben sollte" (Vereinschronik). Logischerweise folgte das EC-Debüt, 45.000 erlebten ein 1:3 gegen den FSC Anderlecht (Rückspiel 1:2), als zugkräftig erwies sich auch ein Freundschaftsspiel 1983 gegen den VfL Bochum (23.500 Zuschauer). Inzwischen hatte man einen neuen Rasen gelegt und die Tartanbahn gebaut.

Danach zog der FC wieder auf die heimelige „Fischerwiese" um, bis im UEFA-Cup 1989 erneut das Thälmann-Stadion an der Reihe war: Boavista Porto (1:0, 20.000) und FC Sion (4:1,

20.800) scheiterten dort, ehe vor 27.800 mit dem 0:1 gegen Juventus Turin Endstation war. Im selben Jahr entstand eine überdachte Tribüne, nachdem TV-Kameras zuvor auf einem behelfsmäßig ausschauenden Zweckbau standen. 1990 lief das letzte UEFA-Cup-Spiel des CFC ab, Dortmund gewann 2:0, nur 12.000 sahen zu – typisch für die Nachwendezeit.

In Chemnitz' Ernst-Thälmann-Stadion gab es neun A-Länderspiele der DDR, die der Gastgeber alle gewann. Die meisten Besucher, 50.000, kamen 1956 zum 3:1 über Indonesien. Zur Revanche 1966 für das Spiel um den Olympia-Platz 3 von Tokio 1964, DDR gegen Vereinigte Arabische Republik (6:0, 18.000 Besucher), riefen Spieler, Trainer und Funktionäre der DDR-Nationalmannschaft im Programmheft auf: „Helft mit, die USA-Agression in Vietnam zu schlagen." Das letzte internationale Match am 11. April 1990 gegen Ägypten (2:0) lockte nur noch 1.000 (!) an.

Als der DFB im Sommer 1991 im Hinblick auf die Zweitliga-Teilnahme des Chemnitzer FC den Zustand des früheren Thälmann-Stadions im Sportforum kritisierte, stellte die Stadt fünf Mio. DM für neue Sitze, Heizungsanlage, Sicherheitszaun, neue Umkleidekabinen und Sanitäranlagen zur Verfügung – woraufhin die DFB-Abnahmekommission am 17. Juli 1991 das 18.000 Plätze-Stadion (800 überdachte Sitzplätze, 5.200 unüberdachte) zum „Schmuckstück" erklärte. Nach dem Abstieg aus der 2. Bundesliga 1996 sagten die „Himmelblauen" der Spielstätte adieu.

Wo der „Kaufhof" sitzt

Zurück an der Gellertstraße, kehrte der CFC tatsächlich in die 2. Liga zurück. Einen Tag nach dem Aufstieg begannen dort die Erneuerungsarbeiten. Am 13. August 1999 feierte der Klub mit einem 2:0 gegen Mönchengladbach vor 12.200 das Zweitliga-Comeback und trug am 22. November desselben Jahres dort sein erstes Flutlichtspiel (Kosten für die Anlage nach nur vierwöchiger Bauzeit: 920.000 DM) aus. Es war nicht das Flutlicht, das bei diesem Gastspiel des 1. FC Köln (1:3) für Schlagzeilen sorgte, sondern die rassistischen Kundgebungen, die die schwarzen Spieler aus der Domstadt erfahren mussten. FC-Trainer Ewald Lienen: „Wir dürfen Respektlosigkeit gegenüber dunkelhäutigen Spielern nicht dulden. Ich erwarte, dass die Vereine, wo dies passiert, zur Rechenschaft gezogen werden."

Der Großteil der Hauptgerade an der Gellertstraße ist nun überdacht, ebenso Stehplätze. Ein Funktionsgebäude, z.T.

Der „Befehlsturm" aus der NS-Zeit dominiert bis heute das Stadionbild.

renoviert und blau-weiß gestrichen, liegt hinter der Tribüne, vor der es keinen Zaun gibt. Man findet teils Holzbänke, teils Schalensitze vor, wobei etliche der roten Sitzschalen die Namen von Personen und Institutionen tragen: Die Stadtverwaltung lässt sich auf den Sitzen 19-22, 37-40, 88-93 nieder, ein Assekuranzmakler hat sein Plätzchen gefunden und ein Dr.jur., der „Kaufhof" und die Deutsche Kreditbank. Über dem Marathontor liegt als DDR-Relikt ein kleines Kampfrichter-Häuschen.

Die Bäume auf dem Wall hinter der Tribüne sind der Modernisierung leider zum Opfer gefallen. Die nächste Umgebung zeigt wie so oft in DDR-Städten Verfallserscheinungen, der mächtige Backsteinfachwerkbau beim Stadion scheint leer zu stehen, die Molkereigenossenschaft ist zu Teilen Ruine. Schön, dass die „Himmelblauen" in diesem Umfeld in einer kleinen, klassischen Fußballarena Hoffnung vermitteln.

Im ehemaligen Thälmann-Stadion im Sportforum erinnern noch SAT.1- und MDR-Aufkleber auf der Haupttribüne an Zweitliga-Zeiten. Die Sichtmöglichkeiten für Fußball erschienen uns gar nicht so schlecht, aber selbstverständlich ist in der Gellertstraße eine ganz andere Atmosphäre möglich. Im großen Befehlsturm, einem typischen Stück NS-Architektur, wie man es auch in Zwickau vorfindet, befinden sich

heute Sanitätsraum und Verwaltung. Ein Tip noch: Die Geschichte des Chemnitzer Fußballs kann im Sportforum im sog. Traditionskabinett auf 22 Tafeln besichtigt werden; zusammengestellt hat die Ausstellung Gerhard Claus (im 1. Stock des Sozialgebäudes, geöffnet Di 15-17 Uhr oder nach Voranmeldung, Tel. 0371 / 364897). *sky*

Stadion Sportforum Chemnitz
ER: 1926/1938. FV: 19.220, davon 5.404 üd., 920 unüd. SiP, 13.816 StP. ZR: Vorkrieg: 60.000, Länderspiel, 18.9.1938, Deutschland – Polen 4:1; Nachkrieg: 53.000, Olympia-Qualifikation, 1953, DDR – BRD 3:0. Reichenhainer Straße 154, 09125 Chemnitz, Tel. 0371 / 488 52 81.

Stadion an der Gellertstraße Chemnitz
ER: 1934. FV: 15.000, davon 1.120 üd. SiP, 860 üd. StP, weitere 13.020 unüd. StP.
ZR: 30.000, Jugend-Länderspiel, 4.7. 1955, DDR – BRD 1:2; aus Karl-Marx-Städter bzw. Chemnitzer Sicht: 27.300, DDR-Oberliga, 18.11.1953, Chemie Karl-Marx-Stadt – Fortschritt Weißenfels 3:0.
Gellertstraße, 09130 Chemnitz, Tel. 0371 / 401 43 35.

Stadion der Freundschaft und Stadion im Sportforum

„Modernste Fußball-Arena im Osten"

Wie sein Chemnitzer „Kollege" konnte der Fußball-Oberligaklub aus Cottbus zwischen zwei Stadien wählen, deren Historie wir hier zusammenfassen. Einmal ist dies das Stadion im Sportzentrum, eine der modernsten Sportanlagen in Brandenburg, die internationalen Anforderungen der Leichtathletik entspricht (1985 Junioren-EM). Zum zweiten ist es das Stadion der Freundschaft, in dem der FC Energie Cottbus 2000/01 erstmals in der Bundesliga spielte.

Stadion der Freundschaft? Den Namen hatte die Sportstätte am 5. Juni 1997 nicht verdient, als im Qualifikationsspiel zur 2. Bundesliga Hannover 96 in der Lausitz 1:3 unterlag (zeitweise fiel damals die neue Flutlichtanlage aus) – es war kollektiver Hass, der den Niedersachsen entgegenschlug. Augenzeugenbericht, veröffentlicht in der „Frankfurter Rundschau" vom 12. Juni: „Im Stadion der ‚Freundschaft' musste man phasenweise um Leib und Leben fürchten. Die schwarzen Spieler von 96, Otto Addo und Gerald Asamoah, wurden bei Einwürfen bespuckt, geschlagen und mit Bananen beworfen. Der Pöbel ließ es sich nicht nehmen, 20.000fach zu skandieren: ‚Haut den Nigger um!'"

Der Vollständigkeit halber sei hinzugefügt, dass 1999, nachdem im nahen Guben der algerische Asylbewerber Omar Ben Noui von Rechtsradikalen in den Tod getrieben wurde, Energie-Kapitän Hoßmang im Stadion der Freundschaft vor einem Heimspiel einen eindringlichen Appell gegen Rassismus und Intoleranz verlas.

Das Stadion selbst bezeichnet der FC Energie als „modernste Fußballarena im Osten" und plant den weiteren Ausbau: Die Gegengerade soll überdacht, Nord- und Südkurve begradigt werden, so dass man erstligareife Bedingungen für 30.000 Zuschauer schafft. Wer sich das Stadion im Internet anschauen will, genießt dank Webmaster Ingo Teich eine formidable Rundreise durch die Arena (www.fcenergie.de/home2.html).

Anpfiff auf der „Festwiese"

Im Mai 1923 hatte der „Cottbuser Anzeiger" von Plänen für einen Stadionbau berichtet. 1925 gingen Erwerbslose ans Werk, und im Frühjahr 1930 war dort, wo heute das Stadion der Freundschaft steht, eine „Festwiese" mit Hauptspielfeld, Aschenlaufbahn, Böschungen als Standplätze der Zuschauer und weiteren Sportplätzen fertig gestellt. Im September war Eröffnung mit 1.500 Mitwirkenden, 5.000 erlebten im Jugendspiel ein 2:1 von Brandenburg über den FV 1898 Cottbus.

Entwicklungshilfe für den Cottbuser Fußball kam 1963 aus Brieske-Senftenberg, als der damalige Oberliga-Absteiger SC Aktivist in die Stadt „delegiert" wurde. 1963 nahm man wegen des Sponsors, dem Braunkohle-Kraftwerk Jänschwalde, den Namen BSG Energie Cottbus an und erreichte in den 70er

Das Stadion der Freundschaft in Cottbus: seit Sommer 2000 Bundesliga-Spielstätte.

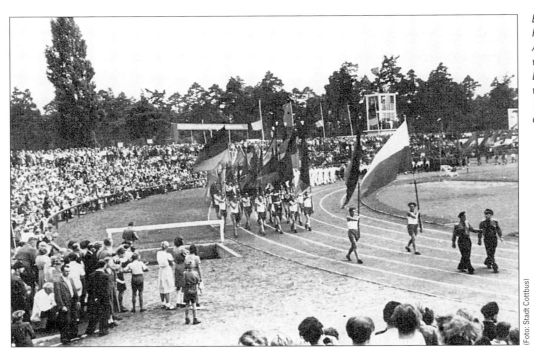

Einweihung des Max-Reimann-Stadions im August 1952 unter wehenden Fahnen: Der Namensgeber war Vorsitzender der 1956 verbotenen bundesdeutschen KPD.

und 80er Jahren vier jeweils einjährige Gastspiele in der DDR-Oberliga.

Nachdem Energie erst im Stadion der Eisenbahner und im Max-Reimann-Stadion aufgelaufen war, wechselte man Ende der 70er Jahre in das 15.000 Zuschauer fassende Stadion der Freundschaft über, in das in der DDR-Oberliga zeitweise bis zu 17.000 kamen. 1983 wurden die Stehtraversen umgebaut, 1985 die Sportstätte auf ein Fassungsvermögen von 18.000 erweitert und im August 1988 die Tribüne fertig gestellt, deren Publikum seitdem als „lautstark" eingestuft wird. 1988/89 verzeichnete Energie mit 11.000 den drittbesten Besucher-Schnitt der Oberliga. Bis heute kursieren Gerüchte, die Flutlichtmasten seien bereits beim Sponsor in Jänschwalde gelagert gewesen, wegen der UEFA-Cup-Qualifikation von Stahl Brandenburg dann aber dorthin umdirigiert worden. Auch der Neubau eines Stadions für 30.000 stand damals zur Debatte, wurde aber wegen des Zusammenbruchs der DDR nicht mehr realisiert.

Als 1990/91 die Plätze für die Bundesligen vergeben wurden, blieb der seit dem 1. Juni 1990 umbenannte FC Energie Cottbus als Oberliga-Vorletzter draußen. Die Treuhand übergab das Stadion an der Spree im Februar 1993 an die Stadt; im Hinblick auf die Bundesgartenschau 1995 wurde es renoviert, den Hauptanteil der 4,2 Mio. DM Kosten trug das Land Brandenburg.

1994 unterschrieb der letzte DDR-Nationalmannschaftstrainer Eduard Geyer in der Lausitz, und 1997 war das Stadion der Freundschaft erstmals auf der Profi-

fußball-Landkarte: Als erster ostdeutscher Verein seit 1941 (Dresdner SC) erreichte Energie ein DFB-Pokalfinale (0:2 gegen den VfB Stuttgart). Das Halbfinale gegen Karlsruhe (3:0) im Schneegestöber im April (!) war bundesweit von der ARD übertragen worden, noch eine Premiere für Cottbus: Man spielte an dem Abend unter Flutlicht (18.000 Lux), das vier Tage zuvor gegen Stendal getestet worden war. Die Lausitzer kauften übrigens dieselbe Anlage wie Mainz.

Mit dem 2.-Liga-Aufstieg wurde zwecks Modernisierung des Stadions umgehend eine Million Mark organisiert, die Stadt verzichtete auf die Stadionpacht, die Sparkasse gab 150.000 DM, und ein Sponsorenpool brachte weitere Gelder auf. Die Stehtraversen wurden neu befestigt, ein Teleskop-Tunnel gebaut, Zäune erneuert und eine Video-Überwachungsanlage installiert. Im April 1998 kam noch eine Video-Anzeigetafel in der Südkurve hinzu.

Als Energie 2000 in die Bundesliga aufstieg, investierten Land, Stadt und Verein nochmals 2 Mio. DM in die 20.500-Plätze-Arena, was VIP-Räumen, den Arbeitsbedingungen der Medienvertreter und Parkplätzen zugute kam. Am Freitagabend, 19. August 2000, begann in dem reinen Fußballstadion gegen Borussia Dortmund (1:4) in der 120.000-Einwohner-Stadt ein neues Kapitel, von dem vor einigen Jahren kaum jemand zu träumen gewagt hätte.

Das Stadion im Sportforum
Cottbus' zweite große Sportarena, das Stadion im Sportforum, wird solche Fußball-Festtage nicht erleben. Das

frühere Max-Reimann-Stadion war vor allem für die Leichtathletik gebaut worden, weshalb Energie dort auszog. Dort, wo heute die Leichtathletik-Halle im Sportforum steht, hatte am 14. Juni 1931 der MTV 1861, ältester Turnverein der Stadt, aus Anlass des 70-jährigen Bestehens eine Sportanlage eingeweiht, die ein Bombenangriff am 15. Februar 1945 weitgehend zerstörte. In der 27. Stadtverordneten-Versammlung am 30. November 1948 regte die SED „die Instandsetzung des ehemaligen Sportplatzes Cottbus 61" an, was in dem Gremium auf Widerspruch stieß: Geld sei nicht vorhanden, hieß es, die Sporttreibenden sollten sich selbst helfen. Eine Chronik aus DDR-Zeiten berichtet, „die Vertreter der Arbeiterklasse im Stadtparlament" hätten sich am 21. Juli 1950 dann doch durchgesetzt. Zuvor hatte das Politbüro der SED ein Gesetz zum Sportstätten-Neubau beschlossen, in dem im Volkswirtschaftsplan auch Cottbus berücksichtigt wurde.

Unter Leitung der Jugendheim GmbH Brandenburg begann im Herbst 1950 der Stadionbau. Es standen lediglich ein Betonmischer, eine Kipplore und eine Handstampfe zur Verfügung, und nicht alles lief nach Programm. Man häufte Trümmerschutt für die Stehwälle an einem Standort auf, der sich nach dem Vermessen als zu klein erwies, weshalb man die Pläne änderte. Außerdem waren die freiwilligen Helfer wohl eifrig, aber nicht immer sachgerecht im Einsatz: „Oftmals war der Elan der jungen Sportler größer als ihre baufachlichen Fähigkeiten", gestand die erwähnte DDR-Chronik ein.

Vom 15. bis 18. August 1952 gestaltete Cottbus mit der II. Zentralen Spartakiade der Sportvereinigung der Deutschen Volkspolizei (SVDP) die Eröffnung des Max-Reimann-Stadions. Reimann (1898-1977) war Vorsitzender der KPD in der Bundesrepublik. Über 20.000 waren dabei, wobei dem Feldhandball-Gegner der Volkspolizei Halle, dem MTV Braunschweig, vom Deutschen Handball-Bund (DHB) ein Gastspiel verboten worden war; BSG Fortschritt Forst sprang als Ersatz ein.

Das Max-Reimann-Stadion war 1965 mit 40.000 „übervoll", als die Friedensfahrer samt „Täve" Schur im gelben Trikot eintrafen. 20.000 standen zudem am Straßenrand. Das Sportforum ist noch erweitert worden, neben dem Radstadion (1951, Neubau 1987) entstanden der Fallschirmspringer-Turm der Gesellschaft für Sport und Technik (GST), Leichtathletik-Halle (1968), die seit 1977 nach dem Kosmonauten und zweifachen „Held der Sowjetunion" „Wladimir Michailowitsch Komarow" benannte Kinder- und Jugend-Sportschule (KJS), heute Lausitzer Sportschule (1975, zuvor in Forst), die Turnhalle (1975, jetzt Boxhalle) und das Verwaltungs-Hochhaus (1976). Nach zweijähriger Renovierung eröffnete das Max-Reimann-Stadion am 30. September 1979 wieder; die Tribüne war nun teilüberdacht, außerdem eine Kunststoff-Laufbahn gebaut worden. Im übrigen ist das 30 km von der polnischen Grenze entfernte Cottbus gemeinsam mit Frankfurt/Oder Olympiastützpunkt.

Im Stadion im Sportforum, das eine elektrische Großanzeigetafel besitzt, ist das German Meeting alljährlicher Leichtathletik-Höhepunkt. Seit 1990 finden dort auch Open-Air-Konzerte statt. Die Bezeichnung Max-Reimann-Stadion ging übrigens nach der Wende verloren.

sky

Stadion der Freundschaft Cottbus
ER: 1930. FV: 20.500, davon 4.000 üd. SiP.
ZR: 20.500, Bundesliga, 30.9.2000, Energie Cottbus – FC Bayern München 1:0.
Stadion der Freundschaft,
03042 Cottbus, Tel. 0355 / 75 69 50.

Stadion im Sportforum Cottbus
(früher Max-Reimann-Stadion)
ER: 1952. FV: 19.000, davon 4.000 üd. SiP.
ZR: 40.000, Ankunft der Friedensfahrer, 1965.
Dresdener Str. 8, 03050 Cottbus, Tel. 0355 / 47 39 97.

Darmstadt

▨ Stadion am Böllenfalltor

Baseball statt Oberliga-Fußball

Die erste, 400 Plätze bietende Tribüne des im Juli 1921 eröffneten Darmstädter Stadions am Böllenfalltor war schlicht und einfach aus Holz, und auch heute dürfen die Besucher der Haupttribüne wieder auf Holzbänken Platz nehmen. Zwischenzeitlich gab es Plastikschalensitze, aber deren Haltbarkeit glich eher der Lebensdauer eines Schneemannes im Vorfrühling.

Die ehemals 32.000 Zuschauer fassende Arena hat bewegte Tage hinter sich. Nicht nur der Fußball rollte über die „Lilien-Wiese": Nach dem 2. Weltkrieg schallten anstelle vielstimmigen Torjubels einsame Rufe wie „Safe", „Strike" oder „You are out" über die von den US-Amerikanern zum Baseball-Ground umfunktionierte Spielstätte. Das war Pech für den SV Darmstadt 98, der seine Oberliga Süd-Heimspiele 1950/51 im benachbarten Hochschulstadion austragen musste; 184.000 kamen, im Schnitt fast 11.000. 1952 kehrte „König Fußball" ans Böllenfalltor zurück, als am 29. Juni das nun 25.000 Besucher fassende Stadion nach dem Abzug der Amerikaner erneut eingeweiht wurde.

Dann herrschte lange Zeit Dornröschenschlaf am Böllenfalltor, ehe mit dem Einzug der „Lilien"-Halbprofis in die Bundesliga 1978 und den damit verbundenen DFB-Auflagen Bauarbeiter und Handwerker tätig werden mussten. Wo hinter den Toren ehemals Gärtner mit dem grünen Daumen werkelten, schufteten urplötzlich Betonbauer und versahen die Erd- und Rasenwälle mit einheitsgrauen Betonstufen. Die schon vorhandene Stehterrasse auf der Gegengerade wurde zwischen den Spielzeiten 1977/78 und 1978/79 um gut ein

Drittel auf 36 Stufen erhöht – noch heute ein imponierender Anblick.

Aus der Bundesliga-Zeit, die für die Südhessen 1978/79 und 1981/82 währte, stammt der bis heute gültige Zuschauerrekord: Beim Gastspiel des deutschen Rekordmeisters Bayern München am 15. August 1981 (1:2) säumten sage und schreibe 32.000 Fußballfans das mit Zusatztribünen versehene weite Rund.

Doch zurück zu kosmetischen Veränderungen in der Heimat der 98er: 1975 erfolgte die Erneuerung der Haupttribüne, unter deren Dach seither 3.800 Zuschauer Platz finden. 1978 kam eine Anzeigetafel hinzu, auf der lediglich das Ergebnis abzulesen ist, und fünf Jahre später wurde endlich die heiß ersehnte Flutlichtanlage erstellt. Beide Anschaffungen mussten die 98er zu zwei Dritteln fast aus eigener Kraft, lies Vereinskasse, bestreiten, lediglich 2,2 der 6,0 Mio. DM kamen von der Stadt Darmstadt und dem Land Hessen. Bittere Folge: Die „Lilien" kamen von ihrem Schuldenberg nicht mehr herunter. 1988 war dann das Ende der finanziellen Fahnenstange erreicht, das Stadion Böllenfalltor ging in städtische Obhut über.

Im Jahr 2000 bieten die in der neu geschaffenen zweigleisigen Regionalliga spielenden „Lilien" Platz für 23.800 Besucher; 3.800 Fans können sich auf die überdachten Holzbänke setzen.

Thomas Zachler

Stadion am Böllenfalltor Darmstadt
ER: 1921. FV: 23.800, davon 3.800 üd. SiP.
ZR: 32.000, Bundesliga, 15.8.1981, SV Darmstadt 98 – Bayern München 1:2.
Nieder-Ramstädter Str. 170,
64285 Darmstadt,
Tel.: 06151 / 45 002 o. 45 003

Hochschulstadion der TU Darmstadt
FV: 8.000.
ZR: 20.000, Oberliga Süd, 10.9.1950, Darmstadt 98 – SpVgg Fürth 0:3.
Nieder-Ramstädter Str., 64285 Darmstadt, Tel. 06151 / 42 14 11.

Stadion Böllenfalltor: Zu viele Bürden für die „Lilien".

(Foto: Hoeck)

Dessau

Schillerpark und Paul-Greifzu-Stadion

„Das erste sozialistische Stadion"

Paul-Greifzu-Stadion Dessau: Der Tod eines Rennfahrers.

Bauhaus (UNESCO-Weltkulturerbe), Kurt Weill, Hugo Junkers, Mosel Mendelssohn, UNESCO-Biosphärenreservat, ehemalige Residenz – als ob die mit 90.000 Einwohnern drittgrößte Stadt von Sachsen-Anhalt nicht schon genug zu bieten hätte, so ging Dessau noch mit dem Paul-Greifzu-Stadion, „dem ersten im Aufbau des Sozialismus geschaffenen Stadion", in die DDR-Sportstätten-Geschichte ein.

Dass die Arena diesen Namen erhielt, war mit einem tragischen Ereignis verbunden: Paul Greifzu aus Suhl, ein populärer Autorennfahrer, DDR-Meister und Vizepräsident der Sektion Motorsport, war am 10. Mai 1952 bei der Vorbereitung auf ein Rennen auf dem Dessauer Kurs tödlich verunglückt. Der Westberliner „Tagesspiegel" behauptete, Greifzu sei „von sowjetischen Dienststellen" zur Rennteilnahme gezwungen worden: „Sein Tod ist auf das Propagandabedürfnis der Machthaber, zurückzuführen, das in der ,DDR' wichtiger ist als ein Menschenleben." Greifzu war im Westen bekannt: Er gewann am 1. Juli 1951 mit einem BMW-Eigenbau, den er mit Eisenacher Automobilbauern montierte, vor Hunderttausenden das erste Nachkriegsrennen auf der Berliner Avus; Berlins „Regierender" Ernst Reuter überreichte mit „Leichenbittermiene" den Siegerkranz... (Ein weiteres Paul-Greifzu-Stadion besteht für Speedway in Stralsund.)

„Bauarbeiter mit neuem Bewusstsein"
Fußball-Gauligist SV Dessau 05 war bereits in den 30er und 40er Jahren ein Be-

griff und spielte sechsmal in der Endrunde um die „Deutsche". In der DDR-Oberliga von Anfang an, seit 1949, dabei, war die SG Waggonbau Dessau 1949 dank eines 1:0 über BSG Gera-Süd im Hallenser Wabbel-Stadion erster DDR-Pokalsieger. Die Waggonbauer spielten damals noch im traditionsreichen Schillerpark.

Der Platz im Schillerpark wurde zum Oberliga-Aufstieg 1952 zwar durch Holzstehplatztribüne und Sitzplätze auf ein Fassungsvermögen von 20.000 erweitert, war aber weder Erstliga- noch Leichtathletik-gerecht. Die Fußball-Euphorie war groß in Dessau, selbst zum Training unter dem von Borussia Neunkirchen aus dem Saarland gekommenen Coach Willi Braun kamen über hundert Anhänger in den Schillerpark.

Der Rat der Stadt hatte bereits 1949 den Auftrag erteilt, unter Verwendung von Trümmerschutt auf dem Tannenheger „in der herrlichen Landschaft der Mulde" ein neues Stadion zu bauen. Kriegstrümmer waren in Dessau reichlich vorhanden, denn als Rüstungszentrum der Luftwaffe (Junkers-Werke) war die Stadt vielen Angriffen ausgesetzt, die Innenstadt zu 84 % zerstört.

Statistiker teilten später mit, 100.000 cbm Schutt sei in 140.000 Feldbahnwagen (Muldenkipper) transportiert worden, was 33.000 Tagewerken und 480.000 t Lastkilometern entsprach. Zwar standen 1951 nur finanzielle Mittel zur Enttrümmerung, nicht aber für den Stadionbau zur Verfügung, doch mit „51.000 freiwilligen Arbeitsstunden", Spenden, Solidaritätsaktionen, Ent-

trümmerungs-Wettbewerben und dem Erlös aus dem Dessauer Autorennen kam das Projekt voran. „Die Bauarbeiter haben an diesem Stadion mit neuem Bewusstsein gearbeitet", würde Oberbürgermeisterin Maria Dank später sagen und insbesondere „die Heldenleistungen der sozialistischen Arbeit" der Brigade Delle preisen.

Am 18. Oktober 1952 strömten über 30.000 zur Eröffnung ins Greifzu-Stadion, die Volkspolizei-Kapelle musizierte, zwei „Helden der Arbeit" waren präsent, die Leichtathleten aus Halle, Magdeburg und Anhalt maßen sich, ein Staffellauf ging „Quer durch Dessau", und schließlich gewann Waggonbau-Nachfolger Motor Dessau an diesem Sonntag den Oberligakampf gegen Lok Stendal mit 4:0. Komplett war die 35.000 Besucher fassende Sportstätte da noch nicht, folgen sollten noch die Freilichtbühne für Box- und Kulturveranstaltungen, Schwimmbecken, Klubheim und Aufmarschplatz.

Das BSG Motor-Oberliga-Dasein ging leider bereits 1954 zu Ende. Immerhin wurden Dessaus Greifzu-Stadion später noch zwei Pokal-Endspiele zugesprochen (1964 Aufbau Magdeburg – SC Leipzig 3:2 vor 12.000 und 1973 1. FC Magdeburg – 1. FC Lok Leipzig 3:2 vor 30.000), nie aber ein A-Länderspiel.

In den 90er Jahren hat man das Greifzu-Stadion schrittweise saniert und funktionell erweitert. Die Leichtathletik-Kunststoffanlage weihte man mit einem Sportfest mit Olympiasiegern am 4. Oktober 1997 ein, und 5.200 waren anwesend, als am 25. März 1999 das Stadion beim Spiel Dessau 05 – VfL Wolfsburg Flutlicht bekam. Der FC Anhalt Dessau vom Greifzu-Stadion gehört der Oberliga an, der SV Dessau 05 im Schillerpark der Verbandsliga. *sky*

Paul-Greifzu-Stadion Dessau
ER: 1952. FV: früher 35.000, heute 25.000, davon 776 SiP, davon 568 üd. ZR: je 30.000, 19.10.1952, DDR-Oberliga (Stadioneröffnung), Motor Dessau – Lok Stendal 4:0; 1.5.1973, DDR-Pokalendspiel, 1. FC Magdeburg – 1. FC Lokomotive Leipzig 3:2. Ludwigshafener Str. 69, 06842 Dessau, Tel. 0340 / 88 220 20, 88 220 16 (FC Anhalt).

Sportplatz Schillerpark Dessau
ER: 1936. FV: 5.000, davon 500 üd. SiP.
ZR: 18.000 (1952, Spiel von Motor Dessau in der DDR-Oberliga).
Am Schillerpark, 06844 Dessau, Tel. 0340 / 220 19 25.

■ Stadion „Rote Erde"

Eine typische deutsche Kampfbahn

„Wuchtig und trutzig wächst die Kampf-bahn aus dem Land der roten Erde her-vor, selbst ein Sinnbild der Kraft, die in diesem Boden steckt und die zu erhalten dies beitragen soll." Derart pathetisch beschrieb Autor Max Ostrop 1928 Dort-munds Stadion „Rote Erde", eine typi-sche deutsche Kampfbahn, bei der Komfort eine relativ geringe Rolle spielte. In erster Linie ging es darum Ka-pazitäten zu schaffen.

Visionärer Stadtplaner

Bereits 1919 wurde in Dortmund erwo-gen, eine große Sportanlage nicht nur lokalen, sondern auch regionalen Cha-rakters zu errichten. Bezüglich des Standorts entschied man sich schließ-lich für eine Freifläche im Südwesten der Stadt hinter dem Steinernen Turm.

Vater der Kampfbahn „Rote Erde" war Stadtbaurat Dipl. Ing. Hans Strobel, nach dem später auch die Straße vor dem Stadion benannt wurde. Dass Dort-mund heute die vielleicht schönste (und grünste) Stadt im Ruhrgebiet ist, hat die Stadt nicht zuletzt dem Wirken dieses Mannes zu verdanken.

Als Strobel im Mai 1914 nach Dort-mund kam, hatte er sich bereits in Bre-men und Leipzig als progressiver Archi-tekt einen Namen gemacht. Der Visionär und Kritiker des Parteienklüngels veröf-fentlichte 1918 eine Denkschrift, in der er als einer der ersten auf die kom-mende Wohnungsnot hinwies und ent-sprechende Vorkehrungen empfahl.

Hans Strobels größtes Projekt aber war der Dortmunder Volkspark mit der Kampfbahn „Rote Erde", der Westfalen-halle, dem Schwimmbad und der Volks-wiese. Strobel: „Als ich den Zirkelschlag machte, stand mir die zukünftige Ge-staltung des Volksparks klar vor Augen: Die Kampfbahn das Herz, die Westfalen-halle die Krone."

Am 24. März 1924 verabschiedete die Stadtverordnetenversammlung das von Strobel unter dem Titel „Kleingarten-daueranlage und Spiel- und Sportplätze im Volksparkgelände hinter dem Stei-nernen Turm" vorgelegte Projekt. Die Fertigstellung der Kampfbahn erfolgte termingerecht zum 1. Juni 1926; ein-schließlich von Nebenanlagen und Zu-wegungen kostete sie 1,8 Mio. RM. Ihr Fassungsvermögen wurde mit 35.000 angegeben. Am 6. Juni 1926 wurde sie offiziell eröffnet, doch zur Schlüssel-übergabe durch OB Eichhoff und Stadt-baurat Strobel erschienen lediglich 8.000 bis 9.000 Zuschauer und sahen eine peinliche 1:11-Niederlage der Dort-munder Stadtauswahl gegen Wacker München.

Ihren ersten Massenansturm erlebte die neue Arena erst eine Woche später, als die Arbeitersportbewegung in die „Rote Erde" rief. Anders als bei der Ver-anstaltung des bürgerlichen Stadtver-bandes für Leibesübungen kamen nun 30.000 Menschen.

Musikhäuschen und „Burgbrücke"

In seinem Buch „Deutschlands Kampf-bahnen" (1928) beschrieb Max Ostrop das Stadion wie folgt: „Die prächtige Gesamterscheinung wird durch die Bau-weise und den Baustein erzielt, in dem das gesamte Stadion ausgeführt ist. Bei allen Bauten, auch bei den Stufen des Walls, ist der heimische Ruhrkohlesand-stein verwandt worden, der die löbliche Eigenschaft besitzt, um so schöner zu wirken, je weniger man an ihm herum-arbeitet. Er besitzt in seinen wundervol-len wechselnden Farben, seinen Kohle-kristallen und Kernbildungen, bruchrau verarbeitet, Flächen von Lebendigkeit und Frische, gegen die keine ornamen-tale oder farbige Behandlung aufkommt, hält sich ganz ausgezeichnet und stem-pelt die Kampfbahn mit ihren vielen stattlichen Bauten zu einem Prachtstück. In der einfachen, formstrengen Tribüne, dem gegenüberliegenden geschmack-vollen Musikhäuschen, den großzügigen Eingangs- und Kassenbauten und dem wieder gegenüberliegenden wuchtigen, burgbrückenartigen Ausgangstorbogen kommt dieser Baustoff reich und wun-dervoll zur Geltung, jeder Zierrat ist überflüssig und vermieden..."

Die „Rote Erde" war eine typisch deutsche Kampfbahn, die sich hinsicht-lich Konzeption und Kapazität von der Schalker Glückaufkampfbahn kaum un-terschied. Eine mit Sitzbänken ausge-stattete überdachte Haupttribüne wurde von unüberdachten Stehrängen einge-schlossen. Im Fall der „Roten Erde" ka-men noch das Marathontor in der Süd-kurve und der Musikpavillion auf der Gegengeraden hinzu. Der Hauptunter-schied zwischen den beiden Anlagen war ihre jeweilige Lage: Anders als die Glückaufkampfbahn, in deren Nachbar-schaft sich Industrieanlagen und Wohn-gebiete befanden, war die „Rote Erde" kein Stadtstadion. Am ehesten war sie noch mit dem in einem Waldgelände angesiedelten Duisburger Stadion in der Wedau vergleichbar.

Erst 1937 kam die Borussia

Als das Dortmunder Stadion gebaut wurde, dachte noch niemand daran,

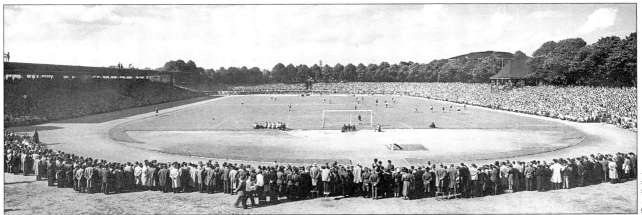

Die Rote Erde während eines BVB-Spiels in den 50er Jahren; man beachte den Musikpavillon (!) rechts.

(Foto: Kolbe)

dass die „Rote Erde" und Borussia Dortmund einmal Synonyme werden würden. Massen mobilisierten zunächst andere Veranstalter. 1927 diente die Arena dem Deutschen Katholikentag, dessen Leitung beim apostolischen Nuntius Pacelli (später Papst Pius XII.) lag. Es folgten eine große Tierschau sowie im Frühjahr 1932 das Reichstreffen der katholischen Deutschen Jugendkraft (DJK), bei dem u.a. Reichskanzler Dr. Heinrich Brüning und der Kölner OB Dr. Konrad Adenauer sprachen. Im Juli trafen sich 125.000 Teilnehmer aus ganz Deutschland beim Reichskriegertag in der „Roten Erde". Die Großveranstaltungen ließen schon bald deutlich werden, dass das Fassungsvermögen der Kampfbahn zu gering war.

Borussia Dortmund zog erst 1937 in die „Rote Erde" ein, als der im Norden der Stadt gelegene Traditionsplatz „Weiße Wiese" dem Bauprogramm der Hoesch AG zum Opfer fiel. Der Umzug korrespondierte mit dem Aufstieg in die Gauliga und der Entwicklung Borussias vom Stadtteil- zum städtischen Repräsentationsverein.

Noch vor den Borussen füllte ein anderer Verein die Arena, nämlich Schalke 04. Der Revierrivale, damals noch um einige Nummern größer als der BVB, trug dort zwischen 1927 und 1936 fünfmal Endrundenspiele zur Deutschen Meisterschaft aus und mobilisierte dabei jeweils über 30.000 Zuschauer.

Als die Hunde Schalker bissen
Der 2. Weltkrieg ging auch an der „Roten Erde" nicht vorbei. Nach einem schweren Luftangriff am 12. März 1945 wurden nicht weniger als 96 Bombentrichter in der Arena gezählt. Auch die Katakomben unterhalb der Haupttribüne waren zerstört worden, weshalb sich die Mannschaften zunächst im Schwimmstadion hinter dem Marathontor umkleiden mussten.

Borussias Aufstieg zu einer deutschen Spitzenmannschaft erfolgte in den Jahren der Oberliga West 1947-1963. Insbesondere beim Revierderby gegen Schalke 04 war die Kampfbahn nun wiederholt ausverkauft. Eine Begegnung mit den Schalkern war es auch, die möglicherweise den Zuschauerrekord für Bundesligaspiele in der „Roten Erde" hält: Am 6. September 1969 war die „Rote Erde" hoffnungslos überfüllt (offiziell wurden 39.000 Besucher angegeben). Die Zuschauer standen teilweise an den Seitenlinien, wo sie den Sitzplatzbesuchern die Sicht versperrten. Als die Schalker mit 1:0 in Führung gingen, stürmten Besucher aufs Feld. Im allgemeinen Chaos wurde

u.a. der Schalker Spieler Friedel Rausch von den Hunden der Ordnungskräfte ins Hinterteil gebissen. Der Vorfall trug mit dazu bei, dass in den Bundesligastadien bald Zäune errichtet wurden.

Die „Rote Erde" sah auch zahlreiche Europapokalbegegnungen. Unvergessen bleibt der 5:0-Sieg der Borussen in der Saison 1963/64 gegen das „Wunderteam" von Benfica Lissabon, eine der besten und denkwürdigsten Vorstellungen, die je ein deutsches Team auf europäischer Bühne abgeliefert hat. Ein Spiel, „von dem inzwischen 200.000 behaupten, sie hätten es gesehen" (BVB-Präsident Gerd Niebaum). 43.000 sollen sich damals im Stadion befunden haben, das offiziell nur 39.000 aufnehmen konnte.

Für „große" Begegnungen erwies sich die „Rote Erde" schon in den 50er Jahren als zu klein. Die Zuschauereinnahmen waren damals aber noch die mit Abstand wichtigste Finanzierungsquelle des Profifußballs. Für den BVB bedeutete die geringe Kapazität der Kampfbahn erhebliche Einnahmeverluste und trug mit dazu bei, dass nach dem überraschenden Gewinn des Europapokals der Pokalsieger (1966) eine Abwärtsbewegung einsetzte, die 1972 schließlich im Abstieg in die Regionalliga mündete. Erst mit dem Umzug ins größere Westfalenstadion erlangte der Verein wieder Konkurrenzfähigkeit.

Zwar dominierte der Fußball nach dem 2. Weltkrieg in der „Roten Erde", aber nach wie vor fanden hier auch andere Veranstaltungen statt. Heinz Neuhaus boxte hier 1953 vor 30.000 Zuschauern gegen Hein ten Hoff. Im gleichen Jahr war die „Rote Erde" Austragungsort der Weltstudentenspiele. 1955 fand hier das Finale der Feldhandball-Weltmeisterschaft statt.

Wieder Leichtathletik-Arena
Die Fußball-A-Nationalmannschaft gastierte nur zweimal in der „Roten Erde": Am 5. Mai 1935 gegen Irland (3:1) (mit dabei war Dortmunds erster Nationalspieler August Lenz), und am 8. April 1967 im EM-Gruppenspiel gegen Albanien (6:0, 39. und letztes Länderspiel von Dortmunds Torhüter Hans Tilkowski).

Vor dem Bundesligastart 1963 wurde die Gegengerade der „Roten Erde" überdacht und um einige Sitzränge aufgestockt. Die eigentümliche Architektur des Holzaufbaus war viele Jahre das „Wahrzeichen" des Stadions. Außerdem errichtete man in der Südkurve eine große unüberdachte Holztribüne, die wichtige Teile der Laufbahn verdeckte und somit das vorübergehende Ende der „Roten Erde" als Leichtathletikstadion bedeutete. Nach Borussias Umzug in das Westfalenstadion (1974) wurden beide Konstruktionen wieder abgebaut, so dass die Leichtathleten wieder Einzug halten konnten. Die offizielle Eröffnung des für 1,6 Mio. DM modernisierten Leichtathletikstadions „Rote Erde" erfolgte am 18. Mai (Pfingstsonntag) 1975 mit einem Leichtathletiksportfest des OSC Thier Dortmund.

Dank der ausgiebigen Stehränge beträgt das Fassungsvermögen der „Roten Erde" heute noch 25.000.

Dietrich Schulze-Marmeling

Stadion „Rote Erde" Dortmund
ER: 1926. FV: früher 39.000, heute 25.000, davon 3.000 üd. SiP.
ZR: 43.000, Europapokal 1963/64, Borussia Dortmund – Benfica Lissabon 5:0.
Strobelallee 50, 44005 Dortmund, Tel. 0231 / 902 00 (Geschäftsstelle BVB 09).

Leichtathletik in der Kampfbahn Rote Erde, 30er Jahre.

(Foto: Skrentny)

Westfalenstadion: Blick auf die Süd-tribüne, die größte frei stehende Steh-tribüne Europas.

■ **Westfalenstadion**

Eine Fußballarena, in der sich Fans und Klub finden

Ohne die Zuschauer auf den Rängen wäre das in Paletten-Bauweise errichtete Dortmunder Westfalenstadion in seiner ursprünglichen Form keine schöne Arena, sondern ein von Zweckmäßigkeit dominierter, karger Betonklotz. Der Fertigbau wurde ursprünglich aus 26 nahezu identischen Baueinheiten „zusammengesetzt". Die Kampfbahn „Rote Erde" nebenan war als BVB-09-Spielstätte erheblich „grüner" und ansehnlicher, aber der unschätzbare Vorteil des Westfalenstadions liegt in seiner Enge, seinem reinen Fußballstadion-Charakter.

Die Architektur des Stadions blieb nicht ohne Einfluss auf die Spielweise des BVB. Michael Rummenigge, der in Dortmund das Kämpfen erlernte: „Durch die gelungene Stadionkonstruktion sehen die Leute dich und deine Arbeit viel besser als beispielsweise im Münchner Olympiastadion. In Dortmund kannst du es dir gar nicht erlauben, auf lau zu machen."

Fußballarena statt „Betonschüssel"

Als der DFB mit der Ausrichtung der WM 1974 betraut wurde, schlug endlich die Stunde für den Bau eines neuen Stadions in Dortmund. Die WM ermöglichte eine ausreichende Förderung durch Bund und Land. Im Oktober 1971 beschloss der Rat der Stadt den Bau des neuen Stadions unmittelbar hinter der Haupttribüne der „Roten Erde". Zunächst war eine konventionelle „Betonschüssel" mit Laufbahn geplant, die aber ca. 60 Mio. DM verschlungen hätte. Die Entscheidung zugunsten der Palettenbauweise und einer reinen Fußballarena reduzierte die Kosten um nahezu die Hälfte.

Die Entscheidung für den Bau einer reinen Fußballarena erwies sich im Nachhinein als goldrichtig. Die anderen WM-Städte erhielten großzügige „Betonschüsseln", gemäß dem damaligen architektonischen Trend, der sich u.a. in der Errichtung von hochgeschossigen Vorstadtsiedlungen äußerte. Atmosphäre kam nur auf, wenn die neuen Stadien bis zum Rand gefüllt waren.

Mit dem Bau des Westfalenstadions machte die Stadt ein glänzendes Geschäft. Das Projekt kostete am Ende 32,7 Mio. DM, worin allerdings auch 1,6 Mio. DM für den Ausbau der „Roten Erde" zu einem Leichtathletikstadion eingeschlossen waren. Vier Fünftel der Kosten kamen von Land, Bund, „Glücksspirale", aus der Mehrwertsteuer-Rückerstattung und aus Spenden. Die Stadt Dortmund mußte nur 6 Mio. DM aufbringen, die Nachfinanzierung betrug lediglich 800.000 DM. Auch die Folge-

kosten, vor denen die Gegner des Stadionbaus gewarnt hatten, wurden kein Problem. Mit der vom BVB gezahlten Stadionmiete ließen sich fast sämtliche Unterhaltungskosten bestreiten. Da die Stadionwerbung ebenfalls ins Stadtsäckel wanderte, erwies sich das Stadion für die Stadt als Goldgrube.

Das Stadion hatte zunächst ein Fassungsvermögen von 54.000, was 6.000 Plätze weniger waren als der DFB von seinen WM-Kandidaten gefordert hatte. Alle 16.500 Sitzplätze waren überdacht, 80 % der 37.500 Stehplätze ebenfalls. Kein Zuschauer befand sich weiter als 44 Meter vom Spielfeld entfernt. Der höchste Rang lag damals 17 Meter über dem Spielfeld. Die Außenmaße der Arena betrugen 150 x 200 Meter, das Spielfeld 106 x 68 Meter. Sämtliche Sitzplätze befanden sich auf den Tribünen seitlich des Spielfelds, der West- und der Osttribüne. Die Tribünen hinter den Toren – Süd- und Nordtribüne – bestanden indessen komplett aus Stehplätzen. Die Südtribüne wurde zum Mekka des BVB-Support, während man sich die Nordtribüne mit den Fans der Gegner teilte. Auch die unteren Reihen der West- und Osttribüne (Vortribüne) waren zunächst Stehränge.

Zur Eröffnung empfing der BVB am 2. April 1974 den alten Revierrivalen Schalke 04. Das erste Länderspiel fand am 17. April des gleichen Jahres gegen Ungarn statt (5:0). Die Akteure zollten der neuen Arena allergrößte Bewunderung. Für Bundestrainer Helmut Schön wurde es „nur durch das Azteken-Stadion in Mexiko" übertroffen, und der Kölner Mittelfeldregisseur Wolfgang Overath befand: „Diese Anlage hat nur einen Nachteil – sie befindet sich nicht in Köln." Franz Beckenbauer schwärmte später sogar von einer „Mailänder Scala unter Deutschlands Stadien".

Zum WM-Stadion wurde die Arena 1974 allerdings erst durch den Rückzug des Konkurrenten Köln. Beim WM-Turnier fanden im Westfalenstadion, der einzigen von neun WM-Arenen ohne Laufbahn, vier Spiele statt, von denen drei mit 53.970 Zuschauern ausverkauft waren. Für die niederländische Nationalmannschaft wurde es mit seiner für ihre Fans gut erreichbaren Lage zur „zweiten Heimat".

7.000 kalkuliert – 24.000 kamen!

Borussia Dortmund erlebte mit dem Umzug ins Westfalenstadion eine Renaissance. Anfangs war es vor allem die neue Arena, die die Zuschauer mobilisierte. Vor der Saison 1974/75 kalkulierte der Vorstand des vom finanziellen Ruin bedrohten Zweitligisten mit einem Zuschauerschnitt von 7.000. Tatsächlich passierten dann im Schnitt 24.000 die Stadiontore! Allein zur Premiere des Ungarn Zoltan Varga kamen 48.000 ins Westfalenstadion, obwohl der Gegner nur DJK Gütersloh hieß. Dies waren einige Tausend mehr, als der BVB Jahre zuvor gegen so attraktive Gegner wie Schalke 04 oder Benfica Lissabon in der „Roten Erde" unterbringen konnte. Eine Klasse höher verbuchten in dieser Saison nur vier Vereine einen noch höheren Zuschauerzuspruch.

Die unerwartet hohen Zuschauereinnahmen verschafften dem Vorstand finanzielle Spielräume, und ein Jahr später stieg eine verstärkte Mannschaft wieder in die 1. Bundesliga auf. In der letzten Zweitligasaison begleiteten im Schnitt 26.000 Zuschauer die Heimspiele des BVB. Der Deutsche Meister Borussia Mönchengladbach, der an einem zu kleinen Stadion krankte, registrierte über 3.000 weniger. Ohne den Umzug ins Westfalenstadion hätte Borussias Rückkehr in die Erstklassigkeit wohl noch einige Jahre auf sich warten lassen. In der Saison 1976/77 verzeichnete der Aufsteiger mit 43.187 Zuschauern den höchsten Zuschauerschnitt der Bundesliga.

1977 wurde der Rasen des Stadions von Würmern förmlich aufgefressen. Immerhin brachte dies den Borussen einen Sieg ein. Der Braunschweiger Popivoda vergab eine „Hundertprozentige", als er im Morast des „Rasens" hängenblieb und auf die Nase fiel. Die Hausherren gewannen dank dieses Missge-

schicks mit 1:0. Aus dem englischen Leeds wurde zwecks Rettung des Rasens der international renommierte Rasenfachmann Mr. Escritt eingeflogen.

Im Frühjahr 1992 erfolgte – bedingt durch Vorschriften der UEFA – die Versitzplatzung der Nordtribüne und der unteren Ränge der West- und Ostribüne, worunter vor allem die Auswärtsfans zu leiden hatten. An die Stelle der Stehränge traten nun etwa 9.000 Sitzplätze. Die Kapazität des Westfalenstadions sank dadurch von 54.000 auf 43.175, während die Einnahmen des BVB gleichzeitig stiegen. Mit 26.000 (davon 23.000 überdacht) befanden sich die Sitzplätze erstmals in der Mehrheit.

Privat finanzierter Stadionausbau

Das Westfalenstadion erwies sich nun bald als zu klein, um der Nachfrage nach Tickets Rechnung zu tragen. Die BVB-Führung war darauf bedacht, die Fehler aus den 60er Jahren, als man sich dem Problem des zu kleinen Stadions nicht konsequent genug gewidmet hatte, nicht zu wiederholen, und forcierte den Ausbau der Arena.

Im Mai 1995 war das Westfalenstadion durch einen Erbpachtvertrag mit der Stadt Dortmund zunächst für 30 Jahre an eine Investorengruppe übergeben worden, an der sich auch der BVB beteiligte. Damit begann der erste privat finanzierte Stadionausbau der Bundesliga-Geschichte:

Zunächst wurden auf beiden Geraden Oberränge mit je 6.000 Sitzplätzen geschaffen. Die Atmosphäre dort oben kann mit der im unteren Teil der Geraden, geschweige denn der Südtribüne, nicht konkurrieren. Durch das tief nach vorne gezogene Dach erhält man das Gefühl, nicht in einem Fußballstadion, sondern einem Kino zu sitzen – mit dem Spielfeld als Leinwand. Trotzdem ist dem Fußballautor Ulrich Hesse-Lichtenberger sicherlich zuzustimmen, wenn er über die aufgestockte Arena schreibt: „Das Westfalenstadion ist wunderbar! Es ist wunderbar, weil es nur auf den Fußball und sich selbst verweist. Da ist keine Landschaft, die man bestaunen müsste (außer vielleicht der Roten Erde, die man von der Südtribüne aus sehen kann); da ist weder die fast peinliche Nähe zu den Spielern, wie man sie in Bochum findet, noch die frostige Distanz, die in München herrscht."

Die Kapazität des Westfalenstadions stieg mit den Oberrängen auf 55.000, was in etwa dem ursprünglichen Fassungsvermögen entsprach. Nur mit dem „kleinen" Unterschied, dass nun die Sitzplätze mit 38.500 eindeutig überwogen. Da 38.000 Plätze im Stadion

durch Dauerkarten belegt waren, schuf die erhöhte Kapazität mehr Spielraum für Fans, die es sich nicht leisten konnten, die komplette Saison zu abonnieren. Der Umbau verschlang 60 Mio. DM, an denen der BVB mit 9 Mio. beteiligt war. Die Mehreinnahmen aus dem erweiterten Stadion bezifferte man für die Saison 1996/97 mit 3,5 Mio. DM.

Die offenen Eckbereiche des Stadions hatten ursprünglich eine gewisse Ventilation ermöglicht. Der Ausbau der beiden Geraden mit ihren gigantischen heruntergezogenen Tribünendächern verursachte nun erhebliche Bewässerungs- und Belüftungsprobleme. Auch litt der Rasen unter einem zu geringen Lichteinfall. Das Spielfeld ist seither die „Achillesferse" des Westfalenstadions und musste wiederholt erneuert werden. Der Rasen in der Weltklassearena ist häufig eher Kreisklasse.

Europas größte frei stehende Stehtribüne

Mit der Rückkehr zur ursprünglichen Kapazität war der Hunger der BVB-Funktionäre jedoch noch immer nicht gestillt. Tatsächlich ließen sich für Spiele gegen Bayern und Schalke wie für europäische Topbegegnungen mühelos Zehntausende Karten mehr verkaufen. Ein weiterer Ausbau bot außerdem die Chance für eine größere Publikumsfluktuation. Nach dem Ende der Saison 1997/98 wurde der Ausbau der Nord- und Südtribüne in Angriff genommen, wodurch die Kapazität weiter auf 68.600 gesteigert wurde. Der BVB verfügte damit über das mit Abstand größte reine Fußballstadion in der Bundesliga. Die Südtribüne wurde mit einem Fassungsvermögen von 25.000 zur größten frei stehenden Stehtribüne Europas und kann mehr Zuschauer beherbergen als Leverkusens gesamte „Bay Arena". Zum ersten Mal seit vielen Jahren bestand eine Baumaßnahme in einem Bundesligastadion nicht in der Umwandlung von Stehplatz- in Sitzplatzbereiche, sondern im Ausbau der Stehplatzkapazität. BVB-Präsident Niebaum: „Wir wollen ein Zeichen gegen die Verringerung der Stehplätze in den Stadien setzen."

Für internationale Begegnungen kann die neue Südtribüne mit Sitzplätzen nachgerüstet werden und hat dann eine Kapazität von 10.500 Plätzen. In zwei Ecken des Westfalenstadions wurden moderne Video-Matrix-Tafeln mit einer Fläche von 50 qm installiert, und innerhalb der Tribünen wurden 350 Fernsehgeräte aufgehängt. Außerdem erhielt die Arena eine Rasenheizung.

Die Nordtribüne erweiterte man um einen Oberrang mit 7.800 Sitzplätzen. Der

Unterrang blieb unverändert für 3.600 Sitzplätze und 1.400 Stehplätze gegnerischer Fans reserviert. Wie in vielen englischen Arenen gibt es auch im Westfalenstadion keine Flutlichtmasten mehr. Das Spielfeld wird nun von über 200 Scheinwerfern ausgeleuchtet, die unter den Tribünendächern montiert sind.

Die Kosten für die bislang letzte Bau-Etappe wurden mit 45 Mio. DM veranschlagt. Insgesamt investierte die Stadion GmbH mit den Partnern BVB, Continentale und Harpen somit 105 Mio. DM in das Stadion. Für den Neubau von neuen Arenen an anderen Bundesligastandorten wurde und wird z.T. das Drei- bis Fünffache veranschlagt. So besehen erhielt der BVB seinen „Erlebnispark" vergleichsweise preiswert und dazu noch ein gutes Stück früher als die Konkurrenten.

Eine geradezu revolutionäre Konstruktion soll demnächst das Stadion in eine Mehrzweckarena verwandeln und zugleich das Rasen-Problem lösen: Sechs hydraulische Arme sollen das Spielfeld nach dem Abpfiff in 55 Meter Höhe heben. Mit der vorhandenen Tribünenüberdachung würde das Spielfeld dann ein geschlossenes Dach bilden. Außerdem ist geplant, die vier offenen Ecken mit Türmen zu schließen. Als Modell dient hier das Mailänder Guiseppe-Meazza-Stadion. In den Türmen sollen Parkhaus, Theater, TV-Studios, VIP-Logen sowie Jugendinternat untergebracht werden. Geschätzte Gesamtkosten: 100 Mio. DM.

In der Saison 1999/2000 verzeichnete der BVB – trotz enttäuschender Darbietungen – mit einem Zuschauerschnitt von 62.616 einen neuen Vereinsrekord, der zugleich auch Bundesligarekord war. Der Schnitt des Tabellenelften lag um gut 10.000 über dem des Meisters Bayern München. Sieben Begegnungen der Dortmunder waren mit 68.600 Zuschauern ausverkauft. Es dürfte wohl mehr das Stadion und weniger die Mannschaft gewesen sein, das die Massen mobilisierte.

Dietrich Schulze-Marmeling

Westfalenstadion Dortmund
ER: (1974) 1999. FV: 68.600, davon 41.600 SiP und 27.000 StP, sämtlich überdacht. Bei Spielen unter UEFA-Aufsicht: 52.000 üd. SiP.
ZR: 68.600, Bundesliga-Saison 1999/ 2000, siebenmal war ausverkauft, erstmals 25.9.1999, Borussia Dortmund – Eintracht Frankfurt 1:0.
Strobelallee 50, 44139 Dortmund, Tel. 0231 / 90 200
(Geschäftsstelle BVB 09).

Rudolf-Harbig-Stadion

Kampf um den Namen

Das heutige Rudolf-Harbig-Stadion hat eine lange Geschichte, auch was die Namen betrifft: Als Ilgenkampfbahn 1923 eröffnet, erhielt es zum 23. September 1951 den Namen Rudolf-Harbig-Stadion. Harbig, geboren 1913 in Dresden, war ein legendärer Läufer der Zwischenkriegs- und Kriegszeit und stellte 1939 bis 1941 sechs Weltrekorde (darunter den über 1.000 Meter in besagter Ilgenkampfbahn) auf. Als Offizier kam er am 5. März 1944 in Nowo Urkranske in der Sowjetunion ums Leben.

Die Sportstätte an der Lennéstraße nach dem Leichtathleten zu benennen, war zu DDR-Zeiten kein einfaches Unterfangen. Der Sportredakteur des „Sächsischen Tagblatt" der Liberal Demokratischen Partei (LDP, später LDPD) hatte den Einfall, Harbig-Witwe Gerda stimmte zu, ebenso der Deutsche Sportausschuss der DDR. Im „Unteren Gasthof" von Lockwitz, wo am 12. Juli 1951 die Dresdner Stadtverordneten tagten, kam diese Botschaft wohl nicht an, denn die stellvertretende Fraktionsvorsitzende der Freien Deutschen Jugend (FDJ), der Jugend-Organisation der SED, erklärte, ihr sei Harbig nur aus einem Grund bekannt – als Kriegsfreiwilliger. Prompt stimmten FDJ, SED, CDU, NDP und andere Fraktionen geschlossen gegen die Namensgebung und übertrugen anschließend – bei Enthaltung der LDP – „der Jugend", lies: FDJ, den Auftrag, einen Stadion-Namen zu finden.

Am 16. Juli jedoch teilte das „Deutsche Sportecho" aus Berlin als „Zentralorgan der Demokratischen Sportbewegung" mit: „Also doch Harbig-Stadion". Der Weltrekordler sei ein Arbeiterkind und stets sportliches Vorbild gewesen, sein Schicksal („wie so viele Millionen Sportler musste er den faschistischen Waffenrock anziehen") sei politische Mahnung. Hintergrund dieser Entscheidung mag gewesen sein, dass der DDR-Sport sich seinerzeit um internationale Anerkennung bemühte (an den Olympischen Spielen 1952 durfte Bundesdeutschland, nicht aber die DDR teilnehmen).

Obwohl in der DDR noch ein Harbig-Stadion in Borna bestand, fiel die Dresdner Benennung um 1972 weg. Nun hieß die Sportstätte Dynamo-Stadion – weshalb, ist unbekannt. Im Umfeld des Stadions waren Straßen nach Widerstandskämpfern benannt worden (aus der Lennéstraße wurde die Dr.-Richard-Sorge-Straße, hinzu kam eine Fucikstraße), möglicherweise passte der Wehrmacht-Offizier nicht in diesen Zusammenhang. 1990 erhielt die Sportstätte den Namen Harbig-Stadion zurück.

Ein Verleger und ein Geheimer Hofrat
Die Vorgeschichte des Dresdner Stadions geht bis auf das Jahr 1856 zurück, als der Verleger und Rechtsanwalt Dr. Justus Friedrich Güntz einer Stiftung, die vom Oberbürgermeister und seinem

Das Café am Harbig-Stadion, 1923.

(Foto: Stadtbildstelle Dresden)

Stellvertreter verwaltet wurde, das Recht zur Herausgabe des „Dresdner Anzeiger" überließ. Die „Verschönerung der Stadt" war einer der Anlässe der Stiftung, weshalb Dresden 1896 für 462.000 Mark sieben Hektar Wiesen aus dem Kapital kaufte, die Güntzwiesen. Jugendspielplätze, Tennisplätze und eine Radfahrbahn wurden angelegt. 1903 schenkte die Stiftung die Güntzwiesen der Stadt – „für Erholung in freier Luft, Sport und Spiel", eine für damalige Zeiten weitsichtige Entscheidung. 1911 erweiterte man die Güntzwiesen für die „1. Internationale Hygiene-Ausstellung" – bis heute besteht unweit des Stadions das Deutsche Hygiene-Museum –, „zur Demonstration nützlicher körperlicher Betätigung für die allgemeine Gesundheit" wurde ein weiterer Sportplatz gebaut.

Nach Güntz war eine weitere private Initiative Grundlage des heutigen Stadions. Der Geheime Hofrat Hermann Ilgen wollte den Dresdner Rathausplatz mit einem Zierbrunnen verschönern, ließ sich aber umstimmen und widmete sein Geld dem Stadionbau. Dresdens Stadtbaurat Paul Wolf, der bereits das Hindenburg-Stadion Hannover (Eilenriede) entworfen hatte, bezeichnete das Projekt „nach den Kräfteverlusten infolge des Krieges im Interesse der körperlichen Ertüchtigung von ganz besonderer Bedeutung". 1923 eröffnete das Stadion – „in der Mitte der Stadt, vom Hauptbahnhof in einer Viertelstunde zu Fuß zu erreichen" („Dresdner Neueste Nachrichten"). Im Stein der Eingangspfeiler, die heute dem Bad vorgelagert sind, ist zu lesen:

„Durch opferwilligen Bürgers Sinn geschaffen / Als deutsches Volk in tiefer Not rang um sein Dasein / Sei eine Stätte freudigen Kampfs der Jugend / Aus der ein neu und frei Geschlecht erstarke / Das vorwärts drängt zu neuem Leben."

Pfingstsonntag, 17. Mai 1923, war gleichzeitig mit dem Beginn der Jahresschau „Spiel und Sport" Eröffnung mit einem vielfältigen Programm (offizielle Weihe der „Kampfbahn an der Lennéstraße auf der Güntzwiese" war am Mittwoch zuvor). Die Handball-Städtevergleiche Dresden – Berlin endeten bei den Frauen 0:1, bei den Männern 10:10, es gab einen 7,5-Kilometer-Mannschaftslauf. Der Arbeitersportklub SV Dresdensia (nicht zu verwechseln mit dem gelichnamigen bürgerlichen Klub) blieb dem Fest fern, da er gemeinsam mit anderen Vereinen gegen „das Ziehen" der besten ostsächsischen Sportler durch die bürgerlichen Vereine protestierte. 24.000 Plätze standen zur Verfügung, davon 300 Sitzplätze; die Erweiterung zur Großkampfbahn und auf ein Fassungsvermögen von 40.000 war vorgesehen.

Die 400-m-Laufbahn war in den Kurven leicht erhöht (!), weiter existierte eine 100-m-Laufbahn. 16 Rampen führten auf die sog. Erdtribüne, deren Rückseite Rasenböschungen bildeten. Wer die Anlage durch den Haupteingang von der Johann-Georgen-Straße betrat, passierte die „Reklamestraße", das Spalier des 20er-Jahre-Sponsoring, früher Beleg der Verbindung von Sport und Kommerz. Diese und andere Bezeichnungen für Teile des Stadions sind heute vergessen: Die Südkurve hieß „Bürgerwiesenbogen", die Nordkurve „Ballwerferbogen" (die Plastik steht heute vor dem Hygiene-Museum). Der Name des Stadions lautete Ilgen-Kampfbahn; somit hatte sich u.a. ein Leserbrief-

Autor, ein Studienrat, durchgesetzt, der verlangt hatte, die Bezeichnung „Kampfbahn" zu wählen, da die Dresdner Sportstätte nicht griechischen Stadien und römischen Arenen entsprechen würde. Derartige Deutschtümelei kam damals in bürgerlichen Kreisen gut an.

Das erste Fußball-Länderspiel der Arbeitersportler fand 1924 in der Ilgen-Kampfbahn statt, Deutschland (identisch mit dem Dresdner SV 1910) gewann gegen Frankreich 4:1. Der DSV 10 besaß bald darauf ein eigenes Stadion, das am 25. August 1925 eingeweihte DSV-Stadion Ost, in dem im selben Jahr 25.000 das 3:1 über Charkow aus der UdSSR miterlebten. Der DSV schloss sich später der kommunistischen Rotsport-Bewegung an und wurde 1931 und 1932 deren Fußballmeister. Auch der DFB nutzte die Ilgen-Kampfbahn für Länderspiele, so gleich im Eröffnungsjahr (1:2 gegen Finnland vor 20.000).

Den „Sportpark" ergänzte 1926 in der verlängerten Stadionachse das Schwimmstadion (5.000 Plätze). Drei Viertel der 400.000 Mark Baukosten finanzierte ein jüdischer Bankier, weshalb die „Schwimmbahn" Georg-Arnhold-Bad hieß. In der NS-Zeit fiel dieser Name dem Rassenwahn der Nazis zum Opfer, nun schrieb man vom Güntzwiesenbad, und nach 1945 tauchte das Arnoldbad – in falscher Rechtschreibung – wieder auf.

Nach Kriegsende galt in der Elbestadt zwar ein sechsmonatiges Sportverbot (keine Wettkämpfe, nur Übungsbetrieb), doch Oberleutnant Orsowsky, Sportbeauftragter des sowjetischen Stadtkommandanten, setzte sich für die Wiederherstellung der Sportstätten ein – an erster Stelle rangierten die Ilgenkampfbahn, das DSC-Stadion am Ostragehege und das Arnoldbad.

Die Trümmerbahnen der schwer zerstörten Stadt fuhren ab März 1948 über 100.000 Kubikmeter Trümmerschutt zu den Güntzwiesen, wo an der Stelle der Ilgenkampfbahn und dank vieler freiwilliger Helfer nach Plänen von Gebauer und Emil Leibold ein neues Stadion mit insgesamt 8.000 m langen steinernen Traversen erstand. Das Spielfeld war bereits im Sommer 1948 wieder intakt, als die 48. Grundschule ein Schüler-Lehrer-Match austragen wollte, Bedienstete der Landesregierung aber den Platz besetzt hielten. Das gab öffentlichen Ärger, woraufhin die Landesregierung umgehend die Patenschaft für die Schule übernahm…

West-Sperre für Ost-Sieger

Wie oben erwähnt, wurde die Kampfbahn am Dienstagnachmittag, 18. Sep-

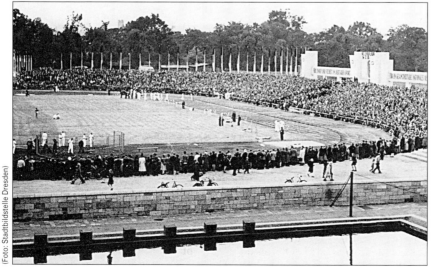

Das Rudolf-Harbig-Stadion in den 50er Jahren.

(Foto: Stadtbildstelle Dresden)

Das Rudolf-Harbig-Stadion heute: Kaum eine andere deutsche Arena liegt so zentrumsnah.

tember 1951, im Beisein von 20.000 bis 35.000 Menschen mit einem Leichathletik-Sportfest als Rudolf-Harbig-Stadion wiedereröffnet. 100 schwarz-rot-goldene Fahnen wehten, am Ort der früheren Tribüne war ein überlebensgroßes Harbig-Porträt aufgebaut, umgeben von weißen Fahnen. Harbig-Witwe Gerda: „Mögen alle Menschen erfüllt sein vom Geiste der Völkerverständigung und des Friedens." Der westdeutsche DLV (der heute alljährlich einen Harbig-Gedächtnispreis verleiht) hatte seinen Athleten die Teilnahme verboten, woran sich, obwohl vor Ort, z.B. der bekannte Läufer Herbert Schade aus Wuppertal-Barmen hielt. Der Krefelder Hoppenrath dagegen nahm an Hoch- und Dreisprung teil, 1.500-m-Meister Lamers (Oberhausen) gewann den „Rudolf-Harbig-Gedächtnislauf" über 800 m und der Gehörlose Wöller (Bremen) die 1.500 m. Nach Rückkehr ließ der DLV das Trio sperren.

14.000 sahen als erste Fußball-Begegnung im Harbig-Stadion das Oberliga-Spiel der im Sommer 1950 nach der Flucht der SG Dresden-Friedrichstadt in den Westen gegründeten SG Deutsche Volkspolizei Dresden gegen Lok Stendal. Danach kehrte die Oberliga-Elf ins Steyer-Stadion zurück, obwohl dessen Gegenstück als schöner galt. Ende 1951 hatte man zudem geklagt, das Steyer-Stadion sei überstrapaziert, das Harbig-Stadion dagegen nicht ausgelastet. Das änderte sich mit den Spielen von Rotation Dresden, u.a. gegen Admira und Vienna aus Wien, aber irgendwie war auch dies wieder zuviel, denn Ende 1952 hieß es, das Harbig-Stadion müsse „geschont" werden. Die Laufbahn war in schlechtem Zustand, die Stadionfassade verwittert, der Obelisk schwer beschädigt, was nach 1953 seinen Abriss zur Folge hatte. Höhepunkte blieben die „Rudolf-Harbig-Gedächtnis-Sportfeste" (1953 vor 30.000), und 1954 gab es im Harbig-Stadion erstmals DDR-Leichtathletik-Meisterschaften.

Ein Stadion für 100.000

Dresden besaß mit dem Steyer- und dem Harbig-Stadion zwei respräsentative Sportstätten, weshalb im Juli 1954 der Beschluss des Rates der Stadt, in einem südöstlich vom Volkspark Großer Garten gelegenen Areal ein Stadion für 100.000 Menschen zu bauen, allgemein überraschte. Bereits 1950 war eine Erweiterung des Steyer-Stadions auf 90.000 Plätze Thema gewesen. Gebaut hat man beim Grossen Garten nie, das „Stadion der Hunderttausend" entstand in Leipzig.

Die 1953 gegründete SG Dynamo Dresden zog als viertklassiger Bezirksligist im Januar 1957 vom Steyer-Stadion ins kleinere Harbig-Stadion um, während SC Einheit Dresden im Steyer-Stadion spielte. Dass Dynamo damals so tief gesunken war, hatte seinen Grund darin, dass zum Saisonende 1954 die SG Dynamo Dresden (DDR-Meister 1953!) nach Berlin „delegiert" worden war, wo sie als SC Dynamo (später BFC Dynamo) auftrat. Erst 1962/63 und ab 1964/65 gab es mit Dynamo wieder erstklassigen Fußball im Harbig-Stadion. Fortan avancierte das Team zum führenden Fußballklub der Elbestadt und war zwischen 1971 und 1990 achtmal DDR-Meister und sechsmal DDR-Pokalsieger. Im März 1967 versprach FIFA-Präsident Sir Stanley Rous in Dresden Dynamo die Teilnahme am Messe-Cup (Vorläufer des UEFA-Cup), wenn man denn eine Flutlichtanlage im Harbig-Stadion errichten würde. Das EC-Debüt lief dann gegen die Glasgow Rangers (1:1) aber doch im Steyer-Stadion vor 40.000 ab, denn Flutlicht-Premiere im Harbig-Stadion war für Dynamo – seit 1968 in den Stadtfarben schwarz-gelb – erst am 3. September 1969 gegen eine DDR-Auswahl; in dem Jahr war auch das Sportcasino fertig gestellt. Im EC der Meister gastierte 1973 Bayern München beim hochdramatischen 3:3, 36.000 – so viele Menschen fasste das Stadion offiziell erst nach der Erweiterung im Sommer 1976 – waren vor Ort. „Ach, die armen Brüder und Schwestern im Osten!", dachten da manche im Westen, die im Fernsehen vergebens nach einer überdachten Tribüne Ausschau hielten. Dynamo-Stadion und Olympiastadion München, das schien wie „Hütte" und „Palast"… In der Sommerpause 1980 wurde nochmals auf ein Fassungsvermögen von 38.500 erweitert, eine elektronische Anzeige hatte man am 6. Juni 1979 gegen den 1. FC Magdeburg eingeweiht.

Anlässlich eines Benefizspiels zugunsten des Wiederaufbaus des Dresdener Schlosses erhielt das Dynamo-Stadion am 26. März 1990 den Namen Rudolf-Harbig-Stadion zurück. Die „Fußball-Gala" der „Bild-Zeitung" erbrachte zwei Mio. Mark Erlös, eine „Deutsche Alteherren" mit Sparwasser, Dörner, Seeler, Beckenbauer u.a. spielte gegen die „Weltauswahl", u.a. mit Bobby Moore, Charlton, Pezzey, Kempes, Hellström, Panenka, Bum Kun Cha (1:3).

Noch vor der Vereinigung nahm der Verein am 1. Juni 1990 den Namen 1. FC Dynamo Dresden an und verspielte internationales Renomee, als es im EC-Spiel gegen Roter Stern Belgrad (0:3) zu schweren Ausschreitungen von Gewalttätern kam. Die zweijährige Sperre durch die UEFA für internationale Spiele erwies sich angesichts des Niedergangs des Vereins als nicht mehr relevant. Ein Ende der Gewalt bedeutete dies ohnehin nicht, wie am letzten Bundesliga-Hinrundenspieltag 1992, den der DFB als Demonstration gegen Ausländerfeindlichkeit und Absage an Gewalt verstanden wissen wollte, die Anhänger des 1. FC Kaiserslautern erfahren mussten. Da setzte ein Teil von Dresdens „Anhang" ein gegenteiliges Zeichen. FCK-Trainer Rainer Zobel ironisch: „Vielleicht sollte man eine Aktion ‚Mein Freund ist Deutscher' starten."

Das vorerst letzte Länderspiel in Dresden und erste DFB-Länderspiel nach 1945 in den neuen Bundesländern fand im Harbig-Stadion am 14. Oktober 1992 zwischen Deutschland und Mexiko (1:1, 28.000) statt; es war gleichzeitig Rudi Völlers Abschiedsspiel.

Dynamo Dresden gehörte 1991 bis 1995 der Bundesliga an und modernisierte das Stadion wieder im Sommer 1992 (u.a. neuer Rasen); das Fassungsvermögen lag nun bei 32.500. Mit dem Bundesliga-Abstieg 1995 verweigerte der DFB die Lizenz für die 2. Liga, seit 2000 sind die Dynamos viertklassig und der Besuch im Harbig-Stadion fällt gegenüber früheren Zeiten eher bescheiden aus. Der Deutsche Katholikentag 1994 dort war jedenfalls besser frequentiert.

Eine „richtige" Tribüne fehlte dem Stadion von Anfang an. Es gibt sie immer noch nicht, und nur wenige Sitzreihen sind überdacht. Es stehen zwei Sprechertürme auf beiden Geraden, die Sitzschalen sind grün und weiß, die Träger der Stahlrohrtribüne gelb-schwarz gestrichen. Die Flutlichtmasten ragen außerhalb des Ovals (mit Aschenbahn) auf, die Anzeigetafel steht frei hinter einer Kurve. Insgesamt kann man sich im Harbig-Stadion gut große Fußballtage und -abende vorstellen, doch bis dahin wird es wohl noch etwas dauern... *sky*

Rudolf-Harbig-Stadion Dresden
ER: 1923 / 1953. FV: 28.500, davon 220 üd. SiP, 10.670 unüd. SiP, 17.610 StP.
ZR: 38.500, nach 1980.
Lennéstr. 12, 01069 Dresden,
Tel. 0351 / 439 430.

■ Heinz-Steyer-Stadion

Der große Krawall am Ostragehege

Ebenso wie das Duisburger Wedau-Stadion hat es das Heinz-Steyer-Stadion von Dresden in den „Tatort" geschafft, als dort für den MDR-Beitrag „Der Tod spielt mit" vor der Kulisse der malerischen Yenidze-Tabakkonzern-„Moschee" eine Imbissbude „abgefackelt" wurde. Mancher mag sich an die Szene erinnern, weniger daran, dass die Spielstätte ein Länderspiel-Ort war.

Antifaschistische Namensgeber
Im Gegensatz zu etlichen anderen Sportstätten der früheren DDR hat diese ihren Namen behalten; der Gedenkstein mit der Flammenschale für den Namensgeber allerdings bedarf der Renovierung (lesbar ist lediglich noch: „Ehrendes Gedenken dem Dresdner Arbeiter..."). Heinz Steyer (1909-1944) war Arbeiterfußballer beim Dresdner SV, später Mitgründer und Leiter des 1933 verbotenen Arbeitersportvereins Rotweißrot-Sport sowie Mitglied der KPD. Im Widerstand gegen die Nazis tätig, wurde der Dresdner Presser im August 1933 zu drei Jahren und acht Monaten Zuchthaus verurteilt (nach anderen Quellen 1934 zu zwei Jahren neun Monaten). 1943 musste Heinz Steyer in die Strafdivision 999 nach Griechenland einrücken, wo der Telefonist und Funker Kontakt zum lokalen Widerstand aufnahm. Am 3. Juli 1944 wurde er verhaftet und am 12. Juli durch Erschießung hingerichtet.

Auch andere Dresdner Sportstätten erhielten die Namen von Antifaschisten: Der „Sportplatz der Transformatoren- und Röntgenwerker" an der Wurzener Straße wurde 1965 „Rudi-Pinkert-Kampfbahn" benannt; Pinkert, KPD und Roter Sportverein Übigau, verstarb 1951 an den Folgen seiner KZ-Haft. Der ehemalige Allianz-Sportplatz an der Eisenberger Straße hieß Paul-Gruner-Stadion; Gruner (1890-1947) war vor 1933 KPD-Stadtrat und Betriebsratsvorsitzender der Dresdner Straßenbahner, später KZ-Häftling und nach 1945 Vorsitzender des FDGB Sachsen. Im Gruner-Stadion spielte zeitweise Oberligist Rotation. Eine der ältesten Sportstätten der Stadt Pfotenhauer/Ecke Neubertstr., wo um 1900 die erste Radrennbahn bestand, hieß nach 1945 als Spielstätte der BSG Turbine Dresden Karl-Stein-Sportplatz nach dem 1942 hingerichteten KPD-Mitglied (geb. 1902). Die alte Radrennbahn, 1912 vom 1902 gegründeten SV Guts Muts („die Lilien") gekauft, galt als schönster Sportplatz Dresdens und verzeichnete den Besucherrekord 1926 mit 30.000 beim Entscheidungsspiel um die Mitteldeutsche Meisterschaft.

Legende Dresdner SC
Der Dresdner SC war der fußballerische Vorzeigeklub der sächsischen Stadt, hatte allerdings eine lange Wanderschaft hinter sich, ehe er am Ostragehege ankam. Dort hatte der 1898 ge-

Das Forum am Sportfeld Ostragehege, 1938: Die NS-Pläne wurden nie verwirklicht.

Umbau des Heinz-Steyer-Stadions, 1952.

gründete Klub begonnen, war dann an die Lennéstraße gelangt (wo später Dresdensia, aus der Helmut Schön hervorging, spielte), nach Dresden-Strehlen umgezogen, hatte 1904 im Innenraum der Radrennbahn gespielt, danach an der Nossener Brücke und schließlich 1912 den Sportplatz am Schützenhof am Rande der Dresdner Heide eingeweiht. Als sich die Anlage als zu klein erwies, wurde am 12. Oktober 1919 das 20.000-Zuschauer-Stadion am Ostragehege eröffnet (Kosten 181.000 Mark), das Steintribüne und Laufbahn besaß; gelegentlich wurde es als Neustadt-Stadion bezeichnet.

Das Ostragehege im Dresdner Altstädter Elbbogen hat Vergangenheit und Zukunft: Im 17. Jahrhundert war es Tier- und Fasanengarten, Napoleon I. nahm dort 1813 eine 40.000-Mann-Parade ab und Caspar David Friedrich hat „Das große Gehege" gemalt. Neben dem Schlachthof (1913) und dem Alberthafen entstanden im Ostteil rund ums DSC-Stadion weitere Sportstätten.

1921 wurde dem DSC die Ausrichtung des Länderspiels gegen Österreich übertragen (3:3). Der Stadion-Standort war dabei nicht unproblematisch, denn bald darauf verursachte Elbhochwasser Schäden in Höhe von 35.000 Mark und 1923 – in der Inflationszeit – waren infolge Hochwasser erneut 1,5 Mio. Mark Schaden zu bilanzieren. Selbst als im Oktober 1928 Tribüne und Klubhaus abbrannten, warf das den Verein nicht um.

Er besaß mit 2.500 eine beträchtliche Mitgliederzahl und Förderer wie das Modehaus Esders, eine Maschinenfabrik in Freital und die Arzneimittelfabrik Madaus im nahen Weinort Radebeul. 1929 war die Steintribüne, heute mit Holzbänken unterm Wellblechdach, fertig gestellt, die mit Kasino, Umkleiden und Arztzimmer gleichzeitig als Klubhaus diente; der Vereinsarzt des DSC hielt dort einmal wöchentlich seine Sprechstunde für Mitglieder ab.

Für das Ungarn-Länderspiel am 28. September 1930 soll der DFB eine weitere Tribüne verlangt haben, weshalb die ebenfalls noch vorhandene Holztribüne auf der Gegengerade erstand. Deren Premiere brachte ein 1. FC Nürnberg-Gastspiel: 46.000 deckten mit einer sechsstelligen Einnahme die Baukosten. Beim Ungarn-Länderspiel (5:3 nach 0:3-Rückstand) waren vier Stunden vor Anpfiff bereits 15.000 Besucher im Stadion, schließlich 50.000. „Das DSC-Stadion bietet einen prächtigen Anblick", urteilte „Der Fußball". „Das Spielfeld ist tipp-topp. Die Traversen sind famos angelegt, und die Zuschauer stehen angenehmerweise nahe am Spielfeld." Noch mehr Publikum zog nach der Stadionerweiterung der Vergleich mit der Tschechoslowakei 1935, nämlich 61.000 (nach anderen Angaben 65.000), mit schlimmen Folgen: In der überfüllten Westkurve war der Druck durch nachrückende Zuschauer so groß, dass mehrere hundert Menschen, vor allem Kin-

der, nach unten stürzten und von Dutzenden von Sanitätern behandelt werden mussten. 1938 erhielt Vorzeigeklub Dresdner SC, dessen Führung dem NS-Regime stets loyal verbunden war (der Wehrkreis-Chef, ein DSC-Mitglied, verhinderte, dass Spitzenspieler „an der Front" eingesetzt wurden, was möglicherweise die Erfolge des Vereins in der NS-Endzeit erklärt), das Stadiongelände für 99 Jahre in Erbpacht. Das Vorhaben der Nazis, im Ostragehege ein neues Riesenstadion zu bauen, kam über das Planungsstadium nicht hinaus.

Als der Krieg zurückkehrte nach Deutschland und Dresden am 13. Februar 1945 verheerend verwüstete, fiel die erste Zielbombe des britisch-US-amerikanischen Bomberverbandes ins DSC-Stadion am Ostragehege. Dies war letztlich samt Steintribüne schwer zerstört, die Holztribüne überstand auf wundersame Weise das Bombardement unversehrt.

Deutschlands erstes Flutlichtspiel
Nach Kriegsende spielte im Ostragehege als Nachfolger des aufgelösten DSC die SG Dresden-Friedrichstadt, übrigens in den traditionellen DSC-Farben schwarz-rot. Die Steintribüne war 1948 wiederhergestellt. An Silvester 1949 fand vor 25.000 Zuschauern (!) um 18 Uhr „wenige Stunden vor dem Abschied von zwölf arbeitsreichen Monaten" im Heinz-Steyer-Stadion das erste deutsche Flutlichtspiel statt: Zwölf Lichtmasten mit je 2.000-Watt-Scheinwerfern waren aufgebaut, je vier Masten an den Längsseiten, je zwei hinter den Toren; 30.000 Kerzen leuchteten, der Mond stand kurz vor „voll" und es herrschte Windstille. Zur „deutschen Tiefstrahler-Fußball-Premiere" hatte man den Ball mit einer Phosphorschicht überzogen. Im Westen wird man gestaunt haben! Anlass der Begegnung Friedrichstadt – Stadtauswahl (nach anderen Angaben DDR-Auswahl) (2:0) war der Abschied des 25-maligen Nationalspielers Richard Hofmann (43) vom DSC, der danach als sächsischer Landestrainer amtierte.

Die offensiv formidablen Friedrichstädter gewannen die Herzen der Fußballanhänger der Elbestadt: 1950 fanden sich 15.000 im Steyer-Stadion ein, um die Reportage des Mitteldeutschen Rundfunks vom 3:2 gewonnenen Auswärtsspiel in Dessau zu hören. Am 17. April 1950 erreichte die Sportgruppe inklusive Helmut Schön im mit 60.000 Zuschauern überfüllten Steyer-Stadion das DDR-Endspiel gegen ZSG Horch Zwickau und unterlag 1:5 – bis heute ein viel beschriebenes Ereignis, denn es gab schwerste Ausschreitungen der Dresdner Anhänger. Bereits vor dem Finale hatten 16 Friedrichstädter Spieler beschlossen, sich geschlossen in den Westen abzusetzen, da die SG aufgelöst und auf Betriebssportgemeinschaften verteilt werden sollte. Assistiert bei der Flucht hatte Kaufmann und Fußballfreund Ignatz Bubis, später Vorsitzender des Zentralrats der Juden. Der DSC konvertierte zu Hertha BSC Berlin, die sechsmonatige Platzsperre wegen des Endspiel-Skandals störte nun nicht mehr. In West-Berlin wurden die Flüchtlinge nicht glücklich und versuchten später vergebens als DSC Heidelberg die Aufnahme in die 2. Liga Süd zu erreichen.

Volkspolizisten, angetreten zum Fußball!

Eine SG Dresden-Friedrichstadt gab es danach nicht mehr, der Verein ging in der VVB Tabak Dresden auf. Dresden und das Steyer-Stadion sollten aber nicht ohne Spitzenmannschaft bleiben, weshalb man im Sommer 1950 die vermeintlich 40 besten kickenden Volkspolizisten in Forst versammelte und 17 von ihnen aus elf unterschiedlichen Städten die SG Deutsche Volkspolizei Dresden bilden ließ. Die SG VP startete am 9. September 1950 vor 15.000 im Steyer-Stadion in die Oberliga und wurde vom Dresdner Publikum umgehend akzeptiert, waren seine einstigen Fußball-Lieblinge doch allesamt im Westen. Die erste internationale Begegnung trug die SG VP vor 40.000 beim „Sportfest der Freundschaft" – offiziell VoPo gegen Armee CSR – im Oktober 1950 gegen ATK Prag (später Dukla Prag) aus; zusätzliche Attraktion war der Lauf von Emil „die Lokomotive" Zatopek. In der DDR-Oberliga verzichtete Rotation Dresden gelegentlich auf sein Heimrecht im Paul-Gruner-Stadion und trat zum Derby gegen die Volkspolizisten im Steyer-Stadion an.

1953 erlebte Dresden wieder ein Länderspiel, das dritte der DDR: 150.000 Karten hätte man verkaufen können, hieß es, 55.000 sahen schließlich das 0:0 gegen Bulgarien. International war das Steyer-Stadion stets für große Kulissen gut: 50.000 waren es 1959 gegen Ungarn (0:1), 45.000 im WM-Qualifikationsspiel 1969 gegen Wales (2:1) und 40.000 im Messepokal gegen Glasgow Rangers 1967 (1:1), der Europapokal-Premiere von Dynamo.

Neben Fußballspielen wurden Großveranstaltungen am Ostragehege organisiert. Ein Städtespiel Berlin – Dresden Ende 1948 stand „unter dem Motto der tatkräftigen Solidarität mit den Freiheitskämpfern Griechenlands", der „Ständige Ring" der Berufsboxer war aufgebaut und zur FDJ-Sonnwendfeier fanden sich 30.000 ein. Welch' Mangel in jenen Jahren herrschte, lässt sich daran ermessen, dass das Stadion erst Ende 1949 einen Telefonanschluss erhielt! Trotz Harbig-Stadion, in das Dynamo endgültig 1957 umzog, blieb die Arena am Ostragehege der attraktivste Ort für Massenveranstaltungen. Als 1955 die Friedensfahrt der Radfahrer im Steyer-Stadion eintraf – Etappensieger das heutige PDS-Mitglied Gustav „Täve" Schnur – gab es einen zweitägigen Riesenrummel mit Feuerwerk, Fackelzug, 500 Friedenstauben und sowjetischem Armee-Ensemble sowie einem Sonderpostamt vorm Stadion. Die Begeisterung über „Täve" war so groß, dass Traversen brachen.

Fußballerisch wurde es danach eher ruhig um die Traditionsarena. 1971/72 renovierte man Holz- und Steintribüne, installierte eine elektrische Großanzeigetafel und schuf die „Pur-Systanbelag-Lauffläche", weshalb die DDR-Vorzeigedisziplin Leichtathletik Vorrang hatte. 1998 folgte eine Tartanbahn. Als die „Schlachthofkurve" abgetragen und mehr Sitzplätze geschaffen wurden, sank das Fassungsvermögen auf 32.000.

Schließlich schloss sich der Kreis: Als der Dresdner SC als Nachfolger des Bezirksligisten FSV Lok Dresden 1990 wiedergegründet wurde, zog er ins Steyer-Stadion ein und konnte 2000 dort im Sportcasino in der Tribüne die Qualifikation für die neue 3. Liga feiern. Später musste er allerdings nach DFB-Auflagen ins Harbig-Stadion umziehen, wogegen der DSC vergebens Einspruch einlegte. *sky*

Heinz-Steyer-Stadion im Sportpark Ostra Dresden
ER: 1919. FV: 24.000 Zuschauer (früher ca. 65.000), üd. SiP: 1.560 auf der Holztribüne, 300 auf der Steintribüne; unüd. SiP: 500 auf der Holztribüne, 150 auf der Steintribüne; 21.490 StP.
ZR: Vorkrieg: 61.000 bis 65.000, 26.5.1934, Länderspiel Deutschland – Tschechoslowakei 2:1; Nachkrieg: über 60.000, 17.4.1950, DDR-Endspiel, SG Friedrichstadt Dresden – ZSG Horch Zwickau 1:5.
Piescherner Allee 1a, 01067 Dresden, Tel. 0351 / 49 65 377.

▪ August-Thyssen-Stadion Hamborn *

Die Arena, die nur 16 Jahre alt wurde

In der Gauliga und der Oberliga West gehörten die Sportfreunde Hamborn 07 aus Duisburg gewissermaßen zum Inventar. Überraschend tauchten sie 1997 aus der Versenkung auf, als Friedrich Küppersbusch und Tom Tönnies in der ARD-Sendung „Privatfernsehen" ihr Herz für die Hamborner „Löwen" entdeckten, deren Werdegang verfolgten und ein Spiel gegen den FC St. Pauli fast komplett von WDR 3 ausgestrahlt wurde (der Anlass, wonach das Pokalspiel St. Pauli – Hamborn 1952 die erste Fußball-Fernseh-Liveübertragung gewesen sei, traf nicht zu: Oberliga-Fußball wurde erstmals am 24.8.1952 mit HSV – Altona 93 gesendet).

Hamborn 07, bereits 1903 als BC Hamborn auf Initiative eines Kaplans im „Jünglings-Verein" St. Johann entstanden, hatte nach Wanderjahren (Platz an der heutigen Dieselstraße, Schützenwiese an der Meidericher Straße, Hamborner Stadtpark) 1913 mit dem Sportplatz an der Buschstraße inmitten von Alt-Hamborn eine langjährige Heimat gefunden. Die Einweihungspartie ging 13:0 an den damaligen Deutschen Vize Duisburger SpV. Mit 07 (Niederrhein-Meister 1942), SpV Union 02, BSG Westende (Meister 1943) und Gelb-Weiß stellte Hamborn, seit 1928 ein Duisburger Stadtteil, gleich vier Gauligisten!

Nachdem der im Krieg zerstörte Platz Buschstraße wieder hergerichtet worden war und Freiwillige dafür bis in die tiefe Nacht geschuftet hatten, war Hamborn in den ersten Oberliga West-Jahren (4., 6., 9., 7.) führender Duisburger Verein. Das Domizil an der Buschstraße erwies sich als nicht mehr zeitgemäß, und so zog der Verein am 1. August 1954 „in die herrliche Anlage im Schatten der Hochöfen", das August-Thyssen-Stadion an der Franz-Lenze-Straße in Duisburg-Bruckhausen am Rande des Areals der heutigen Krupp Thyssen Stahl AG. Das Fassungsvermögen des Stadions belief sich auf 25.000, es gab auch unüberdachte Sitzplätze. Daneben hielten sich die Gelb-Schwarzen die Option Schwelgern-Kampfbahn/Stadion Hamborn offen, so im für den Aufstieg entscheidenden Zweitliga-Spiel 1955 gegen Erkenschwick (3:1).

Mitten in Alt-Hamborn: der ehemalige Sportplatz an der Buschstraße, hier mit einem Feldhandballspiel.

(Foto: Stadtarchiv Duisburg)

Die Euphorie beim Oberliga-Comeback 1955 war anfangs groß, fast 100.000 passierten in den ersten sechs Spielen die Tore des Thyssen-Stadions (insgesamt in 15 Spielen 169.000). 1957/ 58 und 1959-63 kehrte man erneut zurück, um dann bis 1971 in der Regionalliga West zu spielen.

Das August-Thyssen-Stadion war im Regionalliga-Abstiegsjahr 1971 nicht mehr Heimat der „Löwen": Weil die Thyssen AG dort Parkplätze und ein Bildungszentrum vorsah, musste Hamborn die Spielstätte Ende 1970 nach nur 16 Jahren aufgeben. Die hatte 1968 am letzten Spieltag mit 16.000 noch einmal großen Andrang erlebt, weil RW Essen noch zwei Punkte zur Qualifikation für die Bundesliga-Aufstiegsrunde fehlten. Ein 3:1 über Preußen Münster am 6. Dezember 1970 bedeutete den Abschied vom Thyssen-Stadion und den Umzug in die Schwelgern-Kampfbahn, wo Hamborns Abstieg vor dürftiger Kulisse nicht mehr aufzuhalten war.

Seit dem 30. Juni 1978 – Einweihung 1:11 gegen den MSV Duisburg – spielt der niederrheinische Verbandsligist auf der Bezirkssportanlage Im Holtkamp (Fassungsvermögen 5.500) unweit des Bahnhofs Duisburg-Hamborn.   *sky*

Rheindeichstadion Homberg

Überwucherte Wälle

1964 stieg der SV 1903 Homberg in die Regionalliga West auf und wurde damit erst einmal heimatlos: Der DFB nämlich schrieb für die zweithöchste Spielklasse einen Rasenplatz vor, und den besaßen die Niederrheiner an der Schillerstraße nicht.

Im Hinblick auf die neue Saison spendierte die Stadt Duisburg 150.000 DM für eine neue Spielstätte am Rheindeich, das Rheindeichstadion, und gleichzeitig erhöhte der Verein die Mitgliedsbeiträge. Weil die neue Spielstätte erst fertig gestellt werden musste, begann Homberg die Saison im Rheinpreußen-Stadion im benachbarten Meerbeck (heute zu Moers gehörig und vom MSV 13/20 Moers genutzt), wo 7.000 den Start gegen SW Essen (0:2) miterlebten. Im Rheindeichstadion – einer einfachen Anlage mit rund ums Spielfeld aufgeschüttetem Wall ohne Stehstufen und ohne Sitzplätze – konnte man dann erstmals am 13. September 1964 auflaufen, vor 8.000 gegen den Lokalrivalen Eintracht Duisburg (0:0). Nochmals 8.000 kamen zum nächsten Heimspiel gegen Aachen (1:0), dann ließ die Resonanz nach.

Letztlich stieg der Neuling ab und kam 1999 ohne eigenes Zutun noch einmal in die Schlagzeilen, als Anhänger des türkischen Sportvereins Vatanspor Mülheim im linksrheinischen Duisburger Stadtteil Homberg beim Spitzenspiel der Landesliga Niederrhein, Grup-

pe 3, vor 400 Besuchern den Schiedsrichter attackierten und schwer verletzten. Gastgeber war da nicht mehr Ex-Regionalligist SV Homberg, denn der fusionierte 1966 mit dem SV 1889/1919 Hochheide zum VfB Homberg.

Das Rheindeichstadion, von der Stadt an den VfB verpachtet (der seine Punktspiele wieder an der Schillerstraße austrägt), dient nur noch zu Trainingszwecken. Die Stehwälle sind zugewachsen, die Anlage ist verwildert und ohne Infrastruktur (kein Klubhaus, keine Toiletten, keine Parkplätze). Mittelfristig allerdings ist der Ausbau vorgesehen, befinden sich die VfB-Plätze Schillerstraße und Alleskamp doch inmitten von Wohngebieten und haben deshalb keine Zukunft.   *sky*

Rheindeichstadion
Duisburg-Homberg
ER: 1964. FV: früher ca. 8.000, heute gleich null, da nur noch Trainingsgelände.
ZR: je 8.000. Regionalliga West, 13.9.1964 Homberger SV – Eintracht Duisburg 0 0; 27.9.1964 Homberger SV – Alemannia Aachen 1:0.
Nähe Hochfeldstraße, keine postalische Adresse.

Rheinpreußen-Stadion
Moers-Meerbusch
FV: früher 12.000, heute 8.000 StP.
ZR: 7.000, nach anderen Angaben 10.000, 16.8 1964, Regionalliga West, Homberger SV – SW Essen 0:2.
Barbarastraße 18, 47445 Moers.

Schwelgern-Kampfbahn, Marxloh

Von der Sport-Arena zum Sozialzentrum

(Foto: Stadtarchiv Duisburg)

Die Schwelgern-Kampfbahn in den 50er Jahren.

1929 unternahmen „tollkühne Männer" in der Schwelgern-Kampfbahn Motorrad-Versuchsfahrten mit Raketenantrieb.

Noch ist es da, das einstige Stadion Hamborn vor der gewaltigen Kulisse der Hochöfen von Thyssen, aber so ganz auch nicht mehr: Die Tribüne abgerissen, Radrennbahn und ehemalige Stehränge von 1997 bis 1999 fast gänzlich renaturiert. Das imposante Gebäude der Stadionverwaltung mit seinen Dachaufbauten ist noch vorhanden, wenn auch zweckentfremdet. Wo sich ehemals 33.000 im weiten Oval beim Fußballspiel drängten, spielt heute der American Football + Baseball Club Duisburg Dockers 1986 e.V. oder werden Bundesjugendspiele ausgetragen. Hunderttausende haben die Kulisse jedenfalls im Jahr 2000 gesehen, als in der ARD der Fernsehfilm „Nie mehr zweite Liga" lief.

Auch die offiziell Schwelgern-Kampfbahn benannte Sportstätte steht für den Strukturwandel in der größten Industrieregion Europas, dem Ruhrgebiet. Duisburg-Marxloh, das Viertel, in dem

sich das Stadion befindet, gehörte 1999 als „Stadtteil mit besonderem Erneuerungsbedarf" zu den Projekten der „Internationalen Bauausstellung (IBA) Emscher Park". Unter dem Wegfall von Arbeitsplätzen in der Eisen- und Stahlindustrie hat Marxloh gelitten, die Arbeitslosigkeit lag bei über 20 Prozent. Die Einwanderer, vor allem Türken, machen mittlerweile über 40 Prozent des Bevölkerungsanteils aus – 1999 geschildert im ZDF-Film „Hier leben nur noch Türken".

Kompletter Denkmalschutz
Vor diesem Hintergrund hat die Schwelgern-Kampfbahn nicht als Sportstätte, aber als soziales Zentrum neue Bedeutung: Spiel-, Sport- und Grünanlagen bilden seit 1994 das „Ortsteilzentrum Schwelgern", im 1923-25 erbauten Gebäude der Stadionverwaltung (Architekt: Steinhauer) sind dank Geldern der EU, der BfA und des Landes Jugend-

und Familienhilfe, Beratungsstellen und das „Schwelgern Café" ansässig. Der Hinweis im Café, dass Kinderteller nur an Kinder ausgegeben werden („denn unsere Preise sind bereits sozial"), ist viel sagend. Die sporthistorische Bedeutung des Ortes hat man beim „Projekt Marxloh" nicht vergessen: Eine Tafel am früheren Verwaltungsgebäude zeigt einstige Heroen der Arena und den ursprünglichen Plan für den Volkspark im Schwelgernbruch. Stadion, Verwaltungsgebäude, Schwimmbad, Wasserbecken und Treppenanlagen, somit der ganze Volkspark Schwelgern, stehen seit 1995 unter Denkmalschutz.

Als in den 20er Jahren der Stadion-Bauboom in Westdeutschland einsetzte, wollte die seit 1900 selbständige Gemeinde Hamborn nicht zurückstehen. Im heutigen Norden Duisburgs, am östlichen Rand des jetzigen Stadtteils Marxloh, hatte die Thyssen-Hütte der Stadt 1920 das Gelände „Schwelinger Bruch", ein früheres Rheinbett, überlassen. Die Idee, „diesen Sumpf, der zugleich die Brutstätte ungezählter Mücken, Schnaken und Ratten war, zu einer Lunge und Grünanlage für die angrenzenden Stadtteile umzugestalten", hatte der spätere Hamborner Bürgermeister Schweitzer bereits 1912. Im Frühjahr 1923 begann der Bau der späteren Schwelgern-Kampfbahn, wurde aber noch im selben Jahr eingestellt, weil die finanziellen Mittel nicht ausreichten. Das Gewässer Bruchgraben, das u.a. die Abwässer von 60.000 Menschen aufnahm, wurde mittels eines Pumpwerks entleert, ein Schutzdeich hielt künftig das Rhein-Hochwasser fern. 1925 dann waren Kampfbahn und Schwimmbad im Volkspark fertig gestellt, nur die Radrennbahn im Stadion noch nicht.

Dass das damals 30.000 Einwohner zählende Hamborn dieses ehrgeizige Projekt verwirklichen konnte, lag letztendlich an den Ehrenbürgern Dr. August Thyssen und Dr. Fritz Thyssen, die das Volkspark-Areal im Schatten der Industrieanlagen am 1. April 1925 der Gemeinde geschenkt hatten.

Die ganze Bevölkerung passte ins Oval...
Am 20. September 1925, zur Tausendjahrfeier der Rheinlande und dem 25jährigen Hamborner Gemeindejubiläum, wurde die Kampfbahn eröffnet: Die 100 Meter lange Tribüne bot 3.000 Sitzplätze – Hamborn war damit der Nachbarstadt Duisburg voraus, die im Wedau-Stadion erst 1965 (!) eine überdachte Tribüne errichtete. Im Oval mit 500-m-Laufbahn und 570 m langer Rad-

rennbahn (Entwurf: Ingenieur Hellner, Dresden) boten die Stehränge 25.000 bis 30.000 Menschen Raum – Hamborns komplette Bevölkerung hätte demnach in die Kampfbahn gepasst...

Erstaunlicherweise wurde kein namhafter Fußballklub in der imposanten Anlage heimisch. Hamborn 07 nutzte seit 1913 den Platz an der Buschstraße und zog 1954 ins neue Thyssen-Stadion ein; Meiderich, der heutige MSV, spielte an der Westender Straße im Heimatstadtteil; Duisburg 48/99 und Duisburger FV 08 nutzten das Stadion Duisburg bzw. die Grunewald-Kampfbahn.

Zuschauermagneten in Altmarxloh waren stattdessen Motorrad- und Radrennen, eine Attraktion 1929 die „Motorrad-Versuchsfahrt mit Raketenantrieb".

So blieben der Arena nur wenige fußballerische Großkampftage. Der Meidericher SpV trug in der Niederrhein-Meisterschaft 1929 das dritte von vier Entscheidungsspielen gegen RWO-Vorgänger SpVgg Oberhausen dort aus – 427 Spielminuten brachten die Resultate 6:1, 0:1, 0:0, 3:2 n.V. 1934 trat eine Kombination Union Hamborn/Hamborn 07 gegen eine DFB-Auswahl an. Am 14. September 1947, dem ersten Spieltag der neu gegründeten Oberliga West, erlebten 33.000 das 2:2 von Hamborn 07 gegen Schalke. Die Hamborner „Löwen" zogen in der Regionalliga West-Saison 1964/65 noch einmal vom Thyssen-Stadion in die Schwelgern-Kampfbahn um, das war am 31. Oktober 1965 vor 25.000 gegen Fortuna Düsseldorf, dessen 1:0-Erfolg der Ex-Hamborner Horst Häfner erzielte. Es war der letzte große Zahltag für die 07er, die Ende 1970 ihr Thyssen-Stadion aufgaben und endgültig in die Kampfbahn umzogen. Doch da war der Stern des Traditionsvereins bereits im Sinken begriffen, insgesamt 40.000, im Schnitt 2.353 Zuschauer, hatten die Regionalliga-Heimspiele 1970/71 besucht; mit Saisonende stieg man ab, 1971 erneut, und blieb bis 1977 noch in Marxloh.   *sky*

**Schwelgern-Stadion
Duisburg-Marxloh**
ER: 1925. Heutiges FV: 1.025 unüd. SiP, davon 575 auf der Sitzplatztribüne, 450 auf der Sitzstufenanlage.
ZR: 33.000, 14.9.1947, Oberliga West, Hamborn 07 – Schalke 04 2:2.
Willy-Brandt-Ring 44, 47169 Duisburg, Tel. 0203 / 40 67 30.

Stadion an der Westender Straße Meiderich
Die Heimat des MSV

„Wo Meiderich Wliegt, wo Meiderich siegt, ist überall bekannt...", heißt es im von Hans Blum getexteten und komponierten „Zebra Twist", der 1964 seine Uraufführung erlebte und seitdem mit Zeilen wie „Zebrastreifen weiß und blau, ein jeder weiß es ganz genau – das ist der Emm-Ess-Vau" zum Standard-Repertoire der Fangemeinde gehört. Aber wusste wirklich „ein jeder ganz genau" wo Meiderich lag, als dessen Meidericher Spielverein in der ersten Bundesliga-Saison 1963/64 mit Trainer Rudi Gutendorf hinter dem 1. FC Köln sensationell Deutscher Vizemeister wurde?

Heute heißt der Verein MSV Duisburg und spielt im Wedau-Stadion, ist aber nach wie vor in Duisburg-Meiderich, dem Arbeiterviertel nördlich der ausgedehnten Hafenanlagen, zu Hause. Zwischen Schulgebäuden, dem Kleingartenverein Ratingsee und der Skrentnystraße trainieren die Profis, spielen Amateure und Jugendmannschaften; dort ist das Vereinsheim, das 1999 neueröffnete Profizentrum und das Stadion an der Westender Straße. Dort beendeten die Meidericher am 5. Mai 1963 mit dem 1:0 gegen den Lokalrivalen Hamborn 07 vor 15.000 (ausverkauft) das Kapitel Oberliga West. Heute würden so viele Besucher keinen Raum mehr in dem Oval finden, dessen Wälle und die breite Dammkrone zwar noch das einstige Fassungsvermögen verraten, doch sind die langen Stehtraversen längst frischem Grün gewichen. Die 1966-67 errichtete Bezirkssportanlage Westender Straße, später ausgebaut und mit einem MSV-Spiel gegen Royal Antwerpen 1979 übergeben, ist heute nur noch für 5.000 zugelassen.

Der Gönner Phoerix
Der Meidericher SpV war 1924 an der Westender Straße heimisch geworden: Mit Vertrag vom 1. Januar verpachtete die Phoenix AG (später Phoenix-Rheinrohr, heute Krupp Thyssen) der Stadt das Spielgelände; die Pacht belief sich noch 1955 auf lediglich 20 DM. Neben der Meidericher Hütte waren noch zwei Grundstückseigentümer Verpachter, die die Stadt 1951 für 100.000 DM auslöste. Bei Kriegsende war der Meidericher Platz sehr mitgenommen, hatte sich doch in nächster Nähe an der Dennewitzstraße eine Flakstellung befunden.

Die Sportanlagen des MSV an der Westender Straße, Ende der 50er Jahre.

Ausgebombte Spieler wie der spätere DFB- und Bundesliga-Trainer Georg „Schorsch" Gawliczek lebten mit ihren Familien in Not-Baracken auf dem Sportgelände. Danach hatte das Stadion beim Freundschaftsspiel am 19. September 1945 gegen Schalke 04 mit 10.000 Zahlenden erstmals wieder großen Besuch aufzuweisen. Am Buß- und Bettag 1945, einem Werktag, spielten zugunsten der „Volkshilfe" vor 6.000 Duisburg-Süd (mit Toni Turek) und Duisburg-Nord (4:1). Ein Lokalkampf wie gegen Hamborn 07 lockte 20.000, von denen nach Aussagen von Zeitgenossen die Hälfte mit dem Fahrrad gen Westender Straße reiste. Mit der Zeit baute der Verein das Stadion durch Eigenarbeit auf ein Fassungsvermögen von 27.260 aus. So wie schon bei der Verpachtung des Spielgeländes erfuhr der Verein auch später die Unterstützung der heimischen Industrie: Viele Spieler waren Beschäftigte der Phoenix-Hütte von Meiderich-Ruhrort.

Meiderich hatte, was wenig bekannt ist, bereits 1929 und 1931 um die Deutsche Meisterschaft mitgespielt, trug die Großkämpfe aber im Stadion Duisburg (heute Wedau-Stadion) aus. Als die Bundesliga nahte, sicherte man sich das Nutzungsrecht für das Wedau-Stadion, zumal die Stadt den Bau einer Tribüne versprach. „Es könnte eine neue, vielleicht ganz große Ära für uns anbrechen", hieß es in der Festschrift zum 60. Vereinsjubiläum 1962, „denn von der Spielstärke her sind wir der führende Duisburger Verein, und unser Spielerstamm ist auf heimischem Meiderischer Boden verwurzelt." Der Meiderische Spielverein, der im Gegensatz zu den „Lackschuhklubs" Duisburger SpV, Duisburger FV, Duisburg 48/99 als proletarischer Klub galt, wollte durch seine „Mittellage" zwischen Duisburg, Hamborn und Oberhausen neue Besucherkreise gewinnen: „Wir müssen unsere Nachbarn erobern." Bereits in der Bundesliga-Premieren-Saison erzielten die Manglitz, „Boss" Rahn, „Eia" Krämer, „Pille" Gecks, „Lulu" Nolden u.a. einen Schnitt von 28.400 Zuschauern – bis heute unübertroffen! *sky*

Stadion an der Westender Straße Duisburg
ER: 1924.
FV: früher 27.260, heute 5.000 StP.
ZR: vermutlich in der Oberliga West, aber nicht feststellbar, da Meiderich manchesmal auch im Wedaustadion antrat.
Westender Str. 36, 47138 Duisburg, Tel. 02 03 / 42 920 (Geschäftsstelle).

■ Fugmann-Kampfbahn in der Wedau

Das Stadion, das Krupp hieß

Für Groundhopper und „Stadionfreaks" mag die Anlage gleich neben dem Wedau-Stadion Duisburgs allenfalls aus sporthistorischen Gründen einen Stop wert sein, denn das rechte Bild einer Fußballarena vermittelt sie nun, vor allem von der Leichtathletik genutzt, nicht mehr. Die alten Stehränge sind teils überwuchert, auf einer Geraden hat man neue Stehtraversen eingerichtet, eine Tribüne gab es nie.

Aber, wie erwähnt, die Geschichte! Die Wurzeln von Eintracht Duisburg, heute in der Fugmann-Kampfbahn beheimatet, reichen weit zurück. Da ist einmal der Duisburger SpV, der zwischen 1910 und 1925 die Deutsche Meisterschaft mehrfach nur knapp verpasste und elfmal (!) Westmeister war. Um 1925 war es auch, dass der DSV in die heutige Fugmann-Kampfbahn umzog. 1957 stand er letztmals in der Endrunde um die „Deutsche". Ausgerechnet als die Bundesliga-Gründung bevorstand, stieg der DSV 1962 aus der Oberliga ab und machte den Weg frei für Meiderich, heute fußballerisches Aushängeschild der Stadt.

Ein letzter Versuch, dem Niedergang entgegenzuwirken, war 1964 die Fusion des DSV mit Duisburg 48/99 zum TSV Eintracht Duisburg 1848. Beide waren sozusagen alte Bekannte, denn aus dem Duisburger TV 1848, zu Hause am Duisburger Burgacker (die Sportanlage wurde 1943 zerstört), war als Spielabteilung der Duisburger SpV hervorgegangen. Außerdem hatten beide im 2. Welt-

krieg eine „Kriegsspielgemeinschaft" (KSG) betrieben. 48/99 beendete die erste Regionalliga-West-Saison 1963/64 als Absteiger, der DSV war Neunter, und als Eintracht blieben beide drin.

48/99 war vorher schon dem „Gedränge" im Wedau-Stadion aus dem Wege gegangen, wo 1963/64 Bundesligist Meiderich, Regionalligist Duisburger SpV und Amateurligist FV Duisburg 08 spielten. Allerdings ermöglichte erst ein Entscheid des WFV-Verbandsgerichts 48/99 den Umzug ins Stadion Krefeld, wo der Gast vom lokalen Publikum akzeptiert wurde. Was die neue Eintracht betraf: 1967 endete mit 18 Punkten und Rang 18 das Zweitliga-Dasein – ein Adieu vom großen Fußball. Nur noch insgesamt 40.000 Menschen wollten den Fusions-Verein sehen, 2.353 pro Spiel, wohingegen Meiderich einen Schnitt von fast 20.000 verzeichnete.

Was bleibt, ist Historie und die Fugmann-Kampfbahn. Erst als Krupp-Stadion bekannt, wurde sie in den 50er Jahren nach Paul Fugmann (1916-1952) benannt, einem Hüttendirektor, der wesentlich zur Schaffung der Kampfbahn beitrug, 2. Vorsitzender des WFV und Ehrenvorsitzender der Duisburger SpV war. *sky*

Fugmann-Kampfbahn Duisburg-Wedau
ER: 1925. FV: ca. 10.400, davon 300 bis 400 unüd. SiP und 10.000 StP auf den Rasenwällen.
ZR: keine genauen Angaben erhältlich, ca. 8.000 in der Regionalliga West ab 1963.
Margaretenstraße 22-26, 47005 Duisburg, Tel. 0203 / 72 55 53.

Die Fugmann-Kampfbahn.

(Foto: Stadtarchiv Duisburg)

(Foto: Stadtarchiv Duisburg)

Das Wedau-Stadion 1926: viel zu weitläufig und ohne Komfort.

Wedau-Stadion

Tribünenbau erst nach 44 Jahren

Das erste deutsche städtische Groß-Stadion nach dem Deutschen Stadion von Berlin eröffnete 1921 in der damaligen „westdeutschen Fußballhochburg" Duisburg. Die Großstadt an Rhein und Ruhr war der Konkurrenz voraus, doch genau das war der Grund, weshalb die Arena bereits Ende der 20er Jahre als nicht mehr zeitgemäß galt. Und bis 1965, da spielte der Meidericher SpV, der heutige MSV Duisburg, bereits in seiner zweiten Bundesliga-Saison, gab es noch nicht einmal eine überdachte Tribüne im Wedau-Stadion!

Ein Geschenk von Krupp

Auf der Wedau, wo ehemals Schaf- und Rinderherden weideten und noch bis 1814 die wilden Pferde des Herzoglichen Gestüts derer von Berg über die Heide und durch den Wald jagten, war Industriegigant Krupp Hausherr; der Staat hatte dem Konzern das Gelände überlassen. Durch Kruppsche Kies- und Sand-Baggerungen waren Berta-, Barbara- und Margaretensee entstanden, Anlass für den Duisburger Amateur-Schwimm-Club, 1910 am Barbarasee ein Freibad einzurichten – der Auftakt zum heutigen Sportpark Wedau.

1919 beschloss die Familie Krupp von Bohlen und Hallbach, das Wedau-Gelände der Stadt zu schenken (der jährliche Pachtzins von 100 Reichsmark galt nur bis 1926; 1931 wurde das Areal endgültig städtischer Besitz. Da Duisburgs Wirtschaft darniederlag – 50 Prozent aller Hochöfen waren wegen Kohlemangels stillgelegt –, nahm die Stadt die Schenkung per Vertrag am 31. Juli 1919 „zu Essen auf der Kruppschen Gussstahlfabrik" gerne an und begann

mit Notstandsarbeiten für das Stadion. Für Friedrich Klönne (1868-1946), stellvertretendes Vorstandsmitglied der Krupp AG Essen und „Vater der Wedau-anlagen", der den Schenkungsvertrag unterschrieb, stellte man 1953 in der Wedau einen Gedenkstein auf.

Vorbild Olympiastadion Stockholm

Bei der Planung der Duisburger Arena galt das Stockholmer Olympiastadion als Vorbild, wo im Rund eine Rasenfläche und leichtathletische Anlagen (Aschenbahnen, ein 464-Meter-Rundkurs, eine 100-m-Bahn, Sprungbahnen und -gruben) Platz fanden, nicht aber das Deutsche Stadion Berlin, zu dem noch Radrennbahn und Schwimmanlage gehörten. Für die Duisburger Kampfbahn wurde der Boden ab 1920 von Erwerbslosen zwei Meter tief ausgebaggert, das Spielfeld somit tiefer gelegt und das Erdgut rundum zum sechs Meter hohen Zuschauerdamm aufgeschüttet. Eine künstliche Entwässerung war nicht notwendig, denn infolge der Bodenbeschaffenheit aus reinem Sand und Kies und der Humusschicht unter der Spielfläche konnten Spielfeld und Laufbahn auch nach tagelangen Regenfällen benutzt werden.

Aus Sparsamkeitsgründen verzichtete Duisburg auf eine überdachte Tribüne, zudem hatte „Stadion-Papst" Carl Diem abgeraten – das Deutsche Stadion besaß ebenfalls keine. Auf einer Breite von 50 m entstanden auf der westlichen Längsseite unüberdachte Sitzplätze, die am 19./20. August 1922 anlässlich der Deutschen Leichtathletik-Meisterschaften erstmals besetzt waren. Ein großer Teil der Duisburger Ver-

eine hatte übrigens gegen den Bau opponiert, weil man fürchtete, dass dort nur „Altmeister" Duisburger SpV zum Zug kommen sollte.

Das Stadion war nach den Leichtathletik-Titelkämpfen unfertig, Schwimm- und Strandbäder verlangten zudem neue Summen, die in der Inflationszeit nicht zu beschaffen waren. Am 25. Juli 1926 endlich feierte man die offizielle Einweihung von Stadion, Schwimmstadion und der neuen Eisenbahn-Haltestelle Duisburg-Wedau mit dem Fußball-Städtekampf Duisburg – Chelsea. OB Dr. Karl Jarres: ‚Wir in Duisburg hatten den Ehrgeiz nicht, mit ungeheuerlichen Mitteln plötzlich etwas aus dem Boden zu stampfen. Das können wir uns nicht leisten. Ich glaube, es liegt auch mehr Kunst darin, etwas zäh sich zu erarbeiten und langsam zu erringen, unter sparsamsten und einfachsten Mitteln."

Nass werden für alle!

Die nicht vorhandene Tribüne war bereits im folgenden Jahr wieder ein Thema, doch entschied die Stadtverwaltung aus finanziellen Gründen neuerlich gegen den Bau (500.000 bis 600.000 RM kalkulierte der ‚Tribünenausschuss" im Stadtverband für Leibesübungen als Kosten). Das Gebäude würde nicht ins Gesamtbild des Stadions passen und – aufgehorcht, von wegen Klassengesellschaft! – letztlich seien nur die finanziell besser gestellten Besucher vor Schlechtwetter geschützt.

Duisburgs Stadion, so stellte sich bald heraus, war zu klein, obwohl zur Zeit der Planung und langjährigen Bauzeit ein Fassungsvermögen von 40.000 Besuchern als angebracht galt. Inzwischen aber waren im Westen andere, größere Stadien entstanden und in der Nachbarschaft sogar solche, die den Komfort einer Tribüne vorweisen konnten (z.B. das Stadion Hamborn). Außerdem setzten die Städte Köln und Düs-

(Foto: Stadtarchiv Duisburg)

Die charakteristische Tribüne des Wedau-Stadions, 1967.

seldorf „Stadionmanager" ein, die Großkampftage einwerben sollten. So bekamen z.B. für Fußball-Länderspiele regelmäßig andere Städte, selten aber Duisburg den Zuschlag. Schmerzlich für die Stadt, die bei DFB-Spielen 10 bis 15 Prozent der Einnahmen behalten durfte. Prompt beliefen sich die Stadion-Einnahmen 1930 auf 18.588 RM, im Folgejahr aber nur noch auf 9.159 RM.

1940 resümierte der Duisburger Sportdirektor Hirschmann: „Es hat sich wiederholt herausgestellt, dass die Duisburger Kampfbahn zur Abwicklung von Großkämpfen im heutigen Format nicht mehr ausreicht. Die Erweiterung wäre auch nicht unmöglich, aber weichen müssten die wunderschönen Baumreihen auf dem Damm unserer Anlage, die augenblicklich dem Stadion erst den rechten Rahmen geben. Mit dem Ausbau verbunden wäre aber auch die Errichtung einer Tribüne. Die erforderlichen Mittel erreichen eine Höhe, die die Stadt bei den dringenden kommunalpolitischen Aufgaben nicht leisten kann. Ein Stadion selbst mit einem Fassungsvermögen von 100.000 Menschen kann, wenn es gut geht, einmal

im Jahre mit einem ausverkauften Haus rechnen, aber auch das wird nach dem Ausbau der Stuttgarter und später der Nürnberger Kampfbahn nicht mehr der Fall sein."

„Das Wogen eines Kornfelds"
Hinzu kam, dass die Duisburger Sportstätte infolge von Organisations-Mängeln einen miserablen Ruf erwarb. 1930 meldete man beim West-Meisterschaftsspiel Köln-Sülz 07 – Schalke 04 (2:5) „ausverkauft", doch statt der offiziellen 40.800 drängten sich wohl gegen 50.000 Zuschauer in der Wedau. „Verehrte Duisburger!", schrieb der „Kölner Lokalanzeiger", „verkauft nicht mehr Karten wie eine polizeilich festzustellende Ziffer gestattet. Die Katastrophe musste ja kommen, denn die Anlage fasst niemals 40.000 Menschen. Schafft Blocks wie in Köln. Sorgt aber endlich auch für eine Tribüne, denn Spiele mit repräsentativem Charakter kann man wirklich nicht mehr nach Duisburg legen."

Das hatte natürlich mit Lokalpatriotismus zu tun, stand Duisburgs Stadion doch in Konkurrenz zu dem von Köln.

Entsprechend verärgert reagierten in der Rhein-Ruhr-Stadt „Generalanzeiger" und „Niederrheinische Nachrichten": Duisburgs Verantwortliche hätten schließlich die Verhältnisse im Amsterdamer Olympiastadion studiert, und was die Tribüne beträfe, besäße das Deutsche Stadion keine und auch nicht Gladbeck. Überhaupt seien die Kölner Sonderzüge zu spät eingetroffen, die eingesetzte Schupo-Hundertschaft aus der Nachbarstadt Hamborn indisponiert gewesen und das Holland-Länderspiel 1926 in Düsseldorf ebenfalls „eine Katastrophe" gewesen.

Tatsächlich war, als die beiden Kölner Sonderzüge nicht pünktlich ankamen, das Kartenkontingent der Domstädter an der Tageskasse verkauft worden. Obwohl der Innenraum freigegeben wurde und die Menschen sogar auf den Torbalken saßen, brach Panik aus. „Es gab lebensgefährliches Gedränge in den Kurven. Menschenmassen begannen infolge des Drucks der oben Stehenden zu schwanken, ein seltsames Bild, das an das Wogen eines Kornfeldes erinnerte." Auf dem Damm, hinter dem obersten Stehplatzrang, hatten sich noch etwa zehn Reihen Zuschauer aufgebaut! „Es hat am Sonntag nicht viel gefehlt, und es hätte Tote und Schwerverletzte gegeben."

Auch das Zwischenrundenspiel um die Deutsche Fußball-Meisterschaft zwischen Meiderich und Schalke (1:5) am 24. April 1932 lief unter chaotischen Umständen ab: Die Ordner verloren den Überblick, Tausende überrannten die Absperrungen, die Treppen zu den Sitzplätzen waren blockiert, Zuschauer besetzten den Innenraum, und mit 50.000 war das Stadion wieder überfüllt. Massenprügeleien wurden vom ersten Meidericher Auftreten im Stadion gemeldet und „schwere Verwüstungen". Die Stadt zog Konsequenzen, teilte das Rund in Sektoren ein und ließ Wellenbrecher errichten. Dennoch machte der „große Sport" um Duisburg einen Bogen, so dass die Anlage mehr und mehr dem Breitensport zugänglich war (Jahreskarte für Erwachsene 3 RM, Jugendliche 2 RM, und – nach Protesten – Erwerbslose 1 RM). In der NS-Zeit übten dort HJ, BDM und SA; Hitler, Goebbels und Röhm hatten im Stadion bereits am 24. Juli 1932 vor über 55.000 eine NSDAP-Wahlkundgebung abgehalten.

1933: Das letzte Länderspiel
Immerhin gab es 1924 ein Fußball-Länderspiel gegen Italien (0:1), 1928 zum 30-jährigen Bestehen des Westdeutschen Spiel-Verbandes (heute WFV) das Match West – Süd (5:2) und 1933 das le-

gendäre 8:1 über Belgien, bei dem fast nur „die vom Niederrhein" aufliefen, außer Buchloh (Speldorf), Busch (Duisburg), Hundt (SW Essen) ausschließlich Spieler aus Düsseldorf (6 Fortuna, 2 Benrath). Das Spiel war eigentlich für Hannover vorgesehen, wurde aber wohl wegen der gleichzeitigen „Braunen Messe" in den Westen verlegt. Seitdem hat die A-Nationalmannschaft nie mehr in Duisburg gespielt!

Ansonsten war das Stadion Terrain für Großkämpfe der lokalen Klubs, so 1925 im DM-Halbfinale Duisburger SpV vor 35.000 gegen den späteren Meister 1. FC Nürnberg (0:3) und Meiderich in der DM-Vorrunde 1929 gegen den HSV (2:3). Im damaligen Stadion Duisburg endete 1929 der 427-Minuten-Marathon um die Niederrhein-Meisterschaft zwischen RWO-Vorgänger SpVgg Oberhausen und Meiderich (1:6, 1:0, im Stadion Hamborn 0:0, 2:3 n.V. an der Wedau). Die deutschen Amateurboxer kämpften 1938 gegen Italien im Stadion und 25.000 sahen 1940 das Feldhandball-Endspiel Lintfort – Leipzig. Dazu nutzten Leichtathleten die Aschenbahn, „eine der besten Laufbahnen Deutschlands aus einer Mischung von gesiebter Kesselasche und Humusboden der Wedau", wie es in der Festschrift zur Eröffnung hieß. Leichtathletik-Abendveranstaltungen mit bis zu 20.000 Besuchern waren eine Attraktion, und Reichssportlehrer Gerschler, Trainer von Weltrekordler Rudolf Harbig, lobte „die fabelhafte Anlage, die tadellose Laufbahn und das begeisterte Publikum" (die Leichtathleten kommen heute noch gerne nach Duisburg, werden nach dem Neubau aber keine Wettkampfmöglichkeiten mehr vorfinden).

Bei Kriegsende war das Stadion beschädigt, das Stadion-Restaurant ausgebrannt, die Erweiterung auf 80.000 Plätze in der NS-Zeit wurde nie in Angriff genommen. Die Briten hatten die Arena beschlagnahmt, gaben sie ab und an aber für Großveranstaltungen frei, so im September 1945 zum Spiel Welsh Regiment gegen Duisburger SpV vor 10.000 (2:4). Die Wiederherstellungsarbeiten wurden 1953 abgeschlossen, Sitzplätze und Laufbahn neu geschaffen. Im selben Jahr traf die B-Nationalmannschaft auf Bolton Wanderers, Feldhandball-Länderspiele kamen hinzu, ansonsten war der Duisburger SpV „Hausherr".

Deutschlands modernste Tribüne

Mit der Einreihung in die neugegründete Bundesliga 1963 war dem damaligen Meidericher Spielverein von der Stadt eine Stadion-Modernisierung ver-

sprochen worden, die am 13. Februar 1965 nach dreijähriger Bauzeit im „Tag der Tribüne" gipfelte: An der Wedau stand nun die modernste bundesdeutsche Tribüne (Kosten 6,7 Mio. DM) mit 6.500 Sitzplätzen und einer Vortribüne, auf der 3.428 Menschen Platz fanden. Zur Einweihung spielte eine deutsche Auswahl, auch als Nationalmannschaft bezeichnet, gegen den FC Chelsea aus London, gleichzeitig Premiere für die neue Flutlichtanlage (Kosten 518.000 DM). Inzwischen hatte sich mit der Zeit der Name Wedau-Stadion anstelle von Stadion Duisburg eingebürgert.

1966 ließ die Stadt in der Sommerpause den Rasen überholen, der reichlich strapaziert worden war, als 1963/64 Bundesligist Meiderich, Regionalligist Duisburger SpV und Amateurligist Duisburg 08 im Wedaustadion beheimatet waren; Regionalligist Duisburg 48/99 hatte zum Glück des Wedau-Platzwarts Reißaus in die Krefelder Grotenburg-Kampfbahn genommen.

„Wunderschöne Baumreihen" – verschwunden

Das Stadion bot 37.000 Menschen Platz, als die Stadt die Bewerbung als Austragungsort für die Fußball-WM 1974 beschloss und einen Ausbau auf ein Fassungsvermögen von 45.000 plante (der Schnitt des MSV lag in den 60ern um die 17.000). 1969 verzichtete Duisburg aus Kostengründen auf den Ausbau, denn ca. 27 Mio. Mark für ein 60.000-Zuschauer-Stadion und eine luxuriöse Ehrenloge besaß man nicht. Die Mittel von Bund und Land und Glücksspirale landeten anderswo, und nachdem der MSV zeitweise im sog. Amateurlager „verschwand", blieb es bei Teil-Renovierungen in den 80er Jahren (Abriss und Neubau der Kurven, Gegengerade). Ins Rampenlicht kam das Stadion 1984 dank Horst Schimanski (alias Götz George) im WDR-„Tatort" „Zweierlei Blut": „Schimmi", zusammengeschlagen von Fußballrowdys, kommt nackt im Flutlicht auf dem Rasen wieder zu sich.

Die seit 1974 von Architekt Rolf Bähr für über 500.000 Mark geplante komplette Überdachung des Wedau-Stadions wurde ebenso wenig realisiert wie die Ende der 80er Jahre diskutierte Sitztribüne über den Stehplätzen der Gegengerade. Dafür wurden im Hinblick auf die Universade 1989 eine 400-m-Kunststoffbahn gebaut, die Vortribüne erneuert, Schäden an der Haupttribüne beseitigt, eine elektrische Anzeigetafel und ein Farbleitsystem installiert. Leider fielen beim Ausbau der Gegengerade die einstmals gerühmten „wunderschönen Baumreihen", die Platanen, die zum

Stadionbild gehörten. Das Bährsche Stadionmodell übrigens konnte man immerhin über ein Jahrzehnt lang im Empfangsraum der Tribüne bewundern...

Bei Drucklegung dieses Buches steht keine neue Gegengerade-Sitztribüne (zum einzigen EC-II-Auftritt gegen Genk aus Belgien montierte die Stadt 1998 dort Sitzplätze, in den UI-Cup-Begegnungen 1997 blieben die Stehkurven geschlossen), sondern ein Neubau zur Debatte (siehe unten). Das Vorhaben, innerhalb des Einkaufszentrums „Multi Casa" beim Hauptbahnhof eine selbstverständlich multifunktionelle 26.000-Plätze-Arena zu errichten, scheiterte. Wem das Stadion samt Atmosphäre nicht gefällt, der sollte bedenken, dass der MSV nicht gerade Massenzuspruch auslöst. Eine Bewerbung als WM-Spielort 2006 hat die Stadt ohnehin aus Kostengründen verworfen.

Nicht berührt von alldem wird in seiner Gesamtheit der über die Jahrzehnte gewachsene Sportpark Wedau mit seinen 209 Hektar (davon 56 ha Wasserfläche), eines der größten deutschen Sport- und Erholungsgebiete. Dazu gehören Schwimmstadion, Strandbad am Margaretensee, Regattabahn Bertasee, zwei Bezirkssportanlagen (s.a. Fugmann-Kampfbahn) Kanu-Leistungszentrum, Eissporthalle und die seit 1929 bestehende Sportschule Wedau des Westdeutschen Fußball-Verbandes.

Letzte Nachricht: Ab 2001 wird nun ein neues, reines Fußballstadion mit 33.000 überdachten Plätzen in der Wedau gebaut. Vom Land kommt eine Bürgschaft, und der MSV wird dank Erbbaurechtsvertrag nach der Fertigstellung zur Saison 2002/03 Eigentümer sein. Es wäre eine schöne Tradition, wenn zur Einweihung, wie schon 1926 und 1965, der FC Chelsea London kommen würde. *sky*

Wedaustadion Duisburg
ER: 1926/1965. FV 30.112 Plätze, davon 5.219 üd und 3.266 unüd. SiP, 20.000 StP.
ZR: ca. 50.000, Westdeutsche Meisterschaft, 24.4.1932, Meidericher SpV – FC Schalke 04 1:5.
Bertaallee 2-4, 47055 Duisburg,
Tel.: 0203 / 99 76 121.

Paul-Janes-Stadion, Flingern

„Football's coming home?"

„Football's coming home...", lautet die Devise der Düsseldorfer Fan-Initiative, und der neue Sponsor Sportwelt Beteiligungs GmbH mit den Brüdern Kölmel möchte ebenfalls „so schnell wie möglich dorthin zurück" – zurück nach Flingern. Dort liegt der am 29. Juli 1990 beim Saisoneröffnungsfest in Paul-Janes-Stadion umbenannte Fortuna-Platz am Flinger Broich.

Als die Fortuna im Sommer 1999 wieder einmal in die 3. Liga abgestiegen war, kam erneut die Diskussion auf, ob man „Deutschlands größtes ‚Amateur'-liga-Stadion", das Rheinstadion, nicht verlassen sollte. Denn bei mäßigem Besuch ist die Stimmung in der Riesenarena nicht besonders, die Distanz zur Mannschaft groß.

Noch Ende 1999 lehnte der Verein den Umzug zum Flinger Broich „wegen der besseren Struktur im Rheinstadion" ab. Bereits im Juli hatte das Bauaufsichtsamt Regionalliga-Spiele im Janes-Stadion untersagt. Um diesen Standpunkt zu ändern, wären Umbauten von ca. 500.000 DM bis zu einer Million notwendig (mobile Zusatztribünen, VIP-Räume); mit den DFB-Sicherheitsrichtlinien für die 3. Liga, so die „Rheinische Post", „ließe sich leicht Fortunas Geschäftsstelle tapezieren". Eigentlich hätte das (bedeutungslose) letzte Saisonspiel 1999/2000 gegen Idar-Oberstein am Flinger Broich stattfinden sollen: Die Faninitiative wollte daraus ein Volksfest machen, man war sogar bereit, ausschließlich Sitzplatzkarten und die auch nur im Vorverkauf anzubieten. Die Polizei legte ein Veto ein, und zur Demonstration, wie unsicher die Erdwälle als Stehplätze seien, schubste der Sportamtsleiter den Fortuna-Sicherheitsbeauftragen den Abhang hinunter...

Das Janes-Stadion, zur Straße hin abgeschirmt durch imposante Erdwälle, deren Treppenaufgänge verfallen und überwuchert sind, pflegt also (noch) einen „Dornröschenschlaf", sieht man vom Spielbetrieb der Fortuna-Oberliga-Mannschaft und der Jugend dort ab. Andererseits wird im Sommer 2000 „Aufbruchstimmung Richtung Flingern" gemeldet, denn dort wäre bei vorerst 2.760 Sitz- und 5.000 Stehplätzen

das Publikum auf dem engen Terrain als „zwölfter Mann" für manchen Punkt gut. Fortuna-Geschäftsführer Paul Jäger: „Mindestens zehn Vereine der Regionalliga würden sich freuen, wenn sie ein Stadion wie das Paul-Janes-Stadion hätten."

Asche – nichts für Nürnberg!

Die Fortuna, deren Namen eine Brotfabrik lieferte, kommt aus dem Arbeiterstadtteil Flingern und ist dort noch zu Hause. Nach dem 1. Weltkrieg hatte sie ihren Spielplatz am Lichtplatz, wo gelegentlich auch mal ein Zirkus gastierte, verloren und in der einstigen Sumpflandschaft im Osten Düsseldorfs jenes Areal gepachtet, auf dem heute am Flinger Broich Alemannia 08 spielt. Dank Mitglieder-Spenden und Schuld-Verschreibungen schuf man Umkleideräume und eine Kantine, „dat Lehmhüske" genannt; die Inflation von 1923 machte das Kapital aller Anleger zunichte. Seit 1928 gab es am Flinger Broich auch eine stattliche Tribüne mit Riesen-Werbeschildern. Fortuna, im Gegensatz zu den „Lackschuhklubs" DSC 99, BV 04 und Turu ein Arbeiterverein, musste zum 30-jährigen Vereinsjubiläum wegen einer Spielstätte allerdings bei der feineren Konkurrenz anfragen: Der Festspiel-Gegner 1. FC Nürnberg nämlich weigerte sich, auf Fortunas Flingerer Aschenplatz gegenüber der Gasanstalt anzutreten; gespielt wurde auf dem Rasen des DSC 99 an der Brehmstraße im Zooviertel (3:0 für 1. FCN). Auch das denkwürdige Match gegen Schalke 04 im Jahre 1927 (4:3), als Fortuna erstmals Westmeister wurde, fand auf dem überfüllten DSC-Platz statt, dessen Umzäunung damals von Zuschauern niedergerissen wurde.

Nach Absprache mit der Stadt wechselte der Klub 1930 an den Ort des heutigen Janes-Stadions, ebenfalls am Flinger Broich, und schuf dort auf ausdrücklichen Wunsch von Neuzugang „Schorsch" Hochgesang, dem Nationalspieler vom 1. FCN, einen Rasenplatz, der am 28. September 1930 eingeweiht wurde (2:0 über SSV Oberkassel). „Die Anlage macht einen ausgezeichneten Eindruck", meldete die Presse; als Umkleide dienten vorerst zwei Zimmer über

der Wurstküche der Metzgerei und des Restaurant „Schlösser" in der nahen Flingerer Bruchstraße. Zum 1. November 1932 war die Tribüne fertig, für deren Mauerwerk u.a. Fortuna-Spieler (zur Hälfte arbeitslos) die Steine gegossen hatten; der Deutsche Meister Bayern München verlor zu dem Anlass 1:2. Im Krieg sollte die Tribüne sogar militärisch Verwendung finden, denn noch im März 1945 wollte ein Wehrmacht-Hauptmann das Wellblech-Dach zwecks Bildung einer „Hauptkampflinie (Düsseldorf-) Geresheim" beschlagnahmen, doch blieb es da, wo es war. Fortunas Platz war bei Kriegsende unzerstört, „der Rasen wurde von Monat zu Monat schöner, weil kein Mensch ihn betrat" (Vereinschronik).

Der erste Top-Zuschlag

Neuer Besitzer des Fortuna-Platzes waren die britischen Royal Engineers und eigentlich war Vereinsmitgliedern der Zutritt verboten. Die „Tommys" stellten aber keine Wachposten auf und maßen sich sogar fußballerisch mit dem eigentlichen Inhaber (2:7, 2:2). Zu Großkämpfen durfte die Fortuna ab und an ins beschlagnahmte Rheinstadion, nicht aber, wenn die Engländer eigene Pläne hatten wie ein englisch-deutsches Reitturnier im Oktober 1950, mit dem die Fourth Guards Brigade ihrem Besucher Generalmajor Gascoigne, dem Kommandeur der königlichen Leibgarde, einen geselligen Nachmittag verschaffen wollte. Während 800 Pferdefreunde im Rheinstadion saßen, drängelten sich 36.000 Menschen beim „Spiel des Westens", dem Oberliga-Schlager Fortuna – Schalke, am Flinger Broich. Fortuna musste weitere 20.000 Karten-Interessenten, die im Rheinstadion jederzeit Platz gefunden hätten, abweisen!

Jener 22. Oktober 1950 ist deshalb von Bedeutung, weil an ihm wohl erstmals in der deutschen Fußballgeschichte ein Top-Zuschlag erhoben wurde: Da die Fortuna eine zusätzliche Stahlrohr-Stehtribüne für 5.000 Besucher errichtet hatte, dies 11.000 DM kostete, aber „nur" 8.000 Mark Einnahme brachte, wurde für alle anderen Plätze ein Aufschlag von zehn Pfennig erhoben. „Die Maßnahme ist zwar neu, aber im Hinblick auf die Zwangslage muss sie als angemessen bezeichnet werden", zeigte die Presse Verständnis.

Das enge Terrain am Flinger Broich, wo am 23. November 1949 das erste internationale Nachkriegsspiel gegen IFK Norrköping aus Schweden stattfand, hatte allerdings auch Nachteile, die am 5. November 1950 die Spieler des 1. FC Köln und Schiedsrichter Kaplan erfuh-

(Foto: DSS)

Das Paul-Janes-Stadion: So schnell wie möglich möchten viele Fortuna-Anhänger dorthin zurück.

ren: Ein Teil der 26.000 Besucher stürmte beim Schlusspfiff (0:1) den Platz, griff Kölner und Schiri an und anschließend „mit blutigem Ausgang" die Polizei, egal, ob die zu Fuß oder zu Pferd war.

An Großkampftagen wie in der Oberliga-Saison 1952/53 war die Fortuna ins Rheinstadion gewechselt, weil ihr das Fassungsvermögen von 23.000 in Flingern unzureichend erschien. „Bei 20.000 ist der Platz so beängstigend voll, dass die berühmte Stecknadel selbst am äußersten Rand der hohen Kurven nicht die leiseste Chance hätte, den Erdboden zu erreichen", beantworteten die Vereinsnachrichten 1952 die Fragen: „Warum Rheinstadion? Warum nicht Fortuna-Platz?" Für das Rheinstadion sprachen weiter 2.500 Sitzplätze (Flingern 500) und die Verkehrssituation. „Die Benutzung des Rheinstadions ist eine Notwendigkeit, gegen die man fortan nicht mehr opponieren sollte", stellte der Verein fest – unzweifelhaft gab es insbesondere im Stadtteil Flingern Stimmen gegen das Rheinstadion.

In den Folgejahren fehlte es an Geld, um die Anlage zu sanieren. Ein Sturm hatte 1958 das Wellblech-Tribünendach weggefegt, der Spielrasen wurde als „katastrophal" bezeichnet.

Die Bundesliga am Flinger Broich

Als das Rheinstadion für die WM 1974 umgebaut werden musste, kehrte die Fortuna in der Regionalliga West 1970/71 zum Flinger Broich zurück. In der Bundesliga-Aufstiegsrunde 1971 erwies sich der Platz im Schatten der Gaskessel, zwischen Kleingärten, Arbeiterschwimmer-Freibad und Bahngleisen als Zuschauermagnet: 25.000 gegen St. Pauli (3:1), dieselbe Zahl gegen Neunkirchen (2:0), 22.000 gegen Nürnberg (2:1), 22.000 gegen Wacker Berlin (3:0). Konkurrent Nürnberg verzeichnete bei Fortunas 2:0-Erfolg dagegen 70.000 Besucher... In der Bundesliga-Spielzeit 1970/71 kam der Neuling (13. Platz) am Flinger Broich auf einen Zuschauerschnitt von 14.800 (in der folgenden Saison erreichte der Tabellendritte im Rheinstadion 25.763).

Zu Beginn der Bundesliga-Spielzeit 1975/76 kam die Fortuna wegen Umbauten im Rheinstadion noch fünfmal auf ihr angestammtes Terrain, die bestbesuchte Partie sahen 28.000 gegen Frankfurt (1:1). Seit 1967 bestand dort ein Klubheim, und nun gaben Vorsitzender Bruno Recht und ein Freund ein 600.000-DM-Darlehen, um die alte Holztribüne zu ersetzen. Der Fortuna-Platz war damals für 2 Mio. DM (je ein Drittel vom Verein, von der Stadt und vom Land) gründlichst renoviert worden, wobei die neue 2.750-Plätze-Tribüne nach dem Vorbild im Stadion Ratingen für 1,065 Mio. DM entstand. Die Kurvenwälle der „Schmuckkästchen" genannten Arena erhielten Stehstufen, der alte Tribünenaufbau wurde in eine Steh-

tribüne umgewandelt und stand sehr eigenartig an einer Ecke des Spielfelds – eine in Deutschland einmalige Position für eine Tribüre.

Stadion als Bezirkssportanlage) und Vereinshaus sind seit 1988 städtischer Besitz, als es galt, mit den 1,85 Mio. DM der Stadt Konkurs und Lizenzentzug der Fortuna zu verhindern. OB Klaus Bungert fürchtete, dass bei Fortunas Auflösung „das herrliche Rheinstadion zu einer Bauruine degradiert worden wäre".

Selbstverständlich ist der Name des Stadions Geschichte: Paul Janes (1912-1987), ein Maurer aus Leverkusen-Küppersteg, war mit 71 Berufungen lange Zeit Rekordnationalspieler. „Der Paul stand immer richtig", lobte Sepp Herberger den Verteidiger. Janes lebte zuletzt in Düsseldorf-Benrath zur Miete; er starb auf dem Heimweg vom Stammtisch im Düsseldorfer Altstadt-Lokal „Uerige".   *sky*

Paul-Janes-Stadion Düsseldorf-Flingern
ER: 1930. FV: früher 19.900, davon 2.700 üd. SiP (Stand 1994, jetzt: 7.760 Plätze, davon 2.760 üd. SiP).
ZR: 36.000. Oberliga West, 22.10. 1950, Fortuna – Schalke 04 2:3.
Flinger Broch 87, 40235 Düsseldorf, Tel. 0211 / 23 80 10.

Rheinstadion

„Ein feinnerviges, schwebendes Gebilde"

Zu den architektonisch beeindruckendsten und schönsten deutschen Stadien gehört zweifelsohne das Rheinstadion von Düsseldorf. Ob man nun drin sitzt, vom in Lohausen gestarteten Flieger hinunterschaut oder vom Rheinschiff aus hinüberblickt: Sie macht was her, diese Arena, und sie ist fraglos bundesligareif.

Leider ist die Fortuna 2000 wieder einmal drittklassig, und für diese Liga ist das Rheinstadion mehrere Nummern zu groß. Der heutige DFB-Pressechef Wolfgang Niersbach hat einmal festgestellt: „Wenn von über 60.000 Plätzen nur 6.000 besetzt sind, hat das Stadion eben den Charme einer Bahnhofshalle um drei Uhr morgens."

Erster Rekord dank Hindenburg

Ein Stadion, „wie es noch keine deutsche Stadt in Angriff genommen hat", wollten die Düsseldorfer im Juli 1914 zwischen Ziegeleien und den Stockumer Höfen bauen, doch der 1. Weltkrieg verhinderte dies. Der Standort, zuvor in Konkurrenz zu den Höhen des Grafenberger Waldes, blieb: Nahe dem „deutschen Strom" sollte die Arena Teil einer großen Grünzone vom Hofgarten bis Kaiserswerth sein, „in Verbindung mit dem reizvollen Charakter der niederrheinischen Landschaft".

Dank Mitteln der Erwerbslosenfürsorge wurde das Stadion 1924-26 erbaut. Das benachbarte Schwimmstadion eröffnete bereits ein Jahr zuvor. Erster umjubelter Matador in der Sportarena war am 19. September 1925 ein Politiker: 60.000 kamen nach der Entmilitarisierung des Rheinlandes zur „Hindenburgfeier" mit Reichspräsident Paul von Hindenburg. Mit dem 1. April 1926 wurde das Stadion, zu dem weitere sportliche Anlagen gehörten, für den Sportbetrieb freigegeben.

Fortan erlebte das weite Oval mit der einfachen Stahlbetonbau-Tribüne (nach dem 2. Weltkrieg ausgebaut) eine Großveranstaltung nach der anderen. Als am 18. April 1926 Deutschland – Niederlande 4:2 spielten, strömten 70.000 herbei, rückten bis an den Spielfeldrand vor und drückten die Tore ein. Am Ende musste berittene Polizei das Spielfeld räumen. 1928 boten die Leichtathleten die Deutschen Meisterschaften und einen Länderkampf gegen die Schweiz, 1930 wurde das DM-Endspiel Hertha BSC gegen Holstein Kiel (5:4) ausgetragen, 1932 das Norwegen-Länderspiel (0:2), 1935 das Pokalfinale Nürnberg – Schalke (2:0), 1937 ein Länderspiel gegen die Niederlande (2:2).

Vor der NS-Machtübernahme diente das Rheinstadion auch dem Arbeitersport, so im Juli 1930 beim „Westdeutschen Roten Sportfest" der kommunistisch orientierten Athleten, als eine Fußballmannschaft aus der UdSSR gastierte und als ein „lebendes Schachspiel, das den Kampf der revolutionären Arbeiter gegen den Unterdrückungsapparat der herrschenden Klasse vor Augen führen wird", auf den Rheinwiesen inszeniert wurde.

Später lief die SA im Stadion auf, zu obskuren Wettbewerben wie „Keulenweitwurf" und „Meldestaffel" – es waren Vorspiele zum Krieg.

Mit Kriegsende beschlagnahmten die Briten das Stadion und trugen dort am 12. August 1945 mit Arsenal London gegen eine britische Armeeauswahl das erste Nachkriegs-Fußballmatch aus. Am 10. Juli 1950 gaben sie es samt zweier Nebenplätze mit der Auflage frei, dass eigene Veranstaltungen weiterhin Vorrang hatten.

„Es war eine Schweinerei"

1952 durften Radrennfahrer hinter Motoren auf die Aschenbahn, doch setzten sich derlei Veranstaltungen nicht durch, weil die Kurven nicht überhöht waren und die Geschwindigkeit auf 50 km/h begrenzt war. Sonst aber regierte wieder der „König Fußball", wobei es beim ersten DFB-Amateur-Länderspiel gegen Großbritannien 1952 organisatorisch einmal mehr drunter und drüber ging, war die schlechte Verkehrsanbindung der Arena weit draußen vor der Stadt doch stets ein Problem. Der An- und Abmarsch der 50.000 bei dem Mittwochabend-Spiel dauerte Stunden, und der DFB soll hernach erwogen haben, Düsseldorf keine großen Spiele mehr zu überlassen. Besonders laut war die Kritik im stets mit Düsseldorf rivalisierenden Köln, wo der Journalist Jakob „Köbes" Zündorf schimpfte: „Es war blamabel und es ist unentschuldbar, dass eine Stadt wie Düsseldorf nicht in der Lage ist, auch nur einigermaßen für Ordnung zu sorgen. Es war eine Schweinerei." Natürlich vergaß Zündorf nicht darauf zu verweisen, wie glatt alles beim Irland-Länderspiel vor 75.000 in Köln abgegangen war…

Zu „großen Spielen" zog Fortuna dennoch vom Flinger Broich, dem heutigen Paul-Janes-Stadion, ins Rheinstadion um, später wurde dies endgültige Heimat der Rot-Weißen. Ein solcher Fußball-Schlager war am 4. April 1959 Fortuna gegen den 1. FC Köln: „Sportbegeisterte Hausfrauen kaufen spätestens heute den Aufschnitt ein, der die Butterbrote der schon am frühen Mittag zum Rheinstadion pilgernden Ehemänner und Söhne ziert", rieten die „Düsseldorfer Nachrichten" („DN"). 60.000 kamen, „Menschentrauben in den Bäumen und auf den Flutlichtmasten", „Wellenschläge auf den Rängen", „das Stadion bis an den Rand des Fassungsvermögens gefüllt" („Der Mittag"). 8.000 PKWs waren angerollt, laut Presse gab die Polizei die Verkehrsregelung schließlich resigniert auf. Auf den Stehplätzen der Südkurve wurden einige Menschen leicht verletzt, denn „drei eiserne Wellenbrecher knickten wie Streichhölzer um". Noch während der 1. Halbzeit erhielten die Platzordner Ver-

Die alte Tribüne des Düsseldorfer Rheinstadions.

(Foto: Stadtarchiv Düsseldorf)

1972 wurde das Rheinstadion zu einer der schönsten Arenen in Deutschland umgestaltet. Links das Modell, im Hintergrund wird bereits gebaut.

Bei „vollem Haus" ist die Kulisse beeindruckend.

(Fotos: Stadtarchiv Düsseldorf)

stärkung durch Bereitschaftspolizei, die das Publikum nur mit Mühe vom Spielfeldrand fernhalten konnte. In der 2. Halbzeit aber war das Spielfeld dann doch dicht umlagert. „Das Rheinstadion war ein Hexenkessel. Polizei und Ordnungsdienst versagten" („DN"). 56.000 Karten waren verkauft worden, davon 40.000 vorab, doch stürmten Tausende ohne Tickets die Stadiontore.

Reichlich Polizei war auch am 29. September 1959 da – um keine Zuschauer ins Stadion zu lassen! Das Olympia-Qualifikationsspiel DFB-Amateure – DDR (2:1) fand ebenso wie das Hinspiel im Ulbricht-Stadion Ostberlins (0:2) als „Geisterspiel" unter Ausschluss der Öffentlichkeit statt.

Als die Leichtathleten ihre „Deutschen" 1961 austrugen, bekamen die Tribünenplätze einen neuen Anstrich und wurden Verkaufspavillons gebaut. Flut-

licht besaß das Stadion seit dem 30. Juli 1957, damit war Düsseldorf die achte Stadt im Westen, die „Nachtspiele" anbieten konnte. Die erste Vollflutlicht-Anlage (250 Lux aus 220 Schweinwerfern, gespeist von 220.000 Watt, größte Lichtpunkthöhe Deutschlands mit 46,4 m über Spielfeldniveau) weihten die Fortuna und eine Auswahl von Rio de Janeiro ein. Zum 4. August 1957 trat die Kombination Fortuna/RW Essen gegen Real Madrid an, woraufhin die „Rheinische Post" klagte, man müsse doch nicht „die Sonntag für Sonntag von Sportplatz zu Sportplatz gehetzten ‚Profis' auch noch an Mittwochabenden vor ihr Publikum holen."

Umbau für die WM
Die Erkenntnis, dass das Rheinstadion nicht mehr zeitgemäß sei, führte zu dem Stadtrats-Beschluss, es im Hinblick auf

die Fußball-WM 1974 umzubauen. Das Tribünendach war zu dem Zeitpunkt undicht. Der alte Stehwall galt nicht mehr als standsicher, und die obere Stützmauer in der Wallkrone war durch das Wachstum der Bäume, die in schönem Rund um die Sportstätte standen, beschädigt worden. Am 28. Februar 1968 entschied der Stadtrat, die Tribüne abzureißen und eine neue mit 10.600 Sitz- und 6.500 Stehplätzen zu errichten. Als das WM-Organisationskomitee Düsseldorf am 27. Juni 1969 zum Austragungsort bestimmte, setzte man die Erweiterungsarbeiten ab Oktober 1969 fort.

Das neue Rheinstadion konzipierten Prof. Friedrich Tamms und Stadtbaudirektor Ernst Berger. Beide entwarfen ein großartiges Stadion und begriffen dieses als architektonischen „Schwerpunkt im Norden der Stadt, vom Rhein, Rheinufer, der Theodor-Heuss-Brücke und vom Flugzeug aus gut zu sehen." 300 Meter lang, 225 Meter breit und 40 Meter hoch war der Neubau, rundum lief die ovale Tribüne mit 62 Bindern, nur im Süden, wo die Anzeigetafel platziert ist, hatte man das Oval offen gelassen. Dort, so betonten die Planer, „geht der Blick hinaus in die Stadt". Das Denkmal des „Blitzeschleuderers" an dieser Stelle wurde der Anzeigetafel wegen umgesetzt, nun stand das Monument überm Schwimmbad.

„Ein gegliedertes, feinnerviges, schwebendes Gebilde" wollten die Architekten schaffen: „Die ungewöhnlich große Masse des Stadionbaus soll durch Auflösung seiner Kompaktheit in einzelne, aufs knappste bemessene Tragelemente aus der Schwere des Kubus gelöst werden." Das ovale Dach kragte 32 Meter frei aus, etwa die Hälfte aller Plätze war somit vor Regen und Schnee geschützt. An den Längsseiten wurden auf je zwei Dachbindern die vier Stahlmasten der Flutlichtanlage aufgesetzt. Bot das alte Rheinstadion zuletzt 46.000 Plätze, davon 41.800 Steh- und 4.800 Sitzplätze, so war das Fassungsvermögen nunmehr auf 68.000 gestiegen, davon 34.000 Sitzplätze, von denen 27.000 sowie 7.200 Stehplätze überdacht waren. 53,64 Mio. Mark kostete das neue Rheinstadion; 28 Mio. entfielen auf die Stadt, 9,5 auf den Bund, 10 auf das Land und 6,1 Mio. spendierte die „Glücksspirale" des ZDF.

Inoffiziell eröffnet wurde das prächtige Stadion am 12. September 1972 mit dem Spiel Fortuna – Chelsea London (0:0). Die Leichtathletik-Sportanlagen waren geblieben, 1977 fand der Weltcup statt. Offiziell Premiere hatte das neue Rheinstadion mit dem 5:1 der Nationalmannschaft am 15. November 1972 über die Schweiz (vier Gerd-Müller-Tore beim 5:1). Fortan gefiel dem DFB das Rheinstadion, das Austragungsort der WM 74 und der EM 88 war. Borussia Mönchengladbach nutzte die Arena wegen des bedeutend größeren Fassungsvermögens im Vergleich zum Bökelberg für internationale Spiele, so für die UEFA-Cup-Finale gegen Twente Enschede (1975) und Roter Stern Belgrad (1979). Ostdeutsche Sportfreunde werden sich daran erinnern, dass der FC Carl Zeiss Jena 1981 in Düsseldorf das EC-Endspiel der Pokalsieger gegen Dynamo Tiflis bestritt (1:2).

Mehr Sitz- als Stehplätze

1990 wurden 25.000 Stehplätze durch 12.000 Sitzplätze ersetzt und eine neue Flutlichtanlage gebaut. Bis 1992 war die Stadionkapazität aus Sicherheitsgründen auf 50.000 Plätze verringert worden. Ein erstes Open-Air-Konzert fand 1993 statt, 1994 bekam Zweitliga-Aufsteiger Fortuna einen Allwetter-Rasen verlegt, und 1995 wandelte man einen großen Teil der Stehplätze in 6.217 Sitzplätze um. Die Zahl der Sitzplätze überwiegt inzwischen die der Stehplätze. Der Großteil von Fortunas Fans fühlt sich 2000 im atmosphärearmen Oval nicht wohl und möchte lieber gestern als morgen zurück zum Flinger Broich (siehe Paul-Janes-Stadion). Aus Sicht der Stadt ist die Arena keine reine Sportstätte mehr, sondern „allgemeine Veranstaltungsstätte".

Inzwischen ist die Messe mit der 20.000-qm-Halle hinter der Südkurve dicht ans Stadion herangerückt, das Schwimmbad ist verschwunden (Neubau an anderer Stelle), ebenso der erwähnte „Blitzeschleuderer", der vorher überm so genannten Marathontor stand. Aber eigentlich hätte das Bronze-Denkmal von Prof. Hubert Netzer gar nicht in ein Stadion gehört: Ursprünglich nämlich war der 1.900 Kilo schwere Recke 1926 als „Telegraphen-Denkmal" für die Stadt Bern in der Schweiz bestimmt gewesen! Versetzt wurde auch der Löwe aus Muschelkalk (1926, Carl Moritz Schreiner), der über dem Marathontor wachte und nun am Nordeingang postiert ist. *sky*

Rheinstadion Düsseldorf
ER: 1926/1972. FV: 55.850, davon 43.440 SiP und 12.410 StP.
ZR: 70.000, Länderspiel 18.4.1926, Deutschland – Niederlande 4:2.
Europaplatz 5, 40474 Düsseldorf, Tel. 0211 / 89 95 208.

Eisenhüttenstadt

▉ Sportanlagen der Hüttenwerker

Aufstieg gleich Ausbau

Als Stadt aus der Retorte – 1953 unter dem Namen Stalinstadt und seit 1961 Eisenhüttenstadt – hat der 48.000-Einwohner-Ort an der polnischen Grenze und der B 112 zwischen Frankfurt/Oder und Guben eine besondere Geschichte; die Innenstadt steht inzwischen unter Denkmalschutz, und ein Museum dokumentiert die Alltagskultur der DDR. Erst war dort 1950 das Roheisenwerk, dann in den 60er Jahren das Kaltwalzwerk und in den 80ern mit EKO-Stahl das größte Stahlwerk der DDR. Zwecks Identität und Freizeit musste auch „Hütte" einen guten Fußballklub bekommen, die BSG Stahl (drei Jahre DDR-Oberliga), die die Fangemeinde mit dem Sprechchor „Eiiiiiiiiii-sen-hütten-stadt!" trefflich anfeuern konnte.

Pionierarbeit auf den heutigen Sportanlagen der Hüttenwerker leistete 1928 der Arbeitersportverein Wanderlust Schönfließ. Einem Stadion ähnelte die Sportstätte aber erst ab 1950, als die BSG Stahl Fürstenberg eine 50-Plätze-Tribüne und Stehtraversen errichtete. Der Oberliga-Aufstieg 1969 war Anlass, das Stadion zu sanieren (Fassungsvermögen nun 14.000, davon 3.200 Sitzplätze). 1984 verschwand die alte Holztribüne, ein Neubau ersetzte sie. Zum neuerlichen Oberliga-Aufstieg 1989 baute man die Stehtraversen auf zehn Stufen aus und installierte Sitzschalen auf der Tribüne. Das Stadion ist eine typische Mehrzweckarena und bietet insofern Leichtathletikanlagen.

Als DDR-Pokalzweiter kam der EFC Stahl 1991 sogar noch in die große weite Fußballwelt: 1:2 und 0:3 lauteten die Resultate im EC II gegen Galatasaray Istanbul. 2000 gehört der Klub der Oberliga Nord-Nordost an (Besucherschnitt ca. 500). Ein Ehrenmitglied ist Dr. Manfred Stolpe (SPD), Brandenburgs Ministerpräsident, der sich um den Erhalt des Industrie- und Stahlstandorts Eisenhüttenstadt Verdienste erwarb und damit die Existenz des EFC Stahl sicherte. *sky*

Sportanlagen der Hüttenwerker Eisenhüttenstadt-Schönfließ
ER: 1928. FV: 10.000, davon 250 üd. SiP auf der Tribüne, weitere 2.850 unüd. SiP auf der Gegengerade, 7.150 StP hinter beiden Toren sowie beiderseits der Tribüne.
ZR: unbekannt
Waldstr. 1, 15890 Eisenhüttenstadt, Tel. 03364 / 37 50 51.

Die Sportanlagen der Hüttenwerker, 1995.

(Foto: Schulz)

Das Elzstadion in Emmendingen mit der überdachten Gegengeraden.

Emmendingen

Elzstadion

„Deutschlands populärstes Schlusslicht"

Emmendingen, nördlich von Freiburg im Schwarzwald, und sein Elzstadion nahe der B 3? Beckenbauer war dort, Gerd Müller schoss drei Tore, mit Kassel gastierten Ex-DDR-Nationalspieler Fritzsche, es spielte das spätere Freiburger FC-Idol „Kalla" Bente, Offenbach brachte Sigi Held und Hermann Nuber mit. Und dies waren keine Pokal- oder Freundschaftsspiele – es ging damals, 1964/65, um Regionalliga-Süd-Punkte.

Es herrschte Aufbruchstimmung in Südbaden, als der FC Emmendingen 1964 via Aufstiegsrunde die zweithöchste Spielklasse erreichte. Der 1956 aus FV 03 und SV (ehemals Arbeitersport) entstandene FCE 03 war nämlich gerade auf seinem neuen Areal auf der linken Seite der Elz eingezogen, das – mit Tribüne, Klubhaus, Wirtschaftsgebäude – 1963 eröffnete. Den seit 1920 bestehenden Platz an der oberen Elzbrücke, der eine Tribüne auf der Elzdammseite (1947), betonierte Stufen (1953) und eine Lichtanlage mit Masten besaß, hatte man für ein Gewerbegebiet aufgeben müssen.

„Ein Absteiger ohne Schulden"
Bei Saisonschluss war Emmendingen mit 4:68 Punkten und 31:158 Toren schlechtester Teilnehmer der „alten" Regionalliga-Zeit 1963-74. Ein 0:10 in Reutlingen, ein 0:10 daheim gegen Bayern München (Ohlhauser 4 Tore, Müller 3, Beckenbauer 1), 0:7 im Hinspiel, 0:6 beim VfR Mannheim, 1:6 im Südbaden-Derby im Freiburger Mösle vor 11.000. Dennoch gaben die Anhänger den Ver-

ein nicht auf, lag der Besucherschnitt doch bei 2.666 (Rekord 6.000 beim 1:2 gegen den Freiburger FC); ausverkauft war bei 10.000 zur Verfügung stehenden Plätzen allerdings nie.

Nun müsste man meinen, der Verein würde in der Rückschau diese desaströse Saison im Elzstadion verschweigen. Im Gegenteil: Die Vereinschronik blickt zurück auf die Regionalliga-Zeit, „als mit einer waschechten Amateurmannschaft trotz des Abstiegs in ganz Deutschland viele Sympathien erworben wurden." Sogar „Bild" hatte damals „Deutschlands populärstes Schlusslicht" „geadelt": Sei Emmendingen allenfalls „Schöngeistern" als Schauplatz von Goethes „Hermann und Dorothea" ein Begriff gewesen, so würden nun Millionen Fußballfreunde den FCE kennen, „einer der ganz seltenen Absteiger ohne Schulden".

Zweitklassig ist der FC Emmendingen nie wieder geworden. Beckenbauer aber kehrte noch einmal zurück, mit der WM-74-Traditionsmannschaft, zum 80-jährigen Vereinsjubiläum am Ostermontag 1983 vor 7.500 (1:7). In Eigenregie hat der FCE 1990 das Elzstadion zu einem reinen Fußballstadion umgebaut und dabei die Überdachung der Stehränge der Gegengerade und ein Bistro erstellt. Nach Wegfall der Laufbahn ist die schmucke Anlage passendes Ambiente für den Verein, der seit 1957 bis auf vier Jahre stets der höchsten südbadischen Amateurliga angehörte, derzeit der Verbandsliga. *sky*

Elzstadion Emmendingen
ER: 1963. FV: 8.000, davon 1.000 üd. SiP.
ZR: 9.000, DFB-Pokal, 1. Hauptrunde, 30.8.1986, FCE – 1. FC Köln 0:4.
Am Sportfeld 27, 79312 Emmendingen, Tel. 07641 / 55885 (Tribüne), 42221 (Stadiongaststätte „Sport-Journal").

Ensdorf (Saar)

Glück-Auf-Stadion

Hinter der Gerade erhebt sich die Halde

Mit dem Fußball-Club Ensdorf und seinem Glück-Auf-Stadion ist es etwa so wie mit Menschen, die ihre Kinder in übergroße Hosen packen in der Hoffnung, sie wüchsen eines Tages hinein.

Die Gemeinde Ensdorf investierte 1974 horrende Summen in den Bau des Glück-Auf-Stadions, der zudem noch durch einen Energiekonzern, der in Ensdorf ein Kraftwerk betreibt, und eine Bergbaugesellschaft finanziell unterstützt wurde. Der Energiekonzern hatte seinerzeit der Gemeinde das Recht auf Stromversorgung abgekauft, was dem saarländischen Ort bescheidenen Reichtum und ein 12.000 (!) Menschen fassendes Stadion bescherte, in dem die Amateurnationalmannschaft ein Testspiel 1:0 gegen Luxemburgs A-Team gewann. Ensdorfs Rasen ist eingefasst in ein einheitliches Oval aus Betonstufen, eine geplante Tribüne wurde nie gebaut, und hinter dem Stadion erhebt sich eine Bergehalde, ein Gebirge aus industriellem Abfall und Hinweis auf Ensdorfs Kohlengrube, die letzte im Saarland.

Ensdorf spielte vor dem Bau im Waldstadion, einem schlichten Hartplatz (Fassungsvermögen 8.000) neben dem heutigen Rasenstadion, der am 23. Mai 1948 (Pfingsten) mit einem Freundschaftsspiel gegen den FC Nancy eröffnet worden war. Der Klub war in Zeiten saarländischer Autonomie von 1948 bis 1951 erstklassig (Plätze 6, 5 und 13), dann 1973/74 als Regionalligist zweitklassig und am Ende Absteiger (Platz 16). Während dieser Saison musste der FCE mangels eigenen Rasenplatzes ins nahe Fraulautern ausweichen. Der Rasen kam im neuen Stadion, der erhoffte Wiederaufstieg jedoch nicht, vielmehr entschwand der FCE in weiten Schritten abwärts Richtung Kreisklasse. Das Glück-Auf-Stadion (Flutlicht, manuelle Anzeigetafel) blieb nach seinem Bau stets einige Nummern zu groß.

Tobias Fuchs

Glück-Auf-Stadion Ensdorf
ER: 1974. FV: 12.000 StP.
ZR: in der früheren Spielstätte Waldstadion 7.000, Freundsch.Spiel, 1950, FC Ensdorf – 1. FC Kaiserslautern 2:7.
66806 Ensdorf, Tel. 06831 / 5 45 45.

Kraichgaustadion

Wo der HSV verlor

Westlich von Heilbronn, auf halbem Weg nach Bruchsal, liegt das Fachwerkstädtchen Eppingen – ein Name, der bei HSV-Fans unangenehme Erinnerungen wecken wird: Man denkt an den 26. Oktober 1974.

Das heutige, 20.000 Zuschauer fassende Kraichgaustadion hieß damals Waldstadion und war zum DFB-Pokalspiel VfB Eppingen – HSV mit 14.000 ausverkauft. Die Hamburger, Pokalfinalist der Vorsaison, hatten vier Tage zuvor Steagul Rosu Brasov (Rote Fahne Kronstadt) aus Rumänien im UEFA-Cup mit 8:0 abgefertigt und verloren dann beim VfB aus der 1. Amateurliga Nordbaden 1:2. Millionen sahen in der ARD-„Sportschau" dieses Ereignis und den zweimaligen Eppinger Torschützen Gerd Störzer, einen Studenten (der VfB schied im Achtelfinale daheim mit 0:2 gegen Werder Bremen aus).

Der VfB Eppingen, damals von einem Bauunternehmer gefördert, erreichte 1980/81 die 2. Bundesliga Süd (Rang 20) – da 1981 die eingleisige 2. Liga eingeführt wurde, ein vergebenes Unterfangen. 2000 stieg der Klub in die Landesliga ab.

Das Kraichgaustadion gibt es seit 1967, nach Renovierung und Ausbau für 2 Mio. DM wurde es im Juni 2000 wiedereröffnet. Auf natürlichem Gelände gibt es ausschließlich Stehplätze sowie eine Flutlichtanlage, die leichtathletischen Anlagen bieten u.a. sechs 400-m-Tartanrundlaufbahnen.   *sky*

Kraichgaustadion Eppingen
ER: 1967 / 2000. FV: 20.000 StP.
ZR: 14.000, DFB-Pokal 2. Hauptrunde, 26.10.1974, VfB Eppingen – Hamburger SV 2:1.
Waldstraße, 75031 Eppingen,
Tel. 07262 / 920 116.

Steigerwaldstadion

Futuristische Tribüne

Überdachte Tribünenbauten sind, so lehrt uns dieses Buch, in der ehemaligen DDR eher eine Seltenheit gewesen. Die nunmehrige thüringische Landeshauptstadt Erfurt, die zu den schönsten deutschen Städten zu zählen ist, allerdings besaß eine und besitzt seit 1994 einen Neubau im Steigerwaldstadion, der futuristisch ausschaut.

Das Stadion liegt in reizvoller Umgebung im Süden der Stadt im Sportzentrum Erfurt-Süd unterhalb der Thüringenhalle und am Fuße des Landschaftsschutzgebietes Steigerwald, einem beliebten Naherholungsgebiet. Zum Sportkomplex gehören u.a. Eissport- und Schwimmhalle.

„Kampfbahn großen Stils"
1925 beschloss die Stadtverordneten-Versammlung, das Stadion als Erdwall-Anlage errichten zu lassen, Baubeginn der Notstandsarbeiten war im Mai 1927. Die Arbeitslosen erhielten pro Tag 2,05 bis 2,50 RM, „ein sehr geringer Lohn, der ihnen nur die Erhaltung der nackten Existenz ermöglichte", wie Stadtarchiv-Direktor Bodo Fischer 1981 festhielt. Von den 500.000 RM Kosten steuerte die Reichsanstalt für Arbeitsvermittlung und Arbeitslosenversicherung durch die produktive Arbeitslosenfürsorge 300.000 Mark bei.

Nach vierjähriger Bauzeit wurde am 17. Mai 1931 die Mitteldeutsche Kampfbahn eingeweiht, die nicht nur ein

(Foto: Schulz)

Hauptspielfeld und eine 500 Meter lange Laufbahn aufwies, sondern dazwischen noch eine 7,50 Meter breite Rasenbahn für Reitturniere – einzigartig in Deutschland. Die Einweihungsfeier fand zweimal statt: Der Vormittag gehörte den Arbeitersportlern mit dem „Fußball-Länderspiel" Bezirk Erfurt gegen Wien (1:4) und dem Auftritt des „Orchesters freistehender Musiker", am Nachmittag kam der bürgerliche Stadtverband für Leibesübungen zum Zug. Die Rede von OB Mann übertrug der Leipziger Sender: Die „Kampfbahn großen Stils" diene der „Förderung der Leibesübungen, Übung der Kräfte, Stählung der Gesundheit, Gewöhnung an Zucht und Ordnung sowie dem Ansehen der Stadt." Oberlehrer Haack vom Stadtverband für Leibesübungen betrachtete die Arena als „wahrhaft würdiges Ehrenmal der Stadt für ihre gefallenen Helden." Mitteldeutschland gewann damals gegen Brandenburg 3:0. „Eine vorbildliche Kampfstätte, eingebettet in eine reizvolle Umgebung, ausgezeichnet in ihrer äußeren Gestaltung und sportgerecht in ihren Ausmaßen", lobte die „Thüringer Allgemeine Zeitung" (TAZ) den Neubau. 35.000 fanden Platz, und zur Eröffnung „herrschte bis in die Abendstunden, gestützt auf unzählige Bier-, Schokotrunk-, Milch-, Zigarren-, Schokolade- usw. Ausschänke ein Mordsbetrieb im Stadion" (TAZ).

1934 kam eine Holztribüne mit 1.270 Sitzplätzen hinzu, die Anfang der 30er Jahre anlässlich der Reichsnährstandschau, einer Landwirtschafts-Ausstellung, errichtet worden war und die, mehrfach restauriert, dank Sondergenehmigung bis zum März 1993 ihre Funktion erfüllte. Charakteristisch war (und ist) weiter der massive dreibogige Eingangsbau auf der Gegengerade, dessen Plattform als Musikpodium vorgesehen war – wie in Dortmunds „Roter Erde" 1926.

Der SK Erfurt, 1895 gegründet und Gründungsmitglied des DFB, spielte erst auf dem Exerzierplatz des Vorwerks Petersberg und legte 1909 einen Sportplatz auf der Cyriaksburg an, der bis 1921 zu einem Stadion mit überdachter Tribüne ausgebaut wurde. Rekord dort

(Foto: Stadtarchiv Erfurt)

Als Musikpodium vorgesehen war 1931 der dreibogige Bau auf der Gegengerade, der heute noch existiert.

waren 1920 zum 25-jährigen Vereinsbestehen 6.000 Zuschauer beim 1:3 gegen F.T.C. Budapest (= Ferencvaros).

In diesem alten Stadion trat 1946 die aus Spielern des SC 1895 und VfB gebildete SG Erfurt-West an. Die zunehmend erfolgreiche Mannschaft wechselte ins Städtische Stadion, die erwähnte frühere Mitteldeutsche Kampfbahn, über und erreichte 1949 als Fortuna Erfurt das Endspiel um die ostzonale Meisterschaft (1:4 gegen ZSG Union Halle). Seit September 1949, nach anderen Angaben seit 1950, hieß die Sportstätte Georgi-Dimitroff-Stadion nach dem bulgarischen Kommunisten, der im Reichstagsbrandprozess Göring Paroli geboten hatte. 1950/51 spielte der nunmehr SC Turbine Erfurt genannte Verein wieder vorne mit, unübertroffen bis heute die 51.300 Zuschauer am 1. April 1951 gegen Chemie Leipzig (1:2). Jene Saison endete mit der dritten Endspiel-Teilnahme in Folge, das Entscheidungsspiel in Chemnitz gewann allerdings Chemie Leipzig 2:0. 1954 und 1955 krönte Erfurt seine Fußballhistorie mit zwei DDR-Titeln. Neben Turbine waren in diesen 50er Jahren die Leichtathleten Hauptdarsteller im Dimitroff-Stadion, u.a. mit Länderkämpfen und Olympia-Qualifikationen.

Die neue Tribüne

1969 wurden umfangreiche Erneuerungsarbeiten in Angriff genommen: Die Laufbahn verkürzte man von 500 auf 400 m, baute eine Tartanbahn, die elektronische Anzeigetafel in der Südkurve und eine Flutlichtanlage (Einweihung am 6. Oktober 1970, „dem Tag vor dem DDR-Geburtstag", mit dem 2:2 gegen Vasas Budapest). Das Fassungsvermö-

gen sank auf 30.000, dennoch waren 1978/79 beim Spiel RW Erfurt gegen CZ Jena (1:2) 34.000 im Stadion.

Wegen der Umbauten im Dimitroff-Stadion wich Rot-Weiß in der DDR-Oberliga ab Anfang 1970 in die Radrennbahn Andreasried aus, die bis aufs Jahr 1899 zurückgeht. Nach der Wende gelang RW Erfurt als DDR-Oberliga-Drittem der Einstieg in den UEFA-Cup, in dem man in Runde 2 gegen Ajax Amsterdam mit 1:2 und 0:3 (Rückspiel in Düsseldorf!) ausschied. Damit war Erfurt der letzte Verein der beigetretenen DDR, der in einem internationalen Wettbewerb spielte. Ansonsten blieb's 1991/92 bei einem einjährigen Gastspiel in der 2. Bundesliga.

Die 1994 aus Betonfertigteilen erbaute neue zweistöckige Tribüne schaut imposant aus, ein leicht wirkender Bau mit einem Dachtragwerk aus Brettschichtbindern und lichtdurchlässigen

weißen Membranen. Die steinerne Rückwand ist mit der rot-weißen Farbgestaltung eine Hommage an den Verein. Auf 150 Meter Länge finden 4.000 unterm Dach Platz. Der Neubau war Voraussetzung dafür dass 1994 die Deutschen Leichtathletik-Meisterschaften erstmals in die neuen Bundesländer vergeben wurde (1996 und 1999 gab es Neuauflagen in der 1990 Steigerwaldstadion benannten Arena, DDR-Titelkämpfe hatten dort 1951, 1958, 1970 und 1975 stattgefunden, fünfmal war das Stadion Etappenziel der Friedensfahrt). Auf der Gegengerade hat man auf Stehstufen einfache Bänke montiert, die Nordkurve, in der sich die Gästeblöcke 2 und 3 befinden, unterbricht ein „Marathontor".

Im Dezember 1999 hätte sich ein Unglück im Steigerwaldstadion ereignen können, als im Morgengrauen entdeckt wurde, dass ein acht Kilo schwerer Lampenträger von einem der neuen Flutlichtmasten abzustürzen drohte. Umgehend mussten alle Lampenkronen abgebaut, die Partie gegen Aue am folgenden Tag und alle geplanten Flutlichtspiele abgesagt werden. Das Ende 2000 noch kein Schadensgutachten vorlag, bleibt's in Erfurt vorerst dunkel.

Erfurts Steigerwaldstadion wäre zweitligareif doch für den FC Rot-Weiß ging's 1999/2000 erst einmal darum, sich für die neue 3. Liga zu qualifizieren, was letztlich gelang. *sky*

Steigerwaldstadion Erfurt
ER: 1931. FV: 23.000, davon 4.000 üd. u. 2.000 unüd SiP sowie 17.000 StP. ZR: 51.300, DDR-Oberliga, 1.4.1951, Turbine Erfurt – Chemie Leipzig 1:2. Arnstädter Str. 55, 99096 Erfurt, Tel. 03 61 / 66 99 72, 34 43 46 20.

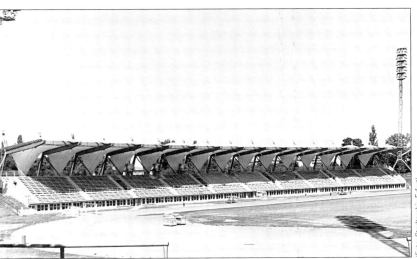

(Foto: Stadtarchiv Erfurt)

Die ästhetisch gelungene Tribüne von 1994.

Georg-Melches-Stadion

Von der Vorzeigearena zum Dreiviertelstadion

Volles Haus vor Industrie-Kulisse: das Georg-Melches-Stadion in den 60er Jahren.

(Foto: Stadtbildstelle Essen)

Bei ihrem Aufschrei erbebte das ganze Stadtviertel, ihre furchterregende Präsenz ließ Scharen von Gästetorhütern orientierungslos im Strafraum umherirren und manchmal auch daneben greifen, sie war das Abbild von Begeisterung und Enttäuschung, Resignation und Enthusiasmus – wer über die Heimat von Rot-Weiß Essen schreibt, steht mitten in der Westkurve des Georg-Melches-Stadions. Und sucht doch heute vergebens nach ihr: Verschwunden ist der ehemals gefürchtete Fanmittelpunkt von RWE, verkommen im Lauf der Zeit, bei Wind und Wetter regelrecht verwittert, schließlich abgebrochen worden beim gleichzeitigen Niedergang der durch Misswirtschaft und Lizenzentzüge Ende der 90er Jahre sogar bis in die Viertklassigkeit abgestürzten Rot-Weißen.

Sinnbild Westkurve – Parallelität der Entwicklung? Ganz so einfach ist es

zwar nicht, dennoch wird an der (Vor-) Geschichte des Georg-Melches-Stadions im engeren Sinne auch die Klubhistorie ablesbar, wird sportliche Entwicklung gespiegelt – und umgekehrt.

Symbiose Kohle und Kicker
So vergänglich Namen und Ligenzugehörigkeit der Rot-Weißen auch waren, topographisch ist der einstige Essener Vorzeigeverein ein Muster an Beständigkeit. Schon kurz nach dem 1. Weltkrieg traten die Pioniere des 1907 als „Sportverein Vogelheim" gegründeten, 1913 zunächst in „Spiel und Sportverein Emscher-Vogelheim", dann in „Spiel und Sport 1912" umbenannten Fußballklubs auf dem Gelände des heutigen Stadions gegen das Leder. Ein bescheidener Anfang, denn dem Sportplatz an der Phönixstraße, deren Name später in Hafenstraße geändert wurde, fehlte es sogar an Spielfläche – die feh-

lenden 30 Meter wurden erst nach und nach den dortigen Grundstücksbesitzern abgekauft. Dass auch sportlich noch hinzugewonnen werden musste, beweist eine andere gern zitierte Vereinslegende: Zu neunt war man 1916 gegen Preußen Essen mit 0:27 untergegangen.

Manch anderer hätte da den Laden vielleicht schon dicht gemacht, aber Heinrich Melches, der erste Vereinsvorsitzende, und sein Sohn Georg, der als stilechter Klubpatriarch die späteren Vereinsgeschicke lenken sollte, krempelten die Ärmel höher. Ihre enge Verbindung zu den Hoesch-Werken war entscheidend für den sportlichen und wirtschaftlichen Aufstieg der Essener Nordstädter. Arbeitskräfte und Baumaterial ließen die Schlotbarone zum Nulltarif kommen – eine für das Ruhrgebiet durchaus typische Symbiose zwischen Kohle und Kickern.

Die Platzanlage wurde so Zug um Zug erweitert. Als sich die Rot-Weißen Anfang der 20er Jahre in der damaligen A-Klasse des Ruhrgaus etablierten, konnte an der Nordseite des Platzes bereits geduscht werden. Mit der Erhöhung der Süd-, Ost- und Nordseite im selben Jahrzehnt gab es erstmals so etwas wie Stadionatmosphäre, passend zur Fusion der Vereine „Spiel und Sport 1912" und „Turnerbund Bergeborbeck", die 1923 die Geburtsstunde des Großvereins „Rot-Weiß Essen" bedeutete.

Eine echte Arena bot RWE indes erst 1939, ein Jahr nach dem Aufstieg in die Gauliga, der damals höchsten Spielklasse. Mit 25.000 Stehplätzen und einer kleinen Holztribüne für 1.428 Zuschauer trug die nun schlicht „Stadion Rot-Weiß" genannte Anlage der zum Massenvergnügen gewordenen Sportart zwar noch etwas unbefriedigend Rechnung, aber das feierliche Einweihungsspiel am 13. August 1939 wenige Wochen vor dem deutschen Überfall auf Polen gegen den großen Nachbarn Schalke 04 (Endstand: 1:5) zeigte, dass notfalls auch 30.000 hineinpassten.

Wie fast überall bedeutete der 2. Weltkrieg auch für RWE eine tiefe Zäsur. Die in der besonders heftig bombardierten Essener Industriezone gelegene Vorstadt Bergeborbeck-Vogelheim wurde fast völlig zerstört, das RWE-Stadion lag in Schutt und Asche. Georg Melches organisierte Bergleute und Handwerker, Freiwillige („Männer aus allen Berufen", wie die Vereinschronik stolz betont) griffen zu Hacke und Spaten, doch zum festgesetzten Termin am 15. September 1945 war weder die Platzanlage bespielbar noch gab es eine halbwegs taugliche Mannschaft.

Dem fälligen Neuanfang in der untersten Liga folgte das erfolgreichste Jahrzehnt der Vereinsgeschichte. 1948 in die Oberliga West aufgestiegen, etablierte sich RWE als Spitzenelf, wurde 1953 DFB-Pokalsieger und gewann zwei Jahre später mit einem 4:3-Erfolg gegen die Walter-Elf aus Kaiserslautern sogar als erster Westverein nach dem Krieg die Deutsche Meisterschaft. Spieler wie Helmut Rahn, August Gottschalk, Franz „Penny" Islacker, Berni Termath oder Fritz Herkenrath glänzten auf der Essener Visitenkarte und erfüllten die rotweißen Fußballseelen.

Einzigartig: Die „Kleine Gruga"

Auch das „Stadion Rot-Weiß" geriet zum Blickfang. Den Anfang machte das 1949 fertig gestellte Klubheim, das neben seiner Großzügigkeit vor allem mit einer exklusiven, bundesweit einzigartigen Gartenanlage bestach, die im Volksmund in Anlehnung an das Gelände der 1929 in Essen entstandenen „Großen Ruhrländischen Gartenbau-Ausstellung" (Gruga) bewundernd nur „Kleine Gruga" genannt wurde. Mit englischem Rasen, Blütenpracht und rundgeschnittenen Hecken ein passendes Ambiente für Georg Melches, im bürgerlichen Leben Direktor der Didier-Werke, der den Arbeiterklub – obgleich er sich nie zum Vereinspräsidenten wählen ließ – in Gutsherrenmanier beherrschte. Der frühere RWE-Geschäftsführer Paul Nikelski: „Er hat jeden zu Wort kommen lassen, aber gemacht wurde, was er wollte." Legendär seine Auftritte vor Heimspielen, als er durch ein Spalier ehrfürchtig auf ihn wartender Bergleute zur Tribüne ging und dabei Aussehen und Verfassung „seiner" Zuschauer begutachtete. Dem einen gab Melches 20 Mark für ein neues Hemd, dem anderen spendierte er ein Würstchen an der Bude.

Nackte Frau in der Tribüne

Herzstück des Wiederaufbaus aber war die neue Südtribüne, mit deren Bau Melches seinen Jagdkollegen Küppers im Meisterschaftsjahr 1955 beauftragte. Direkt hinter die nach dem Krieg nur notdürftig wieder hergerichtete Holztribüne gesetzt, geriet sie zu einem frühen Multifunktionsbau, der unter den fast 4.400 Sitzplätzen Gesundheitsanlagen, Sauna, Sitzungsräume, Pressezimmer, eine Mehrzweckturnhalle mit transportabler Bühne und 400 Sitzplätzen sowie die Stadiongaststätte beherbergte. Darüber hinaus gab es vier möblierte Zimmer, in denen Trainer wie Fred Harthaus und Erich Ribbeck (er bekam als einziger eine eigene Einrichtung) und Spieler wie Willi „Ente" Lippens und

Beim Länderspiel gegen Zypern (21.5.1969) drängten sich 40.000 Zuschauer ins Georg-Melches-Stadion. Hautnah erlebten sie auch das 7:0 durch Gerd Müller (Endstand: 12:0).

Werner Kik wohnten. Während der Melches-Ära garantierten diese Refugien nicht immer ein ungestörtes Privatleben, wie eine Anekdote um den Spieler Kufen aus dem Jahr 1957 beweist: Melches zeigte einem Gast die Unterbringung der Kicker, und wie es seine Art war, klopfte er nicht an, sondern riss sofort die Tür auf. Der seltene Anblick – Kufen hatte Damenbesuch, und dieser stand gerade splitternackt hinter der Tür – ließ einen sprachlosen Hausherren zurück.

Die neue Tribüne verlieh dem Stadion Rot-Weiß Vorbildcharakter. Vereinsfunktionäre aus ganz Deutschland reisten in den Essener Norden, um sich das zukunftsweisende Bauwerk näher anzusehen. Laut dem damaligen RWE-Geschäftsführer Nikelski ist zumindest die Tribüne des Duisburger Wedaustadions „abgeguckt" – und das sogar als bessere Kopie. Denn nach dem Motto „hinterher ist man immer klüger" hatte Nikelski seinem Kollegen Erich Hess aus Duisburg eingeschärft, die Tribüne unbedingt von hinten begehbar zu machen – ein Umstand, der in Essen glatt übersehen worden war und gerade die ausverkauften Spiele mit viel Unruhe und regelmäßigem Zuschauergedränge einleitete.

„Jungs, klettert jetzt nicht höher..."

Die repräsentative Kulisse ließ auch den DFB aufhorchen. Bis 1984 wickelten die Essener Funktionäre insgesamt 14 Spiele für den Verband ab (Nikelski: „Und das komplett – die haben nur die Bälle mitgebracht."), von der Olympiaauswahl über die Jugend- und Militär-

bis zur A-Nationalmannschaft, die am 21. Mai 1969 vor dem Rekordbesuch von 40.000 Zuschauern in einem Qualifikationsspiel zur Weltmeisterschaft 1970 Zypern mit 12:0 deklassierte. Noch mehr Leute sollen, allerdings inoffiziell, am 7. November 1956 das Stadion besucht haben, als eine Kombination aus Rot-Weiß Essen und Fortuna Düsseldorf gegen Honved Budapest (5:5) antrat. Das aufgrund des Ungarnaufstandes komplett in den Westen geflüchtete Honved-Team lockte mit seinem ersten Spiel im Westen überhaupt nach polizeilichen Schätzungen fast 50.000 Zuschauer an. Wo und wie auch immer die hineingepasst haben sollen – Tatsache ist, dass der Stadionsprecher an der Hafenstraße die das Dach erklimmenden Anhänger warnte: „Jungs, klettert jetzt nicht höher. Da oben sind Stromleitungen. Ihr kriegt einen elektrischen Schlag, da seid ihr lange tot."

Stellten Katakomben und Tribüne Mitte der 50er Jahre schon ein Novum im deutschen Stadionbau dar, so tauchte eine weitere Premiere das RWE-Stadion 1956 in ein ganz besonderes Licht: Am 4. August ließ Rot-Weiß in seinem 100. internationalen Spiel (4:0 gegen Racing Straßburg) die erste Flutlichtanlage in Deutschland erstrahlen. Zwar ließen die vier mit je 30 Scheinwerfern bestückten Masten heutige Helligkeitswerte in den Stadien gerade mal erahnen, doch die Presse titelte damals begeistert: „Ein Schauspiel von faszinierender Wirkung. Dem Flutlichtfußball gehört die Zukunft." Eine Zukunft, in der der rot-weiße Fußball-Stern allerdings zunehmend verblasste.

Millionengrab Südtribüne und Melches' Visionen

Das Topteam der 50er Jahre geriet in eine tiefe Krise. Bereits zur Oberliga West-Endphase nur noch zweite Wahl, irrten die Rot-Weißen in den 60er und 70er Jahren als „Fahrstuhl-Elf" zwischen Bundes- und Regionalliga hin und her. Die sportliche Misere war eng verknüpft mit wirtschaftlichen Turbulenzen. Eine entscheidende Rolle spielte dabei die vereinseigene Anlage, zu der neben dem Hauptstadion weitere Rasen- und Aschenplätze, eine Leichtathletik-Stätte und sechs Tennisplätze gehörten. Georg Melches hatte sich mit dem Tribünenausbau Mitte der 50er Jahre gründlich übernommen, obwohl dieser in seinen Plänen eher die kleinere Lösung darstellte. Noch im November 1953 hatte er eine Eingabe an die Stadtverwaltung verfasst mit dem Vorschlag, auf den geplanten Bau des „Ruhrstadions" (siehe gesondertes Kapitel) zu verzichten und stattdessen das Stadion an der Hafenstraße zu kaufen und dessen Fassungsvermögen auf 60-70.000 zu erhöhen. Die Stadt lehnte dankend ab, weil sie kein Interesse an einer reinen Fußballarena ohne Laufbahn und andere Sportanlagen hatte und die Lage im Essener Norden sowohl verkehrstechnisch als auch landschaftlich als wenig reizvoll empfand. Melches ließ die groß angelegten Ausbaupläne fallen, konzentrierte sich auf die neue Tribüne – und verschätzte sich erneut. Trotz eines ersatzweise gewährten Darlehens von der Stadt verschlang der ehrgeizige Bau alle finanziellen Reserven des Vereins. Als die Paradegeneration um Rahn und Gottschalk verschwand, gab es kein Geld für adäquate Nachfolger.

Verschärft wurde die Notsituation durch das Anfang der 60er Jahre beginnende Zechensterben im Ruhrgebiet. Ohne die täglich zum Nulltarif angekarrten „grubenuntauglichen" Bergleute, ohne Materiallieferungen und Kohle-Deputate der Hoesch AG wurde die Arena an der Hafenstraße eine nicht mehr zu haltende Immobilie. „Ich habe immer zu Herrn Melches gesagt, dass uns das Stadion in jedem Jahr fünf gute Spieler kostet", erinnert sich Ex-Geschäftsführer Nikelski. Letztlich scheiterte Melches, der seit 1959 bettlägerig war und im März 1963 starb, mit seiner Vision eines reinen Fußball-Großstadions (das erst Jahrzehnte später in Dortmund, Bochum und Leverkusen Wirklichkeit werden sollte) an der mangelnden Kooperationsbereitschaft der Stadt Essen.

Seinen unerfahrenen Nachfolgern hinterließ Georg Melches ein schweres Erbe. Denn ungeachtet der festlichen

Kiebitze auf der Zechenbahn.

Umbenennung der Arena in „Georg-Melches-Stadion" am 5. August 1964, bei der das RWE-Regionalligateam dem amtierenden Deutschen Meister 1. FC Köln vor ausverkauftem Haus und viel Prominenz ein 2:2 abtrotzte, blieb die Zukunft der Spielstätte alles andere als feierlich. Mehr als notdürftige Renovierungsmaßnahmen, die zum Teil nur mit Hilfe der Stadt ausgeführt werden konnten, waren im nächsten Jahrzehnt nicht zu finanzieren.

Im Angesicht der schmucken „WM-Schüsseln" der Reviernachbarn Schalke und Dortmund endete schließlich die vereinseigene Stadiongeschichte der Rot-Weißen 1975, als man sich an die Überdachung der Gegengerade wagte. Der viel zu teure Umbau zwang den Klub, der sich in den 70er Jahren zwar mit Ausnahmespielern wie Lippens, Burgsmüller, Mill und Hrubesch schmücken konnte und dennoch 1977 letztmals in der Bundesliga vertreten war, noch 1975 zum Verkauf des Stadions an die Stadt. Die sorgte 1979 immerhin für eine neue Flutlichtanlage und errichtete 1983, unterstützt von Bund und Land, die neue Osttribüne, die den „Lausehern" auf der erhöhten Hafenstraße die Sicht auf den Rasen endgültig verbaute. Wegen eigener Haushaltsprobleme vernachlässigte die Stadt die Infrastruktur des Stadions in der Folgezeit jedoch völlig.

Diskussion um „Essen-Arena"

Heute mangelt es dem Georg-Melches-Stadion so ziemlich an allem, was der moderne „Erlebnisraum Fußball" erfordert. Kann man dem mittels Täfelchen manuell angezeigten Spielstand noch einen anachronistischen Charme abgewinnen, so ist die Parkplatzsituation – die Autos werden, wie vor 30 Jahren, kreuz und quer auf Bürgersteigen und Mittelstreifen abgestellt – schlicht katastrophal. Verantwortlich dafür ist die Stadt, die 1974 (!) ebenso konzeptions-

los das einzige dafür geeignete Gelände in der Umgegend an einen Wirtschaftsriesen verkaufte.

Es war gleichfalls die Stadt, die danach die Westkurve vermodern und abreißen ließ. Jahrelang wurden die drängelnden RWE-Verantwortlichen mit der Aussicht auf eine ultramoderne Westtribüne ruhig gestellt. „Wenn wir etwas unternehmen, dann soll es was Besonderes sein," hieß es seitens der Stadtverwaltung.

Heute besitzt das Georg-Melches-Stadion mit der planierten, an die zubetonierten Parkareale großer Einkaufszentren erinnernden Westseite tatsächlich etwas Besonderes: eine Dreiviertel-Arena, einzigartig in der deutschen Stadienlandschaft. Das Zuschauer-Vakuum in der Essener Traditionsarena korrespondiert allerdings mit einem Klubszenario, das sich Anfang der 90er Jahre im Kreisverkehr Millionenschulden – Lizenzentzug – Drittklassigkeit abspielte.

Seit dem Engagement eines Kinomultis denkt man in Essen wieder an höhere Ligen. Und folgerichtig ist auch die vermeintlich bessere sportliche Zukunft mit architektonischen Fundamenten verbunden. In Zeiten modernen Erlebnispark-Managements soll die nun angestrebte Rückkehr in die Eliteliga mit einer supermodernen, ca. 200 Millionen Mark teuren Multifunktionsarena perfekt gemacht werden, deren Vorbild irgendwo zwischen dem „Gelredom" in Arnheim, der „KölnArena" und der Gelsenkirchener Variante „Auf Schalke" anzusiedeln ist. Sollte das – allerdings heftig umstrittene – Projekt gelingen, würden unter dem Schiebedach des als „Essen-Arena" bekannt gemachten Komplexes neben den Rot-Weißen auch die Eishockey-Moskitos ein neues Heim finden. Der Ort des Schmuckkästchens wäre ein altbekannter: direkt neben dem Georg-Melches-Stadion. Die altehrwürdige Anlage hätte in diesem Fall ausgedient und würde zu dem, was hier beschrieben wurde – Geschichte.

Achim Nöllenheidt

Georg-Melches-Stadion Essen
ER: 1919 / 1939 / 1955. FV: 25.250, davon 4.000 üd. SiP, 350 unüd. SiP, 20.800 üd. StP.
ZR: 40.000, WM-Qualifikationsspiel 21.5.1969, Bundesrepublik Deutschland – Zypern 12:0.
Hafenstraße 97a, 45356 Essen, Tel. 0201 / 861440.

▦ Grugastadion

Ein Traum in Schutt und Asche

(Foto: Klartext Verlag)

Blieb ein Modell: das „Ruhr-Stadion" in Essen.

Die Klage war laut und leidenschaftlich. Ungebrochen überdauerte sie Jahrzehnte, mal zweckpessimistisch jammernd, mal unverhohlen fordernd, um am Ende doch unerhört zu bleiben. Essen und der Bau eines Großstadions – das ist bis heute Utopie.

Bereits 1926 bringt es die „Essener Volkszeitung" in großen Lettern auf den Punkt: „Braucht Essen ein Stadion?", um schon im ersten Satz klarzustellen, dass die Frage bestenfalls theoretischer Natur und „bei der Bedeutung Essens und des Essener Sports unbedingt zu bejahen" ist.

Bemerkenswert bleibt, dass der Artikel im Folgenden all jene Argumentationen auflistet, die in diesem Zusammenhang bis auf den heutigen Tag aktuell geblieben sind. Visionär wird da „die wachsende Bedeutung des Sports" beschworen, neidisch auf die groß angelegten Arenen der Nachbarstädte hingewiesen („Nur Essen steht abseits.") und hellsichtig auch die wirtschaftliche Bedeutung von Großveranstaltungen auf kommunaler Ebene erkannt. Unbarmherzig nimmt der Beitrag von 1926 den auch zukünftig geltenden Hauptgrund für das Scheitern Essener Großstadiongelüste vorweg – der Hinweis auf die chronisch leeren Kassen der Stadtväter wirkt wie ein Politiker-Statement 70 Jahre später. Und auch der abschließend gemachte Einwand, dass angesichts der knappen Finanzlage doch wenigstens eines der bestehenden Stadien aufgerüstet werden könnte, gilt nach dem Motto „Vorwärts in die Vergangenheit" uneingeschränkt bis heute.

Das Stadion für 100.000

Die ganze Geschichte wäre so unglücklich wie belanglos und mit Sicherheit an dieser Stelle bereits an ihrem Ende, wenn es nicht doch einen Zeitpunkt in der Essener Stadtgeschichte gegeben hätte, der eine entscheidende Wende in dieser so erschreckend linear verlaufenen Entwicklung versprach. So war nach dem 2. Weltkrieg ein in ovaler Form angelegter, aus Trümmerschutt bestehender Wall in aller Munde. Das Bauwerk sollte den Grundstein für eine Sportarena der Zukunft bilden, das so genannte „Ruhrstadion". Die „Rheinische Post" titelte im September 1948: „Stadion für 70.000", in anderen Darstellungen hieß die Auferstehung aus Ruinen gar „Wunderschöpfung für hunderttausend Zuschauer".

Für die zu diesem Zeitpunkt durchaus ambitionierte Stadt hatte das Projekt allerlei Vorteile, denn der Trümmerschutt aus der Innenstadt konnte auf diese Weise nicht nur verhältnismäßig billig entsorgt, sondern auch noch nutzbringend verwendet werden. Das Projekt fand begeisterte Zustimmung in der Bevölkerung, die sich auf kommende Fußball-Länderspiele freute, und wurde 1951 durch ein Architektenmodell im Auftrag des Stadtplanungsamtes Essen trotz geschätzter Baukosten von rund sieben Millionen Mark sogar konkretisiert.

Dann jedoch passierte lange nichts, verdächtig lange. 1955 nahm sich die „Essener Woche" des scheinbar vergessenen Vorhabens an und fragte öffentlich: „Wie nur kann eine Stadt vom Range und von der Größe Essens so lange zögern, das halbfertige Großstadion zu vollenden? ... Soll Essen noch länger hinter Städten wie Ludwigshafen und Augsburg zurückstehen, wenn Länderspiele und Deutschmeisterschafts-Endspiele verteilt werden?" Rührig, wie dann die ergebene Anteilnahme der Bevölkerung zitiert wird: „‚Aus dem Volke' kamen Vorschläge Macht eine Stadion-Lotterie! Erhebt einen Aufschlag zu den Spielen! Wir wollen es gerne tragen, wenn wir nur unser Stadion bekommen."

Die Stadtvertreter aber hatten mittlerweile andere Interessen. Ihnen war die Idee zu Kopf gestiegen, sich um die Ausrichtung des Deutschen Turnfestes 1963 zu bewerben, das als damals republikweit größte Massen-Sportveranstaltung Ruhm und Ehre versprach. Zwar sicherte man zu diesem Anlass den rechtzeitigen Ausbau des Schuttkolosses „Ruhrstadion" zu, doch auf den Funktionärsflurer war das fußballtaugliche Großstadion längst abgeschrieben. Denn die Ausrichtung des alle fünf Jahre stattfindenden Turnfestes beinhaltete den Bau vielfältigster Sportstätten (Leichtathletik- und Schwimmstätten, Mehrfachturnhalle) inklusive der Schaffung einer riesengroßen Rasenfläche für Massenfreiübungen. Um die sechs Mitbewerber, darunter Hamburg, Berlin, Köln und München, auszubooten, versprachen die Essener Vertreter zudem ein „Festival der kurzen Wege", also die Konzentration der Sportstätten auf engem Raum. Ein groß angelegtes „Ruhrstadion" aber ließ keinen Platz für den Bau dieser Nebenanlagen.

Die Arena, die niemand brauchte

So kam es, wie es wohl kommen musste – mit der Zusage des Hauptausschusses des Deutschen Turnerbundes zur Ausrichtung des Deutschen Turnfestes vom 14. Juni 1959 im Rücken wurde der ursprüngliche Ausbauplan des „Ruhrstadions" zur Miniversion des späteren „Grugastadions" zurechtgestutzt, in das gerade einmal 30.000 Zuschauer hineinpassten. Eine Arena, in deren Größenordnung es bereits zwei weitere Stadien in Essen gab (Georg-Melches-Stadion/ Rot-Weiß Essen und Uhlenkrug/ Schwarz-Weiß Essen. Es war also eine

Arena, die niemand wirklich brauchte. Dies gilt auch für die an das Grugastadion angrenzende, sechs Sportplätze große Turnfestwiese, in deren Weite sich nach dem Mammut-Aufmarsch der Turner allenfalls Hobbyfußballer und Faustball-Exoten verloren.

Langfristiges Denken war seit jeher ein Problem der Essener Stadtväter. „Für eine Handvoll Lob" (der Deutsche Turnerbund lobte 1963 Essen als „glänzende Feststadt" – und zog von dannen) hatten sie alle Warnungen, dass das „Einmalerlebnis Turnfest" eine für die weitere sportliche Nutzung sinnlose Infrastruktur hinterlassen würde, enthusiastisch in den Wind geschlagen.

Folgerichtig dient die mittlerweile zubetonierte Festwiese heute als Messeparkplatz. Das Grugastadion, in dem Schwarz-Weiß Essen 1975-78 zwar seine Zweitligaspiele bestreiten musste, das darüber hinaus jedoch nie über die Nutzung als Stützpunkt einer bedeutungslosen Essener Leichtathletikvereinigung hinauskam, blickt derweil dem sicheren Abriss entgegenblickt. Denn keine 40 Jahre nach der feierlichen Eröffnung ist das Stadion in einem derart schlechten Zustand, dass Teile der Stehränge im Jahr 2000 bereits gesperrt werden mussten. Keine sportliche Heimat, keine Lobby, dafür einen mit den Füßen scharrenden Riesen namens Messe Essen im Rücken, der hier seinen Auslauf sucht – das Grugastadion endet, wo die Vision des Ruhrstadions begann: in Schutt und Asche. Ein Kreis schließt sich. Angesichts eines Kostenaufwandes von mehr als 20 Millionen Mark, die Anfang der sechziger Jahre urplötzlich aus dem angeblich doch so klammen Haushalt zur Realisierung des Turnfestprojekts auftauchten, eine städteplanerische und sportpolitische Katastrophe.

Auch für den Essener Fußball hatte diese millionenschwere Episode fatale Folgen: Eine weitere Arena, oder auch nur der Ausbau der vorhandenen Spielstätten, ließ sich fortan natürlich nicht mehr finanzieren. Und eine geeignete Stätte zur Errichtung eines Stadions im Zuge der Weltmeisterschaft 1974 war verbaut.

Die Klagen in Essen nehmen kein Ende...   *Achim Nöllenheidt*

Grugastadion Essen
ER: 1963. FV: 31.600, davon 3.600 üd. SiP auf der Tribüne.
ZR: 31.6000, 14.-21.7.1963, beim Deutschen Turnfest.
Norbertstraße 73, 45131 Essen,
Tel. 0201 / 77 61 47.

▓ Stadion Uhlenkrug

Vom „Herz aus Stahl" träumten andere Klubs

Ortstermin zur Jahrtausendwende. Die 1. Mannschaft des ETB Schwarz-Weiß Essen trainiert an einem verregneten, eiskalten Abend auf einem schmucklosen Aschenplatz, an dessen schummrigen Rändern sich ganze vier Zuschauer verlieren. Nebenan liegt das Stadion im Dunkeln. Endlich kommt Heinz Hofer, der 1. Vorsitzende der Fußball-Abteilung, mustert kurz Spielzüge und Einstellung der Spieler, grüßt die Anwesenden und geht voran in die engen verwinkelten Tribünenkatakomben. „Einen Text für ‚Das große Buch der deutschen Fußballstadien' wollen Sie schreiben?", fragt Hofer schmunzelnd. Die Verhältnisse am Stadion Uhlenkrug sind bescheiden geworden.

Dass das nicht immer so war, davon künden Bilder, Wimpel und andere Erinnerungen in der Geschäftsstelle. Hier sind sie zu sehen, die berühmten Söhne vom Uhlenkrug – allen voran Oliver

Bierhoff, der in Essen zwar nie über eine unbedeutende Nebenrolle hinauskam, das Sitzungszimmer dennoch in Lebensgröße ziert. Konstruierte Nostalgie – denn die Zeit der „echten" Nationalspieler bei Schwarz-Weiß Essen liegt lange zurück, auch die der „Ausgewanderten", die schon beim ETB herausragende Leistungen zeigten, ehe sie bei anderen Vereinen zu Nationalspielern wurden.

Warum sie den Uhlenkrug verließen, lässt sich auf eine einfache Formel bringen: Hier sah man zwar Meisterschüler, aber keine Meisterschaften. Einzig der Gewinn des DFB-Pokals 1959 (5:2 gegen Borussia Neunkirchen) ließ sich im Briefkopf des Vereins verewigen, daneben blieb das Anrennen um bedeutende Ligatitel ein volles Jahrhundert lang vergeblich. Im Gegenteil: Der sportliche Zeitraffer sieht ein Schwarz-Weiß-Team, das zuletzt Anfang der 60er Jahre höhe-

Die Stadionanlage am Uhlenkrug, Essen.

Wohl für immer Vergangenheit: überfüllte Tribüne am Uhlenkrug, hier 1967 in der Regionalliga West.

ren Ligabedürfnissen genügte, die Qualifikation zur Bundesliga jedoch verpasste und in den darauf folgenden Jahrzehnten langsam aber sicher nach unten durchgereicht wurde. Wirtschaftlich am Ende, kündigte der ETB dem DFB 1978 noch während der laufenden Spielzeit der 2. Bundesliga Nord die freiwillige Rückgabe der Profilizenz zu Saisonende an.

Heute quält sich der Verein in der vierten Liga – eine trostlose Bilanz, die zwar dem Werdegang vieler Traditionsklubs entspricht und doch ein seltenes Kuriosum beinhaltet. Denn als Schwarz-Weiß Essen 1978 den Profibereich sportlich endgültig verließ, hatte das seit Ende 1973 im Besitz der Stadt Essen befindliche Stadion Uhlenkrug den Amateurstatus längst erreicht: Es war vom DFB 1975 als nicht tauglich für den Lizenzbereich ausgemustert worden. Dass der ETB danach drei Jahre heimatlos auf wechselnden Spielfeldern um Punkte kämpfen musste (meistens im Grugastadion, mehrere Male sogar in der Arena des Lokalrivalen Rot-Weiß Essen), ist wohl einzigartig für Zweitliga-Verhältnisse. Das Stadion als architektonischer Ausdruck der Vereins-Befindlichkeiten…

Tribüne aus Planwagen

Ein sichtbares Zeichen stellte das Stadion Uhlenkrug auch beim Bau 1922 dar – nur mit anderen Vorzeichen. Es war das Resultat sportlichen Aufstiegs und einer intakten Anhängerschaft. Die im Jahr 1900 gegründete Fußball-Abteilung des ETB bildete bereits seit ihrer

Aufnahme in die 1909 ins Leben gerufene Westdeutsche „Zehnerliga" das Aushängeschild der Stadt. Zu dieser Zeit war man bereits dreimal umgezogen. Dem „Urplatz" am Haumannhof, der sich durch ein starkes Gefälle zur benachbarten Gärtnerei auszeichnete, folgte schnell die „mit unangenehmen Ausgleitbewegungen" verbundene Kuhweide bei Lindeken im Stadtteil Huttrop (hier fanden die ersten Wettspiele statt). 1902 überließ die Zeche Ernestine den Kicker-Pionieren am „Tivoli" im nördlichen Stoppenberg ein durch erhebliche Berg- und Wasserschäden beeinträchtigtes Ziegelfeld. Zwei Jahre später ging es zur Kruppstraße mitten in die Innenstadt, wo ein herzurichtender Steinbruch für viel Arbeit und noch mehr Zuschauer sorgte. Der Fußballsport bewegte sich hier wie überall zu dieser Zeit noch in einem Spannungsverhältnis zwischen gesellschaftlicher Ignoranz und wachsender Begeisterung: Während der Kassierer bei einem Spiel gegen den Duisburger SV die unglaubliche Einnahme von 1.700 Mark zählen durfte, waren laut Vereinschronik gleichzeitig stundenlange Diskussionen nötig, um den einmal in den Privatgärten hinter dem Osttor gelandeten Ball wieder zurückzubekommen. Verfolgt werden konnte dieses Gezeter bei größeren Wettspielen auf einer „Tribüne", die damals noch aus einer Ansammlung gemieteter Planwagen bestand.

Um dem im Zuge der Zehnerliga steigenden Zuschauerinteresse zu entsprechen, pachtete der ETB 1913 erst-

mals ein größeres Gelände. Obwohl der im weit entfernten Essener Süden gelegene neue „Sportplatz an der Meisenburg" den Anhängern lange Fußmärsche abverlangte, brachten diese die für die Instandsetzung benötigten 50.000 Mark durch Spenden und Anteilscheine auf. Mit Holztribüne, einer besseren Einzäunung und dem seltenen Luxus einer Toilettenanlage präsentierte sich der neue Sportplatz als wahres Schmuckkästchen – und blieb für den ETB doch nur Episode. Verantwortlich dafür war die unerwartete Kündigung der Pächter (Stadt Essen, Krupp und Privatleute) nach Ablauf des Zehn-Jahres-Vertrages. Max Ring, Mitglied der allerersten Kickertruppe und einer der führenden Männer des immerhin zu den Besten im Westen zählenden ETB, erinnert sich an den Rausschmiss in der Inflationszeit: „Unsere hineingesteckten 50.000 Mark haben wir entwertet zurückerhalten und gingen betrübten Herzens aufs Neue auf die Platzsuche."

„Acht Tage darauf herumgelaufen…"

Max Ring war es auch, der 1922 zum großen Initiator des Stadions Uhlenkrug wurde. Die Vereinschronik zitiert seine Aufzeichnungen über die „Geburtsstunde" der späteren Arena im Essener Süden: „Durch Zufall entdeckte ich ein Gelände, das mir einer der Besitzer eigentlich halb im Scherz als Sportplatz vorgeschlagen hatte. Es kostete nur 750.000 Mark, ohne Umarbeitung usw. Ich ging trotzdem hin und sah mir die 35 Morgen an. Ja, ich weiß nicht, acht volle Tage bin ich darauf herumgelaufen, zaghaft und doch verlangend, erwägend und überschlagend, verwerfend und doch die Flächen abschreitend und messend." Aus dem Scherz wurde Zukunft, obwohl die Stadt Essen, neben dem Industriellen Krupp selbst Mitbieter um das Gelände, ein schon zugesagtes Darlehen zurückzog. Grundstückseigner Hasenbrink aber – empört über die in seinen Augen viel zu niedrigen Angebote der beiden „Großen" – gab dem ETB den Zuschlag, und das ohne einen Pfennig Anzahlung auf zehn Jahre zur Pacht mit Vorkaufsrecht, welches der Klub kurze Zeit später auch wahrnahm. Der Rest war Improvisation.

Mit viel Eigeninitiative und erneut großer Spendenmoral der Vereinsmitglieder wurde (inklusive zweier Nebenplätze und einer Tennisanlage) eines der damals modernsten Stadien Westdeutschlands errichtet, mit einem Fassungsvermögen von insgesamt 35.000 und einem Herz aus Stahl – einer auf einer Eisenkonstruktion basierenden, etwa 2.000 Menschen fassenden Tribüne, von der die meisten Fußballklubs zu dieser Zeit nicht zu träumen wagten.

Kurios aber bleiben Taufe und weitere Namensgebung des Stadions. Während die Presse bis 1940 von der „Max-Ring-Kampfbahn" berichtet, sprechen die Vereinschroniken nur vom „Stadion Uhlenkrug" – ein Widerspruch, der eigentlich nirgendwo thematisiert und vom Uralt-Mitglied Ewald Bollmann 1958 in der Vereinszeitung lediglich achselzuckend zur Kenntnis genommen wird: „Er (Max Ring, d. Verf.) war so erfolgreich in seinem Wirken, dass die Kampfbahn am Uhlenkrug den Namen ‚Max-Ring-Kampfbahn' erhielt. Es entzieht sich meiner Kenntnis, weshalb der Name nicht mehr gebraucht wurde." Wie auch immer, die im Volksmund nur Stadion Uhlenkrug genannte Arena stellte einen passenden Rahmen für die sportlich sehr erfolgreichen Schwarz-Weißen dar, die als führende Mannschaft im Ruhrgau 1925 sogar die Endrunde zur Deutschen Meisterschaft erreichte. Auch in den Jahren der Gauliga ab 1933 blieb die Kickerabteilung des ETB, die sich zwischenzeitlich (1924-1937 als „Sportclub Schwarz-Weiß e.V. 1900") vom Hauptverein trennte, tonangebend.

Die Erweiterung des Stadions 1939 schien darum eine notwendige Investition für die Zukunft. Die Tribüne wurde auf 2.400 Plätze vergrößert und erhielt neue, breitere Aufgänge, die Stehränge wurden zu einem Fassungsvermögen von 45.000 aufgestockt und publikumsfreundlich mit einer Aschenschicht bedeckt, „so dass es heute schon einmal tüchtig gießen kann, ohne dass die Zuschauer auf den Stehplätzen bis zum Knöchel und darüber hinaus in Dreck und Matsch waten müssen" („Essener Stadtanzeiger" 1940). Zur Einweihung am 3. November 1940 kam und siegte (4:3) niemand Geringerer als der Deutsche Meister Schalke 04.

Die „Klagemauer" vor der Tribüne

Nach dem 2. Weltkrieg jedoch saßen die Schwarz-Weiß-Anhänger im bundesweiten Vergleich nur noch in der zweiten Reihe, und selbst auf lokaler Ebene zog der Rivale aus dem Norden, Rot-Weiß Essen, unaufhaltsam an den Südstädtern vorbei. Da musste schon ein DFB-Länderspiel gegen Luxemburg (23. Dezember 1951, 4:1) herhalten, um den Uhlenkrug noch einmal überregional in die Schlagzeilen geraten zu lassen. Die anbrechende Leidenszeit der Fans manifestierte sich schnell auch in baulicher Substanz. Anfang der 50er Jahre entwickelte sich beim ETB der Begriff „Klagemauer" – gemeint war damit eine zwischen Tribüne und Spielfeld befindliche, fast bis Kopfhöhe reichende Mauer, vor der die alten ETBler und Eingeweihten standen und laut die neue Chancenlosigkeit beweinten.

Am Uhlenkrug waren die (natürlich auch bei anderen Klubs präsenten) Dauernörgler durch die Klagemauer quasi institutionalisiert. Dass sich die Gruppe in den 60er Jahren auflöste, lag einerseits am Abriss der Mauer, andererseits – und das entwickelte sich für Schwarz-Weiß zunehmend zu einem Zukunftsproblem – an deren Altersstruktur. Mit der in den 80er Jahren unübersehbar gewordenen Stagnation im Amateurbereich ist auch die Anhängerschaft geschrumpft, wobei der Kreis der Getreuen ebenso in die Jahre gekommen ist wie das Stadion selbst.

Der Niedergang hing auch mit der Rivalität zu Rot-Weiß Essen zusammen. Die historisch zwar begründete, im Ganzen dennoch grobschlächtige Unterscheidung zwischen „Roten" und „Schwarzen" wurde in der Öffentlichkeit zum Duell der sozialen Herkunft stilisiert und damit – passend zu den Vereinsfarben – auch politisiert. Die „Roten", das war der Arbeiterklub bzw. das sozialdemokratische Lager, die Schwarzen dagegen das bürgerliche und damit christdemokratisch wählende Kickervolk, eben der „Lackschuhverein". Eine Unterscheidung, die im seinerzeit politisch eindeutig gefärbten Ruhrgebiet vielleicht nicht unwesentlich zur Vernachlässigung des Uhlenkrugs beigetragen hat.

In der Tat waren die Kontakte der ETB-Verantwortlichen zum damals noch traditionell sozialdemokratisch geführten Rat der Stadt Essen nicht gerade innig, und so legt eine Rückschau auf die 70er Jahre eine Ungleichbehandlung durch die „Roten" im Rathaus nahe: Während die Kommune 1975 beim Kauf der RWE-Arena an der Hafenstraße ca. 4,4 Millionen Mark hinblätterte, verliebte sie sich den Uhlenkrug Ende 1973 für 1,35 Millionen eher zum Dumpingpreis ein. Zum Vergleich: Einer Immobilienfirma war das Uhlenkrug-Gelände zur gleichen Zeit 2,4 Millionen Mark wert. Überlegungen, den Uhlenkrug für den Sport zu erhalten, ließen die ETB-Verantwortlichen jedoch von dem Coup, der mit einem Umzug der Fußballer in das nicht allzu weit entfernte Grugastadion verbunden gewesen wäre, Abstand nehmen. Dafür mussten sie zusehen, wie das RWE-Domizil mit einer neuen Flutlichtanlage sowie einer neuen Osttribüne versehen wurde, ohne dass sich am Uhlenkrug auch nur eine Hand bewegte, als der DFB die Anlage 1975 für den Zweitligabetrieb sperrte.

„An die Kassen!"

Heute ist man froh, wenigstens die Unterhaltskosten für das Stadion los zu sein. Der Zuschauerschnitt liegt mittlerweile nur noch bei 500, Tendenz sinkend. Heinz Hofer, der dem Verein seit Anfang der 50er Jahre in verschiedenen Funktionen angehört, bemerkt dies ohne Wehklagen – er ist Realist. Nur einmal übermannt ihn die Erinnerung, als er von einem Mittwochabend im Jahr 1975 spricht: „Wir spielten als Tabellenführer der 2. Liga gegen Verfolger Osnabrück. Da waren auf einmal 19.000 Zuschauer – wir wussten gar nicht, wo die herkamen." Mit dem selten zu hörenden Auftrag „An die Kassen!" trommelte Hofer alle verfügbaren Kräfte zusammen. „Ich werde nie es vergessen, damals hatte ich einen Parka an: Taschen innen, Taschen außen – nur Geld, nur Geld."

Draußen regnet es noch immer.

Achim Nöllenheidt

Stadion Uhlenkrug
ER: 1922. FV: 45.000 Zuschauer (davon 2.400 üd. SiP).
ZR: 45.000, Länderspiel, 23.12.1951, Deutschland gegen Luxemburg 4:1.
Am Uhlenkrug 40, 45133 Essen, Tel. 0201 / 472431.

Stadion „Am Lindenbruch" Katernberg
„Helmut Rahn sein Zaun"

Katernberg, seine Sportfreunde und das Stadion „Am Lindenbruch" sind eine der Legenden der „alten" Oberliga West und ein weiterer Mythos einer „Bergarbeiter-Elf", hier angebunden an die Zeche Zollverein.

In Katernberg, einem Stadtteil im Essener Norden, wurde das Stadion „Lindenbruch" 1931 „von fast der gesamten Bevölkerung" in Sichtweite der Schachtanlage in Eigenarbeit erstellt. Der „Lindenbruchgeist" war geboren: Arbeit, Wohnen und Freizeit bildeten eine Einheit in dem Arbeiterviertel, folglich durften die Sportfreunde Katernberg auf eine äußerst treue Gefolgschaft zählen. Abgesehen von der Abstiegssaison 1952/53 (Schnitt 7.333) lag die durchschnittliche Besucherzahl in den vier anderen Oberliga West-Spielzeiten stets um die 9.000! Der „Lindenbruchgeist" blieb auch Gästespielern nicht verborgen – Hans Dieter Baroth zitiert Horst-Emscher-Schlussmann Heinz Flotho („sobald man die Kabine verlassen hatte, schlug einem oft der nackte Hass entgegen") und den Erkenschwicker Stürmer Ludorf: „So hautnah spielte man nirgendwo am gegnerischen Publikum. Wer in Katernberg siegte, hätte eigentlich drei Punkte bekommen müssen, einen für die Nerven."

1944 bereits hatte sich die Betriebssportgemeinschaft Sportfreunde Zollverein Katernberg für die höchste Liga, die Gauliga, qualifiziert, doch fanden anschließend keine Begegnungen mehr statt. In der Oberliga West 1947/48 stürmten die Sportfreunde (nun ohne den Zusatz des Zechennamens) sensationell auf Platz zwei; Torhüter war Heinz Kubsch, 1954 im WM-Aufgebot. 14.000 fasste damals die Anlage samt Aschenplatz, ausverkauft war sie beim 2:0 über Schalke 04. Zur nächsten Spielzeit war der Rasenplatz fertig gestellt, doch 1949 verschwanden die Sportfreunde aus der Oberliga; Saisonrekordbesuch waren zuletzt je 12.000 gegen Borussia Dortmund und den Nachbarn STV Horst-Emscher.

Umgehend stieg man wieder auf, ein Neuzugang aus Oelde hieß Helmut Rahn, war aber „ein Katernberger Junge". Das Stadion am Lindenbruch hatte man erweitert, aus guten Gründen, denn 22.000 zählte Katernberg beim 2:0 über Preußen Münster samt seinem „Millionensturm" – der Torjubel war bis in den benachbarten Gelsenkir-

chener Stadtteil Horst-Emscher über den Emscher-Kanal hinweg zu hören.

Rahn gab der Verein 1951 für 7.000 DM an RW Essen ab, was dem Stadion zugute kam: Hinter der „Beisener Kurve" entstand vom Erlös ein Bretterzaun, waren doch Zuschauer aus der Beisenstraße und aus Rotthausen auf die Zechenbahngleise gestiegen, um dort von den „Lauschepperplätzen" ein Spiel anzusehen. „Das war immer Helmut Rahn sein Zaun", konnte man später hören.

Die Anlage befindet sich zwischen zwei Bahnlinien, und es wird berichtet, dass dort die Züge der Linien Köln-Minden und Altenessen-Oberhausen stoppten, um ihren Passagieren einen Einblick in den Oberliga-Fußball zu gewähren. Auf der Köln-Mindener Strecke verkehren heute S-Bahnen und Nahverkehrszüge, weshalb manchmal der Pfiff des Schiedsrichters kaum zu hören ist; auf den Gleisen der Zechenbahn fährt nur noch gelegentlich ein Museumszug der Kokerei Zollverein, dem nahe gelegenen Industriedenkmal.

Der Lindenbruch verzeichnete auch 1951/52 in der Oberliga West wieder Riesenandrang, 9.067 kamen im Schnitt, 23.000 zum Stadtderby des damaligen Dritten RW Essen beim Zehnten Katernberg (1:3). 1953 war es vorbei mit der Oberliga-Herrlichkeit, 2000 nahmen am *farewell* gegen Horst-Emscher (3:2) teil, 1955 ging es ins Amateurlager. Im Jahr 2000 sind die Sportfreunde in die Bezirksliga abgestiegen; die durchschnittlich 130 Zuschauer stehen auf Steinstufen; Holztribünen und Rasenplatz sind längst verschwunden.

Noch einmal groß ins Bild kam Katernberg im ersten TV-„Tatort" mit Hansjörg Felmy als Kommissar Haferkamp: Das Schild „Stadion Lindenbruch" hatte der WDR überklebt, darauf stand nun „Fortuna III", dies auch Titel der Krimi-Folge, die u.a. in der Vereinsgaststätte spielte. *sky*

Stadion „Am Lindenbruch"
Essen-Katernberg
ER: 1931. FV: früher 25.000.
ZR: 23.000, Oberliga West, 17.2.1952, Sportfreunde Katernberg – RW Essen 1:3.
Am Lindenbruch, 45327 Essen, Tel. 0201 / 30 70 95.

Ostparkstadion
Auch größte Grünanlage der Stadt

Das 1926 eröffnete Ostparkstadion von Frankenthal ist mit rund 40.000 qm Nutzfläche seit Jahrzehnten die zentrale Sportanlage der pfälzischen Stadt und wegen seines großen Baumbestandes auch größte Grünanlage.

Dank des VfR Frankenthal war die 50.000-Einwohner-Stadt nördlich von Ludwigshafen nach 1945 einige Jahre in der Oberliga Südwest und 1970-72 als VfR Pegulan (so hieß man des Sponsors wegen) in der Regionalliga vertreten. Das eigentliche Stadion – zur gesamten Anlage gehören fünf Sportplätze und ein Kleinfeld – wurde 1937 auf ein Fassungsvermögen von 20.000 erweitert. 1989 sanierte die Stadt die Anlage („Ausbau zu einer Kampfbahn Typ B"), und 1999 erhielt die Laufbahn einen Kunststoffbelag. *sky*

Ostparkstadion Frankenthal
ER: 1926. FV: früher 20.000, heute 8.350, davon 2.350 unüd. SiP, davon 512 Schalensitze.
ZR: Vorkrieg: 20.000, Freundschaftsspiel, 29.8.1937, Kickers Frankenthal – Schalke 04 1:3; Nachkrieg: 12.000 (andere Quellen nennen „nur" 6.000), Oberliga Südwest, 9.8.1953, VfR Frankenthal – 1. FC Kaiserslautern 4:2.
Am Kanal, 67227 Frankenthal.

Fußball mit „Zaungästen" im D-Zug: Am Lindenbruch in Essen-Katernberg.

(Foto: Klartext Verlag)

▦ Stadion am Bornheimer Hang

Eine Stadion-Ansicht der frühen 50er Jahre

„Genau so muss ein Traditionsstadion aussehen!" schwärmte der AGON Supporters' Guide der Regionalliga Süd 1998/99 (zu Recht!) von der ungemein stimmungsvollen Arena Am Bornheimer Hang in Frankfurt, in der über Jahrzehnte erstklassiger Fußball geboten wurde.

Die Spielstätte des FSV Frankfurt liegt, von altem Baumbestand, vier Nebenfeldern und drei Tennisplätzen umgeben, inmitten der Freizeitlandschaft im Osten Frankfurts. Idyllische Garten- und Parkanlagen, die Eissporthalle, der Festplatz und das Riederwaldstadion sind in der Nachbarschaft. Einziges Manko des Stadions ist die Laufbahn. Seit kurzem bietet sich sogar ein weiterer beeindruckender Einblick in die Spielstätte vom etwa 15 Meter hohen Wall der neuen A 661, die hinter der Gegengeraden entlangführt und erfreulich wenig stört. Es ist die sehr selten gewordene Ansicht eines unveränderten großen Stadionbaus der frühen 50er Jahre.

Spitzenfußball der 20er Jahre

Der FSV war über lange Jahrzehnte fest verwurzelt in seinem Stadtteil, dem 1877 nach Frankfurt eingemeindeten Bornheim, und noch heute werden die FSVer „die Bernemer" genannt. Am Westrand Bornheims lag ab 1900 die erste Spielstätte des 1899 entstandenen Vereins, die Städtische Spielwiese „Im Prüfling", die er sich mit anderen Vereinen teilen musste. Der Platz hatte eine hohe Plankenumzäunung gegen Kiebitze und einen Schuppen zum Umziehen. Das kaiserzeitliche Frankfurt wuchs sehr rasch, und auch der „Prüfling" wurde mit den Mietshäusern der Weidenbornstraße überbaut.

Den notwendigen Umzug nutzte der FSV, seit 1902/03 Erstligist, um sich auf dem Baumstückgelände nördlich von Bornheim 1908 einen eigenen Platz zuzulegen. Im Einweihungsspiel verlor man am 6. September 1:4 gegen Phönix Karlsruhe, das 1909 Deutscher Meister wurde. „Sportplatz Bornheim" war der offizielle Name, gebräuchlich wurde „Sportplatz an der Seckbacher Land-

straße" oder auf Frankfurterisch „'s Plätzi". Von 1920 bis 1923 erfolgte wegen der explodierenden Zuschauerzahlen in Etappen der Ausbau zu einem Stadion mit einer überdachten Sitztribüne für ca. 200 und Stehrängen ringsum für 10.000 Zuschauer. In acht Spieljahren fanden hier die großen Spiele des damals führenden Frankfurter Fußballvereins und fünfmaligen Mainbezirksmeisters um die Süddeutsche Meisterschaft statt. Höhepunkt dieser „Goldenen Jahre" war das Endspiel um die Deutsche Meisterschaft 1925, dessen 40.000 Zuschauer die knappe 0:1-Niederlage gegen den 1. FC Nürnberg allerdings im brandneuen Frankfurter Waldstadion erlebten.

„'S Plätzi" war nicht erweiterungsfähig, weshalb der FSV unter Präsident Alfred J. Meyers, einem Direktor der IG Farben, ab 1927 ein neues Stadion an anderer Stelle plante, in das er 1931 umzog. Das alte Stadion wurde fortan von kleineren Frankfurter Vereinen genutzt. Es überstand den Bombenkrieg; aber die Bauten, sämtlich aus Holz, dienten in den Notwintern danach als Heizmaterial. Heute spielt hier die SG Bornheim/ Grün-Weiß, und nichts erinnert mehr an die 20er Jahre.

Der Hang

Bornheim liegt auf einem Hügelzug, der nach Osten 30 Meter steil abfällt – das ist der Bornheimer Hang. Unten war um 1930 ein flaches, teils sumpfiges Gelände, wo Kinder Frösche fingen und die Stadt Schutt ablud. Dort, am Hang, war viel Platz, und die Stadt überließ dem FSV das Gelände für sein Stadion. Über neu angelegte Treppen konnten die Bornheimer in wenigen Minuten den Hang hinunter zum Spiel. 500 Meter südlich lag seit 1920 das „alte" Riederwaldstadion des Lokalrivalen Eintracht.

FSV-Präsident Meyers hatte die Widerstände der Stadt, die unsinnigerweise durch ein FSV-Stadion Konkurrenz für ihr Waldstadion befürchtete, beseitigt und mitten in der Zeit der Weltwirtschaftskrise das nötige Geld gesammelt (die Stadt hatte mit einer Spende von 1.000 RM den Anfang gemacht). Im

Mai 1931 war die feierliche Grundsteinlegung, die sogar im Radio übertragen wurde, und schon am 31. Oktober 1931 fand die Einweihung mit einem 3:0 im Ligaspiel gegen den alten Lokalrivalen Germania 94 statt. Die überdachte Sitztribüne bot 1.526 Besuchern Platz, für die Stehränge waren Wälle aufgeschüttet worden, in der Nordkurve stand eine große Uhr. Wegen der bedeutenden Leichtathletik-Abteilung des FSV war das Spielfeld von einer Laufbahn umgeben, auf die sich bei besonders großem Andrang Zuschauer setzen durften. Dadurch erlebten statt der offiziell zugelassenen 15.000 am 25. Oktober 1936 17.000 Besucher das Derby gegen die Eintracht. Viele Leute brachten Stühle mit, auf die sie sich hinter der letzten Stehreihe stellten.

Vor dem Krieg war das Stadion Am Bornheimer Hang eine der schönsten und modernsten Anlagen ganz Deutschlands. Die Holztribüne der Eintracht am Riederwald wirkte im Vergleich dazu wie eine alte Feldscheune. Der Initiator des Stadionbaus, Alfred J. Meyers (um 1890–1960), musste ebenso wie Schatzmeister Wetterhahn als Jude 1933 den FSV verlassen und emigrierte in die USA. Die NSDAP-Zeitung „Frankfurter Volksblatt" am 3. April 1933 über ein FSV-Spiel gegen Mainz 05: „Die Tribüne war nicht wie gewohnt gut besucht. Fehlten die jüdischen Vereinsanhänger, die nun allmählich merken, dass für sie in den Vereinen nichts mehr zu holen ist?"

Ab 1937 setzte der FSV zu einem weiteren Höhenflug an. Zu den ganz großen Spielen (wie zum Stadtderby gegen die Eintracht oder 1933 im Endspiel um die Südmeisterschaft, das durch „Schorsch" Knöpfles 1:0 gegen 1860 München gewonnen wurde) musste ins Frankfurter Waldstadion ausgewichen werden. 40.000 sahen dort 1938 den Sieg des FSV im ersten „großdeutschen" Pokalhalbfinale gegen den Wiener SC, doch das Endspiel im Berliner Olympiastadion ging dann unglücklich mit 1:3 gegen Rapid Wien verloren. Nachdem ihr Riederwald-Stadion abgebrannt war, trug die Eintracht 1936/37 ihre Heimspiele am Hang aus.

120 Granaten in der Tribüne

Bald nach Kriegsbeginn wurde das Stadion in die Frankfurter Luftverteidigung einbezogen. Auf dem Nebenplatz stand eine Flakbatterie samt Barackenlager, und Teile des Tribünengebäudes mussten als Lagerräume dienen. Beim schweren Bombenangriff im Oktober 1943 konnte die Explosion eines Stapels von 120 Granaten und damit der Unter-

In den 50er Jahren kamen bis zu 30.000 Zuschauer an den Bornheimer Hang.

gang des Stadions gerade noch verhindert werden. Der Riederwald wurde damals völlig zerstört, und bis Ende 1943 spielte die Eintracht beim FSV, doch im März 1944 traf es auch den Hang: Bombentreffer zerstörten Tribünengebäude und Spielfeld. Die letzten Spiele bis Januar 1945 wurden auf anderen Plätzen ausgetragen.

Mit Kriegsende nutzte die einrückende US-Army das Stadion als LKW-Parkplatz. Der FSV fasste erfreulich schnell wieder Tritt und wurde 1945 Gründungsmitglied der Oberliga Süd. Die ab November 1945 stattfindenden Spiele musste er auf dem Rosegger-Platz im Norden Frankfurts austragen, bis am 11. März 1946 beim 5:1 über Offenbach endlich wieder der Ball am Hang rollte. Die Bombentrichter waren zugeschüttet und der Platz mit Kohlenschlacke abgedeckt worden. Wegen der zerstörten Drainage verwandelte sich das Spielfeld bei Regenwetter in einen Schlammacker, gelegentlich stand es gänzlich unter Wasser. Der noch nutzbare Teil der Tribüne wurde notdürftig geflickt, später weitere Teile zugänglich gemacht. Von 1947 bis 1951 war der FSV ein letztes Mal die Nummer eins in Frankfurt.

Der guten Zuschauerzahlen wegen erweiterte der Verein für die Saison 1948/49 die Kapazität seines Stadions auf 25.000, die Stehwälle wurden höher aufgeschüttet, aus Zweimann- wurden Einmannstufen und mit eingerammten Fichtenstämmchen aus dem Spessart

befestigt. Zum 50-jährigen Vereinsjubiläum schenkte die „Frankfurter Rundschau" dem FSV für die Nordkurve die berühmte Halbzeituhr, die später nach langen Querelen mit dem Süddeutschen Fußballverband („entscheidend ist die Uhr des Schiedsrichters") abgebaut werden musste. 1950 sollen das Derby gegen die Eintracht am Bornheimer Hang am 15. Oktober unvorstellbare 30.000 Zuschauer gesehen haben.

1952/53 durfte der FSV im neuen Riederwaldstadion der Eintracht spielen, während am Hang endlich wieder ein richtiger Rasenplatz angelegt wurde. Unter FSV-Präsident Dr. Adolf Würz wurden in einem großen Bauprojekt ab April 1952 auch alle anderen Provisorien im Stadion beseitigt. Bewegt besichtigte der emigrierte ehemalige FSV-Präsident, Ehrenmitglied Alfred J. Meyers, im Juli 1953 bei einem Besuch aus den USA den Wiederaufbau „seines" Stadions. Am 9. August 1953 konnte das neue Stadion Am Bornheimer Hang mit dem Oberligaspiel gegen den VfB Stuttgart (2:3) eröffnen.

Größer, schöner, besser!
Was als Wiederaufbau gefeiert wurde, war in Wirklichkeit ein Neubau, größer, schöner und besser als der von 1931. Gelder von Land, Stadt und vor allem von Hessentoto, aber auch große Eigenleistungen hatten dies ermöglicht. Mit 20.000 Kubikmetern Trümmerschutt und zehn Kilometern Betonplatten wurden Stehterrassen für ca. 29.000 Zu-

schauer errichtet, neun Stahlstützen trugen das Dach der nun 2.900 Plätze fassenden, durch großzügige Verglasung sehr heller und freundlichen Sitztribüne. Geplant und baulich vorbereitet war sogar die komplette Überdachung der Stehterrassen mit einer eleganten Konstruktion, was damals ein Novum in Deutschland bedeutet hätte! Blickte man von der Höhe des Bornheimer Hanges hinunter, so „schwang in glücklichem Maßstab zur Landschaft der helle Ring des Walles um den grünen Rasenplatz...", ein Anblick, der heutzutage, nachdem der Baumbestand 50 Jahre wachsen konnte, noch ästhetischer wirkt.

Im neuen Stadion wurde nach 1953 in den Oberligaspielen gegen Offenbach, Nürnberg und die Eintracht drei Mal die Rekordzuschauermarke von 30.000 erreicht.

Obwohl der Bau die Vereinsfinanzen sehr beansprucht hatte, erlaubte man sich einen kostspieligen Luxus: Am 8. Mai 1957 wurde gegen Lok Zagreb eine der modernsten Flutlichtanlagen Europas eingeweiht, nur für Freundschaftsspiele gedacht, da Ligaspiele unter Flutlicht damals nicht üblich waren. Vier 37,5 Meter hohe Lichtmasten mit 140 Scheinwerfern sorgten für stolze 170 Lux.

...und die Lichter gehen aus
Sportlich und finanziell aber beschleunigte sich der Abstieg des FSV, die Eintracht wurde uneinholbar die Nummer eins in Frankfurt. Am 10. August 1960

Das Stadion am Brentanobad: Die neue Tribüne kostete 11,3 Mio. Mark.

(Foto: Hoeck)

brannte das Flutlicht am Bornheimer Hang gegen Rotation Leipzig ein letztes Mal. 1962 folgte die entscheidende Zäsur der Vereinsgeschichte: nach 60 Jahren der Verlust der Erstklassigkeit und damit auch der des ewig jungen Eintracht-Derbys. Um dem Ruin zu entgehen, musste der FSV 1963 der Stadt das Erbbaurecht am Stadion und die Flutlichtanlage verkaufen. Ab 1968 war der Klub eine Fahrstuhlmannschaft zwischen 2. und 3. Liga und seit 1983 für elf endlose Jahre in der Amateur-Oberliga Hessen. Dementsprechend sank der Zuschauerschnitt kontinuierlich von über 10.000 in der alten Oberliga Süd auf nur noch 460 in der Saison 1990/91.

Erst der sportliche Aufschwung ab 1991 brachte die Zuschauerzahlen am Bornheimer Hang wieder öfter in den vierstelligen Bereich. Die FSV-Fanszene, bundesweit als klein, aber friedlich und sehr originell bekannt, die seit zwei Jahren jedoch stimmungsmäßig von den Tribünenbesuchern (!) übertroffen wird, ist nach sechs Jahren auf der Gegengerade im Herbst 2000 auf die Tribüne zurückgekehrt. Nach den 17.000 im legendären „Endspiel" um den Zweitligaaufstieg 1975 gegen den VfR Bürstadt (2:2) dauerte es bis zum Aufstiegskrimi von 1994 gegen den SSV Ulm 46 (3:0), bis wieder einmal 10.000 im Stadion waren. 1995 feierten am Hang andere als die Schwarz-Blauen, nämlich 8.000 FC-St.-Pauli-Fans nach dem 3:1 gegen den FSV den Aufstieg ihres Vereins in die 1. Bundesliga. Das letzte in der Kette von legendären Spielen der FSVer war am 28. Mai 1999 das 5:0 gegen den VfR Mannheim vor über 4.000 Zuschauern und damit der Klassenerhalt in der Regionalliga Süd am letzten Spieltag, mit dem die acht Spieltage dauernde sensationellste Aufholjagd der Vereinsgeschichte gekrönt wurde. 2000 allerdings verfehlte der FSV in der Relegation die neue 3. Liga.

1982 und 1994 machten die Zweitligaaufstiege des FSV die einzigen baulichen Erweiterungen der letzten 40 Jahre erforderlich: Sicherheitszäune und abgeteilte Blöcke. Seit 1998 ist der Zaun vor der Haupttribüne wieder abgebaut. Die beispiellosen Erfolge der FSV-Fußballfrauen (3 x DM, 3 x Vize, 5 x Pokalsieger, 3 x Pokalfinalist) verfolgten am Hang leider meist nur wenige hundert Zuschauer. 1997 hat der FSV die Stadionanlage durch einen Nutzungsvertrag von der Stadt übernommen und betreibt sie in eigener Regie. Seitdem finden dort auch Film- und Musik-Großveranstaltungen statt, und seit Jahren schon ist im Stadion Start und Ziel der Deutschen Meisterschaft im Querfeldein-Radrennen.

Im März 1998 und 2000 wurde für zwei Ligaspiele eine mobile Flutlichtanlage aufgebaut, eine fest installierte ist in konkreter Planung. Frisch renoviert wurde das „Richard-Hermann-Zimmer", der kleine Saal für Sitzungen, Pressekonferenzen etc., der nach dem bedeutendsten FSV-Kicker (1923-1962), dem Nationalspieler und WM-Teilnehmer von 1954 benannt ist und Erinnerungsstücke der Vereinsgeschichte bewahrt. Eine besondere Reliquie ist auch im „Sporteck" (Im Prüfling 64), einer der wenigen verbliebenen ausgesprochenen FSV-Kneipen Bornheims, zu bewundern: ein großer, beleuchteter Ehrenschrein mit den Porträtfotos der Endspiel-Elf von 1925.   *Harald Schock*

Stadion Am Bornheimer Hang
Frankfurt/Main
ER: 1931 / 1953. FV: 28.600, davon 2.600 üd. SiP und 26.000 StP.
ZR: je 30.000 in der Oberliga Süd: 15.10.1950 FSV – Eintr. Frankfurt 1:2, 31.10.1954 FSV – Kickers Offenb. 1:1, 13.9.1959 FSV – 1. FC Nürnberg 1:2 (n. anderen Angaben 25.000 Zuschauer), 5.3.1961 FSV – Eintr. Frankfurt 2:4. Am Erlenbruch 1, 60332 Frankfurt, Tel. 069 / 42 08 98-0.

▩ Stadion am Brentanobad

Bundesliga (Damen) vor neuer Tribüne

Erstliga-Fußball gab es und gibt es wieder im Stadion am Brentanobad von Frankfurt/Main. Wo 1947/48 die SG Rot-Weiß Frankfurt in der Oberliga Süd spielte, ist heute Frauen-Fußballbundesligist 1. FFC Frankfurt (1999 Deutscher Meister, 1999 und 2000 Pokalsieger) zu Hause.

Die „Eisenbahner-Elf" von Rot-Weiß, als Reichsbahn-Turn-und-Sportverein ehemals größter süddeutscher Klub und im Gleisdreick zu Hause (wo sich heute einer der Waldstadion-Parkplätze befindet), hieß zu Recht so, denn acht Spieler des Oberligateams hatten den Beruf „Reichsbahner". Als Drittletzter und Absteiger kamen die Frankfurter 1947/48 auf immerhin über 9.600 Zuschauer pro Spiel. Den Höchstbesuch allerdings gab's nicht am Brentanobad, sondern im Waldstadion mit 35.000 bei der Doppelveranstaltung Eintracht – Offenbach (3:5) und Rot-Weiß – Neckarau (1:1) am 7. März 1948.

Noch einmal entschloss sich die Sportgemeinschaft Rot-Weiß 01 im damals 20.000 Plätze bietenden Stadion am Brentanobad zum Einstieg in den bezahlten Fußball. Das war 1968/69 in der Regionalliga Süd, nachdem in einer außerordentlichen Generalversammlung 150.000 DM an Bürgschaften aufgebracht worden waren, aber die damalige Nr. 2 des Frankfurter Fußballs stieg umgehend wieder ab. Zuschauerrekord bedeuteten 2.800, und das hatte mit Darmstadt 98 (2:2) zu tun, Tiefpunkt waren 600 zum Saisonende.

Für 11,3 Mio. Mark entstand zum 2. November 1993 in zweijähriger Bauzeit eine neue 1.000-Sitzplätze-Tribüne, „weil Rot-Weiß große Aktivitäten an den Tag legte" (OB Andreas von Schöler). Die Zeitschrift „Das Stadion" kritisierte: „Rot-Weiß kommt seit Jahren nicht über einen Zuschauerschnitt von 100/150 hinaus, und dem FSV verweigerte die Stadt 250.000 DM Zuschuss für eine Flutlichtanlage am traditionsreichen Bornheimer Hang."   *sky*

Stadion am Brentanobad
Frankfurt/Main
FV: 6.000, davon 1.000 üd. SiP.
ZR: 20.000, Oberliga Süd, 9.5.1948, RW Frankfurt gegen den Tabellenführer und späteren Deutschen Meister 1. FC Nürnberg 1:2.
Am Brentanobad, 60488 Frankfurt, Tel. 069 / 789 58 87.

(Foto: Hermann)

Die 1936 abgebrannte Tribüne am Riederwaldsportplatz.

▦ Stadion Riederwald

Nichts ist mehr so, wie es war

Auch wenn die SG Eintracht seit langen Jahren im Waldstadion spielt, so ist doch der Riederwald seit nunmehr acht Jahrzehnten Heimat des Vereins. Es ist von zusätzlicher sporthistorischer Bedeutung, dass dort 1922 das erste Länderspiel auf deutschem Boden nach Ende des 1. Weltkriegs stattfand und, dies noch eine unerforschte fußballgeschichtliche Fußnote, 1956/57 ein „Flutlicht-Pokal" ausgetragen wurde.

„Gigantisch anmutende Tribüne"
1920 schlossen sich der Frankfurter Fußball-Verein (FFV) und die Turngemeinde von 1861 zur „Frankfurter Turn- und Sportgemeinde Eintracht von 1861" zusammen. Der neue Großverein fand seine Heimat auf dem Sportplatz am Riederwald im Osten der Stadt am Ratsweg; heute befindet sich auf dem Gelände ein Großmarkt.

Die Kapazität der damals größten deutschen Vereins-Sportanlage, eingeweiht am 5. September 1920 mit einem 1:1 der Eintracht gegen den Freiburger FC, betrug 40.000 Zuschauer, von denen 1.600 auf einer überdachten Tribüne Platz fanden. Der „Fußball" schrieb von der „wohl ausgedehntesten Fußballstätte, über die wir zur Zeit verfügen, mit einer für deutsche Verhältnisse beinahe gigantisch anmutenden Tribüne". Über 300.000 Reichsmark hatte den jungen Verein die Herrichtung des Sportgeländes gekostet, das rasch auch auf DFB-Interesse stieß: Am 26. März 1922 fand am Riederwald mit dem 2:2 gegen die Schweiz vor 37.000 das erste Länderspiel auf deutschem Boden nach dem 1. Weltkrieg statt.

In der Nacht vom 18. auf den 19. Juli 1936 brannte die alte Tribüne, der Stolz der Eintracht, bis auf die Grundmauern nieder. Die Verantwortlichen zeigten sich von diesem Schicksalsschlag nur kurze Zeit geschockt. Während die Fußballer für ein Jahr am Bornheimer Hang beim FSV Unterschlupf fanden, begann man unter der Regie des ehemaligen Ligaspielers Walter Dietrich mit dem Wiederaufbau. Neben den bei der Eintracht üblichen finanziellen Problemen (die Baukosten von 66.000 RM konnte der Verein nur zum Teil aufbringen, die Stadt half mit einem Darlehen von über 30.000 RM) gab es zusätzliche Schwierigkeiten bei der Materialbeschaffung. Die lokalen nationalsozialistischen Behörden legten mehr Wert auf kriegsrelevante Bauvorhaben als auf Sportstätten. Trotz aller Unzulänglichkeiten wurde die neue Tribüne jedoch innerhalb kürzester Zeit errichtet. Am 22. Juli 1937 konnte Richtfest gefeiert werden, und am 5. September 1937 wurde der Neubau mit dem 1:5 gegen Fortuna Düsseldorf vor 10.000 mit einem großen Fest eingeweiht.

Trümmer statt Stadion
Doch das Glück ob der neuen Tribüne war nur von kurzer Dauer. Im 2. Weltkrieg wurde der Sportplatz am Riederwald im Oktober 1943 bei einem nächtlichen Bombenangriff stark beschädigt. Der nächste Schicksalsschlag folgte in Form eines kurzen Schreibens des Frankfurter Sportamtes: Am 16. November 1943 wurde der Eintracht mitgeteilt, dass die Stadt die Trümmer des kriegszerstörten Industriegebiets an der Ha-

nauer Landstraße auf dem Gelände des Riederwalds zwischenlagern wolle. Der Verein antwortete empört mit einem Brief an Oberbürgermeister Dr. Krebs und beschwor die sporthistorische Bedeutung der Anlage am Riederwald, doch gegen den Beschluss der Stadtverwaltung war nichts auszurichten. Bereits am 21. November 1943 wurden die ersten Schuttmassen abgeladen. Gezwungenermaßen zog der Gauligist zum Rosegger-Sportplatz um, den er sich mit einer SA-Kampfsportgemeinschaft teilen musste.

Nach Kriegsende beschloss die Stadt Frankfurt, die neu gegründete „Trümmer-Verwertungs-Gesellschaft" auf dem zerstörten Platz am Riederwald anzusiedeln. Eine Schmalspurbahn transportierte Schuttmassen aus dem zerstörten Stadtgebiet an den Riederwald, wo sie zu neuen Baustoffen aufbereitet wurden. Damit wurde eine Rückkehr in die alte Heimat, für die sich die Eintracht immer stark gemacht hatte, endgültig unmöglich. Während die Fußballer der Eintracht vorübergehend „am Rosegger", am Bornheimer Hang beim FSV, am Brentanobad und im Waldstadion – das damals Victory Stadium hieß – unterkamen, bemühten sich die Vereinsverantwortlichen, von der Stadt ein neues Stadion-Gelände zu bekommen. Nach langer Suche erhielt man ein geeignetes Areal nicht weit vom alten Riederwald-Sportplatz am Erlenbruch westlich der Pestalozzischule.

Der offizielle Spatenstich erfolgte am 12. November 1949 durch OB Dr. Walter Kolb. Das städtische Gartenbauamt entwarf und baute die Spielfelder und ließ auf den mit Kriegsschutt aufgeworfenen Wällen Stehterrassen erstellen. Die 500.000 DM Kosten trugen die Stadt (300.000 DM) und Hessen-Toto (200.000 DM), während die Eintracht den Tribünenbau finanzierte. Als Tribünen-Architekt stellte sich Alfred Weber zur Verfügung, dem Bauausschuss der Eintracht stand der ehemalige Nationalspieler Fritz Becker vor (er erzielte 1908 das erste deutsche Länderspieltor beim 3:5 gegen die Schweiz). Im April 1952 wurde mit den Arbeiten zur neuen Tribüne begonnen, und in der Rekordzeit von nur acht Wochen, in denen oft Tag und Nacht gearbeitet wurde, konnte der 111 Meter lange Rohbau fertig gestellt werden. Allerdings wurde aus Kostengründen vorerst nur das mittlere Drittel überdacht.

Eröffnung gegen Ägypten
Am 17. August 1952 wurde das neue Eintracht-Stadion am Riederwald mit einem 1:4 gegen die Ägyptische Olympia-

auswahl eröffnet. Das Ergebnis war angesichts der Tatsache, dass der Oberligist endlich wieder eine Heimat hatte, zweitrangig. In Erinnerung an den alten Eintracht-Platz wurde die neue Spielstätte wieder „Sportplatz am Riederwald" genannt, obwohl der sich genau genommen auf dem Gelände der Gemeinde Seckbach befindet.

Nach und nach wurde der Innenausbau der Tribüne vorangetrieben: Neben Umkleidekabinen und Duschräumen schuf man Platzmeisterräume, Presse- und Geschäftszimmer, eine Gaststätte und zwei Wohnungen für Platzwart und Vereinswirt.

Den ersten großen Zulauf erlebte der „neue Riederwald" am 8. März 1953, als beim 4:0 gegen den 1. FC Nürnberg im Oberliga-Süd-Punktspiel 40.000 Zuschauer unter anderem einen direkt ins Tor verwandelten Eckball von Alfred Pfaff bejubeln konnten. Die Redaktion der Eintracht-Vereinszeitung begeisterte allerdings mehr die Tatsache, dass es gelungen war, Massenansturm und Verkehrschaos im Griff zu behalten.

Nachdem die Eintracht 1953 durch die Teilnahme an der Endrunde um die Deutsche Meisterschaft im Frankfurter Waldstadion hohe Einnahmen verbuchte (121.500 Besucher in zwei Spielen!), konnten auch die beiden Flügel der Riederwald-Tribüne überdacht werden. Die freitragende Spannbetonkonstruktion des Daches war zur damaligen Zeit einmalig in Deutschland.

Im Dezember 1953 legte die städtische Bauaufsichtsbehörde das Fassungsvermögen des Stadions Riederwald auf 37.350 Personen fest. Auf der Tribüne konnten 4.344 Personen sitzen und 413 stehen, auf den Stehterrassen fanden 32.593 Menschen Platz. Später begrenzte die Eintracht die Kapazität freiwillig auf 32.000 Plätze (28.000 Steh- und 4.000 Sitzplätze). Mit der Stadt wurde ein Vertrag geschlossen, zugkräftige Spiele im Waldstadion durchzuführen.

Bundesliga bringt das Aus

1956 wurde am Riederwald die erste moderne Flutlichtanlage Deutschlands installiert, die nicht mit Glühlampen, sondern mit Leuchtstoffröhren ausgerüstet war. Die Eintracht stieg damit lange vor der Endlos-Champions-League, Pay-TV und Internet-Auftritten in einen Kreis privilegierter Klubs auf, denen ein Licht aufgegangen war und die sich mit dem „Flutlicht-Pokal" eine zusätzliche Einnahme neben den Oberliga-Punktekämpfen verschafften. Die Endspiele trugen die Frankfurter und Schalke aus, 3:3 und 0:0 hießen die Re-

sultate, und, zusätzliches Kuriosum, es entschied das Eckenverhältnis von 8:6 für die Hessen.

Mit Einführung der Bundesliga 1963 wechselte die Profimannschaft der Eintracht endgültig ins Waldstadion. Der Riederwald blieb weiterhin Trainingsgelände, auf dem man nur noch selten zu Freundschafts- oder DFB-Pokalspielen antrat. Das letzte Pflichtspiel der Eintracht dort fand am 4. Oktober 1980 mit dem 6:0 gegen den VfB Friedrichshafen vor 2.500 Interessierten auf dem Weg zum Pokalsieg 1981 statt. In der Folgezeit wurden am Riederwald kaum noch Sanierungsarbeiten durchgeführt.

Als die Eintracht zu Beginn der 80er Jahre erneut mit finanziellen Problemen zu kämpfen hatte, ging die Tribüne 1982 für 1,9 Mio. DM in den Besitz der Stadt über. Das Dach war einsturzgefährdet, und 1988/89 wurde es ebenso wie der obere Teil der Sitzplätze abgetragen. Den Denkmalschutz interessierte die ehemals modernste deutsche Tribüne offensichtlich nicht. Zudem wurden die Stehterrassen entfernt und die Wälle begrünt. Neu geschaffen wurde lediglich auf der Gegengerade ein Stehplatzbereich.

Die Ära des Eintracht-Stadions ging damit zu Ende – weder werden dort noch einmal der Nürnberger Club oder S 04 aufkreuzen, geschweige denn der VfB Friedrichshafen vom Bodensee. Heute tragen am Riederwald Jugend- und Amateurmannschaften ihre Heimspiele aus; im großen Container sind Fanshop und Kartenvorverkaufsstelle untergebracht. Die traditionsreiche Eintracht-Gaststätte wurde 1999 geschlossen, doch nach Protesten, u.a. einem „Streik" der Trainings-Kibitze mit mitgebrachtem Kaffee und Kuchen, eröffnete der Verein in den Räumlichkeiten einen „Aufenthaltsraum mit Ausschank". In naher Zukunft soll das gesamte Gelände am Riederwald saniert werden. Die Profis trainieren inzwischen beim Waldstadion, die Geschäftsstelle der Fußball AG wurde in die Stadt verlegt.

Matthias Thoma

Sportplatz Riederwald
Frankfurt/Main
ER: 1952. FV: heute 5.000 Plätze, davon 1.000 unüd. SiP.
ZR: 40.000, 8.3.1953, Oberliga Süd, Eintracht Frankfurt – 1. FC Nürnberg 4:0; ZR im „alten Riederwald", 37.000, 26.3.1922, Länderspiel Deutschland – Schweiz 2:2.
Am Erlenbruch 25, 60386 Frankfurt, Tel. 069 / 4209700.

■ Sportplatz am Rebstöcker Weg

„Rödelheim Oberliga Projekt"

Rödelheim?! Jüngeren mag das „Rödelheim Hartreim Projekt" ein Begriff sein, dank Rapperin Sabrina Setlur und Sänger Xavier Naidoo. Dass aber auf dem Sportplatz am Rebstöcker Weg in Frankfurt-Rödelheim ehemals erstklassiger Fußball geboten wurde, werden selbst Ältere kaum noch erinnern.

Dank des Engagements der drei Brüder Hauser, die eine Lebensmittel-Großhandlung besaßen und bereits vor der Währungsreform vermögend waren, wurde der Stadtteil-Verein am girlandengeschmückten Rebstöcker Weg 1948 als Aufsteiger in die Oberliga Süd gefeiert. 1949 stieg der 1. FC Rödelheim 02 wieder ab. Hubert Schieth (später Trainer im Westen), der kommende Nationalspieler Alfred Pfaff, Herbert Kesper und Kurt Krömmelbein wechselten allesamt zur Eintracht, der FSV fand beim Absteiger seinen langjährigen Keeper Willi Rado. Vorbei war's mit dem Rödelheim Oberliga Projekt; der Verein stieg 2000 in die Bezirksliga ab.

Letzter in der Tabelle, war Rödelheim 1948/49 auch in der Zuschauergunst Oberliga-Schlusslicht, obwohl 6.000 Besucher im Schnitt am Rebstöcker Weg aus heutiger Sicht bewundernswert erscheinen (zum Vergleich: Offenbach 12.400, FSV 11.867, Eintracht 11.533). Zu sehen bekamen die einiges, ein 0:10 gegen Offenbach und im Schlussspiel ein 4:1 über den amtierenden Deutschen Meister 1. FC Nürnberg.

Der heutige 1. Rödelheimer FC spielt längst nicht mehr am Rebstöcker Weg, sondern am Sportplatz an der Westerbach. Wir überlegen: „Die toten Hosen" sind der Fortuna zugetan, „Die Ärzte" St. Pauli – könnte das „Rödelheim Hartreim Projekt" dem lokalen Fußballklub nicht auch Gutes tun? *sky*

Sportplatz am Rebstöcker Weg
Frankfurt/Main
FV: ehemals 12.000 StP.
ZR: je 12.000, Oberliga Süd, 6.2.1949, 1. FC Rödelheim – FSV Frankfurt 0:3, und 6.3.1949, 1. FCR – Offenbacher Kickers 0:10.
Heutige Spielstätte des Vereins: Bottenhorner Weg, 60489 Frankfurt, Tel. 069 / 78 20 20.

Die alte Tribüne im Waldstadion erinnerte an ein antikes Theater. Hier bildet sie die Kulisse beim Länderspiel gegen Italien, 1930.

■ Waldstadion

Klassizistische Haupttribüne, „antikes Theater"

Ehemals als „schönste deutsche Sportanlage" gefeiert, hat das Frankfurter Waldstadion zahlreiche Umbauten erlebt und doch keine Zukunft: Als WM-Austragungsort 2006 wird an seiner Stelle ein Neubau entstehen. Längst verschwunden sind die imposante klassizistische Haupttribüne, das einstige Schmuckstück der Arena, und das „antike Theater", einmalig in der Geschichte deutscher Stadionbauten.

Frankfurt war Anfang letzten Jahrhunderts mit mehreren erstklassigen Platzanlagen bestückt: Seit 1906 spielte Germania 94 auf einem geschlossenen Platz nördlich der „Hundswiese" und der FFC Hermannia im „Sportpark Ost", 1907 folgte Britannia, 1908 der FSV (Seckbacher Landstraße) und 1912 der aus einer Fusion aus Victoria und Kickers hervorgegangene Frankfurter FV (Roseggerstraße). Dennoch wurden 1910 anlässlich der Internationalen Ausstellung für Sport und Spiel auf dem Festhallen-Gelände Überlegungen aus den 1890er Jahren aufgegriffen, ein Stadion zu errichten.

Die Arena GmbH

Sportfreudige Bürger und die Festhallengesellschaft gründeten die „Arena, Frankfurt a.M., GmbH", die nördlich der Festhalle eine Radrennbahn errichtete, in deren Innenraum ein Rasenplatz für Fußball und andere Sportarten angelegt wurde. Die Anlage bot ca. 12.000 Zuschauern Platz, davon rund 1.200 auf einer Logentribüne. Beim Gastspiel der englischen Profi-Teams Chelsea und Blackburn Rovers am 22. Mai 1910 wurde mit 5.000 bis 6.000 Zuschauern ein neuer Fußball-Besucherrekord für Frankfurt aufgestellt. In den 20er Jahren war die „Arena" Heimat des SC Rot-Weiss.

Allen weiteren hochtrabenden Plänen gebot der 1. Weltkrieg Einhalt. Im Februar 1919 sprach sich dann der Dezernent des Hochbauamtes und spätere Oberbauleiter des Stadions, Stadtrat Schaumann, für einen Neubau aus. Als geeigneter Standort bot sich ein Areal in der Nähe des Oberforsthauses an, da die dortigen Militär-Schießstände aufgrund des Versailler Vertrages beseitigt werden mussten. Nachdem im Mai 1920 erste

Konzepte erarbeitet worden waren, begannen Anfang 1921 die Erdarbeiten.

Fast wäre der Stadionbau noch gescheitert, da sich die Reichsregierung zunächst weigerte, für die Bauarbeiten, die im Rahmen eines Beschäftigungsprogramms für Arbeitslose durchgeführt wurden, Mittel aus der Arbeitslosenfürsorge bereit zu stellen. Am 25. August 1921 beschloss der Frankfurter Magistrat deshalb, das Projekt allein voranzutreiben. Als im Oktober 1923 vom Reich schließlich doch 20 Mio. Mark bewilligt wurden, reichte das auf dem Höhepunkt der Inflation gerade einmal zur Anschaffung eines Diskus und Rollbandmaßes. Dass die Stadt mit ihren Stadionplänen auf dem richtigen Weg war, hatten inzwischen zwei Fußball-Großveranstaltungen bewiesen. Zum ersten Nachkriegsendspiel um die Deutsche Meisterschaft zwischen dem 1. FC Nürnberg und der SpVgg Fürth (2:0) waren am 13. Juni 1920 35.000 auf den Platz an den Sandhöfer Wiesen in Niederrad gepilgert. Knapp zwei Jahre später waren 37.000 (Einnahme 350.000 Mark) beim ersten Länderspiel in Frankfurt (2:2 gegen die Schweiz) auf dem neuen Eintracht-Sportplatz am Riederwald.

„Wiedergeburt von Hellas!"

Die Gesamtanlage des Frankfurter Stadions, in die die Stadt bis zur Fertigstel-

Schon bald Vergangenheit: das Frankfurter Waldstadion 2000.

(Foto: Grüne)

lung 1927 insgesamt 4,782 Mio. RM investierte, umfasste 395.000 qm. Neben der Hauptkampfbahn mit Tribüne wurden vier weitere Übungsfelder, eine Radrennbahn (heute stillgelegt, z.T. unter Denkmalschutz und Sitz des Sportmuseums), die inzwischen sanierte Badeanstalt und ein Reitplatz mit Sprunggarten angelegt. Bis zur Einweihung der Eissporthalle am Ratsweg 1981 waren die beiden 1960 eröffneten Eisbahnen im Innenraum der Radrennbahn Heimat der Schlittschuhläufer und der Eishockey-Abteilung der Eintracht. Durch den Bahnhof Goldstein (heute: Bahnhof Sportfeld) und die Verlängerung der Straßenbahn wurde das Stadion an den Personennahverkehr angeschlossen.

Das Schmuckstück des Stadions war die beim Umbau für die WM 1974 abgebrochene Tribüne, die leicht geschwungen den das Spielfeld umgebenden Ringwall abschloss. Sie hatte eine Länge von 120 m, im Mittelbau eine Höhe von 18 m und war mit weißem Muschelkalk verblendet. Dieser Mittelbau war das Besondere der Konstruktion: Er sollte nicht nur als Zuschauerterrasse dienen, sondern auch als Hintergrund und künstlerische Basis für choreographische Darstellungen. Seine Frontseite zum Spielfeld hin erinnerte an ein antikes griechisches Theater – so wollte man, so Stadtbaurat a.D. Gustav Schaumann 1927, „die ideelle Anknüpfung unserer Leibesübungen an die der antiken Welt zum sinnfälligen Ausdruck" bringen. „Wir erleben die jüngste Wiedergeburt von Hellas!", freute sich die „Frankfurter Zeitung" über das in Anlehnung an das Athener Dionysostheater konzipierte Bauwerk. Da zum Stadion weiter Freilichtbühne,

Waldtheater, Bibliothek, Bildersammlung u.a.m. gehörten, lud Stadiondirektor Eduard Zeiss ins „Gymnasion" ein: „Hier ist Neuland, Ihr Dichter, Ihr Spieler, Ihr Tonkünstler! Kommt zu uns ins Stadion, wir haben auch Platz für Euch!" Immerhin folgte die Bildhauer-Klasse der Kunstgewerbeschule dem Ruf und richtete in der Tribüne ein Atelier ein.

„Bravo Alle!"
An Himmelfahrt, 21. Mai 1925, wurde das Stadion von OB Dr. Ludwig Landmann seiner Bestimmung übergeben. 25.000 sahen anschließend das Spiel der Mainbezirks-Auswahl gegen Boca Juniors aus Argentinien (0:2). Die erste Bewährungsprobe bestand die Arena am 7. Juni 1925, als 40.000 das DM-Endspiel 1. FC Nürnberg – FSV Frankfurt (1:0 n.V.) verfolgten. Während der 1. Arbeiter-Olympiade, die 1925 stattfand, sollen insgesamt 450.000 Teilnehmer anwesend gewesen sein. 1930 (0:2 gegen Italien) fand das erste von mittlerweile 18 DFB-Länderspielen im Frankfurter Stadion statt. 50.000 waren dabei, und „kicker"-Herausgeber Walther Bensemann lobte die Organisation: „Bravo Frankfurt! Bravo Zeiss (Anm. Stadiondirektor), bravo Polizei, bravo Alle!"

Während der WM 1974 gab es im Waldstadion fünf Begegnungen, darunter die berühmte „Wasserschlacht" Bundesdeutschland gegen Polen (1:0), bei der EM 1988 waren es zwei Spiele. Ein weiterer Höhepunkt war am 10. September 1966 die Box-WM im Schwergewicht zwischen Muhammad Ali und Karl Mildenberger; der Kaiserslauterer unterlag durch technischen K.o. in Runde zwölf.

Hauptnutzer war die Frankfurter Eintracht, mit der die am 8. April 1925 gegründete kommunale Stadion-Betriebs-Gesellschaft m.b.H. noch vor Fertigstellung der Hauptkampfbahn einen Vertrag schloss, nach dem alle Spiele um die Südmeisterschaft und solche, bei denen mehr als 12.000 Zuschauer erwartet wurden, im Stadion durchzuführen seien. 1931 schloss die GmbH ähnliche Kontrakte mit dem FSV und Rot-Weiss ab. Auch Union Niederrad und die Offenbacher Kickers trugen mehrfach Heimspiele um die Süddeutsche bzw. Deutsche Meisterschaft im Stadion Frankfurt aus.

Ebenso wie Köln und Nürnberg wollte sich auch Frankfurt um die Olympischen Spiele 1936 bewerben und plante den Ausbau des Stadions auf ein Fassungsvermögen von 70.000 Zuschauern; auf der Gegengerade sollte eine 225 m lange überdachte „Marathontribüne" entstehen, doch verzichtete man 1930 zugunsten von Berlin. Einzige olympische Reminiszenz im Waldstadion war die Eiche am Haupteingang, gewachsen aus einem Zögling, den Hitler der Speerwurf-Olympiasiegerin Tilly Fleischer 1936 geschenkt hatte. Der morsche Baum fiel 1998, ein neues Pflänzchen setzte die 87-jährige Goldmedaillen-Gewinnerin.

Die Bezeichnung „Stadion Frankfurt" wurde in der NS-Zeit durch den Namen „Sportfeld Frankfurt" ersetzt („ein rein deutscher Name"). Nach 1945 sprach man wieder vom Stadion, der Begriff „Waldstadion" bürgerte sich ab Mitte der 50er Jahre ein.

Victory Stadium im Victory Field
1945 wurde die Sportstätte von den US-Amerikanern beschlagnahmt, das Sportfeld in Victory Park und die sog. Hauptkampfbahn in Victory Stadium umgetauft, doch schon am 13. Juli 1946 gelang es der Eintracht, eine Genehmigung zur Durchführung eines „Tages der Eintracht" zu bekommen, bei dem 45.000 Zeugen des 0:1 gegen den VfB Stuttgart waren (Eintracht-Vorsitzender war US Army-Captain Günther Reis, ein Neffe des früheren Schatzmeisters, der als Jude emigrierte). Die ersten deutschen Nachkriegsmeisterschaften der Leichtathletik fanden 1946 unter dem Titel „Tag der Meister" im Victory Stadium statt. 1950 erhielt die Stadion GmbH das Gelände zurück.

Obwohl das Fassungsvermögen bereits 1938 auf 50.000 erhöht worden war, reichte diese Kapazität bei den Endrunden-Spielen der Eintracht um die Deutsche Meisterschaft 1953 nicht mehr aus. Nachdem sich schon beim 2:0 über den 1. FC Köln 56.000 ins weite Rund gezwängt hatten, herrschte gegen den 1. FC Kaiserslautern (0:1) das blanke Chaos. Offiziell verkaufte man 68.000 Karten, doch Tausenden mehr gelang es, sich Zugang zum Stadion zu verschaffen. An der Otto-Fleck-Schneise wurden die Zäune niedergedrückt, und schließlich gelang es den Massen, das Marathontor zu stürmen und den Innenraum zu besetzen. Ganz Unentwegte erklommen sogar das Tribünendach. Die „Frankfurter Rundschau" sprach von Verhältnissen, „wie sie der deutsche Fußball in Jahrzehnten nicht mehr erlebt hat".

Nach diesen Vorkommnissen gab die Stadt schließlich grünes Licht, für 1,5 Mio. DM (darunter 800.000 DM Totogelder) durch Tieferlegung des Spielfeldes das Fassungsvermögen auf 82.000 zu erhöhen. Nachdem die „Bühne" bereits 1938 einer Vortribüne hatte weichen müssen, fielen jetzt auch die letzten antikisierten Teile der Haupttribüne der Spitzhacke zum Opfer, um Platz für weitere Sitzplätze und eine Pressetribüne zu schaffen. Einen neuen Zuschauerrekord registrierte man am 23. Mai 1959, als 81.000 zum Endrundenspiel um die „Deutsche" Eintracht – FK Pirmasens (3:2) kamen.

Zum Bundesliga-Start 1963 stattete man die Gegengerade komplett mit Sitzplätzen aus, so dass fortan 70.739 Plätze (davon 23.239 Sitzplätze) zur Verfügung standen. Dem Umbau für die WM 1974 fiel schließlich die alte Tribüne zum Opfer. Außerdem wurde die Gegengerade komplett überdacht. Seitdem fasst das Waldstadion offiziell 61.146 Zuschauer.

Das Projekt „Weltstadion"
Spätestens seit den Beschlüssen von FIFA und UEFA, große internationale Turniere und Europapokalspiele nur noch in reinen Sitzplatzstadien zuzulassen, war jedem in Frankfurt klar, dass das Stadion nicht mehr zeitgemäß war. Pläne gab es seitdem zuhauf, passiert ist recht wenig. Mitte der 90er Jahre sorgte das Projekt „Skydome" für Aufsehen, nach dem für 390 Mio. Mark auf den Übungsplätzen hinter der Haupttribüne ein „Weltstadion" mit 45.000 Sitzplätzen, verschließbarem Dach und „Roll-in-roll-out"-Rasen entstehen sollte, doch fanden sich keine Investoren für das ehrgeizige Vorhaben. Im Sommer 1998 schien ein Durchbruch erreicht, als sich die Stadt und die Eintracht darauf einigten, am Ort des alten Stadions eine neue, reine Fußballarena zu bauen. Die Stadt wollte sich mit bis zu 120 Mio. Mark beteiligen. 1999 sollte Baubeginn sein, doch auch daraus wurde nichts.

Die alte Holztribüne am Rosegger-Sportplatz

(Foto: Hermann)

Erst nachdem die WM 2006 nach Deutschland vergeben wurde, kam wieder Bewegung in die Stadionfrage. Bis Oktober 2000 hatten sich 124 Firmen für Planung, Bau, Betrieb und Vermarktung des neuen Waldstadions beworben. Da Frankfurt Sitz des WM-Organisationskomitees werden soll, signalisierte auch die öffentliche Hand Unterstützung. So will sich das Land Hessen mit rund 40 Mio. Mark an den Kosten beteiligen.

Frankfurts Sportdezernentin Sylvia Schenk geht davon aus, dass die Stadtverordneten bis März 2001 den Neubau eines reinen Fußballstadions am alten Platz absegnen werden. „Dann können wir mit dem Bau nach Abschluss der Bundesliga-Saison im Sommer 2002 beginnen, denn 2005 muss das Stadion fertig sein." Das neue Waldstadion soll eine Kapazität von 52.000 Sitzplätzen haben, die bei Bundesligaspielen durch partielle Umwandlung in Stehplätze auf 60.000 erhöht werden kann.

Ulrich Matheja

Waldstadion Frankfurt/Main
ER: 1925. FV: 61.146, davon 30.546 SiP, davon 20.364 üd..
ZR: 81.000, Endrunde um die Deutsche Meisterschaft, 23.5.1959, Eintracht Frankfurt – FK Pirmasens 3:2.
Mörfelder Landstraße 362,
60528 Frankfurt,
Tel. 069 / 678 040 (Stadion GmbH).

▪ Der „Rosegger" *
Die Odyssee einer Tribüne

Auf eine lange Geschichte kann der Rosegger-Sportplatz in Frankfurt am Main zurückblicken, der als „der Rosegger" vielen Fußballfreunden im Rhein-Main-Gebiet ein Begriff ist und dessen Tribüne eine Odyssee hinter sich hatte wie kaum ein anderes Bauwerk dieser Art in Deutschland.

Von 1912 bis 1920 war der Sportplatz an der Roseggerstraße Heimat des Frankfurter Fußball-Vereins (FFV), einem Vorgänger der Eintracht. „Der Rosegger" bot 10.000 Plätze, davon 600 auf der Tribüne, das Spielfeld und die Aschenbahn drumherum. Zur Eröffnung am 8. September 1912 trennten sich der FFV und Quick Den Haag im strömenden Regen 2:2.

Als nach dem 2. Weltkrieg der alte Riederwald-Sportplatz der Eintracht zum Schuttplatz geworden war und auch der Bornheimer Hang des FSV noch nicht bespielbar war, wichen beide Oberligisten 1945/46 an den Rosegger aus. Später verlor die Spielstätte den Rang der Erstklassigkeit, seit Mitte der 50er Jahre sind dort der BSC Schwarz-Weiss 19 Frankfurt und Concordia Eschersheim Hausherren.

Die Holztribüne des Roseggerplatzes hatte zur Eröffnung 1912 schon eine lange Reise hinter sich. Ursprünglich stand sie auf dem Frankfurter Rennplatz. Nachdem sie dort nicht mehr benötigt wurde, wurde sie auf dem Sportplatz von Hermannia Frankfurt wiedererrichtet. Als sich die Hermannia 1910 auflöste, lagerte die Brauerei Henninger die Tribüne auf ihrem Gelände in Sachsenhausen ein. Für 350 Mark kaufte

Victoria Frankfurt den Bau und stellte ihn auf ihrem Platz an der Eschersheimer Straße auf, bevor sie nach der Fusion der Kickers mit der Victoria zum FFV im Jahr 1912 endgültig auf „dem Rosegger" landete. Dort stand sie, vom Schwamm benagt und immer wieder ausgebessert, bis sie Ende der 50er Jahre abgerissen wurde – ein respektables sporthistorisches Denkmal war damit verschwunden. Anfang der 70er Jahre wurde an seiner Stelle vom BSC Schwarz-Weiss ein Vereinsheim gebaut.

Fußball-Veteranen erinnern sich schmunzelnd an die Zeit, als auch die Handballfrauen der Eintracht „am Rosegger" trainierten. Durch Ritzen und Astlöcher in der Verkleidung der alten Holztribüne konnten die Jungen damals nämlich den einen oder anderen Blick in die Damendusche werfen...

Matthias Thoma

Rosegger-Sportplatz
Frankfurt/Main
ER: 1912. FV: ehemals 600 üd. SiP auf der Tribüne sowie 9.400 StP.
ZR: 10.000, Oberliga Süd, 19.4.1946 Eintracht Frankfurt – Bayern München 2:1.
Eschersheimer Landstr. 328,
60320 Frankfurt, Tel. 069 / 561631.

Frankfurt (Oder)

■ Stadion der Freundschaft

20.000 gegen Kanada

Das 700-jährige Bestehen der Grenzstadt an der Oder, von wo man über die Stadtbrücke zu Fuß in zehn Minuten das polnische Slubice erreichen kann, war 1953 Anlass, unmittelbar am Grenzfluss das Stadion der Freundschaft zu eröffnen. 17 Spielzeiten bot der FC Vorwärts Frankfurt/Oder dort Erstligafußball – Nachfolger Frankfurter FC Viktoria 1991 ist seit 2000 fünftklassig.

1923 bestand ein städtischer Sportplatz am Roten Vorwerk, ein erstes Stadion wurde am 27. Mai 1927 mit einem mehrtägigen Sportfest in der Dammvorstadt am Fuß der Kleisthöhe eingeweiht.

Das Stadion der Freundschaft – viele Bürger leisteten freiwillige Arbeitsstunden – entstand dann 1953 auf dem Carthausplatz, wo zuvor Zirkusse und Schausteller gastierten. 1969 kam eine 480-Lux-Flutlichtanlage mit vier 55 Meter hohen Masten hinzu.

Nun fehlte nur noch eine erstklassige Fußballmannschaft, weshalb 1971 Oberligist FC Vorwärts Berlin als Fußballklub der Armee-Sportvereinigung nach Frankfurt delegiert wurde; Gastgeschenk war der Bau eines neuen Sozialtraktes, der durch einen 40-Meter-Tunnel mit dem Stadion-Innenraum verbunden ist. Seit 1990 gab es sporadisch Renovierungen.

Das Ostmark-Stadion in Frankfurt/Oder Anfang der 1930er Jahre.

Frankfurt/Oder erreichte in der DDR-Oberliga fast durchweg einstellige Platzierungen, einmal die Vizemeisterschaft und zwei Pokalendspiel-Teilnahmen 1976 und 1981. Als die DDR-Nationalmannschaft im dritten Länderspiel nach ihrer WM-Teilnahme in Bundesdeutschland nach Frankfurt/Oder kam, baute man Zusatztribünen auf, so dass beim 2:0 über Kanada 20.000 zusehen konnten. Nach der Vereinigung fanden zwei U-21-EM-Qualifikationsspiele statt (1995 gegen Bulgarien 7:0, 1997 gegen Portugal 1:1). *sky*

Stadion der Freundschaft
Frankfurt/Oder
ER: 1953. FV: 15.100, davon 100 üd. SiP und 15.000 StP.
ZR: 20.000, Länderspiel, 9.10.1974, DDR – Kanada 2:0.
Buschmühlenweg 172,
15230 Frankfurt, Tel. 0335 / 22 365.

Das Stadion der Freundschaft liegt unmittelbar an der Oder und der Grenze zu Polen.

Dreisam-Stadion

„Sardinenbüchse" mit Solardach

Vor 1935 spielte der SC Freiburg im imposanten Winterer Stadion.

In kaum einem anderen bundesdeutschen Stadion haben die Bauleute in den letzten Jahren so viel zu tun gehabt wie am Ufer der Dreisam im idyllischen Schwarzwaldtal an der B 31, wo der SC Freiburg zu Hause ist und wundersame Dinge vollbracht hat. Seit 1984 wurden 34 Mio. DM in die städtische Arena investiert. Aber heile Fußball-Welt, siehe unten, gibt es auch im heimeligen Freiburg nicht.

Drei Stehränge auf der Gegengerade

Ehemals, auf dem Gelände an der Lehener Straße hinter der Kromerschen Fabrik, hieß der 1904 gegründete Verein Schwalbe, danach Mars (Anm.: der Kriegsgott), später Union, ehe 1912 mit dem FV 04 zum Sport-Club fusioniert wurde. Der FV 04 war zuvor auf dem Exerzierplatz aktiv, der FC Union im Stadtviertel Stühlinger westlich der Herz-Jesu-Kirche, wo auch der SC heimisch wurde. Im 1. Weltkrieg wandelte man der Not wegen den Sportplatz in einen Garten und Kartoffelacker um.

Nach Kriegsende spielte der Sport-Club als Fußball-Abteilung der Freiburger Turnerschaft 1844 auf dem Sportgelände an der Schwarzwaldstraße, dem späteren Messplatz. Gemeinsam mit dem Polizei SV zog man dann in das Winterer-Stadion um (Fassungsvermögen 30.000, Tribüne für 1.200), wo der Sport-Club ab 1930 alleiniger Hausherr war, bis die Spielstätte 1935 wegen eines Flugplatzes eingeebnet werden musste. Der SC fand ein neues Spielgelände bei der Freiburger Turnerschaft.

Nach 1945 schlossen sich SC und FT zum VfL Freiburg zusammen, der im Möslestadion des Freiburger FC spielte. 1946 nahm man den Spielbetrieb auf dem von Trümmern freigeräumten Hindenburgplatz (heute Hartplatz beim Dreisamstadion) auf. Als der Sport-Club 1951 wiedergegründet wurde, wechselte man ins Dreisamstadion, das mit der Zeit ausgebaut wurde und 1953 fertig gestellt war: Auf dem planierten Trümmergelände zwischen Hindenburgplatz und Strandbad legte der Klub ein Hauptspielfeld und einen Nebenplatz an, die Umkleiden befanden sich in einer städtischen Baubaracke. Auf der sog. Strandbadseite, der Gegengerade, wurden drei Stehränge errichtet. 1961 konnte das Vereinsheim eingeweiht werden, 1970 folgte die kleine Tortribüne samt Wellasbestbetondach mit 480 Sitzplätzen. 10.000 fanden Platz, mehr Fassungsvermögen war nicht an-

gebracht, denn der Sport-Club spielte seit 1950 durchgehend in der Amateurliga Südbaden, Fußballklub Nr. eins der Breisgaustadt war der FFC.

1978 stieg der SC in die 2. Bundesliga Süd auf, etablierte sich bis 1993 in der einteiligen 2. Liga und löste unter dem Vorsitz von Regierungsdirektor Achim Stocker, der nahe dem Stadion wohnt, aus gesundheitlichen Gründen die Heimspiele aber nie besucht, auf Dauer den FFC in seiner führenden Rolle ab. Wegen des Ausbaus des Dreisamstadions gastierte der SC in der ersten Zweitliga-Saison 1978/79 im Mösle-Stadion des Rivalen. Das Dreisamstadion – die Stehränge der Gegengerade wiesen nun 15 Stufen auf, die Nordseite fünf – genügte bei wachsendem Zuschauer-Zuspruch nicht mehr: Die Haupttribüne entstand in den 80er Jahren und erhielt 1989-90 Umkleideräume und eine kleine Sporthalle.

Erweiterung à la Baukasten-System

Der Aufstieg in die 1. Bundesliga, der die Freiburger 1993 bis 1997 und wieder seit 1998 angehören, brachte einschneidende Veränderungen im zeitweise kleinsten Stadion der Bundesliga mit sich, das nach einer Art Baukasten-System erweitert wurde. 1993 kam auf der Ostseite eine Tribüne mit 1.580 Sitzplätzen über die gesamte Länge der Gegengerade hinzu, davor befanden sich auf 26 Stehstufen 8.000 Stehplätze. Die Nordseite wird Standort der Anzeigetafel, und die neue Flutlichtanlage besitzt als erste in Deutschland abknickbare Masten, was 70 Prozent der Folgekosten spart und wartungsfreundlicher ist (Kostenpunkt 2,3 Mio. DM, 14 Wochen Bauzeit). Im Sommer 1994 legt der Sport-Club den Platz neu an und erweitert die Haupttribüne um 3.000 Sitzplätze; dort finden nun insgesamt 7.000 Besucher Platz. Das Land beteiligt sich wie schon zuvor mit 50 Prozent der Ausbaukosten.

18.000 finden jetzt Platz und dürfen angucken, wie der ruhmreiche FC Bayern München mit 5:1 „demontiert" wird. Vom 14. August 1993 bis 18. März 1995 sind nach dem Bundesliga-Aufstieg alle 29 Heimspiele in Folge ausverkauft, ehe der 8. April 1995 mit 16.000 Zuschauern den „Minusrekord" gegen Duisburg bringt – eine wohl einmalige Bestmarke im deutschen Fußball. Durchweg ausverkauft ist das Stadion auch in den Spielzeiten 1995/96 und 1996/97 mit 22.500 Menschen, für die man 1995 die neue Tribüne an der Südseite, die sog. Hintertortribüne, mit über 2.000 Sitz- und 3.000 Stehplätzen fertig stellt; Land, Stadt und Klub dritteln sich die Kosten

Eng und stimmungsvoll: das Dreisamstadion heute.

von 16,2 Mio. Mark. Verschwunden sind dafür die zehn Stehränge an dieser Stelle.

Vor der neuen Tribüne spielt das „Dream Team", der Tabellendritte 1994/95, auch international, erstmalig im UEFA-Cup gegen Slavia, genannt „Die Geflickten", aus Prag. Ein bauliches Extra der Hintertortribüne an der Südseite, eingeweiht am 18. August 1995 beim 0:2 gegen den FC St. Pauli: Auf ihrem Dach befinden sich Solarzellen, die umweltfreundlichen Strom liefern. Das Bauwerk wird als „modern, ökologisch, stringent und städtebaulich überzeugend" prämiert und mit dem „Hugo-Häring-Preis" 1996 des Bund Deutscher Architekten, Landesverband Baden-Württemberg, ausgezeichnet.

Im Herbst 1998 befasst man sich mit weiteren Ausbauplänen und investiert schließlich 15 Mio. Mark. An der Nordseite entsteht 1999 die überdachte Stehplatztribüne für 7.000 Menschen. Derweil stehen wegen der Bauarbeiten auf der Gegengerade der Ostseite die Leute in den letzten beiden Heimspielen 1998/99 im Freien (und geregnet hat's dann auch noch…). Dem Neubau der Gegengerade-Tribüne fallen die Stehplätze zum Opfer. Diese neue Sitzplatztribüne bietet 7.000 Besuchern Platz, der Zaun davor fiel weg. Das Fassungsvermögen des komplett überdachten „Erlebnisparks Dreisamstadion" (Slogan des Vereins) konnte dadurch auf 25.000 Zuschauer gesteigert werden. Im Sommer 1999 überschritt der Verein erstmals „die magische Zahl von 20.000

verkauften Dauerkarten" (Manager Rettig). 2.500 Karten gehen nach DFB-Direktive an die Gäste, lediglich 2.000 Tickets kommen noch in den freien Verkauf.

Jedenfalls hat das Dreisam-Stadion – eng, atmosphärisch, mit einem begeistert mitgehenden, aber keinesfalls fanatischen Publikum – einen ausgezeichneten Ruf, weshalb die Zuschauer von der UEFA im Jahr 2000 mit einem „Fairplay-Preis" prämiert wurden. Unglücklicherweise warf am gleichen Abend ein Jugendlicher dem Bayern-München-Schlussmann Oliver Kahn einen Golfball an den Kopf. Eine schlimme Tat, doch war diese Körperverletzung die Ausnahme von der Regel.

Keine der klassischen Universitätsstädte hat es so weit gebracht im Fußball wie Freiburg – man frage nach in Tübingen, Heidelberg, Marburg, Göttingen.

Fan-Protest gegen Stadionumbau
Der Bau der Gegengerade-Sitztribüne war Anlass, dass Freiburgs heile Fußball-Welt plötzlich in anderem Licht erschien. Das Fanzine „Fanman", laut „Playboy" neben „Schalke Unser" und dem „Übersteiger" auf St. Pauli bestes Fußball-Zine, eigentlich schon eingestellt, erschien noch einmal als kostenloses vierseitiges Extraheft in einer Auflage von 7.000 und bündelte den Protest gegen den Neubau – Parole „Sitzen ist für'n Arsch!". Mit dem Tribünenbau, so der „Fanman", schließe sich der SC „endgültig und widerstandslos der bun-

desligaweiten Kommerzialisierung" an. Während in Dortmund die größte Stehplatz-Tribüne Europas für 25.000 gebaut worden sei, müssten die SC-Anhänger nun ihre angestammten Plätze verlassen und teure Sitzplatz-Karten erwerben. Beim Dortmund-Spiel hielten denn auch zahlreiche Besucher das „Ampelmännchen" auf der Rückseite des „Fanman" zu Beginn jeder Halbzeit hoch, um gegen den Verlust der Stehplätze zu protestieren.

Gebaut wurde dennoch. Wieviel Mehreinnahmen dem Sport-Club die Baumaßnahme einbringen würde, wollte Trainer Finke laut „Badische Zeitung" nicht mitteilen: „Sonst stehen wir als die bösen Kapitalisten da, die die Fans ausnehmen wollen." Manager Andreas Rettig erklärte im Sommer 1999, die Qualität der Stehplätze an der Nordseite habe sich aufgrund der Überdachung und durch vergrößerte Stufenabstände verbessert.

Als Idealstadion gilt die reine Fußballarena in Vereinskreisen aber längst nicht, wird die Lage an der vielbefahrenen Schwarzwaldstraße in dem engen Tal doch als problematisch angesehen. Es gibt kaum Parkplätze (weshalb vier Park-&-ride-Stationen eingerichtet sind) und für die Anwohner ist Fußball nicht das reine Vergnügen. Es wird berichtet, Vereinschef Stocker sammle gelegentlich persönlich Müll auf, der in Vorgärten gelandet ist. Die „Badische Zeitung" 1998 im Hinblick auf das Fassungsvermögen der „Sardinenbüchse Dreisamstadion": „Zum Sterben sind's zu viel, zum richtig Leben sicherlich immer noch zu wenig."

Die Enge des Areals war Grund dafür, dass der Sport-Club keine E- und F-Jugendmannschaften unterhalten konnte und seine Nicht-Profi-Teams an andere Spielorte ausweichen mussten: So spielten die Amateure in der Oberliga auf dem Gelände von Blau-Weiß Wiehre, andere Teams bei Post-Jahn, der Freiburger Turnerschaft, in Heitersheim und im Uni-Stadion. „Diese Verhältnisse sind ein Witz, einmalig in der Bundesliga", erklärte Manager Rettig. Da der DFB ab der Spielzeit 2000/2001 für die Bundesligisten Nachwuchszentren vorschrieb, fand der SC mit dem Umzug ins Mösle-Stadion die entsprechende Lösung.

Alle Jahre wieder gab es deshalb (und wird es wohl in Zukunft geben) die Diskussion um einen anderen Stadion-Standort. Im Gespräch war der „Lehener Winkel" im Westen der Stadt, wo die Stadtplanung Gelände für ein Fußballstadion für 30.000 bis 32.000 Zuschauer vorgesehen hat. Ein Modell dafür könnte Bochums Ruhrstadion sein.

Wo saß Günter Grass?

Die VIPs haben im „neuen" Dreisamstadion im Block B der Haupttribüne, Reihe 1-15, ihren eigenen Bereich, für den sie 1999/2000 pro Platz 2.200 DM löhnen mussten. Ob Literatur-Nobelpreisträger Günter Grass bei seiner Stippvisite im Schwarzwaldtal dort Platz nahm, entzieht sich unserer Kenntnis. Gehört hat Grass in jedem Fall das „Badnerlied", das bei jedem Heimspiel abgespielt und mitgesungen wird, in punkto Freiburg aber nur mitteilt: „Bei Freiburg wächst der Wein." Dafür erfährt man, „in Rintheim frisst man Specksalat" und dies: „Der Bauer und der Edelmann, das liebe Militär / sie sehn einander freundlich an und das ist Goldes wert." Na, würde beim „Image" (Außenseiter, studentische Szene, Alternativ-Klub?) des SCF nicht das rebellische 1848er „Heckerlied" besser passen? *sky*

Dreisamstadion Freiburg i.B.
ER: 1953. FV: 25.000, davon 14.500 SiP, 10.500 StP, sämtlich üd..
ZR: 25.000, in acht Heimspielen der Bundesliga-Saison 1999/2000 meldete der SCF „ausverkauft!".
Schwarzwaldstr. 193, 79117 Freiburg, Tel. 0761 / 38 55 10.

▨ „Mösle"-Stadion

Der Verein, der seine Heimat aufgab

(Foto: Stadtarchiv Freiburg)

Nachkriegs-Zuschauerrekord im Möslestadion: 18.000 sahen 1949 die 3:6-Niederlage gegen den 1. FC Kaiserslautern. 1956 kamen sogar 25.000.

Wenn früher vom Fußball und Freiburg im Breisgau die Rede war, dann war der Freiburger FC gemeint. In den ersten Erfolgsjahren des SC Freiburg wurde der SC in den Medien daher des öfteren FC Freiburg genannt. Aber FC und SC sind zweierlei, der eine nunmehr sechstklassig, der andere in der Bundesliga, und zwei unterschiedliche Stadien gab es zudem – auch wenn das traditionsreiche Mösle-Stadion des FC inzwischen dem SC gehört.

Jahrzehntelang bezeichnete sich der Freiburger FC (FFC) zu Recht als „führender Sportverein unserer Stadt". Der FC war der Stadtverein; die Liste der Vorsitzenden und Präsidenten wimmelt nur so von Honoratioren – Professoren, Landgerichtsrat, Landgerichtspräsident, Stadtamtmann, Kaufleute, Verkehrsdirektor, Oberregierungsrat, Mediziner. Der Fußballpionier profitierte von der Englischen Militärschule, die seit den 1870er Jahren unter der Adresse Dreisamstr. 1, 3, 5 bestand. Oberst a.D. Sir Henri Bradley Adams bereitete seine Eleven auf die Offizierslaufbahn vor. Damit die Schüler dem Fußballspiel frönen konnten, wurden 1889 zwei Wiesen an der Schwarzwaldstraße am Ostende der Stadt gepachtet, die so genannten „Engländerplätze" (heute Messeplatz und Standort der Stadthalle). Freiburgs Schüler, unter ihnen der spätere Reichskanzler Josef Wirth, eiferten den Briten sportlich nach.

Ein Sportplatz dank des Burenkriegs

1897 gründete sich der FFC, ein polyglotter Zusammenschluss, denn ein Gründungsmitglied war US-Bürger und hob später den Fußballverband seines Heimatlandes mit aus der Taufe, und Fußballfreund Sir Adams, hernach Ehrenmitglied, machte mit seinen englischen Studenten mit. Bereits 1898 war der FFC Südmeister und durfte bald auf den „Engländerplätzen" spielen. Denn deren Nutzer hatten fluchtartig die Schwarzwaldstadt verlassen, nachdem Deutsche 1899 wegen des Burenkrieges alle Fensterscheiben an den Schulgebäuden eingeworfen hatten. Zuvor hatte der FFC wie etliche andere Pionierklubs die Gunst des Militärs genossen: Man spielte auf dem Exerzierplatz (heute Flugplatz) weit ab vom Stadtzentrum.

Der „Engländerplatz", nun „Sportplatz an der Schwarzwaldstraße" genannt und Endstation der Straßenbahnlinie, war laut Vereinschronik „von drei Seiten von hohen Bergen umrahmt, landschaftlich einzig schön". 1906 wurde eine Tribüne erbaut, und es gab ein kleines Klubhaus. Die idyllische Lage allerdings war der Grund, dass die Stadtverwaltung keinen Bretterzaun zuließ – sie fürchtete „die Verschandelung der Landschaft". Der FFC errichtete daraufhin einen Drahtzaun, der vor allen Heimspielen mit einem Tuchband verhängt wurde, das eine Seidenfabrik ge-

(Foto: Stadtarchiv Freiburg)

Mitte der 50er Jahre lockte Oberliga-Fußball bis zu 25.000 Zuschauer ins Mösle-Stadion.

stiftet hatte – Eintrittsgelder waren für die Klubs der frühen Jahre überlebenswichtig.

Angesichts von Bedeutung (1907 als erster süddeutscher Klub Deutscher Meister, 1908 in der Endrunde, 1913 Länderspiel gegen die Schweiz auf dem FFC-Platz, der 6.000 Zuschauer fasste) und Wachstum (1920 über 3.000 Mitglieder) hatte der FFC schon vor dem 1. Weltkrieg einen Sportplatz-Neubau geplant: im zwischen dem Stadtteil Waldsee und der Höllentalbahn an der Straßenbahn-Endstation gelegenen, über drei Straßen zugänglichen Gebiet „Mösle". Die Stadt lehnte wegen des dortigen Tierparks, der teils sumpfigen Beschaffenheit des Geländes bzw. des teilweise hochwertigen Wiesengeländes erst einmal ab.

„Fränkli" aus der Schweiz
Da die Universitätsstadt selbst kein Stadion bauen wollte und die Idee für ein Großstadion bei der Freiburger Turnerschaft 1844 und dem Akademischen Sportausschuss keine Resonanz fand, ging der FFC das Projekt im Alleingang an. Auf Gastspiel-Reisen hatten die Vereinsverantwortlichen genug andere Stadien gesehen, nun wollten auch sie im Gebiet „Moosmatten im Hölderle" großzügig bauen. Die Stadt überließ das Gelände in Erbpacht für 99 Jahre, und dank Spenden, Anteilscheinen und freiwilliger Arbeit gedieh das Werk. Wesentliche Finanzmittel brachten Reisen in die Schweiz, zu denen zwölf Spieler und ein Betreuer ihr eigenes Vesper mitnahmen, so dass von 500 Franken Gage stets 350 bis 370 „Fränkli" übrig blieben. Die alte Tribüne nahm man vom Platz an der Schwarzwaldstraße ins neue Domizil mit, wo sie als so genannte Kleine

Tribüne an der Bahnlinie stand, ebenso das Vereinshaus, das erst abgebrochen und, als Wohnhaus vergrößert, neu gebaut wurde.

Eigentlich hatte Architekt Philipp Müller für das neue Stadion eine 80 Meter lange Tribüne mit 2.000 Plätzen geplant, doch musste infolge der Inflation die Länge auf die Hälfte reduziert werden. Am 1. Oktober 1922 war gegen die Stuttgarter Kickers Einweihung, und einen ersten Rekordbesuch verzeichnete der Freiburger FC am 11. Mai 1924, als 7.000 in dem für 30.000 Zuschauer ausgelegten Stadion die Profis von Westham United sahen (2:5). Verbessert wurde die Bestmarke am 28. August 1938 beim Pokal-3:1 über den amtierenden Deutschen Meister Hannover 96 (8.000 Besucher in der ersten reichsweiten Schlussrunde, später griffen noch acht „Ostmark"-Vereine in den Wettbewerb ein).

Nach 1945 musste der Verein vorübergehend den Namen Fortuna Freiburg tragen, bot dem Sport-Club, damals VfL Freiburg, „Exil" im Stadion, und verzeichnete am 22. Mai 1949 einen neuen Zuschauerrekord, als im Zonenmeisterschafts-Rückspiel gegen den 1. FC Kaiserslautern (3:6) 18.000 kamen.

Nach Auflösung der unter französischer Besatzung gebildeten Oberliga Südwest, Gruppe Süd, begann der Freiburger FC 1950 in der 2. Liga Süd, allerdings nicht im „Mösle", wo gerade das Spielfeld neu eingesät wurde, sondern vor 4.000 an der Schenkendorfstraße auf dem Blau-Weiß-Platz. Dort parkte der Bus von Gegner ASV Cham, versehen mit dem Transparent: „Der Bayerische Wald grüßt den Schwarzwald!" „Eine schöne Geste dieser uns vollkommen unbekannten Mannschaft", emp-

fanden die Freiburger reichlich hochnäsig, „durch deren Mitwirken man eigentlich erst erfuhr, wo dieses Cham liegt" („dieses Cham" erreichte sodann ein 2:2).

„Das Unglück erwies sich als Geschenk"
Dank Spenden einer Firma wurden im „Mösle" 1951 auf der Tribünenseite Stehränge angelegt, doch waren alle weiteren Pläne Makulatur, als am frühen Morgen des 3. August 1953 die Tribüne in Brand geriet, die Vereinsgaststätte zerstört wurde und der DFB-Meisterwimpel von anno 1907 verbrannte. Damit hatte der Verein nach der Zerstörung seines Stadt-Klublokals „Sutter-Bräu" 1944 durch Bomben erneut wertvolle Dokumente verloren. Der Spielbetrieb ging vor der ausgebrannten Tribüne weiter: 7:0 über den SC Freiburg, 1:4 gegen Radnicki Belgrad, 3:3 gegen 1860 München. Als Umkleideraum diente ein Möbelwagen.

Vor einem Neubau der Tribüne sah man sich das 1951 fertig gestellte Basler Stadion an und ließ Baupläne aus Kassel, Darmstadt und Ulm kommen. Da das Badische Turnfest für August 1954 u.a. im FFC-Stadion vorgesehen war, stellte der Finanzausschuss der Stadt für den Tribünenbau 330.000 DM zur Verfügung. 410.000 DM überwiesen Land und Toto-Lotto-Gesellschaft, eine Spendenaktion stieß auf große Resonanz, und die französische Zivilverwaltung gab zusätzlich einen beachtlichen Geldbetrag.

Während die FFC ins Universitätsstadion auswich, wurden die Stehränge auf einem hohen Wall erweitert und die Tribüne fertig gestellt, so dass zur Einweihung am 15. August 1954 – 2:2 gegen den HSV vor 15.000 – im „Mösle" Platz für 25.000 Besucher war. „Was für den FFC zunächst ein Unglück war, erwies sich im Anblick des modernisierten Stadions schließlich als Geschenk" (Vereinschronik).

Der Oberliga-Süd-Aufstieg 1956 machte Freiburgs Fußballglück perfekt, als man sich in der 2. Liga Süd vor Bayern München platzierte, das im „Mösle" vor 18.000 mit 2:0 und an der Grünwalder Straße vor 30.000 mit 2:1 besiegt wurde. Über 7.800 kamen in dieser Zweitliga-Saison im Schnitt ins Schwarzwaldtal in eine der schöstgelegenen deutschen Sportarenen: Die „Bobbele" waren in Südbaden in aller Munde (warum die FFCler so heißen, ist ungewiss, bedeutet der Ausdruck doch: 1. Wollkügelchen, 2. die „Bölele der Platane", 3. ein auf den Beinen unsicheres Kind). Es blieb bei einem Jahr Oberliga, Schnitt 12.033, Rekord gegen den 1. FC Nürnberg (2:2) mit 25.000.

Als fußballerische Nr. 1 der Stadt hatte der Freiburger FC 1978 sogar Cosmos New York inklusive Beckenbauer (2:0) im Angebot, dem 18.000 nachkamen. 1969, als 65.000 die vier Heimspiele der Bundesliga-Aufstiegsrunde im „Mösle" miterlebten, fehlte im letzten Spiel bei RW Oberhausen beim 0:0 lediglich ein Tor, um ganz oben zu landen. Stattdessen ging es 1974 hinab in die 1. Amateurliga Südbaden und nur noch einmal nach oben, wo man 1979/80 in der 2. Bundesliga den neu erstandenen Lokalrivalen Sport-Club Freiburg (je 10.000 Zuschauer) traf. Der hatte Derbys zuvor meist gegen die FFC-Amateure bestritten. Der SC war in dieser Spielzeit erneut Gast im „Mösle", denn seine eigene Anlage genügte den DFB-Ansprüchen nicht.

1982 verließ Traditionsverein FFC die 2. Bundesliga, 10.300 strömten noch einmal zum Derby herbei, 8.000 zählte man gegen Schalke, doch nur noch 600 gegen Kassel und 700 gegen Fortuna Köln. Als der Absteiger damals vor dem Konkurs stand, wurde die Aktion „Rettet den FFC" gestartet, der 1980 ins Leben gerufene „Donatoren-Club" leistete wichtige Hilfe, und der Sport-Club kam zu einem Gratis-Gastspiel ins „Mösle", eine feine Geste. Den letzten großen

Zahltag dort bedeutete das Pokalspiel 1991 gegen Bundesliga-Spitzenreiter VfB Stuttgart (1:6) vor 12.500.

Überleben dank „Mösle"-Exodus
Am 13. Januar 2000 endete die jahrzehntelange Beziehung „Mösle"/FFC abrupt: Mit deutlicher Mehrheit beschloss die Mitglieder-Versammlung, das Möslestadion aufzugeben, ins 5.000 Zuschauer fassende Schönbergstadion von Blau-Weiß Wiehre umzuziehen und die altehrwürdige Arena dem SC Freiburg zu überlassen. Der wird im „Mösle" aufgrund der engen Verhältnisse um das Dreisamstadion sein Nachwuchs-Leistungszentrum einrichten. Der verschuldete FFC, der ein Vergleichsverfahren hinter sich hatte, wird dafür vom SCF fünf Jahre lang subventioniert, womit die komplette finanzielle Sanierung gelang.

Im Interview mit der „Badischen Zeitung" erläuterte FFC-Vorstandsmitglied und Rechtsanwalt Peter Oberholzner: „Wir haben versucht, Möglichkeiten zu finden, in unserer Heimat Mösle zu bleiben. Dies ist uns nicht gelungen. Somit ist das vom SC, Blau-Weiß Wiehre und der Stadt mitgetragene Konzept das einzige gewesen, das uns das Überleben sichert. Wichtig ist, dass das Möslesta-

dion erhalten bleibt und dort kein Wohnblock oder ähnliches steht, sondern Fußball gespielt wird."

Von 1922 bis 2000 bedeutete das Möslestadion Generationen von Freiburger FC-Spielern und -Anhängern Heimat. Die ist nun verloren, wie es scheint, ein für alle Mal.

Die neue Ära beim Verbandsliga-Neuling Freiburger FC begann im August 2000 im Beisein von 450 Zuschauern im Schönbergstadion. Der Dauerkarten-Vorverkauf hatte bis dahin 13.000 Mark eingebracht und die neu geschaffenen überdachten Sitzplätze waren ausverkauft. Die Anhänger, so wurde betont, hätten damit den Wechsel vom „Mösle" nach Wiehre nachvollzogen. Bestimmt auch Michael Löffler, Münchner Konzertagent vom Jahrgang 1962, der laut SZ-Magazin kein FFC-Spiel auslässt und „seinem" Verein die Bandenwerbung von Guildo Horn vermittelt hat. *sky*

> **Mösle-Stadion Freiburg i.B.**
> ER: 1922.
> ZR: 25.000 , Oberliga Süd, 9.12.1956, Freiburger FC – 1. FC Nürnberg 2:2.
> Waldseestraße 75, 79117 Freiburg.

Friedrichsthal

■ Stadion Franzschacht

Wildschweinschäden und Bretterbude im Wald

Die Vergangenheit des Friedrichsthaler Franzschacht-Stadions blieb bloß in Fragmenten erhalten. Die Dokumente, die aussagen, wo der Sport-Club in seiner Saarlandliga-Zeit (1949 bis 1951), in der 2. Liga Südwest (1959 bis 1963) und in der Regionalliga Südwest (1967/68 und 1969/70) spielte, sind teilweise vage Erinnerungen von Zeitzeugen.

In der Addition mit alten Verträgen ergeben sie folgendes Bild: Der 1946 gegründete SC Friedrichsthal spielte schon vor dem 2. Weltkrieg im Bereich des heutigen Franzschachts, unter dem Dach des Omnisportvereins VfL, der ein Produkt nationalsozialistischer Sportpo-

litik nach der Rückgliederung des Saarlandes an das Deutsche Reich war.

Die Gemeindeverwaltung hatte den Franzschacht als holpriges Waldgelände von der Forstverwaltung gekauft, der Verein kümmerte sich um die Kultivierung eines Sportplatzes, vor allem nach 1945. 1953/54 kaufte der Sport-Club den Franzschacht von der Gemeinde. Das Stadion gliedert sich seit 1962 in den alten Hartplatz und ein Rasenstadion, das mit einem Spiel gegen Borussia Mönchengladbach (4:2) eröffnet wurde. Toto- und Gemeindegelder wurden für den Bau verwandt, die Gemeinde ist bis heute Eigentümer, der SCF kostenfreier Nutzer.

Der Rasen wird umrahmt durch weiße Betonblöcke, die durch grüne Eisenrohre miteinander verknüpft sind: Weiß und Grün sind die Farben des Vereins. Der Spielplatz wird an einer der beiden Längsseiten durch bescheiden hoch geratene Stehstufen flankiert, dahinter wuchert Wald, der sich auch eine Bretterbude angeeignet hat, die zum

Stadion gehörte und die Stehstufen überragte. Auf der Gegenseite wurden 1995 zwei von fünf Reihen Betonstufen bei AB-Maßnahmen abgetragen, hier steht auch die Kabine des Stadionsprechers, die zuvor ein Pförtnerhäuschen war. Damals, Mitte der 90er Jahre, gab es auch einen neuen Rasen, da der vorige von Wildschweinen verwüstet worden war.

Das Stadion fußt auf einem zugeschütteten Weiher, worauf der Bergbaukonzern Saarberg Anfang der 90er verwies, als Stadt und Verein Entschädigung für angebliche Bergbauschäden verlangten. *Tobias Fuchs*

> **Stadion Franzschacht**
> ER: 1962. FV: früher 6.000, heute ca. 2.000 StP.
> ZR: 6.000, Regionalliga Südwest, 3.9.1967, SC Friedrichsthal – 1. FC Saarbrücken 1:3.
> Heinitzer Straße, 66299 Friedrichsthal, Tel. 06897 / 878 45.

◼ Städtisches Stadion Johannisau

Griff ans Fernrohr ist angebracht

Ja, die Johannisau: Vom Erholungswert her gesehen zählt das Städtische Stadion zweifelsohne mit zu den schönsten im deutschen Ligafußball. Nahe dem Flussbett der Fulda gelegen, umrahmt von Sport- und Freizeitanlagen, bietet das Umfeld des Fußballnabels der Barockstadt auch dem Nichtsportler einen ausreichenden Tummelplatz für Aktivitäten aller Art. Dafür sieht der auswärtige Fußballfan nach dem Betreten des Stadions den Prototyp einer Arena, wie man sie nicht unbedingt hätte bauen müssen. In der Groundhopperszene zählt die Johannisau eher zum Durchschnittshappen im nationalen Stadionmenü.

Leider zu Recht, denn die am 2. Juni 1923 eingeweihte Sportstätte verfügt zum einen über eine großzügig konzipierte Leichtathletikanlage, die den Besucher von Fußballspielen fast zum Griff ans Fernrohr zwingt, und zum anderen wirkt die Grünanlage der Gegengerade arg provinziell. Die ebenfalls noch aus den frühen 20er Jahren stammende Tribüne selbst strahlt das Flair der altehrwürdigen und schon beinahe in Vergessenheit geratenen 2. Liga Süd aus, welcher die Borussen fünf Spielzeiten lang zwischen 1957 und 1963 angehört hatten.

Aus den Regionalliga-Jahren 1996-2000 datieren die wesentlichen Veränderungen am Stadion. Am 22. Juli 1998 erfolgte die Einweihung der Flutlichtanlage, zur Premiere kamen der Deutsche Meister 1. FC Kaiserslautern (3:6) und 4.500 Zuschauer. Die vier Masten sind jeweils 36 m hoch und haben eine Lux-Zahl von 600 vor der Gegengerade und 1.000 vor der Haupttribüne (Kosten 835.000 DM). Wenn sie denn strahlen, beleuchten sie heute das Geschehen in der Oberliga Hessen.   *Thomas Zachler*

Städtisches Stad. Johannisau Fulda
ER: 1923. FV: 12.677, davon 755 üd. u. 1.232 unüd. SiP sowie 10.690 StP. ZR: 15.000, Regionalliga Süd, 28.8. 1996, Borussia Fulda – 1. FC Nürnberg 1:1.
Johannisstraße, 36001 Fulda, Tel.: 0661 / 73836, 74274 (Geschäftsstelle SC Borussia 04).

◼ Playmobil-Stadion

Der Ronhof lebt

(Stadtarchiv Fürth)

Zur Finanzierung des Stadionbaus gab die Spielvereinigung 1910 Schuldscheine aus.

Es sollte längst verschwunden sein, das Stadion Ronhof der SpVgg Fürth, doch dank wundersamer Fügungen existiert es nach wie vor, wenn auch unter anderem Namen, nämlich als „Playmobil-Stadion" und in reichlich veränderter Form. Aber der neue Name tut eigentlich nicht viel zur Sache: Die Einheimischen reden nach wie vor vom Ronhof, wenn sie zu den „Kleeblättlern" pilgern.

Am Anfang war ein toter Hund
„Ohne Spielplatz ist die Ausübung von Rasenspielen, insbesondere des Fußballspiels, nicht denkbar": Gemäß dieser Erkenntnis aus dem Jahr 1913 machte sich die 1903 entstandene Spielvereinigung des TV Fürth, damals größter deutscher Sportverein, auf die Suche nach einer Spielstätte. Der unentgeltlich zur Verfügung gestellte städtische Jugend-Spielplatz am Schießanger war erste Station und wurde ab 1904 an Spieltagen mit einer provisorischen Umzäunung versehen: „Mit jederzeit entfernbaren eisernen Stäben, die mit einem Draht untereinander verbunden waren, zur besseren Bewegungsfreiheit der Spieler und zum Schutze der Zu-

schauer." Das war angebracht, war doch während eines Spiels das Schoßhündchen eines Mäzen auf den Platz gelaufen und mittels Ballschuss getötet worden; die SpVgg musste dem Hundebesitzer eine Entschädigung bezahlen. Vermutlich vermerkte sie von da an in Fettdruck auf ihren Spielplakaten um 1906 als „NB." (= Nachbemerkung): „Das verehrl. Publikum wird gebeten, während der Spielzeit das eigentl. Spielfeld nicht zu betreten."

1906 verbot die Stadt den Spielbetrieb auf dem Schießanger, man wechselte auf den Platz an der Vacherstraße, die Tribüne dort war „ein mit Stühlen ausgestatteter Holzfachwerkbau ohne Dach". Das Spielfeld umgab ein Holzgeländer, der Aufstieg des Fußballsports in Fürth war nicht zu übersehen: „Die Spiele gewannen immer mehr an Zugkraft, die Zahl der ausübenden Mitglieder sowie der Kreis unserer Anhänger vergrößerten sich stetig" – weshalb man 1908 in kluger Voraussicht einen Platzfond anlegte.

Am 14. Februar 1910 brach die Hauptversammlung der SpVgg mit dem Ergebnis von 100 zu einer Stimme zu neuen Ufern auf: Es wurde beschlossen, in der damals noch eigenständigen Gemeinde Ronhof bei Fürth 11,5 Tagewerk Gelände zu kaufen. Baurat Heinz Ludwig Kraus, Vorsitzender der Spielvereini-

(Foto: Skrentny)

Das Ehrenmal für die im 1. Weltkrieg umgekommenen Vereinsmitglieder: ein überdimensionaler, steinerner Fußball.

gung, galt als „Triebfeder" des Projekts. Planung und Bauleitung übernahm Mitglied Karl Hendrich. Mittelpunkt des Sportparks mit etlichen Spielplätzen und einem kleinen Klubhaus als Fachwerkbau samt Restauration (von der Brauerei Evora & Meyer vorfinanziert) war „der Wettspielplatz, der 10.000 Personen bequeme Übersicht gestattet". Die kleine 300-Plätze-Tribüne hatte man von der Größe her auf 52 Meter Länge verdoppelt, dort gab es 500 Sitz- und 300 Stehplätze. Als „Erster Platz" angeboten wurde dem Publikum eine vierfach ansteigende Bankreihe, deren Stufen mit Holzbohlen befestigt waren, und mit dem Billet für den „Zweiten Platz" erwarb man das Anrecht auf einen Platz auf den stufenmäßigen Erderhöhungen.

Einweihung 1910, „½ 12 Uhr" bis tief in die Nacht

Zur Einweihung 1910 kam am 11. September „am Ronhofer Weg gegenüber dem Zentral-Friedhof" der amtierende Deutsche Meister Karlsruher FV (2:2 vor 4.000 Zuschauern). Zuvor hatte das Königlich Bayerische 6. Feldartillerieregiment konzertiert, erstmals auch den Fußballer-Marsch „Auf zum Spiel". Es war ein langer Tag für die Verantwortlichen, der „vormittags ½ 12 Uhr" mit dem gemeinsamen Mittagessen bei Langmann, Ecke Friedrich-/Königstraße, begann und mit dem „Fest-Commers mit Tanz abends 7 Uhr" im Geismanns-Saale endete.

Mit dem neuen Platz in Ronhof, für lange Zeit der größte in Deutschland, stiegen die Mitgliederzahlen immens, was wiederum mehr Einnahmen bedeutete: 1910 noch zählte man 713 Mitglieder, 1913 waren es 1.548, die Zahl der Mannschaften hatte sich auf 20 verdoppelt. Neben der Tribüne waren beiderseits erst fünf, dann acht Stehränge angelegt. Sportlichen Aufschwung bewirkte der englische Trainer William Townley, und 1914 kam die SpVgg erstmals ganz oben an. Das Zwischenrundenspiel zur „Deutschen" hätte eigentlich bei den Rivalen in Nürnberg stattfinden sollen, doch weil dort ein Reiterfest war, wich man zum Ronhof aus. Als es nach 90 Minuten, 2 x 15 und 2 x 10 Minuten gegen den 1. FC Nürnberg immer noch remis stand, entschied ein „sudden death"-Treffer nach weiteren sieben Minuten mit 4:3 für die SpVgg Fürth, die im Endspiel in Magdeburg mit 3:2 n.V. gegen Titelverteidiger VfB Leipzig erstmals Deutscher Meister wurde. Vor dem Finale hatte man übrigens am Ronhof noch gegen Tottenham Hotspur (2:2) und Internazionale Mailand (2:3) „geübt".

In den 80er Jahren stand der Ronhof kurz vor dem Abriss.

(Foto: Skrentny)

„Von keiner anderen Stadt übertroffen"

„Fürth in Bayern" firmierte nun als „Hochburg des deutschen Fußballsports", „die Bevölkerung ist für den Fußballsport so sehr eingenommen, dass sie darin von keiner anderen Stadt übertroffen wird", meldete der Verein. „Die Siege der Spielvereinigung schlingen einen grünenden Lorbeer um den Namen unserer arbeitsamen Stadt."

War man vereinsintern anfangs über die Größe der Sportanlage in Ronhof fast erschrocken, so erwies sich das Areal nun als zu klein. Nach dem 1. Weltkrieg, in dem Militär wochentags den Ronhof für Sportübungen genutzt hatte, wurden weitere 17 Tagwerk Grundstücke erworben. Von der erforderlichen Anleihe von 400.000 Mark wurden bis April 1920 bereits über 300.000 Mark gezeichnet.

Die Ausbaupläne von Architekt Kohler galten aus finanziellen Gründen erst einmal nur für das sog. Hauptspielfeld. Unter Leitung von Ingenieur Schuberth schütteten 287 Mitglieder in freiwilliger Arbeit (die 68.000 Mark wert war) die Zuschauerrampen auf, so dass sich der Ronhof bereits am 10. Oktober 1920 gegen den 1. FC Nürnberg neu präsentierte. Auf der Tribünenseite befanden sich nun sechs Stufenreihen mit Steinabgrenzungen. Auch Arbeiter der Stirn packten offensichtlich mit an, weiß die Chronik doch: „Gar mancher war dabei, der noch nie eine Schaufel, einen Spaten oder Schubkarren in der Hand hatte." 1921 wurden die Kurven der neuen Aschenbahn erhöht, denn zum Verein gehörten nun auch die Radfahrer des RV Triumph, die Fliegerrennen auf dem Ronhof veranstalteten. Im folgen-

den Jahr mussten die Zuschauerwälle erneut erhöht werden, das Spielfeld war nun rundum von Stehrängen umgeben (Fassungsvermögen über 20.000 Zuschauer). Verändert hatte sich auch die Umgebung des Sportparks, verschwunden war die ländliche Umgebung samt Föhrenwald, es entstanden zahlreiche Hausbauten mit Gärten.

Der Fund im Kriegerdenkmal

Am 24. Juni 1923 weihte die SpVgg ein Ehrenmal für ihre im 1. Weltkrieg umgekommenen Mitglieder ein, das noch erhalten ist und ein Pendant im Wormatia-Stadion Worms hat: Ein großer Fußball aus Fichtelgebirgsgranit, gestützt auf Säulen. Entworfen hatte den überdimensionalen steinernen Fußball Bauamtmann Maurer, finanziert hatte das Ganze Mitglied Leo Fränkel, langjähriger Vorsitzender der Hockey-Abteilung. Das Gefallenen-Denkmal wurde 2000 zur 100-Jahre-DFB-Ausstellung „Der Ball ist rund" zum Oberhausener Gasometer gebracht. Als man es zu diesem Zweck demontierte, entdeckte man eine Blechschatulle, die am 15./16. Juni 1923 im Denkmal deponiert worden war. Sie enthielt die Ehrentafel für die Kriegstoten, Tageszeitung und Inflationsgeld.

Streit mit dem DFB

Fortan wuchs das Stadion Ronhof beständig, zumal die Spielvereinigung 1926 und 1929 zwei weitere Deutsche Meisterschaften gewann. 1926 entstand die Vortribüne, von der aus man Großkampftage wie gegen Woolwich Arsenal London, MTK Budapest und Slavia Prag beobachten konnte. 1927 erhielten die Tribünen-Innenräume elektrisches Licht, weitere Zuschauerränge wurden geschaffen. Über zusätzliche Einnahmequellen wurde nachgedacht, und lange bevor Uli Hoeneß und Co. den DFB um mehr Geld für ihre zu Länderspielen abgeordneten Profis angingen, legte sich Fürth mit dem Verband an. Nachdem acht Fürther an der Olympiavorbereitung 1928 teilnehmen mussten und Knöpfle wie auch Leinberger verletzt vom Turnier zurückkehrten, verlangte die SpVgg für den Ronhof ein Vorrunden- oder Zwischenrundenspiel der „Deutschen". Weil's das nicht gab, reagierte man verbittert: „Die Folgen in wirtschaftlicher und moralischer Beziehung sind nicht ein zweites Mal tragbar." „Kleeblättler" allerdings spielten auch fortan im Nationaltrikot.

Doch noch immer galt der „Sportpark" den Fürthern nicht als „mustergültig", weshalb 1930 die Tribüne einen Anbau erhielt, von da an „in sportlicher und hygienischer Hinsicht eine äußerst wertvolle Heimstätte der Körperpflege" („Fürther Tagblatt"). Zur Einweihung gab's ein 4:1 über den 1. FC Nürnberg. 1931 kam das Gesellschaftshaus, ein schlichter Backsteinbau, der bis heute mit einem idyllischen Biergarten im Vorfeld besteht, hinzu. Die Brauerei Grüner hatte den Bau gesponsert und die beiden Kunstschüler und Leichtathleten Dörfuß und Dornauer die Wände mit modernen Malereien von Sportler-Figuren versehen. 1934 bis 1938 wurde der Ronhof weiter ausgebaut, ein schmuckes Fußballstadion mit Holzplanken als Umzäunung, mit der langgestreckten hölzernen Tribüne, Fassungsvermögen 25.000.

Bei Kriegsende 1945 war die Tribüne nach einem Fliegerangriff abgebrannt, der am 17. April einer nördlich vom Stadion stationierten Fliegerabwehr-Batterie gegolten hatte. Vernichtet waren auch das gesamte Vereinsarchiv und die drei Original-Wimpel der Deutschen Meisterschaften, die bei Heimspielen traditionsgemäß am Mast aufgezogen wurden (die Spielvereinigung besitzt heute Nachbildungen). Am 20. April 1945 übernahm die US-Army den Ronhof, und dass die Spielvereinigung ihn weiter nutzen durfte, war einem Zufall zu danken: Die Eltern des zuständigen US-Offiziers stammten aus dem nahen Zirndorf, sein Vater war Schulkamerad eines SpVgg-Mitglieds. Am 23. September 1945 (oder am 4. August, die Angaben sind unterschiedlich) fand wieder das Derby „Kleeblättler" gegen „Cluberer" statt, 2:3 vor 9.000. Eine (unüberdachte) Nottribüne entstand 1947, Teile von ihr sind heute vor der Haupttribüne erhalten. Gastrecht in der neuen Ober-

liga Süd genoss der 1. FC Nürnberg, „Zabo" und Stadion in Nürnberg waren ja beschlagnahmt.

Diskussion um neue Tribüne

Am 20. Mai 1951 wurde die neue Tribüne mit dem Gruppenspiel um die „Deutsche" gegen den FC St. Pauli (4:1) eröffnet, doch benutzt worden war sie erstmals am 11. Februar im Oberliga-Punktspiel gegen 1860 München (4:1). Die offizielle Einweihung fand am Vormittag des St. Pauli-Spiels statt. SpVgg-Vorsitzender Paul Flierl: „Voll Stolz steht heute die Spielvereinigung vor dem in Wucht und Schönheit erstandenen Bau, der vielen Sportfreunden Gelegenheit gibt, von ruhiger, geruhsamer Warte den sportlichen Geschehnissen auf dem grünen Rasen zu folgen."

Die Stadt Fürth, verantwortlich waren Oberbaurat Heinisch und Ingenieur Prohaska, hatte die Planung und Bauüberwachung kostenfrei übernommen, Vereins-Vorstand und -Bauausschuss hatten sich in 38 Sitzungen mit dem Neubau befasst, „ein bekannter Fürther Großindustrieller" (es dürfte Max Grundig gewesen sein) und die Stadtsparkasse das Unternehmen gefördert. Die 50 Meter lange und 17 Meter tiefe Tribüne bot auf 24 Reihen 2.000 Sitzplätze.

Dass das Dach der Tribüne lediglich auf zwei Stützpfeilern ruhte, kam den Sichtverhältnissen zugute, bot aber auch Gesprächsstoff, weshalb die „Fürther Nachrichten" „leichtfertigen Gerüchtemachern zur Aufklärung" Näheres mitteilten. Ronhof-Besucher hatten nämlich gefürchtet, dass das Betondach eines Tages die Fußballenthusiasten unter sich begraben würde. Deshalb also die „Aufklärung":

„Der Tribünenbau ist eine Stahl-Betonrahmenkonstruktion mit waagerechten und einem schrägen Riegel. Die waagerechten Riegel tragen die Decke der Räume, während der schräge Riegel die Sitzreihen aufnimmt. Es wäre ideal gewesen, das Tribünendach sogar ganz ohne Stützen (freitragend) auszuführen, was aber sehr hohe Kosten verursacht hätte. Nachdem man sich für eine Ausführung mit Dachstützen entschlossen hatte, war man bestrebt, diese wegen der Sichtmöglichkeiten so dünn wie möglich zu halten. Um das zu erreichen, musste eine leichte Dachkonstruktion gesucht werden. Man hat deshalb das Dach mit vorgespannten Platten ausgeführt, die innen zum Teil sogar noch hohl sind und bei sehr großer Tragfähigkeit ein sehr niedriges Gewicht haben. Das Dach liegt längs der Oberkante des Tribünenbaues auf und kann dort

alle waagerechten Kräfte, die aus dem Winkel herrühren, auf diesen abgeben. Die ‚dünnen' Stützen sind Mannesmann-Röhren aus hochwertigem Stahl und haben oben ein Kugelgelenk, so dass keinerlei Zwangskräfte in die Säulen kommen. Unten sind sie fest eingespannt."

Als die Planken krachten

Die DM-Teilnahme 1950 und 1951 war Anlass für weiteren Stadionausbau, so dass nun 35.000 Menschen Platz fanden. Allerdings, diese Besucherzahl wurde nie erreicht, als Rekordmarke gelten heute „über 30.000" am 1. April 1951 gegen den 1. FC Nürnberg. Die Zeitschrift „Der Sport-Sonntag": „Massen, Massen, Massen. Ob auf den Bäumen oder der großen Werbetafel, überall hingen die Menschen wie Trauben. Selbst der 20 m hohe Aufbau um die Uhr schreckte die Schlachtenbummler nicht ab. Kaum war in der Südkurve von der Polizei die Ruhe wieder hergestellt, krachten in der Nordkurve die Planken, und die Zuschauer fluteten in den Innenraum."

Allerdings wurden auch bei den Derbys mit dem Club am 6.11.1949 (2:1) und 3.2.1952 (3:3) jeweils 32.000 Zuschauer vom Ronhof gemeldet. Wie überhaupt der Kampf der fränkischen Stadtrivalen, in der Oberliga Süd traditionsgemäß meist am 6. und 21. Spieltag ausgetragen, die jährlich größte Ronhof-Einnahme bescherte: Von 1946 bis 1963 lag der Schnitt bei fast 25.000, Minusrekord waren 17.000 am 3. Februar 1963, als der Weg des Club bei Saisonende in die Bundesliga führte und der von Fürth in die Regionalliga Süd. Den Saisonrekord verzeichneten die Fürther in der Oberliga Süd-Runde 1949/50, als sie nach dem Wiederaufstieg sofort Südmeister wurden: 284.000 kamen, fast 19.000 im Schnitt. Es waren Jahre, in denen die „Kleeblättler" obenauf waren und ihr Torjäger Horst Schade ganzseitig Werbung für die früher in jüdischem Besitz befindlichen Fahrradwerke Hercules aus Nürnberg machte.

„Gefahr für Leben, Gesundheit, Sachgüter"

Bekanntermaßen sind die Fürther tief gefallen im Laufe der Jahre, waren 1987 gar viertklassig. Damit einher ging der Verfall des Stadions; bei einer Tagung der Süd-Zweitbundesligisten 1977 in Hof wurde festgestellt, dass die Spielvereinigung der einzige Verein war, der selbst für den Unterhalt seiner Platzanlage aufkam. 1979 wurde das Stadion als „dringend renovierbedürftig" bezeichnet: Die Befestigung der schiefen

Es heißt wirklich so: Zum Beweis verewigte sich der neue Namensgeber auf der Sitzplatz-Gegengeraden.

und ausgetretenen Stehplatz-Stufen war teils nach vorne weggebrochen, die Stufen von Unkraut überwuchert, die Sitze der Vortribüne verwittert und bei Schlechtwetter mussten die Besucher durch Schlamm und Pfützen stapfen. Ende 1979 dachte das Vereinspräsidium daran, den damals noch für 28.023 Zuschauer zugelassenen Ronhof aufzugeben, und 1980 stellte das Bauordnungsamt „Gefahr für Leben, Gesundheit und Sachgüter" fest. Sollte der Verein die Mängel nicht bis 31. Januar 1981 beheben, würde der Ronhof für den Spielbetrieb gesperrt (die Stadt hatte dabei von 1976-79 400.000 DM ins Stadion investiert). Das Notpräsidium dachte in jenen Tagen an Verkauf, angeblich waren 24 Mio. DM geboten, mit dem TV 1860 Fürth wollte man fusionieren und ins Frankenstadion Nürnberg umziehen.

Retter Horst Brandstätter
1983 sprang bei den „Freunden der SpVgg" der ehemalige US-Außenminister Henry A. Kissinger, ein gebürtiger Fürther und jüdischer Emigrant, mit einer 100-$-Spende ein, doch wesentlicher war für den vom Konkurs bedrohten Klub der Verkauf des Ronhof: Horst Brandstätter, Inhaber der geobra-Spielwarenfabrik Nürnberg, die u.a. „playmobil" produziert, bekam mit 12 Mio. Mark den Zuschlag für die 75.000 qm (160 DM pro qm). Der Ronhof-Verkauf war eine Bedingung des DFB, der sonst die Lizenz für den Zweitligisten verweigert hätte. Die Spielvereinigung sollte so lange Pächter bleiben, bis Brandstät-

ter das Gelände mit Wohnungen bebauen wollte.

Eigentlich war damals jeder Besuch auf dem Ronhof ein Abschied auf Raten, doch bekanntlich ist es ganz anders gekommen. 1995 trat der Regionalliga Süd-Kollege TSV Vestenbergsgreuth der SpVgg Fürth bei, die fortan SpVgg Greuther Fürth hieß und im Wappen neben dem Kleeblatt nun einen seltsamen Gegenstand führt, der nach Auskunft von Insidern ein Holzschuh sein soll. Am 23. Dezember 1996 stellte Fabrikant Brandstätter (rückzahlbare) 3,5 Mio. DM für die Sanierung des künftigen „Playmobil-Stadions" bereit, den Pachtvertrag verlängerte er vom Jahr 2004 bis 2010. Die jährliche Stadionpacht von 400.000 DM übernahm die Stadt, die SpVgg leistet dazu jährlich 200.000 Mark. Das Glück perfekt machten die Fußballer mit dem Aufstieg in die 2. Bundesliga 1997.

Auf dem Traditionsgrund entstand ein neues Stadion: Aus dem Oval wurde ein Viereck, die Pappeln, die das Stadion umstanden, wurden gefällt, ein klassisches Fußballstadion für 15.000 Zuschauer entstand. Die Tribüne von 1951 steht noch, im Inneren allerdings eindrucksvoll modernisiert, eine überdachte Sitzplatz-Gegengerade wurde neu errichtet und eine hoch aufragende Beton-Stehtribüne in der sog. Nordkurve, Standort des Fanblocks. In nur 50 Tagen wurden die Umbauten für fast vier Mio. Mark im „Playmobil-Stadion" fertig gestellt – „wir haben ein echtes Wunder geschafft", zitiert Buchautor

Jürgen Schmidt den Architekten Hermann Pachtner. Eröffnet wurde am 20. Juli 1997 mit einem 1:0 im Freundschaftsspiel über 1860 München.

Die Südkurve entstand als Stahlrohrkonstruktion zur Saison 1999/2000 neu, die letzten Stehränge wurden abgetragen. Auf Anraten des DFB schuf man in der „Gästekurve" nicht nur Sitzplätze, sondern neben 4.000 Sitzen auch einen (bescheidenen) Stehplatzblock für 1.000, der nun höher aufragt als die angrenzende unüberdachte Sitztribüne, was den harmonischen optischen Eindruck stört. Das trifft auch auf die eigenwillig farbig bemalten vier Flutlichtmasten zu, die als Lichtquelle erstmals am 20. September 1999 im 2. Bundesliga-Spiel gegen den 1. FC Köln eingesetzt wurden.

Auch wenn jetzt nicht mehr alles so ist, wie es einmal war am Fürther Ronhof: Das Stadion ist noch da, wo es immer war, und das ist gut so, denn in Hamburg-Rothenbaum, in Berlin am Gesundbrunnen und in Nürnberg-Zerzabelshof ist es bekanntlich ganz anders gekommen.   *sky*

Playmobil-Stadion Fürth
ER: 1910/1951/1997. FV: 15.000, davon 5.000 üd., 4.000 unüd. SiP sowie 6.000 unüd. StP.
ZR: 6.11.49, 1.4.51, 3.2.52, jeweils 32.000 Zuschauer in den Derbys gegen den 1. FC Nürnberg in der Oberliga Süd (2:1, 1:0, 2 3).
Laubenweg 60. 90765 Fürth,
Tel. 0911 / 791 01 50.

Garbsen-Havelse

◼ Wilhelm-Langrehr-Stadion

Benannt nach „Mister TSV"

Wilhelm-Langrehr-Stadion

Der TSV Havelse gilt als ein „Dorfverein" („kicker"), obwohl die Bezeichnung nicht zutrifft: Havelse ist Teil von Garbsen, der mit 62.000 Bewohnern größten Stadt im Landkreis Hannover, und ist also keinesfalls ein Vorort von Hannover, dem es westlich vorgelagert ist.

28 städtische Sportplätze hat Garbsen, und einer davon ist das reine Fußballstadion Havelse, das 1993 nach Fertigstellung der Tribüne wieder eröffnete. Als der TSV Havelse – mit Trainer Volker Finke und dem späteren A-Nationalspieler Jens Todt – 1990/91 in der 2. Bundesliga spielte, fasste die TSV-Kampfbahn 4.000 Besucher, wobei 250 unüberdachte Sitzplätze zur Verfügung standen. Angesichts begrenzter Kapazität und aus Sicherheitsgründen wich der TSV in jener Spielzeit viermal ins Niedersachsenstadion Hannover aus. Der kalkulierte Zuschauerschnitt von 3.000 wurde schließlich um 480 übertroffen.

Heute gehört der TSV Havelse der Oberliga Niedersachsen/Bremen an. Da ein Sponsor die Rechte an allen Heimspielen erwarb und an Firmen weitergab, hatten die Zuschauer 2000/01 zu allen Heimspielen freien Eintritt. Die TSV-Kampfbahn wurde am 15. Mai 2000 nach dem im Februar 2000 verstorbenen langjährigen Sponsor („Mister Havelse") in Wilhelm-Langrehr-Stadion umbenannt.   *sky*

Wilhelm-Langrehr-Stadion
Garbsen-Havelse
ER: 1993. FV: 4.000, davon 360 üd. SiP.
ZR: 4.000, Aufstiegsrd. 2. Bundesl.,
1990, TSV Havelse – Wuppert. SV 3:2.
Hannoversche Straße 90-92,
30823 Garbsen, Tel. 05137 / 10454.

Gelsenkirchen

◼ Arena Auf Schalke

Das Super-Super-Stadion

Kein bundesdeutscher Stadion-Neubau ist medial umfangreicher vorgestellt worden als die Arena Auf Schalke, die ab Sommer 2001 Heimat des Traditionsvereins und 2006 ein Austragungsort der WM sein wird. Nach Lektüre der nicht zu übertreffenden Internet-Präsentation des Projekts – „Reviersport" schrieb vom „Informations-Overkill" – hat man den Eindruck zu wissen, wann die letzte Schraube angebracht wird und wie groß sie sein wird.

Überzeugt hat der Neubau alle: „Europas schönstes Stadion ist königsblau", titelte „Bild", ununterbrochen setzten sich die Lobeshymnen fort: „Ein Leuchtturm-Projekt in einer strukturschwachen Region" („Recklinghäuser Zeitung"); „Traum-Stadion – eine Arena der Superlative für das nächste Jahrtausend" („Westfalenpost"); „das Feld ist bestellt, um neue Fußball-Geschichte zu schreiben" („Ruhr-Nachrichten"); „Super-Arena, Superlative, ein Supertag ,auf Schalke'" („WAZ"). In einer Saisonvorschau für das Schalke von 2000/2001 schließlich war zu lesen: „Der Star ist das Stadion."

Wenn dieses Buch erscheint, harrt die Arena, die auch der Klub vorab als „schönstes und modernstes Stadion Europas" feiert, ihrer Eröffnung. Insofern muss sich dieser Beitrag auf die Realisierung, die Vorstellungen der Initiatoren und die der Fangemeinde beschränken. Ob in Gelsenkirchen tatsächlich das Super-Super-Stadion entsteht, ob sich das Unternehmen trägt oder ob nicht das Land Nordrhein-Westfalen im Negativfall mit 180 Millionen Mark einspringen muss, wird sich später erweisen.

„Trumpfkarte für WM-Bewerbung"
Am 16. November 1998 hatte der Bundesligist vor 120 Medienvertretern das Projekt vorgestellt. DFB-Präses Egidius Braun lobte die Blau-Weißen als „eines der Flaggschiffe des DFB". Dessen Pressechef Wolfgang Niersbach bezeichnete den Neubau auf dem Berger Feld nahe dem Parkstadion als „die Trumpfkarte des deutschen Fußballs bei der Bewerbung um die WM 2006". Ein sechsminütiger Film – Motto: „Die Tradition lebt. Wir geben ihr ein neues Zu-

hause" – wurde gezeigt, in dem die Schalker Lokalgröße Ernst Wellhausen, ehemals Kneipier an der Kurt-Schumacher-Straße, dem Fußball und Schalke, dem Boxen und dem Pferderennsport verbunden, durch die Historie schritt, von der Glückauf-Kampfbahn zum Parkstadion und hinaus aufs Berger Feld.

5.000 Menschen – mancher Amateurligist wäre überglücklich ob solcher Zuschauerzahl – fanden sich fünf Tage später zum Baubeginn ein, als der erste Pfahl in den Boden gesetzt wurde. Viel Prominenz war da, Olaf Thon packte mit an, das Bergwerksorchester Ewald-Hugo-Consol musizierte, Bagger und Kräne waren mit Schalker Fahnen drapiert, und es wurde Erbsensuppe gereicht und Bier ausgeschenkt.

Das weitläufige Parkstadion als vorherige Spielstätte war bei den Anhängern der Blau-Weißen unbeliebt. Ein Beleg ist die Umfrage des vielgelobten Fanzine „Schalke Unser" im „Poll '97": Lieblingsstadion der S04-Anhänger war – wohlgemerkt vor der „Versitzplatzung" – das Bochumer Ruhrstadion mit 26%, es folgte Nürnbergs Frankenstadion mit 18%, dann erst das heimische Parkstadion (15%). 89% der Befragten plädierten für den Arena-Neubau.

Seit dem 21. November 1998 wird gebaut auf dem Berger Feld, und Bilder vom Fortschritt „des faszinierendsten Bauprojekts im ganzen Ruhrgebiet" überträgt zeitgemäß eine Webcam, die am südöstlichen Flutlichtmast des Parkstadions angebracht ist. Seit Juni 1999 konnte man die Bauarbeiten sogar von einer Aussichtsplattform beobachten.

Pfahlbau auf dem Waschberg
Bevor alles anfing, musste der Kampfmittelräumdienst anrücken, hatte sich doch am Ort der Arena im 2. Weltkrieg ein Militärflugplatz befunden. Tatsächlich entdeckte man acht Bomben aus Beständen der Luftwaffe. Ab November 1998 wurde die Grundlage für das Stadion geschaffen, die für die ehemals „Knappen" genannten Schalker der Bergbau lieferte: Aus Waschbergen musste ein zehn Meter hoher Hügel aufgeworfen werden, da der Untergrund aus betonhartem Mergel und der hohe Grundwasserspiegel denkbar schlechte

Bedingungen für einen Großbau boten. Waschberge sind Nebengesteine, die mit der Steinkohle im Bergbau gefördert werden. Da sie mittels Wasser von der Kohle getrennt werden, haben sie diesen Namen erhalten.

Täglich fuhren zwischen 350 und 450 Lkw die Baustelle an, insgesamt wurden 1,2 Mio. Tonnen als Stadionbasis benötigt. Die Halden der Ruhrkohle AG in Gelsenkirchen reichten dafür nicht aus: Verwendet wurde Material aus Bottrop (Zeche Prosper-Haniel), Dorsten (Fürst Leopold), Herne/Recklinghausen (Blumenthal/ Haard), Marl (Auguste Viktoria) und eben Gelsenkirchen (Westerholt). Die Arena steht aber letztlich nur indirekt auf den Waschbergen, sondern auf 616 Betonpfählen, die in den Boden eingesetzt wurden und das gesamte Gewicht des Riesenbaus tragen.

Nur allein mit Fußballspielen – selbst, wenn Schalke, der UEFA-Cupsieger von 1997, längere Zeit in einem internationalen Wettbewerb und zusätzlich im DFB-Pokal mitspielen würde – rechnet sich die Arena nicht. Insofern geht die Wunschvorstellung von 365 Events pro Jahr aus: Neben Fußball noch Tennis, Boxen, Rock und Pop, Klassik, Musicals, TV-Shows, Aktionärsversammlungen, Parteitage, Kirchentage, Produkt-Präsentationen – mit Sicherheit droht der „Musikantenstadl"...

Das liest sich schön, aber gilt nicht die wesentlich kleinere KölnArena als unprofitabel? Und ist nicht Oberhausen mit dem Versuch gescheitert, Sportteams in seine Arena zu „importieren"? Außerdem – Stichwort Kaufkraft – hat der Verein selbst „die hohe Arbeitslosigkeit und die vielen sozialen Probleme in der Region" erkannt. So darf man denn gespannt sein, wie das Jahresprogramm in der Arena einmal aussehen wird. Einen Schalker Abstieg in die 2. Liga wollen wir da gar nicht erst andenken.

Stadion mit Schiebedach
Das WM-Stadion für 2006 wird also multifunktional sein. Eine Voraussetzung dafür ist die Überdachung, in Gelsenkirchen ein 560 Tonnen schweres Schiebedach, das das Spielfeld abdeckt, während die Zuschauerränge stets im Trockenen liegen. Das Dach, eine mit transparentem, teflonbeschichtetem Glasfasergewebe überspannte Stahlkonstruktion, kann innerhalb von 20 bis 30 Minuten aus- oder eingefahren werden. „Kein Schalke-Fan", so die Bauherren, „wird angesichts der hellen, lichten Ausführung das Gefühl bekommen, dass ihm der Himmel auf den Kopf fällt." Am 3.470 Tonnen schweren Dachträger befinden sich Anzeigetafel, Laut-

Modell der „Arena Auf Schalke": „Europas schönstes Stadion".

sprecher, Flutlicht und Stadionbeleuchtung. Die unsägliche Dauerberieselung der Fußballgemeinde mit „Sportsendungen, Fan-TV, Wiederholung von Spielszenen, soweit dies vom DFB erlaubt ist", ist bereits versprochen.

Eine weitere wesentliche Voraussetzung für eine multifunktionale Veranstaltungsstätte ist, dass der Rasen des Spielfeldes innerhalb von sechs Stunden entfernt werden kann. Er liegt in einem 11.000 Tonnen schweren Stahlbeton-Trog und wird nach Spielende unterhalb der Südtribüne auf Stahlschienen ins Freie transportiert. Bei Konzerten und Shows kann die Südtribüne um etwa 16 Meter unter den Oberrang geschoben werden, um bessere Sichtverhältnisse zu ermöglichen. Auf der Fläche, auf der der Rasen im Freien gelagert wird, können bei Fußballspielen Busse und TV-Übertragungswagen parken.

In die rechteckige Arena führt an jeder Ecke ein Tunnel, zwischen 77 und 97 Meter lang. Dies ist notwendig, damit nach Ende eines Fußballspiels und nach dem Rasen-Abtransport umgehend der Bühnen- und Kulissenaufbau für Großveranstaltungen beginnen kann.

Erfolg der Fans: 20.000 Stehplätze
Doch zum Wesentlichsten für die werte Kundschaft auf Schalke: Das neue Stadion fasst 62.000 Besucher und wäre damit 2001 die viertgrößte deutsche Sportarena (zum Vergleich der Besucher-Durchschnitt der letzten Spielzeiten: 1999/2000 40.518 Zuschauer, 1998/ 99 40.723, 1997/98 47.674. Von diesen 62.000 Plätzen – so viele, wie ehemals im Parkstadion –, werden 20.000 Stehplätze sein, davon 3.000 für Gästefans. Dies ist ein Erfolg der Fan-Initiative, auf

die wir noch zurückkommen werden, denn ursprünglich waren lediglich 10.000 Stehplätze eingeplant. Es wird damit in der Arena auf Schalke mehr Stehplätze geben als im Parkstadion, wo nach dem Südkurve-Umbau gemäß UEFA-Diktat noch 17.042 Stehplätze zur Verfügung standen. Sitz-/Stehplatz-Kombinationen wie im Parkstadion in den Blöcker 1. 2, 5 und 6 wird es am neuen Schalker Spielort nicht geben. Die Preisgestaltung, verspricht der Verein, bleibt im Rahmen: Die Stehplatzkarte kostet künftig 15 statt zwölf DM, Sitzplätze kommen auf 20 bis 75 DM.

Steh- und Sitzplätze aber machen nicht die großen Einnahmen aus, weshalb selbstverständlich Logen und Business-Seats („mit Zugang zum elegant eingerichteten Business-Club") geboten werden. Im „Stadion der Zukunft" (S 04) verlaufen zwei überdachte Promenaden, auf denen 35 Verpflegungs-Stationen eingerichtet sind.

Es ist lobenswert dass sich die Initiatoren in ihrer medialen Präsentation ausführlich mit dem Begriff „Auf Schalke" auseinandergesetzt haben. Tatsächlich haben die zugewanderten Bergleute auf die Frage, wo sie denn arbeiten, geantwortet: „Auf Consol" – das meinte die Zeche. Und richtig: Sie gingen „auf den Fußballplatz". So beschloss man denn den Namen Arena Auf Schalke, denn „mittlerweile besitzen die Worte ,auf Schalke' Kultstatus." Zum neuen Namen äußerte S 04-Manager Assauer: „Demnächst wird es bei den TV-Übertragungen heißen: Wir sind zu Gast auf Schalke! Es ist das erste Mal, dass in Deutschland ein Stadion in dieser Größenordnung den Namen eines Vereins erhält Schalke wird nun auf der ganzen Welt bekannt."

Per Webcam konnte man sich jederzeit vom Baufortschritt der Arena informieren.

Was die Namensgebung angeht, war „Schalke-Park" eine Alternative, ebenso das „Ernst-Kuzorra-Stadion" (von dem haben wir noch aus der Vereinskneipe am Schalker Markt den Satz im Ohr: „Er war ein begnadigter Spieler"). Aber nur Kuzorra? Also Szepan-und-Kuzorra-Stadion oder „Schalker Kreisel", aber der Bau ist ja rechteckig! Johannes Rau soll scherzhaft vorgeschlagen haben: „Ernst Kuzorra seine Frau ihr Stadion". Jedenfalls wird der FC Schalke einzelne Blöcke und Räume nach seinen Heroen benennen.

Darlehen gegen Warengutscheine

Im August 2001 wird Anstoß in der Arena sein, und stehen soll dann auch „die Mauer der Fans". Wer dem Verein ein zinsloses Darlehen von 500 DM über zehn Jahre gewährt, dessen Name wird an der Mauer nahe dem Haupteingang angebracht. Der Verein zahlt das Geld in jährlichen 50-DM-Raten zurück, allerdings nicht in bar, sondern als Warengutschein, der wiederum nicht bei „Aldi", sondern in den Fanshops eingelöst werden kann. 15 Mio. DM Fan-Darlehen erwartet der Bundesligist.

Überhaupt die Finanzierung: Das Investitionsvolumen beläuft sich auf 358 Mio. DM, wobei die Arena das erste rein privatwirtschaftlich finanzierte deutsche Stadion sein wird. Den Hauptteil des Geldes liefert ein 225-Mio.-Mark-Kredit, den ein Bankenkonsortium unter Führung der Hamburgischen Landesbank liefert. Das Land NRW sichert diesen Kredit zu 80 % über eine Bürgschaft ab. Bei einer Pleite des Projekts steht das Bundesland demnach bei den Banken mit 180 Mio. DM im Wort. Ein weiteres

Darlehen in Höhe von 25 Mio. Mark kommt vom Generalübernehmer, der hbm Bau GmbH Essen, einer Tochter des holländischen Baukonzerns Hollandsche Beton Groep nv (HBG). Besitzgesellschaft der Arena ist die „FC Schalke 04-Stadion-Beteiligungsgesellschaft mbH & Co Immobilienverwaltungs-KG". Deren führender Kommanditist ist der Verein mit 21 Mio. Mark, fast ein Drittel des Eigenkapitals der Gesellschaft. Weiter gehören dieser die Stadtwerke Gelsenkirchen mit 10 Mio., die Deutsche Städte-Reklame, Baufirmen, die Genossenschaftsbank Essen, Schalker Vorstands- und Aufsichtsrats-Mitglieder als Einzelanleger sowie als „stille Beteiligungen" ein 9,5 Mio. DM-Zuschuss der Stadt und das 15 Mio.-Darlehen der Fans an. 17,5 Mio. schießen HBM für Werbeleistungen und die Ruhrkohle AG wegen der durch Bergschäden entstandenen Mehrkosten beim Bau zu.

Die reinen Baukosten belaufen sich auf 250,4 Mio. DM. Für Grundstück (20,4 Mio.) und Infrastruktur (35,4 Mio.) investierte die Besitzgesellschaft. Hinzu kommen noch 51,8 Mio. DM Nebenkosten.

„singing sections" und Museum

Es ist erfreulich, dass die Fans vom Verein in die Planung einbezogen wurden. Gesprächspartner war der Schalker Fanclub-Verband (SCFV), größte unabhängige deutsche Fanklub-Organisation, dem 470 Fanklubs mit 18.000 Mitgliedern sowie 17.000 nichtorganisierte Anhänger angehören. Der SCFV bildete Anfang 1998 eine Arbeitsgruppe, die 20.000 anstelle der vorgesehenen 10.000 Stehplätze forderte und darauf

verwies, dass Borussia Dortmund seine Südtribüne aufstockte, um mehr Stehplätze zu gewinnen. Darüber hinaus gab es Vorschläge für „singing sections", die an die Stehplatzbereiche angrenzen (und wo man auch mal aufsteht!), die Anbringung von Fahnen und Transparenten, Fanräume im Stadion, Infostände von Fan-Initiativen, die Benennung nach Ernst Kuzorra („jeder andere Name wäre zweite Wahl"), ein Schalke-04-Museum anstelle eines allgemeinen Fußballmuseums u.a.m. Chipkarten oder sog. Stadiongeld als Zahlungsmittel werden abgelehnt.

„Das real existierende Vorbild" der Arena auf Schalke, den Gelredome im niederländischen Arnheim, haben sich 1.500 Schalker im Rahmen einer vom Verein finanzierten Busreise am 27. Februar 1999 angesehen. „Schalke Unser", Fanzine der Schalker Fan-Initiative, berichtet in Nr. 21 dazu u.a.: „Man fühlt sich eher wie im Parkhaus als im Stadion. Zu diesem Eindruck trägt auch der Ausschluss der Witterungseinflüsse bei. ‚Klimatisiert' ist unangenehm, wenn man bei Außentemperaturen um die null Grad mit entsprechender Kleidung unter den bollernden Heizstrahlern Platz nimmt. Rudi (Anm. Manager Assauer) gab aber bekannt, dass wir weder mit künstlichen Höhensonnen noch mit geschlossenem Dach rechnen müssen. Die klimatisierte Opernhausatmosphäre möge uns erspart bleiben, ebenso der Mangel an Platz für die Befestigung von Transparenten."

Ansonsten gewannen die Schalker viele positive Eindrücke: „Mit 16.000 Besuchern war die Arena nicht ausverkauft. Man kann trotzdem erahnen, welche Stimmung möglich ist. Dazu trägt sicher auch das Fehlen der Zäune und Gräben bei, man ist nah am Geschehen und kann die Gesänge aus allen anderen Blöcken gut hören. Die Sitze sind bequem. Die Integration der Logen ist weitaus gelungener als in Anderlecht, diese Zuschauer sind mehr in das Gesamtpublikum integriert. Der Stolz der Vitesse-Arnheim-Anhänger auf ihr Schmuckkästchen sei ihnen gegönnt."

Ab August 2001 muss niemand mehr nach Arnheim reisen: Dann kann sich jeder in der Arena auf Schalke selbst ein Bild machen.   *sky*

Arena Auf Schalke, Gelsenkirchen
ER: 2001, FV 62.000, davon 20.000 StP, alle Plätze überdacht.
Kurt-Schumacher-Straße,
45891 Gelsenkirchen.

Glückauf-Kampfbahn Schalke
Totenwache im Stadion

Zu den Arenen, die heute noch einen legendären Namen besitzen, gehört die Glückauf-Kampfbahn auf Schalke in Gelsenkirchen. Ihre Fertigstellung 1928 stand für die Ansprüche des FC Gelsenkirchen-Schalke 04, der zu Deutschlands Besten aufstieg. Als der Klub die Spielstätte 1973 Richtung Parkstadion verließ, war das der endgültige Abschied vom „alten Schalke" und von Traditionen, die mit Begriffen wie „Knappen", „Schalker Kreisel", „Szepan und Kuzorra" verbunden sind.

Schalker Spieler sind heute keine Bergleute mehr, das Parkstadion ist out, die Zukunft heißt Arena. Insofern ist es nur logisch, dass das Erinnerungs-Denkmal für die Kriegstoten aus den Reihen der Blau-Weißen von 1929 in der Glückauf-Kampfbahn ramponiert erscheint, umlagert von Abfall, und dass ein Fußball-Museum in der dortigen Tribüne nie zustande kam. Ebenfalls voraussetzen darf man, dass der Schalke-Aufsichtsrat nicht mehr alljährlich zum Grab jenes Mannes pilgert, um den sie einst in der Kampfbahn getrauert hatten.

Der hieß Willi Nier, war Obmann der Finanzkommission der Schalker und hatte sich, nachdem doppelte Kassenführung, überhöhte Spesenzahlungen u.a.m. entdeckt worden waren, das Leben genommen. Die Glückauf-Kampfbahn war am 31. August 1930 Ort der Trauerfeier für Nier: Bergleute erschienen in alter Tracht, hielten mit Grubenlampen die Totenwache und, so berichtet es die Vereinschronik von 1936: „Auf dem Schalker Friedhof hat der Verein seinem W. Nier ein schönes Marmordenkmal errichtet. Und es jährt sich kein Todestag, ohne dass sich nicht Schalke, Vorstand und Meisterelf, am Grabe einfindet."

Schalke war anfangs an verschiedenen Orten zu Hause, so ab 1909 auf einem Pachtgelände zwischen Grenz- und Industriestraße. Fritz „Papa" Unkel, Vorsitzender des Vereins und gleichzeitig Materialverwalter der lokalen Zeche Consolidation, arrangierte, dass der Platz nach dem 1. Weltkrieg eingezäunt wurde – wichtig für die Einnahme von Eintrittsgeld. Die Baumaßnahme bewerkstelligten Zimmerleute der Consolidation, deren Lohn das Werk trug. Angesichts des sportlichen Aufstiegs der Schalker erwies sich der Platz Grenzstraße als ungenügend, bot er doch allenfalls 5.000 Besuchern Raum (so 1921 im entscheidenden A-Klassen-Match gegen Horst, das ausverkauft war). Konfliktreich war zudem die nächste Umgebung, die Kleingärten, die gelegentlich durch fliegende Bälle beschädigt wurden. Es heißt, auch der Vater von Fritz Szepan hätte einmal das Spielobjekt einbehalten.

So wie man in der Westmeisterschaft 1925/26 vom „Mittelpunkt des Schalker Lebens" („Gelsenkirchener Allgemeine Zeitung" 1929) an andere Orte aus – 22.000 kamen beim 3:2 gegen CfR Köln in Oberhausen, 24.000 besuchten den Un or-Platz Gelsenkirchen beim 3:0 über Arminia Bielefeld, 8.000 sahen in Buer die Begegnung mit Hagen; gegen Kurhessen Kassel spielte man vor 7.000 in Bochum, in der DM gegen 1860 München n Dortmunds Roter Erde (30.000, 1:9). Das entscheidende Spiel der Ruhrbezirks-Meisterschaft 1927 gegen BV Altenessen hatte man auf den 1926 eröffneten Jahnplatz nach (Gelsenkirchen-) Heßler vergeben.

Mannesmann schcb Schalke an

Ein eigenes Großstadion würde die Einnahmen maximieren, war rasch erkannt, und neuerlich erwies sich der gute Kontakt zum Steinkohlenbergwerk „Consolidation" der Mannesmann-Röhrenwerke als P us. Hätte es damals Trikotwerbung gegeben, die Spieler wären mit dem Schriftzug „Consolidation" aufgelaufen und der Verein hätte vielleicht den Namen der Zeche oder von Mannesmann getragen.

Ungefähr 20 Morgen verpachtete Mannesmann an Schalke 04, den bautechnischen Planer der Anlage stellte die Bauabteilung der Mannesmann-Röhrenwerke ir Fritz Laser, die Bauleiter kamen von der Gelsenkirchener Tiefbaufirma Jaeger. Mitglieder konnten Bausteine im Wert von einer bis zehn Reichsmark erwerben. Dies sollte einige Jahre später per Auslosung rückvergütet werden, doch erhielt keiner der Geldgeber seinen Beitrag zurück.

Baubeginn war am 1. August 1927, der Grundstein wurde rund ein Jahr darauf gelegt. Schalke war derweil erneut Ruhrbezirksmeister und qualifizierte sich wieder für die Deutsche Meisterschaft. Dass heute Schaulustige zum Training von Bayern München pilgern, ist in der Mediengesellschaft erklärlich. Dass sich aber anno 1928 allabendlich Hunderte Neugierige auf Schalke einfanden, um das Training – und den Fortgang der Stadion-Bauarbeiten! – zu beobachten, war ungewöhnlich. Womöglich gründet sich darauf die Legende, in Schalke müsse man nur das Flutlicht einschalten, dann seien schon 10.000 da.

„Noch in letzter Stunde", so die Festschrift zur Platzweihe, entschied die Bau- und Festkommission, auf dem westlichen Zuschauerdamm 1.200 Sitzplätze einzurichten. An einem Sonntag, 2. September 1928, war die Weihe: 2.000 Brieftauben flogen gemäß Koh-

Andrang „auf Schalke" in den 30er Jahren.

Tribüne in der Glückauf-Kampfbahn und nunmehr begrünte Stehwälle (oben). Ein trutziges Ensemble: die Tribünen-Rückseite (unten).

lenpott-Tradition, Schalke spielte gegen Tennis Borussia Berlin, der Ball wurde von einem Flugzeug aus abgeworfen, eine Olympische Staffel (800, 400, zweimal 200 m) veranstaltet und in der Halbzeit konzertierte – wer sonst? – die Kapelle von „Consolidation".

Zwei Namen für das Stadion wurden diskutiert, „Fritz-Unkel-Kampfbahn" als Geste gegenüber dem Vorsitzenden und „Kampfbahn Glückauf". Letzterer Vorschlag gewann, Begründung: „Man wollte damit ein Bekenntnis ablegen zu der bewährten Verbundenheit des Vereins zu der heimischen Industrie, vor allem dem Bergbau. Zugleich sollte der herzliche Sinn dieses schlichten Bergmannsgrußes als freundliche Ermunterung und glückliches Omen für die Zukunft des Vereins wirksam werden."

Damit war es nicht weit her, denn 1930 verfiel der Verein aufgrund der eingangs erwähnten finanziellen Unregelmäßigkeiten dem Bannstrahl von Westdeutschem Spielverband und DFB (die Mannschaft trat kurzfristig zum Profi-Fußballverband über und gegen Wuppertal auf dem Jahn-Platz Gelsenkirchen vor 15.000 an). Funktionäre wurden lebenslang gesperrt, die Spieler allerdings zum 1. Juni 1931 freigegeben, was den Zuschauerrekord der „Glückauf-Kampfbahn" zur Folge hatte: Fortuna Düsseldorf, lange Zeit im „Spiel des Westens" traditionell ein Schalker Rivale, gastierte an einem Montag (!), woraufhin 70.000 herbeiströmten. Da die Kampfbahn nur 35.000 Besucher fasste, fand das Spiel unter chaotischen Bedingungen statt: Zuschauer saßen auf den Torgehäusen und standen trotz des Einsatzes von berittener Polizei zum Teil auf dem Spielfeld. Ob alle mitbekommen haben, dass Schalke 1:0 gewann, ist fraglich.

Nie gebaut: Die Schalke-Säule
Als fußballerisches Aushängeschild Gelsenkirchens, unter dem sich auch die lokalen NS-Machthaber wohl fühlten, erfuhr der erfolgreiche Verein in den 30er Jahren reichliche Förderung durch die Stadt. Die ermöglichte im Rahmen der städtischen Arbeitslosenfürsorge 1936 den Bau einer überdachten Tribüne, die am 4. Oktober vor 50.000 mit dem „Klassiker" gegen den 1. FC Nürnberg (2:0) in der „Stadt der Arbeit und des Sports" (OB Böhmer) eingeweiht wurde. Auf einem sieben Meter hohen Sockel sollte auf dem Stadiongelände außerdem eine Riesensäule zu Ehren des FC Schalke errichtet werden. Die Modellkosten bis 1.000 RM wollte der Verein leisten, doch Bildhauer Hubert Nietsch realisierte das Projekt nie, musste er doch 1939 Soldat werden. Als er nach dem Krieg in der Künstlerkolonie Halfmannshof lebte, stand die Schalke-Säule wohl nicht mehr zur Debatte. Nach dem Tribünenbau (1.200 Sitzplätze) besaß Schalke 04 nach eigener Aussage die größte vereinseigene Sportplatzanlage Deutschlands.

Schalkes Heimstätte war bei Kriegsende ebenso zerstört wie das benachbarte Vereinsheim von „Mutter" Henriette Thiemeyer samt Geschäftsstelle. Den Mitgliedern waren seit Juli 1945 seitens der Militärregierung Aufräumungsarbeiten erlaubt, und am 14. Juli 1946 wurde das Stadion mit einem 5:0 über Westfalia Herne vor 30.000 wiedereröffnet. An alter Stätte spielten die Blau-Weißen nun gegen den VfB Stuttgart und den Hamburger SV für Hinterbliebene der Kamener Bergwerkskatastrophe, für politische Gefangene der NS-Zeit und Hochwassergeschädigte von Horst-Emscher insgesamt 23.000 RM ein. Schalke hatte einen solchen karitativen Akt bereits 1930 demonstriert, als es für die Angehörigen der 260 Toten des Grubenunglücks von Alsdorf bei Aachen spielte – „weil man uns ‚die Knappen' nennt".

Der Nachkriegs-Rekordbesuch kam 1947 im Halbfinale der Zonenmeisterschaft gegen den Hamburger SV (0:2 im Wiederholungsspiel) mit 45.000 zustande; die Kampfbahn war überfüllt, 19 Menschen wurden verletzt, erlitten Knochenbrüche und Schädelverletzungen, elf fielen in Ohnmacht. Das Debakel kam zustande, weil gefälschte Eintrittskarten für 15 bis 20 Reichsmark in Umlauf waren. Die Polizei machte als Täter einen Schriftsetzer aus Gemen dingfest und notierte außerdem noch die Nummern vieler Kraftfahrzeuge, die entgegen den Bestimmungen „Schwarzfahrten" gen Gelsenkirchen unternommen hatten. Als am 12. November 1950 die verschwägerten Szepan und Kuzorra Abschied nahmen, taten sie dies gegen Atletico Mineros Belo Horizonte, eine brasilianische „Kumpelelf".

Zuvor, am 12. März 1950, war der 45.000er-Rekord gebrochen worden: Zum „Fußball-Schlager des Westens" Schalke gegen Dortmund (2:1) erklärte die Polizei den Stadtteil zum Sperrgebiet für Kraftfahrzeuge, doch wieder lief die Situation aus dem Ruder: 60.000 waren infolge gefälschter Tickets in der Kampfbahn, eine Betonmauer brach unter dem Ansturm der Massen ein. 30 Menschen wurden verletzt und neun ins Krankenhaus eingeliefert, wo ein Bergmann an den Verletzungsfolgen verstarb.

1950 war auch das Jahr, in dem die Umfassungsmauern wiedererstanden und der Verein Eingänge und Kassenhäuschen neu gestaltete – „die Besucher schritten über einen Teppich von leuchtend-roter Asche", über dem Portal grüßten sie Schlegel und Eisen als Symbole des Bergbaus. In der Tribüne war nun eine medizinische Abteilung samt Sauna und Massageräumen eingerichtet („eine Anlage, die jedem Sanatorium zur Ehre gereichen würde"). Die großzügige Anlage nahm 50.000 auf, so beim DM-Halbfinalspiel Offenbach – VfR Mannheim (1:2 vor 53.000) 1949 und dem Benefizspiel zwecks Betreuung Berliner Kinder durch die Arbeiterwohlfahrt im selben Jahr gegen Tennis Borussia Berlin (4:1). Die Kapazität reichte für Spitzenspiele kaum noch aus, weshalb man bereits 1950 laut „Westfälischer Rundschau" Gedanken an ein „Groß-Stadion Berger Feld" hegte.

„Englische Gäste waren begeistert"
1953 erweiterte man die Tribüne um 8.000 überdachte Stehplätze und brachte in ihrem Inneren Geschäftsstelle, Konferenzzimmer und eine Jugendbibliothek (!) unter. Die Stehplätze wurden in Blöcke eingeteilt und Wellenbrecher eingebaut. Bei der „Zündholz-Aktion" zwecks Finanzierung des Stadionausbaus verkaufte Schalke innerhalb eines Monats unter dem Motto „Schalke gibt Feuer" 600.000 Päckchen und verloste Preise – eigenartigerweise blieb (offiziell) kein Gewinn übrig. Die Glückauf-Kampfbahn erschien nun als

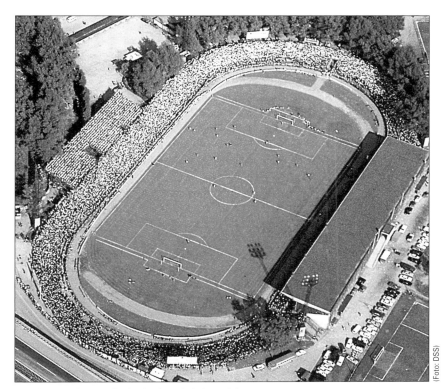

Die Glückauf-Kampfbahn in den siebziger Jahren.

(Foto: DSSI)

perfektes Stadion: „Die englischen Gäste", hieß es 1954, „die Schalke im Laufe des letzten Jahres besuchten, waren begeistert, und manches Schreiben aus dem Ausland ging später ein, worin der Verein darum gebeten wurde, unsere Pläne für den Ausbau der eigenen Anlagen zur Verfügung zu stellen." Auch der DFB fand Gefallen an der Arena und vergab 1954 Deutschland B – England B dorthin (0:4 vor 40.000).

Sodingen wich 1955 an die Kurt-Schumacher-Straße aus, musste aber wegen unzureichender Platzverhältnisse seine letzte Partie der DM-Endrunde in Köln austragen. Schalkes Europacup-Premiere bedeuteten 1958/59 die Begegnungen mit Kopenhagen BK (5:2), Wolverhampton Wanderers (2:1), Atletico Madrid (1:1).

Angesichts des Bundesliga-Starts 1963 erhöhte der FC Schalke das Fassungsvermögen im Oktober 1962 durch eine provisorische Stahlkonstruktion auf der Gegengerade um 10.000 Stehplätze auf 45.000. Später, nach Abbau der Zusatztribüne, fanden noch 35.501 Platz, davon 5.200 auf Sitzplätzen, davon wiederum 1.600 unterm Dach. Zugleich erlebte die traditionsreiche Spielstätte am 31. Oktober 1963 bei Schalke gegen Bulgarien (2:3, 5.000) die Premiere der neuen, 300 Lux starken Flutlichtanlage – doppelt so viele Lux wie die alte von 1956.

1973 sicherte man mit einem 2:0 gegen den HSV vor 37.000 im letzten Spiel

den Klassenerhalt; den Abschied nach 45 Jahren von der inzwischen von der Stadt übernommenen Glückauf-Kampfbahn bedeutete das 1:2 gegen Standard Lüttich vor 4.000 im Intertoto-Spiel am 21. Juli 1973. Glücklicherweise ist die Sportstätte dann nicht dem Abriss anheim gefallen: Nachdem die Stehränge verfielen und dicht von Unkraut überwuchert waren, wandelte man die Traversen Ende der 80er Jahre in begrünte Stehwälle um und renovierte die denkmalgeschützte Tribüne.

Da auch die Zugänge noch erhalten sind, lässt sich heute noch nachvollziehen, welch' faszinierende Atmosphäre hier im Rund einma geherrscht haben muss.   *sky*

Glückauf-Kampfbahn Gelsenkirchen
ER: 1928. FV: früher 50.000, heute 11.000, davon 3.233 üd. SiP und 7.762 unüd. StP.
ZR: ca. 60.000, Oberliga West, 12.3.1950, Schalke – Borussia Dortmund 1:2; beim Freundschaftsspiel Schalke – Fortuna Düsseldorf (1:0) am 1.6.1931 sollen 70.000 im und ums Stadion gewesen sein.
Kurt-Schumacher-Straße 143-145,
45881 Gelsenkirchen,
Tel. 0209 / 433 20.

72.000 Zuschauer passten maximal ins Gelsenkirchener Parkstadion.

■ Parkstadion

Ungeliebte „Betonschüssel"

Wenigstens das 25-jährige Jubiläum hat es noch erlebt, das Parkstadion von Gelsenkirchen, doch nach nicht einmal drei Jahrzehnten hat es wegen des Neubaus der „Arena Auf Schalke" als Bundesliga-Spielstätte ausgedient. Nach den Vorstellungen des FC Schalke sollen künftig dort Profis trainieren und vielleicht Amateure spielen, wobei sich die Frage aufdrängt, wie der Unterhalt der „Betonschüssel" rentabel gestaltet werden kann.

Trauer bei der Eröffnung

Als die Bundesliga 1963 begann, war der ruhmreiche FC Schalke 04 noch in der Glückauf-Kampfbahn zu Hause, die immerhin 45.000 Plätze bot. Ein Großstadion auf dem Berger Feld, „dem geographischen Mittelpunkt der Stadt Gelsenkirchen", war seit den 50er Jahren ein Thema. Die Vergabe der WM (1974) im Jahre 1966 nach Deutschland bot Gelegenheit, an Gelder für einen Neubau zu kommen. Die Stadt Gelsenkirchen hatte bereits 1964 eine Denkschrift hinsichtlich eines „Ruhrstadions" veröffentlicht, Initiator war der NRW-Innenminister Willy Weyer (FDP), gleichzeitig Vorsitzender des Landessportbundes.

Das Ruhrgebiet kam zu diesem Zeitpunkt für Großveranstaltungen nicht infrage: Zu begrenzt waren die Zuschauerkapazitäten. Ausgerechnet das dank

Schalke zur „Fußball-Metropole" avancierte Gelsenkirchen hatte bis zur Fertigstellung des Parkstadions lediglich marginale internationale Fußball-Ereignisse erlebt: 1954 ein ausverkauftes Match der B-Nationalmannschaft gegen England (0:4), zwei FIFA-Jugendturnier-Spiele 1954 gegen England (2:2, Tore: Uwe Seeler) vor 20.000 im Südparkstadion und gegen die Türkei in der Glückauf-Kampfbahn (2:1, 35.000). 1958 gab es dort das Amateur-Länderspiel gegen – man lese und staune – Curacao (5:0) unter Mitwirkung von Fahrian, Friedel Rausch, „Eia" Krämer. Außerdem erhielt die Glückauf-Kampfbahn noch zwei Jugend-Länderspiele und ein „Länderspiel" der „Militärfußballer" gegen den Iran.

Diese „Randgruppen-Veranstaltungen" sollten ein Ende haben, weshalb am 23. Oktober 1967 der Gelsenkirchener Stadtrat für den Bau des „kombinierten Fußball- und Leichtathletik-Stadions" votierte, für dessen Auslastung neben dem FC Schalke nationale und internationale Leichtathletik-Veranstaltungen sorgen sollten. Im Rückblick überrascht diese Entscheidung, war die Leichtathletik doch zu dem Zeitpunkt bereits nicht mehr das Zuschauer-„Zugpferd" wie in den 50er und 60er Jahren. Mit Feldhandball und Berufsboxen waren zwei andere Stadion-Attraktionen schon zuvor weggefallen.

Das Architektenteam Klement-Brückner-Duve legte seine Planungen für das städtische und Autobahn-nahe Gelände dem DFB vor, und am 29. August 1969 wurde der erste Spatenstich getätigt. Die Chronik berichtet, dass „ein wenig Trauer über der feierlichen Handlung lag", denn am Vortag war Gelsenkirchens OB Hubert Scharley beerdigt worden.

Ein Zeltdach war geplant

Wie das Münchner Olympiastadion sollte das Parkstadion ein Zeltdach erhalten, was an den Kosten scheiterte. Überhaupt die Finanzen: 23 Mio. Mark waren veranschlagt, 56 Mio. kostete der Neubau schließlich, wobei der Bund 9,5 Mio., die „Glücksspirale" 6,5 Mio. und das Land Nordrhein-Westfalen 10 Mio. beitrugen. Für die Stadt „GE" blieben 36 Mio. DM. Der Aufwand für Verkehrs- und Straßenplanung sowie Brückenbauten ist in diesen Summen nicht enthalten.

Aus Ruhrgebiets-Perspektive betrachtete man den Neubau als *das* Stadion der Region, war doch Essen mit seiner 100.000-Zuschauer-Arena namens „Ruhrstadion" kläglich gescheitert (siehe Gruga-Stadion Essen). „Neidhammelei der Städte und ihrer verantwortlichen Bürger, kleinkariertes Lokalhandeln und -denken" zerstörte aus Gelsenkirchener Sicht alle Pläne für ein zentrales „Ruhrstadion". Da sich außer dem Duisburger Wedaustadion-Tribünenbau – nach immerhin 42 Jahren! – in der Region nichts getan hatte, betrachtete Gelsenkirchen „das Großstadtstadion für 100.000 als gestorben". 60.000 bis 70.000 Plätze würden ausreichen: „Die sportliebende Bevölkerung an Rhein und Ruhr braucht keine Riesenarena und keinen Betonkoloss, vor allem nicht nach der Vergabe der Olympischen Spiele 1972 nach München." Letztlich bot das Parkstadion 70.298 Besuchern Raum.

Die Vorbereitungen waren bereits weit gediehen, als der DFB 1971 dem Parkstadion den „WM-Status" zusprach. Den Namen übrigens hatte der Radsport-Experte Hubert Rosiejak geschaffen, der 1972 einen entsprechenden Wettbewerb gewann. Warum man sich nicht auf Schalker Tradition berief – Stichworte: „Glückauf", „Knappen", „Szepan und Kuzorra", „Kreisel" – bleibt rätselhaft. Der Begriff „Parkstadion" kam wohl dem angestrebten Image vom „grünen Ruhrgebiet" entgegen, der „Sportpark" sollte „Teil des Buerschen Grüngürtels sein".

Auf der Rolltreppe zum Spielfeld

Aus Wasch- und Grubenbergen des Bergbaus wurden die Erdwälle aufgeschüttet. Stahlbetonfertigteile bildeten die Stufen, auf der Westseite wurde eine überdachte doppelstöckige Tribüne gebaut (120 m lang, 40 m breit), auf der Ostseite – „Block Ost" genannt – gab es 13.786 unüberdachte Sitzplätze. Nord- und Südkurve waren 34.084 Stehplätzen vorbehalten. Was die Tribüne betrifft, wählte man „eine schlanke Dachbinderkonstruktion, leichte Dachhaut aus beschichtetem Trapezblech, Tribünenbinder in Spannbeton, alle übrigen tragenden Bauteile in Stahlbeton". In der oberen Etage bot die Tribüne 6.304 Sitzplätze sowie 724 Presseplätze und 100 Sitzplätze für Ehrengäste, in der unteren Etage 15.300 Sitzplätze. Auf fünf Geschossen waren alle notwendigen Einrichtungen untergebracht. Unterm Dach war eine Gondel u.a. für TV-Teams, und weil man fürchtete, dass Bergschäden Einfluss auf den Bau nehmen könnten, waren Senkungs- und Dehnungsfugen geschaffen worden. Um Schwingungen bei Rockkonzerten abzufedern, stützte man bei entsprechenden Ereignissen den Oberrang ab. Ein Novum und geradezu sensationell war die Rolltreppe, mit der die Akteure zum tief gelegten Spielfeld transportiert wurden, Vorgeschmack auf die „schöne, neue Fußball-Welt". Mit insgesamt 36.214 Sitzplätzen entsprach das Parkstadion heutigen Vorstellungen der UEFA, die diese damals freilich noch gar nicht gefasst hatte...

Richtfest war 1972, die 1.250-Lux-Flutlichtanlage (vier Masten, 15 Scheinwerfer unter dem Tribünendach) wurde erstmals am 4. Juni 1973 in Betrieb gesetzt. Schalke zog nach der Eröffnung der Sportstätte am 4. August 1973 mit der Partie gegen Feyenoord Rotterdam vor 50.000 ein (1:2) und spielte im Parkstadion am 17. August 1973 gegen Bochum (3:1, 60.000) erstmals um Bundesliga-Punkte. Von der Glückauf-Kampfbahn hatte man sich am 9. Juni 1973 mit einem 2:0 gegen den Hamburger SV vor dank Nottribüne mit 35.000 Zuschauern ausverkauftem Haus und dem Klassenerhalt verabschiedet. Am 13. Oktober 1973 folgte die Gelsenkirchener Länderspiel-Premiere gegen Frankreich (2:1), als Lokalmatadore am Ball waren die Kremers-Zwillinge Helmut und Erwin.

Fans „wie im Zoo"

Im Lauf der Jahre gewann das Parkstadion zusehends den Ruf eines Prototypen der „Betonschüssel", denn wozu die große Distanz des Publikums zum Spielfeld, wenn Leichtathletik-Wettbewerbe dort kaum noch stattfanden? Für Abstand sorgte zudem ein Sicherheitsgraben. Nachdem beim Wiederaufstieg 1991 im Spiel gegen Darmstadt 98 Schalker Anhänger von ihrem traditionellen Standort, der Nordkurve, in den Innenraum vorgedrungen waren, musste dort auf DFB-Weisung ein vier Meter hoher Zaun errichtet werden. Autor Michael Müller-Möhring in der 1995er Ausgabe von „1000 Tips für Auswärtsspiele": „Wird in der Nordkurve demnächst das Erreichen eines UEFA-Cup-Ranges gefeiert, werden wohl noch Selbstschussanlagen, Tretminen usw. hinzukommen. In Verbindung mit dem alten Sicherheitsgraben müssen sich die Schalker Fans allerdings schon jetzt wie im Zoo vorkommen."

Ein weiterer Nachteil des Parkstadions war, dass bei Wind und Regen ein Drittel der Tribünenbesucher nass

Der Pott ist im Pott, gut festgehalten von Schalke-Manager Assauer.
(Foto: von der Gieth)

wurde. Der englische Stadion-Experte Simon Inglis bezeichnete die Spielstätte als „überdimensioniert und unpersönlich", den Standort *„cast out from the community and left to survive in no man's land"*.

Andererseits war bei gutem Besuch auf dem Berger Feld durchaus Stimmung auf den Rängen, man erinnere sich an große Schalke-Spiele, begleitet vom Trompetensignal von Marino Fioretti, dem anschließend tausendfach gerufenen „Attacke.", den Song „Steht auf, wenn ihr Schalker seid!" oder an das Relegationsspiel 1991, als 1.000 Stuttgarter-Kickers-Mitreisende nach dem Aufstieg etwas ratlos in ihrer Kurve verharrten, weil 10.000 FC-St.-Pauli-Fans inklusive Unterstützern aus anderen Klubs trotz Abstieg mit Riesenstimmung und „paadie" endgültig den Mythos schufen, der den Verein über Jahre begleitete.

Aufgrund der UEFA-Bestimmungen wurde später die Südkurve mit Sitzschalen und die Nordkurve zum überwiegenden Teil mit umklappbaren Sitzschalen ausgestattet. Folglich verringerte sich das Fassungsvermögen von einst 72.000: beim UEFA-Cup-Endspiel am 7. Mai 1997 gegen Inter Mailand konnten noch 56.824 Menschen zusehen. Das Spiel endete 1:0 und damit zu null – wie alle anderen Parkstadion-Auftritte der Schalker im erfolgreichen UEFA-Cup 1996/97.

Mit Fertigstellung der „Arena" wird der FC Schalke 04 gänzlich auf dem Berger Feld zwischen Alt-Gelsenkirchen und Buer zu Hause sein. Die Geschäftsstelle dort schmückt seit 1996 ein großer Glasball. Im 1998 eröffneten Leistungszentrum befinden sich Vereinsabteilungen, Nachwuchsspieler-Apartments, Fan-Kneipe und „S 04-Shop". Außer dem Parkstadion verfügt der Bundesligist künftig über insgesamt vier Spielfelder, so dass der gesamte Spielbetrieb auf dem Berger Feld abgewickelt werden wird. *sky*

Parkstadion Gelsenkirchen
ER: 1973. FV: 62.004 Plätze, davon 23.096 üd. S P auf der Haupttribüne, 21.866 unüd. SiP, 17.042 StP, 96 Rollstuhlfahrer-Plätze; bei UEFA-Spielen können StP in SiP umgewandelt werden.
ZR: 72.000, 13.10.1973, A-Länderspiel Deutschland – Frankreich 2:1.
Kurt-Schumacher-Straße 284a,
45891 Gelsenkirchen,
Tel. 0209 / 700 870.

■ Stadion am Südpark* / Südstadion / Kampfbahn Dessauer Straße

Schnitt 3.684 – aber für fast 22.000 gebaut...

Der Versuch, im Schatten eines Bundesligisten eine „zweite Kraft" zu etablieren, war oft ein vergeblicher – siehe Köln, Hannover, Duisburg und eben Gelsenkirchen. Immerhin behauptete sich Eintracht Gelsenkirchen in begrenztem Rahmen einige Zeit gegen Schalke 04, doch wer geht heute noch ins Südstadion, die mit fast 22.000 Plätzen viel zu groß dimensionierte Sportstätte am Haidekamp?

Union Gelsenkirchen war zunächst auf der am 22. Juni 1919 eröffneten Kampfbahn an der Dessauer Straße heimisch, die mit 6.500 den Zuschauerrekord gegen den SC 07 Gelsenkirchen meldete. Am 9. April 1923 eröffnete der Verein mit einem Spiel gegen die SpVgg Fürth (0:2) vor 16.000 das Stadion am Südpark, dessen Terrain als „morastig" galt und an die Zeche „Rheinelbe" angrenzte. 1931 wurde Union Ruhrbezirksmeister; die Endrundenspiele fanden damals auf dem Jahnplatz Heßler statt. 1945 waren sowohl das Union-Stadion am Südpark als auch die Kampfbahn Dessauer Straße schwer zerstört.

1950 schlossen sich der SV Union 1910 und SV Alemannia 1911 zur SG Eintracht Gelsenkirchen zusammen. Der Westdeutsche Fußballverband hatte die Fusion „zum Erhalt der 2.-Liga-West-Lizenz" empfohlen.

Das Fassungsvermögen im Stadion am Südpark wurde mit erstaunlichen 28.000 angegeben. Dank eines Schalke-Anhängers erfuhren wir im Internet einen netten Vers, den die Kinder als Eintracht-Fans damals sangen:

„Auf der grünen Wiese
steht ein Omnibus;
drinnen sitzt die Eintracht
am Tabellenschluss!"

Als Mitte der 60er Jahre das Gelände am Südpark als Bauland vorgesehen war, musste Eintracht Gelsenkirchen ausweichen: Das Südstadion an der Grenze der Stadtteile Ückendorf und Günnigfeld wurde neue Heimat. Die Eintracht verzeichnete in der Regionalliga West-Spielzeit 1966/67 im Stadion am Südpark einen Schnitt von 3.694, weshalb es aus heutiger Sicht rätselhaft erscheint, warum die Stadt Gelsenkirchen „mehr als eine Bezirkssportanlage" errichtete und das vorgesehene Fassungsvermögen im Südstadion von

10.000 auf 20.000 steigerte. Der Besucherschnitt des Regionalligsten stieg an neuer Stätte denn auch nur unmerklich auf 4.324 (was aus heutiger Sicht ein bemerkenswertes Ergebnis wäre). 2.000 kamen zur Eröffnung, es spielte der Gastgeber gegen eine Gelsenkirchener Amateur-Auswahl (4:2), Mittelstürmer der Eintracht war Ex-Schalke-Idol Koslowski, genannt „der Schwatte". Als Ausweichplatz gab der Verein in jener Zeit übrigens noch die Kampfbahn an der Dessauer Straße von 1919 mit einem Fassungsvermögen von 10.000 an.

Es gab durchaus Tage, in denen das neue Südstadion Ziel der Fußballfreunde war, doch ausverkauft war es unseres Wissens nie. 1966/67 zählte man 15.000 gegen den VfL Bochum, dann 15.000 gegen RW Essen, 1970 waren es 12.000 gegen Fortuna Düsseldorf, 1971 noch mehr, 15.000 gegen Wuppertal. Und bedenke, BVB-Fan: Auch die Borussia trat dort 1972/73 auf, das 2:2 wollten lediglich 4.000 sehen.

1973/74 aber hatte es Dortmund mit dem STV Eintracht Gelsenkirchen-Horst zu tun, das war der Zusammenschluss des STV Horst-Emscher mit Eintracht Gelsenkirchen. Der neue Verein spielte im Fürstenberg-Stadion des STV. Auch diese Konzentration der Kräfte brachte nichts, die 2. Bundesliga begann 1974 ohne die Fusionäre. Das Kapitel „Zweite Kraft nach S 04" war endgültig beendet, 1978 trennten sich beide Klubs.

Neben der SG Eintracht nutzt das Stadion heute noch das Centro Portugues Unidos Gelsenkirchen. Und der Stadtteil Ückendorf, an den das Südstadion angrenzt, hat sich ebenso verändert wie die Fußball-Landschaft: Die Arbeiter-Wohnzeilen sind noch da, ebenso etliche neu eröffnete türkische Läden, dazu Mittelstands-Idyll. Doch wo einst der Bergmann unter Tage fuhr, steht nun ein hochmodernes Wissenschaftszentrum auf grüner Wiese, in dem wir das Vorstehende erfahren haben. *sky*

> **Südstadion Gelsenkirchen**
> ER: 1967, FV: 21.680, davon 1.680 üd.
> SiP und 20.000 unüd. StP.
> ZR: mehrmals 15.000, jeweils Regionalliga West
> Am Haidekamp, 45886 Gelsenkirchen.

■ Fürstenberg-Stadion Horst-Emscher

„Kumpel bauen sich ein Stadion"

Horst-Emscher, die „Emscher-Husaren" und das Fürstenberg-Stadion: Die heute noch imposante Spielstätte steht für ein Kapitel Oberliga-West-Geschichte, das Älteren ein Begriff sein dürfte. Damit die Historie nicht in Vergessenheit gerät, trägt der westfälische Verbandsliga-Klub heute den Namen STV Horst-Emscher-Husaren.

Lindner/Breuer haben im Buch „Sind doch nicht alles Beckenbauers" die Anfänge des STV geschildert: „Den Vorortvereinen aus dem Revier war gemeinsam, dass sie über Spieler, Zuschauer und Vorstand in enger Verbindung zum lokalen Industriebetrieb, zur Zeche oder zur Hütte standen. Der Platz des STV Horst-Emscher z. B. lag zunächst an der Steinhalde der Zeche Nordstern, später dann am Sandberg zwischen Kanal und Nordsternstraße mitten im Siedlungskern der Horster Mark. Am explosionsartigen Anstieg der Einwohnerzahl von Horst-Emscher hatte vor allem dieser Ortsteil als Zuzugsgebiet der Zeche Nordstern den stärksten Anteil. Hier, mitten im Wohn- und Arbeitszentrum, war die Heimat des STV Horst-Emscher."

An der Fürstenbergstraße war der 1912 gegründete Verein heimisch geworden, als eine Bürgschaft von Vereinswirt Brinkmann und viele freiwillige Arbeitsstunden der Mitglieder, die später auch die Drainage schufen, den Bau eines Platzes auf gepachtetem Gelände ermöglichten. Der war dort, wo heute der Nebenplatz liegt. Weihnachten 1920 wurde der mit einem 7:0 im tiefen Schlamm über eine holländische Mannschaft eingeweiht. 1928 folgte die Anlage des heutigen Platzes in städtischer Regie.

Schalke und Horst-Emscher waren in jenen 20er Jahren noch Rivalen: Das Entscheidungsspiel um den Aufstieg am 11. April 1926 im kurz zuvor erbauten Stadion Löchterheide des BV Buer 07, das die einzige (kleine) Holztribüne weit und breit besaß, gewann Schalke 3:1; kurz darauf stieg auch Horst auf.

Nach Stadionbesuch in Badewanne
Die erste Saison der Oberliga West 1947/48 absolvierte Horst-Emscher auf dem Aschenplatz (!) im Fürstenberg-Stadion, wohin zu Gastspielen auch der

Das Fürstenberg-Stadion in Horst-Emscher. Früher sahen die Zuschauer wie Kohlenhauer aus.

Hamburger SV, 1. FC Kaiserslautern und Stuttgarter Kickers kamen. „Wehte der Wind über den Platz, sahen die Spieler wie Kohlenhauer aus, die Zuschauer mussten, wenn sie heimgekehrt waren, erst in die Badewanne steigen", erinnerte 1949 der „Westfälische Kurier" an die damaligen Zustände. Der STV belegte 1947/48 hinter Dortmund und Katernberg Rang drei und spielte in der Meisterschaftsrunde der Britischen Zone mit. Weil die Oberliga für die zweite Spielzeit einen Rasenplatz verlangte, die Stadt Gelsenkirchen aber untätig blieb, griff der Klub im Sommer 1948 zur Selbsthilfe: „Kumpel bauen sich ein Stadion!", berichtete der damalige NWDR; am 26. September 1948 wurde der Stadion-Rasen samt einer ungedeckten Sitztribüne gegen Rot-Weiß Essen eingeweiht.

Die „Emscher-Husaren" setzten ihre Erfolge 1948/49 als wiederum Dritter fort, im Tor mit Ex-Nationaltormann Heinz Flotho, im Sturm mit den späteren Nationalspielern Alfred „Fredy" Kelbassa und Bernhard „Berni" Klodt, und qualifizierten sich 1950 für die Endrunde um die Deutsche Meisterschaft. Das Stadion hatte nun auch eine 200-Plätze-Holztribüne, „Taubenschlag" genannt, die am 28. Mai 1954 kurz vor dem Tribünenneubau abbrannte und deren verkohlte Überreste im August beseitigt wurden. Im Mai 1949 empfing der STV laut Gelsenkirchener Stadtchronik „als erster deutscher Verein" nach Kriegsende eine ausländische Mannschaft, nämlich die Auswahl der Universität Stockholm (Klubspiele gegen Schweizer Teams gab es allerdings in Südbaden schon 1947).

1950 stimmte Gelsenkirchens Haupt- und Finanzausschuss dem Ausbau des Sportplatzes Fürstenbergstraße, der später den Namen Fürstenberg-Stadion erhielt, zu. Immerhin war Horst, in drei aufeinanderfolgenden Oberliga-Spielzeiten vor Schalke platziert, führender Fußballklub der Stadt. Spielfeld und Wälle wurden zur Fürstenbergstraße hin verlegt, Betonstufen, eine Laufbahn, Not-Toiletten und Drainage für 125.000 Mark geschaffen. Für den STV Horst-Emscher hatte dies zur Folge, dass er seine Oberliga-Heimspiele im Stadion Gladbeck austragen musste. Den neuen Spielort hatte man bereits im Frühjahr 1950 gegen Real Valladolid (5:0) getestet. Der Umzug, von dem die Stadt Gladbeck profitierte, gefiel den dortigen sechs Fußballvereinen überhaupt nicht: Sie verließen aus Protest den Kreissportverband.

25.000 Zuschauer fasste schließlich das Fürstenberg-Stadion, und Fußball dort war in jenen Jahren derart populär, dass der Gelsenkirchener Rennverein seine Termine nach den Heimspielen der „Emscher-Husaren" ausrichtete. Als die Stadt aber 1956 die Tribüne für 2.500 Besucher fertig stellte, war Horst-Emscher bereits zweitklassig. „Berni" Klodt war nun auf Schalke, vier Spieler hatte der BVB 09 wegverpflichtet. 1958/59 war der STV noch einmal oben, zum letzten Mal. 1973 fusionierte der Verein für die letzte Saison der Regionalliga West vor Einführung der 2. Bundesligen mit Eintracht Gelsenkirchen zur SG Eintracht Gelsenkirchen-Horst; bis 1978 blieb man beisammen. Eigentlich wollte man in die Glückauf-Kampfbahn umziehen, doch lehnte der Verband dies ebenso ab

wie den Wechsel zwischen Fürstenberg-Stadion und dem Gelsenkirchener Südstadion, der Heimat der Eintracht. So gab es dann in jener Regionalliga-Spielzeit im Fürstenberg-Stadion noch einmal einen Hauch von Oberliga West mit Gastspielen von Borussia Dortmund, Aachen, Erkenschwick und Herne.

Noch einmal einen Namen hat sich der Klub 1967 als Deutscher Amateur-Meister gemacht. Günther Thon stürmte damals auf halblinks und auch Olaf, sein Sohn, hat als Nachwuchsmann den blau-schwarzen Dress der „Emscher-Husaren" getragen. Aber nun ist Olaf auf Schalke, das dominiert; die einstigen Lokalrivalen rangieren unter ferner liefen.

Bundesweit kam das Fürstenberg-Stadion schließlich in die Presse, als sich dort 1973 während des Regionalliga-Spiels STV gegen RW Oberhausen ein rund 75 Zentimeter tiefes Loch auftat – die Bodensenkung war eine Folge von Bergschäden. Aber in solch ein tiefes Loch ist der Fußball in Horst-Emscher ja auch nicht gefallen...

Das Stadion wirkt heute trotz seiner Ausmaße familiär, es hat für Sporttreibende immer geöffnet (ein schöner Zug) und um das nächste Lokal zu erreichen, muss man lediglich Vorplatz und Straße überqueren. *sky*

Fürstenberg-Stadion
ER: 1920. FV: früher 25.000, heute 23.140, davon 1.425 üd. SiP, 4.600 üd. StP sowie 17.115 unüd. StP.
ZR: 25.000, Oberliga West, 1957, STV Horst-Emscher – Schalke 04
Fischerstr. 35, 45899 Gelsenkirchen, Tel. 0209 / 520 70, 55 459 (STV).

Gera

■ Stadion der Freundschaft

Kreisrunde Anlage und bald ein Dach

Das Stadion der Freundschaft in der (nach Jena) zweitgrößten thüringischen Stadt Gera (125.000 Einwohner) liegt auf den Hofwiesen am Ufer der Weißen Elster inmitten eines zwölf Hektar großen sog. Sportkomplexes, zu dem die „Kongress- und Sporthalle Erwin Panndorf", Rollschnellaufbahn, Rollhockey-Stadion u.a. gehören. Mit der gründlichen Renovierung der Arena hat man begonnen, das gesamte Gelände wird im Hinblick auf die Bundesgartenschau 2007 in Gera saniert und neu gestaltet (Bau einer Schwimm- und Sporthalle).

Das Stadion ist ein Kombi-Stadion, d.h. mit 400-m-Laufbahn, Sprintbahnen (Fertigstellung geplant), Anlagen für Weitsprung (vor der Tribüne), Hochsprung sowie Wurfdisziplinen, und besitzt eine eigentümliche, in Deutschland wohl einmalige Form: Die Anlage ist nicht oval, sondern fast kreisrund. Im Juni 1951 begann der Bau. Zwar leisteten in der ersten Bauphase 6.393 Menschen freiwillige Arbeitsstunden, vor allem Oberschüler und Volkspolizisten, doch danach gerieten die Arbeiten ins Stocken, weshalb „durch Ausgabe von Leistungskarten und Verteilung von Prämien" ein zusätzlicher Anreiz geschaffen werden musste.

Bei der jetzigen Renovierung trug vor allem das Land Thüringen die Investitionen von 6 Mio. DM, dank derer Steh- und Sitzplätze neu gebaut wurden. Es gibt 1.000 orangene Sitzschalen auf der Geraden vor dem Sozialgebäude (die der VIPs sind grau), deren Überdachung geplant ist, aus finanziellen Gründen aber noch nicht terminiert werden kann. Auf der Hauptgeraden entdeckt man den kleinsten Stadion-Biergarten des Ostens: Vor der Stadiongaststätte stehen einige Tische samt Stühlen, von denen sich das Geschehen gut beobachten lässt. Ebenfalls nicht überdacht sind weitere 4.000 Sitzplätze sowie 10.900 Stehplätze auf den neuen Betonstufen. Zur Ausstattung gehören eine Telenorma Bosch-Anzeigetafel und ein Zaun ums Spielfeld. Ungewöhnlich und vermutlich auf Aufmärsche und Friedensfahrt-Ankunften zurückzuführen sind die drei Durchgänge im Rund, einer auf der Gegengerade, die anderen beiden neben dem Sozialgebäude.

Sind die Arbeiten abgeschlossen, soll Gera „eines der schönsten Stadien Thüringens besitzen", dies auch dank des „Förderverein Fußball", der von privater Seite bislang über 15.000 DM aufbrachte.

Eigentlich wäre rein stadionmäßig alles für die 2. Liga gerichtet, die für 2000 ein Ziel „der Gerschen" war, doch stieg der 1993 gegründete 1. SV Gera just in dem Jahr in die 5. Liga, die Thüringen-Liga, ab. Traurig waren da der Fanklub „Elsterkurve 95" und die anderen 150, die die Spiele zuletzt noch im Schnitt besucht hatten.

Trösten mag die Erinnerung: BSG Gera-Süd, BSG Motor und BSG Wismut hielten sich sechs Jahr lang, zuletzt 1977/78, in der DDR-Oberliga auf, wichtige Aufstiegs- und Punktspiele zogen gegenüber von Schloss Osterstein 10.000 bis 20.000 an. Anfang der 50er Jahre lag der Schnitt stets um die 8.000. Zusätzliche Höhepunkte gestaltete die DDR-Auswahl, die, bei nachlassendem Publikumsinteresse, fünfmal in Gera antrat und jedes Mal gewann (1966 Rumänien 2:0, 20.000 Zuschauer; 1971 Luxemburg 2:1, 15.000; 1983 Bulgarien 3:0, 10.000; 1984 Rumänien 2:1, 8.500; 1987 Tunesien 2:0, 7.500, Tore: Doll, Kirsten).

Wir werden sehen, ob noch viel Wasser die Weiße Elster hinunterfließt, bis Gera an bessere Fußballtage anknüpfen kann. *sky*

Stadion der Freundschaft Gera
ER: 1954. FV: 15.900, davon 1.000 unüd. SiP auf der Geraden u. weitere 4.000 im Rund, sowie 10.900 StP. ZR: 20.000, Länderspiel, 21.9.1966, DDR – Rumänien 2:0.
Küchengartenallee 29, 07548 Gera, Tel. 0365 / 83 80 (Stadion), 832 62 32 (Geschäftsstelle 1. SV Gera).

Girod: Stadion Nentershausen, siehe „Platz-Verweise".

▨ Die frühere Vestische Kampfbahn

Ein Stadion-Denkmal, das kaum jemand kennt

Zu den großen Stadien des Westens gehört die seit 1986 unter Denkmalschutz gestellte (ehemals Vestische Kampfbahn genannte) Arena von Gladbeck, noch heute mit einem Fassungsvermögen von 37.000 ausgestattet, als Fußballsportstätte allerdings völlig in Vergessenheit geraten.

Das liegt daran, dass die Stadt zwischen Ruhrgebiet und Münsterland nordwestlich von Gelsenkirchen nie einen herausragenden Fußballverein besaß. Zweitliga-Fußball gab es dort, als die Sportfreunde Gladbeck von 1957 bis 1963 in der 2. Liga West spielten. Die Sportfreunde gibt es nicht mehr, seit sie 1966 mit SuS Rosenhügel zum 1. FC Gladbeck fusionierten.

Dass Gladbeck hier Erwähnung findet, ist dennoch gerechtfertigt, denn in der Oberliga West-Saison 1950/51 brachte der STV Horst-Emscher Erste Klasse-Fußball dorthin; außerdem war die Sportstätte Austragungsort wichtiger Endrundenspiele.

„Fremder, kommst Du nach Gladbeck..."
Die Kohleförderung hat Gladbeck, 1870 noch ein 3.000-Seelen-Dorf, groß werden lassen. Zu den Kommunal-Projekten der kurzen wirtschaftlichen Auf-

schwungphase der 20er Jahre gehörten die Volkserholungsanlage samt Schwimmbad und Stadion.

1923 war der Beschluss gefasst worden, in der Nähe des Wittringer Waldes, „mitten im Herzen der Stadt", eine große Sportanlage zu bauen, um die sich Freibad, Tennisplätze, Marathonbahn, Landschafts- und Stadtgarten gruppieren sollten. Die Volkserholungsstätte war insbesondere für die 13.500 Bergleute unter den damals 60.000 Bewohnern vorgesehen und als „Aushängeschild" gedacht. Das Waldgebiet erwarb die Stadt 1922 für 3,75 Mio. Mark von einem Adeligen. Was das Grün betraf, betonten Gladbecks Offizielle noch in den 50er Jahren: „Fremder, kommst Du nach Gladbeck, sei aufs Angenehmste überrascht, weil nicht die fünf vorhandenen Zechen das Gesicht der Stadt bestimmen, sondern der große Stadtwald und zahlreiche gepflegte Grünanlagen und Sportstätten." Die letzte Zeche hat 1971 geschlossen, Hammer und Schlägel trägt die heute 81.000-Einwohner-Stadt weiterhin im Wappen.

Die Erdarbeiten beim Stadionbau erledigten meist Notstandsarbeiter. Die Planung lag bei Regierungsbaumeister Josef Korte, Leiter des Städtischen Tief-

bauamtes. Im Beisein von 25.000 Menschen wurde die Vestische Kampfbahn am 17. Mai 1928 eingeweiht, ein weiteres prächtiges Stadion des Westens. OB Dr. Jovy in seiner vom Rundfunk übertragenen Rede: „Ein gewaltiges Werk ist vollendet. Auf einem der schönsten Fleckchen Erde des Industriegebiets prangt die Vestische Kampfbahn in frischem Frühlingsgrün, umrahmt von den hohen Baumkronen des Wittringerwaldes, ein Wahrzeichen unbeugsamer Schaffenskraft und Schaffensfreude unserer jungen Industrie- und Gartenstadt."

Bürgerliche und Arbeiter-Sportler, SPD-Reichsbanner, DJK und Rotkreuzler nutzten die Arena, deren drei markante, mächtige Eingangsbauwerke aus Ruhrsandstein aufgemauert waren. Regierungsbaumeister Korte 1928: „Durch ihr wundervoll wechselndes Farbenspiel, durch die Lebendigkeit und Farbigkeit ihrer bruchrauen Flächen, sind sie die Zierde der Anlage und strahlen ordnend und klärend ihre Energien aus in den Raum." 3.000 Besucher fanden unüberdachte Sitzplätze vor, für 22.000 (nach anderen Quellen 40.000) war der Stehwall geschaffen, auf dem ein fünf Meter breiter Weg um das Oval verlief. 1930 verzeichnete man bei 41 Sportveranstaltungen fast 136.000 Zuschauer.

Schalke und die „Emscher-Husaren"
Wenn schon kein Gladbecker Fußballklub „große Spiele" bieten konnte, so wurden die eben „importiert", vor allem dank Schalke 04, das bereits vor der offiziellen Stadioneröffnung am 11. März 1928 vor 15.000 als Ruhrbezirks-Meister in der West-Endrunde gegen Westfalen-Meister RSV 1872 Hagen spielte (2:0). Den Vorkriegsrekord bedeuteten 27.000

Nach der Einweihung der Vestischen Kampfbahn 1928 strömten die Zuschauer zu vielen Großveranstaltungen ins Stadion.

(Foto: Stadtarchiv Gladbeck)

beim West-Finalrundenspiel 1930 VfL Benrath gegen Schalke 04 (0:1). 1928 war die Kampfbahn Ziel der „Vestischen Industriestaffel" (Laufen, Schwimmen, Radfahren), Anfang der 30er Jahre lockten Dirt-Track-(Motorrad-)Rennen bis zu 11.000 Zuschauer an. Nach 1933 nutzten die Nazis die Stätte für Massenveranstaltungen.

Im 2. Weltkrieg wurde das Stadion beschädigt – „der größte Bombentrichter Gladbecks befand sich mitten auf dem Spielfeld", berichtete die Stadtverwaltung. Eingangsbauwerke und der Stehwall auf der Ostseite waren ebenfalls zerstört. Beim Wiederaufbau engagierten sich besonders die Fußballer von Schwarz-Gelb, die später aber doch nicht neue Hausherren wurden. Wiedereröffnung war am 13. Juli 1947 vor 15.000, u.a. mit Städtespielen im Fußball und Feldhandball gegen Bottrop.

Das Fassungsvermögen der Kampfbahn war nach Kriegsende ausschlaggebend, dass Gladbeck „große Spiele" bekam. 40.000 fanden sich 1948 zum Meisterschaftsspiel der Britischen Zone zwischen Borussia Dortmund und dem FC St. Pauli ein (2:2 n.V., Wiederholung in Braunschweig 0:1) und noch mehr, 45.000, erlebten in der Endrunde um die „Deutsche" 1950 die Revanche zwischen Titelverteidiger VfR Mannheim und der 1949 im Endspiel unterlegenen Borussia Dortmund (3:1). Eines von fünf (!) Entscheidungsspielen 1948 um den Oberliga-West-Aufstieg zwischen Preußen Münster und SuS Recklinghausen (2:1) zog 25.000 an.

Der STV Horst-Emscher aus Gelsenkirchen hatte Gladbeck bereits 1948 als Spielort „entdeckt" (je 18.000 gegen Bonn und den HSV) und zog als Oberligist während des Baus seines Fürstenbergstadions 1950/51 in die Kampfbahn ein. 8.133 wollten im Schnitt die „Emscher-Husaren" sehen, fast ein Viertel der 122.000 Saisonbesucher kam zum ersten Heimspiel gegen Schalke (30.000).

Noch vor Beginn der Stadion-Modernisierung erhielt die Anlage Denkmalschutz: „Sie ist ein bedeutendes Zeugnis der Sportgeschichte im Bundesgebiet und bedeutend für die Geschichte der dortigen Menschen. Das Stadion ist aus sozial-, ortsgeschichtlichen und wissenschaftlichen Gründen Baudenkmal" (1986). Im Jahr darauf richtete man eine Tribüne für 2.500 Besucher ein, deren Überdachung im Gespräch ist. Außerdem ergänzte und erneuerte die Stadt 1987 die Stehtraversen entsprechend den Belangen des Denkmalschutzes.

Die durch den Bergbau bedingten Bergsenkungen und die Schieflage der Sportstätte korrigierte man mit dem Ausgleich der Höhenverhältnisse. 8.000 qm holländischer Rollrasen und 6.000 qm Tartan-Kunststoff für die Laufbahn wurden neu verlegt. Der Abschluss der 1,2 Mio. DM teuren Komplettsanierung war Anlass für die von 1989 bis 1997 vom Sportamt veranstalteten und vom TV Gladbeck (früher VfL/TV) ausgerichteten Nationalen Leichtathletik-Stadionsportfeste mit Teilnehmern aus 27 Nationen, darunter Welt- und Europameister und Stars wie Heike Drechsler, Frank Busemann, Sabine Braun, Heike Henkel, Susen Tiedtke, Tim Lobinger u.a.m. Höchstbesuch waren jeweils 2.000 Zuschauer 1996 und 1997.

Dass die Arena heute Stadion Gladbeck statt Vestische Kampfbahn heißt, bedurfte keines offiziellen Aktes: Der Name hat sich mit der Zeit einfach eingebürgert. *sky*

Stadion Gladbeck
früher: Vestische Kampfbahn
ER: 1928. FV: 37.684, davon 2.500 unüd. SiP und 35.184 StP.
ZR: 45.000, Endrunde Deutsche Meisterschaft, 21.5.1950, Borussia Dortmund – VfR Mannheim 1:3.
Bohmertstraße 131, 45968 Gladbeck, Tel. 02043 / 22 459.

■ Stadion des SV Göppingen

Kunststoffdach aus zehn Schirmen

Seit den 20er Jahren besteht das Stadion des 1. Göppinger SV 1895 – dies der offizielle Name, sonst sagt man: SV Göppingen –, an der Hohenstaufenstraße auf der Schwäbischen Alb. Bis zum Tribünenneubau 1980 besaß es noch eine schnuckelige alte Holztribüne.

Ehemals fasste die Spielstätte des früheren Gauligisten 10.000 Menschen, soviele sollen in den 60er Jahren auch gekommen sein. 1970/71 gehörte der SV Göppingen der Regionalliga Süd an, besiegte Meister 1. FC Nürnberg (3:2) und Vize Karlsruhe (1:0) in der Hohenstaufenstadt, stieg aber dennoch ab (Schnitt 4.300, bester Besuch 8.000 gegen den 1. FCN). Fortan sicherte sich Bayern München die Dienste des SVG-Linksaußen Willi Hoffmann, der mit dem Bundesligisten dreimal die Deutsche Meisterschaft und einmal den EC I gewann. Hernach gab es in der 1. Amateurliga Nordwürttemberg für die Göppinger etliche Großkämpfe mit Rivalen wie dem SSV Ulm 46, Normannia Gmünd, VfR Aalen, FC Eislingen, SB Heidenheim etc. Heute spielt Göppingen in der Bezirksliga Neckar/Fils.

Nach neunmonatiger Bauzeit konnte am 19. Oktober 1980 die neue Tribüne, „die in Konstruktion und Ausführung in Stadien vergleichbarer Größe ihresgleichen sucht" („NWZ"), eröffnet werden. Nach dem Entwurf des Architektenbüros Gerlach und Gienger entstand das 50 m lange und 10 m tiefe Bauwerk, dessen Kunststoffdach sich aus zehn schirmartig miteinander verbundenen Elementen zusammensetzt.

Ebenfalls an der Hohenstaufenstraße (Nr. 140) befindet sich das Städtische Frisch-Auf-Stadion. *sky*

Stadion des 1. Göppinger SV
ER: 20er Jahre. FV: 7.900, davon auf der Tribüne 700 üd. SiP und 200 üd. StP sowie 7.000 unüd. StP.
ZR: 10.000 in den 60er Jahren, Datum und Spiel unbekannt.
Hohenstaufenstr. 116/1,
73033 Göppingen,
Tel. 07161 / 730 69.

Die Volkserholungsanlage: Stadion, Schwimmbad, Festwiese.

(Foto: Stadtarchiv Gladbeck)

Göttingen

▪ Jahnstadion

Wo König Fußball Stiefkind ist

Eher etwas für Leichtathleten: das Göttinger Jahn-Stadion.

(Foto: Grüne)

Das Jahnstadion ist Göttingens ungeliebtes Schmuckstück. Während es von Besuchern ob seiner Optik bestaunt und bewundert wird, löst es bei vielen einheimischen Fußballfans eher Naserümpfen aus. Der Grund ist klar: Es handelt sich um eine Leichtathletikarena par excellence. Das in die schön anzusehende Haupttribüne integrierte Sprecherhäuschen beispielsweise befindet sich auf Höhe der 100-m-Linie, die Laufbahn entspricht internationalen Normen, und während der Woche wuseln nahezu ausschließlich Leichtathleten durch die Arena. Das Fußballspielfeld hingegen gilt als eines der schlechtesten im Fußballnorden und wird von Montag bis Freitag vornehmlich von Speerwerfern etc. beackert. König Fußball ist Stiefkind in einer Arena, deren Sinn und Zweck sich ohnehin nur schwer erschließt.

Fußball-Hauptnutzer Göttingen 05 jedenfalls, der seit 1968 in der inmitten eines Naherholungsgebietes liegenden Arena spielt – allerdings erst seit 1986 „fest" – betrachtet sie keineswegs als „Heimat". Eine schmale Geschäftsstelle, ein kleiner Geräteraum – das ist alles, was 05 im „Jahner" in Anspruch nimmt, der Rest ist im Maschpark. Neben 05 mit seiner 1. Mannschaft tragen im übrigen auch Puma, Blau-Gelb,

Sportfreunde Leineberg und Gehörlosen SC ihre Spiele im Jahnstadion bzw. dessen Nebenplätzen aus.

Müllhalde wird Sportanlage

Zu den Ursprüngen. Im Jahr 1912 stand die Stadt Göttingen vor einer schwierigen Entscheidung: entweder einen Gedenkstein für den einstmals in der Leinestadt wohnenden Turnvater Jahn errichten, oder aber das vorhandene Geld in eine neue Sportanlage investieren. Auf Anregung von Oberbürgermeister Calsow entschied man sich für letzteres und legte damit die Grundlagen für das Jahnstadion. Am 26. Oktober 1913 wurde das auf einer ehemaligen Müllhalde errichtete Areal mitsamt des „Jahnhauses mit modernsten hygienischen Anlagen" (steht noch heute am östlichen Ausläufer des Geländes) eingeweiht. Fußballer waren nicht zugegen – schon damals war es eine reine Turn- und Leichtathletikanlage.

Fußballerisch blieb die Arena bis weit nach dem 2. Weltkrieg im Schlummerschlaf. Unterklassige Teams wie der Akademische Sportclub, Arbeiterklub BSV, die aus der Turnbewegung hervorgegangene Eintracht (später Blau-Weiß) sowie die der Turnerschaft angehörenden Fußballer der TG 1846 trugen zwar ihre Spiele auf dem Areal aus, doch

Fußball als Zuschauersport fand selbst dann keinen Einzug, als 1926 begrünte Zuschauerwälle aufgeschüttet wurden. Nächster Einschnitt war das Jahr 1955, als aus dem Jahnsportfeld das Jahnstadion wurde. Aufgeschüttete Erdwälle, die auf der Hauptgeraden mit einer Handvoll Holzbänke besetzt wurden, schraubten das Fassungsvermögen auf nahezu 30.000 Menschen. Warum dies geschah, blieb fraglich, denn Oberligist 05 kickte im vereinseigenen Maschpark, und Drittligist Spielvereinigung im unmittelbar neben dem Jahnstadion gelegenen „SVG-Stadion". Nichtsdestotrotz wurde der Umbau, bei dem übrigens auch der später Legendenstatus einnehmende hölzerne Ansageturm entstand, mit einem Fußballspiel eingeweiht: 05 verlor vor 6 000 Zuschauern mit 0:2 gegen den FC Metz; wie 1913 regnete es in Strömen.

Zwei Stadien, aber keines fertig...

Anfang der sechziger Jahre begann die Debatte um die Zukunft des Jahnstadions, die sich bis 1986 (und eigentlich bis zum heutigen Tage) hinzog. Nachdem feststand, dass 05 seinen Maschpark aufgeben musste, wurden zwei Lösungsvorschläge gehandelt: a) Neubau des Maschparks an anderer Stelle oder, b) Ausbau des Jahnstadions. Da letzteres auf Gegenwehr bei den Leichtathletikvereinen stieß, wurde Variante „a" gewählt, und 05 zog nach Aufgabe des Maschparks (1968) nur übergangsweise im Jahnstadion ein. Dann wurde es turbulent, und so etwas wie eine „Linie" in Sachen Stadionpolitik war nicht mehr zu entdecken. 1969 gab die finanzknappe Stadt plötzlich 400.000 Mark für Modernisierungsmaßnahmen (Toiletten usw.) im Jahnstadion aus, derweil der Bau des neuen Maschparks aus finanziellen Gründen ausgesetzt werden musste. Folge: Als letzterer 1971 endlich eingeweiht werden konnte, verfügte Göttingen zwar über zwei Stadien – aber keines war „fertig".

Nach der Qualifikation zur 2. Bundesliga (1974) musste 05 in das etwas „tauglichere" Jahnstadion zurückkehren, das alles andere als ein Schmuckstück war. Kurios vor allem, dass die Zweitligaprofis sich in mehrere hundert Meter entfernten Jahnhaus (das von 1913...) umziehen mussten und nur durch einen langen „Käfig" zum Spielfeld gelangen konnten. Erst 1978 entstand auf der Gegengerade ein moderner Umkleide- und Gastronomietrakt – doch da war 05 längst aus der 2. Liga abgestiegen und spielte wieder im halbfertigen Maschpark. 1980/81 brachte eine kurze Zweitligarenaissance der

Am 15. Oktober 1950 sahen 22.000 Zuschauer im Maschpark einen 2:0-Sieg von Göttingen 05 über den Hamburger SV. 05 war damit Tabellenführer der Oberliga Nord.

Schwarz-Gelben das Jahnstadion abermals ins Blickfeld.

Währenddessen wurde die Diskussion um die beiden halbfertigen Stadien fortgeführt. Unterstützt von einer Faninitiative wurde Mitte der achtziger Jahre für den Bau einer Tribüne im Maschpark geworben – und im Jahnstadion eine gebaut. 1986 eingeweiht, war (und ist) das Bauwerk mit 5.000 Sitzplätzen für Göttinger Bedürfnisse viel zu groß ausgefallen und entspricht mit seiner Leichtathletikausrichtung zudem keinesfalls dem Bedarf der Fußball- und Basketballstadt Göttingen. Immerhin konnte man aus ästhetischen Gründen zufrieden sein, denn die architektonisch durchaus gelungene Tribüne diente erfolgreich als Modell für den Karlsruher Wildpark und das Stuttgarter Gottlieb-Daimler-Stadion. Glücklich ist man damit jedoch nicht – zumindest nicht bei 05. Die Schwarz-Gelben träumen von einer reinen Fußballanlage im Maschpark. „Dann soll die Stadt mal sehen, was sie mit ihrer Leichtathletikruine macht", heißt es – und es klingt noch immer böse.   *Hardy Grüne*

Jahnstadion Göttingen
ER: 1913 / 1955. FV: 18.000, davon üd. 5.000 SiP und 13.000 StP.
ZR: 20.2.1982, 23.650, DFB-Pokal-Viertelfinale Göttingen 05 – Hamburger SV 2:4.
Sandweg, 37083 Göttingen,
Tel. 0551 / 76564.

▪ Maschpark

Heute wieder ein „Matschpark"

Die Geschichte des Göttinger Maschparks ist eine traurige. Untrennbar verbunden mit dem Aufstieg und Fall des 1. SC 05, seinem Nutzer vom ersten bis zum letzten Tag, liegt er heute begraben unter einem öffentlichen Zweckgebäude und lebt nur noch in den Erinnerungen an glorreiche Zeiten fort. Knapp außerhalb des Innenstadtringes gelegen, unmittelbar hinter dem Hauptbahnhof und in Wurfweite eines der lange Zeit wichtigsten Arbeitgeber Göttingens – der Lokhalle –, hatte der „Maschpark" eine nahezu ideale Lage, die ihm später zum Verhängnis wurde: Die Stadt wollte das „Filetstückchen" anderweitig nutzen, kündigte 05 den Pachtvertrag, versprach dem Klub eine moderne Arena an anderer Stelle, geriet in Finanznöte – und verzettelte sich in der Stadionfrage hoffnungslos. Bittere Folge: Seit dem 12. Mai 1968 ist 05 mehr oder weniger heimatlos.

Erschöpfte Akteure bei der Premiere
Die Anfänge des Maschparks reichen zurück bis ins Jahr 1907. Seinerzeit errichtete der Göttinger FC von 1905 auf der so genannten „Schützenwiese" ein Spielfeld, das nicht viel mehr als eine Wiese mit zwei Toren darstellte. Zuvor hatten die Schwarz-Gelben an der Bun-

senstraße bzw. dem Exerzierplatz der Neuen Kaserne an der Sternstraße gespielt. Eingeweiht wurde das „Schützenplatz" genannte Spielfeld am 11. August 1907 mit einem 6:0-Sieg der 05er über Viktoria Hann. Münden. Komfort war rar. Umkleidekabinen beispielsweise fehlten, so dass den Aktiven vor und nach dem Spiel jeweils ein gut zehnminütiger Fußmarsch zum Hotel „Zur Eisenbahn" an der Groner Landstraße bevorstand.

1926 beschloss 05 den Bau eines zweiten Spielfeldes. Gedacht wurde dabei an eine kombinierte Fußball- und Leichtathletikanlage, da aus dem „FC 05" längst ein „SC 05" geworden war. Ein vor allem in finanzieller Hinsicht schwieriges Unterfangen. Nachdem die Stadt grünes Licht gegeben und das nötige Gelände in Erbpacht zur Verfügung gestellt hatte, ging man auf Betteltour, was angesichts der herrschenden Wirtschaftskrise nicht allzu einfach war. Alle packten an, und am 27. August 1926 konnte die Fertigstellung des unmittelbar neben dem „Schützenplatz" (wurde nun zum „B"-Platz) gelegenen „Maschpark" gefeiert werden. Zur Eröffnung verloren die völlig erschöpften Akteure, die bis tags zuvor wie viele Vereinsmitglieder beim Bau geholfen hatten, mit 0:6 gegen Kurhessen Kassel. Ein Jahr später löste sich dann auch das Umkleideproblem, als die Schützen ein neues Haus bezogen und 05 das alte Schützenhaus in ein Vereinsheim umwandeln konnte. In den 30er Jahren erreichte der tribünenlose Maschpark bei diversen Gauligaspielen mit Kulissen zwischen 3.000 und 4.000 Fans seine Kapazitätsgrenze. Kiebitze konnten die Spiele übrigens vom nahe gelegenen Bahndamm kostenlos verfolgen.

Seine Blütezeit erlebte der Maschpark nach dem Krieg. Durch Ostflüchtlinge explodierte die Bevölkerungszahl Göttingens von 40.000 auf 70.000, wobei offensichtlich diverse Fußballfans unter den Neubürgern waren. Zwischen 6.000 und 7.000 Fans verfolgten jedenfalls im Frühsommer 1948 die Spiele der Oberligaaufstiegsrunde – beinahe wöchentlich wurde eine neue Rekordkulisse gemeldet. Nachdem es mit dem Aufstieg geklappt hatte, musste der Maschpark eilig ausgebaut werden. Durch Aufschüttung von Erdwällen wurde das Fassungsvermögen auf 20.000 geschraubt, und 05 konnte sich 1948/49 über einen Schnitt von 11.000 Zuschauern freuen – bis heute Vereinsrekord. Größter Tag des Maschparks war der 15. Oktober 1950, als rund 22.000 Zuschauer im völlig überfüllten Stadion den 2:0-Sieg des neuen Oberligatabellenführers 05 über den HSV bejubelten. Zu Saisonbeginn war der Maschpark übrigens „renoviert" und mit zwei festinstallierten Sitzplatzreihen versehen worden – zuvor hatte man stets Klappstühle auf die Aschenbahn stellen müssen...

Sein Stadion war für 05 jedoch längst zum Problem geworden, denn es bot keinerlei Komfort. Die Traversen bestanden aus bei Regen schlüpfrigen Rasenwällen (deshalb sprach man vom „Matschpark"), und die knapp 500 nichtüberdachten Sitzplätze reichten vorne und hinten nicht. 05 saß gewissermaßen in der Falle. Eine räumliche Ausdehnung war nicht möglich, und für einen Ausbau fehlte dem Verein das Geld – Folge einer dünnen Sponsorenlandschaft sowie sinkender Zuschauerzahlen. Als die Schwarz-Gelben 1958 aus der Oberliga abstiegen, war der Zuschauerschnitt auf 3.600 gefallen.

12. Mai 1968:
7:0, und doch ein trauriges Datum
Das Schicksal des Maschparks war zu jenem Zeitpunkt bereits besiegelt. Die Stadt wollte die angrenzende Godehardstraße verbreitern, und dabei stand das Stadion im Weg. Ab 1958 war 05 ohne gültigen Pachtvertrag und saß

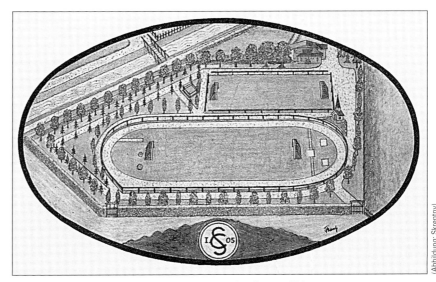

Die Maschpark-Anlage in einer historischen Postkarten-Skizze.

(Abbildung: Skrentny)

quasi auf einer Zeitbombe. Logische Folge war, dass der Verein nur noch das allernötigste investierte und der Maschpark regelrecht verfiel. Vor allem die sanitären Anlagen waren bald unzumutbar, und das Fassungsvermögen rutschte kontinuierlich auf 12.000. Als schließlich 1962 der B-Platz wegen des Straßenbaus „beschnitten" wurde und die 05-Jugendmannschaften auf andere Plätze ausweichen mussten, kamen erstmals konkrete Pläne bezüglich eines Neubaus auf. Für 1,5 Mio. DM sollte ein Stadion mit überdachter Tribüne und Leichtathletikanlagen entstehen. Im Sommer 1968, ausgerechnet als 05 mit seiner wohl besten Mannschaft der Vereinsgeschichte für Furore sorgte und ernsthaft ans Bundesligator klopfte, kam das Aus: Nach dem 7:0 über Sperber Hamburg am 12. Mai 1968 mussten die Schwarz-Gelben den Maschpark verlassen.

Es kam zu einer regelrechten Provinzposse. Während 05 im Jahnstadion kickte und stetig sinkende Zuschauerzahlen registrierte, verzögerte sich das Projekt „neuer" Maschpark immer wieder aufs Neue. Die Stadt verzettelte sich völlig, investierte gleichzeitig in beide Stadien, kümmerte sich im Maschpark jedoch nur um den B- und C-Platz. Schließlich übernahm 05 selbst den Bau des A-Platzes bzw. des Vereinsheim. Als am 14. Februar 1971 der „neue Maschpark" mit einem 6:0-Sieg über den Itzehoer SV eingeweiht wurde (Zuschauer: 4.000), herrschte dennoch alles andere als Feierstimmung. 05 hatte sich durch den Stadionbau finanziell völlig übernommen, und der Maschpark war bestenfalls halbfertig. Weder stand die geplante Tribüne, noch hatte man die Kurven ausbauen können. Wie sein Vorgän-

ger war auch der neue Maschpark ein „Matschpark".

Juso Schröder: Kein Geld für 05!
Göttingen 05 wurde nun zum städtischen Zankapfel Der durch den Stadionbau drohende Konkurs konnte nur durch den Verkauf des neuen Maschparks an die Stadt verhindert werden, wobei sich im übrigen ein gewisser Gerhard Schröder, seinerzeit Juso-Vorsitzender, strikt gegen die Rettung von 05 aussprach. Gleichzeitig stand die 2. Bundesliga vor der Tür, auf die 05 nach Ansicht einiger Politiker „verzichten" sollte. Doch die Schwarz-Gelben bewarben und qualifizierten sich. Damit begann ihr bis heute anhaltendes Nomadentum. Mehrfach wechselte der Verein seitdem zwischen Jahnstadion und Maschpark hin und her. Für den neuen Maschpark fatal: Seit 05 1986 fest ins Jahnstadion wechselte, dümpelt die „Bezirkssportanlage" vor sich hin. Inzwischen bietet das knapp 30 Jahre alte Areal ein Bild des Jammers. Die Stehtraversen sind abgerutscht und teilweise entfernt, das Vereinsheim ist dringend renovierungsbedürftig, und auf dem Rasen tummeln sich nur untere Mannschaften.   *Hardy Grüne*

Stadion Maschpark Göttingen
ER: 1926. FV: vor dem Abriss 20.000, davon 500 unüd. SiP.
ZR: 15.10.1950, 22.000, Oberliga Nord Göttingen 05 – Hamburger SV 2:0.
Adresse des Neuer Maschpark: Schützenanger 1, 37081 Göttingen, Tel. 0551 / 3 14 80.

▦ Heidewaldstadion

Schießbahn unter den Stehrängen

Dass Gütersloh als mittelgroße Stadt zeitweise zwei Vereine im bezahlten Fußball hatte, ist bemerkenswert. Noch bemerkenswerter ist, was das Heidewaldstadion angeht, die Tatsache, dass sich unter den Stehstufenrängen der Nordseite eine Schießbahn befindet – einmalig in deutschen Landen.

Radsport-Domäne Hitler-Stadion

Im Heidewald am südlichen Stadtrand von Gütersloh kaufte die Schützengesellschaft im September 1924 für 38.000 RM ein 17 Morgen großes Grundstück, das sie mit Schießstand und Vereinsheim bebaute. Da in der Weltwirtschaftskrise auch bei den Schützenbrüdern das Geld knapp war, erklärten die sich einverstanden, dass die Stadt im Rahmen von Notstandsarbeiten neben dem Schießstand ein Stadion errichtete. Im April 1932 war Baubeginn, 1933 das Stadion – eine einfache Anlage mit Rasenplatz, 400-m-Bahn und Umkleidehaus – fertig. Im Beisein von Reichssportführer von Tschammer und Osten wurde es als Adolf-Hitler-Stadion eingeweiht.

Erster Pächter war der Radsportverein Gütersloh-Spexard, der in Eigenarbeit überhöhte Kurven einbaute und so ein Radstadion schuf. Die Fußballer, zuerst SuS Gütersloh, dann ab 1934 die aus SuS, DSC und Sportvereinigung entstandene Sportvereinigung Arminia, waren vorerst nur „Untermieter" der Radsportler, die für die sportlichen Höhepunkte im Stadion sorgten; was Rang und Namen hatte, war im Heidewald am Start.

Als die Radsportler nach dem Krieg ihren Pachtvertrag nicht verlängerten, übernahm 1950 die SV Arminia für 25 Jahre das neu benannte Heidewaldstadion. Zu der Zeit gab es noch einige Radrennen, aber das Interesse daran fiel binnen kurzem auf null, zumal die Kurvenerhöhungen abgerissen worden waren, um das Stadion den Bedürfnissen der Fußballer und Leichtathleten anzupassen. Die SVA Gütersloh spielte damals in der Landesliga und Amateur-Oberliga, Höhepunkte der 50er und 60er Jahre waren Pokalspiele gegen Borussia Dortmund (1953) und Preußen Münster (1954) sowie Freundschaftsspiele gegen Schalke (1955), Rot-Weiß Essen (1959) und den HSV (1965). Gegen RWE sollen 11.000 Zuschauer im Heidewaldstadion gewesen sein – Rekord für die Zeit vor dem Ausbau.

Regionalligist ohne Stadion

1968, als ohnehin vieles im Umbruch war, kam auch in die Gütersloher Fußballszene Bewegung. Die DJK, die sich dem DFB erst 1958 angeschlossen hatte, arbeitete sich von der 3. Kreisklasse zur Westfalenmeisterschaft 1969 vor und stieg in die Regionalliga West auf. Die SVA war damit nur noch Nummer zwei in Gütersloh. Wo aber sollte Regionalligist DJK nun spielen? Der Prälat-Wolker-Platz an der Schledebuschstraße, den heute noch Jugend und untere Mannschaften des FC Gütersloh nutzen, war für die Regionalliga nicht geeignet, wohl aber das Heidewaldstadion, aber auf dem hatte die SVA den Daumen. Dazu muss man wissen, dass das Verhältnis zwischen SVA und DJK nicht das beste

war, und manches Mal im Umgang miteinander die Grenzen von Anstand und Sitte überschritten wurden. Es lässt sich ermessen, wie schwierig die Verhandlungen waren, die die Stadt mit der SVA und der Schützengesellschaft führen musste, um die Arminen aus dem Pachtvertrag herauszukaufen und der DJK Regionalliga-Spiele im Stadion zu ermöglichen.

Mit Wirkung vom 1. August 1969 jedenfalls übernahm die Stadt Gütersloh das Pachtverhältnis auf 50 Jahre (mit einer Option auf weitere 50) und zahlte der SVA eine beträchtliche Abfindung. Für die war es eine in jeder Beziehung vernünftige Entscheidung, denn 1975 wäre der Pachtvertrag ohnehin abgelaufen, und ob man dann im Hinblick auf die neue Situation eine Pachtverlängerung bekommen hätte, war mehr als fraglich. Aber bei vielen SVA-Mitgliedern kam dieses Argument nicht an: Hätte die DJK doch in Rheda spielen sollen oder auf dem Mond oder sonstwo!

1971 schaffte auch die SVA den Regionalliga-Aufstieg, woraufhin der Rat der Stadt am 28. Mai 1971 beschloss, das Heidewaldstadion zu einem reinen Fußballstadion für 15.000 Zuschauer auszubauen sowie eine Tribüne mit 1.150 überdachten Sitzplätzen, erweiterte Parkmöglichkeiten und mediengerechte Einrichtungen zu schaffen. Und es entstand das stadionbauliche Kuriosum: Die nach wie vor bestehende Schießbahn der Schützengesellschaft überbaute man, so dass sie heute unter den Stehstufenrängen der Stadion-Nordseite liegt.

Während des Umbaus zogen beide Gütersloher Vereine um: Die SVA trug ihre Heimspiele im benachbarten Rheda aus, die DJK spielte in Brackwede. Nach nur fünf Monaten Bauzeit (Kosten über 2 Mio. DM) führte Olympiasiegerin Heide Rosendahl am 15. September 1972 den ersten Anstoß im neuen Heidewaldstadion aus. „Fast 15.000 Zuschauer" meldete die lokale Presse vom Regionalliga-Spiel SVA – Arminia Bielefeld (1:1). In den nächsten Jahren war die Begegnungen mit Bielefeld und die Lokalderbys zwischen SVA und DJK *die* Ereignisse im Heidewald.

Das Gütersloher Fußballhoch mit zwei Regionalligisten währte allerdings nicht lange. Am 5. Mai 1974 siegte die DJK im letzten Regionalliga-Derby 3:2 und holte damit die entscheidenden Punkte für die Qualifikation zur neuen 2. Bundesliga Nord. Der 13. Rang der SVA reichte für die neue Klasse nicht aus. Zwei Jahre später aber stiegen auch die Blau-Weißen der DJK aus der 2. Bundesliga ab.

Haupttribüne im Heidewaldstadion von Gütersloh.

Fit für die 2. Liga

Was zehn Jahre zuvor niemand für möglich gehalten hätte, trat nun ein: Eine Fusion von SVA und DJK wurde erörtert und mit der Gründung des FC Gütersloh bereits am 12. Mai 1978 aus der Einsicht heraus vollzogen, dass nur so die Rückkehr in den bezahlten Fußball zu schaffen sei. Aber Fusionen sind bekanntlich kein schnell wirkendes Allheilmittel. Erst 1996 gelang dem FCG der Aufstieg in die nun eingleisige 2. Bundesliga. Dazu wurde das Heidewaldstadion den Auflagen der DFB-Kontrollkommission entsprechend „fit" gemacht (neue Beschallung, Brandschutzmaßnahmen, Unterteilung der Stehstufenränge in Blöcke, neue Zuwege im und um das Stadion, Spielertunnel), wodurch sich das Fassungsvermögen auf 12.500 Plätze reduzierte. 1,3 Mio. Mark investierte die Stadt von Herbst 1996 bis Frühjahr 1997. Das Geld schien gut angelegt, denn der FC Gütersloh hielt mit Rang 13 die Klasse und spielte 1997/98 lange um einen Aufstiegsplatz zur Bundesliga mit. In der Sommerpause 1998 installierte man die lang ersehnte Flutlichtanlage, die Nettoinvestitionen von 1,7 Mio. DM teilten sich Stadt und Verein.

Im ersten Spiel 1998/99 gab es gegen Bundesliga-Absteiger 1. FC Köln ein ausverkauftes Haus, aber eine unglückliche 0:1-Niederlage. Das war symptomatisch für die gesamte Saison: Sportlich lief es nicht, interne Zwistigkeiten kamen hinzu. Die finanziellen Probleme des FC Gütersloh wurden nach dem Abstieg offenkundig, und 2000 war alles vorbei. Bei einem Schuldenberg von rund 7 Mio. DM war nichts mehr zu sanieren. Um die Schulden nicht weiter zu erhöhen, wurde die 1. Mannschaft aufgelöst und aus dem Spielbetrieb der Regionalliga West/Südwest zurückgezogen.

Inzwischen hatte sich ein neuer FC Gütersloh 2000 gegründet, der die im Spielbetrieb verbliebenen unteren und Jugend-Mannschaften des FC Gütersloh 1978 aufnahm und in der Saison 2000/01 als Nachfolger des alten Vereins in der Oberliga Westfalen startete. Damit gab es einen fußballerischen Neuanfang im Heidewaldstadion.

Harald Bennert

Heidewaldstadion Gütersloh
ER: 1933/1972. FV: 12.500, davon 1.150 üd. SiP auf der Tribüne.
ZR: „Knapp 15.000", 15.9.1972, Regionalliga West, SVA Gütersloh – Arminia Bielefeld 1:1.
Heidewaldstr., 33332 Gütersloh, Tel. 05241/58 04 73.

Das Ischeland-Stadion in Hagen.

(Foto: Bennert)

Hagen (Westfalen)

Ischeland-Stadion
Ein Stadion, zu groß geraten

Über 39.000 Besucher fasste ehemals die überdimensionierte Sportanlage der 207.000-Einwohner-Stadt im westfälischen Industriegebiet. Heute hat das Ischeland-Stadion von Hagen diese Ausmaße nicht mehr. Das letzte große Ereignis war die Präsentation der Bundesliga-Mannschaft von Borussia Dortmund für die Spielzeit 1998/99 am 9. August 1998. Wegen Bauarbeiten im Westfalenstadion war der BVB nach Hagen gegangen. Mehr als 10.000 Zuschauer sahen das tolle Showprogramm und verursachten ein Verkehrsgewirr fast wie in alten Zeiten.

Das Ischeland war ursprünglich eine sumpfige Heide mitten im Stadtgebiet von Hagen in Westfalen, in den 1920er Jahren als Müllkippe genutzt. An diesem wenig schönen Ort baute die Stadt in den 50er Jahren ein großzügiges Schul-, Sport- und Freizeitgelände, den Sportpark Ischeland, bestehend aus dem Ischeland-Stadion, der Ischeland-Halle, dem Ischeland-Bad, einer Reithalle und fünf Sportplätzen.

1953 gab es erste Überlegungen für die Großsportanlage, 1957 erfolgte die Beschlussfassung, und im Februar 1958 begannen die Bauarbeiten. Nach dreijähriger Bauzeit war das von Prof. Konwiarz (auch verantwortlich für das Niedersachsenstadion Hannover) entworfene Stadion für Großveranstaltungen aller Art mit 36.000 Stehplätzen, 2.294 unüberdachten Sitzplätzen und 872 überdachten Tribünenplätzen fertig – somit

eine Arena für über 39.000 Besucher, die nie ausverkauft sein sollte. Die Einweihung brachte am 18. September 1960 vor 25.000 das Feldhandball-Länderspiel Deutschland – Österreich. Ende 1961 erhielt die Sportstätte durch 30 imposante Fahnenmasten aus Stahlrohr ihr vorläufig endgültiges Erscheinungsbild.

Applaus von 10.000 zum Abstieg
Leichtathletik, Fußball und eben Feldhandball sollten dem gewaltigen Objekt Leben einhauchen. Mit den Internationalen Hagener Stadion-Spielen, hervorragend besetzten Leichtathletik-Meetings, verschaffte sich die westfälische Stadt in den 60er und 70er Jahren einen guten Ruf, konnte aber im Zuge der Professionalisierung dieser Sportart auf Dauer nicht mithalten. Der Feldhandball fand in den 70er Jahren ein lautloses Ende, und der SSV Hagen schaffte es nicht, sich im bezahlten Fußball festzusetzen. 1950-52 und 1960/61 hatten die SSV-Kicker noch auf ihrem alten Platz Am Höing in der 2. Liga West gespielt, stiegen 1966 in die Regionalliga West auf und im Ischeland-Stadion ein. Zwar stiegen sie gleich wieder ab, aber mit 7.000 Zuschauern im Schnitt hatten sie eine für Regionalliga-Verhältnisse beachtliche Zahl aufzuweisen. 10.000 verabschiedeten ihre Mannschaft im letzten Heimspiel am 10. Mai 1967 gegen Alemannia Aachen trotz 1:2-Niederlage und Abstieg mit stürmischem Beifall – ein bemerkenswertes Ereignis!

Hagens Fußballfreunde konnten aber nicht nur den SSV sehen, sondern bis in die 80er Jahre hinein auch viele Repräsentativ-Begegnungen und internationale Freundschaftsspiele. Den Zuschauerrekord erlebte das Ischeland-Stadion mit 32.000 beim Jugend-Länderspiel DFB – Tschechoslowakei im Rahmen des 4. UEFA-Jugendturniers am 21. April 1965. Die Allermeisten waren

Schülerinnen und Schüler, die bei freiem Eintritt ein 0:0 sahen und danach einen Losentscheid gegen die Bundesdeutschen. Linker Verteidiger der DFB-Elf war damals ein gewisser Hans-Hubert Vogts vom VfR Büttgen.

Feuerteufel an der „UFO-Landestelle"
In die Schlagzeilen kam Hagens Arena nur noch einmal, durch ein skurriles Ereignis, als am 17. Oktober 1984 ein Geistesgestörter Feuer legte, um eine Landestelle für Außerirdische zu markieren. Der Mann verblieb nach Ausführung seines „Auftrags" am Tatort und ließ sich widerstandslos festnehmen, aber der angerichtete Schaden war beträchtlich.

Überhaupt begann das Stadion Verfallserscheinungen zu zeigen. 1988/89 wurde es in 14-monatiger Bauzeit für 4 Mio. Mark modernisiert. Eine Kunststoffbahn ersetzte die Aschenbahn, Flutlicht wurde installiert und das Fassungsvermögen von über 39.000 auf angemessene 18.000 Plätze (davon 3.000 nicht überdachte und 860 überdachte Sitzplätze) reduziert. Am 12. September 1989 „erstrahlte die neue Prunkstätte des Sports in hellem Glanz" („Westfälische Rundschau"); den 9.000 wurde ein leichtathletisches Vorprogramm geboten und anschließend ein 7:0 des Zweitligisten Schalke 04 gegen eine aus drei Hagener Landesliga-Teams zusammengesetzte Stadtauswahl.

Auch beim SSV Hagen bestand Ende der 80er Jahre Sanierungsbedarf hinsichtlich der finanziellen Verhältnisse, aber da war letztendlich nichts mehr zu sanieren. Der Verein verschwand in der Versenkung, die Fußballer sammelten sich um den FSV Hagen. Vor kurzem erfolgte die Rückbenennung auf den Traditionsnamen SSV Hagen, der 2000/01 der Landesliga Südwestfalen angehört.

Für die Leichtathletik gehört Hagens Stadion zu den schönsten Anlagen in Westdeutschland, ist Landesleistungsstützpunkt und Austragungsort vieler (auch überregionaler) Veranstaltungen und wird intensiv durch Schulen und Leichtathletik-Abteilungen mehrerer Vereine genutzt. *Harald Bennert*

Ischeland-Stadion
Hagen in Westfalen
ER: 1960/1989. FV: 18.000, davon 860 üd. und 3.000 unüd. SiP sowie 14.140 StP.
ZR: 32.000, UEFA-Jugend-Turnier, 21.4.1965, Deutschland – Tschechoslowakei 0:0.
Am Stadion 1, 58097 Hagen i. W., Tel. 02331 / 818 37.

▪ Kurt-Wabbel-Stadion

Der Unglückstag 26. September 1997

Ein Monument der NS-Architektur bedeutet die größte Sportstätte von Halle an der Saale, im Olympiajahr 1936 eingeweiht, und trotz CDU-Protesten nach wie vor dem Antifaschisten Kurt Wabbel gewidmet. Große Teile der Stadionummauerung wie auch der „Befehlsturm" sind behauene Blöcke aus rotbraunem Porphyr, und aus demselben Material sind die sechs großen nationalsozialistischen Statuen, die seit DDR-Zeiten (!) das ehemalige „Tor der Kämpfer" des Faschismus flankieren. Eingelassen im Boden vor dem Eingang zur Tribüne ist eine Gedenktafel: Erinnerung an ein in der deutschen Stadiongeschichte einmaliges Unglück, das 1997 vier Menschenleben kostete.

Statuen von der „Thingstätte"
„In rotbraunen Porphyr gemeißelt, wird am Tor des Stadions in Halle eines Arbeitersohnes und leidenschaftlichen Sportlers der Saalestadt gedacht, dessen Namen diese Sportstätte trägt: Kurt Wabbel, ein ebenso mutiger wie klassenbewusster Kämpfer gegen den Faschismus (1901-1944)." So begann um 1977 in der Stadien-Serie der „Fußball-Woche" ein Beitrag zum Hallenser Kurt-Wabbel-Stadion. Den früheren Stadionnamen verschwieg man, denn der Namensgeber aus dem Jahre 1939, Horst Wessel, ein bei einem Zuhälterstreit ums Leben gekommener Berliner SA-Mann, war in der DDR eine Unperson. Die gemeißelte Inschrift am Tor sieht man heute nicht mehr, eine große Holztafel trägt den Namen Wabbels, dessen Gedenktafel nahebei ein Sprayer verunstaltet hat.

Ein nationalsozialistischer Bau, benannt nach einem Widerstandskämpfer – da sollte man annehmen, dass die sechs imposanten Statuen am Tor beim „Befehlsturm" ebenfalls der DDR-Ära zuzuordnen wären. Erstaunlicherweise ist dem nicht so, denn die DDR hat, wie erwähnt, an dem Ort NS-Kunst platziert. Die Figuren – Maurer, Hüttenarbeiter, Schmied, Bergmann, Geistesarbeiter und Bauer – standen nämlich ehemals auf dem am 1. Mai 1934 als „erste deutsche Thingstätte" eröffneten Hallenser „Thingplatz" an den Brandbergen, zu dem ein Amphitheater mit 5.040 Plätzen

gehörte (in den 90er Jahren waren noch Ruinen erhalten). Nach 1945 wurden die Denkmäler im Ratshof von Halle deponiert und im Juli 1951 am Stadioneingang aufgestellt. Insbesondere die Gestaltung des Geistesarbeiters galt als umstritten: „Hat die Intelligenz Kopfschmerzen?", wurde einmal in einer Eingabe nachgefragt.

Ein Stadion, „reichlich verunglückt"
Die Saalestadt besaß, basierend auf einem Stadtverordneten-Beschluss von 1920, bereits 1923 ein Stadion, das am 27. Mai mit einer großen Sportwoche eingeweiht wurde. Allerdings entstand aufgrund der wirtschaftlichen Lage nichts Halbes und nichts Ganzes. „Die Not der Zeit zwang zur Zurückhaltung", hieß es. „Es fehlt vor allen Dingen eine geräumige Tribüne mit bequemen, regensicheren Sitzplätzen und zahlreiche Umkleideräume mit den notwendigen sanitären und hygienischen Einrichtungen." Barackenartige Kassenräume dienten als Umkleiden, zwei Duschen wurden erst nach 1930 installiert. Lediglich die Aschenbahn dieser Anlage im Süden der Stadt genügte den Ansprüchen.

In den 30er Jahren galt die Kampfbahn der Stadt Halle, wie sie offiziell hieß, als „reichlich verunglückt" („Saale-Zeitung"): „Ein mit Brettern eingezäunter Spielplatz, für größere Veranstaltungen ungeeignet." Deshalb ging man 1935 den Ausbau „unter Abstandnahme von jedem überflüssigen Luxus" für 400.000 RM an: Die z.T. bereits vorhandenen Erdwälle wurden in gleichbleibender Höhe um den Platz geführt und erhielten acht mit Betonsaumsteinen befestigte Stufen. Auf dem Wall verlief ein 4,50 m breiter Umgang mit einer doppelten Baumreihe. Eine Eisenbeton-Tribüne mit 1.200 Sitz- und 250 Stehplätzen wurde auf der Westseite erbaut. 13.000 Kubikmeter Erdreich schüttete man auf und baute die Kurven aus, wobei an der Südseite eine Bahnlinie (heute von kleinen Bäumen und Gestrüpp überwachsen) keine Erweiterung zuließ. Ursprünglich sollte Freyenburger Muschelkalk für die sog. Schmuckbauten verwendet werden, dann aber schuf man mächtige Mauern aus Por-

Das Kurt-Wabbel-Stadion als es noch Horst-Wessel-Kampfbahn hieß. Gut zu erkennen die stilisierten Rundbögen.

phyr, „dem rötlichen Stein unserer Heimat".

Die Ummauerung ist teils mit stilisierten Rundbögen versehen, eine seltene Variante deutscher Stadionarchitektur. Im wuchtigen „Befehlsturm" befand sich der erwähnte weite Torbogen, der als „Einmarschtor" galt und nicht die Bezeichnung Marathontor, sondern „Tor der Kämpfer" trug – „zugleich eine Erinnerung an die gestaltenden Kräfte unserer Zeit" (d.h. den Nationalsozialismus). Ein 60 Zentner schweres Tor schloss den Zugang ab, versehen mit einem Muster aus Quadraten und mit Eichenblättern gekreuzten Kurzschwertern.

Die Mitteldeutsche Kampfbahn

Bei der Einweihung mit einem Gausportfest des Reichsarbeitsdienstes (RAD) am 22. August 1936 vor 25.000 waren alle voll des Lobes: Die Mitteldeutsche Kampfbahn von Halle, Fassungsvermögen 35.000 Zuschauer, sei „die schönste, größte und modernste in Mitteldeutschland", wurde geurteilt. „Die Stadt selbst wird um ein Bauwerk von ungewöhnlichen Ausmaßen und von großzügiger Gestaltung reicher" („Saale-Zeitung"). „Es ist ein Bau der Schönheit und Größe zugleich geworden, er ist mit seinen gewaltigen Mauern aus Porphyr für die Ewigkeit errichtet" („Mitteldeutsche National-Zeitung"). Nach dem RAD-Fest gab es noch

im Olympiajahr 1936 mit den Deutschen Polizei-Fünfkampf-Meisterschaften – eine Disziplin war „Handgranatenwerfen im vollkommenen Dienstanzug" – vor 25.000 eine weitere Großveranstaltung; einer der Publikumsmagneten war Kugelstoß-Olympiasieger Woellke.

Da auch das Erfurter Stadion Mitteldeutsche Kampfbahn hieß, entschloss man sich in Halle 1938 zu einer Neubenennung. Anlässlich der Wettkämpfe der SA-Gruppe Mitte am 30. Juni 1938 sollte das Stadion in Horst-Wessel-Kampfbahn umbenannt werden. Weil SA-Stabschef Viktor Lutze einer Italien-Reise den Vorzug gab, fand dieser Akt erst am 23. Februar 1939 statt. Lutze, der Gauleiter und der OB kamen abends ins Stadion, SA-Standarten marschierten auf, und gemeinsam sang man die vier Strophen des Horst-Wessel-Liedes.

Mit dem Zusammenbruch des NS-Regimes erhielt Halles Stadion durch Magistrats-Beschluss seinen vierten Namen. Am 4. November 1945, vor Beginn des Städtespiels Halle – Dessau, wurde es nach dem Widerstandskämpfer Kurt Wabbel benannt. Neben Sportveranstaltungen erlebte das Stadion wie andere DDR-Arenen auch politische Manifestationen wie 1951 mit 60.000 Jugendlichen (Stadion plus Umfeld, nehmen wir an) das „Gelöbnis der Friedenskämpfer und der Verteidiger der Republik"; anschließend spielten Turbine Halle und der Floridsdorfer AC aus Wien Fußball.

Es sitzt sich wohl auf „Plastofol"!

1956 legte man einen neuen Rasen und eine neue Laufbahn an; der Einsatz freiwilliger Helfer war damals allerdings nicht so, wie man es sich versprochen hatte. Die Tribüne wurde 1961 renoviert, da – von wegen „Bau für die Ewigkeit" – die Betonschicht herunterzustürzen drohte. 1969 erhielt sie Plastofolsitze (Plastofol, einer jener eigenartigen DDR-Ausdrücke, bedeutete „widerstandsfähiges Furnierholz"). Im selben Jahr weihte man beim Spiel Chemie Halle – Gornik Zabrze (Polen) vor 20.000 eine 224.000-Watt-Flutlichtanlage ein und besaß damit die bestausgeleuchtete Sportanlage der DDR.

Angesichts des Andrangs der Funktionäre zum „III. Festival der Freundschaft" „zwischen der Jugend der DDR und UdSSR" erweiterte man die Ehrentribüne auf 300 Plätze und überdachte dieselbe. 1981 wurden Stehplätze auf der Ostseite in 500 Sitzplätze umgewandelt.

An Attraktionen war in der Hallenser Sport-Arena kein Mangel: 1970 begrüßten 25.000 die Friedensfahrer, beim ersten Fußball-Länderspiel in der Stadt sahen 20.500 im Jahre 1975 das 1:2 der DDR gegen den WM-Dritten Polen, dieselbe Besucherzahl wurde beim ersten U-21-Endspiel um die Europameisterschaft DDR – Jugoslawien (0:1) verzeichnet. 18.000 waren beim WM-Qualifikationsspiel DDR – Schottland (2:1)

*„Geistesarbeiter" mit Kopfschmerzen?
– Eine Statue aus der Nazi-Zeit.*

1975 vor Ort. Halle war – unter unterschiedlichen Vereinsnamen – lange Jahre in der Oberliga präsent; 1949 und 1952 ging der DDR-Titel in die Saalestadt, 1956 und 1962 der Pokal. Die dreimalige Teilnahme an EC-Wettbewerben brachte Gastspiele von OFK Belgrad, PSV Eindhoven und Torpedo Moskau; über Runde eins kamen die Hallenser nie hinaus.

Weitere Renovierungen und Zusatzbauten waren infolge der DFB-Auflagen mit der Einreihung des (seit Juni 1991 so genannten) Halleschen FC in die 2. Bundesliga 1991 verbunden, obwohl DFB-Ligaausschuss-Mitglied Dr. Karl-Ernst Engelbrecht befand: „Für 54 Jahre Alter ist die Verfassung des Stadions hervorragend. Da gibt es ganz andere Sorgenkinder."

Halles Zweitliga-Gastspiel währte ein Jahr, von da an gab es größeren Besuch bei Konzerten (Premiere 1994 mit Aerosmith vor 12.000). „Wabbel-Stadion

bald Ruine?", fragte das „Hallesche Tagblatt" 1994; die 255.000-Einwohner-Stadt, größte in Sachsen-Anhalt und viertgrößte in Ostdeutschland, hatte als Eigentümer dem HFC das Stadion quasi zum Nulltarif überlassen. Ein Bayern-München-Gastspiel 1995 in Halle (2:12) beim nunmehrigen Fünftligisten lockte noch einmal 16.200, der bauliche Zustand der unter Denkmalschutz stehenden Anlage war weiterhin bedenklich: 1996 hieß es, das Marathon-Tor und die Umfassungsmauern aus Porphyr-Bruchsteinen drohten zu zerfallen.

Die Gedenktafel im Boden

Wo sich sonst 800 bis 1.000 Besucher verloren, herrschte anlässlich des Derbys „Arm gegen Reich" – Hallescher FC kontra VfL Halle 96 (beheimatet im Stadion am Zoo, Geschwister-Scholl-Straße) – nochmals großer Andrang; erstmals standen sich beide Klubs in einem Punktekampf gegenüber. 10.000 wollten am 26. September 1997 den Lokalkampf sehen, der nie angepfiffen wurde. Der Spielbeginn war für 19.30 Uhr vorgesehen, als um 19.17 Uhr das Unglück geschah: Ein Sprunglehrer aus einer Formation von zehn Fallschirmspringern, die den Spielball ins Stadion bringen sollten, verfing sich in den Seilen seines Schirms, der sich nicht öffnete. Der Fallschirmspringer stürzte in eine Gruppe von etwa 100 Zuschauern, die im Eingangsbereich Kantstraße standen. Er wurde ebenso wie drei Fußballfreunde getötet, sechs weitere Menschen wurden verletzt.

Die Hallenser Tragödie war am 4. November 1997 für die Bürgermeisterin der Stadt und die Präsidenten des HFC und VfL 96 Anlass, eine Bronzetafel in den Boden der Unglücksstelle einzulassen. „Zum Gedenken an die Opfer des tragischen Unglücks am 26. September 1997", lautet die Inschrift, unterschrieben mit beiden Vereinsnamen.

Die CDU will einen anderen Namen

Der langwierige Streit um die Benennung des Kurt-Wabbel-Stadions ist inzwischen ad acta gelegt. Wabbel, geboren 1901 in Halle, war seit 1920 KPD-Mitglied, Stadtverordneter und als Ringer 1928 Teilnehmer der Moskauer Arbeiterolympiade. Wabbel, in der Nazizeit mehrmals inhaftiert, starb am 26. Mai 1944 im KZ-Außenlager Wernigerode im Harz, wo er seit 1941 gefangen war. Nach 1945 waren ihm zu Ehren das Stadion, der Kultursaal des Hallenser Gaswerks und das Kulturhaus am Holzplatz benannt.

1997 plädierte die CDU für den neuen Namen Stadion am Gesundbrunnen

(das ramponierte Bauwerk befindet sich in Stadionnähe). Die Christdemokraten beriefen sich auf „protokollierte Unterlagen von Mithäftlingen und Zeitzeugen aus dem SED-Bezirksarchiv – jetzt im Landesarchiv Merseburg – aus dem Jahr 1948". Danach hätte sich Wabbel selbst getötet (zu DDR-Zeiten war Lesart, dass ihn die Nazis umbrachten), mögliche Gründe seien „Depressionen" und „die Angst wegen seiner entdeckten Homosexualität" gewesen. Außerdem wurde behauptet, er hätte mit „Faschisten-Cliquen" z.B. gegen sowjetische Gefangene „paktiert".

Wie man heute weiß, gab es innerhalb der KPD bzw. SED nach 1945 reichlich Eifersüchteleien und persönliche Animositäten. Der Hallenser Kulturdezernent Karl-Heinz Gärtner (PDS) beurteilte die Dokumente dahingehend, dass sich das Verhältnis der negativen zu den positiven Bewertungen zu Wabbel im Verhältnis zwei zu 100 verhalten würde. Am 17. September 1997 lehnten PDS, SPD, Volkssolidarität und Neues Forum mit 31 zu 15 Stimmen den Umbenennungs-Antrag der CDU ab.

Der Hallesche FC stieg 2000 in die Oberliga auf, registriert immer noch die beachtliche Zahl von 30 Fanklubs, ist aber weit von einstiger Bedeutung entfernt. Lokalrivale VfL Halle 96 ist seit 2000 ebenfalls viertklassig.

Was dessen Stadion angeht, so war dort nach 1945 nie ein erstklassiger Verein zu Hause, weshalb in diesem Buch ein Extra-Kapitel zu der Spielstätte entfällt. Indes sei kurz erwähnt, dass das Stadion bereits 1923 gegenüber der „Kampfbahn der Stadt Halle" für fußballerische Großkämpfe den Vorzug erhielt – „es macht den geschlosseneren Eindruck, Steinterrassen sind haltbarer und praktischer als abgeschrägte Erdwälle".   *sky*

Kurt-Wabbel-Stadion Halle/Saale
ER: 1923 / 1936. FV: 23.000.
ZR: je 25.000, 1936: 22.8. Stadioneinweihung mit Gausportfest; Deutsche Polizei-Fünfkampf-Meisterschaften im selben Jahr.
Kantstraße, 06110 Halle,
Tel. 0345 / 444 1293.

Stadion des Altonaer FC 93

Adolf Jägers Kampfbahn

Lange Jahre eine „erste Adresse" des Hamburger Fußballs war die Kampfbahn von Altona 93, die heute den Namen des Nationalspielers Adolf Jäger trägt. Zwar ist die Anlage nur noch für 10.000 und nicht mehr für 27.000 Besucher zugelassen, beeindruckt aber immer noch durch ihre Ausmaße. Leider ist sie wie etliche andere hanseatische Traditions-Arenen aufgrund des sportlichen Abstiegs ihrer Besitzer zuschauermäßig kaum noch frequentiert – von Dornröschenschlaf mögen wir nicht schreiben, denn an ein Comeback der Altonaer mag man so recht nicht glauben; eine „dritte Kraft" in Hamburg nach dem HSV und St. Pauli zu etablieren, scheint ein schwieriges Unterfangen.

Zwischen großen Klinker-Blocks des Arbeiter- und Kleine-Leute-Viertels Bahrenfeld, auf deren Dächern und Balkonen einst Hunderte ausharrten, wenn Altona spielte, in nächster Nachbarschaft von Fabriken, Betrieben, Werksbahngleis und der S-Bahn-Trasse war das AFC-Stadion viele Jahrzehnte lang Anziehungspunkt für viele Tausende. Was Arbeiter und die sog. kleinen Leute betrifft: Ein Klub derartigen Zuschnitts war Altona nie, waren Anhänger und Mäzene doch auch in den noblen Elbvororten ansässig. Altonaer FC 93 nennt sich der Verein offiziell, was die Anfeuerung mit A-F-C-Sprechchören erleichtert. Wer jetzt über die Stehwälle wandert, deren Stufen teils dicht überwuchert sind, entdeckt in einer Ecke neben der Tribüne sogar noch einen verfallenen früheren Haupteingang: Nur noch drei schmiedeeiserne Buchstaben, ein A, ein N und ein weiteres A sind hier überm Tor geblieben vom einstigen „Altona 93" an der Pforte zur Fußball-Seligkeit, durch die die von der Straßenbahn-Haltestelle her strömenden Anhänger gingen. Das war an Tagen wie 1964, als wochentags, 18 Uhr, 16.000 zum DFB-Pokal-Halbfinale gegen 1860 München kamen. 4:1 n.V. gewannen „die Löwen", wurden Pokalsieger und begegneten West Ham United im EC-II-Endspiel.

„Wie die Maus im Speck…"
Altona 93 hatte das bei der Bahrenfelder Brauerei gelegene Areal 1908 gepachtet und mit einem 7:1 gegen den Lübecker Ballspielclub eröffnet. „Ja, die Altonaer, das ist ein Volk!", meldete die Zeitschrift „Spiel und Sport" 1912. „Sitzen da in ihrem schönen Altona wie die Maus im Speck. Haben Spieler und Mitglieder die Hülle und Fülle und Gönner ohne Zahl. Haben zwei schöne Sportplätze und last not least Geld, Geld und nochmals Geld."

Ein vorheriger Spielort war seit Herbst 1895 die Altonaer Exerzierweide, wo 1903 das erste Endspiel um die Deutsche Meisterschaft ausgetragen wurde, VfB Leipzig gegen DFC Prag (7:2). Seit 1904 spielte man im Innenraum der Trabrennbahn von Bahrenfeld,

die es heute noch gibt. 1921 kaufte der Verein das Gelände seines heutigen Stadions. Nach dem Ausbau in den 20er Jahren war dies die größte Sportstätte von Altona – und Hamburg! –, Besucherrekord waren 27.000 im Jahre 1922 beim Repräsentativspiel Norddeutschland – Südschweden (später in der Oberliga Nord gegen den HSV zweimal ebenfalls erreicht). Heim-Zuschauerrekord allerdings bedeuteten die 33.000 im Juni 1967 in der 1. Hauptrunde des DFB-Pokal, doch da spielte man nicht „auf der Adolf-Jäger-Kampfbahn", sondern im Volksparkstadion gegen den HSV (0:6). Diese Derbys waren in der Oberliga Nord besonders beliebt und kamen im Schnitt auf 15.000 Zuschauer.

Wie etliche andere Hamburger Sportplätze wurde auch die Adolf-Jäger-Kampfbahn mit Kriegsende von den englischen Besatzern beschlagnahmt, wobei die Besitzer Gastrecht erhielten, später aber ein Chaos vorfanden: „Das Spielfeld eine einzige Sandwüste, die Umzäunung am Umfallen, die Zuschau-

In der Nachbarschaft von Fabriken und Arbeiterwohnungen lag einst die Kampfbahn von Altona 93.

(Fotos: Altonaer FC 93)

erränge meterhoch mit Unkraut überwuchert, die Umkleideräume baufällig
bis zur Lebensgefährlichkeit." Man ging
mit vereinten Kräften – „Beinamputierte
schufteten für zwei!" – daran, das Stadion wiederherzustellen, und war mit
dem 1. Mai 1950 wieder alleiniger Nutzer. Auch „Oma" Dahlgrün, sonst in einer Villa in den Elbvororten beheimatet,
war wieder da; bei einem Heimspiel bei
minus 17 Grad trug sie Erfrierungen an
Nasenspitze und Zehen davon. Die
überdachte Tribüne weihte man Weihnachten 1958 mit der Begegnung Altona
93/Concordia gegen Ferencvaros Budapest ein, die neue Flutlichtanlage im Oktober 1989.

1944, Schicksalsjahr der Jägers
Wer heute durch das schön gestaltete
Tor der Adolf-Jäger-Kampfbahn tritt,
sollte danach rechter Hand nach dem
Gedenkstein für die Kriegstoten Ausschau halten, der ursprünglich ausschließlich dem Namensgeber und Nationalspieler (1889-1944) gewidmet war.
Jäger stürmte für Altona, mit 270.000
Einwohnern damals die größte Stadt
von Schleswig-Holstein, nicht für Hamburg, das sich 1938 die Nachbarstadt
einverleibte. 16 Jahre dauerte seine Na-
tionalelf-Laufbahn (1908 bis 1924), das
übertrafen später nur Fritz Walter (1940-
1958) und Lothar Matthäus (1980-2000).
Dass er „nur" 18 Länderspiele (11 Tore,
10-mal Kapitän) bestritt, lag am nicht so
häufigen Spielbetrieb jener Zeit, der im
1. Weltkrieg und danach international
völlig ruhte, und daran, dass ihn sein
Regiment 1909-11 für Länderspiele
nicht freistellte (Soldaten waren Auslandsreisen untersagt).

Jäger war dabei, als der Verein 1944
der Kampfbahn seinen Namen gab.
1944 aber wurde das Schicksalsjahr seiner Familie: Sohn Rolf, hochtalentierter
Ligaspieler, kam am 10. Juni als Flaksol-
dat nach der Invasion der Alliierten auf
einem französischen Flugplatz ums Leben; Vater Adolf starb als Luftschutzhel-
fer am 21. November bei einem Bombenangriff nahe dem Altonaer
Fischmarkt. Sein Grab, geschmückt mit
einem überdimensionalen Vereinswappen,
findet man auf dem Hauptfriedhof
im Volkspark Altona, sein Bildnis hing
noch lange Zeit im Kabinengang. Man
schrieb noch von Altona 93 als der
„Adolf-Jäger-Elf", als er längst tot war,
oder nannte spätere Teams „Adolf Jä-
gers Nachfahren". Hatte man das Stadion wieder einmal fein hergerichtet, las
man: „Wenn Frau Agnes ihren Adolf
und ihren Rolf besucht, dann kann sie
jedesmal berichten, dass Glanz über
dieser Stätte ihres Lebens liegt."

Altona 93, Mitgründer des DFB, viermal in der Endrunde um die Deutsche
Meisterschaft, 1933-45 durchgehend
Gauliga, viele Jahre Oberliga Nord,
schließlich 1963-68 in der Regionalliga
Nord, fand sich schließlich in der 5. Liga
wieder. Dann kam Geld von Edeka und
der Aufschwung: Auswärtsterrain wie
der Urania-Platz in Barmbek oder der
Opferberg auf der anderen Elbseite erlebten selten gesehenen Zuspruch,
hatte Altona 93 doch plötzlich Ex-St.-
Pauli-Profis in seinen Reihen, darunter
den heutigen Gastronom Walter „Fro-
schi" Frosch. Es ging hinauf in die 3.
Liga und wieder hinab, mangels finanzieller Mittel, so dass der Traditionsverein
die Spielzeit 2000/01 in der Verbandsliga
absolvierte. Eine treue Anhängerschar
ist geblieben, darunter die zeitweise als
„schwarzer Block" bezeichneten jüngeren, inzwischen aber auch schon älteren Altona-93-Freunde, irgendwie ver-
sprengte Fans des FC St. Pauli. Der
beste Standplatz ist übrigens der Rasen-
hang hinter dem Tor vor der Pappel-
reihe: Er verspricht Dramatik, ist dies
doch das „Trainingstor" der 93er.

„Symphonische Farbenschönheit"
Unseres Wissens ziemlich einmalig ist
die Spielkleidung des AFC: Schwarz-
weiß-rot quergestreift ist das Trikot.
„Die Spieler gleichen unfreiwillig einem
Zirkusclown", hatte ein Leserbrief-
schreiber einmal kritisiert. Der tief belei-
digte Verein antwortete: „Uns sind unsere seit weit über 50 Jahren durch dick
und dünn getragenen Vereinsfarben etwas Heiliges, ja, etwas Kostbares. Schöner grüner Rasen, der wundervolle
schwarz-weiß-rote Dress, die weiße
Hose" – das bedeute „ein prächtiges
Bild von symphonischer Farbenschön-
heit".   *sky*

> **Adolf-Jäger-Kampfbahn**
> **Hamburg-Altona**
> ER: 1908. FV: früher 27.000, heute
> 10.000, davon 1.500 üd. SiP.
> ZR: je 27.000; Repräsentativspiel,
> 1922, Hamburg – Südschweden;
> Oberliga Nord, 8.3.1953, Altona 93
> (Dieter Seeler fehlte!) – HSV 1:4;
> Oberliga Nord, 3.3.1957, Altona 93
> (mit Torhüter Ernst Lorkowski, dem
> Vater des heutigen Trainers Michael)
> – HSV 2:2.
> Griegstraße 62, 22763 Hamburg,
> Tel. 040 / 880 74 14 (Kampfbahn),
> 880 63 14 (Geschäftsstelle).

◼ Sperber Sportplatz Alsterdorf
Kiebitze auf dem U-Bahnsteig

Zu den Klubs, die überregional völlig
von der Bildfläche verschwunden sind,
gehört der SC Sperber aus Hamburg-
Alsterdorf, 1966 bis 1972 u.a. mit den
Ex-HSVern Horst Dehn, Peter Wulf und
Gerd Piechowiak, den späteren Trainern
Gerd-Volker Schock und Uli Schulz in
der Regionalliga Nord zweitklassig und
nach wie vor zu Hause am Sportplatz
am Heubergredder 38.

Den besten Überblick auf Sperbers
Anlage bietet der Bahnsteig des U-
Bahnhof Alsterdorf. Dort standen einst
die Kiebitze, die den Eintritt sparen wollten, was dem „kicker" ein Photo wert
war. Es war ihr Risiko, wenn ausgerechnet bei einer spannenden Torraumszene
die U 3 von Garstedt einfuhr und den
Blick versperrte...

Der SC Sperber von 1898 war erst
auf dem heutigen Hamburger Stadt-
park-Gelände aktiv und ließ sich, als der
Bau des Parks aktuell wurde, 1909 auf
einem 12.000-qm-Areal an der Alsterdorfer Straße 300 nieder, wo 1914 ein
zweiter Sportplatz hinzukam. 1921
schloss man mit dem Staat den 99-jähri-
gen Pachtvertrag für den jetzigen Sperber-Platz am U-Bahnhof, Einweihung
war am 25. Juli 1926.

Ausbau mit Toto-Geldern
Mit Kriegsende 1945 beschlagnahmten
die Briten das Sportgelände, das im darauf folgenden Jahr zurückgegeben
wurde. Allerdings, in den Nachkriegs-
monaten waren die Holzumfriedung des
Spielfelds, sämtliche Sitzbänke, Flaggenmasten, Tore und Teile der Kassenhäuschen abhanden gekommen. Der SC
Sperber renovierte seine Anlage, feierte
das 50-jährige Bestehen 1948 mit einem
Festspiel gegen den FC St. Pauli und erweiterte bis 1950 den Platz durch Toto-
mittel, 10.000 DM Mitglieder-Spenden
und Eigenarbeit auf ein Fassungsvermögen von 10.000 Besuchern (Flutlichtanlage 1962, ein bescheidener Tribünenbau 1969). Lobte das „Abendblatt":
„Eine Anlage, um die mancher Oberli-
gaverein den alten Fußballpionier Hamburgs beneiden wird." Zu Regionalliga-
Nord-Zeiten gab man das Fassungsvermögen mit 12.000 an – ob da die Zuschauer auf der Bahnsteig-Plattform der
U-Bahn mit eingerechnet waren?

Der Zuschauerrekord kam nicht beim
Fußball zustande, sondern beim Handballspiel SC Sperber – Nürnberg mit
6.500 Besuchern. Bestmarken im Fuß-

ball: Für Sperber einige Male 4.500 Besucher, beim Gastspiel des einstigen „Starensembles" des Hummelsbüttler SV (mit „Schorsch" Volkert und Peter Hidien) in der 1. Hauptrunde des DFB-Pokal 1983/84 gegen Bundesligist Offenbacher Kickers (1:6) 5.000 Zuschauer.

sky

(Foto: SC Sperber Hamburg)

Der Sperber-Sportplatz in Alsterdorf besteht bereits seit 1909.

Sperber-Sportplatz am Heuberg-redder Hamburg-Alsterdorf
ER: 1909/1926. FV: früher (angeblich!) 12.000, heute 5.000, davon 350 üd. SiP.
ZR: 6.500, Feldhandball-Spiel, SC Sperber Hamburg – Nürnberg. – Im Fußball: 5.000, DFB-Pokal 1983/84, Hummelsbütteler SV – Offenbacher Kickers 1:6.
Heubergredder 38, 22297 Hamburg, Tel. 040/511 68 81.

Wilhelm Rupprecht-Platz Barmbek

„BU", Heimatvertriebene des Fußballs

Ein Stadtteil-Verein, der 1963/64 und 1966 bis 1975 im bezahlten Fußball mitspielte, erst in der Regionalliga Nord, dann in der 2. Bundesliga, war der Hamburger Sportverein Barmbek-Uhlenhorst von 1923, als „BU" oder „kleiner HSV" bekannt (die Nationalspieler Gert Dörfel und Willi Giesemann, Amateur-Nationalspieler Harry Bähre, Fock, Kreuz und Sandmann, sämtlich Ex-HSVer, spielten bei den Blau-Gelben). Unter der Adresse Steilshooper Straße 210a findet man den Wilhelm-Rupprecht-Platz in einer Gegend vor, in der das „Hamburger Abendblatt" „die typische Barmbeker Dreieinigkeit Kneipe-Arbeit-Fußball" entdeckte.

1921 war das Gelände frei geworden und per Vertrag zwischen Finanzdeputation und der HTBU am 8. April 1922 dem Sport übergeben worden. Als sich im allgemeinen Konflikt Turnen – Fußball 150 Mitglieder fürs runde Leder entschieden und 1923 „BU" gründeten (Vorsitzender: Wilhelm Rupprecht) ging der Vertrag 1924 auf den Fußball-Verein über, der die Anlage am 30. August 1925 gegen den Eimsbütteler TV eröffnete. Am Bau musste auch eine Arbeitskolonne Strafgefangener mitwirken.

1945 war die Sportanlage in dem schwer zerstörten Stadtteil ein einziger Bombenkrater. Trotz Wiederaufbau galt das Stadion im Schatten der Klinkerhäuser 1963 als nicht Regionalliga-tauglich: Man spielte auf Grand, und so musste „BU" 1963/64 in die Jahn-Kampfbahn im Stadtpark ausweichen, damals zugelassen für 10.000 Besucher. Nach dem Wiederaufstieg spielte man 1966/67 auf dem Sperber-Platz in Alsterdorf (Fassungsvermögen 7.000). Am 22. August 1967 endlich wurde der Rasenplatz auf dem Rupprecht-Platz (benannt nach dem langjährigen Vorsitzenden) eingeweiht, 7.000 kamen gegen den „großen HSV". Ein Jungspund, dessen Vater Bernd noch als über Vierzigjähriger für „BU" auflief, überreichte damals Uwe Seeler den Vereinswimpel: Andreas Brehme, der spätere Weltmeister.

Zu „großen Spielen" in der Regionalliga, z.B. gegen den FC St. Pauli, zog man auf den HSV-Platz am Rothenbaum um. Es gab Pläne, in Barmbek die Sitzplätze zu überdachen, doch musste „BU" in seiner einzigen 2.-Bundesliga-Nord-Saison 1974/75 seine Heimat erneut verlassen und am Rothenbaum spielen, weil Fassungsvermögen (8.000) und Sicherheitsbedingungen (fehlender Zaun) im vereinseigenen Stadion vom DFB nicht akzeptiert wurden. Das Zweitliga-Gastspiel endete mit einem finanziellen Desaster, die Schulden beliefen sich auf 500.000 DM. Der Senat verwei-gerte eine 250.000-DM-Bürgschaft, und der Verein überlebte nur dank großer Spendenbereitschaft: Der HSV trat gratis zum „Campari-Pokalspiel" gegen „BU" an (3:5), das Ernst-Deutsch-Theater stiftete 12.000 Mark Einnahmen aus zwei Vorstellungen, und NDR-Sprecher Gert Ribatis gab in einer Auflage von 10.000 Stück die LP „Stars singen für BU" heraus, auf der u.a. Heino, Gitte und Roberto Blanco zu hören waren sowie der Kultsong „Mein letztes Geld geb ich für Fußball aus, für Barmbek-Uhlenhorst...".

Den „BU"-Platz und das Vereinsheim sahen ebenso wie Rothenbaum und Volksparkstadion Millionen im Fernsehen – als Schauplatz des „Tatort"-Krimis „Platzverweis für Trimmel" (1973); den „Kommissar Trimmel" spielte der unvergessene Walter Richter.

sky

Wilhelm-Rupprecht-Sportplatz Hamburg-Barmbek
ER: 1922. FV: früher 7.000, heute 7.000, davon 1.000 üd. SiP.
ZR: 7.000, Eröffnung des Rasenplatzes, 22.8.67, HSV Barmbek-Uhlenhorst – Hamburger SV 3:4.
Steilshooper Str. 210a, 22307 Hamburg, Tel. 040/61 86 08 (Geschäftsstelle), 61 03 00 Klubhaus).

Ein neues Stadion ist wie ein neues Leben...

Ob schon einmal untersucht wurde, inwiefern sich eine Stadion-Neueröffnung auf das Leistungsvermögen der dort beheimateten Mannschaft auswirkt? In Hamburg sind intensive Recherchen zu der Frage überflüssig, denn seit Fertigstellung des neuen Volksparkstadions ging es beim Hamburger SV nur noch voran – und wie: Höhepunkt im Jahr 2000 war die Qualifikation für die Champions League, und über das anschließende 4:4 des HSV im Volkspark gegen Juventus Turin sprach am folgenden Tag zumindest halb Deutschland. Es schien, als habe der Stadionneubau Team und Anhang inspiriert. Folglich stieg der Besucherschnitt der Hanseaten in der Bundesliga-Runde 1999/2000 auf 40.800 – eine Zahl, die die Rekordmarke von 40.377 Zuschauern aus der Meistersaison 1978/79 übertraf. Für die neue Spielzeit 2000/01 wurden über 20.000 Dauerkarten abgesetzt.

„Deutschlands schönstes Stadion!", rief euphorisch ein ZDF-Fernsehreporter aus, doch soll man mit Superlativen vorsichtig sein. Außerdem nehmen wir an, dass der Mann im Pkw bis vor die Haupttribüne fuhr und trockenen Fußes seinen einstigen Arbeitsplatz erreichte, was für die Mehrzahl der Besucher oft nicht zutraf (wovon zu lesen sein wird). Da das alte Volksparkstadion von 1953 erhebliche Komfort-Mängel aufwies und bei durchschnittlichem Zuschauerzuspruch und durchschnittlichem Gekicke ein Ort der Tristesse war, stellt der Neubau aber einen gewaltigen Fortschritt dar.

„Hamburg schämt sich"

Wer sich mit der Hamburger Sportstätten-Historie befasst, wird erstaunt feststellen, dass in kaum einer anderen deutschen Stadt so viele Groß-Stadien entstanden wie in der Hansestadt – allerdings nur auf dem Papier! Im Gegensatz zu anderen deutschen Großstädten besaß die zweitgrößte Stadt des Landes bis Ende der 30er Jahre kein Stadion vom Zuschnitt der Anlagen in Köln, Düsseldorf und Frankfurt. Dies erhielt man erst mit der Eingemeindung der Nachbarstadt Altona 1938, wo in der Amtszeit von Bürgermeister Max Brauer 1925 am Ort des heutigen Volksparkstadions das Altonaer Stadion fertig gestellt worden war.

Der preußische Nachbar war mit seinem „Festraum für unsere Sportgäste" Hamburg weit voraus. Das Stadion mit Festwiese, konzipiert vom Stadtoberbaurat Gustav Oelsner („Leben bedeutet für den Menschen Arbeit, Ernährung, Wohnung und Erholung") war eingebettet in einen „Grüngürtel", „in den zu Fuß, mit Fahrrädern, mit Straßenbahnen, mit Autoomnibussen, mit Schnellbahnen, mit den Dampfern die jungen Mannschaften hinausströmen werden". Ums eigentliche Stadion gruppierten sich viele weitere Sportstätten, so Reitbahn, Schwimmbad, zehn Fußballfelder, Hockey- und Faustballplatz, Planschbecken, Licht- und Luftbad und die große Sportwiese. Am 13. September 1925 zog der Fußball mit der Arbeitersport-Begegnung Altona gegen Bundesmeister VfL Leipzig-Stötteritz ein, am 20. September folgte der DFB bzw. Hamburger Fußball-Verband (HFV) mit dem Städtekampf Altona – Hamburg.

„Hamburg schämt sich", schrieb das „8 Uhr-Abendblatt" 1926 hinsichtlich des viel gelobten Altonaer Projekts, und prompt sann man in der Freien und Hansestadt darüber nach, es dem Nachbarn gleichzutun. Im Herbst 1926 trat der Architekt Dr. ing. Max Bach mit einem ehrgeizigen Vorhaben auf den Plan, das er Hamburgs Behörden bereits 1924 unterbreitet hatte: Auf dem Heiligengeistfeld, inmitten der Stadt in St. Pauli, sollte der „Deutsche Kampfplatz" mit einer „Kampfhalle" für 80.000 Zuschauer entstehen, deren Dach „durch Maschinenkraft" zu öffnen oder zu schließen wäre – der erste bekannte Entwurf für das, was man heute multifunktionale Arena nennt!

Das Riesenstadion aber wurde nie verwirklicht; die großen Fußballkämpfe jener Tage sah Altonas Stadion, so 1927 das Bundespokal-Endspiel Norddeutschland gegen Mitteldeutschland (0:1), woraufhin der „Hamburgische Correspondent" mäkelte: „Eine fein ausgeklügelte und raffinierte Intrige gegen Hamburg, um dieses völlig an die Wand zu quetschen." 1927 folgte in Altona das Länderspiel Deutschland – Norwegen (6:2, 28.500 Zuschauer), 1928 das Endspiel um die Deutsche Meisterschaft, HSV gegen Hertha BSC Berlin (5:2, 40.000; die Polizei sperrte eine Stunde vor Spielbeginn die Arena).

Hamburg musste sich derweil mit den (allerdings stattlichen) Vereinsplätzen des HSV, von Victoria und dem Eimsbüttler TV zufrieden geben. Generell wollte der Hamburger Senat in den 20er Jahren eigentlich gar keinen Stadion-Neubau: „Ein zweites (Groß-) Stadion im Städtegebiet" von Hamburg und Altona sei „Verschwendung von knappen Mitteln." Später brachten dann die Nazis außer großspurigen Plänen nichts zuwege.

Es war der Hamburger SV, der 1950 das Thema wieder auf die Tagesordnung setzte, als er mit den von Architekt Henry Brandt konzipierten Plänen für einen Stadion-Neubau am Rothenbaum bzw. am Stadtpark an die Öffentlichkeit ging. Eine Fußball-Arena für 65.000 Zuschauer sollte entstehen – „ein Stadion mitten in der Stadt. Das wäre, von den reinen Fußballplätzen in England abgesehen, in Westeuropa einmalig" („Hamburger Abendblatt"). „Man kann hier vom Ei des Kolumbus sprechen", kommentierte „Der Sport". Der Hamburger Senat freilich sah das anders und lehnte ab, weil angesichts von 8 bis 9 Mio. DM Kosten der Wiederaufbau der Schulen, der Hafenbau und sozialer Wohnungsbau Vorrang hätten.

Auferstanden aus Kriegstrümmern

So blieb Hamburg letztendlich das Altonaer Stadion, das im Stadtteil Bahrenfeld lag und der Hansestadt mit dem Anschluss des Nachbarn in den Schoß gefallen war. 1951 begann der Ausbau zum neuen Volksparkstadion, die Trümmerbahn fuhr direkt bis an die alten Stehwälle, eine neue doppelstöckige Tribüne entstand nach dem Vorbild von Pferderennbahnen und englischen Stadien, denn die alte 1.200-Plätze-Tribüne war durch Kriegseinwirkung baufällig geworden und ragte ohnehin zu weit in den Innenraum hinein. Vor dem Neubau war mit Genehmigung der Engländer 1949 im alten Stadion noch das Entscheidungsspiel um die Hamburger Meisterschaft, FC St.Pauli – HSV (3:5), ausgetragen worden.

Die am 12. Juli 1953 wie schon 1925 von Max Brauer eröffnete neue Arena bot 75.000 Plätze (20.000 Sitzplätze). 60.000 Besucher erlebten das „Stadionfest der Hamburger Schulen", eine Manifestation des Breitensports. Das erste Fußballspiel an neuer Spielstätte bestritten bald darauf die Hamburger Auswahl und Birmingham (das Wolverhamptons Nationalstopper Billy Wright mitbrachte). Der Nachkriegsbau war fortan wie schon vor dem 2. Weltkrieg Schauplatz etlicher Großereignisse, und der fast durchweg auf den Nordmeister-Titel abonnierte HSV zog zu seinen Endrunden-Spielen um die „Deutsche" vom Rothenbaum ins Volksparkstadion um.

Länderspiel-Premiere im neuen Oval war 1953 mit dem 5:1 gegen Norwegen vor fast 80.000. Das Endspiel um die Deutsche Meisterschaft 1954 mit seinem sensationellen Ausgang (Hannover 96 – 1.FC Kaiserslautern 5:1) erlebten 76.000. Unvergesslich auch die „Barcelona-Trilogie" vom April 1961, als der HSV neun Sekunden vor Spielschluss beim 2:1 die EC-Endspiel-Teilnahme verpasste, und jene Begegnungen Ende der 70er, Anfang der 80er Jahre, als der Klub für Weltklasse stand und selbst die sonst eher reservierten Ostkurven-Besucher laut wurden wie nie, z.B. beim 5:1 im Frühjahr 1980 über Real Madrid. Die Torschützen dieses Spiels aufzählen zu können, gehört heute noch zum Grundwissen eines jeden HSV-Anhängers.

Die Europacup-Spiele von 1961 waren Anlass gewesen, eine Flutlichtanlage zu errichten. „Unverständlich, dass diese Weltstadt keine geeignete Anlage hat!", schimpfte Albert Sing, der Coach von Young Boys Bern, anlässlich eines EC-Spiels, HSV-Anhänger trugen Transparente mit der Aufschrift „Wir wollen Flutlicht!" umher, und Trainer Mahlmann von den „Rothosen" drohte an, im Europacup nach Berlin oder Frankfurt umzuziehen. So ging denn doch noch ein Licht auf. Weil sich das Stadion aber im Bezirk Altona befand, durfte die neue Flutlichtanlage im Juni 1961 nicht der HSV, sondern Altona 93 gegen Gremio Porto Alegre aus Brasilien einweihen.

Zur Fußball-WM 1974 baute man die Arena weiter aus, sie erhielt die neue Südtribüne und eine elektronische Anzeigetafel, auf der dann das 1:0 der DDR über die Bundesrepublik Deutschland zu lesen war. Vor dem Abriss 1998 bot das alte Volksparkstadion 61.234 Zuschauern Raum (28.449 Sitzplätze, davon 17.614 überdacht) und war damit nach dem Olympiastadion Berlin, dem Parkstadion Gelsenkirchen, dem Olympiastadion München und dem Rheinstadion Düsseldorf die fünftgrößte deutsche Sport-Arena (das Fassungsvermögen des Leipziger Zentralstadions war zu dem Zeitpunkt bereits herabgesetzt worden).

„Gefährlichste Sportstätte"

Just zur Hoch-Zeit des HSV besaß das Volksparkstadion einen schlechten Ruf und wurde von der „Welt am Sonntag" als „Deutschlands gefährlichste Sportstätte" bezeichnet. 1977 kam in der Westkurve, dem traditionellen Standort der jüngeren HSV-Fans, ein 15-jähriger Schüler ums Leben, der nach Handgreiflichkeiten auf den Stehrängen als Unbeteiligter zu Tode getrampelt wurde.

Tristesse herrschte nicht selten im weitläufigen Rund des alten Volksparkstadions (hier kurz nach der Eröffnung 1953).

Am 9. Juni 1979 wurden bei der „Meisterfeier" des HSV nach dem Bundesliga-Spiel gegen Bayern München 62 Menschen z.T. lebensgefährlich verletzt, als nach dem Abpfiff 5.000 Anhänger aus dem überfüllten Westkurven-Block E das Spielfeld stürmten – das folgenschwerste Unglück in der deutschen Stadiongeschichte.

Am 16. Oktober 1982 kam auf dem Weg zur Ostkurve, wo die auswärtigen Fans standen, bei Zusammenstößen zwischen Fangruppen vor der Arena ein 16-jähriger Bremer Lehrling ums Leben – der erste durch direkte Gewalt verursachte Tod des Besuchers eines Bundesligaspiels. „Immer häufiger erweist sich Gewalttätigkeit als politisch motiviert, sind auf den Rängen Rechtsextremismus und Rassenhass im Spiel", konstatierte „Der Spiegel" Ende der 70er Jahre und meinte nicht ausschließlich Hamburg, sondern auch Gruppen wie „Zyklon B", „Spree-Randale" und „Hertha-Frösche" im Umfeld von Hertha BSC Berlin, die Münchner „Löwen", die Frankfurter „Adler-Front", den Karlsruher „Phönix", die Dortmunder „Borussen-Front", Hannovers „Rote Wölfe" u.a.m. Als sich Ende der 90er Jahre im Volkspark erneut Probleme mit Rechtsradikalen und Gewalttätern ergaben, hat sich der über 10.000 Mitglieder zählende „Supporters-Club" des HSV unmissverständlich geäußert: „Wir müssen endlich gemeinsam handeln gegen diese Arschlöcher (...) Wir müssen die Nazis aus dem Stadion vertreiben. Wenn sie die sanfte Drohung nicht verstehen, dann müssen wir den harten Weg gehen". Die neue Stadion-Ordnung lässt übrigens in ihrer Deutlichkeit gegenüber Rechtsradikalität und Rassismus keine Wünsche offen.

Das alte Volksparkstadion ist nun Vergangenheit, und es gibt wohl kaum einen, der ihm nachtrauert. „Das Stadion ist den Hamburgern nie so recht ans Herz gewachsen. Es krankt an seiner Größe. Die Laufbahn zwischen Spielfeld und Zuschauerrängen wirkt wie eine unsichtbare Mauer, schafft Distanz auch in den Gefühlen", meinte das „Abendblatt", denn natürlich hatte man auch in der Hansestadt beim Stadionbau der Leichtathletik Tribut gezollt. Andererseits, siehe oben, konnte das alte Volksparkstadion bei entsprechenden Gelegenheiten durchaus zum „Hexenkessel" werden, und deshalb sollte man dieses Kapitel hanseatischer Sportgeschichte aus der Distanz nicht allzu verächtlich betrachten.

Mit UFA zu neuen Ufern

Montag, 11. Mai 1998, gilt als historisches Datum. In der Vereins- und Westbank Hamburg entschieden sich HSV-Vorstand und -Aufsichtsrat für den Rechteverwerter UFA Sports GmbH und brachten mit „der wichtigsten und zugleich kostspieligsten Entscheidung der 111-jährigen Vereinsgeschichte" (dpa) das Projekt „Neues Volksparkstadion" auf den Weg.

Neben dem damals mit 159 Mio. Kosten bezifferten Neubau – tatsächliche Kosten bei Redaktionsschluss 188 Mio. – beeindruckte die HSV-Fans besonders die Tatsache, dass die UFA für die Spielzeiten 1998/99 und 1999/2000 jeweils 12,5 Mio. Mark für Spielerkäufe zur Verfügung stellte (wenn sich der HSV von der UFA nach dem langjährigen Vertrag vom Vermarkter trennt, muss er diese 25 Mio. zurückzahlen). Die UFA, die auch andernorts im Sportgeschäft investiert (z.B. 1.FC Nürnberg), gehört zur CLT-UFA, dem größten europäischen Fernseh-Veranstalter, der wiederum eine 100-Prozent-Tochter des Bertelsmann-Konzerns ist.

Die Frage, weshalb ein Vermarkter in ein Stadionprojekt einsteigt, stellt sich in diesem Buch des Öfteren. In Hamburg hat die UFA erst einmal die stadiongebundenen Rechte der Stadion-Betriebsgesellschaft, an der sie mit 30 Prozent beteiligt sein soll, übernommen, nämlich Eintrittsgelder, Stadionmiete, Verpflegungs-Stationen (neudeutsch: *catering*), Fanartikel-Verkauf *(merchandising)*, Werbeeinnahmen etc. Nachdem frühere Verträge mit anderen Partnern ausliefen, durfte die UFA auch die vereinsgebundenen Rechte vermarkten: Trikotwerbung, Ausrüster und TV-Rechte, wobei sie aus diesen Geschäften zehn Prozent Provision erhält. Zudem hält der Medienkonzern ebenso wie Bauentwickler „DDP Deuteron Development" (Chef: Andreas C. Wankum, der Hamburger CDU-Schatzmeister) einen Anteil an der Stadion-Besitzgesellschaft und hat einen Sitz im Vorstand erhalten.

Für den Stadionbau nahm der HSV ein Darlehen in Höhe von 137,7 Mio. DM auf. Dem Klub allein hätten die Banken diese Summe nicht vorgestreckt; erst als die UFA Zinsen und Tilgung garantierte, konnte der Bau am 2. Juni 1998 beginnen. Das Spielfeld wurde gedreht, so dass anstelle der Ostkurve die neue Haupttribüne entstand, die zum Saisonbeginn am 22. August 1998 fertig gestellt war. Die Westkurven-Fans zogen während der Saison auf die neue Nord-Tribüne um, die an der Stelle der früheren Haupttribüne entstand. Dort befinden sich 10.000 Stehplätze, die durchweg über Dauerkarten vergeben sind. Fast 20.000 Stehplätze sind damit gegenüber dem alten Volksparkstadion verloren gegangen.

„Uns Uwe" konnte „keine Anzeigetafel sehen"...
Den eigentlichen Anstoß zum Volksparkstadion-Neubau hatte Hamburgs missliche Hallen-Situation gegeben: Die Hanseatenhalle Rothenburgsort, in der einst Schmeling boxte, war im Feuersturm des Bombenkriegs 1943 untergegangen, und die größte überdachte Veranstaltungsstätte der Stadt, die Sporthalle Alsterdorf, hat den Charme einer Viehauktionshalle. Es war der umtriebige HSV-Präsident Jürgen Hunke, der im September 1993 mit dem Vorschlag vorpreschte, das Volksparkstadion für den symbolischen Preis von einer Mark zu kaufen, umzubauen und zum Mittelpunkt einer „Erlebnislandschaft" zu ma-

chen. Innensenator Werner Hackmann, von dem wir später noch in anderer Funktion lesen werden, war voll des Lobes: „Ein Plan mit Charme und Pfiff", und auch HSV-Idol Uwe Seeler zeigte sich begeistert: „Ich kann von meinem Platz im Sonderblock ja noch nicht mal die Anzeigetafel sehen!" Die Richtung gab schließlich eine vertrauliche Drucksache des Senators für Stadtentwicklung, Thomas Mirow (SPD), vor: Wegen „vielseitiger städtebaulicher Entwicklungsräume" müsse der Altonaer Volkspark Standort einer Arena sein.

Am 25. Februar 1997 entschied der Senat zugunsten der Arena AG, einer Tochter der Holzmann AG und der Deuteron Holding, und am 23. April schloss sich die Bürgerschaft mit den Stimmen von SPD, CDU und STATT PARTEI an. Die damals oppositionelle Grün-Alternative Liste (GAL) war dagegen.

Auf „Filz" zum neuen Stadion
Der Verdacht, dass sich in den als Senatsgehege bezeichneten Regierungsräumen im Hamburger Rathaus aufgrund jahrelanger Herrschaft der SPD „Filz" breit macht, wird immer wieder geäußert. Hinsichtlich Stadion und Arena geriet der HSV-Vize Volker Lange in die Kritik. Lange, ein ehemaliger SPD-Senator und späterer „Political Consultant", fungierte seit September 1995 als „Berater" des HSV-Präsidiums, und sein Büro war Stadion-Bauentwickler Deuteron eng verbunden. Lange beriet laut „Die Welt" noch Deuteron, als er als Mitglied der „Uwe-Seeler-Mannschaft" – „uns Uwe" war Präsident des Klubs – und als HSV-Vize längst für die Projektierung des neuen Stadions zuständig war. Ein weiterer Büro-Partner des Ex-Senators Lange hieß bis 1995 Werner Hackmann, der erwähnte frühere Innensenator. Der trat am 1.August 1995 dem HSV bei und ist heute hauptamtlicher Geschäftsführer und Vorstandsvorsitzender des Vereins.

Die „Hamburger Morgenpost" merkte an, dass Sozialdemokrat Lange „alle Filz-Fäden in dem lukrativen Millionengeschäft – zumindest – knüpfen konnte". Und der frühere HSV-Präsident Dr. Wolfgang Klein meinte, „diese Kungelei um die HSV-Arena ist unerträglich. Die einzige Chance, die der HSV jetzt noch hat, ist, dass Volker Lange zurücktritt" (was am 30. Mai 1997 geschah – für die Vergabe des Millionenprojekts im Volkspark an Deuteron war dies unerheblich, denn die war seit 23.April 1997 perfekt. Anschließend brach die „Uwe-Seeler-Mannschaft" als Vereinsführung auseinander).

Deuteron erhielt von der Stadt tat-

sächlich 284.000 qm zum symbolischen Preis von einer Mark. Darüber hinaus beteiligte sich die Stadt mit beträchtlichen Summen: über 21 Mio. DM für den Stadionbau, über 12 Mio. für die Geländeerschließung, 12 Mio. für die Beseitigung von Umwelt-Altlasten, Anhandgabe eines Grundstücks für sog. Mantelbebauung – nach Senatsangaben im Wert von 25 Mio. DM, nach anderen Quellen 100 Mio. Außerdem wurde ein Teil des Landschaftsschutzgebietes Bahrenfeld geopfert. Die Behauptung des ehemaligen Hamburger SPD-Bürgermeisters Voscherau, das Volksparkstadion/Arena-Projekt sei für „null Mark Staatsknete" zu haben, stimmt also nicht. Zu Recht fragte danach der FC St. Pauli, ob er bei einem Stadion-Neubau ähnliche Vergünstigungen erfahren dürfte.

Das neue Stadion jedenfalls ist Realität, und auch die 15.000- Plätze-Hallen-arena – Anlass für den „Eine Mark-Deal" – ist u.a. vom „Projektherrn" Thomas Mirow, nun Wirtschaftssenator, politisch abgesegnet.

„WM-gerecht" auf neuestem Stand
So kehren wir zurück zum Stadion. „Der HSV hat sich auf jeden Fall ein Denkmal gesetzt", teilte das „Abendblatt" mit, und womöglich muss man nun sogar Ex-HSV-Präsident Uwe Seeler, der sich im Vorstand mit „falschen Freunden" umgab, Abbitte tun. Denn natürlich ist der Neubau in keiner Weise mit dem Altbau Volksparkstadion zu vergleichen. Ein Zweckbau zwar, ohne architektonische Extras und Auffälligkeiten, aber in jedem Fall eine Arena, die modernsten Ansprüchen genügt und zu Recht „WM-gerecht" genannt werden darf. Zweifelsohne wird sie 2006 einer der Austragungsorte der Weltmeisterschaft sein.

Das moderne Stadion gliedert sich in drei Ränge und drei Ebenen, wobei besonders erfreulich ist, dass sich die 10.000 Stehplätze sehr Spielfeld-nah im Unterrang der Nordtribüne befinden. Der Oberrang ist dabei sehr steil angelegt worden. Auf den Rängen hat man nach britischem Vorbild den HSV-Schriftzug und die Raute, das Wappen des Klubs, verewigt. Wie alle Stadion-Neubauten verfügt das Volksparkstadion über das entsprechende „Zubehör", also Logen und Business-Sitze („90 cm Platzkomfort, z.T. mit Armlehnen und Sitzkissen", teilt der Verein mit), Panorama-TV, zwei Videowände, 1.500 qm Tagungsräume, Restaurant, Fan-Treff, ein HSV-Museum, das den Namen „History Hall" tragen wird, und einen „Mega Store". Nach endgültiger Fertigstellung Ende 2000 soll es regelmäßige Führungen durchs neue Sta-

Inspiriert Team und Fans: das neue Volksparkstadion.

dion und die offizielle Einweihung geben; als inoffizielles Eröffnungsdatum gilt der 21. August 1999 mit dem HSV-Spiel gegen den VfB Stuttgart (3:0). „Uwe-Seeler-Stadion" wird Hamburgs neue Arena vermutlich nicht heißen: Aus der Vorstandsetage hörte man, dass ein finanzieller Gewinn aus dem Namensverkauf Vorrang hätte.

Der Bau des „Schmuckkästchens" (so der Verein) ist jedenfalls eine der Ursachen für den neuerlichen HSV-Boom in der Hansestadt. Plötzlich sieht man auch alltags wieder Kids und Jugendliche mit dem Vereinsschal unterwegs, und in manchen Vierteln hört man nachts um halb drei Uhr zuweilen wieder den Uralt-Song von Stefan Hallberg (nun in der Version von Lotto King Karl) durch die Straßen hallen: „Wer wird Deutscher Meister? Ha-Ha-Ha-Es-Vau!"

Pleiten, Pech und Pannen
Andererseits ist die Geschichte des Baus des neuen Volksparkstadions auch eine unerfreuliche Kette von Pleiten, Pech und Pannen: Pfusch am Bau, Misswirtschaft, Verzögerungen (wochenlang lagen die Bauarbeiten still), Kundenunfreundlichkeit, rostende Sitzschalen und schließlich Sturzbäche, die sich von den oberen Rängen z.B. beim Frankfurt-Spiel auf die Besucher ergossen (es empfahl sich, Backsteine mitzubringen, um die Füße darauf zu stellen, damit die nicht nass werden). Nicht spielgerecht war der neue Rasen, weswegen 8.650 qm im Herbst 2000 zum Preis von 250.000 Mark neu verlegt werden mussten. Die 44 transluzenten Membrane des 29 Mio. Mark teuren

„Bird-Air-Dach" – getragen von 44 Pylonen – waren erst mit 14-monatiger Verspätung installiert, was dem HSV ein Minus von einer Million Mark einbrachte. Der später im Streit geschiedene Architekt Siegfried Greve wählte eine leichtere Dachkonstruktion à la Daimler-Stadion Stuttgart, die einfacher und preiswerter war.

Das „Abendblatt" merkte in seinem Kommentar zum „HSV-Denkmal" an: „Bleibt zu hoffen, dass die stattliche Stätte nicht zum Mahnmal für unbezahlte Rechnungen, Pannen, Pleiten und übervorteilte Subunternehmer wird." Zum Redaktionsschluss nämlich sind viele Außenstände noch ungeklärt, die Handwerkskammer hatte sich eingeschaltet, und eines Tages rückten sogar Arbeiter im Auftrag ihrer Firma an, um bereits installierte Sitze wieder abzubauen.

In den (durchweg ausverkauften) 50 Logen und auf den 1.750 Business Seats (Jahreseinnahme 9 Mio. DM) trinkt man Champagner und Bier, nach Schätzungen 300 Flaschen und 1.800 Liter pro Spiel, doch die HSV-Fans außerhalb bekommen nur Leichtbier. Der Innensenator begründet dies mit den steilen Rängen und den HSV-Fans an sich, woraufhin sich die trinkfreudigen St. Paulianer solidarisierten und „Vollbier" für die Fans des Rivalen verlangten. Der bei guten Spielen großartigen Atmosphäre im Volkspark tut die Bierfrage übrigens keinen Abbruch.

Die Nationalmannschaft hat im Volksparkstadion (das der DFB zeitweise wegen des kritischen norddeutschen Publikums mied) am 2. September 2000 im WM-Qualifikationsspiel gegen Grie-

chenland (2:0) ihr Debüt im neuen Volkspark gegeben, die Stimmung war bestens. Dann folgte die Qualifikation des Hamburger SV für die Champions League, wobei am 22. August 2000 beim maßgeblichen Heim-0:0 gegen Bröndby die neue Flutlichtanlage unterhalb der Dachkonstruktion ihre Premiere erlebte. Erstmals wurden die 10.000 Stehplätze an der Nordseite und in der Südwest-Ecke in 5.800 Sitzplätze umgewandelt. Die 900.000 Mark teuren Sitze werden bei Bundesliga-Spielen dann wieder eingeklappt und verschlossen.

A la Volksparkstadion will Deuteron übrigens auch andernorts in Deutschland bauen was nach der schlechten Reputation kaum zu erwarten sein dürfte. Wenn doch, findet sich bestimmt wieder ein Reporter, der via TV „das schönste deutsche Stadion" feiert.
sky

Volksparkstadion Hamburg
ER: 1925/1953/1999. FV 55.000, davon 40.000 SiP und 10.000 StP, sowie 1.750 Business Seats und 50 Logen, je für zehn bis 20 Benutzer, alle überdacht; bei Spielen unter der Regie von FIFA und UEFA 44.351 SiP.
ZR: Altes Stadion: 80.000, Länderspiel, 22.11.1953, Deutschland – Norwegen 5:1;
Neues Stadion (erstmals): 55.000, Bundesliga, 16.9.2000, HSV – Borussia Dortmund 2:3
Sylvesterallee 7, 22525 Hamburg, Tel. 040 . 41 55 01 (HSV-Geschäftsstelle).

Billtalstadion und Stadion Sander Tannen Bergedorf

Das Idealstadion der 50er Jahre

Wie schade, dass man ein Stadion nicht verschicken oder irgendwo hinbeamen kann! So manche Stadt und so mancher Klub wären überglücklich, hätten sie das Billtalstadion von Hamburg-Bergedorf zur Verfügung, laut „Welt" bei der Eröffnung 1950 „Norddeutschlands schönste Sportanlage" und heute leider in Vergessenheit geraten.

Schon der großzügige Haupteingang von der Daniel-Hinsche-Straße her verheißt Besonderes, und tatsächlich: Idyllisch ins Schießtal am Bergedorfer Gehölz hineingebaut hat man ein Idealstadion der 50er Jahre: Sitzbänke und Stehstufen an der Hauptgerade, dahinter eine Natursteinmauer, die den Namen des Stadions trägt, ein breiter Damm und schließlich zehn Stehstufen, die bis zu den Bäumen emporsteigen. Kurvenrang und ein steinerner Balkon passen sich schön der Landschaft an, von allen Blickpunkten aus bietet die Arena ein ideales Bild. Betrachtet man die nicht voll ausgebauten Hänge, so hätte das Billtalstadion sogar noch wesentlich erweitert werden können! Besonders beeindruckend, wie die Erbauer An- und Abmarschwege angelegt haben, darunter drei breite Treppen im Hang und ein Weg, der teils ums Stadion herumführt.

Nur: Es steht gewissermaßen sinnlos da, dieses wunderschöne Billtalstadion. Es besitzt nur einen Grandplatz, auf dem ein Kreisligist (TSG Bergedorf 1860) spielt. Und hätte es denn einen Rasen, wer sollte hier über 30.000 Zuschauer anziehen, für die die Arena vorgesehen war? Gesetzt den Fall, es wäre tatsächlich einmal Ort einer Großveranstaltung, so ergäben sich Probleme, denn die Sportstätte liegt an einem Wohngebiet und hat keine Parkmöglichkeiten für Massenbesuch zu bieten.

1958/59 schien derlei noch kein Problem, als der ASV Bergedorf 85, der auf den Arbeitersport zurückgeht, nach dem Oberliga-Nord-Aufstieg ins Billtalstadion einzog. „Die Elstern" (schwarzes Hemd, weiße Ärmel) durften ein Jahr mit Ausnahmegenehmigung des Norddeutschen Fußball-Verbandes (NFV) auf dem Grandplatz auflaufen. „Grand gab natürlich zerschrammte Beine. Wir waren das gewöhnt, und sicher hing es auch damit zusammen, dass die erste Oberliga-Saison eigentlich unsere beste

Das Billtalstadion in Bergedorf, 1958.

(Foto: Hamburger Fußball-Verband)

war", berichtet Spieler Werner Noormann. Tatsächlich war Bergedorf 85 als Neuling bei Saison-Halbzeit Dritter, 21:9 Punkte lautete schließlich Heimbilanz, zum Abschluss war man Elfter. Im Schnitt hatten fast 10.000 die Oberliga-Spiele im Billtalstadion gesehen!

Das bot zu dem Zeitpunkt 1.500 unüberdachte Sitzplätze und 30.000 Stehplätze. Es war im September 1950 mit Symphonieorchester-Konzert, 200 Fackelträgern und bengalischem Feuer eröffnet worden. Arbeitslosenfürsorge-Empfänger hatten das Stadion im Schießtal gebaut, wo zuvor Volks- und Schützenfeste und Gewerkschaftsfeiern stattfanden.

1959 zogen „die Elstern" zu ihrem inzwischen mit einem Rasenplatz ausgestatteten Stadion an den Sander Tannen um, auch als „Platz Lohbrügge" bezeichnet, wo man bis 1970 in der Oberliga und in der Regionalliga Nord im bezahlten Fußball spielte. Das Fassungsvermögen gab Bergedorf 85 damals mit 15.000 an. Eine große Kulisse gab es dort noch einmal am 28. August 1982 mit 12.000 im DFB-Pokal gegen Bayern München (1:5 n.V.). 2000 verfehlten die 85er als Verbandsliga-Meister den Oberliga-Aufstieg. Bemerkenswert an dem in Bergedorf-Sande gelegenen Stadion ist der 20 Stufen hohe Stehwall auf einer Seite, für Plätze diesen Zuschnitts außergewöhnlich.   *sky*

Billtal-Stadion Hamburg-Bergedorf
ER: 1950. FV: früher 31.500, heute ca. 10.000.
ZR: 25.000, Oberliga Nord, 19.10. 1958, ASV Bergedorf 85 – HSV 1:4.
Daniel-Hinsche-Straße,
21029 Hamburg.

Stadion an den Sander Tannen Hamburg-Bergedorf
FV: früher 16.000, heute 12.000.
ZR: 16.000, Oberliga Nord, 11.1.1959, Bergedorf 85 – HSV 0:3.
Krusestr. 3-5, 21033 Hamburg,
Tel. 040 / 721 61 85 (Stadion),
738 18 85 (Geschäftsstelle).

Jahnhöhe und Rabenstein Harburg

Fußball-Aufregung in Hamburgs Süden

In Hamburgs Süden liegt Harburg, wo ehemals der HSV auf der Jahnhöhe antreten musste und der FC St. Pauli auf dem schön gelegenen Platz am Rabenstein.

Der Harburger TB, gegründet 1865, gehörte 1949/50 und 1952-55 der Oberliga Nord an. 1907 hatte der HTB für 10.500 Mark ein Gelände am Ortsausgang erworben, das er nach dem 1. Weltkrieg erweiterte; die Baumallee, die angelegt wurde, ist heute noch gut zu erkennen. 1928 konnte man auf der Jahnhöhe die Deutsche Fußball-Meisterschaft der Deutschen Turnerschaft feiern, die in Köln gewonnen wurde. Durch Bombenschäden verzögerte sich der Wiederbeginn, doch 1949 stand der Oberliga-Aufstieg fest, woraufhin Sitzbänke und tiefe Stehstufen geschaffen wurden, die bis heute vorhanden sind. 10.000 waren dabei, als am Waldesrand der Harburger TB 1954 sogar den HSV 1:0 besiegte.

Mit 12.000 ausverkauft war das Aufstiegsspiel zur Oberliga 1959 gegen Arminia Hannover (0:2) auf der Jahnhöhe. Schon zuvor war Hamburgs Fußball-Süden in heller Aufregung, denn um die Amateurliga-Meisterschaft musste der HTB gegen den FV Wilhelmsburg 09, die Mannschaft von der Elbinsel im selben Bezirk, ein Entscheidungsspiel austragen. Von jenseits der Elbe und von der Elbinsel pilgerten Tausende zum Millerntor des FC St. Pauli, das mit 20.000 beim 1:1 n.V. ausverkauft war. Wieder 20.000 sahen die Wiederholung (2:0 für HTB), für Amateurfußball aus heutiger Sicht beachtliche Zahlen. Im Jahr 2000 ist der HTB erneut Oberligist, diesmal in Hamburg/Schleswig-Holstein.

Wer in einem anderen Teil von Harburg einen steilen Aufstieg hinter sich gebracht und die beiden Backstein-Kassenhäuschen passiert hat, ist am schön gelegenen Sportplatz Rabenstein, um-

Am Rothenbaum in den 50er Jahren: Bunker hinter der Haupttribüne, darauf Behelfsheime.

geben von großen Bäumen, angekommen. Rasensport Harburg, das 1970 mit dem FC Borussia den Harburger SC bildete (heute Landesliga), gehörte 1964/65 als einer von sechs Hamburger Vereinen der Regionalliga Nord an. Auf dem Rabenstein war man im Sommer 1920 ansässig geworden. Nach Kriegsende konnte die Anlage ab August 1950 wieder bespielt werden. Die Zuschauer-Resonanz beim Regionalliga-Gastspiel war bescheiden, 1.600 im Schnitt, 4.500 der beste Besuch gegen Titelverteidiger FC St. Pauli (3:3 nach 1:3), am letzten Spieltag wollten lediglich 500 den neuen Meister Kiel sehen (1:8). Der Platz ist von teils überwucherten Stehstufen umgeben.   *sky*

Sportplatz Jahnhöhe Hamburg-Harburg:
ER: 1907. FV: früher 12.000, heute 7.500, davon 500 unüd. SiP.
ZR: je 12.000; Oberliga Nord, 5.9. 1954, Harburger TB – HSV 2:5; Aufstiegsrunde zur Oberliga Nord, 1959, Harburger TB – Arminia Hannover 0:2.
Ehestorfer Weg 188, 21075 Hamburg, Tel. 040 / 791 433 23.

Sportplatz Rabenstein Hamburg-Harburg:
ER: 1920. FV: 9.000 StP.
ZR: 8.000 bis 9.000, Platzeinweihung, August 1950, Rasensport Harburg – Hamburger SV.
Hölscherweg 3, 21077 Hamburg, Tel. 040 / 769 81 72.

■ Stadion Rothenbaum*

Wo einmal die HSV-Heimat war

Der Hamburger Rothenbaum war HSV-Heimat: Das Stadion ist längst verschwunden, erhalten nur noch ein kleines Stück der Umfassungsmauer und eine verrammelte Bedürfnisanstalt, die bereits vorhanden war, als dort mit der Sportstätte „die Zierde der Gegend" entstand. Die Geschäftsstelle ist von der Rothenbaumchaussee ins neue Volksparkstadion verlegt worden, der „HSV-Bierbrunnen", lange Zeit Mittelpunkt vor allem älterer Anhänger, hieß zuletzt „Oswalds", doch auch diese Lokalität gibt es nicht mehr. Und niemand zieht mehr Ecke Rothenbaumchaussee/Hallerstraße die HSV-Fahne mit der Raute am Mast hoch.

Das Ende: Ein Hooligan-Überfall

Mit Einführung der Bundesliga 1963 begann das Aus auf Raten für die fußballerische Traditionsstätte. Dabei wäre der Verein gerne für das eine oder andere Spiel auf seinem angestammten, zentralen und beim Publikum äußerst beliebten Platz am Rothenbaum geblieben. Doch der DFB bestimmte, dass der Erstligist aus Gründen der Chancengleichheit (was immer das bedeuten sollte) im Volksparkstadion von Bahrenfeld auflaufen müsse. In sechs von 15 Bundesliga-Heimspielen 1963/64 hätte der Rothenbaum ausgereicht, der damals 28.000 Zuschauer fasste.

Nach dem HSV-Wechsel ins Volksparkstadion genoss 1963/64 der FC St. Pauli Gastrecht am Rothenbaum und 1974/75 in der 2. Bundesliga Barmbek-

Uhlenhorst, woraufhin für 60.000 DM renoviert wurde. Allerdings trug auch der HSV noch sechs Bundesligaspiele „zu Hause" aus, u.a. wegen des Ausbaus des Volksparkstadions für die WM '74, sowie Liga-Fokal-, DFB-Pokal- und ein Messe-Pokal-Spiel (1970 gegen Dinamo Zagreb). Die Bundesliga-Profis mochten den Rothenbaum nicht: Der Platz war ihnen zu eng und das Publikum zu nah. Letztes Pflichtspiel der Profis am Rothenbaum war am 19. August 1989 das Pokalspiel gegen den MSV Duisburg (2:4), bei dem Hamburger Hooligans von der Gegengerade aus hinterrücks den MSV-Fanblock überfielen und eine Panik auslösten (79 Festnahmen). Hätten am Rothenbaum Metallgitterzäune gestanden, wären schwerste Verletzungen die Folge gewesen. Der Verein erklärte daraufhin, nie mehr mit der „Ersten" am Rothenbaum zu spielen.

Gegen den Willen des stets erstklassigen Bundesligisten hat die regierende SPD mit ihrem Partner STATT-Partei dann das zweieinhalb Hektar große Sportgelände beseitigt. Die Feststellung in der HSV-Jubiläumschronik von 1938: „Fußball am Rothenbaum gab es, solange der HSV bestand, und wird es geben, solange es einen HSV gibt!" – hinfällig, ein für allemal!

Gärtner vom Crystal Palace

1910 pachtete der HSV-Vorläufer HFC 88 ein Stück Land an der Rothenbaumchaussee von der Stadt, nachdem er zuvor ein „Gesuch an den hohen Senat"

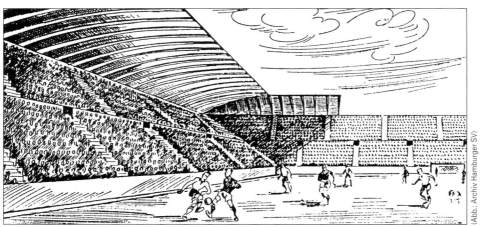

Anfang der 50er Jahre legt der HSV einen eigenen Plan für den Umbau des Rothenbaums vor.

(Abb.: Archiv Hamburger SV)

gerichtet hatte: „Es hängt von der Annahme unseres Gesuchs die Weiterentwicklung des H.F.C. von 88 ab, da derselbe ohne einen den modernen Ansprüchen genügenden Sportplatz nicht kräftig genug vorankommen kann." Sport sei „ein wirksames Korrektiv gegen die angestrengte Tätigkeit in Schulen, Kontoren und Bureaus, vor allem aber gegen die nachteiligen Wirkungen des nervenaufreibenden Großstadtlebens". Der Verein versprach, zwischen Viehweiden, Kuhzäunen und dem Trampelpfad der Kirchgänger „eine Zierde der Gegend" zu schaffen. Planungs- und Bauakten sind glücklicherweise erhalten geblieben, so lässt sich das Projekt bis in Details zurückverfolgen. Es war den zuständigen Beamten beispielsweise nicht plausibel zu machen, dass der Haupteingang nicht hinterm Tor liegen dürfe, worauf Paul Hauenschild vom HFC argumentierte: „Da sich das Fußball-Wettspiel hauptsächlich vor den Toren abspielt, wären die durch das z.Zt. vorgesehene Portal eintretenden Personen vielfach der Gefahr ausgesetzt, mit den über das Tor hinausgehenden Bällen in unliebsame Berührung zu kommen."

Am 10. September 1911 weihte der HFC seinen Sportplatz am Rothenbaum mit einem 0:2 gegen Holstein Kiel ein: „Kameradschaft und Opfersinn der Mitglieder hatten es ermöglicht, einen Wunschtraum zur Wirklichkeit zu wandeln." „Unserem vornehmen Harvestehude ist ein neuer, schöner Schmuck geworden", meldete die „Hamburger Woche" (der zuständige Gärtner hatte lange für den Crystal Palace London gearbeitet, eine Ausstellungshalle, nicht zu verwechseln mit dem gleichnamigen Fußballklub). Mit Beginn des 1. Weltkriegs musste man das Areal als Exerzierplatz für das Militär zur Verfügung stellen und fand es 1918 schwer beschädigt vor („Sprunggruben gegraben, mit Bauschutt aufgefüllt, Geländer zerbrochen").

Nach der Fusion HFC/Germania/ Falke im Jahr 1919 zum Großverein Hamburger SV wurde der Sportplatz 1923/24 ausgebaut: Entweder berappten die Mitglieder einen Sonderbeitrag oder sie leisteten freiwillige Arbeitsstunden. Einweihung war am 3. August 1924 gegen den 1. FC Nürnberg (1:1), der HSV feierte „eine fast gänzlich neue, vorbildliche Anlage, die allerersten Ansprüchen genügt", und „die Ränge quollen buchstäblich über", denn neben 27.000 Eintrittskarten waren noch mindestens 5.000 gefälschte Tickets im Umlauf. Bereits 1921 hatte man die Villa Ecke Rothenbaumchaussee 115 / Hallerstraße gekauft („die Löwenburg"), die lange Jahrzehnte Heimat des Klubs war.

„Einmalig auf deutschen Fußballplätzen"
1937 wurden auf dem Rothenbaum beide Längsseiten überdacht, für eine Sitz- und Stehtribüne (die Stehtribüne an der Südseite zerstörte 1980 ein Orkan, der HSV zeigte nie Interesse am Wiederaufbau) – „eine Neuerung, auf deutschen Fußballplätzen einmalig". Auf der Reitbahnseite (später: Bunkerseite) stand nun „Hamburgs größte und schönste Sitztribüne" für 1.500 Menschen, eine Stahlkonstruktion, auf der Gegengerade waren 9.500 Stehplätze überdacht. Auf Deutschlands größter Sportanlage in Vereinsbesitz waren „4/5 aller Zuschauer vor jeder Witterungsunbill geschützt, ein gewaltiger Fortschritt", meldete der HSV, der sogar geplant hatte, die Zuschauerplätze komplett zu überdachen – ein für diese Zeit sensationelles Unterfangen, das die Stadt ablehnte. Ohnehin hatte der Klub weitere Ausbaupläne, die an mangelnden Finanzen scheiterten. Wie im Beitrag zum Volksparkstadion geschildert, erlaubte die Stadt 1950 ein Fußballstadion für 65.000 am Rothenbaum nicht; der HSV-Plan sah vor, die Längs-

seite des Platzes parallel zur Rothenbaumchaussee anzulegen.

Fußball am Rothenbaum – „Auf ihr Männer!", lautete der „Schlachtruf", und die berühmte HSV-Viertelstunde waren die 15 Minuten nach der Pause – hatte Elemente einer antiken Aufführung: Die Spieler zogen sich in der Vereins-Villa um, legten durch ein Spalier von Ordnern, Polizisten und Anhängern den Weg quer über die Rothenbaumchaussee zu ihrer „Bühne", dem HSV-Platz, zurück. Zum Pausentee blieb man der Einfachheit halber gleich dort.

„Ordnungspolizisten fielen in Ohnmacht"
Fast alles, was in der Fußballwelt Rang und Namen hatte, gastierte im 28.000-Besucher-Stadion des HSV, „an der weltberühmten main street des hanseatischen Fußballs" (Gerhard Seehaase). „Die Rothosen" waren dort eine Macht, die von 1947 bis 1963 in der Oberliga Nord nur 20-mal besiegt wurde. 1956 bis 59 war man am Rothenbaum drei Jahre lang ohne Niederlage und erreichte 75:3 Punkte! Es gibt unzählige Geschichten aus jener Ära, von Linksaußen Charly Dörfel z.B., der aufgrund einer Wette mal kurz ins Publikum lief, jemanden begrüßte und wieder auf den Platz zurückkehrte. Hier boxte 1925 Jack Dempsey, der Weltmeister, in einem Schaukampf, für 30.000 hatte man „Deutschlands größte Freiluft-Boxarena" geschaffen, und auch der Zuschauerrekord am Rothenbaum kam rund um den Boxring zustande: 1947 mit 40.000 beim Schwergewichtskampf Hein ten Hoff (k.o.-Sieger 7. Runde) gegen Walter Neusel. „Der Andrang war gewaltig. Ordnungspolizisten fielen in Ohnmacht. Von Dächern der umliegenden Häuser, auf denen in lebensgefährlichen Positionen Leute klebten, ertönten anfeuernde Rufe" („Der Spiegel").

Vom Rothenbaum übertrug das Fernsehen im August 1952 erstmals in

(Foto: Archiv Hamburger SV)

Uwe jubelt – und die Haupttribüne am Rothenbaum ebenfalls.

der Nachkriegszeit ein Fußballspiel (HSV – Altona 4:3). Die Nationalelf kam 1954/55 zum Testspiel an den Rothenbaum und gewann 4:1 gegen den HSV. Uwe Seeler flog dort am 1. Dezember 1957 vom Platz, „ein tobender, brodelnder Zuschauerkessel, in dem die Vernunft machtlos gegen den Fanatismus war", stand im „Hamburger Abendblatt" zu lesen. Es gab eine Platzsperre und der HSV wich ins Weserstadion Bremen aus. 1960 standen vom Dammtorbahnhof bis zum Rothenbaum nach der Deutschen Meisterschaft des HSV 100.000, wieder das „Abendblatt": „Stürmischer haben vermutlich einst die Griechen ihre erfolgreich heimkehrenden Krieger auch nicht empfangen." Und 1932 trugen die Hamburger Arbeiterfußballer dort ihr letztes Endspiel aus, Lorbeer 06 – VfL 05 vor 8.000, 4:5.

Der HSV-Platz war einstmals eingebettet in ein innerstädtisches „Sport-Zentrum" mit Eislaufbahn, Velodrom und Reithalle. Zur Umgebung gehört ebenfalls die Kirche von St. Johannis, und weil deren Gemeinde sich bei Sonntagvormittag-Spielen von Tausenden auf dem Fußballplatz überstimmt fühlte, wurden Begegnungen zu diesem Zeitpunkt nicht mehr genehmigt. Am 7. November 1954 fand das Oberliga-Spiel HSV gegen Eimsbüttel noch einmal mit

Auflagen statt: Nur die Mannschaftsaufstellungen durften über Lautsprecher bekannt gegeben werden, und die Zuschauer wurden vor Beginn gebeten, „ihre Beifalls- oder Missfallenskundgebungen auf ein Mindestmaß einzuschränken" – das hatten „auf höchster Ebene" Walter Baresel und Dr. Riebow vom NFV mit Pastor Dittmann von St. Johannis vereinbart. Allerdings dürften sich an jenem Sonntagvormittag die 17.000 Anwesenden kaum im Flüsterton geäußert haben, denn beim 5:3 des HSV gegen den ETV überschlugen sich die Ereignisse, fielen allein zwischen der 61. und 63. Minute drei Tore: Eimsbüttels Ausgleich und die HSV-Treffer zum 4:3 und 5:3!

Ostkurve als Biotop
Das Stadion, in dem zuletzt die HSV-Amateure, die A-Jugend und die Frauen spielten und das noch ca. 10.000 Menschen Platz bot, vermittelte schließlich nur noch einen traurigen Eindruck. Die Ostkurve war gesperrt und zum Biotop geworden, zwischenzeitlich waren auch Teile der Tribüne nicht mehr zugänglich, hinter der um den früheren Luftschutzbunker ein Medienzentrum entstand. Jener Bunker des Luftgaukommandos XI hatte 1942 die Reithalle ersetzt und ist auf vielen Photos der Nachkriegszeit von HSV-Spielen zu sehen: Damals

hatte man auf das Bunkerdach noch Behelfswohnungen gesetzt.

Das Bezirksamt Eimsbüttel sperrte die Tribüne am 15. April 1992, und im Morgengrauen des 5. September 1994 um 7 Uhr 18 begann der Abriss. Der Verein versteigerte vorher noch eine Sitzbank für die Muskelschwundhilfe, eine erhielt das Museum für Hamburgische Geschichte und eine andere – eine hintersinnige Geste – der Senat geschenkt. 50 Sitzbänke waren nachts geklaut worden. Am Vortag hatte es noch ein AH-Abschiedsspiel HSV gegen FC St. Pauli gegeben. Uwe war da, sein inzwischen verstorbener Vater Erwin auch.

„Politisch schamlos missbraucht!"
Das politische Aus für das Stadion am Rothenbaum war im Dezember 1993 mit dem Kooperationsvertrag zwischen SPD und der überraschend ins Parlament gelangten STATT-Partei beschlossen. Die STATT-Partei, inzwischen nur noch eine Fußnote der Hamburger Geschichte, hatte sich – unterstützt von HSV-Präsident Jürgen Hunke – im Wahlkampf noch für den Erhalt der Sportstätte eingesetzt. Hunke-Nachfolger Ronald Wulff tobte: „Die STATT-Partei hat uns im Wahlkampf schamlos missbraucht!"

Insbesondere der umtriebige Hunke hatte eine letzte vergebliche Aktion „Rettet den Rothenbaum!" veranstaltet.

Uwe Seeler unterstützte sie, nicht voll und ganz, denn mit Hunkes Vorgehensweise war er nicht einverstanden: „Sowas lässt sich der Senat nicht bieten!" DFB-Präsident Egidius Braun kam vor Ort und teilte mit: „Diese Anlage hat einen unvergleichlichen Traditionswert für Hamburg. Wäre es ein altes Theater, es stünde längst unter Denkmalschutz." Doch da war nicht viel zu erwarten; seit langen Jahren hat man den Eindruck, dass sich das Landesdenkmalamt nur im äußersten Fall und nur unter öffentlichem Druck den sog. Prestigevorhaben des Senats in den Weg stellt.

Die Spieler der Meisterelf vom Jahrgang '60 wurden mobilisiert und gingen Erinnerungen nach: „Das war eine tolle Atmosphäre dort, für jeden Gegner eine Angstpartie", teilte Jürgen Kurbjuhn mit, und Stopper Jochen Meinke ergänzte: „Der Rothenbaum-Sportplatz gehört für mich zu Hamburg wie die Reeperbahn!" Über 200 Anwohner, Hamburger Sport-Bund, Hamburger Fußball-Verband, der Ring Deutscher Makler, der FC St. Pauli, die benachbarte Universität unterstützten Hunkes Initiative, letztlich vergebens. Verloren ging nicht allein ein Stadion, sondern eine Grünanlage in dem dicht besiedelten Stadtteil und eine Schulsportanlage.

Die von der SPD angekündigten 240 Sozialwohnungen sind „in der feinen Gegend" („Die Welt") nie gebaut worden. Es entstand ein „Multimedia Centre" (nach Entwürfen von Sir Norman Foster), dazu 127 Eigentumswohnungen (77 qm kosten 500.000 DM) und 58 öffentlich geförderte Wohnungen. Die vorgesehenen Senioren-Appartements wurden nie gebaut. Vielleicht bliebe ja noch Raum für ein „Kunst im öffentlichen Raum"-Objekt: Irgendein Denkmal in Erinnerung an Posipal, die Seelers, den HSV generell an diesem Ort. Der Rothenbaum nämlich lebt weiter, in den Erinnerungen und den Überlieferungen und in der Geschichte. *We'll never forget!*

sky

HSV-Platz Rothenbaum
ER: 1911/1924 (besteht nicht mehr).
FV: ehemals 27.000, davon 1.500 üd. SiP und 9.500 üd. StP.
ZR: über 30.000, Einweihung des erweiterten Sportplatzes, 3.8.1924, HSV – 1. FC Nürnberg 1:1 (neben 27.000 Eintrittskarten waren 5.000 gefälschte Tickets im Umlauf).
Frühere Lage: Rothenbaumchaussee, zwischen Turmweg und Tennisstadion, keine Telefonnummer!

▊ ETV-Platz

„Vorbei die Eimsbüttler Tage..."
(Walter Jens)

Unweit des Victoria-Platzes auf der Hamburger Hoheluft war ehemals ein weiterer der fußballerischen Fixpunkte der Hansestadt, von dessen respektablem Stadion allerdings nichts mehr vorhanden ist. Denn 1978 hat der Eimsbütteler TV, kurz: ETV, einer der „Giganten" unter Hamburgs Sportvereinen, zugunsten des Baues einer Tennishalle seine Tribüne niederreißen lassen.

„Vorbei, die Eimsbüttler Tage", möchte man mit den Erinnerungen des Schriftstellers und Tübinger Professors Walter Jens, des einstigen Eimsbüttler Torstehers, seufzen, der das „Fußball-Wunder" von der Hoheluft literarisch verewigte und den unübertroffenen Satz niederschrieb: „Wenn ich den letzten Goethe-Vers vergessen habe, werde ich den Eimsbüttler Sturm noch aufzählen können."

1911 hatte der ETV seinen Platz am Lokstedter Steindamm gegen Minerva Berlin eröffnet. Mit der Zeit wurde daraus ein sog. Tribünensportplatz – „eine gewaltige Anlage, die in Deutschland nur wenige ihresgleichen hat" (1935). Zur Tribünen-Einweihung 1920 kam der ruhmreiche 1. FC Nürnberg (2:3).

Der ETV hatte in den 30er Jahren eine großartige Serie, war Hamburger Meister 1934, 1935, 1936, 1942 und damit die Nr. 1 vor dem HSV, zudem Vizemeister 1938, 1939, 1941. Die Namen der Nationalspieler wie Rohde, Rohwedder, Panse, Stührk waren jedermann geläufig. Kurios: Bis zur Bildung von „Groß-Hamburg" 1938 verlief die Landesgrenze mitten durch den Platz: Eine Halbzeit stand der Torwart in Preußen, die andere in Hamburg!

Nach Kriegsende beschlagnahmten die Briten den Platz, dessen Tribüne bis auf die Mauern abgebrannt war und deren Neubau nach Rückgabe 1949 in Angriff genommen wurde, nachdem man zuvor für insgesamt 100.000 Mark Gastrecht beim Nachbarn Victoria und beim HSV auf dem Rothenbaum-Platz genoss. 1948 bis 1956 war der Eimsbütteler TV in der Oberliga Nord noch einmal erstklassig, heute ist Fußball (immerhin Oberliga Hamburg/Schleswig-Holstein) dort eine Disziplin unter vielen unterm Dach des Großvereins – „vorbei, die Eimsbüttler Tage", eben.   *sky*

ETV-Platz Hamburg
(offiziell: Sportzentrum Hoheluft)
ER: 1911. FV: ehemals 24.000, darunter üd. SiP auf der Tribüne; heute 1.000 StP.
ZR: 24.000, Gauliga Nordmark, 1938, Eimsbütteler TV – Hamburger SV.
Lokstedter Steindamm 75,
22529 Hamburg, Tel. 040 / 56 79 42 (Stadion), 40 17 690 (Geschäftsstelle).

Die Tribüne des Eimsbütteler TV in den 20er Jahren.

(Foto: Eimsbüttler TV)

(Foto: Skrentny)

Tribüne am Victoria-Platz, 1929. Die Zuschauer verfolgen ein Spiel des ATSB gegen die Sportorganisation der englischen Labour-Party (4:4).

1909 wurde die erste überdachte Tribüne am Victoria-Platz errichtet (Foto aus dem Jahr 1917).

▨ Victoria-Platz

Norddeutschlands erste Tribüne

Ein klassisches Fußballstadion in Vereinsbesitz mit einer der ältesten Tribünen Deutschlands findet man recht zentral in Hamburg zwischen den dicht besiedelten Stadtvierteln Hoheluft und Eppendorf: den Victoria-Platz, der meist einmal im Jahr als „Hamburger Wembley" guten Besuch erfährt, wenn dort das Pokal-Finale des Hamburger Fußball-Verbandes ausgetragen wird.

Der SC Victoria war 1895 aus den Schulvereinen Cito und Excelsior, die auf dem riesigen Heiligengeistfeld von St. Pauli kickten, hervorgegangen. Seit 1904 in der Radrennbahn am Grindelberg (am Ort des heutigen U-Bahnhofs Hoheluft) verankert, schuf sich „Vicky" von Mai bis September 1907 einen eige-

nen Fußballplatz Ecke Martinistraße / Lokstedter Steindamm, dessen Anlage im Zuge der großen fußballerischen Erfolge der Victorianer (1905 erster Nordmeister) zum „schönsten Fußballplatz Hamburgs" avancierte und bis auf den heutigen Tag als Gesamtanlage beeindruckt. Es gibt das klassische „Stadion-Portal" mit Kassenhäuschen, den hohen Stehwall der Gegengerade, Stehstufen auf einer Hintertorseite zum Lokstedter Steindamm hin und die imposante alte Holztribüne. Nachdem man das Stadion 1946 durch zusätzliche Stehtraversen auf Trümmerschutt für 35.000 erweitert hatte, verlor man durch den Ausbau der angrenzenden Straße Lokstedter Steindamm 1956 und die Erweiterung des

benachbarten Universitäts-Krankenhauses Eppendorf (UKE) 1968 jeweils 5.000 Stehplätze.

Länderspiel, als die Bomben fielen
Sogar fünf DFB-Länderspiele hat dieser Ort erlebt (Victoria selbst stellte elf Nationalspieler): 1911 gegen Schweden (1:3), 1913 gegen Dänemark (1:4), 1923 gegen Norwegen (1:0) und Holland (0:0); zuletzt, mitten im Krieg, als bereits Bomben auf Hamburg fielen, 1940 gegen Dänemark (1:0). Dafür wurden für 28.000 „riesige Nottribünen" am Lokstedter Steindamm und Zusatztribünen vor der Haupttribüne errichtet. Die NS-Propaganda damals: „Die dänischen Gäste haben gesehen, welche Kraftquellen das deutsche Volk besitzt, wenn es mitten in der entscheidenden Phase des Krieges eine große Veranstaltung in einem würdigen Rahmen stellen kann." Den Zuschauer-Rekord bedeuteten nicht die 28.000, sondern 37.000 im Jahre

1948 im Endspiel um die Meisterschaft der britischen Besatzungszone (HSV – FC St. Pauli 6:1). Heute sind auf dem Victoria-Platz noch 16.000 Besucher zugelassen.

1910 bereits war auf der Hoheluft das Endspiel um die „Deutsche" ausgetragen worden (Karlsruher FV – Holstein Kiel 1:0, 5.000). Dorthin kamen Klasseteams wie Arsenal, Celtic, Ferencvaros. Großkampftage der Boxer wurden ausgetragen, der geschäftstüchtige Platzbesitzer vermietete sein Stadion 1932 an die NSDAP für eine Großkundgebung mit Hitler; Polizei mit Maschinenpistolen hielt die umliegenden Dächer der hohen Mietshäuser besetzt, um die Kundgebung zu schützen. Victoria vermietete aber auch an die sozialdemokratischen Arbeitersportler für deren Endspiele (SC Lorbeer 06 Rothenburgsort mit Uwe-Vater Erwin Seeler) und Länderspiele bzw. die „Russenspiele". Und natürlich bot auch der Platzherr „großen Fußball": Viermal in der Endrunde um die „Deutsche", elf Jahre Gauliga, drei Jahre Oberliga Nord, drei Jahre Regionalliga Nord, drei Jahre Amateuroberliga Nord (derzeit Verbandsliga).

Eröffnet hatte der Victoria-Platz, eine der ältesten deutschen Vereinsanlagen, 1907 mit einem 5:2 der Gastgeber über den amtierenden Deutschen Meister VfB Leipzig, und nachdem der Staat im Fünf Jahres-Pachtvertrag dem Verein erst einmal keine Erderhöhungen und sonstigen Ausbau erlaubte, durfte Victoria 1909 dann doch Norddeutschlands erste überdachte Tribüne bauen, die 1921 abbrannte; Ursache war vermutlich Brandstiftung. Der Neubau, möglich durch die großartige Hilfsbereitschaft vieler Menschen, Vereine und Verbände, war am 15. Oktober 1922 fertig und wurde Ende der 70er Jahre und 1985 renoviert.

Der SC Victoria dürfte damit eine der ältesten deutschen Stadion-Tribünen besitzen – ein Grund für das Hamburger Denkmalschutzamt, sich mit dem Objekt zu befassen, ehe die stolze Anlage wegen einer Erweiterung des Universitätskrankenhauses Eppendorf, die immer mal wieder im Gespräch ist, verschwindet.   *sky*

Victoria-Platz Hamburg
ER: 1907. FV: früher 35.000; heute 16.000, davon 450 üd. SiP.
ZR: 37.000, Endspiel um die Meisterschaft der Britischen Zone, 13.6.1948, Hamburger SV – FC St. Pauli 6:1.
Lokstedter Steindamm 87,
22529 Hamburg,
Tel. 040 / 422 51 60, 422 59 25.

(Foto: Prüß)

Lokalderby zwischen Concordia und FC St. Pauli im Marienthal.

(Foto: Priezel)

Das Stadion Marienthal mit der überdachten Hauptgerade.

▓ Stadion Marienthal des SC Concordia

Nachtarbeiter im Licht der Autoscheinwerfer

Ein klassisches Vereinsstadion, ganz und gar auf Fußball zugeschnitten, findet man im Osten Hamburgs, im noblen Villen-Stadtteil Marienthal, der so recht nicht zum Fußball passt (oder umgekehrt). Auch der SC Concordia von 1907, in der Hansestadt liebevoll „Cordi" genannt, war einstmals erstklassig, gehörte 13 Jahre lang der Oberliga Nord an, später 1963-70 der Regionalliga und 1974-91 der Amateuroberliga Nord. Nun ist Concordia der Fußball zu teuer geworden, weshalb man 2000 von der Oberliga in die Verbandsliga abstieg und das „Sport Mikrofon" ein „Tschüss, Cordi!" hinterherrief.

Auf Wanderschaft
„Cordi", 1907 von einem Freundeskreis gegründet, wanderte über diverse Stationen an den Rand des Wandsbeker Gehölzes, wo man in der Inflationszeit 1922 das Gelände eines Sonnenbades erwarb. Innerhalb von zwei Jahren schuf der Verein dank vieler freiwilliger Arbeitsstunden, dem Verkauf von „Bausteinen" (Spendenaktion), mit Baudarlehen und einer staatlich genehmigten Lotterie aus eigenen Mitteln sein Sportgelände. Zur Eröffnung 1924 kam der HSV und gewann 16:1.

Nach Kriegsende beschlagnahmten die britischen Besatzer mit Datum 23. September 1945 das Areal. Concordia ging nochmals auf Wanderschaft, spielte in der Oberliga Nord von 1947 bis 1951 auf St. Paulis altem Platz, an der Rothenbaumchaussee beim HSV und auf der Hoheluft. Zeitweise dachte man daran, ein Sportgelände zwischen den Stadtteilen Hamm und Borgfelde zu kaufen, da Marienthal am Rande der Stadt doch recht abgelegen war.

Erst 1951 durfte der SC Concordia zurück an seine alte Stätte, und wieder wurde in die Hände gespuckt: Die Stadt stellte ein weiteres Stück Wandsbeker Gehölz zur Verfügung, dort entstand der hohe Stehwall der Gegengerade, der mit den Jahren recht marode geworden ist, aber als Stück 50er Jahre-Stadionarchitektur imponiert. Eine massive Steinmauer errichtete der Verein entlang der Oktaviostraße, Kassenschalter inklusive. Feste Sitzreihen entstanden entlang der Hauptgerade, deren Überdachung folgte in den 50er Jahren und die Flutlichtanlage 1958. Die lang gezogene kleine Tribüne besteht bis heute.

Die Mittel für den Stadionbau kamen vom Toto, aus zinslosen 50-DM-Darlehensscheinen und über 5- und 10-DM-Bausteine (letzteres erbrachte 10.000 Mark) zusammen. In der Nacht vor dem DFB-Pokalspiel gegen Borussia Dortmund arbeiteten die Concorden im Lichte der Autoscheinwerfer, damit zum 17. August 1952 „das Schmuckkästchen im Wandsbeker Gehölz" rechtzeitig fertig gestellt war. Zur Feier des Tages besiegte der SC Concordia vor 10.000 die Gelb-Schwarzen aus dem Kohlenpott mit 4:3. Zum nächsten Pokalkampf gegen den VfB Mühlburg aus Karlsruhe kamen bereits 12.000 (4:3, im DFB-Pokal-Viertelfinale schied man beim SV Waldhof mit 1:2 aus).

Problematisch wurde es in Marienthal Anfang 1961, als der Platz aufgrund von Straßenbaumaßnahmen völlig ins Abseits geriet („Die Welt": „Eine kaum noch erreichbare Oase in der Wüste"). Der Oberliga-Zuschauerschnitt betrug statt 3.500 nur noch 2.500, bis der HSV half: Er stellte den Rot-Schwarzen kostenlos seinen Rothenbaum-Platz zur Verfügung und half außerdem mit einem Kredit, nachdem „Cordis" Vertragsspieler wochenlang kein Gehalt mehr bekommen hatten.

Wenn auch etwas abgelegen, so lohnt doch immer der Weg nach Marienthal, lassen sich in der heimeligen Anlage auf dem hohen Stehwall meist angenehme Fußballnachmittage oder -abende verbringen. Besonders stimmungsvoll waren zuletzt die Derbys zwischen „Cordi" und den FC St. Pauli Amateuren, dichtes Gedrängel herrschte in der engen Oktaviostraße, doch vorerst sind diese Begegnungen Vergangenheit. *sky*

Stadion SC Concordia
Hamburg-Marienthal
ER: 1924. FV: früher 12.000, heute 8.500, davon 800 üd. SiP.
ZR: 12.000, DFB-Pokal-Achtelfin. 1952/53, SC Concordia – VfB Mühlburg 4:3.
Oktaviostraße 102, 22043 Hamburg, Tel. 040 / 656 71 55 (Tribüne),
656 27 97 (Geschäftsstelle).

▓ Stadion am Millerntor, St. Pauli

Wo Fan-Kultur geboren wurde

(Foto: Millerntor-Roar)

Mittenmang im Stadtteil: das Stadion des FC St. Pauli.

Für viele ist es das „Kult-Stadion" schlechthin, die 1999 von Wilhelm-Koch-Stadion in Stadion am Millerntor umbenannte Heimstätte des FC St.Pauli. Wie anders ist es zu erklären, dass trotz häufiger Vorführungen grausamsten Fußballspiels und der umstrittenen Regentschaft eines „Sonnenkönigs", der hier Heinz Weisener heißt, die Anhängerschaft nach wie vor treu hierher pilgert, um der in der einzigartigen Farbkombination braun-weiß auflaufenden Mannschaft zu huldigen.

Tatsächlich ist dieses Stadion am Rand des großen Heiligengeistfeldes und unweit von „Michel", Hafen und Reeperbahn ein Ort der Innovation, was Fußball-Kultur und Fanszene betrifft. Von hier ging der Widerstand gegen die „Versitzplatzung" aus, der unter der Parole „Sitzen ist für'n Arsch!" im eigenen Stadion zwar gewonnen wurde, bundesweit aber weitgehend verloren ging. Erster Fan-Protest regte sich, als der Klub unter Mitwirkung von Architekt Weisener im März 1989 für 500 Mio. DM ein Hallenstadion namens „Sport-Dome" bauen wollte (das die Stadt aller Sorgen enthoben hätte, denn das Volksparkstadion galt als nicht mehr zeitgemäß, und die Alsterdorfer Sporthalle, deren Kapazität für Groß-Konzerte begrenzt ist, hat den

Charakter einer Viehauktionshalle). Man demonstrierte durch St. Pauli und die angrenzenden Viertel „Karo" (Karolinenviertel) und „Schanze" (Schanzenviertel), und aus dieser Initiative entstand mit dem „Millerntor-Roar" das erste bedeutende kritische deutsche Fußball-Fanzine. Fünf Schweigeminuten beim Heimspiel gegen den Karlsruher SC waren ein weiterer Akt der Ablehnung, und zwei Monate später war klar, dass der „Sport-Dome" auf dem Papier blieb. Ausschlaggebend war, dass Teile der Anhängerschaft kein „Luxus-Stadion" wollten, vor allem aber sollten die angrenzenden Viertel nicht noch mehr Autoverkehr ertragen müssen.

Prägend war auch, dass sich Fans und Verein gegen Rassismus und Neonazis positionierten. Die Aktionen „St.-Pauli-Fans gegen rechts" fanden viele Nachahmer, zumal die „Spuckis" (mit der Abbildung einer Faust, die ein Hakenkreuz zerschlägt) zehntausendfach verbreitet wurden. Das waren Zeiten, in denen auch FC-Geschäftsführer Manfred Campe ein Transparent „Keinen Fußbreit den Faschisten!" mit übers Feld trug, die Stadionordnung vorbildhaft neu formuliert wurde und Mannschaft und Klub gegen Rassismus Stellung bezogen. Seit Oktober 2000 liest man auf einer Bande im Stadion, deren Miete und Aufschrift u.a. die Fans per Geldsammlung finanzierten: „Faschismus ist keine Meinung, Faschismus ist ein Verbrechen." Stadtteil-Bezug demonstrierten die Spieler zudem, indem sie für den Erhalt des Hafenkrankenhauses eintraten.

Ein Lied – vom Broadway auf den Kiez

Das Stadion am Millerntor jedenfalls galt nach all diesen Entwicklungen als Kristallisationspunkt für eine andere Fankultur. Das Lied „You'll never walk alone" der Liverpooler FC-Anhänger, das eigentlich aus einem Broadway-Musical stammt und inzwischen anscheinend offizieller DFB- und EURO-Song ist, führte die St.Pauli-Fan-Gemeinde in Deutschland ein. Das Abklatschen der Anhänger durch die Spieler war Normalität, ehe es woanders obligatorisch wurde. Hinzu kam eine begeisternde „Paadie"-Atmosphäre, die ihren Ursprung in Begegnungen wie der in der 2. Bundesliga 1984 hatte, als St.Pauli mit einem 0:3-Rückstand gegen Solingen nach der Pause auflief, die damals noch spärlichere Anhängerschaft aber ungerührt „Sankt Pau-li, Sankt Pau-li" skandierte, was der gewiss weitgereiste Autor bis dahin bei einem derartigen Ergebnisstand noch nie erlebt hatte. Na ja, „Sankt Pau-li" verlor dann doch noch 1:5.

Am Millerntor (von dem in der Nähe noch ein Torgebäude steht) gab es die deutsche Uraufführung der „Raupe" als Spielerjubel, das Klingeln mit den Hausschlüsseln bei Eckbällen war dort Usus, der „Millerntor-Roar" wurde zum Begriff. „Das ist ja hier wie in England", äußerten verblüfft die Akteure des SC Freiburg, als die noch nicht zum Kult befördert waren. Ansonsten gewinnt man den Eindruck, dass nirgends sonst um deutsche Sportfelder so heftig Bier konsumiert wird wie dort, und wenn unser Geruchssinn nicht trügt, wird nicht ausschließlich Tabak geraucht. Auch Auswärtige, die dem FC nicht unbedingt huldigen, lassen bei Hamburg-Visiten das reine, enge, stimmungsvolle Fußballstadion nicht aus. Aber weder ist der FC ein alternativer Stadtteil- noch ein Arbeiterverein. Der Klub ist den Gesetzen der Professionalität unterworfen, weshalb er 2000 aus finanziellen Gründen sogar mittelmäßige Spieler abgeben musste. Danach galt er als Abstiegskandidat Nr. 1 der 2. Liga und überraschte – zumindest bei Redaktionsschluss – seinen Anhang mit Fußballspielen, die man in dieser Form dort zuletzt nicht erwarten durfte.

Bauskandal am Heiligengeistfeld

St.Paulis Stadion ist kein fußballhistorischer Ground, wie man annehmen mag, sondern erst 1961 fertig gestellt worden. Zuvor war der Klub Ecke Glacischaussee / Budapester Straße (früher Ernst-Thälmann-Str.) zu Hause, in der Südostecke des Heiligengeistfelds. Die einstige Spielabteilung im Hamburg-St.-Pauli-Turnverein, die seit 1925 als FC St. Pauli firmiert, hatte dort damals einen Platz geschaffen. Die Mitglieder mussten 35.000 Mark Abbruchkosten aufbringen, weil ein Schlachtengemälde vom Krieg 1870/71 im „Panorama"-Bau im Weg stand. 1933 baute man den Platz in 25.000 freiwilligen Arbeitsstunden aus, was die „Reichsnährstand-Ausstellung" von 1935 erst einmal zunichte machte, denn danach war der Rasen laut Klub-Chronik „völlig zerstört." Der FC wich auf einen Platz am Kaifu-Bad am Kaiser-Friedrich-Ufer in Eimsbüttel und auf die Altonaer Exerzierweide aus. In den letzten Kriegstagen wurde das Heimstadion dann völlig zerstört.

Bereits am 8. Juni 1945 begann der Wiederaufbau unter Mithilfe der Mitglieder, zur Einweihung am 1. Oktober 1946 kamen 30.000 und der FC Schalke 04 (1:0). St. Pauli, das in den Nachkriegsjahren zur deutschen Spitze gehörte, besaß nun ein repräsentatives Stadion, dessen Längsseite parallel zur heutigen Budapester Straße verlief und das 3.000 überdachte Sitzplätze besaß. Wegen der Internationalen Gartenbau-Ausstellung (IGA) musste der FC 1961 weichen, für 1,7 Mio. DM entstand ein Neubau zwischen Südbunker (inzwischen abgerissen) und dem Monstrum Nordbunker. „Der Sport" kritisierte damals die „verpasste Chance", am Millerntor für 50.000 Zuschauer statt für 32.000 zu bauen, was die Baubehörde aus „städtebaulichen, technischen und verkehrlichen Gründen" abgelehnt hatte. Später wurde das Fassungsvermögen aus Sicherheitsgründen sogar noch reduziert. Gegen CDNA Sofia eröffnete das St.-Pauli-Stadion 1961, doch nur für kurze Zeit: Bald schon präsentierte es sich als Wasserwüste. Das Bauamt des Bezirksamtes Mitte hatte nämlich vergessen, Drainagen einzubauen, was nicht nur „Bild" aufbrachte: „Bau-Skandal um St.-Pauli-Sportplatz – Steuergelder aus dem Fenster geworfen".

St. Pauli absolvierte die restliche Spielzeit 1961/62 im Matsch, die Zuschauer stapften durch denselben, und anschließend war der Verein heimatlos, spielte als Gast auf dem Victoria-Platz auf der Hoheluft und gelegentlich beim HSV am Rothenbaum. Erst 1963 konnte

man ans Millerntor zurückkehren. Vorsitzender Wilhelm Koch machte diesen Zustand dafür verantwortlich, dass der FC die Bundesliga-Qualifikation verpasste: „Hätten wir nicht dauernd ‚fremd' spielen müssen, wären wir sicherlich 1962/63 Dritter geworden." Das war unzutreffend, hatte der DFB doch verfügt, dass jede Stadt nur einen Bundesligisten stellen durfte. Insofern waren die Betroffenen Bayern München und FC St.Pauli zumindest für diesen Moment Brüder im Geiste.

Das Stadion war so, wie damals ein vernünftiges Fußballstadion sein musste: Es existierte eine Haupttribüne (ein reiner Zweckbau, bis heute ohne jedes Extra), auf drei Seiten zogen sich betonierte Stehränge hin, Banden standen anstelle des späteren Zauns, die Nähe zum Spielfeld und Spielern war gegeben. Wiederkehrende Höhepunkte waren Aufstiegsspiele zur Bundesliga, die nie erfolgreich abgeschlossen wurden, ehe man 1977 endlich oben ankam. Unsinnigerweise verließ man das heimische Stadion und wechselte ins Volksparkstadion. Lediglich fünf Heimspiele fanden am Millerntor statt – zwei davon zwangsweise, wegen der Deutschen Leichtathletik-Meisterschaften und einer Hundeschau in Bahrenfeld –; in denen blieb man ungeschlagen und verzeichnete 8:2 Punkte. Das Volksparkstadion wurde damals noch nicht wie heute von Teilen der Anhängerschaft aus regelrecht dogmatischen Gründen gemieden, jedenfalls lässt die Zuschauerbilanz solche Rückschlüsse nicht zu – über 15.000 waren es im Schnitt in Altona, über 11.000 auf St. Pauli. Kamen nur 4.000 (!) zum Bundesliga-Spiel gegen Duisburg auf den Kiez, so waren es auch nur 5.000 gegen Bochum im Volkspark. Aber 6.700 gegen Düsseldorf, 8.500 gegen Saarbrücken, 9.000 gegen Dortmund hätten sich im heimischen Stadion bestimmt besser „gemacht" als im Riesenrund der HSV-Spielstätte.

„Willkommen auf der Tribüne!"

Es folgten Zeiten, in denen der Verein fast zugrunde gegangen wäre und ihm vom DFB schließlich die Lizenz entzogen wurde. Die Gegner kamen nun aus Hameln, Salzgitter, Hessisch-Oldendorf und Gifhorn, aber irgendwie war's trotzdem nett: Man musste nicht pünktlich da sein wie später in der 2. oder 1. Liga, im Klubheim herrschte keine drangvolle Enge wie heute (unbedingt besuchenswert dieser Ort, die Glasmosaike in den Fenstern stehen für deutsche Fußballgeschichte!), in der Pause konnte man auf die Seite wechseln, auf der die Braun-Weißen stürmten, und wenn's

(Fotos: Perl)

Fankulturen am Millerntor: Protest gegen die Ansetzung von Montagsspielen...   ...und gegen Neonazis.

regnete, lud der Verein die Stehplatzbesucher auf die Sitztribüne ein. 1984/85 erreichte man die 2. Bundesliga, und die damals noch nicht sonderlich organisierte Fangemeinde machte erstmals Bekanntschaft mit zivil gekleideten Hooligans aus Duisburg, die schließlich an die Hintertorseite beim Ausgang gerieten und nicht wissen konnten, dass dort kräftige Werktätige aus dem Hafen standen. Die Duisburger werden diesen Nachmittag in bitterer Erinnerung behalten.

Mit dem zweiten Aufstieg in die 1. Bundesliga 1988 wurde die 18.500 Besucher fassende Arena im Juli 1988 auf der Gegengerade um den Bau einer geleasten Sitztribüne, auf der sich durch Trampeln eine beeindruckende Geräuschkulisse erzeugen lässt, auf ein Fassungsvermögen von 22.500 Zuschauern erweitert (Rekord offiziell: 22.657 am 26. November 1988 gegen den 1. FC Köln, 0:1; Rekord inoffiziell: 23.000 am 9. September 1988 gegen den 1. FC Kaiserslautern, 1:1). Die Flutlichtanlage weihte man am 6. April 1989 in einem weiteren "Schicksalsspiel" gegen Leverkusen (2:0) ein. An sich war die Premiere bereits für den 25. Februar 1989 gegen Bochum vorgesehen, doch an dem Tag war's einfach zu hell! Apropos „Schicksalsspiel": So hieß der TV-Film, in dem das Stadion z.T. Kulisse war; es ging, ein Romeo-und-Julia-Thema, um die Liebe zwischen einer Rostocker Deern und einem Hamburger Jung'.

Dass der FC St. Pauli in der Erstliga-Saison 1988/89 auf eine Stadion-Auslastung von 107 Prozent kam, lag daran,

dass man das Heimspiel gegen den HSV im Volkspark austrug (1:1, 53.960 Zuschauer). In der Runde lief St.Pauli dem HSV vom Zuschaueraufkommen her den Rang ab, 21.000 zu 15.000 hieß das Ergebnis, und in der Runde 1989/90 hätte er sogar den HSV erstmals sportlich in der Tabelle übertrumpfen können, doch gab man das letzte Spiel in Düsseldorf mit 0:7 ab und versäumte es, zumindest St. Paulianische Sportgeschichte zu schreiben.

WM-Stadion oder Schließung?
Guckt man ins Archiv, so war die Arena am Millerntor stets ein Thema. Die Skala reicht vom Neubau als WM-Stadion bis zur Schließung aus baupolizeilichen Gründen durch das Bezirksamt. Was den Neubau angeht, war zeitweise sogar ein Umzug nach Lübeck (!) im Gespräch! Das, meinen wir, wäre zuviel des Dogma, wo doch das neue Volksparkstadion näher läge. Aber das lehnen viele Fans nach wie vor kategorisch ab: Für sie ist es eben die Heimstätte des HSV, und der ist „der Verein bei der Müllverbrennungsanlage", „die Stellinger", „der schleswig-holsteinische Bundesligist" (der tatsächlich in jenem Bundesland trainiert). Manche HSVer wiederum bezeichnen den FC St. Pauli als „den anderen Verein", „den Stadtteilverein" oder – mit rechtsradikalem Einschlag – als „die Zecken". Die Ablehnung des Volksparkstadions bei 1.500 St.-Pauli-Fans ging so weit, dass sie 1991 ein ganz wichtiges Heimspiel ihres Klubs gegen die fast abgestiegene Hertha BSC (2:2) boykottierten und lieber die vom Fan-Laden organisierte Te

lefonübertragung („Radio-Paadie") im heimischen Stadion anhörten. „You'll never walk alone" – von wegen!

Noch 1963 war nach einer Umfrage im „Hamburger Abendblatt" die gegenseitige Ablehnung nicht so ausgeprägt, und in jüngerer Zeit scheint sich das Verhältnis (hoffentlich) zu entkrampfen: Im Internet gratulierten nach St.Paulis Klassenerhalt 2000 auch HSVer, und es gibt bekennende St.Paulianer, die zugeben, das Volksparkstadion zu besuchen („Juve" gibt's eben nur dort zu sehen!).

Einmalig: Mitglieder wählen Stadionnamen ab
Die Bezeichnung Wilhelm-Koch-Stadion (FC-St.-Pauli-Präsident 1931-45 und 1947-69) wählten die Mitglieder in der Jahreshauptversammlung am 30. Oktober 1998 ab – ein einzigartiger Vorgang in der deutschen Stadiongeschichte. Autor René Martens hatte im Buch „FC St. Pauli – You'll never walk alone" geschildert, dass der Prokurist Koch 1933 die Firma seiner Chefs, die jüdischen Glaubens waren und nach Schweden emigrierten, übernommen hatte. Außerdem ermittelte Martens, dass Koch 1937 NSDAP-Mitglied wurde. In einer turbulenten Mitgliederversammlung votierten 114 gegen 112 Anwesende gegen eine sofortige Umbenennung, bei 133 Ja-, 72 Nein-Stimmen und 20 Enthaltungen aber trat die Namensänderung zum Beginn der Saison 1999/2000 in Kraft, wobei vom Verein beauftragte historische Gutachter festgestellt hatten, dass Koch kein „aktiver Nazi" war. Die Benennung nach ihm war 1969 zustande gekommen, als die

Töchter des verstorbenen Präsidenten dessen 300.000-Mark-Investition zurückforderten, aber mit 150.000 DM und dem neuen Stadion-Namen abgefunden wurden. Diese Namensänderung ist wiederum typisch für den FC St. Pauli und sein Umfeld, denn in Leverkusen (IG Farben-Vorstand Ulrich Haberland) und Schweinfurt (Nationalsozialist Willy Sachs) schienen derlei Überlegungen nie relevant. Egal ob Koch nun ein in der Entnazifizierung als „Mitläufer" eingestufter Zeitgenosse war – Haberland und Sachs wirkten an wesentlicherer Stelle im Nazi-System mit –, einen NSDAP-Gefolgsmann als Namensgeber des Stadions wollte der überwiegende Teil der Mitglieder nicht akzeptieren.

Die St.-Pauli-Amateure, 1999/2000 3. Liga, danach 4. Liga, dürfen nur in Ausnahmefällen aus „sicherheitstechnischen Gründen" ans Millerntor. Sie spielen an der Sternschanze beim Polizei SV, die denkbar unglücklichste Lösung, obwohl das Gelände sporthistorisch nicht uninteressant ist, denn dort haben Ruud Gullit & Co für den EM-Sieg 1988 trainiert und mit Holstein Kiel gastiert sogar ein Deutscher Ex-Meister. Besucher aber dürfen nur auf einer Gerade und in einer „Kurve" stehen, von der Gerade guckt man auf den unablässig fließenden Autoverkehr, ein wirklich öder Sportplatz (FV: 4.000). Und nun – schon wieder Brüder im Geiste: Auch den HSV-Amateuren geht's nicht viel besser. Sie spielen auf dem Wolfgang-Meyer-Sportplatz in Hamburg-Stellingen (Hagenbeckstr. 124, wie der Name sagt beim Zoo), es gibt eine 600-Plätze-Sitztribüne und die vermutlich kleinste Gegengerade der 4. Liga Deutschlands. Alles ist so beengt, dass sich die Ersatzspieler außerhalb warm laufen müssen (FV: 1.500).

Beide Vereine könnten das Problem lösen, denn es gibt viele geeignete Fußballstadien in Hamburg. Die HSV-Amateure werden nie mehr an den Rothenbaum zurückkehren, für St. Paulis Amateure aber gilt: *Back to the roots,* zurück zum Millerntor! *sky*

(Foto: Sportamt Hamburg)

Die Planer der Jahnkampfbahn hatten auch künstlerische Ambitionen.

▩ Jahnkampfbahn Winterhude

Abschluss eines Gesamtkunstwerks

Eine wunderschön gepflegte Anlage, umgeben von sorgfältig beschnittenen Hecken und Baumbestand, mit einem Tribünenhaus in Klinker – doch der Fußball ist im Hamburger Norden heute nicht mehr willkommen: Die Jahnkampfbahn ist Heimstatt der Leichtathletik.

Das Stadion ist Bestandteil des 1910 bis 1924 von Fritz Schumacher (erst Baudirektor, 1924 dann Oberbaudirektor) konzipierten Gesamtkunstwerks Stadtpark Hamburg und liegt am Westende der Achse Planetarium (Wasserturm) – Festwiese – Stadtparksee – Stadthalle (zerstört). Architekt Schumacher (1869-1947) im Jahre 1928: „Für den Plan des Stadtparks gibt diese Anlage erst den eigentlichen Abschluss. Nicht nur sein Wesen als Volkserholungsstätte wird dadurch gesteigert, auch die ganze künstlerische Raumentfaltung erhält erst den zusammenfassenden Ausklang."

Die 1919 bis 1920 geschaffene Anlage bot 1.200 unüberdachte Sitztribünenplätze und 25.000 Stehplätze. Nach dem Krieg wurde sie im Hinblick auf die Internationale Gartenbau-Ausstellung (IGA) 1953 und das Deutsche Turnfest im selben Jahr umgestaltet, 1980 speziell für die Leichtathletik nochmals umgebaut.

Immerhin eine Saison lang war der Fußball in der Jahnkampfbahn präsent:

Das war 1963/64, als Regionalliga Nord-Aufsteiger HSV Barmbek-Uhlenhorst, der auf dem Rupprechtplatz lediglich einen Hartplatz besaß, in den Stadtpark ausweichen musste. 6.000 sahen die Premiere gegen Concordia Hamburg (2:1).

Am 1951 errichteten Tribünengebäude gibt es eine Gedenktafel für Karl Hein (1908-1982), im Kugelstoßen 1936 Olympiasieger und 1938 Europameister. Der Diskus-Olympiasieger von 1984, Rolf Danneberg, der als Hamburger in der Jahnkampfbahn trainierte, hat keine Gedenktafel bekommen: Er startete nämlich für den schleswig-holsteinischen Verein LG Wedel-Pinneberg – etwas kleinkariert, nicht wahr? In der Umfassungsmauer beim Eingang schließlich findet sich ein Relief samt Friedrich-Ludwig-Jahn-Zitat: „Man trägt ein göttliches Gefühl in der Brust wenn man erst weiss dass man etwas kann wenn man nur will."

Stadion am Millerntor
Hamburg-St. Pauli
ER: 1961. FV: 20.725, davon 5.248 üd. SiP auf der Haupttribüne und der Gegengerade.
ZR: 26.000, Bundesliga-Aufstiegsrunde, 6.6.1964, FC St. Pauli – Bayern München 0:4.
Am Heiligengeistfeld, 20359 Hamburg, Tel. 040 / 41 78 740.

Jahnkampfbahn
Hamburg-Winterhude
ER: 1920, FV: früher 26.200, heute 3.215, davon 383 üd. SiP und 160 üd. StP sowie 672 unüd. SiP und 2.000 unüd. StP.
Ohlsdorfer Straße, 22297 Hamburg, Tel. 040 / 51 65 88.

Jahnstadion

Die „Bühne" fürs Westfalen-Derby

Auf dem „Großen Exerzierplatz", wo zu Kaisers Zeiten die Geschichte des Fußballs in Hamm begann, wurde 1929/30 laut Stadtchronik von 40 Arbeitern in 8.107 Tagewerken ein „Turn- und Spielplatz" errichtet.

Das Jahnstadion diente allen möglichen Sportarten und Zwecken, auch dem Fußball, hatte aber nie einen „Heimverein". Größtes Ereignis vor dem Krieg war das Kreisturnfest am 2./3. August 1930 mit 3.000 Teilnehmern und 20.000 Zuschauern. Nach dem Krieg, im Mai 1949, sahen 9.000 Besucher den Start einer schwedischen Leichtathletikauswahl – damals, als der deutsche Sport international noch in Acht und Bann war, ein viel beachtetes Ereignis.

1952 erhielt das Jahnstadion eine Stahlrohrtribüne, die 1976 durch eine Betonkonstruktion ersetzt wurde. Einweihung war am 11. September mit einer großen Sport- und Musikschau. Das „Rekordspiel" im Jahnstadion fiel aber noch in die Zeit vor der Betontribüne, als die Hammer SpVg 03 / 04 der Regionalliga angehörte: Am 26. Februar 1967 stand das westfälische Derby gegen Arminia Bielefeld an, und das Interesse war so groß, dass die Hammer, der größeren Kapazität wegen, aus ihrem damals noch vereinseigenen Stadion ins unmittelbar benachbarte Jahnstadion auswichen. 18.000 sahen einen 2:1-Sieg für Hamm, der aber letztendlich weder den Abstieg der Hammer noch den Aufstieg der Bielefelder verhindern konnte.

Nach heutigem Standard sind außer den 2.000 Tribünenplätzen etwa 10.000 Stehplätze auf den Rängen und in den nur angeböschten Kurven als realistisch anzusehen. Nach wie vor wird das Jahnstadion von Hamm für die verschiedensten Anlässe und Veranstaltungen genutzt.   *Harald Bennert*

Jahnstadion Hamm

ER: 1930. FV: 12.000, davon 2.000 üd. SiP.

ZR: 18.000, 26.2.1967, Regionalliga West, Hammer SV – Arminia Bielefeld 2:1.

Jürgen-Graefe-Allee, 59065 Hamm, Tel. 0228 / 17 59 30.

Mahlberg-Stadion

Regionalliga-Stadion für eine Saison

Dass Hamm eine Industriestadt am nordöstlichen Rand des Ruhrgebiets ist und ein wichtiger Bahnknotenpunkt, haben die meisten irgendwann einmal im Geographie-Unterricht gelernt. Dass Hamm auch ein Kurort ist, ist weniger bekannt. Der Kurteil liegt im „besseren" Osten der westfälischen Stadt, und genau da, am Westufer der Ahse, begann die Geschichte des Hammer Fußballs.

Auf dem „Großen Exer" hatte die Stadt den drei ältesten Vereinen FC Preußen, FC Westfalen und TV 59 Plätze zugewiesen. Die TV-Fußballer machten sich 1910 als Hammer Spielverein 04 selbständig und pachteten im Frühjahr 1914 unweit des alten Platzes ein Grundstück an der Ostenallee, das kurz vor der Fusion mit dem FC Westfalen 03 angekauft wurde. Nach der Fusion am 23. August 1922 nannte sich der Verein Hammer Spielvereinigung 03/04. Die 20er Jahre bedeuteten die erste Blütezeit des Vereins, denn die Rotweißen waren damals der ernsthafteste Konkurrent der im westfälischen Fußball dominierenden Arminia Bielefeld.

Von seiner altvertrauten HSV-Kampfbahn musste sich der Klub 1963 verabschieden, als die Stadt das Gelände für ein Straßenbauprojekt (das allerdings nie realisiert wurde) benötigte. Der Verein arrangierte sich mit der Stadt und erhielt im „gelcwerten Tausch" ein Grundstück 400 Meter weiter nördlich über die Ostenallee hinweg, direkt neben dem ehrwürdigen, 1930 fertig gestellten Jahnstadion.

Auf dem neuen Areal wurde unverzüglich mit dem Bau einer 48.000 qm großen Sportanlage begonnen: Stadion mit Rasengrund und Stehstufenrängen, diversen Nebenplätzen, Tennisanlage und Vereinsheim, aber vorerst noch ohne Tribüne und Flutlicht. 1965 wurde die HSV-Anlage, wie sie im Unterschied zur alten HSV-Kampfbahn jetzt hieß, fertig gestellt. Durch einen Beschluss der Jahreshauptversammlung erfolgte 1969 die Umbenennung in Mahlberg-Stadion, um die Verdienste des Vereinsvorsitzenden und Mäzen Hans-Otto Mahlberg um den Bau der Sportstätte zu würdigen.

Tolle Resonanz, doch leider Abstieg

Das Stadion war gerade rechtzeitig zum Aufstieg der Hammer SpVg 03/04 in die Regionalliga 1966 fertig geworden. Die Zuschauerresonanz im neuen Stadion in der zweithöchsten Liga war bemer-

Das Jahnstadion (oben) und Mahlbergstadion (unten) in Hamm.

(Fotos: Hoeck)

kenswert: Gegen Aachen, Münster und SW Essen war die Arena mit 12.000 Zuschauern mehr als ausverkauft. Ausgelegt war die Anlage für etwa 8.000 Zuschauer (eine offizielle Festlegung des Fassungsvermögens existiert bis heute nicht), aber auf den Stehrängen alter Art ließen sich mittels „Zusammenrücken" immer noch einige Tausend mehr Besucher unterbringen als vorgesehen. Das Spitzenspiel der Regionalliga-Saison 1966/67 gegen Arminia Bielefeld (2:1) allerdings wurde der Kapazität wegen vor 18.000 Zuschauern im benachbarten Jahnstadion ausgetragen.

An der nötigen Fußballbegeisterung fehlte es also nicht in Hamm, und so war der Abstieg 1967 eine herbe Enttäuschung. 1970 kam es dann ganz schlimm: Die vereinseigene Anlage erforderte mehr Unterhaltskosten als vorausberechnet, bei Spielertransfers war viel Geld verloren worden, und mit 490.000 Mark Schulden kam die Hammer SpVg 03/04 zu dem traurigen Ruhm, Deutschlands höchst verschuldeter Amateurverein zu sein. Das Vereinsgelände mussten in zwei Etappen, 1971 und 1974, an die Stadt verkauft werden, und es bedurfte langer Jahre harter Arbeit, bis der Klub 1991 finanziell saniert war. Jetzt ist die Hammer SpVg 03/04 Pächter der Anlage und belegte zu Saisonende 2000 in der Verbandsliga Westfalen den 12. Platz.

Harald Bennert

Mahlberg-Stadion Hamm
ER: 1965. FV: 8.000 StP.
ZR: je 12.000 in der Regionalliga-West-Saison 1966-67, Hammer SpVgg gegen Alemannia Aachen (1:6), Preußen Münster (1:1), SW Essen (1:1).
Jürgen-Graefe-Allee, 59065 Hamm, Tel. 0228 / 17 59 30.

Hanau

Herbert-Dröse-Stadion

Erst Stehtribüne, dann Aufstieg

1951 entstand die damals Stadion am Wilhelmsbad genannte Sportstätte, die in den 70er Jahren auf ein Fassungsvermögen von 16.000 ausgebaut wurde. Hanaus Arena ist ein typisches Kombistadion mit 1.000-Plätze-Tribüne, einer hohen Stehtribüne auf der Gegengerade, einer 400-m-Korbbogenbahn, einer 100-m-Bahn und weiteren leichtathletischen Anlagen.

Der erste Bolzplatz des am 23. März 1893 in der Gaststätte „Mohr" in der Krämerstraße gegründeten 1. Hanauer FC 93 war wie bei vielen der in dieser Zeit gegründeten Vereinen ein Exerzierplatz. Auf diesem fand bereits am 11. Juni ein Freundschaftsspiel gegen eine Frankfurter Mannschaft statt (0:3). Fünf Jahre später war Hanau 93 Gründungsmitglied des DFB, und weitere fünf Jahre später stellte sich mit der Süddeutschen Vizemeisterschaft der erste große Erfolg ein.

Bis 1927 spielte der Klub auf dem Sportplatz „Zur schönen Aussicht", der schon bald nicht mehr den Anforderungen der mittlerweile erreichten höchsten hessischen Spielklasse genügte, weshalb der Umzug an die Aschaffenburger Straße erfolgte, wo ein Stadion mit drei Spielfeldern entstanden war. Dort begann der sportliche Höhenflug der 93er, die bis zum Kriegsausbruch 1939 dreimal Meister der Gauliga Hessen waren.

Nach Kriegsende wurde Hanau 93 die Aufnahme in die Oberliga Süd verweigert. Vor diesem Hintergrund entschlossen sich die US-Militärbehörden, das Stadion für eigene Zwecke zu nutzen, woraufhin der Verein gezwungen

war, auf das Sportgelände der „Dunlop" umzuziehen. 1950 gelang der Aufstieg in die Landesliga Hessen, 1953 der Sprung in die 2. Liga Süd, der man bis zur Auflösung 1963 neun Jahre lang angehörte. Spielstätte war nun das neue Stadion am Wilhelmsbad.

1978 erfolgte der letzte Höhenflug mit dem Aufstieg in die 2. Bundesliga Süd. 3.000 Anhänger sahen das erste Spiel in der neuen Klasse im Stadion am Wilhelmsbad, wo 1977 auf der Gegengerade eine hohe (unüberdachte) Stehtribüne entstanden war, und erlebten eine 0:3-Heimpleite gegen den hessischen Mitkonkurrenten KSV Baunatal. 12.000 Besucher bedeuteten Saisonrekord beim Gastspiel der Münchner Löwen. Zwölf Monate später dann der Anfang vom zwischenzeitlichen Ende: Platz 17 und Abstieg. Bis 1982 hielt sich Hanau 93 in der Oberliga Hessen, dann ging's hinab bis in die Kreisklasse.

1997 kehrte Hanau 93 auf den „Jugendsportplatz" zurück, den man schon 1966 in mühevoller Kleinarbeit an der Kastanienallee angelegt hatte. Dort machten sich die (vereinseigenen) Handwerker mit der Sanierung der Sportanlagen und des Klubhauses an die Arbeit, und dort spielen die 93er noch heute. Ihre „Erste" allerdings läuft weiterhin im Herbert-Dröse-Stadion (das Stadion am Wilhelmsbad war nach dem von 1962 bis 1971 amtierenden Oberbürgermeister Hanaus umbenannt worden) auf, wo zudem SC 1960 Hanau, VfR Kesselstadt, Hanau Hornets (Football), Hanau Witches (Damen-Football) und Hanau Patres (Baseball) beheimatet sind.

Thomas Zachler

Herbert-Dröse-Stadion Hanau
(früher Stadion am Wilhelmsbad)
ER: 1951. FV: früher 12.000, heute 16.000, davon 1.000 üd. SiP.
ZR: 12.000, 2. Bundesliga 1978/79, 1. Hanauer FC 93 – 1860 München 2:3.
Burgallee 125, 63454 Hanau, Tel. 06181 / 83 287.

Das Herbert-Dröse-Stadion in Hanau.

(Foto: Hoeck)

Arminia-Stadion Bischofsholer Damm

Europäische Fußballparade statt „Hausmannskost"

(Foto: Voigt, SV Arminia Hannover)

Der Arminia-Platz 1932 gegen Tottenham Hotspur.

Wäre es nach der Stadt Hannover gegangen, würde das Arminia-Stadion in Bischofshol nicht mehr existieren. Die Stadt beabsichtigte um 1963, wegen des Ausbaus des Bischofsholer Damm die Arminia von ihrem traditionsreichen Terrain in die Nähe der Eilenriede zwischen Kleefeld und Misburg zu verlegen. Die Mitglieder des SV Arminia lehnten dies in einer außerordentlichen Versammlung ab, und so blieb ein sporthistorischer Ort erhalten, der nicht nur für niedersächsische und deutsche, sondern auch für europäische Sportgeschichte steht.

Eine Negativfolge für die Arminia allerdings hatten die Straßenbaupläne: Nach dem Ausbau des Bischofsholer Damm ist eine Hintertorseite für Besucher offiziell tabu – ein äußerst seltener Fall, dass Zuschauer nur von drei Seiten aus zugucken können. Was die andere Hintertorseite am Messeschnellweg betrifft, so erweckten gelegentlich Fernsehberichte von N 3 den Eindruck, dort seien allenfalls noch Werbestelltafeln, aber keine Eintrittskarten-Inhaber mehr zugelassen, was nicht stimmt: Dort liegt der „Lahmann-Hügel", ehemals tatsächlich ein Erdhügel und später mit

Stehrängen ausgestattet, und dort steht u.a. der „Fan Club 77" der Arminen. Karl Lahmann war Bauunternehmer, Stadion-Bauleiter und Platzobmann und ist durch die Benennung auf immer in der Sportstätte verewigt.

„Nur allerbeste Fußballkost"
Der Fußballsport war erst ein akademischer bzw. „elitärer" Sport, erst später ein proletarischer. So waren denn auch die hannoverschen „Fußballümmel" vom Waterlooplatz Gymnasiasten und wählten 1910 Arminus – fälscherlicherweise Hermann genannt, berichtet uns ein Lexikon – den Cheruskerfürst als Namenspaten, der 9 n. Chr. im Westfälischen die Römer unter Varus besiegte. Aus dem Gründungsnamen Neustadt Hannover wurde letztlich Arminia, die weibliche Form des Heldennamens. Die Spielstätte des Vereins am Waterlooplatz wurde vom Norddeutschen Fußball-Verband (NFV) nicht anerkannt; erst 1912 verfügte man mit dem „Schwarzen Platz" in der Nähe des Zoo bei der Eilenriede über eine akzeptable Spielstätte. Gründungszelle des SVA war aber eigentlich „die Bude", ein weitgehend mietfreies Zimmer, das die Mutter

des jungen 1. Vorsitzenden zur Verfügung gestellt hatte und in dem Torstangen, Sportgeräte und unter den Bänken Fächer für die einzelnen Spieler vorhanden waren. Schrittmacherdienste leistete die Arminia auch auf anderen Gebieten, denn 1915 plakatierte man erstmals „wild" Spielankündigungen für ein Match gegen Eintracht Braunschweig („mögen diese Plakate vielleicht nicht schön gewesen sein, groß waren sie auf alle Fälle" – Vereinschronik 1935), und seit 1916 erschien eine Vereinszeitung. Da im 1.Weltkrieg 60 von 136 Mitgliedern „im Feld" waren, musste am Sonntagabend die entsprechende Zahl Postkarten mit dem Spielergebnis verschickt werden. Den Kriegstoten setzte man 1919 im Stadion einen Gedenkstein, die Weiherede hielt ein General.

Im Oktober 1918 schlossen sich Arminia und der Rugby-Verein Merkur zusammen; dessen 3.000 Zuschauer fassender Sportplatz gegenüber der Pferderennbahn im Stadtteil Bischofshol wurde neue Spielstätte (deren Entstehungsjahr nicht zu ermitteln war). Die Vereinigung machte Kräfte frei, die dem Platzausbau zugute kamen, wollte man doch „den Anhängern nur beste, allerbeste Fußballkost vorsetzen", wozu zahlreiche Gesellschaftsspiele dienten. So gastierten bei der „Nationalen Fußballwoche" 1919 nacheinander CfR Köln 99 (3:2), BV 04 Düsseldorf (1:1) und Hertha BSC Berlin (1:0). Es folgte die Hoch-Zeit „der Blauen" (deren Vereinsfarben eigentlich grün-weiß sind, doch war beim Eintritt in den NFV diese Farbkombination durch den Hannoverschen SC besetzt) denn 1920 errangen sie in Bremen vor 5.000 zahlenden Besuchern und 3.000 Zaungästen (!) die Nordmeisterschaft. 81 Anhänger begleiteten die Arminia zum Endspiel gegen den FC Borussia Harburg (2:1) und dinierten vor Spielbeginn im bremischen „Börsenrestaurant", wo ein Spieler nach zeitgenössischen Berichten bis zu 16mal Kartoffeln nachfasste, sechs Puddingschüsseln leerlöffte und anschließend im Spiel eine gute Figur abgab – Laktatwerte hin, Laktatwerte her. In der Endrunde der Deutschen Meisterschaft unterlag Arminia in Kiel „Baltenmeister" Titania Stettin dann 1:2.

„Der Liebling Hannovers"
Der Renommierverein war laut eigener Chronik nun „Liebling Hannovers, weil die Mannschaft im allgemeinen gute Spiele zeigte, und weil die Vereinsleitung es sich angelegen sein ließ, dem Publikum durch die Verpflichtung namhafter Gegner einmal etwas anderes als

Arminia-Platz im Jahr 1989 (im DFB-Pokal gegen den 1. FC Köln, 2:4).

(Foto: SV Arminia Hannover)

nur immer Hausmannskost vorzusetzen". So verpflichtete man den SC Enschede 1920 nach Bischofshol und reiste anschließend als erste deutsche Mannschaft nach Kriegsende in die Niederlande. 1921 gastierte UTE Budapest (Ujpest, 1:0), bald darauf Galata-Serail aus Konstantinopel (5:3), Ostern 1924 Hammerby-Idrottsförening Stockholm (5:0) und Ilford-London (4:2). Als Arminia in der Nordmeisterschaft 1924 zu Komet Bremen reisen musste und 1:0 gewann, begleiteten „die Blauen" bereits 1.000 Anhänger per Extrazug.

Nun war der Tribünenbau nächstes Ziel – „er brachte nach außen hin zum Ausdruck, wie sehr Arminia in allen Teilen zur Spitze drängte" (Chronik). Zur Einweihung am 10. August 1924 kam die SpVgg Fürth (2:2). „Der Stern von Bischofshol leuchtete", war in der „Hannoverschen Allgemeinen" zu lesen, als Arminia 1926 Ungarns Meister FTC Budapest 7:0 abfertigte. Im Folgejahr reiste man nach Paris, lief in den Stadien Buffalo und Elisabeth auf, und war 1930 wieder in der Endrunde um die „Deutsche" (in Bochum 2:6 gegen „die Wundermannschaft Schalke 04"). In Bischofshol, wo ab 1932 der berühmte englische Trainer William Townley amtierte, jagte eine Attraktion die andere: 5:1 schlug man vor 9.000 den HSV und Karfreitag 1931 sahen mehr als 12.000 die Berufsspieler von Vienna Wien (4:3): „Die Verpflichtung der Vienna durch den SV Arminia, der immer bereit gewesen ist, beste Klassemannschaften nach Hannover einzuladen, hatte Stadt und Land auf die Beine gebracht. Der Veranstalter begegnete dem Ansturm durch ein vergrößertes Aufgebot von Kassen und Ordnern. Zwei lange Stuhlreihen waren vor den Stehplätzen hilfsweise aufgestellt, und so füllten zum Spielbeginn über 12.000 Zuschauer das weite Rund des Arminenplatzes."

Kaum anders war es im entscheidenden Nordmeisterschafts-Spiel 1933 gegen Holstein Kiel (2:3): „Unser Platz musste eine Belastungsprobe über sich ergehen lassen, der er nur mit dem Aufgebot aller ordnenden Kräfte standhalten konnte. Die Zuschauer standen in derart drangvoll furchtbarer Enge, dass es nur eine Frage der Zeit war, wann der Innenraum gestürmt wurde. Wie eine unaufhaltsame Welle ergoss sich ein Strom von Zuschauern in den Innenraum. Ein Aufgebot von SA-Leuten stellte sich sofort zum Ordnungsdienst zur Verfügung, und dank der Disziplin der Zuschauer gelang es, die in den Innenraum eingedrungenen Besucher am Rande des Platzes unterzubringen."

Oberliga Nord-Rekord: 62.000
Erst zwei Jahre nach Kriegsende, 1947, konnte man den Spielbetrieb in Bischofshol wieder aufnehmen, wo nun ein junger Rumäniendeutscher namens Jupp Posipal, der spätere Weltmeister, stürmte. Das Spielfeld war durch drei Bombentreffer vernichtet, Tribüne und Stehränge erheblich beschädigt gewesen. Das Fassungsvermögen hatte man erweitert, statt 15 gab es später 30 Stehstufen auf der steilen Gegengerade. Arminia gehörte 1947 bis 1957 der Oberliga Nord an, kehrte 1962 zurück und erzielte am 11. November den Zuschauerrekord dieser Klasse, als 62.000 im Niedersachsenstadion das 2:1 gegen den Hamburger SV erlebten – Ulsaß, Elfert, Perau waren damals bekannte Namen bei „den Blauen". Auch gegen Werder Bremen (35.000) und Hannover 96 (30.000) wich man in die größere Arena aus. Als es 1967 und 1968 unter Trainer Hipp um den Aufstieg in die Bundesliga ging, verließ man für Topspiele Bischofshol ebenfalls.

Häufige NDR-2-Hörer kennen die sonntägliche Durchsage: „Alle Parkplätze am Zoo in Hannover sind besetzt." Das hat leider nicht mit der Arminia zu tun, die Hannover 96 die fußballerische Führungsrolle überlassen musste und als Viertligist keinen Andrang wie ehemals erwarten kann. Die alte Tribüne, deren Holzpfeiler die Sicht einschränkten und deren Dach undicht war, wurde nach dem Zweitliga-Aufstieg 1976 mit Ausnahme der Grundmauern beseitigt. Arminia-Präsident Otto Höxtermann ließ seine Beziehungen nach Westdeutschland spielen und erwarb das Tribünendach der Kampfbahn „Rote Erde" Dortmund, das per Sattelschlepper nach Bischofshol transportiert wurde. Die Zukunft der historischen Fußballarena ist gesichert, denn der Erbpachtvertrag wurde gerade bis 2040 verlängert. Und seit der Expo 2000 hält die Stadtbahn – Haltestelle „Bult, Kinderkrankenhaus" (das anstelle der Pferderennbahn entstand) – direkt vor dem Stadioneingang. *sky*

Arminia-Platz Bischofsholer Damm Hannover
ER: 1918, FV: 18. 000, davon 800 üd. SiP.
ZR: „knapp 20.000", Aufstiegsspiel zur Oberliga Nord, April 1960, Arminia Hannover – Bremer SV 6:1 (Entscheidungsspiel in Hamburg-St. Pauli 1:4).
Bischofsholer Damm 119, 30173 Hannover, Tel. 0511 / 814 748 (Tribünenrestaurant), 810 448 (Geschäftsstelle).

Aus Trümmerschutt entstehen die Zuschauerwälle im Niedersachsenstadion.

▨ Niedersachsenstadion

„Ein Werk des Friedens und der Lebensfreude"

„Etwas Neues und etwas Ganzes schaffen unter Berücksichtigung der Bedürfnisse in den nächsten 40 bis 50 Jahren" wollte die Stadt Hannover mit dem Bau des Niedersachsen-Stadions, dessen Wälle aus Kriegstrümmern aufgeschüttet wurden. Im Hinblick auf die Fußball-WM 2006 und überhaupt genügt das Bauwerk nicht mehr heutigen Ansprüchen und wird bis 2004 gründlichst renoviert.

Das größte Plus der Arena ist ihre zentrale Lage: Nur anderthalb Kilometer ist sie vom Hauptbahnhof und der City entfernt. Der Standort resultierte daraus, dass die Stadt nach Kriegsende lange Wege für den Abtransport des Trümmerschutts aus der Innenstadt wie z.B. zu den Ahlemer Asphaltgruben vermeiden wollte. So schüttete man das zentrale Hochwasser-Gelände Masch-Ohe auf und verband damit das Projekt „Sportpark Hannover mit Niedersachsen-Stadion". Stadtbaurat Hillebrecht hatte damals noch an die Erweiterung des Eilenriedestadions durch Kriegstrümmer gedacht, doch Prof. Richard Konwiarz von der Bauverwaltung meinte, die frühere Hindenburg-Kampfbahn sei „keine zentrale Sportstätte".

Ab Februar 1951 hatte man die Trümmer aufgetürmt, und im Oktober 1952 war der Rohbau fertig. Der höchste Rang lag 76 Meter ü. M. und bot „eine bezaubernde Aussicht auf Leine und Maschsee". Zwar hatte die Stadt den Brachland-Gärtnern im Baugebiet bereits Ende 1950 gekündigt, doch noch immer lebten 1953 „die Vergessenen von der Ohe" zwischen Schuttbergen und Baustraßen. Die „Hannoversche Allgemeine Zeitung" damals: „Acht Familien aus dem Trümmerschutt klagen an! Sie leben zwischen Schutt in einer Staubwüste. Als einer eines Morgens aufstand, lagen morsche Menschenknochen in den Trümmern vor seinem Haus. Eine alte kranke Frau sieht unter Qualen im Traum den Schutt wie Wellen näherrücken." Das war ein Thema für den Boulevard, weshalb „der Sensationsreporter Herr Möller" bald bundesweit kundtat, die Kinder der „Vergessenen" würden mit Menschenknochen spielen, die sie aus dem Kriegsschutt herauswühlten. Die Stadt war über derlei Berichte sehr verärgert, zumal sie den Betroffenen Wohnungen angeboten hatte.

„Aus den Trümmern des Krieges wächst ein Werk des Friedens und der Lebensfreude empor", freute man sich ob des Fortschritts, dessen Rest-Bausumme ein Konzern vorfinanzierte. Hannover besaß nun das zweitgrößte bundesdeutsche Stadion, das mit Sondertribünen 86.656 Plätze bot, davon 44.016 Sitz- und 42.640 Stehplätze. Die 3.000-Plätze-Haupttribüne, überdacht mit elf Betonschalen (Architekt: Dipl.-Ing. Heinz Goesmann), galt als „Synthese zwischen den wirtschaftlichen Möglichkeiten und der architektonischen Schönheit". Hannover 96 (damals Deutscher Meister!) und die Arminia veranstalteten zur Einweihung am 26. September 1954 ein „Fußball-Kurzspiel". Charakteristisch für das Niedersachsen-Stadion sind die beiden voneinander getrennten Ränge, der Oberrang und der Unterrang. Der Planer, Prof. Richard Konwiarz, bezeichnete sie als „äußeres Stadion" und „inneres Stadion". Für Hannover 96 hatte dies in den 70er Jahren den organisatorischen Vorteil, dass bei schwachem Besuch lediglich der Oberrang geöffnet wurde. Hervorgehoben wurde stets, wie schön das Stadion im Volkspark gelegen sei, wozu 17.450 Jungpflanzen und Heister, 540 Eichen, 700 Korallenbeeren und 350 Kartoffelrosen beitrugen.

„Gute Stube des DFB"

Umgehend avancierte Bundesdeutschlands zweitgrößte Sportarena zur „guten Stube des DFB", denn Westberlin als Standort des Olympiastadions war ja politisch nicht unproblematisch. Noch 1954 vergab der DFB das erste Heimspiel von Weltmeister Deutschland an die Leine, wo für den 16. Oktober gegen Frankreich (1:3) 500.000 Kartenbestellungen vorlagen! Sechs „Helden von Bern" wirkten mit und erstmals in der Nationalmannschaft ein junger Stürmer namens Uwe Seeler. Es war das dritte Länderspiel in der 525.000-Einwohner-Stadt. Denn die beiden ersten fanden 1931 (4:2 gegen Dänemark) und 1937 (1:0 gegen Belgien) im Städtischen Stadion bzw. der Hindenburg-Kampfbahn (dem heutigen Eilenriede-Stadion) statt. Hannovers neues Stadion sah das erste Auftreten der UdSSR beim DFB 1956 (1:2) und 1957 die WM-Endspiel-Revanche gegen die Ungarn (1:0). Von den Deutschen Meistern 1955 bis 1963 wurden vier per Endspiel im Niedersachsen-Stadion ermittelt; Rekordbesuch waren 82.000 bei 1. FC Nürnberg – Dortmund (3:0) im Jahre 1961. 1962 vergab der DFB erstmals ein Pokal-Finale nach Hannover (1. FC Nürnberg – Düsseldorf 2:1 n.V., 41.000).

Hannover 96, zuvor in der Radrennbahn und im Eilenriede-Stadion beheimatet, war trotz Laufbahn und gewisser Distanz zum Publikum 1959 endgültig ins Niedersachsen-Stadion umgezogen und verzeichnete dort als Bundesliga-Neuling 1964/65 mit fast 41.000 Zuschauern im Schnitt Rekordbesuch. Den Oberliga-Nord-Zuschauerrekord in der Arena hält Lokalrivale Arminia, der am 11. November 1962 beim 2:1 über den HSV 62.000 Besucher zählte.

1965 erhielt das Niedersachsen-Stadion die mit 256.000 Watt ausgestattete

Das Stadion nach der Eröffnung 1954.

„modernste Flutlichtanlage Europas", die 30.000 beim Spiel 96/Braunschweig – Rumänien (3:1) anlockte. Die Ausschreibung der Fußball-WM 1974 war selbstverständlich auch in Hannover ein Thema, wobei der DFB die Latte hochgelegt hatte: Fassungsvermögen mindestens 60.000, davon mindestens 50 % Sitzplätze, davon zwei Drittel überdacht. Prof. Dr. Ing. Fritz Leonhardt aus Stuttgart, Architekt des dortigen Fernsehturms und als „Ingenieurvater" ein Begriff, legte im Auftrag der Stadt drei Modelle für den Stadion-Umbau vor, darunter eines mit Komplett-Überdachung und eines mit einem variablen Zeltdach.

Da im Niedersachsen-Stadion lediglich 2.500 überdachte Sitzplätze zur Verfügung standen, wäre eine beträchtliche Investition notwendig gewesen, weshalb die SPD-Fraktion im Stadtrat am 14. April 1970 mit 31 von 55 Stimmen den Umbau ablehnte – „für Breitensport – gegen ein Prestigeobjekt", lautete die Parole. Hermann Neuberger, Vorsitzender der WM-Kommission des DFB, beklagte daraufhin „die engstirnige Entscheidung", und der Norddeutsche Fußball-Verband (NFV) machte mobil: Er verteilte beim Spiel von 96 gegen den späteren Deutschen Meister Mönchengladbach 30.000 Flugblätter mit dem Titel „Trimmen Sie die SPD-Ratsherren auf den richtigen Kurs!" Damit das jeder persönlich tun konnte, hatte der NFV die privaten Telefonnummern der Politiker gleich mitgeliefert.

Ergebnis: Bereits am 20. April revidierte die SPD ihren Beschluss, und so kam im Stadtrat eine 45 zu 14 Stimmen-Mehrheit für den Umbau zustande. Der kostete anstelle ursprünglich veranschlagter 11,2 Mio. nun 22 Mio. DM, von denen Bund, Land und Stadt je ein Drittel übernahmen. Der Likör-Fabrikant Günther Mast hatte angeboten, 300.000 DM für neue Haupttribünen-Sitze zu spendieren, doch die Stadt lehnte die Offerte ab, weil damit der Name „Jägermeister-Tribüne" und der Aufdruck des Firmenlogos auf den Eintrittskarten verbunden war. Eine Absage erhielt auch Luis Miguel Dominguin, der im neuen Stadion Stierkämpfe für spanische Gastarbeiter veranstalten wollte.

Made in Hungary
Himmelfahrt 1974 war der Umbau abgeschlossen, 20.000 fanden sich zum Stadionfest ein und bestaunten die neue 900.000 DM teure Anzeigetafel. Die erwies sich später als Problem: Man hatte preiswert bei der Firma Elektroimpex in Budapest eingekauft, doch oft blieb die Anzeigefläche dunkel, oder es erschien ein „Sternenhimmel". Der Schaltplan war in ungarischer Sprache abgefasst und die Computer stellten sich rasch als museumsreif heraus. 1988 finanzierte die Deutsche Städtereklame mit 1,2 Mio. DM eine neue Matrix-Anzeigetafel an der Südseite.

Für die WM '74 standen nun 60.355 Plätze zur Verfügung, überdacht waren davon 18.680 Sitz- und 3.810 Stehplätze. Die Westtribüne hatte als Stahlbetonkonstruktion „ein schwungvolles Dach" erhalten (Entwurf Dipl.-Ing. R. Henschker, Hamburg), das aus Kostengründen allerdings nicht lichtdurchlässig war.

Dem Stadion als Einnahmequelle stand gelegentlich Hannover 96 im Weg. Nachdem 1982 Rolling Stones, Peter Maffay und die J. Geils Band an zwei Tagen zusammen 103.994 Zuschauer ins Niedersachsen-Stadion gezogen hatten, meinte ein CDU-Ratsherr: „Wir wollen mehr Großkonzerte nach Hannover holen. Bei nur 3.000 Zuschauern pro Spiel dürfen die Termine von 96 kein Hinderungsgrund sein." Als 1990 die Stones, Maffay, Prince, Tina Turner und Phil Collins im Stadion auftraten, schrieb die „Hannoversche Neue Presse" von Hannover als dem „Nabel der Welt".

Die Katastrophe 1985 im Brüsseler Heysel-Stadion war Anlass für die Stiftung Warentest, die Sicherheitsbedingungen in 19 deutschen Arenen zu prüfen. Das Niedersachsen-Stadion landete dabei vor dem Olympiastadion Berlin und dem Bökelberg auf dem drittletzten Rang. So war denn im Hinblick auf die Fußball-EM 1988, bei der Hannover zwei Spiele sah, ein sicherheitsgerechter Ausbau für 1,94 Mio. Mark angebracht. 700.000 DM davon verschlang der Ausbau des Ehrengastbereiches mit VIP-Lounge, Bar und neuen Teppichen. 456.000 Mark steuerte die Gilde-Brauerei bei, die dafür für ein Jahrzehnt eine Exklusiv-Ausschankkonzession für das Stadion erhielt.

Nachdem die Stadt im Februar 1999 ihre Bewerbung als WM-Spielort für 2006 abgegeben hatte, begannen die Modernisierungsarbeiten am Ufer des Maschsee. Die Osttribüne (Haupttribüne) erschien den Verantwortlichen antiquiert, Teile des Unterrangs waren zeitweise gesperrt, das Dach erwies sich an manchen Stellen als undicht und die Flutlichtmasten rosteten vor sich hin. 70 Mio. sind für den Umbau veranschlagt, wobei 32 Mio. von Stadt und Land kommen sollen und die Restsumme von einem privaten Investor. Der 1998 diskutierte „Super Dome", der unter Beteiligung der International Management Group (IMG) entstehen sollte, ist längst kein Thema mehr. Das Fassungsvermögen der „neuen" Arena, die 2004 fertig gestellt sein soll, wird 45.000 Plätze betragen. Hannover behält damit ein Wahrzeichen, das weit über Niedersachsens Landesgrenzen hinaus bekannt ist.
sky

> **Niedersachsen-Stadion Hannover**
> ER: 1954. FV: 50.100, davon 22.164 üd. SiP.
> ZR: 86.656, Länderspiel, 16.10.1954, Deutschland – Frankreich 1:3.
> Arthur-Menge-Ufer 1, 30819 Hannover, Tel. 0511 / 16 84 45 74.

Das Niedersachsenstadion heute. Für die WM 2006 wird es umgebaut.

Ein schwieriges Vermächtnis namens Hindenburg

(Foto: Historisches Museum Hannover)

Eilenriede mit Stadionuhr: derselbe Architekt wie in Dresdens Ilgen-Kampfbahn.

(Foto: Grüne)

Noch immer von Grün umgeben: das Eilenriede-Stadion heute.

Vor dem Bau des Niedersachsenstadions 1954 war die größte Arena in Hannover das Städtische Stadion, das später als Hindenburg-Kampfbahn und Eilenriede-Stadion firmierte.

Der Rentier Gustav Brandt hatte dem hannoverschen Magistrat am 5. Mai 1916 per Stiftungsurkunde 300.000 Goldmark mit der Maßgabe zur Verfügung gestellt, aus Anlass des 50-jährigen Militärjubiläums von Generalfeldmarschall Paul von Hindenburg ein Sportstadion zu bauen. Brandt hatte damit ein Thema geschaffen, das Hannover viele Jahre beschäftigen sollte. Der adelige Militär (und spätere Reichspräsident), seit 1915 Ehrenbürger von Han-

nover, dankte am 12. Juli 1921 per Brief „für die mir zugedachte große Ehrung", die allerdings Sozialdemokraten und Arbeitersportler nicht nachvollziehen wollten. Die Arbeitersportler drohten am 9. Dezember 1921 an, das Stadion niemals zu betreten, wenn es nach Hindenburg benannt sei: Der habe „in maßloser Verkennung der Volkskräfte in unverantwortlicher Weise geholfen, die Volksgesundheit zu zerrütten" (nämlich als Befehlshaber im 1. Weltkrieg).

Der Konflikt wurde gelöst, indem man unter SPD-OB Robert Leinert die neue Sportstätte offiziell „Stadion der Stadt Hannover" benannte, dem Finanzier aber insofern entgegenkam, als ein

Tafel-Text ergänzend mitteilte: „Erbaut im Jahre 1921 von der Stadt unter Verwendung der Mittel aus der hochherzigen Schenkung des weil. Gustav Brandt, gegeber aus Anlass des am 7.4.1916 begangenen Militär-Jubiläums des Generalfeldmarschall von Hindenburg zu dessen Ehren und Gedächtnis". Nach einer anderen Quelle trug die Tafel den Zusatz „nach dem Willen des Stifters Hindenburg-Stadion genannt" (Brandt konnte in die Diskussion nicht mehr eingreifen; er verstarb am 17. Mai 1918). Stadtdirektor Tramm klagte, „linksradikal gerichtete Sportvereine haben den Namen torpediert", verärgert war auch der (bürgerliche) Hauptausschuss für Leibesübungen. Andererseits hatten die Mittel des Stifters lediglich ein Drittel der Bausumme ausgemacht. Hindenburg kam nicht zur Einweihung; angeblich hatte er die Einladung zu spät erhalten, und die Arbeitersportler boykottierten die Eröffnung am 25. Mai 1922. Später gab es leichtathletische „Hindenburg-Wettkämpfe", und ab 1934, die Nazis waren an der Macht, hieß die Arena offiziell Hindenburg-Kampfbahn. Nach Kriegsende bürgerte sich der Name Eilenriedestadion ein.

Pylonen mit Inschrift – siehe Dresden

Planungen für eine große Sportstätte hegte Hannover bereits 1913, und im 1. Weltkrieg gab es 1915 Überlegungen von Stadtbaurat Wolf für eine Sportstätte und eine monumentale „Heldengedenkstätte" für die gefallenen Söhne der Stadt" in einem Volkspark (dort, wo sich heute das Maschsee-Bad befindet; gebaut wurde nie). Eine Gefallenen-Gedenkstätte bei der Hindenburg-Kampfbahn sahen später die Nationalsozialisten vor; es blieb bei dem Vorhaben.

Am 1. November 1920 begannen die Arbeiten für ein Stadion in einem kleinen Birkenwäldchen auf dem ehemaligen Schießplatz neben der Stadthalle in der Kleinen Bult. 100 Arbeitslose bewegten 12.000 Kubikmeter Erde und befestigten die Stehwälle. Entworfen hatte die Anlage Paul Wolf (1879-1957), der 1923 die Dresdener Ilgen-Kampfbahn konzipierte. Ebenso wie später in der sächsischen Stadt platzierte Wolf in Hannover zwei Pylonen mit Inschriften am Eingang. In Dresden gab es eine „Reklamestraße", in der Eilenriede surrealistische „Reklamekioske" (Konzeption 1924 Paul Wolf, Mitwirkung C. Hirschmann). Eine Besonderheit deutscher Stadien war die freistehende Stadionuhr. Wolfs Gesamtplan sah „eine vom Zentralbau der Stadthalle ausstrahlende monumentale Achse" vor, deren Abschluss anschließend ans Sta-

Die Radrennbahn, frühere Heimat von Hannover 96.

(Foto: Historisches Museum Hannover)

dion die „Erinnerungsanlage für die im Weltkriege gefallenen Söhne der Stadt" bilden sollte, die auf dem Papier blieb.

Die Arena bot 15.000 Plätze, gewidmet war ihr bei der Eröffnung 1922 auf den erwähnten Pylonen der Spruch: „In Zeiten der Not des deutschen Volkes errichtet / Hilf uns schaffen ein neues und starkes Geschlecht nach den Wunden des Krieges / Das der Väter Opfer dankbar und würdig sich zeigt." Die Westkurve trug den Namen Stadtbogen, die Ostkurve hieß Waldbogen. 1928, nach anderen Angaben 1930, kam die von Stadtbaurat Karl Elkart entworfene überdachte 1.161- Plätze-Tribüne auf der Südseite hinzu. Ungewöhnlich: Im Innern des Baues befanden sich Unterkunftsräume für 62 Sportler, weshalb das Stadion Hannover 1930 2.400 Übernachtungen verzeichnete. Selbstverständlich waren die Innenräume elektrifiziert, und so baute man auch gleich Scheinwerfer zur Beleuchtung des Spielfeldes ein; insofern dürfte Hannover in der Eilenriede die erste deutsche „Flutlichtanlage" besessen haben.

Hannover hielt sich zugute, als erste deutsche Stadt nach Ende des 1. Weltkriegs ein Stadion erbaut zu haben und damit das zweite deutsche Stadion (nach dem Deutschen Stadion Berlin) zu besitzen. Zutreffend ist dies nicht, denn Bochum und Duisburg waren mit ihren Stadioneröffnungen 1920 und 1921 den Niedersachsen voraus.

Ostern spielt die Rheinarmee!

1936 erweiterte die Stadt im Hinblick auf NS-Kundgebungen die Hindenburg-Kampfbahn auf ein Fassungsvermögen von 26.123, das sich wie folgt aufgliederte: 1.141 Plätze auf der überdachten Tribüne, 4.182 nummerierte Sitze auf der

Gegengerade, 5.800 unnummerierte Sitzplätze in den Kurven, 5.000 Stehplätze auf der Gegengerade und weitere 15.000 im Rund. 1942 gab man ein Fassungsvermögen von 30.000 an. Zu „großen Spielen" gastierte gelegentlich Hannover 96 in der Hindenburg-Kampfbahn.

Nach 1945 nutzte die britische Besatzungsmacht das Eilenriede-Stadion und gab es zum 1. Dezember 1951 unter Vorbehalt wieder frei, denn an zwei Wochentagen sowie zu Ostern hatte die Rheinarmee Vorrecht. Mit britischer Sondergenehmigung trug Hannover 96 1946 Spiele zum 50-jährigen Jubiläum in der Eilenriede aus: 2:2 gegen den Hamburger SV vor 15.000 und 1:6 gegen Schalke 04 vor 26.000. 1957/58 war die Sportstätte wegen Renovierungsarbeiten gesperrt, danach zog Hannover 96, dessen Profis heute dort trainieren, als Mieter ein. Weil der Rasen im Niedersachsen-Stadion nicht bespielbar war, gab es 1973 zu Saisonbeginn sogar Bundesliga-Fußball in der Eilenriede: 14.500 sahen ein 4:2 gegen Kaiserslautern, 16.000 das 1:2 gegen Bochum, 15.000 ein 2:3 gegen Offenbach.

Für die „äußere Stadionhülle" gilt heute Denkmalschutz. Sportlich bekannt geworden ist der Stadtwald Eilenriede im Übrigen durch Motorradrennen, die 1928 erstmals veranstaltet wurden.

Fußball in der Radrennbahn

Wie erwähnt spielte Hannover 96, der Deutsche Meister von 1938 und 1954, gelegentlich in der Hindenburg-Kampfbahn, doch Standort „der Roten" war die 1888 eröffnete Radrennbahn. 1897 hatte der Klub den Innenraum gepachtet und war ab 1913 Hauptpächter der Sportanlage vor dem Pferdeturm, in der sich zusätzlich eine 430-Meter-Laufbahn

befand. Einen ersten Besucherrekord verzeichnete 96 am 3. Mai 1914 mit fast 10.000 gegen Tottenham Hotspur. Mehr als 10.000 kamen am 12. Juli 1919 zum „Schwedentag", 96 unterlag Kamraterna Malmö 2:6, zusätzlich gab es leichtathletische Wettbewerbe. Fortan gab es immer wieder Konflikte zwischen Pächter 96 und dem „Verein Sportplatz", wobei sich das Amt für Jugendpflege auf die Seite des Klubs schlug.

Turbulent waren gelegentlich Spiele in der Radrennbahn, so 1935/36 beim 3:1 gegen Werder, als im Handgemenge auch SA-Männer Bremer Akteure schlugen. Gästespieler und Schiedsrichter saßen „längere Zeit wie Gefangene in dem Zielrichterhaus der Radrennbahn und konnten nur unter Schutzbegleitung den Platz verlassen".

Für das 1931 fertig gestellte und 1943 zerstörte Klubhaus bei der Radrennbahn am Misburger Damm (heute Hans-Böckler-Allee) stellten Anfang der 30er Jahre die jüdischen Inhaber der Bankhäuser Z.H. Gumpel und Gebr. Dammann etwa 20.000 RM als Darlehen zur Verfügung. Die Interessen der Banken vertrat der ehemalige 2. Vorsitzende von 96 und Inhaber der Goldenen Ehrennadel des Klubs, Robert Rosenbaum, ebenfalls Jude und ebenfalls Darlehensgeber. Nach der Machtübernahme der Nazis 1933 erhielten die Geldgeber lediglich 6.000 RM zurück, auf weitere 14.000 Mark verzichteten sie; sämtliche Darlehensgeber emigrierten. Die im Klubhaus angebrachte Ehrentafel mit den Namen der Träger der Goldenen Ehrennadel von 96, auf der Robert Rosenbaum genannt war, verschwand in der NS-Zeit.

1931 ging die Radrennbahn in städtische Verwaltung über, nachdem die vorherigen Eigner die Arena stark vernachlässigt hatten. Später übernahm ein gemeinnütziger Verein namens „Hannoversche Radrennbahn" die Administration. Stahlrohrstangen trennten die Zuschauerblöcke vom Innenraum, die Sitzplätze waren nummeriert und in Blöcke eingeteilt. Eine Scheinwerferanlage ermöglichte Abendveranstaltungen. Im Winter 1936 musste ein Teil der Tribünen „auf der Radrennbahn" aus Sicherheitsgründen gesperrt werden. Wieder eröffnet wurde die Anlage am 22. Juli 1945 mit Radrennen und fußballerisch mit dem Derby 96 – Arminia (4:1) am 22. Juli.

Generell musste sich 96 die Sportstätte mit Radsport-Veranstaltern teilen; der Verein war für den Innenraum inklusive Leichtathletik-Anlagen verantwortlich. Da die Haupttribüne zeitweise wegen Baufälligkeit von der Stadt gesperrt wurde, veranstaltete 96 wie andere Klubs eine „Streichholzaktion" (Zündholzbriefchen, versehen mit Firmen-Werbung, veräußerte man für 2,65 Pfennig pro Stück).

1956 riss man die Radrennbahn ab, 96 zog ins Eilenriede-Stadion und 1959 ins Niedersachsen-Stadion um. Derweil schwelgten etliche Fans noch in Erinnerungen an die Radrennbahn, wo die Spieler durchs Zuschauerspalier hindurch mussten und nach Spielende Kaffeetafel, Abendbrot und geselliges Beisammensein an der Theke Rituale des Nebeneinander zwischen Akteuren und Anhängern waren. Das Klubhaus bei der Radrennbahn verschwand ebenfalls, 1964 besaß der Deutsche Ex-Meister unweit davon ein neues Heim an der Clausewitzstraße.

Am Gelände der Radrennbahn, einem Stück 96er- und hannoverscher Sport-Geschichte, entstanden ein AOK-Neubau, der Messeschnellweg bzw. die verkehrsbauliche Maßnahme namens „Pferdeturm-Kreisel". Vielleicht können da, wenn auch nicht wettkampfmäßig, Radfahrer wieder ihre Runden drehen.

sky

Eilenriede-Stadion Hannover
ER: 1922. FV: früher 30.000, heute 18.500, davon 1.100 üd. SiP.
ZR: vermutlich 26.000, Freundschaftsspiel zum 50-jährigen Vereinsjubiläum von Hannover 96, 1946, 96 – FC Schalke 04 1:6.
Theodor-Heuss-Platz 4, 30175 Hannover, Tel. 0511 / 16 84 42 79.

Hannover-Bothfeld, Oststadtstadion: siehe „Platz-Verweise".

Volles Haus bei einem Spiel des Heider SV, 1956.

Heide (Holstein)

▪ Stadion Heider SV
Der Nationalspieler von der Meldorfer Straße

Vom „Tivoli" zur Meldorfer Straße – rein vom Klang her hörte sich das nicht nach einer Verbesserung an, und doch war es eine sehr wesentliche: 1950 verließ der Heider Sport-Verein, „der kleine HSV", seine erste Heimat neben dem Vergnügungslokal, Konzert- und Ballhaus mit dem exotischen Namen. An der Straße, die nach dem kleineren Nachbarort Meldorf benannt ist, richtete man sich auf drei Hektar gepachteten Weidelandes neu ein.

Fritz Seehausen, bis 1953 Ligaspieler, in späteren Jahren Trainer und langjähriger Jugendfußballobmann, erinnert sich an Fußballbegeisterung nach Westküstenart: „Am Tivoli stiegen die Leute bis in die Bäume, aber auf die Dauer wurde es einfach zu eng, und erweitern konnten wir den Platz nicht, weil keiner die umliegenden Gärten hergeben wollte." Ein langfristiger Pachtvertrag und viel Arbeit, zu einem guten Teil in Eigenleistung, sowie 50.000 zusammen gekratzte Mark ermöglichten den ersten Ausbau der neuen, großzügigen Anlage, auf der der Holsteiner Verein noch heute zu Hause ist. Eingeweiht wurde der Platz am 13. August 1950 vor 8.000 mit einem Freundschaftsspiel gegen den Hamburger SV, der mit allen Assen anreiste und 5:3 gewann.

Außergewöhnliches berichtet die Chronik von der Vereinsgründung 1925. Unzufriedene Reservisten des heutigen Nachbarvereins MTV (zeitweise VfL) Heide hätten ihre eigene „Erste" zu einem Entscheidungsspiel herausgefordert, um zu beweisen, dass sie die besseren Spieler seien. Tatsächlich gewann die Reserve, aber der Spielausschuss nahm dennoch keine Umbesetzungen vor, und schließlich gründeten die Verschmähten einen eigenen Verein, den Heider SV. . Im Jahr 2000 jedenfalls feierte der HSV, wie sich der neue Verein ohne Scheu vor großen Vergleichen nannte und nennt, somit ein doppeltes Jubiläum: 75-jähriges Bestehen und 50 Jahre Meldorfer Straße. Eine schmucke Tribüne mit anfangs 800 Plätzen, später auf 1.000 erweitert, konnte man auch schon in der 50er Jahren hinstellen. 1972 wurde die Anlage durch ein neu gebautes Vereinsheim komplettiert. Der Platz des MTV liegt unmittelbar nebenan.

1956/57 und 1960/61 waren die beiden ganz großen Spielzeiten, als „ganz Dithmarschen" in der höchsten deutschen Spielklasse mitkickte. Zwar war die Oberliga Nord beide Male eine Nummer zu groß für den Heider SV, aber immerhin brachte er in dieser Zeit mit Willi Gerdau einen A-Nationalspieler heraus, den einzigen eines schleswig-holsteinischen Vereins seit 1931 und bis zum Ende des Jahrhunderts!

J.R. Prüß

Sportplatz Meldorfer Straße Heide (Holstein)
ER: 1950. FV: 10.000, davon 1.100 üd. SiP und 8.900 StP.
ZR: 12.000, 28.4.1957, Oberliga Nord, Heider SV - Hamburger SV 2:0.
Meldorfer Straße 38, 25746 Heide, Tel. 0481 / 622 30 (Stadion), 630 42 (HSV-Casino).

■ Frankenstadion

Neubau nach dem Boom

Als das Frankenstadion im nordwürttembergischen Heilbronn 1985 eröffnete, war die große Fußball-Zeit des VfR 1896 Heilbronn bereits einige Jahre vorüber: Oftmals fünfstellige Besucherzahlen waren aus dem damaligen Städtischen Stadion gemeldet worden, als die Schwarz-Weißen 1969 bis 1974 in der Regionalliga Süd und 1974/75 in der 2. Bundesliga Süd antraten.

Ein erstes Spielfeld für den Fußball hatte die Stadt nach 1896 auf den Brückentorwiesen zur Verfügung gestellt, ehe 1920 auf den Böckinger Wiesen ein Stadion mit 400-Plätze-Tribüne und Laufbahn entstand. Nach den Kriegszerstörungen wiederhergestellt, baute man eine neue Tribüne. Als der VfR 1975 abgestiegen war, stellte man zunehmend Mängel im Städtischen Stadion fest: Die Anlage galt als unsicher für Besucher, die Tribüne war mangelhaft, Spielfeld und Leichtathletik-Anlagen waren ungenügend.

Nachdem das Garten- und Friedhofsamt ein Konzept entwickelt hatte, gab der Gemeinderat 1984 sein O.k. für einen Neubau. Um eine „Kampfbahn des internationalen Typ A" mit größeren Ausmaßen als zuvor zu schaffen, mussten 80 Prozent des alten Stehwalls verschoben und eine neue Unterkonstruktion für die Stehstufen geschaffen werden. Ein Zaun um die Wettkampfanlagen entstand, mit Frankenstadion fand man einen neuen Namen für das 13,5-Mio.-DM-Bauwerk, das die Leichtathleten der TG Heilbronn mitnutzen. Insgesamt finden nun über 17.000 Menschen Platz im Stadion, davon 16.000 auf den umlaufenden neun Stehstufen.

Der VfR Heilbronn gehört 2000 der Oberliga Baden-Württemberg an, sein Trainer ist Ex-Nationaltorhüter Eike Immel. *sky*

Städtisches Stadion / Frankenstadion Heilbronn
ER: 1920/1985. FV: 17.284, dav. 972 üd. u. 312 unüd. SiP sowie 16.000 StP. ZR: 18.500 im früheren Städtischen Stadion, Regionalliga Süd, 22.8. 1971, VfR Heilbronn – Offenbacher Kickers 0:3.
Badstr.100, 74072 Heilbronn, Tel. 07131 / 56 24 16.

■ Ludwig-Jahn-Stadion

„Schönstes Stadion zwischen Dortmund und Hannover..."

Als „schönstes Stadion zwischen Dortmund und Hannover" bezeichnen die Herforder gerne ihr Ludwig-Jahn-Stadion, dessen Rundumsanierung im Sommer 1998 abgeschlossen wurde.

Ein erstes Stadion gleichen Namens wurde 1936 fertig gestellt – eine einfache Anlage mit Spielfeld, Laufbahn und Stehstufenrängen für rund 6.000 Zuschauer. Bei Kriegsende nutzten die US-Amerikaner die Anlage als Gefangenenlager. Die dadurch entstandenen Schäden wurden zwar behelfsmäßig ausgebessert, doch Anfang der 50er Jahre konnte sich niemand mehr der traurigen Erkenntnis verschließen, dass weitere Sanierungen nicht lohnten. Das erste Jahn-Stadion wurde abgerissen, an seiner Stelle befindet sich heute die Liegewiese des Otto-Weddigen-Bades.

Ein paar hundert Meter weiter begann man im Winter 1952/53 mit einem Stadion-Neubau, der 1955 eingeweiht wurde und 15.000 Stehplätze und 1.400 Sitzplätze auf einer kleinen Tribüne bot. Zum Stadion gehörten neben dem von Laufbahnen umgebenen Hauptspielfeld ein Nebenplatz, eine Faustballwiese und weitere Übungsflächen vor allem für Leichtathletik und Schulsport. Bis 1960 wurde die Anlage weiter ausgebaut, woraufhin man nicht nur vom schönsten, sondern auch vom „größten Stadion zwischen Dortmund und Hannover" sprach (die Bielefelder Alm ließen die Herforder, da ohne Laufbahnen, nicht als Stadion gelten...).

Die erste große Bewährungsprobe bestand die Sportstätte mit dem Endspiel um die Deutsche Fußballmeisterschaft der Amateure am 26. Juni 1960: 12.000 sahen das erste Finale zwischen Hannover 96 und dem BV Osterfeld (1:1 n.V.), knapp 10.000 waren es bei der Wiederholung drei Tage später (3:0 für 96).

Rekordbesuch beim Feldhandball
In den folgenden 20 Jahren erlebten die 65.000-Einwohner-Stadt Herford und ihr Jahn-Stadion weitere große Sportveranstaltungen. Das rein westfälische Feldhandball-Endspiel TV Wellinghofen – Grün-Weiß Dankersen (13:9) am 26. Oktober 1965 brachte den bis heute gültigen Zuschauerrekord: 25.000 drängten sich auf den Rängen zusammen, Tausende fanden keinen Einlass mehr. 1966 – 10.000 beim 5:1 der Werder Bremen Amateure über Hannover 96 Amateure – und 1967 – 8.500 beim 2:0 des STV Horst-Emscher gegen die 96-Amateure – war Herford erneut Schauplatz des Amateur-Endspiels. Am 8. Juni 1968 fand das Deutschland-Finale der damals sehr populären TV-Unterhaltungssendung „Spiel ohne Grenzen" im Jahn-Stadion statt, das 17.000 Menschen live und Millionen an den Bildschirmen miterlebten.

Jene 70er Jahre waren die große Zeit des Herforder Fußballs. Aus dem VfB Ei-

Die Rückseite der renovierten Tribüne im Jahn-Stadion Herford.

(Foto: Bennert)

nigkeit (der im Jahn-Stadion spielte) und der SpVg Union bildete sich 1968 der Herforder SC 07/08, dem 1972 SuS Herford beitrat. Aus der Landesliga heraus schaffte der SC Herford – so hieß der Verein jetzt kurz und knapp – den Aufstieg in die 2. Bundesliga. 1976/77 wurde ein beachtlicher 14. Platz belegt, 1977/78 aber reichte es nur für Rang 17, und wegen des um einen Treffer schlechteren Torverhältnisses gegenüber dem VfL Osnabrück musste der SCH absteigen. Der sofortige Wiederaufstieg gelang, und 1979/80 bewahrte die Aufstockung der 2. Bundesliga auf 22 Klubs die Westfalen vor dem Wiederabstieg. In dieser Saison gab es am 27. April 1980 beim Lokalderby gegen den späteren Aufsteiger Bielefeld (0:1) mit 17.800 Zuschauern den Rekordbesuch für ein SCH-Spiel. Der 16. Rang in der Saison 1980/81 reichte nicht, um sich für die neue eingleisige 2. Bundesliga zu qualifizieren. Die Herforder spielen seitdem bei den Amateuren, 2000/2001 in der Oberliga Westfalen.

„Überregionale Bedeutung" und Geld vom Land

Nachdem in den 80er Jahren notwendige Reparaturen immer wieder aufgeschoben worden waren, war der bauliche Zustand des Jahn-Stadions schließlich so marode, dass das Spottwort von „der größten Ruine zwischen Dortmund und Hannover" die Runde machte. 1989 begannen die Planungen für die achtjährige Rundumsanierung des Ludwig-Jahn-Stadions, die in vier Bauabschnitten über 5 Mio. Mark kostete. Das Land erkannte dem Stadion „überregionale Bedeutung" zu und beteiligte sich zur Hälfte an den Kosten, die andere Hälfte brachten Kreis und Stadt auf. Am 9. August 1998 wurde das „neue" Stadion mit einem Show- und Sportprogramm eingeweiht, wobei die „Uwe-Seeler-Traditionsmannschaft" und die Alten Herren des SC Herford demonstrierten, dass es am ehemals viel kritisierten holprigen Rasen nun nichts mehr auszusetzen gab.   *Harald Bennert*

<hr>

Ludwig-Jahn-Stadion Herford
ER: 1955. FV: 18.400 Plätze, davon 1.300 SiP (Schalensitze) und 100 Ehrenplätze auf der zu zwei Dritteln üd. Haupttribüne, jeweils 1.000 StP auf den Betonstufen der „Seitentribünen" sowie 15.000 StP.
ZR: 25.000 am 26.10.1965 beim Feldhandball-Endspiel TV Wellinghofen – GW Dankersen (13:9).
Wiesestraße, 32052 Herford, Tel. 05221 / 189 461.

<hr>

„Feld der Träume": das Stadion am Schloss Strünkede, Herne.

(Foto: Stadtarchiv Herne / Bildstelle)

Herne

■ Westfalia-Stadion am Schloss Strünkede

Das „Feld der Träume"

Haben Sie den US-amerikanischen Spielfilm „Feld der Träume" mit Kevin Costner gesehen? Er ist zweifelsohne einer der besten Sportfilme, seine Story zu intelligent, um sie hier kurz erzählen zu können – jedenfalls entsteht im tiefsten Kansas dank Phantasie und Willenskraft ein Baseball-Feld. „Feld der Träume" – ein solcher Begriff kommt einem am frühen Sonntagmorgen in den Sinn, wenn man im menschenleeren Stadion von Westfalia Herne steht. Die Kirchenglocken klingen über der Stadt, vor Schloss Strünkede, in dessen Rittersaal sich 1904 der SC Westfalia Herne gründete, finden sich des Emschertalmuseums wegen die ersten Besucher ein, und im Park spielen Türken im Dress von Galatasaray oder Trabzonspor ihr privates Match aus. Aktiv sind im Stadion an diesem Morgen lediglich etliche Kaninchen, die über die Reste der Aschenbahn rennen und beim Nahen des Besuchers quer über die Stehtraversen davonhoppeln.

Das historische „Büdchen"

„Feld der Träume", das war hier einmal, und bewundernd steht man vor dem weiten Rund, nachdem der Eingang mit dem Schild „Stadion am Schloss" passiert ist: eine stattliche Tribüne, an der Rückwand das Wappen des SC Westfalia Herne 04 e.V. mit dem Ross, eine Gegengerade und eine Kurve mit immer-

hin 32 Stehränger. Steil steigt der Trampelpfad zur Tribüne an, nichts für VIPs aus Leverkusen und Bremen, und am Wegesrand steht eine vergammelte Holzbude, möglicherweise für die Verköstigung der Sitzplatz-Benutzer zuständig. Man findet verrostete Ketten an verschlossenen Toren, so funktionslos wie der imposante Eingang vom Park her mit seiner acht Kassenhäuschen und zehn Durchlässer. Den hohen Erdwall, nicht mehr komplett mit Stehstufen ausgestattet, säumen große Bäume, und himmelblau bemalt sind Zaun, Wellenbrecher, Aufgänge. Als ob der Ort nicht schon genug Vergangenheit wäre: Die Trinkhalle, im Ruhrgebiet und Rheinland auch „Büdchen" genannt, ist „ein Nachbau der ältesten Cranger Selterbude von 1891" und im Fernsehen und Kino war sie auch schon zu sehen, u.a. in Filmen mit Tana Schanzara. Historische Ansichten, ein „Gruß aus Eickel", der Hafen und die Zeche Friedrich der Große, schmücken den Kiosk. Tradition ist angebracht in dieser Region, die gewaltigem Strukturwandel unterworfen ist.

Attraktion „Sonderbrauseraum"

Hernes Stadion war in der Weimarer Republik geplant, sein Bau 1928 begonnen worden. Die Fertigstellung erfolgte in der NS-Zeit. Richtfest am einstöckigen Klubhaus in der Südwestecke des Areals wurde am 18. März 1933 gefeiert, und am 9. September 1934 weihte der SC Westfalia 04 zum 30-jährigen Vereinsjubiläum die neue Kampfbahn ein, deren Stehwälle z.T. in ehrenamtlicher Arbeit vor den Mitgliedern gebaut wurden. Gewidmet war die Stätte „der deutschen Jugend" und „deutschen Tugenden", als da waren „Disziplin, Gehorsam, Volksverbundenheit, Gemein-

Die Tribüne aus den 50er Jahren steht noch.

schaftsgeist". Schalke 04 spielte zur Eröffnung 6:0, und der Bürgermeister, Vertreter des OB, der den NSDAP-Reichsparteitag in Nürnberg vorgezogen hatte, sprach: „Solch' eine Sportanlage hat Herne schon lange gefehlt!". Prompt stieg die Westfalia im Folgejahr auf und blieb bis Kriegsende in der Gauliga.

Obwohl der Platz 1945 von den Briten beschlagnahmt war, verschwanden sämtliche Sitzgelegenheiten, die von der Bevölkerung als Heizmaterial verwendet wurden.

In den 50er Jahren sorgten die vereinsintern „Pioniere" genannten freiwilligen Arbeitskräfte für den Stadionausbau; städtische oder staatliche Geldmittel gab es keine. Die neue Tribüne bot 2.000 Sitzplätze, in ihrem Innern fanden das Jugendheim sowie Unterkunfts- und Gesellschaftsräume Platz. Die Zuschauerränge wuchsen, man erweiterte gen Osten. 10.000 Besucher mehr fanden nun Raum, rechtzeitig zum Oberliga West-Aufstieg der Herner 1954. 1958 wurde der Nordeingang zum Park gestaltet und 1960, das erste Gruppenspiel um die Deutsche Meisterschaft gegen Borussia Neunkirchen stand bevor, die Ränge der Südkurve ausgebaut und die Nordkurve aufgeschüttet, so dass weitere 3.000 Menschen untergebracht werden konnten. Die Nachfrage war ja da, der Vorverkauf für die DM-Gruppenspiele fand auch in Recklinghausen, Wanne-Eickel, Bochum und Castrop-Rauxel statt. Im Streben nach Perfektion erstellte der damalige Spitzenklub kurzfristig noch einen „Sonderbrauseraum für Schiedsrichter und Linienrichter".

Die großartige Westfalia zu Gast in Dortmund

Westfalia Herne war damals unter Trainer Fritz Langner eine Spitzenmann-

schaft, Torhüter Tilkowski, Stopper Pyka und Läufer Benthaus wurden Nationalspieler, Gerd Clement war Torschützenkönig und „Atom-Otto" Luttrop gefürchteter Freistoßschütze. Die Spiele um die Deutsche Meisterschaft 1959 durfte der Westmeister gegen den HSV, Offenbach und Tasmania Berlin allerdings nicht am Schloss Strünkede austragen – der DFB befand das dortige Stadion als zu klein –, weshalb man in Dortmunds Kampfbahn Rote Erde auswich (drei Spiele, 115.000 Zuschauer). Erst 1960, Herne hatte sich als West-Zweiter erneut qualifiziert, sah auch Westfalias Stadion die DM-Endrunde. Die Zuschauerbilanz war nicht so beeindruckend wie beim Gastspiel in Dortmund: 13.000 beim 2:1 über Neunkirchen nach dem 4:5 zum Auftakt beim KSC; ausverkauft mit 35.000 am 3. Spieltag beim 3:4 gegen den späteren Meister HSV, schließlich 15.000 am letzten Spieltag gegen Karlsruhe, Herne war da schon aus dem Rennen.

Die Bundesliga kam 1963, und bekanntlich schaffte das Herner Rösslein nie den Sprung hinein. Die Konkurrenz in nächster Nachbarschaft nahm die Luft, doch als die „WAZ" 1967 den Verkauf des Stadions (Fassungsvermögen 40.000) an die Stadt meldete, dementierte der Verein zunächst einmal: Alles habe seine Ordnung, lediglich die Stahlrohrkonstruktion der Tribüne benötige einen neuen Anstrich. Aus dem Kreis der Ratsherrn verlautete derweil: „Wenn Westfalia über den Verkauf des Stadions ihre Spielereinkäufe finanzieren will, geben wir uns dazu nicht her!"

Die Wahrheit kam mit der Zeit ans Licht: Würde die Stadt das Stadion nicht kaufen, dann seien, so der Verein, keine Mittel für einen Neuaufbau in der Regionalliga West frei, „dann wird die Westfalia in der nächsten Saison ge-

nauso gegen den Abstieg kämpfen müssen wie in diesem, im vorigen und im vorvorigen Jahr auch" („Ruhr Nachrichten"). Der Westfalia drohe „ein langsames Sterben", so wie es die Bergarbeiterelf des SV Sodingen aus der selben Stadt schon hinter sich hatte. Es gab innerhalb der Westfalia aber auch eine Opposition gegen den Stadion-Verkauf: Der 3. Vorsitzende trat zurück, weil er einen „nicht wieder gut zu machenden Vermögensverlust" befürchtete, und manche Mitglieder meinten: Eher lassen wir unser Stadion verrotten als es der Stadt zu „schenken".

Herne stieg ab, aber 1970 wieder auf in die Regionalliga, weshalb Gitterzaun und abgetrennter Spielereingang geschaffen wurden. Der Pachtvertrag zwischen Verein und Märkischer Steinkohlegesellschaft würde noch bis 1980 laufen, danach wäre „die Herstellung des ursprünglichen Zustandes des Geländes" verlangt – also Abriss und Planierung! Die Stadt erwarb zwar das Gelände, nicht aber das Stadion, das 1975 in einem jämmerlichen Zustand war, mit ausgetretenen, windschiefen Stehtraversen. Ein CDU-Sprecher: „Eine Stadt mit nahezu 200.000 Einwohnern sollte ein funktionsfähiges größeres Sportstadion besitzen."

Die Rettung kam aus Bochum

Kurios genug: Das Stadion am Schloss Strünkede rettete erst einmal der VfL Bochum aus der Nachbarstadt. Weil der sein Ruhrstadion neu baute, benötigte er ein Ausweichquartier und fand es in Herne. 1976 wurden Tribüne und Gegengerade renoviert, die Nordkurve von 26 auf 32 Stehstufen aufgestockt, Zehntausende neue Meter Stehränge verlegt. 844.000 Mark kostete das, 378.000 davon waren städtisches Darlehen, 248.000 gab der Verein, 218.000 die Bundesanstalt für Arbeit. Weitere 300.000 DM fehlten, sonst hätte man nicht nur 70 Prozent des Zuschauerraumes renovieren können.

Am 25. Spieltag 1976 wechselte Bochum hinüber nach Herne, 18.000 kamen zur Premiere und dem 2:0 gegen Kaiserslautern. Ein 4:2 gegen Karlsruhe am letzten Spieltag sicherte den Klassenverbleib, und damals entstand jenes Foto, das sich jedem VfL-Anhänger bis heute eingeprägt hat: Ein Fan trägt Jupp Tenhagen, dieser mit nacktem Oberkörper, vom Feld.

Damit war die Zeit großer Spiele in Herne endgültig vorbei. 1979, im Jahr des 75-jährigen Bestehens, stand die Westfalia vor dem Konkurs – Folge einer Vereinspolitik, die sich auf nur *einen* Mäzen verlässt. Hier hieß er Erhard

(Foto: Skrentny)

Der Charme der alten Oberliga: die Kassenhäuschen in Herne.

Goldbach, Mineralölhändler und seit 1973 Finanzier des in SC Westfalia Goldin Herne umbenannten Klubs. Der Zusammenbruch seines Firmenimperiums, als Steuer-Nachzahlungen von 175 Mio. DM fällig waren und eine Anklage wegen Steuerbetrugs lief, hatte für die Westfalia den Entzug der Lizenz für die 2. Bundesliga zur Folge.

„Tristesse des Ostblocks"
Buchautor Hans Dieter Baroth hat das einstige „Feld der Träume" 1987 besucht und beschrieben: „Das Stadion zeigt an einigen Stellen ungetarnt Verfall. Rot-weiß gestreifte Kunststoffbändchen, die an einigen Stellen auf den ausgetretenen Rängen zu Karrees gespannt sind, weisen auf die eventuellen Gefahren. Die gesperrten Karrees mit eingefallenen Stufen werden von den Fans vorsichtshalber gemieden. Wie durch eine unsichtbare Wand gebremst halten einige einen Sicherheitsabstand. Die Tribüne und die eisernen Tore sind seit vielen Jahren nicht mehr gestrichen worden. Die Umkleidekabinen sind nicht auf dem neuesten Stand, irgendwie strahlen sie die Tristesse des Ostblocks aus."

So, wie von Baroth geschildert, schaut es heute glücklicherweise nicht mehr aus beim Schloss Strünkede. Und wie eines, die Stadionrenovierung, schließlich zum anderen kommt: 1999 hat die Westfalia den Aufstieg in die Oberliga Westfalen erreicht, sich dort etabliert, ist nun immerhin viertklassig und damit gewissermaßen dem Fußball-Niemandsland entronnen. *sky*

Stadion am Schloss Strünkede Herne
ER: 1934. FV: früher 40.000.
ZR: 35.000, DM-Gruppenspiel, 28.5. 1960, Westfalia – HSV 3:4.
Westring 260, 44629 Herne,
Tel. 02323 / 23 406.

◼ Glück-Auf-Stadion Sodingen

Für die Endrunde zu klein

Die Geschichte des Glück-Auf-Stadions im Herner Stadtteil Sodingen ist angebunden an die der Zeche Mont-Cenis. Sie war es, die dem SV Sodingen, 1952-59 und 1960-62 der Oberliga West sowie 1950-52, 1959/60 und 1962/63 der 2. Liga West zugehörig, ein Gelände für den Stadionbau zur Verfügung stellte. Nach dem Aufstieg in die Oberliga West wurde das Stadion am 18. Oktober 1953 vor 11.000 gegen Fortuna Düsseldorf (1:2) eingeweiht. Vor Spielbeginn rief der Stadionsprecher die Akteure auf, den Rasen zu schonen…

Und die Zeche sorgte auch für den außergewöhnlichen Umstand, dass die einst 30.000, heute nach Umbaumaßnahmen (u.a. Begrünung des überwiegenden Teils der Stehränge) jedoch nur noch ca. 7.000 Zuschauer fassende Arena aufgrund eines Haldenabraums ungewollt mit einer „Fußbodenheizung" ausgestattet war.

Die „Aschenkippe"
Zuvor stand dem SV Sodingen ein Aschenplatz im Herzen der Stadt und unmittelbar am Zechengelände zur Verfügung (die so genannte „Aschenkippe"), dem ein besonderes Flair nachgesagt wurde. Auf diesem Platz, der lediglich von einigen Stehrängen (Fassungsvermögen ca. 15.000) umsäumt war, haben sich nach Aussagen von Zeitzeugen bisweilen Szenen abgespielt, die die heutigen DFB-Sicherheitsbestimmungen ad absurdum führen würden. Überfüllte Stehränge und Zuschauer bis an die Eckfahnen gewährleisteten praktisch keine Sicherheit für Spieler und Fans. Kein Wunder, dass der DFB dem SVS, aus dem mit Harpers, Cieslarczyk, Sawitzki und Marx sogar vier Nationalspieler hervorgingen, auferlegte, Heimspiele mit großem Zu-

schaueraufkommen im Herner Stadion am Schloss Strünkede oder der Schalker „Glückauf-Kampfbahn" auszutragen. Obwohl es sich bei der „Aschenkippe" nur um einen üblichen Aschenplatz handelte, war das Bedauern der trauernden SVS-Traditionalisten nicht gering, als dieser 1975 abgerissen wurde und einer Umgehungsstraße weichen musste.

Als 1955 DM-Endrundenspiele anstanden, sah sich der SV Sodingen gezwungen auszuweichen. So wurden die ersten beiden Endrundenspiele, nachdem der SVS sensationell Vizemeister der Oberliga wurde, in der Glückauf-Kampfbahn zu Schalke ausgetragen (5:1 gegen Viktoria 89 Berlin vor 18.500 und 2:2 gegen Kaiserslautern vor 43.000). Beim Spiel gegen Fritz Walters „Rote Teufel" wird auch von einer Zahl von 50.000 berichtet, wobei noch 30.000 Zuschauer unverrichteter Dinge wieder abziehen mussten, da das Stadion aus Sicherheitsgründen gesperrt wurde. Nach diesen Vorfällen musste der SV Sodingen auf Geheiß des DFB erneut umziehen und trug sein letztes Endrunden-Heimspiel schließlich in Köln aus (1:1 gegen den HSV vor 50.000).

In der heutigen Zeit ist ein Umzug bei Zuschauerzahlen zwischen 200 und 1.000 (für einen sechstklassigen Landesligisten erstaunlich!) natürlich nicht mehr angebracht. Doch Obacht: Bisweilen weht noch etwas vom Hauch jener alten Glanzzeit durchs Stadion, als der SV Sodingen für kurze Zeit zu den Fußball-Großen im Lande zählte.

Holger Hoeck

Glück-Auf-Stadion Herne-Sodingen
ER: 1953. FV: 7.000, davon 800 unüd.
SiP und 6 200 unüd. StP.
ZR: 30.000, Oberliga West, 11.4.1954,
SV Sodingen – 1. FC Köln 1:2 (Köln damit Westmeister)
Am Holzplatz, 44627 Herne
Tel. 02323 / 60 143.

(Foto: Stadtarchiv Herne)

Im Schatten der Zeche: das Glück-Auf-Stadion in Herne-Sodingen, 50er Jahre.

(Foto: Stadt Herne)

Das Stadion im Sportpark von Wanne-Eickel.

▉ Stadion im Sportpark, Wanne-Süd

Seit 1992 unterm Dach

Der Sportpark Wanne-Süd, Heimat des heute in der Verbandsliga Westfalen spielenden DSC Wanne-Eickel, wurde 1956 erbaut und befindet sich seither im Besitz der Stadt Herne (bis 1975 Stadt Wanne-Eickel).

Um die üblichen DFB-Auflagen für die 2. Bundesliga zu erfüllen, wurde im Juli 1978 das Spielfeld umzäunt und ein Spielertunnel zur benachbarten Sporthalle gebaut, deren Umkleidekabinen die Spieler benutzen. Eine Renovierung des Stadions erfolgte 1984, bevor 1992 ein Teil der Sitzplatztribüne nachträglich überdacht wurde. Der Sportpark verfügt über keine Flutlichtanlage, liegt in der Nähe des Zentrums von Wanne-Eickel und ist umgeben von Kleingartenanlagen. Er wird bisweilen für Leichtathletikveranstaltungen, American Football sowie kirchliche und kulturelle Veranstaltungen genutzt. *Holger Hoeck*

Sportpark Wanne-Süd Herne
ER: 1956, FV: 12.800, davon 400 üd. und 400 unüd. SiP sowie 12.000 StP.
ZR: 14.000, 2. Bundesliga-Nord 1979, DSC Wanne-Eickel – RW Essen 3:6
Hauptstraße 27, 44651 Herne
Tel. 02325 / 62474.

▉ Kampfbahn Katzenbusch

„Betretet die Kampfbahn und werdet Männer!"

Fußballreisender, aufgepasst! Sollte es dich einmal in die durch den Bergbau geprägte Stadt Herten verschlagen (in den 70er Jahren immerhin größte Bergbaustadt Europas), versäume es auf keinen Fall, der Kampfbahn Katzenbusch einen Besuch abzustatten.

Zwar dürfte es weniger der ca. 8.000 bis 10.000 Zuschauer fassende Hauptplatz sein, der dich in seinen Bann ziehen wird, wohl aber der historische Eingangsbereich. Hier wird der Besucher mit Worten empfangen, die besonders Fußball-Historikern die Augen wässern: „Gut Heil! Macht auf! Laßt mich herein! Mit mir beginnt des Festes Reih'n." bzw. „Betretet die Kampfbahn und werdet Männer, die zu siegen versteh'n".

Es bleibt ungewiss, ob diese Worte in der Festrede erklangen, die anlässlich der Einweihung der Sportstätte am 21. Mai 1925 im Rahmen einer dreitägigen Festveranstaltung mit einer Präsentation verschiedener Sportarten (u.a. Faustball, Turnen, Radball, Kunstradfah-

ren) sowie dem Eröffnungsspiel SpVg. 1912 Herten gegen Wacker München (0:1) gehalten wurde. Die auf einem Gelände des Grafen Droste von Nesselrode (der der Stadt Herten 1905 das Gelände zum Stadionbau überließ) in städtischer Regie errichtete Anlage wurde mit Hilfe von 30 Erwerbslosen und 80 Notstandsarbeitern erbaut. Die Kampfbahn (das Hertener Stadion wird bis heute offiziell immer noch als solche bezeichnet !) im Süden der 68.000-Einwohner-Stadt erfuhr erst 1997/98 eine Sanierung.

Also, Fußballreisender: Verweile für kurze Zeit im Katzenbusch und gönne dir ein Spiel der SpVg. Herten, auch wenn deren Blütezeit (u.a. 1929 und 1932 Westfalenmeister, etliche Jahre Gauliga, von 1949 bis 1963 2. Liga West und 1963/64 Regionalliga West) längst vorüber ist und die Spielvereinigung heute nur noch in der Kreisliga A West kickt. *Holger Hoeck*

Stadion Katzenbusch Herten
ER: 1925. FV: 10.000, davon 500 unüd. SiP.
ZR: 10.000, 1963, Regionalliga West, SpVg. Herten – Wuppertaler SV 2:3.
Katzenbuschstraße, 45699 Herten
Tel. 02366 / 33 314.

(Foto: Hoeck)

(Abbildung: Stadtarchiv Herten)

Im Dornröschenschlaf: der Sportplatz „Katzenbusch". Rechts die Anlage zur Eröffnung 1925.

Friedrich-Ebert-Stadion

Stätte des Arbeitersports

Hildesheims Sporthistorie hat tiefe Wurzeln in der Arbeiterschaft – und Arbeiter waren es auch, die die Ursprünge des „Friedrich-Ebert-Stadions in der Johanniswiese" schufen.

Schon 1914 wurde in der Domstadt erstmals ernsthaft über einen Stadionbau nachgedacht. Damals verhinderte der 1. Weltkrieg die Umsetzung. 1927 wurde die Idee vom lokalen Arbeiter-Sport-Kartell wieder aufgegriffen und am 5. Oktober 1930 mit der Einweihung des Friedrich-Ebert-Stadions realisiert. 1933 wurde das Gelände der bürgerlichen Hildesheimer SpVgg 07 zugeschanzt und regelmäßig von der Wehrmacht in Anspruch genommen.

Nach dem Krieg trat der VfV Hildesheim in die Fußstapfen der SpVgg 07 und übernahm das Friedrich-Ebert-Stadion, das ab 1958 Oberligafußball zu sehen bekam. In einer regelrechten Fußballmania erreichten die liebevoll „Tante Hilde" genannten Rot-Weißen anschließend einen Zuschauerschnitt von rund 7.000 und waren in aller Munde. Der Rekord wurde am 5. November 1961 aufgestellt, als beim 3:0-Sieg des VfV über den HSV 26.000 Zuschauer zugegen waren.

Nach dem Abstieg des VfV aus der Regionalliga (1967) ging es steil bergab mit Hildesheims Fußball. Derzeit dümpelt „Tante Hilde" in der Niedersachsenliga und lockt nur noch eine Hand voll Neugieriger ins bestens gepflegte „Friedrich-Ebert-Stadion im VfV-Sportpark".   *Hardy Grüne*

Die Tribüne im Friedrich-Ebert-Stadion.

Friedrich-Ebert-Stadion Hildesheim
ER: 1930. FV: 18.000, davon ca. 500 üd. SiP.
ZR: 26.000, 5.11.1961, Oberliga Nord, VfV Hildesheim – HSV 3:0.
An der Pottkuhle 1, 31139 Hildesheim, Tel. 05121 / 255 28.

Das Stadion Grüne Au in Hof mit seiner historischen Nachkriegstribüne.

Stadion Grüne Au

„Bundesdeutschlands fußballfreudigste Stadt"

Grüne Au in Hof, da kommen einem unwillkürlich drei Dinge in den Sinn: FC Bayern Hof, Bundesliga-Aufstiegsrunden und Mittwochabend-Spiele! Jene Endrunde der Regionalliga-Besten war von 1964 bis 1974 ein hochdramatischer Appendix der Saison, stets ging es irgendwie um Alles oder Nichts, Besucherzahlen von um die 70.000 waren keine Seltenheit.

So viel konnten in Hof, nach dem städtischen Werbeslogan „ganz oben in Bayern", natürlich nicht kommen – belief und beläuft sich doch die Einwohnerzahl gerade mal auf um die 50.000. Aber erstaunliche 19.100 waren an einem Mittwochabend in der Bundesliga-Aufstiegsrunde 1968 da, strömten herbei aus Bayreuth, Kulmbach, Coburg, Weiden, aus ganz Nordostbayern. RW Essen gewann 1:0, Hof ist die Qualifikation für die höchste Liga im dreimaligen Anlauf nie geglückt.

Monument des Scheiterns
Auf Dauer konnte die Stadt im Grenzland – 3,5 km vom DDR-Territorium und zwölf Kilometer von der damaligen CSSR entfernt; „wir waren am Arsch des Propheten", sagt der frühere Spielausschuss-Vorsitzende Armin Möbius – im bezahlten Fußball nicht mithalten. 1978 verließ man die 2. Bundesliga, und wie ein Monument des Scheiterns stand lange Jahre die 1969 erbaute Gegenge-

rade-Tribüne über dem Umkleidehaus halbfertig da – das Dach fehlte, 1999 ist es endlich hinzugekommen. 2000 haben die Gelb-Schwarzen die Bayernliga als Vierter beendet, der Besucherschnitt von knapp über 1.400 (Rekord 3.200) reichte für Rang zwei. Der „kleine FC Bayern" hat also nach wie vor Freunde, zum Spitzerspiel nach Regensburg verkehrte ein Sonderzug, und man besitzt sogar Gefolgschaft in Berlin, die im Internet (www.fc-bayern-hof.de) „Sehnsucht nach der Grünen Au" offenbart.

Die Grüne Au ist ein klassisches Fußball-Stadion, das mit dem Aufstieg des Vereins stetig vergrößert und verbessert wurde. Der 1910 in der „Verdl" genannten Fabrikvorstadt, einem Arbeiterviertel, entstandene FC Britannia hatte sich nach Anfängen auf der Angerwiese an der Saale weitblickend früh ein geeignetes Sportareal ausgesucht und 1913 auf der Grünen Au 8.000 qm gepachtet. Mit Kriegsbeginn 1914 benannte man sich in FC Bayern um. Nach Einstellung des Spielbetriebs 1916 pflanzte der Platzwart Kartoffeln an, ehe mit Kriegsende der Platz saniert werden konnte und eine Hütte als Umkleide diente (in der man im Winter das Waschwasser auf einem „Kanonenofen" erhitzte). Erstmals pilgerten die Hofer in großer Zahl hinaus zur Grünen Au als die „Panzer-Elf" zum Begriff wurde: Karl Panzer, ein wuchtiger Mittelstürmer, hatte als

Schriftsetzer beruflich leider nie die Möglichkeit, an DFB-Lehrgängen teilzunehmen, führte aber den FC Bayern 1929/30 zu zwei Erfolgen über den fünfmaligen „Deutschmeister" 1. FC Nürnberg; beim 2:0 sahen in der Grünen Au 7.000 zu, der erste Stadionrekord. 1930 erwarb der Verein 33.000 qm und errichtete später eine Stehtribüne. In der NS-Zeit hieß die Sportstätte „Hans-Schemm-Stadion".

Tribünenbau in bitterer Nachkriegszeit
Es war eine geschickte Kombination aus Fachwissen, systematischer Talentsuche, Mannschaftsgeist und Enthusiasmus, die Hof fußballerisch nach oben brachte. Dazu gehörte der Entschluss, in bitterer Nachkriegszeit am Karfreitag, 14. April 1949, die 72 Meter lange überdachte Sitztribüne auf der Nordseite gegen Mainz 05 zu eröffnen. Der aus Duisburg-Meiderich stammende Vereinsvorsitzende Heinz Landscheidt, ein Holzhändler, hatte das 60.000-DM-Projekt initiiert, das wesentlich mehr Einnahmen versprach. „Dem Mann müsste man ein Denkmal setzen!", hat Ex-Spielausschussvorsitzender Möbius später geurteilt. Später, zu Zeiten der Oberliga Süd und in den Bundesliga-Aufstiegsrunden, war die 1.335-Plätze-Tribüne stets ausverkauft.

1952 zog Hof in die 2. Liga Süd ein, verpflichtete nach der WM '54 den HSV zum Gastspiel, der allerdings ohne Weltmeister Posipal, dafür mit einem 17-jährigen Stürmer Uwe Seeler kam, der alle Blicke auf sich zog. 40.000 DM waren 1955 notwendig, um den „Kartoffelacker", das Spielfeld, zu beseitigen, den die Süd-Schiedsrichter bei einer Tagung in Stuttgart unisono beklagt hatten. Gleichzeitig erweiterte man auf ein Fassungsvermögen von 12.000; erstmals ausverkauft war 1955 im Oberfranken-Derby gegen den langjährigen Rivalen VfB Helmbrechts (1:1). Nochmals 12.000 kamen 1958/59 gegen Jahn Regensburg, erstmals sendete das Fernsehen Bilder von der Grünen Au.

1959 endlich gelang der Oberliga-Aufstieg, und zum Saisonende bezeichnete die Münchner „AZ" Hof als „die fußballfreudigste Stadt der Bundesrepublik", waren doch in der 57.000-Einwohner-Stadt 173.000 zu den FC Bayern-Heimspielen gekommen (natürlich eine Milchmädchenrechnung der „AZ", musste man doch auch das Umland berücksichtigen). Das Stadion war zum Aufstieg erneut erweitert worden, 18.300 am 15. Januar 1961 in Eiseskälte gegen den späteren Deutschen Meister 1. FC Nürnberg (0:1) bedeuteten eine neue Bestmarke.

„Schwierigkeiten beim Eckball"
Aufstiegsrunden-Debüt hatte Hof am 20. Mai 1967 gegen SW Essen (0:0). Vereinschronik: „Das Stadion reichte kaum aus, um die Massen zu fassen. 18.000 umsäumten das Spielfeld. Die Fans besetzten jedes freie Plätzchen bis an die Auslinie, so dass die Spieler Schwierigkeiten beim Treten von Eckbällen hatten." Zusätzlich aufgestellte Stahlrohrtribünen steigerten den Stadionrekord im erwähnten Aufstiegsrundenspiel 1968 gegen RW Essen auf 19.100.

Sogar international wurde es nun auf der Grünen Au, denn der DFB nominierte die Hofer als Regionalliga Süd-Dritten 1969 für den Alpenpokal. Welche Bedeutung Freundschaftsspiele damals hatten, beweisen Zuschauerzahlen wie 8.000 gegen den Schweizer Vize Lausanne Sports (2:1) und 10.000 gegen den siebenmaligen italienischen Meister FC Bologna (1:1). Anschließend reisten die Oberfranken als erster deutscher Klub nach Israel.

Im selben Jahr entstand der erwähnte Tribünen-Torso auf der Gegengerade, denn großen Fußball gab's noch immer auf der Grünen Au. 18.000 fanden sich 1972 zum Aufstiegsrundenspiel gegen Neunkirchen ein (3:1), 17.000 bei minus zwölf Grad im Januar 1976 zum Pokalspiel gegen den HSV (0:2). Die finanzielle Situation aber entwickelte sich zusehends prekärer.

Selbst Zuschüsse der Stadt und 60.000 Mark aus einer Spendenaktion konnten den Abstieg 1978 nicht mehr aufhalten. Als der Verein den jährlichen Unterhalt des Stadions Grüne Au samt Nebenanlagen in Höhe von 200.000 DM nicht mehr leisten konnte, beschloss der Stadtrat am 27. Juli 1980 mit 33 zu 9 Stimmen den Kauf des fast 26.000 qm großen Geländes.

Als im Jahr 2000 Gerüchte auftauchten, Hof wolle gar nicht in die 3. Liga aufsteigen, dementierte der Manager: Über zwei Jahrzehnte „tristen Daseins im Amateurfußball" sei man leid. Harren wir also der Dinge, die „ganz oben in Bayern" noch geschehen werden.

sky

Stadion Grüne Au Hof
ER: 1913. FV: 18.000, davon 1.932 üd. SiP auf den beiden Tribünen sowie 16.068 StP.
ZR: 19.100, 22.5.1968 (Mittwochabend!), Bundesliga-Aufstiegsrunde, FC Bayern Hof – RW Essen 0:1.
Oelsnitzer Str. 101, 95028 Hof, Tel. 09281 / 732 510.

■ Waldstadion

Die kleinste Bundesligastadt

20.700 Plätze besitzt das Waldstadion, doch die waren auch in Homburgs Bundesliga-Jahren (1986/88, 1989/90) durchschnittlich nur mit einer spärlichen Masse von rund 8.000 Menschen besetzt. Denn obgleich Homburgs Fußball eine lange Geschichte hat, stieg der FCH im bundesdeutschen Fußball erst empor, als alle Sympathien schon verteilt waren. Im Saarland gehen die Fußball-Fans traditionell nach Saarbrücken oder Neunkirchen, aber kaum ins Homburger Waldstadion.

Die Geschichte, wie der FCH dem Bereich der Amateurligen entschwand, handelt vor allem von Udo Geitlinger, der Schreiner lernte, später Häuser baute und dann lernen musste, mit sehr viel Geld umzugehen. Geitlinger stellte 1970 in seiner Firma einen jungen Mann ein. Dieser spielte beim FCH, der seit 1966 der zweitklassigen Regionalliga angehörte, und Geitlinger bemerkte schnell, dass dies seinen neuen Mitarbeiter mehr beschäftigte als die Firma. Er stellte ihn vor die Wahl: Arbeit oder Verein. Zwei Wochen später war Geitlinger Vorsitzender des FCH. Er hielt den Klub bis 1981 und von 1982 bis 1995 in der 2. Bundesliga, bezahlte ihm auch drei Jahre Bundesliga, in denen der FCH Spieler wie „Jimmy" Hartwig beschäftigte. Und selbst für Max Merkel wurde Geitlinger ein Thema: „Er ist ein Typ wie Bud Spencer mit einem Herz wie Mutter Theresa." Am 8. Mai 1986, dem Tag des Aufstieges, sicherte Geitlinger Homburg, wo 43.000 Menschen lebten, das Prädikat der kleinsten Bundesligastadt.

Projekt „Hauptkampfbahn"
4.785 Menschen zählte Homburg um das Jahr 1900. Nachdem der FCH 1908 als Fußball-Verein Homburg gegründet wurde, fanden die allerersten Spiele auf der Radrennbahn an der Ringstraße zwischen der Kreuzung Otto-Orth-Straße und dem Pfarrzentrum St. Fronleichnam statt, ehe dort die Heil- und Pflegeanstalten, die heutigen Universitätskliniken, erbaut wurden. Eher spöttisch empfahl die Stadt den Fußballern, denen eine neue Spielstätte im Zentrum vorschwebte, einen Platz auf dem Schloss-

Das Waldstadion des FC Homburg: drei Jahre Bundesliga-Spielstätte.

berg anzulegen. Der Schlossberg wacht über der Stadt als eines ihrer Wahrzeichen, in seinem Bauch verlaufen die bekannten Schlossberg-Höhlen, in denen die Menschen später während des 2. Weltkrieges Unterschlupf suchten.

Nach anfänglichem Ärger folgten die Fußballer der städtischen Empfehlung und kauften vom Eisenbahner Christian Baus für 750 Mark ein 9.000 Quadratmeter großes Gelände auf dem Schlossberg-Plateau. Jedoch musste man nach ersten Rodungen des bewaldeten Berggeländes feststellen, dass die Wurzeln der Bäume in einen felsigen Untergrund fassten. Die Stadt ließ sich überreden, 300 Mark beizusteuern, um den Platz dennoch bespielbar zu machen. Der Verein baute zudem eine 216 Menschen fassende Holztribüne mit weißlackierter Holzverkleidung an der Vorderseite. Am 14. und 15. August 1937 wurde das Waldstadion als „Hauptkampfbahn" mit einem Festabend und einem Sportfest eröffnet. „Die Homburger Bürger und Volksgenossen, so war die Bezeichnung damals, hatten das Waldstadion in ‚freiwilliger' Arbeit aus dem Boden gestampft", heißt es in der FCH-Chronik. Die „Hauptkampfbahn" sollte Mittelpunkt eines großes Sportzentrums werden, das wegen des Kriegsbeginns jedoch nie verwirklicht wurde.

Bis zu einer Prüfung im Zuge der Qualifikation zur 2. Bundesliga Süd 1974 wurde die Kapazität der nach dem Krieg in Waldstadion umbenannten „Haupt-

kampfbahn" mit 38.000, danach mit 20.000 beziffert. Als Zweitligist schlug der FC Homburg am 16. Oktober 1977 in der 3. Runde des DFB-Pokals den frisch gebackenen Weltpokalsieger Bayern München 3:1. Manfred Lenz, der damals das 3:1 erzielte, besitzt heute ein Sportgeschäft am Ilmenauer Platz.

Vor dem Bundesliga-Start 1986 investierte die Stadt 5,6 Mio. Mark in das Waldstadion, zum Teil aus einem Nachtragshaushalt. Eine Renovierung war fällig: Im Pokal gegen Dortmund, am 16. November 1985 (1:3 n.V., vor 10.000), mussten Teile des Stadions gesperrt werden. Mit der Erstklassigkeit erhielt das Stadion neue Stehplätze und eine Tribüne, die an die alte, mit Beton überdachte, angeschlossen wurde. 1989 folgte eine elektronische Anzeigetafel, 1990 Flutlicht. Nur erloschen Homburgs Bundesliga-Lichter damals wohl auf alle Ewigkeit. *Tobias Fuchs*

Waldstadion Homburg/Saar
ER: 1937. FV: 20.700, davon 1.767 SiP, davon 1.325 üd..
ZR: 30.000, 19.11.1952, Länderspiel Saarland A – Deutschland B 3:4.
Obere Allee 100, 66424 Homburg, Tel. 06841 / 25 58 („Stadionklause").

Idar-Oberstein

▪ Sportplatz „Idarer Klotz"*/ Stadion „Im Haag"

Der Oberliga-Platz ist eingeebnet

Bekannt für seine Schmuck- und Edelsteinindustrie, das Deutsche Edelsteinmuseum, Edelsteinminen und Besichtigungs-Schleifereien – doch auch im Fußball hat sich das 40.000 Einwohner zählende Idar-Oberstein kurz nach dem 2. Weltkrieg und zuletzt in der Regionalliga West/Südwest 1999/2000 einen Namen gemacht, an zwei unterschiedlichen Orten: Oberliga-Spiele gab's noch auf dem „Idarer Klotz", 3. Liga im vereinseigenen Stadion im Sportzentrum „Im Haag".

Das ist eine schmucke Anlage von 57.500 qm, mit 400-Plätze-Tribüne samt blauen Schalensitzen (eingeweiht 1997 vor 5.500 mit dem U-21-Länderspiel Deutschland – Russland 2:4), mit 5.600 Stehplätzen, dem Klubheim mit 338 qm Fläche und einem zweiten Rasenplatz (seit 1996).

Die 1990 bis 1992 erbaute Sportstätte war Spätfolge diverser Anstrengungen, fußballerisch nach vorne zu kommen. Den Anfang bedeutete 1971 die Fusion von 1. FC Idar und SpVgg 08 Idar zum

SC 07 Idar-Oberstein, dessen Trainer 54er-Weltmeister Horst Eckel war. Als erste Anstrengungen nichts fruchteten, entstand 1987 ein Förderverein, der den Neubau der zentralen Sportanlage „Im Haag", vorher Heimat der SpVgg 08, anstrebte. Kontinuierlich ging's voran: Mit Trainer Lothar Emmerich Aufstiege in die Verbandsliga 1994 und Oberliga 1995, Südwest-Pokalsieg 1998 und 2000 im DFB-Pokal gegen Bielefeld (0:1). Die Besucherzahlen kletterten von 30 auf über 2.000, 1999 war die 3. Liga, zumindest für ein Jahr, erreicht. Rekord waren da 3.798 Besucher gegen den 1. FC Saarbrücken (1:1); leider stürmten Saarbrücker Gewalttäter das Feld. Der SC 07 und sein Anhang müssen einen guten Eindruck hinterlassen haben, liest man doch von Essens Anhang „Ihr wart sympathisch!", und verspricht ein Fortuna-Fan zum Wiedersehen „ein paar leckere Diebels-Alt-Fässchen".

Dass Idar-Oberstein in diesem Buch auftaucht, hat aber vor allem mit der Erstklassigkeit des 1. FC Idar, des ältesten Fußballvereins an der oberen Nahe, in der Oberliga Südwest 1945/46 zu tun. Da spielte man auf dem erwähnten „Idarer Klotz", und über 5.000 kamen zu (freundschaftlichen) Begegnungen mit Schalke, dem 1. FC Nürnberg, Aachen und Jahn Regensburg. Der Hartplatz besaß eine Tribüne mit 350 bis 450 überdachten Sitzplätzen, Rundlaufbahn, Umkleideräume und eine Gaststätte. Nachdem man sich für das „Zentralstadion" „Im Haag" entschieden hatte, veräußerte der SC 07 das Gelände von 1986 bis 1992 an die Bundeswehr. Die ebnete es ein, der geplante Rasenplatz ist nie entstanden. Idar war übrigens in der Oberliga-Runde 1945/46 (die am 6. Januar 1946 begann) nicht abgestiegen, verzichtete aber auf seinen Platz.

Schließlich eine sporthistorische Fußnote, dem Internet entnommen (www.sc07-io.de): Drei Spieler der Deutschen-Meister-Elf von Hannover 96 im Jahr 1938 kamen aus Idar.   *sky*

Sportplatz „Idarer Klotz"
Idar-Oberstein
ER: 20er Jahre. Besteht nicht mehr.
ZR: ca. 5.000 in diversen Freundschaftsspielen.

Stadion im Sportzentrum „Im Haag"
Idar-Oberstein
ER: 1992. FV: 6.000, davon 400 üd. SiP und 5.600 StP.
ZR: 5.500, U-21-Länderspiel, 19.8. 1997, Deutschland – Russland 2:4.
Im Haag, 56718 Idar-Oberstein, Tel. 06781 / 46 033.

Ingolstadt

■ ESV-Stadion Ingolstadt (Dr. Grüb-Platz)

Und noch ein „Olympiastadion"

Ingolstadt ein Schauplatz der Olympischen Sommerspiele 1972? Tatsächlich kam die bayerische Stadt ebenso wie Augsburg (Kanuslalom, Fußball) und Kiel (Segeln) sowie die Austragungsorte des olympischen Fußballturniers Nürnberg, Passau und Regensburg zu internationalen Begegnungen: Im damals 15.000 Besucher fassenden ESV-Stadion wurden vier Fußballspiele ausgetragen.

Der TV Ringsee aus dem heutigen gleichnamigen Ingolstädter Stadtteil hatte 1920 „die Gesamteinwohnerschaft von Ringsee" per Flugzettel gebeten, in Form von 50-Mark-Schuldscheinen „Bausteine" für einen neuen Sportplatz beizutragen. Die Resonanz war angesichts der Nachkriegszeit so groß nicht, dennoch wurde der Sportplatz an der Geisenfelder Straße am 21. August 1921 mit Feldgottesdienst und Sportfest eröffnet, 1925 kam eine Turnhalle hinzu (1945 zerstört).

Der Reichsbahn Turn- und Sportverein, dem natürlich überwiegend Eisenbahner angehörten und der sich später mit dem TV bzw. dessen Nachfolgern zusammenschloss, eröffnete am 21. August 1932 – anscheinend der traditonelle Tag für Stadioneröffnungen in Ingolstadt, siehe oben – den Dr.-Grüb-Platz; den Namen gab der Vorsitzende des RTSV. Die neue Spielstätte lag unmittelbar neben dem älteren TV-Platz. Der erste Besucherrekord kam bei einem Gastspiel des 1. FC Nürnberg 1937 (1:0) mit 8.000 zustande.

Durch Bombentreffer schwer beschädigt, wurde die Anlage noch 1945 wiederhergestellt. Hier spielten die Platzherren ab 1953 unter dem Namen ESV Ingolstadt-Ringsee. Die Rivalität mit dem MTV Ingolstadt muss nicht unbeträchtlich gewesen sein, denn 1957 brach dieser per Presseerklärung „die Beziehungen ab", woraufhin er vom Bayerischen Fußball-Verband (BFV) bestraft wurde.

Ausbau für 30.000?

Nachdem der ESV 1962/63 nach zwei Aufstiegen in Folge erstmals in der 2. Liga Süd gespielt hatte, qualifizierte sich der Neuling als überraschender Vize für die neue Regionalliga Süd, in der die Schwarz-Weißen auf der 15.000 Zuschauer fassenden Anlage nun Traditionsklubs wie die Deutschen Ex-Meister Bayern München, VfR Mannheim, Freiburger FC und SpVgg Fürth empfangen durften. Der Besucherschnitt 1963/64 lag bei über 5.000, zuvor schon hatte man Pläne für einen Ausbau für 22.000, ja sogar 30.000 Besucher in der Schublade. Zum Regionalliga-Start war der Stehwall Nord fertig, doch als der ESV 1966 abstieg, schraubte man die Pläne erst einmal zurück. Jedenfalls war 1965 die neue Kassenanlage an der Asamstraße fertiggestellt, 1966 der Südwall mit Stehstufen ausgebaut und 1968 zum erneuten Regionalliga-Aufstieg die Tribüne mit 900 überdachten und 700 unüberdachten Sitzplätzen an der Südseite

Das ESV-Stadion in Ingolstadt – hier gut besucht im Spiel gegen den 1. FC Nürnberg.

errichtet worden; Bundesbahn und Bundeswehr halfen beim Ausbau. Was die Bahn angeht: Die unterhielt eine eigene Eisenbahner-Nationalmannschaft, in die auch Ingolstädter berufen wurden – ein bislang unbeschriebenes Kapitel Fußballgeschichte. Der Regionalliga-Zuschauerrekord vom 21. Februar 1965 – 10.000 beim 2:1 des ESV gegen den späteren Bundesliga-Aufsteiger Bayern München – wurde am 29. Dezember 1968 mit 13.000 gegen Jahn Regensburg überboten, ehe 1969 gegen den 1. FC Nürnberg mit 15.000 eine neue Bestmarke erreicht wurde.

Bis ins Olympiajahr 1972 blieb der ESV, der seit 1979 daheim unter Flutlicht spielen konnte, in der zweithöchsten Spielklasse, dann sorgte das internationale Intermezzo für einen neuen Höhepunkt. Drei Gruppenspiele (USA – Malaysia 0:3; Marokko – Malaysia 6:0; der spätere Olympiasieger Polen – Kolumbien 5:1) sowie ein Zwischenrundenspiel (Mexiko-DDR 0:7) fanden auf dem Dr.-Grüb-Platz statt. – Da alle anderen „Olympiastadien" in diesem Buch gewürdigt sind, sei an dieser Stelle angemerkt, dass in Passau beim Olympischen Fußball-Turnier im Dreiflüssestadion (Danziger Str. 40) gespielt wurde, das als Kombianlage heute 20.000 Plätze inklusive überdachter Tribüne bietet.

Doch zurück nach Ingolstadt, wo sich der ESV vor dem Aufstieg in die 2. Bundesliga Süd 1979 noch den Titel eines Deutschen Amteurmeisters an die Fahne heftete (Hinspiel vor 3.000 gegen Hertha Zehlendorf 4:1). Im Jahr 2000 ist der Eisenbahner Sportverein – dafür nämlich steht ESV – in die Bezirks-Oberliga (6. Liga) aufgestiegen.

Das Stadion ist längst nach den Eisenbahnern benannt; die Bezeichnung Dr.-Grüb-Platz ist seit den 50er Jahren nicht mehr gebräuchlich. *sky*

Das MTV-Stadion in Ingolstadt.

(Foto: MTV Ingolstadt)

MTV-Stadion
Der Umzug tat vielen weh

Es war ein kurzes Hoch, das der Ingolstädter Fußball um 1980 erlebte, und beteiligt waren daran neben dem ESV (siehe dort) die Lila-Weißen des MTV Ingolstadt, mit fast 3.400 Mitgliedern heute größter Sportverein der über 114.000 Einwohner zählenden oberbayerischen Stadt.

Das MTV-Stadion war beim Aufstieg in die 2. Bundesliga Süd 1978 (Bayernmeister FC Haßfurt verzichtete, die Ingolstädter willigten nach langen Überlegungen und dank finanzieller Hilfe der Stadt ein) noch jung an Jahren: Erst 1971 hatte es eröffnet. Die Fußball-Abteilung im 1881 gegründeten MTV war 1905 entstanden, besaß 1911 einen Spielplatz am Oberhaunstädter Weg (heute Nürnberger Str.) und zog 1919 ins Festungsgelände des ehemaligen Kriegshafens an der Jahnstraße ein, wo die Mitglieder ein Naturstadion schufen. Einweihung war mit einem Sportfest vor 6.000. 1956 erhielt der MTV-Platz den Namen Professor-Schaechtl-Platz; MTV-Ehrenmitglied Schaechtl hatte beim Geländeerwerb eine wesentliche Rolle gespielt.

Dass der Verein den Schaechtl-Platz, dessen Zuschauerrekord bei 9.500 lag (Landesliga gegen BC Augsburg), aufgeben musste, tat vielen Mitgliedern weh. Grund für den Auszug war, dass dort keine Erweiterungen möglich waren (Stadion, Sporthalle), die Stadt ein akzeptables Kaufangebot machte und man mit der Bezirkssportanlage Mitte einen Ersatz fand. Da in der Kaufur-kunde vom Freistaat Bayern für den Fall des Verkaufes festgelegt war, dass an der Jahnstraße nur sportbezogene Bauten errichtet werden dürfen, finden dort nun das Eisstadion und ein Rasenplatz ihren Standort.

Das Fassungsvermögen des 1971 eröffneten neuen MTV-Stadions, eigentlich die städtische Bezirkssportanlage Mitte im Herzen der Stadt, wurde beim Zweitliga-Aufstieg 1978 mit 10.000 Plätzen angegeben; zu zugkräftigen Spielen, wurde angemerkt, wolle man ins größere ESV-Stadion ausweichen. Der finanziell nicht unbedingt gesegnete Neuling wurde 1978/79 Elfter. 1979/80 gesellte sich in derselben Liga Lokalrivale ESV hinzu. Die Derbys gingen zusammengerechnet an den MTV (2:1, 2:2), der aber dennoch als 17. abstieg.

2000 gehören die Fußballer der Bayernliga an. Vorerst letztes sportliches Highlight im MTV-Stadion war im Sommer 2000 das 12. Internationale Leichtathletik-Meeting mit Olympia-Qualifikation vor 3.000 Besuchern, bei dem Stabhochspringerin Yvonne Buschmann mit 4,45 Metern einen neuen deutschen Rekord erzielte. *sky*

**ESV-Stadion Ingolstadt
(Dr. Grüb-Platz)**
ER: 1932. FV: 15.000, davon 900 üd. und 700 unüd. SiP.
ZR: 15.000, Regionalliga Süd, 1969, ESV Ingolstadt – 1. FC Nürnberg.
Geisenfelderstr. 1, 85053 Ingolstadt, Tel. 0841 / 653 13 (Geschäftsstelle).

MTV-Stadion Ingolstadt
ER: 1971. FV: 8.000, davon 376 üd. SiP.
ZR: 8.500, 2. Bundesliga Süd, 1978/79, MTV Ingolstadt – TSV 1860 München 0:0
Friedhofstraße 10, 85049 Ingolstadt, Tel. 0841 / 331 11 38 (Sprecherkab.).

■ Sportplatz Lehmwohldstraße

Backstein-Tribüne leuchtet durch üppiges Grün

Mit einem Schreibfehler beginnt oft die Berichterstattung über das Itzehoer Stadion an der Lehmwo*h*ldstraße. Auf das zweite „h" kommt es an: „Wohld" ist das früher in Schleswig und Holstein gebräuchliche Wort für Wald, und davon gibt es hier noch relativ viel. Schön gelegen und großzügig gestaltet ist die Sportanlage im Norden der Kreisstadt, und die Tribünenrückseite, aus Backstein gemauert, leuchtet durch üppiges Grün. Fußball wird hier zur Zeit nur fünftklassig gespielt.

Die große Zeit des Itzehoer Fußballs waren die späten 40er und frühen 50er Jahre, als aus den Vorläufern Eintracht, Askania (einem Arbeitersportverein) und Preußen („Der Vereinsname wurde von den britischen Besatzungsbehörden verboten") der ISV 09 entstanden war. Verstärkt durch ein halbes Dutzend Ehemalige des VfB Königsberg – darunter der Kapitän und Spielertrainer Kurt Baluses, der später auch Bundesligatrainer war – wuchsen die Itzehoer zu einem der stärksten Teams im Lande, das sich vor einem begeisterten Publikum heiß umkämpfte Matches mit dem VfB Lübeck und Holstein Kiel lieferte. Oft ging es dabei staubig zu, denn bis 1948 war der Lehmwohldplatz von den Besatzungsbehörden beschlagnahmt, und der ISV spielte am Sandberg oder auch zwischen den Kasernen an der Kaiserstraße – auf Grand. Nach der Rückgabe,

erzählt der frühere Ligaspieler Heinz Priebe, „haben wir den Lehmwohldplatz zum Stadion ausgebaut, mit Tribüne und Stehterrassen, alles in Eigenleistung".

So konnte die Saison 1950/51 angemessen auf Rasen gespielt werden; da waren Baluses & Co. in die höchste Klasse aufgestiegen, die Oberliga Nord. Und wenn die Episode auch nach einem Jahr wieder zu Ende war, so brachte sie doch denkwürdige Spiele ins westliche Holstein. Heinz Priebe, der einzige gebürtige Itzehoer in der Mannschaft, als Verteidiger damals eine feste Größe, blickt nüchtern zurück: „Wir waren einfach zu alt und zu langsam. Ich selbst war mit 23 noch der Jüngste. Wir hatten gute Spieler und einen guten Trainer, aber ..." – es reichte nicht, trotz tapferer Gegenwehr gegen solche Ensembles wie FC St. Pauli oder HSV, als Priebe der direkte Gegenspieler des großen Heinz Spundflasche war. Das war auch der Tag des Zuschauerrekordes, obwohl da erst die halben Terrassen fertig waren, sonst hätte es eine fünfstellige Zahl werden können.

Heute fänden etwa 8.000 Platz; allein 1.000 Sitzplätze hat die Tribüne, aber nach dem Abstieg in die Verbandsliga wird man die Besucher allmählich einzeln per Handschlag begrüßen können (die Kehrseite des angeblichen Fußball-Booms in Deutschland, der ja ausschließlich für die Bundesligen gilt).

J.R. Prüß

Lehmwohldstadion Itzehoe
ER: 30er Jahre. FV: 8.000, davon 1.000 üd. SiP.
ZR: 9.000, Oberliga Nord, 5.11.1950, Itzehoer SV – Hamburger SV 1:4)
Lehmwohldstraße 19, 25524 Itzehoe, Tel. 04821 / 76 950.

■ Ernst-Abbe-Sportfeld

Das Geheimnis der grünen Flasche

Wie das war, als sie 1922 den Grundstein zum heutigen Ernst-Abbe-Sportfeld im thüringischen Jena legten, weiß man genau – dank des Inhaltes einer grünlich schimmernden Flasche, die im Mai 1973 bei Vorarbeiten zum Bau der Flutlichtanlage beim Abbruch einer Mauer nahe dem Ansageturm entdeckt wurde.

Fündig geworden war eine Brigade des Straßen-, Brücken- und Tiefbaukombinats (SBTK) Gera, Betrieb Jena. Dentist Schöb von der Geschäftsstelle der „Sportplatz-Baugenossenschaft" des 814-Mitglieder-Vereins 1. SV Jena teilte in der Grundsteinlegungs-Urkunde vom 27. Juli 1922 in der Flasche mit, man habe das Baugelände Ziegenhainer Bauern abgekauft, selbst 35.000 Mark aufgebracht und weitere 100.000 von der Carl-Zeiss-Stiftung erhalten. „Bei Beginn des Setzens der Umfangsmauer wollen wir der Nachwelt Kenntnis geben von dem Fleiße und der Mitgliedschaft des 1. Sportverein Jena", schrieben Schöb und Kaufmann Erich Hörchner nieder. Von 16 Uhr bis zum Einbruch der Dunkelheit habe jedes Mitglied ab 21 Jahren in drei Monaten mindestens 20 Arbeitsstunden erledigt (ersatzweise 150 Mark), insgesamt waren es 10.000 Arbeitsstunden. Zusätzlich hätten sich Mitglieder mit 300 Mark oder mehr an der 1922 gegründeten „eingetragenen Genossenschaft mit beschränkter Haftung" beteiligt. Architekt Heinrich Voßler konzipierte und leitete den Bau gratis, der erste Spatenstich erfolgte am 18. März 1922, und es gab aus dem Anlass – wir sind in Thüringen! – Rostbratwürste.

Jenas und Thüringens Fußballpremiere war bereits am 30. Juli 1893, die Stadt überließ dem örtlichen Fußballverein gegen die Spielvereinigung des ATV Leipzig (0:1) das Grüngelände „Kleines Paradies". 500 Zuschauer, „darunter sehr viele Damen", fanden sich ein. Der Elementar- und Turnlehrer Hermann Peter und der englische Magister Findlay hatten 1890 den FV Jena ins Leben gerufen. Peter gründete nach dem ersten Match den „Verein zur Herstellung eines Spielplatzes", der auf

Die großen Zeiten im Itzehoer Stadion liegen eine Weile zurück.

Aus frühen Tagen: ein Sportfest im Ernst-Abbe-Sportfeld.

(Foto: Stadtarchiv Jena)

dem 1903 bis 1906 auf den Wöllnitzer Wiesen angelegten Hauptplatz heimisch wurde. Der „FC der Firma C. Zeiss" in den Stadtfarben Gelb-Weiß-Blau, einer der ersten deutschen Werkssportvereine, spielte auf dem Zeiss-Sportplatz Oberaue. Weil dieser Platz sowie die Anlage des Spielplatz-Vereins und die Universitätssportplätze auf Dauer nicht genug Raum boten, legte man bei der Bank für Thüringen einen „Platzbaufond" an und bildete eine „Platzbaukommission". Was danach geschah, verriet die „Flaschenpost".

Einweihung der 600-Plätze-Tribüne aus Eisenbeton mit Holzdach war am 24. August 1924 „in einer Zeit der größten Not unseres Volkes" mit dem „Gesellschaftsspiel" 1. SV Jena – VfL Halle 96 (1:1) – „Sport ist Tat!", stand am Eingang zu lesen. „Inmitten grünender Auen, am Laufe der Saale gelegen, umrahmt von den alten Jenaer Bergen und Burgen, passt sich die Kampfbahn in Architektur und Ausführung wundervoll dem stimmungsvollen Naturbilde an. Die Gesamtanlage gilt mit Recht als eine der schönsten sportlichen Kampfbahnen Deutschlands."

Das Werk half dem Verein weiterhin, verschaffte z. B. dem arbeitslosen, späteren Nationalspieler Heinz Werner eine Stelle und gab Torjäger Bachmann aus dem Arbeitersport Beschäftigung. Die halbe Mannschaft stand bei den Optischen Werken in Lohn und Brot. 1937-39 finanzierte die Firma den Ausbau der Sportanlagen, die zum 15. Jahrestag der Einweihung und zum 50. Stiftungsjubiläum des Werks 1939 in Ernst-Abbe-Sportfeld benannt wurden. Abbe (1840-1905) war mit Carl Zeiss Gründer des Werks. Im Jenaer Stadion gaben sich anlässlich dreier Teilnahmen an der Deutschen Meisterschaft 1935, 1940 und 1941 namhafte Vereine wie VfB Stuttgart, SpVgg Fürth, Dresdner SC, Hamburger SV ein Stelldichein und im Pokal 1941 der FC Metz aus dem besetzten Frankreich. Auf dem Abbe-Sportfeld postierte man danach Flakgeschütze – entsprechend waren die Zerstörungen bei Kriegsende.

Ein Verein namens Stadion
Am 13. April 1945 besetzte die US-Army Jena, die am 1. Juli von der Roten Armee abgelöst wurde. Das erste Nachkriegsspiel im Abbe-Sportfeld fand am 26. Mai 1946 mit SG Ernst Abbe Jena gegen Falkenburg Weimar (4:2) statt. Ab Oktober 1948 hieß dieser Verein SG Stadion Jena – einmalig in der deutschen Fußballgeschichte, dass ein Verein den Beinamen Stadion führte (korrekterweise hätte er SG Ernst-Abbe-Sportfeld Jena heißen müssen). Aus der SG Stadion wurde 1949 die BSG Carl Zeiss, im Januar 1951 die BSG Mechanik, 1951 im Mai die BSG Motor, 1954 der SC Motor, 1966 der FC Carl Zeiss Jena – wie haben die Anhänger derlei eigentlich verkraftet? Zehn ehemalige FC-CZ-Mitglieder wohnten der Gründungs-Versammlung im Volkshaus bei, und weil der Name von 1966 der alte Vereinsname war, blieb der auch nach der Wende.

Der Trägerbetrieb, er hieß in der DDR-Zeit VEB Carl Zeiss Jena, hatte dem damaligen SC Motor bereits 1957 die Schlüssel für ein neues Sozialgebäude übergeben, finanziert mit über 300.000 Mark aus dem „Direktorenfonds". Der „Volkskorrespondent" meldete in der lokalen Zeitung, „der Schlüsselausgaberaum der Platzwarte gleicht einer Portiersloge in einem Hotel". Auf dem Bau hatte man einen kleinen Aussichtsturm

errichtet, bei Heimspielen ein begehrter Platz und bis heute einmalig in der deutschen Stadionlandschaft.

Der Nabel ostdeutscher Fußballwelt
Der FC Carl Zeiss Jena avancierte zeitweise zum Nabel ostdeutscher Fußballwelt, allerdings begleitet von Problemen politischer Natur. 1960 Pokalsieger, verweigerten die NATO-Staaten wegen des Mauerbaus für den EC II 1961/62 die Einreise. Das Auswärtsspiel gegen Swansea Town aus Wales fand insofern in Linz vor immerhin 6.000 statt (Rückspiel vor 20.000 in Jena 5:1). Die luxemburgische Alliance Düdelingen verlegte ihr Heimspiel nach Erfurt, und Leixoes Porto aus Portugal trat im Stadion der Freundschaft Gera als Gastgeber auf. Im EC-Halbfinale dachte Jena daran, ins Zentralstadion Leipzig auszuweichen, verzeichnete dann aber seinen endgültigen Zuschauerrekord mit 27.500 gegen den späteren Cupgewinner Atletico Madrid an der Saale. „Ist JENAS Elf erstmal im Tritt, schlägt sie sogar REAL MADRID!", war auf einem Transparent zu lesen, doch Atletico gewann 1:0 und das Rückspiel in Malmö (!) 4:0.

Die Erfolgsstory der Thüringer ging weiter: 1963 sahen 25.000 im Abbe-Sportfeld das 2:1 gegen Empor Rostock, das für den Klub mit Trainer Georg Buschner die „Deutsche Fußballmeisterschaft" bedeutete. Carl-Zeiss-Werk und die Gewerkschaft FDGB hatten bewirkt, dass Jena anstelle von Zwickau „Fußball-Leistungszentrum" der SV Motor-Aktiven wurde – eine Bedingung für den Aufstieg. 1968 war man wieder Meister, 1969 Vize, 1970 letztmals DDR-Titelgewinner.

Feinste Fußballkost genossen die Jenenser fortan, zu Gast waren Ajax Ams-

Der alte Uhrenturm weist auf den Finanzier des Stadions hin.

(Foto: Stadtarchiv Jena)

Die charakteristischen dreibeinigen Flutlichtmasten in Jena entstanden 1974.

(Foto: Stadtarchiv Jena)

terdam, Roter Stern Belgrad, Wolverhampton Wanderers, Leeds United, MSV Duisburg, Westbromwich Albion. Im Zeitraum 18. August 1968 bis 29. März 1974 blieb der FC CZ in 75 Meisterschaftsspielen über fünfeinhalb Jahre im Abbe-Sportfeld unbesiegt – man müsste einmal prüfen, ob das nicht deutscher Rekord ist!

Als die DDR 1970 im Abbe-Sportfeld gegen den Irak auflief (5:0), waren elf Jenenser im Aufgebot, darunter der 18-jährige Torschütze Konrad „Konny" Weise, der zuvor noch nicht einmal ein Oberliga-Spiel absolviert hatte. 1980 erfolgte wieder ein Pokalgewinn, und danach vor 16.000 im Abbe-Sportfeld unter Trainer Hans Meyer das denkwürdigste Jenaer Spiel bis heute: Die Roma – Trainer Liedholm, Spieler u.a. Pruzzo, Ancelotti, Falcao, der geniale Brasilianer – kam mit einem 3:0-Hinspielerfolg ins Saaletal, verstand die rhythmischen Publikums-Sprechchöre der 16.000 „Wir kommen weiter!" nicht und verlor 0:4. Sportreporter Heinz-Florian Oertel: „Hinter Jena stehen, standen in solchen Minuten Millionen von der Ostseeküste bis zum Fichtelberg."

15.000 kamen am 20. Februar 1974 zur Flutlicht-Premiere ins Abbe-Sportfeld, als der FC Carl-Zeiss den BFC Dynamo 4:0 besiegte. Die Flutlichtanlage – an einem der dreibeinigen Masten liest man heute: „FCC-Hools gegen Nazis" – wurde 1995 mit 850 Lux modernisiert und gegen den PSV Eindhoven eingeweiht. Seit 1990 wandelte man die Stehplätze der Gegengerade in Sitzplätze für 2.550 Besucher um und erweiterte die Gegengerade von sechs auf acht Stufen. Die alte Holztribüne von 1924, eine der ältesten Deutschlands, riss man 1997 ab und erbaute bis Dezember 1998 an ihrer Stelle eine 4.000-Plätze-Tribüne mit moderner Ausstattung. Langfristig ist der schrittweise Gegengerade-Ausbau geplant.

„Bernsteinzimmer" und „Goldener Schuh"

Der Tribünenbau ist bundesligareif, man findet dort das „Bernsteinzimmer des FC CZ" vor und in einer Vitrine des VIP-Raums „Reliquien" wie den „Ehrenpreis für die Deutsche Meisterschaft im Fußball 1970" und den „Goldenen Schuh" für den DDR-Fußballer 1971,

den „Schwarzen Peter" Ducke. An der Eingangstür klebte bei unserem Besuch, unterzeichnet vom FC, der Aufruf „Jenaer Männer gegen Gewalt".

Als die Geschichte der DDR-Oberliga 1991 zuende ging, belegte der FC Carl Zeiss Jena in der „Ewigen Tabelle" als „Klassenbester" Rang eins. 1991 bis 1994 und 1995 bis 1998 behauptete sich der Traditionsverein in der 2. Bundesliga, 2000 hat er die Qualifikation für die neue 3. Liga erreicht. Dem Ernst-Abbe-Sportfeld droht damit vorerst nicht das Schicksal anderer ostdeutscher Traditionsarenen, in denen nun Mannschaften aus Sondershausen, Zittau oder Grimma auflaufen. *sky*

Ernst-Abbe-Sportfeld Jena
ER: 1924, FV: 13.000, insges. 6.550 SiP, davon 4.000 üd. auf der Haupttribüne, 2.550 unüd. auf der Gegengerade, 6.450 StP in vier Blöcken
ZR: 27.500, EC der Pokalsieger, 1962, CZ Jena – Atletico Madrid 0:1
Oberaue 3, 07745 Jena
Tel. 03641 / 39 47 16.

Kaiserslautern

▣ Fritz-Walter-Stadion

Diese „Fußball-Festung" ist schwer zu schleifen

„An manchen Samstagen scheint er aus den Nähten zu platzen, fegt der Torschrei den Berg hinunter, hetzt durch die Straßen der Stadt und informiert über den Spielstand. Dann gleicht er einem brodelnden Vulkan, den über 38.000 Zuschauer mit infernalischem Lärm ausfüllen. Nach Spielende entlädt sich dann eine Blechlawine in die Stadt, vermischt mit einer riesigen schwatzenden Menge Mensch, die den Berg aus der Vogelperspektive zu einem gigantischen Termitenhügel werden läßt. Bei Flutlichtspielen hebt sich der Berg wie eine gleißend angestrahlte Bühne im Süden der Stadt gegen den Nachthimmel ab und gibt dem fußballhungrigen Gipfelstürmer dann einen herrlichen Blick über das Tal frei, aus dem die Lichter der Stadt blinzeln."

So hat ihn Hans Rottmüller beschrieben, ehemaliger FCK-Pressewart: den 286,50 Meter hohen Betzenberg, auf dem das Stadion des 1. FC Kaiserslautern steht. Woanders thronen Burgen, Wallfahrtskirchen oder Festungsbauten über den Städten, hier beherrscht ein „Fußball-Palast" das Bild, der allerdings offiziell nicht den Namen Betzenberg trägt (der auf einen früheren Bewohner der Gegend namens „Betzo" zurückgehen soll), sondern nach dem 1920 gebo-

renen Ehrenspielführer der Fußball-Nationalmannschaft Fritz-Walter-Stadion benannt ist. Dass es so heißt, wollen wir dem Verein hoch anrechnen, wo woanders doch für schnöden Mammon der Name verscherbelt wird und die Arenen, die nach ehemaligen Fußballgrößen benannt sind, an zehn Fingern abzuzählen sind. Der 1. FCK, die „Roten Teufel" (ein solcher befindet sich als Plastik im Stadion hinter der Ostkurve), haben Kaiserslautern bekannt gemacht, von dem man ohne Fußball sonst nicht sonderlich viel wüsste. „Der Betze" ist dem Fußballfreund ein Begriff, so wie es der Bayreuther Festspielhügel den Wagnerianern ist.

Zugleich ist der „Betze" fußballerischer Mittelpunkt einer ganzen Region, der Pfalz. Dieser Status mag auch mit dem Niedergang des einstigen pfälzischen Rivalen FK Pirmasens zu tun haben, vor allem aber damit, dass der 1. FCK die wirklich bedeutenden Spiele in der Endrunde um die Deutsche Meisterschaft aufgrund eingeschränkten Fassungsvermögen fast nie zu Hause, sondern im Ludwigshafener Südweststadion austrug. 1951 – am Ende waren die Lauterer Deutscher Meister –, zählte man dort in drei Spielen 165.000 Zuschauer, 1953 waren es 127.500. Derlei Zahlen wa-

ren in der Endrunde 1955 auf dem Betzenberg Utopie: Man verkaufte für drei Begegnungen 78.000 Karten, die Gastgeber der Lauterer dagegen 204.000! Kein Wunder, dass die „Roten Teufel" 1956 reumütig an den Rhein zurückkehrten. Allein gegen den Karlsruher SC kamen dort 83.000, mehr als in den „Betze"-Heimspielen 1955 zusammen. Solche Zahlen verdeutlichen, dass der Anhang der „Roter Teufel" weit über die Stadt Kaiserslautern hinausreicht.

„Stade de Montsabert"

Als der FV Kaiserslautern, der seit 1931 und der Vereinigung mit Phönix den Namen 1. FC trägt, 1919 auf dem Betzenberg heimisch wurde, war dies dem Neffen des Besitzers eines angrenzenden Steinbruchs zu danken, der dem Verein das Gelände schenkte. Dank Eigenarbeit, „Sportplatzfonds" und Schuldscheinen ebnete der FV das steinige Plateau hoch über der Stadt ein und feierte am 13. Mai 1920, am Himmelfahrtstag, Einweihung (vor 3.500 Besuchern gab es ein Stockballspiel, Staffelläufe und die fußballerische Begegnung FVK I gegen FC Pfalz Ludwigshafen I 1:3). 1925 wurde die erste Tribüne auf dem „Betze" errichtet, eine schlichte hölzerne Überdachung von Sitzbänken und Rasenwall. 1931 kam die Nordtribüne hinzu, man besaß nun eine Laufbahn, leichtathletische Anlagen und einen repräsentativen Eingang mit Kassenhäuschen. Der verstorbene Kaiserslauterer Sportchronist Karl Dietrich: „Aus einem Sportplatz war nun ein Stadion mit 13.000 Plätzen geworden."

Der bewundernswerte Aufstieg der „Walter-Elf" in den Nachkriegsjahren musste erst einmal aufgeschoben werden, denn im Stadion parkten die Lkw des französischen Militär, das an der Sitztribüne riesengroß die Aufschrift: „Stade de Montsabert" angebracht hatte (General Goislard de Montsabert war Befehlshaber der französischen Besatzungsarmee). Doch schon bevor die Schriftmaler die französische Benennung durch „Stadt-Sparkasse – Stiftsplatz" ersetzten, erteilte Friedrich Walter erste Fußball-Lektionen auf dem „Betze" und führte die Elf, die zuvor auf den benachbarten Erbsenberg ausgewichen war und im Freundschaftsspiel gegen St.Etienne auf den anderen Berg zurückkehrte, zur deutschen Spitze. Die Gastspiel-Reisen der in West- wie Ostdeutschland populären Lauterer brachten nach der Währungsreform D-Mark ein, weshalb in die Holztribüne auf der Südseite Umkleide- und Duschräume, eine Gaststätte, Heiz- und Kohlekeller eingebaut werden konnten.

(Foto: Liebrich)

Erstes Training am „Betze" nach dem Krieg (mit Fritz Walter, 1945). Die französische Militärverwaltung hatte das Stadion „Stade de Montsabert" getauft.

Unter den Duschen trafen sich nach Spielende sämtliche Akteure inklusive Schiedsrichter, da hätte man gerne „Mäuschen" gespielt, denn meist spielte der 1. FCK die Gegner aus, aber gelegentlich auch nicht. Es waren Zeiten, in denen es beschaulich zuging auf dem „Betze", „den Friedrich" (Fritz Walter), „den Ottes" (Ottmar Walter), „den Roten" (Werner Liebrich), „den Kohli" (Werner Kohlmeyer), „die Baas" (Torjäger Werner Baßler) konnte man nach dem Abpfiff ohne weiteres ansprechen und das Spiel noch einmal gedanklich durchgehen.

Wer zündete die Nebelkerzen?

Der 1. FC Kaiserslautern gehörte jahrzehntelang ununterbrochen zum „Urgestein" der Bundesliga und gestaltete seine Spielstätte im Lauf der Zeit entsprechend um. Mit Einführung der Bundesliga 1963 ließ man die Südtribüne (die Gegengerade) überdachen und erhöhte Ost- und Westkurve. Für die Flutlichtanlage, die am 18. Dezember 1963 im Freundschaftsspiel gegen Worms Premiere hatte, gab es städtische Gelder, und bis heute hält sich hartnäckig das Gerücht, dass aus dieser Summe die Ablöse für den holländischen Neuzugang Co Prins mitfinanziert worden sei.

Aus bis heute ungeklärten Gründen zündete jemand im benachbarten Steinbruch Nebelkerzen, so dass sich der Spielbeginn unter künstlichem Licht erst einmal um zehn Minuten verzögerte. Heinrich Breyer in der „Rheinpfalz" über die damalige Flutlichtanlage: „Im Vergleich zu heute ein jammervolles Lichtlein, damals aber ein vielbestaunter Glanz am abendlichen Himmel über Kaiserslautern." 1966 ersetzte eine Stahlrohrkonstruktion das Holzdach der Nordtribüne, deren Neu-

bau am 20. Juli 1973 gegen Bayern München eingeweiht wurde (106 m lang, 1.968 Sitz- und 2.565 Stehplätze).

WM 1974: „Schuhe, die uns zu groß sind"

Kaiserslautern hat sich als WM-Austragungsort 2006 beworben und tat dies, was wenig bekannt ist, bereits für die WM 1974, allerdings mit einem „Last-minute-Angebot". Vorher hatte man das Feld dem Südweststadion und der Stadt Ludwigshafen überlassen, die allerdings recht unglücklich agierte und zu wenig überdachte Sitzplätze anbot. Weshalb die Ludwigshafener zuletzt noch 18.000 überdachte Stehplätze offerierten, bleibt ein Rätsel. Als abzusehen war, dass das WM-Komitee Ludwigshafen aussortieren würde, trat ohne Unterrichtung der Öffentlichkeit („die wenigen Eingeweihten bei der Rheinpfalz-Sportredaktion schwiegen wie die Gräber") Kaiserslautern mit dem Angebot von 1.000 überdachten Sitzplätzen und 30.000 Stehplätzen auf den Plan. Aber auch dies war zu wenig, weshalb Ludwigshafen, Kaiserslautern und Dortmund (das 50.000 Plätze besaß und erst nachträglich Köln ersetzte) ausschieden. Lauterns Oberbürgermeister Dr. Jung: „50.000 Besucher hätten wir unterbringen können, 60.000, wie es der DFB verlangt hat – das sind Schuhe, die uns zu groß sind." Heute kann man von Glück sagen, dass die Pfälzer nicht für 50.000 ausbauten, denn wie wollte man eine derart große Arena permanent „füllen"?!

Die 100.000 qm „Sportpark Betzenberg" sind Vereinsbesitz (geschätzter Wert: 60 Mio. Mark) und man muss im Rückblick anerkennen, dass der 1. FC Kaiserslautern „sein Haus" über die Jahrzehnte bestellt hat und abschnittsweise modernisierte, so dass das nach

dem 65. Geburtstag des Ehrenspielführers zum 26. November 1985 benannte Fritz-Walter-Stadion allen Ansprüchen genügt (seit dem 80. Geburtstag von Walter besteht außerdem eine Fritz-Walter-Straße. Ein Hinweis für Groundhopper: Der Fritz-Walter-Weg beim Daimler-Stadion Stuttgart hat nichts mit dem Pfälzer Fußballkünstler zu tun, sondern ist nach dem Oberliga-Süd-Pionier und ehemaligen VfB-Präses Dr. Fritz Walter benannt).

„Eine Stadt verliert ihr Gesicht"

Als die Um- und Neubauarbeiten 1978 begannen, wich der Bundesligist noch zweimal nach Ludwigshafen aus, ehe am 16. September 1978 die neue Osttribüne (Kosten 6,8 Mio. Mark) fertig gestellt war und die Westkurve in die Westtribüne umgewandelt wurde. Wie stets beteiligten sich Stadt und Land Rheinland-Pfalz mit beträchtlichen Summen. Das bislang ehrgeizigste Projekt stellte der Verein Ende 1990 vor: Die neue Nordtribüne, die heute offiziell Haupttribüne heißt. Aus dem angrenzenden Steinbruch sollte sie an einer 30 Meter steilen Felskante emporwachsen, im Vorfeld ein großes Parkgelände, im Inneren ein Parkhaus und ein Kongresszentrum beherbergen.

Diesmal allerdings stießen die Pläne des sportlichen Aushängeschilds der Pfälzer Stadt, für die Architekt Folker Fiebiger verantwortlich war, der seit 1972 als „Hausarchitekt" des FCK fungierte, auf erheblichen Widerstand. Die Bewohner des benachbarten Hochhauses Malzstraße 8 bildeten eine Bürgerinitiative, weil sie angesichts der drohenden 61 Meter hohen „Betonwand" der Stadiontribüne um ihre Lebensqualität fürchteten. Umweltschützer bezogen Stellung gegen den Neubau, da sie die Nistplätze von Eulen und Fledermäusen bedroht sahen. Viel Gewicht in der nun folgenden Debatte erhielt die Stellungnahme des Planungsbeirats, einem unabhängigen Gremium von Architekten und Planern, das die Stadt Kaiserslautern beriet. Unter dem Titel „Eine Stadt verliert ihr Gesicht" bezeichneten sie „einen derartigen Eingriff in dieses Merkmal Kaiserslauterns – die Felskante, der angrenzende Wald und die dort liegenden Biotope" als „stadtbildzerstörend". „Der Charakter und die Infrastruktur einer ganzen Stadt werden durch dieses Bauwerk verändert".

Auf politischer und juristischer Ebene gab es nun ein langes Hin und Her, bis sich der Verein zu einer „verschlankten" Lösung entschloss: Die Höhe der Tribüne reduzierte man von 61 auf 38 Meter, Parkplätze, Parkhaus und

Volles Haus am Betzenberg in den 50er Jahren.

(Foto: Liebrich)

Das Fritz-Walter-Stadion, die Heimat der „Roten Teufel", gleicht manchmal einem brodelnden Vulkan.

(Foto: DSS)

Kongresszentrum wurden gestrichen. Vorher hatte es viel böses Blut in der Stadt gegeben, u.a. erhielt der Vorsitzende der FDP-Stadtratsfraktion vom FCK-Präsidenten Thines Stadionverbot! Zum 25. März 1994 gegen Dresden konnte die neue Nordtribüne erstmals in Teilen benutzt werden. Allerdings wurde der Neubau auch mit kritischen Augen gesehen, so von der „Rheinpfalz": „Die Nordtribüne steht mehr oder weniger isoliert, wirkt zwischen den beiden kleinen Blocks links und rechts wie ein Fremdkörper (...) Der FCK muß sich die Frage gefallen lassen, ob es für 51 Millionen Mark in den Details nicht elegantere Lösungen gegeben hätte" (1994).

„Sozialismus à la FCK"

Mit ihren teuren Logen, VIP-Plätzen und Business-Plätzen ist sie laut Fußball-Autor Günter Rohrbacher-List ein Teil der Klub-Philosophie: „Reich subventioniert Arm, Sozialismus à la FCK. Der finanzkräftige VIP erhält durch seinen Obolus dem Arbeitslosen sein Samstagnachmittagsvergnügen." Bestandteil der Haupttribüne sind ein VIP-Restaurant und die 800 qm große „Wandelhalle" („MIXery Hall"), auf deren Videowänden man z.B. die Pressekonferenzen verfolgen kann und dabei lautstark sei-

nen Unmut über Otto Rehhagel äußern konnte, dem letztlich Unrecht getan wurde. Man bietet Räumlichkeiten für Firmenkonferenzen und Familienfeiern, Sonntag gegen Mittag ist Brunch angesagt, und selbst die Trainings-Zuschauer werden vom „FCK-Kiebitz"-Pavillon gastronomisch versorgt. Nach dem sensationellen Titelgewinn von 1998 hat die Südtribüne auf der Gegengerade eine zweite Etage erhalten, und gemäß den UEFA-Bedingungen sind auf der Westseite Klappsitze installiert, mit denen Stehplätze in Sitzplätze umgewandelt werden können. „Die Fußballfestung" („Rheinpfalz") hoch über der Stadt komplettieren als „High-Tech-Arena" („Sonntag aktuell") seit dem Albanien-Länderspiel am 18. Dezember 1994 Videowände, außerdem gibt es ein vereinseigenes TV-Studio. 2000 feierten 28.000 auf dem Betzenberg mit Eros Ramazotti und „Echt" den 100. Geburtstag des Vereins. Wer sich das Stadion im Internet angucken will, wähle unter www.fck.de die „Virtual 360 Grad Tour" und sollte genau hinschauen: Inmitten all der Moderne steht noch ein schlichter Biertisch, ein Anachronismus, vielleicht ist er nach dem letzten Oberliga-Südwest-Heimspiel der Lauterer am 5. Mai 1963 gegen TuS Neuendorf einfach stehen geblieben...

Ein anderes Kuriosum ist die Tatsache, dass noch in den 70er Jahren eine Erbengemeinschaft aufgrund eines Kaufs aus dem Jahre 1898 ein 17 Meter breites und 34 Meter langes Geländestück hinter einem Tor besaß. Publik wurde das, nachdem der 1. FCK einem der Erben die Ehrenkarte gestrichen hatte.

Pluspunkte gemacht hat der FCK weiterhin Anfang der 90er Jahre mit seinem Ökologie-Konzept, mit dem er den Wettbewerb von Bundesumweltministerium und „kicker sportmagazin" 1992 vor Stuttgart und Nürnberg gewann. Ausschlaggebend für den „Betze" waren damals das Park-and-Ride-System, recyclingfähige Trinkbecher, sortierter Abfall, Energiesparmaßnahmen, Lärmschutzmaßnahmen und der Verzicht aufs „Höllenfeuer" auf den Rängen. Das Heimspiel am 4. April 1992 gegen Wattenscheid war der Wiederaufforstung des tropischen Regenwalds in Brasilien gewidmet.

Manche haben gefürchtet, der „alte Betzenberg" samt seiner gefürchteten Stimmung sei mit all den Modernisierungen passé. Dies, so bleibt glücklicherweise festzuhalten, ist nicht geschehen. Diese „Fußball-Festung" muß nach wie vor erst einmal geschliffen werden!

Ob die Behauptung, „der Betze" sei das höchstgelegene Bundesliga-Stadion, stimmt, konnten wir mittels Vermessungen für dieses Buch nicht mehr klären. Die Bringschuld haben nun die Lauterer, gilt doch für München die Höhenangabe „520 m ü. d. M.", was für Unterhaching kaum anders lauten dürfte, und auch Freiburg könnte in diesem „Wettbewerb" eine Rolle spielen.

Die Todesfalle auf der Südtribüne

Es überrascht, dass in all den Lauterer Betzenberg-Chroniken ein Ereignis ausgespart bleibt, dass in der bundesdeutschen Stadionszene für nachhaltige Veränderungen gesorgt hat. Am Samstag, 7. November 1964, Beginn 14.30 Uhr, war es auf der überfüllten Südtribüne des Kaiserslauterer Stadions, das gegen Titelverteidiger 1. FC Köln mit 38.000 Zuschauern ausverkauft war, zu einem Unglück gekommen. Als die Massen mit „Hau ruck!"-Rufen in die Blöcke nachdrängten, in der die Menschen bereits anderthalb Stunden vor dem Anpfiff dicht an dicht standen, wurde der 55-jährige Fabrikarbeiter Emil H. von dem Pulk gegen eine neu angebrachte Absperrkette – wie Staatsanwalt Vooges später meinte, „eine Todesfalle" – beim Sitzplatzblock gedrückt. Heim brach zusammen und erlag im Krankenhaus seinen schweren inneren Verletzungen. Augenzeugen beschrieben später, was geschehen war: „Die Menschen sind in solchen Momenten keine Menschen mehr, sie benehmen sich wie die Tiere." Ordner konnten nicht mehr eingreifen, weil sie selbst die Ränge hinunterstürzten, und die Polizei hielt sich zurück.

Die Staatsanwaltschaft ermittelte und am 7. Februar 1966 begann vor der Großen Strafkammer des Landgerichts Kaiserslautern der Prozess wegen fahrlässiger Tötung gegen fünf Angeklagte: den zum Zeitpunkt des Unglücks amtierenden 1. FCK-Vorsitzenden Dr. Karlheinz Brinkop (der Mediziner war inzwischen Chefarzt einer Hamburger Privatklinik), den 1.-FCK-Geschäftsführer Erich Schicketanz, den Leiter der Kaiserslauterer Baupolizei, Amtmann Adolf Jung, den Leiter des Ordnungsdienstes im Stadion, Friedrich Seitz, und den Stadionarchitekten Egon Opp.

Die Verhandlung, zu der ein Ortstermin auf dem Betzenberg gehörte, brachte eine Kette von Versäumnissen und Fehlern ans Tageslicht, die den 1.-FCK-Anhänger das Leben gekostet hatten. Der 35-jährige Architekt Opp hatte das Fassungsvermögen des Stadions insgesamt und das der Südtribüne falsch berechnet, was der zuständige Amtmann Jung ungeprüft übernom-

men hatte. Jung allerdings waren spätestens beim von 35.000 Menschen besuchten Bundesligaspiel der Lauterer gegen den 1. FC Nürnberg am 17. Oktober 1964 Zweifel gekommen, denn damals bereits herrschte auf der Südtribüne fürchterliches Gedränge. Der Baupolizei-Chef ließ daraufhin eine Vermessung vornehmen, kündigte eine Reduzierung des Fassungsvermögens an, machte dem Verein aber keine konkreten Auflagen. Immerhin hatte er FCK-Geschäftsführer Schicketanz schriftlich und telefonisch informiert, doch der meinte: „Es ist immer gut gegangen, es wird auch diesmal gut gehen."

Die Nachprüfung von Amtmann Jung – pro Stehplatz wurden 33 x 43 Zentimeter als Standfläche zugrunde gelegt –, hatte ergeben, dass die Südtribüne lediglich für 7.300 Besucher zugelassen werden durfte. Es galt aber ein Fassungsvermögen von 9.000, und tatsächlich hatte der 1. FCK für das Köln-Spiel 8.627 Karten verkauft. Hintergrund dieser Fehlkalkulation war, dass der DFB für Bundesligisten ein Stadion-Fassungsvermögen von mindestens 35.000 verlangte, was Kaiserslautern mit 32.385 Plätzen nicht bieten konnte. Obwohl der Verein ein Jahr mit Ausnahmegenehmigung in der höchsten Liga spielen durfte (Flutlicht besaß man ebenfalls nicht), wollte er offensichtlich so rasch wie möglich die DFB-Bedingungen erfüllen und meldete offiziell 36.800 Plätze vom Betzenberg.

„Lokalpatriotismus und die Liebe zum 1. FCK", machte die „FAZ" als Motiv für die Verfehlungen der Angeklagten aus und merkte kritisch an: „Es ist nicht das erste Mal, dass ehrenwerte Bürger vor Gerichtsschranken stehen, nur weil sie meinten, ihrem Verein dienen zu müssen. Einige Vereine sind in den Rang von kommunalen Tabus gerückt, der ihnen eine Art Denkmalspflege zuteil werden lässt" (die Anspielung auf vorherige Prozesse darf als Hinweis auf den ehemaligen FCK-Vereinsvorsitzenden Werner Krabler verstanden werden, der 1957 verhaftet worden war, weil er die Mannschaft mit „schwarzen Geldern" finanziert hatte, woraufhin ihn der Verein schmählich fallen ließ).

„Eine Warnung für alle Vereine"

Geschäftsführer Schicketanz, Architekt Opp und Amtmann Jung wurden an Stelle einer verwirkten Gefängnisstrafe von zwei Monaten zu jeweils 2.400 DM Geldstrafe und zur Übernahme der Verfahrenskosten verurteilt. Ex-Vorsitzender Brinkop, dem man zugute hielt, dass er sich als ehrenamtlicher Vereinschef

nicht um alles kümmern könne, und Ordner-Chef Seitz wurden freigesprochen. „Es geht nicht an, dass in einem Stadion die Zuschauer wie die Erbsen in einem Glas gerüttelt und möglichst viele auf einem engen Raum zusammengepresst werden", mahnte der Vorsitzende Landgerichtsdirektor Müller. „Dieser Prozess sollte eine Warnung sein für alle Vereine, die Großveranstaltungen abhalten", meinte der Offenbacher Amtsrichter Winter, der als Vorsitzender des DFB-Sportgerichts ebenso wie DFB-Generalsekretär Paßlack der Gerichtsverhandlung als Beobachter beiwohnte.

Urteil hat Signalwirkung

Die „FAZ" zog das Fazit, dass viele Fußballvereine und Städte nun die Zuschauerkapazität und Sicherheitsfaktoren in ihren Stadien überprüfen müssten. Viele hätten bislang das Glück gehabt, dass es zu keinem Todesfall wie in Kaiserslautern gekommen sei. Der Richterspruch wurde von grundsätzlicher Bedeutung für die Verantwortlichkeit eines Vereinsvorstandes bei Unfällen auf einem Sportplatzgelände gewertet. Tatsächlich hatte das Urteil fast allerorts Konsequenzen: Man ging daran, Fassungsvermögen zu überprüfen, als erste Städte reduzierten Köln und Dortmund die Kapazitäten. Der zuständige Mönchengladbacher Beamte limitierte die Plätze auf dem Bökelberg mit den Worten, er habe nicht die Absicht, drei Jahre vor seiner Pensionierung ins Gefängnis zu gehen. Es war eine Signalwirkung, die vom Kaiserslauterer Prozess ausging, und sie hat, so muss im Nachhinein festgestellt werden, nur Gutes bewirkt.   *sky*

Fritz-Walter-Stadion Kaiserslautern
ER: 1920. FV: 41.582, alle Plätze üd., davon 20.772 SiP, 156 Presseplätze, 72 Behinderten-Plätze, 350 VIP-Plätze, 100 Business-Plätze, 12 Logen à 9 Sitze, 20.810 StP (bei UEFA-Cup-Spielen Umrüstung der Westtribüne, die statt 14.300 StP dann 3.923 SiP und 6.328 StP bietet.
ZR: 41.582, mehrmals nach Fertigstellung der Südtribüne ab 1998/99 - Stadionstr. 11, 67663 Kaiserslautern, Tel. 0631 / 31 880 (Geschäftsstelle).

⬛ Stadion Erbsenberg

Die Tribüne musste das Heer wieder aufbauen

(Foto: Hoeck)

Die Holztribüne am Erbsenberg stammt zu Teilen aus dem Jahr 1925.

Auf dem Weg zum Betzenberg in Kaiserslautern zweigt ein Sträßlein in die „Waldabteilung Erbsenberg" ab, wo seit 1938 der VfR Kaiserslautern zu Hause ist, lange Jahre Rivale des 1. FCK und mit einer Holztribüne ausgestattet, deren Ursprünge bis ins Jahre 1925 zurückgehen.

Es ist eine idyllische Anlage, die man auf einer von Kiefern eingerahmten früheren Waldlichtung vorfindet. „Herrlich von Wald umgeben liegt in einer Mulde des Erbsenberges die neue Kampfstätte. Ein saftig grünes Rasenspielfeld mit einer 400 Meter langen Aschenbahn und eine massiv ausgebaute Tribüne sowie zweckmäßig erhöhte und ausgebaute Kurven sind entstanden", meldete der Berichterstatter der „NSZ-Rheinfront" 1938 vom Ortstermin.

Aus freiwilligen Stücken war der VfR dort allerdings nicht ansässig geworden. Der über den FC Bayern 1906 (die Pfalz war ehemals bayerisch) mit demselben Gründungsjahr versehene und 1920 aus einer Fusion als VfR gebildete Verein hatte noch im Zusammenschlussjahr das Stadion Eselsfürth in Kaiserslautern gepachtet. 1924 wurde dann zu einem Schicksalsjahr des jungen Klubs: Wegen der Separatistenunruhen in der Pfalz verboten die französischen Besatzer jeglichen Sportbetrieb. Zudem musste der VfR das Stadion Eselsfürth aufgeben, da dort eine Radrennbahn entstand, die nur noch ein zu kleines Spielfeld zugelassen hätte.

Die Stadt wies dem Verein am 11. Juni 1924 die Wormserhöhe zu, wo die Mitglieder in Eigenleistung einen neuen Sportplatz schufen, der Karfreitag 1925 gegen den Deutschen Ex-Meister Karlsruher FV eingeweiht wurde. Dank des Darlehens einer Brauerei war sogar der Bau einer 500-Plätze-Tribüne möglich, und 1929 kam ein Rasenplatz hinzu. 1936 feierte man dort noch gegen Wormatia Worms mit all seinen Nationalspielern Jubiläum, dann kündigte die Stadt am 9. November mit sofortiger Wirkung den Platz: Im Zuge der Aufrüstung Deutschlands sollten dort Kasernen entstehen. Im letzten Heimspiel auf der Wormserhöhe besiegte der VfR den Lokalrivalen 1. FCK 2:0.

Der Verein selbst schlug der Stadt in Abstimmung mit dem Forstamt Kaiserslautern-Ost den neuen Standort Erbsenberg vor, während das Heeresbauamt den Abbruch des Sportgeländes Wormserhöhe in Auftrag gab. Die alte Umzäunung musste auf dem Erbsenberg wieder erbaut werden, ebenso die alte Holztribüne (die der Verein mit einem Unterbau aus Sandsteinbauwerk versah und erweiterte). Allerdings beglich die Wehrmacht erst nach langwierigen Verhandlungen alle vorgelegten Rechnungen, obwohl der wellige, teils harte Felsboden bei der Planierung hohe Kosten verursacht hatte. Zur neuen Heimat Erbsenberg bewegte sich schließlich am 14. August 1938 ein Festzug ab Wiesenplatz, Eröffnungspartner war wie schon auf der Wormserhöhe der Karlsruher FV. Als Vereinsführer des 1. FCK überreichte Bürgermeister Allbrecht zur Einweihung ein Bild des Reichssportführers.

Nachdem der städtische „Westwallpokal", u.a. auf dem Erbsenberg ausgetragen, wegen Fliegerangriffen abgebrochen werden musste, bildete der VfR zuletzt noch mit dem 1. FCK eine „Kriegsspielgemeinschaft", die aber nur noch in zwei Begegnungen aktiv war. 1946 feierte der VfR auf dem Erbsenberg „mit namhaften Vereinen zu Gast" (FK Pirmasens, Kickers Offenbach, VfL Neckarau) das 40-jährige Bestehen, ehe 1949 Fritz Walter vom Nachbarn Betzenberg das Training übernahm und „die Erbsenberger" in die höchste Spielklasse führte, wo sie wegen ihres polnischen und deutschen Nationalspielers auch als (Ernst) „Willimowski-Elf" bezeichnet wurden.

Nach langjährigen Verhandlungen mit der Stadt ging das Sportgelände, das von 10.000 auf ein Fassungsvermögen von 15.000 erweitert worden war, 1959 in Vereinseigentum über, doch gestaltete sich die Situation des VfR infolge der Einführung der Bundesliga immer diffiziler. Zwar erstellte man noch ein neues Klubhaus, doch 1965 verließ der Verein die Regionalliga und versank mit den Jahren in der Niedrigklassigkeit. Fritz Walter kann „die Erbsenberger" nun nimmermehr betreuen, und dass 2000 ein Retter mit Namen Otto Rehhagel naht, schließen wir generell aus.

sky

Stadion Erbsenberg Kaiserslautern
ER: 1938. FV: früher 15.000, heute 5.000, davon 700 üd. SiP.
Erbsenberg, 67663 Kaiserslautern,
Tel. 0631 / 44 792.

(Foto: Stadtarchiv Freiburg)

Der historische KFV-Platz, hier 1949 in der DM-Endrunde, zählt zu den ältesten deutschen Stadien.

Karlsruhe

■ KFV-Platz an der Telegraphenkaserne

Das „Zentralstadion" scheiterte an 2.000 Sack Zement

Von der einstigen Größe lässt die Anlage im Nordwesten Karlsruhes noch einiges ahnen, wenn auch die Tribüne längst verschwunden ist, die Ränge reduziert wurden und man wegen des Ausbaus der Hertzstraße auf die früher dort angrenzenden Stehränge verzichten musste. Nun, heute kommen dorthin keine 35.000 mehr wie einst; der Deutsche Ex-Meister Karlsruher FV, mit dem Gründungsjahr 1891 nach eigenen Angaben „ältester reindeutscher Fußballklub in Süddeutschland", gehörte 1999/2000 der „Landesliga Nordbaden, Staffel 3 (Mittelbaden)" an, dies ist 6. Liga.

Ehemals war hier einer von „König Fußballs Palästen", nachdem der KFV zuvor auf dem „Engländerplätzle" in der Nähe kickte. Das war eigentlich ein Übungsplatz der Feuerwehr (deren vierstöckiger Schlauchturm als Umkleideraum diente), und sein Name rührt daher, dass dort vor allem Engländer Rugby und Fußball spielten.

Ein Prinz als Schirmherr

Da das Karlsruher Militär dem neuen Sport wohlgesonnen war, wurde der KFV in der Südwestecke des Exerzierplatzes des Großherzoglich-Badischen Leibgrenadier-Regiments 109 heimisch.

Der Stadtrat stimmte 1904 der Übergabe von 20.000 qm „zur Herstellung eines Sportplatzes" zu. Als provisorische Tribünen dienten Pritschenwagen eines Fuhrunternehmers. Einweihung an der damaligen Moltkestraße war am 1. Oktober 1905, 2.000 sahen ein 8:0 über den FC Zürich, Schirmherr war Prinz Max von Baden (1867-1929), im Revolutions-November 1918 kurzfristiger Reichskanzler, der (ohne dessen Zustimmung) die Abdankung von Kaiser Wilhelm II verkündete. Der Prinz hatte den Ehrenpreis für das Eröffnungsspiel gestiftet, und auf den Briefbögen des Vereins stand – auch noch zu Zeiten der Weimarer Republik – „Unter dem Protektorat Sr. Gr. Hoheit des Prinzen Maximilian von Baden".

Als 1906 US Parisienne zu Gast war, lobte dessen Vertreter: „Das Terrain ist ausgezeichnet, vielleicht ein bisschen zu hart. Ferner sind die Umkleideräume gut eingerichtet, sie sind mit dem neuesten Komfort, Waschgelegenheiten und Douche ausgestattet." Im selben Jahr wurde die Aschenbahn angelegt, 1908 das Klubhaus erbaut und Tennisplätze eröffnet – „eine vorzügliche Sportanlage, die nach Zeit und Art der Anlage bahnbrechend gewesen ist" (KFV-Chronik). Nach dem 1. Weltkrieg wurde nach

englischem Vorbild sogar ein Warmwasserbad eingerichtet: „Während sich die Spieler anderer Vereine noch in Waschschüsseln waschen mussten, konnten die des KFV in einem Becken im warmen Wasser sitzen oder liegen und unter Wasser bereits massiert werden" (Chronik). Das „Starenkästchen", die erste Tribüne Süddeutschlands, sollte später durch einen Neubau ersetzt werden, was an den finanziellen Mitteln scheiterte, nicht dagegen der Ausbau der Stehränge.

Der Karlsruher FV bezeichnet den Platz an der Telegraphenkaserne zu Recht als „sporthistorischen Boden". Dort gab es 1909 mit dem 1:0 gegen die Schweiz den ersten Länderspiel-Erfolg der DFB-Geschichte (es spielten ausschließlich Süddeutsche), dort, vor der „wackeligen Holztribüne" (Chronik), war mit William Townley der erste englische Trainer in Deutschland tätig, und von dort kam der Deutsche Meister 1910 und der Deutsche Vize 1905 und 1912, achtmal zwischen 1901 und 1912 Südmeister, sechsmal in der Endrunde um die „Deutsche"! Dem Verein eng verbunden waren die Fußballpioniere Walter Bensemann, Gründer des „kicker", und Ivo Schricker, späterer FIFA-Generalsekretär. Und der erste erhaltene Film von einem Fußballspiel in Deutschland ist am 1. Mai 1910 dort entstanden: Es spielten KFV - Phönix 2:1 – man erkennt in dem Streifen den hohen Holzzaun (aber auch Zaungäste!), die Gegengerade und die Flaggen in den Ecken des KFV-Platzes.

Im 2. Weltkrieg – der Vorgang dürfte exemplarisch für andere Städte sein – bat der Karlsruher FV „den Oberbürgermeister der Gauhauptstadt" um Stundung der Pachtzinsen, „da infolge des Krieges unsere Einnahmen derart zurückgegangen sind, dass es uns nicht möglich ist, zurzeit diese Zahlung zu leisten". Da außerdem SA-Stürme, „Pimpfe", Jungvolk, BDM, Wehrmacht und Schulen den Platz nutzten, habe der „den Charakter einer gemeinnützigen Einrichtung". Der OB erließ schließlich generell für das Jahr 1939 ein Viertel der Pacht, ab 1940 dann jeweils die Hälfte der Jahresmiete.

Da die nahe Telegraphenkaserne im 2. Weltkrieg ein Ziel der Bomben war, wurde der KFV-Platz 1944 fast völlig zerstört. Zwar herrschte seit dem 1. Januar 1946 nach Vereinsangaben wieder „voller Spielbetrieb", doch sei die Platzanlage „völlig unbenutzbar". Auf einer Längsseite war ein sechs Meter tiefer Panzergraben ausgehoben worden, 1.500 Kubikmeter Erdaushub lagerten auf dem Platz, Tribüne und Wirtschaftsgebäude waren abgebrannt, die Umzäunung fehlte komplett. Zudem war das Areal bis 1.2.1946 noch von der Militärregierung beschlagnahmt, die US-Army parkte dort Räumfahrzeuge.

Finanziell übernommen

Aus der Not entstand in den Reihen des KFV der Gedanke, ähnlich wie in Stuttgart, München und Frankfurt ein Karlsruher „Zentralstadion" für 30.000 bis 40.000 Menschen zu bauen, natürlich auf dem Gelände des KFV. Das Städtische Hochbauamt aber wollte – verständlich angesichts der Wohnungsnot – die erforderlichen 2.000 Sack Zement nicht liefern und stellte nur 200 zur Verfügung. Auch Geldmittel für einen Tribünenbau versagte die Stadt. Immerhin brachte der KFV sein Stadion auf ein Fassungsvermögen von 40.000, finanziert wurde dies mit Reichsmark, Benzin und Naturalien. Letztlich hatte sich der Traditionsklub mit dem Platzausbau derart übernommen, dass er im Dezember 1948 vor dem Konkurs stand. Die Stadt erließ daraufhin die Platzmieten für 1948 und 1949 zum Teil. Der Stadionausbau hatte es außerdem nicht zugelassen, in Neuzugänge zu investieren, woraus der sportliche Niedergang resultierte.

Zu den Spielen in der neu gegründeten Oberliga Süd, der höchsten Spielklasse, genoss der Karlsruher FV „für eine ziemlich hohe Platzmiete" Gastrecht beim FC Phönix im Hardtwald, am Ort des heutigen Wildparkstadions. Sportlich war man da letztmals erstklassig: 1946 waren der KFV Letzter und Phönix Karlsruhe Vorletzter, doch wurde die Liga aufgestockt, was auch nicht half, denn 1947 waren Phönix Letzter und der KFV Vorletzter, und beide waren endgültig Absteiger. Seit dem 17.11. 1946, als 15.000 das 1:0 des 1. FC Nürnberg erlebten, war der KFV wieder an der Hertzstraße zu Hause, und die Publikumsnachfrage war mit fast 7.500 Besuchern pro Spiel (noch) da. 1952 bis 1957 spielte dort die 2. Liga Süd, beim neuen Großverein KSC wollte der KFV nicht mittun, und so resümierten die Veteranen des Deutschen Ex-Meisters später: „Solange die Anderen im Licht stehen, sind wir im Schatten." 2000 ist der KSC drittklassig, doch am Kräfteverhältnis wird sich kaum etwas ändern.

Den Zuschauerrekord an der Telegraphenkaserne lieferte allerdings nicht der KFV: In der Deutschen Meisterschaft 1949 standen sich dort im Viertelfinal-Wiederholungsspiel nach einem 2:2 Wormatia Worms und Offenbach (0:2) vor 35.000 gegenüber, die u.a. mit Sonderzügen aus Worms, Offenbach,

Hanau, Stuttgart und Südbaden angereist waren. Die aus Worms kamen im „Samba-Express mit Schallplattenmusik in den Abteilen".

Absage vom DFB

Eingedenk seiner Tradition bat der 80-jährige Jubilar Karlsruher FV 1971 den DFB, dessen Nationalmannschaft in Karlsruhe gegen Albanien antrat, im Vorfeld dieser Begegnung um ein Freundschaftsspiel. Der DFB teilte, auch im Sinne von Bundestrainer Schön, mit, dafür sei keine Zeit. So ändern sich die Zeiten!

Was Karlsruhe und die Nationalmannschaft angeht, sei eine Fußnote erlaubt: Auf dem Turmberg in Karlsruhe-Durlach befindet sich die Sportschule Schöneck des Badischen Fußball-Verbandes samt „Stadion". Dort bezog der DFB vor den WM 1954 und 1962 Quartier und dort hielt – 22 Jahre lang in Folge! – Borussia Mönchengladbach seit 1968 ihr alljährliches Trainingslager ab.

Hirsch und Fuchs – vergessen?

Wer den KFV-Platz heute besucht, wird auf dem kleinen Platz vor dem 1969 fer-

tig gestellten Vereinsheim den im selben Jahr wiedererrichteten Gedenkstein für die Kriegstoter sehen. Das Ehrenmal war 1920 eingeweiht worden, die Kupferplatte mit Inschrift wurde im Krieg zerstört. Das Denkmal nennt viele Namen, nicht aber den des einstigen KFV-Nationalspielers und Olympiateilnehmers Julius Hirsch, ein Karlsruher jüdischen Glaubens, der 1943 ins KZ Auschwitz deportiert wurde und ums Leben kam. Ebenfalls vermisst wird an diesem Ort eine Erinnerung an den zweiten jüdischen Nationalspieler, Gottfried Hirsch vom KFV, der bis heute mit zehn Toren im 16:0-Olympia-Länderspiel gegen Russland den deutschen Rekord hält und in der Nazizeit zur Emigration gezwungen wurde. *sky*

KFV-Platz an der Telegraphenkaserne Karlsruhe
ER: 1905. FV: früher 35.000, heute ca. 4.000.
ZR: 35.000, 19.6.1949, Wiederholungsspiel Dt. Meisterschaft Wormatia Worms – Offenbacher Kickers 0:2.
Hertzstraße, 76187 Karlsruhe.

Nur noch Geschichte: das Stadion des VfB Mühlburg.

(Foto: Skrentny)

◼ Stadion VfB Mühlburg *

Premiere fürs erste B-Länderspiel

Der VfB Mühlburg, 1947 bis 1952 in der Oberliga Süd, ehe er mit dem FC Phönix zum Karlsruher SC fusionierte, hatte um 1908 das Wiesengelände eines Landwirtes an der Honsellstraße im Karlsruher Stadtteil Mühlburg gepachtet. Spezialität der damaligen Vereinskantine waren „1 Portion Rettichsalat mit viel Zwiebeln, Brot und 1 Flasche Bier zu 25 Pfennigen". Nach dem 1. Weltkrieg beschlagnahmten die Franzosen den Platz, der dann im 2. Weltkrieg 1942 bei einem Luftangriff zerstört wurde.

Die Mitglieder, Spieler inklusive, bauten daraufhin unter Anleitung und Förderung des örtlichen Architekten Friedrich Scholer ein neues Stadion, das am

13. September 1947 gegen die Stuttgarter Kickers eröffnet wurde (0:3). Zu Beginn der Oberliga-Saison 1948/49 wurde eine Stahlrohr-Tribüne gebaut, nachdem man zuvor eine ungedeckte Behelfstribüne zur Verfügung hatte. Das erste B-Länderspiel der DFB-Geschichte wurde am 14.4.1951 in Mühlburg ausgetragen, 0:2 gegen die Schweiz, als Lokalmatadore wirkten Trenkel und Buhtz mit. Am 4. Februar 1955 war das Stadion Schauplatz der Karlsruher Flutlicht-Premiere (siehe Wildparkstadion).

Das klassische Fußballstadion wies bei den Oberliga Süd-Heimspielen des VfB Mühlburg im Schnitt zwischen 14.000 bis 16.000 Zuschauer auf und besaß ein Fassungsvermögen von 35.000. Mit dem Umzug ins Wildparkstadion endete die Geschichte der Sportstätte nahe dem Hafer; an ihrer Stelle steht heute die Feuerwache West. *sky*

Teure Tribüne an traditionsreicher Stätte

(Foto: Stadtarchiv Karlsruhe)

Der alte Phönix-Platz in Karlsruhe vor 1955.

Wie auch in anderen Großstädten war der Fußballsport in der frühen Kicker-Hochburg Karlsruhe ehemals auf drei bedeutende Spielstätten verteilt: Der Deutsche Meister von 1910, der KFV, war bei der Telegraphenkaserne zu Hause, Phönix, der Meister von 1909, spielte im Hardtwald, und der VfB Mühlburg im gleichnamigen Stadtteil. Letzterer, ein Vorortverein, hatte 1947 mit dem Aufstieg in die Oberliga Süd jene Lücke geschlossen, die der Abstieg von KFV und Phönix im selben Jahr gerissen hatte. Die Fusion von Mühlburg und Phönix schließlich war es, die die Grundlage für das Projekt Wildparkstadion bildete.

Es war vor allem der in Sportlerkreisen heute noch als „phantastischer Mann" beschriebene OB Dr. Günther Klotz, der den Bau eines Großstadions in der 250.000-Einwohner-Stadt vorantrieb. Mühlburg war die damalige Spitzenmannschaft, hatte aber in seinem Stadion für 35.000 keine Erweiterungsmöglichkeiten. Phönix war drittklassig, besaß aber im Wildpark das für einen Stadionbau geeignete Areal. Der KFV hatte am Zusammenschluss kein Interesse, war er doch gerade in die 2. Liga Süd aufgestiegen – eine auf lange Sicht verhängnisvolle Entscheidung für den Klub. Während die Phönix-Mitglieder dem Zusammenschluss zustimmten, lehnten die Mühlburger erst einmal ab, waren dann aber im zweiten Durchgang überzeugt.

Der so entstandene Karlsruher Sport-Club (KSC) Mühlburg-Phönix war 1952 Badens größter Fußballverein und sollte dank 6.028 Mitgliedern bald der größte deutsche Sportverein sein – der Boom wurde dadurch ausgelöst, dass die Vereinsmitglieder freien Eintritt zu den Stehplätzen im neuen Stadion hatten.

Nach der Fusion machte die Stadt umgehend ihr Versprechen, den Stadionbau, wahr. Der Phönix-Platz des 1894 gegründeten Vereins war dabei eine traditionsreiche Stätte. Zum 19. August 1921 hatte die Forst- und Domänendirektion auf Fürsprache von Finanzminister Köhler hin das Gelände dem Fußballverein pachtweise für 50 Jahre überlassen. Im Herbst 1921 wurde abgeholzt, die Umzäunung und die Barrieren erbaut, der Stehdamm aufgeschüttet. Im Mai 1923 waren die Tribüne, drei Fußballplätze, eine 400-m-Aschenbahn, zwei Tennisplätze u.a.m. fertig gestellt. „Der Phönix" spielte mehrere Jahre Gauliga und 1945-47 Oberliga.

Herberger wollte neue Tribüne
Die Erweiterung des Phönix-Platzes begann im März 1953 unter der Regie von Stadtoberbaurat W. Kirsch, als Sand und Schutt vom Festplatz in den Hardtwald transportiert wurden, wobei jugendliche Arbeitslose als Notstandsarbeiter eingesetzt wurden. Man schüttete 150.000 Kubikmeter Schutt für die Wälle auf. Es hieß zwar, das neue Wildpark-

stadion für 55.000 Menschen sei ohne Vorbild, doch hatte man das Südweststadion von Ludwigshafen im Sinn, als man plante. Im Gegensatz zu Ludwigshafen, wo pro Rangstufe zwei Personen eingeplant waren, sollte man in Karlsruhe auf den 52 Stufen nicht hintereinander stehen: „Damit wird vermieden, dass die Zuschauermauer in gefahrbringende Bewegung gerät." Zwischen den riesigen Wällen stand erst noch die altersschwache Phönix-Tribüne für 1.000 Personen, doch riet u.a. Bundestrainer Herberger zu einem Neubau.

Im Sommer 1954 standen dem Gemeinderat im Architekten-Wettbewerb um den Tribünenbau sieben Entwürfe zur Verfügung. Prof. Egon Eiermann, der den Wiederaufbau der Berliner Kaiser-Wilhelm-Gedächtniskirche plante, hatte eine kreisförmige Arena mit überdachten Zuschauerwällen konzipiert und war damit der Zeit voraus. OB Klotz überzeugte das nicht: „Gerade im Frühjahr und Herbst will man auf dem Sportplatz den umliegenden Wald und die frische Luft genießen." Es gewann schließlich der vereinfachte Entwurf von Prof. Erich Schelling, der ein von vier Stützen getragenes Well-Eternit-Tribünendach vorsah. An der Vorderseite des Daches wurde an einer Stahlkonstruktion eine Kanzel aufgehängt, in der Presse und Ehrengäste Platz fanden. Auf der 100 Meter langen Tribüne gab es 5.000 Sitzplätze. Neu war, dass die sog. Betriebsräume (Umkleiden, Arztraum) nicht in der Tribüne, sondern in einem Nebengebäude untergebracht wurden.

Architekt Schelling hatte ursprünglich eine freitragende Tribüne vorgeschlagen, nicht alle akzeptierten die Alternativlösung. Die „Badischen Neuesten Nachrichten" („BNN") machten Ende 1954 darauf aufmerksam, dass bereits das fast 30 Jahre alte Karlsruher Hochschulstadion ein freitragendes Tribünendach besessen hätte. Freitragende Tribünen seien in Deutschland nunmehr üblich, und weil Karlsruhe keine habe, „kann es nicht mit Großveranstaltungen rechnen. Womit sich die Frage erhebt, warum man sich überhaupt entschlossen hat, ein Großstadion für 70.000 Zuschauer zu bauen, dessen Tribüne den modernen Gesetzen nicht entspricht" („BNN").

Inoffizieller Supercup zur Eröffnung
Premiere hatte die Arena im Beisein von 30.000 am 17. Juli 1955 mit dem sog. Zatopek-Sportfest der Leichtathleten, deren bekannteste beim KSC Sprinter Heinz Fütterer („der weiße Blitz") und Mittelstrecker „Charly" Kaufmann waren. Die Fußballer zogen am 8. Septem-

ber 1955 ein, die Partie vor 50.000 war ein inoffizieller Supercup, denn DFB-Pokalsieger KSC traf auf den Deutschen Meister RW Essen (2:2). DFB-Präsident Bauwens lobte das Wildparkstadion als „ein Juwel im Kranz der Stadien", und der Heilbronner OB erlebte eine Lehrstunde: Er war Mitglied im Sportausschuss des Deutschen Städtetages, der für unüberdachte Tribünen eintrat, und so vermerkte man genüsslich, „das gegen Ende der Veranstaltung hereinbrechende Regenwetter hat wieder einmal gezeigt, wie notwendig ein Dach wenigstens für einen Teil der Besucher ist".

Als Anfang November 1955 100 städtische Beschäftigte eine „Stehprobe" im Stadion abhielten, wurde ermittelt, dass auf den 17.000 laufenden Metern Betonstufen „nur" 49.000 und nicht 65.000 Menschen Platz finden würden. Mittels Stahlrohrtribünen gewann man weitere 15.000 Plätze hinzu. Karlsruhe sei „erste Wahl für die sportfreudigste Großstadt" („Stuttgarter Zeitung") hieß es, denn neben dem Wildparkstadion besaß man noch die Sportschule Schöneck, das Tulla-Schwimmbad (1955) und den freitragenden Rundbau der Schwarzwaldhalle.

Alle aber waren nicht willkommen in der „sportfreudigsten Großstadt": Als im Januar 1958 Josef Floritz vom Westdeutschen Damen-Fußball-Verband (WDFV) wegen eines Gastspiels anfragte, für das er alle Kosten übernehmen wollte, lehnte die Stadt wegen „der Fragwürdigkeit solcher Veranstaltungen" ab und entsprach damit einer DFB-Vorgabe. Floritz ließ die Damen stattdessen in Münchens Dante-Stadion (18.000 Zuschauer), in Augsburgs Rosenaustadion (10.000), im Donau-Stadion Ulm (9.000 bei der Begegnung des Deutschen Meister '57 Fortuna Dortmund gegen eine Kombination München/Nürnberg) und in Stuttgart (18.000) spielen und fand schließlich auch in Karlsruhe fürs Frauen-Länderspiel Deutschland – Niederlande bei der Freien Spiel- und Sportvereinigung noch einen Austragungsort.

Am 29. Mai 1957 wurde erstmals eine Flutlichtanlage im Wildparkstadion benutzt (100 Lux), die zum Bundesliga-Start 1963 ausgebaut wurde (300 Lux). 1977/78 ersetzten insgesamt 2 Mio. Mark teure 1.800 Lux die „Barbeleuchtung" (Einweihung 28. Februar 1978 mit dem Freundschaftsspiel gegen Bayern München). Karlsruhes Flutlicht-Premiere allerdings hatte im Februar 1955 noch auf dem alten Mühlburger Platz stattgefunden, mit dem Mittwochabend-„Nachtspiel" KSC gegen Sparta Prag. 60 Tiefstrahler waren auf der

Die Kanzel für Ehrengäste im Wildparkstadion.

(Foto: Stadtarchiv Karlsruhe)

Tribüne und hohen Masten angebracht worden.

Der Neubau einer Tribüne auf der Gegengerade mit 17.000 Plätzen wurde Ende 1977 beschlossen. Eröffnung war am 1. August 1978 mit dem Weltpokal-Endspiel von Liverpool-Ersatz Mönchengladbach gegen Boca Juniors Buenos Aires (38.000 Zuschauer, 0:3). Die Sicherheitsmaßnahmen wurden nach Ende der Saison 1987/88 gründlich verschärft, als beim Schlusspfiff des Spiels gegen Frankfurt und dem feststehenden Klassenerhalt des KSC Zuschauer den Innenraum stürmten und ein Linienrichter mit 1.000 Mark Schmerzensgeld entschädigt werden musste. Von nun an galt Blockzwang, „Wanderbewegungen" waren nicht mehr möglich, es gab mehr Gitter, Absperrtore, sog. Innenabweiser am Zaun (ein 60 cm breiter Überhang). Noch im selben Jahr gab es am 19. November 1988 einen neuerlichen Zwischenfall, als Gladbachs Hochstätter von einem Wurfgeschoss getroffen wurde und ausscheiden musste. Das Spiel wurde wiederholt, der KSC erhielt eine Platzsperre und 8.000 Mark Geldstrafe.

Tribüne als Millionengrab

Was sich dann seit Ende der 80er Jahre im Wildparkstadion tat, ist Beweis dafür, dass Stadien auch Geldvernichtungs-Maschinen sein können. Es begann damit, dass die Haupttribüne samt Erdwall abgetragen und an ihrer Stelle ein Betonskelettbau mit 11.000 Sitzplätzen erstellt werden sollte. Die Baukosten wurden mit 14,5 Mio. DM angegeben, die Hälfte davon sollte das Land tragen.

Den Architekten-Wettbewerb mit 37 Teilnehmern gewannen Dipl.-Ing. Thomas Großmann (Göttingen) und Lucy Hillenbrand. Bereits im Sommer 1989 deuteten sich Kostenüberschreitungen an, woraufhin SPD-MdL Dieter Stoltz mitteilte, für 20 Mio. DM könne die Stadt 200 Mietwohnungen bauen (von denen in Karlsruhe 5.000 fehlen würden). Am 3. Oktober 1989 beschloss der Gemeinderat den Umbau: Inklusive einer dreiteiligen Sporthalle wurden 30 Mio. Mark als Obergrenze genannt und das Landeskabinett sicherte 12,3 Mio. Zuschuss zu.

Als der Gemeinderat mit dem Ergebnis 39:3:23 am 18. Dezember 1990 erneut mit dem Bau befasst war, waren die Kosten für die neue Tribüne plus Sporthalle (5 Mio. DM) bereits auf 40 Mio. Mark gestiegen – 25 Prozent teurer als noch im Vorjahr angenommen! Entschuldigt wurde dies mit „unerwartet hohen Preissteigerungen", „notwendig gewordener Verstärkung der Dachkonstruktion", „Volumenvergrößerung des Wallbauwerks". Die SPD beklagte Planungsdefizite und „Auswüchse im marktwirtschaftlichen System", und der Stahlindustrie wurden Spekulationsgewinne vorgeworfen.

Bis zum Deutschen Katholikentag im Juni 1992 sollte die neue Tribüne fertig sein, doch fertig war zu diesem Zeitpunkt nur der untere Teil. Dafür gab es eine neue Videowand-Anzeigetafel namens „Jumbotron" von Sony, die modernste aller deutschen Stadien; den Vorgänger hatte man 1986 noch aus dem Neckarstadion erhalten. Zwischendurch war die IG Bau auf den Plan

getreten, weil beim Stadionbau tsche-
choslowakische Tagelöhner eingesetzt
wurden, die weder Steuern noch Sozial-
versicherungsbeiträge bezahlten, und
bald darauf gerieten KSC und Stadt aneinander: Vereinspräsident Schmider
klagte, die Stadt nehme dem KSC den finanziellen Atem, worauf OB Gerhard
Seiler entgegnete, mit 34 Mio. Mark
Tribünenbaukosten sei die Grenze dessen erreicht, was finanziell und politisch
vertretbar sei.

Als sie dann fertig war, die neue
Tribüne, waren die Kosten um weitere
10,97 Mio. Mark auf insgesamt 44 Millionen gestiegen! So freischwebend,
wie sich das Dach präsentierte, war offensichtlich auch die Kostenkontrolle
gewesen. Die Stadt stand da wie der
„nackte Mann", die Skulptur am Haupteingang, ein beliebter Treffpunkt. Anfang 1993 musste der Bauausschuss
im 30. Nachtrag der Stadt zusätzlich
650.000 DM anweisen, woraufhin der
CDU-Stadtrat Günther Rüssel erklärte:
„Ich habe die Schnauze voll, aber wir
tragen die Sache durch." 1995 konstatierte das Rechnungsprüfungsamt
„eine beträchtliche indirekte Förderung
des Profisports" (lies: KSC) durch die
Stadt.

Auszeichnung und Visionen

Der Tribünenbau, so die „BNN", sei
„kaum ein Ruhmesblatt in der Geschichte städtischer Kostenkalkulatio-
nen und Bauplanung", doch „architektonisch und ästhetisch" sei der Bau „ein
Schmuckstück". Das wurde von Fach-
leuten bestätigt, denn als „statisch und
ästhetisch überzeugend, zugleich mate-
rialsparend" wurde das Werk von Architekt Großmann beim Ingenieurbaupreis
1996 ausgezeichnet; 1997 kam Silber
von der Vereinigung Sport- und Freizeiteinrichtungen in der Kategorie „Sportanlagen für internationale Veranstaltungen" hinzu.

Zum Heimspiel gegen Mönchengladbach am 15. August 1992 standen 4.500
bunte Schalensitze bereit, weitere 1.800
auf der Empore waren am 13. März 1992
gegen den VfB Stuttgart vorhanden. Als
offizielles Einweihungsdatum gilt allerdings der 5. Juni 1993, Saisonabschluss
gegen Dortmund. Die 45-Millionen-
Mark-Tribüne bot nun zusätzlich 25 Logen mit 337 Außenplätzen an der Kopf-
linie der Empore. Damit gab es im Wildparkstadion 9.706 Sitzplätze und 32.936
Stehplätze.

Wegen des Abrisses der Haupttribüne hatten die KSC-Fans 1990 ihren
L-Block auf der Gegengerade verlassen
müssen, weil der in Sitzplätze umgewandelt wurde. Ein Zurück dorthin gab

(Foto: DSS)

Das Wildparkstadion heute: „KSC 2000" ad acta gelegt.

es nach Fertigstellung der Haupttribüne
nicht, weil laut Stadt „es einen massiven Druck des DFB gibt, der auf mehr
Sitzplätze ausgerichtet ist".

Die Vision vom „KSC 2000", die im
genannten Jahr mit einem Debakel endete, setzte auch im Hinblick auf das
Stadion Phantasien frei. Auslöser war
der Karlsruher Siegeszug bis ins UEFA-
Cup-Halbfinale 1994, unvergessen das
7:0 über Valencia im Wildpark. Nachdem die Stadt den Verkauf an den Verein 1996 abgelehnt hatte, präsentierte
der KSC kurz vor Weihnachten ein
neues Wildparkstadion – „mit einem
Spielfeld wie im Kessel, dass man den
Spielern in die Augen sehen kann".
Nach dem Plan von Architekt Folker Fiebiger, der Stadien in Nürnberg, Kaiserslautern und Mannheim konzipierte und
in Mönchengladbach als Gutachter fungierte, sollten vier Hochhäuser an den
Ecken der Arena stehen, mit Büros,
Wohnungen und gastronomischen Einrichtungen. KSC-Geschäftsführer Klaus
Fuchs, hieß es, sei bereits mit Mc Donald und Mercedes (wegen eines
Swatch-Zentrums) im Gespräch. 100
Mio. Mark des 170-Mio.-DM-Projektes
sollten Investoren tragen.

„Dieser Baukoloss ist im Wildpark
unverträglich!", urteilte die geballte lokale Kompetenz, die Architekten von
BDA, BDB, VFA samt den Architekturfa-
kultäten von Universität und Fachhoch-
schule. Der Gemeinderat dagegen
sprach sich im Sommer 1997 für den
Stadionneubau durch den KSC aus,

„der ein erstklassiger Werbeträger für
unsere Stadt ist".

1998 aber stieg der KSC in die Zweitklassigkeit ab, 1999 nicht wieder auf,
trotz der Ankündigung von Guido Buchwald, „wir sind die Bayern der zweiten
Liga", und 2000 fiel er noch eine Stufe
tiefer, war erstmals in seiner Geschichte
drittklassig. OB Heinz Fenrich hatte
Karlsruhes Bewerbung für die WM 2006
bereits im Oktober 1998 zurückgezogen.
Der „Baukoloss" bleibt also vorerst auf
dem Papier. Bei „Mc Donald" essen
kann man ja auch woanders…   *sky*

Wildparkstadion Karlsruhe
ER: 1923/1955/1993. FV: 33.796, da-
von 16.034 SiP, davon 9.749 üd.,
17.762 StP.
ZR: je 55.000, 22.4.1956, Oberliga
Süd, KSC – VfB Stuttgart 2:2; 9.4.61,
KSC – 1. FC Nürnberg 2:4; 7.9.63,
Bundesliga, KSC – Hamburger SV
0:4; 12.10.63, KSC – VfB Stuttgart 0:3.
Adenauerring 17, 76131 Karlsruhe,
Tel. 0721 / 96 43 450.

Auestadion
Eine Ruine des Zuschauersports

(Foto: Grüne)

KASSEL

Leere Ränge im Kasseler Auestadion, Ort zweier DFB-Pokalendspiele.

Friede liegt über dem Auestadion. Ob Dienstag, Donnerstag, Samstag oder Sonntag – hier werden die berüchtigten Stadionkarnickel selten gestört, hierher verirrt sich kaum einmal ein Fußballer. 26.000 Plätze bietet das Schmuckstück in Kassels Südstadt, doch nutzen tut sie derzeit keiner. Kassels Fußballaushängeschild KSV Hessen kickt in der Bezirksoberliga, und die anderen lokalen Klubs haben weder Interesse am Auestadion noch das Potenzial, es zu füllen. In Kassel steht folglich eine Ruine des Zuschauersports.

Dabei hatte es so gut begonnen. Unmittelbar nach dem 2. Weltkrieg, in dessen Verlauf große Teil der Kassler Innenstadt dem Erdboden gleichgemacht wurden, konnten plötzlich die seit langem geträumten Großstadionpläne verwirklicht werden. Der Trümmerschutt musste weg – und was bot sich da Idealeres an, als ihn als Grundlage für das Stadion zu verwenden? Ein Gelände war rasch gefunden. Nahe der Frankfurter Straße, gegenüber der Jäger-Kaserne, befand sich das „Aufmarschgelände", das nicht mehr gebraucht wurde. Kassels damaliger Oberbürgermeister Willi Seidel schlug sofort zu, und schon fünf Jahre später verfügte Kassel über ein Großstadion.

In der Zwischenzeit spielte der KSV Hessen – über diverse Umwege Nachfolger des legendären SV Kurhessen – auf dem nahe gelegenen „A-Platz", der am 13. August 1922 als „Kurhessenplatz" eingeweiht worden war, und auf dem heute die Auesporthalle steht.

Oberliga-Zuschauer-Krösus 1953/54
Im August 1953 wurde das Auestadion durch Hessens Ministerpräsident August Zinn seiner Bestimmung übergeben. Bei dieser Gelegenheit überreichte Zinn den Verantwortlichen gleich noch einen Scheck über 100.000 Mark, mit denen der weitere Ausbau vorangetrieben werden sollte. Kassel hatte nun ein echtes Schmuckstück: eine überdachte Tribüne mit rund 2.000 Sitzplätzen, steil ansteigende Zuschauertraversen und ein Fassungsvermögen von rund 35.000 Zuschauern. Fehlte eigentlich nur noch ein erstklassiger Verein, denn der KSV Hessen kam in jenen Jahren nur selten über die 2. Liga hinaus. Eingeweiht wurde das Auestadion dennoch mit einem Erstligaspiel, denn pünktlich zu seiner Fertigstellung feierten die Löwen den heiß ersehnten Aufstieg in die Oberliga Süd. Am 23. August 1953 wurde im Auestadion erstmals um Oberligapunkte gespielt. Vikto-

ria Aschaffenburg besiegte die Heimelf um „Gala" Metzner und den späteren Schalker Günther Siebert vor 20.000 Zuschauern mit 2:1 Der Neuling avancierte in dieser Oberliga-Saison 1953/54 mit 19.200 Besuchern im Schnitt zum Spitzenreiter in der Zuschauergunst. Auch der DFB wusste das große Zuschauerinteresse in Kassel und Umgebung zu nutzen und verbuchte bei den Pokalendspielen 1958 (Stuttgart – Düsseldorf 4:3 n.V.) und 1959 (Schwarz-Weiß Essen – Neunkirchen 5:2) mit 25.000 bzw 21.000 Zuschauern respektable Zahlen.

Seinen Höhepunkt erreichte der Besucherstrom am 6. Juni 1964, als Hannover 96 in der Bundesliga-Aufstiegsrunde anreste und die Arena mit rund 37.000 Zuschauern sogar über ihr eigentliches Fassungsvermögen hinaus gefüllt war.

Noch im selber Jahr zog jedoch Tristesse in der Fuldaaue ein. Die Löwen verpassten den Sprung ins Oberhaus, versanken im Mittelmaß der Regionalliga und verfehlter 1974 sogar die Qualifikation zur 2. Liga-Süd. 1973 hatte es übrigens eine Art „Flutlichtweihe" gegeben, als sechs transportable Masten der benachbarten Firma Polyma auf der Tartanbahn aufgestellt wurden und mit Lichtbünde n von jeweils 70 Lux den 3:2-Freundschaftsspielsieg über Borussia Dortmund aus euchteten. Eine einmalige Sache, denn festes Flutlicht hat das Austadion bis heute nicht.

Immerhin hielt der Zustrom der Fans auch in der Drittklassigkeit an. 1978/79 wurden beim Spitzenspiel der Oberliga Hessen zwischen dem KSV und dem VfR Bürstadt mit 22.000 Zuschauern sogar eine neue Rekordkulisse für Amateurspiele aufgestellt. In jenen Tagen wehte übrigens auch Zweitligaluft durchs Auestadion, denn der KSV Baunatal verbrachte die Wartezeit bis zur Eröffnung seines Parkstadions (1979) ebenfalls in der Fuldaaue.

1979 stieg Baunatal ab, ein Jahr später die Hessen auf – und die 2. Bundesliga hatte einen neuen Zuschauermagneten. Das durch Renovierungs- und Ausbesserungsmaßnahmen auf Zweitliganiveau getrimmte Auestadion war regelmäßig prall gefüllt, als die Löwen dreimal in Folge nur um Millimeter den Aufstieg in die 1. Liga verpassten. Schon damals war den Verantwortlichen allerdings die geringe Sitzplatzkapazität (2.000 Plätze) sowie die fehlende Flutlichtanlage ein Dorn im Auge. Doch bis sich bautechnisch etwas tat, vergingen noch Jahre. Jahre, in denen die Hessen die Sympathien ihrer Fans fast systematisch verspielten und mit einer schwer verständlichen Führungspolitik die Weichen dafür stellten, dass das Auestadion heute eine „Sportruine" ist. 1987 stieg der KSV Hessen aus der 2. Liga ab, und die Leidenszeit begann.

Adieu, KSV Hessen!

Just in jenen Tagen hatte das Auestadion endlich das lange geforderte facelifting erhalten. Die Sitzplatztribüne war an beiden Seiten erweitert worden, wodurch das Sitzplatzkontingent auf 4.500 gestiegen war. Mitte der 90er Jahre wurde schließlich für rund 250.000 Mark die Gegengerade komplett renoviert und das Austadion damit auf Bundesligareife getrimmt, dem lediglich noch Flutlicht und Anzeigetafel fehlt. „Wir haben unsere Hausaufgaben gemacht", frohlockte Baudezernent und Bürgermeister Ingo Groß anschließend. Nicht gemacht hatte sie der KSV Hessen, dessen letzter „Zahltag" der 12. Juni 1991 war, als anlässlich des Aufstiegsrundenspiels zwischen dem KSV und München 1860 rund 23.000 Zuschauer kamen.

Dann kam der 13. Dezember 1997, an dem der KSV-Nachfolger FC Hessen sein Leben aushauchte. 1.200 Zuschauer fanden sich zum „Begräbnisspiel" gegen die KSC-Amateure ein und verbreiteten zum vorerst letzten Mal Fußballatmosphäre im Auestadion. Seitdem finden dort sporadisch Leichtathletikveranstaltungen statt, tritt dann und wann ein Künstler vom Kaliber Wolfgang Petry auf und nutzen Studenten der Hochschule die Örtlichkeiten für ihr Training.

Einstmals aus Trümmern errichtet, steht das Auestadion inzwischen symbolisch für das Scheitern des Kasseler Spitzenfußballs. *Hardy Grüne*

Auestadion Kassel
ER: 1953. FV: 26.000, davon üd. 4.500 SiP und 21.500 StP.
ZR: 37.000, 6.6.1964, Bundesliga-Aufstiegsrunde, Hessen Kassel – Hannover 96 1:2.
Am Auestadion, 34121 Kassel.

▦ Holstein-Stadion

Ein ferner Hauch von Ottmar Walter

„Sie zogen hinaus nach dem Holsteinplatz, Tausende und Abertausende. Ein scheußlicher Tag... Dicke, graue, tiefhängende Wolken trieben vor dem kalten Winde. Den ganzen Donnerstag über hatte es geregnet..." – und so weiter, wie es ja bei uns im Norden (angeblich) immer ist. Aus dem Jahr 1951 stammt jener Spielbericht; wenigstens blieb ein Teil der Zuschauer halbwegs trocken, denn seit März 1950 hatte der Holsteinplatz wieder eine Tribüne. Es war die dritte, und die hat bis heute gehalten.

Vis-à-vis säumen Pappeln die Gegengerade, und zumindest auf der Seite stehen manchmal mehr Bäume als Zuschauer, denn „Tausende und Abertausende" kamen in der Fußball-Regionalliga Nord-Spielzeit 1999/2000 (in der der Verein die neue 3. Liga verfehlte) in der Hallenhandball-Hochburg Kiel nicht mehr zu den Spielen der „Störche". Was die Tribüne und ihre Vorgängerinnen (und die bisherigen Pappel-Generationen) an großen Taten des KSV Holstein gesehen haben, liegt lange zurück, aber Traditionsverein bleibt Traditionsverein. Umweht das Stadion – etwas außerhalb, aber bequem erreichbar im Nordwesten der Stadt gelegen –, noch ein Hauch vom Männerschweiß der Ottmar Walter, Hans Schäfer und Günter Netzer, die hier um die Deutsche Meisterschaft oder den Aufstieg in die Bundesliga gekämpft haben? Schwer zu sagen. Unter der Tribüne, vor allem im 50er-Jahre-Ambiente des Vereinslokals, herrscht jedenfalls das übliche Aroma von Tabak und Bier vor, doch draußen ist es unverkennbare Kieler Luft.

Unschickliches Nomadenleben

Die „Witthöftschen Koppeln" haben sich früher dort ausgebreitet, wo der aufstrebende FC (ab 1917: KSV) Holstein, damals immerhin schon zweifacher Norddeutscher Meister, im Sommer 1911 mit den Erdarbeiten für seine Platzanlage begann – die erste eigene, wenn auch das Areal nur gepachtet werden konnte. 14.500 Mark waren für Platz und Tribüne, 1.280 Mark pro Jahr für die Pacht aufzubringen; Bürgschaften der „Alten Herren" und Schuldscheine an die Mitglieder ermöglichten die Investition.

Sie verzinste sich schnell, zumindest sportlich, denn die Trainings- und Spielmöglichkeiten wurden besser, die Ligamannschaft ebenfalls, und schon im darauf folgenden Jahr gelang der größte Erfolg der Vereinsgeschichte, als ein 1:0 über den Karlsruher FV den Titel „Deutscher Meister" an die Förde brachte. Die Endrundenspiele fanden zwar auf neutralen Plätzen statt, aber auch statusmäßig gehörte Holstein nun zu den Vereinen, für die sich ein Nomadenleben nicht mehr schickte. Nicht zu vergessen das Argument des Vorstandes, „dass eine Tribünenanlage (...) in finanzieller Beziehung ein erheblicher Vorteil ist, da wir in Zukunft eine große Anzahl von gutgestellten Leuten, die

In den fünfziger Jahren verpasste Holstein Kiel (hier mit Trainer Johannsen, links, im eigenen Stadion) mehrfach nur knapp die Endrunde um die Deutsche Meisterschaft.

(Foto: Prüß)

(Foto: Grüne)

Tribüne im Holstein-Stadion.

sich nicht dem Regen, Wind usw. aussetzen wollen, zu Besuchern unserer Spiele rechnen dürfen".

Die 200 Zahlungskräftigen, denen die damalige erste Tribüne Schutz bot, sahen 1913/14 die Heimspiele des Vereins in der Norddeutschen Liga auf dem „Holstein-Sportplatz an der Irene-Straße bei Belvedere" – so die amtliche Adresse. Im Oktober 1917 fand dort erstmals ein Spiel der Nord-Auswahl um den Kronprinzenpokal statt. Vier „Störche" wirkten mit (die 1. Mannschaft, und nur sie, trug rote Strümpfe und deshalb den Namen des klappernden Schreitvogels). Das war kurz nach der Fusion des FC Holstein mit dem 1. Kieler FV, durch die ein Großverein mit rund 700 Mitgliedern entstand. 1921 waren es bereits mehr als 1.000 – zum Glück, denn trotz harter Zeiten galt es wieder in die Taschen zu greifen, um den Witthöfts das Gelände abzukaufen. Damit war die Voraussetzung geschaffen, sich auf Dauer dort zu etablieren und die Gesamtanlage zu vergrößern, als im Herbst 1921 die Tribüne von einem Sturm abgedeckt und zerstört wurde.

Schöner, größer, mit fünf Umkleide- und Waschräumen sowie einer Platzmeisterwohnung und 420 Sitzplätzen errichtete man der Inflation zum Trotz auf der gegenüberliegenden (Süd-)Seite eine neue Tribüne. Im folgenden Jahr wurden auch die Stehränge erhöht, so dass nunmehr 8.000 Zuschauer gute Sichtmöglichkeiten hatten.

Zerbombte Tribüne
Doch damit war der Ehrgeiz noch nicht befriedigt; in der Ägide des Vorsitzenden und früheren Nord-Auswahlspielers Ernst Föge baute der Verein Ende der 20er Jahre alles noch einmal um, pachtete weiteres Gelände hinzu, umgab das Spielfeld mit einer Aschenbahn und weiteren Leichtathletikanlagen,

schüttete erneut auf und erhöhte die Kapazität auf 15.000 Besucher. Die Irenestraße hieß inzwischen Projensdorfer Straße, neue Vereinsanschrift wurde der nordwestlich um den Holsteinplatz führende Mühlenweg. Der Platz aber war ein Stadion geworden, und viele Jahre lang war die Stätte Schauplatz großer Spiele, bis die zweite Tribüne gegen Ende des 2. Weltkrieges britischen Bomben zum Opfer fiel, die auch das Spielfeld stark zerstörten.

Im Herbst 1945 waren die schlimmsten Löcher geflickt, und am 3. Oktober konnte der „Kieler Kurier" melden, der KSV Holstein habe „den Spielbetrieb wieder aufgenommen". Die Beschaffung von Baumaterial gestaltete sich zunächst schwierig, doch war „bis zum Stichtag der Währungsreform der Ligaplatz wieder voll gebrauchsfähig", wie die Chronik „50 Jahre Holstein Kiel" betont, „die Aschenlaufbahn wieder hergestellt und auf sechs Bahnen vergrößert, weshalb zwangsläufig die gesamten Stehterrassen umgebaut werden mussten". Dass wenige Monate später der Zwangsabstieg aus der Oberliga Nord wegen Fehlens einer Spielberechtigung folgte, erwähnt die Chronik nicht.

Als das 50-jährige Vereinsjubiläum nahte, war man auch schon amnestiert, und alsbald konnte zur Planung der dritten Tribüne geschritten werden. Zu dem Zeitpunkt fasste die Anlage etwa 20.000 Zuschauer. Die dritte, bis heute bestehende Tribüne kam wieder auf die andere Seite, auf der sich schon die erste befunden hatte. Diese neue, auf 170.000 DM veranschlagte Tribüne mit 1.020 Sitzplätzen und freitragendem Dach sollte der geeignete Startplatz zu einem neuen Höhenflug der „Störche" sein.

1953 war das größte Jahr des KSV Holstein in der Oberligazeit; mit Trainer Hans Tauchert wurde die Nord-Vizemeisterschaft gewonnen, und nach anfäng-

lichem Zögern strömten die Zuschauer: 28.000, die maximale Kapazität, waren gegen den HSV (3:1) und in der Endrunde gegen Eintracht Frankfurt zugegen (0:1). Nach dieser Niederlage und dem anschließenden 2:3 beim 1. FC Köln war allerdings die Luft draußen, und den berühmten 1. FC Kaiserslautern, der kurz darauf Meister wurde, wollten bloß noch 15.000 sehen (2:4). Henry Peper, Kiels damaliger Keeper, wurde zum besten Torwart der gesamten Endrunde, doch zum vierten Einzug ins Endspiel (nach 1910, 1912 und 1930) reichte es Holstein nicht.

In den sieben Jahren unter Trainer Helmut Johannsen (1954 bis 61) klopfte man noch ein weiteres Mal an die Tür zur Endrunde, dann war die ganz große Zeit vorbei. Selbst in der Bundesliga-Aufstiegsrunde 1965 blieben 16.000 gegen den SSV Reutlingen die beste Kulisse (damals lief mit Mönchengladbach der erwähnte Netzer am Westufer auf). Der Aufstieg gelang nicht, die inzwischen geschaffene Flutlichtanlage hat kein Erstligaspiel beleuchtet. Von 1978 bis 1981 gehörten die „Störche" immerhin der 2. Bundesliga Nord an. Später war sogar das Konkurs-Gespenst eine Zeit lang Gast unter dem Tribünendach.

Nie mehr „Küstennebel-Liga"...
Ein Länderspiel nach Kiel zu vergeben, dazu hat sich der DFB übrigens nie entschließen können, auch nicht zu Zeiten, als Holstein noch zahlreiche Nationalspieler stellte. Dergleichen schert den Verein heute nicht mehr, dem es 2000 darum geht, vor seiner traditionsreichen (wenngleich dritten) Tribüne nicht mehr lange zu Spielen der „Küstennebel-Liga" gegen Wüppedemoor 07 antreten zu müssen.

Das hat der Holsteinplatz nicht verdient, der immerhin mal (Neben-) Schauplatz einer Revolution war, als man am 30. Oktober 1918 dem Marinesportclub Kiel mit 0:3 unterlag. Holstein protestierte – und erhielt beide Punkte, da, so das Verbandsurteil, „der Kampf infolge Einflusses höherer Gewalt (Revolution) nicht einwandfrei ausgetragen worden ist".

J.R. Prüß

Holstein-Stadion Kiel
ER: 1911/1921. FV: 12.000, davon 925 üd. und 590 unüd. SiP.
ZR: 30.000, am Karfreitag, 23.3.1951, dem eingangs erwähnten „scheußlichen Tag", in der Oberliga Nord gegen den Hamburger SV (3:3).
Projensdorfer Straße/Westring 501 (am Westufer), 24106 Kiel,
Tel. 0431 / 33 31 66 (Stad.-Gaststätte).

(Foto: Grüne)

Sogar ein DM-Endrundenspiel gab's hier: die Kieler Waldwiese.

Sportplatz Waldwiese

„Die schönste Sportanlage der Stadt entsteht"

Von einem Wald ist mitten in der verkehrsdurchfluteten Landeshauptstadt nichts mehr zu sehen, aber der Name ist geblieben: Waldwiese. Ein Stichwort, das in früheren Zeiten die sportbegeisterten Kieler elektrisiert hat, denn dort war fast immer etwas los: Boxkämpfe gab es und Feldhandball, beides unter freiem Himmel. Auch der THW Kiel (eigentlich TV Hassee-Winterbek), Bundesliga-Meister 2000 im Handball, feiert seine Triumphe jetzt in der Ostseehalle, doch bis in die 60er Jahre hinein waren Hein Dahlinger und seine Nachfolger auf der Waldwiese zu bewundern, genauer: im Stadion, das diesen Namen trägt.

Höherklassiger Fußball ist dort auch gespielt worden. Als in der unmittelbaren Nachkriegszeit andere Plätze noch beschlagnahmt oder nicht wieder hergerichtet waren, fand mehrfach das Stadt-Derby zwischen Holstein und Kilia, damals beide gleich stark, auf der Waldwiese statt. 1946 wurde Kilia sogar Kreismeister, und im Jahr darauf rettete sich Holstein in der schleswig-holsteinischen Endrunde erst im allerletzten Spiel auf den 2. Platz und damit in die neue Oberliga Nord. 8.000 wurden auf der Waldwiese Zeugen des 3:2-Sieges der „Störche" wiederum über Kilia. 1950 trafen auf der Waldwiese – wo doch jeder denkt, die Begegnung hätte im Holstein-Stadion von Kiel stattgefunden –, der Hamburger SV und Union Oberschöneweide (7:0) vor 16.000 in der Deutschen Meisterschaft aufeinander. „Eisern Union" spaltete sich noch am selben Tag in je einen West- und Ostberliner Verein.

Eigentlicher Platzherr war und ist der VfB Kiel, 1928 aus der Konkursmasse von Hohenzollern-Hertha hervor gegangen. Seit 1923 war der Verein mit dem aparten Doppelnamen auf der Waldwiesen-Anlage zu Hause. Erweitert und ausgebaut wurde sie 1949 vom VfB, der neue Zuschauerränge erstellte und dafür Sand aus dem einstigen, längst trocken gelegten Waldwiesenteich baggerte. „Die schönste Sportanlage Kiels entsteht", bescheinigten damals die „Kieler Nachrichten" dem Verein, dessen Ligamannschaft lange Zeit zu den führenden in der Region gehörte.

Der lange ersehnte, schwer zu finanzierende Neubau des Vereinsheims gelang dem VfB erst erheblich später; am 5. Dezember 1981 konnte der Grundstein gelegt werden, nachdem Stadt und Land (teilweise aus der damaligen Zonenrand-Förderung) Mittel beigesteuert hatten. 2000/01 sind die Fußballer des VfB Kiel zwar nur noch achtklassig, aber dafür bietet laut einer schleswig-holsteinischen Webseite das Klubheim Waldwiese „die Gelegenheit, das Vereinsleben bei Speisen und Getränken in gemütlicher Atmosphäre zu genießen".   *J.R. Prüß*

Sportplatz Waldwiese Kiel
ER: 1923. FV: 3.000 StP.
ZR: 18.000, Spiel u. d. Deutsche Handballmeisterschaft, THW Kiel – Polizei Hamburg; Datum u. Ergebnis unbek. Hamburger Chaussee 79, 24113 Kiel, Tel. 0431 / 681750 (VfB-Heim).

Friedrichsorter Umzüge

Zwei Rasenplätze, davon einer mit Laufbahn, ein Grandplatz, ein Sportheim mit Restaurant und Geschäftsstelle im Souterrain, Umkleideräume mit Solartechnik (!), das Ganze im Grünen und doch stadtnah und vor allem: immer noch überragt von Werftkränen und beschallt von den Hammerschlägen, die von dort herüberwehen – das ist die Fördeplatz-Sportanlage in Kiel-Friedrichsort, eine der schönsten weithin. Sie liegt im hohen Norden der Landeshauptstadt, schon jenseits des Nord-Ostsee-Kanals. Hier ist die SV Friedrichsort zu Hause – „die", nicht „der", denn es handelt sich um eine Sport-Vereinigung aus bürgerlichen wie proletarischen Wurzeln.

Mit dem Dampfer zum „Heimspiel"
Eigentlich schade, dass die großen Fußball-Zeiten am Ort vorbei sind, so wie auch die Boomzeiten von Pries und Friedrichsort, dem Doppelstadtteil, weitgehend in der Vergangenheit liegen. Die MAK-Werke, die seit 80 Jahren Lokomotiven bauen, künden noch von der industriellen Blüte, eine kleine, ganz aus Holz erbaute ehemalige Garnisonskirche von der militärischen Prägung jener Zeit, als Friedrichsort vor 120 Jahren vom Dorf zur wichtigen preußischen Festung wurde. Die Kieler Förde ist natürlich noch da und der Schiffsanleger mit dem großen Schild „Friedrichsort", damit wenigstens die Kapitäne der Kieler Verkehrsflotte wissen, wo sie festzumachen haben.

Von dort, erzählt Ernst Rudolf Hetzer, einst Spieler, dann Trainer, jetzt im Ältestenrat des Vereins, „haben wir bei großen Spielen unser Publikum mit dem Dampfer nach Kiel gebracht". Landratten fuhren mit dem Bus; Ziel war jedenfalls die Waldwiese, eine städtische Sportanlage, auf der bedeutend mehr Zuschauer unterzubringen waren als auf den Friedrichsorter Plätzen. Die großen Spiele waren natürlich besonders die gegen Holstein Kiel, den Lokalrivalen, und als sich die „Störche" anschickten, Nord-Meister zu werden und in die Bundesliga-Aufstiegsrunde einzuziehen, schipperten 14.000 zur Waldwiese und sahen ein 1:4. Das war am 20. September 1964, und bis heute ist es der Rekord in einem „Heimspiel" der SV Friedrichsort, wenn es auch kein echtes war.

Ein Werk des Arbeitersports

Einfallsreichtum war Trumpf, als sich 1948 der Vorläufer SC Friedrichsort mit der wieder gegründeten Freien Turnerschaft zusammentat. Arbeitersportverein FT hatte schon 1916 einer bäuerlichen Erbengemeinschaft ein Gelände abgekauft und dort den Sportplatz Hohenleuchte errichtet. „Über die Konsum-Genossenschaft hatten die damals genug Geld", weiß Hetzer aus der Überlieferung; „1933 wurde die FT verboten und enteignet, danach hieß das dann Dr.Goebbels-Platz, und 1945 wurde erstmal Gartenland daraus, mit einem Bunker mittendrin."

Währenddessen spielte der Sport-Club, wie früher schon, auf dem Breslau-Platz, „etwas außerhalb, das war so ein Platz mit ziemlich abgespieltem Rasen", erinnert sich Fritz Hillemann, während des Krieges beim SC Friedrichsort und Hamburger SV, später als Verteidiger und Vorstandsmitglied lange Zeit beim VfL Bochum. Der Breslau-Platz wurde später bebaut. Hohenleuchte aber, das klang und klingt noch heute nach Salzwasser und weitem Horizont, gab die Stadt nach der Fusion von SC und FT an die Sportler zurück, die den Platz gemeinsam herrichteten. Ernst Rudolf Hetzer packte mit an: „Mit Hilfe eines englischen Sprengmeisters haben wir erst mal den Bunker entfestigt." Der wurde nun zum Sportheim; in weiterer Eigenarbeit entstanden Spielfeld und Terrassen. Der Weg war frei für den fußballerischen Aufschwung in Pries-Friedrichsort, und in der Tat gehörte die SV lange Zeit zu den führenden Vereinen in Schleswig-Holstein. 1963 gelang mit Trainer Hetzer der Aufstieg in die Regionalliga Nord, in der es drei Jahre lang zu den erwähnten (ausgelagerten) Derbys mit Holstein Kiel kam.

Umzug zu den Fördeplätzen

Während jener Zeit verlegte der Verein dann seinen Standort, nicht ohne Wehmut, aber es musste sein, denn rund um den Hohenleuchte-Platz machte die wachsende Bebauung durch die „Neue Heimat" jegliche Erweiterung unmöglich. Ausbreiten aber wollte sich die SV Friedrichsort, die auf dem Weg zum Großverein war, und so erfolgte der schrittweise Umzug zu den Fördeplätzen. 1964 wurden der Hauptplatz und das neue Sportheim eingeweiht, 1970 folgte noch ein weiterer (Nur-Fußball-)Rasenplatz. Regionalligaspiele hat es auf diesem Platz nicht mehr gegeben, denn 1966 war es wieder hinuntergegangen, aber, betont Hetzer, „wir waren damals die einzigen, die ohne Schulden

aus der Regionalliga abgestiegen sind". Immerhin wurden danach noch drei Landesmeistertitel eingefahren.

Der Verein ist seiner Linie auch später treu geblieben; 2.200 Mitglieder in zwölf Sparten von Taekwondo bis (natürlich) Segeln machen ihn heute zum zweitgrößten in Kiel, Freizeit- und Breitensport sowie das Projekt „Sport gegen Gewalt" sind Trumpf, „Leistungs- und Spitzensport kann nur so lange durchgeführt werden, wie dies aus Eigenmitteln finanzierbar ist". Auf das „Erkaufen" von Erfolgen im Fußball hat man verzichtet, so dass man sich auf die Dauer nach unten „durchreichen" lassen musste und 2000/2001 in der Kreisliga, also der 8. Klasse, um Punkte kämpft. Wie viele Zuschauer der Fördeplatz fasst, kann die Geschäftsstelle nur mutmaßen, denn „mehr als fünfzig oder sechzig kommen ja nicht." Dafür ist er schön gelegen und gestaltet, und die Krähen, die in den Pappeln ringsum nisten, sind jedenfalls angenehmere Gäste als es ein Pleitegeier wäre.   *J.R. Prüß*

Sportplatz Hohenleuchte Kiel-Friedrichsort
ER: 1916. FV: ehemals 2.500 StP; inzwischen umgewandelt in eine „naturnahe Spielfläche".
ZR: 2.500, DFB-Pokal (Nord), 24. Februar 1963, SV Friedrichsort – Concordia Hamburg 0:1 n.V.
Ottomar-Enking-Str., 24159 Kiel, Tel. 0431 / 9010 (Sportamt Kiel).

Fördeplatz Kiel-Friedrichsort
ER: 1964. FV: 1.000 StP.
ZR: 2.000, Regionalliga Nord.
Julius-Fürst-Weg 99, 24159 Kiel, Tel. 0431 / 399200-0.

Kirn

■ Sportfeld Kyrau *

Feuerwehr fackelte die Holztribüne ab

Ob sie zusahen, die Alten, die das Stadion auf der Kyrau „einmalig" fanden als „schönste Wettkampfstätte an der Nahe"? Hoffentlich nicht, denn im August 1980 setzte die Freiwillige Feuerwehr der südwestdeutschen Kleinstadt Kirn Holztribüne, Kassenhaus und andere Baulichkeiten im Rahmen einer Übung in Brand – Endpunkt eines fußballerischen Kapitels, das man zeitweise durchaus überregional zur Kenntnis nahm.

Der VfF 07 aus dem oberhalb von Bad Kreuznach an der Nahe gelegenen Städtchen war einer der Fußballpioniere der Gegend. Das später von Pappeln umsäumte Stadion eröffnete am 29. März 1920 (5:0 gegen VfR Gießen, 2.000 Zuschauer) und war 1935 einmal Schauplatz eines Herberger-Lehrgangs für Jugendspieler. 1945 stand der TuS-Platz voller Wehrmachts-Fahrzeuge, während der VfR-Platz von Bombentrichtern übersät waren. Die französische Armee hielt und schleppte den Nachlass des „Größten Feldherrn aller Zeiten" ab. Abend für Abend – und am Sonntag – arbeiteten nun Freiwillige auf dem VfR-Platz: „Viele Schweißtropfen bedeckten die Kyrau", berichtet die Chronik. 1947 kam TuS Neuendorf (3:1) zum 40jährigen Klubjubiläum: „3.000 Zuschauer brachten zunächst vor Staunen den Mund nicht zu. Fleißige Hände hatten in vielen Tausenden Arbeitsstunden eine Spielfeldanlage aus dem Boden gezaubert, die weit und breit konkurrenzlos blieb. Sogar eine Holztribüne stand an der Nordseite des Platzes, der nunmehr 5.000 Besucher aufnehmen konnte."

Nachdem Gorsenheim 1949 auf die Relegation verzichtet hatte, konnte der VfR auf der Kyrau in der Oberliga Südwest eine Spielzeit lang Erstliga-Fußball bieten; mit 10.000 Einwohnern war Kirn danach die kleinste deutsche Oberligastadt. Den Schlusspunkt setzte Pfingstmontag 1950 der 1. FC Kaiserslautern mit einem 10:2 vor 6.000 (Gesamtbilanz Kirn – 1. FCK 5:22). Danach investierte der Verein 5.500 DM in sein Sportfeld, 1.400 Mark kamen von Spendern, und man entschloss sich, 1951 am Vertragsfußball (2. Liga Südwest) teilzunehmen. Prompt glückte 1952 der Wiederaufstieg, 10.000 fanden sich im August zum 0:6 gegen den 1. FC Kaiserslautern ein. Rekord für die Ewigkeit bedeuteten 12.000 am 30. August 1953 gegen die Lauterer. Die Einnahmen ermöglichten es, das Sportfeld auf ein Fassungsvermögen von 20.000 auszubauen und einen Rasenplatz anzulegen. Es eröffnete zur Saison 1953/54 mit dem „Willi-Beyer-Gedächtnisspiel" – der Nachwuchsspieler verunglückte bei den Erneuerungsarbeiten tödlich. Im Oberliga-Abstiegsjahr 1954 kam noch ein Sportheim hinzu.

In den Blickpunkt rückte die Kyrau nochmals in den 70er Jahren, als der Stuttgarter Ex-Profi Werner Entenmann als Spielertrainer mit dem VfR in der 1. Amateurliga ankam. Das Nahe-Derby VfR – Eintracht Bad Kreuznach (0:1) lockte damals 6.000! Mit dem Stadtrats-Beschluss vom Oktober 1974, auf dem Loh ein neues Sportzentrum zu bauen, waren die Tage des Sportfelds Kyrau an der Kallenfelser Straße gezählt. Am 5. September 1979 eröffnete das Sportzentrum Loh. Wo das Stadion auf der Kyrau war, befinden sich nun Hauptschule, Sporthalle, Busbahnhof und Rasenplatz, auf dem die VfR-Jugend und der SV Vatanspor kicken. Der VfR, z.Z. in der 7. Liga, der Bezirksliga Nahe, ist endgültig ins Sportzentrum Loh eingezogen. *sky*

Sportfeld Kyrau, Kirn
ER: 1920. FV: früher 10.000, davon 600 üd. SiP, zuletzt 5.000.
ZR: 12.000, Oberliga Südwest, 30.8. 1953, VfR Kirn – 1. FC Kaiserslautern 0:3.
Das Stadion besteht nicht mehr.

■ Sportplatz des VfB 03*

„Entschuldigung, wo war denn hier das Länderspiel?"

Geht man die Länderspielgeschichte des DFB und die Spielorte durch, so stutzt man stets an ein und derselben Stelle: *Kleve*, gegen Holland, 16.10. 1910, 1:2 verloren. *Kleve?* Im Zusammenhang mit Fußball nie gehört – weder 1., 2., noch 3. Liga. Sollte es dort vielleicht noch eine verträumte Spielstätte aus den Pionierjahren geben, versteckt hinter einer hohen Hecke, wo in die Planken der alten Holztribüne holländische Anhänger das Endresultat eingeritzt hatten, ein unentdecktes fußballgeschichtliches Geheimnis? Sollten wir dorthin fahren und im Schatten der Schwanenburg am Niederrhein fragen: „Entschuldigen Sie, wo war denn hier das Länderspiel?"

Aber nein, vergebliche Müh' wär's gewesen, denn wo damals an der Triftstraße das Länderspiel war, steht heute die Justizvollzugsanstalt: Am 20. Mai 1913 musste der Sportplatz dem Neubau der Haftanstalt weichen.

(Abbildung: Stadtarchiv Kleve)

Bleibt die Frage: Wie kam die heute 49.000 Bewohner zählende Kreisstadt anno 1910 zu einem Länderspiel? Mehrere Faktoren gaben den Ausschlag: Kleve besaß einen Fußballverein, den VfB von 1903, hauptsächlich von Angestellten der Margarinewerke gegründet und deshalb bis Ende der 30er Jahre „de Botter" genannt. Dieser VfB Kleve wiederum hatte 1907 den Sportplatz an der Triftstraße eingeweiht, und der besaß „ein herrliches, neues Spielfeld" und – besonders wichtig wegen der Eintrittsgelder – eine Umzäunung. Und nachdem Deutschland im April 1910

erstmals gegen die Niederlande gespielt hatte, 2:4 in Arnheim, lag der Ort fürs Rückspiel günstig – eher ist man von Arnheim oder Nijmwegen in Kleve als in Duisburg.

Mit all diesen Argumenten versehen beantragte der Rektor Max Klomp, Vorstandsmitglied des VfB Kleve, in anderer Funktion auch Vorstandsmitglied des Westdeutschen Fußballverbandes, die Vergabe des Länderspiels in seine Heimatstadt. Klomp reiste außerdem nach Berlin, um beim DFB vorzusprechen.

So bekam Kleve den Zuschlag, unter der zusätzlichen Voraussetzung: Eine überdachte Tribüne musste her. Also pachtete der Verein ein Nachbargrundstück und konnte sich auf Generaldirektor Manger von den van-den-Berghschen Margarine-Werken verlassen. Der finanzierte den Neubau vor und gab in der Werksschreinerei der Firma eine 72 Meter lange überdachte Sitzplatztribüne für 1.000 Besucher in Auftrag.

Somit war Kleve Länderspiel-reif, „dieser so versteckte Luftkurort, nur nach mehrmaligem Umsteigen erreichbar" („kicker"); das Kurhaus übrigens ist heute Museum. Ein Extrazug aus Arnheim war angekündigt, der holländische Radfahrerbund legte seine Tagesfahrt nach Kleve, ebenso der Gau Rheinland der Radfahrer. Vorsorglich wurde angefragt, „ob an diesem Tage auch hinreichende Gelegenheit zu befriedigenden Diners gegeben sei".

Schließlich kamen 5.000 bis 6.000, nach anderen Angaben 10.000. Weshalb man im Beisein von 32 Berichterstattern (25 aus Holland!) nicht „Punkt 3 Uhr 15" auf dem Sportplatz des VfB von 1903 anfangen konnte, sondern erst 20 Minuten später. Deutschland verlor wie erwähnt 1:2, da mussten aus nationaler Sicht Gründe her, die das „Clever Kreisblatt" mitteilte: „Auf deutscher Seite wurde fair gespielt, was man leider von den Holländern nicht immer behaupten kann."

Und dann war Kleves Beitrag zur deutschen Fußballgeschichte, jedenfalls von höherer Warte betrachtet, auch schon wieder vorbei. Aber weil da kein verträumter Sportplatz hinter hoher Hecke und keine alte Holztribüne mehr ist: Vielleicht erinnert künftig eine Gedenktafel an die zehnte Begegnung deutscher Länderspielgeschichte? *sky*

■ Stadion Oberwerth

Am Anfang war das „Amerikaner-Stadion"

(Foto: Sportamt Koblenz)

Auf dem Oberwerth in Koblenz: TuS Neuendorf ist ausgezogen.

Es war ungewöhnlicherweise die US-Army, die 1920 den Anstoß zum Bau des heutigen Stadion Oberwerth in Koblenz gab, das durch die Fußballer von TuS Neuendorf und die abendlichen Leichtathletik-Sportfeste weithin bekannt war. Am Ort des „Amerikaner-Stadion" entstand 1934-35 die Hermann-Göring-Kampfbahn, eine Bezeichnung, die 1945 selbstverständlich verschwand. Große Fußballtage hat die Arena zuletzt dank des Fuji-Cup erlebt.

Nach Ende des 1. Weltkriegs war ab dem 12. Dezember 1918 ein zeitweise 10.000 Mann starkes Korps der US-Army in Koblenz im besetzten Rheinland stationiert. Das hatte Folgen; im Stadtbild bemerkte man auffällige Veränderungen – „Baseball übende Fanghandschuh-Träger, die sich über Straßenlängen hinweg ihre kleinen Lederbälle zuwarfen" und „den mit Boxringen zugestellten Schlossplatz". Dort und auf den Straßen wollten die sportfreudigen Nordamerikaner nicht mehr üben, weshalb die Stadt für 150.000 Mark das verlangte „Amerikaner-Stadion" errichten musste. Es war von Vorteil, dass der Bürger Julius Wegeler im Jahre 1912 bereits 130.000 Mark für Sportanlagen auf dem Oberwerth gestiftet hatte, von denen noch 100.000 vorrätig waren. Weitere 50.000 Mark wurden durch Spenden aufgebracht. In die neue Arena durften die Deutschen nur selten, bis 1929 war sie Eigentum der Besatzungstruppen.

Der Vorteil der Neuendorfer

Als Standort von Stadtgarten, Stadtpark oder Sportpark war die Insel Oberwerth, auf der sich ein Gutsbetrieb befand, bereits um 1900 vorgesehen (der Oberwerth ist heute eine Halbinsel, nachdem man nach dem 2. Weltkrieg den südlichen Rheinarm, die Oberlache, mit Trümmerschutt aus der zerstörten Innenstadt auffüllte). 1895 entstanden dort Reitanlagen, 1907 wurde der 1900 gegründete Coblenzer Fussball-Club (CFC) ansässig, 1909 die TG und später noch der FC Fortuna. Die Lage des Ober-

werth – je eine Stunde benötigte man für den Hin- und Rückweg – soll entscheidend dafür gewesen sein, wie sich die Kräfteverhältnisse im Fußballgeschehen der Stadt gestalteten: Während der CFC als „Stadtverein" einen weiten Weg hatte, konnten die Neuendorfer am Feierabend die „Buffer" anziehen und vor der Haustür auf den ortsnahen Rheinwiesen spielen. So wurden die „Dörfler" eben der Stadtverein und waren als späterer TuS Neuendorf im Fußball bekannter als jeder andere Koblenzer Klub. 1982 allerdings hat man den Traditionsnamen fallen lassen, der Nachfolgeverein heißt TuS Koblenz (Oberliga), die „Traditionalisten" haben sich im TuS 1982 Neuendorf am Rheinufer gesammelt.

Vor diesem Hintergrund war es nur folgerichtig, dass die Neuendorfer ins 1929 freigegebene Stadion einzogen, während sich der CFC mit einem Nebenplatz begnügen musste. 1932/33 fasste man den Entschluss, das „Amerikaner-Stadion" auszubauen, was 1934-35 Erwerbslose nach den Plänen von Stadtoberbaurat Friedrich Naumann erledigten. Schaustück der nach dem NS-Reichspräsidenten Hermann Göring benannten Kampfbahn war die große Haupttribüne, eine Eisenbetonkonstruktion, „ein einfaches, rein geometrisch geprägtes Bauwerk mit deutlicher Anlehnung an die Bauhaus-Architektur, ein Beispiel ‚zeitloser' Zweckbauten von höherem Niveau" („Kulturdenkmale in Rheinland-Pfalz"). TuS Neuendorf qualifizierte sich just zur Stadion-Fertigstellung für die Gauliga und zog als Meister des Gau Moselland 1943 und 1944 in die Endrunde um die Deutsche Meisterschaft ein.

Da verlor man u.a. gegen Schalke in Gelsenkirchen 0:5, wurde aber gut Freund mit den Gelsenkirchnern, so dass die 1946 gerne auf den Oberwerth kamen (3:2), zumal sie drei Kisten Moselwein als Honorar erhielten. Jener Tag brachte den Zuschauerrekord, 33.000 fanden sich ein und standen bis an die

Außenlinien. Das Stadion, von den Einheimischen „mit Hacke und Schaufel wieder hergestellt", hieß damals Stade De Gaulle nach dem General, denn wieder war Koblenz unter französischer Besatzung.

Jupp-Gauchel-Straße lautet die Adresse der Sportstätte, eine Würdigung des Neuendorfer Stürmers Josef Gauchel (1916-1963), der 16 Länderspiele bestritt und 13 Tore erzielte. Neuendorf hatte auf dem Oberwerth stets guten Zuschauer-Zuspruch (Saisonschnitt 1952/53 über 8.000), wobei sich auch Kurioses ergab: Zum Oberliga-Match gegen den 1. FC Kaiserslautern 1947/48 waren 29.000 Besucher da, aber kein Schiedsrichter. Die Spielführer Gauchel und Fritz Walter einigten sich auf ein Freundschaftsspiel (2:4), was dem Verband nicht gefiel: Beide erhielten eine Verwarnung, die Punkte gingen gemäß Resultat an die Lauterer. Nach Bundesliga-Gründung spielte TuS durchgängig in der Regionalliga Südwest und nahm zweimal, 1968 und 1969, vergeblich Anlauf zur höchsten Spielklasse.

Spitzenteams kamen dank Fuji-Cup bzw. DFB-Ligapokal noch einmal nach Koblenz. Zum vierten Mal in Folge war der Oberwerth 1996 Schauplatz des Fuji-Cup-Finale, diesmal gewann vor 21.000 Schalke mit 4:3 n.E. gegen Bayern München.   *sky*

Stadion Oberwerth Koblenz
ER: 1935. FV: früher 24.972, heute 21.486, davon 972 üd. und 1486 unüd. SiP.
ZR: 33.000, 1946, Freundschaftsspiel, TuS Neuendorf – Schalke 04 3:2.
Jupp-Gauchel-Str. 10, 56075 Koblenz, Tel. 0261 / 32 925.

Koblenz-Metternich, Stadion In der Kaul: siehe „Platz-Verweise".

■ Müngersdorfer Stadion

Führend in Deutschland

Für die „Mutter der Stadien" ist wieder einmal ein Nachruf fällig: Ab Mai 2001 beginnt der Neubau bei laufendem Spielbetrieb, zu Saisonbeginn 2003 will man einweihen und die Kosten sollen bei 150 bis 250 Mio. liegen. Es wird das dritte Stadion an diesem Ort sein, denn das erste weihte man 1923 und den Nachfolgebau 1975.

Stadion meint dabei in Köln nicht allein die Hauptkampfbahn, das heutige Müngersdorfer Stadion, sondern die gesamte, riesige, ursprünglich 55 Hektar große Sportanlage, „der man in deutschen Gauen nicht viel Ähnliches an die Seite zu stellen vermag", wie 1923 Prof. Arthur Jung, Vorsitzender der Westdeutschen Landesvereinigung für Leibesübungen, befand. Kölns Stadion, das Carl Diem als „die ‚Mutter' der deutschen Stadien" bezeichnete, war so gut ausgestattet, dass die Stadt zeitweise sogar eine Bewerbung für die Olympischen Spiele 1936 betrieb.

Eine Botschaft an Adenauer

Die Überlegung, die Sportstätte nach dem bei der Einweihung amtierenden Kölner OB Dr. Conrad Adenauer (identisch mit dem späteren CDU-Bundeskanzler Konrad Adenauer, 1876-1967) zu benennen, hegte man 1923 und wieder 1975, jeweils ohne Ergebnis. Immerhin

widmete man Adenauer bei der Eröffnung eine Botschaft, die ein Marathonläufer überbrachte: „Dem Manne, der in schwerer Zeit mit klugem Weitblick und kühnem Wagemut das Stadion schuf als eine Stätte frohen Spiels und körperlicher und sittlicher Erneuerung der Volksgemeinschaft." Adenauer, seit 1917 im Amt, verstand den Sport „als den praktischen Arzt am Krankenbette des deutschen Volkes" und trieb die Anlage des größten deutschen Stadionkomplexes entsprechend voran. Mehrere Faktoren begünstigten das Projekt, das Theo Nußbaum, der Leiter der Entwurfsabteilung der Städtischen Gartenbaudirektion, plante: Nach dem Friedensvertrag von Versailles fiel der äußere Festungsring Kölns, so dass ein Neubau im äußeren Grüngürtel möglich war. Da die Bauarbeiten als Notstandsarbeiten durchgeführt wurden, konnte die Stadt 15.000 Arbeitsplätze schaffen. Man verstand die Sportanlagen als Mittel „zur Stärkung der Nation" (Wohlfahrtspflege) und versprach sich außerdem Prestigegewinn, Werbung und wirtschaftliche Mehreinnahmen für Köln. Die Kosten summierten sich auf 47,4 Mio. Mark, doch fielen mit der Währungsreform im November 1923 viele Schulden weg – „damit gehörte die Stadt Köln in Sachen Stadion zu

den so genannten Inflationsgewinnlern" (Langen/Deres).

Bei der Eröffnung am 16. September 1923 – 300.000 Menschen sollen im Stadion gewesen sein, davon 100.000 in der Hauptkampfbahn – war das Kölner Stadion (also die Gesamtanlage) das größte Europas. Adenauer in seiner Weiherede (Anm.: 1918 hatte Deutschland im 1. Weltkrieg kapituliert): „Zwei Dinge tun uns Deutschen vor allem not, wenn wir wieder ein großes Volk werden sollen (...): Gemeinschaftsgeist und freiwillige Einordnung. Auf diesem Plane, auf diesen Feldern sollen sie gelehrt und gelernt werden (...) Der Schwimmer, der sich selbst aufgibt, geht unter! Wir wollen nicht untergehen, wir wollen unser Geschick meistern! (...) Das deutsche Volk, das deutsche Vaterland, sie leben hoch!" Die Arbeitersportler weihten die Anlage zwei Wochen später in einer gesonderten Veranstaltung ein.

Sportfunktionär Carl Diem lobte das Stadion einerseits (s. oben), kritisierte andererseits aber dessen Dimension: „Ich kann nicht umhin, meine Sorge zu äußern, ob drei Kampfbahnen an einer Stelle auch für eine große Stadt nicht etwas zu viel sind (Anm. es gab die Haupt-, die West-, die Ostkampfbahn). Vielleicht haben die Kölner eine reinliche Scheidung gewünscht und wollen die eine Bahn den unpolitischen, die andere den politischen und die dritte den sozialistischen Sportsleuten geben." Kritik traf ebenfalls die 3.000-Sitzplätze-Haupttribüne („ein unmöglicher Bretterhaufen"), von deren oberen Bänken sich keine Sicht bot; 1925 musste sie erneuert werden. 1926-28 entstanden im Zuge des Haupteingangs bei der Haupt-

Das Müngersdorfer Stadion 1929: „In der Lage, Olympische Spiele durchführen zu können".

(Foto: Sportmuseum Köln)

kampfbahn zwei Ziegelsteinbauten, die Stadtbaudirektor Adolf Abel (1882-1968) konzipierte; sie dürften ungeachtet des Neubaus erhalten bleiben.

Zehn Endspiel-Tore vor 74.000

Köln war mit seinem neuen Stadion, was Großveranstaltungen betraf, führend in Deutschland: 1926 gab es dort die 2. Deutschen Kampfspiele (Schlusskundgebung: über 5.800 Teilnehmer, 60.000 Zuschauer) – „die Ausrichtung des nationalen Ereignisses im besetzten Rheinland war eine bewusste, provokative Entscheidung gegen die Besatzer" (Langen/Deres). Im selben Jahr versammelten sich beim 1. Westdeutschen Arbeiter-, Turn- und Sportfest 15.000 Teilnehmer und 60.000 Zuschauer, Kölns Arbeiterfußballer unterlagen Moskau 2:12. 1928 folgte das 14. Deutsche Turnfest. Selbstverständlich erwählte auch der DFB die Hauptkampfbahn als Spielort: Länderspiel-Premiere war am 20. November 1927 mit dem 2:2 vor 52.000 gegen Holland (seitdem folgten bis 1998 19 weitere Auftritte der Nationalmannschaft, nur einer ging verloren).

Das Endspiel 1931, Hertha BSC Berlin – 1860 München 3:2, zog 60.000 an, und 1933 gab es vor derselben Zuschauerzahl das 3:0 der Düsseldorfer Fortuna über Schalke 04, 1935 vor 74.000 – man hatte Nottribünen aufgestellt –, das 6:4 Schalkes gegen den VfB Stuttgart. Auch das erste Nachkriegsendspiel, 1. FC Nürnberg –- 1. FC Kaiserslautern 2:1, sah Köln, diesmal vor 75.000; letztmals wurde damit 1948 der Deutsche Fußball-Meister im Finale am Rhein ermittelt. Eine weitere Stadion-Tradition waren die Sportfeste des ASV Köln, erstmals 1934 veranstaltet, zuletzt

Den Stadionrekord in Köln hält die katholische Kirche: Über 100.000 und etliche Bischöfe kamen zum 700-jährigen Domjubiläum.

(Foto: Historisches Archiv Köln)

aus Kostengründen ausgesetzt. 1958 liefen die Lokalmatadore Manfred Germar und Martin Lauer mit Heinz Fütterer und Manfred Steinbach in 39,5 Sekunden einen 4x100-m-Weltrekord.

Unerwünscht: Juden und „Ostarbeiter"

Eine Besonderheit in Köln waren die „Stadionkurse" für nichtorganisierte Sportler, die 1929 fast 38.000 Teilnehmer zählten. Juden allerdings durften ab 1. April 1933 im Stadion nicht mehr aktiv sein, es sei denn, sie gehörten einem jüdischen Sportverein an. Bereits am 28. März hatte die SA zwei jüdische Rechtsanwälte, die seit mehreren Jahren an den „Stadionkursen" teilnahmen, von dort vertrieben.

Unerwünscht waren ebenfalls Zwangsarbeiter. 1943 beklagte Kreishauptstellenleiter Koch von der Deutschen Arbeits-Front (DAF) in einem Schreiben an die Stadion-Direktion, „dass anlässlich des Radrennens am 30.5. d.J. Ostarbeiter sehr zahlreich unter den Besuchern vertreten waren. Bekanntlich hat die Gestapo verboten, dass Ostarbeiter mit Deutschen in Berührung kommen. Es ist denkbar, dass sich die im Kassenhäuschen befindenden Volksgenossen damit zu entschuldigen versuchen, die Ostarbeiter als solche nicht erkannt zu haben, da sie das vorgeschriebene Abzeichen 'OST' nicht trugen. Abgesehen davon sieht man jedem Ostarbeiter das Herkunftsland an (...) Ich bitte Sie, dafür Sorge zu tragen, dass in Zukunft kein Ostarbeiter mehr an Veranstaltungen teilnimmt."

Die erfolgreich durchgeführten Großveranstaltungen waren für OB Adenauer Anlass, dem Deutschen Reichsausschuss für Leibesübungen (DRA) 1929 mitzuteilen, „dass die Stadt Köln in der Lage ist, auch die Olympischen Spiele 1936 in einer Form zur Durchführung zu bringen, die in jeder Hinsicht der Würde des deutschen Volkes und dem Ansehen des deutschen Sports entspricht." Berlin hatte für die nie ausgetragenen Olympischen

Spiele 1916 den Zuschlag erhalten, doch war sein Deutsches Stadion veraltet. Köln, dessen Hauptkampfbahn der DRA gegenüber Berlin im Vorteil sah, fühlte sich herausgefordert, nachdem Nürnberg seinen Hut in den Ring warf (in Frankfurt/Main diskutierte man ebenfalls die Ausrichtung). DRA-Generalsekretär Carl Diem kündigte Köln schon einmal an, für der Fall des Falles müsste die alte Tribüne abgerissen und ebenso wie eine Tribüne auf der Gegengerade neu gebaut werden (20.000 überdachte Plätze von insgesamt 80.000). Aus den olympischen Ambitionen der Kölner wurde bekanntlich nichts, ein Stück Olympia existiert dennoch in Müngersdorf: Radsport-Olympiasieger Toni Merkens aus Köln erhielt wie alle anderen deutschen Goldmedaillen-Gewinner eine „Olympische Eiche", die beim Radstadion angepflanzt wurde. 1948 enthüllte man dort einen Gedenkstein für Merkens, der 1944 Kriegsverletzungen erlegen war.

Stadionträume

Mit dem 24. Juni 1945 beschlagnahmten die Briten das Stadion, das zuvor von der US-Army besetzt worden war. Man einigte sich im Gegensatz zu anderen Städter gütlich: Major Davison, ehemals Spieler von Blackburn Rovers und Schiedsrichter, amtierte als Stadion-Kommandant, die Stadt übernahm Wiederherstellungskosten von 150.000 Mark, die Engländer erhielten zwei Tennisplätze, ein Schwimmbecken, Cricket-, Basketball- und Rugbyplatz für ihre Zwecke, die Belgier beanspruchten die Westkampfbahn sowie Tennis- und Sportplätze. Als die Stadt das Stadion samt Hauptkampfbahn am 1. August 1946 zurückerhielt, hatten die Briten die durch 93 Bombentreffer und Granateneinschläge entstandenen Schäden bereits einigermaßen beseitigt.

Im November 1947 nahm die Deutsche Sporthochschule in den erwähnten 1928 fertig gestellten Arkadenhallen ihren Unterrichtsbetrieb auf; 1960 war

Das Müngersdorfer Stadion nach dem Neubau von 1975.

(Foto: DSS)

der Neubau in der Nähe fertig gestellt. Den ersten Fußballlehrer-Lehrgang hielt Josef Herberger ab, unter den Teilnehmern waren Hennes Weisweiler, Paul Janes, Fritz Pliska und Herbert Widmayer.

Obwohl Köln mit der Hauptkampfbahn ein geeignetes Großstadion besaß, das für den Spitzenklub 1. FC Köln (Teilnehmer DM-Endrunde 1953, 1954, 1958, 1959, 1960, Deutscher Meister 1962, Deutscher Vize 1963) ausreichte, tauchten erstaunlicherweise regelmäßig Ausbau- und Neubaupläne auf. Weil Wohnungs- und Sportplatzbau (Breitensport!) Vorrang hatten, wurde aus allen Vorhaben – ob nun in Mülheim, Bickendorf, auf der Jahnwiese und dem Stadion-Nordfeld – nichts, man blieb in Müngersdorf, wo 1957 erstmals Flutlicht erstrahlte (am 2. Oktober beim ASV-Leichtathletik-Sportfest).

Der weitsichtige 1. FC-Präsident Franz Kremer – unter seiner Ägide war Köln 1964 erster Bundesliga-Meister – war stets Befürworter einer reinen Fußballarena und beauftragte den Architekten Hans Schulten, den Umbau der Hauptkampfbahn in ein überdachtes Fußballstadion für 75.000 zu konzipieren. 16 Mio. DM waren veranschlagt, nach Ansicht des Städtischen Hochbauamtes 2,5 Mio. zu wenig, und so errichtete man 1963 zum Bundesligastart vorsorglich erst einmal eine 4.700 Plätze-Stahlrohrtribüne und ließ alles beim Alten.

Aktuell wurde das Schulten-Konzept wieder 1967, als sich Köln als Austragungsort der Fußball-WM 1974 bewarb – „schon lagen den Altstadtwirten die Sambatrommeln in den Ohren", erinnert sich Fußball-Autor Michael Müller-Möhring. Architekt Schulten legte im Auftrag der Stadt im Oktober 1968 seinen Plan für eine 80.000-Plätze-Arena

vor, die 23,5 Mio. Mark kosten sollte. Wieder rechnete das Hochbauamt nach und kam bei dem mehr als doppelten Betrag von über 50 Mio. DM an. Schulten hatte ein interessantes Konzept vorgelegt: Über den Stadionrängen lag ein transparentes Dach, ein monumentaler Stahlträger erhob sich über die gesamte Arena und lief auf beiden Seiten in zwei Spreizeisen aus, weshalb das Projekt als „Bügeleisen-Stadion" bezeichnet wurde. Der Stadt aber waren 50 Mio. zu viel, sie limitierte das Volumen auf 33 Mio. DM und stellte Schulten den Kollegen Dr. Gerd Lohmer und das Institut für Sportstättenbau als Berater zur Seite.

Im Frühjahr 1971 kalkulierte man die Baukosten auf 93,9 Mio. (ursprünglich 23,5 Mio.!), weshalb der Rat der Stadt am 15. April für eine andere architektonische Lösung votierte. Dafür stellte man im Nachtragshaushalt 6 Mio. ein, woraufhin NRW-Innenminister Willi Weyer intervenierte: Er wies das Regierungspräsidium Köln an, den Nachtragshaushalt zu beanstanden, den die Kölner SPD-Fraktion daraufhin zurückzog. Deren Fraktionsvorsitzender John van Nes Ziegler (später OB) resignierte: „Das Schulten-Stadion ist tot." Köln, die viertgrößte bundesdeutsche Stadt, war kein Spielort der WM (wohl aber Düsseldorf!).

„Deutschlands modernstes Stadion"

Die veröffentlichten und öffentlichen Meinungen danach kann man sich vorstellen, weshalb Köln einen Stadionneubau doch noch in Angriff nahm und 1975 fertig stellte – die WM war längst vorüber. Die Müngersdorfer Arena war bei Baubeginn in einem teils maroden Zustand: Photodokumente belegen, dass die Ränge z.T. bereits mit Gräsern zugewachsen waren! 1972 schrieb die Stadt einen Firmenwettbewerb für ein

60.000-Zuschauer-Stadion aus, den Dyckerhoff & Widmann gewannen. 1. FC und Fortuna wichen während der Bauarbeiten in die nahe Radrennbahn aus, vorher mussten die Spieler in einer symbolischen Aktion Zementsäcke zur Baustelle schleppen.

Die neue 61.114-Plätze-Arena, eingeweiht am 12. November 1975 im Beisein von 45.000 mit dem Derby FC gegen Fortuna (3:0), war das erste komplett überdachte deutsche Stadion und darf bis heute als architektonisch sehr gelungen bezeichnet werden, verlaufen doch unter dem frei schwebenden Dach, an dem das Flutlicht angebracht ist, zwei Ränge übereinander. Da der Wall und die alten Bäume erhalten bleiben mussten, hatte man von innen nach außen gebaut. Geplant hatten dies Architekt Franz Riepl, Gerd Lohmer (künstlerischer Teil) und Kurt Schönbohm (gartentechnische Beratung). Den Kostenvoranschlag von 42 Mio. DM hielt man ein, 2,5 Mio. Mehrkosten verursachte die Anzeigetafel. Pressestimmen: „Das modernste Stadion Deutschlands" („Die Zeit"); „einmalig in Deutschland, die Akustik ist Stimulans für die Spieler" („Rheinische Post"). Dank des Neubaus kam Köln 1988 bei der EM als Austragungsort von zwei Begegnungen zum Zug (darunter UdSSR – Holland 1:0, die spätere Endspielpaarung).

Der vorhandene Raum lässt es nicht zu, an dieser Stelle all die Fußball-Höhepunkte von Müngersdorf darzustellen. Hier wurden Wolfgang Overath (1977), Toni Schumacher (1992) und Pierre Littbarski (1993) verabschiedet, 1978 der 1. FC Köln Deutscher Meister (der Titelgewinn gelang im Hamburger Volksparkstadion gegen den FC St.Pauli) und 1983 gegen den Lokalrivalen Fortuna Köln DFB-Pokalsieger. Gastspiele als Gastgeber gaben Bayer Leverkusen (1988 im UEFA-Cup gegen FC Barcelona), Borussia Mönchengladbach (1996, UEFA-Cup, gegen Arsenal London und AS Monaco) und Galatasaray Istanbul (1989, UEFA-Cup, gegen AS Monaco).

Nachdem FIFA und UEFA ab der Spielzeit 1998/99 für internationale Spiele Sitzplatzstadien vorschrieben, reagierte die Stadt und ließ – im Hinblick auf eine mögliche WM-Vergabe nach Deutschland – in den Kurven für 6 Mio. DM Variositze einbauen. Nun aber wird gänzlich neu gebaut, die 6 Mio.-Mark-Investition dürfte den Bund der Steuerzahler interessieren. Das Stehplatz-Kontingent hatte man bereits vorher reduziert, so fiel der „Stehplatz Mitte" auf der Gegengerade weg, Fan-Proteste gab es erstaunlicherweise keine.

„...und der Papst war auch schon da..."

Höhepunkte außerhalb des Fußballs hat das Stadion (dem der Rocker Jürgen Zeltinger einen Song gewidmet hat) über die Jahrzehnte reichlich erlebt. 1982 rockten dort die Rolling Stones, „...und der Papst war auch schon da...", sang Marius Müller-Westernhagen im Stadion. Er hatte Recht: Vor über 70.000 Menschen hielt Johannes Paul II. am 1. Mai 1987 eine Messe ab (Gedenktafel am linken Arkadenbau) und sprach die im KZ Auschwitz umgekommene Ordensschwester Edith Stein selig. Die Papst-Visite bedeutete jedoch nicht den Stadion-Rekord im „hillije Kölle": Über 100.000 Katholiken fanden sich 1948 zum 700-jährigen Domjubiläum in der Hauptkampfbahn ein und unglaubliche 800.000 versammelten sich zum 77. Katholikentag auf dem Stadion-Nordfeld. 1997, dies nun ein anderes Terrain, feierten 70.000 im Stadion das kurdische Kulturfest; ungeachtet des polizeilichen Verbots sprach PKK-Führer Abdullah Öcalan über Telefon aus Syrien eine Stunde lang über Telefon zu den Massen.

Nun wird man eingedenk der verpassten Fußball-WM '74 für 2006 nichts mehr falsch machen in Köln. Aber ist es so bedeutend, dass man vielleicht zwei WM-Spiele erhält? Selbstverständlich ist es das, denn Leverkusen wird WM-Stadt, und Düsseldorf möglicherweise auch. Näheres mag die werte Leserschaft in Köln vor Ort klären, wenn sie „ein Alt" bestellt, sich als Bayer 04- oder DEG-Fan outet oder in der Unterhaltung den „Uerige" und das „Füchschen" gegenüber den Brauhäusern „Früh" und „Päffgen" favorisiert. Die Rivalität am Rhein, dies werden Sie rasch erfahren, ist gnadenlos.

Konrad-Adenauer-Stadion kann die neue Arena übrigens immer noch heißen, zumal seit 2000 die CDU den OB stellt (der mit dem FC-Schal um den Hals). Aber irgendwie, und nun kommen wir wie im folgenden Südstadion-Beitrag auf BAP, ist das mit Adenauer „verdamp lang her".   *sky*

Müngersdorfer Stadion Köln
ER: 1923/1975. FV: früher 76.000, heute 46.000, davon 10.000 üd. StP und 36.000 üd. SiP.
ZR: 76.000, Länderspiel, 22.3.1953, Deutschland – Österreich 0:0.
Aachener Straße, 50933 Köln, Tel. 0211 / 49 831.

Südstadion

Die ungeliebte „Bezirkssportanlage"

Die Südstadt der Domstadt ist möglicherweise einigen aus dem BAP-Song bekannt, und anderen von Besuchen. Mancher hat dort vielleicht das Wandgemälde entdeckt, das dem Südstadt-Verein SC Fortuna Köln gewidmet ist. Das Südstadion selbst, die Heimat der Fortuna, bietet allerdings eine andere Szenerie als das lebhafte Viertel. Ist man erst einmal unter den Bahngleisen hindurchgegangen, sieht man die Hochhäuser von Zollstock als Hintergrund, unwirtliches Parkplatzgelände, Lkw's und autowaschende Mitbürger. Aber, so meldet es zuletzt „1.000 Tips für Auswärtsspiele", alles wird gut: Nun hat man dort zwei rot-weiße Blumenbeete in Form des Vereinswappens angelegt.

Tristesse herrscht bekanntermaßen auch im Stadion vor. Bezirkssportanlage (BSA) Köln-Süd, der Name sagt alles und viel: Leichtathletik-Anlagen, Distanz zum Publikum; das von Fortuna-Macher Jean „Schäng" Löring vorgesehene reine Fußballstadion (eine Zeitlang schrieb die Presse vom „Benetton-Stadion") kam nie zustande. Dass die Sportstätte in der Zweitliga-Saison 1999/2000 mal um die 10.000 Besucher hatte, lag nicht am Fortuna-Anhang, sondern am Gegner Aachen, der 8.000 Fans mitbrachte. Mit der 2. Liga ist es seit dem Jahr 2000 vorbei, immerhin seit 1967 hatten sich die Rot-Weißen (die als Gelb-Schwarze aufstiegen) mit dem einen Jahr Bundesliga als Ausnahme in dieser Spielklasse gehalten.

Köln ist eine Stadt, in der zahlreiche Klubs der „Fusionitis" zum Opfer fielen, so auch Victoria 1911, Bayenthaler SV 1920 und Sparkasse 1927, die sich am 21. Februar 1948 zum SC Fortuna zusammenschlossen. Bis 1974 behielt die Fortuna den Sparkassen-Platz Ecke Schönhauser Allee / Oberländer Ufer, dann wurde er verkauft und bebaut. Die 1. Fußball-Mannschaft war da längst ausgewandert, in die Müngersdorfer Radrennbahn; Anlass war der Regionalliga-West-Aufstieg 1967. Weil das Müngersdorfer Stadion noch im Umbau war, bestritt die Fortuna ihre einzige Bundesliga-Saison 1973/74 ebenfalls im Radrennstadion: Vom Zuschauerschnitt her war die Distanz zum 1. FC Köln (17.135 Besucher) mit 12.059 so groß nicht.

Das Südstadion – den Begriff schuf der Volksmund, warum sollte man auch „Bezirkssportanlage Köln-Süd" sagen? – war 1969 geplant worden. 1971 begann der Bau, der sich erstaunlicherweise bis 1978 hinzog (Eröffnung 15. Januar, Fortuna – Wuppertaler SV 2:1). Es wird berichtet, die seinerzeit 15.000 fassende Sportstätte sei nie ausverkauft gewesen, was stimmt, aber auch wieder nicht: Im Pokal-Halbfinale 1982/83 kamen 14.500 zum 5:0 der Fortuna über Dortmund, und es wurde „ausverkauft" gemeldet. Das Endspiel 1. FC – Fortuna – als Lokalderby ein Novum der Pokalgeschichte – gewann der FC vor 61.000 in Müngersdorf durch ein Littbarski-Tor 1:0.

Das Fassungsvermögen liegt inzwischen bei 12.000, und seit 1994 steht an der Nordseite eine Anzeigetafel. Fortuna-Chef Jean Löring hat viel erreicht im Kölner Süden (Nachwuchsarbeit!) und es 1982 als gelernter Elektriker sogar fertig gebracht, beim Spiel gegen Darmstadt 98 die defekte Flutlichtanlage zu reparieren. Aber letztendlich: Kölns Fußballgemeinde hat das Südstadion nicht angenommen und vielleicht der Verein selbst auch nicht. Seltsamerweise findet sich nämlich im aufwendigen Band zur Klubgeschichte kaum Erwähnenswertes über die Anlage.   *sky*

Südstadion Köln-Zollstock
ER: 1978 FV: 12.000, davon 1.860 üd. SiP.
ZR: 14.500, DFB-Pokal-Halbfinale, 4.4.1983, Fortuna Köln – Borussia Dortmund 5:0
Vorgebirgsstraße, 50969 Köln, Tel. 0221 / 36 20 43.

Das Südstadion, die Heimat von Fortuna Köln: 14.500 waren mal da...

(Foto: Grüne)

Kölsche Stadiongeschichten

Zwei DM-Endspiele, vier Oberliga-Stadien, Deutschlands älteste Tribüne

Bis 1948 der 1. FC Köln und die Fortuna entstanden, war die Fußballszene der damals drittgrößten deutschen Stadt in so viele „Besitztümer" zersplittert wie Deutschland einstmals im 19. Jahrhundert. Zwar besaß die Stadt seit 1923 das Müngersdorfer Stadion, doch kein Klub war da, dessen Leistungsvermögen der Dimension dieser Arena entsprochen hätte (nicht ungewöhnlich, denn auch in anderen Großstädten wurden die Großstadien nur in Ausnahmefällen von den Vereinen genutzt). So spielte man hie und da, linksrheinisch und rechtsrheinisch, an teils historischen Stätten, zu denen ein Bundesliga-Stadion, zwei Endspiel-Orte, vier Spielstätten von West-Oberligisten und Deutschlands älteste noch erhaltene Tribüne gehören.

Verschwundener Endspielort

Beginnen wir mit dem Kölner FC 99 (ab 1916 Kölner SC 99, heute VfL 99), der 1903 vom Rennverein an der Pferderennbahn in Köln-Weidenpesch eine Sportanlage (Einweihung gegen Viktoria Frankfurt) pachtete. Dort richtete der Westmeister von 1904 am 21. Mai 1905 das dritte Endspiel um die Deutsche Fußball-Meisterschaft aus (Union Berlin – Karlsruher FV 2:0, 3.500 Zuschauer); eigens dafür installierte man ein festes Geländer ums Spielfeld. 1906 war der KFC wieder Westmeister, von da an wurden die internationalen Karfreitagsspiele – erstmals am 1. Mai 1906 gegen Richmond Association (3:5) – bis in die 30er Jahre eine Attraktion. Am 15. Mai 1910 war das zweite Endspiel in Wei-

denpesch fällig, Karlsruher FV – Holstein Kiel 1:0 vor 5.000; eine Holztribüne war im Jahr zuvor fertig gestellt worden, das Festspiel zur Einweihung bestritt Vitesse Arnheim. 1920 erwarb man weiteres Gelände vom Rennverein und legte darauf den A-Platz an, „der jahrzehntelang als die idyllischste Vereinsanlage in Deutschland gepriesen wurde" und der eine Betontribüne mit 1.200, später 1.600 Plätzen erhielt – die erwähnte älteste deutsche Fußballtribüne, seinerzeit ein luxuriöses Modell (Einweihung mit KSC/KBC – Sparta Prag am 12. August 1920). Nach der Fusion KSC/KCfR 1937 zum VfL Köln 99 baute man die Stehplatz-Ränge auf ein Fassungsvermögen von 16.000 aus.

Der Ort beider Endspiele existiert nicht mehr, denn 1939 übernahm der Rennverein B- und C-Platz. Der A-Platz (wegen der Gauliga-Spiele auch „Liga-Platz" genannt) mit der alten Tribüne ist 1958 von einem Rasen- in einen Aschenplatz umgewandelt worden, dort bestreitet heute der VfL Köln 99 seine Spiele, und selbst eingefleischte Stehplatz-Fans können hier aus historischen Gründen ruhig mal Platz nehmen.

Es geht weiter mit dem KBC, einem der 1. FC Köln-Mitgründer, der einen umzäunten Platz in Müngersdorf an der Vitalistraße besaß und von 1924 bis 1948 an der Militärringstraße spielte. 1945 war dieser Platz am Fort VI b verwüstet, die Radrennbahn im Stadion beschlagnahmt, weshalb man auf den Uni-Sportplatz ging, bis der 1. FC 1948 seine Premiere in der Radrennbahn feierte.

Die SpVgg Sülz 07, anderer Gründungsvater des 1. FC Köln, gab seine sog. Kiesgrube an der Berrenrather Str. 1926 wegen städtebaulicher Maßnahmen auf und pachtete die Radrennbahn im Stadion: „Kein anderer Platz in Köln war derart geeignet, das Können der Mannschaft in das Rampenlicht der Öffentlichkeit zu stellen wie diese auch für Fußballspiele ideale Sportstätte. Hier ist Sülz 07 wirklich groß geworden." Die Fusion zum 1. FC schien notwendig genug, denn 1948/49 besaß Köln keinen Vertreter in der Oberliga West!

Die Kampfbahn von Höhenberg

Der VfR 04 rrh. spielte, wie das Kürzel „rrh." verrät, rechtsrheinisch, und kam infolge des Baues der Siedlung Höhenberg 1921 auf die Merheimer Heide; am Ort des Stadions befindet sich heute das Autobahnkreuz Köln-Ost. Das VfR-Stadion für 30.000 Besucher (Planung Architekt Clemens Pelzel) eröffnete im August 1921, 18.000 sahen das 2:0 von West Ham gegen VfR/KCfR, der Besuch sollte Rekord bleiben (nach anderen Angaben soll ein 1:3 gegen 1860 München am 26. März 1921 Eröffnung gewesen sein).

Den Bau einer Tribüne dort lehnte die Stadt aus drei Gründen ab: Erstens fürchtete man Konkurrenz fürs Müngersdorfer Stadion, zweitens waren im Grüngürtel nur Flachbauten erlaubt, und schließlich traute man dem VfR eine 30.000-RM-Investition nicht zu. Als die Stadt die Merheimer Heide in den „Volkspark Höhenberg" umwandelte, pachtete der VfR 1931 eine städtische Anlage im Sportpark Höhenberg (Architekt erneut Pelzel) und gab sein Stadion wegen städtebaulicher Maßnahmen (Grüngürtel) auf.

Höhenberg war Ausgangspunkt der Erfolgsstory des VfR Köln, der 1947 das Endspiel der Zonenmeisterschaft erreichte (4:5 n.V. gegen Borussia Dortmund) und anschließend 1947/48 der Oberliga West angehörte. 1949 ging der VfR mit dem Mülheimer SV im SC Rapid auf, der wiederum 1957 mit Preußen Dellbrück den SC Viktoria 04 bildete. In Höhenberg hat danach die Viktoria viele Jahre gespielt – das Fassungsvermögen lag erst bei 18.000, später bei 15.000 Plätzen, davon 1.200 überdacht –, weshalb die Anlage Viktoria-Kampfbahn Köln-Höhenberg hieß.

Die Stadt Köln hat zuletzt 1990 im rechtsrheinischen Höhenberg für knapp 9 Mio. Mark eine moderne und 115 Meter lange 3.000-Sitzplätze-Tribüne (Architektin Verena Dietrich) erstellen lassen, laut Michael Müller-Möhring „die mit Abstand schönste Tribüne der Domstadt".

Die älteste noch erhaltene Tribüne Deutschlands steht im Weidenpescher Park.

(Foto: Hardt)

Kölns „schönste Tribüne" (hier als Modell) steht seit 1990 in Höhenberg.

Dellbrücker Odyssee und Viktorias Verschwinden

Preußen Dellbrück, ebenfalls rrh., erfuhr eine recht unglückliche Geschichte, was die Platzanlagen betraf. Seit dem Gründungsjahr 1912 Ecke Heidestr./Bergisch-Gladbacher Str. auf dem „et Höffge" genannten Platz zu Hause, beanspruchten 1948 die belgischen Besatzungstruppen für eine Panzerabteilung die Anlage. Exil fand der West-Oberligist erst auf einem behelfsmäßigen Platz fern seiner eigentlichen Heimat im Stadiongelände, 1948-51 dann im Stadion Köln. Der Oberliga-Neuling gewann 1949/50 mit dem späteren Nationaltorwart Fritz Herkenrath die West-Vizemeisterschaft und drang bis ins Halbfinale der Deutschen Meisterschaft vor (gegen Offenbach 0:0 n.V., 0:3). Die Preußen – in der Endrunde hatte man ja einiges verdient – wollten nun eine endgültige Heimat auf der rechtsrheinischen Merheimer Heide in Hürnberg finden, doch obwohl bereits Erdbewegungen stattgefunden hatten, die Betonfundamente für die Tribüne standen, der Rasen in der 25.000-Zuschauer-Arena eingesät war und 150.000 DM investiert worden waren, stand dort schließlich nie ein Stadion, sondern nach dem Willen des Bundesverkehrsministeriums das Autobahnkreuz Merheim!

Die Preußen pachteten daraufhin 1952 für zehn Jahre die Radrennbahn am Zoo in Riehl, mussten aber 1954 erneut weichen, weil der Zoo erweitert werden sollte. Die Alternative war ein kleiner Sportplatz am Dellbrücker Turnerkamp, weshalb man in die Müngersdorfer Radrennbahn wechselte – auch der spätere Fortuna-Macher Jean Löring, der damals bei den Preußen unter Vertrag war. 1957 bildete Dellbrück wie erwähnt mit dem SC Rapid (der ein Stadion in Hürnberg besaß) die Viktoria, die teils in Köln-Höhenberg, teils in der Radrennbahn, teils im Müngersdorfer Stadion um Punkte kämpfte.

Die Viktoria – 1957 bis 1963 Oberliga West, danach zehn Jahre in der Regionalliga West, 1978 bis 1981 in der 2. Bundesliga Nord –, gesponsert von „4711"-Chef „Ferdi" Mühlens (der 1992 als Sportförderer 1,4 Mio. DM Steuernachzahlungen leisten musste und sich danach zurückzog), ist ebenfalls der kölschen „Fusionitis" zum Opfer gefallen. Ihr Name ist gänzlich verschwunden. Der Nachfolgeverein in der Oberliga Nordrhein heißt SCB Preußen Köln (SCB steht für Fusionspartner Brück). Das Spieler-Aufgebot der verschollenen Viktoria liest sich wie ein Trainer-Lexikon: Bisanz, Gero; Kremer, Willibert; Ribbeck, Erich; Rudinski, Anton; Rühl, Carl-Heinz; Sundermann, Jürgen. Außerdem waren da noch „Panther" Beara, vorher Liebling des Aachener „Tivoli", Ex-Nationalspieler Neuschäfer, „Schäng" Löring, Torjäger Matischak, Horst Nußbaum (alias Schlagerproduzent Jack White) und die 1. FC Köln-Exilanten Habig, Ripkens, Toni (der I.) Schumacher.

Als Nr. 2 im Kölner Fußball etablierte sich später auf Dauer der SC Fortuna Köln, der bis zur Einweihung des Südstadions in der Regionalliga West (seit 1967), den 2. Bundesligen und der 1. Bundesliga im Radstadion spielte.

„Hexenkessel Radrennbahn"

Das erwähnte Radstadion beim heutigen Müngersdorfer Stadion besteht in der alten Form nicht mehr; 1982 ließ die Stadt es abreißen. Der neu gegründete 1. FC Köln hatte dort 1948 bei einem Fassungsvermögen von 22.000 begonnen, zog aber nach dem Oberliga-West-Aufstieg 1949 ins Stadion um. Während des Stadionumbaus 1971-75 kehrte der FC in die Radrennbahn zurück und wurde dort glücklich: Ein 5:1 gegen Bayern München und ein 6:0 über Olympique Marseille führte man mit auf die großartige Atmosphäre in der engen Arena zurück. „Dies können nur Menschen nachempfinden, die einmal in dem zwar ungastlichen, aber trotzdem auch schöner Stadion zu Besuch waren. Allein das gemeinsame Füßetrampeln auf der alten Holztribüne – diese war übrigens aus der alten Hauptkampfbahn übernommen worden – sorgte für eine Gänsehaut bei den Besuchern" (Thomas Hardt vom Kölner Fanprojekt).

Dank einer Stahlrohrtribüne hatte man während des Stadionumbaus das Fassungsvermögen im Radstadion auf 29.000 gesteigert. Nationalspieler Wolfgang Weber: „Als wir am 14. August 1971 zum ersten Bundesligaspiel gegen Bremen in de Radrennbahn einliefen, war uns doch ein wenig flau. Von der Riesenschüssel ins Ministadion... Aber plötzlich merkte jeder, was für ein Hexenkessel diese Radrennbahn sein konnte. Die Atmosphäre war einmalig. Der hautnahe Kontakt zwischen Zuschauer und Spieler hat mich oft beflügelt" (in: „Kölner Stadtanzeiger").

Andererseits kochten die Emotionen in der auch als „Eruchbude mit beschämenden Mängeln" geschmähten Sportstätte manchesmal zu sehr hoch: Den zweieinhalb Meter hohen Zaun demon-

Die Müngersdorfer Radrennbahn während eines Sportfestes in den 40er Jahren.

tierten Zuschauer (ein niedrigerer ersetzte ihn), es ereigneten sich oft Schlägereien, und zweimal geriet die Holztribüne – glücklicherweise folgenlos – in Brand. Neben dem 1. FC und der Fortuna hatte zuvor zeitweise auch Viktoria Köln die Radrennbahn genutzt, wobei die Klubs in der Zählweise erhebliche Unterschiede aufwiesen: Fortuna gab 17.000 Plätze an, die Viktoria 22.000.

Die 1923 fertig gestellte Radrennbahn – Köln war von jeher ebenso wie im Boxen eine Hochburg dieser Sportart – hatte Ingenieur Hellner aus Dresden mit einer Holzpiste ausgestattet, so dass „nur" Fliegerrennen, aber keine Motorrad- und Steherrennen stattfinden konnten. Eine Glasglüh-Lichtanlage mit 60.000 Kerzen machte sogar Abendveranstaltungen möglich. Dort fanden die Rad-Weltmeisterschaften 1927 und 1954 statt. Später gab es Open-Air-Konzerte, so 1978 mit Ten Years After, Joan Baez, Genesis und bereits 1966 ein Turnier türkischer Ölringer. Die neu erbaute, 1990 eröffnete Kölner Radrennbahn trägt heute den Namen von Albert Richter, dem Kölner Amateur-Weltmeister von 1932, der 1940 in Gestapo-Haft in der Grenzstadt Lörrach ums Leben kam.

Eigentliche Heimat des 1. FC sind Franz-Kremer-Stadion (der „Bundesliga-Vater" starb 1967) und Geißbockheim („ein modernes großes Haus im dezenten Palastspiel"), geschaffen nach 1950 auf dem früheren Zwischenwerk VI b der Festung an Militärring-/Berrenratherstraße. Im genannten Jahr, bei einer Karnevalssitzung, reihte sich übrigens auch der erste Geißbock namens „Hennes" in die Reihen der Rot-Weißen ein, dank eines Geschenks von Zirkusdirektorin Williams. *sky*

Sportplatz VfL Köln 99
ER: 1920. FV: früher 16.000, heute 1.000 üd. SiP, ca. 7.000 unüd. StP Rennbahnstr. 100, 50737 Köln (Weidenpesch).

Radrennbahn Köln-Müngersdorf
ER: 1923. FV: max. 29.000.
Abriss 1982.

Sportpark Höhenberg (Flughafenstadion)
ER: 1931, FV: früher 18.000, heute 10.000, davon 3.000 üd. SiP.
Frankfurter Straße, 51077 Köln,
Tel. 0221 / 89 69 91.

Franz-Kremer-Stadion
ER: 1972. FV: 10.000. ZR: unbekannt.
Cluballee 1, 50896 Köln,
Tel. 0221 / 94 36 430 (Geschäftsstelle).

Die Grotenburg-Kampfbahn in Krefeld: Unvergesslich das Dresden-Spiel 1986.

(Foto: DSS)

Krefeld

▪ Grotenburg-Kampfbahn
Neues Erscheinungsbild dank Bayer-Triumphen

Es gibt Stadien, bei deren Namensnennung einem sofort ein Spiel einfällt. So verhält es sich mit der Grotenburg-Kampfbahn in Krefeld, wo Bayer Uerdingen am 19. März 1986 Überragendes vollbrachte, als es im Europapokal (der Pokalsieger) Dynamo Dresden mit 7:3 überrannte. 2:0 hatten die Sachsen das Hinspiel gewonnen, 3:1 führten sie bei Halbzeit im Rückspiel, ehe die Torlawine über sie herniederging.

Lange nach jenem unvergesslichen Fußballabend und 14 Spielzeiten Bundesliga ist es ruhiger geworden um die Grotenburg-Kampfbahn in nächster Nachbarschaft des Zoos, die ihren Namen von dem Gut und Bauernhaus im Tierpark erhielt. Der KFC Uerdingen 05 hat sich immerhin in der 3. Liga behauptet, nachdem Hauptsponsor Bayer AG sich 1995 zurückzog und den Niedergang der Blau-Roten einleitete.

Als Duisburg noch in Krefeld spielte
Die Grotenburg-Kampfbahn hat zwar eine lange Geschichte, die aber zunächst mit Fußball nichts zu tun hatte. 1927 hatte man sie vor allem im Hinblick auf die Leichtathletik gebaut, später traten dort noch die Feldhandballer des TV Oppum an. Bezahlten Fußball gab es in der „Eishockeystadt" (KEV, Preußen) erstmals 1963/64, als der TSV Duisburg 48/99 in der Regionalliga West nach Krefeld auswich. 48/99 hatte den Umzug vor dem Sportgericht erstritten, da im Duisburger Wedaustadion schon drei andere Vereine spielten. Kamen zum ersten „Schnupperkurs" für Regionalliga-Fußball lediglich 1.300 Besucher, so bestätigte sich das Grotenburg-Gastspiel bald als blendende Idee: 4.752 zählte der

Absteiger im Schnitt, eine Zahl, die man in Duisburg nie und nimmer erreicht hätte! Spitze waren je 12.000 gegen Aachen (2:3) und Düsseldorf (0:1).

Die Szene veränderte sich mit dem sportlichen Aufstieg des 1953 entstandenen FC Bayer 05 Uerdingen, der nach 1962 im Stadion am Löschenhofweg in Uerdingen spielte (dort befinden sich noch Geschäftsstelle und Klub-Restaurant). Je erfolgreicher Bayer 05 war, desto mehr wandelte sich das Erscheinungsbild der vorher verwaisten Grotenburg-Kampfbahn. „Manni" Burgsmüller, Torschützenkönig 1973 und 1974, wurde einer der Lieblinge des Anhangs. In jenen Regionalliga-Jahren 1971 bis 1975 reichte ein Fassungsvermögen von 18.000 noch aus, doch zum Aufstiegs-Rückspiel am 22. Juni 1975 gegen den FK Pirmasens (6:0) war eine neue 4.000-Sitzplätze-Tribüne fertig, so dass 22.000 einen neuen Rekordbesuch bedeuteten.

Seit 1976 ragten dann dank des finanziellen Engagements der Bayer AG vier Flutlichtmasten auf. 1980 war die neue Stehtribüne für 10.000 auf der Westseite fertig und am 2. Mai eine neue Bestmarke fällig: 24.000, also fast ausverkauft, im Freitagabend-Abstiegskampf gegen den MSV Duisburg. 1986 riss man die alte Tribüne an der Zooseite ab und ersetzte sie durch eine Sitzplatztribüne, die Nordtribüne, 1990 folgte die Anzeigetafel an der Ostseite.

Die schmucke Anlage indes scheint mit 34.500 Plätzen zu groß geraten für Krefeld und die 3. Liga. Den besten Besucherschnitt zu Bundesliga-Zeiten gab es 1994/95 mit 17.351, in der Saison 1985/86, als der DFB-Pokalsieger Dritter wurde, registrierte man lediglich 11.853. An solche Zahlen ist vorerst nicht mehr zu denken. *sky*

Grotenburg-Kampfbahn Krefeld
ER: 1927. FV: 34.500, davon 9.943 üd. SiP und 4.485 üd. StP sowie 20.072 unüd. StP.
Tiergartenstr. 165, 47800 Krefeld,
Tel. 02151 / 49 05 45.

Städtisches Stadion

Statt 5.000 noch 450 Plätze

Das heutige Städtische Stadion Lahnstein, damals auch als „Städtischer Rasenplatz an der Kölner Straße" bezeichnet, erlebte Anfang der 60er Jahre zwei Jahre erste und ein Jahr zweite Liga.

Stets war es der SV 1911 Niederlahnstein aus der damals 8.000 Einwohner zählenden Stadt, der aufstieg und umgehend wieder abstieg. Bei der Oberliga-Premiere 1960/61 interessierte dies im Schnitt 1.767, in der einzigen Regionalliga-Spielzeit 1963/64 nur noch 916 Besucher. *sky*

Städtisches Stadion Lahnstein
ER: 1958. FV: früher 5.000, heute 450, davon 50 unüd. SiP.
ZR: 3500, Oberliga Südwest, 5.3. 1961, SV Niederlahnstein – 1. FC Kaiserslautern 0:1.
Hermsdorfer Straße, 56112 Lahnstein.

Südpfälzisches Stadion

Parkplatz für Fahrräder

Am 26. Juni 1926 weihte Landau die Arena u.a. mit dem 2:2 zwischen der Stadtauswahl und der Südpfalz-Auswahl ein. Die Anlage, die 800 unüberdachte Sitzplätze besitzt, erlebte im April 1950 ihren größten Tag, als 12.000 das Oberliga Südwest-Spiel ASV Landau – 1. FC Kaiserslautern (0:4) sehen wollten. Beim Sportplatz am Westbahnhof war ein Extra-Parkplatz für Fahrräder eingerichtet worden, und auf der Aschenbahn standen zusätzliche drei Reihen Brauereibänke. Der ASV gehörte drei Jahre zur Oberliga und war danach in der Regionalliga Südwest, wo er 1970 den Namen eines Sponsoren als ASV Gummi-Mayer Landau annahm. *sky*

Südpfälzisches Stadion Landau
ER: 1926. FV: 10.800, davon 800 unüd. SiP.
ZR: 12.000, Oberliga Südwest, April 1950, ASV Landau – 1. FC Kaiserslautern 0:4.
Löhlstraße, 76829 Landau,
Tel. 06341 / 89 82 25.

Stadion Klinkenthal* / Kohlwaldstadion

Neuer Name, neues Stadion

Das Stadion Klinkenthal gibt es nicht mehr, der FC Teutonia 08 Landsweiler-Reden heißt anders, und überhaupt ist Landsweiler-Reden nicht mehr selbstständig – gar nicht so einfach, diesem Kapitelchen Regionalliga-Geschichte von 1968/69 im Südwesten auf die Schliche zu kommen.

Zur Erläuterung: Der saarländische Klub meldete für jene Spielzeit 1968/69 das 5.000 fassende Klinkenthal und den Platz der Staatlichen Sportschule Saarbrücken (Fassungsvermögen 2.000) als Spielstätten. Es folgte ein Lehrjahr für den Neuling, man erreichte nur acht Punkte, doch das 100. Gegentor ließ man nicht zu, es blieb bei 99. Das Stadion Klinkenthal fiel später dem Abriss anheim.

Der FC Teutonia fusionierte mit DJK Landsweiler-Reden zum FC 08, und Landsweiler-Reden selbst schloss sich 1974 bei der Gebiets- und Verwaltungsreform im Kreis Neunkirchen mit Heiligenwald und Schiffweiler zusammen und gehört nun zur Gemeinde Schiffweiler. Der FC 08 ist jetzt im Kohlwaldstadion auf dem Buchenkopf in Landsweiler-Reden zu Hause. 1993 musste die Sportstätte wegen Bergschäden renoviert werden und 1999/2000 ist sie neu ausgebaut worden (Wiedereröffnung Juli 2000). Neben dem FC 08 nutzen die Leichtathleten der TG Landsweiler-Reden die Anlage. Besitzer ist die Gemeinde Schiffweiler, die die Pflege per Erbbaurechtsvertrag dem FC übertragen hat, der dafür einen jährlichen Zuschuss erhält. *sky*

Kohlwaldstadion Schiffweiler Landsweiler-Reden
ER: 1969. FV: 4.000–5.000 StP.
ZR: 2.200, FC 08 – Bor. Neunkirchen.
Buchenkopf, 66575 Schiffweiler,
Tel. 06821 / 68 658.

DDR-Oberligist ohne Heimstadion

Wie ein Tabellenführer verschwand

Dies vorweg: Ein Stadion der ehemaligen DDR-Oberliga gibt es nicht in Lauter im Erzgebirge, und doch hat die BSG Empor aus dem „Industriedorf" von 1952 bis 1954 der höchsten Spielklasse angehört.

Als 1956 die Sportanlage An der Lumbachhöhe eröffnete, war's für die Oberliga zu spät: Die BSG Empor war zwar nicht abgestiegen, aber von Staats wegen bis auf einen Spieler nach Rostock transferiert worden, wo das Ostseestadion in der BSG Empor Rostock einen neuen „Hausherrn" fand.

Die Lauterer Heimplätze, „Waldhausplatz" und „Grüner Platz" genannt, waren nach dem Oberliga-Aufstieg 1952 von der zuständigen Spielkommission nicht akzeptiert worden. Ein Neubau war in der Kürze der Zeit nicht zu realisieren, weshalb die BSG Empor ihre Heimspiele andernorts im Erzgebirge austrug: in Annaberg (vier Kilometer entfernt), Beierfeld und meist in Schwarzenberg (vier Kilometer entfernt) – jedes Heimspiel war faktisch ein Auswärtsspiel! Unter dem späteren Dresdner Trainer-Icol Walter Fritzsch gelang „dem Kollektiv ohne Stars" im ersten Jahr der Klassenerhalt: 10.000 waren z.B. beim 2:2 gegen Rotation Dresden in Annaberg dabei und dieselbe Besucherzahl in Schwarzenberg, wo man den Handball- in einen Fußballplatz umgebaut hatte, gegen Aue.

Nach dem 1:0 am 24. Oktober 1954 in Schwarzenberg über Rotation Babelsberg war Lauter Tabellenerster – und verschwand auf Direktiven der Berliner Zentrale aus der Erstklassigkeit. Bei der Lauterer Anhängerschaft löste dies wütende Proteste aus, man blockierte den Bahnhof und drohte die zum Umzug der Spieler vorgefahrenen Möbelwagen umzuwerfen. Kamen die Abtrünnigen aus Lauter mit Rostock später zurück zu Spielen ins Erzgebirge, nach Aue und Zwickau, wurden sie gnadenlos ausgepfiffen.

Seit 1990 existiert die BSG Empor, deren Träger ehemals HO Lebensmittel und Kreis-Konsumgenossenschafts-Verband waren, nicht mehr; der Nachfolger nennt sich Lauterer SV Viktoria 1913. *sky*

■ Zentralstadion

Vom „Hitler-Feld" zum „Stadion der Hunderttausend"

Galt Berlin-Ost als „Hauptstadt der DDR", so konnte Leipzig, die größte sächsische Stadt, für sich in Anspruch nehmen, die Sportstadt Ostdeutschlands zu sein. Dafür stand ein Bauwerk, mit dem die DDR der BRD über Jahrzehnte eines voraus hatte: Das „Stadion der Hunderttausend", später Zentralstadion genannt, war Deutschlands größte Arena. Nach dem Beitritt der DDR diente es noch einige Zeit mit sehr begrenzter Kapazität dem VfB Leipzig in der 1. und 2. Bundesliga, ehe es zunehmend verfiel und nun zur WM 2006 durch einen Neubau ersetzt wird.

Der Eindruck war trist, den der Besuch im Frühjahr 2000 in der Riesenarena hinterließ. Ging man durch den 18 Meter breiten Tunnel im kolossalen Hauptgebäude, ein Werk stalinistischer Architektur, hindurch, betrat man ein Stadion, das eigentlich keines mehr war. Allerorten Verfallspuren, die Bänke waren fast komplett demontiert. Nicht viel anders die Ansichten beim Rundgang um die Arena: ramponierte Gebäude, verrammelte Tore und Türen, Schmiereien an den Wänden.

Olympische Spiele in Leipzig?
Das war anders gewesen, als das Zentralstadion noch Mittelpunkt des gigantischen Komplexes Sportforum war, das sich auf einer Fläche von 48 qkm zwischen Stadtzentrum und dem Westen Leipzigs in den Auen von Elster und Pleiße erstreckte. Nahm man Clara-Zetkin-Park, Pferderennbahn, die Deutsche Hochschule für Körperkultur (DHfK), Motodrom, die Sportplätze am Cottaweg und am Schützenhof hinzu, so dehnte sich das Sport- und Erholungsgelände auf über acht Kilometer Länge und 1,5 km Breite aus. Umgeben war das Stadion von Festwiese, Hockeystadion, Schwimmstadion, Eisstadion, Volleyball-Basketball-Stadion, Tennisstadion, diversen Sporthallen und Sportplätzen. Das markanteste Bauwerk neben der Arena ist der 40 Meter hohe Werner-Seelenbinder-Glockenturm, benannt nach dem Olympiaringer und Widerstandskämpfer, den die Nazis 1944 ermordeten. Angesichts des riesigen

Sportgeländes soll Erich Honecker überlegt haben, ob sich Leipzig nicht als Austragungsort Olympischer Spiele bewerben solle.

Im obersten Stockwerk des massigen Stadion-Hauptbaus befand sich seit 1977 das erste deutsche Sportmuseum nach dem Krieg, das wir dort bei unserem Lokaltermin vergebens suchten: Nachdem es dank einiger glücklicher Umstände und u.a. dank eines Fördervereins die Wendezeit überstand, befindet es sich nun als Abteilung des Stadtgeschichtlichen Museums in völlig unzureichenden Kellerräumen in der Nähe.

Im Visier der NS-Planer
Sportliche Nutzung hatten die früheren Frankfurter Wiesen bereits vor Gründung der DDR erfahren (TV 1867 Leipzig, Universitäts-Sportplatz, Poseidon-Bad, Bundesschule der Arbeitersportler). Der Generalbebauungsplan von 1926/27 sah dort eine Großkampfbahn vor, andere utopische Pläne beinhalteten die Messe samt einem gigantischen Garagenkomplex, auf dessen Dach Flugzeuge landen sollten. Wie anderswo geriet das große Gelände nach 1933 rasch ins Visier der NS-Planung: Stadtbaurat Dr. Wolf konzipierte das „Adolf-Hitler-Feld" als Aufmarschplatz, auf dem beim „Gautag Sachsen" 100.000 Nationalsozialisten antraten und viele Schaulustige die Wälle bevölkerten. Das „Hitler-Feld" nahm zwei Drittel der späteren Festwiese ein, auf dem restlichen Drittel steht das Zentralstadion. Nach Olympia 1936 in Berlin sollte Leipzig eine Großkampfbahn für 100.000 Zuschauer erhalten – Palmengarten und Radrennbahn waren zu dem Zweck bereits abgerissen, als der 2. Weltkrieg begann und alle Vorarbeiten gestoppt wurden.

1948 legte der Stadtbebauungsplan fest, dass die Enttrümmerung des zerstörten Leipzig einem künftigen Sportforum dienen sollte. Trümmerschutt aus der Innenstadt – 1,5 Mio. Kubikmeter, fast ein Drittel der Kriegstrümmer –, wurde im Zwei-Schichten-Betrieb auf Lkws für die Aufschüttung der Wälle (für

die man außerdem Kraftwerkasche verwandte) angefahren und für die Planierung des Geländes genutzt.

1952 war das Schwimmstadion (9.200 Sitzplätze) fertig, das 1961 ein verschiebbares Dach erhielt. Auf der Festwiese sahen 1954 beim I. Turn- und Sportfest der DDR über 70.000 Menschen den Vorführungen von 10.000 Sportlern zu.

Was noch fehlte, war ein Großstadion, weshalb der Ministerrat der DDR 1955 beschloss, das Sportforum mit dem Bau des „Stadion der Hunderttausend" bis zum II. Turn- und Sportfest der DDR im August 1956 zu vollenden. Es soll der gebürtige Leipziger und Staatsratsvorsitzende Walter Ulbricht gewesen sein, der die 100.000-Zuschauer-Lösung gegenüber 50.000 bis 60.000 Plätzen favorisierte. Das Prestigeobjekt kam offensichtlich einem Bedürfnis der Bevölkerung entgegen, schrieb doch die „Leipziger Volkszeitung" bereits 1950: „Seit langen Jahren hat Leipzigs Sport ohne eine repräsentative Großkampfstätte auskommen müssen. Versuche, ein Stadion zu schaffen, sind viele begonnen worden, aber alle sind gescheitert."

„Kampftermin der Bauarbeiter"
Im März 1955 begann ein Sonderprojektierungsbüro mit Vorarbeiten. Chefarchitekt war Nationalpreisträger Karl Souradny, Aufbauleiter der Baumeister Sachs und Sonderbeauftragter der Stadtverwaltung (und späterer erster Stadiondirektor) Herbert Mank. In nur 16 Monaten von Mai 1955 bis Juli 1956 schufen Bauarbeiter, sog. Aufbauhelfer aus Leipzig und anderen Teilen der DDR, Angehörige der Armee und Mitglieder einer internationalen Jugendbrigade die Riesenarena. Selbst als der Winter über Sachsen hereinbrach – der Fertigstellungstermin war ja vorgegeben – wurde unter Zeltplanen weitergearbeitet; Wärme spendeten Infrarotstrahler, zwei Lokomotiven der Reichsbahn und andere Heizquellen. 293.631 freiwillige Arbeitsstunden registrierte man letztlich, wobei die Leistung der der Enttrümmerung von 1950/51 entsprach. Insofern war es notwendig, Arbeiter von außerhalb anzufordern und Sondereinsätze in Betrieben zu fahren.

Schritt für Schritt kam der Bau voran:
– Juli 1955: Das Rasenspielfeld wird angelegt.
– Bis November 1955 folgen die Laufbahn und große Teile der Dammschüttung sowie die Traversierung der Stehränge.
– 28. April 1956: Richtfest am Stadiongebäude.

110.000 Menschen passten ins „Stadion der Hunderttausend".

– 15. Mai: Die Arena ist im Rohbau fertig.

– 31. Mai 1956: Der Innenraum ist komplett, oder wie es im DDR-Jargon hieß: „Der Kampftermin der Leipziger Bauarbeiter für die Fertigstellung des Innenraumes ist der 31. Mai 1956".

– 30. Juni: Der Stadiondamm ist mit Ausnahme der Nordwestecke geschlossen.

Am 1. August 1956 erklang erstmals die 70-Zentner-Glocke aus Buntmetall vom Glockenturm. Sie war mit dem Staatswappen der DDR, einem Relief von Werner Seelenbinder und der Inschrift „In seinem Namen rufe ich die Deutsche Turn- und Sportjugend" versehen. Einweihung des Stadions war am 4. August während des II. Deutschen Turn- und Sportfestes. Wie es in der mit stets wiederkehrenden Versatzstücken besetzten offiziellen Sprache hieß, hatte „die Bevölkerung der DDR unter Führung der Arbeiterklasse und ihrer marxistisch-leninistischen Partei in einem echten Gemeinschaftswerk einen modernen Sportkomplex geschaffen".

Frei von allen politischen Interpretationen beeindruckte der gigantische Bau in Ost und West. Auf dem 23 Meter hohen Damm existierten Sitzplätze für 100.000 Besucher, aneinandergereiht ergaben die 76 Traversen eine Länge von

fast 49 Kilometern. 20.000 nahmen auf Betonfertigteilen mit Sitzflächen aus „Plastefol" Platz, weitere 80.000 auf Sitzbänken. Das „Stadion der Hunderttausend" war in 40 Blöcke eingeteilt, und wer vom Innenraum auf die Dammkrone gelangen wollte, musste 150 Stufen hinaufsteigen. Vier Tunnel führten durch den Damm zum Innenraum, eine wesentliche Vorbedingung für die Massen-Sportfeste, die folgen sollten. Das Hauptgebäude der Ostseite fiel monumental aus, war mit seinen fünf Stockwerken (später „sattelte" man die Räumlichkeiten fürs Sportmuseum darauf) zur Straßenseite ein Blickfang und öffnete sich, gelungen ins Oval eingepasst, zweistöckig nach innen. Als drei Jahre nach Leipzig im rumänischen Bukarest das „Stadion 23. August" eröffnete, war klar, dass Leipzig als Vorbild gedient hatte.

UdSSR, Polen und 110.000 (oder mehr)

Die 50er Jahre waren im Osten wie im Westen ein Jahrzehnt des Sports und ein „Goldenes Jahrzehnt" des Fußballs. Dementsprechend musste das „Stadion der Hunderttausend" (den späteren Namen Zentralstadion führt es zu Recht, weil ein Drittel der Einwohner die Arena an der Stalinallee zu Fuß erreichen konnte) ein Erfolg werden. Die Fußball-

Nationalmannschaft der DDR war 49mal dort, erstmals beim vielbeachteten 2:1 im Jahre 1957 im WM-Qualifikationsspiel vor 105.000 gegen Wales. Rekord waren im selben Wettbewerb und im selben Jahr die 110.000 gegen die CSR (1:4); weitere 10.000 sollen auf der Dammkrone und den Zugangstreppen gestanden haben. Die Bestmarke wurde nochmals erreicht, als sich am 9. November 1957 die UdSSR mit dem 2:0 vor 110.000 gegen „Volkspolen" (DDR-Presse) für die WM in Schweden qualifizierte. Dies war keine politische Veranstaltung der „Bruderstaaten", sondern ein notwendiges Entscheidungsspiel auf neutralem Platz. Je 100.000 kamen zur Flutlicht-Premiere SC Wismut – Honved Budapest (1:3, 1956), zum Spiel Auswahl Leipzig – Dynamo Stalinstadt, zum Lokalkampf Rotation – Lok (1:2, 1956) unter Tiefstrahlern, nochmals 110.000 (andere Angaben: 100.000) sollen es bei Wismut Karl-Marx-Stadt gegen 1. FC Kaiserslautern gewesen sein (3:5, 1956, Fritz Walters legendäres Hackentor!, und 250.000 wollten nach Angaben der „Fußballwoche" den SC Lok gegen Schalke (1:3) sehen, als Ernst Kuzorra den Anstoß vollzog. 100.000 bei SC Rotation Leipzig – SC Lok Leipzig waren gesamtdeutscher Punktspiel-Rekord.

(Foto: Sportmuseum Leipzig)

Die 70-Zentner-Glocke mit dem Seelenbinder-Relief wird 1956 angebracht.

Davon erzählen Opas noch ihren Enkeln, und viele Teilnehmerinnen und Teilnehmer werden in den familiären Photoalben Erinnerungen an die Turn- und Sportfeste der DDR, die über mehrere Tage liefen und meist mit einem Fußball-Länderspiel verbunden waren, oder an die Zentralen Kinder- und Jugendspartakiaden (seit 1977 in Leipzig) nachblättern können. Das Zentralstadion und seine Geschichte hätte ein eigenes Buch verdient, weshalb wir uns auf Stichworte beschränken: Leichtathletik-Weltrekorde, das V. Nationale Rugby-Turnier der DDR 1956 unter Mitwirkung des FC St.Pauli und von Hannover 78, die Ankünfte der Friedensfahrer (Rekordbesuch 1957, 90.000), Feldhandball-Länderspiel 1957 DDR gegen Weltmeister BRD vor fast 80.000 (14:19) und vor der Stadion-Südkurve Fights ostdeutscher und englischer Amateurboxer (1960). Sogar auf eine Briefmarke hat's das Stadion geschafft, 1976 in einer Serie zu den Olympischen Spielen.

Lok Leipzig wich zu „großen Spielen" stets ins Zentralstadion aus. Unvergessen dabei das EC-Halbfinale der Pokalsieger 1987 gegen Girondins Bordeaux, als am 22. April vor 73.000 zahlenden und 20.000 nicht zahlenden Besuchern Lok mit dem 6:5 n.E. das Endspiel erreichte und Torhüter René Müller den entscheidenden Elfmeter verwandelte (Finale 0:1 gegen Ajax). Der Fernsehreporter blieb, wenn wir uns recht erinnern, minutenlang stumm, währendessen die Kameras über eine Menschenmenge schwenk-

ten, die völlig außer sich war.

Es war selbstverständlich, dass der 50er-Jahre-Bau immer wieder erneuert und verbessert werden musste. 1963 postierte man die anlässlich der EM im Schwimmstadion aufgestellte elektrische Anzeigetafel (1974 modernisiert) in der Nordkurve. Den Regieturm renovierte man 1969, die Ehrenlogen mehrmals, bis sie 1977 schließlich 1.200 Plätze boten – die Zahl der bedeutenden Funktionäre hatte sich in zwei Jahrzehnten offenbar vervierfacht! Die 60-Scheinwerfer-Flutlichtanlage aus dem Jahre 1956 (75 Lux, als Notstromaggregat diente ein 400-PS-Schiffsdiesel) wurde 1968 auf 400 Lux und 1977 auf 2.000 Lux (144 Scheinwerfer an vier hohen Masten) verbessert. Seit 1969 besaß das Zentralstadion eine Tartanbahn (1995 erneuert). Das „Leichtathletik-Erfolgsland" DDR – unter welchen Bedingungen, ist nicht unser Thema – verfügte in fast allen wesentlichen Stadien über die entsprechenden Anlagen, doch wird es im neuen Zentralstadion, einer reinen Fußballarena, keine mehr geben.

Bundesliga-„Geisterspiele"

Nachdem Lok-Nachfolger VfB Leipzig in der 1. und 2. Bundesliga vom DFB vom Bruno-Plache-Stadion ins Zentralstadion zwangsverwiesen wurde, mussten 1992 insgesamt 2.700 Meter Sicherheitszäune sowohl um den Innenraum als auch an der Umgehungsstraße erbaut, 38 Paniktore erstellt, nach dem Aufstieg 1993 (2:0 gegen Mainz vor 38.000) die Zuschauerplätze saniert und

das Stadion-Hauptgebäude teilsaniert werden. Im einzigen Bundesliga-Stadion ohne überdachte Plätze – Ausnahme einige wenige Sitze für die Medien – ließen das Leipziger Bauamt und der DFB von 93.000 Plätzen nur noch 40.000 zu, Ausnahme war der Kirchentag 1997. Diese Zahl blieb nicht konstant, da sich die „Fans" von Dynamo Dresden beim ersten Bundesligaspiel in der Geschichte Leipzigs am 7. August 1993 (3:3) nicht dem Spiel, sondern dem Zertrümmern von Sitzbänken widmeten.

Eine Neuauflage der Fußballfeste von einst gab es nicht, denn der VfB konnte in der 1. Liga nicht mithalten. Partien gegen Leverkusen (5.100 Zuschauer), SC Freiburg, 1. FC Köln (je 5.500), Wattenscheid, VfB Stuttgart (je 5.800), Nürnberg und Schalke (je 6.100) waren „Geisterspiele", den besten Besuch hatte man – natürlich – mit 37.000 gegen Bayern München (1:3) (Schnitt insgesamt 11.876). Vollends verwaist war das Zentralstadion, als der VfB nach Probstheida zurückkehrte und der FC Sachsen sowieso in Leutzsch spielte.

Alle Leipziger Stadion-Hoffnungen ruhten danach auf der WM-Vergabe für 2006. Pläne für ein 60.000-Zuschauer-Stadion waren bereits erstellt, und inzwischen hat Bundeskanzler Schröder den ersten Spatenstich für den Neubau vollzogen und 100 Mio. DM vom Bund garantiert – zu einem Zeitpunkt, als weder Investor noch Investionsvolumen feststanden. Der vorgesehene britische Finanzier sprang ab, nachdem er vermutlich die Fußball-Tabellen studiert hatte: FC Sachsen 3. Liga, VfB 4. Liga, da konnte sich das Stadion nicht rechnen.

100 Mio. DM vom Bund aber waren da, weitere 30 Mio. von der Stadt garantiert, auch das Land würde einsteigen, und so standen die Investoren zwar nicht Schlange, waren aber vorhanden. Die kurzfristig gebildete Allianz Deutsche Beamtenvorsorge Immobilien Holding (DBVI) und Josef Wund Objektbau GmbH Friedrichshafen ging in der Stadtrat-Abstimmung am 27. September 2000 leer aus: Passé war damit das architektonisch interessante Stadionmodell „Himmelsharfe", bei dem 160 Meter hohe Pylonen ein verschließbares Dach tragen sollten.

Kölmels erstes Stadion

SPD, PDS, B 90/Die Grünen und Bürgerfraktion votierten mit 41 Stimmen gegen 22 der CDU für die EMKA Immobilien Beteiligungs GmbH Berlin-Charlottenburg, Eigentum der Kinowelt Medien AG, deren Vorstand Filmverleiher Michael Kölmel ist. Der Leipziger Vorgang

(Foto: Sportmuseum Leipzig)

Turn- und Sportfest im „Stadion der Hunderttausend".

Stadion des Friedens / KVP-Stadion* / Karl-Enders-Sportpark / Südost-Stadion

MoGoNo und ein Vereinsheim von anno 1911

Über Zentralstadion, Bruno-Plache-Stadion und Georg-Schwarz-Sportpark (heute Alfred-Kunze-Sportpark) hinaus gab es in Leipzig weitere Stadien, in denen zu DDR-Zeiter Oberliga-Fußball geboten wurde.

Vor 1945 war das heutige Stadion des Friedens in Leipzig-Gohlis als Wacker-Stadion ein Begriff. Der SC Wacker Leipzig hatte es von Mai 1922 bis September 1923 gebaut und am 16. September 1923 eröffnet. Er dc ültig fertig war die Anlage 1925, nochmals eingeweiht wurde sie mit den Deutschen Leichtathletik-Meisterschaften 1926. Der SC Wacker, der fünf Jahre lang der Gauliga angehörte, und Architekt Kurt Knauer hatten auch den Bau einer übe-dachten 1.000-Plätze-Tribüne, kombiniert mit dem Vereinshaus, vorgesehen, was aber nie realisiert wurde. Das Hauptspielfeld war umgeben von vielen weiteren Sportanlagen, darunter „ein Stück Rasenteppich, wo Frauen und Mädchen ungestört ihren Körper im Sonnenlicht baden können". Architekt Knauer: „Spätere Geschlechter werden diese Konzession an die verkehrten Sittenbegriffe prüder Vorfahren belächeln."

Das Wacker-Stadion blieb im 2. Weltkrieg unzerstört, sein Damm wurde durch Bauschutt erweitert und erhöht. Stehtraversen aus Beton schuf man 1952, das Südtor zur Arena entstand (mit Podesten, auf denen früher wohl Fahnenschwinger und Fanfarenbläser standen), und auf der Westseite errichtete man einen Sprecherturm. Der Name Stadion des Friedens soll aus der Zeit 1952/53 stammen. Das monumental wirkende Südtor unterzog man 2000 einer Renovierung. Die großzügigen Dimensionen der Anlage lassen sich heute noch gut nachvollziehen; so ist der asphaltierte Umgang auf den Wällen sehr breit

Heute ist im Stadion des Friedens MoGoNo zu Hause – kein asiatischer Sportverein, wie der Name vermuten lässt, sondern Motor Gohlis-Nord. MoGoNo fand als Pächter beim Einzug ein „marodes Stadion", „einen halben Wald" auf den Stehtraversen und ein reparaturbedürftiges Dach überm Sozialtrakt vor.

Vom Stadion des Friedens in die Friedrich-Ludwig-Jahn-Kampfbahn an

ist insofern ein Novum: Die Kinowelt bzw. Sportwelt bzw. EMKA bzw. Kölmel, größter privater Investor im deutschen Fußball, steigt erstmals ins „Stadiongeschäft" ein, nachdem die Sportwelt zuvor bereits mit elf Vereinen kooperierte. In Leipzig hatte die Kinowelt-Tochter EMKA kalkulierte Baupläne eingereicht, der Stadt vorab 30 Mio. DM in bar und weitere 30 Mio. Mark als Bürgschaft an die Hand gegeben, was für die Stadtrat-Entscheidung ausschlaggebend war. Die EMKA wird das Stadion bauen und es anschließend 15 Jahre betreiben.

Der Clou aus lokaler Sicht ist, dass Kölmel sich kurz vor dem Auftrag zum Stadionbau mit 74,5 % die Vermarktungsrechte des VfB Leipzig sicherte, der dafür als zinsloses Darlehen über fünf Jahre monatlich 70.000 Mark Sportwelt-Geld erhält. 1999 aber hatte Kölmel bereits knapp 75 % der Vermarktungsrechte des FC Sachsen Leipzig übernommen. Es gehört nicht viel Phantasie dazu, um sich auszumalen, was kommen wird: Sachsen (Ex-Chemie) in der 3. Liga und ein VfB (Ex-Lok) in der 4. Liga rechnen sich nicht. Michael Kölmel erklärte im Interview mit der „Leipziger Volkszeitung", in der 2. Liga gäbe es „sehr viel mehr Geld vom Fernsehen. Und dann macht es Sinn, ein eigenes Stadion (Anm. das Zentralstadion) zu haben." Seien aber FC Sachsen oder VfB in der 3. bzw. 4. Liga, „dann geht die Rechnung nicht auf". Deshalb werden FC Sachsen und VfB im Hinblick auf das Ziel Bundesliga bzw. 2. Liga nach dem Willen des Geldgebers wohl fusionieren müssen – ein interessantes Experiment, denn die Anhänger beider Vereine sind sich so spinnefeind wie sonst nirgends in Deutschland.

Die „Volkszeitung" ernannte Kölmel jedenfalls zum „König" des Leipziger Fußballs", während CDU-Fraktionschef Volker Schimpff verbittert kommentierte, der Investor habe nun „mehr Macht als ein OB und der Stadtrat zusammen". Offen war bei Redaktionsschluss, ob das neue Zentralstadion ein verschließbares Dach erhält. Die Arena wird 45.000 Sitzplätze besitzen, davon 900 VIP-Plätze in Lounges und 1.200 Business-Seats, da die EMKA die Planungen der Architektengemeinschaft übernimmt. Das 31. Deutsche Turnfest 2002 soll der Probelauf für die neue Arena sein, die bis 2004 fertig sein soll. Die Massen der Turner und Sportler also kehren zurück nach Leipzig, nur unter anderen Vorzeichen. *sky*

Zentralstadion Leipzig
ER: 1956, FV: früher 110.000 unüd. SiP, zuletzt vor dem Abriss 42.000. Neubau (2004): 45.000 üd. SiP
ZR: je 110.000; jeweils WM-Qualifikation, 27.10.1957, DDR – CSR 1:4; 9.11.1957, UdSSR – Polen 2:0
Friedrich-Ebert-Straße, 04109 Leipzig, Tel. 0341 / 12 58 306

Anmerkung: Das **Sportmuseum**, Friedrich-Ebert-Str. 130, 04105 Leipzig, Tel. 0341 / 98 06 491, befindet sich ca. 1,5 km vom Zentralstadion, Straßenbahn-Haltestelle Linie 6 Mückenschlösschen. Es gibt derzeit keine Öffnungszeiten für die Ausstellung. Die Bibliothek kann nach Absprache genutzt werden.

der Delitzscher Straße umgezogen ist die SG Rotation, nicht identisch mit dem Ex-Oberligisten SC Rotation, der im Plache-Stadion spielte. Dafür spielte der SC Lok 1954 bis 1963 zeitweise im Stadion des Friedens.

Nicht weit vom Stadion des Friedens befand sich an der Landsberger Straße das KVP-Stadion (KVP = Kasernierte Volkspolizei), das abgerissen worden ist. Nutzer war der ASK Vorwärts, später nach Berlin transferiert, der zu sog. großen Spielen 1951-53 wiederum ins Stadion des Friedens auswich.

Ebenfalls Oberliga-Ausweichplatz war der Karl-Enders-Sportpark, den die SpVgg 1899 Lindenau 1911 geschaffen hatte. Einweihung war am 21. Oktober 1911 mit einem 1:1 gegen den VfB Leipzig vor 2.000. Das Vereinshaus, heute Sportplatz-Gaststätte, aus jenem Jahr existiert noch, ein beeindruckender Bau mit Walmdach. Die einstigen Stehstufen sind teils überwuchert, die Hintertorseiten renaturiert. Ein weiterer Oberliga-Ausweichplatz war das Leipziger Südoststadion, insofern von Interesse, als es bis zum Verbot 1933 Heimat des Arbeitersport-Fußballmeisters 1921/22/23 VfL Stötteritz war. *sky*

Vortribüne am Alfred-Kunze-Sportpark in Leipzig-Leutzsch.

(Foto: Skrentny)

Alfred-Kunze-Sportpark Leutzsch

„Englische Atmosphäre" und „Rest-von-Leipzig"-Legende

Es ist ein beeindruckender Blick von der letzten Stufe des hoch aufragenden Norddamms, einem imposanten Stehplatzblock, wie man ihn vor dem Taylor-Report auf der britischen Insel oft vorfand: Ein enges, reines Fußballstadion ist da in Leipzig-Leutzsch über die Jahrzehnte entstanden, ebenso wie beim Lokalrivalen VfB noch mit einer Holztribüne, vor der der sog. Dammsitz (Vortribüne) liegt. Weit geht die Sicht von hier oben über Leipzigs Nordwesten, zu Schloten, den obligatorischen Fabrikruinen und einem Wasserturm.

16 Stehstufen wächst der Norddamm empor, ehe ihn ein breiter Weg unterbricht, mit Bande und Mauer. Danach steigen die Anhänger des FC Sachsen Leipzig noch höher hinauf, weitere 20 Stufen! Dergleichen hat allenfalls Aachens „Tivoli" zu bieten. Die Tribüne nimmt die Hauptgerade ein, neben ihr hat ein Freizeit-Künstler in Grün-Weiß „den Rest von Leipzig" lebensgroß als Plastiken aufgestellt, eine Leipziger Fußball-Legende. Nach Bildung des aus offizieller Sicht angestrebten Spitzenklubs SC Leipzig aus Rotation und Lok hatte 1963/64 sensationell nämlich Neuling und Außenseiter Chemie die Meisterschaft gewonnen und die Herzen der Fußballfreunde in der sächsischen Stadt erobert – Grundlage eines Mythos, der nach wie vor Bestand hat. Wie sonst könnte man ganze Familien nach Heimspielen durchs trostlose Leutzscher Industrieviertel zu Fuß unterwegs sehen.

Auf der Gegengerade steht das Vereinshaus mit der „Sachsenstube", davor sind unüberdachte Sitzplätze, weitere fünf Sitzreihen liegen seit der Wende unterm Dach. Das Stadion wirkt architektonisch uneinheitlich, doch kann man sich gut vorstellen, welcher „Hexenkessel" sich dort bei Heimspielen des FC Sachsen durch die Nähe entwickelt. Die Gästefans können das von zwei „Käfigen" aus beobachten.

Ein Gedenkstein erinnert an den früheren Namensgeber des Sportparks, Inschrift: „Dieses Stadion trägt den verpflichtenden Namen Georg Schwarz. 27.3.1896 – 12.1.1945. Einer der führenden Leipziger Kommunisten und Widerstandskämpfer." Georg Schwarz, ein Leutzscher und Betriebsrat der dortigen Gießerei Jahn, hatte eine Widerstandsgruppe gegen die Nazis u.a. bei Heimspielen auf dem Leipziger Tura-Platz organisiert. Ein Gestapo-Spitzel verriet ihn, er wurde hingerichtet.

Seit dem 27. Mai 1992 heißt die Sportstätte Alfred-Kunze-Sportpark. Kunze, ein 82-jähriger Fußball-Veteran, sah mit 10.300 Sportfreunden das „Festspiel" FC Sachsen gegen Altstar-Europaauswahl (Rummenigge, Streich, Reinders, Förster-Brüder u.a.m., 2:3). Mit dem Akt ehrte der Verein den u.a. von 1963 bis 1967 amtierenden Trainer von Chemie Leipzig, der den Klub 1963/64 zur DDR-Meisterschaft und 1966 zum Pokalsieg geführt hatte. Kunze kam aus dem Arbeitersportverein VfL Leip-

---

Stadion des Friedens Leipzig-Gohlis, ehemals Wacker-Stadion
ER: 1923. FV: früher 40.000, nach anderen Angaben 50.000; heute 20.500, davon 500 unüd. SiP und 20.000 StP. ZR: 30.000, DDR-Oberliga, 1983, Chemie Leipzig – Lokomotive Leipzig 0:1.
Max-Liebermann-Straße 84, 04157 Leipzig, Tel. 0341 / 59 20 61, 911 71 57

KVP-Stadion
ER: nach 1945. Abgerissen; es befand sich im Bereich Liebermann-Straße / Landsberger Straße / Olbrichtstraße.

Karl-Enders-Sportpark Leipzig-Lindenau
ER: 1911. FV: früher 15.000, heute 8.000 StP und 270 unüd. SiP. ZR: unbekannt.
Demmeringstraße, 04177 Leipzig, Tel. 0341 / 480 44 43, 480 44 49.

Südoststadion Leipzig-Stötteritz
ER: vor 1933. FV: 10.260, davon 260 unüd. SiP. ZR: 20.000, Arbeitersport-Länderspiel, 2.7.1927, Deutschland – Sowjetunion 2:8.
Oststraße 177, 04317 Leipzig, Tel. 0341 / 86 29 101.

zig-Stötteritz und schloss sich nach dem Verbot des Vereins durch die Nazis Wacker Leipzig an.

Regatta-Tribüne fürs Stadion

Der Stammbaum der Platzherrn vom FC Sachsen beginnt mit Britannia 1899, das auf der Lindenauer Schafwiese spielte und sich 1919 mit dem FC Hertha 05 zum Leipziger SV 1899 zusammenschloss, der an der Merseburger Straße heimisch wurde. 1938 entstand Tura 1889 Leipzig aus LSV und dem SV Tura 1932 Leipzig, der zuvor am Cottaweg spielte, dann aber die Platzanlage im Leutzscher Auewald unweit des Bahnhofs übernahm, wo bis zum Verbot 1933 noch TuS Leutzsch von Rotsport ansässig war; den Platz hatte 1915 ein Arbeitersportverein errichtet. Mit Tura, als Gauligist hatte man die meisten Zuschauer nach Schalke 04, war ein weiterer DFB-Verein Nutznießer der Zerschlagung der Arbeitersportbewegung; dank des Sponsors, eines Automatenherstellers, schaffte er es bis in die Gauliga. Nach weiteren Umbenennungen gab es die erwähnte legendäre BSG Chemie Leipzig, Anfang der 50er Jahre eine Spitzenmannschaft, die sich am 30. Mai 1990 in FC Grün-Weiß Leipzig umbenannte und bereits im August desselben Jahres mit Oberligist FSV Böhlen den FC Sachsen bildete. Der verpasste 1991 die Qualifikation zur 2. Bundesliga und hat 2000 die Drittklassigkeit gesichert.

Nach Kriegsende spielte im heutigen Alfred-Kunze-Sportpark die SG Leutzsch, die 1948 die Regatta-Tribüne vom Elsterflutbecken für ihr Stadion bekam. Als 1949 aus diversen Sportgemeinschaften die ZSG (= Zentralsportgemeinschaft) Industrie Leipzig entstand, erhielt die Spielstätte ihre heutige Gestalt: Statt 10.000 fanden nun 25.000 Raum, beim von Tumulten begleiteten Sachsen-Endspiel Dresden – Meerane (3:1) sollen es sogar 27.000 gewesen sein. Erneut turbulent wurde es im Sportpark, als es beim Aufeinandertreffen von Chemie und Zwickau am 10. Dezember 1950 vor 25.000 zu Zuschauer-Ausschreitungen kam, die Wimpel der Deutsch-Sowjetischen Freundschaft nicht angenommen wurden und Zwickau den Sportgruß verweigerte. Acht Spieler wurden gesperrt, Chemie durfte anderthalb Monate lang nicht mehr im Schwarz-Sportpark antreten.

Tumulte und Platzsperren

In der Spielzeit 1950/51 meldete der Schwarz-Sportpark mit 32.000 gegen Turbine Erfurt (0:1) eine neue Bestmarke und wieder eine Platzsperre, wieder

„Der Rest von Leipzig", die Meisterelf '64, steht gleich neben der Tribüne – einmalig für deutsche Stadien.

(Foto: Skrentny)

nach einer Begegnung mit Zwickau (2:2). Die nächste Platzsperre war 51/52 fällig, als Chemie ohne Genehmigung ein Trainingslager in Kühlungsborn an der Ostsee veranstaltete. Dennoch wählte man den Verein 1952 aus, die DDR in Albanien zu repräsentieren – vermutlich eine Premiere. Doch schon 1952/53 setzte es wieder eine Heimspiel-Sperre. Die Atmosphäre war aufgeheizt, denn „Chemiker" waren einen Tag vor Heiligabend zum SV Vorwärts KVP (= Kasernierte Volkspolizei) „delegiert" worden, und die Umstände waren außergewöhnlich. Weil der Schwarz-Sportpark vereist war, wich man auf den Karl-Enders-Sportplatz aus. Chemie unterlag 0:1, obwohl zwei Akteure von Rotation Babelsberg des Feldes verwiesen wurden. Nach dem 0:1 gegen die schließlich nur noch mit neun Akteuren anwesende Rotation Babelsberg stürmten einige der 5.000 Fans den Platz und griffen die Babelsberger an, weshalb das nächste Chemie-Heimspiel (vor immerhin 18.000!) in Magdeburg ablief.

Irgendwie war die Chemie, gefördert vom „Paten" VEB Lacke und Farben, die Pechmarie. Beim Heimspiel am 11. Oktober 1953 – diesmal in Probstheida – fiel der Bus aus, so dass beim Anpfiff gegen Stahl Thale nur sieben Akteure präsent waren. 25.000 erlebten nach 2:3-Rückstand eine Aufholjagd zum 6:3-Erfolg, aber die Punkte wurden ebenso abgesprochen wie die sechs (!) Treffer von Rudi Krause. Bei anderer Gelegenheit musste der Oberligist gegen Lauter ins Erich-Steinfurth-Stadion im Leipziger Vorort Paunsdorf ausweichen, wo 22.000 Stadionrekord bedeuteten.

Im Sommer 1954 wurde Chemie von den Fußball-Verantwortlichen der DDR wegen „unzureichender Industriebasis" (= Förderung) „abgesägt". Fußballerisches Aushängeschild der Stadt sollte der SC Lokomotive sein, bei dem der bisherige Chemie-Trainer Alfred Kunze

amtierte, der mit seinem neuen Verein von Leutzsch ins Stadion des Friedens umzog. Chemie Leipzig-West war fünftklassig – und 1963 plötzlich wieder in der Oberliga, weil der aus Lok und Rotation gebildete SC Leipzig „ad acta" gelegt wurde. Selbst unter dem Aspekt, dass der Chemie-Anhängerschar von der Obrigkeit sehr viel zugemutet wurde, ist kaum nachzuvollziehen, dass es 1963/64 – wieder gegen Zwickau! – erneut zu Ausschreitungen im Schwarz-Sportpark kam. Die Volkspolizei nahm etliche Leute fest, zwei der Radaubrüder erhielten jeweils fünf Monate Gefängnis, zwei weitere je vier Monate Haft wegen Haus- und Landfriedensbruch. Die BSG Chemie distanzierte sich, handelte sich aber umgehend die nächste Platzsperre ein (und mit dem Zentralstadion den sechsten Heimspiel-Ort ihrer DDR-Oberliga-Geschichte!) – „bis zur Erfüllung der erforderlichen Maßnahmen zur Verbesserung der Organisation und Gewährleistung eines ordnungsgemäßen Abgangs des Schiedsrichter-Kollektives und der Spieler nach dem Spiel", wie es offiziell hieß. Im übrigen wurde Chemie in just jener Spielzeit als Neuling 1963/64 DDR-Meister... Danach war ein Transparent zu sehen mit der Aufschrift: „Sogar der Papst geht in die Knie / Deutscher Meister wird Chemie" (Papst war Vorsitzender des Stadtrivalen SC Leipzig).

Als in der folgenden Saison der Schwarz-Sportpark nicht bespielbar war, wich man beim 0:0 gegen Aufbau Magdeburg wieder einmal ins Stadion des Friedens aus, und man kann sich vorstellen, was nun folgt: Chemie-Anhänger stürmten bei Spielende den Platz, attackierten Magdeburger und Schiri und blockierten die Gästekabine. Diesmal gab's drei Heimspiele Sperre, u.a. gastierte man in Meerane, die BSG Chemie war endgültig gesamtdeutscher Platzsperren-Rekordhalter. Einheimische

Leutzscher Stolz: der Norddamm mit 36 Stehstufen!

wenden ein, der DDR-Presse sei Chemie Leipzig „ein Dorn im Auge gewesen", im Gegensatz „zum SED-Verein 1. FC Lok Leipzig", weshalb seitens der Medien versucht worden sei, den Anhang von Chemie „zu kriminalisieren".

Die Rote Armee am Werk

Nun sollte man bei derart fanatischen Anhängern annehmen, dass sie 1965/66 ihre Dynamik in den Ausbau des Georg-Schwarz-Sportparks eingebracht hätten, doch weit gefehlt: Während „ihr" Verein im Zentralstadion spielte, fanden sich nur wenige Freiwillige ein, um beim Umbau in Leutzsch zu helfen. Da BSG-Chemie-Trägerbetrieb Elguwa keine Mittel für den Stadionausbau besaß, brachte man anscheinend nicht ausgelastete Arbeitskräfte von BBG und Kirow Werk nach Leutzsch, die bei fortlaufendem Gehalt erst gratis werkelten, später mit einer DDR-Mark pro Stunde in Rechnung gestellt wurden. Irgendwie war dies nicht die Ideallösung, so dass die Soldaten der sowjetischen Garnison Schönau einsprangen, um den „Chemikern" ein angemessenes Ambiente zu besorgen, und letztlich zeigte sich noch Alt-Sponsor VEB Lacke und Farben spendabel.

Dank Roter Armee und VEB entstand der Norddamm, mittels 10.000 Kubikmeter Erde beseitigte man die Schräglage (!) des Spielfelds, legte eine Drainage an, gestaltete Haupteingangs- und Kassenbereich neu, schuf einen großen Parkplatz und baute – wen wundert's! – einen Zaun ums Spielfeld.

Der neu gestaltete Georg-Schwarz-Sportpark wurde mit dem Saisonauftakt 1966/67 gegen Meister Vorwärts Berlin vor 22.000 eingeweiht. Die Heimkehr war nur von kurzer Dauer, denn das Rasenspielfeld erwies sich als unzulänglich, weshalb man ab dem 6. Spieltag ins Zentralstadion zurückkehrte. Nun war Zeit, in Leutzsch noch einmal etwas

zu tun: Der Norddamm erhielt weitere 16 Stehreihen (damit 9.000 Stehplätze!), 23 m hoch ist er als Blickfang im Stadion, die gesamte Breitseite des Dammes wurde mittels einer Stahlkonstruktion überdacht, vor der Tribüne richtete man Sitzplätze ein, die alte Tribüne war für den Abriss vorgesehen und es entstanden neue Kassengebäude. Es gab zu der Zeit sogar Pläne, ein gänzlich neues Stadion hinter der Anzeigetafel des alten zu bauen, die Dämme waren bereits aufgeschüttet (und sind heute noch zu sehen), doch scheiterte all dies an fehlenden Geldmitteln.

1971/72 war Schiedsrichter Siegfried Kirschen Ziel von Stein- und Flaschenwürfen. Es gab diesmal keine Platzsperre, wohl aber Haftstrafen von zwei bis sechs Wochen für sieben Jugendliche. Das Ministerium für Staatssicherheit richtete eigens Foren für den Dialog mit dem Chemie-Anhang ein, aber am 13. Dezember 1981 – Bundeskanzler Schmidt besuchte zu dem Zeitpunkt die DDR – tönt es in Dessau aus dem Chemie-Block:

„Helmut Schmidt! / Nimm' uns mit! / In die Bundesrepublik!"

Dessau gewinnt 1:0, Gäste-„Fans" reißen den Zaun ein und versuchen das Spielfeld zu stürmen, was die Volkspolizei mit gezogenen Waffen und Hundeeinsatz verhinderte.

Bereits in den 60er Jahren hatte man auf einem Transparent in Leutzsch Anderes gereimt:

„Die Beetels und Chemie / sowas gabs noch nie!"

Wir wollen uns an dieser Stelle nicht über den Schreibfehler „Beetels" lustig machen; in den 60er Jahren sind schließlich West-Presse, -Radio und -TV in der DDR verboten gewesen. Eine (nicht genehmigte) Demonstration gegen ein Beatgruppen-Verbot auf dem Karl-Marx-Platz (jetzt: Augustusplatz) zerschlug die Polizei. Ein Zeitzeuge:

„Deshalb ist es ungeheuer mutig gewesen, im Stadion in Leutzsch per Transparent Sympathie für die Beatles und westliche Popkultur zu bekunden."

Chemie-Chronist Jens Fuge: „Der Spruch von den Beatles und Chemie ging durch ganz Europa." Das mag bezweifelt werden, jedenfalls besaß die Arena dank der Stimmung (Sprechchöre, rhythmisches Klatschen, Fanfaren, Trompeten) Reputation. Die „FuWo" 1968: „Jeder Fußballanhänger sollte vorsichtig sein mit der Behauptung, er hätte Fußballbegeisterung erlebt, wenn er den Georg-Schwarz-Sportpark noch nicht kennt." 1975, nachdem mit einem 2:0 über den 1. FC Union Berlin der Oberliga-Aufstieg gelungen war, las man: „Chemie-Gesänge zauberten fast englische Atmosphäre in die traditionsreiche Leutzscher Arena."

Der einzige Oberliga-Spielabbruch

Die Existenz des Vereins war nach weiteren schwerwiegenden Zwischenfällen bedroht: Die Vereinsauflösung stünde an, hieß es, würde der Klub nicht „wesentlich stärkere Maßnahmen zur Wahrung von Ordnung und Sicherheit" ergreifen.

Die Wende kam, und in der Spielzeit 1990/91 in Leutzsch der einzige Spielabbruch der DDR-Oberliga-Geschichte: Der renommierte Referee Siegfried Kirschen (den FC Sachsen-Trainer William „Jimmy" Hartwig danach im „ZDF-Sportstudio" als „kleines Schweinchen" bezeichnete) stoppte die Partie vor 7.000 in der 83. Minute beim Stand von 1:0 für Jena, als Dosen flogen und Zuschauer versuchten, den Zaun am Dammsitz zu überwinden. Das Spiel ging mit 2:0 an Jena, der FC Sachsen fuhr zum nächsten Heimspiel gegen Brandenburg nach Nordhausen – die wie vielte Platzsperre das wohl war?

Die Polizei schießt: ein Toter

Die schwerwiegendsten Folgen hatten die Unruhen im Umfeld des Spiels FC Sachsen gegen FC Berlin (ehemals BFC Dynamo) am 3. November 1990. Ein Trupp von 400 Berliner Hooligans, denen lediglich 25 Polizisten gegenüberstanden, richtete schwere Zerstörungen um den Bahnhof Leutzsch an, setzte Polizeiautos in Brand und attackierte die Polizisten mit Steinen. Als die den Befehl erhielten, Schusswaffen einzusetzen, eröffneten sieben bis acht von ihnen das Feuer. Der 18-jährige Berliner Maik Polley starb auf den Schienen, fünf weitere Jugendliche blieben verletzt liegen. Am 29. April 1992 stellte die Staatsanwaltschaft das Verfahren gegen zehn Polizisten ein.

Die Vorfälle dieses 3. November 1990 gaben letztlich den Ausschlag, das in Leipzig geplante Länderspiel DDR – BRD abzusagen, womit die Länderspiel-Bilanz des inzwischen verschwundenen Staates gegen Bundesdeutschland auf immer positiv bleiben wird, dank Sparwasser und Kameraden. Gelegentlich waren „die Chemiker" auch witzig: Als Lothar Matthäus seine „Memoiren" publizieren ließ und mit den Bayern in Leutzsch gastierte, las man auf einem Transparent: „Die Buchstadt Leipzig (Anm. Buchmesse) grüßt den Literaten Lothar Matthäus".

Etliche Luftschlösser wurden gebaut im Osten nach der Wende, zeitweise sagte man dem Georg-Schwarz-Sportpark eine rosige Zukunft voraus: Ein englischer Investor wollte angeblich 250 Mio. Mark in ein „Super-Sportcenter Leutzsch" investieren, später waren ein Fitness-Center und ein Sporthotel Thema. Den drohenden Konkurs des Drittligisten verhinderte 1998 der Sponsor „Kinowelt". Den Traditionsstrang zum BSG Chemie hält u.a. ein „Chemie-Fußball-Museum", eröffnet am 13. Juli 1999, das eine Stunde vor und eine Stunde nach den Heimspielen besichtigt werden kann.

Die Tribüne ist im Frühjahr 2000 überholt worden (neue Schalensitze aus dem Leipziger Zentralstadion), und am Dammsitz prangt nun in Riesenlettern: Sachsen Leipzig. Außerdem ist der Innenausbau der Tribüne geplant (Stehbierhalle, Fanshop, „Chemie-Museum").

sky

Alfred-Kunze-Sportpark
Leipzig-Leutzsch
ER 1915/1949/1966. FV: 18.000, davon 927 üd. SiP auf der Holztribüne, 2.721 unüd. SiP auf dem Dammsitz und auf der Gegengerade, 14.352 StP.
ZR: 32.000, DDR-Oberliga 1950/51, Chemie Leipzig – Turbine Erfurt 0:1.
Am Sportpark 2, 04179 Leipzig,
Tel. 0341 / 451 13 95.

Bruno-Plache-Stadion

Eine Traditionsarena, fast museal

Eine Traditionsarena stellt das Bruno-Plache-Stadion von Leipzig dar, ehemals Probstheidaer Stadion des VfB Leipzig, das bei Großveranstaltungen früher 70.000, 55.000 und 50.000 Zuschauer verzeichnete. Entsprechend den heutigen Sicherheitsanforderungen allerdings sind nur noch 13.500 Besucherinnen und Besucher zugelassen.

Am Südostrand der sächsischen Großstadt, nahe dem Völkerschlachtdenkmal, ist heute eine fast museale Arena anzuschauen, von der wir hoffen, dass sie in dieser Form „konserviert" wird, stammt doch die Holztribüne (Rauchverbot!) mit ihrer gut sichtbaren Konstruktion von anno 1932 und ist die Anlage des Wallstadions seit den 20er Jahren wesentlich nicht verändert worden.

Blau dominiert an der Spielstätte des VfB Leipzig, blau sind die Schalensitze der an den Seiten mit Wellblech verkleideten Tribüne. Der teils marode Zustand der Anlage an der Connewitzer Straße hat zur Folge, dass die Südkurve mit Marathontor und Anzeigetafel zwischen den Dammsitzen (Vortribüne) und Block H (Gäste) gesperrt ist – schiefe Treppenstufen und Stehränge ließen keine andere Wahl. Schade, denn von dort hat man die Aussicht auf das ans Stadion grenzende Idyll des „Kleingärtner-Verein Probstheida". Die Flutlichtmasten sind 1997 (Einweihung 10. Oktober gegen Mönchengladbach) ungewöhnlicherweise vor die Ränge gesetzt worden. Die Geschäftsstelle des ersten Deutschen Fußball-Meisters VfB, seit 2000 viertklassig und dem Konkurs entgangen, findet man im „Sozialgebäude made in GDR", den VIP-Raum in einer Sporthalle.

Eine gewaltige Anlage

Der VfB Leipzig hatte in frühen Fußballjahren rasch Furore gemacht: 1903, 1906 und 1913 Deutscher Meister, 1911 und 1914 Vize. Begonnen hatte der Verein ebenso wie Wacker und Lipsia 1896 auf dem Exerzierplatz von Leipzig-Gohlis im Norden der Stadt und war 1897 auf den Sportplatz Leipzig-Lindenau, gelegen gegenüber dem Zentralstadion am anderen Ufer des Elsterflutbeckens, gewechselt.

Wie andere namhafte Vereine jener Zeit strebte der VfB den Bau eines eigenen Stadions an. Ende 1920 erwarb man 80.000 qm Gutsbesitz in Probstheida, wo das VfB-Stadion mit einer Festwoche vom 5. bis 13. August 1922 eingeweiht wurde. Festredner war Dr. Carl Diem, zur Fußbal-Premiere vor 50.000 besiegte Victoria Hamburg die Platzherren 3:2. Es gab eine kleine 800-Plätze-Tribüne und wie allerorten üblich eine Laufbahn ums Spielfeld, die heute unbrauchbar erscheint. Innerhalb der Festwoche ließ der DFB das zweite Endspiel der (nie entschiedenen) Deutschen Meisterschaft zwischen Nürnberg und dem HSV in Probstheida austragen, nochmals 50.000, nach anderen Angaben 60.000, drängten in die gerade fertig gestellte Spielstätte, die für 40.000 Besucher ausgelegt war. Der Verein hatte eine gewaltige Anlage geschaffen, die vom Fassungsvermögen her kein anderer deutscher Klub übertraf!

1932 gingen die Blau-Weißen an den Ausbau der überdachten Holztribüne, die seitdem den Großteil der Westgerade einnimmt. Zusätzlich verbreiterte der Altmeister die Dämme – Voraussetzung für das Länderspiel gegen die

Eingang des Plache-Stadions in den 50er Jahren.

(Foto: Sportmuseum Leipzig)

Das damalige Probstheidaer (und heutige Bruno-Plache-) Stadion beim Länderspiel Deutschland – Finnland am 1.9.1940.

Schweiz am 6. März 1932 vor 50.000, bei dem der sächsische Matador „König Richard" Hofmann beide Tore zum 2:0 erzielte. Den Tribünenbau hatten betuchte Mitglieder der Tennis-Abteilung des Vereins mitfinanziert, weil sie fürchteten, eine Tribüne auf der Ostseite könnte ihre Spielplätze überschatten.

Vom 16. auf 17. Februar 1935 zerstörte ein Unwetter Teile der Tribüne und das Südtor. Die VfB-Mitglieder mussten nun pro Kopf ein „Notopfer" von 3 RM aufbringen und konnten für 5 RM eine sog. Opferkarte mit drei Fotos der Zerstörungen erwerben. Im Jahr darauf kehrte ihr Klub mit dem sensationellen 2:1 über Schalke im Pokalendspiel noch einmal an die deutsche Spitze zurück.

Das Spielfeld wird zum Leichenfeld
Den traurigsten Tag seiner Geschichte erlebte das Sportgelände nach dem Luftangriff vom 6. April 1945: „Die beim Angriff gesammelten Leichen wurden ohne Sargumhüllung auf den VfB-Sportplatz gelegt, da auf dem Südfriedhof kein Platz mehr war. Hier lagen sie viele Tage bei Regen und Sonnenschein. Ein fürchterlicher Leichengeruch verpestete die Gegend" (Tagebuch Arno Kapp).

Das Probstheidaer Stadion im gleichnamigen Stadtteil blieb Eigentum des VfB, bis der als „nazistische Organisation" 1945 aufgelöst wurde. In einem DDR-Faltblatt der 80er Jahre heißt es u.a., „der bürgerliche Verein unterordnete sich der Sportpolitik des Faschismus und verweigerte Antifaschisten den Beitritt"; außerdem hätten Arbeiterkinder „wenig Möglichkeiten" gehabt, „Zugang (Anm. zum VfB) zu finden, weil sich die hohen Mitgliederbeiträge nicht bezahlen ließen". Das Stadion ging an die Stadt über, dort spielten über die Jahre Oberligisten unter wechselnden Vereinsnamen, ehe mit dem 1. Januar 1966 der 1. FC Lokomotive Leipzig entstand, mit dem das Bruno-Plache-Stadion bis heute vor allem identifiziert wird.

Nach Kriegsende diente das ehemalige VfB-Stadion ab Mai 1946 Volkssportveranstaltungen, am 4. Juli 1948 einem der ersten großen Sportfeste der sowjetischen Besatzungszone und verzeichnete bemerkenswerte 50.000 Zuschauer beim Feldhandball-Endspiel Rostock-West gegen Weißenfels-Mitte.

Das III. Parlament der Freien Deutschen Jugend (FDJ) Pfingsten 1949 in Leipzig, zu dem fast 2.000 Delegierte und Gäste aus zwölf Nationen kamen, war Anlass, die inzwischen Bruno-Plache-Stadion benannte Arena zu erneuern und auszubauen. Bruno Plache (1908-1949) war ehemals Arbeitersportler und Teilnehmer an der 1. Spartakiade 1928 in Moskau, weshalb er von der SPD ausgeschlossen wurde. Er schloss sich „Rotsport" und der KPD an, deren Abgeordneter er im Stadtparlament Leipzig war. 1945 wurde der ehemalige KZ-Häftling Direktor des Sportamtes Leipzig. Sein Grab findet sich im Ehrenhain der antifaschistischen Widerstandskämpfer auf dem Leipziger Südfriedhof.

„MIR" im Stadion
Die Tribüne hatte man seit 1948 repariert, die Eingangspforte wieder hergestellt und 18-stufige Stehtraversen in den vorhandenen Rasendamm eingebaut. Diese erdhinterfüllten Betonkanten-Traversen sind bis heute vorhanden. 20.000 Aktive wirkten bei der FDJ-Sportschau 1949 mit und gestalteten zum Abschluss in einer Massenchoreographie die Worte „MIR – Frieden" (Anm. MIR bedeutet russisch Frieden), 70.000 Zuschauer sahen im überfüllten Stadion zu. Einen weiteren Höhepunkt brachte der 7. Mai 1952, als die Friedensfahrt der Radsportler von Warschau über Berlin nach Prag erstmals durch die DDR führte und das Plache-Stadion, mit 55.000 Menschen bereits seit Wochen ausverkauft, Etappenziel war. In den 50er Jahren spielte auch Chemie Leipzig im Plache-Stadion, so vor fast 60.000 Menschen gegen den Hamburger SV.

Zu „großen Spielen" wich der oftmalige DDR-Pokalsieger Lok Leipzig meist ins Zentralstadion aus (siehe dort), spielte aber gelegentlich international im Plache-Stadion, etwa beim Intercup-Gewinn 1966 vor 20.000 gegen IFK Norrköping und vor 35.000 im selben Wettbewerb 1967 gegen Hannover 96. War das Zentralstadion wegen der DDR-Turn- und Sportfeste nicht nutzbar, blieb man in Probstheida (z.B. 1983 gegen Girondins Bordeaux 4:0 und Werder Bremen, 1:0, 25.500). Seinen Nachkriegs-Zuschauerrekord in Probstheida erreichte der 1. FC Lok mit 30.000 am 31. Mai 1970 mit dem 1:0 gegen Wismut Gera, das den Aufstieg in die DDR-Oberliga bedeutete.

Als der in der Wendezeit von 1. FC Lok in VfB Leipzig umbenannte Verein 1991 in die 2. Bundesliga aufstieg, entsprach das Plache-Stadion nicht den Sicherheitsanforderungen des DFB. Der VfB zog deshalb von Anfang 1992 bis Saisonende 1995 ins Zentralstadion um, ehe er zur Spielzeit 1995/96 nach Probstheida zurückkehrte. 1999 stürmten beim Derby VfB – FC Sachsen 70 VfB-Gewalttäter den Platz, Hundestaffeln, berittene Polizei und 170 Ordner wurden eingesetzt, der VfB gewann übrigens 5:0!

Schrittweise sollte das Bruno-Plache-Stadion in ein reines Fußballstadion für 35.000 umgebaut werden, doch wird es dazu kaum kommen, nachdem der Platzherr viertklassig und im Zentralstadion Leipzigs ein Neubau vorgesehen ist.   *sky*

Bruno-Plache-Stadion
Leipzig-Probstheida
ER: 1922. FV: 13.500, davon 1.800 üd. und 1.000 nicht üd. SiP sowie 10.700 StP, später 40.000 bis 50.000.
ZR: 70.000, Pfingsten 1949 bei der FDJ-Sportschau; beim Fußball: Vorkrieg: je 50.000, 2. Endspiel um die Dt. Meisterschaft, 6.8.1922, HSV – 1. FC Nürnberg 1:1; 1922, Stadionweihe, 6.3.1932, VfB Leipzig – Victoria Hamburg 2:3; Ländersp., Deutschland – Schweiz 2:0. Nachkrieg: 60.000 bis 70.000, Tausende standen i. Innenraum, Freundschaftsspiel, 26.8.1951, Chemie Leipzig – Hamburger SV 2:2.
Connewitzer Str. 21, 04289 Leipzig, Tel. 0341 / 877 57 47.

■ BayArena

Mehr als ein Fußballstadion

Willkommen „in einer der innovativsten Tagungs- und Events-Locations in Europa" beim Leverkusener „Komplettanbieter für Events", wo Sie „den Kick für ihr Event" erhalten. Wo? Vielleicht auf 434 qm der Westtribüne „im Bereich Seminare und Tagungen als gelungene Location", von wo aus sich anschließend „Teambildung durch Torwandschießen" erreichen lässt? Oder im Hotel, sei's im „Wellness-Bereich" oder „Fitness-Center", möglicherweise auch per „Highspeed-Standleitung"? Wem das nicht reicht, der findet sich im Restaurant zum „Show-Cooking am Aktionsbuffet" ein und in der „Family-Street" mit Videospielen. Ach so, Fußball – Motto: „Get the Bayer 04-Feeling" – wird auch noch gespielt (Anm.: alle Zitate aus Firmen-Repräsentationen).

Leverkusens Stadion BayArena ist mit 22.500 Plätzen (ausschließlich lichtdurchlässig überdachte Sitzplätze) zwar bei weitem nicht das größte, aber bis zur Fertigstellung der Arena Auf Schalke modernste Bundesliga-Stadion – kompakt gebaut, flott gestylt, technisch auf dem neuesten Stand und mehr als ein Stadion: ein multifunktionaler Komplex, ganzjährig nutzbar, mit Seminar- und Tagungsräumen in der Westtribüne, einem Vier-Sterne-Hotel (200 Betten) in der Nordtribüne (mit 120 Logenplätzen in der vierten Hoteletage), einem Fast-Food-Restaurant an der Ostseite und mit Restaurant (300 Plätze mit Sicht aufs Spielfeld), „Family Street" und Geschäftsstelle in der neuen Südtribüne. Dort befinden sich weitere zehn VIP-Logen für insgesamt 140 Personen, die – Tiefgaragen-Parkplatz inklusive – an Firmen vermietet werden (130.000 DM pro Jahr und Loge) sowie zwei Sitzreihen im Tribünen-Innenraum mit Panorama-Blick (150 Plätze, Jahreskarte 6.000 DM).

„Ganzjähriger Veranstaltungsort"
Strategie ist es, „die BayArena als ganzjährigen Veranstaltungsort zu positionieren". Dazu Jürgen von Einem, Sportbeauftragter der Bayer AG: „Was nützt es, wenn sich unser Stadion letztlich nur alle 14 Tage für rund 90 Minuten im Blickpunkt befindet. Deshalb ist es sinn-

Im alten Leverkusener Stadion „Am Stadtpark" 1953: Hinter der alten Holztribüne hatten interessierte Anwohner ihre private „VIP-Lounge".

(Foto: Klartext-Verlag)

voll, dass Wirtschaft und Sport in der verbleibenden Zeit sozusagen für einen gelungenen Doppelpass sorgen."

Im Hinblick auf das neue Stadion wurde der Verein Bayer Leverkusen in eine GmbH als hundertprozentige Tochter der Bayer AG, einem chemisch-pharmazeutischen Weltkonzern, umgewandelt. Die BayArena wird von den Betreibern Bayer 04 Fußball GmbH, Bayer Gastronomie und Lindner Hotel AG gemeinsam vermarktet. Die Umbenennung des Ulrich-Haberland-Stadions am 26. Juli 1998 geschah aus Marketing-Erwägungen. Allein die neue Südtribüne soll der Fußball GmbH jährliche Mehreinnahmen von 3 Mio. Mark bringen. Bayer 04 legt Wert auf die Feststellung, dass die „normalen" Zuschauer von diesen Mehreinnahmen profitieren, weil dadurch die Preise für die übrigen Zuschauerplätze moderat gehalten werden können.

Trotz alledem – bei „Fußball-Traditionalisten" findet die BayArena keinen Beifall. Für sie ist das Stadion ein weiteres Menetekel für eine ungute Entwicklung: Fußball in dieser kommerzialisierten Form entfernt sich immer mehr von seinen Wurzeln, argumentieren sie, degradiert die „echten" Fans zu dekorativem Beiwerk, begibt sich in Abhängigkeiten bzw. schafft Abhängigkeiten mit negativen Langzeitwirkungen, die das Ende des Volkssports Fußball bedeuten könnten. Selbst die Internet-Seite des Bayer-Fanklubs Feuerrot *(www.fcl-feuerrot.de)* lobt zwar „das kleine Schmuckkästchen", bemängelt aber die gegenüber vorgesehenen 35.000 Plätzen kleinere Kapazität und den infolge Hotel-Neubau verkleinerten Fanblock. Feuerrot schlägt vor, die Fans künftig „BayWatcher" zu nennen und schreibt

voller Ironie: „Für die Snobs in den Logen ist unbedingt noch eine Gucci-Boutique erforderlich und für ihre Schicki-Micki-Ladys ein Chanel-Laden in der Logenzeile."

Andererseits gibt der Erfolg des Projektes BayArena vorerst denjenigen Recht, die Vereine als marktorientierte Unternehmen ansehen, die ihr Produkt, den Fußball, so einträglich wie möglich verkaufen wollen. Tatsächlich ist es gelungen, dem wenig beliebten „Plastikklub" und „Bonzenverein", der „grauen Maus", ein positives Image zu verschaffen. Ein ausverkauftes Stadion ist nun in Leverkusen beinahe Normalfall, sogar eine Fanszene hat sich gebildet – eine bemerkenswerte Tatsache deshalb, weil Leverkusen eigentlich nie eine „Fußballstadt", sondern immer nur eine „Sportstadt" war (Handball, Basketball, Amateurboxen, Leichtathletik). Innovativ ist eben so, dass die Leverkusener als erster Bundesligaklub Stadion-Führungen anbietet (vier verschiedene Touren, von der „Kids-Tour" bis zur „Business-Tour"). Außerdem war die BayArena das erste Bundesliga-Stadion, in dem teilweise Zäune abmontiert sind. Sollte Deutschland 2006 WM-Land werden, wäre Leverkusen wohl dabei, obwohl es das FIFA-Kriterium von 40.000 Plätzen nicht erfüllt. FIFA-Chefinspektor Alan Rothenberg aus USA beim Ortstermin: „Ein wunderschönes und außergewöhnliches Stadion."

Bescheidene Anfänge
Angefangen hat es auch in Leverkusen einmal ganz bescheiden. Dem 1904 gegründeter „Turn- und Sportverein der Farbenfabriken vorm. Friedrich Bayer & Co" schloss sich am 31. Mai 1907 eine „Fussballriege" an, die sich, als die

Deutsche Turnerschaft 1923 die „reinliche Scheidung" von Turnen und Sport durchsetzte, als Fußballverein 04 Leverkusen selbständig machte. 1926 gliederten sich eine Handball-, Faustball- und Leichtathletikabteilung an. Der beachtlich gewachsene FV 04 fusionierte dann 1928 mit dem Wiesdorfer Box- und Sportverein zur Sportvereinigung 04, die 1935 den Zusatz Bayer im Namen annahm und seit 1938 als „Betriebssportgemeinschaft der IG. Fabenindustrie A.G. Leverkusen 04" firmierte, ehe sie sich ab 1940 als Kriegssportgemeinschaft bezeichnete. Seit 1943 führte man wieder die Bezeichnung von 1935.

Die erwähnte „Fussballriege" spielte 1907 auf dem Platz gegenüber den heutigen Titanfabrik, wechselte 1911 auf den Sportplatz an der Von-Böttinger-Straße in der „Beamtenkolonie" (dort wohnten die leitenden Angestellten von Bayer) im Leverkusener Süden an der Kölner Stadtgrenze und nutzte von 1914 bis 1932 einen Platz an der Dhünn nördlich der heutigen Albert-Einstein-Straße im Westen weitab vom Schuss (dieser Platz existiert nicht mehr). Bereits 1923 hatten Vereinsmitglieder den Bau einer Sportanlage nur ein paar hundert Meter weg von der heutigen BayArena in der damaligen Wohnkolonie III begonnen (heute Standort des Lise-Meitner-Gymnasiums). Dieses neue Stadion „Am Stadtpark" (im Volksmund „Bayer-Platz" genannt) erlebte 1932 die Einweihung und 1941 den Bau einer Holztribüne, wodurch das Fassungsvermögen auf 15.000 stieg.

In den ersten Nachkriegsjahren hieß der Verein schlicht Sportvereinigung (SVg), bis die Militärregierung 1948 erlaubte, die Bezeichnung Bayer wieder in den Namen aufzunehmen. 1951 stieg Bayer nach 44 Jahren erstmals in die höchste Spielklasse auf, die Oberliga West, blieb bis 1956 dort und stieg 1962 erneut auf – zu spät, um in die neue Bundesliga aufgenommen zu werden.

Einweihung 1958: Ohne Bayer-Chef, ohne Oberbürgermeister!

In den Oberliga West-Jahren genügte das Stadion „Am Stadtpark" nicht mehr den Ansprüchen. Eine neue Sportanlage am Ort der heutigen BayArena wurde beschlossen, wo damals überwiegend Ackerland war, die Autobahn noch nicht auf Stelzen stand und gerade mal von Leverkusen bis Remscheid reichte. Den ersten Spatenstich tat man am 23. April 1956 – Pech, dass Bayer 04 ein paar Wochen später aus der Oberliga abstieg. Am 2. August 1958 war Einweihung, natürlich spielte das Bayer-

Blasorchester, und zum Abschluss sahen gut 10.000 Zuschauer ein Freundschaftsspiel Bayer – Fortuna Düsseldorf (0:3).

Benannt wurde der neue „Sportpark" nach Prof. Dr. Ulrich Haberland (1900-1961), der noch bei der IG Farben Werksleiter in Leverkusen und Uerdingen gewesen war und 1951 zum Bayer-Vorstandsvorsitzenden aufstieg. Haberland, der als Freund und Gönner des Sports galt, kam allerdings ebensowenig zur Stadioneinweihung wie der „rote" OB Dopatka – beide mochten sich nicht und wollten sich auf keinen Fall begegnen. Inzwischen ist darüber längst Gras gewachsen. Die im März 1975 fertig gestellte Rundsporthalle direkt neben der BayArena, in der die Basketballer zu Hause sind, wurde 1980 in Wilhelm-Dopatka-Halle umgetauft.

Die Angaben über das Fassungsvermögen des Stadions von 1958 differieren; 20.000 sind wohl eine realistische Angabe, davon in elf Sitzplatz- und drei Stehplatzreihen 2.000 Sitz- und 2.000 Stehplätze auf der großen Tribüne an der Westseite. Bei der Einweihung waren die Stehstufen in den Kurven noch nicht fertig, mit gut 10.000 war das Stadion so gut wie randvoll. Es war als Mehrzweckstadion konzipiert und verfügte über eine 400-m-Bahn und alle Voraussetzungen für leichtathletische Wettkämpfe, was von den Fußball-Anhängern – der mangelnden Tuchfühlung wegen – als Nachteil gegenüber dem alten „Bayer-Platz" empfunden wurde, zumal das Haberland-Stadion in erster Linie als Fußballstadion diente.

Bayer gehörte fortan zum Stamm der Regionalliga, spielte 1968 sogar um den Bundesliga-Aufstieg, stieg aber 1973 in die Verbandsliga ab – der fußballerische Tiefpunkt der Vereinsgeschichte. Die Mittelrheinmeisterschaft 1974 ermöglichte wegen der Bildung der 2. Bundesliga keine Aufstiegschance. 1975 erreichte Bayer 04 die 2. Bundesliga und 1979 die Bundesliga, der man seitdem ununterbrochen angehört. Mit dem 1. Juli 1984 entstand dann aus Bayer 04 und TuS 04 unter dem Bayer-Kreuz, der größten Leuchtreklame der Welt, der TSV Bayer 04 Leverkusen.

Bringt Taschenlampen mit...

Für das Stadion hatte der Bayer-Konzern anlässlich des 100-jährigen Firmen-Jubiläums 1963 eine Flutlichtanlage gestiftet, deren einer 48-m-Mast am Neujahrstag 1966 bei einem Sturm umknickte. Die gesamte Anlage musste daraufhin erneuert werden. Ideal war das Flutlicht im alten Haberland-Stadion

nie, denn es musste auf die nahe Autobahn Rücksicht genommen werden, und so witzelte man, dass man gut beraten sei, zu einem Flutlichtspiel im Haberland-Stadion eine Taschenlampe mitzunehmen...

Ausverkauft war die Arena mit je 20.000 zweimal, am 17. März 1963 in der Oberliga gegen Schalke 04 (0:0) und in der Bundesliga-Aufstiegsrunde am 22. Mai 1968 gegen den späteren Aufsteiger Offenbach (1:1).

Mit dem Bundesliga-Aufstieg 1979 ergab sich die Notwendigkeit, das veraltete Stadion um- bzw. auszubauen. Eine provisorische Zusatztribüne mit 2.400 überdachten Sitzplätzen entstand auf der Ostseite, die davor liegenden 3.500 Stehplätze wurden ebenfalls überdacht. Gleichzeitig erweiterte man die Parkplätze, modernisierte die sanitären Einrichtungen und richtete zusätzliche Kassen ein. Zum ersten Bundesliga-Heimspiel am 18. August 1979 gegen Hertha BSC (2:1) war alles fertig.

Umbau gleich Neubau

Die Umwandlung des Haberland-Stadions in ein reines Fußballstadion begann dann 1986 und kam einem Neubau gleich. Die Laufbahn fiel weg, die Flutlichtanlage wurde erneuert, die alte Westtribüne abgerissen (Dezember 1987) und durch einen modernen Neubau ersetzt, die Osttribüne ebenfalls neu gebaut. In diese Bautätigkeit hinein fiel der größte fußballerische Erfolg der Vereinsgeschichte, der Gewinn des UEFA-Cups unter Trainer Erich Ribbeck. Wegen der Bauarbeiten hatte Bayer das Viertelfinalspiel gegen FC Barcelona noch in Köln-Müngersdorf austragen müssen, das Finale nach dem 0:3 im Hinspiel bei Español Barcelona fand dann in Leverkusen statt. Zum ersten Mal war das Haberland-Stadion mit 22.000, darunter 4.000 Spanier, ausverkauft, die gemeinsam mit Ehrengast IOC-Präsident Samaranch (seit seiner Jugend Mitglied bei Español) ein mehr als denkwürdiges Spiel erlebten, denn nach dem 3:0 gewann Bayer auch das Elfmeterschießen trotz 2:0-Führung der Katalanen mit 3:2. Dieser internationale Erfolg trug maßgeblich dazu bei, den Ausbau der Stadion-Nordseite zu beschließen und durchzuführen.

Als der Ausbau der Nordkurve 1990 beendet war, stand – ein kurioser Anblick – nur noch die Südkurve offen. Mit den Stehplätzen der Südkurve betrug das Fassungsvermögen nun 26.000, davon 14.500 überdachte Sitzplätze, 10.600 überdachte und 1.500 unüberdachte Stehplätze – die höchste Zuschauerkapazität in der Geschichte des

FASZINATION BAYARENA

Die offizielle Präsentation des im Jahr 2000 modernsten deutschen Stadions.

Leverkusener Stadions. Das erste Länderspiel dort, das EM-Qualifikationsspiel gegen Luxemburg (4:0) am 18. Dezember 1991, sah ein mit 26.000 ausverkauftes Haus. Das Haberland-Stadion erntete damals viel Anerkennung und rückte in der Hierarchie der deutschen Stadien weiter auf.

Nach einer schwachen Saison 1995/96 konnte sich der TSV Bayer erst im letzten Spiel durch ein 1:1 gegen den 1. FC Kaiserslautern vor dem Abstieg retten. Das war am 18. Mai 1996, auf den Tag genau sechs Jahre nach dem großartigen Sieg im UEFA-Cup.

Nach dem Klassenerhalt erfolgte der weitere Stadionausbau. Am 23. Oktober 1996 eröffnete das an der Ostseite angebaute Fast-Food-Restaurant, am 12. November war Richtfest für die neue Südtribüne (Investionsvolumen rund 20 Mio. Mark) mit zusätzlichen 1.050 Sitzplätzen, die man ausnahmsweise noch in der Bauphase zum am 7. März 1997

ausverkauften Spiel gegen Bayern München freigab. Die Südtribüne war im August 1997 fertig gestellt und zu Saisonbeginn 1998/99 nahm man die Umbenennung in BayArena vor. An Ulrich Haberland erinnert weiterhin eine im September 1998 in der Südtribüne angebrachte Ehrenplakette. Das Hotel an der Nordseite eröffnete am 4. Juni 1999 zum Länderspiel gegen Moldawien (6:1). Das Fassungsvermögen war nun auf 22.500 gesunken, die Leverkusener Bayer-Beschäftigten (24.312 sowie 4.500 im Chemie-Park und 11.047 von Fremdfirmen) hätten nicht mehr komplett hineingepasst...

Auf ihre Weise „weihten" im Januar 1999 500 niederländische Gewalttäter anlässlich des Freundschaftsspiels (!) Leverkusen – Feyenoord Rotterdam (1:0) die Arena ein, Resultat: 500.000 Mark Sachschaden. „Szenen wie aus einem Bürgerkrieg", schrieb die „Rheinische Post".

Am Schlusstag der Bundesliga-Saison 1999/2000 strömten 16.000 Dauerkarten-Inhaber in den Innenraum der BayArena, um per Großleinwand indirekt ihre Mannschaft beim Gewinn des Meistertitels zu sehen. Das Ende ist bekannt – Fußball, so stellte sich einmal mehr heraus, ist und bleibt nicht hundertprozentig kalkulierbar.

Harald Bennert

BayArena Leverkusen
ER: 1958 / 1998. FV: 22.500, davon üd. SiP: 7.500 Nordtribüne, 3.000 Südtribüne, je 5.000 West- und Osttribüne. ZR: 26.000, noch im alten Ulrich-Haberland-Stadion, 18.12.1991, Länderspiel Deutschland – Luxemburg 4:0. Bismarckstr. 122-124, 51373 Leverkusen, Tel. 0214 / 86 60 0.

▨ Stadion Lohmühle

Den Grundstein legten Arbeitersportler

Wer seinen Sportplatz neben einer Müllkippe baut, muss für den Spott nicht sorgen. So erging es jahrelang dem VfB Lübeck, als er noch mit dem Lokalrivalen LBV Phönix darum streiten musste, wer die Nr.1 am Ort sei. Inzwischen trennen vier Spielklassen die Fußballer beider Vereine – jedenfalls in der Saison 2000/2001 –, so dass die Grün-Weißen mit ungebrochenem Stolz auf ihre „Lohmühle" blicken können.

Übrigens ist die Mülldeponie längst Geschichte, ebenso wie die eigentliche Lohmühle, von der das Gelände ringsum seinen Namen hat. Es waren Arbeitersportvereine, die dort 1924 erstmals einen Sportplatz anlegten; federführend war der ATSV, ebenfalls beteiligt der BSV Vorwärts, dessen Gründungsjahr 1919 heute der VfB im Wappen führt. Der VfB legt ausdrücklich Wert darauf, dass er der legitime Rechtsnachfolger des BSV Vorwärts und insofern zu Recht auf der Lohmühle zu Hause ist.

Polizei profitierte vom Arbeitersport-Verbot

Von Bedeutung ist das insofern, als 1933 die Arbeitersportbewegung verboten, der Platz beschlagnahmt und der SpVgg. Polizei Lübeck zugewiesen wurde, die ihrerseits am Kasernenbrink der Wehrmacht Platz machen musste. Die Polizeisportler wandelten den Platz für 42.000 RM in ein Stadion mit Sitz- und Stehtribüne, Laufbahn und Sprunggraben um. Die Fußballer des Vereins – ab 1943 „SG der Ordnungspolizei (Orpo)" – spielten dort zeitweise recht erfolgreich in der Gau- und Bereichsliga; die Lohmühle hieß mittlerweile „Adolf-Hitler-Kampfbahn". 1945 wurde sie rückbenannt und aus Wiedergutmachungsgründen an den ATSV (den heutigen TuS Lübeck) zurückgegeben.

Im selben Jahr erhielt der BSV Vorwärts die Wiedergründungs-Lizenz. Dann klinkten sich frühere Mitglieder der SpVgg. Polizei ein, und die Besatzungsbehörde erlaubte die Gründung des VfB quasi als Fusion beider Vorläufer. Wichtiges Bindeglied war Friedrich Grabner, ein 1933 aus dem Polizeidienst entlassener Gegner und Verfolger des NS-Regimes, nach dem Kriege Mitgrün-

der der Gewerkschaft der Polizei und erster Präsident des VfB Lübeck.

„Ein Platz für 30.000"

Zunächst mussten an der Lohmühle Platz und Geschäftsstelle wieder hergerichtet werden – letztere war laut Vereins-Chronik von „Displaced Persons" geplündert worden –, doch schon 1949 lautete die Forderung: „Es muss ein Platz mit Sichtmöglichkeit für ca. 25–30.000 Zuschauer geschaffen werden." Der VfB war 1947 als Landesmeister in die neue Oberliga Nord gekommen, doch in die Träume von Höhenflug und Stadionvergrößerung platzte 1950 der erste Abstieg; es blieb nicht der letzte.

Der erwähnte Friedrich Grabner war übrigens Boxer gewesen; dies war die „eigentliche" Sportart der Polizei Lübeck, die 1934 mit „Fiete" Eckstein den Deutschen Schwergewichts-Meister stellte. Kein Geringerer als Max Schmeling saß auf der Tribüne, als die Lohmühle ihren möglicherweise größten Tag erlebte: Am 21. September 1947 gastierte der HSV zum Oberligaspiel vor einer Zuschauermenge, deren exakte Zahl (laut Zeitungsberichten rund 13.000) nie ermittelt worden ist. Tausende hatten viele Stunden vor Spielbeginn mit Kind, Kegel und mitgebrachter Verpflegung – soweit es welche gab – in der Umgebung campiert in der Hoffnung, hinein- oder zumindest irgend etwas mitzubekommen. Der VfB verlor 1:2, die unvergesslichen Namen Spundflasche (er erzielte das HSV-Siegtor) und Felgenhauer (VfB-Schlussmann) standen im Mittelpunkt. Albert „Jonny" Felgenhauer „fliegt" auch auf dem Titel der VfB-Jubiläumschronik vor der Kulisse der alten Stehtribüne mit bereits zwei Werbebanden; neben einem Autohändler und anderen wirbt da noch ein „Ofenhaus" um Kunden.

Den Ausbau für ca. 25-30.000 Zuschauer hat es nie gegeben, und überhaupt war rund um die Lohmühle, wo zeitweise Tarnnetze als Tornetze dienten, anfangs Improvisation angesagt. Doch ob Fahrstuhlmannschaft oder nicht, „die Hütte" war oft voll und sogar übervoll, besonders dann, wenn mal wieder der Aufstieg in die Oberliga Nord gelungen war. Mit wohligem

Schauder erinnern sich Oldtimer an die Stimme des Lohmühlen-Stadionsprechers, die immer wieder zum Zusammenrücken aufforderte: „Draußen warten noch Tausende!" 1957/58, als beide Lübecker Klubs gemeinsam in die Oberliga aufgestiegen waren, besuchten mehr als 170.000 die 15 Heimspiele des VfB, ein Schnitt von 11.333 Besuchern pro Begegnung.

Panzer auf dem Spielfeld

Der lange Zeit gültige Besucherrekord wurde am 28. Mai 1969 aufgestellt, als der SV Alsenborn aus der Pfalz zum Bundesliga-Aufstiegsspiel in den hohen Norden kam. 17.000 drängten sich an einem Mittwochabend auf den Rängen – zum Glück war es lange genug hell, denn Flutlicht hatte die Lohmühle nicht. Verdüstert wurde die Stimmung höchstens durch das Ergebnis, denn der VfB unterlag 0:3 und blieb in der Aufstiegsrunde insgesamt chancenlos. Eine monatelange Aufholjagd in der Regionalliga hatte enorm Kraft gekostet. Um Spielausfälle an der Lohmühle zu vermeiden, war man sogar auf die Idee verfallen, einen Panzer über das Spielfeld rollen zu lassen – mit der Folge, dass danach viele Wochen lang gar nichts mehr ging, weil der nunmehr zu Wasser getaute Schnee keine Chance hatte zu versickern. Fünf Spiele Rückstand wies die Mannschaft zeitweise gegenüber der Konkurrenz auf.

Später folgten magere Jahre, der Verein dümpelte nicht nur in der Viertklassigkeit herum, sondern auch hart am Rande des Konkurses entlang, bevor in den 80er Jahren unter Präsident Dietmar Scholze die finanzielle Sanierung gelang. Die sportliche folgte, als der Bauunternehmer und einstige Ligaspieler „Molle" Schütt Geld, Ideen und Herzblut in den Verein pumpte. Die Lohmühle wurde renoviert, die Mannschaft verstärkt, und 1995 gelang der Aufstieg in die 2. Bundesliga. Nun war die Zeit reif und das Geld da für den überfälligen Tribünenausbau, der im Laufe der Saison 1995/96 erfolgte. Die Zahl der überdachten Sitzplätze stieg von 493 auf 4.700, die Gesamt-Kapazität ging leicht zurück und wurde in Saison-Vorschauen nun mit 19.200 angegeben. „Die Saison bedeutete aber auch", so die VfB-Homepage, „den Abschied von der lieb gewonnenen Stehtribüne, die heute noch in Fragmenten in so manchen Wohnhäusern stehen dürfte." 17.500 Fans waren im August 1995 Zeugen eines 3:0 über den VfL Bochum – ein neuer Rekord bei Spielen des VfB.

Allerdings hatte der benachbarte TuS Hoisdorf schon 1988 bei einem DFB-Po-

Zahltag im Stadion Lohmühle: Der FC Bayern München ist zu Gast.

(Foto: Waberski)

kal-Auftritt des FC Bayern München die Lohmühle gemietet und mit 20.000 Besuchern bis auf den allerletzten Platz gefüllt. Beim Saison-„Showdown" am 15. Mai 1999, beim 1:0 über den VfL Osnabrück, gelang dies mit 20.000 Zuschauern endlich auch dem VfB – in der Regionalliga, denn die 2. Bundesliga hatte er 1997 wieder verlassen müssen.

Inzwischen sind wohl die Stehplatzbereiche noch einmal neu vermessen und ist das offizielle Fassungsvermögen etwas heruntergestuft worden. Thorsten Leppek, Sprecher der „Initiative Profifußball in Lübeck", bewegen vor allem zwei Dinge. Erstens: „In diesem Sommer (2000) wird die Lohmühle endlich auch Flutlicht erhalten; über die Finanzierung wird mit der Stadt verhandelt." Erfolgreich, wie sich zeigte, denn am 29. September 2000 ist das Licht beim 1:0 über Fortuna Düsseldorf vor 5.100 angeknipst worden. Und zweitens, natürlich, der Wiederaufstieg in die 2. Bundesliga. „Profi-Fußball in Lübeck", teilt die Initiative auf der Homepage des Vereins mit, „erhöht die Lebensqualität in der gesamten Region." Nun denn...

J.R. Prüß

Stadion Lohmühle Lübeck
ER: 1924/1933. FV: 17.869, davon 5.129 üd. SiP, 480 unüd. SiP sowie 12.260 StP.
ZR: 20.000 („mehr Karten durften wir nicht verkaufen"), 24.9.1988, DFB-Pokal, TuS Hoisdorf gegen Bayern München 0:4.
Bei der Lohmühle 11a,
23554 Lübeck, Tel. 0451 / 48 47 20.

▦ Sportplatz Travemünder Allee

Der Phönix stürzte steil ab

Fußball auf dem Flugplatz? Nun, groß und eben genug ist so ein Gelände ja... Zwei Hektar Start- und Landefeld standen dem „Vogel" Phönix in Lübeck zur Verfügung; 1920 hatte die Stadt dem kurz zuvor gegründeten Lübecker Ballspiel-Verein das Flug-Feld an der Travemünder Allee überlassen.

Der LBV war Nachfolger des Lübecker Sport-Clubs, der den 1. Weltkrieg nicht überstanden hatte. Ihren einstigen, stadtnäheren Platz fanden die Heimgekehrten zerstört vor, „alles war abmontiert und gestohlen". Auf dem Gelände des aufgelassenen Flugplatzes, obwohl ziemlich weit draußen und zunächst ungeliebt, entfaltete sich aber schnell ein reger Sportbetrieb mehrerer Sparten, wobei den staunenden Zuschauern bei der Platzeinweihung am 19. September 1920 das erste Hockeyspiel in der Hansestadt vorgeführt wurde. Für die Leichtathleten gab es eine 200 Meter lange gerade Aschenbahn (sehr selten). Die Fußballer wurden 1922 bereits Ostkreis-Meister und empfingen den HSV zum Endrundenspiel um die „Norddeutsche" (0:3, 4.000 Zuschauer). Der Verein erblühte erst recht nach der 1924 zustande gekommenen Fusion mit dem SV Phönix.

„Vornehm", aber arm
Eigenartig, aber wahr: Im Gegensatz zum späteren Lokalrivalen VfB galt der LBV Phönix später immer als der „vor-

nehmere" Verein, vielleicht weil er Tennis- und Hockeyabteilungen zu einer Zeit unterhielt, als diese Sportarten noch als elitär galten, während der VfB neben Fußball eher den Boxsport pflegte. Kaufen konnten sich die Blau-Weiß-Roten dafür aber nichts, und tatsächlich war der Verein eher arm. Schon gleich die erste Ausbauplanung, vom Gartenarchitekten Harry Maass entworfen, war aus Kostengründen nicht umsetzbar. Nur in großen Zeitabständen konnte man Umkleidehaus und sanitäre Anlagen schrittweise den Erfordernissen anpassen.

1945 hatte auch diese Anlage, obwohl von der Militärregierung beschlagnahmt, unter den Kriegsfolgen zu leiden; der Rasen diente zeitweise als Parkplatz, dann wieder lagerten dort Gefangene und Flüchtlingstrecks. Mit der Währungsreform startete der Phönix durch, für 13.000 Mark wurde der Hauptplatz wieder hergestellt, 1950 begann in Eigenarbeit der Bau einer Steherrasse mit sechs Stufen, doch selbst den musste man aus Geldmangel wieder einstellen. Kaum zu glauben, dass der Flugplatz-Klub dennoch etliche gute Spieler „einjetten" und ihnen sogar statutenwidrige Extra-Prämien unter den Teller schieben konnte – wie sich Uwe Dretzler, ein Spieler der Oberligazeit, erinnert: „Der eine oder andere bekam auch schon ein Auto."

Das größte Fußball-Jahr an der Travemünder Allee war 1957, als die Mannschaft mit Trainer Erwin Reinhardt den lang ersehnten Aufstieg in die Oberliga Nord schaffte. Dort endlich konnte sie dann vor einer, wenngleich bescheidenen Tribüne mit 500 Sitzplätzen antreten, deren Dach mit Hilfe eines zinslosen Darlehens der Stadt im Herbst 1956 fertig geworden war. Zu dem Zeitpunkt plante der Verein auch den „Einbau eines weiteren Ofens im Clubhaus". Sogar Flutlicht, in Deutschland bis dahin eine Seltenheit, ermöglichte nun Abendspiele, und 1958 lobte der neue Coach Otto Westphal ausdrücklich die guten Platzverhältnisse und Trainingsmöglichkeiten. Weitere Ausbauten des Platzes waren allerdings wegen des teuren Spielbetriebs „zur Zeit nicht geplant". Doch Westphal konnte die Mannschaft nicht auf Dauer in der Oberliga etablieren. Auch als sich 1959/60 der rührige Vorsitzende Dr. Hollensteiner selbst zum Teamchef über den Trainer setzte, rettete das den LBV Phönix nicht vor dem Abstieg ins Amateurlager. Die inzwischen schmucke, bis dahin immer noch vereinseigene Anlage, um neue Stehtraversen erweitert, hat fortan keinen Erstliga-Fußball mehr gesehen.

Neuanfang in der 7. Liga

Ein (etwas flacherer) Höhenflug folgte später noch in der Regionalliga Nord, und 1971 fühlte sich die Fußballabteilung stark genug, als 1. FC Phönix vom Gesamtverein autonom zu werden. Eine dauerhaft sportlich und wirtschaftlich erfolgreiche Konstruktion ist es nicht geworden. Nach dem Abstieg aus der viertklassigen Oberliga 1999 stürzte der Phönix steil ab. In der Bezirksliga, der 7. Klasse, wurde an der Travemünder Allee ein bescheidener Neuanfang gestartet, „weil wir Anderes finanziell nicht mehr wuppen konnten", so der jetzige Vereinschef Gert-Friedrich Schneider.

Der Platz ist schon 1966 an die Stadt zurückgegeben worden; im Frühjahr 2000 verhandelte man gerade über eine Änderung des Nutzungsvertrages. Der Verein sollte Unterhaltung und Sicherungspflicht der teilweise maroden Anlage wieder selbst übernehmen, dafür kein Nutzungsentgelt mehr abführen, so dass der Stadt künftig die Hausmeisterkosten erspart blieben. *J.R. Prüß*

Sportplatz Travemünder Allee Lübeck
ER 1920. FV: 5.500, davon 500 üd. SiP, 5.000 StP.
ZR: 17.000, 18.10.1959, Oberliga Nord, LBV Phönix Lübeck – Hamburger SV 0:7.
Travemünder Allee, 23568 Lübeck, Tel. 0451 / 34 939.

Stadion Nattenberg

„Die Sehenswürdigkeit der Stadt"

Wenn man von einem Stadion sagen kann, dass es landschaftlich herrlich gelegen ist, dann vom Stadion Nattenberg in Lüdenscheid. Es befindet sich harmonisch eingepasst im Grüngürtel am südlichen Stadtrand und liegt sehr verkehrsgünstig an der B 229.

An diesem schönen Fleckchen Erde war schon 1913 ein schotterbedeckter Sportplatz gebaut worden, der „Hohenzollernplatz". 20.000 Gäste sollen bei der volksfestartigen Einweihung mit Festumzug und vaterländischen Reden, Promenadenkonzert, turnerischen und kavalleristischen Darbietungen und einem großen Feuerwerk zum Abschluss zugegen gewesen sein. 1922 wurde der Schotterbelag durch Rasen ersetzt und die Anlage in Nattenbergplatz umbenannt, der 1927/28 zu einer Kampfbahn ausgebaut und am 9./10. Juni 1928 eingeweiht wurde. „Die Kampfbahn stellt in ihrer Form und Anlage eine, wenn nicht die Sehenswürdigkeit Lüdenscheids dar", schrieb der „Lüdenscheider General-Anzeiger" in aller Bescheidenheit. In den nächsten 34 Jahren diente die Sportstätte dann (fast) ausschließlich der Leichtathletik.

Das 50-jährige Bestehen des Nattenbergplatzes beging man am 12. Oktober 1963 mit einem großen Sportfest, aber aller Frohsinn konnte nicht darüber hinwegtäuschen, dass eine Generalsanie-

rung in absehbarer Zeit anstehen würde. In einer sehr großzügigen Lösung ließ die Stadt von 1970 bis 1972 anstelle der alten Kampfbahn das jetzige Stadion Nattenberg von Grund auf neu errichten: Fassungsvermögen 22.000, Tribüne, Flutlicht, Tartanbahn, weitere vorbildliche leichtathletische Einrichtungen sowie ein Nebenplatz mit Rasendecke komplettierten die Anlage, die damit gleichermaßen für Fußball und – an die Lüdenscheider Tradition anknüpfend – für Leichtathletik geeignet war.

Am 7. Mai 1972 nahmen die Leichtathleten das Stadion mit einer erstklassig besetzten Veranstaltung in Besitz. Am Start waren u.a. Heide Rosendahl und Rita Wilden, Liesel Westermann und Franz-Peter Hofmeister. 5.000 Zuschauer sahen einen neuen Deutschen Rekord der 4-x-400-m-Staffel von TuS 04 Leverkusen und eine Europa-Jahresbestleistung (20,5 sec) von Vize-EM Hofmeister über 200 m.

Rot-Weiße Höhenflüge

Eine Woche später hielten die Fußballer mit dem 5:2 von Schalke 04 über Rot-Weiß Lüdenscheid Einzug. Rot-Weiß war erst im Vorjahr durch die Fusion zwischen dem blau-weißen RSV Lüdenscheid-Höh (Verbandsliga, zu Hause auf dem Sportplatz Höh im Lüdenscheider Süden) und den grün-weißen Sportfreunden 08 (Landesliga, daheim auf dem Jahnplatz im Westen) entstanden. Die nahe Fertigstellung des Stadions und die sich dadurch ergebenden Perspektiven dürften zu dieser zuvor nicht für möglich gehaltenen Fusion wesentlich beigetragen haben.

Bereits in der ersten Saison im Stadion Nattenberg gelang 1973 der Aufstieg in die Regionalliga West, aber 1974

Das Stadion Nattenberg in Lüdenscheid.

ging es trotz eines für einen Neuling beachtlichen 10. Rangs zurück in die Verbandsliga, bedingt durch die Bildung der 2. Bundesliga Nord. 1978 schafften die Lüdenscheider erneut den Aufstieg in die zweithöchste Spielklasse, blieben vier Jahre dort und stiegen 1981 mit tiefroten Zahlen ab. Der Zuschauerzuspruch in der 2. Bundesliga war, wenn auch das Stadion nie ausverkauft war, bemerkenswert, denn die südwestfälische Stadt besitzt ein großes Hinterland. Die Höchstmarke von jeweils 13.000 Zuschauern erreichte Rot-Weiß in den DFB-Pokalspielen gegen Braunschweig (3:5) und 1. FC Köln (1:4).

Neben dem Vereinsfußball gab es viele repräsentative Spiele im Amateur- und Jugendfußball sowie ein DFB-Damen-Länderspiel am 30. Juni 1991 gegen China (3:0). Der Aufenthalt der Chinesinnen war ein viel beachtetes Ereignis in der Stadt. Die letzten fußballerischen Großereignisse waren Spiele um den „Fuji-Cup" (1990, 1993, 1995) und um den Ligapokal (1998). Im „Fuji-Cup"-Halbfinale 1995 Dortmund – Kaiserslautern gab es mit 12.000 Besuchern fast noch einmal einen Rekordbesuch.

In der Leichtathletik sind ebenfalls viele nationale und internationale Wettkämpfe zu verzeichnen, so 1989 eine Europacup-Runde der Damen und ein Vierländerkampf mit Schweden, Ungarn, der Schweiz und Deutschland.

Rot-Weiß Lüdenscheid spielt 2000 in der Verbandsliga Westfalen II, die internationale Leichtathletik ist inzwischen zu teuer geworden, und so wird das ganz große Ereignis, bei dem das Stadion Nattenberg aus allen Nähten platzen würde, wohl noch länger auf sich warten lassen. Genutzt wird die Anlage von Rot-Weiß, der LG der Lüdenscheider Vereine und den Leichtathleten des SC Lüdenscheid. Außerdem dient das Stadion dem Breitensport (Lauftreffs, Sportabzeichen) und Schulsport und ist Veranstaltungsstätte für Sportfeste und Turniere aller Art. Auch ohne Profifußball und die großen Stars der Leichtathletik ist im Stadion Nattenberg immer etwas los. *Harald Bennert*

Stadion Nattenberg Lüdenscheid
ER: 1913/1972. FV: 22.000, davon 2.200 üd. SiP auf der Tribüne und 19.800 StP.
ZR: je 13.000, DFB-Pokalspiele, 25.10.1974, Rot-Weiß Lüdenscheid – Eintracht Braunschweig 3:5, und 5.8.1978, Rot-Weiß – 1. FC Köln 1:4.
Am Nattenberg 3,
58515 Lüdenscheid,
Tel. 02351 / 281 37.

Ludwig-Jahn-Stadion

Gegen den Club: Rekord und Live-TV

Die einstige Residenzstadt am Neckar, bekannt für Deutschlands größte Barockanlage, die Gartenschau „Blühendes Barock" und barocke Schlösser, hat kurzfristig auch Fußballgeschichte gemacht: Das war 1971, als die SpVgg 07 als Tabellendritter (!) der Aufstiegsrunde via Entscheidungsspiel – vor 15.000 in Rastatt 2:1 über SV Waldhof – in die Regionalliga Süd aufstieg.

Aus der zweijährigen Zugehörigkeit zu dieser Klasse resultiert der Zuschauerrekord des Ludwig-Jahn-Stadions: 17.000 sahen ein 5:1 der Gelb-Schwarzen über den 1. FC Nürnberg. Bedeutsam war eine weitere Partie am 22. September 1996 gegen den Club (0:3): Erstmals wurde von S 3 live und in voller Länge ein Spiel aus dem Jahn-Stadion im Fernsehen übertragen!

Rechtzeitig zur Gründung der aus einer Fusion hervorgegangenen Sportvereinigung 07 Ludwigsburg im Jahre 1938 wurde das Stadion eröffnet, damals das zweitgrößte in Württemberg. Was den Namen angeht: Präzise müsste es Friedrich-Ludwig-Jahn-Stadion heißen, war doch der „Turnvater" Namensgeber. *sky*

Das Ludwig-Jahn-Stadion in Ludwigsburg.

Ludwig-Jahn-Stadion Ludwigsburg
ER: 1938. FV: 20.000, davon 754 üd. SiP.
ZR: 17.000, Regionalliga Süd 1971/72, SpVgg 07 Ludwigsburg – 1. FC Nürnberg 5:1.
Berliner Platz / Bebenhäuser Straße,
71638 Ludwigsburg-Oststadt,
Tel. 0711 / 53 84 76.

Südweststadion

„Eines der billigsten Stadien der Welt"

Als der Neubau 1950 fertig war, der erst Rheinstadion heißen sollte und dann Südweststadion hieß, war Ludwigshafen so stolz, dass es als Geschenke Aschenbecher in Form der Arena verteilen ließ. Vom „Fußball-Mekka" wurde fortan berichtet, doch 2000 ist das immerhin noch über 40.000 Plätze bietende Stadion verwaist. Es steht einfach am falschen Ort, denn fußballerisch kam die 180.000 Einwohner zählende Chemiestadt nie auf einen lorbeernen Zweig. Immerhin, man hat „die gute Stube des Südwestfußballs" nicht dermaßen verrotten lassen wie etwa das Land Berlin sein Poststadion.

1983 bereits nannte der „kicker" diesen Ort „fast schon vergessen", doch gab es dann noch bis zum Frühjahr 1989 Bundesliga-Spiele zu sehen, als der SV Waldhof Mannheim, wie es im populären Joy-Fleming-Blues-Song heißt, „rüber über die Brück" musste, weil sich sein Stadion am Alsenweg beim Aufstieg 1983 als unzureichend für die höchste Spielklasse erwies: Die Badener fanden in Rheinland-Pfalz – ab 1985 unter Flutlicht – eine neue Heimat. Das anfängliche Publikums-Interesse – über 25.000 pro Begegnung – ließ Jahr für Jahr nach. nachdem „der Waldhof" Asse wie Kohler, Gaudino und Fritz Walter abgab. 1988/89 kamen noch 12.389 pro Spiel, und so kehrte man 1989 nach sechs Spielzeiten im „Exil" zurück ins 15.000 Besuchern Platz bietende Waldhof-Stadion.

Inzwischen haben sie auf der rechten Rheinseite das Carl-Benz-Stadion für 27.000, ein reines Fußballstadion.

„Ausnahmsweise vor Mannheim!"

„Wir wollen keine Rivalität mit der Schwesterstadt Mannheim erzeugen", hieß es 1949 in Ludwigshafen, als ein Stadioneubau Formen annahm. Die lokale Zeitung „Rheinpfalz" allerdings bemerkte zuvor: „Diesmal also wird Ludwigshafen ausnahmsweise vorn liegen!" Mannheims Stadion war zu dem Zeitpunkt noch von den US-Amerikanern beschlagnahmt und erwies sich

Aus Trümmerschutt erbaut: die Wälle des Südweststadions.

später ohnehin als von der Atmosphäre her ungeeignet für Fußballkämpfe. So blieb der VfR Mannheim auf seinem Platz an den Brauereien, der SVW auf dem Waldhof und die Neckarauer blieben an der Altriper Fähre bzw. später im Waldwegstadion.

Einstimmig hatte der Ludwigshafener Stadtrat 1924 für einen Stadionbau votiert, vorgesehen beim heutigen Ebertpark im Norden der Stadt. Konkret wurde es erst am 25. September 1937, als rechts der Mundenheimer Straße, nicht weit vom Zentrum der „Stadt der Arbeit" (NS-Titel), Polit-Prominenz und ein SS-Musikzug aufmarschierten, um den ersten Spatenstich für ein Stadion zu tun. Der Entwurf stammte von Architekt Heinrich Müller von der TH Karlsruhe, und mitreden durfte auch der Leiter der Architektur-Abteilung der Obersten SA-Führung (OSAF) aus München, der „eine 10 m breite Wehrkampfbahn" und „ein SA-Übungsfeld 100 / 150 m" verlangte. 277 Wohlfahrtserwerblose machten sich ans Werk, der IG Farben-Konzern versprach Geld für das „Sportfeldprogramm", und am „Tag der deutschen Polizei" 1939 wurde ein Wohnhaus gesprengt, das der „Kampfbahn" im Weg stand.

Als Deutschland begann, noch im selben Jahr außerhalb seiner Landesgrenzen Wohnhäuser in die Luft zu jagen, hatte der Stadionbau keine Bedeutung mehr. „Hoffentlich ist bald Kriegsende, und es stehen wieder genügend Arbeitskräfte zur Verfügung, damit das Stadion bald vollends fertig wird" – so eine Zeitungsnotiz vom 28. September 1940. Immerhin war der Bau der Hauptkampfbahn, vorgesehen für 15.000 Zuschauer, fast vollendet, und dies hielt man für angemessen: „Selbst in seiner

Glanzzeit hatte der Phönix (Anm. der Verein Phönix Ludwigshafen) gegen den 1. FC Nürnberg und Fürth nicht mehr Besucher. Das sportlich an Ludwigshafener Spielen interessierte Hinterland ist bei weitem nicht so bedeutend, dass dieser Platz nicht ausreichen würde."

Dies sei zu kurz gedacht, fanden nach Kriegsende die Vereinsleitung des Phönix, Architekt Waldmann, der Südwestdeutsche Fußball-Verband (SWFV), die Totogesellschaft Rheinland-Pfalz und die Stadt. Erst einmal investierte man zwischen 20.000 und 22.000 Mark, um dem Sport rechts der Mundenheimer Straße in der „mit Bombentrichtern übersäten Wildnis aus Gestrüpp, Steinen und Morast", wo noch die Überreste einer Flakstellung standen, wieder eine Heimat zu schaffen. Ein Stadionausschuss unter Leitung von Dr. Bauer von Phönix Ludwigshafen, Regierungsbaumeister Camissar, Gartenbau-Ingenieur Max Fischer von der BASF (ehemals IG Farben), dem SWFV-Vorsitzenden Karl Fahrbach, der auch dem Phönix vorstand, verfolgten die Vision einer Riesen-Arena, die unter Zuhilfenahme von Stahlrohrtribünen sogar 100.000 Menschen fassen sollte – das Schlagwort vom „Super-Stadion" machte die Runde. Ganz so viel brachte man schließlich doch nicht unter, aber viel beachtet wurde der Bau von Ludwigshafen, das nun „Stadt der Chemie" hieß, allemal: „Das Nachkriegs-Ludwigshafen hat sich ein imposantes Stadion zugelegt", meldete der „Rheinische Merkur", dessen Korrespondent sich das „hohe Bautempo" damit erklärte, dass man dem rechtsrheinischen Mannheim, wo nach Freigabe durch die US-Army eine Stadionerweiterung ge-

plant war, zuvorkommen wollte. „Mannheim kann sich die Erweiterung jetzt sparen angesichts des Ludwigshafener Neubaus."

Wichtig war den Verantwortlichen der schwer zerstörten Industriestadt, „dass dem Wohnungsbau kein roter Heller verloren gegangen ist" – die Planer arbeiteten unentgeltlich, ebenso blieben die Bauarbeiter ohne Salär und durften sich stattdessen aus dem Trümmerschutt, von dem viele Wagenladungen auch aus Mannheim stammten, Backsteine herauslesen und verkaufen, das brachte 60 bis 80 DM die Woche. Einwände gegen den Standort hatte lediglich die kommunistische Zeitung „Die Freiheit": „Vergaster Sport im neuen Stadion?", wurde gefragt und darauf hingewiesen, dass regelmässig die Abgase der benachbarten chemischen Fabrik Raschig übers Gelände ziehen würden und Ludwigshafen wettermäßig ohnehin jährlich nur 49 heitere, aber 146 trübe Tage erleben würde.

Die Wälle aus Trümmerschutt wuchsen höher und höher, Allerheiligen 1949 weihte man vor 25.000 das Spielfeld mit der Begegnung des Phönix gegen AS St. Etienne ein. Am Stadionfest an einem Sonntagabend im August 1950 wollten alle teilhaben: „Dem Andrang der Massen waren die zur Verfügung stehenden Kassen nicht mehr gewachsen. Über Drahtzäune und durch unbewachte Eingänge stürmten die Ludwigshafener den Festplatz" – 30.000 waren es schließlich. Gartenbau-Ingenieur Fischer beklagte nach einem Phönix-Spiel „die Invasion einer rohen Menschenmenge", die, nur um den Heimweg abzukürzen, über Rasen und Hecken trampelte: „Das Überfluten des Sportrasens durch das ungezügelte Publikum ist weit schädlicher für die Grasnarbe als das Fußballspiel selbst".

Sonderzüge und Schweinsblasen
Offiziell eingeweiht wurde die Arena am 11. November 1950. Nun brachen Festtage an in „einem der billigsten Stadien der Welt" („Stadtanzeiger"), in dem 1951 die letzte Baulücke mit dem Marathontor geschlossen wurde und wo der Südwestfunk, vertreten durch Rudi Michel und Dr. von Braunmühl, vor Ort gewesen war, um den geeigneten Standort für das Mikrofonhäuschen auszuschauen.

Man kann sich vorstellen, wie das einst gewesen sein mag, als die Menschen stadtauswärts hinausströmten auf der Mundenheimer Straße, vorbei am Shellhaus und dem SWFV-Sitz. Es war eine Fußball-Starparade, die nun fast regelmäßig im Südweststadion ver-

83.000 Zuschauer passten einst ins Südweststadion, die „gute Stube" des Südwest-Fußballs.

(Foto: Stadtarchiv Ludwigshafen)

anstaltet wurde: 1952, kurz vor Weihnachten, lief die Nationalelf gegen Jugoslawien auf (3:2), 1960 nochmals gegen Portugal (2:1), und beide Male war „Boss" Rahn, der „Held von Bern", mit von der Partie. Es gab Repräsentativspiele, so 1949 Südwest gegen Westfalen (2:1) vor 45.000 und 1950 das sensationelle 5:0 von Südwest über Hamburg im Länderpokal, zudem Testspiele wie 1952 das Match A-Nationalelf gegen Amateur-Nationalmannschaft. 80.000 sahen 1952 die beiden Endspiele um die Deutsche Meisterschaft in Ludwigshafen, VfB Stuttgart – 1. FC Saarbrücken (3:2) und als Vorspiel VfR Schwenningen – SC Cronenberg (5:2, das Amateur-Finale). 60.000 kamen zum Pokalendspiel 1954 zwischen Stuttgart und dem 1. FC Köln (1:0 n.V.).

Unvergessen für viele sind die Spiele der Endrunde um die Deutsche Meisterschaft, wichen doch der 1. FC Kaiserslautern und der FK Pirmasens mangels eigener geräumiger Sportanlagen nach Ludwigshafen aus. Auch viele andere Begegnungen des Saison-Finales wurden in das zeitweise zweitgrößte deutsche Stadion vergeben, wenn auf neutralen Plätzen gespielt werden musste. Inklusive der Qualifikationen hat Ludwigshafen 28 Endrunden-Spiele von 1951 bis 1963 gesehen, 1,2 Millionen Zuschauer wurden registriert, ein Schnitt von fast 43.000!

Es waren 83.000, die 1956 das Lauterer 0:1 gegen Südmeister Karlsruhe miterlebten, 70.000 beim Schalke-Gastspiel beim 1. FCK 1951 (1:0), dieselbe Besucherzahl anlässlich der Partie Hamburger SV – 1. FC Nürnberg 1958 (3:1), 65.000 beim Spiel von Pirmasens gegen die Hamburger 1962 (3:6) und 60.000

beim 4:0 des FKP über den 1. FC Köln 1959.

In hellen Scharen kamen die Sportfreunde nach Ludwigshafen – Sonderzüge rollten aus Landau und Mainz, Kaiserslautern und Enkenbach, sogar aus dem badischen Heidelberg an. Die Gastwirte hängten die Schweinsblase vors Haus, was Auswärtigen eine deftige Schlachtplatte verhieß, und die „Rheinpfalz" registrierte stolz: „Ludwigshafen, ein Mekka der Fußballer!"

Als die Mordkommission kam

Sonst aber war in den 40er bis 60er Jahren Oberliga-Südwest-Alltag im Südwest-Stadion. In der Endrunde um die Deutsche Meisterschaft war die Großstadt nie vertreten, erbittert gestritten wurde auf dem Terrain an der Mundenheimer Straße um Punkte aber allemal. „Mordkommission im Stadion!", lauteten die Schlagzeilen, als Spitzenreiter 1. FC Saarbrücken am 3. Februar 1952 beim Tabellenzehnten Phönix vor 12.000 mit 2:1 gewonnen hatte. Phönix-Jugendleiter Otto Amann, ein 51-jähriger Dentist, wollte als Ordner Schiedsrichter Arthur Glöckner aus Pirmasens schützen und verstarb nach einer Schlägerei. Der Arzt weigerte sich, einen Totenschein auszustellen und rief die Kriminalpolizei. Nachdem ursprünglich berichtet worden war, Amann sei von schweren Schlägen getroffen worden, stellte man schließlich fest, der Tod sei infolge von Erregung durch einen Herzschlag eingetreten.

In der Regionalliga Südwest hieß der „Hausherr" im Südweststadion ab 1964 SV Südwest Ludwigshafen (2000/01 Verbandsliga), ein Kind der Ehe des Phönix mit der Tura. 1964 war die Arena

noch einmal Austragungsort eines A-Länderspiels, das 3:4 gegen die CSSR. Nach dem 1:0 über Rumänien 1966 war man aus dem Geschäft, denn die WM 1974 ging an Ludwigshafen vorüber. Die „Allgemeine Zeitung" hatte bereits 1968 gewarnt: „Maßgebende Fußballfachleute – ohne Namen zu nennen – möchten Ludwigshafen zugunsten von Saarbrücken als WM-Ort überspielen, denn Ludwigshafen ist ja tiefste Fußballprovinz." Das meinte den einflussreichen Hermann Neuberger, aber der Saarbrücker Ludwigspark war schließlich auch keines der zehn WM-Stadien.

Das Südweststadion macht bis auf den heutigen Tag einen imposanten Eindruck, es ist gepflegt, auch wenn auf der Vortribüne bereits der Löwenzahn wächst, und man erkennt, dass die mit Naturstein-Bruchstücken befestigten Stehränge nicht allzu oft frequentiert werden. In der Eingangshalle unter der Haupttribüne liest man noch die Stadionrekorde von Annegret Richter, Edgar Itt und Karl Fleschen – 1968 hatte Ludwigshafen als erstes deutsches Stadion eine Kunststoffbahn bekommen. Aber wie auch immer: The party is over, die Zukunft ungewiss, das Südweststadion als Schauplatz großer Fußballspiele Geschichte. *sky*

Südweststadior Ludwigshafen
ER: 1950. FV: 41.383, davon 2.100 üd. und 9.283 unüd. SiP.
ZR: 83.000, Endrunde um die Deutsche Meisterschaft, 31.5.1956, 1. FC Kaiserslautern – Karlsruher SC 0:1. Mundenheimer Straße, 67061 Ludwigshafen, Tel. 0621 / 50 42 910.

Südwest-Platz / Tura-Sportfeld / LSC-Sportfeld* / Güterbahnhof

Spurensuche in der Fußball-Provinz

Als die Bundesliga 1963 begann, hatten Ludwigshafens Fußballfreunde am Wochenende die Qual der Wahl, waren doch gleich vier Vereine der Chemiestadt in der zweithöchsten Klasse, der Regionalliga Südwest, vertreten. Von den damaligen Spielstätten sind heute noch das Südweststadion (siehe gesonderten Beitrag), der Südwest-Platz (ehemals Phönix-Platz), das Tura-Sportfeld und das Oppauer Stadion am Güterbahnhof vorhanden.

Es waren beachtliche Kapazitäten, die da für 1963/64 gemeldet wurden: 75.000 fanden im Südweststadion bei sog. großen Regionalliga-Spielen des Phönix und der Tura Platz; je 15.000 am Oppauer Güterbahnhof im Norden der Stadt und auf dem LSC-Sportfeld in der Gartenstadt an der Abteistraße; je 12.000 auf dem Phönix-Platz und dem Tura-Sportfeld beim Schlachthof in Hemshof. Phönix und Tura schlossen sich 1964 zum SV Südwest Ludwigshafen 1882 zusammen, ein vergeblicher Versuch, Anschluss zu halten.

Die heutige Bezirkssportanlage Ludwigshafen-West hinter dem früheren Standort des Schlachthofs ist identisch mit dem ehemaligen Tura-Sportfeld. Der SV Südwest spielt noch im für seine Zwecke viel zu großen Südweststadion und weicht nur gelegentlich auf den Südwest-Sportplatz nebenan aus, der eine weniger triste Kulisse für Verbandsliga-Spiele abgibt. Am Ort des LSC-Sportfelds (das gelegentlich auch als LSC-Kampfbahn bezeichnet wurde) an der Abteistraße ist 1969 eine Schule gebaut worden; der Verein hat mit der Bezirkssportanlage Ludwigshafen-Gartenstadt-Hochfeld, die sich nach Augenzeugen-Berichten in einem desolaten Zustand befindet, nahebei eine neue Heimat erhalten.

Nur der BSC Oppau ist noch da, wo er seit 1932 spielt. Der Güterbahnhof, der dem Stadion den Namen gab, ist einem Festplatz und Gewerbegebäuden gewichen, das Fassungsvermögen beim BSC, das 1963 mit 15.000 angegeben wurde, ist auf 4.000 gesunken.

Zu den Wurzeln: „Pfalz", Phönix, LFG 03

Trotz heutiger Fußball-Tristesse ist eine Spurensuche angebracht. Es war einmal der LFC „Pfalz", der seinen Platz an der Austraße im Gründungsjahr 1903 mit einem 1:18 gegen die Mannheimer FG

Der Charme des Vergänglichen: das Stadion am Güterbahnhof.

(Foto: Grüne)

1896 einweihte. 1907 eröffnete „Pfalz" den Platz an der Lagerhausstraße mit einem 1:1 gegen den 1. FC Pforzheim, 1915 stand man im Süd-Endspiel (1:4 gegen 1. FC Nürnberg), und 1920 errichtete der „Stehkragenklub" für 214.000 Mark eine Tribüne, eine der größten Süddeutschlands, in der Gaststätte, Geschäftszimmer, Umkleiden untergebracht waren. 1943 ging die ganze Anlage im Bombenhagel unter, an ihrer Stelle stand später eine Lagerhalle. „Wehmut überfällt einen, wenn man heute dort vorbeikommt", meldet ein Chronist 1982.

Die andere Fußballkraft hieß FC Phönix, 1920 ebenfalls Tribünen-Bauherr im 18.000 Zuschauer-Stadion, 1921 im Süd-Finale (1:2 n.V. gegen 1. FCN) und seit 1925 Besitzer eines Klubhauses und eines Rasenplatzes (Einweihung 5:1 gegen SpVgg Fürth). Heute steht die Haupttribüne des Südweststadions am Ort dieser Anlage. Ein neues Phönix-Stadion, den heutigen Südwest-Sportplatz, stellte man 1949 fertig, das Klubhaus 1954.

Schließlich gab es noch die LFG 03, die am Gaswerk und nahe der Radrennbahn den ersten umzäunten Sportplatz der Stadt besaß (an der heutigen Bürgermeister-Grünzweig-Straße); die von den „Rennbahneseln" 1913 dort errichtete Holztribüne galt als Sensation. 1924 musste die LFG 03 das Gelände zugunsten einer Gärtnerei aufgeben und zog an die Deutsche Straße um, wo bei den Süddeutschen Leichtathletik-Meisterschaften 10.000 Besucher gezählt wurden. 1938 ging der Klub in der Tura auf, die auf dem 03er-Platz an der Bayreuther Straße debütierte.

Fusionsklub SV Südwest (Ehrenpräsidiums-Mitglied Dr. Helmut Kohl) war 1971 nahe an der Bundesliga-Aufstiegsrunde dran, 10.000 jubelten im Südweststadion, als der Sprecher meldete: „In Neuendorf steht's 3:1." Sein Zusatz

„für Pirmasens" sorgte für die entsprechende Ernüchterung.

2000 ist die Großstadt Fußball-Provinz: SV Südwest 5. Liga, Ludwigshafener Sport-Club 6. Liga, Ball-Spiel-Club Oppau 8. Liga. Selbst das kleinste Fassungsvermögen von 1964 mit 12.000 wäre da des Guten zuviel. *sky*

Südwest-Sportplatz Ludwigshafen
(ehemaliger Phönix-Platz)
ER: 1949. FV: früher 12.000, heute 4.000, davon 300 üd. SiP.
ZR: unbekannt
Erich-Reimann-Straße 38,
67601 Ludwigshafen,
Tel. 0621 / 504 29 10, 58 11 70.

Bezirkssportanlage Ludwigshafen-Gartenstadt-Hochfeld
ER: 1969. FV: *.
Niederfeldstr. 2,
67065 Ludwigshafen,
Tel. 06 21 / 504 29 07

Stadion am Güterbahnhof Ludwigshafen-Oppau
ER: 1932. FV: früher 15.000, heute 4.000 StP.
Nordring, 67069 Ludwigshafen.

LSC-Sportfeld Ludwigshafen-Gartenstadt
FV: 15.000; das Stadion besteht seit 1969 nicht mehr.

Bezirkssportanlage Ludwigshafen-West
(am Ort des ehemaligen Tura-Sportfelds Ludwigshafen-Hemshof)
FV: früher 12.000*. ZR: unbekannt.

* Das Sportamt der Stadt konnte zum heutigen Fassungsvermögen der Bezirkssportanlagen keine Angaben machen.

LSK-Stadion

Das Kleinod in Wilschenbruch

„Auf der Heide blüht ein kleines Blümelein...", singen die Senioren in den Reisebussen auf dem Weg in die Lüneburger Heide, währenddessen im schönen Lüneburg, das bald 70.000 Einwohner zählen wird (davon 10.000 Studierende), ein zartes Fußball-Pflänzlein gedeiht: Der LSK, 1951/52 zwar erstklassig, sonst aber im Amateurlager beheimatet, hat sich 2000 auf sporthistorischem Terrain am Naturschutzgebiet unweit von Tiergarten-Wald und Ilmenautal für die neue 3. Liga qualifiziert.

So idyllisch seine landschaftliche Lage ist, so heimelig wirkt auch das Stadion, das LSK-Sportplatz genannt wird. Die Holztribüne geht auf das Jahr 1921 zurück, zudem findet man im Wilschenbruch einen reinen Fußballplatz vor.

Der Lüneburger FK (seit 1912 LSK) war 1901 entstanden und trug erste Spiele in der Roten Schleuse (heute Campingplatz), auf dem Schützenplatz (heute Firma Lucia) und auf dem Exerzierplatz vor der Lüner Kaserne aus. 1904 bis 1905 schuf man im damaligen Wilschenbrook ein Sportgelände. Die Fußball-Premiere gegen Germania Hamburg, einem HSV-Vorläufer, musste wegen Schlechtwetter ausfallen (häufige HSV-Gastspiele gehören ebenso zur Geschichte des Geländes wie die Städtespiele gegen Harburg und Hamburg in den 20er Jahren; 2000 gewannen die HSV-Profis dort 5:0). Nachdem die (Leicht-) Athleten u.a. mit einem Wettbewerb im Fußball-Weitstoß am 20. August 1905 die Anlage einweihten, waren die Fußballer am 3. September dran (LFC – Sperber Hamburg 4:5). Im darauf folgenden Jahr konnte man erstmals Eintritt kassieren und 1911 gegen B01 Nyköbing aus Dänemark als Novum internationalen Fußball im Wilschenbrook bieten.

Länderkampf-Reportage während des Spiels!

1913 schuf der Klub den Holzzaun ums Gelände und grenzte das Spielfeld ab. Über dem Eingangstor war damals zu lesen: „Es ist für das Vaterland, wenn wir zu spielen scheinen" – oder für den Krieg übten, wie 1914 beim 1. Nationalen Armee-Gepäckmarsch mit dem Ziel LSK-Platz. Am 28. August 1921 war dann die bis heute existente Tribüne fer-

tig (Einweihung LSK – Borussia Kiel Gaarden 3:1), und ein Kuriosum meldet LSK-Archivar Erhard Rölcke für den 11. Mai 1930: Vor und während der Begegnung LSK – Rasensport Harburg wurde über Lautsprecher die Rundfunkreportage vom Länderspiel Deutschland – England aus dem Deutschen Stadion Berlin zum Wilschenbrook übertragen.

Die Briten beschlagnahmten 1945 vorübergehend den Platz, dessen Zuschauerrekord 10.000 beim 5:0 Schalkes über die Gastgeber am 28. März 1948 bedeuteten. Am 16. November 1951 kaufte der Verein der Familie von Bülow das Areal für 45.000 DM ab, möglicherweise eine Folge des Erstliga-Aufstiegs, denn 1951/52 gehörten die Schwarz-Weißen der Oberliga Nord an und erzielten gute Einnahmen. Den besten Besuch gab's damals mit je 9.000 gegen den HSV (1:1) und den FC St. Pauli (1:3). Eine weitere Premiere brachte 1954 das Gastspiel von Motor Magdeburg aus der DDR (2:5).

Für HSV-Statistiker mag von Interesse sein, dass der Bundesligist 1974 (2:0 gegen Djurgarden IF, Schweden, vor 6.000) und 1977 (2:3 gegen Slavia Sofia vor 8.000) zwei Intertoto-Spiele in Lüneburg austrug. Seit 1980 besitzt man eine Flutlichtanlage, eingeweiht gegen den damaligen Bundesligisten Hannover 96 (0:1). Und, als Mitgift für die 3. Liga, hofft der LSK auf den Bau einer überdachten Gegengeraden. *sky*

LSK-Stadion Wilschenbruch Lüneburg
ER: 1905 / 1921. FV: 8.000, davon 260 üd. und 160 unüd. SiP.
ZR: 13.500, Freundschaftsspiel, 31.7. 1996, „Paulaner Traumelf" – Bayern München 0:6.
Am Reiherstieg 25, 21337 Lüneburg, Tel. 04131 / 415 15.

Stadion Schwansbell

Schlagerspiele im Exil

Es war in den guten, alten „Sportschau"-Zeiten, als in den 60er und 70er Jahren zuweilen die Kampfbahn Schwansbell im Fernsehen auftauchte. Dort spielt der Lüner SV, und irgendwie fällt einem bei dem Vereinsnamen immer Amateurfußball ein. Was damit zu tun hat, dass Erhard Ahmann mit 44 Länderspielen ein Stammposten der Amateur-Nationalelf war. Eigenartig, dass ihn die Internet-Präsentation www. lsv-fussball.de nicht würdigt – vielleicht, weil er später nach Gütersloh wechselte?

Die Bezeichnung „Kampfbahn" trägt die Sportstätte der ehemaligen Bergbaustadt (1992 war Schluss; heute sind Bergmannsmuseum und Bergarbeiter-Wohnmuseum samt Plumpsklo und Kaninchenstall zu besichtigen) an der Nahtstelle zwischen Ruhrgebiet und Münsterland nicht mehr: Der Begriff, der sich aus deutschnationalen Gründen eingebürgert hatte, wurde in Lünen durch das Wort Stadion ersetzt. So gehört's sich für einen Verein, dem der innenpolitische Sprecher der SPD-Bundestagsfraktion, Dieter Wiefelspütz, vorsteht.

Der Lüner SV war am 26. August 1945 durch einen Zusammenschluss von fünf Vereinen entstanden und spielte erst einmal auf dem Sportplatz Wüstenknapp, da der Schützenhof von den Briten beschlagnahmt war. Gegner waren eine englische Soldatenelf und Borussia Dortmund („Massenbesuch"), selbst ein Freundschaftsspiel der Lüner gegen den BV Brambauer zog 8.000 an.

1958 eröffnet: die frühere Kampfbahn (heute Stadion) des Lüner SV.

Über den Schützenhof fand man dann in der 1958 eröffneten Kampfbahn Schwansbell, einem reinen Fußballstadion mit Stehrängen, eine neue Heimat, die aber schon wieder zu klein war, als der Lüner SV 1962/63 sehr erfolgreich spielte: Dreimal trat man im Jahnstadion Hamm an, wurde dort Westfalenmeister (3:1 gegen VfB Bielefeld, 18.000), West-Amateurmeister (2:1 gegen Homberger SV, 18.000) und war Teilnehmer der Deutschen Amateur-Meisterschaft (2:0 gegen Blau-Weiß 90 Berlin, 20.000).

So gab es denn 1963/64 Regionalliga-West-Spiele in Schwansbell, dessen Stehränge damals maximal 12.000 aufnehmen konnten. 1967 stieg man erneut in diese Klasse auf, wobei die Spielzeit 1968/69 mit Hans-Jürgen „Spatz" Sperlich (später Hertha BSC, HSV) einen neuen Star brachte und ein Dilemma: Eine Sitztribüne an der südlichen Längsseite (1971 fertig gestellt) war gerade im Bau, als das Schlagerspiel Lünen (4.) gegen VfL Bochum (1.) anstand. Die Lösung: Der LSV wich in die Kampfbahn Rote Erde von Dortmund aus, wo er vor über 15.000 ein 1:1 gegen den VfL erreichte. Borussia Dortmund selbst reiste 1973 nach Schwansbell und gewann dort in der Rückrunde vor 9.000 (Saisonrekord) mit 3:1, nachdem es in der Roten Erde vor 18.000 noch 1:1 geheißen hatte. Mit jener Saison war Schluss mit Regionalliga-Fußball in der 93.000-Einwohner-Stadt.

2000 haben sie auf dem Alten Markt von Lünen den Aufstieg in die Oberliga Westfalen gefeiert. So darf man annehmen, dass das Stadion Schwansbell nun zumindest wieder im regionalen Fernsehen zu sehen ist, manchmal auch deshalb, weil die BVB-Amateure dorthin ausweichen: In der Roten Erde von Dortmund genießt die Leichtathletik Priorität. *sky*

Stadion Schwansbell Lünen
ER: 1958, FV: früher 12.000, heute 10.000, davon 1.000 üd. SiP
ZR: 11.000, Regionalliga-Aufstiegsspiel, Juni 1967, Lüner SV – VfB Bottrop 0:0
Schwansbeller Weg 7a, 44532 Lünen, Tel. 02306 / 25 84 36.

Magdeburg

▪ Ernst-Grube-Stadion

Vom „nationalen Aufbau" zur internationalen Bühne

Geht es nach dem Willen des Magdeburger Stadtrates, so wird das Ernst-Grube-Stadion der sachsen-anhaltinischen Landeshauptstadt, bekannt als Spielstätte des einstigen Europacup-Pokalsiegers 1. FC Magdeburg, bis 2004 einem Neubau weichen müssen. Die momentane sportliche Situation des 1. FCM allein würde ein neues 25.000-Sitzplätze-Stadion am Ort der Traditions-Arena wohl kaum rechtfertigen, denn 2000 hat der oftmalige DDR-Meister und -Pokalsieger die Qualifikation für die neue 3. Liga um zehn Zähler verfehlt und ist erneut viertklassig. Auch dort allerdings gilt er noch als Zuschauermagnet.

Magdeburgs Stadion trägt auch heute noch den Namen, den es bereits zu DDR-Zeiten führte. Ernst Grube, geboren 1890 in Neuendorf (Anhalt), kam über SPD und USPD zur KPD, war Landtags- und Reichstagsabgeordneter. Erst Sekretär für Sportarbeit der KPD, wurde der frühere Tischler 1930 Leiter der Kampfgemeinschaft für rote Sporteinheit („Rotsport"), die im Gegensatz zum bürgerlichen Sport und zur sozialdemokratischen Arbeitersport-Bewegung stand. 1933-1940, 1942 und wieder seit 1944 in KZ inhaftiert, verstarb Ernst Grube am 14. April 1945 an Flecktyphus im KZ Bergen-Belsen. Nach dem Antifaschisten sind auch Stadien in Riesa und Berlin-Köpenick benannt.

Lokalmatador „Täve" Schur
Erbaut wurde das Ernst-Grube-Stadion 1954 bis 1955 im Rahmen des „Nationalen Aufbauwerkes", für das die Bevölkerung über 400.000 freiwillige Arbeitsstunden leistete. 150.000 m³ Schutt wurden verbaut und insgesamt 21 km Terrassensteine verlegt. Im ostelbischen Stadtteil Cracau, 20 Straßenbahn-Minuten vom Hauptbahnhof, entstand ein klassisches Mehrzweckstadion mit einer Laufbahn um das Spielfeld herum und einer Weitsprunganlage vor der unüberdachten Haupttribüne. Die Einweihung erfolgte am 18. September 1955 mit dem B-Länderspiel DDR – Rumänien. 1971 wurde die Haupttribüne überdacht und am 7. Januar 1972 mit dem Spiel 1. FC Magde-

burg – Dynamo Dresden (2:1) die Flutlichtanlage eingeweiht.

Das Ernst-Grube-Stadion befindet sich im Besitz der Stadt Magdeburg und wird neben den FCM-Fußballern auch von den Leichtathleten des SC Magdeburg genutzt, deren Bekannteste derzeit die Läuferin Grit Breuer und die Kugelstoßerin Katrin Neimke sind. Zum Komplex der Arena gehören noch acht Fußballtrainingsfelder, fünf Sporthallen und eine Leichtathletikanlage, auch die Geschäftsstellen von 1. FCM, SCM und des Fußballverbandes Sachsen-Anhalt befinden sich auf dem Gelände. 1997 entstand in Stadion-Nähe die 7.000 Zuschauer fassende Bördelandhalle, wo die SCM-Bundesliga-Handballer auflaufen. Noch in den 50er und 60er Jahren trugen die Feldhandballer des SC Aufbau ihre Oberliga-Punktspiele im Grube-Stadion aus, und in den 60er und 70er Jahren war es mehrmals Zielort von Etappen der Friedensfahrt, dem damals größten Amateur-Etappenradrennen der Welt, bei dem besonders Lokalmatador „Täve" Schur, der aus dem Magdeburger Vorort Heyrothsberge stammt, bejubelt wurde. 60.000 empfingen allein im Mai 1960 die Friedensfahrer. Oft wurden diese Etappenankünfte als Doppelveranstaltung durchgeführt: Nach dem Eintreffen der Radsportler fand noch ein Fußball-Oberliga-Punktspiel statt.

Vor 1945 befand sich auf dem Gelände des Ernst-Grube-Stadions der Sportplatz am Gübser Damm des Magdeburger Traditionsvereins Viktoria 96 Magdeburg, der bis 1905 dreimal an den Endrunden zur Deutschen Meisterschaft teilnahm, 1933 bis 1937 in der damaligen Gauliga Mitte spielte und 1945 auf Beschluss der Alliierten aufgelöst wurde.

Stätte großer Erfolge
Seit den 60er Jahren spielt der 1. FC Magdeburg regelmäßig im Ernst-Grube-Stadion. Seine Wurzeln hat der Verein jedoch im bevölkerungsreichen Arbeiterbezirk Sudenburg, in dessen Heinrich-Germer-Stadion bis 1945 der ehemalige Gauligist MSC Preußen 99 antrat. 1945 wurde dieser Verein

Das Ernst-Grube-Stadion in Magdeburg: Am 1.11.2000 Pokalsieg gegen Bayern München und zurück ins Rampenlicht.

zwangsaufgelöst und die Sportgruppe Sudenburg gegründet. Ersparen wir uns an dieser Stelle die häufigen folgenden Namenswechsel von Eintracht Sudenburg bis BSG Krupp-Gruson. 1957 jedenfalls entstand der SC Aufbau, dem sich die erste Fußball-Mannschaft des BSG Motor Mitte anschloss, während die 2. Mannschaft weiter als Motor Mitte auflief, beide Vereine übrigens im Germer-Stadion. 1960 gelang dem SC Aufbau der Aufstieg in die DDR-Oberliga, 1964 und 1965 wurden die Magdeburger DDR-Pokalsieger. Man blieb im Germer-Stadion und wich lediglich zu Europapokal- und zugkräftigen Oberliga-Spielen ins Ernst-Grube-Stadion aus.

1965 benannte sich der SC Aufbau in SC Magdeburg um, dessen Fußball-Abteilung am 22. Dezember desselben Jahres als 1. FC Magdeburg selbständig wurde. Ende der 60er Jahre wechselte der 1. FCM endgültig ins Grube-Stadion über, wo der Klub seine größten Erfolge feiern konnte: 1972, 1974 und 1975 DDR-Meister, nach 1964 und 1965 auch wieder 1969, 1973, 1978, 1979 und 1983 DDR-Pokalsieger. Den größten Vereinserfolg der DDR-Fußballgeschichte erreichte Magdeburg mit dem Gewinn des Europapokal der Pokalsieger 1974 in Rotterdam gegen den AC Mailand (2:0). In den erfolgreichen 70er Jahren waren Zuschauerzahlen von 45.000 im Europapokal und 25.000 in Oberligaspielen im Ernst-Grube-Stadion keine Seltenheit. Große europäische Vereine wie Juventus Turin, AC Turin, Sporting Lissabon, FC Barcelona, Atletico Bilbao, West Ham United („the Hammers"), Arsenal London („the Gunners"), Girondins Bordeaux, Ferencvaros Budapest, Galatasaray Istanbul gastierten dort. Besondere Höhepunkte waren die deutsch-deutschen Vergleiche gegen Bayern München, Schalke 04 und Borussia Mönchengladbach. Bei diesen Spielen hätte man locker das Mehrfache der verfügbaren Eintrittskarten verkaufen können. Weiter fanden in Magdeburgs Arena sieben A-Länderspiele der DDR sowie zahlreiche Spiele von Olympia- und Nachwuchsauswahlmannschaften im Ernst-Grube-Stadion statt.

Als Magdeburg 1991 in der Qualifikation zur 2. Bundesliga scheiterte, war der Ex-Europacup-Sieger von einem Jahr zum anderen drittklassig, von 1994 bis 1997 sogar viertklassig. Auch wenn der Verein der 235.000 Einwohner zählenden Stadt ab 2000/2001 erneut in der 4. Liga spielt, lassen gesicherte finanzielle Verhältnisse dank des Vermarkters Sportwelt (Michael Kölmel) und eine sehr gute Jugendarbeit hoffen, dass es bald wieder nach oben geht.

Leider befindet sich Magdeburgs Stadion mittlerweile in einem schlechtem Zustand, denn mehr als einige Notreparaturen wurden in den letzten Jahren nicht vorgenommen. Der DFB teilt auf seinen Internet-WM-2006-Bewerbungsseiten zur Zeit der Drucklegung des Buches mit, „das Ernst-Grube-Stadion erfüllt keine zeitgemäßen Ansprüche". Deshalb gab es Überlegungen, ein neues Stadion an der Autobahn A2 zu bauen, um sich für die WM 2006 zu bewerben. Die Forderung nach mindestens 40.000 Plätzen ließ dieses Vorhaben platzen – seltsam genug, dass der DFB per Internet immer noch Magdeburg als Austragungsort platziert, allerdings ohne Abbildung eines Modells. Inzwischen hat der Stadtrat für einen Neubau eines länderspieltauglichen Stadions mit einem Fassungsvermögen von 25.000 Sitzplätzen am Standort des alten Ernst-Grube-Stadions entschieden. Der Standortvergleich mit der Arena an der Autobahn fiel zugunsten des Grube-Stadions aus, weil die vorhandene Infrastruktur (öffentliche Verkehrsmittel, Parkplätze) genutzt werden kann.

Das neue Stadion soll wie in Rostock abschnittsweise in das alte Stadion hineingebaut werden. 2000 sollen die Planungen beginnen, der Gesamtkostenrahmen soll 65 Mio. Mark nicht überschreiten, das Land würde das Vorhaben mit bis zu 30 Millionen Mark fördern. Die Grundsteinlegung ist 2001 anlässlich des DFB-Bundestages in Magdeburg geplant, und bis 2004 soll der Neubau abgeschlossen sein. Bleibt zu hoffen, dass bis dahin auch der 1. FC Magdeburg wieder an bessere Zeiten anknüpft, um das neue Stadion mit Leben zu füllen. Am 1.11. 2000 wurde ein Anfang gemacht: 27.000 Zuschauer bejubelten im Ernst-Grube-Stadion das Weiterkommen im DFB-Pokal – erreicht im Elfmeterschießen (1:1 n.V.) gegen den FC Bayern München. *Dirk Priezel*

Ernst-Grube-Stadion Magdeburg
ER: 1955. FV: 25.000, davon 8.060 SiP, z.T. üd.
ZR: im Mai 1960 bei der Friedensfahrt-Ankunft der Radsportler 60.000 Zuschauer, im Fußball je 45.000; DDR-Oberliga, 1. FC Magdeburg gegen: FC Carl Zeiss Jena 5:0, 3.3.1972; Sachsen Zwickau 2:1, 7.5. 1972; Achtelfinale EC I, 8.11.1972, Juventus Turin 0:1.
Friedrich-Ebert-Str. 68, 39114 Magdeburg, Tel. 0391 / 85 73 22, 811 05 14.

(Foto: Priezel)

Das Heinrich-Germer-Stadion in Magdeburg: Kiebitze auf den Dächern.

Heinrich-Germer-Stadion

Tolle Stimmung auf Stahlrohrtribünen

Das Heinrich-Germer-Stadion im Magdeburger Stadtteil Sudenburg, bis 1945 Heimstätte des Traditionsvereins MSC Preußen 99, erlebte trotz des 1955 fertiggestellten wesentlich größeren Ernst-Grube-Stadions eine ganze Zeitlang erstklassigen DDR-Fußball und war bei einem dank zusätzlicher Stahlrohrtribünen auf 18.000 Zuschauer erhöhten Fassungsvermögen für seine tolle Atmosphäre bekannt.

Seit 1952 ist das frühere Stadion am Königsweg nach Heinrich Germer benannt. Germer (1908-1953) fiel als parteiloser Lehrer bei den Nazis in Ungnade. 1946 wurde er 1. Vorsitzender im Kulturbund Magdeburg und Gründer der Volkshochschule, 1948 Magdeburger Stadtrat für Volksbildung und Kultur.

Nachdem 1957 die DDR-Liga-Elf von Motor Mitte zum SC Aufbau Magdeburg überwechselte, spielten sowohl Aufbau als auch die von der zweiten zur ersten Mannschaft avancierte BSG Motor Mitte im Germer-Stadion. Durch den Einbau von Stahlrohrtribünen wurde das Fassungsvermögen Anfang der 60er Jahre auf 18.000 erhöht. Die Nähe der Zuschauer zum Spielfeld ergab in DDR-Liga- und -Oberligazeiten eine tolle Stimmung. Besonders bei den Derbys gegen Stendal, Halle und Dessau drängten sich die Zuschauer im ausverkauften Stadion bis an den Spielfeldrand, andere sahen von den Dächern zu, denn an zwei Seiten grenzt die Sportstätte an hohe Mietshäuser.

Aufbau wechselte als 1. FC Magdeburg Mitte der 60er Jahre ins Grube-Stadion über, eine Entscheidung, die zahlreiche Sudenburger verärgerte, denn das Grube-Stadion war in den 50er und 60er Jahren in der im Bombenkrieg schwer zerstörten Stadt schlecht erreichbar. Es befindet sich östlich der Elbe, der Großteil der Magdeburger aber lebt westlich des Flusses, vor allem in Sudenburg und Buckau. Es gab anfangs nur zwei provisorische Elbbrücken, Straßenbahnen fuhren nicht so oft, und waren bei großen Fußballspielen völlig überfüllt. Andererseits war das Germer-Stadion dem Zuschauerandrang in der DDR-Oberliga nicht mehr gewachsen.

Anfang und Ende der 70er Jahre kehrte der 1. FCM nochmals nach Sudenburg zurück, weil Arbeiten wie die Rasenerneuerung keinen weiteren Spielbetrieb in Cracau zuließen. So kam es, dass sogar Arsenal London (2:2, EC Pokalsieger 1979/80), FK Moss (2:1) und AC Turin (1:0, beide UEFA-Cup 1980/81) im Germer-Stadion gastierten. Motor Mitte blieb dort und spielte von 1961 bis 1990 bis auf kurze Unterbrechungen in der Bezirksliga. Die Stahlrohrtribünen wurden inzwischen wieder entfernt, so dass das Fassungsvermögen auf 8.000 Besucher sank.

1990 erfolgte die Umbenennung der BSG Motor Mitte Magdeburg in Magdeburger SV 90. In der Fußball-Abteilung gibt es inzwischen Bestrebungen, den Traditionsnamen MSC Preußen 99 wieder anzunehmen, doch fehlt die Zustimmung im Gesamtverein. Bei einem Austritt müssten die MSC Preußen-Anhänger wieder ganz unten anfangen, weshalb man sich bei dem Landesligisten auf einen Kompromiss und den Namen Magdeburger SV 90 Preußen geeinigt hat.

Außerdem wird das Heinrich-Germer-Stadion für American Football von den Magdeburg Virgin Guards genutzt. Unweit des Stadions, in der Halberstädter Straße, befindet sich neben zahlreichen Szene-Kneipen, Pubs und Bars auch das Lokal K73 von Handball-Punk Stefan Kretzschmar.　　*Dirk Priezel*

Heinrich-Germer-Stadion Magdeburg
ER: 20er Jahre. FV: heute 8.000 StP, früher 18.000 StP.
ZR: 22.000, bei verschiedenen Punktspielen des SC Aufbau Magdeburg. Salzmannstr. 34, 39112 Magdeburg, Tel. 0391 / 622 41 23.

Stadion an der Jerichower Straße

Magdeburgs einziges DFB-Länderspiel

Das Heimstadion des Magdeburger Fußball- und Cricket Club Viktoria war am 5. November 1933 Schauplatz der Begegnung Deutschland – Norwegen (2:2); die Tore besorgten die Düsseldorfer Albrecht (Fortuna) und Hohmann (Benrath). Es war das einzige DFB-Länderspiel in Magdeburg. Ende der 30er Jahre wurde das Stadion mit einem Fassungsvermögen von 10.000 Zuschauern abgerissen, dem NS-Staat waren Kasernen wichtiger als Sportstätten. Cricket Viktoria musste ins Polizeistadion am Hasselbachplatz an der Halleschen Straße ausweichen. Dieses Stadion existiert inzwischen auch nicht mehr. Heute befinden sich dort Bahnanlagen. Die Kasernen auf dem Cricket Viktoria-Platz am Jerichower Platz wurden zuletzt von der Roten Armee bis zur Wende genutzt, heute beherbergen sie Ministerien sowie verschiedene Behörden der Stadt Magdeburg.　　*Dirk Priezel*

(Foto: Priezel)

Wurde Ende der 30er Jahre abgerissen: das Stadion an der Jerichower Straße.

Mainz

Stadion am Bruchweg

Endlich ein Schmuckstück

„Donnerwetter, in Mainz, da tut sich was!" So oder ähnlich hören sich die Kommentare auswärtiger Fußballfreunde an, die nach jahrelanger Abstinenz wieder einmal an den Bruchweg kommen. Denn die häufig benutzte Redewendung „Bruchweg gleich Bruchbude", ist heute nicht mehr angebracht. Ganz im Gegenteil: Ein Schmuckstück ist mit Mainz' Stadion zum Ende des 20. Jahrhunderts entstanden.

Aber blicken wir erst einmal zurück: Seit 1929 wird am Bruchweg Fußball gespielt, allerdings nicht von den 05ern, die erst 1949 das im Universitätsviertel gelegene Areal übernahmen. Vorher kickte der um 1912 aus einer Fusion mehrerer Vereine entstandene FSV Mainz 05 zunächst an der Radrennbahn, dann an der Hardenbergstraße und schlussendlich am Schützenplatz. Mit Beginn der 20er Jahre wurde der Exerzierplatz, auch „Fort Bingen" genannt, in mühevoller Eigenarbeit zu einem schmucken Sportgelände mit einer kleinen Tribüne hergerichtet. Aber schon 1937 erfolgte auch hier der Schlusspfiff: Der liebevoll ausgebaute Fußballplatz musste einer Flakkaserne weichen. Wo einst der Ball rollte, stapelten sich nun Granaten.

Bis Kriegsende spielten die 05er an der Pariser Straße, danach ging's bis 1949 auf dem Uniplatz an der Unteren Zahlbacher Straße weiter. 1950 war dann der durch mehrere Bombentreffer schwer ramponierte Platz am Bruchweg wieder weitgehend hergestellt; mit einem Auftaktspiel gegen den Südwestnachbarn 1. FC Kaiserslautern erfolgte die Einweihung. Drei Jahre später dann durften die Mainzer Kicker erstmals auf sattem Grün dem Ball hinterherlaufen, und nur zwölf Monate später gab es dann schon eine Haupttribüne.

Nachdem sich die 05er in der eingleisigen 2. Liga mit dem Trend nach ganz oben eingerichtet hatten, kam Leben in die triste „Bude". Die Laufbahn vor der Südtribüne wurde mittels einer Stahlrohrtribüne überbaut, und seit 1995 gibt es eine bundesligataugliche Flutlichtanlage. Ab 1997 kam dann die Wandlung vom hässlichen Entlein zum stolzen Schwan: Mit einem großen Familienfest und anschließendem Zweitligaspiel gegen die SpVgg Greuther Fürth (4:1) wurde am 2. August 1997 das für über 6 Mio. DM in einer Rekordzeit von nur zwei Monaten modernisierte Stadion am Bruchweg eingeweiht. Neuer Rasen, neue Tribünen, neue Kamera- und Presseplätze, mehr Toiletten, eine größere Lautsprecheranlage sowie eine verbesserte Flutlichtanlage waren zu bewundern. Das Stadion bietet jetzt maximal 16.700 Besuchern Platz; eine vollständige Auslastung hat es bislang noch nicht gegeben.

Nach der Errichtung der neuen transportablen Tribünen aus Stahlelementen (Beibehaltung einer Stehtribüne in der Südkurve für 6.600 Fußballanhänger sowie Nordtribüne mit 3.300 roten und weißen Schalensitzen) besitzt die Stadt Mainz jetzt ein absolut Zweitliga-taugliches, fast vollständig überdachtes Stadion, das beide Optionen offenhält: weiterer Ausbau oder Verlagerung an einen anderen Ort.

Kurios: Das Stadion heißt zwar „am Bruchweg", liegt aber am Dr.-Martin-Luther-King-Weg. „Bruchweg" ist die Bezeichnung der Gegend, angelehnt an einen Feldweg; einen Bruchweg jedenfalls gibt es offiziell gar nicht in Mainz.

Thomas Zachler

Stadion am Bruchweg Mainz
ER: 1929/1997. FV: 16.700, davon 10.100 üd. SiP und 6.600 üd. StP.
ZR: 14.500, DFB-Pokal, Mainz 05 – Hertha BSC Berlin 2:1 n.V.
Dr.-Martin-Luther-King-Weg, 55122 Mainz, Tel. 06131/375500.

Stadion SV Gonsenheim

Seit 1919 an der Kapellenstraße

„Wir haben ein schmuckes kleines Stadion mit Stehstufen direkt am Waldrand gelegen. Neu erbaut an alter Stätte 1993." Dies teilt uns der Vorsitzende des SV 1919 Mainz-Gonsenheim auf Anfrage mit, und wegen der „alten Stätte" taucht die Sportanlage in diesem Buch auf: 1947 bis 1949 nämlich spielte die SG Gonsenheim als zweiter Mainzer Klub neben 05 in der Oberliga Südwest.

Das geschah auf einem Hartplatz an der Kapellenstraße, der von einer Rundlaufbahn umgeben war. Über Besucherzahlen aus jener Zeit liegen keine Informationen vor, doch werden es wohl einige Tausend gewesen sein, die die Gastspiele des 1. FC Kaiserslautern, 1. FC Saarbrücken, von Worms (4:2 für Gonsenheim 1947/48) und Neuendorf sehen wollten. In der ersten Oberliga-Serie erreichte man daheim ein 1:1 gegen den Lokalrivalen FSV 05. Die erste Runde beendete Gonsenheim als 12. von 14, die zweite als 13. und Schlusslicht. 2000 spielt der SVG auf der städtischen Anlage nahe Tierpark und Waldfriedhof auf einem Kunstrasenfeld in der Landesliga Ost, Flutlicht besitzt man ebenfalls. *sky*

Stadion SV Mainz-Gonsenheim
ER: 1919/1993. FV: 2.000 StP.
ZR: unbekannt.
Kapellenstraße 40, 55124 Mainz, Tel. 06131/45 393 (Platzwart), 45 343 („Sportklause").

Mainz-Weisenau, Sportfeld an der Bleichstraße: siehe „Platz-Verweise".

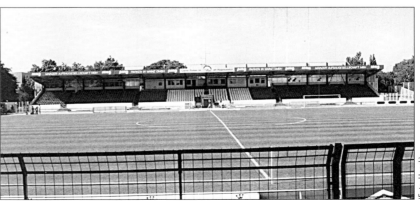

(Foto: Hoeck)

Das Stadion am Bruchweg in Mainz: „Da tut sich was!"

■ Stadion / VfR-Platz* / Waldhof / Rhein-Neckar 1* und 2

Der lange Weg zum Carl-Benz-Stadion

Die verwirrendste Stadien-Historie deutscher Städte besitzt Mannheim, weshalb wir vom Prinzip dieses Buches abweichen, dass in der Regel ein Beitrag einem Stadion gewidmet ist. In der Industriestadt nämlich hängt das eine mit dem anderen zusammen, und Ortsunkundige würden bei fünf unterschiedlichen Spielorten – Stadion Mannheim bzw. Rhein-Neckar-Stadion 1, VfR-Platz, Waldhof-Stadion, Rhein-Neckar-Stadion 2, Carl-Benz-Stadion – möglicherweise den Überblick verlieren. Und eigentlich gehört das Südwest-Stadion Ludwigshafen auf der anderen Rheinseite ja auch noch dazu…

Kurios ist die Geschichte und ebenso die Jetztzeit, wo der SV Waldhof sein DFB-Pokalspiel 1999 gegen Bayern München fast nach Frankfurt verlegt hätte, weil im Benz-Stadion wochentags nach 20 Uhr nicht gekickt werden darf.

Länderspiel – und 62 Jahre Pause

Wo sich ödes Brachland und übel riechende Müllplätze auf einem alten Neckararm im heutigen Stadtteil Neuostheim erstreckten, schuf Mannheim in den 20er Jahren gemäß dem Vorbild anderer Großstädte ein Stadion; derartige Pläne hatte bereits 1913 der VfR gehegt. Die Bezeichnung Stadion galt der Stadt als „nicht passend für eine Bewegung zur Förderung der Leibesübungen", also hieß „das typische Beispiel einer sog. Sammelanlage verschiedenartiger Übungs- und Spielstät-

(Foto: Stadtarchiv Mannheim)

„Der Marathonläufer" am Eingang des Stadions Mannheim.

ten" offiziell „Städtische Spielplatzanlage bei den Rennplätzen" (der Begriff Stadion Mannheim hat sich später eingebürgert). Die „Große Kampfbahn" bot ein 110x82-m-Spielfeld, eine 500-m-Laufbahn, eine 100-m-Bahn, eine unüberdachte Tribüne für 370 Menschen („aus Sparsamkeitsgründen in kleinsten Ausmaßen als Provisorium") und zehn Stehtraversen. Insgesamt fanden 25.000 Platz. Die Anlage war sehr großräumig – später sollte sich das als Nachteil herausstellen –, von einem großen Vorplatz führte die breite Freitreppe zur Kampfbahn. Künstlerischer Schmuck war die Monumentalstatue „Marathonläufer" des Bildhauers Gelb – „ein Sinnbild des Menschen, der sich auf dieser Stätte bildet".

„Nie noch sah Mannheim eine solche Zuschauermenge auf einem Sportfelde", las man in der „Neuen Badischen Landeszeitung" zur Einweihung am 19. Juni 1927. 35.000 waren da, als die 7.000 Teilnehmer, Schulkinder und Sportler, einmarschierten. Bürgermeister Dr. Walli formulierte im Sinne des Arbeitersports: „Ziel darf aber nicht sein die Erreichung von Höchstleistungen Einzelner, sondern die Ertüchtigung und Durchbildung des gesamten Volkes." „Hoch empor!", sang der Lehrergesangverein Mannheim-Ludwigshafen, und das Fußballspiel Mannheim – Frankfurt/Main endete 0:3. Das für lange Zeit einzige Länderspiel in der Rhein-Neckar-Stadt sahen am 10. Februar 1929 35.000 gegen die Schweiz (7:1). Bericht der „NMZ": „Alle möglichen Dialekte beherrschten die Stadt und das Stadion. Ein riesiger Auto- und Krafträderpark, wie ihn Mannheim nie gesehen, füllte den weiten Vorplatz. Wie ein Riesenpolyp lag der Platz und zog in magischer Gewalt immer neue Menschenmassen in seinen Bereich."

Dass das Stadion missraten war, stellte in der NS-Zeit der Deutsche Reichsausschuss für Leibesübungen fest: Flächenmäßig verfüge Mannheim zwar über eine der größten deutschen Sportanlagen, Raumaufteilung und technische Ausstattung seien aber völlig abwegig. Die überdachte Tribüne sei 1939 „mehr aus Repräsentations- als aus Notwendigkeitsgründen" entstanden.

Am Waldhof: US-Army greift ein

Die beiden führenden Fußballvereine der Stadt besaßen eigene Platzanlagen. Der SV Waldhof, im gleichnamigen Arbeiter-Stadtteil beheimatet, hatte im „Schlammloch" auf dem Gelände der Spiegelfabrik begonnen und war danach auf den 1920 erweiterten „Sandacker" hinter der Waldhof-Schule gewechselt. Den Rekord am „Waldhof-Sand" bedeuteten 1921 in der Südmeisterschaft zwischen Waldhof und 1. FC Nürnberg (2:2) 18.000: „Trotz tropischer Sonnenglut waren selbst die umstehenden Bäume und die Dächer der angrenzenden Häuser von Menschen dicht besetzt. Einige ‚Kino-Apparate' rund um den Platz filmten erstmals den gesamten Spielverlauf." Am 14. Dezember 1924 weihte der SVW mit dem „Platz an den Schießständen" und einem 0:1 im Punktspiel gegen Phönix Ludwigshafen sein neues Stadion ein, das bis heute am Alsenweg erhalten ist und später sogar Bundesliga-Spiele erleben sollte. Bei Kriegsende waren Platz und Tribüne zerstört, das verbliebene Holz raubten nachts Mannheimer, um es als Brennstoff zu verwenden. Der Verein stellte neue Sitzbänke auf und legte Stehstufen an. Mit Hilfe der US-Army („Friedenswerk mit Kriegsgeräten") wurde zum Saisonbeginn 1950 ein neuer Rasen verlegt; zum Spiel gegen den Deutschen Meister VfB Stuttgart trat man aber 1950 vor 40.000 im neuen Ludwigshafener Rheinstadion (später Südweststadion) im Nachbarland an. Am 10. Oktober 1954 war die neue 1.800-Sitzplätze-Tribüne fertig (Einweihung: 2. Liga, 2:0 gegen 1. FC Pforzheim).

Der VfR Mannheim war auf dem Platz an den Brauereien zu Hause, den 1905 der Vereins-Vorgänger MFG 1896 geschaffen hatte. Auf dem engen Terrain zwischen Eichbaum-Brauerei, Essig-Haas (traditionell Standort der Waldhof-Anhänger bei den Derbys), den späteren Nadler-Werken und dem Hauptfriedhof fand 1907 das Endspiel um die Deutsche Meisterschaft statt (Freiburger FC – Viktoria 89 Berlin 3:1, 3.000 Zuschauer). 1919 entstanden die überdachte Tribüne und Stehränge für 10.000. Das erste Spiel nach dem 2. Weltkrieg bestritten befreite Zwangsarbeiter, danach beschlagnahmte die US-Army das Stadion und nutzte es als Parkplatz für eine Armee-Einheit. Die alte Holztribüne brannte in der Zeit ab, der VfR spielte als Gast auf dem Waldhof und auf dem Phönix-Platz. Der VfR-Platz fasste 16.000, war bei den Anhängern sehr beliebt und besaß ein Kuriosum, nämlich eine „Privattribüne", die eine angrenzende Friedhofsgärtnerei auf ihrem Anwesen errichtet hatte! 1959

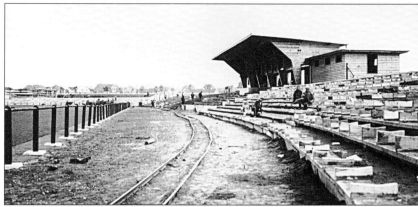

(Fotos: Stadtarchiv Mannheim)

Waldhof-Tribüne vor 1930 (oben), beim Neubau 1954 (Mitte) und nach 1985 (unten).

musste das Pachtgelände aufgegeben werden, als die Brauerei erweiterte. Heute befindet sich an seiner Stelle ein Parkplatz.

Baseball hat Vorrang

Über dem eingangs beschriebenen *Mannheim Stadium* wehte 1945 das Sternenbanner, und nur ab und an wurde die Sportstätte freigegeben. Das war am 17. Februar 1946 der Fall, als unter dem Titel „Klassischer Fußball" Mannheim und Stuttgart fürs Rote Kreuz spielten (4:0, 23.000, Erlös 100.000 Mark), ebenso in der DM-Zwischenrunde 1948, als sich das Stadion beim 3:2 n.V. des 1. FC Nürnberg gegen den FC St. Pauli (38.000 Besucher) als zu klein erwies: „Die Zuschauer waren gleich Ölsardinen in der Büchse".

Außerdem störten die Rasendreiecke, die die GIs für ihre Baseball-Spiele ausgehoben hatten. Der Baseball war auch Grund, dass ein Derby Waldhof – VfR vor 20.000 mit einstündiger Verspätung begann, weil die US-Amerikaner noch nicht fertig waren. Zwar kam die Stadt für den jährlichen Unterhalt von 100.000 Mark auf, Vorrang aber hatte die US-Army, und Mannheims Sport musste eben warten, bis das letzte *inning* erreicht war. Der Deutsche Fußball-Meister (!) von 1949, VfR Mannheim, hatte so nur sein eher bescheidenes Terrain an den Brauereien zur Verfügung und erhielt auch kein Spielrecht im Stadion, als er pro Jahr 10.000 DM zum Unterhalt beisteuern wollte.

In der Stadt wuchs der Unmut über die Stadion-Sperre. 1951 meinte die

„Allgemeine Zeitung": „Ob sechs Jahre nach Beendigung der Feindseligkeiten die im Zuge der politischen Entwicklung und Notwendigkeiten erstrebte Gleichberechtigung der Deutschen ihrer Verwirklichung dadurch näher kommt, dass man sich über die Bedürfnisse einer Viertelmillionenstadt zugunsten des Vergnügens einiger kleinerer militärischer Einheiten hinwegsetzt, dürfte stark bezweifelt werden."

Schließlich erhielten die US-Amerikaner im Stadtteil Käfertal ein Stadion und zusätzlich als Nutzungsentschädigung für den Verzicht auf das Stadion Mannheim 160.000 DM von der Stadt (die abgebrannte Tribüne hatte die Army durch eine Nottribüne ersetzt). Am Freitag vor Pfingsten 1953 wurde das Stadion urkundlich vom „Grundstücksamt des US-Hauptquartierbefehlbereiches an das Besatzungskostenamt" übergeben.

Wasserwerfer-Einsatz im Winter

Nachdem die Nachbarstadt Ludwigshafen ihr vielbestauntes Südweststadion „hingezaubert" hatte, wollte auch Mannheim eine zeitgemäße Arena, nach eigener Aussage aber „Ludwigshafen und seinem Großstadion unter keinen Umständen mehr oder weniger unlauteren Wettbewerb machen". „Um nicht unfair gegenüber der Schwesterstadt zu sein" strebe man „aus wirtschaftlichen Gründen mittlere Größe" an. 50.000 sollte Mannheims Stadion künftig fassen, Tribünen und Stehränge näher zum Spielfeld liegen, die Ränge aufgestockt werden. Zusätzlich war 1952 ein als Platz 3 bezeichnetes „Hauptspielfeld" geplant, ein Fußballstadion für 20.000 mit Hartplatz (!).

Doch es geschah gar nichts – symptomatisch für Mannheimer Stadiongeschichte. Erst nachdem es am 6. Dezember 1955 beim Spiel VfR gegen Karlsruher SC (2:0) auf dem VfR-Platz zu skandalösen Vorfällen gekommen war – mit genehmigten 19.200 Zuschauern war das Stadion überfüllt, die Polizei verlor die Übersicht und setzte mitten im Winter Wasserwerfer ein! – war die Stadionfrage wieder aktuell. Oberbaurat Pappel von der Stadt bewies Weitsicht: „Fußball ist ein Zuschauersport geworden. Und diesem Zuschauersport muss eine Stadt wie Mannheim Rechnung tragen. Aus dem Vertragsfußball wird nolens volens der Berufsfußball werden und kein Mensch kann daran zweifeln, dass Mannheim auch dabei sein wird."

Das Stadion Mannheim erntete in der neuerlichen Diskussion vernichtende Kritiken: „Sein Umbau ist eigentlich nichts anderes als die Wiedergutmachung eines vor Jahrzehnten begangenen Fehlers". Das „Amtsblatt": „Das Stadion ist alles andere als eine Visitenkarte einer Sportmetropole. Für Großveranstaltungen ist es nicht mehr geeignet. Es genügt technischen und atmosphärischen Erfordernissen nicht mehr." Doch erst als das Badische Landesturnfest anstand und der Verlust des VfR-Platzes absehbar war, bewilligte der Gemeinderat 750.000 DM für eine neue Tribüne und die Anlage Spielfeld-naher Stehränge. Am 15. August 1959 weihte man die Tribüne (3.000 Plätze, helle Faltdächer aus Eternit-Platten) mit der Partie VfR – Grasshopper Zürich (4:1) ein, in der folgenden Oberliga-Saison sollten die Rasenspieler dort ihre endgültige Bleibe finden. Unter dem Tribünendach hing eine Gondel mit Plätzen für Pressevertreter, laut „Mannheimer Morgen" ein Unikum: „Durch Schiebefenster und vorspringende Ecken ist sie so genial verbaut, dass das ganze Spielfeld nur in ‚Vorbeugehaltung' übersehen werden kann."

Glücklich war der VfR mit dem Stadion als Spielstätte nicht. „Wenn wir einlaufen, fühlen wir uns völlig verlassen", erklärten die Spieler. Die Distanz zwischen Akteuren und Publikum – ein altes Übel der Anlage – war zu groß. Der VfR erklärte, Bundesliga-Aufstiegsspiele (die man nie erreichte) würde man nicht in Mannheim, sondern im Südweststadion Ludwigshafen austragen. Immerhin erhielt der Deutsche Ex-Meister ein Klubheim als neue Heimat.

1963, die Bundesliga hatte ohne Mannheim begonnen, versprach die Stadt einen sechs Mio. Mark teuren Ausbau. Auch daraus wurde nichts, und so widmete sich der Stadtrat erst einmal der Namensgebung der nach und nach verrottenden Arena: Einstimmig entschied man für Rhein-Neckar-Stadion.

Ein neues Stadion für den VfR
Dies nennen wir fortan Rhein-Neckar-Stadion 1, denn am 27. November 1971 bekam es einen „Bruder", das Rhein-Neckar-Stadion 2 gleich nebenan: Entsprechend den Wünschen des VfR war es ein reines Fußballstadion mit Flutlichtanlage und 4.000 überdachten Sitzplätzen auf der Tribüne mit freitragendem Dach, 6.000 Stehplätzen auf der Gegengerade, Fassungsvermögen insgesamt 12.000. VfR-Präsident Alfred Blummel: „Der Bau des neuen Stadions war eine sportliche Notwendigkeit. Im alten Stadion trauten sich die Spieler ja nicht mehr nach dem Ball zu treten" (u.a., weil die Oberfläche uneben war). 1973 übernahm die Stadt das Rhein-Neckar-Stadion 2, als sie 1,8 Mio. DM für

Tribüne im Rhein-Neckar-Stadion 1: kein Ersatz für den Platz an den Brauereien.

den Vergleich des finanziell angeschlagenen VfR zur Verfügung stellte.

Die Stadionfrage war völlig vom Tisch, als der Sportausschuss 1978 beschloss, das Rhein-Neckar-Stadion 1 zur „Mehrzweck-Sportstätte für Fußball und Leichtathletik" umzubauen: Ein neuerlicher Fußballstadion-Bau mache keinen Sinn, so lange weder der VfR noch der SV Waldhof Aussichten auf den Bundesliga-Aufstieg hätten. In Richtung Nachbarstadt hieß es nun realistisch, aber auch hämisch: „Ein großes Stadion bedeutet noch keinen Leistungszuwachs – siehe Ludwigshafen." Wer hätte damals geahnt, dass ein Mannheimer Bundesligist einmal im Südweststadion Zuflucht suchen müsste?

Kam Bewegung in die Angelegenheit, weil Bürgermeister David im September 1978 bei der Begrüßung im Waldhof-Stadion bitterlich ausgebuht wurde? Jedenfalls schickte die Stadt zwei Monate später eine Delegation auf Reisen, um die – man lese und staune – WM-Stadien von Gelsenkirchen und Dortmund zu besichtigen. Im Dezember fasste der Sportausschuss mit 5:2 Stimmen ein Votum: Abriss des Rhein-Neckar-Stadion 1, stattdessen ein 40.000-Plätze-Neubau, Platzverweis für die Leichtathletik und möglichst eine Fusion zwischen VfR und Waldhof. Um die empörten Leichtathleten zu besänftigen, schob man 1979 den Beschluss für ein 3.000-Besucher-Stadion nach.

Gebaut wurde weder für 40.000 noch für 3.000, und die Diskussion brachten erst wieder die Waldhöfer Fußballer in Gang, als sie 1981 in die 2. Bundesliga aufstiegen. Obwohl der DFB eine Spielstätte für 20.000 Besucher verlangte, blieb der SVW erst einmal in seinem

Stadion am Alsenweg, das 15.000 Platz bot. 1983 entschied sich der Stadtrat für den Ausbau des Waldhof-Stadions, das eine neue Tribüne mit 3.000 Plätzen, eine Flutlichtanlage mit mindestens 700 Lux (DFB-Vorschrift) und ein Fassungsvermögen von 25.000 erhalten sollte.

Exil in Ludwigshafen
Angesichts der sportlichen Entwicklung erwies sich der Beschluss als überholt: 1983 stiegen die „Waldhof-Buben" in die erste Liga auf und verließen – ein Novum der Bundesliga-Geschichte – Heimatstadt und Bundesland. Weil das Waldhof-Stadion den Ansprüchen nicht genügte, wechselte man „iwwer die Brick" ins Südweststadion nach Ludwigshafen und Rheinland-Pfalz. Derweil war der Waldhof-Platz Baustelle: Am 2. August 1985 weihte man die 5 Mio. DM teure Tribüne ein (Landeszuschuss 270.000 DM), für 200.000 DM hatte man die Stehränge renoviert und auf der Gegengerade für 50.000 DM eine Fernsehkanzel eingerichtet. Die Erweiterung auf ein Fassungsvermögen von 30.000 verhinderten Anwohner, die mit rechtlichen Schritten drohten, denn die Sportstätte lag im Wohngebiet. Bundesligareif war das Stadion damit nicht, weshalb der Bund für Steuerzahler „Verschwendung" rügte und der „Mannheimer Morgen" kommentierte: „Rausgeschmissenes Geld."

Inzwischen opponierte der 1. FC Kaiserslautern gegen den pfälzischen Spielort des badischen Klubs, und Ende 1985 erklärten Anwohner des Südweststadions: „Wir sind dafür, dass der SV Waldhof so bald als möglich wieder dorthin zurückkehrt, wo er hingehört, nämlich nach Mannheim."

Pfiffe und Buhrufe im Rathaus

In der Stadionfrage entschied der Mannheimer Gemeinderat derweil mit wechselnden Mehrheiten mal für Umbau, mal für Neubau. Im November 1987 plädierte man für den Ausbau des Südweststadions, das sich bekanntlich nicht in Mannheim befand. Nach letzterer Entscheidung kam es unter den Zuhörern im Rathaus-Foyer zu „in diesem Ausmaß nach einer Gemeinderatssitzung bis dahin völlig unbekanntem Bürgerprotest" („MM") – Tränen flossen, es gab Pfiffe und Buhrufe, die Stadträte wurden als „Verbrecher" und „Fußball-Mörder" beschimpft.

Den Entscheidungsdruck verstärkte der DFB, der anmahnte, die Liga-Spielstätte müsse sich in der Stadt befinden, in der der Verein seinen Sitz habe – also in Mannheim. Der SV Waldhof beschritt nun den Weg des Bürgerantrags, um den bundesligareifen Ausbau des Rhein-Neckar-Stadion 1 zu erreichen. 7.200 Stimmen wären notwendig gewesen, über 20.000 brachte der Verein zusammen.

Die Diskussion wurde nun heftiger. Weil die Grünen gegen den Stadion-Neubau waren, schrieb ihnen ihr eigener Viernheimer Stadtverordneter ins Stammbuch: „In einer Arbeiterstadt wie Mannheim gibt es nichts, was die Menschen so sehr beschäftigt als Fußball. Populärster Mannheimer ist auch im Telezeitalter der legendäre Otto Siffling. Mit ihrer Ablehnung des Stadionumbaues setzen die Mannheimer Grünen eine Politik fort, welche die Bürgerlichen schon eh und je betrieben haben, die der Sportfeindlichkeit."

Anfang 1988 votierte der Gemeinderat für den Ausbau von Rhein-Neckar 1, und prompt trat ein neues Problem auf: Aus den Stadtteilen Neuostheim und Oststadt gab es 700 Einwendungen; die Anwohner fürchteten Lärm- und Verkehrsbelästigung und die Gefährdung durch Fußballanhänger. Die Landesanstalt für Umweltschutz vertrat außerdem den Standpunkt, für ein reines Wohngebiet sei eine Sportarena zu laut. Dennoch erteilte das Regierungspräsidium Karlsruhe im Oktober 1990 die Baugenehmigung, allerdings mit Auflagen: Ausschließlich Fußballspiele waren erlaubt, 25 im Jahr, davon fünf Flutlichtspiele, aber nicht an Sonn- und Feiertagen und werktags nicht nach 19 Uhr. Gegen den 28 Mio. DM teuren Neubau (das Land trug die Hälfte der Kosten) gab es wieder Einsprüche, ehe das Regierungspräsidium im Sommer 1991 den Sofortvollzug verhängte. Inzwischen hatte der SV Waldhof mit dem 17. Juni 1989 nach sechs Spielzeiten sein

Exil Südweststadion verlassen. Im ersten Bundesliga-Jahr im Waldhof-Stadion stieg man in die 2. Liga ab und durfte nur dank einer DFB-Sondererlaubnis am Alsenweg bleiben, wo das verlangte Flutlicht fehlte. Aber das neue Stadion sollte ja bald fertig gestellt sein...

...wäre da nicht das Verwaltungsgericht Karlsruhe gewesen, das Anfang 1992 die Baugenehmigung des Regierungspräsidiums aufhob. Begründung: Fünf Flutlichtspiele pro Jahr seien unzumutbar, und überhaupt sei das Rhein-Neckar-Stadion 1 baurechtlich kein Sportstadion mehr, da dort seit 20 Jahren kein geregelter Spielbetrieb stattgefunden hätte und die Umgebung inzwischen allgemeines Wohngebiet sei. Das Mannheimer Verwaltungsgericht hob diese Entscheidung in zweiter Instanz wieder auf, der letzte juristische Anlauf der Stadion-Gegner scheiterte vor dem Bundesverwaltungsgericht Berlin.

Das Carl-Benz-Stadion von 1994.

(Foto: DSS)

Daimler-Konzern kaufte den Namen

Nun endlich konnten die Arbeiten beginnen: Die Tribüne (Baujahr 1959) der „Sportruine" Stadion Mannheim bzw. Rhein-Neckar-Stadion 1 fiel, den Wall der Gegengerade trug man ab, die Bäume wurden gefällt. Am 25. Februar 1994 erhielt Mannheim sein neues Fußballstadion, dessen Namen sich der Daimler-Benz-Konzern mit einer Millionenspende für die Anzeigetafel sicherte: Carl-Benz-Stadion heißt es nun, und es dürfte wohl Volksmeinung entsprechen, dass Fans auf eine Blechtafel beim Stadioneingang „Sepp-Herberger-Stadion" geschrieben haben. Was die Gemeinderats-Entscheidung für Ingenieur Benz (1844-1929) angeht, fügte ein SPD-

Stadtrat überflüssgerweise hinzu, die Benennung sei Werbung für die Stadt, „der Name erinnert daran, dass das Auto in Mannheim erfunden wurde". An dem Freitagabend sah ein komplett überdachtes, ausverkauftes Haus von 27.000 das Zweitliga-2:2 zwischen dem Waldhof und Hertha BSC. 14.014 Sitzplätze und 12.008 Stehplätze gibt es, drei Tribünen der Arena sind 24 Meter hoch, die Westtribüne knapp 18 Meter. 1996 erlebte das Benz-Stadion das erste Länderspiel, Deutschland – Liechtenstein 9:1 (26.000, ausverkauft) – nach 62 Jahren war die Nationalmannschaft nach Mannheim zurückgekehrt.

Hausherr im Benz-Stadion ist der SV Waldhof, dem die Anlage von der Stadt kostenlos übergeben wurde. Das Waldhof-Stadion ist natürlich immer noch da und firmiert inzwischen offiziell als „Bezirkssportanlage Nord". Da man in Mannheim bereits zwei Nationalspieler mit Straßenbenennungen geehrt hatte

(1977 Otto-Siffling-Straße auf dem Waldhof, 1982 Balogh-Weg in Neckarau), wollte man nun auch an Sepp Herberger erinnern. Selbst diese Entscheidung dauerte Jahre, und als zwischen Hamburg und Zürich längst der ICE „Seppl Herberger" unterwegs war, standen die Signale für ein Herberger-Gedenken in dessen Heimatstadt noch immer auf rot. Endlich wurde am 28. Juni 1996 im Beisein von 1.000 Zuschauern in der Halbzeitpause des Frauen-Länderspiels Deutschland – Finnland im Waldhof-Stadion ein schlichtes Schild enthüllt: „Seppl-Herberger-Sportanlage" hieß das nun.

So ist nun doch alles glücklich geendet – oder? Der SV Waldhof hat mit dem

Benz-Stadion sein neues Fußballstadion; dafür spielen auf der Seppl-Herberger-Sportanlage am Waldhof, wo man doch Ende der 80er Jahre viel Geld investiert hat, vor einer 5-Mio.-DM-Tribüne Amateure und Jugend. Der VfR Mannheim ist nach wie vor im Rhein-Neckar-Stadion zu Hause, das nun nicht mehr Rhein-Neckar 2 heißt, weil es Rhein-Neckar 1 nicht mehr gibt. Die VfR-Spielstätte liegt in unmittelbarer Nachbarschaft zum Benz-Stadion, in dessen Umgebung man noch Überbleibsel des abgerissenen Stadions Mannheim findet: Die beiden Marathontore, eine schöne Baumallee, den Eingangsbereich mit den Kassen.

Aber was würde, wenn „der Waldhof" aus der 2. Liga absteigt und der VfR in dieselbe aufsteigt (2000 war er nahe dran)? Womöglich wäre die Stadionfrage dann wieder Thema im Gemeinderat. Und nach obigen Erfahrungen sind wir ganz sicher: Das würde dauern. *sky*

Carl-Benz-Stadion Mannheim
ER: 1994. FV: 26.022, davon 14.014 SiP und 12.008 StP, alle üd.
ZR: 27.000, 2.Bundesliga, 25.2.1994, SV Waldhof – Hertha BSC 2:2.
Theodor-Heuss-Anlage, 68165 Mannheim, Tel. 0621 / 41 09 00.

Rhein-Neckar-Stadion Mannheim
ehemals Rhein-Neckar-Stadion 2
ER: 1971. FV: 11.000, davon 4.000 üd. SiP. ZR: unbekannt.
Theodor-Heuss-Anlage 19, 68165 Mannheim, Tel. 0621 / 41 54 30/50.

Seppl-Herberger-Sportanlage Mannheim-Waldhof
ER: 1924. FV: früher ca. 22.000, heute 15.200, davon 3.000 üd. SiP.
ZR: 15.200, Bundesliga, 26.8.1989, SV Waldhof – Bayern München 1:0.
Seppl-Herberger-Sportanlage, 68305 Mannheim, Tel. 0621 / 41 09 00.

Rhein-Neckar-Stadion 1
ehemals Stadion Mannheim
ER: 1927. FV: 35.000.
ZR: 38.000, Deutsche Meisterschaft, 25.7.1948, 1. FC Nürnberg – FC St. Pauli 3:2 n.V.
Das Stadion besteht nicht mehr; an seiner Stelle befindet sich das Carl-Benz-Stadion.

Platz an den Brauereien des VfR Mannheim
ER: 1905. FV: 19.200.
ZR: 19.200, Oberliga Süd, 6.12.1955, VfR – Karlsruher SC 2:0.
Das Stadion besteht nicht mehr.

▨ Platz an der Altriper Fähre* / Waldweg-Stadion Neckarau

Die Stehränge deckt nun der Rasen

Ein Buchstabe fehlt. „WALDW G VfL STADION" lesen wir deshalb über dem Eingangstor zur Sportstätte in der Mannheimer Vorstadt Neckarau, doch darf dies keinesfalls als Hinweis auf maroden Zustand verstanden werden: In sattem Grün präsentiert sich das weite Rund, die Stufen sind bis auf ein kleines Stück auf der Hauptgerade unterm Rasen verschwunden, einen Kurvenwall hat ein Tennisplatz ersetzt.

Wäre nicht das nervige Gebelle aus der nahen Anlage des Vereins Deutscher Schäferhunde, man könnte diesen Ort, wo Neckarau aufhört, idyllisch nennen. Die Rheingoldhalle liegt am Rande des Waldparks am Rhein, man sitzt nett am Stollenwörthweier, und Aufgeregtheiten um und im Waldweg-Stadion gibt es nicht mehr, hat sich der VfL von 1884 doch 1999 aus der Bezirksliga verabschiedet. Dem Hinweisschild „Sportanlage" sollte man übrigens nicht folgen, man findet dort einen Sportplatz vor, der mit Neckaraus großen Fußballjahren nichts zu tun hat.

Hunderte mit Schneeschiebern

Die waren bereits angebrochen, bevor der Verein am Neckarauer Waldweg ansässig wurde. In Eigenarbeit, gefördert vom Kohlensyndikat (Wahrzeichen des Stadtteils ist neben dem Wasserturm das Kohlekraftwerk), hatte die damalige Fußballvereinigung 1919 anstelle des Weidengestrüpp-Geländes an der Altriper Rhein-Fähre einen eigenen Sportplatz geschaffen (eingeweiht gegen Germania Durlach, 1:2). Einen ersten Höhepunkt erlebte das wegen seiner Beschaffenheit und des begeisterungsfähigen Anhangs gefürchtete Areal am 23. Januar 1927. Das entscheidende Spiel um die Rheinbezirks-Meisterschaft schien den Wetterverhältnissen zum Opfer zu fallen, doch rückten am Samstag und in den frühen Morgenstunden des Sonntag Hunderte Neckarauer mit Schneeschiebern an, um den Platz bespielbar zu machen. Dieser Idealismus übertrug sich auf die Elf, vor fast 7.000, die teils auf herbeigeschafften Rollfuhrwerken standen, unterlag Phönix Ludwigshafen 1:7.

Das bedeutete die Endrunde der Südmeisterschaft und zusätzliche Arbeit: Eine gedeckte Holztribüne schuf man innerhalb kürzester Zeit und Stehränge dazu. Zuschauerzahlen sind nicht überliefert, doch heiß muss es

hergegangen sein an der Altriper Fähre: Als die SpVgg Fürth (3:5) kam, sperrte die Polizei lange vor Beginn den Platz – vergebens. Die Fußballfreunde überwanden die Sperrkette, stürmten im Pulk vor, warfen Kassenstände um und standen schließlich bis an den Spielfeldrand. Der VfB Stuttgart unterlag in jener 27er-Endrunde dort 1:6.

1929 waren die Neckarauer wieder Meister, „an die Fähre" kamen nun der 1. FC Nürnberg, Bayern München, Eintracht Frankfurt und, zum 25-jährigen Fußballjubiläum, Schalke (2:2). Da Geld für den Verein natürlich eine Rolle spielte, wickelte man das eigentliche Festspiel gegen Gradjanski Agram (Zagreb) im geräumigeren Mannheimer Stadion ab. Ebenso war es 1941 bei der einzigen Teilnahme um die „Deutsche", als man gegen die Stuttgarter Kickers (5:3) „an der Fähre" spielte, Bayern München (2:1) und Rapid Wien (0:7) aber im Stadion Mannheim empfing.

Hoppla, VfB!

Von 1946 bis 1948 und von 1950 bis 1952 erreichten die Neckarauer die Oberliga Süd. Der legendäre Platz an der Altriper Fähre, gefährdet u.a. durch Hochwasser, hatte ausgedient. Neue Spielstätte war das Waldweg-Stadion, eröffnet am 22. April 1951 mit einem 6:3 über den späteren Deutschen Meister VfB Stuttgart vor 12.000. Die Zahl war außergewöhnlich, im Schnitt waren die Vorstädter in den vier Oberliga-Jahren nach dem SV Waldhof (10.272) und dem VfR Mannheim (8.209) mit beachtlichen 5.728 Anhängern die Nummer drei in der Stadt; das Fassungsvermögen des Waldweg-Stadions lag damals bei „über 20.000".

Immerhin noch 17.000 wurden angegeben, als der VfL Neckarau 1968/69 der Regionalliga Süd angehörte. Trainer war Philipp „Fips" Rohr, der seine fünf Söhne Günter, Rüdiger, Hans, Volker (†) und Gernot (später Bayern München, Girondins Bordeaux) zwar nicht in dieser Abstiegssaison, aber am 31. Januar 1971 in der 1. Amateurliga Nordbaden gegen die KSC-Amateure in der „Ersten" des VfL beisammen hatte – rekordverdächtig. In diesem einen Regionalliga-Jahr lag Absteiger Neckarau in der Zuschauergunst mit einem Schnitt von 3.529 erstaunlicherweise vor dem VfR (14./3.335) und dem SV Waldhof (11./3.094). Die besten Einnahmen gab es gegen den Karlsruher SC (10.000 Be-

sucher), den VfR (8.000) und den Waldhof (4.500).

Das geräumige Waldweg-Stadion zu
unterhalten, wurde dem Verein in der
Folge zuviel. Die Stadt sprang ein, heute
hat das Gelände den Status einer Bezirkssportanlage. Gelegentlich gab es
auf der Anlage mit Vereinsheim noch
einmal sog. große Spiele, 1975 das 7:0
von Dukla Prag gegen die Kombination
Neckarau/VfR Mannheim und 1978, vor
nur 3.000, das Gastspiel des Deutschen
Meisters Mönchengladbach (2:3).

Der Nationalspieler, der im Sarg heimkehrte

Für Fußballgeschichte steht auch ein
Straßenschild gleich beim Stadion: Ba-
loghweg, liest man dort. Fritz Balogh
aus Preßburg (Bratislava, Slowakei)
stand in der ersten deutschen Nach-
kriegs-Nationalelf 1950. Am 14. Januar
1951, auf der Rückreise vom Punktspiel
der Neckarauer bei Bayern München im
Dantestadion, kam er ums Leben, als
der 30-Jährige zwölf Kilometer vor Ulm
aus dem Zug stürzte. Ursprünglich hatten die VfLer mit dem Bus reisen wollen,
doch die vereiste Autobahn ließ dies
nicht zu. Baloghs Begräbnis war das
größte, das Neckarau je erlebte. Fritz
und Ottmar Walter kamen, Sepp Herberger, die VfRler und Waldhöfer, die
aus Offenbach, vom Ludwigshafener
Phönix und vom FSV vom Bornheimer
Hang. „Er war ein Liebling des Volkes",
sagte damals Stadtpfarrer Kühn.

Die Zeiten ändern sich, natürlich; wo
1896 in Neckarau die ersten Schildkröt-
Puppen hergestellt wurden, ist heute
ein High-Tech-Park. Aber das Kohlekraftwerk ist noch da, der Wasserturm
auch, und irgendwie müsste es doch
möglich sein, das „E" beim WALDW G
STADION wieder anzubringen... *sky*

(Foto: Skrentny)

**Waldweg-Stadion
Mannheim-Neckarau**
ER: 1951. FV: ehemals über 20.000,
dabei ca. 800 unüd. SiP; heute ca.
6.000 unüd. StP.
ZR: 12.000, Oberliga Süd/Stadionein-
weihung, 22.4.1951, VfL Neckarau –
VfB Stuttgart 6:3.
Neckarauer Waldweg 91, 68199 Mannheim, Tel. 0611 / 85 16 09 (Verein),
85 73 00 (Gaststätte).

Marl

Jahn-Stadion Marl-Hüls

Die leicht schwebende Tribüne

Tribüne mit Schwebedach: das Jahnstadion in Marl.

(Foto: Hoeck)

Das landschaftlich beschaulich gelegene Jahnstadion, Heimstatt des TSV
Marl-Hüls, findet man am Ortsrand des
Stadtteils Hüls im Einzugsbereich der
Gewerkschaft „Auguste Victoria" am
Rande des Wohngebietes der Zechen-
belegschaft. Es weist eine bereits mehr
als 70-jährige Vergangenheit auf, die
man ihm beim Betreten der Arena kaum
zutraut.

Obwohl das Jahnstadion, das wie so
viele Fußballstätten Deutschlands nach
„Turnvater" Friedrich Ludwig Jahn
(1778- 1852) benannt wurde, von 1924
bis 1927 erbaut und 1948/49 erweitert
worden ist, erhielt es sein heutiges be-
eindruckendes Aussehen erst in den
60er Jahren.

Komplett umgebaut

Das alte Stadion bot in den Oberliga
West-Zeiten des TSV (1960-63) ein
äußerst trauriges Bild: Die hohen, aus
Schutt und Asche aufgeschütteten Erdwälle waren teilweise zerfallen und versperrten jegliche Sicht nach außen. Da
es den Marlern Stadtvätern als Stadion-
eigentümern unsinnig erschien, die vorhandene Substanz zu erhalten und das
Stadion ohnehin nur unzureichend ausgestattet war (u.a. ungenügende Zuschauerränge, zu geringes Fassungsvermögen), beschloss der Stadtrat am
5.2.1962 die Neugestaltung. Dabei stell-

ten die Stadtoberen an die Architekten
die außergewöhnliche Bedingung, den
unmittelbar ans Stadion anschließenden Gänsebrink-Park nicht nur zu erhalten, sondern ihn durch den Neubau des
Stadions für potenzielle Besucher sogar
noch anziehender zu gestalten.

Ein Architektenstab um Dipl.-Ing. Aribert Riege nahm am 25. Juni 1962 seine
Arbeit auf, die letztlich zwei Jahre in Anspruch nahm und Gesamtkosten von
exakt 2.692.333 DM verschlang. Am 2.
August 1964 konnten die Architekten
mit einem feierlichen Akt das Stadion
den Stadtvätern übergeben, bevor
anschließend der TSV Marl-Hüls und
der damalige Deutsche Vizemeister Meidericher SV die Ehre hatten, das umgebaute Terrain einzuweihen (1:3).

Zu Beginn der Baumaßnahme kam
den Bauherren der sehr geringe Grund-
wasser-stand, etwa 10 m unter dem alten Niveau, bei ihren Planungsabsich-
ten entgegen. Die Spielfläche konnte somit um sechs Meter abgesenkt werden,
wobei die entstehende Böschung praktisch den Eingangsbereich bildete. Für
die Besucher hatte dies den Vorteil, direkt ins Stadion zu gelangen. Aus Treppen-
auf- wurde somit Treppenabgang.
Folgerichtig fiel der alte Haupteingang
fort, denn die Plätze waren jetzt von allen Seiten gut zugänglich.

Erstmalige Konstruktion

Am Marathontor (Hauptzugang zum Stadion) wurde zu Ehren von Gerhard Jüttner, einem Freund und Förderer der Jugend und des Marler Sports, ein Denkmal seiner Person (ein Abbild in Lebensgröße) aufgerichtet. Eine bauliche Besonderheit stellt die Bedachung der Tribüne auf der Westseite dar. Der Architekt wählte eine leicht schwebende Konstruktion, die seinerzeit in Abwandlung nur noch aus dem Brückenbau bekannt war: Zwei runde, sich nach oben verjüngende Pylone tragen eine an zwölf Seiten aufgehängte dünne Dachscheibe, unter der sich wiederum Kabinen für Presse, Funk und Fernsehen, wie eine Gondel in der Mitte hängend, befinden. Dazu Architekt Aribert Riege: „Eine solche Konstruktion ist für diesen Zweck noch nicht verwandt worden. Sie wurde erst für diese spezielle Situation entwickelt." Dies wird durch die Tatsache unterstützt, daß zur Bauausführung neben zahllosen Architektenplänen insgesamt 236 Seiten statischer Berechnungen und 40 Konstruktionspläne notwendig waren. Doch der Aufwand hat sich nach Riege gelohnt, denn „mit der Konstruktion der Tribüne wird die gewollte Einheit von Spielfläche, Zuschauerrängen und dem umgebenden Wald erst ganz vollkommen".

Ferner garantieren 48 (!) Ausgänge, daß ein ausverkauftes Jahnstadion, das einschließlich der Sitzplätze ein Gesamtfassungsvermögen von 36.000 Zuschauern aufweist, binnen fünf Minuten wie ausgestorben wirken kann.

Dieser Komfort scheint heutzutage in der 93.000 Einwohner zählenden Bergbau- und Chemiestadt bei Heimspielen der Blau-Weißen in der Landesliga Westfalen 4 vor durchschnittlich 400 Unentwegten weniger notwendig als noch zu Oberligazeiten, als Zuschauerzahlen um die 10.000 normal waren und in Spielen gegen den Wuppertaler SV und Schalke 04 mit jeweils 18.000 der noch heute gültige Besucherrekord aufgestellt wurde.

Auf Wanderschaft

Doch der TSV, der als seine größten Erfolge die Titel Deutscher Fußball Amateur-Meister 1954 und Deutscher Amateur Vize-Meister 1972 trägt, 1959/60 in die Oberliga West aufstieg und nach Einführung der Bundesliga noch sieben Jahre der Regionalliga West angehörte, war nicht immer im Jahnstadion beheimatet. So trug der Verein der Bergarbeiter der heute noch bestehenden Schachtanlage „Auguste Victoria" im Stadtteil Hüls seine ersten Spiele auf einem Platz am Lipperweg hinter einer Schule aus (vermutlich identisch mit dem Gerhard-Jüttner-Stadion, Heimstatt des VfL Drewer – in diesem Punkt sind sich Fußball-Historiker nicht einig...), bevor er im Bereich der Langenhegge (heute „Baumschule Kuhlmann")

bzw. in der Bahnhofstraße in Marl-Sinsen (heute Wohnsiedlung) vorübergehend eine Heimat fand. Den Namen TSV Hüls gab der Verein übrigens auf, als die Stadt zum Zweitliga-West-Aufstieg 1954 ein 30.000-Mark-Darlehen überreichte, dafür aber den Zusatz Marl im Vereinsnamen verlangte.

Inzwischen ist das flutlichtlose Jahnstadion, das vor einigen Jahren auch dem Lokalrivalen SpVgg Marl zu Spitzenspielen (z.B. gegen Preußen Münster) in der Oberliga Westfalen als Spielort diente, schon seit Jahrzehnten die Heimat der TSV-Fußballer, die ihre Spiele im mit Wimpeln und Pokalen ausstaffierten Vereinslokal ausklingen lassen können.

Mit dem großen Fußball hatte zumindest Marl jüngst noch einmal zu tun, als nämlich das ARD-Moderatorenpaar Gerhard Delling/Günter Netzer dort den Adolf-Grimme-Preis, den bedeutendsten deutschen Fernsehpreis, erhielt.

Holger Hoeck

Jahnstadion Marl
ER: 1927/1949. FV: 36.000, davon 2.000 üd. SiP sowie 34.000 StP.
ZR: jeweils 18.000; April 1960, 2. Liga West, TSV Marl-Hüls – Wuppertaler SV 4:1; 3.9.1961, Oberliga West, TSV Marl-Hüls – Schalke 04 1:8
Bergstraße 9, 45770 Marl,
Tel. 02365 / 44306.

■ Gerhard-Jüttner-Stadion

Sonntag-Fußball gehörte zum Leben

Am 20. Januar 1950 hieß es für den VfL Drewer in Marl im Ruhrgebiet: „Rien ne va plus – nichts geht mehr!" Der Westdeutsche Fußballverband erklärte den alten Platz an der Lasallestraße endgültig für unbespielbar, nachdem man dem Verein bereits ein Jahr zuvor die Austragung der Meisterschaftsspiele untersagt hatte.

Da zudem die Pläne der Deutschen Bundesbahn für eine Strecke Essen – Marl – Haltern ein Durchschneiden des Sportplatzgeländes vorsahen, musste sich der VfL Drewer unweigerlich nach einer neuen Bleibe umsehen, die er auf einem Gelände hinter der Harkortschule Realität werden ließ. Am 14. März 1950 erhielt der Verein die Genehmigung für den Bau des Sportplatzes, der bereits im Juli 1951 Eröffnung feierte.

Doch vieles war im damals noch „Harkort-Stadion" genannten Sport-

platz zunächst provisorisch und noch nicht auf Fußball, dafür aber verstärkt auf die damalige Modesportart Radsport ausgerichtet: So wurde zwar die Laufbahn mit einer Teerdecke versehen, um dem Radsportverein „Staubwolke" Radrennen zu ermöglichen, doch zugleich verfügte der Rasen weder über erforderliche Fußballmaße, noch waren Zuschauerränge vorhanden (was erst 1958 bzw. 1960/62 nachgeholt wurde). 1962 folgten Jugendraum, Umkleidekabinen, Kassenhäuschen und insbesondere Toiletten, schließlich 1990 die Anlegung eines Sickergrabens und Einrichtung von Sicherheitszonen.

Als das Marler Jahnstadion 1962 bis 1964 neu gebaut wurde, wählte der TSV Marl-Hüls in seiner letzten Oberliga-West-Spielzeit und in der Auftaktsaison der Regionalliga West das Gerhard-Jüttner-Stadion als vorübergehende neue Heimstätte, konnte das Jahnstadion doch erst zur Saison 1964/65 eröffnet werden. Obwohl der TSV mit einem 1:11 in der Dortmunder Roten Erde star-

tete und in der Oberliga-Schlusssaison fast durchgehend die rote Laterne aufleuchtete, registrierte man schließlich einen Schnitt von fast 7.000 – der sonntägliche Besuch im Jüttner-Stadion schien fester Bestandteil des Lebens in der Stadt zu sein.

Die Umbenennung des Harkort-Stadions in Gerhard-Jüttner-Stadion ist eine Verbeugung vor einem geachteten Bürger der Stadt Marl. Jüttner, Bergwerksdirektor der Zeche „Auguste Victoria" und 1953 bei einem Autounfall ums Leben gekommen, war ein stiller, aber spürbarer Initiator beim Bau der Sportstätte. Noch immer spielt der VfL Drewer, dessen größter Erfolg bisher ein Aufstieg in die Landesliga war, in der nach ihm benannten Arena.

Holger Hoeck

Gerhard-Jüttner-Stadion Marl
ER: 1951. FV: 8.000 StP.
Kampstraße, 45770 Marl,
Tel. 02365 / 65338.

Karl-Liebknecht-Sportplatz* und Richard-Hofmann-Stadion

Der gefürchtete „Rote Hügel"

(Foto: Heimatmuseum Meerane)

Im Stadion „Roter Hügel" in Meerane.

Einen klangvollen Namen im deutschen Fußball bedeutete ehemals die sächsische Tuchstadt Meerane, deren berühmtester Spieler „König Richard" Hofmann (1906-1983) war. Folglich trägt das Meeraner Stadion heute den Namen des Stürmers, der in 25 Länderspielen 24 Tore erzielte. Die ganz großen Erfolge aber erzielten die Meeraner Fußballer in der Nachkriegszeit an anderem Ort: auf dem Karl-Liebknecht-Sportplatz, als „Roter Hügel" damals in Ostdeutschland ein Begriff.

Leidenschaftliches Publikum
Meerane, mit Crimmitschau und Glauchau Bestandteil der einstmals blühenden Textilregion, hatte 1905 „die nachweisbaren Anfänge des Fußballspiels" erlebt: „Einen Kandelaber in der Mitte des Schützenplatzes und einen in die Erde getriebenen Stock verbanden Jungens damals mit einem Strick zum Tor." Mit Richard Hofmann, Spross einer kinderreichen Meeraner Familie, glückten der Meeraner SpVgg 07 erste Erfolge, die sich nach dem Weggang des Stürmers zum Dresdner SC (1928) fortsetzten (Westsachsen-Meister und -Pokalsieger).
Nach Kriegsende richtete man den am Haus der Turngemeinde, das nun Karl-Liebknecht-Haus hieß, gelegenen Sportplatz am Bovistberg wieder her. Bereits 1948 nahm Meerane als Bezirksmeister an der Endrunde um die Ostzo-

nen-Meisterschaft teil, scheiterte aber u.a. daran, dass der Reisebus mit der Mannschaft am neutralen Spielort Magdeburg wegen sechsmaliger Reifenpanne zu spät eintraf. Erneut sicherten sich die Westsachsen 1949 die Meisterschaft des Bezirks Chemnitz im Entscheidungsspiel vor 18.000 auf dem Sportplatz „Schwanenteich" in Mittweida. Ein 5:3 auf dem mit 15.000 überfüllten Meeraner Karl-Liebknecht-Sportplatz (der auch als Sportplatz am Karl-Liebknecht-Haus und „Karli" bezeichnet wurde) gegen die SG Friedrichstadt aus Dresden mit Helmut Schön war eine Etappe auf dem Weg zur Sachsenmeisterschaft und bedeutete die Aufnahme in die Oberliga, der man 1949/52 und 1953/55 angehörte.
Vom Liebknecht-Haus legten die BSG Fortschritt und ihr Trägerbetrieb VEB Meerania-Wolle nun einen gesonderten Spielerdurchgang zum Feld an, ebenso eine weitverzweigte Kanalisation, und überzogen das Spielfeld mit Rotschlacke – von da an ward die Spielstätte „Roter Hügel" genannt und bei Gästen gefürchtet. Das als leidenschaftlich bekannte Publikum strömte in Massen dorthin und nach großen Erfolgen aufs Spielfeld, um die Lokalmatadore vom Platz zu tragen. Es standen ausschließlich Stehterrassen zur Verfügung; Saisonschnitt 1953/54 waren 11.214, bis zu 17.000 drängten sich auf engem Raum, ein Dauerzustand konnte das nicht sein.
Man nutzte eine Großkundgebung mit dem DDR-Ministerpräsidenten Otto Grotewohl auf dem Sportplatz, um den Politiker von einem Stadionneubau zu überzeugen. Prompt stellte 1952 die DDR-Regierung eine erste Rate von 70.000 DM zur Verfügung (Oberbauleitung BSG-Leiter Hans Bock). Drei Jahre Bauzeit waren an der Leninallee (heute Stadionallee) am Stadtrand veranschlagt, doch meinten Skeptiker: „Vor 1960 wird das Stadion nicht fertig." Dank Mitteln des VEB Sport-Toto, 120.000 freiwilligen Aufbaustunden der Bevölkerung (je 1.000 Stunden leisteten Kurt Pfützner und Ernst Enke) und der Hilfe der Offiziere und Soldaten aus der

sowjetischen Garnison Glauchau konnte das 400.000-DM-Projekt Stadion der Freundschaft am 2. Juni 1956 im Beisein von 20.000 freigegeben werden (offizielle Einweihung war Ostern 1957). Die Rotarmisten, die auf Initiative des Gardeoberstleutnant Nassonow mithalfen, hatten über 5 000 Arbeitsstunden beigesteuert. Die Meeraner Fußball-Chronik: „Das Stadion hat den schönen Namen ‚Stadion der Freundschaft' aus zweierlei Gründen bekommen. Einerseits sollte damit die unschätzbare Hilfe der sowjetischen Offiziere und Soldaten aus der Glauchauer Garnison anerkannt, andererseits aber auch ausgedrückt werden, dass durch den Sportverkehr die Freundschaft mit allen Völkern gefestigt wird."

Mit „König Richard" ausgesöhnt
Zur Eröffnung des Stadions der Freundschaft war Meerane infolge des Abstiegs 1955 nicht mehr erstklassig. Nach der Wende, am 18. August 1991, erhielt die Arena anlässlich eines Gastspiels von Altinternationalen wie Kaltz, Höttges, Hansi Müller, Fischer, den Namen Richard-Hofmann-Stadion. Der Stürmer, der im Arbeitersport begann und sich 1923 Meerane 07 anschloss, bestritt für die 1. Mannschaft dieses Vereins 223 Spiele. Vor dem Wechsel 1928 zum Dresdner SC hatte die Bevölkerung „König Richard" bei der Rückkehr von den Olympischen Spielen in Amsterdam am Meeraner Bahnhof begeistert begrüßt – „ein Empfang, der in der Geschichte seiner Heimat kaum seinesgleichen hat". Man hat dann Hofmann den Weggang übel genommen, doch dank Meerane-Trainer Herbert Pohl, einem früheren DSC-Nationalspieler, fand später doch noch eine Aussöhnung statt. *sky*

Sportplatz „Roter Hügel" Meerane
(früher Karl-Liebknecht-Sportplatz)
ER: nach 1928. FV: früher 15.000, ausschließlich StP; heute von Schulen und für Leichtathletik genutzt.
ZR: 17.000, DDR-Oberliga-Saison 1953/54, gegen Zwickau.
Zugang Stadthalle / An der Achterbahn 12, 08393 Meerane,
Tel. 03764 / 30 94.

Richard-Hofmann-Stadion Meerane
(früher Stadion der Freundschaft)
ER: 1956. FV: früher 20.000, heute 10.000, davon 400 unüd. SiP.
ZR: 20.000, 2.6.1956, Einweihungsfeierlichkeiten.
Stadionallee 16, 08393 Meerane,
Tel. 03764 / 29 75.

Das Emslandstadion

Als die Welt auf Meppen schaute

Hätten Sie's gewusst? Diego Armando Maradona, Johan Cruijff, Alan Simonsen – sie alle und noch viele Weltstars mehr haben bereits Bekanntschaft mit dem satten Grün des Meppener Stadions gemacht. Vorwiegend in jener Zeit, als der SV Meppen von 1912 noch nicht zu den Kultklubs der 2. Bundesliga zählte, kreuzten sie mit ihren Teams zu Freundschaftsspielen in der 33.000 Einwohner zählenden Kreisstadt, dem Fußball-Mekka des Emslandes, auf.

Ajax Amsterdam, als Europa- und Weltpokalsieger damals das Nonplusultra des Kickertums, lockte am 12. Juli 1973 stolze 17.500 in die Arena. Gar 18.500 Zuschauer säumten das hoffnungslos überfüllte SVM-Oval, als am 3. August 1982 der von Udo Lattek trainierte FC Barcelona in der Kreisstadt an der niederländischen Grenze gastierte. „Die Welt", so stellte am Morgen danach jemand fest, „die Welt hat auf Meppen geschaut."

Geburtstagsgeschenk für Hindenburg

Nicht die Welt, sondern zahlreiche Einwohner einschließlich der Honoratioren des Ortes hatten sich fast sechs Jahrzehnte zuvor versammelt, als am 22. Juni 1924 der Meppener Sportplatz eingeweiht wurde. Das ein Jahr zuvor von Bauern der Gemarkung Borken zur Verfügung gestellte Gelände war durch einen zweijährigen Arbeitseinsatz vieler Vereinsmitglieder hergerichtet worden. Zwar wirkte alles noch etwas schmucklos, doch das störte niemanden beim „Wettspiel" zwischen dem SVM und Union Münster. In den Jahren zuvor hatte der SVM seine Begegnungen auf der „Schülerwiese" auf dem Gelände des heutigen Wasserschifffahrtsamtes ausgetragen.

Drei Jahre später, am 2. Oktober 1927, bekam die idyllisch im Grünen gelegene Sportstätte ein zweites Mal die Weihen und erhielt am 80. Geburtstag des Reichspräsidenten Paul von Hindenburg den Namen Hindenburgstadion. Mittlerweile war die zuvor so schlichte Sportwiese am nördlichen Ortsrand in eine Arena mit Rasenfläche, einer neun Meter breiten Schlackenbahn, höher liegenden Zuschauerrängen, zwei Sprunggruben (hinter jedem

Tor) und Sitzbänken in einer Länge von 100 Metern umgebaut worden.

Der Entwurf stammte vom angesehenen Meppener Architekten Timpe, ausgeführt wurde die Erweiterung unter anderem mit Hilfe zahlreicher Arbeitsloser. Federführend beim Ausbau wirkte ein junger Fußballer des SVM, der sich beim Architekten Timpe seine ersten Sporen verdiente: Hermann Wewers. Er sollte später zwischen 1954 und 1968 als Vorsitzender die Geschicke des Vereins lenken.

Reck und Barren am Spielfeldrand

Nachdem das Stadion am 5. Februar 1929 in den Besitz der Stadt übergegangen war, begann diese damit, das Areal zu einem Sportzentrum auszubauen. Noch im selben Jahr wurde für 37.388 RM ein Wirtschaftsgebäude erstellt, anschließend installierte man eine Warm- und Kaltwasserduschanlage. Sodann wurden am Rand des Fußballfeldes feste Turngeräte angebracht: ein Doppelreck, Barren, Ringe und auch Schaukeln. Und: Die Firma Krupp, die in unmittelbarer Nähe ein riesiges Schießversuchsgelände unterhielt und in jener Zeit größter Arbeitgeber Meppens war, errichtete an der nordöstlichen Seite des Stadions (an der Kruppstraße) ein Denkmal für die Gefallenen des 1. Weltkrieges – ausgerechnet Krupp.

Franz Hewusch, im Juli 2000 verstorbener SVM-Veteran, erinnerte sich genau: „Rund um die ovale Sportfläche mit der Laufbahn aus roter Asche war eine etwa 1,50 Meter hohe, schräg aufragende Böschung angelegt, an der sich zahlreiche Blumen hochrankten. Oben an der Böschung war rund um das Stadion eine stabile Holzbalustrade angebracht. Für die Zuschauer war dies sehr bequem; während jedes Spiels gab es somit ein ständiges Wandern rund um den Platz."

Nicht nur als Sportstätte, sondern auch als Ort politischer Kundgebungen diente das Hindenburgstadion während der Zeit des Nationalsozialismus. Vor und während des 2. Weltkrieges vollzog hier die SA mindestens einmal monatlich ihre Aufmärsche, zumeist in Anwesenheit des zuständigen Gauleiters.

An Sportbetrieb im Hindenburgstadion war für die einheimische Bevölke-

rung unmittelbar nach Kriegsende nicht zu denken. Die mit etwa 30.000 Mann ins Emsland einmarschierten polnischen Truppen beschlagnahmten die Sportstätte und trugen hier Vergleiche mit britischen, kanadischen und niederländischen Soldatenmannschaften aus. „Das waren für die regelrechte Feste, wenn sie die Spiele mit ihren Musikkapellen begleiteten", so Franz Hewusch.

Illegale Transporte

Ende der 40er Jahre, als die Besatzungstruppen das Emsland verlassen hatten, konnte die Stadt Meppen wieder frei über ihre Sportstätte verfügen. Im Nu fanden sich Freiwillige, die halfen, das stark verwüstete Stadion instand zu setzen. „Nacht für Nacht haben wir illegal aus Gelsenkirchen Betonplatten nach Meppen transportiert und damit Stehränge geschaffen. Später kam dann eine von Hermann Wewers entworfene Sitztribüne hinzu – das war ein Novum im Emsland", erinnerte sich Hewusch, in jenen Jahren Leiter des Kreiswirtschafts- und -ernährungsamtes und als Mitglied des Hamburger Zonenbeirats „Kronprinz" im damaligen Schattenkabinett von SPD-Chef Kurt Schumacher.

Markantester Punkt auf dem Stadiongelände war (bis zum Abriss in den 80er Jahren) die 1958 modernisierte Stadiongaststätte. Das an der Westseite errichtete, von prächtigen Linden gesäumte Bauwerk mit blauen Fensterrahmen diente nicht nur den Aktiven als Umkleidestätte (im Keller oder im Wirtsraum). Rechtzeitig erschienenen Zuschauern bot sich von ihrer großflächigen Terrasse auch tolle Sicht auf das Spielfeld. Vor allem für die Meppener Jugend noch wichtiger: „Immer in der Halbzeitpause war an einem kleinen Seitenfenster Eis erhältlich", so der heutige Stadionsprecher Heiner Harnack.

Nach und nach entwickelte sich das Hindenburgstadion zu einer zeitgemäßen Sportstätte. 1962 wurde – mit erheblichen Eigenleistungen des Vereins – die Tribüne an der Westseite erneuert, überdacht und mit Umkleidekabinen versehen. Und am 10. Dezember 1969 erfüllte sich der SVM den Wunsch nach einer Flutlichtanlage mit sechs Masten von etwa 17 Metern Höhe und 200 Lux Lichtstärke.

Es blieb nur eine Kurve

Der Zahn der Zeit nagte jedoch schneller als gedacht an den Ausbauten. Zunächst wurden die Flutlichtmasten wegen Sicherheitsmängeln abmontiert. Dann entschloss man sich in den 80er Jahren zur „großen Lösung": 1985 entstand neben dem Haupteingang an der

Schmuckkästchen im Norden: das Emslandstadion von Meppen.

(Fotos: Vinke)

Die alte Tribüne des Hindenburg-Stadions.

Südseite für 1,6 Mio. Mark ein neues Eingangsgebäude mit Umkleidekabinen im Kellergeschoss sowie einer großräumigen Gaststätte. Zwei Jahre später erstrahlte dann die renovierte Tribüne in neuem Glanz.

Eine tiefe Zäsur brachte das Jahr 1987. Hatten die Meppener bis dahin stets im Amateurlager um Punkte gespielt, so gelang ihnen nun überraschend der Aufstieg in die 2. Bundesliga, was auch für die Gestaltung der Platzanlage (u.a. Umzäunung) wesentliche Folgen hatte. Bedeutendste Veränderung: 1993 wurde die ein Jahr zuvor (25. Juni 1992) in Anlehnung an den heimatlichen Landkreis in Emslandstadion umbenannte Kampfbahn zu einer reinen Fußballarena ohne Laufbahnen umgebaut. Lediglich an der Nordseite, traditionell den Gästefans vorbehalten, ist eine „Kurve" erhalten geblieben. Zur Einweihung der an der Ostseite mit 3.100 Sitz- und 1.400 Stehplätzen neu errichteten Haupttribüne, die in ihrem „Bauch" einen VIP- und Presseraum beherbergt, erschien am 23. Juli 1993 Borussia Mönchengladbach (1:2).

Weitere Maßnahmen: Neben dem Haupteingang, den ein Gedenkstein zu Ehren „Turnvater" Jahns ziert, wurde eine neue Geschäftsstelle mit separatem Fanshop sowie ein moderner Sanitär-,

Fitness- und Regenerationstrakt errichtet. Last not least begann am 7. Oktober 1996 eine „leuchtende" Ära: Beim Punktspiel gegen Jena wurde eine neue Flutlichtanlage (750 Lux) in Betrieb genommen. Damit erfüllte das SVM-Areal endgültig die Kriterien für internationale Partien, so dass der DFB zwei U-21-Vergleiche (gegen Ukraine und Schottland) im Herzen des Emslandes austragen ließ.

Bitter indes für die Meppener Anhänger, die in insgesamt elf Zweitligajahren oft genug für Gänsehaut-Atmosphäre sorgten und sogar über eine Fan-Kapelle aus dem benachbarten Emmeln verfügten: Sie können sich nun zwar über ein stimmungsvolles „Schmuckkästchen" freuen, ihr SVM aber stieg 1998 in die Regionalliga Nord und 2000 sogar in die Oberliga ab.

Hans Vinke

Emslandstadion Meppen
ER 1924 / 1993. FV: 16.450, davon 4.550 üd. SiP.
ZR: offiziell: 16.450, 2. Bundesliga, 8.12.1996, SV Meppen – 1. FC Kaiserslautern 2:1; inoffiziell: 18.500, Freundschaftsspiel, 3.8.1982, SV Meppen – FC Barcelona 0:5.
Lathener Straße 15, 49716 Meppen, Tel. 05931 / 930 10.

■ Stadtstadion
Plaste, Elaste – und erste Liga

BSG Chemie Buna Schkopau? Zumindest den so wenig deutsch klingenden Ortsnamen kannten Westdeutsche gut, grüßten doch auf der Interzonen-Autofahrt von der Bundesrepublik nach Westberlin (oder umgekehrt) mit schöner Regelmäßigkeit Autobahnbrücken-Transparente „Plaste und Elaste aus Schkopau". Wozu?, fragen wir uns bis heute, denn kein Intershop hat jemals „Plaste und Elaste" von dem im Chemiedreieck an der heutigen B 91 zwischen Merseburg und Halle/Salle gelegenen Ort Schkopau offeriert!

Aber unser Thema sind Stadien, und so nehmen wir zu allererst einmal an, dass „Plaste und Elaste" bzw. der chemische Groß- und Trägerbetrieb (BUNA entstand 1936) die BSG Chemie Buna in die DDR-Oberliga beförderte. Näheres darüber zu erfahren ist über ein Jahrzehnt nach der Wende ein (wie in anderen Fällen) vergebliches Mühen: Niemand mag Auskunft geben, Unterlagen sind verschwunden, die früheren Vereinsmitarbeiter haben sich abgewandt.

Eines aber wussten wir: Nicht in Schkopau mit seinen 3.500 Einwohnern mussten wir die Spielstätte suchen, sondern im sachsen-anhaltinischen Merseburg der Dom- und Schlossstadt, deren Umland die Chemieindustrie prägt. Der Schkopauer Sportplatz schien zu klein für die DDR-Oberliga, weshalb der Neuling in das Stadion der Chemiearbeiter im nahen Merseburg auswich. Das heißt nun Stadtstadion, und man findet es über die Ausfahrt Merseburg-Nord; sogar die Straßenbahn-Linien 5 und 95 halten dort.

Glücklicherweise war ein Samstagnachmittag-Spiel, bei der Umrundung des Areals erlebten wir drei Tore in 15 Minuten gegen den SV Höhnstedt, aber zuerst haben wir an der Kasse gegen den Abriss des Sozialgebäudes (nach Vereinswillen offensichtlich mit Graffiti geschmückt) unterschrieben.

Rostock, Cottbus – na und!?
Hier also war der Ort, wo die DDR-Oberliga spielte. Und möglicherweise fällt hier selbst so manche Bemerkung, wenn Bundesliga-Resultate vernommen werden. „Energie Cottbus – die haben doch bei uns 1:3 verloren, und in der Lausitz

(Foto: Skrentny)

Der Kampfrichterturm im Stadtstadion Merseburg.

haben wir mit 0:0 gepunktet!" „Hansa Rostock – wisst ihr noch, das 1:0 für Chemie im Stadion der Chemiearbeiter!?" Doch 1981/82 gab es auch ein 1:10 in Dresden zu registrieren, ein 0:7 beim BFC, jeweils 0:6 in Karl-Marx-Stadt und Frankfurt/Oder – also aus und vorbei, Abstieg, auf Nimmerwiedersehen.

Wenig hat sich in der heute Stadtstadion Merseburg genannten Spielstätte grundsätzlich verändert. Chemie Buna spielt hier nicht mehr, sondern der SV Merseburg 99 als Landesligist Sachsen-Anhalt-Süd im liebenswerten Amateurfußball-Ambiente – sogar ein konfettiwerfender Fanklub „Goldene Raben 95" war zehn bis elf Mann stark vor Ort. Hochachtung vor diesen Menschen, die sich noch nicht ganz und gar der SAT 1-„ran"-Fußballshow anheim gegeben haben, sondern der Devise *support your local club* folgen.

Es existiert keine Sitztribüne in Merseburg, keine VIP-Logen, aber für die Renovierung investierte die Stadt von 1990 bis 1999 2,5 Mio. Mark, weitere 3 Mio. sollen dem Ausbau zugute kommen. Die Hauptgerade hat erstaunlich viele Wellenbrecher und Trennbänke, und alte Männer mit Hüten, in der Mitte den Kampfrichterturm (offensichtlich eine DDR-Erfindung!), davor Holzbänke und einige Schalensitze, ansonsten auf der Geraden 16 Stehstufen. Die Gegengerade (sieben Stehränge) ist gelegentlich unterbrochen, zum Sportheim hin steht eine elektrische Anzeigetafel, ein erstaunliches Ding für Landesliga-Verhältnisse.

Wir verlassen die Anlage und erfahren am Montag aus der Zeitung, dass Merseburg 99 souverän gewonnen hat. Und denken auf der Weiterreise darüber nach, wie das wohl gewesen sein mag, als der BFC Dynamo und Dynamo Dresden dort aufliefen?   *sky*

Stadtstadion Merseburg
ER: nach 1945. FV: 15.000 StP nach dem Umbau 1981.
ZR: 12.000, Febr. 1994, Freundschaftsspiel VfB Merseb. – Bayern München.
Hohendorfer Weg 10, 06217 Merseburg, Tel. 03461 / 21 50 70.

Mönchengladbach

◼ Stadion Bökelberg

Wo eine leere Cola-Dose Fußballgeschichte machte

Nun also wird – wenn alles kommt wie geplant – mit Mönchengladbachs Stadion Bökelberg eine weitere klassische Fußball-Arena verschwinden. Denn mit dem neuen Stadion im Nordpark will die Borussia ein neues Kapitel ihrer über 100-jährigen Vereinsgeschichte beginnen. Die alte Arena soll dem Abriss anheim fallen, die Stadt verspricht sich von dem Grundstück „in bester Wohnlage" nach Abzug der Kosten 20 Mio. Mark.

Im Stadtteil Eicken, wo sich das „Borussen-Stadion" (so liest man's an der Bushaltestelle) befindet, liegen auch die Ursprünge des heutigen VfL Borussia, denn im August 1900 fanden die Marianische Jünglings-Congregation Eicken, fromme katholische Burschen, und die Sportgemeinde Teutonia zusammen. Zum Großteil über Anteilscheine seiner Mitglieder erwarb der Verein im März 1914 eine Sandgrube auf der Eickener Höhe, im Volksmund „de Kull" genannt, doch verhinderte der 1. Weltkrieg den Ausbau zum Sportplatz. Die Vereinsverantwortlichen hatten bereits 1910 erkannt: „Wie überall die Geldfrage eine Hauptrolle spielt, so auch im Fußballgetriebe. Die Spiele auf dem geschlossenen Platze, durch wirksame Reklame unterstützt, führen dem Verein neue Mittel zu."

Vorreiter in Westdeutschland
Am 20. September 1919 eröffnete OB Piecq den Sportplatz an der Bökelstraße und betonte, München-Gladbach (so die damalige Schreibweise) sei damit die erste westdeutsche Stadt mit einem derartigen Stadion. Borussia hieß damals Turn- und Rasensport 1889 und nahm unter dem Namen an der Deutschen Meisterschaft 1920 teil. Ebenfalls 1920 erlebte der Platz einen ersten Höhepunkt, als 32.000 bei der offiziellen Einweihung West gegen Süd spielen sahen. Mit Tribüne, Wasch-, Umkleide- und Erholungsräumen, seit 1925 sogar mit einer Berieselungsanlage ausgestattet, galt das Stadion als eine der modernsten Sportanlagen Westdeutschlands. Weitere Großkämpfe in der seit 1933 wieder selbständigen Stadt Mün-

chen-Gladbach (zuvor hieß sie Gladbach-Rheydt) waren 1938 das „Traditionsspiel" Westdeutschland – Ostholland und die Begegnung der Stadtelf mit Ungarn.

Panzerfurchen zerstörten 1945 das Spielfeld, bei dessen Wiederherstellung die englischen Truppen halfen, wollten sie doch mit einer Mannschaft an der Stadtmeisterschaft teilnehmen. Die erste deutsch-interne Begegnung war am 7. April 1946 ein 0:1 der Borussia gegen den Rheydter SV. Borussia gehörte 1950/51, 1952-57 und 1958-63 der Oberliga West an, war aber zunehmend unzufrieden mit ihrer Spielstätte, weshalb sie 1960 bis 1962 ins neue Grenzlandstadion der Nachbarstadt Rheydt umzog. Die steilen Ränge der „Kull" waren damals glitschig und nicht ungefährlich, überdachte Sitzplätze gab es keine. Immerhin war der Verein 1960 Deutscher Pokalsieger geworden (das EC-Spiel gegen Glasgow Rangers trug man in Düsseldorf aus) und hatte in Albert Brülls einen Akteur, der 17-mal in Folge in die Nationalmannschaft berufen worden war, damals deutscher Rekord. Daher appellierte der Klub an die Stadt, das Stadion auszubauen.

Bevor ihr fußballerisches Aushängeschild endgültig nach Rheydt abwanderte, sagte die Stadt den Stadionumbau zu, dessen Kosten sich ohne Grunderwerb auf 1,4 Mio. DM beliefen. Am 28. Juli 1962 wurde die neu gestaltete Arena mit einem 1:1 gegen Glasgow Rangers eröffnet. Jenen Tag feierte die lokale Presse als „Ereignis von überörtlicher Bedeutung": Hauptspielfeld, Trainingsplatz und Umkleidehaus präsentierten sich neu, „nach dem Prinzip der Sichtparabel" standen 2.843 Sitz- und 26.100 Stehplätze zur Verfügung. OB Maubach: „Mönchengladbach hat nun ein Fußballstadion, wie man es in Deutschland nur selten antreffen kann." „Aus der ‚alten Kull'", so die Presse, „wurde in zwei Jahren ein wahres Schmuckstück, das dem gesamten Niederrhein zur Ehre gereichte."

Noch spielte die Bundesliga ab 1963 anderswo, dafür musizierte am Bökelberg die NATO, und das ZDF übertrug per Eurovision (1964 „nach einer Meinungsumfrage die beste Sendung des Jahres"). Die Borussia empfing 1964 den FC Santos („die Fußball-Weltmeistermannschaft") und spielte 1965 gegen Österreich. In jenem Jahr ist es soweit: Bundesliga-Aufstieg – „Ri Ra Ro – Netzer, Vogts und Co.", heißt einer der Anfeuerungsrufe.

Nun ist Eile geboten am Bökelberg. Das Sportamt hat bereits 1964 die Grundfläche des Stadions für 1,4 Mio. DM gekauft und für weitere 1,5 Mio. Spielfeld und Ränge erneuert. Die Tribüne, eine provisorische Holzkonstruktion, erwirbt die Stadt für 534.000 Mark. Eigentlich sollte sie im Grenzland-Stadion einen neuen Standort finden, doch wird sie 1979 nach Norddeutschland verkauft.

Für die Borussia ist dennoch nicht klar, ob sie am Bökelberg bleiben oder wieder ins Grenzland-Stadion umziehen will. Vereinsvorsitzender Dr. Helmut Beyer: „Wir sind ein Wirtschaftsunternehmen und müssen gucken, dass die Rechnung unter dem Schlussstrich stimmt. Ganz gleich, wie viele Millionen man in das Stadion am Bökelberg investieren würde – mehr als 39.000 Zuschauer würde man nie hineinbringen. Das Grenzland-Stadion aber fasst jetzt schon 50.000. Es kann leicht auf ein Fassungsvermögen von 70.000 Menschen erweitert werden." Die Stadt Rheydt signalisierte ihre Bereitschaft, das Grenzland-Stadion auszubauen, die Finanzierung sollte eine „Grenzland-AG" aus den beiden Städten und der Borussia ermöglichen, doch gibt es in Rheydt auch skeptische Stimmen gegen einen Bundesligisten in der Stadt.

„Des Stadions ganzer Jammer"

Ultimativ fordert der DFB den Klub auf, bis zum 14. Juli 1965 zu erklären, wo er spielen wird. „Für die Stadt Mönchen-Gladbach wäre ein Umzug gewiss blamabel", schreibt die „Westdeutsche Zeitung", die den Bökelberg-Ausbau fordert. Auch die „Rheinische Post" („RP") hat bereits Ende 1964 eine Änderung der Zustände verlangt: „Für rund 6.000 Nieren von rund 3.000 Tribünenbesuchern sind nun bald die Stadtväter verantwortlich zu machen. Wenn man 90 Minuten lang höchst ungemütlich auf nassem Untersatz den strapazierten Hosenboden trocken und warm reiben muss, packt einen des Stadions ganzer Jammer." Außer Mönchengladbach gibt es 1964/65 nur noch einen West-Regionalligisten ohne überdachte Tribüne: „Die Presseleute, die aus der ganzen Bundesrepublik herbeiströmen, sitzen verklemmt vor ihren Schreibmaschinen,

Die Tribüne am Bökelberg 1966: Keine Stühle mehr mitbringen!

(Foto: Stadtarchiv Mönchengladbach)

das Wasser sammelt sich in den Untersätzen, und man muss nur die Flüche hören, die auf den Rat herniederprasseln" („RP").

Schließlich kommt der Stadtrat im Juli 1965 der Borussia entgegen: 1966 erhält der Bökelberg eine überdachte, freischwebende Tribüne, 105 Meter lang und 24 Meter tief, und Flutlicht, das zum 31. August 1966 erstmals erstrahlt. Im Rahmen des „Goldenen Plans" der Deutschen Olympischen Gesellschaft werden der Ostwall, der in den 50er Jahren nur wenige Stehränge aufwies, für 2,5 Mio. DM (Erhöhung, Nottribünen) und die Südostkurve ausgebaut, die Flutlichtanlage wird farbfernsehgerecht umgerüstet, Parkraum im Wohngebiet für 200.000 DM geschaffen. Borussias Verlangen, die gesamte Westseite (die sog. Spielbergseite) zu überdachen und für 50.000 auszubauen, ist die Stadt nicht nachgekommen: „Kein verantwortungsbewusster Mensch in Rat und Verwaltung gibt seine Zustimmung zu außerordentlich hohen Ausbaukosten, wenn nicht auf Dauer klargestellt ist oder zumindest die Aussicht besteht, dass diese Ausgaben wenigstens zu einem Teil gedeckt werden können." Abgesehen vom Prestige, das die Borussia der Stadt brachte, gehen zehn Prozent der Einnahmen ins Stadtsäckel.

Beim Bundesligaspiel gegen Düsseldorf am 24. September 1966 durchbrechen Zuschauer an zwei Stellen den Zaun der für 32.000 Besucher zugelassenen Sportstätte (der DFB verlangt für die Bundesliga als Minimum ein Fassungsvermögen von 35.000). Nach Schätzungen sind über 35.000 im rheinischen Derby dabei. Zuschauer stürmen Tribüne und Presseplätze, die Journalisten fühlen sich „belagert". Der zustän-

dige Oberbaurat will, dass künftig nur noch maximal 25.000 Eintritt erhalten: Er sei nicht bereit, drei Jahre vor seiner Pensionierung das Risiko einer Strafverfolgung zu riskieren.

Auch die Presse mäkelt am Tribünenneubau: Die Fenster sind nicht zu öffnen, so dass während der Partien „Studiostille" herrscht, und im Winter beschlagen sie. Außerdem vermissen die Journalisten „einige Aschenbecher in der Telefonkabine". Borussia-Geschäftsführer Helmut Grashoff misst derweil die Tribünenreihe 11 in Block C nach und stellt fest, die Sitze seier zu schmal und die Beine der Besucher würden nicht bis auf die Erde reichen. 1968 weht dann auch noch ein Sturm eine Wellasbestplatte der Tribüne von darnen.

Als Konsequenz aus dem Düsseldorf-Spiel wird untersagt, Stühle, Schemel und Notbänke mit ins Stadion zu bringen (!) und in den Gängen aufzustellen (!!). Die Zäune werden erhöht, mehr Wellenbrecher eingebaut, die Blockbildung eingeführt, schließlich die Bäume im Stadionrund mit Stacheldraht verkleidet und die Zahl der Ordner erhöht.

„Very often right at the top"

Mit dem Siegeszug der „Fohlen" in den 70er Jahren steigen die Ansprüche am Bökelberg; „das rheinische Manchester", so genannt wegen der Tuchindustrie, hat nun eine Fußballmannschaft, die fast so bekannt ist wie der Namensgeber von der Insel. Man druckt, da international im Geschäft, eine Informationsbroschüre in englischer Sprache, teilt mit, der Klub sei *„very often right at the top"* und dass Lothar Matthäus' erlernter Beruf *„interior designer"* sei. 1979 entsteht die zweistöckige West-

Klassische Fußballarena: der Bökelberg Mitte der 70er Jahre, nach dem Ausbau des Ostwalls.

tribüne, 9,7 Mio. DM kostet das inklusive neuer Flutlichtanlage und des neu angelegten Nebenplatzes namens „Alm", den die Stadt bereits 1969 für über 600.000 Mark erworben hat. 1984 wird ein neues Umkleidegebäude gebaut, und weil nach der Tragödie im Brüsseler Heysel-Stadion Zweifel an der Sicherheit der Spielstätte wachsen, werden weitere 1,1 Mio. investiert.

Zu den sog. großen Spielen verlässt der Verein mit schöner Regelmäßigkeit die Heimatstadt und gastiert im Düsseldorfer Rheinstadion und später in Köln. Das Weltpokal-Finale 1978, 0:3 gegen Boca Juniors, sehen 40.000 in Karlsruhe, wo die Borussia traditionell ihre Saisonvorbereitung in der Sportschule Schöneck absolviert.

Ansonsten meldet man legendäre Ereignisse vom Bökelberg. 1971 bricht am 25. Spieltag gegen Werder Bremen ein Torpfosten, und im selben Jahr trifft eine leere Coca-Cola-Büchse Inter-Mailand-Mittelstürmer Roberto Boninsegna an der Schulter, woraufhin der grandiose 7:1-Erfolg der „Fohlen" annulliert wird. In Mailand verliert man 2:4 und im Wiederholungsspiel im Olympiastadion Berlin gibt es ein 0:0.

1990 liest man erstmals, das Stadion Bökelberg sei hinfällig. Die „WZ" be-

richtet, die Sportstätte sei für die Borussia zu klein, die Fans würden sie als „unkomfortabel" empfinden und der Stadt, die pro Jahr fast eine Million DM investierte, sei sie zu teuer. 1999 beschließt die Stadt den Neubau im Nordpark, der allerdings bei Drucklegung noch heftig in der Diskussion war. Zeitweilig war sogar die Modernisierung des Bökelberg für 50 bis 60 Mio. DM im Gespräch, per Transparent („Ja zum Bökelberg") und Flugblatt („Baut den Bökelberg um") forderten Fans gegen Ende der Zweitliga-Saison 2000 den Erhalt der Traditionsarena.

Just in dem Jahr standen wir noch einmal auf dem Bökelberg, wobei das mit dem Namen so eine Sache ist. Es gibt zwar eine Straße Am Bökel (d.h. Buckel), den Namen Bökelberg trägt aber weder ein Berg, noch steht der im Grundbuch. Der „Berg" ist beim Stadionausbau aufgeschüttet worden, und die Bezeichnung Bökelberg soll der „RP"-Redakteur Wilhelm-August Hurtmann erfunden haben. Denn Bökelberg, das sollte in der Fußballwelt genauso angsteinflößend wirken wie Betzenberg und Bieberer Berg... (auf Hurtmann geht übrigens auch der Begriff „Fohlen" zurück).

„Auf Zehenspitzen" zum Bökelberg

Das Stadion präsentierte sich 2000 noch als klassische Fußballarena, mit steilen Stehrängen in der Nord- und Südkurve. Es liegt inmitten eines Wohngebiets, und Ulfert Schröder hat in der „FAZ" einmal geschrieben, die Leute würden „auf Zehenspitzen" zum Bökelberg gehen, denn: „Fußball passt nicht in diese Gegend. Gepflegte Vorgärten mit rechtwinklig geschnittenen Hecken und hohen Bäumen. Teure, weit ausholende Bungalows und gediegene, altersstolze Häuser, und über allem der süß-säuerliche Hauch wohlhabender, selbstgefälliger Bürgerlichkeit."

Nun ist dieser Ort deutscher Fußballgeschichte voraussichtlich bald Vergangenheit. Was bleibt übrig, als hinterherzurufen: Bye, bye, Bökelberg! *sky*

Stadion Bökelberg
Mönchengladbach
ER: 1919/1962. FV: 34.500, davon 8.700 üd. SiP und 26.800 StP. ZR: „über 35.000", Bundesliga, 24.9. 1966, Borussia – Fort. Düsseldorf 3:1. Bökelstraße 165, 41063 Mönchengladbach, Tel. 02161/92 930.

Stadion am Nordpark

Ein Neubau kommt – aber wie?

Eigentlich war alles klar: Ein multifunktionales Stadion am Nordpark sollte Mönchengladbach erhalten, und als WM-Bewerber stellten sich Oberbürgermeisterin, Stadtdirektor und Borussia-Präsident im Oktober 1999 der FIFA-Delegation im Berliner Reichstag vor. Am 2. April 2000 aber machte die Borussia einen Rückzieher, woraufhin es die Ratsfraktionschefs von CDU und FDP nach eigener Aussage „fast vom Stuhl gehauen hat".

Es geht beim Mönchengladbacher Stadion-Neubau um das Gelände der ehemaligen britischen Ayrshire Barracks North, einer Kaserne, die seit 1996 für die zivile Nutzung frei und nun in Bundesbesitz ist. Der Rat der Stadt hatte im September 1998 beschlossen, dieses Areal zu nutzen, eine Entwicklungsgesellschaft Nord-Südpark AG nahm sich der 160 Hektar nördlich der B 57 an. „Der Nordpark", sagt die Oberbürgermeisterin Monika Bartsch, „ist eine unserer Chancen auf dem Weg ins nächste Jahrtausend". Das Investitionsvolumen beläuft sich auf bis zu 2 Mrd. DM, das Stadion soll Zentrum eines Freizeit-, Wohn- und Gewerbegebiets werden – man will ein Zeichen gegen „die aussterbende Stadt" setzen. Land und EU würden das Ganze bei einem Baubeginn bis Ende 2002 mit einer 170-Mio.-Mark-Bürgschaft fördern, und 1996 bereits stand fest, dass der VfL Borussia hinsichtlich eines Stadionbaues einen städtischen 75-Mio.-Mark-Kredit erhalten würde.

Bedenken der Banken

Am 1. September 1999 segnete der Stadtrat das Projekt ab: Die Borussia sollte das Baugelände für 25 Mio. kaufen und dafür von der Stadt ein Darlehen, verzinst mit 1,7 % jährlich, erhalten. Die „Sportwelt", eine Beteiligungsgesellschaft der „Kinowelt", die Borussia als ihr fußballerisches „Flaggschiff" begreift, sollte 15 bis 30 Mio. in die 200 Mio. der Stadion-Baugesellschaft investieren. Diese Summe stand im Raum, nachdem man Trainingszentrum, Tiefgarage, Nobel-Restaurant, Borussia-Museum u.a.m. aus den ursprünglichen Plänen gestrichen hatte. Diese – abgestimmt mit dem Fanprojekt und den Fanklubs – sahen zwei Varianten vor: eine Arena mit 44.970 Plätzen (davon 5.800 Stehplätze) und eine andere mit 53.670 Plätzen (davon 14.500 Stehplätze). Dass man das Projekt im Herbst

1999 von 278 auf 200 Mio. Mark Volumen reduziert hatte, lag an den Banken, denen das Ganze zu teuer, zu riskant und zu wenig profitabel erschien. Und so fand das 100-jährige Jubiläum der Borussia 2000 erst einmal nicht im neuen Stadion statt.

„Die Vernunft hat gesiegt"

Am 2. April 2000, einem Sonntag, machte Borussia per schriftlicher Erklärung einen Rückzieher („Rheinische Post": „Nordpark-Debakel"), entschied sich dann – bis zum 30. September hätte man Zeit gehabt, „entscheidungsreife Unterlagen" vorzulegen – im August für ein reines Fußballstadion und gegen die multifunktionale Lösung. Vereins-Vize Rolf Königs meinte, man müsse „Abschied von etwas träumerisch angelegten Visionen nehmen. Die Vernunft hat gesiegt." Bis 2003 könnte das Stadion für 155 Mio. Mark (reine Baukosten 130 Mio.) gebaut werden, meinte der Zweitligist, der 30.000 Sitz- und 10.000 Stehplätze vorsah. Würde die Stadt helfen, so könne man im Hinblick auf die WM 2006 auch 40.000 Sitzplätze bieten. Daraufhin wetterte der ehemalige Manager der Borussia, Rolf Rüssmann, der den Stadionbau wesentlich mit vorangetrieben hatte: „Da ist eine große Chance vertan worden. Es ist eine Schande! Kein Projekt in Deutschland hat eine solche Planungsreife, keines hatte bessere finanzielle Voraussetzungen."

Zwischenzeitlich hatte die Baufirma Hochtief noch ein Alternativ-Modell, den „Twin Dome", vorgestellt: Für 160 Mio. bot Hochtief ein WM-taugliches Stadion (32.000 Sitz- und 10.000 Stehplätze, zur WM Umwandlung in eine reine Sitzplatz-Arena), eine multifunktionale 5.000-Plätze-Halle (Konzerte, Karneval, Parteitage, Eislauf – Schalke lässt grüßen!) und eine Einkaufspassage.

„Wenn man sich mit einem normalen Stadion für die WM bewirbt, schätze ich die Chancen gering ein", meinte Oberbürgermeisterin Bartsch. Insofern setzte die Stadt zuletzt weiterhin auf die multifunktionale Lösung und ein anderes Modell: Die Stadt verkauft das Gelände, bringt den Erlös von 25 Mio. sowie weitere 50 Mio. in eine Stadion-Bau- und Besitzgesellschaft ein und sucht Partner, die das sog. IBM-Modell, die multifunktionale Arena, mitfinanzieren.

Soweit die Lage bei Redaktionsschluss, als die Walter-Group Augsburg als neuer Investor galt. Ein Stadion wird demnach gebaut in Mönchengladbach – wie es aussieht, steht auf einem anderen Blatt. *sky*

Grenzlandstadion Rheydt

Armin Hary statt Günter Netzer

(Foto: Stadtarchiv Mönchengladbach)

Das Monument „Michael Hilf" gefiel den Nazis nicht und wurde 1940 demontiert.

Grenzlandstadion, der Name klingt in einem vereinten Europa deplatziert, und Fußballfreude werden mit ihm vermutlich wenig anfangen können. Aber Obacht: Fast hätte dort die Bundesliga gespielt, denn die Sportstätte liegt in Rheydt, ehemals Nachbarstadt und seit 1975 Stadtteil von Mönchengladbach.

1920/21 erwarb die Stadt Rheydt (heutiger Eigentümer ist die Stadt Mönchengladbach) ein Ziegeleigelände und begann 1925 mit dem Ausbau des „Städtischen Sport- und Spielplatzes". Am 17. Jul 1927 waren in dem großen Oval zwei Fußballfelder, getrennt durch einen 40 Meter breiten Streifen, und die um die Plätze geführte 700 m-Aschenbahn fertig gestellt (zusätzlich gab es noch eine Bahn für Kurzstrecken- und Hürdenlauf) – zwei Fußballplätze in einem Stadion, das gab's sonst nirgends! 1933 benannten die Nazis die Sportstätte in Heinz-Brands-Kampfbahn um; Brands, ein 26-jähriger SA-Mann, der aus Rheydt stammte und in Hamburg lebte, war dort 1932 bei Zusammenstößen mit politischen Gegnern ums Leben gekommen.

Das Denkmal im Stadion

Charakteristikum des Stadions war das von Walter Kniebe (1894-1970) auf Vorschlag des Offiziers- und Kriegervereins geschaffene und am 10. Juli 1932 im Eingangsbereich aufgestellte Ehrenmal „Michael Hilf" für die Kriegstoten. Kniebe hatte seit 1927 an seinem Hauptwerk gearbeitet: Das kupferne Denkmal, das 15 Meter hoch war, zeigte den Erzengel Michael im Kampf mit dem Dra-

RSV-Stadion Rheydt
Ehrenmal inmitten der Stehränge

Das Grenzlandstadion 1945. Damals beherbergte es ein US-Militärlazarett.

(Foto: Stadtarchiv Mönchengladbach)

chen. Der sechs Meter hohe Mahnmal-Sockel (Durchmesser 24 m) enthielt eine Art Kapelle.

Das Monument missfiel den Nazis und wurde im Frühjahr 1940, nach Meinung der Zeitung „Volksparole" „aus wohlerwogenen Gründen", abgebaut und für die Kriegs-„Metallspende" eingeschmolzen. Bildhauer Kniebe hatte man von der Vernichtung, der auch die beiden Holzskulpturen der Betenden und der Trauernden zum Opfer fielen, nicht informiert.

Nachdem das Stadion 1943 zerstört worden war, belegten die US-Amerikaner es bei Kriegsende mit einem Lazarett. Der Ortskommandant der US-Army plante, den früheren Schauplatz nationalsozialistischer Großkundgebungen mit Trümmerschutt aufzufüllen, ließ sich dann aber von einer späteren Nutzung als Sportstätte überzeugen. 1950 wurden 300.000 Kubikmeter Schutt aus der zerstörten Rheydter Innenstadt im Oval zu Wällen und einer Hochfläche aufgeschüttet. Man schuf einen Stehwall mit einfachen Stufen aus Betonteilen für 25.000 und Sitzplätze für 3.000 Menschen. Am 3. Juli 1960 wurde das Stadion zum zweiten Mal eingeweiht und erhielt den Namen Grenzlandstadion. Alles war großzügig angelegt, es gab eine 400-m-Laufbahn und zwei Marathon-Tore an den Kopfseiten, drei Zugänge, ein Leitstand-Häuschen für die Beschallung, Reporter-Kabinen u.a.m. Nach Angaben der „Rheinischen Post" sollten im Grenzlandstadion 63.000 Menschen Platz finden!

Bundesliga in Rheydt vor 70.000?
Für großen Besuch sorgten Landesturnfest (1960, 25.000 Zuschauer) und Leichtathleten wie Armin Hary und Manfred

Germar, doch 1961/62 zog mit West-Oberligist Borussia Mönchengladbach Spitzenfußball in die neue Sportstätte ein. Aus Vorstandskreisen der Borussia war zu vernehmen, man würde gerne dort bleiben und nicht ins unzulängliche Bökelberg-Stadion zurückkehren. Nach dem Bundesliga-Aufstieg 1965 diskutierte die Borussia nochmals einen Wechsel ins Grenzlandstadion und entschied sich am 4. Juli für Rheydt, wo 70.000 Zuschauer hätten Platz finden sollen. Aber letztlich haben der HSV und Bayern München dann doch nicht um Bundesliga-Zähler auf Rheydter Gebiet gespielt (zur Umzugs-Diskussion siehe den Beitrag zum Bökelberg).

Das Grenzlandstadion, eine gut strukturierte, gepflegte und weite Anlage, ist 1980/81 im Hinblick auf große nationale und internationale Leichtathletik-Veranstaltungen und für den Schulsport für 8,17 Mio. DM umgebaut worden (Entwurf: H.W. Hallmann, H.W. Rohn). Das Stadion erhielt eine 104 Meter lange überdachte Tribüne und vier Flutlichtmasten. Pfingsten 1981 wurde es mit den DJK-Bundesspielen zum dritten Mal eröffnet. Jetzt spielen dort die Amateure von Borussia Mönchengladbach.   *sky*

Grenzlandstadion
Mönchengladbach-Rheydt
ER: 1927/1960/1981. FV: 13.000, davon 2.260 üd. SiP und 10.700 StP.
Flutlichtanlage: 275 Lux.
ZR: 25.000, Landesturnfest 1960.
Jahnplatz, 41236 Mönchengladbach, Tel. 02166 / 224 69.

In nächster Nachbarschaft des Grenzlandstadions findet man ein klassisches Fußballstadion der 20er bzw. 50er Jahre, noch dazu mit einem Novum: Inmitten der Stehränge der Südseite hat man ein Ehrenmal für die Kriegstoten platziert.

Der Rheydter Spielverein, heute in der Oberliga Nordrhein und im Volksmund „Spö" genannt, war 1950 bis 1952 und 1953/54 in der Oberliga West erstklassig. Er beschäftigte bekannte Trainer wie Breunig, Swatosch, Hochgesang, Höger, Pliska und Weisweiler, der spätere Nationalspieler „Penny" Islacker war bei ihm, ebenso – klein ist die Welt – „Beies" Pesch, der Opa von Michael Frontzeck, und Helmut Drehsen, Vater des Gladbacher Borussen „Schorsch" Drehsen.

Mehr Zuschauer als am Bökelberg
Der 1905 gegründete Verein befasste sich 1920 mit einem Stadionbau, die Arbeiten begannen unter großem Einsatz der Mitglieder im Norden der Stadt auf dem Gelände der Ringofen-Ziegelei Heinsberg & Bähren. Als am 22. September 1922 Einweihung war, bot die Sportstätte 25.000 Besuchern Raum. 1925 kam die Tribüne hinzu, in die das Klubhaus mit Umkleide- und Geschäftsräumen integriert wurde – eine gern gesuchte Lösung; heute befindet sich im Anbau auch die Vereinsgaststätte.

„Einige Jahre später", so die Vereinschronik, wurde jenes erwähnte Ehrenmal errichtet. Es steht als Backsteinsockel mit Namenstafel inmitten der Stehränge der Südseite und ist etwas ramponiert. Wie man damit wohl umgegangen ist, wenn das Stadion „rappelvoll" war in jenen Oberliga-West-Tagen? Ob man respektvoll Abstand nahm oder darauf kletterte, um bessere Aussicht zu genießen?

„Rappelvoll" jedenfalls war's damals oft genug beim Rheydter SV, der das RSV-Stadion ab 1948 ausgebaut hatte. Und bemerkenswerterweise lief der RSV in der Zuschauergunst der Borussia aus der Nachbarschaft in Mönchengladbach in beiden Oberliga-West-Spielzeiten, die die Vereine gemeinsam bestritten, den Rang ab. 1950/51 passierten 256.000 die Kassen des Neulings und Neunten, ein Schnitt von 17.067, dem 15.167 auf dem Bökelberg gegenüberstanden. Die Borussia stieg damals ab, und Rheydt registrierte im Oberligajahr darauf, 1951/52, 253.000 Besucher, ehe man am letzten Spieltag durch ein 1:10 in Aachen (für das es um nichts mehr ging!) abstieg. 1953/54 konkurrierten RSV und Borussia nochmals in der Oberliga: 17.000 lautete der Schnitt von Absteiger Rheydt, 13.533 der der Borussia. Die Derbys waren Klassiker, bereits 1947 hatten über 20.000 das Endspiel um die Meisterschaft des linken Niederrheins miterlebt (1:0 für den RSV).

Bis 1953 hatte der Rheydter SV sein Stadion optimal ausgebaut, 35.000 fanden Platz. Aber 1954 stieg man aus der Oberliga West ab, erstklassig ist der Klub nie wieder geworden. Wie das Sportamt mitteilt, wäre es notwendig, in dem im Besitz der Stadt befindlichen Stadion die Stufenanlagen für die Stehplätze zu sanieren. Die fußballerische Rollenverteilung in der 1975 aus Mönchengladbach, Rheydt und Wickrath entstandenen größten Stadt am linken Niederrhein ist heute klar, hatte doch die Mönchengladbacher Stadtverwaltung bereits damals den Neubürgern ihre Vorzüge u.a. damit gepriesen, „dass der gute Tabellenplatz des VfL Borussia mithilft, ein gemeinsames Stadtbewusstsein zu schaffen".

Den Fußballreisenden sei dennoch wärmstens ans Herz gelegt, sich einmal das RSV-Stadion anzuschauen – und dem Denkmalschutz sowieso.   *sky*

Einst spielte hier die 2. Bundesliga: das Ruhrstadion in Mülheim.
(Foto: Hoeck)

Mülheim a.d. Ruhr

■ Ruhrstadion
Die doppelte Einweihung

Wir schreiben das Jahr 1925: Nach dreijähriger Bauzeit wird am 12. Juli in Mülheim an der Ruhr ein Stadion im Rahmen „Vaterländischer Festspiele" (u.a. Turnen, Leichtathletik) vor ausverkauften Rängen mit Fanfarenklängen und Chorgesang feierlich eingeweiht.

Das Stadion, das die Lokalzeitung patriotisch als „Endziel unseres Turn- und Sportaufbaues" feiert, wurde „amphitheatralisch in Erdschüttung aufgebaut" und weist zur Eröffnung 20.000 Plätze (darunter 2.000 unüberdachte Sitzplätze) auf.

Zeitsprung: Es sind 34 Jahre vergangen. Aus der einst so einzigartigen Arena ist aufgrund unterbliebener Instandsetzungsarbeiten ein verwahrlostes Areal geworden. Nach jahrelangem Zögern entscheidet sich die Stadt endlich zu einer Renovierung, die bei 370.000 DM Gesamtkosten eigentlich einem Neubau gleichkommt. Am 17. September 1960 wird zum zweiten Mal die Einweihung des Stadions „An der Steinkampstraße" gefeiert, das fortan allerdings den Namen Ruhrstadion trägt. 8.000 Zuschauer erfreuen sich an diesem Tag in der nun 25.000 Plätze bietenden Arena (darunter 700 noch unüberdachte Sitzplätze) an Leichtathletikkämpfen, Hockey- und Handballspielen.

Styrum = Mülheim – und zurück
Doch auch Fußball sollte bald eine bedeutende Rolle im Ruhrstadion spielen. Just in der Zeit, als die Stadt ihre höchste Einwohnerzahl erreicht hatte (1972 zählte das Einwohnermeldeamt exakt 192.937 MülheimerInnen) gelang dem Stadtteilklub 1. FC Styrum der Aufstieg in die Regionalliga West, der er ebenso zwei Jahre angehören sollte wie die 2. Bundesliga Nord, die 1974 die Regionalliga ablöste. Das Ruhrstadion, das in der ersten Zweitliga-Saison nur für 17.700 Per-

sonen zugelassen war, nach einem Ausbau inklusive Tribünenbau eine Saison später jedoch wieder 20.000 Zuschauer (davon 3.000 Sitzplätze) beherbergen konnte, sah hier auch seinen Zuschauerrekord im Fußball, als der ab 1975 nur noch als 1. FC Mülheim auftretende Verein seinen Nachbarn RW Oberhausen mit 3:0 auf den Heimweg schickte.

Wieder 34 Jahre nach der letzten Restaurierung: Das Ruhrstadion ist bis 1994 zum zweiten Male in seiner Historie verfallen. Sitzplätze gehen zu Bruch, und Stehplätze müssen wegen Einsturzgefahr gesperrt werden. So machen sich von 1994 bis 1998 neun ABM-Kräfte an die Arbeit, die Arena für Sachkosten von 325.000 DM erneut auszubessern und zu modernisieren. Dabei werden die Kurver-Stehränge abgetragen und begrünt, die Stehplatz-Gerade wird neu gebaut, der Zaun nebst Marathontor entfernt und die Kunststoff-Schalen auf der Tribüne werden durch Holzsitze ausgetauscht.

Vom 1. FC Mülheim spricht hier derweil keiner mehr. Heute heißt der Verein wieder 1. FC Styrum, spielt in der Bezirksliga Niederrhein, Gruppe 8, und hat seinen einst führenden Rang in der Stadt längst an Vereine wie die Verbandsligisten VfB Speldorf (der während Umbaumaßnahmen im eigenen Stadion Blötter Weg seine Heimspiele im Ruhrstadion austrug) und Union 09, aber auch an Landesligist Vatanspor abgeben müssen.

Und das Ruhrstadion? Nun, dessen Fassungsvermögen beläuft sich mittlerweile zwar nur noch auf 6.000 Plätze, doch ist die Stadt Mülheim an der Ruhr nun immerhin wieder im Besitz eines ansehnlichen Stadions – zumindest bis zum Jahr 2032...   *Holger Hoeck*

Das Ehrenmal im RSV-Stadion, inmitten der Stehränge!
(Foto: Skrentny)

Stadion Rheydter Spielverein
ER: 1922. FV: 12.000, davon 800 üd. SiP und 11.200 unüd. StP. Flutlichtanlage: 120 Lux.
ZR: 35.000, Oberliga West, 30.8.1953, RSV – Borussia Mönchengladb. 1:2.
Jahnplatz 10, 41236 Mönchengladbach, Tel. 02166 / 224 09.

Ruhrstadion Mülheim a.d. Ruhr
ER: 1925/1960 FV: früher 25.000, heute 6.000, davon 1.500 üd. SiP.
ZR: 20.000, Stadioneinweihung, 12. Juli 1925; im Fußball: 15.000, Regionalliga West, 13.3.1974, 1. FC Styrum – RW Oberhausen 3:0.
Steinkampstraße, 45476 Mülheim, Tel. 0208 / 99 26 70.

Dante-Stadion

Unbekanntes Kleinod

(Foto: Stadtarchiv München)

Die trapezförmige und daher einmalige Tribüne im Dante-Stadion.

Zu den Stadien, die selbst in der Historie des Sports bewanderten Fußballfreunden kaum bekannt sein dürften, gehört das Münchner Dante-Stadion. Denn dort war „nur" eine Spielstätte der „alten" Regionalliga Süd und des FC Wacker München. Das Dante-Stadion war lange vor dem Bau des Olympiastadions als Münchner Großstadion gedacht und stellt einen klassischen Stadionbau der 20er Jahre dar.

Eine Tribüne als „Meisterwerk"
Seit 1914 gab es Pläne für ein Stadion östlich des heutigen Olympiageländes nahe dem Westfriedhof und dem Stadtteil Gern, doch so recht überzeugt waren die Politiker im Münchner Stadtrat bei der Debatte Ende 1925 noch nicht: Das Stadion, „von dem viele in München schon lange träumen, dient größtenteils nur der Befriedigung der Schaulust", argumentierte ein Vertreter der Demokraten. „Hier handelt es sich aber um die Ausübung des Sports." Der Sprecher der Deutschen Volks-Partei, mit dem Plural auf Kriegsfuß, meinte: „Die Errichtung riesiger Stadions in anderen Städten ist ein Produkt der Inflationszeit, die aufs Massige gegangen ist." Bürgermeister Dr. Küfner schließlich sprach der Dezentralisation das Wort: Viele Sportplätze seien für die Bevöl-

rung bequemer als ein riesiges Stadion. Im Sommer würde das ohnehin leer stehen, da die Münchner dann traditionsgemäß ins Gebirge aufbrechen würden.

Nichtsdestotrotz wurde das Bezirksstadion beim Dantebad am 16. Dezember 1925 behördlich genehmigt, und die ursprünglichen Pläne sahen vor, dass die Münchner Anlage so groß werden sollte wie die Stadien in Frankfurt/Main und Köln. Ende 1926 war „das Stadion der Stadt München" fertig gestellt: 32.000 fanden im von 270 neu gepflanzten Linden und Kastanien umstandenen Oval mit der 400-m-Aschenbahn auf betonierten Sitzreihen Platz. Die 60 m lange und 16 m breite Tribüne, die 1.000 Plätze und auf drei Geschossen u.a. einen Gymnastiksaal und Waschräume bot, war ein zweckmäßiger massiver und (seltener!) trapezförmiger Bau mit eleganten Treppenaufgängen – „ein architektonisches und konstruktives Meisterwerk" („Bayerische Staatszeitung"), für das Bauleiter Oberbaurat Meitinger als Planer verantwortlich war. „Diese Anlage ist neuartig und überhaupt zum ersten Male ausgeführt", meldete die „Allgemeine Zeitung". Es gab 2.000 Standplätze für Fahrräder, zwei gemauerte Haupteingänge und drei Nebeneingänge. „Man ist bei der ganzen Anlage mit einer bemerkenswerten Großzügig-

keit vorgegangen, der man die berüchtigte ‚Not der Zeit' nicht anmerkt" („Bayerischer Kurier").

Tritt man heute durch die fünfbogige Eingangshalle, so beeindruckt noch immer die Tribüne, an der die große Aufschrift „Der Münchner Jugend" angebracht ist. Die Sichtverhältnisse von dem Bauwerk und im weiten Rund sind gut, und man fragt sich, warum der Sendlinger Anhang des Süd-Regionalligisten FC Wacker ehemals diese Spielstätte nicht so recht annahm.

Wo das Sterbeglöcklein tönt
Die Jugend eröffnete am 2. Juni 1928 die Arena: 3.000 Schülerinnen und Schüler waren aktiv, 20.000 sahen zu. Das Dante-Stadion war die erste von acht geplanten Münchner Bezirkssportanlagen. Bürgermeister Dr. Küfner: „Bezirksstadien wollen wir schaffen, nicht ein großes Zentralstadion! Es kommt mehr darauf an, das Stadion mit Übenden als mit Zuschauern zu bevölkern."

Unglücklich war man über die Nähe des Westfriedhofs. „Allein schon die Tatsache, dass man eine Sportstätte mit aufgeregtem Verkehr und Äußerung vollster Lebenskraft dicht an eine geweihte Stätte des Todes verlegt, ist ein Missgriff", war im NS-Blatt „Völkischer Beobachter" zu lesen. Dem missfiel im Sommer 1933 auch, dass mitten in die Aufmärsche beim Hitlerjugendtag „am Nachmittag zeitweise das Sterbeglöckleins vom Friedhof herübertönt". Wer die Fortsetzung deutscher Geschichte kennt, könnte meinen, hier habe sich ein Omen angekündigt, das letztlich Wahrheit wurde.

Die Nazis nutzten ungeachtet des Sterbeglöckleins das Dante-Stadion: 50.000 HJ-Mitglieder, so wurde ausgerechnet, konnten dort an Aufmärschen teilnehmen. Für jene Marschkolonnen wurde damals die Gegengerade durchbrochen. Auch Sportveranstaltungen fanden weiter statt, so 1937 der Leichtathletik-Länderkampf mit Frankreich, die Deutschlandfahrt der Radfahrer kam vorbei und die Radfernfahrt Mailand – München dort an. Die Fußballer von Bayern München nutzten das Spielfeld fürs Training.

Acht Jahre in US-Besitz
Von 1945 bis Oktober 1953 nahm die US-Army das Stadion für Football- und Baseball-Spiele in Besitz und wich erst, als man für 180.000 Mark für sie ein Sportfeld mit Umkleideräumen an der Säbener Straße erbaute. Das 1929 fertig gestellte Dante-Schwimmstadion, in dem Jahr Schauplatz des Länderkampfes mit der Schweiz und 1930 Austra-

gungsort der Deutschen Meisterschaften, wurde nun als „völlig verwahrlost und nicht benutzt" beschrieben. Das Dante-Stadion – offizieller Name heute: Stadion an der Dantestraße – war kaum besser dran, verfallen die Betonstufen, verwildert das gesamte Areal, stark beschädigt die Tribüne, auf der Unfallgefahr bestand. Erst nach der Renovierung präsentierte sich die Arena wieder als „Schmuckkästchen des Sports" („Süddeutsche Zeitung").

Zweitliga-Fußball gab es im Dante-Stadion, als dort 1964/65 und 1970/71 der FC Wacker München in der Regionalliga Süd spielte. Der seit 1903 bestehende Verein hatte zuvor diverse Sportplatz-Stationen hinter sich gebracht und war berühmt dank eines „Wunderspielers", des deutschstämmigen Ungarn Alfred „Spezi" Schaffer aus Siebenbürgen, mit dem die „Blausterne" 1922 als erster Münchner Verein Südmeister wurden.

1925 erhielt der FC Wacker ein vereinseigenes Gelände an der Forstenrieder straße, wechselte aber in den Spielen der Oberliga Süd 1947/48 ins Stadion an der Grünwalder Straße und von 1963 bis 1972 ins Dantestadion. 1972 wurde auf dem früheren Wackerplatz mit einem 4:6 gegen Bayern München vor 3.000 Zuschauern die Bezirkssportanlage Demleitner Straße eingeweiht, dort sind die „Blausterne" geblieben.

Fußballhistorisch von Belang ist eine andere Partie im Dante-Stadion, ausgetragen am 16. März 1957 zwischen Westdeutschland und Westholland, denn es war das erste Frauenfußball-Spiel in München. Der DFB hatte 1955 ein Spielverbot für Frauen erlassen und beschwerte sich im Nachhinein bitter bei der Stadt München als Besitzer des Stadions, weil die „zwischen Sport und Schaustellung" nicht unterscheiden könne.   *sky*

Dante-Stadion München
ER: 1928. FV: früher 32.000 SiP, davon 1.000 üd.; heute 14.000, davon 927 üd. SiP und 1.873 unüd. SiP.
ZR: unbekannt.
Dantestr. 14, 80637 München,
Tel. 089 / 15 55 40.

Ästhetisch gelungene Arena ohne Zukunft: das Olympiastadion in München.

(Foto: Horstmüller)

▨ Olympiastadion

Weltarchitektur und des „Kaisers Terrorist"

„Unangefochtener Weltrekordhalter in der Disziplin Stadionbau bleibt München. Was dort vor 28 Jahren gelang, ist seither nie mehr gelungen: Man baute kein Stadion, sondern eine Ideallandschaft, ein Gesamtkunstwerk, in dem Stadt, Sport und Park in eins fielen. Auf sanften Hügeln begegneten sich Romantik und Moderne, Wehmut und Zukunftslust, und den Architekten um Günther Behnisch gelang ein sanftmütiges Wahrzeichen – für das Wagnis namens Demokratie und für den Willen zur offenen Gesellschaft. Das Stadion wurde zu einem der weltweit wichtigsten Bauten des 20. Jahrhunderts" (Hanno Rauterberg in: „Die Zeit", 14.9.2000).

„Am liebsten wäre ihm, so grollte Franz Beckenbauer in seiner Funktion als Präsident des FC Bayern, das Gemäuer des Olympiastadions würde gesprengt: ‚Es wird sich doch ein Terrorist finden, der für uns diese Aufgabe übernimmt.'" („Der Spiegel", 35/2000).

An diesen Aussagen lässt sich ablesen, wie intensiv die Debatte um den Umbau des Münchner Olympiastadions zu einer reinen Fußballarena geführt wird (und bestimmt nicht immer sachlich).

Das Olympiastadion ist Mittelpunkt des Olympiaparks im Norden der Stadt, eines der schönsten Sportparks der Welt, der bei jedem Besuch wieder neue Entdeckungen bietet. Wo einmal ein Flughafen war, auf dem 1938 der britische Premier Chamberlain landete und nach Unterzeichnung des „Münchner Abkommens" wieder abflog, hatte man durch Trümmerschutt eine sanfte Landschaft inszeniert, die Schauplatz der XX. Olympischen Sommerspiele, „der Spiele der kurzen Wege", war. In der Umgebung des Stadions befinden sich im 850.000 qm großen Olympiapark die fast 12.000 Sitzplätze bietende Olympiahalle, die Schwimmhalle, in der Mark Spitz 1972 siebenmal Gold gewann, das Eissportzentrum mit dem Eisstadion (Schauplatz des olympischen Boxturniers), der fast 290 Meter hohe Olympiaturm und der Olympiasee. Das Olympische Dorf – Ort der Geiselnahme durch palästinensische Terroristen vom „Schwarzen September" am 5.9.1972, an dessen Opfer, elf israelische Geiseln und ein deutscher Polizist, heute ein Gedenkstein auf dem Olympiagelände erinnert, – und die Pressestadt sind inzwischen in Wohnungen umgewandelt worden.

„Das berühmteste Dach der Welt"
Münchens Stadtrat hatte 1965 die Olympia-Bewerbung beschlossen, SPD-OB Hans-Jochen Vogel und der Präsident des Nationalen Olympischen Komitee

„Ausdruck für eine entspannte Gesellschaft": der Münchner Olympiapark mit See und Zeltlandschaft.

(NOK), Willi Daume, waren die treibenden Kräfte, als sich die damals „heimliche Hauptstadt" genannte bayerische Metropole 1966 gegen Montreal, Detroit und Madrid im zweiten Wahlgang durchsetzte.

Hatte man 1965 noch einen konventionellen überdachten Stadionbau mit 100.000 Plätzen vorgestellt, so ging es 1968 in eine architektonisch andere Richtung: Prof. Günther Behnisch (Stuttgart) und Partner planten „das berühm-

teste Dach der Welt", das Zeltdach, das auf die Idee des Designers Prof. Frei Otto (Warmbronn) zurückging; der Gestaltungsbeauftragte Otl Aicher aus Ulm tat Weiteres zum Gelingen. Willi Daume vom NOK: „Die ebenso kühne wie schöne Zeltdachkonstruktion verteidigten wir mit dem Hinweis, wenn nicht ein Staat wie die Bundesrepublik Deutschland einmal technisch und ästhetisch neue Wege gehen würde, wer sollte es denn sonst in der Welt?"

Ein Symbol für das demokratische Deutschland sollten die Spiele 1972 sein, im Gegensatz zu Berlin 1936, zeugend „vom Geist unseres Volkes im letzten Drittel des 20. Jahrhunderts" (Urkunde im Stadionfundament). Die „Frankfurter Rundschau" schrieb 1997 anlässlich des 75. Geburtstags von Architekt Behnisch: „Diese Zeltlandschaft, den Münchner Olympiapark überspannend, war eine Geste. Die durch Ankerblöcke gesicherten Spannseile und

die Anhänger des FC Bayern übrigens ungeschützt vor Wettereinflüssen in der Südkurve – eigenartig, warum sie just den Platz gewählt haben und nicht die besser geschützte Nordkurve? Insgesamt wurden auf dem Oberwiesenfeld 2,5 Mio. Kubikmeter Erde bewegt und 170.000 Kubikmeter Beton verbaut.

Es war kennzeichnend für die am 26. August 1972 im Beisein von 80.000 Zuschauern eröffneten „heiteren Spiele", dass sich auch in den Straßenbenennungen im Olympiapark ein anderes Deutschland präsentierte: Der Kusoczinski-Damm war dem im Widerstand gegen die Nazis umgekommenen polnischen Olympiasieger über 10.000 m von 1932 gewidmet, der Werner-Seelenbinder-Ring nach dem in der NS-Zeit hingerichteter Olympiaringer und kommunistischen Widerstandskämpfer benannt. Es wurde an Helene Mayer, die Fecht-Olympiasiegerin von 1928 und sog. Halbjüdin erinnert und an Rudolf Harbig und Dr. Luz Long, den Läufer und den Weitspringer, die beide als Soldaten im 2. Weltkrieg umkamen. Interessant in diesem Zusammenhang: In Westberlin hat man die Seelenbinder-Kampfbahn umbenannt und die Benennung einer Straße nach den ermordeten jüdischen Olympiasiegern Flatow lange verhindert.

Die Arena war noch vor Beginn der Spiele eröffnet worden, am 26. Mai 1972 mit dem Länderspiel gegen die Sowjetunion (4:1, vier Tore von Gerd Müller). Bayern München sicherte sich einen Monat später mit dem 5:1 über Schalke die Deutsche Meisterschaft. Aus bundesdeutscher Sicht unvergesslich während der Spiele war dann jener sonntägliche „Go dregen" in der Arena, als Hildegard Falck (800 m), Klaus Wolfermann (Speerwurf), die 16-jährige Ulrike Meyfarth (Hochsprung), Bernd Kannenberg (50 km Gehen) und Heide Rosendahl (Weitsprung) ganz oben auf dem Treppchen standen.

„Das Spiel fällt aus!" – 50.000 gingen schweigend

Am 5. September waren bereits 40.000 im Stadion und Zehntausende im Anmarsch, als nach dem Anschlag im Olympiadorf im Bayerischen Rundfunk bekannt gegeben wurde: „Anreisende werden gebeten, zu beachten, dass die Spiele unterbrochen sind. Das Fußballspiel Bundesrepublik Deutschland gegen Ungarn findet nicht statt!" Als sich die Mannschaften 15 Minuten vor Spielbeginn bereits warmliefen, kam über Lautsprecher die Durchsage: „Das Spiel fällt aus." Stumm zogen die Massen von dannen, offensichtlich verständnis-

Tragschleifen, die an Masten hängende Membrankonstruktion, legten über das Stadion die Allgegenwart einer Aufbruchabsicht in Deutschland. Ausgerechnet im Bild deutscher Stadionarchitektur fand Günther Behnisch einen Ausdruck für die entspannte Gesellschaft."

Das fast kreisrunde Olympiastadion – Kosten 137 Mio., davon 55 Mio. für das Dach –, war zu zwei Dritteln ein Erdstadion und zu einem Drittel Hochbau. Von

den 77.839 Plätzen waren knapp über die Hälfte unterm Zeltdach, das sich auch über Olympiahalle und Olympia-Schwimmhalle hinwegzog und so eine architektonische Einheit zwischen den Gebäuden bildete. Die neun aneinander gereihten Dachflächen aus Acrylglas machen 34.550 qm aus, hielten allerdings Wind und Wetter auf lange Sicht nicht stand und mussten bis ins Jahr 2000 komplett erneuert werden. Was die überdachten Plätze angeht, so stehen voller als der stellvertretende DFB-Delegationsleiter Alv Riemke: „Wenn die Zuschauer bereits im Stadion sind, dann hat doch die Veranstaltung für mich bereits begonnen. Was soll denn das?!"

Dass das Olympiastadion statt der ursprünglich vorgesehenen 100.000 Plätze nun 77.389 bot, hat Willi Daume später noch einmal verteidigt: „Die nacholympische Nutzung hat gezeigt, dass die gewählte Größenordnung genau richtig war." Für die Verwaltung der Anlage ist seit den Spielen die Olympiapark München GmbH, eine Tochter der Landeshauptstadt München, zuständig. Seitdem hat die Sportstätte unzählige Höhepunkte erlebt und wird vor allem mit dem Weltklasseklub FC Bayern München identifiziert, obwohl zeitweise und nun wieder der TSV 1860 dort aufläuft und sogar Wacker München 1973 in der Regionalliga Süd einmal Gastgeber für die SpVgg Bayreuth war.

Der Stadion-Besucherrekord wird einem Spiel der zweitklassigen Regionalliga Süd im Sommer 1973 zugeschrieben, als sich der TSV 1860 und der FC Augsburg (mit Rückkehrer Helmut Haller) 1:1 trennten. Über 80.000 sollen im Olympiastadion gewesen sein, weitere 10.000 bis 20.000 befanden sich außerhalb des Stadions. Auf der Autobahn von Augsburg Richtung Süden ging an dem Wochentag nichts mehr!

Goldener Boden für den FC Bayern

Im Olympiastadion von München wurde Bundesdeutschland 1974 gegen Holland Weltmeister (der Spielbeginn verzögerte sich, weil die Eckfahnen fehlten!), Holland 1988 Europameister, Borussia Dortmund 1997 gegen Juventus Turin Champions-League-Sieger, und die Bayern haben dort bekanntlich eine reiche Titel-Ernte eingefahren.

Gerade für den Aufstieg des FC Bayern ist das Stadion von immenser Bedeutung gewesen. Vorher an der Grünwalder Straße in Giesing zu Hause, zogen „die Roten" mit Freuden in die neue Arena ein. Denn der viel gefeierte, moderne Bau korrespondierte mit den nationalen und internationalen Ambitionen des Vereins, sowohl imagemäßig wie finanziell. Hatten sie in Giesing in der Bundesliga mit 26.588 Zuschauern ihren besten Besuch verzeichnet, so lang nun die Zuschauerzahl am neuen Spielort durchweg über der 30.000er-Marke. Der Vergleich der Besucherzahlen der Münchner mit denen der Mönchengladbacher Borussen (damals ebenfalls ein europäisches Spitzenteam) macht den Vorsprung der Bayern deutlich: 1972/73 (erste komplette Saison im Olympiastadion) 33.529 Besu-

cher im Schnitt, in Mönchengladbach auf dem Bökelberg 15.188. 1973/74 standen 37.529 gegen 22.265, und 1974/75 36.412 gegen 21.644.

Es war, als ob das neue Umfeld den FCB beflügelt hätte; er gewann in Folge 1972, 1973 und 1974 die Deutsche Meisterschaft, und von 1974 bis 1976 dreimal hintereinander den Europacup der Landesmeister. Zu den EC-Spielen kamen Ajax Amsterdam, Dynamo Dresden, Atletico Madrid, AS St. Etienne, Benfica Lissabon und Real Madrid ins Olympiastadion und schufen dessen Ruf als europäischer Fußballbühne erster Güte. So wählte denn auch die UEFA die Sportstätte gerne als Endspielort, so 1979 für Nottingham Forest – Malmö FF (1:0 vor 57.000) und 1993 für AC Mailand – Olympique Marseille (0:1 vor 64.000).

Speedway und der Papst

Auch außerhalb des Fußballs hat das Stadion vielerlei Großveranstaltungen erlebt, z.B. 1999 das IAAF Grand Prix Leichtathletik-Finale, zweimal den Wachtturm-Weltkongress der Zeugen Jehova, den 88. Katholikentag 1984, den Evangelischen Kirchentag 1993 und sogar ein Speedway-Weltfinale.

Papst Johannes Paul II. hielt eine Messe ab, die Rolling Stones waren bereits viermal da, ebenso Michael Jackson, und die „Drei Tenöre" haben dort gesungen. 11,4 Millionen Menschen haben das Stadion gegen Eintritt besichtigt, jährlich nehmen fast 29.000 an Führungen teil.

Wenn Teile des Publikums oft Wettereinflüsse, Spielfeldferne aufgrund der runden Form und der flachen Ränge sowie mangelnde Stimmung beklagen – das Länderspiel gegen die Türkei 1999 musste sie eines Besseren belehren: „Es brodelte im Olympiakessel" („SZ"). Bayern-Profi Jens Jeremies meinte daraufhin: „Man hat gesehen, was im Olympiastadion für eine Stimmung aufkommen kann. Wir brauchen eigentlich kein neues Stadion."

Der FC Bayern will alleine bauen

Womit wir bei der heftig diskutierten Stadionfrage wären. Dass das Olympiastadion mit allen notwendigen leichtathletischen Anlagen ausgestattet war, war bei den Spielen 1972 kein Thema. Nun aber, wo ein großer Teil der Bundesligisten nach angehobenen, ein- und ausgeschobenen Dächern, nach multifunktionalem Raum und gesteigerten Kapitaleinnahmen aus den Spielstätten strebt, wollen auch die beiden Münchner Erstligisten dergleichen. Der FC Bayern hat dabei zeitweise einen Allein-

gang bevorzugt („der Turnverein" könne ja im Olympiastadion bleiben, meinte der in der Stadionfrage sehr engagierte Fan-Club Nr.12 der Bayern). Franz Beckenbauer hatte im „Bayern-Magazin" 1997 einen Stadion-Neubau favorisiert: „Ein reines Fußballstadion für rund 80.000 Zuschauer, komplett überdacht und mit jeglichem zeitgemäßen Komfort. Wir haben 68.500 Mitglieder, und es werden immer mehr, unsere Gewinne steigen von Jahr zu Jahr, die Sponsoren stehen Schlange. Wir werden dieses Stadion selbst finanzieren – ohne eine einzige Mark Steuergelder!"

Zeitweise drohten die Bayern sogar an, das Stadtgebiet zu verlassen. Diverse Standorte waren in der Diskussion, doch kam im Herbst 1998 die Kehrtwende: Die Stadt, das Land, der FC Bayern, der TSV 1860 und die Olympiapark GmbH einigten sich grundsätzlich auf den Umbau des Olympiastadions. Bayern hatte dort 1999/2000 durchschnittlich 51.471 Besucher, der TSV 1860, der in früheren Jahren nicht durchgängig im Olympiastadion spielte, sondern auch wieder an die Grünwalder Straße zurückkehrte, deren 27.282. Da der FCB wegen Sichtbehinderungen (ausgenommen das Derby gegen 1860) nur 63.000 Karten in den Verkauf gibt, war gegen den HSV, Unterhaching, Hertha, Kaiserslautern, Ulm und Werder sowie gegen 1860 ausverkauft, was der Lokalrivale nur im Derby mit 69.000 melden konnte.

Es gab Protestaktionen in der Südkurve der Bayern gegen diese Vereinbarung, und bei der Jahreshauptversammlung am 16. November 1998 sollen sich auf die Wortmeldung „Steht auf, wenn ihr ein eigenes Stadion wollt!" hin etwa 800 der anwesenden 1.350 Mitglieder in der Olympiahalle erhoben haben.

Der „Stadiongipfel"

Aus der Bergwelt und der Politik kennt man etliche „Gipfel", ein „Stadiongipfel", wie er nun bereits mehrmals in München abgehalten wurde, war aber etwas gänzlich Neues. Zusammen fanden dort der SPD-Oberbürgermeister Ude, der bayerische CSU-Ministerpräsident Stoiber (gewissermaßen in Doppelfunktion, er gehört auch dem Verwaltungsrat des FC Bayern an), natürlich Franz Beckenbauer und der 1860-Präsident Wildmoser, der dem „Weltklub" aus derselben Stadt immer ein wenig hinterherhechelt – „eine fatale Gesinnungskoalition" hat dies Architektur-Experte Gottfried Knapp in der „SZ" genannt. Denn die FIFA hatte keinen Neu-

Internet-Modell des geplanten Neubaus: Unter dem Zeltdach entsteht eine moderne, komplett transparent überdachte Fußball-Arena.

bau verlangt, treibende Kraft war der FC Bayern.

Man diskutierte drei Modelle, von denen sich schließlich der „Soft Ring" (Beckenbauer) bzw. „das Konsensmodell" mit 66.000 Sitzplätzen durchsetzte: Unter dem Zeltdach, das erhalten und durch ein transparentes „Unterdach" komplettiert wird, entsteht ein reines Fußballstadion. Die Arena von 1972 wird abgerissen, die Leichtathletik-Anlagen verschwinden. Die Tribünen werden neu und steil gebaut und reichen bis nahe ans Spielfeld, ein zweiter Rang wird geschaffen, ebenso neue VIP-Logen und „Luxusplätze", und das Spielfeld wird um vier Meter abgesenkt. Das Olympiastadion wäre damit (bis auf die markante Zeltdach-Konstruktion) in seiner bisherigen Gestalt verschwunden. Und das „Sech'zger" auf Giesings Höhen wohl auch, denn mit dem finanziellen Einstieg des TSV 1860 im Olympiapark hätte das Traditionsstadion an der Grünwalder Straße kaum eine Zukunft. Bei der Jahreshauptversammlung des Vereins Ende 1999 votierten 60 Anwesende gegen den Erhalt der traditionsreichen Spielstätte durch die Stadt, 33 dafür und weitere 43, darunter Präsident Karl-Heinz Wildmoser, enthielten sich.

Dies ist aber nebensächlich, denn die Debatte über das Olympiastadion und seinen möglichen Abriss ist inzwischen bundesweit entbrannt. Außergewöhnlich, dass das Feuilleton der „Süddeutschen Zeitung" eine ganze Seite zur Verfügung stellte, auf der sich angesehenste Kritiker des Neubaus versammelten, während im Lokalteil derselben Zeitung – ein Beispiel für Pluralität – nach dem Motto „die waren doch nie im Stadion!" für den Umbau plädiert wurde.

Auszüge aus den Stellungnahmen der Fachleute im Feuilleton: „Ein Meilenstein der Baukunst" (Architekt Hadi Teherani), „Weltarchitektur" (Architekturhistoriker Wolfgang Pehnt), „Sternstunde deutscher Sport- und Demokratiegeschichte" (Architekt Jörg Friedrich), „die vollkommene Identität von Architektur und Sport" (Architekturkritiker Manfred Sack).

Politisch ist überhaupt noch nichts beschlossen, doch darf man aufgrund einer weitgehenden CSU/SPD-Kooperation im Münchner Stadtrat wie im bayerischen Landtag eine Mehrheit voraussetzen. Außerdem hat man bereits die Baukosten verteilt: 200 Mio. kommen von der Stadt, 100 Mio. vom Land Bayern, weitere 100 Mio. teilen der FC Bayern und 1860 unter sich auf, wobei Beckenbauer scherzhaft meinte, „Sechzig" müsse auch 60 Prozent der Kosten tragen... Zeltdach-Konstrukteur Frei Otto dagegen hat errechnet: „Unter 500 Millionen geht nix."

Steigen die Investitionen, so soll die Olympiapark GmbH erst einmal weitere 40 Mio. DM abdecken. Externe Geldgeber lehnen beide Münchner Klubs ab, sie wollen sich selbst vermarkten. Bundesmittel gibt es keine, nur die Stadien-Um- bzw. Neubauten in Berlin und Leipzig werden über den „Aufbau Ost" bezuschusst.

Für Bürgerbegehren gegen Abriss
Gegen den Abriss ist die Bürgerintiative Bürgerbegehren Olympiastadion (Postfach 10 03 26, 80077 München, Tel. 089 / 21 03 11 36, Internet: www.buergerbegehren-olympiastadion.de), die 30.000 Stimmen benötigt, um eine solche Abstimmung zu verlangen. Hinter diesem Ziel steht auch der ehemalige OB Hans-

Jochen Vogel: „Ich fordere Rücksicht für das Meisterwerk." Da die Initiative sich neben dem Erhalt des Olympiastadions für den Neubau eines reinen Fußballstadions ausspricht, könnte sie möglicherweise sogar unter dem Anhang des FC Bayern Zustimmung finden.

Ein „Kickerkessel", so war in „Der Zeit" zu lesen, wäre 100 Millionen Mark billiger als der Neubau des Olympiastadions. Ein möglicher Standort für die neue Fußballarena könnte das Radstadion auf dem Olympiagelände sein, wo zuletzt die „virtuelle Erlebniswelt" „Olympic Spirit" im Insolvenzverfahren endete. Ministerpräsident Stoiber („die Schüssel ist seit 28 Jahren out") allerdings hat bereits im Hinblick auf die Bürgerinitiative gewarnt: „Wer beim Bürgerentscheid gegen diesen Neubau im Stadion ist, der verabschiedet sich von der Eröffnung der Fußball-WM in München."

Vorerst aber sollen die Leichtathleten Abschied vom Olympiastadion nehmen, im Jahre 2002 mit den Europameisterschaften. Danach sollen die Bagger anrollen.

sky

Olympiastadion München
ER: 1972 FV: 69.250, davon 57.450 SiP, 11.800 StP, 100 Plätze für Rollstuhlfahrer.
ZR: ca. 83 000, Regionalliga Süd, 1973, 1860 München – FC Augsburg 1:1.
Spiridon-Louis-Ring 21, 80809 München, Tel 089 / 30 67 0 (Olympiapark GmbH).

Führungen im Olympiapark und durch das Olympiastadion bietet der Besucherdienst der Olympiapark GmbH an, Tel. 089 / 30 67 24 14, Fax 30 67 24 14. Eine anderthalbstündige „Erlebnis-Tour" beginnt von April bis Oktober täglich um 14 Uhr (nicht an Veranstaltungstagen) am Info-Pavillon Olympiapark vor dem Olympia-Eissportzentrum. Die „Fußball-Tour" (an Veranstaltungstagen nur nach voheriger Absprache) startet von April bis Oktober um 11 Uhr an der Kasse Nord des Olympiastadions. Die „Sightseeing-Tour" und die „Architektur-Tour" sind nur nach Voranmeldung möglich. Außerhalb der Veranstaltungen kann das Olympiastadion auch ohne Führung besichtigt werden.

„Großer Besuch" vor allem in der Stehhalle war schon in den 30er Jahren angesagt, wenn der TSV 1860 gegen den FC Bayern antrat.

■ Städtisches Stadion an der Grünwalder Straße

Den Münchnern ans Herz gewachsen

„Da!", zeigte die Münchnerin in der Straßenbahn ihrer anscheinend auswärtigen Besucherin, „da ist es!" Ihren Zeigefinger richtete sie nicht auf Hofbräuhaus oder Deutsches Museum, sondern auf das – wie sie es nannte – „Sechz'ger", offiziell bekannt als Städtisches Stadion an der Grünwalder Straße und über viele Jahrzehnte der „Fußball-Tempel" der bayerischen Landeshauptstadt, nunmehr schmählich verlassen, erst von den Profis des FC Bayern, dann auch vom inoffiziellen Namensgeber TSV 1860.

Ein architektonisches Schmuckstück ist die Sportstätte auf Giesings Höhen nicht unbedingt, hat aber Vorteile, die die Anhänger traditioneller Fußball-Arenen schätzen: Sie liegt inmitten eines Wohngebiets, des (inzwischen allerdings auch von Arbeitslosigkeit und sozialen Problemen gebeutelten) Kleine-Leute-Viertels Giesing und somit in einem Milieu, in dem die Identifizierung mit den „Löwen" ausgeprägt ist. Zudem entspricht sie den Anforderungen an ein klassisches Fußball-Stadion und garantiert Nähe zwischen Spielern und Anhang.

Michael Steinbrecher, Doyen des Münchner Sportjournalismus, schrieb einmal: „Der ,Sportplatz an der Grünwalder Straße' ist den Münchnern ans Herz gewachsen. So, wie das Hofbräuhaus, das Glockenspiel, der Monopteros im Englischen Garten, der Viktualienmarkt, Leberkäs, Weißwurst, Brezn und

Salvator. Und auch wie den Londonern ihr ,Fußball-Mekka', das Wembley-Stadion."

Die „aufsehenerregende Stehhalle"
Als sich 1911 das „Alpenplatz" genannte Pachtgelände des TSV 1860 an der Giesinger Alpenstraße als zu klein erwies, wurde am 21. Mai mit einem Leichtathletik-Städtekampf München – Berlin (55:45) der neue Sportplatz Grünwalder Straße eröffnet, nachdem am 23. April dort bereits die Platzherren und der MTV 1879 (4:0) Fußball gespielt hatten. 1920 entstand die kleine Tribüne, „Zündholz-Schachterl" genannt, die bereits 1925 dem Abbruch anheim fiel. Zum 4. April 1922 ging das Gelände in Vereinseigentum über, woraufhin der TSV 1860 den Ausbau mächtig vorantrieb. 1924 (nach anderen Angaben im September 1925) ließ der Verein eine neue, 53 Meter lange Sitztribüne mit 1.600 Plätzen bauen, und im Jahr darauf erhielt der „Riesensportplatz" seine heutigen Ausmaße: Die 110 Meter lange Stehhalle für 25.000 Zuschauer wurde fertig und als „aufsehenerregend" beschrieben; vor ihr lagen 1.500 ungedeckte Sitzplätze. Auf dem 450 Meter langen Erdwall fanden weitere Besucher Raum, als Fassungsvermögen galt 40.000. Das Geld für den Ausbau besorgte man sich u.a. durch die Vermietung von Werbeflächen auf fünf Jahre hinaus per Vorkasse. Netter Service:

„Für jene Sportplatzbesucher, die aus irgendeinem Grunde zu spät kommen", wurden an beiden Enden des Spielfeldes „Nachrichtentafeln" aufgestellt, Vorläufer der Ergebnistafeln.

Eröffnung war am 10. Oktober 1926 mit dem Punktspiel 1860 gegen VfR Fürth (2:4), alles war voll des Lobes: „Bahnbrechend" sei das, was 1860 da geschaffen habe, „eine Ruhmeshalle des Münchner Sports", „eine Münchner Sehenswürdigkeit", „Deutschlands schönste Vereinssportanlage". Am 12. Dezember 1926 fand das Länderspiel gegen die Schweiz (2:3) vor 35.000 statt, es folgten Begegnungen mit Finnland (1935, 6:0) und Bulgarien (1940, 7:3, da spielte schon Fritz Walter mit). Die Freundschaftsspiel-Gegner der „Sechziger" in den 20er und 30er Jahren lesen sich wie ein Who's who des Weltfußballs: Peñarol Montevideo (vor 28.000), Arsenal, West Ham, Chelsea, Rapid, Vienna, Austria, Admira, Slavia, Sparta (Prag), Ferencvaros, Ujpest, die Roma. Diese Tradition setzte man nach dem 2. Weltkrieg gegen Real Madrid, AC Mailand, FC Santos (1:9 im Jahre 1960), Torpedo Moskau, Dynamo Kiew, Rotation Leipzig u.a. fort. Gelegentlich traten 1860 und Bayern gemeinsam an, z.B. gegen Manchester United.

Mit der Fertigstellung drängten andere Münchner Fußballklubs ins „Sechziger": 1926/27 trug der FC Bayern dort 18 Spiele aus, der FC Wacker und 1860 je 17. Vor Ort waren die Deutsche Turnerschaft, studentische Korporationen, Polizeisportler und Radrennverband – 474.000 zahlende Besucher wurden 1926 registriert. Auch die Leichtathleten kamen gerne, der Marathon-Olympiasieger von 1932, Zabala aus Argentinien, stellte 1936 einen 20-km-Rekord in Giesing auf; zu der Zeit galt das Stadion als „Münchens zweifellos meistbesuchter Sportplatz", alle vier Gauligisten spielten dort: 1860, Bayern, Wacker, 1. FC München. Aber alle ließ man auch nicht hinein: 1927 erklärte der TSV 1860, das Arbeitersportkartell und seine angeschlossenen Organisationen, die zuletzt beim sozialdemokratischen RAST, dem Reichsarbeitersporttag am 3. Juli, an der Grünwalder Straße aufgetreten waren und am 4. September das Länderspiel gegen die ČSR bestreiten wollten, dürften das Stadion nicht benutzen. Dem DFB soll ein Flugblatt des Arbeiter-Turn-und-Sport-Bundes (ATSB) missfallen haben, weswegen er den Platzherrn 1860 zu dieser Maßnahme drängte.

Eine Arena mit vier Namen
Auch das Giesinger Stadion hat oft den Namen gewechselt: 1926 war es das

1860-Stadion (woraus der Volksmund „das Sechz'ger" machte), 1927 hieß es Heinrich-Zisch-Stadion, 1937 Hanns-Braun-Kampfbahn und bereits ein Jahr später Stadion an der Grünwalder Straße. Direktor Zisch hatten den Stadionbau mitfinanziert und war 1933 Ehrenvorsitzender von 1860 geworden. Hanns Braun war als Mittelstreckler deutscher und englischer Meister sowie Olympiazweiter. Der Münchner Bildhauer verlor sein Leben 1918 als Flieger im 1. Weltkrieg. Warum sein Name bereits nach einem Jahr getilgt wurde, ist unbekannt.

Die Umbenennung in Braun-Kampfbahn 1937 hing mit dem Verkauf des Stadions an die Stadt zusammen, die es nach dem Urteil von Zeitzeugen „billig" für 357.560 RM erwarb, denn Besitzer 1860 konnte die Belastungen aus dem Neubau, den Steuern, den Straßenbausicherungskosten und den Darlehenszinsen nicht mehr tragen. Der Verein war dabei ehemals einer der größten Grundbesitzer in Giesing gewesen, besaß seit 1888 das Gelände vom Stadion bis zur Orthopädischen Klinik sowie seit 1935 vier Mietshäuser in der Auenstraße, die er auf seinen Tennisplätzen errichten ließ. Aufgrund der Vereinsschulden wurde zu Beginn der 1930er Jahre Wiesengelände veräußert, und die Häuser erwarb 1943 ein Schweizer Bankier. Die Reichsanleihen, die man dafür erhielt, waren 1945 nichts mehr wert.

Das zweite Nachkriegs-Derby der „Blauen" und „Roten" (0:6) fand, wo auch sonst, an der Grünwalder Straße statt, dessen Tribüne 1943/44 ebenso wie der Mittelteil der Stehhalle durch Bomben zerstört worden war; die Einnahmen des Spiels gingen an Verfolgte des NS-Regimes. Und natürlich war das Stadion Spielstätte der 1945 gegründeten legendären Oberliga Süd: 1860 trat dort auf, die Bayern und zeitweise noch der FC Wacker. „In die Ruinen des ehemals würdigen Stadions" strömten am 14. März 1948 zwischen 56.000 und 60.000 Menschen zum Spiel 1860 – 1. FC Nürnberg (2:1), wo doch allenfalls 40.000 zugelassen waren. Das Stadion war seit Tagen ausverkauft, Spielbeginn um 15 Uhr, 29 Fußballfreunde übernachteten in Schlafsäcken seit Samstagabend vor den Stadiontoren, weitere waren bereits um sechs Uhr in der Früh' da, auch die Beinamputierten auf ihren selbstgezimmerten Rollwagen, die damals zum Bild jeder deutschen Stadt gehörten. Zwischen Bombentrichtern und Häuserruinen riss der Menschenstrom nicht ab, so dass sich Polizeipräsident Pitzer entschloss, das Spiel zu verbieten. 1860-Präsident Adalbert Wetzel erhielt die polizeiliche Verfügung angeblich zu spät, so wurde dennoch angepfiffen. „Wir sind überzeugt", schrieb eine Zeitung, „dass die Sicherheitsexperten des Kreisverwaltungsreferats beim Anblick dieser Bilder noch heute bleich werden."

Jener Adalbert Wetzel war auch dafür verantwortlich, dass das „Sechziger" eine 200.000-Watt-Flutlichtanlage erhielt und am 7. April 1955 das erste sog. Nachtspiel – 1:2 gegen Hajduk Split – stattfinden konnte. Einen Monat darauf gegen Grasshopper Zürich standen bereits 300.000 Watt zur Verfügung und ließen laut „Süddeutsche Zeitung" „das Spielfeld beinahe taghell erstrahlen. Eine auffälligere Spielkleidung beider Mannschaften und die tadellosen Bälle (Schweizer Fabrikat) schufen günstige Voraussetzungen. Das Erscheinen von über 20.000 Zuschauern beweist, dass Nachtspiele neben ihrem sportlichen Wert auch ein gesellschaftliches Ereignis sind."

Schließlich wurde das „Sechziger" sogar Filmkulisse: Im Theo Lingen-Spielfilm „Der Theodor im Fußballtor" wirkten die Spieler von 1860 mit, und bei deren Spiel gegen den späteren Südmeister Fürth (1:3) drehte die Zeyn-Filmgesellschaft einige Spielszenen. 1959/60 wurden die Stehplätze in den Kurven und auf den Längsseiten ausgebaut, das Fassungsvermögen galt nun für 44.000, im Winter reduziert auf 40.000.

Nach dem Brand: Nun erst recht!
Seit 1963 war die Bundesliga an der Grünwalder Straße zu Hause, doch dann kam ein Einschnitt: In der Nacht von Freitag, 30. Januar, auf Samstag, 31. Januar 1971, ging die Haupttribüne in Flammen auf, Brandstiftung war die Ursache, die Täter wurden nie ermittelt. Die Nachricht vom Tribünenbrand wirkte auf die Anhängerschaft der „Löwen" wie ein Signal: Zum Regionalliga-Süd-Spiel gegen Viktoria Aschaffenburg (2:1) kamen statt der erwarteten 10.000 über 15.000 Zuschauer – „es machte sich fast eine Familienstimmung auf den Rängen breit, denn in der Not rückt man halt stärker zusammen" („Münchner Merkur"). Die Tribüne war samt mehreren Zugängen abgesperrt, die Pressevertreter mussten diesmal in die Stehhalle und das Publikum mit dem Notlautsprecher vorlieb nehmen. Trainer und Spieler saßen auf Holzbänken hinter den Toren, als Mannschaftskabinen dienten zwei Omnibusse. Die Spieler der „Sechziger" warfen derweil als Dank für die erfahrene Solidarität Blumensträuße ins Publikum.

Mitarbeiter der Münchner Stadtverwaltung testen die Sichtverhältnisse an der Grünwalder Straße (1958).

Ab März 1971 konnte die dachlose Sitztribüne wieder benutzt werden. Der Wiederaufbau begann dank städtischer 850.000 Mark umgehend, im April beim 1:1 von 1860 gegen den 1. FC Nürnberg war der Bau bereits zur Hälfte fertig. Der nächste Schicksalsschlag aber folgte prompt: Im November-Sturm 1972 wehte das Dach der Stehhalle von dannen, und 1974 brach man das legendäre Bauwerk endgültig ab.

„Treppenwitz": „Auf Lücke stellen"
Die Ansprüche der Fußballfreunde waren mit der Zeit gewachsen und neidisch blickte man des öfteren gen Augsburg, wo das Rosenaustadion eine bessere Reputation als sein Münchner Konkurrent besaß und deshalb Großereignisse wie Fußball-Länderspiele und Leichtathletik-Länderkämpfe zugesprochen bekam. Was die Stadt in Giesing an Verbesserungen unternommen hatte, war nicht immer zum Guten geraten. So erwiesen sich nach dem Ostkurven-Ausbau die Stufen als zu niedrig („SZ": „ein Treppenwitz") und der Ausbau der Westkurve fiel um 700.000 Mark teurer als geplant aus. Was die zu niedrigen Stehstufen betraf, empfahl der Stadtbaurat, die Besucher sollten sich „auf Lücke stellen". OB Thomas Wimmer jedenfalls war die Kritik 1958 leid: „Dreieinhalb Millionen haben wir schon in diesen Krautacker gesteckt und jedesmal, wenn wir ein neues Stück angeflickt haben, hagelt es von irgendeiner Seite Proteste."

Ein weiteres Problem an der Grünwalder Straße war die Sicherheit: 1955 gab es beim Spiel 1860 – 1. FC Kaiserslautern chaotische Zustände, und im

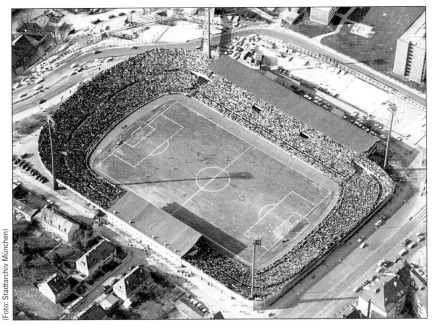

Das Stadion an der Grünwalder Straße um 1960: „Ein Fußball-Tempel".

November 1960 war das Stadion bei Süddeutschland gegen Zentralungarn (ein Klassiker seit den 20er Jahren) nach Polizeiangaben mit 58.000 Menschen gefüllt, wo allenfalls 35.000 hätten da sein sollen. Als 1860 im Jahre 1963 als Südmeister die Endrunde um die „Deutsche" erreichte, installierte die Stadt Zackenkreuze, Drahtzäune und Barrikaden – „wie bei Raubtierdressuren im Zirkus" („Münchner Merkur") –, Flutlichtmasten und Straßenbeleuchtung konnten von da an von „Kiebitzen" nicht mehr bestiegen werden. 1964 verbot man das Mitbringen von Hockern, ebenso den Verkauf von Flaschen und Bierdosen (die im Stadion gar nicht erhältlich waren!). Aber Bayern ist Bayern, und so fiel das Bierverbot rasch.

Vom Großstadion sprach jedenfalls niemand mehr, denn das Stadion an der Grünwalder Straße genügte den lokalen Vereinen: In der Meister-Saison 1965/66 kam 1860 auf einen Schnitt von knapp 30.000, die EC-Pokalspiele gegen FC Porto und AC Turin besuchten 37.000 bzw. 33.000 Menschen.

„Eine Todsünde wider das Fußballvolk"
Mit der Spielzeit 1972/73 allerdings nahmen „Löwen" und Bayern Abschied von der Giesinger Traditionsarena: Das Olympiastadion war neue Spielstätte, und da es im „Sechziger" keinen Spitzenfußball mehr gab, vernahm man erstmals Begehrlichkeiten für dessen Areal. Die SPD-Stadtratsfraktion schlug SPD-OB Georg Kronawitter vor, dort Wohnungen zu bauen. Das Olympiastadion und das renovierte Dante-Stadion genügten für größere Veranstaltungen.

Die Gegenargumente ließen nicht auf sich warten: „Es wäre eine Todsünde wider das Münchner Fußballvolk, das Areal des Stadions in Bauland umzuwandeln", hieß es, und: „Im Gegensatz zum Olympiastadion ist das ‚Sechzger' eine echte Fußball-Bühne, ein Platz mit nahem Kontakt von Zuschauern zu Spielern in ‚englischer Atmosphäre', ein Fußball-Milieu, wie es im wind-, schnee- und regenumbrandeten ‚Eispalast' auf dem Oberwiesenfeld (Anm.: gemeint war das Olympiastadion) vermisst wird."

Auch Bayern-Präsident Wilhelm Neudecker hatte nach dem Umzug dorthin rasch erkannt: „Das Stadion an der Grünwalder Straße hat ein Fluidum, das dem Olympiastadion fehlt". 1973 noch erwog er, zumindest im Winter an die Grünwalder Straße umzuziehen, obwohl das Stadion nach dem Abbruch der Stehhalle zu einer Art Bezirkssportanlage degradiert worden war. Zu der Zeit bezifferte die Stadt den Ausbau auf 2,24 Mio. DM – „Münchens traditionelle Fußball-Arena ist kaum noch zu retten", folgerte die „Abendzeitung". „Man will das Stadion loshaben!", vermutete 1860-Ehrenpräsident Wetzel. „Lasst's unsern 60er stehen!", forderten die Fans und 1976 zusätzlich: „Wir wollen unsere Stehhalle wieder haben!" Wolfgang Kotlortz, Vorsitzender des Fanklub „Die Löwen", übergab OB Kronawitter 2.000 Unterschriften, die dieses Verlangen unterstützten.

Ausgerechnet der CSU-Haushaltsexperte Erich Riedl hatte als Präsident den TSV 1860 inzwischen mit heruntergewirtschaftet, so dass der Verein nicht den geringsten Beitrag zum Stadionaus-

bau beitragen konnte. Der FC Bayern dagegen hatte keine Probleme, 375.000 DM beizusteuern, und großzügig erklärte sein Präsident Neudecker, er würde ggf. die Bürgschaft von 1860 übernehmen. 1977 entschied die Stadt für den Neubau der baufälligen Haupttribüne, deren mittleren Teil mittlerweile ebenfalls ein Herbststurm weggerissen hatte. „Seither war das Stadion nur noch die Hälfte wert. Die rechte Atmosphäre wolle nicht aufkommen" („MM").

Die neue „Sitztribüne Nord" mit 4.700 Plätzen allerdings entstand nicht am Ort der Haupttribüne, sondern auf der Gegengerade, wo ehemals die Stehhalle gewesen war, deren alte Treppentürme man in den Neubau einbezog. Das Fassungsvermögen belief sich nun auf 30.537 Plätze. Die „Löwen" waren bereits 1976/77 in der 2. Bundesliga Süd in ihre alte Heimat zurückgekehrt, wichen während der Bauarbeiten in Giesing und nach dem Bundesliga-Aufstieg 1979 erneut ins Olympiastadion aus und verlangten von den dortigen Besuchern einen „Stadion-Umbau-Zuschlag": 50 Pfennig für den Stehplatz, eine Mark für den Sitzplatz.

300 Zahlende in der Bayernliga
Gegen den Umzug ins Olympiastadion regte sich in den Reihen der „Löwen" erneut Widerspruch, so dass am 8. November 1980 erstmals seit über zehn Jahren wieder ein Bundesliga-Spiel an der Grünwalder Straße stattfand (2:1 über Bielefeld). In einer Umfrage sprachen sich 934 von 1.355 Befragten für die Rückkehr nach Giesing aus, doch blieb es in der Folge beim Hin und Her, ehe mit dem Lizenzverlust 1982 das „Sechziger" für neun lange Bayernliga-Jahre wieder Heimat von 1860 wurde (Ausnahme waren die Aufstiegsspiele). In jenen Jahren gab es Zahltage wie mit 38.000 gegen Bürstadt 1984 im Olympiastadion, doch registrierte man in Giesing auch einmal 300 Zahlende gegen die Bayern-Amateure.

Wildmosers Sinneswandel
Nach dem Wiederaufstieg in die Bundesliga stellte sich die Stadionfrage 1994 erneut. Der seit 1992 amtierende Vereins-Präsident Karl-Heinz Wildmoser äußerte sich eindeutig: „Ich bin einfach dagegen, dass wir unseren Heimvorteil, den wir an der Grünwalder Straße genießen, aufgeben." Die Stadt hatte das Stadion dem TSV 1860 bereits 1993 für 50 Jahre zur Verfügung gestellt, nun war der Ausbau vorgesehen. Komplett wollte man ab Mai 1994 die Arena überdachen, eine neue Haupttribüne, VIP-Räume und zusätzliche Sitzplätze in der

Ostkurve schaffen; 35.000 sollten Platz finden (Zuschauerschnitt von Bundesligist 1860 im Olympiastadion 1995-2000: 32.105; 34.649; 28.417; 30.400; 30.476 – die Arena bietet 69.000 Plätze).

Dazu aber ist es nie gekommen, denn im September 1994 plädierte Wildmoser für das Olympiastadion als künftige Heimspielstätte. Die Mitgliederversammlung schloss sich 1995 mit großer Mehrheit dem Wunsch des Vereinspräsidenten an.

Seitdem gab es immer wieder neue Spekulationen um das „Sechz'ger": Ende Oktober 2000 stellten der Unternehmer Manfred Schwabl (Ex-Profi von 1860), eine Investmentfirma und das Hamburger Planungsbüro des Architekten und früheren FC-St.-Pauli-Präsidenten Heinz Weisener das Projekt „Löwenarena" vor (ca. 40.000 Plätze, komplett überdacht, Kosten etwa 130 Mio. Mark) – in Grundzügen das Stadion, das auf dem Hamburger Heiligengeistfeld nicht realisiert worden war. 1860-Präsident Wildmoser aber scheint sich weiterhin lieber im Schatten des weltläufigen FC Bayern auf ein umgebautes Olympiastadion einzurichten. Hinzu kommen Gerüchte, dass die Stadt das „Sechz'ger" verkaufen will, um das Dante-Stadion zu renovieren und auf diese Weise die Leichtathleten über den Rauswurf aus dem Olympiastadion hinwegzutrösten.

Noch steht das „Sechz'ger": gewissermaßen ein Mahnmal für jene Zeit, als Fußball und Viertel noch miteinander zu tun hatten, Spieler und Fans ebenso, und das Heimspiel am Wochenende noch ein Ereignis war und kein aus Sicht finanziell unersättlicher Klubs unnötiger Annex zu irgendwelchen TV-Geld-Ligen. Hoffen wir, dass die heimatverbundene Münchnerin in der Straßenbahn vor ihren Gästen weiterhin aufs „Sechz'ger" deuten kann! *sky*

Anm.: Zur Aktivität der Stadion-Initiative „Rettet das Sechz'ger" siehe gesonderten Beitrag über „Die Fanszene und die neuen Stadien" im Anhang des Buches.

Städtisches Stadion an der Grünwalder Straße München
ER: 1911 / 1926. FV: 32.000, davon 8.000 üd. SiP und 24.000 unüd. StP; Flutlicht.
ZR: 56.000 bis 60.000, 14.3.1948, Oberliga Süd, 1860 – 1. FC Nürnberg 2:1; 58.000, November 1960, Freundschaftsspiel, Süddeutschland – Zentralungarn.
Grünwalder Straße 114, 81547 München, Tel. 089 / 64 27 85 60.

▪ Preußen-Stadion

Auf dem Weg zum Preußen-Park

Das Preußen-Stadion in Münster: bald schon Verganger heit?

(Foto: DSS)

Das Preußen-Stadion von Münster in Westfalen, ein Traditionsstadion aus dem Jahr 1926, in dem es sogar eine Spielzeit lang Bundesliga-Fußball gab, soll bald Vergangenheit sein. Der Verein setzt auf einen Neubau an gleicher Stelle: den „Preußen Park", ein reines Fußballstadion mit 22.500 überdachten Sitzplätzen.

Klassische Erdwälle
Das Preußen-Stadion, an dessen Bau zahlreiche freiwillige Helfer des Vereins mitwirkten, wurde am 13. Juni 1926 in Betrieb genommen, als der SC Preußen sein 20-jähriges Bestehen feierte. Der Gedanke, ein neues Stadion zu bauen, war aufgrund der Zunahme des Spielbetriebs erstmals 1925 diskutiert worden. Bis dahin war die Heimat des SC Preußen der Münstermannplatz, eine ehemalige Kuhwiese, die ein dem Verein verbundener Gastwirt zur Verfügung gestellt hatte, die sich nun aber als zu klein erwies.

Das Preußen-Stadion an der Hammer Straße war ein klassisches Erdwallstadion, das in eine Mulde gelegt wurde. Sein Fassungsvermögen betrug zunächst 25.000. Zu Beginn der Saison 1950/51 – die Preußen verzeichneten in dieser Spielzeit einen Zuschauerschnitt von 17.500 und drangen mit ihrem „Mil-

lionensturm" bis ns Finale zur Deutschen Meisterschaft vor – wurde das Stadion auf ein Fassungsvermögen von 45.000 ausgebaut und erhielt eine Tribünenüberdachung.

Als sich der SC Preußen 1963 für die neue Bundesliga qualifizierte, fanden nach offiziellen Angaben 37.500 Zuschauer Platz – 35.500 auf unüberdachten Stehplätzen und 2.000 auf überdachten Sitzplätzen. Das Preußen-Stadion gehörte damit zu den kleineren Bundesligastadien. Verein und Stadt, in deren Verwaltung das Stadion seit 1959 stand, beschränkten sich auf die Verbesserung der Infrastruktur und der Sicherheit.

Bei der Bundesligapremiere gegen den Hamburger SV (1:1) war das Stadion mit 40.000 Zuschauern überfüllt. In der bis heute einzigen Bundesligasaison des SCP verbuchte der Klub auch den höchsten Zuschauerschnitt seiner Geschichte: 21.733. Er wäre möglicherweise noch höher ausgefallen, hätte das Preußenstadion mehr Menschen unterbringen können.

Die größten Massenveranstaltungen im Stadion waren nach dem Bundesligaabstieg (1964) zunächst nicht die Begegnungen des SCP, sondern die Internationalen Leichtathletik-Sportfeste des Vereins. 1968 wurde dieses Ereignis von über 20.000 Menschen verfolgt.

Mitte der 70er, als der SCP noch einmal an die Tür zur Erstklassigkeit klopfte, erlebte die Arena eine Renaissance. In der Saison 1975/76 sahen über 40.000 einen furiosen 4:1-Sieg ihrer Preußen gegen den späteren Aufsteiger Borussia Dortmund. Zum ersten Mal seit zwölf Jahren war das Stadion an der Hammer Straße wieder ausverkauft. 1981 stieg der SC Preußen in die Oberliga bzw. Drittklassigkeit ab, und in den folgenden Jahren verloren sich häufig nur um die 2.000 Zuschauer im weiten Rund. Ausnahmen waren die Derbys gegen den Münsterlandrivalen ASC Schöppingen, die wiederholt um die 10.000 Zuschauer mobilisierten.

1989 folgte die Rückkehr in die 2. Bundesliga, allerdings nur für zwei Jahre. In seiner ersten Saison erzielte der SCP mit 10.100 den drittbesten Zuschauerschnitt der Liga, der nur von den beiden Erstligaaufsteigern Schalke 04 und MSV Duisburg übertroffen wurde. Zum Spiel gegen Schalke kamen 28.000 – mehr als offiziell gestattet waren, denn das Preußen-Stadion war zu dieser Zeit bereits eine baufällige und unkomfortable Anlage, deren Kapazität aus Sicherheitsgründen heruntergefahren wurde. Am maroden Zustand der Arena sollte sich auch in den folgenden Jahren nichts ändern, zumal mit dem Abstieg 1991 der für eine Modernisierung oder gar einen Stadionneubau erforderliche „öffentliche Druck" entfiel.

„Grundstück gegen Stadion"
Der Verein setzt heute unverändert auf einen Abriss des Stadions und einen Neubau an gleicher Stelle. Die neue „Preußen Park"-Arena soll im Rahmen eines Tauschgeschäfts „Grundstück gegen neues Stadion" mit einem Einkaufszentrum verkoppelt werden, dessen Betreiber die „ECE Projektmanagement GmbH" eine hundertprozentige Tochter des Marktriesen Otto-Versand ist. Die 22.500 Sitzplätze des reinen Fußballstadions werden komplett überdacht sein. Gegenüber dem alten Stadion wird das Spielfeld um 90 Grad gedreht.
Dietrich Schulze-Marmeling

Preußen-Stadion Münster i. W.
ER: 1926. FV: früher 45.000, heute 21.700, davon 1.800 üd. SiP und 19.900 unüd. StP.
ZR: „über 40.000", 2. Bundesliga 1975/76, Preußen Münster – Borussia Dortmund 4:1.
Am Berg Fidel 7, 48153 Münster, Tel. 0251 / 98 72 70 (Geschäftsstelle).

◼ Günter-Harder-Stadion* und „Ligaplatz" Jahnstadion

Mittellinie und Zonengrenze

„Neubrandenburg, Sie haben ein Problem!", könnte der Deutsche Fußball-Verband der DDR 1964 mitgeteilt haben, nachdem der SC Neubrandenburg den Oberliga-Aufstieg geschafft hatte. Das Spielfeld des Günter-Harder-Stadions, auf dem man in der DDR-Liga mit Ausnahmegenehmigung antrat, war nämlich bei einem Ausmaß von 95 x 65 m zu klein, und ein Hartplatz war in der höchsten Spielklasse ebenfalls nicht erlaubt. In kürzester Zeit schuf man deshalb beim Friedrich-Ludwig-Jahn-Stadion ein Fußballstadion, das ein Jahr lang Oberliga-Spiele sah.

Der SC Neubrandenburg schlug sich wacker auf dem beim Jahn-Stadion zur Oberliga-Spielstätte umfunktionierten „Messeplatz", wo 10.000 bis 12.000 zusehen konnten, und unterlag lediglich Meister ZASK Vorwärts Berlin (1:3) und Dynamo Berlin (1:2). Die Auswärtsschwäche aber führte zurück in die Zweitklassigkeit, in der man unter dem späteren Namen Post SG Walter Block Neubrandenburg und schließlich als SV Post Telekom bis 1991 blieb; lokaler Konkurrent in der DDR-Liga war zeitweise Vorwärts. 2000/2001 gehört der FC Tollense (Tollense = ein Fluss, am Tollensesee liegt die 73.000-Einwohner-Stadt) der Verbandsliga Mecklenburg-Vorpommern an.

Das Günter-Harder-Stadion, das zuvor Volksstadion hieß, war nach dem 2. Weltkrieg auf einer früheren Reitanlage von Junkern und Gutsbesitzern entstanden. Den Trümmerschutt der 1945 zu 84 Prozent zerstörten „Vier-Tore-Stadt" lagerte man nach dem Beschluss der Stadtverordnetenversammlung vom 24. September 1948 rund um die Reitbahn als Stadionwall ab. Die DDR gab 36.000 Mark, die Stadt 10.000 und die Neubrandenburger leisteten über 30.000 freiwillige Arbeitsstunden. Am 1. Juni 1952 war Einweihung, Turbine Neubrandenburg (die vorher u.a. SG Fritz Reuter hieß, nach dem Schriftsteller) schlug Hammonia Hamburg, und Bürgermeister Rösler erklärte: „So wie unsere Sportler auf diesem Platz die Mittellinie ungehindert überschreiten, so werden die Schlagbäume an den Zonengrenzen fallen, und wir werden dann ohne Pass von Neubrandenburg

nach Hamburg und von Hamburg nach Neubrandenburg reisen können."

Anlässlich der Einweihung erhielt die Arena den Namen Günter-Harder-Stadion zu Ehren des am 23. März 1951 in Neubrandenburg ermordeten Angehörigen der Seepolizei. Es gab eine hölzerne Tribüne mit 800 Sitzplätzen sowie 19.200 Stehplätze (Zuschauerrekord: zwischen 10.000 und 12.000); das Material für die 400-m-Laufbahn hatte das Gaswerk geliefert. Später baute man eine 300 m lange Speedwaybahn ein, die am 30. Juni 1959 eröffnete.

Das Günter-Harder-Stadion an der früheren Straße der Befreiung (heute: Woldegkerstraße) ist nicht mehr vorhanden. Aus städtebaulichen Erwägungen wurde es abgerissen, an seiner Stelle befinden sich nun die AOK und Parkplätze.

Fußball hin und her, Neubrandenburgs sportliche Meriten ergaben sich zuletzt auf anderen Feldern: Die „Sprintkönigin" Katrin Krabbe hat heute dort ein Sportgeschäft, Grit Breuer trainierte dort, präsent sind die Olympiasieger Astrid Kumbernuss (Kugelstoßen) und Andreas Dittmer (Kanu-Zweier), die Weltmeisterin Franka Dietzsch (Diskus), und das Jahnsportforum beim gleichnamigen Stadion ist eine supermoderne Leichtathletikhalle. *sky*

„Ligaplatz" beim Jahnstadion Neubrandenburg
ER: 1964. FV: früher 11.000 bis 12.000, heute 8.000 StP.
ZR: in der DDR-Oberliga 1964/65 ca. 11.000 bis 12.000 dank Zusatztribünen, zuletzt 8.000 gegen Bayern München.
Anmerkung: Das Jahnstadion selbst ist ein modernes Leichtathletik-Stadion mit Kunststoffbahn etc., überdachter Tribüne, und fasst 10.000.
Badeweg 6, 17033 Neubrandenburg, Tel. 0395 / 56 04 80.

Neu-Isenburg

Sportplatz am Buchenbusch

Wo ein WM-Teilnehmer herkam

Einen schlichten Sportplatz mit 10.000 Stehplätzen steuerten im Regionalliga Süd-Auftaktjahr 1963 die Mannschaftsbusfahrer von Bayern München und Hessen Kassel an: Am Buchenbusch Neu-Isenburg, südlich von Frankfurt und Offenbach, lautete das Ziel.

Südmeister Kassel knöpfte die SpVgg 1903 Neu-Isenburg, die 1956-63 der 2. Liga Süd angehört hatte, beim 1:1 einen Zähler ab, von der „B-Elf" des Vize FC Bayern trennte man sich vor nur 500 im bedeutungslosen letzten Spiel 3:3. Über 2.400 Besucher waren im Schnitt zum Sportplatz am Buchenbusch gekommen, die meisten natürlich zu den hessischen Derbys (7.000 gegen FSV Frankfurt, 6.000 gegen Offenbach, 4.000 gegen Kassel). Nach dem Abstieg 1964 machte einer der Neu-Isenburger, der 20-jährige Peter Dietrich, seinen Weg und wurde bei Mönchengladbach Nationalspieler, WM-Teilnehmer und zweimal Deutscher Meister.

Die SpVgg hat den Buchenbusch, der 1965 an die Stadt verkauft wurde, längst verlassen und spielt als Bezirksoberligist nun im Stadion im Sportpark Neu-Isenburg. *sky*

18.000 Zuschauer waren 1956 Rekordbesuch bei VfR gegen Hamburger SV.

Sportplatz am Buchenbusch Neu-Isenburg
FV: früher 10.000 StP, heute verringert.
ZR: 7.000, Regionalliga Süd, 5.1. 1964, SpVgg Neu-Isenburg – FSV Frankfurt 0:4.
Am Ulmenweg,
63263 Neu-Isenburg.

Stadion an der Alicestraße im Sportpark Neu-Isenburg
FV: 20.000, davon 1.000 unüd. SiP.
ZR: 15.000, Freundschaftsspiel Eintracht Frankfurt – Jugoslawien, sowie bei einem Konzert der Backstreet Boys.
Alicestr. 118, 63263 Neu-Isenburg,
Tel. 06102 / 800 830.

Neumünster

VfR-Stadion

„Wasser marsch!"

Die Stadt Neumünster liegt mitten auf dem holsteinischen Geestrücken, wo der Boden eher sandig als nass ist. Doch wann immer Geschichten vom VfR und seinem Stadion erzählt werden, ist die von Trainer Heinz Lucas dabei und wie er einmal den Rasen unter Wasser gesetzt hat – mit Hilfe, so sagt man, eines befreundeten Feuerwehrhauptmeisters. Der habe vor einem Spiel gegen Werder Bremen Anfang der 60er Jahre in Absprache mit Lucas seinen Freiwilligen den Befehl „Wasser marsch!" erteilt, so dass die staunenden Gäste („Es hat doch gar nicht geregnet?!") vor einem Feuchtbiotop standen. Dieses sollte die Kombinationen der technisch versierten Bremer behindern.

Rund 40 Jahre später ist es an der Geerdtsstraße ebenfalls feucht(-fröhlich) zugegangen, denn der VfR Neumünster, um dessen Zukunft es noch 1999 gar nicht gut auszusehen schien, schaffte zum Millennium den sofortigen Wiederaufstieg in die Oberliga. Mindestens dort gehört der Verein nach eigener Auffassung auch hin, wo doch das Ligateam zu Lucas' Zeiten einst zur Spitze im Norden gezählt hat. 1962/63 hatte der VfR sogar den Mut, sich für die Bundesliga zu bewerben, und er wurde als Kandidat durchaus ernst genommen; das VfR-Stadion besaß damals ein Fassungsvermögen von 20.000. Das waren die Zeiten der Schmuck-Brüder, des Stoppers Peter Kaack (später mit Braunschweig Deutscher Meister), des Torjägers Horst Agurew und der anderen lila-weißen Cracks, die auf dem Platz, aber auch hinterher beim Umtrunk im entfernten Hotel Kaiserecke als Gemeinschaft zusammenhielten, wenn die Zuschauer – nicht selten kamen 10.000 und mehr – längst zu Hause weiterdiskutierten. Ein Vereinsheim direkt am Stadion gab es noch nicht; das entstand erst in den 60er Jahren, als der VfR Neumünster nur noch zweit-, ab 1966 gar drittklassig spielte.

Als 1924 die Turn- und die Sportbewegung zerstritten waren und auseinander drifteten, war der VfR Neumünster entstanden, zu dem sich die Spielabteilung von „Gut Heil" mit Neumünster 1910, dem schon bestehenden Fußballverein, zusammenschloss. Anfangs meist „Rasensport" genannt und ab 1927 auf dem „Neuen Göbenplatz"zu Hause (der Alte war schon 1913 eingeweiht worden), machte der neue Verein nach und nach das Kürzel VfR zu seinem Markenzeichen. Wilhelm Blunk, aus dem Verein hervorgegangener Torwart, war und blieb sein bekanntestes Idol, auch als er beim HSV in Hamburg zwischen den Pfosten stand, Deutscher Meister und Nationalkeeper wurde. In Hamburg „Fiete", in Neumünster „Iller" genannt, war Blunk in den Nachkriegsjahren auch Trainer des VfR.

Übrigens noch mal zu Trainer Lucas' Feuerwehr-Aktion: Manche Zeitzeugen behaupten, das Spiel sei damals ausgefallen (wegen Unbespielbarkeit des Platzes), andere hingegen berichten von einem morastigen Sieg der Bremer (5:4). Ein unwesentlicher Widerspruch, der nur beweist, dass manche Geschichten viel zu schön sind, um all zu genau auf ihren Wahrheitsgehalt überprüft zu werden... *J.R. Prüß*

VfR-Stadion Neumünster
ER: 1927. FV: 12.000 StP.
ZR: 18.000, Oberliga Nord, 25.3.1956, VfR Neumünst. – Hamburger SV 2:0.
Geerdtsstraße 14, 24537 Neumünster, Tel. 04321 / 90 90 99.

▣ Stadion Ellenfeld

Ein Denkmal für den Verein

Das Ellenfeldstadion 1997: Ab und an kommen sogar britische Groundhopper!

(Foto: DSS)

Was geblieben ist von all der Zeit, sammelt sich in Billy-Regalen auf dem Grund des Ellenfeld-Stadions. Dort ist das Vereins-Archiv von Borussia Neunkirchen, ein schmaler Kellerraum, orange gekachelt. Die heute viertklassige Borussia war Fußball-Bundesligist, 1964 bis 1966, 1967/68, und von 1912 bis 1963, also 51 Jahre durchgehend erstklassig. In Wäschekörben stapelt sich der „kicker", Blätter kringeln sich vor Feuchtigkeit, die Vergangenheit ist hier Element der Gegenwart. Zeitungen, alte Fotos, Bücher – es ist dies alles wie eine Legende, die erklärt, welch monumentale Bedeutung das Ellenfeld, ein mächtiges Konstrukt aus viel Stahl und Beton mit einem begrünten Becken als Mittelpunkt, besitzt.

Der Verein Borussia, 1905 gegründet, spielt hier seit 1912. Er begann auf einem Schlackenplatz in der Lindenallee im Stadtzentrum. Auf der so genannten Drexler'schen Wiese bestritt Borussia am 12. November 1905 ihr allererstes Spiel: 0:4 gegen Saar 05 Saarbrücken, 200 Zuschauer. „Das Spiel begann um 16.30 Uhr nachmittags und dauerte zweimal 45 Minuten", vermerkt die Chronik. Das Spielrecht für die Wiese war jedoch begrenzt auf den Winter.

Erst der Hegemeister Künzer, dessen Söhne für Borussia spielten, organisierte 1906 eine abgelegene Bleibe im Wald, das Lantertal, für eine Jahrespacht von 10 Mark. Das erste Spiel hier wurde gegen den Turnverein 1860, den heutigen TuS 1860, 5:2 gewonnen.

„Friedrichspark"-Premiere gegen Paris
1908 verhandelte der Borusse Albrecht Menzel mit seinem ehemaligen Schulfreund Dr. Otto Schmidt, dem Chef der damaligen Schloss-Brauerei. Es ging um die Nutzung von Brauerei-Gelände auf dem zugeschütteten Heußnersweiher, dem heutigen Mantes-la-Ville-Platz vor dem Ellenfeld. Schmidt stimmte zu. 800 Fuhren Sand, eine „blütenweiße Barriere" (Chronik) und eine 60 Meter lange, zum Spielfeld offene Halle für 2.000 Menschen ergaben den „Friedrichspark". Dieser wurde am 11. April 1909 gegen Patronage Olier Paris eröff-

net; 3.000 sahen zu, wie Borussia zur Halbzeit 3:0 führte und 3:4 verlor.

Borussia besaß viele Mannschaften und kaum Platz. Man wollte eine neue Spielstätte; die Alternativen: das heutige Trainingsgelände Lakaienschäferei, das Quellgebiet des Heußnersweiher, das so genannte Ellenfeld, „das ein einziger Sumpf war" (Chronik), sowie eine Bergehalde am Boxberg zwischen Eisenwerk und Grube König, die beide nicht mehr existieren. Ein Berginspektor Albert ließ die Halde für Borussia planieren. Dennoch entschied man sich für den „Sumpf".

Das Manifest einer Utopie
Langwierige, letztlich erfolgreiche Verhandlungen mit Brauerei-Chef Schmidt begannen. Der „Sumpf" „musste zugeschüttet werden, wozu Erdmassen aus den benachbarten Hängen herauszugraben waren. Die Hänge sollten gleichzeitig zu Terrassen ausgebaut werden (...). Auf 15.000 Goldmark (...) lautete der Voranschlag, der um 30% überschritten wurde", heißt es in dem 1952 erschienen Buch „Ellenfeld-Stadion – Aufbau, Ausbau, Neues Leben", das Manifest einer Utopie, die unter anderem den Bau einer 4.000-Plätze-Zuschauertribüne auf der heutigen Gegengerade vorsah.

Das Ellenfeld wurde offiziell am 14. Juli 1912 mit den ersten Nationalen Olympischen Wettkämpfen eröffnet. Es gab in den Jahren danach viele Ausbaupläne wie die von 1952. Sie scheiterten meist am Geld, ebenso wie eine Flutlichtanlage. An der Stelle der heutigen

Gegengerade wurde 1921 eine Holztribüne (Kosten 200.000 Mark) erbaut, die im Herbst 1928 abbrannte. Die Brandursache ist bis heute unbekannt.

Zum Bau der ersten Tribüne war eine Baugesellschaft gegründet worden, die 1930 unter Verwendung der Versicherungsgelder, die der Gerling-Konzern nach dem Brand 1928 ausgezahlt hatte, den Neubau errichten ließ. Doch die Bau-Kosten der neuen Steintribüne „übertrafen (...) ein Vielfaches der Versicherungssumme". Letztlich schenkte die Baugesellschaft die Tribüne dem Verein, mit Schulden. Borussia stand vor dem Konkurs, erst Gelder des jüdischen Kaufhauses Fa. Josef Levy Wwe. retteten 1932 den Verein.

1948 kaufte Borussia das Ellenfeld-Gelände samt Nebenplatz. Die Gegengerade jedoch blieb zu drei Vierteln Eigentum der Brauerei, wie ein Teil der hohen Betonränge der heutigen „Spieser Kurve", sowie eine Eckfahne.

Am 13. November 1960 wurde die Sporthalle eröffnet, die sich über dem Marathon-Tor des Ellenfeldes erhebt. „Sie bedeutet eine Krönung der Vereinsarbeit", wertete die Chronik.

Nach dem Bundesliga-Aufstieg 1964 wurde das Stadion auf 30.000 Plätze ausgebaut. Seither besitzt es eine neue Tribüne mit 3.000 Plätzen; die Stahlkonstruktion, die das Dach aus Eternit-Platten ohne stützende Pfeiler hält, ist 90 Tonnen schwer. Sie kostete 173.221,72 DM und fußt auf Überresten der alten, 1930 für 300.000 Reichsmark erbauten Tribüne.

(Foto: Skrentny)

Stählerne Erinnerung: die Plastik vor dem Stadion von Neunkirchen.

Hinter der blauen Stahltür

Zu diesen Überresten zählen unter anderem heute noch begehbare Umkleide- und Duschräume. Eine schmale blaue, vom Rost angefressene Stahltür versteckt sich an der Vorderseite der Tribüne und ist Zugang zu einer untergegangenen Welt aus Milchglas und einer eingemauerten Treppe aus morschen Holz, die hinaufführt ins Nichts.

Das Ellenfeld, das Borussia 1991 für 1,2 Millionen Mark zur Tilgung von Schulden an die Stadt verkaufte, ist bis heute eines geblieben: ein Denkmal für den Verein, wie der 1955 aus Stahl gegossene Fußballer, den der einheimische Künstler Karl Hock entwarf, und der seither an einer Ecke vor dem Stadion steht, den Ball am Fuß, den Pass wohl im Kopf. Das Ellenfeld ist in seinem Verfall aber vor allem Abbild der Vergangenheit und Symbol für den sportlichen Zerfall der Borussia.

Tobias Fuchs

Ellenfeld-Stadion Neunkirchen
ER: 1912. FV: 19.600, davon 3.000 üd. SiP.
ZR: 32.000, Bundesliga-Aufstiegsrunde, 26.5.1971, Borussia Neunkirchen – 1. FC Nürnberg 1:0.
Mantes-la-Ville-Platz, 66538 Neunkirchen, Tel. 06821 / 883 95 (Geschäftsstelle), 87 755 (während der Spiele).

▪ Stadion an der Hammer Landstraße

Die „Mutter aller VfR-Spiele"

In Neuß, der 150.000-Einwohner-Stadt am linken Rheinufer gegenüber von Düsseldorf, wird seit 1919 an der Hammer Landstraße Fußball gespielt. Damit dürfte der zwischen Galopprennbahn und Rheincenter gelegene „VfR-Platz" (wie die Neußer sagen) eines der ältesten noch bestehenden Stadien Westdeutschlands sein.

Sportplatz unter Wasser

Der Verein Sportfreunde von 1906 baute Anfang 1919 in Eigenarbeit einen bescheidenen Sportplatz, immerhin schon mit Kassenhäuschen und Bretterzaun. Das Hammer Feld aus verlandeten Äckern und Wiesen zwischen Stadtkern und Rhein war damals ein hochwassergefährdetes Gebiet, und prompt wurde der erste Sportplatz dort im Januar 1920 überflutet. Dennoch kaufte der Verein Anfang der 20er Jahre das Grundstück. Ein großzügiger Mäzen, der Vorsitzende und spätere Ehrenvorsitzende Paul Simons, stiftete 1923 eine Holztribüne mit Umkleideräumen und sanitären Einrichtungen. Die Neußer besaßen damit ein Stadion, um das sie weit und breit beneidet wurden. In der Silvesternacht 1925 war dann abermals „Land unter" – von der neuen Tribüne war nur noch das Dach zu sehen! Wieder hieß es für die Mitglieder, die Anlage neu aufzubauen.

Für die nachhaltigste Zerstörung sorgten die Bombenangriffe im 2. Weltkrieg. 21 Treffer gingen auf Tribüne und Spielfeld nieder, und bis 1948 war kein geregelter Sportbetrieb mehr möglich.

Der VfR Neuß, am 23. Juli 1946 aus der Fusion der Sportfreunde mit dem Sport-Club Neuß 1911 entstanden, musste ins Jahn-Stadion ausweichen (wenn die Neußer „Stadion" sagen, meinen sie das Jahn-Stadion).

Der VfR übereignete 1951 das gesamte Gelände der Stadt und erhielt dafür ein Dauernutzungsrecht. 1952 wurde die Holztribüne wieder aufgebaut, die Nebenanlagen hergerichtet, und nach weiteren Ausbau- und Renovierungsarbeiten erfolgte 1957 die Umbenennung in „Bezirkssportanlage Hammer Landstraße", in der 12.000 Zuschauer Platz fanden.

Das große Spiel gegen Fortuna

Über die Landes- und Verbandsliga arbeitete sich der VfR bis 1966 in die Regionalliga vor, in der sich die Grün-Weißen sechs Jahre lang behaupteten. In diese Zeit fällt aus Neußer Sicht „die Mutter aller Spiele" an der Hammer Landstraße, denn zum Auftakt der Regionalliga-Saison 1967/68 war am 13. August 1967 Bundesliga-Absteiger Fortuna Düsseldorf zu Gast – ein Derby also, und für die Neußer der „Knüller" der Spielzeit, zumal im Vorfeld einige abschätzige Bemerkungen aus Düsseldorf gekommen waren. Das haben die Neußer nicht gern, fühlen sie sich doch von den Landeshauptstädtern ohnehin immer etwas über die Schulter angesehen. Bereits zwei Tage vor Beginn war die Partie ausverkauft, 13.500 Zuschauer bedeuteten Rekord. Die Begegnung erfüllte alle Erwartungen: Zur Halbzeit führten die Fortunen 3:1, aber beim Abpfiff hatte der VfR durch einen grandiosen Endspurt 5:4 gewonnen. In Neußer Kreisen ist dieses Spiel schon beinahe Legende.

1972 ging es für den VfR Neuß zurück ins Amateurlager, vor allem, weil die besten Spieler immer wieder von finanzstärkeren Vereinen weggeholt wurden. Finanziell konnte der VfR da nicht

(Foto: Hoeck)

Tribüne im Stadion an der Hammer Landstraße.

mitbieten. Seit 1997 spielt der Verein wieder in der Verbandsliga.

Zu dem Auf und Ab nach dem Regionalliga-Abstieg kamen die üblichen Schmerzen: Schulden, Forderungen des Finanzamts, Mitgliederschwund, interne Unstimmigkeiten. 500 Zuschauer an der Hammer Landstraße waren der Normalfall, von Ausnahmen abgesehen wie am 16. Oktober 1988, als man gegen Preußen Krefeld die Landesliga-Rekordkulisse von 3.000 Zuschauern verzeichnete. Dieselbe Zuschauerzahl gab es am 20. Juli 1986 im Freundschaftsspiel gegen Besiktas Istanbul (1:10), „ein Hauch von Bosporus lag über der Hammer Landstraße", schrieb die lokale Presse. Beim „Fortuna-Tag" am 30. Juli 1994 waren es nicht ganz 3.000, die eine Neuauflage des legendären Regionalliga-Spiels als Altherrenspiel sahen. Diesmal siegte die Fortuna 7:0, aber in jeder Mannschaft standen nur noch zwei Akteure von 1967, die anderen waren nicht mehr aufzufinden, unabkömmlich oder einfach nicht mehr fit genug. Die guten alten Zeiten waren eben unwiederbringlich dahin.

Das Stadion wurde 1978 um eine überdachte Stehtribüne (2.700 Plätze) erweitert, wodurch den „Kiebitzen", die sich an der etwas erhöht liegenden Hammer Landstraße zu versammeln pflegten, ihr Tun so gut wie unmöglich gemacht wurde. In den 80er Jahren kam ein Aschenplatz hinzu, Tennisplätze wurden angelegt, 1989/90 Umkleideräume und sanitäre Einrichtungen renoviert.

Die alte Anlage wird, so gut es eben geht, vom VfR Neuß in Schuss gehalten, denn seit vier Jahren ist der Verein als alleiniger Nutzer für den Betrieb und die Ordnung im Stadion verantwortlich. Wie lange noch, steht in den Sternen: Es existiert nämlich ein Stadtentwicklungskonzept, das an ˙der Hammer Landstraße ein Gewerbegebiet vorsieht. Gegen eine Umsiedlung leistet der VfR Widerstand, weil er einen „Verlust an Identifikation" befürchtet. Aber wann und ob überhaupt in absehbarer Zeit diesbezüglich etwas geschehen wird, darüber gibt es zur Zeit noch keine konkreten Aussagen. *Harald Bennert*

■ Stadion im Schöntal
Quellenfund und Fußball-Fehde

„Mitten in schwerster Zeit" („Rheinpfälzer Zeitung") – dies meinte die Weltwirtschaftskrise – weihte Neustadt an der Weinstraße am 11. Juli 1932 sein Stadion ein, zu dem Kampfbahn, Tribüne und Freibad gehörten und dessen fußballsportliche Höhepunkte in die Nachkriegszeit fielen.

Die Tribüne war mit 106 m Länge und 19 m Breite ein stattlicher Bau, enthielt u.a. 136 Umkleidekabinen wegen des Freibads und ein Restaurant. Um die Kampfbahn samt leichtathletischen Anlagen lief der Hochwasserdamm mit Sitzreihen für 12.000 und weiteren 4.000 Stehplätzen auf seiner Krone. 20.000 sollte das Rund fassen.

Der VfL 07 Neustadt/Weinstraße gehörte nach dem Krieg fünf Jahre lang der Oberliga Südwest an (1947-52) und besiegte als Neuling am 16. März 1948 sensationell den 1. FC Kaiserslautern mit 2:0. Es war die einzige Saison-Niederlage der „Walter-Elf", die sich hernach bitter wegen der „Überhärte" der Weinsträßler beklagte; es heißt sogar, Fritz Walter habe nach Spielende geweint. In der folgenden Spielzeit revanchierte sich der Meister mit einem souveränen 10:1 im Schöntal. „Frieden" schloss man 1953: Der frisch gebackene Meister 1. FCK machte auf der Rückreise nach dem Endspiel-Erfolg über Stuttgart in Neustadt Zwischenstation, der VfL-Vorstand gratulierte – „ein Schlussstrich unter alte Differenzen" – und überreichte ein kurioses Geschenk: „einen eigens präparierten und hergerichteten Schädel des ‚geschlachteten Stuttgarter Rössle'" (Anm.: die schwäbische Stadt führt ein Rösslein im Wappen).

Der VfL 07 Neustadt ist 2000 Landesligist, im Stadion spielt der SV 1953 Schöntal. *sky*

Stadion im Schöntal
Neustadt/Weinstraße
ER: 1932. FV: früher 20.000, davon 12.000 unüd. SiP; heute unbek. (keine Antwort vom Sportamt).
ZR: 14.000, Oberl. Südwest, 16.3.1948, VfL Neustadt – 1. FC K'lautern 2:0.
Sauterstraße, 67433 Neustadt,
Tel. 06321 / 84 012 (Clubheim SV Schöntal).

■ Professor-Hueppe-Stadion
Linksrheinischer Klub, rechtsrheinisches Stadion

Das rechtsrheinische städtische Professor-Hueppe-Stadion und die Stadt Neuwied haben lediglich ein Jahr lang Zweitliga-Fußball erlebt, das war 1967/68 in der Regionalliga Südwest. Damals lockte kein einheimischer Klub, sondern der aus dem linksrheinischen Mühlheim „zugewanderte" SSV, der sich im wesentlich größeren Neuwied am Mittelrhein mehr Besucher-Resonanz versprach.

Das Professor-Hueppe-Stadion war 1950 bis 1952 erbaut (Rasenplatz und heutige Allwetter-Leichtathletikanlage Typ B) und mit dem Landessportfest 1952 eingeweiht worden. Es existierten ausschließlich Stehplätze, bis 1955 eine überdachte 500-Plätze-Tribüne hinzu kam. Der Stadionname erinnert an den aus der Rheinprovinz (Heddesdorf) gebürtigen Mediziner Prof. Dr. Ferdinand Hueppe (1852-1938), der DFB-Mitgründer und -Vorsitzender war.

Was die Gastrolle des SSV Mühlheim betraf, der sich heute SSV Mühlheim-Kärlich nennt, war's wie in anderen Orten auch: Eine neue Liga ist wie ein neues Leben, und so pilgerten die Fußballfreunde aus Neuwied und Umland erst einmal erwartungsfroh ins Hueppe-Stadion. 7.000 waren es zum Auftakt gegen Worms (0:2), 5.000 im zweiten Heimspiel gegen Pirmasens (0:1). Rasch stellte sich heraus, daß die Mühlheimer in der Regionalliga Südwest nicht mithalten konnten – nur zwei Saisonerfolge – und entsprechend sank der Besuch, obwohl durchschnittlich 2.100 Zuschauer beim Absteiger sicherlich noch als positive Bilanz gewertet wurden und sich der Umzug schließlich doch gelohnt hatte. *sky*

Professor-Hueppe-Stadion Neuwied
ER: 1952. FV: 10.000, davon 500 üd. SiP.
ZR: 7.000, Regionalliga Südwest, 13.8.1967, SSV Mühlheim – Wormatia Worms 0:2.
Andernacher Straße, 56564 Neuwied,
Tel. 02631 / 266 56.

Stadion an der Hammer Landstraße Neuß
ER: 1919. FV: 11.555, davon 750 üd. SiP auf durchgehenden Bänken der alten Tribüne und 2.700 üd. StP auf der Stehtribüne.
ZR: 13.500, Regionalliga West, 13.8.1967, VfR Neuß – Fort. Düsseldorf 5:4.
Derendorfweg, 41460 Neuß,
Tel. 02131 / 25 803.

Sportplatz am Wasserturm Engers

„Auf den Dächern, in den Bäumen"

„Was, dort sollen einmal 10.000 Zuschauer gewesen sein?!" Im Sportamt Neuwied mag man kaum glauben, dass diese Besucherzahl einmal vom Sportplatz am Wasserturm des FV Engers 07 gemeldet wurde. Tatsächlich war es an jenem Tag nach Augenzeugenberichten auch nicht unbedingt bequem: „Es war sehr sehr beengt, die Leute hingen in den Bäumen und saßen auf den Dächern."

Heute bietet die in den 30er Jahren entstandene Anlage in dem rechtsrheinischen Neuwieder Stadtteil längst nicht mehr so viel Raum; Stehtraversen sind auf beiden Geraden angelegt, auf dem Rasen spielt die 5. Liga (Verbandsliga Rheinland).

Der FV Engers war 1949-53 und 1955/56 in der Oberliga Südwest erstklassig, neun weitere Jahre bis 1963 zweitklassig und beschäftigte in der höchsten Spielklasse Ex-Nationalspieler wie Emil Kutterer und Josef Gauchel als Trainer. Der erste Aufstieg 1949 setzte im damaligen 5.500-Einwohner-Ort einiges in Bewegung: Man erwarb zusätzliche Grundstücke und baute die Stehterrassen an der Alleestraße. Es gab sogar eine Sitztribüne, die der FVE vom Motorsportverband Rheinland aus Bad Ems erworben hatte. 10.000 drängten sich auf dem engen Terrain, als der 1. FC Kaiserslautern erstmals zum Punktspiel kam.

Als der DFB zum 1. September 1954 für alle Erst- und Zweitligisten Rasenplätze vorschrieb, musste Engers für ein halbes Jahr nach Bendorf ausweichen und den heimischen Hartplatz verlassen. In den 70er Jahren hat es dann noch einmal ein großes Spiel gegeben, doch dafür war der Sportplatz am Wasserturm schon zu klein. So trat man denn am 30. April 1978 gegen Bayern München (0:5) vor 5.000 im Prof.-Hueppe-Stadion Neuwied an. Es war das reichlich verspätete Ablösespiel für Herbert Zimmermann, den die Bayern 1972 gekauft hatten. Bekannt wurde der dann beim 1. FC Köln als 14facher Nationalspieler. *sky*

Sportplatz am Wasserturm Neuwied-Engers
ER: 30er Jahre. FV: früher 10.000, davon ca. 300 SiP; heute ca. 3.000 StP.
ZR: 10.000, Oberliga Südwest, 1950/51, FV Engers – 1. FC Kaiserslautern 1:2.
Am Wasserturm, 56566 Neuwied, Tel. 026 22 / 14 043.

Nordhorn

Eintracht-Stadion

Telefonübertragungen in den Gasthaussaal

In dieser Nachkriegs-Spielstätte feierte der am 29. Dezember 1945 gegründete und heute in der Oberliga Niedersachsen/Bremen (4. Liga) spielende SV Eintracht aus der 50.000-Einwohner-Stadt Nordhorn an der holländischen Grenze seine größten Stunden.

Bis 1951 hatte die Eintracht im Städtischen Stadion am Stadtring gespielt, das einem Neubaugebiet weichen musste. Nach einem Zwischenspiel auf einem Grandplatz beim heutigen Stadion wurde am 18. August 1954 mit einem Freundschaftsspiel gegen Preußen Münster die Bernhard-Niehues-Kampfbahn eingeweiht, die sich am Spielort des früheren Arbeitersportvereins VfL Nordhorn befand. Namensgeber Niehues war Besitzer der Firma Niehues & Dütting, auf deren Gelände das Stadion entstanden war.

Dort trugen die „Weinroten" zwischen 1955 und 1961 ihre Heimspiele in der damals höchsten deutschen Spielklasse, der Oberliga Nord, aus, zu denen die Fußballfreunde aus der Grafschaft Bentheim, dem Münsterland, dem Emsland und aus den Niederlanden in den südwestlichsten Zipfel Niedersachsens kamen. Die Niehues-Kampfbahn wurde zum Mekka einer vom großen Fußball lange abgeschnittenen Region. Allein die ersten drei Heimspiele in der Oberliga Nord 1955 sahen insgesamt 40.000 Menschen. Wer keinen Schlupfwinkel mehr in der Bernhard-Niehues-Kampfbahn fand, drängelte sich bei einer Mark Eintritt in einen der großen Gasthaussäle am Ort. Dorthin wurden über Lautsprecher verstärkte Telefon-Originalreportagen der Eintracht-Spiele übertragen. Mitunter sogar auf einem Fabrikdach nahe am Spielfeldrand thronend, das „Telefon-Mikro" fest an den Mund gepresst, berichtete Herbert Steinke von den großen „Fußballschlachten".

Eintrachts „Übervater" jener Zeit war mit Trainer Ernst Fuhry einer der großen deutschen Sportpädagogen. Fuhry, überzeugter Verfechter des reinen Amateurgedankens, mochte sich allerdings nicht mit dem Vertragsspielertum anfreunden und ließ seine Mannschaft dreimal in Folge auf die Teilnahme an der Oberliga-Aufstiegsrunde verzichten. Fuhry servierte auch den

Der Sprecherturm im Eintracht-Stadion.

Nachschlag zu den Oberliga-Spielen: Jeweils montags abends referierte der Trainer, Redakteur („DFB-Jugend") und Gebrauchsgraphiker im prall gefüllten Saal der Gaststätte Bonke über Verlauf und Erkenntnisse des vorhergegangenen Punktspiels.

Der städtische Platz im ehemaligen Nordhorner Arbeterviertel Blanke ist als leichtes Oval, aber ohne Laufbahnen angelegt. Eine erste kleine Tribüne wurde 1969 mit dem Schüler-Länderspiel Deutschland – Niederlande (4:1) eingeweiht, der heutige Bau war 1980 fertig gestellt. Das Eintracht-Klubheim ist unmittelbar am Stadion gelegen, das seit den 90er Jahren auch den Vereinsnamen trägt. Im „Clubraum" findet man Überbleibsel der großen Eintracht-Ära wie ein Plakat eines Oberliga-Punktspiels gegen Werder Bremen oder einen Wimpel eines Freundschaftsspiels vom 18. November 1953 gegen den Hamburger SV. Markant: Auf der der Tribünenseite gegenüberliegenden Geraden befindet sich seit den 50er Jahren ein Sprecherturm. Einst auf hölzernen „Stelzen" errichtet, ist er heute von einem massiven Mauerwerk gesäumt.

Hans Vinke

Eintracht-Stadion Nordhorn
ER: 1954. FV: 9.000, davon 800 üd. SiP.
ZR: 18.000, Oberliga Nord, 31.3.1957, Eintr. Nordhorn – Hamburger SV 3:3.
Heideweg 18, 48512 Nordhorn, Tel. 05921 / 8 55 00.

▦ Frankenstadion

Einmalige Achteckform

(Foto: Stadtarchiv Nürnberg)

Die Nazis nutzten das Nürnberger Stadion für Massenaufmärsche.

Nürnbergs Stadion, das heutige Frankenstadion, ist Deutschlands einzige Arena, die Olympiasieger wurde – ausgezeichnet mit Gold anlässlich der IX. Olympischen Spiele 1928 in Amsterdam in der Sparte „Kunstwettbewerb: Architektur-Städtebau". Eine Auszeichnung auch für den Direktor des Gartenbauamtes, Alfred Hensel, dem Gesamtentwurfs-Bearbeitung und Oberbauleitung oblagen.

„Stadion Nürnberg" meinte damals nicht allein die Kampfbahn, sondern den großzügigen, 49 Hektar großen Volks- und Sportpark, gedacht „für die sporttreibende Jugend wie für die erholungssuchende Bevölkerung". Der Park im Südosten der Stadt galt als „Krönung der Arbeit" des Nürnberger OB Dr. Hermann Luppe, der von 1920 bis zur Absetzung durch die Nazis 1933 im Amt war. Luppe, „ein Liberaler (Anm.: von der Deutschen Demokratischen Partei/DDP) mit regem Gewissen für soziale Probleme und großem Verständnis für die sozialen und politischen Forderungen der Arbeiterschaft und der Sozialdemokratie" (Hermann Hanschel) war auch dem Sport gegenüber aufgeschlossen: 1921 erhielt Nürnberg ein Stadtamt für Leibesübungen, was die Arbeitersport-Organisation bereits 1919 angeregt hatte, und auf Initiative des OB wurde das Fußballspiel in den Volksschulen eingeführt.

Ein wirklicher Volkspark

Seit 1910 war das Waldgelände zwischen dem Dutzendteich und der Ringbahn als „Volkserholungsstätte" und Volksfest-Ort in der Diskussion, die 1918 wieder aufgenommen wurde. Stadtrat Weigel, Referent für Grundstückswesen, kaufte das Gelände an, und Stadtrat Dr. Wagner-Speyer, Referent für das Gartenwesen, legte 1923 einen Entwurf für den Volkspark vor. Dr. Stein, Direktor des Stadtamtes für Leibesübungen, betonte derweil, dass in Nürnberg – im Gegensatz zu Köln und Altona – nicht der sportliche Zweck der Anlage im Vordergrund stand, sondern der Wald- und Erholungspark für die Allgemeinheit. Im Unterschied zu Köln und Frankfurt/Main, wo die Sportanlagen mit einem hohen, unübersteigbaren Zaun umgeben waren und 20 bis 30 Pfennig Eintritt entrichtet werden mussten, besaß die Franken-Metropole einen wirklichen Volkspark, frei zugänglich für alle. Kassiert wurde nur bei Großveranstaltungen in der Hauptkampfbahn.

Von Dezember 1923 bis zum Juni 1927 dauerten die Arbeiten für den Stadion genannten Sportpark. „Fern der wachsenden Stadt, mitten in der Natur, für die Jugend zur rechten Räuberromantik geschaffen", gingen im Rahmen der Arbeitsbeschaffungsmaßnahmen auf sumpfigem Brachland insgesamt 11.000 Notstandsarbeiter zu Werke. In

396.000 Tagschichten wurden 110.000 Quadratmeter Fläche bepflanzt und aufgeforstet sowie zahlreiche Hochbauten, darunter die Kampfbahn, errichtet.

Auf das Gesamtkonzept der Anlage einzugehen, fehlt hier der Raum. Die Kampfbahn jedenfalls fiel aus den planerischen Absichten von Gartenbaudirektor Alfred Hensel heraus, musste sie doch aus sporttechnischen Gründen – der Sonne wegen! – quer in das ansonsten achseale System eingeordnet werden. Sechs Meter hohe Wälle umgaben die in Achteckform (!) angelegte Hauptkampfbahn, die 40.000 Besuchern Platz bot und deren unbestrittenes Glanzstück die überdachte Tribüne „für die bevorzugten Sitzplätze" war.

Die Tribüne: „Da muss das Herz schneller schlagen"

„Vor allem die riesige Tribüne an der Westfront der Hauptkampfbahn, ein Meisterwerk der modernen Betonbautechnik, erregt unsere Bewunderung", berichtete das „Fränkische Tagblatt" im März 1928. Eine „bauherrliche Tat" feierte die „Nürnberger Zeitung", und Experte Dr. Justus Bier schrieb: „Wer Empfindung für Architektur hat, dem muss das Herz schneller schlagen vor einem solchen Bau, der Spannungen bewältigt, die wir bisher nirgends bewältigt gesehen haben."

Der Architekt, Oberbaurat Otto Ernst Schweizer, für Entwurf und Ausführung der Hochbauten verantwortlich, hatte eine 100 Meter lange Tribüne konzipiert, auf der sechs gußeiserne Säulen (Durchmesser 18-20 cm) neben dem Mauerwerk das ausladende Betondach trugen – eine Konstruktion, wie man sie bislang noch nicht gekannt hatte. Auf 15 Sitzreihen gab es 2.544 Plätze, und weitsichtig – „eventuell für Bewirtschaftung" – hatte man dahinter noch für einen sieben Meter breiten „Wandelgang" Raum gelassen. Zwei große Freitreppen führten von beiden Seiten auf die Tribüne, die Mitteltribüne wurde über zwei Tunnel von der Tribünen-Vorhalle aus erreicht. Im Inneren des Baues waren u.a. „Massengarderoben und -brausen", zwei Mannschaftsräume und ein Vortragsraum untergebracht.

Als die Hauptkampfbahn (im Gegensatz zum Gesamt-Park) fertig war, strömten die Nürnberger hinaus ins Grüne: „Der teilweise außergewöhnliche Fußgängerverkehr zeugt für das starke Bedürfnis an einem neuzeitlichen Volks- und Sportpark." Carl Diem, Generalsekretär des Reichsamt für Leibesübungen, pries Nürnbergs Stadion als „die herrlichste Sportanlage, die ich je gesehen habe". Eine Schweizer Delegation, die 1927 eigentlich anreiste, um zahlreiche deutsche Stadien zu besichtigen, entschied nach dem Ortstermin in der Noris, die Reise gar nicht erst fortzusetzen.

Doch so sehr jeder Mann und jede Frau vom neuen Volkspark angetan waren, gestaltete sich die offizielle Einweihung als diffiziles Unterfangen. Die Arbeitersportler wollten das Stadion zum Reichsarbeitersporttag (RAST) am 16. und 17. Juni 1928 eröffnen und mit der „gegnerischen Veranstaltung" des bürgerlichen Stadtverbandes für Leibesübungen am 10. Juni nichts zu tun haben. Das Nürnberger Kulturkartell, dem u.a. SPD, ADGB, Arbeitersport, Arbeitersänger, Arbeiter-Radfahrbund Solidarität und Naturfreunde angehörten, hatte sein Programm bereits festgelegt: Sternfahrt der Radfahrer, Massenchor des Sängerkartells, Festzug, Nordbayern – Württemberg im Handball und Nürnberg – München im Fußball. Die Radsportler des (bürgerlichen) Stadtverbandes wiederum drohten mit Boykott, weil sie in der neuen Hauptkampfbahn keine Wettkampfstätte vorfanden. Schließlich legten sich Bürgerliche und Arbeitersportler auf den Einweihungstermin 10. Juni fest: Als die Besucher der Stadionpremiere der Arbeitersportler auf dem Heimweg waren, begegneten sie dem 6.000-köpfigen Aufgebot des bürgerlichen Stadtverbandes, der außerhalb des offiziellen Teils die Hauptkampfbahn eröffnete, dies u.a. mit dem Fußballspiel 1. FC Nürnberg gegen SpVgg Fürth (0:1), gleichzeitig Abschiedsvorstellung von Nationalspieler Loni Seiderer von den „Kleeblättlern".

Am 16. September 1928 wurde in der Hauptkampfbahn das erste Länderspiel ausgetragen, ein 2:1 gegen Dänemark (das erste in Nürnbergs Fußballgeschichte hatte 1926 mit dem 3:3 gegen Schweden auf dem Zabo des 1. FCN stattgefunden). 1929 folgte das III. Bundesfest des Arbeiter-Turn- und Sport-Bundes (ATSB), und dann war Nürnberg sogar als Ort der Olympiade 1936 im Gespräch, neben Berlin, Köln und Frankfurt/Main. Gartenbaudirektor Hensel hatte die Austragungsstätten bereits geplant: Die Hauptkampfbahn sollte auf ein Fassungsvermögen von 80.000 bis 100.000 Menschen vergrößert werden, Standorte für Olympisches Dorf, Ruderstrecke und Reitsportanlage hatte Hensel bereits in die Planunterlagen eingezeichnet.

Berufsverbot und NS-Karriere

Wie eingangs erwähnt, hatte Hensel mit dem Stadion Nürnberg olympisches Gold gewonnen (was ihm 1936 eine Ein-

Einmalig in seiner achteckigen Form: das Frankenstadion in den 50er Jahren.

(Foto: Archiv 1. FC Nürnberg)

ladung zum deutschen Olympiasieger-Treff im Berliner Rathaus bescherte). Die Leistung des viel gerühmten Architekten Otto Ernst Schweizer aber war in Amsterdam nicht honoriert worden – Schweizer hatte sich dort nicht beworben. Hensel legte fortan stets Wert darauf, er sei der eigentliche Urheber des Stadions; freundschaftliche Bande zwischen Gartenbaudirektor und Architekt sind da wohl nicht entstanden. Schweizer (1890-1965), der in Nürnberg einige dem Bauhausstil verwandte Kommunalbauten konzipiert hatte (das Arbeitsamt und das Planetarium, das 1934 auf Anweisung des berüchtigten fränkischen NS-Gauführers Streicher abgerissen wurde), verließ 1929 enttäuscht die Stadt, nachdem er bei einer Beförderung übergangen worden war. Noch im selben Jahr gewann der als „sozial engagierter Architekt der ‚Modernen Sachlichkeit'" bezeichnete Baumeister den Wettbewerb für das vielgelobte Wiener Stadion und wurde Professor an der TH Karlsruhe. Nach 1933 durfte er nicht mehr planen und musste sich auf theoretische Veröffentlichungen beschränken.

Olympiasieger Hensel dagegen, der vor Machtübernahme der Nazis noch die Erweiterung des Israelitischen Friedhofs in Nürnberg geplant hatte, wirkte als „der Gärtner von Nürnberg" (1940) am gartentechnischen Ausbau des Reichsparteitagsgeländes der NSDAP mit. In seiner neuen Aufgabe musste er das Gesamtkunstwerk Stadion, „die geniale Schöpfung" (Fremdenverkehrsverein Nürnberg), größtenteils zerstören, die Pläne der Partei hatten Vor-

rang. Alfred Hensel wurde 1940 Mitglied der NSDAP, 1945 vom Amt suspendiert und 1950 Ehrenmitglied der Deutschen Gesellschaft für Gartenkunst und Landschaftspflege. Wurde später anlässlich „runder Geburtstage" in der Presse an ihn erinnert, so waren NSDAP-Mitgliedschaft und seine Mitarbeit auf dem Reichsparteitagsgelände keiner Erwähnung wert. Nach Hensel ist heute ein Weg entlang des Großen Dutzendteich benannt, auf dem Areal, auf dem er für die Nazis wirkte.

Victory Stadium – off limits

Mit dem Einzug der US-Amerikaner 1945 wurde das zwischenzeitliche „Stadion der Hitlerjugend", während der Reichsparteitage Ort von Großveranstaltungen der HJ, bei denen sich Hitler im Mercedes über die Aschenbahn fahren ließ, beschlagnahmt. Fortan hieß es Victory Stadium. Zwar gab die Besatzungsmacht das Stadion gelegentlich für Fußball-Großkämpfe frei, beharrte aber ansonsten ausdauernd auf ihrem Hausherr-Status, obwohl in der Arena kaum sportliche Aktivitäten stattfanden. Baseball spielten die GIs nämlich direkt vor der ehemaligen Reichsparteitags-Tribüne, eingerahmt von den monumentalen Turmbauten des NS-Aufmarschgeländes – augenfälliger konnte die Niederlage Hitler-Deutschlands kaum dargestellt werden.

Noch 1957 blieb das Stadion den 10.000 Teilnehmern der Nürnberger Sportwoche verschlossen, woraufhin die komplette Veranstaltung unter wütenden deutschen Protesten abgesagt wurde. Nürnbergs OB Dr. h.c. Otto Bärnreuther: „Im Zeichen der Souveränität unserer Bundesrepublik werden wir Nürnberger durch US-Militärdienststellen in unglaublicher Weise behandelt."

Die Stadtverwaltung plante ungeachtet dessen in die Zukunft und ließ im Sommer 1959 dank Genehmigung des US-Militärs Wellenbrecher einbauen und die Treppenaufgänge erneuern; über 300.000 DM hatte die Stadt damit seit Kriegsende für die Wiederherstellung des Stadions bereitgestellt. Gleichzeitig dachte man daran, den Torso der Kongresshalle aus der Nazizeit am Dutzendteich zu einem Stadion mit 90.000 Plätzen umzubauen. Prof. Werner March, Architekt des Berliner Olympiastadions, wurde beauftragt, Pläne zu entwerfen. Als der 1. FCN 1961 wieder einmal Deutscher Fußballmeister wurde, sagte OB Andreas Urschlechter den „Cluberern" definitiv eine neue Spielstätte zu – entweder im Stadion oder in der Kongresshalle.

Im September 1961 endlich war das Stadion frei: Stahlrohrtribünen wurden angemietet und auf die alte Wallkrone gesetzt, womit 45.000 Menschen Platz fanden. Als der 1. FCN im ersten Durchgang für die neue Bundesliga ausgewählt wurde, investierte die Stadt 1962 in Haupttribüne-Renovierung, Flutlicht und Aschenbahn-Verkürzung 1,4 Mio. DM. Dem 1. FCN als ständigem Mieter wurden weitere Wohltaten zuteil, als im Sommer 1963 der 3,5 Mio. teure Stadionausbau begann; insgesamt wurden bis 1965 8 Mio. gezahlt. Das Städtische Stadion Nürnberg bot nun 14.700 Sitz- und 49.538 Stehplätze, insgesamt fanden 64.238 Menschen Platz, und wenn man seitlich der Haupttribüne Stahlrohrtribünen errichtete, 7.000 weitere.

Am 12. Mai 1965 erlebte Nürnberg zur Stadion-Neueröffnung erstmals seit dem 20. März 1938 und seit über 27 Jahren wieder ein A-Länderspiel (0:1 gegen England).

Als die WM 1974 nach Deutschland vergeben worden war, überdachte man natürlich auch in Nürnberg Bewerber-Absichten, die einen neuerlichen Stadionausbau und reichlich Zuschüsse (Bund, Fernsehlotterie) bedeutet hätten. Als der amtierende Deutsche Meister 1. FCN allerdings 1969 in die 2. Liga Süd abstieg (und erst 1978 in die Bundesliga zurückkehrte), waren WM und Ausbau nicht mehr aktuell.

Wahlkampf im Stadion

Nachdem sich das Tribünendach 1986 als marode erwies, wurde Stadion-Ausbau bzw. -Neubau Thema des Nürnberger OB-Wahlkampfes. Der SPD-Fraktionschef und spätere Wahlsieger Peter Schönlein visierte überdachte Kurven und die Erhöhung des Sitzplatz-Kontingents von 3.620 auf 10.000 Plätze an. „Flickschusterei!", zeterte daraufhin CSU-MdL Günther Beckstein, der ebenfalls den OB-Posten anstrebte. Als dessen Parteifreund, der bayerische Ministerpräsident Franz Josef Strauß, Ende September 1986 bei der Begegnung 1. FCN gegen Uerdingen in der Halbzeitpause vor 18.500 Besuchern über 10 Mio. DM vom Freistaat versprach, wurde der CSU-Chef zum „Spieler des Tages", und die Stadt entschied folgerichtig für den Ausbau.

Ein Quasi-Neubau kam auf den Weg, Architekt Günther W. Wörrlein plante die komplette Überdachung, ein Doppeltribüne mit geknicktem Dach und Raum für 53.000 Zuschauer. 52 Mio. DM

waren angesetzt, die Kosten beliefen sich schließlich auf 68,1 Mio. Otto Ernst Schweizers einst so vielgerühmte Haupttribüne stand zwar unter Denkmalschutz, konnte aber aufgrund der schlechten Bausubstanz nach offiziellen Angaben nicht erhalten werden. Bei Abbrucharbeiten stürzte das Tribünendach ein, ein 24-jähriger Arbeiter wurde schwer verletzt. Bis auf einen kleinen Teil wurde die alte Tribüne schließlich beseitigt. Nachdem erst der Sport- und Erholungspark „verstümmelt" worden war, war nun das Stadion von 1928 gänzlich verschwunden.

Am 27. September 1991, einem Freitagabend, eröffnete die nun Frankenstadion benannte Sportstätte mit dem „Klassiker" 1. FCN gegen Bayern München (1:1 vor mit 52.500 ausverkauftem Haus). Heute hat das Frankenstadion, ein fast reine Sitzplatzarena, noch 44.600 Plätze.

Die offizielle Adresse des Frankenstadions ist nach Karl Steigelmann benannt, das war kein bekannter Fußballer, doch der Vorplatz der Arena trägt den Namen von Max Morlock, dem unübertroffenen Sport-Repräsentanten der Noris (der als einziger Nationalspieler in Gau-, Ober- und Bundesliga wirkte!), und entlang des Stadions führt die lange Hans-Kalb-Straße, der der Nationalmannschafts-Mittelläufer den Namen gab. Nationaltorwart Heiner Stuhlfauth wiederum hat „seine" Straße beim ehemaligen Zabo in Zerzabelshof bekommen.

Eines allerdings ist geblieben aus den Jahren, als Luppe, Hensel, Schweizer und Co. draußen vor der Stadt bauen ließen – die Achteckform, sonst in keinem anderen deutschen Stadion anzutreffen.   *sky*

(Foto: Stadtarchiv Nürnberg)

Imposante Kulisse: das Frankenstadion nach dem Umbau 1991.

Frankenstadion Nürnberg
ER: 1928/1965/1991. FV: 44.600, komplett üd., 34.700 SiP und 9.900 StP.
ZR: 64.238, mehrmals in der Bundesliga seit 1963/64.
Karl-Steigelmann-Straße,
90471 Nürnberg, Tel. 0911/86 92 95.

Eine Legende: der Sportpark „Zabo", die Stätte großer Zeiten des „Club" – man beachte die beider. Kiebitze an der Mauer!

▨ Sportpark „Zabo" *

Die Großtat der „Cluberer"

Dass Großstädte wie Köln, Frankfurt am Main, Düsseldorf und Duisburg in den 20er Jahren Stadien schaffen konnten, die in Wirklichkeit Sportparks waren, bedeutete einen kommunalen Kraftakt. Dass allerdings ein einzelner Sportverein einen vorbildlichen Sportpark schuf, ist die Ausnahme, und so liegt es nahe, den leider verschwundenen „Zabo" des 1. FC Nürnberg als Großtat zu rühmen.

Es war der Fußball, die 1. Mannschaft der in jenen Jahren legendären „Cluberer", die möglich gemacht hatte, dass der 1. FCN im Stadtteil Zerzabelshof ein Projekt verwirklichte, wie es kein anderer Klub in deutschen Landen zustande brachte. Denn mit dem Aufstieg der Rot-Schwarzen aus der Noris, die 1920 den ersten von sieben deutschen Meistertiteln errangen, füllte sich die Vereinskasse. „Von Einladungen förmlich überschüttet" wurde der 1. FCN nach dem Endspiel-2:0 über Titelverteidiger Fürth, und so gingen elf Spieler und ein Begleiter (später reisten, per Telegramm angefordert, noch drei Akteure nach) auf eine 3.000-Kilometer-Tournee: 3:1 gegen Saar 05 in Saarbrücken, 7:0 über den DSC 99 in Düsseldorf, in Hamburg 3:2 gegen den Eimsbütteler TV und 2:1 gegen Victoria, 4:1 beim SC 07 Gelsenkirchen, 2:1 gegen Union Oberschöneweide in Berlin, 3:1 bei Halle 96 an der Saale.

Nürnbergs Dominanz hielt an – Meister 1921, da war nach dem Düsseldorfer Finale noch Luft für eine 6:0-Gala gegen eine Auswahl von München-Gladbach (kein Druckfehler!), Endspielteilnahme im Jahr ohne Titelträger 1922, weitere Titel 1924, 1925, 1927. Der Club tourte erfolgreich durch Europa, und in der 1. FCN-Heimat Zerzabelshof gab sich eu-

ropäische Klub-Prominenz zur Freude von Schatzmeister Eduard Kartini die Klinke in die Hand: Tottenham Hotspur, Rapid Wien, MTK Budapest, Ajax Amsterdam, Bolton Wanderers, Vasas Budapest, Galati Seraj aus Konstantinopel (heute Galatasaray Istanbul) etc.

„Materieller Zug" in der Sportbewegung?

Die Nürnberger hatten beizeiten erkannt, dass bei vernünftiger Handhabung die Gleichung Spitzensport = Einnahmen = Stadion funktionieren musste. „Die Deckung der finanziellen Lasten ist zum großen Teil aus dem Publikum in Form von Eintrittsgeldern herauszuholen", schrieb Prof. Karl Hertel dem gerade mal 25-jährigen Verein ins Stammbuch. „Früher oder später müssen jedem Verein, wenn er nur einigermaßen sportliche Bedeutung besitzt, bleibende Werte entstehen." Die Vorwürfe, der Club habe mit seiner Gastspiel- und Großkampftags-Politik „einen materiellen Zug in die Sportbewegung gebracht", ließ der nicht gelten: Schließlich verwende man die Einnahmen „im Dienst der allgemeinen Aufgabe" für eine Sportanlage für jedermann, für den „Ideal-Sportpark" (1. FCN).

Wie viele andere Fußballvereine Deutschlands brachten die Nürnberger eine kleine Odyssee hinter sich, ehe sie in Zerzabelshof anlangten. Gegründet 1900, nutzten sie am Ostersonntag 1902 auf dem Alten Exerzierplatz die untere Deutschherrnwiese („Nürnbergs erster Sportplatz"), später umgeben von einer meterhohen Holzplanke, nach Prof. Hertel „die einfachste Form des Stadions". Die Planke kostete 250 Mark, wovon 200 durch Gutscheine à fünf Mark zusammen kamen, und war notwendig, damit Zuschauer nicht auf den Platz liefen und den Spielbetrieb störten. Die erste Wettspieleinnahme belief sich auf 36 Mark –

Chronik des 1. FCN von 1925: „Für den Club ein Ereignis" – und kam durch den Verkauf von Spiel-Programmen zustande. Den Eintritt konnte nicht erhoben werden, da der gepachtete Platz frei zugänglich war.

Endspiel an der Ziegelgasse

Da die Ergebnisse aus dem Programm-Verkauf bescheiden blieben – „mancher Sportenthusiast entfernte sich, sobald er den Programmverkäufer herannahen sah" –, erkannten die Nürnberger rasch, dass sie finanziell einzig ein umzäunter Sportplatz und Eintrittsgelder weiterbringen würden. Die Stadt allerdings untersagte wegen Hochwassergefahr einen Zaunbau, woraufhin man für jährlich 150 Mark, dies bedeutete ein Plus von 500 Prozent, einen Platz an der Ziegelgasse pachtete. Der wurde eingezäunt, bekam ein „Kassahäuschen", eine Bretterhütte als Umkleide, und fortan füllte sich die Kasse des 1. FCN, u.a. durch 1.100 Besucher beim Endspiel um die Deutsche Meisterschaft 1906, als der VfB Leipzig 2:1 gegen den 1. FC Pforzheim gewann.

Auch an der Ziegelgasse wurde der Club so recht nicht glücklich, denn das Areal erwies sich als zu klein, man verfügte über keinerlei Sitzgelegenheiten. 1908 zog man nach Nürnberg-Schweinau um, fünf Tagewerk Gelände, Investition 14.000 Mark, u.a. für eine 300-Plätze-Tribüne und ein Klubheim. Die Mitglieder brachten per Anteilsscheine lediglich 4.150 Mark auf, glücklicherweise wurden die Schulden gestundet, während die Mannschaft große Einnahmen insbesondere gegen Bayern München und die SpVgg Fürth erzielte, so dass der Platz im Geschäftsjahr 1911/12 Eigentum des Vereins war.

Nun hatten sie eine Tribüne, konnten Einnahmen kassieren, und doch hielt es die Cluberer nicht in Schweinau, denn

(Foto: Stadtarchiv Nürnberg)

der Spielort fiel in den Bereich der Lustbarkeitssteuer, die die Stadt Nürnberg erhob. Das Vertrauen in die Zukunft und die Mannschaft (1909 erstmals Südmeister) war wohl grenzenlos, erwarb man doch im Frühjahr 1911 aufgrund „persönlicher Beziehungen" von Mitglied Karl Hertel für fast 130.000 Mark – man vergleiche die obigen Zahlen! – von dem Gutsbesitzer Haas ein Areal von 13 Tagewerk in Zerzabelshof. Das war damals draußen vor der Stadt, in ländlicher Umgebung und idyllischer Lage. Die Verantwortlichen werden in den rauchgeschwängerten Bierschänken der Altstadt reichlich diskutiert und im trauten Heim manche schlaflose Nacht verbracht haben, denn Geländekauf, Tribünen- und Klubhaus-Bau bedeuteten eine gewaltige Last. Club-Mitglied August Schätzler tilgte eine beträchtliche Schuldsumme, alte Anteilscheine vom Schweinauer Platzkauf wurden nicht voll ausbezahlt, weitere deckten immerhin 52.000 Mark, und mittels der damals beliebten Reklamemarken, die die im 1. FCN beheimateten Sportarten darstellten, brachte der Cluberer Stahl, ein Kunstmaler, 1.300 Mark auf. Zusätzlich wurden „Trainer(ansichts?)-Karten" angeboten, das war 700 Mark wert. Die Baufirma kam dem Verein entgegen, die „Freiherrlich von Tucher'sche Brauerei" gab eine mit fünf Prozent verzinsbare Hypothek und die Nürnberger Lebensversicherungsbank übernahm die erste Hypothek. Der Dauerkarten-Preis wurde erhöht, und Ermäßigung im Vorverkauf gab es keine mehr.

„Bedeutendster Verein, erstklassiger Sportpark"
„Die vielleicht schönste Sportanlage von Deutschland", „der erstklassige Sportpark" (Club-Chronik 1925), den die Architekten Heinz und Richard Gerling konzipiert hatten, wurde am 24. August 1913 gegen Eintracht Braunschweig eröffnet.

Nach Ende des 1. Weltkrieges – die Mitgliederzahl stieg 1919 von 800 auf

2.000 an – investierte der Club nochmals enorm, baute das Stadion aus, ein Schwimmbad neu und legte Tennisplätze an. Fürs 1925 fertig gestellte Schwimmbad bat man um einen städtischen Zuschuss: „Es handelt sich beim 1. FC Nürnberg um einen eingetragenen Verein und zwar um den bedeutendsten in ganz Deutschland." Die Zuschauerwälle wurden erhöht, die Laufbahn erhielt halbkreisförmige Kurven, und nach der neuerlichen Einweihungsfeier am 20. August 1922 gegen Sparta Prag fanden 25.000 Besucher im „Zabo" Raum. In jener Zeit entstand das Kriegsmahnmal, ein Charakteristikum des FCN-Platzes, für das man eigens einen Wettbewerb ausgeschrieben hatte. Verwirklicht wurde in der Nordkurve die hohe Stele des ersten Preisträgers Fr. Mayer-Nürnberg in Verbindung mit einem außerhalb des Wettbewerbs eingereichten Entwurfes von Prof. Hertel. Zwar steht das Denkmal heute nicht mehr, die schweren Eisentafeln mit den Namen der Weltkriegstoten aus den Reihen des 1. FCN aber ruhen noch im Vereinsarchiv.

Der Blick über die Stadtgrenzen hinaus schien den „Cluberern" zu belegen, „dass man ohne Überhebung unseren Sportpark als den abgerundetsten bezeichnen kann, weil er im weitestgehenden Maße die Ausübung des Sports ermöglicht." Allenfalls das Stadion des VfB Leipzig, die Anlage der Frankfurter Eintracht, der Sportpark der SpVgg Fürth und (das geplante) Areal der Vereinigten Sportfreunde Breslau kämen dem „Zabo" nahe, wurde geurteilt.

„Zabo" war ein Begriff in deutschen Fußball-Landen, auf Jahrzehnte hinaus, denn der 1. FCN war dort auch nach Ende des 2. Weltkrieges zu Hause, allerdings nicht kontinuierlich. 1945 war die Tribüne abgebrannt, die Wälle wiesen Bombentrichter auf, alles bewegliche Material war entwendet worden und im Klubheim residierten die US-Besatzer. Die Tribüne war bereits 1943 durch Bomben beschädigt worden, woraufhin der 1. FCN, der damals im Vereinsstem-

pel Hakenkreuz und Reichsadler führte, bei der Stadt um Wiederherstellung bat. 1945 waren die Nürnberger heimatlos, traten auf kleineren Plätzen an und genossen in der neuen Oberliga Süd Gastrecht auf dem Fürther Ronhof, erstmals beim 2:1 gegen Bayern München vor 15.000. Zum Großkampf im Freundschaftsspiel gegen Schalke durfte man ausnahmsweise ins Städtische Stadion (das spätere Franken-Stadion), das von der US-Army beschlagnahmt war. Bei ausgedehnten Gastspiel-Reisen ging es im Hinblick auf die Rückkehr zum „Zabo" denn auch eher um Baumaterialien oder Draht für die Platzumzäunung.

Nach dem Gewinn der ersten Deutschen Nachkriegsmeisterschaft 1948 kehrte der 1. FCN im September nach Zerzabelshof zurück – nach Ansicht der Vorstandsschaft im Hinblick auf Reichsparteitage, Nürnberger (Rasse-)Gesetze und Nürnberger Prozess eine Maßnahme, mit der „der so furchtbar geschändete Namen der alten Reichsstadt von ganz anderer Seite her neuen Glanz gewann".

Kühne Tribünen-Konstruktion
Nächstes Ziel unter der Adresse Sportparkstr. 12 war nun „das größtmögliche Fassungsvermögen", doch wollten die Besitzer der kleinen Häuschen namens Beckstein, Wolkersdorfer und Lederer-Bräu hinter der Südostkurve nicht weichen, so dass dort eine 45 Meter lange Stützmauer angelegt wurde. Für die Stehplatzstufen – Profil 80 x 20 cm auf allen Rängen – wurden 5,1 Kilometer Betonplatten verlegt, die Wälle hatte man um 3.200 Kubikmeter Schutt und Erde erhöht. Zum vollkommenen Glück fehlte noch eine neue Tribüne: Es erstand ein Eisenbetonskelettbau mit Betondach, das zwei nur 28 Zentimeter starke Stahlrohre trugen, die mit je 250 Tonnen belastet werden konnten. Bewegliche Lagerungen der Pendelstützen dienten dazu, größere Spannungen innerhalb des Bauwerks zu vermeiden – eine Konstruktion, die als neuartig und kühn gefeiert wurde. 2.450 Zuschauer fanden auf 18 Sitzreihen der Haupt- und sechs der Vortribüne Platz (Sitzbreite 80 cm), im Inneren gab es 22 Kabinen, sechs Duschräume, Platzwart-Raum, Rundfunk-Raum und eine große Turnhalle.

Im Herbst 1949 begonnen, wurde die Tribüne an Pfingsten 1950 eröffnet: „Zum ersten Male nach dem Kriege sah man den Sportpark Zabo wieder in festlichem Gewande. Während von den Flaggenmasten die Meisterschaftswimpel den sportlichen Ruhm des Clubs verkündeten, konnte sich die Sportwelt durch den Anblick des in allen seinen Bauwerken harmonisch aufeinander abgestimmten Platzgeländes davon überzeugen, dass die Vereinsleitung des Clubs im Laufe seines 50-jährigen Bestehens auch bestrebt war, eine ideale Sportstätte und damit bleibende Werte zu schaffen."

Architekt der Club-Tribüne war Franz Ruff (1906-1979), in Nürnberg ein bekannter Name. Sein 1934 verstorbener Vater Ludwig war von NS-Gauleiter Streicher als „des Führers zweiter Baumeister" gefeiert worden. Sohn Franz führte anstelle des Vaters Planung und Bau der gigantischen Kongresshalle der Nazis am Dutzendteich weiter, plante in der „Stadt der Reichsparteitage" das NSDAP-Gauhaus Franken (1937), die SS-Kaserne Frankenstraße (1939), das Hotel „Deutscher Hof" am Frauentorgraben (1939; Hitler hielt sich dort bevorzugt auf) und erhielt 1940 eine außerordentliche Professur an der Akademie der bildenden Künste. In der Entnazifizierung als „Mitläufer" eingestuft, trat Ruff als Architekt nach 1945 mit der Club-Tribüne, der des Bieberer Berg in Offenbach und Wohnungen für eine katholische Stiftung in Bamberg hervor.

Der Club baut schwarz...

Man hatte an alles gedacht beim 1. FCN, aber nicht vorhergesehen, dass im Wirtschaftswunderland die individuelle Motorisierung Einzug halten würde. Das Stadtplanungsamt ließ durchs Polizeipräsidium Ende 1950 feststellen, dass bei bedeutenden Club-Spielen am „Zabo" 1.000 bis 1.500 Fahrzeuge anrollen würden. Deshalb wollte die Stadt den Tribünenbau nur genehmigen, wenn gemäß der „Reichsgaragenordnung" für Parkraum für 2.000 Kfz gesorgt würde. Der FCN baute seine Tribüne daraufhin ohne Genehmigung und verdrängte die Parkplatz-Problematik trotz massiver Drohungen der Stadt.

Rechtlich genehmigt wurde der Tribünenbau am 12. April 1956 – da stand das 1950 eingeweihte Bauwerk bereits! Die 1.250 DM Gebühr für die Baugenehmigung konnte der Verein seinerzeit übrigens nicht leisten, er ließ die Schuld stunden. 1957 war der Club von der Parkraum-Schaffung befreit, weil festgestellt wurde, dass die Stadt die Forderung nach Kfz-Einstellplätzen erst nach dem Bau der Tribüne und damit zu spät erhoben hatte...

„Der letzte Jubel im „Zabo"

Die viel gerühmte Tribüne von Ruff hatte knapp über 16 Jahre Bestand. In der Abenddämmerung des 1. September 1966, so berichteten es die „Nürnberger Nachrichten" („NN"), „sank das Wahrzeichen der Sporthochburg Nürnberg

Frühes Flutlichtspiel am Zabo.

krachend in sich zusammen." Der Club-Vorstand mit Präsident Walter Luther an der Spitze war eigens vor Ort, um mitzuerleben, wie der erste Zerstörungs-Versuch missglückte. Man hatte die beiden mit Beton gefüllten Stahlsäulen, die das Dach stützten, mittels Schweißbrennern brüchig gemacht. Eine Zugmaschine, die wiederum von einer Planierraupe gehalten wurde, sollte mit 40 Tonnen Kraft die Tribünensäulen durch Stahlseile zum Einsturz bringen – so war man bereits beim Abriss des Kriegerdenkmals verfahren. Eine Sprengung hielt man für zu gefährlich, hatte das Dach doch ein Gewicht von 1.000 Tonnen; womöglich hätte ein naher achtstöckiger Hochhaus-Neubau durch den Luftdruck beschädigt werden können.

Der erste Versuch aber scheiterte, denn das einzige, was fiel, war die Stoßstange der Zugmaschine. Der Club-Vorstand verzog sich daraufhin erst einmal in ein nahes Gasthaus, verspeiste möglicherweise die delikaten „Sauren Zipfel" und trank Bier. Nachdem man die beiden Stahlsäulen weiter beschädigt hatte und als Stützen für die Zugmaschine noch zwei Kipplastwagen anrollten, knickten um 19.03 Uhr die Tribünen-Säulen ein. Das Dach stürzte auf die Sitzränge, Steinbrocken flogen meterweit und eine dicke Staubwolke hüllte alles ein. „Der letzte Jubel im Sportpark Zabo", meldeten die „NN". Im Frühjahr 1967 waren anstelle der Tribüne bereits Tiefgaragen, und wo des Clubs ganzer Stolz gewesen war, entstanden 687 Wohnungen.

Es war die 1963 eingeführte Bundesliga, die das Aus für den „Zabo" bedeutete. Beim Club war man sich einig, dass man fortan ausschließlich im Städtischen Stadion, dem heutigen Frankenstadion, spielen wollte. Der „Zabo" wurde für s eben Millionen DM als Baugrund verkauft, Ersatz war das heutige Gelände am Valznerweiher, das früher für die NSDAP-Reichsparteitage zur Verfügung stand. Dort wurde 1966 der Grundstein für das neue 1.-FCN-Gelände gelegt, das ein Heimatgefühl wie das alte Stadion samt Umfeld in Zerzabelshof aber nie vermitteln konnte.

Zuletzt fiel 1968 das Vereinshaus, ein imposanter Bau in der Kachletstraße 12, geschmückt mit Bildnissen der im FCN betriebenen Sportarten, die ein Kunstmaler geschaffen hatte. Die Bauakten im Archiv der Stadt Nürnberg berichten lapidar: „Das Gebäude ist beseitigt. Der Abbruch erfolgte im Oktober 1968."

Das war's gewesen mit dem „Zabo"! Verschwunden war der eindrucksvollste deutsche vereinseigene Sportpark, dessen Geschichte sie in der Club-Chronik stets mit goldenen Lettern schreiben sollten. Wer wissen will, wo der „Zabo" war, der suche auf dem Nürnberger Stadtplan die Heiner-Stuhlfauth-Straße, benannt nach dem legendären Nationaltorwart der Cluberer. Von dort und der Kachletstraße ausgehend bilden zwei Straßen ein Halbrund, innerhalb dessen einstmals die eine Hälfte des Stadionovals lag.   *sky*

▣ Stadion Niederrhein

„Den Namen der Stadt hinausgetragen"

Gäste-Anhänger, kommst Du nach Oberhausen ins Stadion Niederrhein, so wird Dir dort Besonderes widerfahren, einmalig für deutsche Stadien! Kehrt man nämlich in der sog. Kanalkurve dem Geschehen auf dem Rasen den Rücken, so kann man den zeitweise regen Schiffsverkehr auf dem Emscherkanal anschauen...

Eigentlich lag das für die 2. Liga wieder aufgefrischte Stadion eher abseits des eigentlichen Stadtzentrums, doch weil Oberhausen nun eine „Neue Mitte" besitzt, mit Arena und Einkaufszentren etc., ist es unverhofft in eine zentrale Lage gerückt.

Das Industriezentrum Oberhausen war 1901 selbständiger Stadtkreis geworden, zählte 1915 über 100.000 Bewohner und wollte sich wie andere Ruhrgebiets-Städte nach dem 1. Weltkrieg dem „Sportboom" nicht verschließen. „Es geht eine ungeahnte Sportbewegung durch unser Volk", erkannte der Vorsitzende des Stadtverbandes für Leibesübungen, Edmund Hendus, im Sommer 1919, als er die Stadt bat, „einen Sportmittelpunkt durch Erbauung eines neuzeitlichen Stadions zu schaffen". Folglich gilt der Rektor heute als „Vater des Stadions Niederrhein"; eine kupferne Gedenktafel auf der Stadion-Haupttribüne erinnert an den RWO-Ehrenvorsitzenden.

Die „Stadion-AG" kam nie zustande

Als Standort war erst der städtische Kaisergarten vorgesehen, dann entschied man sich für das Areal zwischen dem Rhein-Herne-Kanal und der regulierten Emscher im Norden Oberhausens. Angesichts des bereits begonnenen Duisburger Stadions wollte Oberhausen seine Arena auf die Sportvereine nördlich der Ruhr ausrichten, aber eine „Stadion-Arbeitsgemeinschaft" mit den Städten Hamborn, Sterkrade und Osterfeld kam 1920 nicht zustande.

Die Notstandsarbeiten fürs Stadion waren im Juli 1923 bereits genehmigt, konnten aber nicht beginnen, weil die Franzosen das Schloss Oberhausen und die Polizeibaracken im Osten des Stadiongeländes besetzten und das künftige Spielfeld für militärische Übungen benutzten. Nach den Plänen der Kölner Architekten Nußbaum und Wilkens, die bereits beim Bau des Wuppertaler Stadions mitgewirkt hatten, startete endlich am 27. Juni 1924 der Bau. 840 Arbeiter leisteten im Rahmen der „produktiven Erwerbslosenfürsorge" 87.800 Tageswerke; 600.000 RM steuerte die Stadt bei, 400.000 RM die Reichskasse.

Am 24. Mai 1926, aus Anlass des 25-jährigen Jubiläums von Oberhausen als kreisfreie Stadt, wurde Einweihung gefeiert. „König Fußball" war schon früher eingezogen: Am 28.2. spielten Duisburger SpV – Arminia Bielefeld, am 3.5. Duisburger SpV – SW Essen (3:2), um den dritten Westvertreter für die „Deutsche" zu ermitteln. Der Stadtverband für Leibesübungen (7.000 Mitglieder) bot zur Einweihung am Pfingstmontag Stil-Lauf und Massenchöre, das Arbei-

tersportkartell nahm ebenso teil wie Deutsche Turnerschaft und der amtierende Deutsche Fußballmeister 1. FC Nürnberg, der das Hauptspiel gegen eine Stadtauswahl 6:0 gewann. Auch die Franken staunten über eine repräsentative neue Sportanlage für 32.000 Menschen: 732 fanden auf der Tribüne Platz, weitere 2.106 auf nicht überdachten Holzsitzen, und anstatt Stehrängen mit Betonplatten hatte man „13 beraste Terrassen" geschaffen. Auf der Gegengerade war ein burgartiger Bau entstanden, dessen charakteristisches Uhrtürmchen erfreulicherweise bis heute erhalten blieb.

Oberbürgermeister Havenstein hatte die Bevölkerung in einer Anzeige aufgefordert, „durch reichliches Beflaggen der Gebäude den festlichen Charakter des Tages noch besonders zu betonen", doch fand der Aufruf kaum Resonanz. Für einen weiteren Misston sorgte eine Zigarettenfirma: „Eine üble Erscheinung war die Verteilung von Reklamezetteln auf dem Weg zum Stadion, das nachher durch das umherliegende Papier direkt verhunzt wurde" („Ruhrwacht").

„Lieber Wohnungen bauen!"

Oberhausen betrachtete das Stadion als Aufwertung der Stadt: „Wie ein Aschenbrödel lag Oberhausen jahrelang verkannt und unbeachtet unter den übrigen Städten des Industriegebiets. Der Masse war es nur bekannt als Eisenbahnverkehrspunkt, als Eisenbahnstation. Das ist nun anders geworden. Unser Stadion hat den Namen der Stadt hinausgetragen in weite Kreise, und bei zwei großen Kampfspielen konnten wir bereits Tausenden und Abertausenden zeigen, dass auch Oberhausen etwas zu bieten vermag. Oberhausen hat einen gewaltigen Schritt vorwärts gemacht auf dem Wege seiner Entwicklung" („Ruhrwacht").

(Foto: Stadtarchiv Oberhausen)

Das nette Uhrentürmchen steht seit 1926 auf der (heutigen) Gegengeraden.

Allerdings gab es auch Stimmen gegen den Stadionbau: Man hätte stattdessen lieber Wohnungen bauen sollen, hieß es 1924, denn „vielköpfige Familien schmachten jahrelang ohne Aussicht auf Hilfe in 1-2 Zimmerchen unterm Dach, im Kellerraum oder stallähnlichen Räumen."

Der Fußball war selbstverständlich ein Zuschauermagnet im Niederrhein-Stadion. 1927, bei der Begegnung CfR Köln – Schalke 04 (2:3, 15.000), teilte man die Stehplatzterrassen erstmals in Blöcke ein und staffelte die Eintrittspreise (am billigsten waren Kurven-Stehplätze). Es gab Auswahlspiele (1946 vor 30.000 Niederrhein – Hamburg 3:1), Begegnungen der Niederrhein-Meisterschaft (1946 RW Oberhausen – VfL Benrath vor 27.109 Zuschauern) und das von 38.572 Menschen besuchte Zonenmeisterschafts-Spiel Hamborn – HSV 1948 (0:1). Den Rekordbesuch stellten 44.631 Zuschauer in der Vorrunde der „Deutschen" bei Preußen Dellbrück gegen Offenbach (0:3) dar.

Der SC Rot-Weiß Oberhausen war damals an der Lothringer Straße auf dem „Rot-Weiß-Platz" (Zuschauerrekord 1933/34: 12.500 bei RWO – Speldorf 5:0) zu Hause. Der Styrumer Ballspielverein hatte die Anlage 1931 in die Fusion mit der SpVg Oberhausen eingebracht. Heute steht dort die Stadthalle. RWO nutzte das Niederrhein-Stadion zunächst nur für große Spiele und später regelmäßig: Oberliga-West-Zuschauerrekord des Vereins waren 31.200 am 24.9.1961 gegen Schalke (1:2), zum entscheidenden Bundesliga-Aufstiegsspiel gegen den Freiburger FC (0:0) 1969 kamen 30.000, in der Bundesliga waren 23.800 gegen Bayern München in der Saison 1971/72 Bestmarke. Zwar war in den RWO-Bundesliga-Jahren 1969 bis 1973 bei den Zuschauern stets Schalke Nr. 1 im „Pott", doch konnte der RWO-Schnitt in den ersten beiden Jahren mit Konkurrenten wie Duisburg, Dortmund und RW Essen mithalten. Erst in den letzten beiden Spielzeiten fiel man mit fast 12.000 und 6.735 Besuchern deutlich ab.

Daneben war das Stadion Hochburg des in den 50er Jahren populären Feldhandballs. Das erste deutsche Endspiel RSV Mülheim gegen SV Waldhof sahen über 25.000 und auch die Finals 1952, 1958, 1960 und 1961 (30.050 bei TuS Lintfort – TSV Ansbach) fanden ebenso wie drei Feldhandball-Länderspiele (WM 1955: Bundesdeutschland – Jugoslawien vor 21.487) statt. Dirt Track- und Speedway-Rennen der Motorradfahrer erreichten teils über 15.000 Zuschauer, Berufsboxer stiegen in den Ring, und

Das Niederrhein-Stadion heute. Über der Konventtribüne lugt die Spitze des Uhrentürmchens vor.

1963 stellte sich im Hockey-Länderspiel Indien vor. Fast 10.000 waren 1951 beim „Amerikaner-Sportfest" der Leichtathleten; Olympiasieger Parry O'Brien nahm die mit „RWO" gezeichnete Kugel mit zur Olympiade 1952 nach Helsinki.

Bundeswehr gegen Bergschäden
Allerdings ergaben sich mit der Zeit immer wieder gravierende Probleme: Das Stadion war zwar nicht auf Sand gebaut, aber über den Gruben und Gängen der Zeche Concordia. Immer wieder traten Bergschäden auf, die die Existenz des Niederrhein-Stadions sogar infrage stellten. Im November 1949 drohte die Haupttribüne einzustürzen, was durch die Errichtung von acht Betonpfeilern für 100.000 DM auf Kosten der Concordia verhindert werden konnte. Im Mai 1951 stellte man Schäden am benachbarten Freibad fest (30.000 DM Kostenaufwand), und im Februar 1952 lag der Wasserspiegel von Rhein-Herne-Kanal und Emscher so hoch, dass das Grundwasser gegen das Schwimmbecken und auf das Stadion drückte, dessen Südseite gegenüber der Nordseite immer mehr absank. Noch bis Juli 1968 bestand deshalb auf dem Fußballfeld ein Höhenunterschied von fast einem halben Meter! Dann rückten Bundeswehr-Pioniere an und beseitigten das Gefälle. Da die Stillegung der Zeche Concordia bevorstand, hoffte man, dass der Berg sich beruhigen würde.

Zum Bundesliga-Aufstieg 1969 hatte man das Stadion für 100.000 Mark modernisiert und im März 1970 die Flutlichtanlage geschaffen (1,4 Mio. DM, 50% Land NRW, 50% Stadt). 1978 war der Abbruch und Neubau der Arena im Gespräch, 16,4 Mio. DM hatte man ver-

anschlagt. Die „WAZ" meinte, Oberhausen hätte sich besser wie Düsseldorf, Köln und Dortmund 1968 als WM-Austragungsort für 1974 beworben und mit Mitteln von Bund und Land neu gebaut. Wegen erneuter Umbauarbeiten wich RWO in der Regionalliga-Spielzeit 1982/83 ins Ruhrstadion der Nachbarstadt Mülheim/Ruhr aus, wo man statt 720 Tribünenplätzen 3.000 anbieten konnte.

Nachdem RWO zeitweise tief gefallen war (1988 Lizenzentzug, 1989-93 Verbandsliga), ging das Stadion glücklicherweise nicht mit zugrunde, sondern präsentiert sich seit dem 2.-Liga-Comeback 1998 zweckmäßig und noch mit Kunststoffbahn. Wo die bescheidene Haupttribüne mit dem Uhrtürmchen war, ist nun die Konventtribüne (benannt nach Sponsor Konvent Bau und Boden AG), und auf der früheren Gegengerade steht die neue Haupttribüne. Die Anzeigetafel, frei stehend hinter der Gästekurve, war bereits erstklassig, nämlich in Leverkusen. *sky*

Stadion Niederrhein Oberhausen
ER: 1926. FV: 21.318; davon auf der Haupttribüne 2.033 üd. SiP und 1.000 üd. StP; auf der Konventtribüne 2.000 üd. SiP; je 8.500 StP in der Emscher-Kurve („RWO-Kurve") und der Kanal-Kurve.
ZR: 44.631, 18.6.50, Wiederholungsspiel Halbfinale Dt. Meisterschaft, Preußen Dellbrück – Offenbacher Kickers 0:3
Rechenacker 32, 46049 Oberhausen, Tel. 0208 / 25 730.

(Foto: Stadtarchiv Oer-Erkenschwick)

Das Stadion in Oer-Erkenschwick, als es noch „Hindenburg-Kampfbahn" hieß.

Oer-Erkenschwick

■ Stimberg-Stadion

Im Nebel der Zechenschlote

„Erkenschwick? Kannste vergessen – total schlechte Anbindung! Die haben ja noch nicht mal 'nen Bahnhof..." So oder ähnlich hört man gestandene Groundhopper klagen, wenn es darum geht, dem Stimberg-Stadion einen autolosen Besuch abzustatten.

Tatsächlich wurde Erkenschwick zu Zeiten der Oberliga West als „Nest ohne Bahnhof" tituliert (immerhin: 1969 wurde bei der nahen Zeche für 24 Stunden eine Art „Personenbahnhof" eingerichtet, um den Anhängern der Spielvereinigung eine Anreise zum Endspiel um die Deutsche Amateurmeisterschaft nach Krefeld zu ermöglichen!).

Zu groß konzipiert
Inmitten der Weltwirtschaftskrise während der Weimarer Republik entschloss sich die Stadt Erkenschwick zum Bau des Stimberg-Stadions in unmittelbarer Nähe zur Zeche „Ewald-Fortsetzung". Dort verdiente etwa der spätere Nationalspieler Horst „Schimmi" Szymaniak sein Geld als Bergmann. Der Verein war bis dato auf einem Platz an der Buschstraße (wurde später zugunsten von Wohnhäusern abgerissen) beheimatet. Die Stadt zollte dem rapiden sportlichen Aufstieg der „Stimberg-Knappen" Tribut, der in den späten 20er Jahren begann und die Spielvereinigung aufgrund stetig steigender Zu-

schauerzahlen veranlasste, die alte, 1918 in Eigenarbeit errichtete Heimstatt zu verlassen.

Das Stimberg-Stadion, das früher Hindenburg-Kampfbahn hieß und später seinen Namen nach der höchsten Erhebung im Vest Recklinghausen – einer Anhöhe namens Stimberg (156 m hoch) im Wald von Erk – erhielt, war bei einem Fassungsvermögen von ca. 25.000 Plätzen trotz der immerhin sechsjährigen Zugehörigkeit zur Oberliga West (1947 bis 1953) im Grunde zu groß für die Spielvereinigung. Zwar war die Arena zweimal ausverkauft (1948 im Oberliga West-Spitzenspiel gegen Schalke [0:2] und 1967 im DFB-Pokal-Achtelfinale gegen den FC Bayern München [1:3]) und wies zu Oberligazeiten häufig gut gefüllte Zuschauerränge auf (der damalige Schnitt lag bei respektablen 12.000). Doch insbesondere in den letzten Jahren verloren sich immer weniger Zuschauer im Stimberg-Stadion, wo 1969 bis 1974 die Regionalliga West und später die 2. Bundesliga Nord (1974-76, 1980/81) zu Gast waren.

Die zwischen Ruhrgebiet und Münsterland gelegene Stadt Oer-Erkenschwick, deren Einwohnerzahl von ca. 31.000 das Fassungsvermögen des Stimberg-Stadions nur unwesentlich übersteigt, lebte lange Zeit fast ausschließlich vom Untertagewerk und bezog ihre Lebensenergie vom lokalen Fußballklub. Während bereits 1943 der Sprung in die höchste Spielklasse, die Gauliga, unter dem Training von Schalkes Legende Ernst Kuzorra als großer Erfolg zu werten war, gelang es dem Verein insbesondere in der Nachkriegszeit beispielhaft, Werbung für seine kleine Stadt zu betreiben. Die Spielvereinigung war damals einer der ärgsten Rivalen der „Fußball-Könige" aus Gel-

senkirchen-Schalke, und auch Köln und Dortmund fürchteten stets den Gang zum Stimberg, dem der Ruf eines fanatischen Publikums und einer bis zum Umfallen kämpfenden Mannschaft vorauseilte.

Die in den 50er Jahren einsetzende Bergbaukrise und die damit einhergehenden Schließungen vieler Zechen im Ruhrgebiet sorgten jedoch für ein sukzessives Verschwinden vieler vom Bergwerk profitierender Vereine. Auch die Spielvereinigung nahm Abschied von der Bühne des „großen Fußballs". Der Doppel-Abstieg innerhalb der Jahre 1999/2000 aus der drittklassigen Regional- in die Verbandsliga bedeutet dabei zur Zeit „nur" den vorläufigen letzten Akt der sportlichen Talfahrt. Vorbei auch die Zeit, in der „Ewalds" Zechenschlote in unmittelbarer Nähe der Gegengerade unablässig ihren Rauch gen Himmel sandten und bei schlechter Windlage des öfteren das Spielfeld mitsamt Tausenden von Zuschauern einnebelten.

Noch Anfang der 70er Jahre war das Stadion ausgebaut worden. Es wurde eine für jene Zeit „piekfeine", von Kritikern jedoch als „schnieke" bezeichnete Tribüne mit einer Kombination aus überdachten Sitz- und Stehplätzen gebaut, wodurch das Fassungsvermögen auf 20.000 Plätze sank. Des weiteren wurden Drahtzäune installiert und rundum betonierte Stehtraversen errichtet, was insbesondere für das, allerdings nur einjährige Gastspiel in der 2. Bundesliga (1980/81) – zu dessen Gelingen übrigens ein Mittelfeldspieler namens Sönke Wortmann (heute Filmregisseur) seinen Teil beitrug – eine Grundvoraussetzung war.

Der einstige Ruhm ist inzwischen längst verblasst. Die Wahrscheinlichkeit, dass die traditionsreiche Spielvereinigung in den Niederungen der Verbandsliga Westfalen ihre mittelfristige Heimat gefunden hat, ist jedenfalls größer als die Möglichkeit einer Rückkehr zu den Erfolgen der ruhmreichen Vergangenheit. *Holger Hoeck*

**Stimberg-Stadion
Oer-Erkenschwick**
ER: 1930. FV: 20.000, davon 1.500 üd. SiP sowie 4.000 üd. und 14.500 unüd. StP.
ZR: je 22.000; Oberliga West 1948, SpVg Erkenschwick – Schalke 04, 0:2; und DFB-Pokal-Achtelfinale, 1967. SpVg Erkenschwick – Bayern München 1:3.
Stimbergstraße 175, 45734 Erkenschwick, Tel. 02368 / 14 62.

Offenbach

▩ Stadion am Bieberer Berg

„Politiker kann man ersetzen, den Bieberer Berg nicht!"

(Foto: Goll)

In der glanzvollen Vergangenheit der Kickers war der Bieberer Berg oft ausverkauft.

Zu den legendärsten deutschen Fußballarenen gehört Offenbachs Bieberer Berg mit seiner 80-jährigen Geschichte, seinen Mythen, Besonderheiten und seinem begeisterungsfähigen Publikum.

50 Pfennig für die Pariser

Erst die dritte offiziell verzeichnete Begegnung der am 27. Mai 1901 gegründeten Offenbacher Kickers war ein Heimspiel: Auf dem Friedrichsplatz gewann man das Rückspiel gegen den FC Bockenheim 1899. Die Balltreterei war noch nicht besonders populär, überall wurde man vertrieben. Doch „aller Achtung einer spießbürgerlichen Welt zum Trotz", wie es in einer frühen Jubiläumsschrift heißt, fand man Mittel und Wege, dem Fußball zum Durchbruch zu verhelfen. Am Wochenende schlichen sich die sportbegeisterten Buben weit vor die Tore Offenbachs, den Bieberer Berg hinauf, Motto: „Geh'n 'mer nuff uff'n Exer!" Auf dem 130 Meter ü. M. gelegenen Hügel an der Grenze zum erst 1938 eingemeindeten Bieber lag der Exerzierplatz des Großherzoglichen-Hessischen Infanterieregiments Nr. 168. Weil wochenends der militärische Betrieb ruhte, konnte man dort Fußball spielen.

1907 fand man eine andere Heimat. Ganz in der Nähe des Bieberer Berges, auf der „Heylandsruhe", neben der gleichnamigen Gastwirtschaft, wurde

für 5.000 RM (einen kleinen Teil stifteten Industrie und Handel) der neue Platz errichtet, umgeben von einem mannshohen Holzlattenzaun mit einem monumentalen Eingangstor. Das Einweihungsspiel ging gegen den damaligen Deutschen Meister VfB Leipzig mit 0:10 verloren. Am Pfingstsonntag 1907 verlangten die Kickers erstmals Eintritt: 800 Zuschauer zahlten jeweils 50 Pfennig, um dem 1:2 gegen Cercle d'Athletique de Paris beizuwohnen.

Während des 1. Weltkriegs ruhte der Spielbetrieb meist. Nach Kriegsende kündigte die Stadt den Platz an der „Heylandsruhe". Nach einem Bericht der „Frankfurter Rundschau" von 1954 soll es dort zu einem Brand gekommen sein: „Ein ,Pennbruder' steckte die Umkleideräume in Brand. Die ,Erste' saß gerade im Hotel ,Stadt Kassel' und eben wurde die Suppe aufgetragen, da stürzte ein Kickers-Anhänger herein und rief: ,Es brennt uff de Heylandsruh!' Man stürmte sofort auf den Platz. Aber es war nichts mehr zu retten." Da das deutsche Militär aufgrund der Kriegsniederlage in Auflösung begriffen und der ehemalige Exerzierplatz wieder frei war, erreichten die inzwischen 900 Mitglieder starken Kickers nach langen Verhandlungen mit Stadt und „Reichs-Militär-Fiskus" den Umzug dorthin.

Aus einer Speisehalle wurde die Tribüne

Ein Hauptfeld und zwei Nebenplätze entstanden neben dem Schießhaus. Heute noch wird das Stadiongelände zum Teil von der Schießhausmauer, einer alten Ziegelsteinmauer, begrenzt. Ältere Offenbacher bezeichnen das Tor vor der Stahlrohr-Stehtribüne als „Schießhaustor", weil es das Tor ist, das in der Nähe des alten Schießhauses lag.

In Wetzlar war eine Militär-Speisehalle billig zu haben. Die Kickers kauften sie und errichteten daraus sowie aus anderen Gebäuderesten des verlassenen Militärstützpunktes eine 1.200 Zuschauer fassende Holztribüne mit Umkleideräumen und einem Sportplatzkasino. Das „Hauptkampffeld" wurde „von einer Aschenlaufbahn umsäumt, die von einer Terrassenanlage zur Anbringung von Stehplätzen für eine große Zuschauermenge begrenzt wird" (Festschrift 25 Jahre OFC). Jene „Terrassenanlage" bestand aus aufgeschütteter Erde, die man besser auf dem kargen Boden des Platzes gelassen hätte. Dort lag nun ein Gemisch aus Sand und Kalk, das trotz vieler Mühen kein Gras aufkommen ließ. Der Platz galt als eine wahre Staub- bzw. Schlammwüste.

Die Platzeinweihung dieser für die damalige Zeit modernen Sportanlage fand am 29. Mai 1921 statt. Sie wurde eingeleitet durch ein Spiel der Gründungsmannschaften der Kickers und des Hanauer Fußballclubs 93 (2:3), danach folgte vor 12 000 das Spiel gegen Wacker München (3:5). Einen offiziellen Namen erhielt das Stadion nie, man nannte es schlicht „Bieberer Berg" oder „Kickers-Stadion". Am 12. Mai 1926 weihte man das Ehrenmal für die im 1. Weltkrieg umgekommenen OFC-Mitglieder ein; es steht heute noch links neben der Haupttribüne und ist um eine Inschrift für die im 2. Weltkrieg gestorbenen OFCler ergänzt worden.

In den 20er und 30er Jahren etablierten sich die Offenbacher als feste Größe im süddeutschen Fußball. Von 1939 bis 1944 errang man jeweils den ersten Platz in der jeweiligen Klasse. Aus dieser Zeit ist hinsichtlich der Stadionanlage nur der schlechte Zustand des Spielfeldes überliefert. Karl Keller, der in den Kriegsjahren als Torwart der A-Jugend Germania Biebers zwei Begegnungen gegen den OFC erlebte, erzählte über den berüchtigten Schlacke-Platz: „Bei starkem Wind hatte ich Mühe, wegen des aufwirbelnden Staubes das gegenüberliegende Tor zu sehen." Und wenn man Pech hatte, fuhr man als Gast auch mit einer schlecht heilenden Wunde heim: „Es tat ohnehin höllisch weh, wenn man sich auf diesem Platz verletzte, aber der feine Dreck in der Wunde tat sein Übriges, um die Partie noch länger in schmerzlicher Erinnerung zu behalten" (Keller).

Im September 1945 begann der Verein von neuem. Das Hauptfeld war inzwischen natürlich nicht besser geworden. „Aus dem städtischen Gaswerk wurde immer wieder die Schlacke aus verbrannten Kohlerückständen heraufgeschafft", erinnert sich Erich Müller, langjähriger Sportredakteur der „Offenbach Post"; „ein schlimmer Platz war das da oben!" Nachdem man bereits 1935 plante, „Spezialisten heranzuziehen", um den Sandboden durch einen „Rasenteppich" zu ersetzen, stand dieses Thema nun erneut auf der Tagesordnung.

Grassamen, made in England

Am 2. September 1949 war es dann soweit: Beeindruckend war der Anblick der frisch gemähten, grünen Rasenfläche, umgeben von ansteigenden Stehstufen. Trainer Paul Oswald war persönlich nach England geflogen, um den geeigneten Grassamen auszuwählen. 40.000 DM betrugen die Kosten für das Rasenfeld, das durch die Entfernung der Laufbahn fast auf das internationale Maß erweitert werden konnte. Nachdem man zuvor schon Eingangsbereich, Holzzäune und Umkleideräume saniert hatte, durften die Fußballer nun auch auf moderne Tore spielen: „Solche mit gebogenen Rohren an Stelle der viereckigen Holzmasten" („Offenbach Post"). Das Einweihungsspiel ging mit 2:4 gegen den HSV verloren. Man schätzte die Kapazität des neuen Stadions auf 40.000 Besucher.

Sicher lag es nicht nur am neuen Platz, doch es folgte das glanzvollste Jahrzehnt der Kickers-Geschichte. Noch in der Saison 1949/50 erreichte man als Dritter der Oberliga Süd das Endspiel um die Deutsche Meisterschaft in Berlin (1:2 gegen VfB Stuttgart). Bis zur Bundesligagründung 1963 sollten die Kickers zu den erfolgreichsten deutschen Mannschaften gehören – „die Kickers

spielen Fußball in seiner schönsten Form", formulierte die Heimatzeitung.

Schon 1952 errichtete man für die zahlreiche Anhängerschaft (in der Oberliga-Zeit 1945-1963 hatte der OFC einen Zuschauerschnitt von 11.500) eine komplett überdachte Stehtribüne. Vom ersten Spatenstich am 4. Mai 1951 dauerte es nur acht Monate bis zur Fertigstellung. „Die Tribüne ist 110 Meter lang, 19,50 Meter tief und 15 Meter über dem Spielfeld hoch", las man in den Klubnachrichten. „Über 120 Tonnen Betonstahl sind in 500 Tonnen Zement und 1.700 Kubikmeter Kies verarbeitet. Hinzu kommen 150 Kubikmeter Mauerwerk. Die ganz aus Beton hergestellte Dachfläche spannt über 2.250 qm. Die 3.300 laufenden Meter Betonstufen türmen sich auf einer 1.500 qm großen Tragdecke. Das auf der Baustelle eingesetzte Stahlrohrgerüst repräsentiert allein einen Wert von DM 70.000." Entworfen hatte das Bauwerk der ehemals auch von der NSDAP geschätzte Nürnberger Baumeister Professor Ruff. Die Hälfte der 400.000 DM Baukosten steuerte das Land Hessen mittels Totogeldern bei, die andere Hälfte zahlte der Verein in zehnjähriger Ratenzahlung ab. Den Platz unter den Terrassen nutzte man für Umkleide- und Duschräume und die Trainingshalle der Boxabteilung.

„Bei uns stehen Sie im Trockenen", warben die Kickers und eröffneten am 14. Dezember 1952 beim Punktspiel gegen den KSC (1:3) die ca. 10.000 Menschen fassende Stehtribüne. Der hessische Innenminister Heinrich Zinn schwärmte als Ehrengast: „Dieses Bauwerk ist in Deutschland, vielleicht sogar in Europa einmalig."

„Sogar aus Frankfurt kamen Autoschlangen"

Am Abend des 18. Juli 1956 füllten 20.000 erwartungsvolle Menschen den Bieberer Berg, die das erste Mal die Kickers in einem Nachtspiel erleben wollten. „Sogar aus Frankfurt kamen Autoschlangen", erinnerte sich der spätere OFC-Präsident Schultheis. Um 21.07 Uhr war es schließlich soweit: Die

Beleuchtung von Tribünen und Rängen erlosch, und nach einer kurzen Pause wurde die neue Vier-Masten-Anlage mit 96 Strahlern angeschaltet. „Die Notbeleuchtung ging aus, plötzlich herrschte Stille wie bei einem Messopfer", erinnert sich Karl Keller, „dann ging das Licht an, der grüne Rasen leuchtete unbeschreiblich intensiv, und die beinahe heilige Stimmung entlud sich mit vielen Ah's und Oh's und wuchs an zu einem donnernden Applaus." Fast nebensächlich war das 1:1 gegen Wacker Wien.

Die rund 100.000 DM teure Beleuchtungsanlage wurde als hochmodern gepriesen. Man nahm damit endgültig Abstand von der Idee, Lampen an Drähte zu hängen, die quer übers Spielfeld gespannt würden. An jedem der 22 Meter hohen Stahlmasten waren 24 Lampen angebracht, die Heimatzeitung rechnete das um auf 96.000 Kerzen. Der Erbauer, die Siemens-Schuckert AG, sprach von 80 Lux, die am Boden gemessen wurden.

Doch schon nach vier Jahren war die Anlage unbrauchbar geworden. Weil im Zuge des Sitztribünenneubaues das Spielfeld um „2x9 Meter" verlegt wurde, entstand ein „Lichtverlust um 50%" (Schreiben des Pächters OFC an den Eigentümer des Stadions, die Stadt Offenbach, 1960). Das Hochbauamt schlug zwar vor, die Masten „sollen eben 9 Meter nach vorne gerückt werden", aber da hatte der schildbürgerartige Fortgang der Ereignisse schon längst seine eigene Dynamik entfaltet. Die Baufirma hatte zwei Masten einfach abgesägt und es folgte eine jahrelange Auseinandersetzung, wie und zu welchem Preis die Masten wieder aufgestellt werden könnten.

Ein Jahr nach dem dramatischen Berliner Meisterschafts-Endspiel 1959 (3:5 n.V. gegen Eintracht Frankfurt) musste die altehrwürdige Holztribüne einer neuen Haupttribüne mit ca. 3.900 Sitzplätzen (Architekt wiederum Prof. Ruff) weichen. Auch dieses Bauprojekt war eine echte Lokalposse. Die städtische Bauaufsicht hatte schon 1959 die inzwischen 38 Jahre alte Holztribüne als „einsturzgefährdet" deklariert, woraufhin stützende Holzpfosten eingesetzt werden mussten. Ein Neubau aber konnte nicht vonstatten gehen, weil sich die zuständigen Herren der Stadt um ca. 1,5 Mio. DM vertan bzw. genauer gesagt verschätzt hatten.

Im Juni 1960, pünktlich zum Saisonende, wurde nun also die alte Tribüne abgerissen. Der Neubau schritt zügig voran, weil in großer Anzahl Stahlbeton-Fertigteile verwandt wurden. Dennoch musste der angepeilte Einweihungstermin einige Male verschoben werden. Die attraktiven Heimspiele der

Für die Bundesliga 1968 errichtete man am Bieberer Berg eine etwas gewagt anmutende Stahlrohr-Tribüne.

beginnenden Oberliga-Saison 1960/61, wie das Derby gegen die Eintracht, wurden im Frankfurter Waldstadion ausgetragen, wo man auch prompt 2:1 gewann. Gegen weniger zugkräftige Gegner spielte man auf der Baustelle Bieberer Berg und verzichtete auf den Verkauf von Sitzplätzen. Schließlich dauerte es bis zum 6. November, bis die Tribüne bei der Partie gegen Bayern München (5:2, 18.000) für das Publikum endgültig freigegeben wurde.

„Ob das Ding 5.000 aushält?"

Nachdem die Kickers 1963 bei der Bundesliga-Gründung benachteiligt wurden und hingegen der ewige Rivale Eintracht Frankfurt aufgenommen wurde, schafften die Offenbacher 1968 im dritten Anlauf den Aufstieg. Rechtzeitig zum Saisonstart am 24. August 1968 erweiterte man nochmals die Stehplatzkapazität: In wenigen Tagen war auf einem Wall hinter den Stehplätzen (die Erde lieferte die Baugrube des Rathauses) die Stahlrohrtribüne auf der Seite des Schießhaustores montiert. Unter den Augen des holländischen Erfinders dieses Tribünen-Baussystems und von Bundestrainer Schön gewannen die Kickers vor 32.000 mit 2:1 gegen den 1. FC Nürnberg. Den 5.000 Zuschauern, denen sich von der 300.000 DM teuren Tribüne aus Teakholz und Stahl ein „herrlicher Blick" bot, war es anfangs doch ein wenig mulmig: „Mit leichter Beklemmung betrat so mancher Zuschauer die neue Stahlrohrtribüne. Auf vielen Gesichtern stand die Frage zu lesen: ‚Ob das Ding auch 5.000 Zuschauer aushält?'. Nun, es hielt." („Offenbach Post").

Die Gesamtkapazität des Stadions Bieberer Berg betrug nun ca. 34.000 Zuschauer, denn auf Haupttribüne und Gegengerade waren noch ca. 2.000 neue Sitzplätze entstanden. Die Zuschauerränge trennte man erstmals mit einem 1,80 Meter hohen Zaun (Auflage des DFB) vom Spielfeld.

Zwei gute Sterne überm Kickersplatz

„Mögen diese zwei Scheinwerfer immer wie zwei gute Sterne über dem Kickersplatz leuchten", wünschte sich Stadtrat Buckpesch, als am 19. September 1968 „auf dem Berg" die hellste Flutlichtanlage Europas eingeweiht wurde. Vergleichbare Anlagen existierten nur in der Schweiz, Türkei und in Jugoslawien. Die beiden Masten erzeugten mehr als 500 Lux, was dem Licht von ca. 300.000 Glühbirnen entsprach. Man sprach sogleich vom neuen „Wahrzeichen Offenbachs" und überschlug sich in Superlativen: „Die 70 Meter hohe Anlage wurde im „so genannten ‚Stehaufmännchen-Prinzip'

Von der Stimmung her noch immer erstklassig: der „brennende Berg".

konstruiert und könnte selbst von Stürmen mit 160 Stundenkilometern nicht umgeworfen werden" („Frankfurter Neue Presse"). Zur Einweihung kamen 1860 (2:3) und ca. 33.000 Zuschauer, was nach Ansicht vieler Experten den Rekordbesuch am Bieberer Berg darstellte.

Auch Real Madrid reiste zu einem Abendspiel an. Trainer Miguel Munoz, ehemaliger spanischer Nationallinksaußen, brüskierte allerdings die auf ihr Flutlicht so stolzen Offenbacher. „Das wirft doch Schatten", monierte er bei der obligatorischen Platzbegehung vor dem Spiel mit dem Präsident Horst Gregorio Cannelas. „Ein erstklassiges Flutlicht darf keine Schatten werfen!", fuhr er fort, und unterstrich seine Worte gestenreich. Trotz des Einwands des Trainers der „Königlichen" sollte das Flutlicht noch lange das Markenzeichen des Bieberer Berges sein. Spieler und Publikum schrieben ihm sogar magische Wirkung zu, unter Flutlicht galten die Kickers als unschlagbar. Borussia Mönchengladbach lehnte es im DFB-Pokal im September 1994 ab, gegen die damals drittklassigen Kickers unter Flutlicht zu spielen, „weil man ja weiß, was dann dort für Kräfte freigesetzt werden."

Der höchste Berg in Deutschland

Aus der Zeit 1967 bis 1972 muss der Witz stammen: „Der höchste Berg in Deutschland ist der Bieberer Berg: Man braucht dort ein Jahr zum Auf- und ein Jahr zum Abstieg!" Damals stieg der OFC zweimal ab und dreimal auf, bis es gelang, vier Jahre hintereinander (1972-76) in der Bundesliga zu spielen. Das führte zu hoch fliegenden Plänen rund um Offenbachs höchste Erhebung. 1972 forderte der damalige OFC-Präsident Leo Böhm den Ausbau der Arena auf

40.000 Zuschauer mit der Begründung, dass man nach der WM 1974 in Deutschland mit einem allgemeinen Anstieg der Zuschauerzahlen um 20 bis 25 Prozent rechne.

Im April 1973 „setzten sich die Kickersfans in der SPD-Stadtverordnetenfraktion durch", wie es die „Frankfurter Rundschau" formulierte, und stimmten einem Neubau einer 3.062 Personen fassenden Sitztribüne auf der Bieberer Seite (Ost) zu. Einziger Haken war bei 1,7 Mio. DM Baukosten wegen der chronischen Knappheit im Geldsäckel der Stadt die Finanzierung. Da in Offenbach kaum Geld vorhanden war, um soziale Einrichtungen auszubauen, konnte man es sich schwerlich leisten, dem Fußballverein derartige Projekte zu finanzieren. Schließlich erklärten die Kickers, sie würden die Tribüne bis 1976 vorfinanzieren, danach steige die Stadt in die Verpflichtungen ein „Wie, wurde jedoch nicht verraten." („FR" 1973).

Am 29. Oktober 1973 eröffnete die in vier Monaten gebaute 4.000-Plätze-Tribüne zum Spiel gegen Eintracht Frankfurt. Der offizielle Name des Bauwerks lautete „Südost-Tribüne", die meisten Kickers-Fans nannten sie aber „Orion-Tribüne", wegen der sichtbaren Präsenz der Werbeschilder jener TV-Firma. Die Tribüne wurde oberhalb der bestehenden Stehränge am „Schwarzen Weg" errichtet, so dass diese erhalten blieben. An der Betondecke wurden Heizstrahler montiert, um den Sitzplatz-Nutzern im Winter mehr Komfort zu bieten. Die Ansichten darüber, warum diese jedoch nicht all zu oft in Betrieb genommen wurden, gehen auseinander. Wahrscheinlich war die Technik nicht ausgereift und die Stromkosten waren zu hoch.

„Rettet den Bieberer Berg!"

Es folgte die lange Zeit in der 2. Liga 1977 bis 1985 (Ausnahme Bundesliga 1983/84), dann der Abstieg in die Oberliga Hessen. Nach zweijährigem Aufbäumen (1987 – 89) verschlug es den OFC wegen eines äußerst umstrittenen Lizenzentzuges für zehn Jahre ins Amateurlager. Nun geschah in baulicher Sicht im Stadion lange Zeit nichts mehr. Schlimmer noch, die Stadt dachte sogar über den Abriss nach. Man wollte das Gelände an einen Privatinvestor verkaufen, der dort ein Freizeitzentrum plante. Doch die Initiative der „Offenbach Post" „Rettet den Bieberer Berg" sowie heftige Proteste seitens der Anhängerschaft („Fußballfans sind auch Wähler", „Politiker kann man ersetzen, den Bieberer Berg nicht!") verhinderten diesen Frevel. Die Stadt übergab im Frühjahr 1992 das Stadion dem OFC in Erbpacht, der jährliche Zins war mit 37.000 DM veranschlagt. Zum jährlichen Unterhalt gewährte sie einen Zuschuss von 120.000 DM, doch allein die jährlichen Betriebskosten beliefen sich auf 900.000 DM. Von den geschätzten Sanierungskosten in Höhe mehrerer Millionen ganz zu schweigen.

Damit schlug die Stunde der Fans, Mitglieder und Gönner. Mit den Geldern der Aktion der „Offenbach Post" wurde das Dach der Haupttribüne 1993/94 saniert. Die Sitzreihen brachten 80 Fanklub-Mitglieder 1995 in Ordnung. Dank einer Initiative des Fanklubs „Wetzlarer Elite" entstand ebenfalls 1995 der übergroße OFC-Schriftzug auf der Süd-Ost-Tribüne. An die 2.000 verschieden farbige Schalensitze mussten dafür ummontiert werden. Im Juli 1997 wurde von Mitgliedern des Fanklubs „Nordend" der komplette Stadionzaun rotweiß gestrichen. Die Erweiterung des Stehplatzbereiches erfolgte an einem spielfreien Wochenende im März 1998: Die vermoderten Holzbänke wurden von OFC-Anhängern abgerissen und die Trennzäune zum früheren Sitzplatzbereich innerhalb des Blockes entfernt.

„Der Berg brennt"

Die Anhänger der Kickers waren es auch, die mittels bengalischer Fackeln das später vom Verein als Slogan vermarktete „Feeling Bieberer Berg" schufen. „Der Berg brennt", hieß es in Spielankündigungen, und wer die rotweiße Nebel- und Feuershow einmal gesehen hatte, den ließ der Bieberer Berg nicht mehr los. Obwohl die „Bengaloshows" seitens der Fans mit hoher Eigenverantwortlichkeit durchgeführt wurden und es zu keinerlei Verletzungen oder ähnlichem gekommen war, unter-

sagten die Stadtherren im Frühjahr 1999 mittels einer „Gefahrenabwehrordnung" die Aktionen.

Anlässlich des 60-jährigen Geburtstages des Vereinsidols Hermann Nuber am 10. Oktober 1995 stiftete der Hauptsponsor Portas dem OFC eine Büste mit dem Konterfei des Kicker-Idols, die unmittelbar neben der Geschäftsstelle auf einen Sockel gestellt wurde. Schon 1968 anlässlich des ersten Bundesligaaufstieges hatten begeisterte OFC-Anhänger die Bieberer Straße, welche aus der Stadt zum Bieberer Berg hinaufführt, mittels eigens angefertigter Straßenschilder in „Hermann-Nuber-Allee" umgetauft.

In der Zeit der Dritt- und Viertklassigkeit herrschte beim OFC Ebbe in der Kasse, das Stadion verfiel zusehends, und man tat nur das Allernötigste. Eine Aktion „Bausteine für die Stahlrohrtribüne" wurde ins Leben gerufen, brachte ein paar tausend Mark und wurde so zwar nicht zum Erfolg, aber zum Dauerthema in der Anhängerschaft. Die marode Tribüne – einzige unüberdachte Seite des Stadions – musste Mitte der 90er Jahre wegen Baufälligkeit gesperrt werden und harrte ihrer Renovierung. Am „Abriss" versuchten sich dann im Mai 1999 gewalttätige Anhänger Waldhof Mannheims, als sie die Tribüne erkletterten, um Holzplanken herauszureißen und auf die unter ihnen stehenden Offenbacher Zuschauer zu werfen. Zum Saisonstart 1999 hatte man die Stahlrohrtribüne mit meterhohen Gittern in ein unansehnliches Gebilde verwandelt.

Die Anzeigetafel, ein Traum von Kickers-Manager Klaus Gerster, schaltete man nach langem Hin- und Her erstmals am 10. September 1999 gegen Hannover 96 (0:2) ein. Vorausgegangen war eine zweieinhalbjährige Planungs- und Installationsphase. Der OFC hatte die abmontierte Anzeigetafel von Werder Bremen zu einem „Schnäppchenpreis" erworben und lagerte sie erst einmal auf dem weitläufigen Stadionareal ein. Nachdem das Fanmagazin „ERWIN" in einer Voraussicht auf die nächsten Spiele von einer manuellen Anzeigetafel phantasiert hatte, die der Manager persönlich bedienen könnte, schmiedeten Mitglieder des Fanklub „Soccer Boys" einen Plan. In einer Nacht- und Nebelaktion bauten sie eine Anzeigetafel aus Holz mit Nummerntafeln zum Auswechseln, montierten sie ans Gerüst der Stahlrohrtribüne und zeigten beim Spiel gegen die Karlsruher SC-Amateure am 8. Mai 1998 das Ergebnis an. Die Holztafel existiert übrigens noch und leistet den Amateuren des OFC auf dem Nebenfeld gute Dienste.

Die Geschichte von der „Senfkurve"

Anlässlich des lang ersehnten Aufstieges 1999 in die 2. Bundesliga war man seitens diverser DFB- und polizeilichen Sicherheitsauflagen angehalten worden, Geld in Stadionumbauten zu investieren. Netze kamen hinter die Tore, eine neue Lautsprecheranlage wurde installiert und die Stahlrohrtribüne in Windeseile instand gesetzt. Leider entstand auch ein durch meterhohe Zäune in acht Teile zerstückelter Stehplatzbereich, in dem je nach Bedarf die Gästefans Platz finden. Die schöne alte Sitte eines Teils der OFC-Fans, sich je nachdem, auf welches Tor die Heimmannschaft spielt, hinter dieses zu stellen und dann in der Halbzeit hinüber zu wechseln, ist inzwischen aus „Sicherheitsgründen" weitgehend unterbunden worden. Diese Maßnahmen läuteten auch das Ende für den legendären Treffpunkt „Senfkurve" (jetzt: „W 4" für Westkurve 4) ein. Die „Senfkurve" – benannt nach dem überlieferten Ereignis, dass dort ein übermütiger Anhänger des FSV Frankfurt von einem Offenbacher einen gefüllten Senfeimer übergestülpt bekam – ist nun eingepfercht zwischen Polizeieinheiten und Zäunen. Zumindest der große Baum, der mitten auf dem Rang wächst, und der Imbissstand sind noch da, und man kann nur hoffen, dass dieses auch noch diversen Bestimmungen und Modernisierern zum Opfer fällt.

Dennoch existiert das seit Jahrzehnten bestehende Flair des Bieberer Berges mit all seinen Mythen und Eigenarten weiter. Hier stehen die Zuschauer auf Rufweite zu den Akteuren. „In Offenbach ist das Publikum für acht, neun Punkte pro Saison gut", meinte einst Bruno Hübner, der damalige Coach des SV Wehen. Will an einem hellen Sommerabend das Tor für den OFC einfach nicht fallen, forderte man von den Rängen schon mal lautstark „Flutlicht an!", und auch den Wind, den „Bieberer Berg Roar", der am ehesten Samstagnachmittag gegen kurz vor 17 Uhr auftritt und aus Richtung Bieber weht, gibt es noch. Mit seiner Hilfe und den Zuschauern, denen ihr Stadion womöglich fester ans Herz gewachsen ist als immer schneller wechselnde Mannschaftskader, konnte schon mancher übermächtige Gegner in die Knie gezwungen werden. *Volker Goll*

Stadion Bieberer Berg Offenbach
ER: 1921. FV: 30.500, davon 6.906 üd. SiP, 8.200 üd. StP und 15.394 StP. ZR: 33.000, 19.9.1968, Bundesliga, Offenb. Kickers – 1860 München 2:3. Bieberer Str. 282, 63071 Offenbach, Tel. 069 / 98 19 010.

■ VfB-Stadion Donnerschwee* / Stadion am Marschweg

„Die Hölle des Nordens"

(Foto: Grüne)

Sichtbare Reste einer Legende: das einstige VfB-Stadion Donnerschwee.

Eigentlich erfüllt Oldenburg alle Voraussetzungen, um im Fußball an renommierter Stelle mitzuspielen: Die Stadt zählt 155.000 Einwohner und besitzt ein entsprechendes Umland, der VfB steht für über 100-jährige Tradition, es gibt eine lebendige Fanszene und die dem Bündnis Aktiver Fußball Fans (B.A.F.F.) angeschlossene Oldenburger Faninitiative (OFI), zudem ein geeignetes Stadion am Marschweg.

Aber wie das nun mal so ist: Für Weiteres müssen Verein und Mannschaft sorgen, und in dem Punkt ist es zuletzt schlecht gelaufen. Die positivste Nachricht jüngerer Zeit vom Niedersachsen-Oberligisten vernahm man am 8. August 2000, als der Verein nach Beendigung des Insolvenz-Verfahrens schuldenfrei war.

Stadion-Ruine Donnerschweestr. 210
Die Spielstätte des VfB, das Städtische Stadion am Marschweg, ist kein reines Fußballstadion, weshalb die Sehnsüchte sämtlicher Oldenburger Fußballfreunde und Auswärtiger jener engen Arena gelten, die als „Hölle des Nordens" einen formidablen Ruf erwarb. Unvergessen ist es, das VfB-Stadion Donnerschwee, und so taucht es auch im Vereinssong des VfB-Fanklubs „Fuzzy Wombatz" auf:

„Wir sind die Macht vom Marschweg
mit dem Geist von Donnerschwee."

Jede und jeder, die das auch „Klein St. Pauli" genannte Stadion erlebt haben, schwärmt in den höchsten Tönen. Eng war es dort, atmosphärisch, Fußball-Nostalgie pur! Man sagt, die Zuschauer dort hätten „dem Linienrichter auf der Schulter" gesessen, betrug doch der Abstand vom ersten Stehrang zur Außenlinie allenfalls anderthalb Meter. Rainer Zobel, damals Trainer der Stuttgarter Kickers, von SAT.1 befragt, ob er solch' eine Stimmung wie beim FC St.Pauli am Millerntor schon einmal erlebt hätte, antwortete dem Reporter mit einer Frage: „Waren sie schon mal in Oldenburg, am Donnerschwee?"

Es gibt ihn noch, den Donnerschwee, doch ist er nur noch Ruine, dem Vandalismus preisgegeben, und die örtliche Graffitti-Szene hat sich dort ausgiebig verewigt. Doch der Reihe nach: FC Oldenburg 1897 und FV Germania 03 hießen die Vorläufer des 1919 gebildeten VfB. Der FC kickte von 1899 bis 1903 im Innenraum der Radrennbahn, die sich exakt an der Stelle befand, wo derzeit noch das VfB-Stadion steht. Die Bauernschaft Donnerschwee gehörte zum Oldenburger Nachbarort Ohmstede, der 1933 in die Stadt eingemeindet wurde. Es war die Germania, die 1908 am Ort der Radrennbahn neben der Klosterbrauerei einen eigenen Platz schuf, der ab 1919 vom Fusionsverein ausgebaut und 1920 gekauft wurde: „Die

Herstellung der Spielfeldumzäunung, die Aufstellung der Holzplanken, der Einbau einer Treppe und die Errichtung einer überdachten Tribünenanlage ist von wesentlicher Bedeutung, weil ohne sie Wettspiele mit größerer Einnahme kaum herbeizuführen sind" („Nachrichten für Stadt und Land" 1921).

Am 14. August 1927 eröffnete „die neue VfB-Kampfbahn" mit dem V. Sportfest, dessen Attraktion auf Oldenburgs erster Aschenlaufbahn „der fliegende Doktor" war, Mittelstrecken-Weltrekordler Dr. Otto Peltzer Die Fußballer folgten am 28. August mit der Begegnung VfB – Hamburger SV (5:10). Von 1920 bis 1937 besaß der Verein zudem die nahe Wirtschaft „Grüner Hof", bis zum Abschied vom Donnerschwee traditionelle Einkehrstätte der VfB-Anhänger.

Anfang der 30er Jahre aber waren die Verhältnisse am Donnerschwee bereits wieder unzureichend, weshalb man 1931/32 unter Einsatz arbeitsloser Mitglieder die Kampfbahn gründlichst sanierte und einzäunte, da der Klub zeitweise mehr Zaungäste als Zuschauer hatte. 1942/43 durfte der VfB dort in der höchsten Liga, der Gauklasse Weser-Ems, mitspielen, ein wenig erfreuliches Spieljahr lang (0:14 zu Hause gegen Sportfreunde Bremen, 0:17 bei den Marinesoldaten von Wilhelmshaven, nur ein Erfolg glückte)

Bei Kriegsende 1945, so berichtet es VfB-Chronist Matthias Schachtschneider, glich der Platz „einem Schlachtfeld, durchzogen von Splittergräben, umgeben von eingestürzten Böschungen und fehlender Einfriedung sowie ohne Grasnarbe. Die Stehtribüne aus Holz, die Straßenplanken, die gesamte Holzbaracke und die Spielfeldeinfriedungen waren von den Bewohnern des Lagers ‚Unterm Berg', den Ärmsten unter der Bevölkerung Oldenburgs, verheizt worden" (das erwähnte Lager der Deutschen Arbeitsfront war 1942 auf zwei Sportplätzen entstanden, die der VfB abgeben musste. Im sog. „Lettenlager" waren in der NS-Zeit ausländische Zwangsarbeiter und nach Kriegsende „Displaced Persons" untergebracht).

An Fußball am Donnerschwee war beim 1945-46 SV Blau-Weiß genannten Verein vorerst nicht zu denken, weshalb er Gast auf dem früheren Richthofen-Platz (Schließenstraße), dem GEG-Platz und dem VfL-Platz an der Alexanderstraße war. Nach intensivster Arbeit – die Stadt hatte u.a. 2.000 Luftschutz-Betonplatten zur Verfügung gestellt – konnte das VfB-Stadion (Kampfbahn hieß es nur nicht mehr) am 7. August 1949 wieder eröffnet werden. Aus den „Vereinsmitteilungen": „Eigentlich ist

Das Städtische Stadion am Marschweg in Oldenburg.

Sommer 1975 Schalke 04 (0:6, 12.000), im Januar 1981 im Achtelfinale Eintracht Frankfurt (4:5, 22.000). In jener Spielzeit kam auch Werder Bremen zum Donnerschwee und gewann im Zweitliga-Punktspiel vor 18.000 mit 3:0. Und 1966 gab es sogar ein Flutlichtspiel am Donnerschwee – sechs Lichtmasten, 24 Glühbirnen à 2.000 Watt, 24 Quecksilberlampen –, der VfB besiegte die German-Hungarians New York 10:1.

Regionalligist VfL am Marschweg

Der Abschied vom Donnerschwee bedeutete den Umzug zum Marschweg, wo 1951 das Städtische Stadion eröffnet worden war. Nachdem bereits in den 30er Jahren Planungen existierten, war am 9. Februar 1948 Baubeginn und am 8. Juli 1951 Einweihung. 1960 kam eine teils überdachte Tribüne mit 2.000 Sitzplätzen hinzu, das offizielle Fassungsvermögen belief sich auf 25.000. Auch dort spielte übrigens einmal die Regionalliga Nord, das war 1963/64, als der Lokalrivale VfL Oldenburg dieser Spielklasse angehörte und nach einem Jahr infolge des schlechteren Torverhältnisses gegenüber Concordia Hamburg absteigen musste. Der Neuling besaß anfangs erstaunliche Zugkraft, registrierte er doch in den ersten drei Spielen – u.a. 10.000 beim 3:2 gegen St. Pauli und 20.000 im Derby, das 3:3 endete – 35.000 Besucher, aber der Boom ging vorüber, der Schnitt lag schließlich bei 3.212 (VfB: 4.206).

Am Marschweg genoss der VfB dank städtischen Entgegenkommens ein Gratis-Spielrecht. 1991/92 machten sich die Oldenburger unter Trainer Wolfgang Sidka auf, den größten Erfolg der Vereinsgeschichte zu verwirklichen. Aus eigener Kraft hatte man den Bundesliga-Aufstieg erreicht, doch patzte St. Pauli zu Hause mit dem 0:0 gegen Uerdingen, das dann aufstieg. Ausgerechnet St. Pauli, wo doch der VfB durch seinen Vize und Ex-Vertragsspieler Klaus Baumgart (der „dicke Klaus" vom Gesangsduo „Klaus und Klaus") den Pauli-Fans per Nadel die Ehrenmitgliedschaft verliehen hatte, weil sie am Millerntor beim ungerechtfertigten Platzverweis eines Oldenburgers den Schiedsrichter ausgepfiffen hatten und das Musterbeispiel eines fairen Publikums ablieferten. Der Besucherschnitt am Marschweg lag 1991/92 bei ca. 10.000 und wird fälschlicherweise als Vereinsrekord angegeben – siehe oben, Oberliga Nord 1949/50.

Das nahe der A 28 gelegene Stadion am Marschweg samt Leichtathletik-Anlagen hat die Stadt 1995-96 für 8 Mio. Mark modernisiert, was vor allem dem markanten Tribünenbau (7,4 Mio. DM),

es kein neuer Platz, es ist nur der alte, aber in ganz neuem Gewand. Niemand wird ihn wiedererkennen. Aus der Sandwüste ist grüner Rasen geworden, Steintribünen und Sitzplätze geben über 10.000 Zuschauern gute Sichtmöglichkeit." Wesentlichen Anteil an der Wiederherstellung hatte „Oldenburgs Sportvater" Wilhelm Wübbenhorst (1888-1958) als Vereinsvorsitzender, ehemals SPD-Landtagsabgeordneter und Arbeitersportler, der kurioserweise in der NS-Zeit als „Dietwart" für die Vermittlung nationalsozialistischen Gedankenguts zuständig war.

Zuschauerschnitt fast 12.000

Just zur Stadion-Fertigstellung erreichte Oldenburg die Oberliga Nord, in der fortan beachtliche Besucherzahlen vom Donnerschwee gemeldet wurden: Je 20.000 sahen ein 1:0 des VfB gegen den Hamburger SV im Oktober 1949 und das 2:1 über den FC St. Pauli im März 1950, 18.000 (nach anderen Angaben 22.000) waren beim 0:1 gegen den HSV im Januar 1955 zugegen. Der Zuschauerzuspruch jener Oberliga Nord-Saison 1949/50 mit einem Schnitt von 11.533 sollte nie wieder übertroffen werden. Erstmals wich der VfB ins Stadion am Marschweg aus, als dort 1960 der Deutsche Meister Hamburger SV gastierte und es vor 32.000 ein 1:1 gab.

In der Regionalliga Nord waren die Donnerschweerer, die seit 1958 eine 500-Plätze-Sitztribüne besaßen, ab 1963 bis auf ein Jahr mit von der Partie, doch nahmen die Besucherzahlen ab und die Schulden zu, weshalb der Vorsitzende Paul-Friedrich Boschen 1982 angesichts von 350.000 Mark Defizit das Stadion für 3,5 Mio. Mark an Baufirmen veräußern

wollte. Außerdem plante er, die Fußball-Abteilung mit eigenem Etat aus dem Gesamtverein herauszulösen und ins Stadion am Marschweg umzusetzen. Resultat war ein Sturm der Entrüstung, die Fußballer beschuldigten Tennis- und Bowlingfreunde, das Gelände „versilbern" zu wollen, Boschen trat zurück (1984 wurde er Ehrenvorsitzender).

Im Februar 1990 kam dann doch das Aus für das altehrwürdige VfB-Stadion, als es für 2,8 Mio. an einen Investor verkauft wurde, nachdem der Vorsitzende Klaus Berster erklärt hatte: „Der Fußball ist der Ruin des Vereins." Ende desselben Jahres beschloss eine außerordentliche Mitgliederversammlung, 800.000 DM für den Rückkauf des Donnerschwee einzusetzen, wenn die Stadt denn bereit sei, in den kommenden zwei Jahren dort mindestens 5 Mio. für die Renovierung einzusetzen. Daraus wurde nichts, und so ging die Geschichte des VfB-Stadions unspektakulär zu Ende.

Das (vor-)letzte Spiel war vor 10.000 ein 2:2 gegen den SC Freiburg in der 2. Bundesliga, es folgte ein nicht angekündigtes Freundschaftsspiel des VfB, danach bemächtigten sich „Bunte Liga" und Punks des Areals. Dessen Zukunft ist bei Drucklegung ungewiss, ein Bremer Immobilienhändler hat es aufgrund finanzieller Probleme weiterverkauft.

Die Finanz-Misere war entstanden, obwohl dem VfB Oldenburg fast regelmäßig attraktive DFB-Pokal-Gegner beschert wurden. Im Januar 1968 gastierte Borussia Dortmund (2:3 nach 2:0 bei Halbzeit, 17.000 Zuschauer), Ende 1973 Borussia Mönchengladbach (0:6, 30.000 am Marschweg), im Herbst 1974 der 1. FC Köln (2:6, 9.000 am Marschweg), im der 4.600 überdachte Sitzplätze bietet, zugute kam (zuvor existierten 2.000 Sitzplätze). Da die Tribüne nach hinten und an den Seiten offen ist, gilt sie allerdings nicht als Idealkonstruktion. Die Nordkurve mit ihren beiden Graswällen ist noch nicht ausgebaut, was die Anhänger in der Erfolgssaison 1991/92 nicht hinderte, sie nach einer kleinen Klettertour zu besetzen.

Letztlich seien noch einige Spieler genannt, die in den Oldenburger Stadien ehemals aufliefen: „Fiffi" Gerritzen war dabei, der später Preußen Münsters „100.000-Mark-Sturm" vervollständigte und Nationalspieler wurde; Torjäger Ernst „Ötti" Meyer; Ex-Nationalspieler Erich Hänel (1954 mit 40 Jahren ältester westdeutscher Vertragsspieler); Mirko Votava; Goalgetter Radek Drulak und die Brüder Jörg und Henning Butt, beide Torhüter. Erinnern möchten wir aber an dieser Stelle vor allem an Jerzy Hawrylewicz aus dem polnischen Szczecin. Der Zweitliga-Profi und Stürmer erlitt 1992 im Verbandsliga-Spiel VfB II – HSC Hannover einen Herzinfarkt und liegt seitdem als Pflegefall im Wachkoma. Spenden für die Pflege von Jerzy Hawrylewicz können auf das Konto 124 828 2400 bei der Oldenburgischen Landesbank (BLZ 280 200 50) überwiesen werden.   *sky*

■ Piepenbrock-Stadion an der Bremer Brücke

Ein Stück England in Niedersachsen

Es ist ein Stück England im südwestlichen Niedersachsen: Mitten im Osnabrücker Arbeiterstadtteil Schinkel, an der Eisenbahnbrücke der Strecke nach Bremen (deshalb: an der Bremer Brücke!), liegt ein Stadion-Schmuckstück – eine reine Fußballarena ohne Laufbahn, mit Flutlicht, bis auf die Gegengerade überdacht und in seinen besten Zeiten bevölkert von einem Publikum, das den legendären VfL-Meistertrainer Radoslav Momirski zum Überschwang trieb: „Ich glaube, Osnabrück liegt in Südamerika..."

Seit 1939 ist die Bremer Brücke Heimat des Vereins für Leibesübungen Osnabrück, doch erbaut wurde das Stadion von den „Rebellen" des SC Rapid: Ein paar zornige junge Männer hatten sich 1925 vom VfL abgespalten und einen eigenen Verein gegründet. Sie benannten sich nach dem schon damals weltberühmten Wiener Verein und ließen sich zu den Vereinsfarben lilaweiß von dessen Ortsrivalen Austria inspirieren. Die pfiffigen Rapidler schwatzten den Klöckner-Werken eine sumpfige Wiese an der Bremer Straße ab, mobilisierten den Freiwilligen Arbeitsdienst (FAD) und liehen sich von der Stadt einen Tiefbaufachmann aus.

Auf Initiative von Vereinschef Heinrich Hüggelmeyer entstand in knapp zwei Jahren eine schmucke Kampfbahn mit 9.000 Stehplätzen und einem herrlichen Rasen, die am 22. Mai 1933 eingeweiht wurde. Der VfL spielte zu der Zeit noch auf einem lehmigen, holprigen Platz im Waldgebiet Gartlage, nur ein paar Steilpässe von der Bremer Brücke entfernt. Erst mit der Fusion der beiden Vereine 1938 wurde er Hausherr und übernahm als Referenz an den SC Rapid die Farben Lila-Weiß. Den ersten großen Triumph in der neuen Umgebung feierte der VfL am 19. September 1939 im DFB-Pokal: 13.000 bejubelten das 3:2 gegen Schalke 04

Fünf Jahre später wurden in der fast völlig zerstörten Kampfbahn elf Bombentrichter gezählt, doch der „Fußballhunger" trieb die VfLer an: Am 27. Juli 1946 wurde wieder an der Bremer Brücke gespielt, der 1. FSV Osnabrück, wie sich der VfL auf Geheiß der englischen Besatzungsbehörden nennen musste, trennte sich von den Sportfreunden Katernberg aus Essen 1:1, 6.000 schauten zu

Torjäger als Bauleiter
Der sportliche Höhenflug trieb den VfL 1952 zu einer baulichen Energieleistung. Als feststand, dass die Mannschaft um Torjäger „Addi" Vetter als Oberliga Nord-Zweiter die Endrunde um die Deutsche Meisterschaft erreicht hatte, wurde das Fassungsvermögen

Englische Atmosphäre im Piepenbrock-Stadion.

(Foto: Pistorius)

Seit 1933 steht an der Bremer Brücke ein Fußballstadion.

des Stadions von 20.000 auf 35.000 gesteigert. 14 Tage lang arbeitete man an der Bremer Brücke rund um die Uhr, Scheinwerfer ermöglichten Nachtschichten. Bauleiter vor Ort war Jung-Ingenieur Ernst-Otto Meyer, genannt „Ötti" – „nebenbei" Nord-Torschützenkönig der Saison 51/52 (ein Titel, den er 1955, 1956, 1959 auch in der Oberliga Süd beim VfR Mannheim eroberte!).

Der Kraftakt gelang: Am 27. April 1952 verfolgten offiziellen Angaben zufolge 35.000 das Endrundenspiel gegen den späteren Deutschen Meister VfB Stuttgart (0:0), glaubwürdige Augenzeugen erzählen noch heute mit wohligem Schaudern von der drangvollen Enge und beschwören, es seien mindestens 40.000 gewesen...

Der Verein fiel danach in einen langen Dornröschenschlaf, und das Stadion verkam. Als der VfL 1968/69 wie aus dem Nichts zur Meisterschaft in der Regionalliga Nord und in die Aufstiegsrunde zur Bundesliga stürmte, war das Stadion eine Bruchbude: gefährlich, unkomfortabel, unhygienisch. Den Zuschauern war's egal: Der Zuschauerschnitt stieg auf 17.000, und beim legendären 3:3 gegen Rot-Weiß Essen drängten sich 35.000 in einem nahezu baufälligen Stadion.

Erst der Anbruch moderner Profizeiten änderte die Einstellung der Stadt, die ihren Imageträger Nummer eins lange Zeit allein gelassen hatte. Als die Qualifikation zur 2. Bundesliga Nord an der Stadionfrage zu scheitern drohte, übernahm die Kommune Anfang 1974 die „VfL-Kampfbahn Bremer Brücke", eliminierte den martialischen Grundton und sprach steif vom „Städtischen Stadion Bremer Brücke". Wichtiger war: Es wurde modernisiert und renoviert, die

Sitzplatztribüne ausgebaut und überdacht, und am 11. Februar 1975 gegen den Deutschen Meister Borussia Mönchengladbach (3:4) eine 600-Lux-Flutlichtanlage eingeweiht. Die Tiefstrahler trugen entscheidend zum neuen Flair „der Brücke" bei.

Sportliche Erfolge in den frühen 80er Jahren motivierten auch den Verein und seinen neuen Macher: Präsident Hartwig Piepenbrock finanzierte den Ausbau der Hintertor-Tribüne mit 2 Mio. DM vor (1980) und spendierte den Fans ein Dach über dem Kopf (1982). Weil auch die Stadt bis 1993 über 12 Mio. DM investierte, wurde die Arena zum Schmuckstück heutigen Zuschnitts.

Entflammbares Publikum

Die Verbindung eines schnell entflammbaren Publikums mit einem stimmungsvollem Stadion lockte auch den DFB immer wieder nach Osnabrück: 15 der so genannten „kleinen" Länderspiele (Jugend, U-21, Damen) fanden seit 1969 vor zumeist beeindruckenden Kulissen an der Bremer Brücke statt. Die Olympiamannschaft von Hannes Löhr bestand nach einem Fußballfest gegen Polen (5:1) vor 12.000 berauschten Osnabrückern darauf, auch das nächste Qualifikationsspiel an der Bremer Brücke auszutragen. So kehrten Köpke, Klinsmann, Häßler und Co. am 30. März 1988 zurück – in eine seit zwei Wochen ausverkaufte Arena, in der das 1:1 gegen Dänemark die DFB-Olympioniken ein Stück näher nach Seoul brachte.

Knapp eineinhalb Jahre später erlebten Deutschlands Fußballdamen an der Bremer Brücke ihren größten Tag. Auf gut 10.000 Zuschauer waren die Offiziellen eingerichtet, als am 2. Juli 1989 die DFB-Auswahl und Norwegen (4:1) zum

Finale der Europameisterschaft in Osnabrück antraten. Doch das Spiel zur Frühschoppen-Zeit (Anstoß 11 Uhr) lockte über 20.000, vor den Toren des überfüllten Stadion verfolgten Hunderte von Abgewiesenen die Partie auf ein paar überzähligen TV-Monitoren!

Dem VfL wird vergleichbare Anteilnahme erst seit 1996 wieder zuteil. Der sportliche und wirtschaftliche Neuanfang nach dem Ausstieg des dominanten Klubchefs Hartwig Piepenbrock gelang, der „neue" VfL eroberte das Publikum. In den beiden Meisterjahren in der Regionalliga Nord 1999 und 2000 lag der Zuschauerschnitt bei 10.000, in der Saison 1999/2000 war Osnabrück sogar der bestbesuchte Drittliga-Standort. Und vor dem Anpfiff der Spielzeit 2000/2001 in der 2. Bundesliga, in die der Verein nach siebenjähriger Abwesenheit zurückgekehrt ist, waren fast 4.000 Dauerkarten verkauft.

„Ich geh' nach'e Brücke"

Seit dem 1. April 1995 ist der VfL wieder Hausherr: Die Stadt stimmte der Übernahme durch den Verein zu, der Erbbaurechtsvertrag ist bis 2044 datiert. Das Geschäft, das die Stadt von den jährlichen Pflege- und Folgekosten in Höhe von etwa 250.000 DM entlastet und dem VfL bessere Vermarktungsmöglichkeiten bietet, drohte an der Namensfrage zu scheitern. Etliche Kommunalpolitiker stießen sich an dem Plan des damaligen Klubchefs Hartwig Piepenbrock, der dem Stadion seinen Namen geben wollte. Erst im zweiten Anlauf stimmte der Rat dem Kompromiss zu, seither heißt die Arena „Piepenbrock-Stadion an der Bremer Brücke". So steht es zumindest auf Plakaten und offiziellen Schriftstücken – der gemeine Osnabrücker kündigt seine Besuche beim VfL wie eh und je mit den Worten an: „Ich geh' nach'e Brücke."

Harald Pistorius

Piepenbrock-Stadion an der Bremer Brücke Osnabrück
ER: 1933/1952. FV: 19.711, davon 2.635 SiP, davon 1.835 üd., sowie 10.176 üd. und 6.900 unüd. Gengerade-StP.
ZR: 38.000, Endrunde Deutsche Meisterschaft, 27.4.1952, VfL Osnabrück – VfB Stuttgart 0:0.
Oststraße, 49084 Osnabrück, Tel. 0541 / 77 08 70.

Osterhauskampfbahn

Namensgeber stellte Grund und Boden

Mitte der 60er Jahre wurde der TuS Haste zur zweiten Kraft im Osnabrücker Fußball und lockte gelegentlich mehr Zuschauer in seine schmucke, vereinseigene Osterhauskampfbahn als der große, aber kränkelnde Nachbar VfL.

Auf dem Weg in die Regionalliga Nord hatte die Mannschaft um die drei Fieselmann-Brüder in der Landesliga Niedersachsen (damals dritthöchste Klasse) einen Zuschauerschnitt von 3.000; das Spiel der 1. DFB-Pokal-Hauptrunde am 2. Februar 1966 gegen Concordia Hamburg (1:2) sahen 5.000. Viel mehr Menschen hatten auch keine Sichtmöglichkeiten auf der idyllischen Anlage, auf der in der erfolgreichen Ära Spitzenklubs wie Werder Bremen (1:1) und der 1. FC Köln (1:4) zu Freundschaftsspielen gastierten. In der Regionalliga konnten sich die Feierabendfußballer trotz einiger spektakulärer Siege gegen Teams wie FC St. Pauli und Göttingen 05 nicht behaupten – die Pläne zum weiteren Ausbau inklusive einer Flutlichtanlage verstaubten.

Bis in die frühen 70er Jahre hielten sich die Haster in der höchsten Amateurklasse und lockten noch einmal 3.000 Zuschauer, als der FSV Frankfurt am 3. Juni 1972 zum Erstrundenspiel der Deutschen Amateurmeisterschaft aufkreuzte und 6:1 gewann.

Der TuS rutschte ab bis in die Kreisliga, besann sich dann aber wieder auf die jahrzehntealte Tradition guter Jugendarbeit und hat gerade die Bezirksliga erreicht. Nach wie vor unterstützt die Familie Osterhaus den Verein; Landwirt Karl Osterhaus stellte schon Anfang der dreißiger Jahre Grund und Boden für den Bau der Kampfbahn zur Verfügung, als der alte Haster Sportplatz dem Bau einer Kirche weichen musste. Der Nebenplatz, mit Kunstrasen und Flutlicht ausgestattet, war in den 80er Jahren Heimat des Osnabrücker American-Footballteams „Silverbacks", die einige Male über 1.000 Zuschauer verzeichneten. *Harald Pistorius*

**Osterhaus-Kampfbahn
Osnabrück-Haste**
ER: 30er Jahre. FV: 7.000 StP.
ZR: 5.000, 1. Hauptrunde DFB-Pokal, 2.2.1966, TuS Haste – Concordia Hamburg 1:2.
Bramstraße 115, 49074 Osnabrück, Tel. 05 41 / 51 353.

Sportplatz Brinkstraße

Abkürzung über den Friedhof

Nach dem Krieg fand der SV Eintracht 08 auf dem Betriebssportplatz der Weberei Hammersen eine neue Heimat; die alte Klubanlage „Paradies" war von Bomben zerstört und wurde erst im Lauf der Jahre wieder genutzt.

Die „Gelben", wie die Eintrachtler genannt wurden, waren die zweite Kraft des Osnabrücker Fußballs und lieferten dem Rivalen VfL erbitterte Kämpfe – der erste nach dem Krieg lockte am 8. Dezember 1946 12.000 Zuschauer und endete 1:1. Als die Eintracht 1950 in die Oberliga Nord aufstieg, wurden die Stehtraversen erweitert und ein paar Sitzreihen geschaffen. Nur das erste Heimspiel am 3. September 1950 (0:1 gegen Eintracht Braunschweig) durften die Osnabrücker mit einer Sondergenehmigung auf dem Sandplatz bestreiten, dann musste Rasen gelegt werden.

Drei Jahre hielt sich der Verein, der einige seiner Besten (darunter Nationalspieler Hannes Haferkamp) an den VfL verlor, in der höchsten Klasse. Weit über eine Viertelmillion Zuschauer (im Schnitt 6.000) kamen zu den Heimspielen an die Brinkstraße, gegen den VfL und den Hamburger SV waren die Kulissen immer fünfstellig.

Umkleidekabinen gab es an der Brinkstraße bis 1963 nicht: Die Osnabrücker zogen sich in der Teutoburger-Schule um und kamen von dort mit dem Bus oder zu Fuß zur Brinkstraße, gelegentlich nahmen die Spieler eine Abkürzung über einen Friedhof. Die Gegner nutzten Umkleide- und Waschmöglichkeiten im legendären Tanzlokal Gerritzen an der Meller Straße und wurden per Bus zur Brinkstraße gebracht. 1959 kehrten die Eintrachtler mit einer jungen Mannschaft in die Oberliga Nord zurück, stiegen aber sofort wieder ab.

Heute ist der Verein in der Bezirksklasse, hat selten mehr als 200 Zuschauer, und an die großen Tage erinnern grasüberwachsene Stehränge und alte Fotos in der Geschäftsstelle. *Harald Pistorius*

**Sportplatz an der Brinkstraße
Osnabrück-Neustadt**
FV: früher 15.000, davon ca. 500 unüd. SiP, heute ca. 500 SiP.
ZR: 15.000, Oberliga Nord, 29.10. 1950, Eintracht Osnabrück – VfL Osnabrück 2:5.
Brinkstraße, 49074 Osnabrück, Tel. 0541 / 89 102.

Paderborn

Hermann-Löns-Stadion

Dort, wo Schloss Neuhaus spielte

Manchmal ist es schon eigenartig mit Stadionnamen, und in Paderborn besonders: Benannt ist die Sportstätte nach Hermann Löns (1866-1914), dem „Heidedichter", doch dessen Biographie hatte mit der Bischofs- und Universitätsstadt nie zu tun, und er selbst mit Fußball ebenfalls nicht. Da das Stadtarchiv keinerlei Unterlagen besaß (ja, sowas gibt's!) und auch sonst niemand Genaueres wusste, nehmen wir einmal an, dass die an das Stadion angrenzende Hermann-Löns-Straße den Namen lieferte.

Es war ein langer Weg bis zur Bildung des SC Paderborn 1997 an der Pader im Paderborner Land. Nach dem Krieg spielte einer seiner Vorläufer, der SV Schloss Neuhaus, am heutigen Stadionort. Der 1970 durch Fusion gebildete TuS 07/10 Schloss Neuhaus tauchte 1982/83 als Westfalenmeister in der 2. Bundesliga auf, und Gegner wie MSV, RWE 96, CFC u.a. werden bestimmt gestutzt haben: TuS WO? Die Erklärung: Schloss Neuhaus ist die ehemalige fürstbischöfliche Residenz mit Barockgarten und ein 23.000-Einwohner-Stadtteil der 136.000 Bewohner zählenden Großstadt Paderborn.

Der Aufstieg war Anlass, eine überdachte Tribüne zu errichten, doch währte das Gastspiel in der 2. Liga im 15.000 Besucher fassenden Löns-Stadion nur ein Jahr. Der andere Lokalrivale, der ebenfalls aus Fusionen gebildete 1. FC Paderborn, spielte in der Paderkampfbahn. Kaum jemand dachte je an eine Vereinigung, doch 1985 waren die Ehe und der neue Klub TuS Paderborn/Neuhaus perfekt, der seit 1997 aus Imagegründen SC 07 Paderborn heißt und 2000 der Oberliga Westfalen angehört.

Die Spielstätte ist inzwischen in ein reines Fußballstadion umgewandelt und ihr Fassungsvermögen reduziert worden. *sky*

Hermann-Löns-Stadion Paderborn
FV: früher 15.000, heute 9.500, davon 1.830 üd. SiP und 440 unüd. SiP auf der Zusatztribüne. ZR: unbekannt.
Hermann-Löns-Str. 127, 33104 Paderborn, Tel. 05254 / 939 200 (Tribüne), 45 00, 45 03 (Geschäftsstelle).

Pforzheim

■ Stadion Brötzinger Tal

Traditionsheimat des kleinen „Club"

Zu den Stadion-Klassikern Süddeutschlands gehört die Spielstätte Brötzinger Tal des 1. FC Pforzheim, der vor Tradition nur so strotzt: Gründungsmitglied des Süddeutschen Fußball-Verbandes und des DFB, Deutscher Vizemeister 1906, im Jahre 1910 größter DFB-Verein, elf Nationalspieler abgestellt, darunter den ersten Spielführer 1908, und sogar einen für Argentinien. Jedoch: Auch dieses Stadion vom Jahrgang 1913 wird bald Vergangenheit sein.

„Ich geh' zum ‚Club'", sagt man in der Goldstadt am Rande des Nordschwarzwalds, so wird der 1. FCP von jeher genannt. Nachdem der mehrmals seinen Standort wechseln musste, war er seit 1902 auf den Weiherwiesen ansässig, wo man 1908 gegen den FC Pirates London mit 4.000 Besuchern einen süddeutschen Zuschauerrekord aufstellte. Infolge der Korrektion des nahen Flusses Enz musste man neuerlich wechseln und handelte 13 Grundstücksbesitzern 1911 das heutige Stadiongelände ab. Als die Stadt ein 40.000-Mark-Darlehen versagte, sprang ein Bankdirektor ein. Im Hochwassergebiet der Enz mussten 30.000 Kubikmeter Erde bewegt werden.

Der Club-Platz lag damals draußen vor der Stadt allein auf weiter Flur; Gefahr, die Spielstätte wieder zu verlieren, bestand auf lange Sicht nicht. Im Jahr 2000 allerdings liegt das Stadion inmitten eines Gewerbegebiets mit Versandhäusern (Klingel ist Hauptsponsor des Club), Großmärkten und ähnlichen Einrichtungen und ist entsprechend begehrt.

Die FCP-Heimat ist eine klassische Fußballvereins-Anlage: Der Haupteingang liegt über Eck schräg zum Spielfeld wie eh und je, inmitten der Hauptgerade steht eine 50er-Jahre-Tribüne, daneben das Klubhaus, Stehränge sind vor der Tribüne und auf allen Seiten. In den 60er Jahren – der Autor hat dies glücklicherweise noch miterlebt – herrschte in der Regionalliga Süd bei bis zu 10.000 Zuschauern eine tolle Atmosphäre, obwohl das Publikum eingedenk früherer Erfolge als überkritisch, aber auch fanatisch galt. Den Torjubel der FCP-Anhänger im Enztal konnte man damals über den Bergrücken hin-

(Foto: Stadtarchiv Pforzheim)

Als die Tore noch Maschendraht trugen... Der 1. FC Pforzheim in den frühen Tagen des Brötzinger Stadions; die Kassenhäuschen stehen nach wie vor an dieser Stelle über Eck.

weg bis ins entfernte Nagoldtal und in die Ausläufer der Stadt vernehmen.

4.000-Plätze-Tribüne für ein Spiel

Aus einmaligem Anlass hat man das Stadion sogar einmal erweitert: Das war im DFB-Pokal 1987/88, als der Club im Achtelfinale den späteren Deutschen Meister Werder Bremen (1:1 n.V., Rückspiel 1:3) empfing. Französische Soldaten halfen mit, die angrenzende Straße hinter der Gegengerade mit einer 4.000-Plätze-Tribüne zu überbauen, so dass 12.000 dabei sein konnten. Der Pokalschlager bedeutete die größte Einnahme der Vereinsgeschichte, und wie schon in den 60er Jahren bei den Punktekämpfen gegen Bayern München sahen vom einigermaßen entfernten Berghang eine größere Schar Kiebitze per Fernglas zu. Überhaupt haben die Pforzheimer im Pokal oft Aufsehen erregt: So verließen die Zweitligisten Saarbrücken (3:2) und Bayreuth (4:1) ebenso wie Bundesligist Bochum (1:0, 5.500) geschlagen das Brötzinger Tal.

Das Bremen-Spiel bedeutete keinen Besucherrekord, denn der wurde „mit 15.000 bis 20.000" beim traditionellen Vergleich Süddeutschland gegen Zentralungarn (0:1) 1920 erreicht. Das waren Tage, an denen des Fußballs wegen Sonderzüge gen Pforzheim rollten und die Presse erkannte, „welch großer wirtschaftlicher Faktor der Fußballsport geworden war".

Bis Ende des 2. Weltkriegs hatte der Club eigentlich immer erstklassig gespielt, danach war er von 1950 bis 1963 Stammgast der 2. Liga Süd und ist insofern deren ewiger Tabellenführer. Ein Anhänger jener Jahre, bis zu seinem Tod 1999 Vereinsmitglied, war Ignatz Bubis, Präsident des Zentralrats der Juden in Deutschland. 1962 war der Oberliga-Süd-Aufstieg im letzten Spiel bei einer 2:0-Halbzeitführung am Hanauer Wilhelmsbad sehr nahe, nach dem 2:3-

Endstand aber hinfällig. Der Regionalliga-Einstieg 1963 mobilisierte die fußballfreudige 100.000-Einwohner-Stadt, war doch das Zweitliga-Einerlei Vergangenheit und kamen große Namen wie Bayern München (9.000 und 10.000 Besucher in beiden Begegnungen), VfR Mannheim, Fürth, Schweinfurt, Kassel, Hof.

Seitdem sind viele Anstrengungen unternommen worden im Brötzinger Tal, Ziel des Oberligisten ist nun die 3. Liga. 1991 spielte man um den Aufstieg in die 2. Bundesliga und investierte kurzfristig 170.000 DM in Verbesserungen der Spielstätte, u.a. baute man wegen der „Löwen"-Fans einen Zaun auf. Die Münchner Presse – „AZ": „Es könnte vielleicht Tote geben" – hatte seinerzeit eine Verlegung ins Karlsruher Wildparkstadion gefordert (vor 8.500 gewann 1860 4:1 und stieg auf).

Große Namen in frühen Zeiten

„Die vorbildliche und in Südwestdeutschland kaum erreichte Sportanlage" (mit einer 800-Plätze-Sitztribüne) war am 7. September 1913 gegen Phönix Karlsruhe (1:1) eingeweiht worden und erlebte im 1. Weltkrieg erst einmal traurige Zeiten, nachdem zuvor dort die Vienna, Newcastle, Ajax, Tottenham, Atletico gastiert hatten. „Die Sportstätte steht nun leer und verwaist da; nur noch wenige Zurückgebliebene stählen sich für kommende Zeiten. Die nicht begraste Fläche des Platzes wurde mit Kartoffeln angepflanzt. Seit Kriegsausbruch sind sämtliche Fenster zertrümmert, Türen aufgebrochen, Sportgeräte entwendet und Aufgangstreppen zur Tribüne zerstört worden" („Pforzheimer Anzeiger").

Der Krieg ging zu Ende, und Karfreitag 1919 war das Gastspiel von Nordstern Basel (3:0) die erste internationale Begegnung nach Kriegsende auf deutschem Boden; vermittelt hatte sie Fußball-Pionier Walter Bensemann. In der Süd-Endrunde 1932 lag der Schnitt bei beachtlichen 8.000. Schon vor der Zerstörung der Stadt am 23. Februar 1945, bei der ein Drittel der Bevölkerung, fast 20.000 Menschen, umkam, brannte 1943 die Tribüne ab. 1950 entstand sie als Stahlbeton-Skelettkonstruktion neu und war für ihre Zeit beispielhaft: Die erste Reihe der 1.000 Sitzplätze lag vier Meter über dem Spielfeld, das Dach 12,50 Meter.

Der Regionalliga-Abstieg 1967 – die Unterstützung einer chancenlosen Mannschaft war bei einem Zuschauerschnitt von 2.300 dramatisch zurückgegangen – endete mit 352.500 DM Schulden. Die Stadt sprang ein, bezahlte 341.000 DM für den Erwerb des Nebenplatzes hinter der Tribüne und versprach bis 1970 ein neues Fußballstadion auf der Wilferdinger Höhe (wohin jetzt der Neubau kommen soll). 1968 traf den ohnehin gebeutelten Verein ein weiterer Schicksalsschlag: Ein Tornado, der im Südwesten zwei Todesopfer forderte, fegte das Tribünendach hinweg.

Erstaunlich (oder auch nicht?), aber wenige Jahre darauf hatten die Verantwortlichen des 1. FCP – Motto anscheinend: um jeden Preis nach oben! – 400.000 DM Schulden angehäuft, so dass ein Verkauf der restlichen 12.972 qm Stadion unausweichlich war. Für viele Clübler war das offensichtlich eine Herzenssache, weshalb erst einmal keine Dreiviertel-Mehrheit für den Verkauf zustande kam. Im Mai 1974 stimmten dann aber 169 von 177 Mitgliedern für das Angebot der Stadt, die 76 DM pro Quadratmeter bot. Auf einen Schlag war der Club damit schuldenfrei, 480.000 DM zahlte die Stadt sofort, 510.520 DM später. Sportlich amortisiert hat sich der Verkauf nicht, denn erst ab Ende der 80er Jahre etablierte sich der Club in der Spitze der Amateuroberliga Baden-Württemberg (2., 3., 1.).

Aufzuklären wäre noch die Erwähnung des argentinischen Nationalspielers vom 1. FCP: Marius „Bubi" Hiller III (1892 – 1964), ein Neffe des ersten deutschen Nationalelf-Spielführers Arthur Hiller, wurde erstmals mit 16½ Jahren in die deutsche Nationalmannschaft berufen und war damit jüngster Nationalspieler aller Zeiten. Aus der Schmuck- und Uhrenstadt Pforzheim, „die den Pforzheimer in aller Herren Länder und die Kaufleute aller Erdteile nach Pforzheim führt" (Club-Chronik 1921; den 1. FCP hatten fast ausschließlich Ausländer gegründet), wanderte Hiller über die Schweiz nach Argentinien aus, für das er zwei Länderspiele bestritt.

Die erste Tribüne entstand in Pforzheim bereits 1913.

(Foto: Stadtarchiv Freiburg)

Wenn Sie weitergehen...
Und, ein Hinweis noch, sollte das Club-Stadion noch ein Weilchen stehen: Gehen Sie die Straße ein Stück weiter stadtauswärts, und Sie finden rechterhand den Platz von Germania-Union, auf dem früher Germania Brötzingen spielte und der mit einem Fassungsvermögen von 15.000 mit Holzstehtribünen und Stehterrassen größtes Stadion der Stadt war. Und natürlich, auch die Germania hatte einen Nationalspieler...

Pforzheims neues Stadion, eine reine Fußballarena, soll im Gewerbegebiet Wilferdinger Höhe nahe der A8 entstehen und nach der 1. Baustufe 10.000 Plätze bieten. Vom Verkauf des alten Club-Platzes, einer 3.000-qm-Immobilie in bester Lage, verspricht sich die Stadt einen Erlös von 9 Mio. DM. Ihr 90-jähriges Bestehen, so scheint es, wird die historische Sportstätte nicht mehr erleben. *sky*

Stadion Brötzinger Tal Pforzheim
ER: 1913. FV: früher 17.000, heute 8.338 (Stand des Jahres 1986), davon 938 üd. SiP und 7.400 StP.
ZR: „15.-20.000", Repräsentativspiel, 1920, Süddeutschland – Zentralungarn 0:1; Nachkriegszeit: je 12.000; Pokal, 11.2.1961, 1. FC Pforzheim – 1. FC Nürnberg 2:1 n.V.; DFB-Pokal, 13.2.1988, 1. FCP – Werder Bremen 1:1 n.V.
Adolf-Richter-Str. 3, 75179 Pforzheim, Tel. 07231 / 441 518 (Geschäftsstelle).

Stadion Holzhof
Ein Aufstieg zur Unzeit

Gemeinsam haben die beiden Pforzheimer Stadien, dass nahebei die Enz fließt und sie am Stadtausgang liegen – allerdings in entgegengesetzten Richtungen. Derbys wie ehemals aber gibt es 2000 nicht mehr: Der VfR spielt in seinem Stadion Holzhof nun in der Bezirksliga gegen die zweite Mannschaft des 1. FC Pforzheim.

Es war der denkbar ungünstigste Moment, als der VfR, „die Rassler", 1965 u.a. dank eines 7:0 über den SC Freiburg in die Regionalliga Süd aufstieg: Man hatte gerade mit den Vorbereitungen zum Stadion-Ausbau begonnen, im Holzhof selbst stand nur ein Hartplatz zur Verfügung, und der war für die Regionalliga nicht zugelassen. Der Umzug ins Brötzinger Tal zum 1. FCP stand nicht zur Debatte, weshalb die Stadt provisorisch den Platz der nahen Germania Union mit Stehrängen ausbaute (diese Anlage besteht nicht mehr). Der VfR stieg am Ende wieder ab, der 1. FCP erreichte mit Rang 7 seine beste Regionalliga-Platzierung, gewann beide Derbys (2:1/4:0) und lag ebenfalls in der Zuschauergunst mit einem Schnitt von 4.100 gegenüber 2.441 vorn.

Als das erneuerte Stadion Holzhof, eine reine Fußballarena mit 800-Plätze-Tribüne (36,5 m lang, 12,5 m tief), einem Fassungsvermögen von 10.000 und mit Kosten von 1,2 Mio. DM (davon 600.000 für die Tribüne) am 23. Oktober 1966 im Beisein von 8.000 gegen Eintracht Frankfurt (0:8) eingeweiht wurde, waren die „Rassler" jedenfalls schon wieder in der 1. Amateurliga Nordbaden.

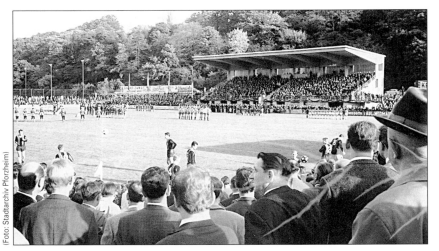

Reine Fußball-Arena: das Stadion Holzhof in Pforzheim.

(Foto: Stadtarchiv Pforzheim)

Die Anlage zwischen Kanzlerwald und Enzauen geht noch auf den FC Alemannia und das Jahr 1911 zurück; im Folgejahr schloss sich der genannte Verein mit anderen zum VfR 1897 zusammen. Da Pforzheim kurz vor Kriegsende noch bombardiert wurde, waren Spielplätze und Klubhaus (von 1929) stark beschädigt. Erst 1961 weihte man ein neues Klubheim ein. Der Gemeinderat hatte den Stadionausbau 1964 genehmigt, im Januar 1965 riss man die Holztribüne von anno 1925 ab, es folgte der erwähnte Aufstieg zur Unzeit. Als der Neubau fertig war, lobte die Presse: „Das neue Stadion sucht in Pforzheim seinesgleichen" („Kurier"), „es ist ein Juwel" („PZ").

Berühmt war der Holzhof durch das über Jahrzehnte bedeutendste deutsche A-Jugend-Turnier, das jeweils an Pfingsten um den DFB-Wanderpreis stattfand (1931-1939, zuletzt als „Reichsoffenes HJ-Fußball-Treffen", wieder ab 1949; es wird auch heute noch ausgetragen). Beim ältesten deutschen Jugend-Turnier traten viele Talente erstmals ins Rampenlicht, darunter Enzo Scifo, Horst Köppel, Klaus Allofs, Thomas Häßler, Bodo Illgner u.a.m. Das Internationale Turnier 1954, das der Hamburger SV mit Uwe Seeler, Klaus Stürmer, Jürgen Werner gewann, sahen über 16.000 Besucher!   *sky*

Stadion Holzhof
ER: 1911. FV: früher 10.000, heute 7.276, davon 780 üd. SiP und 6.495 StP. ZR: unbekannt.
Kanzlerstraße 8, 75118 Pforzheim, Tel. 07231 / 62 582, 0171 / 957 34 64.

Pfullendorf, Waldstadion: siehe Anhang, 3. Liga.

Pinneberg

■ Stadion am Rosengarten
Ein Jahr Regionalliga

Das Stadion I, wie es heute z.T. noch bezeichnet wird, erlebte 1939 seine Einweihung und 1973/74 ein Jahr Zweitliga-Fußball: Pinneberg, heute 40.000 Einwohner, liegt zwar in Schleswig-Holstein, gehört aber fußball-organisatorisch zum nahen Hamburg, weshalb der VfL damals als Hamburger Amateurmeister aufstieg. Das mobilisierte nicht unbedingt die Massen, Spitze waren 4.000 Besucher, Minusrekord 600 am letzten Spieltag gegen Göttingen, im Schnitt kamen 2.244 – der VfL stieg als Vorletzter ab, die Regionalliga verschwand und wurde durch die 2. Bundesligen ersetzt. 1998 hat das Stadion eine Tribüne erhalten, die Aschenbahn nutzen Schulen, und der VfL gehört 2000/2001 der Fußball-Oberliga Hamburg/Schleswig-Holstein (4. Liga) an.   *sky*

Stadion am Rosengarten
Pinneberg
ER: 1939. FV: 6.000, davon 350 üd. SiP.
ZR: je 4.000, Regionalliga Nord, VfL Pinneberg gegen: 9.9.1973 VfL Osnabrück 1:1; 21.10.1973 Bundesliga-Absteiger Eintracht Braunschweig 2:4.
Fahltsweide, 25421 Pinneberg, Tel. 04101 / 55 60 20
(VfL Geschäftsstelle).

Pirmasens

■ Städtisches Stadion
Droben auf dem Horeb

„Berg der Verheißung", wäre dies nicht ein schöner Name für ein Fußballstadion? Der Horeb, die mit 436,5 Meter ü. M. höchste Erhebung von Pirmasens und Standort des Städtischen Stadions, trägt nämlich im Alten Testament diesen Titel. Der Original-Horeb allerdings erhebt sich nicht in der Westpfalz, sondern (vermutlich) als Jebed Serbal im ägyptischen Sinai.

Der FK Pirmasens, der FKP, „die Klub", wie die Einheimischen sagen, war Ende der 50er und Anfang der 60er Jahre eine große Nummer im bundesdeutschen Fußball: Südwestmeister 1958, 59, 60, Vize 62. Seinerzeit wurde man sogar zu einem Turnier des FC Barcelona eingeladen (1961), der so viele Mitglieder hatte wie Pirmasens Einwohner (53.000). Für die Endrundenspiele um die Deutsche Meisterschaft war das FKP-Stadion an der Zweibrücker Straße aber zu klein: Stets wichen die Pirmasenser ins Südweststadion von Ludwigshafen aus, die lokalen Anhänger erhielten mit der Eintrittskarte gleich das Sonderzug-Billet. 65.000 kamen in Ludwigshafen gegen den Hamburger SV, 60.000 gegen den 1. FC Köln, 40.000 gegen Werder Bremen – „das Geld, das wir im Südweststadion einnahmen, reichte für ein Jahr", erinnert sich Ehrenpräsident Gustav Käfer. 1975 kehrte man noch einmal nach Ludwigshafen zurück, 30.000 fanden sich zum Freundschaftsspiel gegen Real Madrid ein (0:1, Tor Breitner, 89. Minute). In jenem Jahr war das FKP-Stadion letztmals mit 15.000 gegen Bayern München (DFB-Pokal, 0:2) ausverkauft.

Auf dem Horeb fanden früher maximal 25.000 Platz. Die zählte man in der Oberliga Südwest 1953/54 gegen den 1. FC Kaiserslautern: „Die Leute standen bis auf die Aschenbahn, 5.000 haben bestimmt nichts gesehen" (Ehrenpräsident Heinz Reich). Die Rivalität mit Nachbar 1. FCK war eine ausgeprägte. Heute, wo der ganz oben spielt, fällt ein langer Schatten vom „Betze" auf den Horeb. Zeitweise war der FKP, der fünfmal um den Bundesliga-Aufstieg mitspielte (und einmal laut FKP-Website nicht aufstieg, weil die Düsseldorfer die Offenbacher bestachen), tief gesunken; die Jahre 1993 bis 1995 verbrachte man in der Landesliga West. Die sportliche

Blick über den Horeb in den 60er Jahren.

(Foto: Hoeck)

Das Städtische Stadion in Pirmasens heute.

Misere ging wie so oft mit einer finanziellen einher: Die Ära der Regionalliga Südwest beendete „die Klub" 1974 mit 800.000 Mark Schulden, woraufhin die Stadt das Stadion für 2 Mio. DM erwarb.

Umso besser, dass man den Traditionsklub zumindest 1999/2000 in der 3. Liga wiedersah. Dieses Gastspiel hatte zur Folge, dass man auf der MTV-Seite (mit den alten Kassenhäuschen) den „Affenkäfig" (Volksmund) als Gästeblock im Hinblick auf die Begegnungen mit RW Essen und dem 1. FC Saarbrücken errichtete. Randale veranstalteten dann aber die Uerdinger, die den Zaun aus der Verankerung rissen und Werbebanden zusammentraten. Apropos MTV-Seite: Die Gegengerade heißt Steinbachseite, die andere Kurve Fehrbachseite.

Uber „Farsche Wiese", „Messplatz" und Leinenweber-Straße (dort bestand 1907 ein von einem Bretterzaun umgebener Sportplatz) war der 1903 gegründete Vorzeigeklub der Schuhstadt 1912 auf dem Horeb ansässig geworden, wo er am 2. Februar dank eines 20.000-Goldmark-Darlehen der Bürgerbräu Pirmasens AG (heute Parkbrauerei AG) ein entsprechendes Gelände erwarb. Die Abnahme von jährlich 30.000 Liter Bier für das Darlehen konnte der FKP im 1. Weltkrieg nicht mehr garantieren, weshalb er das Kontingent an einen Frankfurter Geschäftsmann verkaufte, der es an der „Westfront" absetzte. Zur Einweihung am 5. April 1912 kamen die Young Boys Basel (3:4), und zum 10./11. August desselben Jahres waren Tribüne (ein Holzgerüst) und Klubhaus fertig ge

stellt (Eröffnung: 3:3 gegen Saar 05 Saarbrücken); die große, gedeckte Tribüne kam 1926 hinzu. Man hat später beide Gebäude geschickt kombiniert, denn direkt an die Tribüne schließt sich als Rückbau das Klubhaus an – bis heute zu besichtigen. Längere Zeit ruhte der Spielbetrieb auf dem Horeb: 1924 für 200 Tage nach dem Sportvereins-Verbot infolge des „Bluttags" (Unruhen), und 1939 wich man nach der Zwangsevakuierung der Stadt bei Kriegsbeginn nach Kaiserslautern aus.

Klubhaus und Tribüne waren bei Kriegsende 1945 zerstört, der Platz von Bombentrichtern übersät. Die Schäden beseitigte man rasch (wobei die Tribüne in ihrer heutigen Gestalt entstand), wirkte der FKP doch von Beginn 1945/46 an (und dann für 17 Jahre) in der Oberliga Südwest mit.

Laut Bürgermeister Dr. Matheis soll Pirmasens bis spätestens 2005 ein neues Stadion auf der „Husterhöhe" erhalten. Kommt dies nicht so bald, darf man 2002 an der Zweibrücker Straße, wo die Stadt kürzlich auf 7.200 qm einen neuen Rollrasen verlegen ließ, in der reinen Fußballarena 80 Jahre Stadion-Jubiläum feiern.   *sky*

Städtisches Stadion Pirmasens
ER: 1912, FV: früher 25.000, heute 16.000, davon 1.000 üd. SiP
ZR: 25.000, Oberliga Südwest, 6.12. 1953, FK Pirmasens – 1. FC Kaiserslautern 2:1
Zweibrücker Str. 150, 66954 Pirmasens, Tel. 06331 / 22 81 90.

▣ Karl-Liebknecht-Stadion Babelsberg / Ernst-Thälmann-Stadion*

Willkommen unterm Wellblechdach!

„Karli", das Karl-Liebknecht-Stadion in Potsdam.

1999 abgerissen: das marode Ernst-Thälmann-Stadion.

„Karli" nennen die Fußballfreunde von Potsdam, der brandenburgischen Landeshauptstadt, liebevoll das Karl-Liebknecht-Stadion, das den Namen des 1919 von Soldateska ermordeten ehemaligen Sozialdemokraten, Kriegsgegners und KPD-Mitgründers trägt. Der dort spielende Regionalligist SV 03 Babelsberg gilt laut „Berliner Morgenpost" als „der einzige Publikumsmagnet des Potsdamer Sports". Der Umsatz des Klubs wurde von 1996 bis 1999 verzehnfacht, und der Zuschauerschnitt stieg beständig.

Ortsunkundige vermuten Babelsberg in Berlin, andere verbinden damit Ufa, „Blauer Engel", DEFA, Filmpark, und ehrlich eingestanden: Von Fußball-Tradition in dem Potsdamer Arbeiterstadtteil wusste und weiß man im Westen recht wenig. Das ändert sich, denn 2000/01 gibt's am Babelsberger Park Premieren in Serie, wenn dort erstmals Deutsche Ex-Meister wie Braunschweig, Düsseldorf, Rot-Weiß Essen um Punkte spielen.

Vereinstrainer Sepp Herberger

Alles fing in Nowawes an, heute bekannt für seine historische Weberkolonie, und 1935-38 war der SV 03 gar in der Gauliga. Zuvor war 1928/29 ein gewisser Josef Herberger Trainer der Blau-Weißen. Seit dem 20. September 1936 spielte man auf dem Sportplatz am Horstweg; 1943/44 sahen dort 75.000 die 18 Spiele von Nachfolgeklub Sportvereinigung 03 Potsdam in der Gauliga. Als brandenburgischer Meister etablierte sich die SG Babelsberg 1949 bis 1958 in der DDR-Oberliga, erst als BSG „Märkische Volksstimme" („die Zeitungself"), danach als BSG Rotation. Fußball und Babelsberg gehörten zusammen, der Besucherschnitt lag zeitweise knapp unter 10.000, und einer der Heroen jener Jahre war Hans Schöne, dessen 38 Saisontore 1950/51 unerreicht blieben. Ansonsten steuerte Babelsberg ein Fußball-Kuriosum bei: Der Spieler Klaus Selignow bestritt in einer 26 Spiele-Saison der Oberliga 27 Begegnungen – Babelsberg hatte die Runde nämlich bereits beendet, als der Akteur zu Rotation Leipzig wechselte, das noch ein Nachholspiel zu absolvieren hatte.

In jenen Oberliga-Jahren spielte man auf dem nach dem Krieg angelegten Karl-Liebknecht-Sportfeld, einer einfachen Anlage mit Stehtraversen. Das heutige Karl-Liebknecht-Stadion entstand erst zum 10. Juli 1976, als die DDR-Olympiamannschaft zur Eröffnung gegen Motor Babelsberg 5:0 gewann. Danach gab es sogar zwei Länderspiele, 1977 vor 15.000 ein 9:0 über Malta (Hattrick von Joachim Streich) und 1985 vor 9.000 ein 3:1 gegen Luxemburg. Ein anderer Höhepunkt war in der DDR-Liga 1984/85 Motor gegen 1. FC Union Berlin vor 12.000.

Das „Karli", ein reines Fußballstadion, mag Traditionalisten begeistern – der „AGON Supporters Guide '98" zählt es „zu den schönsten seiner Art im Nordosten". Die Sitztribüne, kombiniert mit dem Sozialgebäude, besitzt ein Wellblechdach ohne Stützpfeiler, auf der so genannten Parkseite und Gegengerade existieren je 17 Stehstufen. Zum Besucherstamm zählt der Potsdamer Oberbürgermeister und SPD-Landesvorsitzende Matthias Platzeck, der von seiner nahen Wohnung zum Karl-Liebknecht-Stadion radelt.

Nach der Wende war das „Karli" von der Zuschauerzahl her eher verwaist,

(Foto: Schulz)

(Foto: Hoeck)

ehe die nunmehrige SG Babelsberg 03 wieder ins Rampenlicht kam: 1996 Meister Verbandsliga, 1997 Meister Oberliga, seitdem in der Regionalliga, 1999 Landespokalsieger, was zu zwei Heimspielen gegen Bundesligisten (1:0 über Unterhaching, 2:4 n.V. gegen SC Freiburg) führte, und 2000 Teilnehmer in der neuen 3. Liga, während „Giganten" wie VfB Leipzig und Dynamo Dresden draußen blieben. Für die neue Spielklasse wurden nun entsprechend den DFB-Auflagen ein neuer Zaun an der Parkseite und Fluchttore zum Platz gebaut.

Den Erfolgsweg hat der Klub trotz Turbulenzen hinter sich gebracht: Hauptsponsor Johannes Gerarts aus Kiel und Ehefrau ließen sich 1998 auf eigenen Wunsch von ihrem Chauffeur erschießen; wie sich herausstellte, waren beide schwerkrank und hoch verschuldet. Klubpräsident Detlef Kaminski (SPD) wurde als Potsdamer Baustadtrat 1998 abgewählt; 2000 hat ihn die Staatsanwaltschaft wegen Bestechlichkeit angeklagt.

Schloss-Relikte in den Stadionwällen
Potsdams eigentliche Sportarena, das Ernst-Thälmann-Stadion an der Breiten Straße, errichtet auf Wunsch der Volkspolizei und am 3. Juli 1949 im Beisein von Staatspräsident Pieck und Thälmann-Witwe Rosa mit einem Sportfest der Volkspolizei eingeweiht, stand auf dem Gelände des früheren Lustgarten des Stadtschlosses. Im April 1999 begann der Abriss des als marode beschriebenen Stadions, um an seiner Stelle zur Bundesgartenschau 2001 den „Neuen Lustgarten" zu schaffen. Das Stadiongelände, wo ehemals Friedensfahrer ankamen, es Leichtathletik-Höhepunkte und Freilichtkino gab, gilt als Potsdamer „Filetstück". Die denkmalgeschützten Teile des Karl-Liebknecht-Forums im Baumhain am Stadion hat man gesichert, und mit großer Aufmerksamkeit durchsuchte die Stadtarchäologin samt Mitarbeitern den Trümmerschutt, aus dem die Wälle der Arena entstanden waren: Darin nämlich fanden sich etliche Teile des nach 1945 abgerissenen Stadtschlosses von Potsdam. *sky*

Karl-Liebknecht-Stadion Potsdam-Babelsberg
ER: 1976. FV: 14.450, davon 1.000 üd. SiP und 800 unüd. SiP.
ZR: 15.000, Länderspiel, 29.10.1977, DDR – Malta 9:0.
Karl-Liebknecht-Straße 112, 14482 Potsdam, Tel. 0331 /7 0 80 63.

■ Städtisches Jahn-Stadion

Westdeutschlands erste „Radio-Paadie"

Just zur Einführung der neuen zweigeteilten 3. Liga 2000 kehrte mit Jahn Regensburg aus der Oberpfalz ein alter Bekannter zurück, dessen Jahnstadion zu den süddeutschen Traditionsarenen zählt und seit 1926 besteht.

Allerdings war es einige Zeit lang arg still geworden um die Rot-Weißen, die 1996 sogar die fußballerische Führungsrolle in der ostbayrischen Stadt an die SG Post/Süd abtreten mussten und als Landesligist fast in den Konkurs gegangen und damit verschwunden wären. Regionalligist „SSV Jahn 2000" startete nun ohne die 2-Mio.-DM-Schuldenlast, allerdings „nur" mit einem 1,5-Mio.-Etat. Man darf inzwischen die Werbeflächen wieder vermarkten, wovon bisher die Rot-Weiß-Werbe GmbH eines früheren Vereinspräsidenten profitierte.

Jahn war noch in der Landesliga, als im Herbst 1998 Karsten Wettberg (ehemals bekannt als Münchner „Löwen-Idol") als Trainer antrat. Prompt realisierte er den Aufstieg, 2000 den Titelgewinn in der Bayernliga und über die Relegationsspiele gegen den unglücklichen FSV Frankfurt den Drittliga-Aufstieg. Die Stadt renovierte daraufhin das Jahnstadion, u.a. gab es einen neuen Rollrasen. Der Draht der Kommune zum Verein und umgekehrt muss ein kurzer sein, gehört ein Sohn des Oberbürgermeisters doch dem Regionalliga-Kader an.

Die Renovierung war die „kleine Lösung": Diskutiert hatte man in der 141.000-Einwohner-Großstadt zeitweise einen Stadionneubau nahe der Donauarena, in der Eishockey-Oberligist EV Regensburg spielt. 30 Mio. sollte das kosten, wobei man sich eine satte Einnahme aus dem Verkauf des alten Jahnstadions als Wohngebiet versprach. Vorerst aber sieht es so aus, als ob der Stadt die finanziellen Mittel für einen Stadionneubau fehlen.

10.000 um ein leeres Spielfeld
SSV-Vorläufer TB Jahn, der seit 1907 eine Fußball-Abteilung besaß, hatte an wechselnden Orten gespielt, bis er 1911 an der Dechbettener Straße bei der Brauerei Bischofshof ansässig wurde. 1923 kündigte der Pächter den Vertrag: Ihm missfiel, dass zur Gottesdienst-Zeit

Das Jahn-Stadion in Regensburg. (Foto: Schulz)

junge Männer mit unbedeckten Knien Sport trieben. Am 19. September 1926 eröffnete, wiederum unweit der Brauerei, mit einem 7:0 von Jahn gegen den FC Passau der neue Jahnplatz, auf dem eine Woche zuvor als Torhüter der 18-jährige Neuzugang Hans Jakob vom TV 1861 debütiert hatte. Jakob (1908-1994) debütierte 1930 ein weiteres Mal, diesmal in der Nationalelf; es folgten weitere 37 Berufungen. So hat er Regensburg bei der älteren Generation ebenso bekannt gemacht wie Knackwürste und Domspatzen. 1931 weihte der Verein dann eine standesgemäße 600-Plätze-Tribüne ein.

Bei Kriegsende 1945 beschlagnahmten die US-Amerikaner das Stadion, dessen Spielfeld Bombentrichter aufwies und dessen Tribüne im Südteil zerstört war. Bereits am 4. Dezember fanden sich 4.000 im Jahnstadion an der Prüfeninger Straße zum Landesliga-3:1 gegen Eintracht Franken Nürnberg ein – für die neue Oberliga Süd war Regensburg nicht berücksichtigt worden. 1949 aber erreichte man die Aufstiegsrunde und feierte im Jahnstadion (lange bevor die FC St. Pauli-Fans auf die Idee kamen) die erste „Radio-Paadie" westdeutscher Fußballgeschichte: Über eine für 500 DM von der Post angemietete Standleitung berichteten drei Reporter telefonisch vom Geschehen im Stuttgarter Neckarstadion; via Lautsprecher konnten 10.000 ( ), die je 50 Pfennig Eintritt entrichtet hatten, zuhören. Zehnmal brandete um das leere Spielfeld Jubel auf, denn Jahr gewann bei der SpVgg Untertürkheim in Stuttgart 10:0!

Nach Ende der Aufstiegsrunde erweiterte man die Spielstätte auf ein Fassungsvermögen von 25.000, und tatsächlich ist die Oberliga-Runde 1949/50 vom Besuch her bis heute unübertroffen: Fast 17.000 kamen im Schnitt ins Jahnstadion an der Prüfeninger Straße. Erstaunlich, wie man bei einem Fassungsvermögen von 25.000 weitere 5.000 Menschen im dramatischen Punktekampf gegen Tabellenführer Fürth (4:3-Siegtreffer des Jahn in der 88. Minute) unterbrachte. In den späteren Oberliga-Jahren blieb man stets darunter (Bestbesuch 1953/54 mit 14.067, schlechtester 1957/58 mit 6.300). 1953 im Mai sahen beim (inoffiziellen) B-Länderspiel Deutschland – England (2:2) 25.000 zu.

Die Erwartungen müssen hoch gewesen sein in Regensburg, die Erinnerungen wehmütig, denn in der 2. Bundesliga Süd von 1975 bis 1977, als man stets „am Ende" mitspielte, erreichte der Klub lediglich Durchschnittsbesuche von 4.649 und 2.588. So waren denn auch die Erwartungen in der 3. Liga 2000 /2001 mit 2.000 bis 2.500 Zuschauern – zu Unrecht – bescheiden. Immerhin, zum Saisonauftakt gegen Schweinfurt (1:1) kamen 5.000, vor allem Jüngere will man wieder an die Tradtionsstätte heranführen. „Der Jahn" ist inzwischen so attraktiv, dass auch „Kiebitze" aus den angrenzenden Wohnhäusern vom „Waschbeton-Balkon" – eine Wortschöpfung des Bayern-3-TV-Kult-Reporters Klaus Karl Kraus („KKK") – zuschauen.

Schmeling-Sparring vor 18.000
Mediengeschichtlich ist von Interesse, dass das erste „Tor des Monats" der ARD-„Sportschau" am 28. März 1971 vom Amateurnationalspieler Gerd Faltermeier im Jahnstadion gegen den VfR Mannheim erzielt wurde (2:1, Endstand 3:1). Außergewöhnlich zudem, dass Ex-Box-Weltmeister Max Schmeling in Vorbereitung auf den Neusel-Kampf 1948 vier Sparrings-Runden im Jahnstadion absolvierte, was 18.000 sehen wollten.

Die benachbarte Brauerei Bischofshof unterstützt als Stiftung den Priesternachwuchs der Diözese Regensburg finanziell und ebenso den SSV Jahn. Das hat sie selbst in schlechtesten Zeiten getan, weshalb für Jahn-Anhänger die Visite in den „Braustuben" des mittelständischen Unternehmens geradezu Pflicht ist. *sky*

Städtisches Jahnstadion Regensburg
ER: 1926, FV: früher 25.000, heute 15.000, davon 550 üd. SiP
ZR: 30.000 (!, siehe Fassungsvermögen), Oberliga Süd, 5.2.1950, Jahn Regensburg – SpVgg Fürth 4:3
Prüfeninger Str. 57a, 93049 Regensburg, Tel. 0941 / 507 25 33 (Stadion), 223 92 (SSV Jahn).

■ Röntgen-Stadion

Benannt nach einem Nobelpreisträger

Den Namen eines Nobelpreisträgers erhielt 1992 das ehemalige Stadion Lennep in Remscheid.

Den Bau hatte am 24. September 1924 die Stadtverordnetenversammlung der damaligen Kreisstadt Lennep beschlossen; Beginn auf einem sumpfigen, als Müllkippe dienenden Gelände am östlichen Standrand war im November. Der Höhenunterschied vom Eingang Wupperstraße zum Spielfeld wurde durch eine breite Treppe überwunden, die, flankiert von zwei Stadiongebäuden, bis zum Umbau 1981/82 das bauliche Charakteristikum des Stadions bildete. Eigentlich sollten noch Schwimmbad und Schießstand in die Anlage integriert werden, doch zustande kam schließlich eine schlichte Konstruktion mit Laufbahn und Stehstufen für 5.000 Zuschauer, die am 2. August 1925 eingeweiht wurde.

Mehr als ein Dutzend Vereine und der Schulsport nutzten das Lenneper Stadion. Es gab beinahe nichts, was dort nicht stattgefunden hätte, sogar Windhundrennen sowie Freiluft-Boxen und -Ringen. Großereignisse bot die Leichtathletik, denn die Laufbahn galt als „schnell", und der VfL Lennep war im Frauensport sehr engagiert. 1928 und 1929 erzielte Grete Heublein aus Barmen im Stadion Weltrekorde im Kugelstoßen, „Sprinterkönig" Hubert Houben gastierte, 1930 fanden die Deutschen Meisterschaften der Frauen statt, und 1934 lief die 4-x-100-m-Damenstaffel Europarekord.

1929 war Lennep nach Remscheid eingemeindet worden, weshalb die Stadt Remscheid 1935/36 die erste, dringend notwendige Renovierung übernahm, bei der u.a. ein neuer Rasen und ein Nebenplatz angelegt wurden. Danach wurde das Stadion vor allem für Fußball, Sportfeste und Veranstaltungen von NSDAP, SA und HJ genutzt.

Publikumsmagnet Reitsport
Trotz erheblicher Schäden, die in den letzten Kriegswochen und beim Einzug der US-Amerikaner entstanden, wurde der Sportbetrieb bereits im Herbst 1945 mit Fußball, 1946 mit Handball und Leichtathletik wieder aufgenommen. Dazu kamen hervorragend besetzte Reit- und Fahrturniere, die Remscheid zur Pferdesport-Hochburg machten. Beim volksfestartigen, vom Wetter begünstigten Turnier 1949 sollen an die 25.000 Zuschauer im und um das Stadion gewesen sein. Diese Großveranstaltungen strapazierten die ohnehin überlastete Anlage, und nach einem in Regen und Morast versunkenen Turnier nahm der Reitsport in Lennep 1955 mit einem deftigen Defizit ein unerfreuliches Ende.

Bei der Generalsanierung 1969 bis 1972 wurden die breite Treppe und die Stadiongebäude erneuert und 1974 eine kleine Tribüne an der Westseite errichtet. Nutzer neben dem VfL Lennep – eigentlich „Platzhirsch" im Stadion – war seit 1976 der BV 08 aus dem benachbarten Stadtteil Lüttringhausen, worüber man beim VfL alles andere als erfreut war. Der BV 08 war in wenigen Jahren aus der Bezirksklasse in die höchste Amateurliga aufgestiegen und erreichte 1982 die 2. Bundesliga. Der ohnehin für 1981 vorgesehene Um- und Ausbau des Stadions wurde nun dahingehend erweitert, dass das Stadion den DFB-Auflagen entsprach: Über 2,5 Mio. DM wurden in den Bau der Haupttribüne, den Ausbau der Kurven, die vollständige Erneuerung des Spielfeldes, den Rückbau der Laufbahnen (von sechs auf vier) und den Sicherheitszaun investiert. 13.000 waren dabei, als das „neue" Stadion am 17. Oktober 1982 mit einem Freundschaftsspiel des BV 08 gegen Schalke 04 eingeweiht wurde (1:1).

Seitdem ist Remscheids Stadion in erster Linie Fußballstadion. Der BV 08 Lüttringhausen, 1985 in BVL 08 Remscheid umbenannt, bzw. der FC Remscheid, der 1990 aus der Fusion von BVL 08 und VfB Remscheid entstand, sorgten als „Fahrstuhl-Mannschaften" zwischen 2. Bundesliga (1982-84, 1987-88, 1991-93), Regionalliga (1996-99) und Oberliga für fußballerische Höhepunkte. Dazu zählten Pokalspiele gegen Bayern München 1984 (0:1), den 1. FC Kaiserslautern (3:0), Hannover 96 (3:3 n.V., mit Hermann Wulfmeiers „Tor des Monats"), beide 1986, und Borussia Mönchengladbach 1990 (1:0), das Endspiel um die Deutsche Amateurmeisterschaft 1985 gegen den VfR Bürstadt (2:1 n.V.)

Am Rande eines Reitturniers im Stadion Lennep der 50er Jahre: Porsche präsentiert seine neuesten Flitzer, die Kinder staunen.

Das Röntgen-Stadion in Remscheid.

Stadion Kreuzeiche

Endlich Zweitligatauglich

Glückliche Reutlinger: Bereits am 22. April 2000, am 28. von 34 Spieltagen der Regionalliga Süd realisierten sie den Aufstieg in die 2. Bundesliga – just auch der Zeitpunkt, um die Pläne für den Umbau des maroden Stadions Kreuzeiche aus den Schubladen zu holen.

Der geheimnisvolle „Mister X"

Idyllisch gelegen am Fuße der Schwäbischen Alb, mit Blick auf den „Hausberg" Achalm, ist das Stadion seit 1953 Heimat des SSV 05 Reutlingen, dessen Erfolgsweg das Thema Arena-Neubau zu einem kommunalpolitischen Dauerbrenner machte. Viele Zeilen waren dabei einem geheimnisumwitterten „Mister X" gewidmet, der mit anderen Gönnern in nur drei Jahren in der fast 110.000-Einwohner-Stadt ein komplett überdachtes reines Fußballstadion mit 35.000 Sitzplätzen erstellen lassen wollte. Am 30. November 1999 outete sich „Mister X" als Walther Seinsch, ein gebürtiger Rheinländer und ehemaliger Textilunternehmer, der in Lindau am Bodensee lebt und 1994 als Präsident von Schalke 04 im Gespräch war. 7,5 Mio. Mark wollten er und andere Investoren als Startkapital in die neue „SSV Reutlingen Lizenzfußball GmbH" einbringen, 100 bis 125 Mio. DM waren für den Stadionneubau angesetzt.

Die Stadt, die zu dem Zeitpunkt bereits mit der Generalsanierung an der Kreuzeiche befasst war, reagierte eher zurückhaltend, zumal die bisherige Stätte nie mehr als 18.191 Zuschauer gesehen hatte. Die kamen 1965 in der Bundesliga-Aufstiegsrunde gegen Mönchengladbach (1:1), im Rückspiel am Bökelberg scheiterten die Württemberger mit Mannen wie Schafstall, Schießl, Kasperski an den Netzer, Heynckes, Wimmer, Rupp und Co. mit 0:7, ein Zähler fehlte schließlich zur Erstklassigkeit.

Das Projekt vom „Fußball-Erlebnispark" der Seinsch und Co. wurde schließlich ad acta gelegt, schon ein Verkehrsgutachten stand dagegen und ließ allenfalls 22.500 Plätze zu.

Lauterer Honorar: 17 Anzugstoffe

Der SSV Reutlingen, den einst der Landrat, IHK-Präs dent und Strickmaschinenfabrik-Prokurist Hans Kern nach oben in

---

und das Benefizspiel zugunsten der Opfer der Remscheider Flugzeug-Katastrophe 1989 gegen Bayern München (3:0). Am 8. Dezember 1988 waren beim Absturz einer US-Militärmaschine auf ein Wohnhaus sieben Menschen ums Leben gekommen.

„Name mit Identitätscharakter"

Der Stadt erschien angesichts sportlicher Großereignisse die Bezeichnung Stadion Lennep nicht mehr zeitgemäß. Am 5. Dezember 1982 beschloss der Rat „einen einprägsamen Namen mit Identitätscharakter", nämlich die Benennung nach dem in Lennep geborenen weltbekannten Physiker und Nobelpreisträger von 1901, Wilhelm Conrad Röntgen (1845-1923), dem Entdecker der Röntgenstrahlen, der allerdings zeitlebens nie etwas mit Sport zu tun hatte.

Bayern München war noch ein drittes Mal in Remscheid zu Gast, als der FC Remscheid 1998/99 vor dem finanziellen Ruin stand. An einem Wochentag ka-

men bei Winterwetter am 23. Februar 1999 8.000 Zuschauer ins Röntgen-Stadion. Der FC Remscheid verlor zwar mit 0:8, konnte aber einen beträchtlichen Reingewinn verbuchen. Unter großen Anstrengungen und Opfern gelang es dem FCR, die Existenz des Vereins und auch die Oberligamannschaft zu erhalten.

Neben dem FC Remscheid spielt der VfL 07 Lennep (jetzt wieder Kreisliga A) im Röntgen-Stadion, das außerdem für den Schulsport genutzt wird.

Harald Bennert

Röntgen-Stadion Remscheid
ER: 1925 / 1982. FV: 12.463, dav. 1.933 üd. SiP auf der Haupttribüne, 235 üd. SiP auf d. Pressetribüne, 10.295 StP. ZR: 15.000, 2.9.1984, DFB-Pokalspiel 1. Hauptrunde BV 08 Lüttringhausen – Bayern München 0:1.
Wupperstraße 21, 42897 Remscheid, Tel. 02191 / 16 25 15.

Großen Zuschauerzuspruch erlebte das Reutlinger Stadion in den 50er und 60er Jahren.

(Foto: Stadtarchiv Reutlingen)

■ Ernst-Grube-Stadion

Stahlwerk weg, Stahl noch da

Riesa? Gut, helfen wir westdeutschen Lesern weiter: In Sachsen an der Elbe gelegen, nordwestlich von Dresden und mit dem Ernst-Grube-Stadion als fußballerischem Mittelpunkt und außerdem dem Sportplatz am Bürgergarten als sporthistorischer Adresse. FC Stahl Riesa 98 heißt der führende Fußballklub der 40.000-Einwohner-Stadt: einerseits Tradition, andererseits ein Anachronismus, denn das Stahl- und Walzwerk hielt man nach der Wende für „nicht wettbewerbsfähig", sein Gelände ist neu besiedelt worden.

Die Sportler der BSG Stahl Riesa und Betriebsangehörige bauten mit Hilfe von Sponsor VEB Stahl- und Walzwerk von 1953 bis 1955 in freiwilligen Arbeitsstunden unweit des Hauptbahnhofs das „Stadion der Stahlwerker Ernst Grube." Grube war auch andernorts Namensgeber von Sportstätten, so in Berlin (BSV Spindlersfeld) und Magdeburg. Der 1890 in Neundorf (Anhalt) geborene Tischler war Reichstags- und Landtagsabgeordneter der KPD, zeitweilig Sportredakteur und seit 1930 Leiter der „Kampfgemeinschaft für Rote Sporteinheit" („Rotsport") im Arbeitersport. 1933-41, 1942 und wieder ab 1944 hielten ihn die Nazis im KZ gefangen. Am 14. April 1945 verstarb Ernst Grube im niedersächsischen KZ Bergen-Belsen an den Folgen einer Flecktyphus-Epidemie.

Am Ort des Stadions befand sich zuvor die „Sportbahn der Jugend", auf der laut DDR-Sportzeitung „FuWo" „vom Flickkonzern Lehrlinge im Hinblick auf die Vorbereitung des faschistischen Raubkrieges körperlich ertüchtigt wurden". Im 2. Weltkrieg mussten sowjetische Kriegsgefangene auf dem Gelände Flakstellungen anlegen und Panzergräber ausheben.

Einweihung des Riesaer Stadions war am 29. Mai 1955, und als die BSG Stahl 1968 in die DDR-Oberliga aufstieg, wurde es innerhalb von nur acht Wochen nochmals ausgebaut. Eine kleine unüberdachte Tribüne und der Kampfrichterturm entstanden, das Fassungsvermögen wuchs von 7.500 auf 13.500; es gab ca. 1.000 Sitzplätze. „Da die territoriale Lage keine weiteren Baumaßnahmen zulässt", hieß es zu DDR-Zei-

die Oberliga Süd brachte, hatte die neue Heimat 1953 gegen den „Sandschlackenplatz" am Ringelbach eingetauscht (die alte Tribüne wurde nach Rottenburg/Neckar verkauft). Die weitläufige Anlage hatte und hat, so war's in den 50ern eben üblich, eine 400-Meter-Sandrundbahn. Zur Eröffnung kam der 1. FC Kaiserslautern – Honorar 8.000 Mark und, naheliegend für die Textilstadt zwischen Stuttgart und Bodensee, 17 Anzugstoffe.

, Zu Zeiten von Oberliga und „alter" Regionalliga war der Besuch an der Kreuzeiche eher durchwachsen, Bestmarken 17.147 gegen Eintracht Frankfurt 1962, 16.200 gegen den VfB Stuttgart im selben Jahr, 16.000 später im Jahr 1974 gegen den VfR Aalen, als es um die Teilnahme an der Deutschen Amateurmeisterschaft ging (Reutlingen gewann den Titel).

Es gab noch zwei Jahre 2. Bundesliga Süd, dann wurde es still draußen vor den Toren der Stadt, zeitweise drohte der Konkurs – Reutlingen war wieder Fußball-Provinz. 1989 wurden die Tribüne erweitert, die Stehränge erneuert und der Rasen neu eingesät.

6,9 Mio. DM: „Vertretbarer Aufwand"

Nun wird alles anders, und vorsorglich orderte ein BVB-Fan bereits Ende April 2000 fünf Tickets, sollte die Borussia in der neuen Zweitliga-Saison in Reutlingen antreten müssen...

Von Mai bis August 2000 wurde an der Kreuzeiche für 6,9 Mio. Mark neu gebaut: 1,15 Mio. kostet der erste Bauabschnitt mit der Einteilung der Blöcke, „Wellenbrechern", Zu- und Abgängen, Videoüberwachung. Gemäß dem DFB-Katalog werden dann ein beheizbares Spielfeld (1,85 Mio.), Flutlichtanlage (1,5

Mio., Eröffnung: 27.10.2000, 3:1 gegen Bielefeld vor 8.000), die Sanierung der Nebenplätze (900.000 DM) und weitere 1.000 Parkplätze zu den vorhandenen 1.500 folgen (900.000 DM). Wegen der eingeschränkten Sichtverhältnisse stellte man im Oktober 2000 eine Stahlrohrtribüne in der Nordkurve auf. Die Kreisgruppe des Bund für Umweltschutz und Naturschutz (BUND) hatte die Baumaßnahmen auf dem Markwasen kritisiert: „Wir verbrauchen die Natur." Später soll eine ligataugliche Tribüne entstehen, dafür sind 12 bis 15 Mio. Mark veranschlagt.

„Wir können damit mit vertretbarem Aufwand dem SSV ermöglichen, in der 2. Bundesliga zu spielen", sagt OB Dr. Stefan Schultes. Der Plan eines reinen Fußballstadions ist dabei noch nicht aus der Welt. Ungeklärt ist die finanzielle Beteiligung des Landes – per Protestaktion forderten die Fans Mittel, die z.B. Freiburg und Mannheim erhalten hatten.

In Steffi Renz, die seit dem 1. Juli 1999 amtiert, besitzt der SSV die einzige Stadionsprecherin der 1. und 2. Bundesliga. *sky*

Stadion Kreuzeiche Reutlingen
ER: 1953. FV (zu Saisonende 2000): 13.300, davon 1.500 üd. SiP und 11.800 StP.
ZR: 13.6.1965, Bundesliga-Aufstiegsrunde, SSV Reutlingen – Borussia Mönchengladbach 1:1.
Schlattwiesenstraße 25, 72768 Reutlingen, Tel. 07121 / 230 112.

(Foto: Grüne)

Das Ernst-Grube-Stadion.

ten, sei ein neues Sportzentrum im Wohngebiet Riesa-Weida geplant.

Ein Jahrzehnt lang gehörte die BSG Stahl Riesa (mit Unterbrechungen) der höchsten Liga an. Anfang der 70er Jahre errichtete man dank der Hilfe des VEB Stahl- und Walzwerk die erste frei tragende Tribüne der DDR, 1.500 konnten darauf Platz nehmen, doch schützte der Dachvorsprung nur 450 von ihnen. Nachdem Stahl 1974/75 einen ausgezeichneten 6. Rang belegt hatte, baute man die Stehtraversen weiter aus.

Unweit des Ernst-Grube-Stadions befindet sich auf einem ehemaligen Exerzierplatz das im August 1925 mit einem 1:4 gegen den VfB Leipzig eingeweihte RSV-Stadion am Bürgergarten (zeitweise Hindenburg-Kampfbahn genannt); Platzherr SV Riesa 03 gehörte fünf Jahre der Gauliga an, das Fassungsvermögen lag damals bei 8.000. Der Riesaer SV, angefeuert mit dem Ruf „Ri-Ra-Rau – RSV", brachte in Will Arlt (elf Länderspiele 1939 bis 1942) einen Nationalspieler hervor, der 1947 im Alter von 27 Jahren kurz vor seiner Entlassung aus sowjetischer Kriegsgefangenschaft verstarb.

Nach der Wende wurde aus der BSG Stahl der FC Stahl (1990), danach 1991 der Risaer SV (kein Druckfehler), ehe 1998 der FC Stahl wieder erstand, der 2000 in die Oberliga Nordost-Süd (4. Liga) aufstieg. Ansonsten ist die große Kreisstadt laut Verwaltung auf dem Weg „von einer bekannten Industriestadt zu einer namhaften Sportstadt". *sky*

Ernst-Grube Stadion
ER: 1955, FV: früher 14.000, heute 10.000, davon 450 üd. und 1.000 unüd. SiP
ZR: 14.000, DDR-Oberliga, 1974/75, BSG Stahl Riesa – Dynamo Dresden 2:2
Rudolf-Breitscheid-Str. 40, 01587 Riesa, Tel. 03525 / 730 312, 730 222, 0171 / 22 67 342.

■ Ostseestadion

Neuer Hafen für die Kogge

Das Rostocker Ostseestadion ist Vergangenheit; die Stadt des lange Zeit einzigen DDR-Ligisten, der nach der Wende in der Erstklassigkeit bestehen konnte, baut bis 2001 neu: eine reine Fußball-arena, „Modell Holland".

Das Ostseestadion ist Mittelpunkt eines Sportforums, wie man es ähnlich in Berlin-Hohenschönhausen, Cottbus und Chemnitz findet. Es gibt dort eine Eishalle, gleichzeitig Bundesleistungszentrum Short Track, ein zwischenzeitlich ruinöses Eisstadion im Freien, die Neptun-Schwimmhalle (bei der Eröffnung Europas größtes Hallenbad), Schulschwimmhalle, Freibad, Kinder- und Jugend-Sportschule (KJS), Sporthalle, das Volksstadion (von dem noch zu berichten sein wird) und bald ein neues Leichtathletik-Stadion, da im neuen Ostseestadion keine entsprechenden Anlagen mehr vorhanden sein werden. Ein Hochhaus steht noch da, an dem prangte ehemals die Aufschrift „Sportforum", jetzt ist dort das Sportamt der Stadt untergebracht.

NS-Aufmarschgelände als Vorgänger
Es ist kaum bekannt, dass das Stadion seinen Ursprung in einem monumentalen NSDAP-Aufmarschplatz hat. Die Nazis errichteten seit 1936 auf einer großen unbebauten und planierten Fläche am Barnstofer Wald, einem Naherholungsgebiet der Hafenstadt, einen Platz für Propaganda-Veranstaltungen (obwohl es auch in Rostock eine „Thingstätte" als Kundgebungsort gab). Das Ganze glich einem Mini-Reichsparteitagsgelände à la Nürnberg: Abschluss war eine Ehrentribüne mit überdimensionalem Reichsadler samt ebensolchem Hakenkreuz, den Platz flankierten lang gestreckte Sitztraversen. Damit alles im Sinne der Machthaber war, benannte man die nahe Kopernikusstraße rasch in Adolf-Hitler-Straße um. Am 11. Juni 1939 traten zur Einweihung 72.000 „Volksgenossen" zum NSDAP-Gautag Mecklenburg an, es folgte der 2. Weltkrieg, und ähnlich große Massen hat der Ort nie mehr gesehen.

Nach Kriegsende besaß die Stadt als einzige Sportstätte für Großveranstaltungen das Volksstadion, das Arbeitersportler 1923 bis 1929 vor allem in Eigenarbeit erbaut hatten; die Unterstützung des Staates Mecklenburg und der Stadt fiel nicht ins Gewicht. 20.000 fanden auf Stehplätzen Raum, die Arbeitersportler feierten ihr Werk als „das schönste und größte vereinseigene Stadion von beiden Mecklenburg und Lübeck sowie überhaupt von Norddeutschland" und vielleicht Deutschland (bezogen auf Arbeitersport-Anla-

(Foto: Stadtarchiv Rostock)

„Blaue Ameisen" an der Kopernikusstraße: das Nationale Aufbauwerk.

Das Ostseestadion nach der Eröffnung: Die Heimelf wurde aus Lauter „importiert".

gen). Mit dem Verbot des Arbeitersports 1933 raubten die Nazis die vorbildliche Anlage.

Schalmeien und rote Fahnen

1949 aber hatte die Stadt Größeres als das Volksstadion im Sinn, weshalb beschlossen wurde, die vorhandenen Wälle und die Bauten des Eingangsbereich des NS-Aufmarschgeländes in einen Neubau einzubeziehen. Geld hatte Rostock dafür nicht genug, da kam das Anfang der 50er Jahre initiierte Nationale Aufbauwerk (NAW) recht, aus dem in der Ostseestadt mit der Langen Straße auch ein bemerkenswertes Stück DDR-Architektur entstand. Der VEB Volksbau Rostock ging „den Aufbau eines Sportforums mit dem Kernstück eines Stadions" an, doch ohne die freiwillige Mitarbeit der Bevölkerung war das Ziel nicht zu erreichen. So werkelten denn nach Feierabend und an Wochenenden mit dem Enthusiasmus der Aufbaujahre viele Menschen an der Kopernikusstraße mit – sichtet man die Photodokumente im Stadtarchiv, so erinnert manches Motiv an die „blauen Ameisen" aus Maos China. Gelegentlich begleitete Schalmeienmusik die NAW-Aktivisten, Partei- und FDJ-Banner sowie rote Fahnen waren derweil dekorativ auf dem Wall plaziert.

Innerhalb von nur zehn Wochen entstand anstelle der Sandwüste das neue Stadion, bekam Spielfeld und Laufbahn, Sitz- und Stehtraversen, auf der Seite zum Barnstorfer Wald einen Anzeigeturm (an dem später eine Anzeigetafel und das Stadtwappen angebracht waren) und in Richtung Platz der Freiheit ein Marathontor. Das damalige Fassungsvermögen: 25.577 Menschen, da-

von 3.686 überdachte, 18.417 unüberdachte Sitzplätze und 3.474 unüberdachte Stehplätze auf dem Oberring. Zur Einweihung „des großen Aufbauwerks der Rostocker" gab es am 27. Juni 1954 ein Volksfest. Am Eingang zum (denkmalgeschützten!) Tribünenfoyer sieht man noch eine schlichte Gedenktafel, die an die Arbeitsleistung erinnerte (sie wird nach dem Neubau erhalten bleiben, glücklicherweise gehört Hansa-Vereinschef Eckart Rehberg, CDU-Fraktionschef von „MeckPomm", nicht zu den „Bilderstürmern" seiner Partei).

Zur Namensgebung reimte Aufbauhelfer H. Sydow: „Um die Liebe zur Heimat, zum Meer und zum Strand, wirst du von nun an Ostsee-Stadion genannt." Es überrascht: Kein Dimitroff, kein Lenin, kein „Teddy" Thälmann als Namensgeber, sondern ein regionaler Bezug!

Die Fußballer spielten erst einmal keine Rolle in der neuen Arena, allenfalls holte man ab und an Kicker heran, die an der Ostsee im Trainingslager waren, so für die Begegnung Motor Glauchau – Motor Wismar (1:1). Sonst liefen die Handballer von Motor Rostock auf, und am 11. Juli 1954 gab es ein Frauen-Handball-Länderspiel DDR – CSR (3:1) vor nur 3.000. Ausverkauft war es dagegen beim ersten von acht Fußball-Länderspielen am 26. September 1954, DDR – Polen (0:1), mit 30.000, eine Marke die beim 5:1 über Finnland 1960 wieder erreicht wurde.

Die „gestohlene" Oberliga-Elf

Was Rostock zum vollkommenen Stadion-Glück fehlte, war eine gute Fußballmannschaft – in der DDR, wie man

aus anderen Vorgängen weiß, kein Problem, wenn man denn entsprechende Beziehungen besaß. Treibende Kraft, ein Spitzenteam an die Ostsee zu transferieren, soll der damalige Vorsitzende des Rates des Bezirks Rostock, der Fußballfreund und spätere FDGB-Chef Harry Tisch gewesen sein. Der 9. Spieltag am 31. Oktober 1954 wurde kurzerhand abgesetzt und DDR-Oberliga-Tabellenführer BSG Empor Lauter aus dem Erzgebirge umgehend nach Rostock „versetzt", wo er als SC Empor Rostock spielte. Der 2. Sekretär der SED-Kreisleitung Rostock-Stadt hatte den Transfer vorbereitet, Trainer Oswald Pfau (später DDR-Nationaltrainer, dann in den Westen geflüchtet) und die Spieler von Lauter konnten samt Frauen bei einer Ostseetour den neuen Spielort schon einmal kennen lernen. Eine Untat, die im kleinen Lauter bis heute unvergessen ist, in Rostock aber ankam, denn 17.000 (ausverkauft!) eilten zur Empor-Premiere gegen BSG Chemie Karl-Marx-Stadt am 14. November 1954.

Es ist interessant, wie offizielle Verlautbarungen die Schaffung eines sportlichen Standorts mittels eines solchen Coup später interpretierten: „Die sportliche Entwicklung der Stadt Rostock begann allerdings erst 1949. Was zuvor bestand, ist kaum nennenswert. Man muss dabei berücksichtigen, dass das gesamte Agrargebiet Mecklenburg überhaupt erst nach 1945 begann, sein Gesicht zu verändern, seine wirtschaftliche und kulturelle Rückständigkeit zu überwinden. Nicht zuletzt trug dazu der Sport bei, der besonders in diesem einst so zurückgebliebenen Gebiet gefördert wurde. Die Regierung stellte dafür bedeutende Mittel zur Verfügung."

Rostock jedenfalls spielte nun im Fußball mit und setzte eine Rekordmarke, als am 10. Juni 1962 über 30.000 das Meisterschafts-entscheidende Spiel Empor – ASK Vorwärts Berlin (1:3) erlebten. Je 30.000 sahen die Messecup-Begegnungen im Vorläuferwettbewerb des UEFA-Cup gegen AC Florenz (3:1) und Inter Mailand (2:1). Als 1966 eigenständige Fußballklubs gebildet werden mussten, wandelte sich der SC Empor zum FC Hansa. 25.000 kamen 1986 zum Freundschaftsspiel mit Schalke (2:1, beide Tore Axel Kruse), das Rückspiel im Parkstadion lockte lediglich 1.500 Menschen an (1:1).

„Täve, Täve" und „Stasi raus"

1968 entstand die überdachte Tribüne nach Entwürfen eines Architekten-Kollektivs um Ernst Gahler, 1970 folgte eine 750-Lux-Flutlichtanlage, die am 23. Oktober gegen Magdeburg (3:0) vor 25.000 eingeweiht wurde. Torschütze Dieter Lenz artig nach dem Abpfiff: „Bei den Erbauern der Anlage möchte ich mich auch im Namen meiner Klubkameraden herzlich bedanken." Die Lokalpresse hatte zuvor begeistert von den 65 m langen „Stahlfingern" berichtet, die außerhalb des Stadions postiert und deshalb gekrümmt waren und zu deren Montage man einen Spezialkran des Industriebaukombinats Merseburg einsetzte. Dreimal fuhren die Friedensfahrer im Stadion ein, so 1961 aus Szczecin in Polen, als Gustav Schur auf der Zielgerade unter „Täve,-Täve!"- und „Hol-di-ran!"-Sprechchören noch einen Rang wettmachte.

Als sich nach dem 40. Geburtstag der DDR Auflösungserscheinungen breit machten, ehe der Staat schließlich kollabierte, gab es auch im Umfeld des FC Hansa entsprechende Ereignisse. Beim 3:1 über den BFC Dynamo am 21. Oktober 1989 war im Ostseestadion eine schwarz-rot-goldene Flagge zu sehen, die die Hansa-Kogge anstelle von Hammer und Zirkel trug. Als Ordner eingriffen, hörte man Sprechchöre „Stasi raus!"

Noch dramatischer waren die Ereignisse um die vom FDJ-Reisebüro veranstaltete Auswärtsfahrt zum UEFA-Cup-Spiel bei Banik Ostrava in der CSSR. Nachdem ein Westsender gemeldet hatte, 4.000 Rostocker Fußballfans (die Zahl war völlig übertrieben) seien auf dem Weg zur BRD-Botschaft in Prag, wurde die Zugbesatzung in Prag von Polizei attackiert, zwar weiter nach Ostrava, aber dann gleich wieder nach Rostock zurücktransportiert. Im Stadion von Banik kamen die Hanseaten nie an...

Aufgrund der Städtepartnerschaft Rostock–Bremen veranstaltete der SV

Werder dann am 17. Februar 1990 – noch bestand die DDR – im Ostseestadion einen Einführungskurs in Sachen Marktwirtschaft: Unübersehbar die Präsenz einer Brauerei, einer Bank und eines Schokoladen-Herstellers; Krönung der Werbeshow war, dass das Schiedsrichter-Trio die Farben von Milka trug!

Als letzter Meister und Pokalsieger des NOFV zog der FC Hansa 1991 in die Bundesliga und den EC I (nach dem 0:3 beim FC Barcelona kamen nur 8.500 zum Rückspiel in Rostock) ein, verhinderte am letzten Spieltag den Titelgewinn von „Fußball-2000"-Frankfurt und stieg ab. Im Ostseestadion gab es nach dem Wiederaufstieg etliche Neuerungen: Die Flutlichtanlage besaß nun 1.380 Lux, die Tribüne erhielt blaue Schalensitze, Einsatzzentrale und Videoüberwachung kamen hinzu. Der Anzeigeturm fiel 1992 dem Abriss anheim, eine computergesteuerte Großanzeigetafel ersetzte ihn.

Seinen Zuschauerrekord erreichte der FC Hansa allerdings nicht im Ostseestadion. Nachdem am 23. September 1995 eine Rauchbombe aus dem Hansa-„Fan"-Block den Linienrichter verletzte und die St.-Pauli-Spieler Thomforde und Driller ab der 79. Minute infolge Sehstörungen nicht weiterspielen konnten, erhielt der Gastgeber 10.000 DM Strafe und eine Platzsperre. Gegen Frankfurt wechselte man deshalb ins Olympiastadion Berlin und erreichte dort beim 1:1 die sensationelle Zahl von 58.492 Zuschauern, die offensichtlich aus dem gesamten Ostdeutschland in die Hauptstadt gekommen waren.

Der Neubau: „Ort für die ganze Familie"

Wenn dieses Buch erscheint, ist das Ostseestadion in seiner bisherigen Gestalt Vergangenheit. Nach zweijähriger Vorbereitung stellte Bauherr Ostseestadion GmbH am 30. November 1999 den Bau-

antrag für Totalabriss (nur die Flutlichtmasten bleiben stehen) und Neubau. Der orientiert sich am Stadion von Vitesse Arnheim in Holland, als Vorbild für die Dachkonstruktion diente Feyenoords Arena in Rotterdam – „eine Verjüngungskur, wie sie bisher noch kein Fußball-Stadion im Osten Deutschlands erlebt hat" („Hamburger Morgenpost"). Generalübernehmer Hollandsche Beton Maatschappij bv (HBM Bau GmbH Essen), der in Eindhoven, Rotterdam und Arnheim gebaut hat und „auf Schalke" baut, erstellt die Sportstätte ab Februar 1999 in Etappen, so dass zeitweise nur noch 16.000 Menschen Platz finden werden.

Nach Fertigstellung bieten vier überdachte Tribünen im Ostseestadion 25.000 Sitzschalenplätze, von denen 5.000 in 10.000 Stehplätze umgewandelt werden können. Die Ostseestadion GmbH erhält je zehn Mio. DM vom Land Mecklenburg-Vorpommern und der Stadt Rostock. Weitere Mittel kommen aus dem mit über 50 Mio. Mark bezifferten Engagement der Deutschen Städtereklame bei Hansa.

Wie andernorts soll mit der neuen Arena „eine Zuschauerklientel gewonnen werden, die heute noch das Stadion meidet. Es soll ein Ort für die ganze Familie werden" („Hansa Fan Kurier").

sky

Ostseestadion Rostock (alt)
ER: 1954. FV: 24.500, zu DDR-Zeiten 30.000. Zuletzt 3.498 üd. SiP, 18.095 unüd. SiP, 2 349 StP auf dem Wall.
ZR: 33.000 in der DDR-Oberliga-Saison 1988/89. Rostock gegen Dynamo Dresden 2:2.
Trotzenburger Weg 14,
18057 Rostock, Tel. 0381 / 499 990.

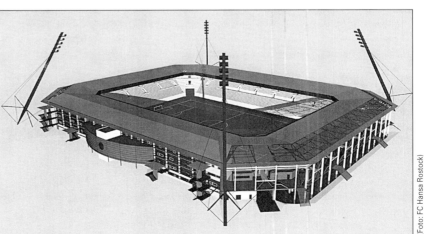

Die geplante neue Arena von Rostock.

(Foto: FC Hansa Rostock)

■ Opel-Stadion

Die Arena des Bayern-Sponsors

Wer heute im Fußball den Namen Opel hört, denkt unwillkürlich an das Sponsoring der Rüsselsheimer Automobilbauer bei den Champions-League-Teilnehmern Bayern München, Paris St. Germain, AC Milan und Sparta Prag. In Vergessenheit geraten sein dürfte dagegen in der breiten Öffentlichkeit, dass in der hessischen Stadt Rüsselsheim noch ein Stadion existiert, das den Namen „Opel" über seinen Kassenhäuschen prangen hat.

Natürlich tritt dort kein Pay-TV-Ensemble regelmäßig gegen das runde Leder, sondern nahezu alle 14 Tage die Bezirksligamannschaft des SC Opel Rüsselsheim. Die Geschichte des Platzes ist schnell erzählt: Eingeweiht im Jahr 1957 und damals mit einem Fassungsvermögen von 15.000 ausgestattet, war hier der große Fußball nur für kurze Zeit zu Gast. Der SC Opel 1906 gehörte nur wenige Spielzeiten, von 1965 bis 1972, der damaligen Regionalliga Süd an, und wenn nicht Manchester Citys Torwartlegende Bert Trautmann in dieser Zeit als verantwortlicher Trainer die Fäden in der Hand gehalten hätte, wer wüsste heute noch von dieser Epoche?

Jetzt beträgt das Fassungsvermögen des Opel-Stadions rund 7.000 Plätze. 1.000 Besucher können sich auf der kleinen, ebenfalls noch aus den 50er Jahren stammenden Tribüne bei schlechtem Wetter im Trockenen gemütlich niederlassen. 1993 erfuhren der Rasenplatz und die Kampfbahn B inklusive Leichtathletikanlage eine umfangreiche Sanierung, die kleine Tribüne wurde renoviert und ein Geräte- und ein Konferenzraum sowie Personalräume wurden angebaut. *Thomas Zachler*

Opel-Stadion Rüsselsheim
ER: 1957. FV: früher 15.000, heute 7.000, davon 1.000 üd. SiP.
ZR: 7.000, Freundschaftsspiel, SC Opel Rüsselsh. – Bayern München.
Georg-Jung-Straße 61, 65409 Rüsselsheim, Tel. 06142 / 950 834.

■ Stadion Ludwigspark

Der „Park" ist Symbol für den 1. FCS

Als der DFB dem Saarbrücker Ludwigspark-Stadion im Frühjahr 2000 Zweitligatauglichkeit attestierte, meldete die Lokalpresse offen Zweifel an. Kleinlich protokollierte man, die DFB-Besichtigung habe lediglich 18 Minuten gedauert und sei umrahmt worden durch den Verzehr von Schnittchen. Immerhin hatten selbst die saarländischen Zeitungsleser akute Mängel wie kalte Würstchen und verrostete Zäune recherchiert.

Dabei klang alle Kritik an dem am 2. August 1953 mit der Begegnung 1. FC Saarbrücken – RW Essen (3:1) eröffneten Stadion altbekannt.

„Nur wir haben eine Bruchbude!"
Sie ist ein nachhaltiges Indiz für die größte Schwäche des zweifachen deutschen Vizemeisters 1. FCS, der im Ludwigspark beheimatet ist. Kaum ein anderer Klub ist dem Traum von der Bundesliga mit allen seinen Konsequenzen so sehr verhaftet. Der Ludwigspark dagegen ist ein Abbild der Realität. Dazwischen liegen Skandale, viele Millionen Mark Schulden und Drittliga-Spiele vor wenigen hundert Zuschauern. Als es im Juni 1998 so weit mit dem 1. FCS gekommen war, lugte dessen Klubpräsident Reinhard Klimmt (SPD), mittlerweile Bundesverkehrsminister, über die Drittliga-Tabelle hinaus in die modernisierten Erstliga-Stadien der Nachbarn Metz und Kaiserslautern und klagte: „Nur wir haben eine Bruchbude!" Es entstand das Traum-Konstrukt einer bundesligatauglichen „Saar-Arena" („Saarbrücker Zeitung"). Besser konnte der 1. FCS seine größte Schwäche nicht offenbaren.

FCS-Heimat Malstatt
Die Spiele im Ludwigspark haben den 1. FC Saarbrücken im Lauf der Jahrzehnte entfernt von seiner Heimat, die im Arbeiterstadtteil Malstatt im Westen der Stadt liegt. Der FCS, 1903 als Fußball-Spielabteilung im TV 1876 Malstatt gegründet, begann hier auf Schulhöfen, spielte danach auf dem so genannten „Rotplatz" und einem Platz hinter Wohnhäusern „Am Wallenbaum". Im September 1910 kassierte der Klub im ersten Spiel auf seinem neuen Terrain an der Lebacher Straße eine hohe Niederlage gegen den SV 06 Völklingen, heute Röchling. 1916, im 1. Weltkrieg, begann die Stadt damit, den Platz als Gartenland zu nutzen. In der Lebacher Str. 31 hat der FCS heute seine Geschäftsstelle. Eine Haustür, über der der Bund der Antifaschisten/VVN seine Landeszentrale eingerichtet hat, trennt den FCS von der Fan-Kneipe „Uhl's Eck", wo große Siege bei Real Madrid (4:0, in Freundschaft, am 21. Februar 1951) und Spieler wie Herbert Binkert, Jovan Acimovic oder Wolfram Wuttke beliebte Themen sind. Mit ihren Zeiten hat man in der Kneipe ganze Wände tapeziert. Bilder kleben an den Wänden und in den Köpfen der Fans, Reliquien aus hundert Prozent Polyester, alte Trikots, daneben.

Im Jahr 1919 siedelte der FCS von Malstatt auf den Ludwigsberg um. Ludwig war der Sohn von Fürst Wilhelm Heinrich von Nassau Saarbrücken, der Berge, Kirchen und öffentliche Plätze nach seinem Sohn benannte und auf dem Ludwigsberg 1769 einen englischen Garten anlegen ließ. Am 7. August 1919 eröffnete der FCS mit einem 1:4 gegen den SV Wiesbaden den heute mit dem Zusatz „alter" versehenen Sportplatz Ludwigspark „in landschaftlich wunderschöner Lage" (Chronik). Arbeitslose hatten den Platz im Auftrag der Stadt, aber mitfinanziert durch den Klub, hergerichtet. Nach dem 2. Weltkrieg spielte der FCS auf dem Kieselhumes in Saarbrücken-St. Johann, wo man während des Krieges auch schon Endrundenspiele um die Deutsche Meisterschaft bestritten hatte.

Gute Zeiten, schlechte Zeiten
1953 wurde der „neue" Park errichtet. Der FCS wollte ihn zunächst selbst bauen lassen, konnte ihn jedoch kaum finanzieren. Somit übernahm die Stadt den Neubau, das nötige Geld stammte aus Darlehen der Regierung des damals autonomen Saarlandes. Die Haupttribüne wurde vom Architekten P. P. Seeberger entworfen, der von 1950 bis 1972 das städtische Hochbauamt leitete. Große Zeiten erlebte der „Park": Der FCS war 1963 Gründungsmitglied der Bundesliga, in der er immer mal wieder von sich reden machte. Das Stadion war

(Foto: Schulz)

Das Ludwigspark-Stadion in Saarbrücken.

Schauplatz legendärer Spiele wie das 6:1 gegen FC Bayern München am 16. April 1977 vor 40.000 Menschen (36.000 im Stadion, 4.000 an den Zäunen).

Im Lauf der Jahre wurde der „Park" mehrmals saniert, was grundsätzlich den Verfall nur mindert, aber nicht verhindert. 1978 wurde in 100 Tagen aus Betonfertigteilen eine Gegentribüne erbaut, der der Stadtrat am 12. Juli 1977 nur mit knapper Mehrheit zugestimmt hatte. Vor der Gegentribüne, im D-Block, sammeln sich bei Heimspielen die FCS-Fans in ihren dunkelblauen Trikots. In der letzten Bundesligasaison des FCS, 1992/93, kamen im Schnitt 21.703 Menschen zu den Heimspielen.

Nach dem Tod des DFB-Präsidenten Hermann Neuberger 1992 gab es kontroverse Diskussionen um eine Umbenennung des Ludwigsparks in Hermann-Neuberger-Stadion, was der DFB bei der Stadt angeregt hatte. Da die Stadt die Ansicht vertrat, Neuberger habe sich um Saarbrücken nicht übermäßig verdient gemacht, kam es zu keiner Umbenennung. Der Bekanntheitsgrad des Namens Ludwigspark wurde als bedeutender erachtet.

Josef Mock, seit 25 Jahren Platzwart, probiert derweil auf eigene Art, das Saarbrücker Stadion zu erhalten, wie es ist. Als Platzwart besaß er bislang drei Schäferhunde. Allen gab er den gleichen Namen: Arco.   *Tobias Fuchs*

Ludwigspark-Stadion Saarbrücken
ER: 1953. FV: 35.268, davon 7.851 SiP, davon 5.017 üd. und 2.834 nicht üd., sowie 27.417 StP, drei VIP-Logen.
ZR: 53.000, 28.3.1954, WM-Qualifikation, Saarland gegen BR Deutschland 1:3.
Camphauser Straße, 66113 Saarbrücken, Tel. 0681 / 43 307.

▨ Stadion Kieselhumes

25.000 finden keinen Platz mehr

Der hohe Stehwall ist zur Hälfte abgetragen, und im Türmchen bei der Tribüne probt jetzt eine Heavy Metal-Band: So präsentiert sich heute das Saarbrücker Traditions-Stadion Kieselhumes, wo der SV Saar 05 zu Hause ist, ehemals größte Arena der Stadt und Schauplatz von Länderspielen und Begegnungen um die Deutsche Meisterschaft. Fritz Walter, so ist überliefert, soll sich bei der Anreise zu Oberliga-Spielen auf dem Kieselhumes meist der Magen gedreht haben, doch soll Walters Magen in solchen Angelegenheiten ohnehin nicht so robust gewesen sein.

Saar 05 spielte bis August 1931 an der Hellwigstraße, die einige Straßen entfernt vom Kieselhumes an der Mainzer Straße beginnt. Als dort Beamtenwohnungen entstanden, zog der Klub an den Kieselhumes um. 1924 hatte man dort schon eine Wiese zum Spielen gemietet, für 400 Goldmark pro Jahr. Im Oktober 1930 beschloss die Stadtverwaltung, den Mangel an Sportstätten in der Stadt mit dem Bau einer größeren Anlage am Kieselhumes zu beseitigen – die Wiese wurde zum Stadion. 130 Erwerbslose gingen ans Werk, so dass der Neubau aus Geldern der Erwerbslosenfürsorge und der Stadt finanziert werden konnte. Das erste Heimspiel bestritt Saar 05 am 30. August 1931. Bis 1933 teilte man sich den Platz u.a. mit dem Arbeiter-Sportverein „Vorwärts".

Die Tribüne des Stadions Kieselhumes wurde im Frühjahr 1932 errichtet, zuvor gab es lediglich Stehplätze für 17.000 bis 20 000 Menschen im Bereich der heutigen Gegengerade, die den Hochbehälter eines Wasserwerkes mit neogotischer Bauelementen umschloss, der allerdings in den 50er Jahren abgebaut wurde. Oberhalb einer Eckfahne des Stadions, rechts neben der Tribüne, überragt heute noch ein Türmchen aus deren Baujahr 1932 die Anlage. 1954/55 erhielt der Kieselhumes eine Rasendecke.

Endrunde und Länderspiele

Bis zur Eröffnung des Ludwigsparks 1953 war der Kieselhumes größtes Stadion der Stadt, größer auch als das FC-Sportfeld, weshalb der 1. FC Saarbrücken seine Endrundenspiele um die Deutsche Meisterschaft 1943 (5:1 gegen Mühlhausen vor 13.000, 3:2 gegen VfR Mannheim vor 25.000) und 1952 (4:1 ge-

(Foto: G. Reuther)

1956 erlebte der Kieselhumes samt Wasserwerk das Länderspiel Saarland – Schweiz B (1:1).

gen Schalke, „fast 30.000"; 3:0 über den HSV, „über 30.000"; 3:1 gegen Nürnberg, „weit über 35.000") auf dem Terrain von Saar 05 austrug. Vor der 1952er Endrunde hatte die Stadt das Stadion noch kurzfristig ausgebaut, der 1. FCS finanzierte dies mit. Die Länderspiele des damals autonomen Saarlandes fanden bis 1953 ebenfalls am Kieselhumes statt, so vor 28.000 gegen Frankreich B 1952 (0:1), und im „Internationalen Saarland-Pokal" 1948/49 gastierten dort Teams wie Rennes, Hajduk Split und Santiago de Chile. Bei soviel Prominenz musste der Platzherr Saar 05 nach Maßgabe der Besatzer und gegen seinen Willen gelegentlich auf andere Plätze ausweichen.

Zuletzt, 1999, hat sich das Stadion, dessen Fassungsvermögen noch zu Regionalliga-Zeiten auf 25.000 Besucher angelegt war, rein optisch stark verändert. Die hohen Stehplätze der Gegengerade wurden bis etwa zur Hälfte abgetragen, das Stadion erhielt eine Tartanbahn und gilt derzeit als das modernste Leichtathletikstadion des Saarlandes. Was wichtig ist für Saar 05, denn der Klub ist der größte saarländische Sportverein mit über 4.000 Mitgliedern, und die Leichtathletik ist heute seine erfolgreichste Sparte. Boris Henry von Saar 05 ist ein Speerwerfer mit Welt-Format.

Von 1947/48 und 1952-63 in der Oberliga und 1963-71 in der Regionalliga hatte der SV Saar 05 Saarbrücken den Stadtteil St. Johann im Osten der Landeshauptstadt vertreten. St. Johann ist Saarbrückens gute Stube, denn schon 1321 erhielt das damalige Fischerdorf Stadtrechte und unterscheidet sich grundlegend von den Arbeiterquartieren in Burbach und Malstatt, wo sie Saar 05 „Saarproleten" nennen. In der Oberliga konnte sich der Anhang der Schwarz-Weißen zum Saisonstart eigentlich stets zusammenreimen, wie es ausgehen würde, denn in zwölf Jahren Erstklassigkeit landete das Team neunmal auf Rang neun! (Ausnahmen 4., 7., 8.). Der Weg von Saar 05 im bezahlten Fußball ging zu Ende, als sich Johann Stolz, Millionär aus der Lebensmittelbranche und von 1958 bis 1970 Präsident des Vereins, als Mäzen verabschiedete. Heute stehen die Fußballer von Saar 05 in der Verbandsliga dort, wo sie schon immer standen: Am Rande der Aufmerksamkeit.   *Tobias Fuchs*

Stadion Kieselhumes Saarbrücken
ER: 1931. FV: 12.000, dav. 800 üd. SiP. ZR: 35.000, 8.6.1952, DM-Endrunde, 1. FC Saarbrücken – 1. FC Nürnb. 3:1. Am Kieselhumes, 66123 Saarbrücken, Tel. 0681 / 645 23.

■ **Stadion Saarwiesen**

Wo Burbach aufhört

Zuletzt 1962/63, in der Spielzeit, bevor die Bundesliga begann, war das 1924 eröffnete Stadion Saarwiesen samt seinen Platzherren, den Sportfreunden Saarbrücken, in vieler Munde: Etliche Zeit Oberliga-Erster waren die „Hiddeklowe" (Hüttenkloben), so genannt wegen der Hüttenindustrie im Arbeiter-Stadtteil Burbach im Saarbrücker Westen. Ex-Italien-Profi Horst Buhtz war Trainer, Johannes Löhr aufstrebender Stürmer und Torjäger Manfred Gärtner schaffte es seinerzeit aufs Titelbild des „kicker". Heute sind die großen Tage auf den Saarwiesen vergangen ohne Wiederkehr.

Momentaufnahme 2000: Wer den Fußball erfand, muss auch Urheber seiner Symbolik sein, welche die Dribblings von Samuel (14), David (12), Christian (14) und Markus (13) mit einer Bedeutung belegt. Das Spiel hat die Jungs hinausgetrieben an diesem Nachmittag, eben war Mittagszeit, und jetzt kicken sie im Saarwiesen-Stadion. Markus ist der größte der Jungs, der kräftigste, und er trägt ein Trikot des 1. FC Saarbrücken. Und wie er sich mit Erfolg gegen seine Freunde stemmt, die alle aus den beengten Wohnverhältnissen von Burbach stammen, wird klar, wie es heute in Saarbrückens Fußball ausschaut: Der 1. FCS ist die Nummer eins, dann kommt wenig und irgendwann folgt Burbach, Heimat der ehemals großen Sportfreunde 05 Saarbrücken, die in der Oberliga (1954/55, 1956/57, 1958/63) und der Regionalliga Südwest (1963/65) spielten und 2000/01 der Landesliga angehören. Die Tage, an denen die Sportfreunde den 1. FCS in dessen Ludwigspark vor 16.000 Augenpaaren 6:0 „demütigten" (Buß- und Bettag 1960), wie ein Chronist mitfühlend notierte, sind vorbei.

Wer Burbach mit der Bahn bereist, erkennt schnell, was geschehen ist mit dem Ort. Er wurde von der Zeit betrogen, weshalb die Burbacher Bahnhofsuhr seit Jahren schon 15 Uhr 12 anzeigt. Die Zeit hat den großen Fußball fortgetragen aus dem Ort, der von seiner Eisenhütte lebte. Die Hüttenleute sprachen montags vom letzten Spiel der Sportfreunde, donnerstags vom nächsten. Viele Spieler arbeiteten auf der Hütte, so wie Hermann Neumüller, der 1960 das Gasthaus Anthes-Neumüller der Schwiegereltern in der Bergstraße übernahm, heute noch das Vereinslokal. Die Sportfreunde sind die letzte Gemeinsamkeit der wenigen Burbacher,

die schon immer hier leben. 1978 wurde die Flüssigphase der Hütte stillgelegt, von den 6.000 Beschäftigten wurden viele arbeitslos und verließen den Ort. Heute ist Burbach Saarbrückens soziales Sorgenkind, die Sportfreunde betreiben „Sozialarbeit", lobt die Stadtverwaltung. Es hat sich soviel verändert in Burbach, das Meiste hat sich verkehrt ins Negative. Früher sei das Stadion Saarwiesen gut besucht gewesen, weil es mitten im Ort lag, sagt Hermann Neumüller. Heute liegt das Stadion dort, „wo Burbach aufhört", im verlorenen Sträßchen „Im Höpfchen", obwohl es auf der Landkarte gar nicht wanderte. Nur haben sich die sozialen Kontakte innerhalb des Stadtteils gelöst und somit auch die Nähe zu allem und jedem.

Ungeliebter Ludwigspark
Nach einer Wanderschaft, die die Burbacher Fußballer wie so viele ihrer Leidensgenossen zurücklegten, in diesem Fall vom Burbacher Markt (Chronik: „die eingeschossenen Fensterscheiben waren eine unzumutbare Belastung für unser Taschengeld") über Pachtwiesen und Exerzierplatz, kamen sie 1924 zum eigenen Sportplatz an den Saarwiesen am „Höfgesweg". Als sich „Turner und Spieler" im selben Jahr trennen mussten, geschah dies in Burbach im Frieden: Eine 4:4 paritätisch besetzte und I.G. (= Interessengemeinschaft) genannte Platzkommission regelte fortan den Spielbetrieb, die Fußballer hießen nun Sportfreunde 05 und errichteten in den 30er Jahren eine Holztribüne. Bei Kriegsende fand der ehemalige Gauligist seine Spielstätte zerbombt vor, richtete sie wieder her, wechselte beim ersten Oberliga-Aufstieg 1954 allerdings in den Ludwigspark von Saarbrücken. Dies war kein kluger Zug, der Rasen war infolge der Doppelbelastung durch Sportfreunde und 1. FCS ramponiert, „das Stadion bot nicht nur für uns wegen seiner Lage und seiner Konstruktion keine Atmosphäre" (Chronik).

Grund für den Umzug war der im Mai 1954 begonnene Ausbau des eigenen Stadions: Ein Rasenfeld ersetzte den Aschenplatz, Umkleide und Tribüne entstanden, deren Stahlkonstruktion eine Burbacher Stahlfirma stiftete. Das Pressehäuschen auf der Gegengerade (es musste nach einigen Jahren weichen) war ebenso neu wie die Laufbahn. Während des Umbaus monierte der FV Rheinland-Pfalz, das Spielfeld sei zu klein, weshalb der Vergrößerung die unterste Stufe der Gegengerade und ein Teil der Umkleiden geopfert und die Zuschauer-Barrieren nach hinten versetzt wurden. Nach Fertigstellung ihres Stadions wechselten die Sportfreunde nur noch zu großen Spielen in den Ludwigspark.

In der letzten Oberliga-Spielzeit 1962/63 erhielten die Saarwiesen so etwas wie internationales Flair. Horst Buhtz, der damalige Trainer, war immerhin Italien-Legionär gewesen, noch vor Schnellinger. Er spielte ab 1952 für den AC Turin und hatte dort beim Training meist mehr Zuschauer als im Saarland bei Punktspielen. Buhtz wohnte nun über dem Gasthaus Lotze (heute Spielothek) in der Jakobstraße, die kurz vor Neumüllers Gasthaus von der Bergstraße, Burbachs Hauptstraße, abzweigt.

Aber die Saarwiesen „gestürmt" haben die Anhänger auch in dieser letzten, guten Oberliga-Spielzeit (6. Rang) nicht: Dass 10.000 gegen Pirmasens kamen, hatte mit der DM- und Bundesliga-Qualifikation zu tun, also waren wohl viele 1.-FCS-Anhänger da. 8.000 gegen Neunkirchen, 7.000 gegen den 1. FC Kaiserslautern, im Normalfall aber 1.500 bis 2.500 Besucher, im Winter manchmal gar nur 500.

3.000 statt 13.000

Das Stadion der Sportfreunde zeugt heute kaum von solchen Geschichten. 13.000 hatten dort zu Oberliga- und Regionalliga-Zeiten Platz. 1997, als das Stadion für 850.000 Mark erstmals grundsaniert wurde, gab es eine neue, um zwei Drittel verkürzte Tribüne mit roten Holzbänken und Blechdach. Die verwachsenen Stehränge auf der Gegengerade sind ihr schwaches Echo und wurden 1997 zum Teil neu aufgeschüttet. 3.000 Menschen passen heute hinein. Bei der Sanierung wurde das Spielfeld neu bepflanzt, ein Gefälle von 80 Zentimetern ausgeglichen und der Rasen höher gelegt, um ihn vor Hochwasser zu schützen. Denn hinter dem Stadion verläuft die Saar, die hier zur Schifffahrtsstraße ausgebaut wurde.

Vor dem Ausbau gab es Bestrebungen, die Sportfreunde umzusiedeln, was jedoch nicht geschah. So arbeitet gleich hinter dem Stadion eine große Schleuse. So, als versuche sie, die Spuren mit Wasser zu füllen, welche die Zeit hinterließ, als sie Burbach betrog.

Tobias Fuchs

Stadion Saarwiesen Saarbrücken
ER: 1924. FV: 3.000, davon 500 üd.
SiP auf der Tribüne;
früheres FV: 13.000.
ZR: unbekannt.
Im Höfchen, 66115 Saarbrücken,
Tel. 0681 / 79 10 64.

Tribüne im Salmtalstadion.

(Foto: Hoeck)

Salmtal-Dörbach

■ Salmtalstadion

12.000 Plätze für 900 Einwohner

Als vor einiger Zeit FC Bayern-Fans im Olympiastadion vom Fernsehen befragt wurden, wo denn Bielefeld sei, offenbarte sich reichlich Unkenntnis. Die wollen wir im Falle Salmrohr gelten lassen, das ohne den Fußball kaum jemand kennen dürfte.

Man staunte jedenfalls nicht schlecht, als die Kameraleute der „ZDF-Sportreportage" 1986 in der Moseleifel ein geradezu dörfliches Idyll einfingen: Die Gemeinde Salmtal, deren einer Ortsteil Salmrohr heißt und dessen FSV just in dem Jahr in die 2. Bundesliga aufgestiegen war, vermittelte ein beschauliches Bild. Ein gewisser Edgar Schmitt aus Bitburg, später als „Euro-Eddy" bekannt geworden, stürmte damals ebenso für den FSV wie der aus Dallas / Texas verpflichtete Ex-Nationalspieler Klaus Toppmöller.

Vollbracht hatte das Fußball-Wunder im Südwesten der Bauunternehmer und heutige CDU-MdB Peter Rauen, der mit 26 Jahren den Vorsitz des FSV Salmrohr übernommen und den Klub kontinuierlich nach oben geführt hatte. Angesichts der Branche des Sponsors lag nahe, dass da auch ein vernünftiges Stadion entstehen musste: Das wurde, ausgestattet auch mit leichtathletischen Anlagen und Laufbahn, am 12. Juli 1981 im Beisein von 7.000 gegen Bayern München (1:3) eingeweiht. Zum Zeitpunkt des Aufstiegs besaß es dieses Fassungsvermögen noch, aber keine Sitzplätze, weshalb von September 1986 bis

April 1987 eine Tribüne entstand, deren Dach sechs halbrunde Schalen bilden. Fertig war die am 11. April 1987, man hatte auf ein Fassungsvermögen von 12.000 erweitert, doch kurz darauf war's mit dem Zweitliga-Dasein des FSV bereits wieder vorbei. Bleibt der Rekord, kleinster Zweitliga-Ort aller Zeiten gewesen zu sein, denn Salmtal zählt 2.219 Einwohner und Salmrohr selbst 900.

Offensichtlich hatte man die Tribüne zu zügig gebaut, denn im August 1992 hätte sich dort fast eine Katastrophe ereignet: Erstmals war der Bau beim Derby Salmrohr – Eintracht Trier (2:1) an diesem Montagabend ausverkauft, als kurz nach Spielbeginn mehrmals „peitschenartige, knallharte Schläge" zu hören waren. FSV-Vorsitzender Peter Rauen, von Beruf Diplom-Ingenieur, forderte die 1.200 Sitzplatzbenutzer über Mikrofon auf, ihre Plätze zu räumen, was umgehend geschah. Rauen damals im „kicker": „Von den Hauptstreben zu den vertikalen Trägern waren die Schrauben gerissen und mit einem lauten Knall aus der Verankerung geflogen." Es stellte sich schließlich heraus, dass ein Fehler in der Statik vorlag.

Rauen ist heute Präsident von Eintracht Trier, der FSV – 1994 bis 1999 in der Regionalliga West/Südwest – fungiert als eine Art *farmteam* der Moselstädter.

Um schließlich jegliche geographische Unkenntnis auszuräumen: Salmtal liegt im Kreis Bernkastel-Wittlich an der B 49, 30 km von Trier und deren zehn von Wittlich, es besitzt einen Bahnhof, sehenswert sind Wendelinskapelle, St. Martin, Burgberg – und das Stadion.

sky

Salmtalstadion Salmtal-Dörbach
ER: 1981. FV: 12.000, davon 1.300 üd.
SiP und 300 üd. StP.
ZR: 11.000.
An der Regionalen Schule, 54528 Salmtal, Tel. 06578 / 12 71, 12 72.

Willy-Sachs-Stadion

Von „unzulänglichen Sportplatzverhältnissen" erlöst

1936 wurde das von dem Industriellen Willy Sachs – zum Namensgeber siehe den gesonderten Beitrag – für eine Million Reichsmark gestiftete Stadion im Beisein von 15.000 (viele Betriebe hatten an diesem Donnerstag, den 15. Juli, geschlossen) der Öffentlichkeit übergeben. Schweinfurts Sportarena galt damals als eine der schönsten in Deutschland; an der Gestaltung hatte mit Paul Bonatz (1877-1956) ein prominenter Architekt mitgewirkt.

Die Zeitschrift „Moderne Bauformen" würdigte im Oktober 1937 Schweinfurts Stadion in einem ausführlichen Beitrag: „Der zu einem Wettkampf (...) kommende Besucherstrom betritt durch acht doppelte Kassendurchgänge den zum Mittelpunkt der Anlage ausgebildeten großen repräsentativen Vorplatz und von ihm die Tribüne bzw. die Erdumwallung der Kampfbahn (...) Die Tribüne (...) ist das Hauptbauwerk der Gesamtanlage. Die Lösung seiner Aufgabe, bei der große Repräsentation nicht in erster Linie wichtig war, führte im Rahmen der ausgeworfenen Mittel zum ingenieurmäßigen Einsatz des Eisenbetons, weil nur dieser das gewünschte stützenfreie Dach von 8 m Auskragung ermöglichte

(...) Durch gutes Auswiegen der tragenden Glieder gegen die füllenden Flächen und ihre Öffnungen und durch sorgfältige Behandlung der Profile ist ein Bauwerk entstanden, das auf dem Wege zielsicherer Zweckerfüllung zu eigenen Schönheitswerten gelangte und, ohne mit Technischem zu prunken, durch seine Klarheit überzeugt." Der Autor ordnete den Neubau als „Zeichen des Wiederaufblühens unserer Wirtschaft" und „Beweis für den Weitblick eines deutschen Wirtschaftsführers und für sein hohes Verantwortungsgefühl gegenüber dem Volksganzen" ein.

Die Gesamtplanung des Schweinfurter Stadions lag in den Händen der Architekten Prof. Dr. Paul Bonatz und Kurt Dübbers aus Stuttgart. Bonatz (s.a. Daimler-Stadion Stuttgart) hatte 1933 das neue Verwaltungsgebäude der Sachs'schen Firma Fichtel & Sachs entworfen. Neben Bonatz und Dübbers (Entwurf und Durchführung der Hochbauten) wirkten bei der Planung Direktor Rudolf Baier („sportlicher Berater und Vertrauensmann des Stifters"), Dipl.-Ing. Franz Dölker und Prof. Alwin Seiffert (Anpflanzung) mit. Die Stadt hatte das Gelände zum Großteil kosten-

los zur Verfügung gestellt, mehr als 100 Arbeitslose konnten für zwei Jahre beschäftigt werden, Baubeginn war im Sommer 1934, damit das Werk pünktlich zum 40. Geburtstag des Stifters abgeschlossen war. Sachs anlässlich der Eröffnung: „Diese Kampfstätte des Sports diene der Ertüchtigung einer gesunden deutschen Jugend in einem starken deutschen Vaterland."

„Fußball-Provinz" Ludwigsbrücke?

Der Alleininhaber der Präzisionskugellagerwerke Fichtel & Sachs, selbst Allroundsportler und ehemaliger Spieler des führenden Fußballklubs der Stadt, des 1. FC Schweinfurt 05 (Vereinschronik: „Willy Sachs, Retter und Wohltäter unseres Vereins"), hatte das Stadion am 26. Mai 1934 per Urkunde gestiftet, u.a., um „die missliche Lage, in der sich der 1. FC 05 hinsichtlich seiner wirklich unzulänglichen Sportplatzverhältnisse befindet" (Sachs), zu beenden. Die 05er hatten nach diversen vorherigen Standorten, die sie u.a. wegen Überschwemmungen und der Anlage von Kleingärten (wegen der Hungersnot nach Ende des 1. Weltkrieges) aufgeben mussten, an der Ludwigsbrücke 1919 eine vereinseigene Anlage geschaffen. Die seit 1933 konkurrierenden Gauligisten akzeptierten diese Spielstätte nicht – zu provinziell, zu klein, als Spielfeld zu schlecht beschaffen, klagten sie. Stifter Sachs legte denn auch ein Nutzungsvorrecht für den 1. FC im Stadion fest. Konkurrenz-Veranstaltungen sollten unterbleiben, in der Stadion-Gaststätte erhielt der Verein feste Räume.

Trotz Stadionbau behielt 05 die Sportanlage an der Ludwigsbrücke, nach Her-

Das Willy-Sachs-Stadion Ende der 30er Jahre.

(Foto: Stadtarchiv Schweinfurt)

„...diene der Ertüchtigung einer gesunden deutschen Jugend in einem starken deutschen Vaterland": Einmarsch der Fechterinnen ins Sachs-Stadion. 50 Jahre später wird in einer städtischen Festschrift dieses Foto manipuliert: Das Hakenkreuz aus der Fahne links wurde wegretuschiert.

mann E. Fischer „eine hautnahe Erlebniswelt", noch bis 1946, ehe man das Gelände an ein Industrieunternehmen abgab. Von 1947 bis 1956 – die betonierten Flakunterstände aus dem 2. Weltkrieg hatte man beseitigt – baute der Verein überwiegend in Eigenarbeit der Mitglieder den 05-Platz beim Stadion.

Das Stadion, zu dem damals bereits Tennisanlagen mit Klubhaus und Hockeyplatz gehörten, bot 1.000 überdachte Sitzplätze und 12.000 Stehplätze auf den Erdwällen (äußerst elegant gestaltet ist, dies ein Detail, die Eisenbeton-Wendeltreppe, die auf der 70 Meter langen Tribüne zu den Ehrenplätzen führt). Mehr als 13.000 Plätze wollte man nicht, „weil eben die üblichen Zuschauermengen für ein Ereignis wie ein Länderspiel in Schweinfurt nicht vorhanden wären". Der Wall war mit Linden bepflanzt, inzwischen ein Ring großer Bäume, und als „Hoheitszeichen des Sports" steht bis heute im Vorfeld ein acht Meter hohes Muschelkalk-Monument, gekrönt von einem Bronze-Adler (L. Gies). Am Pfeiler befindet sich ein von Prof. Knecht gefertigtes Bronze-Relief des Stifters, an der Kalksteinmauer daneben ist in Großbuchstaben der Name Willy-Sachs-Stadion angebracht. Das Stadiongelände hat inzwischen die doppelte Größe wie 1936; es kamen weitere Anlagen hinzu. 1994 wechselte die Stadt die Sitzbänke auf der Tribüne gegen Sitzschalen aus, seit 1997 gibt es eine Anzeigetafel.

Sachs knüpfte mit der Stiftung an das Mäzenatentums seines Vaters Ernst (gest. 1932) an, der für 1,2 Mio. RM das 1933 eröffnete Ernst-Sachs-Bad gestiftet hatte, und erfuhr dafür höchstes Lob, so vom NSDAP-Ratsherrn Hanns Schödel: „Welche Stadt kann sich rühmen, einen solchen Wohltäter zu besitzen? Gibt es zu einer solchen sozialen Tat irgendeine Parallele? Wohl kaum in Europa." Der „kicker" stimmte ein: „Dieses Stadion ist Sozialismus der Tat".

Große Vereinshistorie

Schweinfurt 05 war über Jahrzehnte ein bekannter Name im deutschen Fußball. Andreas (Ander) Kupfer und Albin Kitzinger, das Läuferpaar, bestritten je 44 Länderspiele, der vom VfR Schweinfurt geholte Robert Bernard war ebenfalls Nationalspieler (wie sein Sohn, Torhüter Günter Bernard). 1939 und 1942 stand 05 in den Endrunden um die Deutsche Meisterschaft, und da der Verein durchgehend von 1933 bis 1945 der Gauliga angehörte (z.T. als Kriegs SG), wurde er 1945 ohne Weiteres in die neue Oberliga Süd aufgenommen, aus der man nie abstieg, ebenso wenig wie aus der Regionalliga Süd von 1963 bis 1974. 1976 dann musste man die 2. Bundesliga verlassen, in die man 1990/91 nochmals zurückkehrte. 2000/01 gehört Schweinfurt der 3. Liga an.

Das Problem der Grün-Weißen war, dass ihre mittelgroße Heimatstadt (50.000 Einwohner) zu klein war und der Zuschauerzuspruch zu gering, um im sog. großen Fußball mitzuhalten. Fast immer waren sie Schlusslicht der Oberliga-Zuschauer-Tabelle, meist lag der Schnitt zwischen 5.000 und 6.000, Minusrekord waren knapp 4.300. Dennoch versuchten sie später den Bundesliga-Aufstieg, was das Umfeld honorierte: 20.000 kamen in der Aufstiegsrunde 1966 gegen den FC St.Pauli (2:1), 16.000 gegen RW Essen (1:2). Zuvor war der 1. FC Nürnberg regelmäßiger Kassenmagnet, wie Hermann E. Fischer im Oberliga-Süd-Buch „Als Morlock noch den

Monument aus der Nazizeit: Reichsadler und Stifter-Relief.

Mondschein traf" schildert: „Gab der Club aus Nürnberg seine jährliche Vorstellung, dann hatten die Fußballfreunde ihren Festtag, strömten herbei, oft um die 15.000 bis 20.000. Aus der Rhön kamen sie, aus dem Steigerwald und dem Haßgau, aus dem Bamberger und Würzburger Umland, erst recht natürlich aus Schweinfurt selber. Und sobald sich die Kulisse stimulieren ließ vom Wettstreit der alten Rivalen, wenn sich der Torschrei in die Lüfte entlud, dann ward für viele das Geschehen im Willy-Sachs-Stadion für eine Weile zum Maß aller Dinge."

Das erste Fußballspiel im neuen Stadion absolvierten am 26. Juli 1936 der 1. FC 05 und der amtierende Deutsche Meister Schalke 04 (2:2) vor 22.000; vor dem Anpfiff wurde Willy Sachs zum Ehrenmitglied von 05 ernannt. Bereits im August folgten Gastspiele von Hertha BSC Berlin (3:3) und Fortuna Düsseldorf (1:1). Die Zuschauerzahl der Schalke-Begegnung wurde selbst beim Spiel der Nationalmannschaften Deutschland A – Deutschland B (20.000 Besucher) 1956/57 nicht übertroffen, wohl aber dank Zusatztribünen mit 22.500 bei einem 1.-FC-Kaiserslautern-Gastspiel 1954. Es gab immer einmal wieder außergewöhnliche Spiele wie dieses im Sachs-Stadion: 1955/56 gastierte der FC Everton vor 13.000 (1:1), zur Flutlicht-Einweihung 1958/59 kam Rapid Heerlen aus den Niederlanden (eine Flutlichtanlage soll in naher Zukunft wieder erstellt werden, außerdem ist der Ausbau der Stehränge geplant).

Daneben wurden Radrennen von Amateuren und Profis, leichtathletische Höhepunkte wie die Olympia-Ausscheidungskämpfe BRD – DDR 1960, das Landesturnfest 1961 und die Faustball-WM 1972 veranstaltet.

Fichtel & Sachs blieb nach dem Tod von Willy Sachs 1958 dem Projekt verbunden. 1978 finanzierte die Firma die Kunststoffbahn mit einer 250.000-Mark-Spende mit, und zum 50-jährigen Stadion-Jubiläum 1986 gab es weitere 100.000 DM von F & S für die Stadt.

sky

Willy-Sachs-Stadion Schweinfurt
ER: 1936, FV: früher 22.000, heute 17.000, davon 860 üd. SiP und 200 üd. StP.
ZR: 22.500, Freundschaftsspiel, 1954, 1. FC Schweinfurt 05 – 1. FC Kaiserslautern
Niederwerner Str. 98,
97421 Schweinfurt,
Tel. 09721 / 860 37, 860 38 (Stadion), 184 05 (Geschäftsstelle 1. FC 05).

Willy-Sachs-Stadion – dieser Name muss nicht sein!

Es war im Jahr 1936, als der Industrielle Willy Sachs, Generaldirektor und alleiniger Besitzer der Firma Fichtel & Sachs, seiner Heimatstadt Schweinfurt für eine Million Reichsmark ein Stadion schenkte, das folglich Willy-Sachs-Stadion hieß. Sachs war bis zu seinem Tod Aufsichtsratsvorsitzender des Werks und erhielt 1957 aus der Hand von Ministerpräsident Dr. Hanns Seidel (CSU) das von Bundespräsident Theodor Heuss (FDP) verliehene Große Verdienstkreuz des Verdienstordens der Bundesrepublik Deutschland, „weil er nach dem Krieg ohne staatliche Hilfe das zu 80 % zerstörte Werk Fichtel & Sachs größer und schöner wieder aufbaute".

An dieser Stelle könnten wir uns dem Stadion als Bauwerk und Sportstätte zuwenden (was an anderer Stelle geschieht), denn weder melden Lexika noch das Munzinger-Archiv, die meisten Presse-Veröffentlichungen der Nachkriegszeit, die Beiträge der Schweinfurter Zeitungen zum 50-jährigen Stadionjubiläum 1986 und eine Broschüre der Stadtverwaltung aus diesem Anlass Anderes, als bisher zu lesen ist.

Dennoch gibt es vieles zu Willy Sachs zu berichten, was in obigen Veröffentlichungen ausgeklammert ist. Der Firmenbesitzer war bereits vor der Machtübernahme der Nationalsozialisten, zu deren Zeitpunkt er 36 Jahre alt war, Mitglied Nr. 87064 der SS, wurde 1934 und 1935 befördert und gehörte seit dem 13. März 1936 dem Stab des Reichsführer SS (Heinrich Himmler) als „Sturmbannführer z.b.V." an (Anm. z.b.V. = zur besonderen Verwendung). Am 1. Juli 1943 ernannte ihn Himmler zum „SS-Obersturmbannführer beim Stab des Reichsführer SS" (eine sog. Ehrenmitgliedschaft, die mit keinem SS-Dienst verbunden war) und zeichnete den Schweinfurter mit Ehrenring und Ehrendegen der SS aus.

Nach Ablauf der von der NSDAP verhängten allgemeinen Aufnahmesperre war Sachs außerdem nach dem Mai 1933 als Mitglied Nr. 2 547 272 der NSDAP beigetreten. Es spricht vieles dafür, dass er zudem Mitglied der SA war. Sachs fungierte als „Wehrwirtschaftsführer", nach Auskunft des verstorbenen Schriftstellers Bernt Engelmann „beinahe selbstverständlich, da Fichtel & Sachs in Schweinfurt ein wichtiger Rüstungsbetrieb war". Zum 29. Juni 1933 war er „Führer der Ortsgruppe (Anm. Schweinfurt) des Bayerischen Industriellenverbandes". Der Firmeninhaber war ebenso wie mit Himmler mit Reichspräsident Hermann Göring befreundet, der gern im Sachs'schen oberbayerischen Besitz, einem der besten deutschen Gemsreviere, auf die Pirsch ging und in seiner Funktion als „Reichsjägermeister" den Schweinfurter Waidmann in den Reichsjagdrat berief.

Überzeugter Nationalsozialist

Dass Willy Sachs überzeugter Nationalsozialist war, teilte er in diversen Reden mit:

„So hilft jeder an seiner Stelle nach seinem Können mit, um das große Werk unseres Führers nach Frieden, Freiheit und Ehre zu vollenden und zu erhalten. Keiner darf dabei fehlen. Unserem großen Führer ein dreifaches Sieg Heil" (1. Mai 1933).

„Es war eine der markantesten aber auch schönsten und für das Gedeihen unseres Volkes größten Taten, als unser Führer Adolf Hitler den unseligen Klassenkampf zertrümmerte und an dessen Stelle die Volksgemeinschaft setzte" (1. Mai 1935).

Als das Willy-Sachs-Stadion am 40. Geburtstag des Namensgebers, dem 23. Juli 1936, eingeweiht wird, wimmelt es nur so von Nazi-Prominenz: Anwesend sind der Reichsführer SS Himmler (den Sachs als „mein Reichsführer" anspricht), Reichsorganisationsleiter Robert Ley, Reichsarbeitsführer Konstantin Hierl, der Reichsstatthalter von Bayern Franz Ritter von Epp und der Gauleiter von Mainfranken, Dr. Hellmuth. Hitler schickt zur Eröffnung der Sportstätte ein Telegramm, Reichsfeldmarschall Hermann Göring hat das Stadion bereits am Vortag besichtigt.

Willy Sachs wird am Vormittag der Stadioneinweihung zum Ehrenbürger Schweinfurts ernannt und äußert in seiner Einweihungsrede: „Der Einzelne für die Gesamtheit, die Gesamtheit für den Führer! In diesem Sinne bitte ich Sie, mit mir des Mannes zu gedenken, der uns alle von kleinlichem Denken befreite und uns einte in der unauslöschlichen Liebe zu unserem wieder erwachten, großen, starken und schönen Vaterlande. Unserem großen und

Willy Sachs: Großes Verdienstkreuz für den Ex-SS-Obersturmbannführer.

geliebten Führer Adolf Hitler ein dreifaches Sieg Heil! Sieg Heil! Sieg Heil!" Der „kicker" bildet Sachs zu diesem Anlass in SS-Uniform ab.

Fichtel & Sachs war in der „Kugellagerstadt" Teil der Schweinfurter Wälzlagerindustrie, deren Entwicklung sich mit der deutschen Aufrüstung seit 1935 beschleunigte und die dank Rüstungsminister Albert Speer den Status einer „kriegswichtigen Industrie" erhielt. Ab 1942 setzte die Firma, als deren Generaldirektor Sachs seit 1932 amtierte, viele russische und polnische Frauen im Alter von 18 bis 25 Jahren als Zwangsarbeiterinnen ein. Nachdem ein Teil des Werkes wegen der alliierten Luftangriffe nach Reichenbach (Vogtland) verlegt worden war – Sachs erwirkte dafür einen „Führerbefehl" von Hitler – mussten dort ukrainische Zwangsarbeiterinnen in vierstelliger Zahl für Fichtel & Sachs arbeiten. Im F&S-Werk Wels (Oberösterreich) wurden nach Aussagen von Zeitzeugen ab Oktober 1943 Häftlinge des KZ Mauthausen als Arbeitskräfte eingesetzt.

An dieser Stelle gilt es anzumerken, dass F&S-Nachfolger Mannesmann-Sachs über den Mannesmann-Konzern, der 1987 die Aktienmehrheit der Firma übernahm, seit Dezember 1999 Mitglied der Stiftungsinitiative zur Entschädigung von ehemaligen Zwangsarbeiterinnen und Zwangsarbeitern ist.

Die Erbenfamilie, zu der Gunther Sachs gehört, hat sich hinsichtlich einer Entschädigung nicht geäußert.

Eine „Initiative gegen das Vergessen – Zwangsarbeit in Schweinfurt", die auch mit dem Schicksal der Zwangsarbeiterinnen von Fichtel & Sachs befasst ist, besteht seit 1999 und ist wie folgt erreichbar:
c/o Kulturwerkstatt Disharmonie,
Gutermann-Promenade 7,
97421 Schweinfurt,
Tel. 09721 / 2 88 95, Fax 18 61 75,
E-Mail: zwangsarbeit@web.de,
Internet: www.puk.de/zwangsarbeit_
schweinfurt) .

Ein Bild wird retuschiert

Bei Kriegsende wird Willy Sachs von den US-Amerikanern interniert. Er soll erst 1947 entlassen worden sein, doch ist eine derart lange Internierungszeit eher unwahrscheinlich. Firmen-Chronist Ernst Bäumer meldet „eine glücklich überstandene Entnazifizierung", bei der der Industrielle als „Mitläufer" eingestuft wird und „2.000 Mark Sühnegeld" entrichten muss (die durchschnittliche Geldsühne lag nach Lutz Niethammer in Bayern bei 700 RM bzw. 70 DM). Ab 1948 amtiert Sachs als Aufsichtsratsvorsitzender von F & S.

Der Nationalsozialist Sachs, das NSDAP-Mitglied Sachs, das SS-Mitglied Sachs, die Zwangsarbeiterinnen von Fichtel & Sachs, die KZ-Häftlinge als Arbeiter von F & S, sind mit der in der Nachkriegszeit beginnenden bundesdeutschen Restauration kein Thema mehr, jedenfalls lange Zeit nicht. Der „stern" beschäftigt sich 1976 in einem Report mit der Sachs-Dynastie und teilt u.a. mit, dass Ehefrau Ulrike den schwedischen Honorarkonsul Willy Sachs nach dessen Internierungszeit verlassen hat und die Ehe 1947 geschieden wird: „Er sei, sagt sie, ein alter Nazi." 1995 hatte sich die „taz" zum 100. Geburtstag von F & S der „Legende mit braunen Flecken" angenommen.

Als sich Willy Sachs 1958 auf Gut Rechenau bei Oberaudorf am Inn in Oberbayern das Leben nimmt, sind in den Nachrufen die Jahre 1933 bis 1945 kein Thema. „Konsul Willy Sachs", schrieb „Die Welt" bereits vor dem Tod des Industriellen, „hat sich also um seine Firma, um die Stadt Schweinfurt sehr verdient gemacht."

1986, das Willy-Sachs-Stadion wird ein halbes Jahrhundert alt, erinnert die lokale Presse „an einen großherzigen Spender". Eine andere Schlagzeile aus Anlass eines Empfangs im Rathaus zum Stadionjubiläum: „An Konsul Willy und an goldene Zeiten erinnert" – „Konsul Willy", wie köstlich klang das, ein Relief am Stadioneingang zeigt bis heute sein Konterfei, das sich an einer Säule befindet, die ein ganz dem damaligen Zeitgeist entsprechend gestalteter Adler krönt. Oberbürgermeister Kurt Petzold (SPD) erklärt, „die Stadt werde dem großen Mäzen, dem Gönner und Könner auch weiterhin in der Verantwortung seines Erbes verpflichtet sein".

Die Stadt veröffentlicht eine Broschüre „50 Jahre Willy Sachs Stadion". Zitieren wir wieder OB Petzold: „Für den großzügigen Stifter war es eine 'Kampfstätte des Sports für die Ertüchtigung einer gesunden deutschen Jugend in einem starken deutschen Vaterland'. Viele von uns (...) tun sich heute schwer mit solch heroischen Aussagen. Sie aber aus einer historischen Rückschau anlässlich eines Jubiläums wegzulassen, wäre aus meiner Sicht der falsche Weg. Der Versuch, Geschichte durch Verdrängung zu bewältigen, ging schon in vielen Fällen kräftig daneben."

„Der Versuch, Geschichte durch Verdrängung zu bewältigen, ging schon in vielen Fällen kräftig daneben" – diesmal bestimmt, denn die Bild-Manipulationen, welche die für die Stadion-Festschrift der Stadt Verantwortlichen ausgeführt haben, werden rasch entdeckt, was kein sonderlich schwieriges Unterfangen ist: Auf Seite 10 der städtischen Stadion-Broschüre zeigt ein Bild den Einmarsch der Fechterinnen flankiert von zwei Fahnen, in deren einer das Hakenkreuz im Adler wegretuschiert ist.

Was fehlt, kann man zum selben Zeitpunkt in der Lokalzeitung besichtigen: Deren Redaktion hat auf dem Foto – Quelle: Stadtarchiv Schweinfurt – das Hakenkreuz nicht beseitigt. Im Programmheft der „Schreinerei", des Kulturhauses am Schweinfurter Obertor, werden die Retuschen im Oktober 1986 publik gemacht – Retuschen deshalb, weil man bei einem in der Jubiläums-Broschüre der Stadt veröffentlichten Porträtfoto von Sachs die SS-Runen auf dem Anzug-Revers recht ungeschickt entfernt hatte; es blieb ein gut zu erkennender Fleck zurück.

Man mag kaum glauben, dass dies alles noch im Jahr 1986 geschah. Ebenso wenig, dass die Stadt Schweinfurt und deren Öffentlichkeit sich nach unseren Erkenntnissen bis heute nicht mit der Biographie des Stadion-Namensgebers auseinandergesetzt und entsprechende Schlüsse gezogen haben.
Werner Skrentny

Lambrechtsgrund / Burgsee/Paulshöhe/Ostorf

Das Geheimnis der Erdwälle

Die heutige mecklenburg-vorpommersche Landeshauptstadt Schwerin mit knapp über 100.000 Einwohnern hat fußballerisch bis auf wenige Ausnahmen nie eine sonderliche Rolle gespielt, doch selbstverständlich gibt es auch dort Stadien zu entdecken.

Die lohnendste Spurensuche führt dabei in der von vielen Seen geprägten Stadt ans Ende der Eisenbahnstraße auf die Ostorfer Halbinsel am Ostorfer See. Dort liegt ein Allerweltssportplatz, doch stutzt man, weil dieser von gewaltigen Erdwällen umgeben ist. Die Erklärung entnimmt man der CDU-Zeitung „Der Demokrat" von 1950: Auf einer Anhöhe, die in den See ragt, sollte Schwerins neues Stadion entstehen – 23.000 Sitzplätze in 23 Reihen, dazu im Oberring 7.000 Stehplätze und ein Turm, womöglich mit Glocke, als Wahrzeichen. 800.000 Mark für das erste Baujahr seien bereits bewilligt, berichtete das Blatt der Blockpartei, 1952 könne dort das erste Fußballspiel stattfinden. Doch blieb es letztlich an dem Ort, an dem bereits die Nationalsozialisten eine SA-Kampfbahn geplant hatten, bei den Erdwällen.

Als die SG Schwerin, mecklenburgischer Fußballmeister 1948 und 1949, als SG Vorwärts 1949/50 für ein Jahr in der DDR-Oberliga spielte (Besucherschnitt 4.640), geschah dies auf dem „Sportplatz im Schlossgarten", identisch mit der Albert-Richter-Kampfbahn am Burgsee, benannt nach dem in NS-Haft umgekommenen Kölner Radsportweltmeister und 1919/20 von Arbeitersportlern erbaut. Ostern 1955 gab es dort eine „Gesamtdeutsche Veranstaltung", als Victoria Hamburg (u.a. mit der „Reisemannschaft") gastierte, Motto: „Wir Sportler kämpfen für die Verwirklichung der Pariser Verträge!" Der Spaziergang

dorthin lohnt wegen der Lage; die Sportanlage an sich ist bautechnisch nichts Besonderes.

Der führende Fußballklub der Stadt, der FC Eintracht Schwerin aus der Verbandsliga, ist auf der Paulshöhe in einem reinem Fußballstadion, umgeben von Stehstufen, beheimatet. Auf dem damaligen FDJ-Sportplatz fanden 1947 die Spiele um die Landesmeisterschaft statt.

Schwerins Vorzeige-Stadion, allerdings eher für die Leichtathletik gedacht, befindet sich im Sportforum Lambrechtsgrund. Es eröffnete am 14. Juli 1950 mit einem Pressefest und wurde anschließend an den SC Traktor übergeben. 1953-56 erweitert, fasste es 20.000 Zuschauer auf unüberdachten Plätzen. Die Arena ist in den 90er Jahren gründlich überholt worden, gute Sicht genießt man von der Terrasse vor der Stadiongaststätte „fair play", blaue Schalensitze nehmen die Hauptgerade bis in die Kurve hinein ein. In der Nähe findet man die 1962 entstandene damals größte und modernste Sport- und Kongresshalle der DDR („Neues Deutschland": „Das Schmuckstück von Schwerin"). Sollte es im Fußball einmal vorwärts gehen in Schwerin, das Stadion Lambrechtsgrund erscheint ausbaufähig.   *sky*

Burgsee-Sportplatz/Albert-Richter-Kampfbahn Schwerin
ER: 1920. FV: *
ZR: mglw. 11.000, DDR-Endrunde, 1948, SG Schwerin – SG Planitz 1:3
Burgseestr. 1a, 19053 Schwerin
Tel. 0385 / 56 51 12 (Verein).

Stadion Paulshöhe Schwerin
FV: 10.000 (laut Groundhopper-Informer). ZR: unbekannt.
Schleifmühlenweg 19, 19061 Schwerin, Tel. 0385 / 646 380 (Stadion), 56 50 71 (FC Eintracht).

Stadion Lambrechtsgrund Schwerin
ER: 1950, FV: * ZR: unbekannt.
Wittenburger Str. 118,
19059 Schwerin.

* Leider blieb uns das zuständige Schweriner Amt über zehn Monate sämtliche Antworten schuldig.

Leimbachstadion

„Der schlafende Riese im Leimbachtal"

Das nahe der A-45-Ausfahrt Siegen-Süd gelegene Leimbachstadion von Siegen ist gewissermaßen Heimstatt eines „schlafenden Fußballriesen" namens Sportfreunde. Denn wenn fußballerisch etwas Besonderes geboten wird in Südwestfalen, sind die Ränge umgehend dicht gefüllt.

Die größte Zugkraft hatte dabei anfangs, heute kaum noch vorstellbar, der Amateurfußball, in dem die Sportfreunde eine bedeutende Rolle spielten. 1955 hatten sie vor 16.000 im Stadion Wetzlar mit dem 5:0 gegen SpVg 05 Bad Homburg die Deutsche Meisterschaft gewonnen und stellten in Herbert Schäfer (24 Länderspiele sowie 1 A-Berufung 1957) den Kapitän der Amateurnationalelf. Das Leimbachstadion harrte da noch seiner Fertigstellung, Siegener Fußball-Heimstätte war seit Jahrzehnten der sog. Stadtplatz. Dort hatten die Sportfreunde, entstanden aus dem Zusammenschluss der von der Deutschen Turnerschaft verstoßenen Fußballer des TV Jahn und dem SV 07, am 26. August 1923 debütiert. Die Spielstätte erwarb der SV 07 bereits 1910, als er mit dem Hochofenwerk Johanneshütte ein Grundstück gegen den späteren Stadtplatz-Standort, eine Wiese auf der Schemscheid, tauschte.

Hochburg des Amateurfußballs
Das Leimbachstadion wurde von 1954 bis 1957 erbaut und eröffnete am 22. September 1957 mit einem Amateurliga-Spiel, der Begegnung Sportfreunde Siegen gegen den späteren Deutschen Amateurmeister FV Hombruch 09 (1:2). 12.000 sahen in der 25.000 Besucher fassenden Arena zu. Da die Siegener neben Kapitän Schäfer über die Jahre in Rarrasch, Neuser, Kühn und Mietz weitere Akteure der Amateur-Nationalmannschaft stellten, lag es nahe, dass der DFB ein Länderspiel ins Leimbachtal vergab. Mit 25.000 ausverkauft war am 27. Mai 1959 gegen England (2:0), woraufhin auch der nächste internationale Vergleich wieder nach Siegen vergeben wurde: 23.000 fanden sich zur Olympia-Qualifikation gegen Finnland ein (2:1).

Vielleicht, weil es ein kurzes Vertragsspieler-Intermezzo gab – 1961 stiegen die Sportfreunde nach dem Verzicht

Wurde nie zu Ende gebaut: die geplante Arena auf der Ostorfer Halbinsel.

(Foto: Stadtarchiv Schwerin)

von Germania Datteln in die 2. Liga West auf, 1963/64 gehörten sie für ein Jahr der Regionalliga West an – setzte Siegen als Amateurländerspiel-Austragungsort aus. Im Stadion begann derweil 1960 der Ausbau der Kurven, womit das Fassungsvermögen auf 35.000 stieg – eine Zahl, die nie erreicht wurde.

Die Publikumsnachfrage war dennoch in der Regionalliga wieder groß, 6.000 erlebten den Auftakt mit einem 1:1 gegen Herten (linker Läufer: Rudi Assauer) und lasen, so sie denn die in Düsseldorf erscheinende Boulevard-Zeitung „Der Mittag" in die Hand bekamen, anschließend nach, dass Siegen „Fußball-Provinz" sei. Festgestellt hatte dies Chefredakteur Helmut Markwort, heute Herausgeber des Magazins „Focus", weil im Leimbachstadion für die Pressevertreter nur ein Telefon zur Verfügung stand. Bei Saisonende stieg Siegen ab, verzeichnete aber mit 6.447 einen zufriedenstellenden Besucherschnitt.

Der Mangel an Fernsprechern wurde behoben, denn erneut war der DFB zweimal mit der Amateurnationalelf zu Gast (1963: 4:0 gegen Japan vor 12.000, 1965: 4:2 gegen Thailand vor 8.000). Außerdem wurde Siegen zum Austragungsort der Amateur-Endspiele 1965 (Hannover 96 Amat. – SV Wiesbaden 2:1) und 1970 (SC Jülich 1910 – Eintracht Braunschweig Amat. 3:0) vor jeweils 8.000 Besuchern bestimmt.

Regionalliga-Intermezzo
1971/72 gab es ein unerwartetes Zwischenspiel in der städtischen Arena, denn aus dem Hofbach-Stadion im Hofbachtal, wo nur ein Hartplatz vorhanden war, zog der Regionalliga-Aufsteiger VfL Klafeld-Geisweid (aus dem Siegener Stadtteil) ins Leimbachtal um. Der VfL besaß einen Trumpf in Person seines Vorsitzenden Hans Elbracht, der als Prokurist der Stahlwerke Südwestfalen AG in Geisweid dort sichere Arbeitsplätze für Spieler offerieren konnte. Profitieren konnten auch die Anhänger von Klafeld-Geisweid: Traten sie mit einer schwarz-weißen Vereinsfahne im Leimbachstadion an, erhielten sie vom Klub 10 DM Prämie. Am Ende schloss der Neuling als Letzter ab. Die Besucherzahlen schwankten heftig: Zwischen 350 (gegen Fortuna Köln) und 7.000 (gegen RW Essen) kamen ins Stadion.

Die lokale Konkurrenz in der 110.000-Einwohner-Stadt mag den „schlafenden Fußball-Riesen vom Leimbachtal" geweckt haben, denn die Sportfreunde Siegen stiegen 1972 in die Regionalliga auf. Gleich das erste Heimspiel am 6. August unter Mitwirkung des nach sechs Jahren bei Schalke 04 zurückge-

Das Leimbachstadion in Siegen

(Foto: Jäger)

kehrten „Mittelfeld-Königs" Gerd Neuser gegen Borussia Dortmund (0:1) brachte mit 22.339 den Sportfreunde-Stadion-Zuschauerrekord, und der Durchschnittsbesuch des Tabellensiebten wurde mit 8.206 seitdem ebenfalls nicht mehr übertroffen. Für die 2. Bundesliga Nord, die 1974 gebildet wurde, war Siegen allerdings zu spät gekommen und wanderte mit 400.000 DM Schulden ins Amateurlager ab. Ungeachtet dessen gab es nun erstmals überdachte Plätze im Leimbachstadion, denn am 21. September 1975 weihte man im Beisein von 6.000 mit dem Spiel Sportfreunde – 1. FC Köln (2:6) die Tribüne ein, die damals 2.132 Sitz- und 2.140 Stehplätze bot.

„Egidius, schau' mal gut her..."
Es war dann lange ruhig um Siegens Stadion, das man ja noch aus alten „Sportschau"-Tagen kannte. 1983 lief eine komplette Sportfreunde-Mannschaft weg, weil es kein Geld mehr gab, und am 5. Juni 1983 verließen 11.000 enttäuscht die Ränge des Leimbachstadions, weil der Europacup-Gewinner Hamburger SV, der am Vortag „auf Schalke" die Deutsche Meisterschaft gewonnen hatte und im Privatjet auf dem Siegerland-Flughafen landete, zwar 4:0 gewann, aber infolge Personalproblemen nicht die erhoffte „Fußball-Gala" bot.

In der neuen Regionalliga West/Südwest (3. Liga) zählte man manchesmal wieder große Besucherzahlen, doch im März 1998 sah man ein Transparent an der Siegener Tribüne:

„Egidius, schau' mal gut her:
Das Siegerland setzt sich zur Wehr."

Da das von den Sportfreunden beauftragte private Büro nämlich kein Testat über die wirtschaftliche Leistungsfähigkeit des Klubs mitgeteilt hatte, schloss der DFB die Südwestfalen zunächst vom Lizensierungsverfahren für

die 2. Bundesliga aus. Letztlich stieg der Verein aus sportlichen Gründen ab.

Die großen Ambitionen hegt Siegens fußballerisches Aushängeschild vorerst nicht mehr. Nach dreimal verpasstem Zweitliga-Aufstieg ist infolge Schulden und DFB-Auflagen vorrangig der Klassenerhalt, mittelfristig die eingleisige 3. Liga ein Ziel. Nichtsdestotrotz musste sich im Stadion einiges ändern, begleitet von einer „kleinen Serie" im DFB-Pokal: Es wurde ein neuer Naturrasen verlegt, weshalb man für ein Spiel ins Geisweider Hofbach-Stadion ausweichen musste, anschließend im Pokalwettbewerb zur „Rasen-Einweihung" im Leimbachstadion 3:1 n.V. gegen Mainz 05, vor 12.000 mit 1:0 gegen den SC Freiburg, schließlich 1:0 vor 7.500 gegen Uerdingen gewann, ehe im Viertelfinale gegen Wolfsburg (1:3) Schluss war. Auf den neuen Rasen folgte der Innenausbau der Tribüne, wo sich Spieler und Referees nun umkleiden können.

Ein neuer Gästeblock zwischen Marathontor und Haupttribüne wurde für 3.000 Besucher geschaffen (man hat die Kurve begradigt) die Stehstufen werden erneuert. Die „Vision 2000" im Siegerland beinhaltet Flutlicht und eine überdachte Sitzplatz-Gegengerade (auf der früher Holzbänke standen).

So, und nun müssen wir nur noch abwarten, bis der „schlafende Riese vom Leimbachtal" erwacht – und der „Magolves" zum Höhenflug ansetzt. Der, ein von einem Comic-Zeichner gestalteter Eichelhäher, ist nämlich das Maskottchen der Siegener.   *sky*

Leimbachstadion Siegen
ER: 1957   FV: früher 35.000, heute 25.108, davon üd. 2108 SiP, 2.000 StP
ZR: 25.000, Amateur-Länderspiel, 27.5. 1953, Deutschl. – England 2:0
Leimbachstraße 148, 57074 Siegen/Westfalen, Tel. 0271 / 33 15 12.

(Foto: FC Singen 04)

Als der „Club" aus Nürnberg 1951 in Singen gastierte, kamen 17.000 Zuschauer ins völlig überfüllte Stadion am Waldeck.

Singen

■ Waldeck-Stadion / Hohentwiel-Stadion

Aussichtspunkt Kassenhäuser-Dächer

Just zum Oberliga Süd-Aufstieg des FC Singen 04 1950 war das Stadion am Waldeck fertig gestellt, das gegen den 1. FC Nürnberg dann auch prompt den größten Besuch seiner Geschichte verzeichnete. Heute wird der Waldeck-Sportplatz nur noch von unteren Mannschaften genutzt; maßgebliche Sportstätte der südbadischen Stadt unweit der Schweizer Grenze ist das Hohentwiel-Stadion.

Dieses eröffnete am 8. August 1954 mit dem Freundschaftsspiel 1. FC Nürnberg – Roter Stern Belgrad (2:2), bei dem damals Petar Radenkovic das Tor hütete. Zum 31. Juli 1965 erhielt das mit Leichtathletik-Anlagen ausgestattete Hohentwiel-Stadion eine Tribüne. Fußballerischer Höhepunkt aus lokaler Sicht war die zweimalige Teilnahme von Singen 04 an der Aufstiegsrunde zur Regionalliga Süd, als gegen den SV Waldhof jeweils 17.000 Besucher gezählt wurden. Singen 04 gehört 2000/01 der Verbandsliga Südbaden an.

Das benachbarte frühere Stadion am Waldeck ist heute ein „normaler" Sportplatz, die etwa 100 Zuschauer stehen meist an einer Hintertorseite vor dem Vereinsheim von Singen 04. Die baufällige 600-Plätze-Holztribüne ist 1969 abgerissen worden. Früher hatte man

Stehränge in die Böschungen eingebaut (was heute nach Auskunft des Sportamtes unzulässig wäre), nur so kam 1950 die Zuschauerzahl von über 17.000 gegen den 1. FC Nürnberg zustande, als die Anhänger sogar dicht gedrängt auf Dächern der Kassenhäuser standen, vor denen wiederum Menschenschlangen warteten, die keinen Einlass mehr ins Stadion fanden. Singen verzeichnete in seinem einzigen Oberliga Süd-Jahr einen Besucherschnitt von 7.832, prominentester Akteur war der frühere polnische und deutsche Nationalspieler Ernst Willimowski. *sky*

Hohentwiel-Stadion Singen
ER: 1954. FV: 22.000, davon 1.000 üd. und 800 unüd. SiP.
ZR: 23.000 (dank Zusatztribünen), Freundschaftsspiel, 1957, FC Singen 04 – 1. FC Kaiserslautern 3:3.
Radolfzeller Straße 3, 78224 Singen a. Hohentwiel, Tel. 07731 / 92 44 99.

Stadion am Waldeck
heute Waldeck-Sportplatz
ER: 1950. FV: früher 17.000, heute ca. 1.000.
ZR: über 17.000, Oberliga Süd, 22.4. 1951, Singen 04 – 1. FC Nürnb. 1:4.
Radolfzeller Straße, 78224 Singen.

■ Jahn-Kampfbahn

Schlussakt im Vier-Spiele-Drama

Mit einem Ereignis ist die Jahn-Kampfbahn, die die Solinger „Walder Stadion" (Dialekt: „Wauler Stadion") nennen, in die deutsche Fußballgeschichte eingegangen: 1948 wurde dort das vierte (!) Entscheidungsspiel um den Abstieg aus der Oberliga West zwischen Dellbrück und Vohwinkel ausgetragen.

Die seinerzeit noch selbständige Stadt Wald (1929 mit Solingen vereinigt) ließ Mitte der 20er Jahre ein sumpfiges und von den Anwohnern als „wilde" Müllkippe zweckentfremdetes Gelände einebnen und trockenlegen, um dort ein Stadion zu bauen. Pfingsten 1928 war die Einweihung mit dem legendären Mittelstreckler Dr. Otto Peltzer als Topstar. Sportliche Höhepunkte setzten in den 50er und 60er Jahren die Leichtathleten (mit Solingens Läuferidol Herbert Schade, mit Emil Zatopek und Gaston Reiff, Heinz Fütterer und Manfred Germar) und die Feldhandballer von Solingen 98 (Deutscher Meister 1965).

Das Fußball-Großereignis in der Solinger Jahn-Kampfbahn war das erwähnte vierte Entscheidungsspiel, in dem der dritte Absteiger aus der Oberliga West ermittelt werden musste. Erst der 27. Juni 1948 sollte die Entscheidung bringen, nachdem sich Preußen Dellbrück und TSG Vohwinkel 80 dreimal unentschieden getrennt hatten (1:1 n.V. in Düsseldorf, 0:0 n.V. in Recklinghausen, 0:0 in Köln; die Verlängerung dort entfiel wegen tropischer Hitze). Der Zuschauerandrang in der Solinger Jahn-Kampfbahn war gewaltig: 16.000 Karten waren verkauft worden, womit das Stadion bereits überfüllt war. Als weitere Sonderzüge aus Köln und Wuppertal eintrafen, stürmten viele Menschen ohne Karten in dem bis heute unvergessenen Chaos im strömenden Regen das Stadion, wo schließlich ca. 22.000 Menschen waren! Vohwinkel siegte 1:0 n.V. durch einen Treffer in der 102. Minute – nach 432 Minuten war das Vier-Spiele-Drama beendet.

Dass das Walder Stadion noch existiert, ist nicht zuletzt dem tatkräftigen Wirken eines Förderkreises zu verdanken. Seit 1994 steht es komplett unter Denkmalschutz und wurde nach einer Generalsanierung (1,5 Mio. DM) im Spätsommer 1997 neu eröffnet. Die

Tribüne bietet 600 Sitzplätze, und auf den Stehstufenrängen können unter Berücksichtigung heutiger Sicherheitsstandards gut 6.000 Besucher Platz finden. Seit der VfL Wald 1974 mit dem Ohligser SC Solingen fusionierte, hat das Stadion keinen fußballerischen Dauernutzer mehr und ist in erster Linie der Leichtathletik vorbehalten. Den Fußballern dient es als Ausweichmöglichkeit (z.B. der Union in Zeiten der 2. Bundesliga) oder bei besonderen Anlässen (Schulfußball, Jugendturniere).

Harald Bennert

Jahn-Kampfbahn Solingen-Wald
ER: 1928 / 1997. FV: 6.600, davon 600 üd. SiP.
ZR: 22.000, 27.6.1948, Oberliga West, Entscheidungsspiel um den Abstieg, Preußen Dellbrück – Vohwinkel 80 1:0 n.V.
Adolf-Clarenbach-Straße,
42719 Solingen, Tel. 0212 / 290 43 87.

(Foto: Bennert)

Das Stadion am Hermann-Löns-Weg: Anstoß durch Muhammad Ali.

Stadion am Hermann-Löns-Weg
Träume von der Bundesliga

Es gab Zeiten in den 80er Jahren, da träumte man im Stadion am Hermann-Löns-Weg der „Klingenstadt" Solingen im Bergischen Land vom Bundesliga-Aufstieg – Jahre, die mit Namen wie Kostedde, Plücken, Hotic, Torhüter Diergardt und Torjäger Lenz verbunden sind. Den letzten großen Zuschauer-Zuspruch erlebte die Spielstätte allerdings nicht bei einem Union-Heimspiel, sondern 1995 bei einem U-21-Länderspiel mit drei Nerlinger-Toren.

Gebaut von Arbeitersportlern
1929 bauten erwerbslose Arbeitersportler am Rande der Ohligser Heide im „Unterland", wie die Solinger sagen, einen Sportplatz, der 1933 nach der Machtübernahme der Nazis an den VfR Ohligs fiel. Als sich 1949 die Ohligser Fußballvereine BV 12, VfR 07 und FC 06 im Hinblick auf die 2. Liga West zum SC Union 06 Ohligs zusammenschlossen, genügte der nach Bombentreffern in Eigenarbeit notdürftig instand gesetzte Platz nicht mehr. Vom Herbst 1949 bis zum Sommer 1950 entstand ein Stadion: Der Aschenplatz erhielt eine neue Decke, die Drainage wurde erneuert, Stehstufenränge gebaut und eine Sitzreihe mit 700 Plätzen ums Spielfeld gezogen. Dazu kamen eine Laufbahn und

andere leichtathletische Einrichtungen, aber eigentlich war die Sportstätte immer ein Fußballstadion. Das „neue" Ohligser Stadion weihte man am 24. Juni 1950 mit einem Freundschaftsspiel zwischen den Lokalrivalen SC Union 06 und 1. SpVg Gräfrath ein. Gut 10.000 waren dabei, „die Abfahrt der Kraftfahrzeuge war ein besonderes Schauspiel, das von vielen Hundert genau beobachtet wurde" („Rheinische Post").

Die Ohligser spielten bis 1953 in der zweigeteilten 2. Liga West und mussten durch die Zusammenfassung beider Ligen zwangsweise zurück ins Amateurlager. Genau 20 Jahre dauerte es, bis die Union in den bezahlten Fußball zurückkehrte. Im Stadion hatte man 1971 den Aschenbelag durch einen Rollrasen ersetzt – eine Umwandlung, die in den folgenden Jahren noch einigen Ärger bereiten sollte.

1973 gelang der Regionalliga-Aufstieg und im entscheidenden Aufstiegsspiel der Blau-Gelben gegen RW Lüdenscheid gab es mit 13.000 Rekordbesuch. Die Klingenstädter (Solingen ist Zentrum der Schneidwaren- und Besteckindustrie) mussten zwangsweise aber wieder zurück in die Amateurliga, als ein Jahr später die 2. Bundesliga eingeführt wurde. Im Abstiegsjahr benannte sich der SC Union 06 Ohligs in Ohligser SC Solingen um und fusionierte noch im gleichen Jahr mit dem VfL Wald zur SG Union Solingen 1897. Der sofortige Aufstieg in die 2. Bundesliga Nord glückte,

und wieder gab es 1974/75 ein mit 13.000 ausverkauftes Haus: In einem dramatischen DFB-Pokalspiel unterlagen die Bergischen in der 2. Hauptrunde Bundesligist Frankfurt (mit den Weltmeistern Grabowski und Hölzenbein) 1:2 n.V.

Problemkind Rasen
Es folgte der Stadionausbau: Die Spielfläche vergrößerte man unter Wegfall der Laufbahn, die Zuschauerkapazität stieg auf 15.000. Ein Problemkind blieb der Rasen: Der Platz trocknete nur sehr langsam ab, der Rasen war zudem sehr empfindlich, und wenn bei schlechter Witterung gespielt werden musste, sah die Spielfläche dementsprechend aus. Ständig wurde ohne durchschlagenden Erfolg an dem Problem „herumgedoktert". Für unrühmliche Schlagzeilen sorgte im März 1976 eine Ausbesserung mit durch Glassplitter verunreinigtem Sand, die eine kurzfristige Verlegung des 2. Bundesliga-Spiels Union – SW Essen ins Walder Stadion erforderlich machte. Eine Generalsanierung des Spielfelds folgte, eine wasserundurchlässige Schicht im Unterboden wurde als Ursache allen Übels erkannt und entfernt und ein Naturrasen eingesät. Vier Monate dauerten die Arbeiten, so dass die Union für die ersten Spiele der 2. Bundesliga-Saison 1976/77 wieder ins Walder Stadion ausweichen musste. Die Tribüne am Löns-Weg entstand 1975/76 und wurde am 10. April 1976 beim Meis-

terschaftsspiel gegen Wacker 04 Berlin (2:1) in Betrieb genommen.

Als die 2. Bundesliga 1981 eingleisig wurde, war Solingen dabei. Die lange geplante Flutlichtanlage hatte am 19. Dezember 1982 gegen Schalke (3:7) Premiere; Planung, Bau und Finanzierung des 1,3-Mio.-Mark-Projekts waren und blieben lange Jahre ein kommunalpolitischer Dauerbrenner.

1983 bis 1985 raunte man in der heutigen 163.000-Einwohner-Stadt Solingen sogar vom Bundesliga-Aufstieg. Zwei Ereignisse aus jenen Jahren sind besonders in Erinnerung geblieben: Ein hoher Gast, nach eigenem Bekunden „bekannter als der Papst", führte am 16. September 1984 den Anstoß im Zweitliga-Spiel gegen Oberhausen (4:1) aus – Muhammad Ali, in einer PR-Angelegenheit in Deutschland unterwegs. Und in dieser Saison erreichte die Union das Pokal-Viertelfinale gegen Mönchengladbach. Das schneebedeckte Solinger Stadion wurde in einer gewaltigen Räumaktion bespielbar und begehbar gemacht, und dank 15.500 verzeichnete man an diesem 16. Februar 1985 im Stadion am Hermann-Löns-Weg Rekordbesuch. Die Borussen, mit Jupp Heynckes als Trainer und Ewald Lienen im Sturm, siegten etwas glücklich 2:1, und ebenso denkwürdig wie das Spiel war an diesem Nachmittag das Verkehrsgewirr rund ums Stadion.

Statt des Bundesliga-Aufstiegs ging es für Union Solingen im Sturzflug nach unten: 1989 Abstieg aus der 2. Bundesliga, 1990 Abstieg aus der Amateuroberliga Niederrhein und Konkurs. Nachfolgeverein wurde der 1. FC Union Solingen 1990.

Die letzten größeren sportlichen Ereignis am Hermann-Löns-Weg waren am 7. Oktober 1995 das U-21-Länderspiel gegen Moldawien, in dem Christian Nerlinger vor 8.500 alle deutschen Tore zum 3:1 erzielte, und das von 8.000 (!) besuchte Aufstiegsspiel am Saisonende 2000, Union – TuRa Düsseldorf (1:1). Solingen stieg mit Trainer und Ex-Nationalspieler Gerd Zewe in die Verbandsliga auf.   *Harald Bennert*

Stadion am Hermann-Löns-Weg Solingen
ER: 1929/1950. FV: 15.000, davon 2.000 üd. SiP auf der Tribüne und 13.000 StP.
ZR: 15.500, DFB-Pokal-Viertelfinale, 16.2.1985, SG Union Solingen – Borussia Mönchengladbach 1:2.
Hermann-Löns-Weg 25, 42697 Solingen, Tel. 0212 / 796 28.

■ Stadion am Roßsprung*

Traversenbogen ums Einfamilienhaus

Die Zeiten des FV Speyer am Roßsprung, wo der 1919 gegründete Verein in der Oberliga (1953-55, 1956-60) und Regionalliga Südwest (1968-74) spielte, sind endgültig Geschichte: Das zuletzt marode Stadion wird mit Wohnungen überbaut, 500 m Luftlinie entfernt erhält der Verbandsligist eine neue Spielstätte für 5.000 Zuschauer.

Wer den vereinseigenen alten Platz, der seinen Namen von der Straße Am Roßsprung bekam, besuchte, entlang des Vereinsheims unter altehrwürdigen Bäumen dem Eingangstor zustrebte und eine Anlage mit Stehtraversen und einem aufgemauerten Unterstand für Stadionsprecher und andere Offizielle vorfand, konnte sich kaum vorstellen, dass auf diesem Areal einstmals 14.000 Menschen versammelt waren. Das war am 16. November 1958 in der Oberliga Südwest der Fall, 5:4 gewann der 1. FC Kaiserslautern beim FV Speyer, Fritz Walter verwandelte zwei Strafstöße und der FVS-Torjäger Rudi „Rudeller" Bast erzielte drei Tore.

Ein Kuriosum: Weil hinter dem einen Tor ein Einfamilienhäuschen stand, hatte man die Stehtraversen in elegantem Schwung von sonstiger Geradlinigkeit abweichen und um das Haus herumführen lassen.   *sky*

Stehtraversen mit Einfamilienhaus: Stadion am Roßsprung.

(Foto: Skrentny)

■ Mühlwaldstadion

Eine Spielzeit erstklassig

Die mit heute 41.000 Einwohnern fünftgrößte Stadt des Saarlandes, nur wenige Autominuten von Saarbrücken entfernt, war dank des SV St. Ingbert 1957/58 eine Spielzeit lang in der Oberliga Südwest erstklassig. Der 1945 gegründete Verein hatte auf dem Sportplatz der Aktien-Glashütte (heute Gewerbegebiet) und dem jetzigen Landkreis-Sportplatz Wallerfeld gespielt, als am 7. August 1954 das Mühlwaldstadion eröffnete, das 10.000 Zuschauern Raum und eine 400-m-Aschenbahn (seit Jahren nicht mehr in Gebrauch) bot.

Zu Hause begann die Oberliga-Runde verheißungsvoll, turbulent das 7:6 vor 5.000 gegen den späteren Mitabsteiger VfR Kaiserslautern, doch von den Reisen brachten die St. Ingberter nur ein Pünktchen mit. So wurde das letzte Heimspiel gegen den 1. FC Saarbrücken mit 3.000 Besuchern kein großer Zahltag mehr, denn der FCS dümpelte damals im Mittelfeld. Im Schnitt hatten 3.080 die Heimspiele besucht. Größtes Handikap der St. Ingberter war, dass ihr siebenmaliger A-Nationalspieler Heinz Vollmar (1936-1987) ab dem 21. Spieltag – bis dahin hatte der Linksaußen 14 Treffer in 19 Begegnungen erzielt – wegen einer TBC-Erkrankung, die ihn auch die WM-Teilnahme 1958 kostete, nicht mehr zur Verfügung stand.

1992 wurden im Mühlwaldstadion die Rasenfläche erneuert und die Stehplätze saniert, wodurch sich das Fassungsvermögen von 10.000 auf 6.000 Zuschauer verringerte. 1999/2000 gehörte der SV St. Ingbert der Verbandsliga Saar an.   *sky*

Mühlwaldstadion St. Ingbert
ER: 1954. FV: 6.000, davon 1.500 unüd. SiP.
ZR: 8.000, Oberliga Südwest, 6.10.1957, SV St. Ingb. – FK Pirmasens 0:2.
Mühlwaldstadion, 66368 St. Ingbert, Tel. 06894 / 41 51 (Klubheim / Stadionklause).

Spiesen-Elversberg, Stadion an der Kaiserlinde: siehe Anhang, 3. Liga.

Nostalgie im Internet: die Kassenhäuschen bei der ehemaligen Wilhelm-Helfers-Kampfbahn.

▣ Stadion am Fellberg

„Als die Berge lebendig wurden..."

Schriftlich haben sie es, die Leute im thüringischen Steinach, dass sie in über 30.000 freiwilligen Aufbaustunden und dank Geldspenden „eines der landschaftlich schönsten Stadien" der DDR schufen. Und so hält man die von der Nationalen Front, dem Rat des Bezirks Suhl und dem Nationalen Aufbauwerk ausgestellte Urkunde zu Recht in Ehren.

Steinach in Südthüringen zählte mit 8.000 Bewohnern zu den kleinsten Orten der DDR-Oberliga-Geschichte. Im Stadion am Steinbächlein, das über dem Ort zwischen den Bergen liegt, war 1963 der Aufstieg in die höchste Spielklasse gefeiert worden – 12.000 wurden dort am letzten Spieltag der (zweitklassigen) DDR-Liga gezählt. Bei der Oberliga-Heimpremiere gegen Meister Motor Jena zählte man „oben im Wald" 25.000 Zuschauer! Bericht der „Junge Welt": „Als die Berge lebendig wurden, als sich die ganze bis dahin erlebte Thüringer Beschaulichkeit endgültig mit Getöse und donnerndem Echo über das Land davonschwang." Steinach gewann nämlich 2:1 über den Titelverteidiger und schloss die Runde auf Rang sieben ab. 1965 ging Steinachs Oberliga-Gastspiel als Tabellenletzter zu Ende.

Der seit 1990 wieder bestehende SV 08 Steinach hat die glorreichen Tage im Stadion am Fellberg mit der Naturtribüne nicht vergessen, weshalb er zum 30. Jahrestag des Oberliga-Aufstiegs 1993 zur 1974er-WM-Revanche zwischen einem ost- und einem westdeutschen Team einlud. Nicht alle waren da, aber viele: Croy und Overath, Kurbjuweit und Breitner, Peter Ducke und Netzer. *sky*

Stadion am Fellberg Steinach
FV 15.000, davon 200 unüd. SiP und 14.800 StP.
ZR: 25.000, DDR-Oberliga, 1963, Motor Steinach – Motor Jena 2:1.
Schottland 27, 96523 Steinach
Tel. 036762 / 32 379.

▣ Stadion am Hölzchen

Spielabbruch wegen Dunkelheit

Der Fußball hatte und hat Bedeutung in Stendal, der mit 41.000 Einwohnern viertgrößten Stadt Sachsen-Anhalts, denn die städtische Internet-Seite verwendet als „Aufmacher" im Bereich „Sport und Freizeit" ein Bild des Kassenhäuschens der Wilhelm-Helfers-Kampfbahn. An das DDR-Sportleben erinnern neben der 14 Jahre lang in der DDR-Oberliga spielenden BSG Lok, heute FSV Lok, in Stendal noch Vereinsnamen wie SV Energie, SG Aufbau, SG Empor, SG Einheit, ESV Lok und SV Kraftverkehr.

Das Gelände der Helfers-Kampfbahn erwarb die Stadt 1906/07 und legte dort gemeinsam mit Viktoria 09 Stendal bis 1909 den Sportplatz „Hölzchen" (so genannt nach dem benachbarten Wald) mit 15.000 Stehplätzen an. Von den 30er Jahren bis Kriegsende spielte die 1945 aufgelöste Viktoria in der Altmark neben alten Rivalen wie Tangermünde, Gardelegen, Salzwedel und Wittenberge in der zweithöchsten Liga, der Bezirksklasse, eine dominierende Rolle.

Nach dem Krieg spielte im Stadion „Hölzchen" die von Stendaler Mannschaften wie Stendal-Nord und Blau-Weiß gegründete Eintracht Stendal, die 1949 in die DDR-Oberliga aufgenommen wurde und ab Oktober desselben Jahres BSG „Hans Wendler" hieß. 10.000 Zuschauer kamen zum Oberliga-Auftakt am 19. September 1949 „am Hölzchen" gegen die SG Industrie Leipzig-Leutzsch (später Chemie) (2:2). Danach legte man Stehtraversen an.

Seit 1950 hieß das Stendaler Stadion Wilhelm-Helfers-Kampfbahn. Helfers war ebenso wie Wendler, dessen Namen die BSG trug, Ingenieur im Reichsbahnausbesserungswerk (RAW) Stendal, dem Trägerbetrieb der Oberligamannschaft; beide waren dort mit der Entwicklung einer Kohlenstaub-Lokomotive befasst. Das RAW besteht heute als Werk der Deutschen Bahn AG weiter. 1950 erhielt der Verein den Namen BSG Lokomotive Stendal, seit 1990 heißt er FSV Lok Altmark Stendal und verpasste 2000 nach einem Insolvenzverfahren und anderen Problemen die Qualifikation zur neuen 3. Liga.

Die Helfers-Kampfbahn verzeichnete zu DDR-Oberliga-Zeiten oftmals großen

Besuch: 14.000 gegen 1. FC Union Berlin (1970, 0:3), 13.000 gegen SC Lok Leipzig (1959, 1:2), 11.000 gegen SC Aufbau Magdeburg (1969, 2:1) und je 10.000 gegen ASK Vorwärts Berlin (1959, 2:2) und FC Karl-Marx-Stadt (1967, 2:0).

1963 erhielt die Anlage einen Sprecherturm, eine Anzeigetafel und 800 nicht überdachte Sitzplätze. Mit dem Amateur-Oberligaspiel der Rot-Schwarzen gegen den 1. FC Magdeburg (2:1) wurde am 8. März 1992 die elektronische Anzeigetafel eingeweiht. Das Spielfeld umgibt erstaunlicherweise eine Asphaltbahn, die Gegengerade ist durch einen Zugang zum Innenraum unterbrochen, und in der Kurve unter der Anzeigetafel gibt es keine Traversen, sondern einen mit Gras bewachsenen Abhang. Eine Flutlichtanlage besitzt die Wilhelm-Helfers-Kampfbahn nicht, weshalb im DFB-Pokal 1995/96 die Partie gegen Wolfsburg beim Stande von 1:1 wegen Dunkelheit abgebrochen werden musste (Wiederholung 4:3 n.E.). Danach übrigens erwies sich das Stadion in der Altmark auch gegen Hertha BSC Berlin/3:2 n.V., Waldhof Mannheim/5:4 n.E., Bayer Leverkusen 4:5 n.E. im Viertelfinale als Bastion.

Der Name Wilhelm-Helfers-Kampfbahn verschwand nach einem Beschluss der Stadt im Jahr 2000 überraschend für alle Lok-Anhänger zugunsten der Benennung Stadion am Hölzchen. *sky*

Stadion am Hölzchen Stendal
ER: 1909. FV: 10.000, davon 800 unüd. SiP und 9.200 StP.
ZR: 14.000, DDR-Oberliga, 31.5.1970, Lok Stendal – 1. FC Union Berlin 0:3.
Arneburger Straße, 39576 Stendal, Tel. 03931 / 21 45 53, 71 58 31.

■ Stadion der Freundschaft

Heimathafen der „Matrosenelf"

Zwei Jahre lang wurde DDR-Oberliga-Fußball im Stadion der Freundschaft von Stralsund geboten, dessen Geschichte als Reichsmarine-Sportplatz in der Zeit nach dem 1. Weltkrieg beginnt. Damals wurde auf der früheren „Meiers Wiese" am Frankendamm bei der Frankenkaserne ein Sportplatz angelegt, dessen Mangel neben der nicht ausreichenden Größe die fehlende Drainage war. Im Oktober 1938 stellte man dann den damals modernsten Sportplatz der Hansestadt fertig, der in der „Pommerschen Zeitung" als „eine wahre Augenweide" gefeiert wurde.

Mit dem 15. November 1953 erhielt die Anlage den Namen Stadion der Freundschaft. Die Armeesportgemeinschaft (ASG) Vorwärts Stralsund trug hier 1971/72 und 1974/75 ihre Oberliga-Begegnungen aus. Die Ursprünge von Vorwärts lagen in Parow bei Stralsund, von wo Bezirksklasse-Verein Sturmvogel Parow 1956 als Vorwärts nach Rostock transferiert wurde. 1967 versetzte man Vorwärts wiederum nach Stralsund (Gründungsdatum 21. Juli 1967), zwei Tage darauf debütierte die „Matrosenelf" vor 4.000 gegen Kovostry Decin aus der CSSR (0:0) und in der DDR-Liga am 13. August 1967 vor 5.000 gegen Motor Babelsberg. Neben den Oberliga-Spielen, in denen der Kulisse eine „Hexenkessel"-Atmosphäre bescheinigt wurde, waren Höhepunkte im Stadion der Freundschaft die Pokalspiele 1968 gegen Carl Zeiss Jena (0:2) vor 12.000 und 1969 gegen Wismut Aue (2:1) vor 12.800.

Die ASG Vorwärts spielte am 4. Juni 1989 letztmals im Stadion der Freundschaft (1:1 gegen BSG Motor Schönebeck) und ging danach in Motor Stralsund über, dessen Nachfolgeverein FC Pommern Stralsund am 29. März 1994 entstand und die 63.000 Einwohner zählende Hansestadt am Strelasund in der Verbandsliga Mecklenburg-Vorpommern vertritt. *sky*

Stadion der Freundschaft Stralsund
ER: 1938, FV 10.000, davon 50 üd. und 1.400 unüd. SiP
ZR: 12.800, DDR-Pokal, 1969, Vorwärts Stralsund – Wismut Aue 2:1
Frankendamm 12, 184 39 Stralsund, Tel. 03831 / 28 00 24.

■ Gottlieb-Daimler-Stadion

„Den Menschen Großereignisse bieten"

In einem Punkt dürfte das Gottlieb-Daimler-Stadion Stuttgarts einmalig sein: Es trägt nun schon seinen fünften Namen! Und da die Stadtpolitik mit sportlichen Großereignissen immer auch Imagegewinn und Prestige verband, ist es stetig erweitert und wieder verkleinert, neu gebaut, ausgebaut und umgebaut worden – vom Deutschen Turnfest 1933 über die Fußball-WM 1974 und die Leichathletik-WM 1993 bis zur Fußball-WM 2006.

Der Mittelpunkt schwäbischen Sportgeschehens ist der Ort von jeher, und das hat nun vor allem mit dem VfB zu tun, der dort 1977/78 den Bundesliga-Rekordschnitt von 53.86 Zuschauern registrierte (1995 fiel die Bestmarke). Die Arena ist so gut platziert, dass sie nicht zu übersehen ist – nicht für die Pendler, die auf der B 10 oder mit der Bahn in die baden-württembergische Landeshauptstadt reisen oder jene, die gleich nebenan „beim Daimler" arbeiten, oder all die anderen, die vielleicht in Untertürkheim Einkehr halten, zur Grablege der Württemberger auf den Rotenberg wandern oder die Gegend wegen des alljährlichen „Cannstatter Volksfestes" auf dem Wasen aufsuchen. In den Souvenirläden der Stadt erhält man neben Ansichtskarten von Fernsehturm, Schlossplatz und Hauptbahnhof auch solche des Daimler-Stadions.

Schaut man sich das Stadion an, erweckt es den Eindruck von Vollkommenheit. Stimmt aber nicht ganz: Nach dem Umbau 1991-1993 gab es Unmut, weil der Wind Regenschauer unters Dach blies und gelegentlich Wasser auf die Sitzreihen niederschwappte („Stuttgarter Zeitung": „‚Wasserspiele' unter dem neuen Stadiondach"), und Gerhard Mayer-Vorfelder, Ex-Präsident des VfB Stuttgart, hat einmal geäußert: „Man hätte es sprengen sollen!" (und an seiner Stelle eine reine Fußballarena bauen lassen). Der DFB als terroristische Vereinigung? Auch „MV"-Kollege Beckenbauer hatte sich schon mal gewünscht, dass Terroristen sich des Münchner Olympiastadions annehmen sollten!

Jedenfalls wird nun wieder gebaut. Geschehen wäre dies auch ohne die Vergabe der Fußball-WM nach Deutschland, denn der Gemeinderat beschloss bereits am 18. Juni 1998, 87 Mio. DM einzusetzen. Die Refinanzierung erfolgt größtenteils durch den Hauptnutzer des Daimler-Stadions, den VfB. Über der Haupttribüne entsteht ein zweiter Rang mit 5.600 Plätzen, die Haupttribüne selbst, hinter der ein Parkhaus entsteht, wird umgebaut, die noch vorhandenen Banksitzplätze werden in Einzelklappsitze umgewandelt; fertig sein will man im August 2001. Und wie sollte es auch anders ein: Laut VfB Stuttgart Marketing GmbH wird's 42 Logen und 1.500 Business-Seats geben, „Top-Plätze auf der Haupttribüne mit Namensnennung und

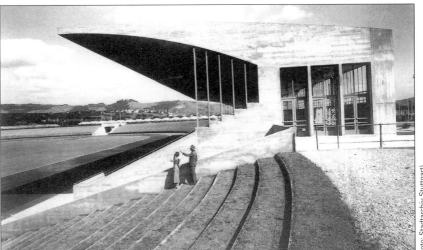

Die viel beachtete, 1933 erbaute Tribüne von Prof. Paul Bonatz.

Logo-Kennzeichnung", Exklusiv-Catering, ein Business-Center, das Stadion-TV „VfB Sport-Studio live" – und beim Kauf von zwei Seats einen Parkplatz.

Bonatz' vielbeachtete Tribüne

Anlass für den Stadionbau war das 15. Deutsche Turnfest 1933. Seit 1925 bestand ein „Verein Stadion Stuttgart", seit 1926 das Stadtamt für Leibesübungen, das sich 1929 um die Turnfest-Ausrichtung bewarb. 2,35 Mio. RM kostete die ovale Kampfbahn mit Spielfeld, Aschenbahn und einem Fassungsvermögen für 35.000, die auf Erdwällen standen. Zum städtischen Stadion, das Oberbaurat Dr. Schmidt vom Hochbauamt konzipiert hatte, gehörten neben der Hauptkampfbahn noch zwölf Sportplätze und eine Tennisanlage. Architekt der viel beachteten Haupttribüne mit dem 14 Meter frei auskragenden Eisenbetondach war Prof. Paul Bonatz (1877-1956), Stuttgarts bedeutendster Baumeister, der auch den Hauptbahnhof, den Zeppelinbau und die Festhalle Feuerbach geplant hatte. Die Behauptung, Stuttgart habe damit als letzte deutsche Großstadt ein Stadion realisiert, trifft nicht zu, bestand doch bereits 1914 ein Städtisches Stadion auf dem Cannstatter Wasen (siehe Robert-Schlienz-Stadion).

Der neue Reichskanzler war gerade ein knappes halbes Jahr an der Macht, dennoch benannte man das am 23. Juli 1933 eingeweihte Stadion im Beisein des Namengebers Adolf-Hitler-Kampfbahn. Die Deutsche Turnerschaft, die zum Turnfest 200.000 Mitglieder nach Stuttgart mobilisierte, hatte sich zu dem Zeitpunkt bereits willfährig dem NS-Regime untergeordnet, Juden und „Marxisten" ausgeschlossen und den Wehrsport eingeführt. Noch vor Turnfestbeginn nahm sich Fritz Rosenfelder, bekannter Sportleiter des TV Bad Cannstatt und jüdischen Glaubens, das Leben.

Fußball-Premiere war vor der Einweihung, am 25. Juni mit dem Städtespiel Stuttgart – Nürnberg/Fürth (3:2) vor 30.000. Rasch erweiterte man, so dass beim Länderspiel Deutschland – Schweiz (4:0) 1935 bereits 70.000 Besucher gezählt werden konnten. Nur 5.000 weniger waren es beim Berufsboxkampf Max Schmeling – Adolf Heuser 1939: Filmstar Willy Fritsch fiel der Hut herunter, weshalb er den K.o.-Sieg Schmelings nach nur 51 Sekunden verpasste... 65.000 strömten zum Hockey-Länderspiel Deutschland – Schweiz (4:0) herbei, und Vorkriegsrekord bedeuteten schließlich 72.000 im Jahr 1937 bei Deutschland – Frankreich (4:0). Die 1935 aufgestellten Holztribünen hatte die Baupolizei 1938 geschlossen, weshalb

Zeitweilig wurde das Fassungsvermögen des Neckarstadions durch große Stahlrohrtribünen erhöht, so beim Endspiel 1949 VfR Mannheim – Dortmund.

(Foto: Stadtarchiv Stuttgart)

man bis zum Kriegsbeginn den Ausbau der Gegengerade aus Travertin in Angriff nahm.

1945 erhielt das Stadion, von den US-Amerikanern beschlagnahmt, seinen zweiten Namen: Century Stadium. Das erste Spiel dort bestritten tunesische Soldaten der französischen Armee und russische Zwangsarbeiter. Zwischen 1949 und 1951 erstellte man eine offene Gegentribüne (4.872 Sitzplätze), 1951 die Vortribüne mit 748 Sitzplätzen, es entstand als Eisenbeton-Konstruktion der Arkadengang, der sehr an das Berliner Olympiastadion erinnerte, und 1955-56 erhielten die Stehwälle in der Cannstatter und Untertürkheimer Kurve Stehstufen. Das angestrebte Fassungsvermögen von 101.969 wurde nie erreicht, doch galt das Neckarstadion bereits 1954 als „das modernste Stadion der BRD". Das höchste Fassungsvermögen lag zwischen 1951 und 1955 bei 97.500.

Chaos im „Wurstkessel"

Als Stuttgart 1949 das denkwürdige Endspiel um die Deutsche Meisterschaft VfR Mannheim – Borussia Dortmund (3:2 n.V.) vor 92.000 Zuschauern erlebte, die legendäre „Hitzeschlacht", trug die Arena ihren vierten Namen: Aus der zwischenzeitlichen Kampfbahn Stuttgart war das Neckarstadion geworden. Das machte Sportgeschichte, als dort die ersten internationalen Fußballspiele nach Kriegsende stattfanden: 1948 TH Stuttgart gegen Studentenauswahl Zürich; 1950 das erste Nachkriegs-Länderspiel des DFB gegen die Schweiz (1:0); das letzte Länderspiel der NS-Zeit hatte 1942 ebenfalls in Stuttgart stattgefunden.

Bei 103.000 bis 115.000 Besuchern – offiziell wurden 97.533 genannt – beim Schweiz-Spiel geriet die Veranstaltung im „Wurstkessel" zum Chaos und für etliche Besucher zur Tortur: „Lebensgefährlich!", urteilte die Presse, es gab 23 schwer verletzte Menschen, 60 mit sog. mittleren und 180 mit leichten Verletzungen. Wege und Stehwälle versanken im Schlamm, „Kleider und Schuhe sind restlos ruiniert", meldete ein Fußballfreund, und ein anderer: „Wir sahen nicht anders aus wie Infanteristen nach schwierigster Geländeübung, von unten bis oben mit Dreck beschmutzt, zerschunden und zerschlagen." Ein Besucher schrieb damals an den „Sportbericht": „Als die Schweizer Nationalhymne gespielt wurde, war es vielen Männern nicht möglich, ihre Hüte abzunehmen, da sie infolge der fürchterlichen Enge die Hand nicht an den Hut brachten. Andere Anwesende, die zufällig die Hand oben hatten, halfen aus der Verlegenheit, indem sie dem Vordermann den Hut abnahmen und auf seine Schultern legten." Der englische Referee Ellis hatte sogar daran gedacht, das Spiel zu unterbrechen.

Das Neckarstadion war – die Organisationsmängel hatte man abgestellt – fortan erste Wahl, wenn es um Großveranstaltungen ging, auf die die Stadt zwecks Imagepflege bis heute großen Wert legt. Deutsche Leichtathletik-Meisterschaften gab's gleich mehrfach (bester Besuch 1959, 49.646 Zuschauer), 1959 das Europacup-Endspiel Real Madrid – Stade Reims (3:1) vor 63.723, 1963 das letzte Endspiel um die Deutsche Meisterschaft Borussia Dortmund – 1. FC Köln 3:1 (73.097). Erstmals in der

Der Eindruck von Vollkommenheit täuscht ein wenig: Das Gottlieb-Daimler-Stadion steht vor einem Ausbau.

Bundesliga ausverkauft war 1963 bei VfB (2.) – 1. FC Köln (1.) (0:1) mit 73.000. Im selben Jahr, am 7. August, weihte man die Vier-Mast-Flutlichtanlage mit dem Spiel VfB – Partizan Belgrad (1:1) ein. Zur Eröffnung der verbesserten Anlage trafen 1969 am 25. Juli die Lokalrivalen VfB und Kickers aufeinander, seit 1993 existiert eine Bandanlage.

FDP: Bürgerentscheid gegen Umbau

Es war aus Sicht der Stadtväter selbstverständlich, dass sich Stuttgart als Spielstätte der Fußball-WM 1974 bewerben würde; der Gemeinderat stimmte mit 29 zu 22 dafür. Das ging so einfach aber nicht, denn das 22 Mio. DM-Projekt (12 Mio. vom Bund, je 5,5 Mio. von Stadt und Land) war umstritten. „Ein nutzloses Prestigeobjekt wird lebenswichtigen Investitionen auf anderen Gebieten vorgezogen", befand der Bund der Steuerzahler, und es war die FDP, die einen Bürgerentscheid anstrengte: Anstelle des Stadion-Ausbaus solle man zwei Schulen und ein Polizeipräsidium bauen. Immerhin 97.771 Bürger beteiligten sich an der Abstimmung, mehr als die Hälfte der Urnengänger war gegen den Ausbau. Das notwendige Quorum von 207.763 Stimmen – die Hälfte der stimmberechtigten Einwohner – blieb allerdings unerreicht.

Die Arbeiten im Neckarstadion waren nicht allein der WM '74 wegen notwendig, denn bereits Mitte der 60er

Jahre „bröckelten die Ränge ab", wie die Presse meldete. Die Stehplatzränge im oberen Rund, wo Bombenschäden nur notwendig ausgebessert worden waren, mussten neu aufgesetzt werden, und im Unterrang offenbarten sich Risse von Handkantenbreite. Die Bonatz'sche Haupttribüne ersetzte man 1971-73 durch einen dreigeschossigen Neubau, die Gegengerade erhielt eine Überdachung. Bereits zum Deutschen Turnfest 1973 übergab Architekt Prof. Siegel die Stadionschlüssel an OB Klett. Bei der WM '74 war man das polnische „Heimstadion", trat Polen doch in drei der vier Spiele an (zweimal ausverkauft: 68.879 bei Polen – Italien, 68.801 bei Italien – Argentinien). Selbstverständlich kam Stuttgart bei der Fußball-EM 1988 (mit zwei Spielen) zum Zug.

Nach Turnfest 1933 und Fußball-WM 1974 war die Leichtathletik-WM 1993 der nächste Anlass, im Neckarstadion tätig zu werden – „moderner, besser – und weniger Stehplätze". Die Sportstätte war immer ein wichtiger Austragungsort für die Leichtathletik; 1965 hatte dort der Europacup Premiere, 1969 war aus Anlass des Erdteilkampfes Europa – Amerika Deutschlands erste Kunststoffbahn (und die zweite in Europa) fertig gestellt worden, und 1986 ging Europas erste Video-Vollmatrix-Anzeigetafel mit Farbtechnik in Stuttgart in Betrieb. Zusätzlicher Anstoß für den Um- und Ausbau waren FIFA und UEFA, die zunehmend zu reinen Sitzplatz-Sta-

dien tendierten, und die Absicht, die Arena mit einer kompletten Überdachung für weitere überregionale Sportveranstaltungen sowie Pop- und Rock-Konzerte zu nutzen, „um auch in Zukunft den Menschen in und um Stuttgart internationale Großereignisse bieten zu können" („Amtsblatt").

Daimler-Benz kauft sich den Namen

Die Zuschauer mussten von nun an einen „Stadiongroschen" entrichten, der tatsächlich mit 0,50 bis 2 DM zu Buche schlug. 53,5 Mio. für die Modernisierung erbrachten das Land (25 Mio.), die Stadt (keine Mittel aus dem laufenden Etat, dafür Finanzierung eines 22 Mio.-Darlehens mit Mehreinnahmen von jährlich 2,5 Mio. aus Stadionbetrieb und Vermarktung), der VfB (über 20 Jahre) und der Daimler-Benz-Konzern (7,5 Mio.). Daimler kaufte für insgesamt 10 Mio. Mark das Namensrecht der Arena, die von nun an mit dem mittlerweile fünften Namen Gottlieb-Daimler-Stadion hieß. Der war ebenso wenig Fußballer wie Carl Benz (siehe Mannheim), lebte von 1834 bis 1900 und erhielt das erste Patent auf einen schnelllaufenden Verbrennungsmotor. Die Namensänderung hatten OB Manfred Rommel und Werner Niefer vom Konzern ausgehandelt. So ganz auf Zustimmung stieß die nicht, merkten doch die „Stuttgarter Nachrichten" an: „Zu Gottlieb Daimlers Zeit wurden Bälle gegeben, aber selten getreten."

Nach Plänen des Stuttgarter Ingenieurbüros Schlaich, Bergermann und Partner entstand Europas größtes Membrandach aus PVC-beschichtetem Polyestergewebe mit einer Lichtdurchlässigkeit von ca. 8 % und einer Fläche von 34.200 qm, dessen Seilzug-Konstruktion auf 40 Stahlstützen ruhte (die die Sicht nicht behindern). Der ovale Grundriss hat eine konstante Dachtiefe von 58 m. Das Fassungsvermögen verringerte sich auf 53.972 Plätze, von denen lediglich noch 6.137 Stehplätze in vier Blöcken waren (besonders unbeliebt ist der Gästeblock D in der Untertürkheimer Kurve, ein „Käfig" unter der Anzeigetafel – wir empfehlen, ein Fernglas mitzubringen!). Die oberen Kurvenränge erhielten neue rote, klappbare Einzelsitze, als „Modell Stuttgart" bezeichnet; im unteren Rang blieben die alten Holzbänke. 2,2 Mio. kostete die neue Flutlichtanlage, die aus 284 Scheinwerfen mit je 1.800 Watt bestand, die an die Dachkonstruktion montiert waren. Von den genannten 53,5 Mio. Kosten entfielen allein 40 Mio. auf das Dach.

Die 4. Leichathletik-WM vom 13. bis 22. August 1993 jedenfalls wurde ein Riesenereignis, und Stuttgarts fast pausenlos feierndes und jubilierendes Publikum („La Ola") bestätigte seinen guten Ruf, den es bereits bei den 14. Leichtathletik-Europameisterschaften 1986 erworben hatte: Damals zeichnete das IOC die begeisterungsfähigen Massen mit dem „Olympic Cup" aus. Höhepunkte aus Sicht des „Hausherren", des VfB, waren die Deutschen Meisterschaften 1950, 1952, 1984, 1992 und das UEFA-Cup-Endspiel am 17. Mai 1989 gegen den SSC Neapel (3:3, 66.800).

1990 hat man eine Rasenheizung eingebaut und den Stadionrasen erneuert. Die derzeitigen Arbeiten werden im August 2001 abgeschlossen sein. Danach stehen noch 53.000 Plätze zur Verfügung, von denen 50.000 Sitzplätze sein werden. Als Fußballarena ist das Daimler-Stadion wegen seiner Weitläufigkeit und der Distanz des Publikums zum Spielfeld bestimmt nicht ideal. Vielleicht auch deshalb: Mal sehen, welches Ereignis der nächste Anlass ist, das Stadion umzubauen. *sky*

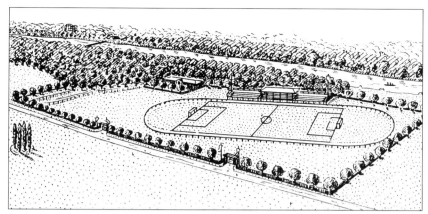

1919 erhielt der VfB Stuttgart einen Platz auf dem Cannstatter Wasen nahe des Neckars.

Robert-Schlienz-Stadion
Kündigung wegen NS-Kundgebung

Die 5.000 Besucher fassende Spielstätte der VfB Stuttgart Amateure steht in der Nachfolge des VfB-Platzes, wo der Klub nach dem 2. Weltkrieg etliche seiner Oberliga-Süd-Spiele austrug, ehe die Rot-Weißen ins nahe Neckarstadion umzogen.

Die VfB-Vorläufer FV 1893 und Kronenclub 1896/97 stammen aus dem Stadtteil Bad Cannstatt. Dort erhielt der Verein 1919 an der König-Karls-Brücke einen Sportplatz (Fassungsvermögen 15.000), der auch unter den Namen Stadion auf dem Wasen bzw. Sportplatz bei den drei Pappeln bekannt war. 1932 stellte der VfB diese Anlage trotz Verbots der Stadt und des DFB für eine NSDAP-Wahlkundgebung zur Verfügung. Die Stadt kündigte daraufhin zum 1. April 1934 die Pacht, was nie Auswirkungen hatte: 1933 übernahm die NSDAP die Macht. Als man am 15. August 1937 den neuen VfB-Platz einweihte, lobte NS-Oberbürgermeister Strölin den VfB als einen „schon vor dem Umbruch dem Nationalsozialismus wohlgesonnenen Verein, der damals wegen seiner Haltung von der Stadtverwaltung in Strafe genommen wurde". VfB und Kickers trennten sich zur Eröffnung vor 6.000 mit 4:4.

Das Klubhaus brannte im Februar 1945 ab, die Sportplätze konnten im Juli 1951 wieder eröffnet werden. An der Stelle des alten VfB-Areals entstand zwischen heutigem Campingplatz und Mercedesstraße als „Deutschlands größte Holzhalle" die Schwabenhalle, bis zur Zerstörung für Sängerfeste, Berufsboxkämpfe und Ausstellungen genutzt.

Am 24. Mai 1914 war bereits ein (städtisches) Stadion auf dem Cannstatter Wasen, dem Ort des jährlichen Cannstatter Volksfestes, für die „Ausstellung zur Gesundheitspflege" eröffnet worden (7.000 unüberdachte Sitzplätze, 13.000 Stehplätze); dort spielten u.a. Süd gegen Nord und Union/Kickers gegen Tottenham Hotspur. Als kurz nach Kriegsausbruch (neutrale) Italiener um das inzwischen als Gemüsefeld genutzte Spielfeld interniert waren, ging das Stadion am 1. August 1914 durch fahrlässige Brandstiftung in Flammen auf – hundert Meter hoch stieg die Feuersäule.

Das heutige VfB-Stadion ist nach Robert Schlienz (1924-1995), dem Ehrenspielführer, benannt. Schlienz verunglückte 1948 mit dem Auto, der linke Arm musste unterhalb des Ellbogengelenks amputiert werden. Vier Monate später lief er wieder auf und war später sogar Nationalspieler. *sky*

Robert-Schlienz-Stadion Stuttgart
ER: 1937. FV: 5.000 Stehplätze.
ZR: unbekannt.
Mercedesstr. 109, 70372 Stuttgart,
Tel. 0711 , 55 00 70.

Sportfreunde-Platz
Einweihungen mit Deutschen Meistern

Die Waldau im Stuttgarter Stadtteil Degerloch ist ein umfangreiches Sportareal, wo ehemals auf dem Sportfreunde-Platz Erstliga-Fußball geboten wurde. Die liebenswerte alte Holztribüne, „ca. 800 Personen fassend, mit eingebauten und heizbaren Umkleideräumen sowie Wasch- und Geräteräumen". 42 m lang und 7.60 m tief, deren Bau 1919 beantragt, 1920 geneh-

Gottlieb-Daimler-Stadion Stuttgart
ER: 1933/1973/1993. FV: ab August 2001: 53.000 Plätze, alle üd., davon 50.000 SiP, 3.000 StP.
ZR: 103.000 bis 115.000, Länderspiel, 22.11.1949, Deutschl. – Schweiz 1:0
Mercedesstraße, 70372 Stuttgart,
Tel. 0711 / 55 00 70 (VfB-Geschäftsstelle).

migt und 1921 realisiert wurde, findet man dort allerdings nicht mehr vor: 1986 ist sie abgerissen worden, eine Nachfolgerin wird es beim Kreisliga-A-Klub nicht mehr geben.

Die Sportfreunde, beheimatet im Stadtteil Heslach, zogen bereits 1909 auf dem Degerlocher Exerzierplatz ein; zur Eröffnung gastierte der Deutsche Meister Phönix Karlsruhe (3:0). Wiederum ein Deutscher Meister, der 1. FC Nürnberg (0:6), kam zur Tribüneneinweihung 1921. „Die Grünen" zählten lange zur süddeutschen Fußball-Prominenz, ihr Stürmer Eugen Kipp (18 Berufungen) gehörte 1908 der ersten Nationalelf an, 1922 war man Meister von Württemberg-Baden und 1933-44 kontinuierlich in der Gauliga.

Erstklassig wurde die Mannschaft wieder 1947/48 in der Oberliga Süd (Besucherschnitt 7.353); von den bekannten Brüdern Kronenbitter spielten da noch Franz und Heini bei „den Freunden", Kurt und Sigi bei den Kickers, Leo später beim VfB.   *sky*

Sportfreunde-Platz Stuttgart-Degerloch

FV früher 12.000, heute 8.000 StP
ZR: 12.000, Tribünen-Einweihung, 1921, Sportfreunde Stuttgart – 1. FC Nürnberg 0:6
Keßlerweg 5, 70597 Stuttgart, Tel. 0711 – 76 23 85 (Vereinsgaststätte).

■ Sportclub-Platz

Anwohner bauten Tribüne ab

Die Gaskessel sind noch da, in deren Schatten einst der Sportclub-Platz am Neckar in Stuttgart lag. Zwar war der Stuttgarter SC 1900 nach 1945 nie erstklassig, doch war sein Sportplatz bei der Eröffnung am 14. Dezember 1924 Schauplatz des Länderspiels Deutschland – Schweiz (1:1) vor 20.000.

Der SSC hatte 1910 einen Platz auf dem Schlachthofgelände erhalten, ehe die neue Anlage eröffnete. Bei Kriegsende war das Areal zerbombt, die Tribüne hatten Anwohner abgebaut. Neben Fußball lockten Radrennen, Sandbahnrennen und Amateurboxen, ehe der Platz nach 1956 der Gasfabrik und dem Großmarkt weichen musste. Der SSC, bekannt durch die Radsport-Olympiasieger Karl Link (1964) und Jürgen Colombo (1972), ist nun auf der Festwiese (Talstraße 210) zu Hause.

■ Waldau-Stadion, Degerloch
Die Arsenal-Tribünenkopie der Kickers

Kein anderes deutsches Stadion dürfte so einfach auffindbar sein wie das Waldau-Stadion von Stuttgart-Degerloch, in dem die Kickers spielen: Man orientiere sich einfach an dem von vielen Punkten der baden-württembergischen Landeshauptstadt aus sichtbaren Wahrzeichen, dem Fernsehturm, dessen Architekt Fritz Leonhardt sich ebenfalls mit dem Thema Stadionbau beschäftigte (siehe Niedersachsenstadion Hannover).

Übrigens: Die Kickers spielen nicht *im* Degerloch, sondern *in* Degerloch, dem erwähnten gut situierten Stadtteil in Höhenlage. Also müssen Gästeteams auch nicht *ins* Degerloch, sondern *nach* Degerloch!

Das Waldau-Stadion wird heute allseits als „Schmuckstück" gelobt, war aber schon in früheren Jahren als „Kickers-Platz" und reine Fußballarena sehr ansprechend. So konnte man noch in den 70er Jahren vor dem Anpfiff gemächlich im Sport- und Erholungsgebiet Waldau auf der Hochfläche flanieren, andere saßen da bereits im Freien vor dem Vereinsheim und „schlotzten" das „Viertele" oder besahen die große Holztafel, auf der dank eines Schildermalers wunderschön die Stationen der Vereinsgeschichte und Zeichnungen der berühmtesten Spieler wiedergegeben waren. So etwas gab es auch beim Freiburger FC im Mösle, und so etwas sollte es wieder geben. Nach Abpfiff hatte man die Möglichkeit, in einem der nahen Sportheime (z.B. bei der benachbarten Eintracht) zu speisen und sich anschließend in der nahen Eishalle noch ein Eishockey-Match anzuschauen.

„Hebräerwiese" und „Golanhöhen"
Die Waldau war ehemals Exerzierplatz, und dort zogen am 18. Juni 1905 auf dem ersten geschlossenen Sportplatz Stuttgarts die 1899 gegründeten Kickers ein, die zuvor im Stadtteil Stöckach auf dem Stöckachplatz aktiv waren. Das erste Spiel nach dem Beitritt zum Süd-

deutschen Fußballverband dort war 1900 ein 4:2 gegen den 1. FC Pforzheim. 1.000 Mark zur Neuanlage des Platzes in Degerloch kamen aus Stiftungen, den Rest finanzierten die Mitglieder über Schuldscheine. „Die Blauen" waren lange Zeit *der* gutbürgerliche Klub; im Gegensatz zu „den Roten", dem VfB, hatten sie in ihren Reihen viele Geschäftsleute, darunter jüdische Gönner (nach 1945 war der jüdische Lederfabrikant Hugo Nathan Fußball-Abteilungsleiter). Irgendwann Ende der 60er Jahre gab es aufgrund dieser Tradition die aus VfB-Kreisen kommenden Bezeichnungen „Hebräerwiese" und „Golanhöhen" für den Kickers-Platz. Überhaupt waren die Kickers jahrzehntelang tonangebend gegenüber dem VfB: „Es kann keinen Zweifel darüber geben, dass nicht der VfB, sondern die Kickers in Fußball-Deutschland den großen unverblichenen Namen haben" („Sport-Illustrierte" 1950).

Alte Holztribüne abgerissen
Die Tribüne des Deutschen Vizemeisters von 1908 weihte 1913 der Kronprinz von Württemberg ein, nachdem bereits seit 1906 eine kleine Sitztribüne für 100 Personen bestand. Der prominente Gast war dem Anlass angemessen, denn das Bauwerk „im englischen Holzstil" war etwas Besonderes – eine originalgetreue Nachbildung der Tribüne von Arsenal London im Maßstab 1:3! Bereits 1921 bot die Anlage Platz für 15.000 Zuschauer, „überdeckte Stehtribünen" und „staffelförmige Erhöhungen". Die alte Holztribüne riss man am 13. Juni 1975 ab – der DFB soll den Lizenzentzug für den Fall angedroht haben, dass das historische Bauwerk bliebe. Denkt man an das Ursprungsjahr 1913, dann fiel damit der älteste bestehende deutsche Tribünenbau dem Abriss zum Opfer.

Stattdessen entstand am Platz der alten Holztribüne ein Neubau aus Stahlbetonfertigteilen, eingeweiht am 25. Oktober 1975. Das Vereinsheim verschwand

Die Holztribüne von 1913; bei ihrem Abriss galt sie als älteste Tribüne Deutschlands.

In den 20er Jahren galt der Stuttgarter Kickers-Platz als vorbildliche Anlage.

im Juli 1989; die Kickers trainieren nun im früheren Universitäts- Stadion am Königssträßle 56 im ADM-Sportpark (benannt nach dem langjährigen Vorsitzenden Axel Dünnwald-Metzler), wo sich seit 1989 Geschäftsstelle und das gepflegte Vereinsrestaurant befinden. In dem mit einer Laufbahn ausgestatteten Stadion dort spielen die Kickers Amateure (Oberliga Baden-Württemberg). Schon lange vorher, 1955, musste der Verein die Kickers-Sportplätze zugunsten von Parkplätzen für Fernsehturm-Besucher aufgeben. 1981/82 dann baute die Stadt das Degerlocher Stadion für 3,3 Mio. Mark auf ein Fassungsvermögen von 15.000 aus, derweil „die Blauen" im Neckarstadion spielten.

Als „die Blauen" 1988/89 und 1991/92 der Bundesliga angehörten, verließen sie ihr angestammtes Terrain. Begründet wurde dies mit Sicherheits- und Parkproblemen. Der DFB hatte den Umzug für 1988/89 diktiert, 1991/92 aber vier Heimspiele auf der Waldau erlaubt – eine Option, die der Verein nicht wahrnahm, weil drunten in Bad Cannstatt mehr Sitzplätze vorhanden waren. Für viele Anhänger war der Umzug ärgerlich, mochten sie doch das weitläufige Daimler-Stadion nicht, und als Heimstätte des VfB erst recht nicht. Da der Besucherschnitt in der Bundesliga um die 12.000 lag, hätte Degerloch von einigen Ausnahmen abgesehen ausgereicht. Dass der Klub gerade dort „eine Macht" darstellte, hatte sich vor dem Aufstieg im DFB-Pokal 1986/87 herauskristallisiert: Hannover

96 (2:0, 10.000 Zuschauer), Eintracht Frankfurt (3:1, 10.000) und Fortuna Düsseldorf (3:0, 10.000, Mittwochnachmittag, da die Platzherren kein Flutlicht besaßen, TV-Liveübertragung) unterlagen dort, die Kickers fuhren nach Berlin und verloren das Endspiel 1:3 gegen den Hamburger SV.

VfB-Gastspiele

Das Ausweichen nach Bad Cannstatt hatte allerdings Tradition, denn dort spielte man auch beim 1:1 in der Endrunde um die „Deutsche" 1939 vor 65.000 gegen Admira Wien, ebenso später in der Oberliga, Regionalliga Süd und 2. Bundesliga. Getauscht wurde auch mal umgekehrt: Der VfB Stuttgart begann die Oberliga Süd-Saison 1945 – das Century Stadium war beschlagnahmt, der VfB-Platz zerstört – gegen den Karlsruher FV (3:1) auf dem Kickers-Platz. In jenen Oberliga-Jahren erreichte der SV Stuttgarter Kickers 1947/48 dank seines „Hundert-Tore-Sturm" – der tatsächlich 117 Treffer erzielte – den Zuschauerschnitt von 16.842, bis heute Rekord. Sportjournalist Hans Blickensdörfer: „Nie möchte ich die Erinnerung an die überfüllte Straßenbahn missen, die über die Neue Weinsteige hinunterquietschte in die mit traurigen Ruinen heraufgrüßende Stadt. Da saßen und standen heiß diskutierende Männer und Halbwüchsige, deren Augen nicht vom Alkohol glänzten, und auf ihren Zungen ließen sie sich Tore zergehen, die nirgendwo schöner und zahlreicher geschossen wurden als in Degerloch."

Mit den Jahrzehnten allerdings zerfiel das kleine Idyll, zeitweise war der Stehwall hinter einem Tor an der Ostseite (Fernsehturm-Seite) für Besucher gesperrt, vieles war brüchig, und die „Roten", die Bratwürste, waren unter gewohntem schwäbischen Niveau. Der DFB verlangte zwecks Erhalt der Lizenz eine Flutlichtanlage, was den Anstoß zur Komplett-Renovierung gab. Ende 1997 begann der Umbau: Die baufällige Stahlrohr-Zusatztribüne neben der Haupttribüne baute man ab, ebenso die marode Westtribüne (eine Holzkonstruktion), die komplett überdachte Stehplatz-Gegengerade entstand neu, hinter beiden Toren legte man Stehränge für jeweils ca. 2.500 Leute an, und neben der Haupttribüne richtete man das „Gastro-Zelt" auf. Flutlicht-Premiere war am 12. Dezember 1997 gegen den SC Freiburg (0:1).

Offiziell eingeweiht wurde das Waldau-Stadion am 23. Mai 1998 (2:1 gegen Cottbus). Obwohl die Sportstätte seit dem 1. Juli 1988 städtischer Besitz ist, streckte die Stadt die 5 Mio. Umbaukosten nur vor; der Klub muss sie in Jahres-Raten von 300.000 DM zurückzahlen.

Weiteren Komfort schuf die Stadt außerhalb des Waldau-Stadions mit der Stadtbahn-Haltestelle Waldau der U 7: In nur zehn Minuten reist man mit der Eintrittskarte zum Spiel gratis vom Hauptbahnhof in den Stuttgarter Süden, was die Parkplatz-Situation entschärft hat, unter der die Anwohner zeitweise litten (später waren ganze Straßenzüge ge-

(Foto: DSS)

Das Waldau-Stadion nach dem Ausbau 1998.

■ Auenstadion

Neue Namen im Thüringer Wald

Wie manch andere Stadien der ehemaligen DDR wechselte auch der Sportpark der Freundschaft in Suhl im Thüringer Wald, „der Berg-, Waffen- und Handelsstadt", nach der Wende den Namen: Er heißt nun Auenstadion.

Eine Spielzeit lang, 1984/85, gehörte die BSG Motor Suhl der höchsten Spielklasse an. Den Verein gibt es unter dem Namen nicht mehr, er wurde in 1. Suhler SV 06 umbenannt.

Das mit einer Aschenbahn ausgestattete Oval verfügt über ein Fassungsvermögen von 15.000 – ausverkauft war es demnach nie, denn der Rekordbesuch lag in der DDR-Oberliga-Saison dreimal bei 13.000. Es gibt keine überdachte Tribüne, wohl aber einen Turm mit Kabinen für Stadionsprecher und Reporter, dazu 15 überdachte Sitzplätze für Journalisten sowie eine elektronische Anzeigetafel. *sky*

sperrt), und die langwierige Abfahrt per Pkw erspart. Dass in der Hinsicht ein Problem auf die Kickers zukam, hatte ihr Spieler Sigi Kronenbitter bereits 1952 geahnt: „Als wir damals mit der Mannschaft in den USA waren, da hab' ich denen vom Vorstand hinterher gesagt: „,Passt nur auf, in zehn Jahren steh'n bei uns vorm Stadion auch so viel Autos.' Es war ein Fehler, den Platz in Degerloch seinerzeit nicht auszubauen. So mussten wir später in der Bundesliga eben ins Neckarstadion."

Ein weiteres Manko glich die Stadt im Sommer 2000 für 1,2 Mio. DM aus: Vor der U-18-EM (das deutsche 3:2 gegen Kroatien am 21. Juli vor 8.000 war das erste Länderspiel in Degerloch) hatte man festgestellt, dass das Spielfeld ein Diagonalgefälle von zwei Metern aufwies. Dies wurde ausgeglichen, indem man den Platz vor der Gegengerade anhob und vor der Haupttribüne absenkte.

Das soll nicht der Ende des Ausbaus gewesen sein, denn es ist an eine Verbreiterung der Haupttribüne gedacht. Mängel hat die Gegengerade: Sind dort 5.000 Zuschauer anwesend, ist die Sicht eingeschränkt. Das liegt daran, dass die Gerade ursprünglich für Sitzplätze vorgesehen war und deshalb zu flach angelegt wurde. Als Nachteil wird ebenfalls empfunden, dass keine Anzeigetafel existiert. Aber dann kam auch wieder frohe Kunde von einer Kickers-Fan-Page im Internet: „Man kann die Stadionwürste jetzt wieder bedenkenlos essen!"

Die Kickers hatten selbst in Drittliga-Zeiten 1994 bis 1996 treue Gefolgschaft (Schnitt um die 3.000), in der 2. Liga liegt die durchschnittliche Besucherbilanz um die 5.000; die Pokal-Highlights der Saison 1999/2000 (gegen Borussia Dortmund und SC Freiburg) sahen jeweils sogar um die 10.000 Zuschauer. Die kommen bestimmt in der Hoffnung, dort einmal wie früher einen Klinsmann, Buchwald, Allgöwer, Bobic, Sebescen, Akpoborie, Reitmaier oder Sean Dundee zu entdecken, und sie kommen auch, weil diese reine, intime Fußball-Arena Atmosphäre hat. *sky*

Waldau-Stadion Stuttgart-Degerloch
ER: 1905/1998. FV: früher 18.000, heute 12.000, davon 1.400 üd. SiP und 6.400 üd. StP sowie 4.200 unüd. StP.
ZR: nicht feststellbar, da die Kickers zu „großen Spielen" oft ins Hitler-/Neckar-/Daimler-Stadion auswichen. Bestmarke in Degerloch zuletzt 10.618, 3. Hauptrunde DFB-Pokal, 12. 10.1999, Stuttgarter Kickers – Borussia Dortmund 3:1
Jahnstraße, 70597 Stuttgart
Tel. 0711 / 76 71 00 (Geschäftsstelle, Königssträßle 56).

Das Auenstadion in Suhl.

Auenstadion Suhl
FV 15.000, davon 15 üd. SiP.
ZR: je 13.000, DDR-Oberliga 1984/85, Motor Suhl gegen Dynamo Dresden (0:2), 1. FC Lok Leipzig (1:6), Vorwärts Frankfurt/Oder (0:1).
Auenstraße, 98529 Suhl
Tel. 03681 / 72 14 60.

Taunusstein-Wehen, Stadion am Halberg: siehe Anhang, 3. Liga.

(Foto: Bürgermeisteramt Thale)

Zum FDGB-Pokalspiel gegen FC Carl Zeiss Jena kamen 1982 fast 5.000 Zuschauer in den Sportpark von Thale. Auf den Banden wurde für den Sozialismus geworben.

Schaumbergstadion

Oase der Saar-Sensationen

Der VfB Theley und sein Schaumbergstadion waren im Saar-Fußball lange eine Oase für Sensationen: Zweimal, 1970 und 1972, schaffte der Klub, in dessen Heimatort gerade einmal 3.480 Menschen leben, den Aufstieg in die Zweitklassigkeit der Regionalliga Südwest. Dort stieß Theley 1974 mit einem 1:0 im Ludwigspark den 1. FC Saarbrücken sportlich in die Drittklassigkeit, was am „Grünen Tisch" jedoch revidiert wurde („Fall Alsenborn" – der 1. FCS kam in die 2. Bundesliga).

1958 schon stieg Theley in die 2. Liga Südwest auf, der man bis zur Bundesliga-Gründung 1963 angehörte, und bekam daraufhin 1960 von Gemeinde und Fußballverband ein Stadion mit Rasenplatz, das Schaumbergstadion (Theley liegt am Fuß des 500 Meter hohen Schaumberges, den der Schaumberg-Turm, eine deutsch-französische Freundschaftsstätte, krönt).

Zuvor spielte der Klub, gegründet 1919, von 1920 bis 1934 auf dem Waldgelände Imsbach, ca. 500 m Luftlinie entfernt vom heutigen Stadion, und danach auf dem Kentenplatz, der an der Primstalstraße und dem Schaumbergstadion gegenüber liegt, heute bebaut ist mit einer Hütte für Veranstaltungen der örtlichen Vereine und der dazu noch als Parkplatz genutzt wird.

Die Schwarz-Weißen aus dem „Fußball-Dorf" Theley stiegen 2000 aus der viertklassigen Oberliga Südwest ab. Das Schaumbergstadion verfügt über eine einzige, unüberdachte Stehtribüne mit Betonstufen, die an einer Querseite parallel zum Rasen verläuft. Alle restlichen Stehplätze gründen auf Gras.

Tobias Fuchs

Schaumbergstadion Theley
ER: 1960. FV: 9.000 StP.
ZR: 8.000, 20.1.1974, Regionalliga Südwest, VfB Theley – Borussia Neunkirchen 1:2.
Primstalstraße, 66636 Theley,
Tel. 06853 / 4600.

Sportpark an der Neinstedter Straße

Ein Fußballwunder im Harz

Zu den Fußball-Legenden der DDR gehört Thale im Harz, in dessen Stadion der Hüttenarbeiter zu Oberliga-Zeiten Anfang der 50er Jahre manchesmal mehr Zuschauer kamen, als das Städtchen Einwohner hatte.

Hoch hinaus kann man in Thale heute noch, mit der Kabinenbahn zum Hexentanzplatz und mit dem Sessellift zum Felsgipfel Roßtrappe. Die BSG Stahl hatte den fußballerischen Gipfel bereits 1950 als DDR-Pokalsieger erreicht und spielte von dem Jahr an bis 1954 in der höchsten Liga mit. Allerdings verlor man nach und nach gute Spieler; Torjäger Werner Oberländer etwa, genannt „der Hüttenkönig", wanderte 1952 zu Eintracht Braunschweig ab (er kehrte 1956 zurück, wurde ein Jahr gesperrt und spielte 1957 wieder). So war die Oberliga auf Dauer nicht zu halten, zum Schluss ließ das Publikumsinteresse im 18.000-Einwohner-Städtchen und seinem Umland nach (Schnitt 1953/54 4.821, in der Vorsaison 6.031).

Zu Oberliga-Zeiten fasste das Stadion der Hüttenarbeiter 20.000 Besucher, bis man Anfang der 60er Jahre die Ränge erneuerte und die Kapazität auf 10.000 reduzierte. Bis Ende der 80er Jahre spielte Stahl Thale noch in der DDR-Liga (2. Liga) mit, Rekordbesuch in dieser Phase waren 1987 und 1988 jeweils 9.000 gegen Chemie Leipzig. 1998 gab es umfangreiche Renovierungen (Farbgebung des Sanitärtraktes und der Tribünen, Landschaftsgestaltung), und in naher Zukunft soll die jetzt Sportpark an der Neinstedter Straße genannte Anlage eine Kunststoffbahn, eine neue Rasendecke und eine Drainage erhalten. Die SpVgg Thale 04 schließlich, Nachfolgeklub von Stahl, hat 2000 die Verbandsliga Sachsen-Anhalt verlassen müssen. *sky*

Sportpark an der Neinstedter Straße Thale
ER: nach 1945. FV: früher 20.000, heute 10.000, davon 1.000 unüd. SiP.
ZR: 20.000, DDR-Oberliga, 5.3.1951, BSG Stahl Thale – BSG Motor Zwickau 1:0
Neinstedter Straße, 06502 Thale,
Tel. 03947 / 22 00.

▪ Moselstadion

Nach 1.855 Jahren fiel der Zuschauerrekord

(Foto: Grüne)

Das Moselstadion in Trier, Mitte der 80er Jahre.

Eintausendachthundertfünfundfünfzig – in Zahlen: 1.855 – Jahre hatte der Zuschauerrekord in Trier, Deutschlands ältester Stadt, Bestand, ehe er am 30. Oktober 1955 mit 25.000 im Moselstadion zumindest eingestellt wurde. Wie das? Nun, im Jahr 100 n. Chr. eröffnete dort das römische Amphitheater von „Augusta Treverorum" („Kaiserstadt der Treverer"), und dies besaß ein Fassungsvermögen von 25.000. Ob so viele bei den Tier- und Gladiatorenkämpfen vor Ort waren, dürfte allerdings kaum zu klären sein.

Aus Eintracht Trier 06, dem Klub der Arbeiter und sog. kleinen Leute, der auf dem Weißhausplatz auflief (heute Waldstadion), und Trier 05, dem bürgerlichen Verein, der – später als Westmark 05 – seit 1930 auf dem Sportplatz „Auf der Dham" antrat, entstand 1948 der SV Eintracht Trier 05. „05" blieb „Auf der Dham", wo das Fassungsvermögen vor und im Krieg bei ca. 8.000 lag. Das war nach dem Oberliga-Aufstieg der Moselstädter 1948 zu wenig, man erweiterte die nun Moselstadion genannte Arena und baute sie Anfang der 50er Jahre nochmals aus. Nur so konnten schließlich die großen Zahltage gegen den 1. FC Kaiserslautern gelingen: 25.000 kamen 1955 (1:1), je 20.000 in den Jahren

1953 (1:5), 1954 (1:4) und 1955 (1:1). In den Jahren 1948 bis 1962 spielte die Eintracht erstklassig, von 1963 bis 1973 dann zweitklassig, wobei Anfang der 60er Jahre eine Tribüne in der mit Leichtathletik-Anlagen ausgestatteten Sportstätte hinzukam.

Pokalerfolge

Wieder in den Blickpunkt rückte das Moselstadion mit dem Aufstieg der Eintracht in die 2. Bundesliga Süd: Die Nachfrage war da, in der Debüt-Spielzeit 1976/77 kamen 7.227 im Schnitt (Rang 6 der Zuschauertabelle), in der folgenden 4.808 (Rang 5). Immerhin kamen ja Spitzenklubs wie VfB Stuttgart (0:0), 1860 (0:0), Offenbach (1:5) und 1. FC Nürnberg (1:0) in das landschaftlich schön gelegene Stadion zwischen Mosel und Hauptfriedhof. In der ersten Saison allerdings blieb Trier nur drin, weil Röchling Völklingen die Lizenz zurückgab. Fünf Jahre währte das Zweitliga-Gastspiel, dann hatte Trier bei der Zusammenführung der 2. Ligen Nord und Süd 1981 zu wenige Punkte, um mitmachen zu dürfen.

1988 und 1989 feierte man an der Mosel (die vom DFB abgewertete) Deutsche Amateur-Meisterschaft, ehe Trier dann im DFB-Pokal 1997/98 in vieler

Munde war. 4.055 kamen ins Moselstadion zum 2:1 gegen Unterhaching, danach wurde per Stahlrohrtribüne das Fassungsvermögen erweitert: 16.500 sahen das Ausscheiden von UEFA-Cup-Sieger Schalke (0:1), 17.900 den 2:1-K.o. für Champions-League-Gewinner Dortmund, 16.500 dann im Halbfinale das 10:11 n.E. gegen Duisburg. Da letzteres Spiel am Donnerstag, 12. Februar 1998, live im Fernsehen übertragen wurde, musste eine Flutlichtanlage her. Man entschied sich für das „Modell Wolfsburg", 950 Lux, Kosten 1,3 Mio. DM, von denen die Eintracht – Tageseinnahme gegen Duisburg 1,5 Mio. – 400.000 Mark trug; der Rest verteilte sich auf die Stadt als Moselstadion-Eigentümer, das Land Rheinland-Pfalz und Sponsoren.

1999 verfehlte Eintracht Trier den 2. Bundesliga-Aufstieg, sorgte dann im Pokal erneut für Furore (jeweils im Moselstadion: 5:4 n.E. gegen Karlsruher SC vor 3.850; 2:1 gegen 1860 vor 13.000; 0:4 gegen Rostock im Achtelfinale vor 13.000) und geriet in eine schwere finanzielle Krise, die u.a. der aus Trier stammende „Meister" Guildo Horn mit einem Gratis-Konzert mildern half. Am 10. Februar 2000 wurde das Insolvenzverfahren eingestellt, der Verein war gerettet, auch dank des Engagements des neuen Präsidenten Peter Rauen (s.a. Salmtal).

Zum Komplex des Moselstadions, in dessen Hauptgebäude sich seit Anfang der 70er Jahre das Sportamt befindet, gehören noch zwei Hartplätze, die Spiel- und Sportwiese und ein Basketballfeld. Im Stadion selbst ist die Vortribüne z.T. überdacht, neben der Haupttribüne steht eine Zusatztribüne.

Was die erwähnte reiche Trierer Geschichte angeht, so zollen Verein und Fans dieser Historie Tribut: „05" trägt die Porta Nigra, das besterhaltene römische Stadttor nördlich der Alpen, im Wappen, und ein Fanklub nennt sich „Die Treverer".   *sky*

Moselstadion Trier
ER: 1930, FV: 15.200, davon 670 üd. SiP und 530 unüd. SiP.
ZR: 25.000, Oberliga Südwest, 30.10. 1955, Eintr. Trier – 1. FC K'lautern 1:1.
Am Stadion 1, 54292 Trier, Tel. 0651 / 146 710.

Trier-Kürenz, Platz des FSV Kürenz: siehe „Platz-Verweise".

Donaustadion

Sonnenstrom und Nichtrauchertribüne

Freiburg war Vorreiter und Reizfigur zugleich für den Ulmer Fußball. Der Versuch der „Spatzen", den SC Freiburg als erfolgreichen Punkte- und Toresammler, als Sympathieträger schlechthin im deutschen Südwesten abzulösen, misslang dem Aufsteiger SSV Ulm 1846 in einer Saison Bundesliga 1999/2000 mehr oder minder eindeutig. Aber die Stadt des höchsten Kirchturms der Welt (Ulmer Münster, 161 Meter) hat in puncto Umwelt das Wetteifern mit der Breisgau-Metropole erfolgreich bestanden: Seit dem 1. April 1999 ziert das Dach der Gegentribüne im Donaustadion eine Sonnenstrom-Anlage. Die Photovoltaik-Anlage wandelt, ähnlich wie im Freiburger Dreisamstadion, die Energie der Sonne in Strom um. Ulm präsentiert sich damit als ökologische Sportstadt.

Für Fachleute: Die 200.000 Mark teure und 115 Quadratmeter große Anlage steht für eine Leistung von knapp 13 Kilowatt, kann im Jahr 12.000 Stunden Strom erzeugen. Für Laien: Das würde ausreichen, um vier Haushalte 365 Tage lang rund um die Uhr komplett mit Strom zu versorgen.

Damit nicht genug der Umweltfreundlichkeit in der schmucken Arena mit unmittelbarer Nähe zur Donau: Ein Bereich auf dieser Gegentribüne mit ihren insgesamt 3.000 Plätzen ist als Nichtraucherzone ausgewiesen – ein Novum in Deutschland. Wer also nicht nur gepflegten, sondern auch nikotinfreien Fußball-Genuss erleben möchte, der ist im Block F 1 bestens aufgehoben. Indes: Heimniederlagen der „Spatzen" stinken auch Nichtrauchern gewaltig.

Zusatztribüne per Schiff nach Sydney
Die Ausdehnung des Donaustadions um die erwähnte, rund 3,5 Mio. DM teure Gegentribüne war nicht die letzte Erweiterung. Weil die Fans dem größten baden-württembergischen Sportverein (über 14.000 Mitglieder) nach dem unverhofften Sprung ins nationale Balltreter-Oberhaus die Bude einrannten, ließ Manager Erich Steer kurzerhand weitere Zusatztribünen montieren. So wuchs das Fassungsvermögen des Donaustadions von zuvor knapp 20.000 Plätzen im Handumdrehen auf deren 25.000. Nach dem prompten Wiederab-

(Foto: SWP-Archiv)

Ein Hauch von Wehmut – und von Olympia: Nach dem Abstieg 2000 wurde die Stahlrohrtribüne abgebaut und nach Sydney verfrachtet.

stieg im Frühjahr 2000 wurde postwendend wieder „abgespeckt" – und die große Zusatztribüne per Schiff nach Sydney verfrachtet, wo die Stahlrohrkonstruktion als Tribüne für das publikumsträchtige Olympische Beachvolleyball-Turnier 2000 diente.

Bundesliga-Fußball im Donaustadion – auf eine derartige Zugnummer hatten die Ulmer Anhänger ewig warten müssen. Zwar feierten mehr als 40.000 Teilnehmer beim Landesturnfest 1925 die offizielle Einweihung der Arena, doch mit wirklichen Attraktionen war das seinerzeit wegen seiner Hufeisenform in Süddeutschland einzigartige Stadion meist nur in den Vorkriegsjahren gesegnet. Beim Bau der Arena hatten sich zwei Varianten in idealer Weise verbinden lassen: die Orientierung der Hauptachse in Nord-Süd-Richtung und die Einbeziehung der anschließenden Gänswiese, indem die Ostseite von Zuschauerterrassen frei blieb. Diese Maßnahme erwies sich für Massenveranstaltungen als äußerst zweckmäßig – und war eine Premiere in Deutschland, bestand doch das eigentliche Stadion aus zwei Sportfeldern: der eigentlichen Kampfbahn im Westen und der anschließenden Gänswiese im Osten. Als das Donaustadion 1975 mit seinen damals 17.000 Plätzen ein halbes Jahrhundert alt wurde, fiel die Feier mangels Angebot ins Wasser. Wehmütig erinnerten

(Foto: SWP-Archiv)

Aus alten Oberliga-Tagen: volle Ränge im Donaustadion.

sich die Fußball-Fans an jene Zeiten, als die TSG Ulm 1846 (einer der Vorgänger des heutigen Fusions-Gebildes SSV Ulm 1846) regelmäßig um die 15.000 Neugierige anlockte.

Der Schwörmontag-Kick

Massenbesuch garantierte lange Zeit der alljährliche Schwörmontag-Kick. Am Ulmer Nationalfeiertag (jeweils der dritte Montag im Juli) gaben sich jahrelang namhafte deutsche und internationale Spitzenklubs die Ehre im Donaustadion. Wenn der SSV 46 zu dieser Traditionsveranstaltung als Klub aus den Amateur-Gefilden bzw. der 2. Bundesliga die Großen der Szene zu Gast hatte, pilgerten fast immer über 10.000 Neugierige in die Arena. Neben dem „Nabada", einem imposanten schwäbischen Karnevalszug auf der benachbarten Donau, zählte das Schwörmontag-Fußballspiel stets zu den unverzichtbaren Attraktionen des Tages. Indes: Seit der SSV 1846 in der Neuzeit selbst zu den interessantesten Profi-Adressen zählt, ist diese Traditionsveranstaltung leider aus der Mode gekommen.

Neben den Balltretern machten vor allem auch die Leichtathleten des SSV Ulm 1846 im Donaustadion von sich reden – auch als Ausrichter von überregionalen Sportfesten. Unvergessen ist beispielsweise, wie Jürgen Hingsen im August 1982 den Weltrekord im Zehnkampf auf 8.727 Punkte schraubte. Und Ende der 50er Jahre beackerten nicht nur Fußballstollen, sondern auch regelmäßig Pferde mit Reiter-Prominenz wie Fritz Tiedemann den Rasen.

Tribünen-Neubau 2002

Wenige Jahre zuvor, am 18. Mai 1952, war die neue Stahlrohr-Tribüne eingeweiht worden. Die alte Holzkonstruktion war 1945, bei einem Luftangriff auf die Ulmer Oststadt, völlig vernichtet worden.

Demnächst hat freilich auch die jetzige Haupttribüne (1.270 Sitzplätze, dazu 450 weitere auf der dazu gehörigen Vortribüne) ausgedient. 2002 entsteht eine neue Haupttribüne, die rund 10.000 Besuchern Platz bietet. Außerdem sollen in diesem Zusammenhang die Stehplätze in den Kurven überdacht werden.

Seit 1986 haben die Stadt Ulm und der am 5. Mai 1970 gegründete SSV Ulm 1846 (der Zusammenschluss aus SSV und TSG 1846) das Donaustadion Stück für Stück renoviert und ausgebaut, 1989 beispielsweise mit einer Flutlichtanlage ausgerüstet. Keine Frage: Das Oval im Freizeitgelände Friedrichsau hat sich zu einem wirklichen Schmuckkästchen gemausert.

Rüdiger Bergmann

Donaustadion Ulm
ER: 1925, FV: 21.500, davon 1.270 üd. SiP auf der Haupttribüne, 450 unüd. SiP vor der Haupttribüne, 3.000 üd. SiP auf der Gegengerade-Tribüne. ZR: 40.000 beim Landesturnfest anlässlich der Einweihung 1925; im Fußball: 25.000, Oberliga Süd, 4.4. 1948, TSG Ulm 46 – 1. FC Nürnberg 0:4, sowie mehrmals in der Bundesliga-Saison 1999/2000.
Stadionstraße, 89073 Ulm,
Tel. 0731 / 18 460 (Geschäftsstelle).

Nichtraucherbereiche und Sonnenkollektoren: das ökologisch korrekte Donaustadion.

(Foto: Grüne)

■ Stadion im Sportpark

Aus den Dachluken sieht man Bundesliga-Fußball

Manche Fußballstadien sind wie auf dem Reißbrett enstanden: Geplant, designt und in einem Zug fertig gestellt worden. Und manche Fußballstadien erzählen eine Geschichte, die Geschichte eines Vereins, so wie im Sportpark Unterhaching. Dort wurde im Laufe der Jahre mit den Erfolgen der SpVgg hier ein Teil angefügt, dort ein wenig aufgestockt und schließlich ein Dach darüber gebaut. Denkt man sich Stück für Stück der Anbauten weg, so kehrt man wieder zurück ins Jahr 1988, als das Gelände am Sportpark als künftiger Spielort erstmals konkreter ins Auge gefasst wurde und der Name Unterhaching erstmals überörtlich bekannt wurde.

Der Klub, mit ein paar hundert Mitgliedern nicht größer als jeder andere Fußball-Landverein, verfehlte damals nur knapp den Aufstieg in die 2. Bundesliga. Zuvor war er eher ein Geheimtipp für Kenner des oberbayerischen Fußballs. Gewiss, man hatte zuvor den Aufstieg aus der B-Klasse in die Bayernliga geschafft, doch fünf Ligen haben schon andere Vereine flugs durchlaufen. Außergewöhnlich beim späteren Bundesligisten waren im Grunde nur Details, wie die Rolle in der Nazizeit: Die Unterhachinger waren wegen „politischer Unzuverlässigkeit" seit 1933 verboten.

Der Architekt plante visionär

1988 jedenfalls war die Sportvereinigung eine gewöhnliche Mannschaft, die auf einem ordinären Rasenrechteck im Wohngebiet spielte und sich danach in der Gaststätte ums Eck traf. Als das alte Umfeld doch zu klein wurde, bot sich der Umzug an den Ortsrand an. Beauftragt wurde mit der Planung Peter Rogge, der einst im Büro des Münchner Olympiapark-Architekten Günter Behnisch gearbeitet hatte. Bis zur Einweihung im Frühjahr 1992 vergingen aber noch vier Jahre. Rogge ahnte wohl die Eigendynamik der SpVgg, dachte visionär und konzipierte zunächst in der „Schotten-Bauweise": Mit den Jahren wurde das Klubheim wie ein Schiffsrumpf verlängert – heute steht südlich des Spielfeldes ein richtiges Verwaltungsgebäude.

Mit den Erfolgen waren auch Zuschauerränge erforderlich, komfortabel, überdacht und nicht zu knapp. Als der Verein 1989 in die 2. Liga aufstieg, veränderte Rogge die Planung für die Zuschauerränge. Er entwarf eine leicht gebogene, nicht zu steile West-Tribüne und setzte oben eine Art Zickzackdach drauf, womit die Vorgaben der örtlichen Bauvorschriften eingehalten waren – jedem Haus ein Satteldach.

Zunächst war dies aber nur ein halbes Stadion: Gegenüber, im Norden und im Westen, standen die Besucher einstweilen noch auf Erdhügeln. Die enthielten Steine, die als Wurfgeschosse galten – ein Zustand, der nach dem Aufstieg des unscheinbaren Vorortklubs in die Bundesliga natürlich unhaltbar war. Prompt verschwanden 1999 die letzten Erdhügel.

In einer Hauruckaktion wurde bis zum Start der Saison 1999/2000 betoniert und aufgestockt. Die eigentliche Bundesligatauglichkeit erhielt das Stadion aber erst ein Jahr später, als der Klassenerhalt geglückt war. Im Sommer 2000 wurden die Ränge im Osten überdacht; die neue Osttribüne wirkt nun wuchtiger als die ehemalige Haupttribüne, die jetzt den Namen Westtribüne trägt: 4.200 Anhänger haben an der Ostseite Platz. Gleichzeitig ließ Rogge die Stehplatz-Stufen im Norden und die südwestliche Stadionecke auf über 7.000 Plätze erweitern. Jeder Zentimeter ist genutzt, die Vorgaben des DFB wurden fast punktgenau getroffen: 15.000 Plätze müssen es sein, Unterhaching hat nun 15.053, obendrein leuchtstarke Flutlichter (900 Lux) und eine Rasenheizung. Neu ist auch das VIP-Haus in einer Stadionecke, eine in deutschen Sportstätten in dieser Form einzigartige Konstruktion.

Das Besondere an „Haching"

Seit dem endgültigen Umbau gibt es also kein geselligkeitsförderndes Schneeräumen der Anhänger auf dem Unterhachinger Rasen mehr. Solche Anlässe zu gemeinsamem Zupacken waren förderlich fürs größere Vereinsgefühl. Denn der Unterhachinger Durchschnittsfan ist keineswegs ein hartgesottener Fußballkenner und lässt sich auch heute noch bitten. Ist es zu heiß oder zu kalt, bleibt das Stadion halb leer. Unterhaching ist keineswegs ein organisch gewachsenes Dorf, sondern eher eine Siedlung am Großstadtrand. 20.000 Menschen leben hier, viele sind

Stück für Stück ausgebaut: das Stadion im Sportpark Unterhaching.

(Fotos: Grüne)

erst in den vergangenen 20 Jahren hinzugezogen. Der Block der eingefleischten Anhänger bleibt überschaubar, keine 2.500 Dauerkarten wurden im Sommer 2000 abgesetzt. Unterhaching verzeichnet Zulauf eher aus pragmatischen Gründen: Weil Münchens Fußballfans hier anders als im Olympiastadion in einer richtigen Fußballarena sitzen. Die Bundesliga ist kaum zehn Meter entfernt, das gibt es in der Stadt sonst nicht. Hin und wieder, zu großen Ereignissen (wie dem Sieg gegen Leverkusen am letzten Spieltag 1999/00, womit der FC Bayern Meister wurde), kommt aber auch in Unterhaching große Fußballstimmung auf, mit La Ola, mit Sprechchören und mit Klatschrhythmen.

Immer bleibt aber ein Stück Provinz aus der Zeit spürbar, als alles mit einem Klubheim begann: In dessen Keller befinden sich auch heute noch die Umkleidekabinen für die Bundesliga-Fußballer. Die Presseräume sind knapp bemessen,

zu größeren Anlässen weicht man in ein Bierzelt aus. Und unter den begehrtesten Zuschauerplätzen sind nach wie vor jene im Dachgeschoss des alten Klubhauses. Bei Anpfiff erscheinen Gesichter in den Luken des Satteldachs. Das wird vermutlich in Unterhaching immer so bleiben.   *Volker Kreisl*

Stadion im Sportpark Unterhaching
ER: 1992. FV: 15.053, davon 6.874
SiP, davon 6.111 i.d., und 8.179 StP.
ZR: 13.500, Bundesliga, 18.9.2000,
SpVgg Unterhaching – 1. FC Kaiserslautern 0:0.
Am Sportpark 1, 82008 Unterhaching, Tel. 039 / 61 55 91 60 (Geschäftsstelle).

Stadion „An der Sonnenblume"

Tribüne wurde nie gebaut

Mitten im Dreieck der Großstädte Essen, Düsseldorf und Wuppertal liegt Velbert, knapp unter 100.000 Einwohner, „die Stadt der Schlösser und Beschläge". Aber Velbert und Fußball? Immerhin, die schwarz-weißen Borussen spielten nach dem 2. Weltkrieg einige Jahre in der Oberliga Berg-Mark, und die Blau-Weißen von der SSVg 02 gehörten 1969/70 der Regionalliga West an. Sie gaben damit den eigentlichen Anstoß zum Bau des Stadions „An der Sonnenblume".

Im August 1964 fusionierten der SSV und der VfB 02/07 Velbert zur SSVg 02 Velbert mit dem erklärten Ziel, sich in absehbarer Zeit im bezahlten Fußball zu etablieren. In der Saison 1968/69 wurde die SSVg dann endlich Niederrhein-Meister und qualifizierte sich über die Aufstiegsrunde für die Regionalliga. Das erzeugte in Velbert eine alle Erwartungen übertreffende Fußballbegeisterung – und ein Problem: Der 1958/59 ausgebaute Aschenplatz „Am Wasserturm" der SSVg an der Rheinlandstraße war nicht regionalligafähig, weshalb die Velberter bereits in der Aufstiegsrunde ins Stadion Wuppertal ausweichen mussten. In weiser Voraussicht hatte die Stadt aber schon 1968 mit den Planungen für eine den DFB-Auflagen entsprechende Spielstätte begonnen: Für den Fall des Falles sollte das Gelände des 1966 angelegten Sportplatzes „Sonnenblume" zu einem Mehrzweckstadion ausgebaut werden.

Die Bauarbeiten begannen im Frühjahr 1969, und in der Rekordzeit von vier Monaten und 27 Tagen wurde der erste Bauabschnitt fertig gestellt: Eingangsbereich, Rasenplatz, Aschenbahn, Stehstufenränge und ein Gebäude mit allen notwendigen Einrichtungen einschließlich Platzwartwohnung. Das geschah in solcher Eile, dass man sich auf eine werbewirksame Namensgebung für das neue Stadion so schnell nicht einigen konnte und es bei der erst nicht wohlgelittenen Bezeichnung „An der Sonnenblume" beließ, die aber inzwischen bei den Velbertern allgemeine Anerkennung gefunden hat oder an die sie sich zumindest gewöhnt haben.

Premiere war am 5. Oktober 1969, am 7. Spieltag, mit einem 2:0 gegen den

Erbaut für größere Zeiten: der Eingangsbereich des Velberter Stadions.

(Foto: Bennert)

TSV Marl-Hüls, nachdem die SSVg die ersten drei Regionalliga-Heimspiele im Ratinger Waldstadion ausgetragen hatte. Das zweite „echte" Heimspiel gegen den Lokalrivalen Wuppertaler SV am 19. Oktober wurde dann *das* Velberter Fußballereignis. Die Rekordkulisse von 13.000 Zuschauern und das große Verkehrschaos an diesem Sonntag sind zu einem Stück Velberter Stadtgeschichte geworden, denn so sollte es nie wieder sein. Es gab eine unglückliche 1:3-Niederlage, nach gutem Start stieg die SSVg wieder ab, die Fußballbegeisterung der Velberter ging auf Normalmaß zurück. Mit gerade eben 100.000 Zuschauern in 17 Heimspielen war die Saison auch finanziell ein Debakel.

Mit dem Abstieg hatte sich der zweite Bauabschnitt, der eine Tribüne, eine Flutlichtanlage, eine Tartanbahn und eine Sporthalle vorsah, praktisch von selbst erledigt. Es ist bei den Stehstufenrängen geblieben. Das heutige Fassungsvermögen wird von der Stadt mit 10.000 Zuschauern angegeben.

Seit 1996 nutzt die SSVg 02 die 32.500 qm große Anlage in Eigenregie mit der Vertragsklausel, anderen Sportlern (vor allem den Schulen) auch weiterhin Nutzungsrecht einzuräumen. Geblieben ist ein landschaftlich schön gelegenes und gut gepflegtes Stadion, bei dem nur der großzügige und solide Eingangsbereich noch daran erinnert, dass hier einmal Großes bewegt werden sollte. Immerhin, 2000 schafften die Blau-Weißen den Aufstieg in die Oberliga. *Harald Bennert*

Stadion „An der Sonnenblume"
Velbert
ER: 1969. FV: 10.000 StP.
ZR: 13.000, Regionalliga West, 19.10.
1970, SSVg Velbert – Wuppert. SV 1:3.
Jupiterstraße 5, 42549 Velbert,
Tel. 020 51 / 60 24 02.

Verl, Stadion an der Poststraße: siehe Anhang, 3. Liga.

Waldstadion

Familienfreundliche Spielstätte

Den ganz großen Fußball gesehen hat das idyllisch gelegene Waldstadion Viernheim wie viele andere Kleinstadt-Stadien eigentlich noch nie. Dabei waren die „Grünen", wie die Amicitia-Spieler genannt werden, vor nicht allzu langer Zeit noch gut im Geschäft und spielten in der Oberliga Baden-Württemberg dort meist vor 500 und mehr Zuschauern.

Die Oberliga war allerdings eine, wenn nicht gar zwei Nummern zu groß für die SpVgg Amicitia 09, und so ging es im Sauseschritt hinunter bis in die Bezirksliga Mannheim. Erfolgreicher waren die 50er und 60er Jahre, als der Klub in der damaligen 2. Liga Süd von 1957 bis 1963 eine feste Größe war und so manchen Kampf mit dem unmittelbaren Nachbarn und heutigen Zweitligisten SV Waldhof ausfocht. Dieser Gegner sorgte auch für den bis heute gültigen Stadionrekord: 4.000 waren laut Vereinschronik beim Regionalliga-Süd-Derby (3:3) am 5. Januar 1964 dabei.

Irgendwie war dieses Stadion aber auch schon immer zu groß angelegt: 15.000 Plätze waren es bei der Eröffnung am 7. August 1960, und 12.000 sind es noch heute. 800 Personen können auf der 1964 eingeweihten Tribüne Platz nehmen. Flutlicht gibt es auch, und für die Leichtathleten, die das Waldstadion gerne in Beschlag nehmen, wurde 1985 eine zusätzliche Laufbahn eingerichtet.

Eines wird aber mit Sicherheit Bestand haben: Der Ruf als familienfreundlicher Kickplatz. Denn zieht es den Familienvater zum Fußball, sind auch die Kinder gut aufgehoben: Der in unmittelbarer Nachbarschaft gelegene Vogelpark ist immer eine gute Adresse für Sprösslinge jeden Alters. *Thomas Zachler*

Waldstadion Viernheim
ER: 1960. FV: früher 15.000, heute 12.000, davon 800 üd. SiP.
ZR: 4.000 (lt. „kicker" 5.000), Regionalliga Süd, Amicitia Viernheim – SV Waldhof 3:3.
Industriestraße 32, 68501 Viernheim, Tel. 06204 / 38 92.

Eine Stadt, drei Stadien, drei verblüffend ähnliche Tribünen:

G.-Strohm-Stadion / Hilbenstadion / Friedengrund

Großzügige Mäzene in der Schwarzwaldstadt

Dass eine Stadt mit 81.000 Einwohnern gleich drei stattliche Fußballstadien samt Tribünen besitzt, ist ungewöhnlich, aber zu erklären: 1971 schlossen sich das südbadische Villingen und das württembergische Schwenningen zur Doppelstadt „VS" im Schwarzwald zusammen, und 1974 fusionierten der Sportclub (Spielstätte Gustav-Strohm-Stadion) und der VfR 07 (Hilben-Stadion) zum BSV Schwenningen, während der FC 08 Villingen im Friedengrund spielt.

Die Villinger gehörten von 1966 bis 1972 der Regionalliga Süd an, boten u.a. Ex-Bundesliga-Spieler wie Klaus Bockisch (Münster) und Ivan Perusic (1860) auf, erreichten aber nur in einer Spielzeit einen einstelligen Tabellenplatz. Das 1960 eröffnete Stadion im Friedengrund hat nach wie vor ein Fassungsvermögen von 12.000. Anfang der 70er Jahre erbaute man die 40 Meter lange Tribüne (Architekt Rüdiger Sturm), die 1977 für 500.000 DM ausgebaut wurde. Der FC 08 gehört 2000 der Verbandsliga Südbaden an.

Das Schwenninger Gustav-Strohm-Stadion war dank beträchtlicher Eigenleistungen der Mitglieder 1952 entstanden und erhielt 1955 eine Tribüne. Als der BSV Schwenningen 1976 in die 2. Bundesliga Süd aufstieg und den 37-jährigen Ex-Nationalspieler Helmut Haller verpflichtete, galt ein Fassungsvermögen von 18.000, davon 1.000 überdachte Sitzplätze. Die Stadt hatte das Stadion damals übernommen und musste gleich investieren, denn die Stehränge waren in einem verheerenden Zustand – ein Gemeinderat meinte bei der Besichtigung, es sähe aus wie nach Kriegszerstörungen. Saisonschlager 1976/77 war ein 3:3 gegen den späteren Bundesliga-Aufsteiger VfB Stuttgart, doch endete das Zweitliga-Gastspiel mit einem finanziellen Desaster, das den Vereinspräsidenten und FDP-Landespolitiker Klaus Rösch zudem die politische Karriere kostete.

1956 hatte die Anlage den Namen von Gustav Strohm († 1970) erhalten, einem Maschinen-Fabrikanten, der als Vorsitzender und Ehrenvorsitzender des

SC Schwenningen den Stadionbau nicht nur finanzierte, sondern selbst viele freiwillige Arbeitsstunden leistete. Es ist bemerkenswert, dass FDP-Gemeinderat Strohm mit seinem Vermögen auch außerhalb des Sportclubs einige Sportstätten förderte: 1,2 Mio. erhielt die Stadt für eine Sporthalle, über 100.000 DM gab es für eine Kunsteisbahn, Spenden erhielten auch kleine Vereine im Umland. 1965 ermöglichte Strohm eine der modernsten Flutlichtanlagen Europas im Stadion und darüber hinaus mit Bürgschaften internationale Fußballspiele.

Als weitere Spielstätte für die 2. Bundesliga hatte der BSV 1976 das Hilben-Stadion mit 10.000 Plätzen, davon 900 überdachte Sitzplätze, genannt. Dies war die Heimat des VfR Schwenningen (Deutscher Amateurfußball-Meister 1952), der 1923/24 am Rande des Naturschutzgebietes Schwenninger Moos auf vereinseigenem Gelände die Sportanlage samt überdachter Tribüne schuf. Auch dem VfR war ein Mäzen zugetan, denn den Tribünenbau finanzierte der Arzt Dr. Benzing. Ein Brand zerstörte am 14. März 1960 Tribüne und Sportheim, doch bereits im Juli desselben Jahres legte man den Grundstein für die Neubauten.

Die beiden reinen Fußballarenen liegen ähnlich wie in Bocholt nah beieinander, und nicht weit davon findet man das Naturparkstadion der FSV Schwenningen, das wegen eines Kuriosums erwähnt sei: Der Stehwall am Rande des Naturschutzgebietes Schwenninger Moos weist deshalb eine Lücke auf, weil man einen Tümpel, in dem seltene sibirische Schwertlilien wachsen, erhalten wollte. Das Stadion der Freien Sportvereinigung, in enger Abstimmung mit dem Naturschutz angelegt, war 1965 fertig; von 1921 bis 1933 besaß der Arbeiter-Turnerbund Jahn das Gelände. 50.000 Mark für den Bau des Naturparkstadions steuerte der erwähnte Mäzen Gustav Strohm bei.   *sky*

Gustav-Strohm-Stadion
ER: 1952. FV: früher 18.000, heute 5.000, davon 800 üd. SiP.
ZR: unbekannt.
Bad Dürrheimer Straße,
78056 Villingen-Schwenningen,
Tel. 07720 / 82 27 53.

Hilben-Stadion
ER: 1923. FV: früher 10.000, heute 3.000, davon 500 üd. SiP.
ZR: unbekannt.
Bad Dürrheimer Straße,
78056 Villingen-Schwenningen,
Tel. 07720 / 82 27 53.

(Fotos: Hoeck)

Stadion im Friedengrund Villingen
ER: 1960. FV: 12.000, davon 900 üd. SiP auf der Haupttribüne und 2.000 üd. StP auf der Gegengerade.
ZR: unbekannt.
Im Friedengrund, 78050 Villingen-Schwenningen, Tel. 07721 / 82 27 83.

Völklingen

Hermann-Neuberger-Stadion

Symbol des Niedergangs

Völklingens Stadion in den 50er Jahren.

Röchling Völklingen? Die Stahlindustriellen-Familie fand Aufnahme in den Namen des ehemaligen Zweitbundesligisten, doch mit der Stahlkrise endete die große Fußballzeit der saarländischen Stadt. Das Stadion allerdings trägt nicht den Namen Röchling, sondern den des ehemaligen DFB-Präsidenten Hermann Neuberger.

Helmut Johannsen schien wie eine Metapher für die Stadt zu sein – ein Mensch, den kaum etwas bewegte. So saß der Fußball-Lehrer, 1967 Deutscher Meister mit Braunschweig, auch Jahre nach seinem Engagement beim damaligen Regionalligisten und 2. Bundesliga-Klub SV Röchling 06 Völklingen (1973-76) auf Fotos noch stoisch da, als meditiere er über dem Spiel.

Diese Aufnahmen des Trainers Johannsen, die ihn mit dunkler Sonnenbrille im Dezember zeigen, wären Futter für Archive, könnten sie nicht auch Gleichnis sein für die Stadt in der er arbeitete: Völklingen, 44.000 Einwohner, eine Stadt, die schier regungslos darniederliegt in der Talaue der Saar, seit 1986 an Hochofen VI des Hüttenwerkes die Flüssigphase stillgelegt wurde, was vor allem eines bedeutete: Arbeitslosigkeit.

Heute hat Völklingen ca. 13 Prozent Arbeitslose. Wenn es dunkel wird über der Stadt und es warm ist, sammeln sich an Tankstellen Männer in Jogging-Hosen, trinken Bier aus Dosen. Und am Hermann-Neuberger-Stadion, das zwischen der Neuberger-Halle und einem Freibad außerhalb des Stadtkerns liegt, treffen sich Jugendliche mit ihren Autos, aus deren Radios die „Böhsen Onkelz" grölen.

Granitza und andere

Das Neuberger-Stadion ist die „Herberge" des SV 06, der sich am 9. Mai 1966 aus Dank den Beinamen Röchling gab. Die Familie Röchling hatte 1881 die Völklinger Hüttenwerke übernommen und wurde fortan Chiffre für die Stadt und umgekehrt. Röchling baute Wohnungen und Kirchen, schuf 17.000 Arbeitsplätze im Werk und förderte den lokalen Fußballklub, der von 1963 bis 1974 durchgehend der Regionalliga Südwest angehörte und zwischen 1974 und 1977 sowie 1979/80 in der 2. Bundesliga Süd spielte. Als Völklingens Fußball noch groß war, hatte er Trainer wie Weltmeister Horst Eckel. Oder eben Helmut Johannsen. Und Spieler wie Ex-HSV-Keeper Jürgen Stars (als „Lehrlingsausbilder" wohl bei Röchling), Plücken, Warken, Weschke und Karlheinz Granitza (von DJK Gütersloh gekommen, 1976 mit 29 Treffern Torschützenkönig der 2. BL Süd). Die Resonanz in der ehemals Stadion am Köllerbach genannten, später als Städtisches Stadion bezeichneten Spielstätte blieb im Rahmen: 3.525 Besucher im Schnitt in der Johannsen-Ära mit dem 13. Rang 1974/75; 3.839 unter Trainer Herbert Binkert, dem saarländischen „Alt-Internationalen" 1975/76 (als die Schwarz-Roten daheim den 1. FC Nürnberg 4:2 und den VfB Stuttgart 5:3 bezwangen); lediglich noch 1.969 Besucher, als man letztlich die Lizenz zurückgab. Beim Wiederaufstieg 1979 war die finanzielle Situation bereits so malade, dass fast nur Amateure neu verpflichtet werden konnten. Der SV Röchling 06 wurde Symbol für die Hütte, die Stadt und den Niedergang. Der Kapitalfluss vom Hüttenwerk war versiegt. Heute gehört der SV Röchling 06 der Verbandsliga Saar an.

Ein letztes Stück Identität

Völklingens Stadion wurde 1912 errichtet und erhielt 1955 die heute noch vorhandene Tribüne, die Blech aufgelegt hat und eine Rolle spielt als Kopf. Das Stadion wurde ab März 1974 ausgebaut, offizielle Eröffnung war am 14. August gegen Hertha BSC Berlin (2:2). Die Stehplätze (die erweitert wurden, so dass sich das Fassungsvermögen des Stadions von 8.000 auf 16.000 verdoppelte) fassen derweil wie Arme um den Rasen; auf den kräftigen „Oberarmen" stehen bei Heimspielen die Alten. Die, die immer da sind und nicht mehr jubeln, wenn Tore fallen, weil es mit den Jahren zu viele wurden, um sich ernsthaft darüber zu freuen. Der SV Röchling 06 ist ein letztes Stück jener Identität, die die Stadt mit der Stilllegung der Hütte fast völlig verlor.

Am 24. Juli 1994 erhielt das Völklinger Stadion anlässlich des Spiels 1. FC Saarbrücken – VfB Stuttgart den Namen Hermann Neubergers, des 1992 verstorbenen DFB-Präsidenten, der am 12. Dezember 1919 in Völklingen-Fenne geboren wurde. Fenne ist ein schmaler Ort mit geduckten Klinker-Fassaden und einem Kraftwerk, das Fernwärme erzeugt. Bei Röchling-Heimspielen sieht man den dunstigen Rauch aus den Kühltürmen des Kraftwerkes aufsteigen, es entstehen künstliche Wolken, die mit etwas Fantasie aussehen wie Elefanten. Die Benennung eines Stadions in Saarbrücken nach Neuberger war zuvor auf der politischen Ebene gescheitert.

Die Völklinger Hütte übrigens, die sich als tote Hülle noch über dem Stadtkern erhebt, wurde 1994 auf die Liste des Weltkulturerbes der UNESCO gesetzt. Nachts wird sie angestrahlt von bunten Lichtern und es erheben sich aus der Dunkelheit clowneske Lichtgestalten einer vergangenen Zeit – ein Widerspruch zur Realität. Denn Völklingen ist auch weiterhin so, wie die Fotos von Trainer Johannsen für immer bleiben: grau. *Tobias Fuchs*

Hermann-Neuberger-Stadion Völklingen
ER: 1912. FV: 16.100, davon 602 üd. SiP.
ZR: 16.380, 2. Bundesliga Süd, 26.10. 1975, Röchling-Völklingen – 1. FC Saarbrücken 0:0.
Stadionstraße, 66333 Völklingen, Tel. 06898 / 280 669.

Stadion am Wasserwerk

Die erste Tribüne wurde 38 Jahre alt

Dass die Deutsche Bundesbahn ehemals auch Stadien besaß – hätten Sie's gewusst? In Weiden in der Oberpfalz, 35 km westlich der Grenze zu Tschechien, war es bis 1989 so, weil der dortige Verein Reichsbahn SG bzw. Eisenbahner Spielvereinigung 1903 seine Wurzeln im Bahnunternehmen hatten.

Inzwischen ist die Stadt Eigentümer des Stadions am Wasserwerk (letzteres existiert nur noch im Namen). Die Älteren mögen mit Weiden eher das Versandhaus Witt-Weiden als die SpVgg verbinden, doch war die einige Jahre in der Gauliga und stieg 1965 als Bayernliga-Meister in die Regionalliga Süd auf. Das war eine Gelegenheit, die der Klub nicht beim Schopfe packen konnte. Die Nachfrage in Stadt (43.000 Bewohner) und Umland (ca. 300.000 Menschen) war da: 28.500 kamen zu den ersten drei Heimspielen (Rekord 11.000 am 19. September 1965 beim 2:2 gegen die SpVgg Fürth), am Ende summierte der Absteiger 96.500 verkaufte Eintrittskarten (Schnitt 5.676). Im Jahr 2000 ist die SpVgg Weiden Bayernligist und hat im Sommer 1999 in einem Freundschaftsspiel Bayern München mit einem 1:0 überrascht.

Länderspiel der Eisenbahner

Die SpVgg scherte bei der Trennung von Turnen und Sport 1924 aus dem Turnerbund aus und weihte am 29. Juli 1928 den Platz am Wasserwerk ein. „Die Mobilisierung der letzten finanziellen Mittel" ermöglichte ein Gastspiel von Admira Wien (3:4). Später spielten dort Süddeutschland – Tschechoslowakei (1932, 5:2, 4.000 Zuschauer), Slavia Prag (1934, 1:8), wie erwähnt die Gauliga mit dem 1. FC Nürnberg, 1860, SpVgg Fürth und im Eisenbahner-Länderspiel Deutschland – Italien (1953). 1933 war es ein Vereinsausschussmitglied, das in vorauseilendem Gehorsam beantragte, Bürgern jüdischen Glaubens den Zutritt zum Sportplatz zu verbieten.

Gegen Kriegsende, am 5. April 1945, zerstörte die US-Army das Sportgelände. Die Mitglieder machten sich unter Verwendung eines Holzvergaser-Lkw und einer Lore, die auf Eisenbahnschienen fuhr, an die Wiederherstellung. Nach Abschluss der Arbeiten hat man die Lore in einem Bombentrichter am Anstoßkreis versenkt, wo sie bis heute ruht. Am 31. Mai 1946 konnte die SpVgg vom Hammerweg-Sportplatz ans Wasserwerk zurückkehren.

Polizeischutz für eigene Spieler

Ungewöhnlich waren die Ereignisse dort in der 2. Liga Süd 1954/55, als die Polizei zwei Weidener Spieler, Stürmer Auernhammer und Torhüter Schmeilzl, nach einem 1:4 gegen 1860 München vor dem heimischem Publikum schützen musste. Beide standen nämlich im Verdacht, zu den „Löwen" wechseln zu wollen und deshalb absichtlich schlecht gespielt zu haben (was nicht zutraf). Hans Auernhammer schloss sich tatsächlich nach Saisonende 1860 an, Schmeilzl ging 1958 nach Fürth.

Die erste überdachte Tribüne, an deren Errichtung Bedienstete des Bundesbahn-Ausbesserungswerks mitwirkten, war am 16. Dezember 1956 fertig. Von dort konnte man das eine Regionalliga-Jahr 1965/66 beobachten und die Schla-

gerspiele der Bayernliga im darauf folgenden Spieljahr. 22.000 sahen in Regensburg Jahn gegen Weiden, lange Zeit Amateurspiel-Rekord, und 15.000 das Rückspiel am Wasserwerk.

Durch den 1971 begonnenen Bau einer Sporthalle, die lange als halbfertige Bauruine zu besichtigen war und erst 1980 fertig gestellt wurde, geriet die SpVgg in eine schwere Krise und an den Rand des Konkurses. In dieser Phase übernahm Dr. August („Gustl") R. Lang, bekannt auch als Bayerischer Staatsminister, den Vorsitz. Die Fußballer stürzten bis in die Bezirksliga (5. Liga) ab. Nachdem sich der Klub konsolidiert hatte, verwirklichte der Vorsitzende und Sponsor „Gustl" Hegner mit dem Bau eines modernen Fußballstadions einen lang gehegten Wunsch: Im Frühjahr 1994 fiel die alte Tribüne, der Neubau samt Funktionsgebäude konnte am 6. August 1995 eingeweiht werden. 1994 bereits hatte die Stadt Flutlicht und 1998 eine Anzeigetafel installiert. Weiden wäre damit für eine höhere Fußballliga gerüstet. *sky*

Stadion am Wasserwerk Weiden
ER: 1928, FV: früher 15.000, heute 10.000, davon 926 üd. SiP.
ZR: 15.000, Bayernliga, 1967, SpVgg Weiden – Jahn Regensburg 0:3.
Am Langen Steg 19, 92637 Weiden/Oberpfalz Tel. 0961 / 32 667.

Stadion am Wasserwerk in Weiden: die frühere Tribüne von 1956...

...und die heutige Tribüne von 1995.

(Fotos: SpVgg Weiden)

Wimaria-Stadion und Sportpark Lindenberg
Eröffnung beim DFB-Bundestag

Fußball in der Stadt der deutschen Klassik, von Goethe und Schiller (und des KZ Buchenwald)? Natürlich auch das: SC 03 Weimar heißt der 1991 wieder benannte Traditionsverein des (im Stadtkern) thüringischen Idylls, auf dessen Sportplatz Lindenberg einstmals die erstklassige BSG Turbine Weimar spielte. Das heutige Wimaria-Stadion hat sogar einen Nationalmannschaft-Auftritt erlebt.

Der SC 03 war aus dem 1903 gegründeten FC Weimar hervorgegangen und eröffnete am 31. Juli 1921 mit einem Sportfest den vereinseigenen Sportpark Lindenberg, an dessen respektabler Tribüne damals Reklame für das „Reparaturwerk Waldemar Dittmann" und „Ehringsdorfer Bier" prangte. Die Tribüne war Prunkstück der Anlage, Stehränge gab es keine, das Fassungsvermögen belief sich auf 8.000. Am 26. Juni 1920 hatte die Generalversammlung des SC Weimar mit dem knappen Votum von 66 zu 63 Stimmen für den Neubau an der Jenaer Straße votiert, bei dem ausschließlich örtliche Firmen beschäftigt wurden. Schuldscheine mit drei Prozent Zinsen gab man aus, die Spenderliste des damals über 600 Mitglieder zählenden Klubs verzeichnet viele bekannte Namen. 1926 wurde die Tribüne um die Wohnung des Vereinswirts erweitert.

Zuschauerforum mit 500 Teilnehmern
Mit Kriegsende beschlagnahmte die Rote Armee die Anlage und gab sie am 20. Mai 1946 in feierlichem Rahmen zurück. Der seit 1938 amtierende Platzwart, Ex-Nationalspieler Fritz Förderer (1888-1952), ehemals mit dem Karlsruher FV Deutscher Meister, wirkte nun als Trainer. 1951 stiegen die Fußballer des KWU (= Kommunales Wirtschaftsunternehmen) in die Oberliga auf und nannten sich nun, da vom Energie-Kombinat unterstützt, Turbine Weimar. 1950/51 bereits hatte man „den Lindenberg" in ein reines Fußballstadion umgewandelt. Das waren Zeiten, als zum sog. Zuschauerforum, heute würde man dies ein Gespräch mit den Fans nennen, 500 Leute kamen! Weimars Abstieg aus der Erstklassigkeit für immer war ein weiteres Kapitel Willkür der DDR-Sportgeschichte: Vier Absteiger waren vorgesehen, doch weil unter denen drei Berliner Klubs waren, blieben Pankow als Letzter (Regierungssitz) und der Viertletzte Oberschöneweide (aus Prestigegründen) drin, Weimar (Drittletzter) und Lichtenberg 47 stiegen ab.

Erhalten blieb zu DDR-Zeiten das eine Woche vor der Eröffnung eingeweihte Denkmal für die Toten des 1. Weltkriegs und – ein Kuriosum – ein steinerner Tisch rechts der Tribüne, den 1923 zwei Geschäftsleute stifteten und in dessen Mitte das Vereinsemblem des SC 03 von damals zu sehen ist, gestaltet aus Mosaiksteinchen. 1985 erhielt das Stadion zum „Tag der Republik" (7. Oktober) ein Sozialgebäude.

Einen Festtag erlebte der Lindenberg nochmals am 10. April 1960, als Lok Weimar vor 12.000 auf Turbine Erfurt (0:5) traf. Bei unserer Visite 2000 war die Tribüne ohne Dach, ihre Bestandteile inklusive der grünen Holzbänke äußerst marode, die hölzernen Stützpfeiler aber noch da. Die Tribünenfront wies Uhr und Anzeige auf, die Mauern waren nach wie vor massiv, im Vortribünenbereich gab es Schalensitze, doch alles in allem machte das Stadion den Eindruck eines „Baukastens" inklusive „Clubraum" und „Küche".

„Ein großes städtebauliches Projekt"
Wesentlich repräsentativer wirkt da das heutige Wimaria-Stadion, am 27./28. Oktober 1928 als Thüringische Landeskampfbahn eingeweiht. Die „ehemals reiche Rentner- und Künstlerstadt" Weimar hatte zuvor einschneidende Veränderungen hinter sich gebracht: Sie war thüringische Landeshauptstadt geworden, was die Zuwanderung von Beamten mit geringerem Einkommen zur Folge hatte und die Sozialstruktur der beschaulichen Stadt veränderte. Umso erstaunlicher das Unternehmen Landeskampfbahn, das Bestandteil eines großen und weitsichtigen Projektes war: Im Asbachtal legte man auf 1.000 m Länge und 250 m Breite eine Grünanlage an, in deren Diagonale vom Westen her sich das Stadion, Sport- und Spielplätze, ein „Tennisgarten" mit zwölf Plätzen, die Sommerbadeanlage Schwanseepark (1927 fertig gestellt), ein 60.000 qm parkähnlicher Garten (den Goethe-Freund Bertuch, einer der ersten deutschen Industriellen, finanziert hatte), und schließlich an der östlichen Schmalseite die Weimar-Halle (1932) befanden. Oberbürgermeister Dr. Walther Felix Mueller nannte dies „ein für die Verhältnisse Weimars großes städtebauliches Projekt, das die Pflege der Leibesübungen und zugleich die Pflege von Kunst und Wissenschaft im Anschluss an die Weimarer Tradition zum Gegenstand hat". Leider besteht diese Sport-Kultur-Achse

Großzügiges Gelände mit respektabler Tribüne: der Sportpark Lindenberg in seiner ursprünglichen Form

(Foto: Stadtarchiv Weimar)

nicht mehr durchgehend, u.a. unterbricht sie ein großer Busparkplatz. Der beeindruckende Blick vom Stadion zur Weimar-Halle ist deshalb heute nicht mehr nachvollziehbar.

„Kriegerdank" und Landesstadion

Der Stadionbau hatte seinen Ursprung im 1. Weltkrieg, als Stadtbaurat Vogeler 1917 den Entwurf „für eine Kriegserinnerungsstätte in Verbindung mit einem Landesstadion für das Großherzogtum Sachsen-Weimar-Eisenach" fertigte. Es wurde noch gestorben auf den Schlachtfeldern, als die Stadt am 25. Januar 1918 den Ankauf des Geländes beschloss, auf dem sich heute Stadion und Sportplätze befinden. 1920 übernahm Oberbaurat Lehrmann die Planung, im Rahmen von Notstandsarbeiten Erwerbsloser begann der Bau, der infolge der Inflation mehrmals unterbrochen werden musste. Insgesamt 500.000 RM wurden für Kampfbahn und Sportplätze aufgebracht, darin enthalten fast 40.000 RM verlorener Zuschuss aus Mitteln der Erwerbslosen-Unterstützung. Für Weimar eine erstaunliche finanzielle Leistung, verbunden mit der Hoffnung auf Prestigegewinn: „Die Kampfbahn ist dazu bestimmt, der Austragung von Wettkämpfen über den Kreis der Stadt hinaus für das ganze Land Thüringen zu dienen."

Tatsächlich hatten die Einweihungs-Feierlichkeiten 1928 überregionalen Charakter, denn der DFB berief zu dem Zeitpunkt seinen Bundestag nach Weimar ein. Er hatte damit einen Ort gewählt, der keineswegs für die erste deutsche demokratische Republik stand, obwohl er dieser den Namen gab, weil 1919 dort die deutsche Verfassung beschlossen wurde. Weimar war vielmehr geprägt von national-konservativem Milieu und antirepublikanisch. 1924 und 1926 hatte die NSDAP dort ihre Reichsparteitage abgehalten, dort wurde die Hitler-Jugend gegründet, dort waren die Nazis erstmals an der Landesregierung beteiligt und stellten bereits 1932 den thüringischen Ministerpräsidenten. Die Stadion-Planer Lehrmann und Vogeler lieferten später die Grundlage für den Wettbewerb des NS-Gauforums Weimar, das im Gegensatz zu ähnlichen Vorhaben in anderen Städten zu großen Teilen fertig gestellt wurde.

Schwarz-weiß-rot statt schwarz-rot-gold

Wen wundert es vor diesem Hintergrund, dass die Arbeitersportler von der Einweihung ausgeschlossen blieben? Es erging keine Einladung, nicht für die offizielle Eröffnung am Samstag und schon gar nicht für den Sonntag, den der DFB „gepachtet" hatte. Der Arbeiter-Fußball-Verein Weimar verlegte daraufhin sein 15-jähriges Jubiläum auf den Schlachthofsportplatz, und die SPD-Zeitung „Das Volk" beklagte, dass Angestellte und Lehrlinge in den Zigarren- und Schokoladengeschäften Weimars am Sonntag von 11.30 bis 18 Uhr des DFB wegen arbeiten müssten. Weimars Häuserfassaden waren dem DFB zuliebe nicht schwarz-rot-gold in den Farben der Republik geschmückt, sondern schwarz-weiß-rot beflaggt, die alten Kaiserreich-Farben.

Der DFB lieferte denn auch den sportlichen Höhepunkt zur Stadioneröffnung, „das Bundestag-Spiel", Nationalelf gegen Mitteldeutschland (6:1) vor 10.000, „für Weimar und wohl auch für Thüringen eine Zuschauerzahl, die man bisher wohl kaum notieren konnte". Am Vortag, dem 27. Oktober 1928, waren, obwohl extra Stühle und Bänke auf der Laufbahn standen, lediglich 3.000 gekommen, darunter vom Reichsausschuss für Leibesübungen dessen Präsident Lewald und Generalsekretär Diem.

Die Landeskampfbahn besaß terrassenförmig gemauerte Sitzreihen, am Ende der Hauptgerade standen im Süden und Norden zwei Pavillons. In der um sieben Meter erhöhten Mittelachse lag die sog. Säulenhalle, die als „Vorbereitung für das Monumentalbauwerk mit Ehrenhof" für die Weltkriegs-Toten fungieren sollte. Ob dieses Projekt „Kriegerdank" jemals realisiert wurde, war in den Archivunterlagen nicht zu klären.

„Stadion des Friedens"

1937 plante man, die Kampfbahn rundum auszubauen, so dass 15.000 Platz gefunden hätten. Dazu kam es nicht; 1958-1963 erneuerte und erweiterte man das Stadion für über 1 Mio. Mark, „viele freiwillige Aufbaustunden" inklusive. Einweihung des Stadions des Friedens, so der neue Name, war am 1. Mai 1963, als im Festumzug Bilder von Chruschtschow, Castro und Ulbricht mitgeführt wurden. Es gastierten „der Deutsche Meister" Motor Jena, die NVA-Fußballauswahl und die Leichtathlethen von Dynamo Berlin und Roter Stern Belgrad. Die Laufbahn eröffnete Europameister Manfred Matuschewski.

Heute ist das Wimaria-Stadion (der dort spielende Verein nennt sich Vimaria) in der geschilderten Form nicht mehr erhalten. Die acht breiten Ränge der Hauptgerade, auf denen man Platz nehmen kann, sind leicht geschwungen angelegt, Umkleiden befinden sich anstelle der Pavillons, im Gebäude hinter der Geraden ist u.a. ein „Kraftraum". Und wo eine Kriegergedenkstätte sein sollte, ist Niemandsland. Die Gegengerade besitzt Stehtraversen, jenseits der Tartanbahn schienen im Jahr 2000 die Kurven im Umbau begriffen.

„Am Stadion" heißt ein ganzes Stadtviertel Weimars, das umfangreichste Neubaugebiet der Stadt zu DDR-Zeiten.

sky

Zum DFB-Bundestag 1928 eingeweiht: das Weimarer Vimaria-Stadion.

(Foto: Skrentny)

Sportplatz Lindenberg Weimar
ER: 1921. FV: 8.000, davon 900 SiP, davon 450 üd.
ZR: 12.000, DDR-Liga, 10.4.1960, Lok Weimar – Turbine Erfurt.
Am Sportplatz 24b, 99425 Weimar, Tel. 03643 / 20 21 45.

Wimaria-Stadion Weimar
ER: 1928. 1963. FV: 12.000 StP.
ZR: 10.000, Stadioneröffnung, 28.10. 1928, Nationalmannschaft – Mitteldeutschland 6:1.
Fuldaer Str. 113, 99423 Weimar, Tel. 03643 / 51 55 29.

Weismain

Waldstadion

„Eines der atemberaubendsten Stadien"

Der SC Weismain aus dem fränkischen Jura (der Ort liegt nordöstlich von Bamberg) war nie in der 2. Liga, geschweige denn in der 1. Liga. Weshalb sein Waldstadion dennoch hier gewürdigt wird, hat einen einfachen Grund: Wenigstens jeder zweite Anrufer, der sich nach dem Fortgang des Buchprojekts erkundigte, fragte besorgt: Ist Weismain auch drin?

Weismain nämlich besitzt ein Naturstadion: Hoch wachsen 27 Stehränge (!) an einem Waldhang hinauf, für Fußballhistoriker Hardy Grüne ist's „eines der atemberaubendsten Stadien des Landes". Gebaut wurde die Anlage nach dem 2. Weltkrieg zunächst als Sportplatz, und zwar mit Hilfe der US-Army, deren Panzer die stark abfallende Waldrodung einebneten. Dass mittlerweile ein Stadion daraus geworden ist, hatte

(Foto: Bunzelt)

27 Stehränge am Waldhang: das Naturstadion von Weismain.

logischerweise mit dem Aufstieg der SC-Fußballer zu tun. Eine kleine Sitzplatztribüne (480 Plätze) bestand bereits, als der SC 1995 in die Bayernliga aufstieg und sich eine überdachte Stehplatztribüne zulegte. Mit dem Aufstieg in die Regionalliga Süd wurde diese über die gesamte Spielfeldlänge der Südseite verbreitert (4.000 Plätze). Präsident Alois Dechant, ein Bauunterneh-

mer, plante und finanzierte den Ausbau auf ca. 10.000 Plätze, was der DFB mit der Vergabe des U-16-Länderspiels gegen Tschechien 1996 würdigte.

Ein Fassungsvermögen von 10.000 aber war zu wenig, denn es nahte in der Regionalliga Süd das Spiel der Spiele aus Weismainer Sicht: Der 1. FC Nürnberg kam! So schloss man an die neun Betonstehstufen der Ostseite weitere 18 Reihen Sandsteinrohlinge als Stehränge an, stellte zudem eine Flutlichtanlage fertig. Am 12. April 1997 trat der Club in der 5.000-Einwohner-Gemeinde an, in der beim „Franken-Fußballfest" sensationelle 17.000 Zuschauer gezählt wurden!

Das gab's nur einmal, das kommt (vermutlich) nicht wieder, 2000/01 gehört der SCW der Landesliga Nord an.

sky

Waldstadion Weismain
ER nach 1945, FV: 15.000, davon 480 üd. SiP und 4.000 üd. StP.
ZR: 17.000, Regionalliga Süd, 12.4. 1997, SC Weismain – 1. FC Nürnb. 0:2
Baiersdorfer Str. 10, 96260 Weismain, Tel. 09575 / 1000 (Verein).

Weißenfels

Stadion an der Beuditzstraße

Bunte Kissen auf der Mini-Tribüne

Samstagnachmittag in Weißenfels, Sachsen-Anhalt, jener Stadt, die einstmals zum „Oberliga-Gürtel" rund um Leipzig gehörte. Der Sprecher betritt sein Domizil in der Mini-Tribüne, macht erste Proben; auf einem Teil der 28 Sitzplätze sind liebevoll einige bunte Kissen drapiert, am Wurststand wird der Grill installiert. Hier spielt Amateurfußball in Reinkultur, liebenswert, aber mehr als 100 Zuseher werden heute zum Punktspiel der Landesliga Sachsen/Anhalt, Staffel Süd, nicht kommen ins Stadion an der Beuditzstraße.

1929 war es eröffnet worden und erlebte seine großen Tage, als der SC Fortschritt Weißenfels (der vorher u.a. BSG Schuhmetro hieß; vom Zentrum der DDR-Schuhindustrie blieb nur Ostdeutschlands größtes Schuhmuseum)

1955 bis 1960 in der DDR-Oberliga spielte; der Aufstiegscoach namens Wilhelm Pytlick kam aus dem Ruhrgebiet und vom Meidericher SpV, wohin er 1956 zurückkehrte. Der freundliche Zerberus, der uns am Stadioneingang einließ, wusste noch so manche Geschichte aus alten Zeiten, von Spickenagel, dem Torsteher des ASK Vorwärts Berlin und Nationaltorwart, der in der „Schuhmetropole" schon mal hinter sich greifen musste. Der Schnitt lag bei bis zu 10.000 Besuchern in der nach dem Widerstandskämpfer Otto-Müller-Kampfbahn benannten Spielstätte, sogar im Abstiegsjahr 1960, als kein einziger Sieg mehr glückte, belief er sich noch auf fast 5.700. So rückten die Weißenfelser Handballerinnen, 15-mal DDR-Meister, wieder in den sportlichen Mittelpunkt, heute dominiert Basketball-Bundesligist Mitteldeutscher BC, ehemals SSV Einheit, der ab 2000 in der neuen Jahrhunderthalle 3.000 statt bisher 600 Plätze anbieten kann.

Da bleibt für den 1. FC Weißenfels nicht mehr viel Raum. Von größeren Zeiten kündet nur noch das Stadion. Über den Wall führt ein breiter Weg, auf der Gegengerade sind 1.400 blaue Sitzschalen installiert, z.T. mit Moos be-

(Foto: Skrentny)

28 Sitzplätze im Weißenfelser Stadion.

wachsen, die Kurven sind begrünt, und neben der Sitztribüne steht man ebenerdig. Extras der Sportstätte sind eine Olympische Feuerschale, ein DDR-Kunstwerk, und der Gedenkstein für Otto Müller vor dem Sozialgebäude.

Weißenfels verliert an diesem Samstagnachmittag leider gegen VfL Halle 96 II. Hoffen wir, dass das werte Publikum auf den bunten Kissen des Tribünchens dennoch bequem gesessen ist. *sky*

Stadion an der Beuditzstraße Weißenfels
ER: 1929. FV: 5.000 StP.
Beuditzstr. 69, 06667 Weißenfels, Tel. 03443 / 30 35 83, 30 25 00.

Stadion an der Berliner Straße

Ein Ort der Enttäuschungen

Die Tribüne im Stadion an der Berliner Straße ist noch mit Holz konstruiert.

Wiesbaden zählt zu den seltenen Landeshauptstädten, die fußballerisch wenig zu bieten haben. Immerhin – der SV Wiesbaden hat zwischen 1950 und 1962 insgesamt zwölf Spielzeiten in der 2. Liga Süd verbracht und belegt nach dem 1. FC Pforzheim und dem Freiburger FC in der „Ewigen Tabelle" den dritten Platz. Heute sieht der Fußballfan in Wiesbaden den großen Fußball nur noch am Bildschirm. Wer aber den tieferklassigen Amateurfußball liebt, der pilgert eben ins Stadion Berliner Straße, wo der SV Wiesbaden von 1899 beheimatet ist. Dessen Spielstätte wurde am 29. August 1937 eröffnet und hatte zum damaligen Zeitpunkt ein Fassungsvermögen von sage und schreibe 25.000 Besuchern! Kurios liest es sich, dass die Anlage an der Berliner Straße vor 1939 Stadion Frankfurter Straße hieß.

Wiesbadens Stadion bot Mitte der 60er Jahre die Bühne, auf der aufeinander folgend zwei lokale Klubs mit dem Vorhaben scheiterten, sich in der Regionalliga Süd zu etablieren. Den Anfang machte 1966/67 die SG Germania 1903. Die Erwartungshaltung war groß in der Landeshauptstadt: Gleich im zweiten Heimspiel gegen Offenbach fanden sich 12.000 ein! In der Schlussbilanz stellte sich heraus, das diese 12.000 ein Viertel der Besucher in der gesamten Saison waren (fast 49.000, Schnitt 3.233), denn als Vorletzter stieg Germania ab. 1.500 sahen das Farewell am 33. Spieltag, ein 0:6 gegen Fürth.

Doch in der folgenden Saison gab's einen neuerlichen Anlauf an der Berliner Straße, diesmal vom SV Wiesbaden. Auch hier war die Resonanz mit 17.500 Besuchern in den ersten drei Heimspielen groß, auch hier waren ein Drittel der Gesamt-Zuschauer (49.900, Schnitt 2.935) zum Auftakt gekommen, 700 waren Schlusspunkt, als der Tabellenletzte SV Wiesbaden gegen Mitabsteiger Backnang 3:3 spielte. Das war wohl zuviel an Negativerlebnissen für die landeshauptstädtische Fußball-Gemeinde; zweitklassig ist man nie mehr geworden.

Der letzte große Besuch ist dennoch nicht so lange her: Am 27. September 1986 passierten hochgerechnete 8.500 gegen die Offenbacher Kickers die Kassenhäuschen. Wiesbaden als Austragungsort des Pokalspiels SV Wehen – Borussia Dortmund lehnte der DFB ab, weshalb man am 31.10.2000 in Mainz spielte (0:1 n.V.). Eine neue Bestmarke könnte 2003 fällig sein, denn für dieses Jahr plant die Germania (wie der SVW Bezirksliga) ein Gastspiel von Bayern München. *Thomas Zachler*

Stadion Berliner Straße Wiesbaden
ER: 1937. FV: früher 25.000, heute 11.498, dav. 525 üd., 1.720 unüd. SiP. ZR: 12.000, Reg.-liga Süd, 4.9.1966, Germ. Wiesbaden – Off. Kickers 2:4. Berliner Str. 11, 65189 Wiesbaden, Tel. 0611 / 71 93 40 (Gaststätte „Zum Stadion").

Jadestadion

3. Liga im Kinosessel

Auf Wilhelmshaven, „die grüne Stadt am Meer" so der selbstverordnete Slogan), wurde sogar die überregionale Sportpresse aufmerksam, als sie 1999 Neuzugang Valdas Ivanauskas, ehemals HSV, und das neue Jade-Stadion entdeckte – „selbst in der 2. Liga gibt es nichts Vergleichbares", teilten die Verantwortlichen vom SV Wilhelmshaven 92 mit.

Aber das neue Stadion ist eigentlich nur Annex zu unserer Geschichte, die in der Gauliga beginnt. Damals spielten an der Friedenstraße der spätere Weltmeister Ottmar Walter und der langjährige Rekordnationalspieler Paul Janes für die SpVgg 05 Wilhelmshaven – beide waren bei der Kriegsmarine. (Heute ist das im 2. Weltkrieg zu zwei Dritteln zerstörte Wilhelmshaven wieder größter deutscher Marinestandort.)

Auf den Gauligisten folgte TSR Olympia Wilhelmshaven, benannt nach dem Schreibmaschinenhersteller, der unter viel Protesten zwischenzeitlich untergegangen ist. TSR stand für Turn- und Sportverein Rüstringen, 1969 bis 1974 gehörte man der Regionalliga Nord und 1974/75 der 2. Bundesliga Nord an. An der Friedenstraße gab es damals 12.000 bis 13.500 Plätze inklusive einer 630-Plätze-Tribüne für Anhänger der Rot-Weißen. Die Stadt hat das Areal nun verkauft. 5.000 Tribünen-Bausteine wurden vorher ins Jadestadion transferiert.

1999 gab es in der 89.000-Einwohner-Stadt fußballerisch einen Neubeginn: 6,2 Mio. Mark investierte die Stadt (Arbeitslosenquote 16 Prozent) in das Jade-Stadion mit seinen 7.500 Plätzen, und 1,8 Mio. kamen von einer Immobilien GmbH. 170 Kinosessel findet man in der Business-Lounge, dem „VIP-Bereich" hinter Glas über den Umkleiden. Die Finanzen für den Regionalliga Nord-Zweiten erwirtschaftet eine eigene Holding mit einer Vermarktungs-, einer Sportstättenbetriebs- und die erwähnte Immobilien-GmbH, die als Hauptsponsor und privater Investor fungiert („GAMA Sportstätten-Betriebsgesellschaft mbH", die das Stadion auch für Open-Air-Konzerte vermarkten will).

„Wir haben fertg!", meldete am Sonntag, 1. August 1999, OB Eberhard

Die eigentümlichen, aber UEFA-Norm erfüllenden Flutlichtmasten in Wilhelmshaven.

(Foto: Hoeck)

Menzel zur Stadion-Einweihung gegen den VfL Wolfsburg (1:1) den 5.100 Besuchern, und die „Wilhelmshavener Zeitung" teilte mit: „Neues Kapitel in der Wilhelmshavener Fußballgeschichte aufgeschlagen", nachdem die Spielstätte in nur knapp neun Monaten errichtet worden war. Die Flutlichtanlage hat voraussichtlich schon einmal „UEFA-Standard". Bis auf die vier Gäste-Stehplatzblöcke an der Südseite ist das Stadion komplett überdacht, das meint die Hintertor-Nordseite, die Gegengerade (West) und die Hauptgerade (Ost) mit der Business-Lounge.

Die alte Platzanlage Rüstersieler Straße 39 des SV Wilhelmshaven von ca. 1960 besteht übrigens noch und bietet 3.000 Plätze. Die Regionalliga-Nord-Spielzeit vor Eröffnung des Jadestadions absolvierte der Verein, dem sich 1992 die Landesliga-Mannschaft von Olympia anschloss, im Stadion an der Freiligrathstraße, das ca. 3.500 Sitz- und 500 Stehplätze bot. *sky*

Jadestadion Wilhelmshaven
ER: 1999, FV: 7.500, davon 2.000 üd. SiP.
ZR: 5.100, Stadion-Einweihung, 1.8.1999, SV Wilhelmshaven 92 – VfL Wolfsburg 1:1.
Friedenstraße 101, 26386 Wilhelmshaven, Tel. 04421 / 13 76 14.

Wismar

▪ Kurt-Bürger-Stadion und Jahnsportplatz

Platzverweis nach Stadionausbau

Zwei Stadien, mit viel Mühe und unter großer Anteilnahme der Bevölkerung hergerichtet, besaß Wismar nach dem 2. Weltkrieg, doch als die BSG Motor 1951 in die DDR-Oberliga aufstieg, musste sie ihre Heimatstadt verlassen – ein weiterer ostdeutscher Fußball-Skandal.

Wismar hatte zum Ende der Gauliga-Ära und in den Anfangsjahren nach dem Krieg fußballerisch eine Rolle gespielt, und sein berühmtester Spieler wäre Fritz Laband geworden, der als Flüchtling dann allerdings in Diensten des Hamburger SV stand und seinen Stammplatz in der WM-Elf 1954 durch Verletzung einbüßte.

In der Aufbruchstimmung der Nachkriegsjahre beschloss die BSG Schiffsreparaturwerft Wismar Ende 1948 den Bau eines Sportplatzes, den die Beschäftigten in mehr oder weniger freiwilliger Arbeit schufen. In der Sparten-Versammlung der BSG-Fußballer wurde festgelegt, dass die Mitglieder nach Arbeitsende auf der Werft an zwei Tagen pro Woche 2 ½ Stunden am Stadionbau mitwirken sollten. Die Planungen sahen „eine große Kampfanlage, entsprechend internationalen Bedingungen" vor sowie Tennisplätze, Kegelbahnen, Sporthalle, Klubraum, Eisbahn, Kinder-Spielwiese und Gartenlokal.

Bereits im Frühjahr 1949 war das Spielfeld fertig gestellt, das Sportgelände planiert und ein Zaun errichtet. Als vorläufiges Sportlerheim diente in Absprache mit der Roten Armee eine Baracke vom früheren Wehrmacht-Gelände an der Lübschen Straße. Drei Kassenhäuschen folgten, eine Grünzone wurde im Eingangsbereich angelegt, und damit die Gebäude sich der Landschaft anpassten, wurde Schilfrohr für die Bedachung verwendet. Die Bauarbeiten konnten intensiviert werden, nachdem sich BSG Schiffsreparaturwerft, SG Wismar-Süd (1948 und 1949 Endrunden-Teilnehmer) und „Derutra" zur Zentralsportgemeinschaft (ZSG) Anker Wismar zusammengeschlossen hatten, die ihre Heimspiele im neuen Stadion austrug.

Eine erste Einweihung fand am 30. April 1950 statt, zu Gast war der Eims-büttler TV aus der Oberliga Nord. Offiziell eröffnet wurde das Kurt-Bürger-Stadion am 20./21. September 1952 mit einem großen Sporttag. Nachdem ZSG Anker-Nachfolger BSG Motor Wismar 1951 in die DDR-Oberliga aufgestiegen war, kam allerdings nicht das Kurt-Bürger-Stadion als Spielstätte infrage, sondern der damalige Sportplatz an der Goethestraße (1921 als Jahnsportplatz erbaut).

Der Kreissportausschuss hatte im Sommer 1951 nach dem Aufstieg alle Wismarer Sportfreunde aufgerufen, am Ausbau mitzuwirken. Der vorhandene Zeitraum vom 13. bis 18. August war knapp, und damit sich genügend Freiwillige einfanden, wurde der Aufruf nach Straßennamen eingeteilt – am Montag waren die Straßen mit den Anfangsbuchstaben A, B, C, D dran, am Dienstag folgten E bis H und so weiter. Tatsächlich konnte der Sportplatz für Oberliga-Spiele rechtzeitig instand gesetzt werden, doch wurde auf höherer Ebene entschieden, dass die BSG Motor sämtliche Oberliga-Heimspiele in Rostock austragen musste – ein Schlag ins Gesicht der Wismarer Fußballfreunde. Zeitzeugen berichten, „dass nicht nur unter den unmittelbar interessierten Sportfreunden, sondern weit über diese Kreise hinaus, Empörung herrschte."

sky

Das Kurt-Bürger-Stadion.

(Foto: Schulz)

Kurt-Bürger-Stadion Wismar
ER: 1952. FV: 8.000, davon 500 üd. SiP, 4.500 unüd. SiP, 3.000 StP (früher insgesamt 15.000 SiP).
ZR: unbekannt.
Bürgermeister-Haupt-Straße 48, 23966 Wismar, Tel. 03841 / 76 30 58.

Jahnsportplatz Wismar
ER: 1921. FV: 12.500, davon 670 unüd. SiP, 11.830 StP. ZR: unbekannt.
Goethestraße 12, 23970 Wismar, Tel. 03841 / 28 23 40.

Wullenstadion

Lebensgefährliche Umstände

Das Wullenstadion im Ortsteil Annen von Witten/Ruhr, am 21. Oktober 1928 mit einem „bunten Programm" eingeweiht, entstand im Rahmen von Notstandsarbeiten und war eigentlich nicht viel mehr als ein besserer Sportplatz, mit einem von Anfang an holprigen Rasen, einer Laufbahn und Stehstufen. Bis 1944 besaß das Stadion keinen „Heimverein" und wurde für Leichtathletik, Schulsport, Turn- und Sportfeste und ab 1933 für NSDAP-Veranstaltungen genutzt. Nach der Beschlagnahmung des vereinseigenen Platzes 1944 erhielt SuS 07 Witten das Wullenstadion zugewiesen.

Wälle aus Trümmerschutt

Seit dem 1. Februar 1946 war der VfL 07 Witten – auf Anordnung der Militärbehörden hatte sich der Verein umbenennen müssen – Pächter der Anlage. Die Wittener hatten zu der Zeit eine außerordentlich starke Fußball-Mannschaft, die sich 1947 sogar für die erstmals ausgespielte Oberliga West qualifizieren konnte. In diese Spielzeit fällt das größte Ereignis im Fußball der Ruhrstadt, als am 23. Spieltag, am 14. März 1948, gegen Schalke 04 (2:3) etwa 30.000 Zuschauer (die Angaben darüber gehen auseinander) kamen. Durch Ankippen von Trümmerschutt waren die Umwallungen erhöht worden, so dass das Stadion unter beinahe lebensgefährlichen (heute undenkbaren) Umständen diese Menschenmenge fassen konnte. Die 2:3-Niederlage besiegelte den Abstieg der Wittener, deren Besucherschnitt in der 13 Vereine-Liga um die 10.000 lag. Selbst zum bedeutungslosen Nachholspiel gegen Erkenschwick (2:1) kamen im April 1948 noch einmal 8.000!

1950/51 schafften die Wittener erneut den Sprung in den Vertragsfußball, in die neu gegründete 2. Liga West. Sie belegten zwar einen respektablen Mittelplatz, gerieten aber tief in die roten Zahlen, erhielten die Lizenz entzogen und kehrten bis heute nicht mehr in den bezahlten Fußball zurück.

Auch als Pächter des Wullenstadions hatte der VfL nicht viel Glück. Es gab ständig Querelen mit der Stadt und anderen Nutzern des Stadions, so dass der

Klein, aber fein: Die Wittener Tribüne in Leichtbauweise.

Verein den Pachtvertrag am 1. Juli 1955 kündigte. Die Stadt ließ daraufhin den holprigen Rasen entfernen und durch Asche ersetzen. Der Anstoß zu einer gründlichen Modernisierung kam dann vor allem von den Leichtathleten, die sich ein den DLV-Normen entsprechendes Stadion wünschten. Als die VfL-Fußballer 1968 in die höchste Amateurliga aufstiegen, fand von 1969 bis 1971 der Umbau statt, während der VfL auf Nebenplätze auswich. Zur Einweihung des neuen Rasens war am 4. August 1971 1860 München beim VfL zu Gast (2:10). 1980/81 erhielt das Stadion die Tartan-Laufbahn und avancierte zum DLV-Stützpunkt, im August 1990 kam noch die Tribüne in Leichtbauweise hinzu.

Dem VfL Witten brachte der Umbau nicht viel Glück. Er musste hinunter bis in die Kreisklasse und fusionierte 1994 mit den Ballfreunden Ardey zum FSV Witten. Der FSV, 2000 in die Bezirksliga abgestiegen, und VfB Annen sind zur Zeit fußballerische Hauptnutzer des Wullenstadions, das sich mit zusätzlichen Plätzen und Einrichtungen als eine übersichtliche, großzügige Sportanlage präsentiert. Ganz vergessen ist der alte VfL 07 in der 105.000-Einwohner-Stadt noch nicht: Umgangssprachlich ist das Wullenstadion für die Wittener nach wie vor das „VfL-Stadion".

Harald Bennert

Wullenstadion Witten-Annen
ER: 1928. FV: 10.000, davon 600 üd. SiP und 9.400 StP.
ZR: 30.000, nach anderen Angaben 24.000, 14.3.1948, Oberliga West, VfL 07 Witten – FC Schalke 04 2:3.
Westfalenstr. 73-75, 58453 Witten, Tel. 02302 / 88 82 90.

VfL-Stadion

Stückwerk für die Bundesliga

Wenn überhaupt etwas den phänomenalen Aufstieg des VfL Wolfsburg in den 90er Jahren trüben konnte, dann die Stadionfrage. Während der VfL binnen sechs Jahren von der Oberliga bis in den UEFA-Cup durchmarschierte, hatte die ehrwürdige Arena am innerstädtischen Berliner Ring Mühe, über Oberligaformat hinauszukommen. Besonders sichtbar wurde der untragbare Zustand, als der VfL im Herbst 1999 zu seinem ersten UEFA-Cup-Spiel der Geschichte auflief – und die UEFA ganze 11.000 der rund 20.400 Plätze zur Benutzung freigab.

„Wettkampfgemeinschaft VW"

Wolfsburgs Stadtgeschichte ist bekanntlich eng mit dem ortsansässigen Automobilwerk verknüpft. 1938 wurde die Stadt als „Stadt des KdF-Wagens bei Fallersleben" regelrecht aus dem Boden gestampft und wuchs binnen weniger Jahrzehnte von einem 857-Einwohner-Dörfchen auf eine stolze 50.000-Bewohner-Stadt. Fußball gespielt wurde zunächst von der „Wettkampfgemeinschaft Volkswagenwerk", in deren Fußstapfen 1945 der VfL trat, dessen sportliches Leben 1945/46 in der Kreisklasse Gifhorn begann. Wolfsburg verfügte damals über 14.300 Einwohner, gespielt wurde im „Werkstadion" (das am 23. November 1946 sogar Schauplatz eines Auftritts von Altmeister Schalke 04 war), und im benachbarten Werk feierte man gerade den 10.000. Volkswagen.

Fünf Jahre später – das rasch wachsende Wolfsburg war inzwischen zur kreisfreien Stadt erklärt worden, und der VfL spielte in der Amateur-Oberliga Niedersachsen-Ost – widmeten sich die Grün-Weißen der Errichtung einer neuen Heimstätte östlich des Stadtzentrums. Als der „VfL-Platz" anno 1950 mit einem 5:2 gegen den Lokalrivalen SSV Vorsfelde eingeweiht wurde, handelte es sich um eine wenig aufregende Arena, deren Spielfeld von Leichtathletikanlagen sowie dezent aufgeschütteten Erdhügeln umgeben war und die weder eine Tribüne noch irgendwelchen anderen Komfort bot. Für einen Klub,

Das Wolfsburger VfL-Stadion im Jahr 1958: eine offene Arena noch ohne Haupttribüne.

dessen sportliches Ziel die Oberliga Nord war, recht mager, woran auch das 1952 eröffnete Klubheim nichts änderte.

Sportlich lief es hingegen prächtig, und am 6. Juni 1954 waren die Grün-Weißen nach einem 2:1-Sieg über den Heider SV am Ziel: Oberliga. Rund fünf Monate später wurde beim Gastspiel des Hamburger SV mit 15.260 Besuchern ein neuer Zuschauerrekord aufgestellt, der bis zum „Endspiel" gegen Mainz 05 in der Aufstiegssaison 1996/97 Bestand hatte. Doch während das VW-Werk boomte (1955 wurde der einmillionste Käfer gemeldet) und Wolfsburg immer größer wurde, darbten der VfL und sein Stadion. 1959 stiegen die Wölfe wieder aus der Oberliga ab.

Denkmalgeschützte Haupttribüne

Der VfL-Platz bekam erst stadionähnliche Züge, als am 1. Mai 1961 die Haupttribüne eingeweiht wurde. Das vom VW-Werk finanzierte Bauwerk steht heute unter Denkmalschutz und fasste seinerzeit rund 3.000 Menschen, von denen 2.500 in den beiden Außenblöcken stehen und 500 im Mittelblock sitzen konnten. Bayern München kam zur Einweihung und gewann mit 3:2, Klein und Gerwien trafen für Wolfsburg.

Anschließend passierte lange Zeit nichts mehr. 1970 wurden anlässlich der Aufstiegsrundenteilnahme der Wölfe Ausbesserungsarbeiten vorgenommen, ehe vier Jahre später zum Einzug in die 2. Bundesliga-Nord die bis dahin unausgebaute Nordkurve mit einem Stehhügel versehen wurde. Darüber hinaus wurden die Leichtathletikanlagen zwischen 1971 und 1974 internationalem Standard angepasst und am 19. März 1977 die Erweiterung des aus allen Nähten platzenden Klubhauses gefeiert. Weitere Baumaßnahmen in Sachen Fußball waren nicht vonnöten, da der VfL selten mehr als 1.500 Zuschauer anlockte – und die fanden in der 14.000-Plätze-Arena locker Platz.

Als der VfL 1991 mit dem vom VW-Werk freigestellten Peter Pander einen hauptamtlichen Manager erhielt, kam die Wende. Ein Jahr später stiegen die Wölfe in die 2. Bundesliga auf, und die Transformation des VfL bzw. seines Stadions begann. 1994 wurde das vereinseigene Stadion – mit seiner Handvoll Sitzplätze und ohne Flutlicht nur per Sondergenehmigung für „zweitligatauglich" befunden – für 2,7 Mio. DM von der Stadt Wolfsburg erworben und alsdann für rund 5 Mio. Mark saniert. Es war Eile geboten, denn die VfL-Fußballer waren inzwischen ins Pokalfinale vorgedrungen und klopften heftig ans Tor zur 1. Bundesliga. 1994/95 erreichte der VfL mit knapp 6.000 Zuschauern pro Spiel sogar seinen höchsten Schnitt seit Jahrzehnten – vor allem die mageren 500 überdachte Sitzplätze wurden nun endgültig zum Problem.

Anschließend ging es Schlag auf Schlag: 1995 wurde an die ausschließlich aus Stehtraversen bestehende Gegengerade ein überdachter Leichtbauanbau mit 2.100 Sitzplätzen angefügt, am 22. März 1996 erstrahlte beim Gastspiel des SV Waldhof erstmals Flutlicht, und wenig später konnte man eine neue Lautsprecheranlage sowie eine Anzeigetafel in der Südkurve einweihen.

Große Pläne für die Arena

Dann kam der heiß ersehnte Aufstieg ins Oberhaus – und das VfL-Stadion war mit seinen 15.272 Plätzen plötzlich viel zu klein. Eilig wurde die Leichtbautribüne der Gegengerade auf die Nordkurve aus-

gedehnt und die Zahl der Sitzplätze damit auf 6.600 erhöht. Zudem wurde bei Topspielen in der Südkurve eine mobile Stahlrohrtribüne aufgebaut, die inzwischen fester Bestandteil ist. Angesichts des anhaltenden sportlichen Höhenfluges der Wölfe blieb das Stadion jedoch Stückwerk, und Forderungen nach einem Neubau an anderer Stelle wurden immer lauter. Nachdem es diesbezüglich zunächst recht gut ausgesehen hatte, überraschte Hauptsponsor VW im Herbst 1999 mit der Nachricht, sich aus der Finanzierung zurückzuziehen, womit das Projekt fürs erste gestorben war.

Erst im Frühjahr 2000 erholten sich die Wölfe von diesem Schock und stellten eigene Pläne auf, nach denen nun spätestens im August 2002 Stadioneinweihung gefeiert werden soll. 22.000 Sitz- und 8.000 Stehplätze soll das reine Fußballstadion mit Vorbild Hamburg und Leverkusen aufweisen, dazu 30 Logen und 1.500 Business-Sitze. Kostenpunkt: 100 Mio. Mark, die von der Stadt Wolfsburg, dem VfL sowie dem Verkauf des Stadionnamens aufgebracht werden sollen. *Hardy Grüne*

VfL-Stadion Wolfsburg
ER: 1950. FV: 20.400 Zuschauer, davon 7.000 üd. SiP und 13.400 StP.
ZR: 21.600, Bundesliga-Saison 1997/98, jeweils gegen Bayern München, Borussia Dortmund und Borussia Mönchengladbach.
Elsterweg 5, 38446 Wolfsburg,
Tel. 05361 / 85 17 47.

Die denkmalgeschützte Tribüne von 1961.

Wormatia-Stadion an der Alzeyer Straße

„Das haben wir allein gebaut!"

Zu den Traditionsarenen des Südwestens gehört das Wormatia-Stadion in Worms am Rhein, dessen früherer Besitzer VfR 08 Wormatia einen Namen im deutschen Fußball besaß, Nationalspieler stellte und in der Deutschen Meisterschaft mitspielte.

Die 80.000-Einwohner-Stadt mag gebildeteren Kreisen als „Nibelungenstadt", „Lutherstadt", „Domstadt", „Stadt der Reichstage" und Ort des ältesten europäischen jüdischen Friedhofs bekannt sein, und wer sich in der Fußballgeschichte etwas auskennt, dem ist die Wormatia ein Begriff.

„Blaue Tribüne" mit rotem Dach

Worms' fußballerische Anfänge fanden auf „hartem Fußballacker" in der Aul, einem Stadtteil im Süden, statt. Die dortigen Lederfabriken stellten Gerbermasse und kleingeschnittene Baumrinde zur Verfügung, auf denen es sich fast wie auf Rasen spielen ließ. Aus Union und Viktoria wurde der VfR 08 Wormatia, der den 2.000 bis 3.000 Besucher fassenden umzäunten Platz neben dem Schweißwerk verlassen musste, weil die Lederfabrik Heyl das Gelände benötigte.

Die neue und bis heute endgültige Heimat fand der Meister der Bezirksklasse (höchste Liga) im damaligen Westendviertel an der Alzeyer Straße, wo die Radrennbahn in Konkurs gegangen war. Der Verein ließ die Bahn abreißen, ebnete das Gelände ab Februar 1927 „in wahren Frondiensten" ein, schichtete die Erde zu Stehwällen auf und weihte 1927 einen Tribünenbau ein, der „die blaue Tribüne" hieß, obwohl sie ein rotes Dach besaß. Die Arbeiten erledigten über 50 Mitglieder und keine Firma. Ein Schmuckstück war auch das im 2. Weltkrieg zerstörte Klubhaus, ausgemalt mit Bildnissen von Fußballern, Speerwerfern und Tischtennisspielern. Auszug aus der Festschrift von 1928:

„Außer einem von einer tadellosen Barriere umschlossenen, 100 mal 70 Meter großen Spielfelde sind rings herum erhöhte Stehtribünen errichtet worden, eine massiv gebaute Tribüne bietet gut 800 Personen vorzügliche Sichtmöglichkeit und beherbergt in ihrem Innern helle, luftige Umkleideka-

binen, Badeeinrichtungen usw. Der Platz selbst ist nach der Alzeyerstraße hin mit einer geschmackvollen Mauer eingefriedigt. Durch ein wuchtig gehaltenes Eingangstor schreitet der Besucher an den sehr zweckmäßig errichteten Kassenhäuschen vorbei, während das Auge beim Betreten der Anlage auf das sich im Vordergrund des Spielfelds reckende Gedächtnismal für unsere Gefallenen fällt, das in seiner schlichten und dennoch wirksamen Gestaltung jeden der Vorübergehenden zu stillem Gedenken an die im Kampfe ums Vaterland gefallenen Vereinskameraden gemahnt. Unter Ausnutzung aller Steh- und Sitzplätze bietet der Platz in seiner derzeitigen Verfassung für 18.000 Besucher bequeme Sichtmöglichkeit."

Das erwähnte Kriegerdenkmal ist ähnlich wie auf dem Fürther Ronhof gestaltet und von einem großen steinernen Fußball gekrönt. Da die Fürther ihr Monument bereits 1923 schaffen ließen, ist anzunehmen, dass die Wormser die Idee zu dieser Gestaltung von einem Gastspiel dort mitbrachten.

Nachdem sich 1938 der Reichsbahn Turn- und Sportverein der Wormatia angeschlossen hatte, erweiterte man das damals als Kampfbahn bezeichnete Stadion nochmals um eine Aschenbahn (u.a. Südmeisterschaften der Leichtathletik 1960 und 1968) und bot auf der Tribüne nunmehr 1.200 Sitzplätze. „Die Anlage konnte als die schönste und beste, das Frankfurter Stadion ausgenommen, im Gau Südwest angesprochen werden", hieß es.

„Bekannt wie nie zuvor"

Es gab Zeiten, da hielt man im „kickersportmagazin" vergeblich Ausschau nach dem Schicksal der Rot-Weißen. Hatte man nicht gerade die entsprechende Regionalausgabe zur Hand, so suchte man z.B. die Verbandsliga – und in der war Worms von 1995 bis 1998 (schuldenfrei!) leider angelangt – vergebens. Rekord der Oberliga Südwest-Spielzeit 1999/2000 waren 1.500 beim 1:6 von Tabellenführer Wormatia gegen die Amateure von Mainz 05. Das ist für die 4. Liga immer noch ein respektabler Besuch, doch meldete man früher ganz andere Zahlen von der Alzeyer Straße, denn der Besuch dort war fast eine städtische Tradition. Nationalspieler gab's dort zu sehen – Willi Winkler, Ludwig Müller, Jakob Eckert (starb 1940 mit 23 Jahren im 2. Weltkrieg in Frankreich; vier weitere Stammspieler kamen mit Eckert um), Josef (Seppl) Fath. Es war Linksaußen Fath, der 1936 in Barcelona beide Tore zum 2:1 der Deutschen gegen Spanien erzielte und den weltberühmten

Ricardo Zamora im Tor bezwang. 1936, 1937 und 1939 nahm die Wormatia als Gauliga-Meister des Südwestens an der Deutscher Meisterschaft teil und besiegte im letztgenannten Jahr in Dortmund der spätere Deutschen Meister Schalke mit 2:1, nachdem man bereits 1936 am folgenden Titelträger 1. FC Nürnberg gescheitert war. 20.000 fanden sich ein, als Fürth gastierte, und 22.000 in der Runde 1935/36 gegen Eintracht Frankfurt. In enen Jahren erreichte man vor 7.000 daheim im Pokal 1936 ein 3:3 n.V. gegen den damals namhaften VfL Benrath aus Düsseldorf und gewann dort vor 6.000 mit 3:2, ehe im Halbfinale beim VfB Leipzig mit 1:5 Schluss war. „Unsere Vaterstadt Worms erreichte einen Bekanntheitsgrad wie nie zuvor", berichten die Chronisten.

1948 bezeichnete sich die Wormatia in ihrer Festschrift als „einer der bekanntesten Sportvereine Deutschlands", und tatsächlich knüpfte man 1949 und 1955 noch einmal an die Vorkriegstradition der DM-Teilnahme an. Nach der „Ochsentour" der Qualifikation 1955 (zweimal gegen Bremerhaven 93, einmal gegen Reutlingen, 300 Spielminuten in vier Tagen) erwartete das Wormatia-Stadion am 15. Mai „eine Invasion der Freunde des runden Leders, die alles nach dem Krieg Dagewesene in den Schatten stellt". Und so kam es auch: 26.000 fanden sich an der Alzeyer Straße zum 1:0 gegen Offenbach ein (das waren mehr Menschen als bei der Landtagswahl am selben Tag für SPD und CDU votiert hatten!). Und es kam noch besser: 30.000 zählte man beim 1:0 gegen den späteren Deutschen Meister Rot-Weiß Essen. Es war Pfingstmontag, und es war Konfirmationstag, bestimmt haben viele Familien ohne Vater und Sohn gefeiert, und der Kalbsnierenbraten ist womöglich auch eher vormittags als zur gewohnten Stunde serviert worden.

Ausgerechnet im „Wormser Fußballjahr" 1955 rückte an einem Sonntag Ende April, 10.40 Uhr, ein Polizeikommando an, um das Amateurligaspiel Wormatia gegen TuS Moncheim abzubrechen. Grund des Einsatzes war die „Landesverordnung zum Schutz von Sonn- und Feiertagen" vom 19.6.1950, die Fußballspiele vor 12 Uhr verbot. Der Fußball-Verband Rheinland-Pfalz und die Wormatia waren empört ob der „Provokation": Schließlich waren nur 20 Zuschauer im Wormatia-Stadion anwesend und die nächste Kirche über einen Kilometer entfernt. Außerdem fände am selben Tag von 11.30 bis 13 Uhr gleich beim Dom (!) ein Boogie-Woogie-Turnier statt, wandten die Fußball-Funktionäre ein.

Die Tribünen des Wormatia-Stadions im Wandel der Zeit: die „blaue" Tribüne von 1927...

...ihr zwischenzeitlicher Umbau...

...und der elegante Neubau von 1978.

(Foto: Stadtarchiv Worms)

Bundesliga-Belastungen: „Astronomisch!"

Später träumte man sogar von der Bundesliga in der „Fußballstadt", doch war der Aufstiegsrunden-Auftakt 1965 vor 20.000 im Wormatia-Stadion gegen Mönchengladbach mit 1:5 ernüchternd (Rückspiel am Bökelberg 1:1), und letztlich reichte es nicht. Die Visionen hat man 1968 ad acta gelegt: „Wir stellen uns heute die Frage, ob es nicht gut war, daß wir bei der Gründung der Bundesliga nicht berücksichtigt wurden und auch 1965 den Aufstieg nicht schafften. Die Belastungen im Oberhaus sind für unsere Verhältnisse astronomisch." Worms' Jugend brachte gute Akteure hervor, doch die spielten schließlich woanders: Braner bei Kaiserslautern, ebenso Horst-Dieter Strich, der Torhüter, Nationaltorwart Rudi Kargus und Torjäger „Mano" Günter (Karlsruher SC).

1978 ging die Geschichte der alten Holztribüne zu Ende, deren Holzträger die Sicht aufs Spielfeld versperrten, weshalb viele Sitzplätze unverkäuflich waren. Weil der alte Bau zu wenig Plätze und zu wenig Komfort bot, ließ man eine neue Tribüne mit 1.500 Sitzplätzen erbauen. Bereits 1963 waren neue Kassenhäuschen fertig gestellt worden.

Wormatia, seit 1945 immer Oberligist, von 1963 bis 1974 immer Regionalligist, nahm 1974/75 und 1977 bis 1982 an der 2. Bundesliga teil, dann war das Schuldenkonto größer als der Punktestand, und es ging bergab.

1994 konnte man den Konkurs dank vergleichsbereiter Gläubiger, Spendern, Bürgern und einem glücklich agierenden Konkursverwalter verhindern. Zu der Zeit half es auch nicht, dass man Ende der 60er Jahre als erster deutscher Verein die Trikotwerbung (für CAT = Caterpillar) eingeführt hatte.

Aber trösten wir uns, zumindest dürfen wir jetzt in „kicker-sportmagazin" und „Sport-Bild" überregional wieder von der Wormatia lesen, im Internet ist sie auch präsent. Ehre eben, wem Ehre gebührt! *sky*

Wormatia-Stadion Worms
ER: 1927. FV: 16.500 Plätze, davon 1.000 üd. SiP, 500 unüd. Tribünen-StP sowie weitere 15.000 unüd. StP. ZR: 30.000, Endrunde um die Deutsche Fußball-Meisterschaft, 30.5. 1955, Wormatia Worms – Rot-Weiß Essen 1:3.
Alzeyer Straße 131, 67549 Worms, Tel. 06241 / 743 20.

Stadion am Zoo

Denkmalschutz und Einsturzgefahr

„Das Wuppertaler Stadion weist die typische Form einer Sportstätte der frühen 20er Jahre auf: Zuschauerränge aus Erdschüttungen und eine Tribüne an der Westseite. Einmalig ist die Verbindung von Leichtathletik- und Fußballplatz mit einer Radrennbahn innerhalb eines einzigen Stadions. Als einziger Vergleichsbau kann das 1913 erbaute Deutsche Stadion in Berlin-Grunewald gelten. Typisch sind die landschaftlich reizvolle Lage, die in dieser Zeit für Sportstätten ausdrücklich gesucht und in Wuppertal hoch gelobt wurde, die Gesamtanlage und schließlich auch die qualitätvolle Ausbildung der Stadionarchitektur. Erhaltung und Nutzung liegen deshalb gemäß § 2 (1) DSchG aus wissenschaftlichen – hier inbesondere architektur- und sportgeschichtlichen – und stadthistorischen Gründen in öffentlichem Interesse."

Mit dieser gutachterlichen Einschätzung bewahrte der Stadtkonservator Hans Neveling 1983 das altehrwürdige Stadion am Zoo in Wuppertal vor dem Abriss oder jedenfalls dem Teilabriss. 1924 noch enthusiastisch gepriesen, war die mächtige Anlage inzwischen in einem beklagenswerten Zustand, ein „Dinosaurier" unter den Stadien. Mit der Aufnahme in die Denkmalliste ward der Stadt die heikle Aufgabe beschert, das Stadion zu erhalten und zu sanieren und dabei sportliche Wünsche, finanzielle Möglichkeiten und Denkmalbelange unter einen Hut zu bringen. Eine ideale Lösung konnte es da von vornherein nicht geben, doch dazu später.

Lobeshymnen zur Einweihung

Als das Bergische Stadion in der damals selbständigen Stadt Elberfeld am 5. Oktober 1924 eingeweiht wurde, fand dieses Ereignis in ganz Westdeutschland Beachtung. Die Tageszeitungen – fünf verschiedene gab es allein in Elberfeld – konnten sich nicht genug in Lobeshymnen ergehen, und die „Bergisch-Märkische Zeitung" schrieb: „Ein Musterbeispiel deutscher Technik, aber auch bergischer Tatkraft und Stärke."

Kölns OB Adenauer soll gesagt haben, dieses Stadion hätte nur einen Fehler – dass es nicht in Köln stände. Aus dem benachbarten Barmen war allerdings kein offizieller Vertreter zugegen, und der Barmer Presse war die Einweihung gerade mal eine Notiz wert. Welche Schmerzen 1929 die Vereinigung der Städte Elberfeld und Barmen nebst Beyenburg, Cronenberg, Ronsdorf und Vohwinkel zur neuen Großstadt Wuppertal mit sich bringen sollte, lässt sich daraus schon erahnen.

Imposant, wuchtig, einmalig war die 63.000-qm-Anlage gewiss, mit der aus Eisenbeton geschaffenen 500 m langen, 12 m breiten und in den Kurven um 8 m erhöhten Radrennbahn, mit der massiven sandsteinfarbenen Tribüne von 80 m Länge, mit der an die Nordkurve angebauten Stadiongaststätte und einem Fassungsvermögen von 35.000 Steh- und 4.300 Sitzplätzen (davon 1.200

überdachte auf der Tribüne). Die landschaftliche Lage und die gute Erreichbarkeit mit öffentlichen Verkehrsmitteln waren zusätzliche Pluspunkte.

Treibende Kraft hinter dem Stadion-Projekt war der Stadtbaurat und Beigeordnete Dr. Ing. Friedrich Roth, der mit seinem Vorhaben zuerst nicht nur Zustimmung erntete. Musste wirklich ein 40.000-Zuschauer-Stadion sein für eine 165.000-Einwohner-Stadt? Elberfeld wollte und konnte das nicht bezahlen. Der unermüdliche Roth fand private Geldgeber als Teilhaber einer Bergischen Stadion AG, an der sich schließlich auch die Stadt beteiligte. Das Aktienkapital von 700.000 Goldmark wurde zu 45% vom sog. Cölner Consortium (dem zwei Baufirmen sowie die Architekten Theodor Willkens und Theodor Nussbaum angehörten), zu 40% von der Stadt, zu 7% von der Wicküler Küpper Brauerei, zu 6% vom SSV Elberfeld als dem zukünftigen sportlichen Hauptnutzer und zu 2% von der Schwebe- und Talbahn aufgebracht. Bauplatz war das eingeebnete Kippengelände der Bayer AG (auf dem bereits ein bescheidener Fußballplatz bestand) zwischen Zoo und Wupper.

Baubeginn war im April 1924, und obwohl Arbeitskämpfe und ein verregneter Sommer den Fortgang erschwerten, wurde die Anlage in einem halben Jahr förmlich aus dem Boden gestampft. Am 28. September 1924, eine Woche vor der offiziellen Eröffnung, fand mit dem Fußball-Repräsentativspiel Westdeutschland – Norddeutschland (4:3) vor 20.000 der erste Großkampftag statt. Die eigentliche Eröffnung brachte u.a. gemeinsames Massenturnen von 3.000 Schulkindern und 2.500 Vereinsturnern und einen erfolgreichen Rekordversuch auf der Radrennbahn, bei dem der Berliner Stehermeister Karl Saldow den Stundenweltrekord hinter der 60-cm-Rolle von 82 km/h auf 85 km/h verbesserte.

Das Scheitern der Stadion AG

Entgegen den hehren Absichten, die in den Festansprachen verkündet worden waren, ging es der Stadion AG allein um den Profit. Spektakuläre Großereignisse wurden vor allem für die Radrennbahn hereingeholt, und für den 21. Juni 1925 verpflichtete man mit Slavia Prag und MTK Budapest (2:1) zwei der erfolgreichsten Fußballteams Europas. Regenwetter ließ nur 8.000 Zuschauer erscheinen und das im Eintrittspreis inbegriffene Steherrennen im Anschluss musste ganz ausfallen.

Nicht nur diese Veranstaltung war mit den nach Meinung der Elberfelder zu teuren Eintrittspreise riskant kalkuliert. Auch die Stadionmiete für Vereine und Organisationen war so hoch, dass die Stadion AG in Elberfeld binnen kurzem „unten durch" war. Die Stadt, bei der ebenfalls Verdruss vorherrschte, hatte trotz ihres beträchtlichen Aktienpakets keinen Einfluss auf das Geschäftsgebahren der AG.

Als die Stadion AG im November 1925 ihre finanzielle Zwangslage offenbaren musste, verweigerte die Stadt eine Erhöhung des Aktienkapitals, war aber bereit, bei Abtretung des Privatkapitals das Stadion zu übernehmen und den Aktionären eine kleine Abfindung zu zahlen. So wurde die Bergische Stadion AG aufgelöst – selten ist wohl eine Stadt so günstig in den Besitz eines Stadions gekommen. Die Arena hieß jetzt Stadion Elberfeld, manchmal schon mit dem Zusatz „am Zoo".

In den folgenden Jahren gab es im Stadion Elberfeld alles, was man sich nur denken kann. Hauptattraktion waren natürlich die Radrennen, dann Fußball, Leichtathletik, Reiten, Sportfeste aller Art, Freiluftboxen, Ballonaufstiege, Hunderennen, Feuerwerk und nicht zuletzt politische Großkundgebungen.

Länderspiel-Premiere dank der DJK

Im Fußball war der zeitweilige Gauligist, die Blau-Weißen vom SSV Elberfeld, „Hausherr". Dazu war das Stadion Ort wichtiger Spiele, z.B. beim Bundespokal-Endspiel zwischen Westdeutschland und Berlin-Brandenburg (1:2) im Januar 1929 vor 30.000 (Rekordbesuch) in dichtem Schneegestöber, beim Testspiel der Nationalelf gegen Manchester City 1937 (30.000, 1:1) und dem Länderspiel gegen Luxemburg 1938 (20.000, 2:1). Das erste Länderspiel im Elberfelder Stadion war allerdings eines der besonderen Art: Am 21. Juni 1931 spielte die Nationalmannschaft der katholischen Deutsche Jugendkraft (DJK) vor immerhin gut 20.000 Zuschauern gegen den Römisch-Katholischen Fußballbund von Holland (2:3).

Höhepunkt der Leichtathletik war ein Internationales Frauensportfest am 19. August 1936. Die US-Olympiateilnehmerinnen waren komplett am Start, und die deutsche 4-x-100-m-Staffel, als hoher Favorit zwei Wochen zuvor durch Stabverlust im Olympiafinale gescheitert, siegte in der heiß ersehnten Revanche gegen die USA. 40.000 Zuschauer bedeuteten eine neue Rekordkulisse für Sportereignisse, ermöglicht durch erstmals auf der Radrennbahn aufgebaute Zusatztribünen.

„Denkzettel" für die Nazis

Im Reichstagswahlkampf brachte der KPD-Vorsitzende Ernst Thälmann am 12. Juli 1932 40.000 Anhänger (nach KPD-Angaben 60–70.000) auf die Beine. Am Tag darauf sollte eine NSDAP-Kundgebung mit Goebbels als Hauptredner im Stadion stattfinden. Die Arbeiterschaft organisierte einen weiträumigen Blockadering, so dass nur 20.000 Leute durchkamen, auch Goebbels nur mit Mühe und Not. Gemessen an Thälmanns Zuhörerschaft war dies eine Schlappe für die Nationalsozialisten. Die Begebenheit ist als „Wuppertaler Denkzettel" in die neuere deutsche Geschichte eingegangen.

Der große Stadionbrand fiel ebenfalls ins Jahr 1932. Am 14. Februar, einem Sonntag, brannte die Tribüne frühmorgens ab, aber bis zum Punktspiel des SSV Elberfeld um 15 Uhr war die Brandstelle soweit gesichert und aufgeräumt, dass das Spiel stattfinden konnte. Bis September wurde die Tribüne ohne konstruktive Veränderungen wieder aufgebaut, nur die Holzbauteile wurden weitgehend durch Eisen und Beton ersetzt.

Das Stadion, weitab von Elberfelds Innenstadt, überstand den Krieg ohne Schäden und wurde von den Englän-

dern beschlagnahmt. Die waren zwar sehr großzügig in der Genehmigung von Veranstaltungen, aber die „Oberhoheit" erhielt die Stadt erst am 10. November 1949 zurück. 1957 bekam die Arena eine Flutlichtanlage. Bis dahin war bei Abendveranstaltungen nach der „Glühwürmchenmethode" durch angebrachte Drähte und Glühbirnen die nötige Helligkeit erzeugt worden.

Unglück beim Bahnrekordversuch

In den ersten Nachkriegsjahren erfreuten sich Rad- und Motorradrennen nach wie vor großer Beliebtheit, der auch der schwere Unfall vom 27. April 1947 keinen Abbruch tat. Vor mehr als 30.000 Zuschauern versuchte der Düsseldorfer Franz Vaasen mit einer 500-ccm-Maschine einen neuen Bahnrekord aufzustellen. Dabei kam er in der Nordkurve ins Trudeln, raste schlingernd mit 140 km/h an der Tribüne vorbei und – anstatt in die Südkurve einzubiegen – gegen die Umwehrung und stürzte in den Innenraum ab. Unter den Zuschauer gab es ein Todesopfer, vier Schwer- und zwölf Leichtverletzte. Vaasen verlor bei dem Unglück das rechte Bein, fuhr aber bereits wieder 1948 auf einer speziell für ihn eingerichteten Maschine Motorradrennen.

Wie schon 1927 war das Stadion am Zoo (diese Bezeichnung war jetzt allgemein üblich geworden) 1954 Austragungsort der Steher-WM; 35.000 sahen das Finale. Mit den Deutschen Meisterschaften 1958 vor 15.000 ging die große Zeit der Wuppertaler Steherrennen zu Ende. Danach wurden Manipulationen aufgedeckt, und das Publikumsinteresse sank binnen kurzem auf den Nullpunkt. In die Radrennbahn wurde nicht mehr investiert, ab 1960 war sie nicht mehr betriebssicher, eine Ära war vorüber.

Leichtathletische Höhepunkte waren vor bis zu 35.000 Zuschauern die Abendsportfeste des Barmer TV zwischen 1950 und 1960 und noch einmal 1970. Am Start waren Stars wie die vierfache Olympiasiegerin Fanny Blankers-Koen („die Unvergleichliche"), „die schwarze Gazelle" Wilma Rudolph, der viermalige Diskuswurf-Olympiasieger Al Oerter, Martin Lauer, Carl Kaufmann, Manfred Germar, Heinz Fütterer, Helmut Janz, und vom Wuppertaler SV (dessen Leichtathleten damals zur deutschen Spitzenklasse zählten) als Lokalmatadore Manfred Kinder und Manfred Knickenberg, Maria Jeibmann und Maren Collin.

Auch beim Feldhandball waren mehr als 30.000 Zuschauer zugegen, so beim WM-Länderspiel gegen Österreich 1955 und bei den Endspielen von Solingen 98

gegen den VfL Wolfsburg (1963, 6:9) und GW Dankersen (1965, 15:14 n.V.).

Bundesliga-Premiere dank des 1. FC Köln

Fußballerischer Hauptnutzer waren die Rot-Weißen von Vohwinkel 80 (1947-50 Oberliga) und wie gehabt die Blau-Weißen vom SSV Wuppertal, nach der Fusion beider Vereine 1954 schließlich der Wuppertaler SV. Wieder wurden überregionale Begegnungen ins Stadion am Zoo vergeben und internationale Freundschaftsspiele veranstaltet, die damals einen anderen Stellenwert hatten als heute. Beim DM-Spiel 1. FC Kaiserslautern – TuS Neuendorf (5:1) 1948 sollen 50.000 im Stadion am Zoo gewesen sein – darunter 3.000 mit gefälschten Karten: viele, die die Absperrungen überstiegen und auf Mauern und Bäumen einen Platz fanden, viele auf den Zusatztribünen. Ein zweites Endrundenspiel ist deshalb bemerkenswert, weil 1957 die Lauterer in Wuppertal vor 42.000 Hertha BSC Berlin mit 14:1 besiegten, der höchste Erfolg, der je in einem DM-Nachkriegsspiel zustande kam.

In der wechselvollen Geschichte des Wuppertaler SV zogen große Spiele stets 30.000 bis 40.000 Besucher an. Beim DFB-Pokal-Halbfinalspiel am 7. August 1963, einem Mittwochabend, gegen den Hamburger SV (0:1) waren mehr als 40.000 im Stadion, wohl nicht alle auf legale Art und Weise. Bundesligafußball gab es erstmals am 21. März 1964, als der 1. FC Köln wegen einer Platzsperre sein „Heimspiel" gegen Braunschweig in Wuppertal austrug (4:1 vor 30.000).

1972 schaffte dann der WSV den Bundesliga-Aufstieg und löste damit eine wahre Fußballeuphorie aus – Torjäger Günter „Meister" Pröpper hatte Kultstatus. Das Stadion wurde aus diesem Grund noch einmal renoviert und „bundesligatauglich" gemacht. 1972/73 belegte der Neuling einen nie erwarteten vierten Platz und qualifizierte sich für den UEFA-Cup. Das „Spiel der Spiele" fand am Mittwoch, 4. Oktober 1972, gegen Bayern München (1:1) statt. Wieder war das Stadion mit 38.000 Menschen überfüllt, es herrschte Volksfeststimmung, und wie immer bei großen Ereignissen brach der Verkehr in Elberfeld völlig zusammen. 1975 stieg der WSV ab, es folgten lange Jahre in der 2. Bundesliga und 1980 schließlich der Sturz ins Amateurlager.

Wegen Einsturzgefahr gesperrt!

In dieser Zeit verfiel das Stadion zusehends, denn Geld für Instandsetzungsarbeiten war nicht vorhanden. Es be-

Unter Denkmalschutz: das Wuppertaler Stadion am Zoo mit seinem imposanten Tribünengebäude von 1924.

(Fotos: Sportamt Wuppertal)

gann die unendliche Geschichte von Vorschlägen und Gegenvorschlägen, was mit der Arena zu geschehen hätte. Die vorläufige (1983) und endgültige (1988) Aufnahme in die Liste denkmalgeschützter Bauten machte eine finanziell praktikable Lösung noch schwieriger. Im April 1988 war der Verfall so weit fortgeschritten, dass die Tribüne wegen Einsturzgefahr gesperrt werden musste. Nun endlich, am 6. Juli 1988, wurde ein Ratsbeschluss zum Neubau der Tribüne gefasst. Dabei musste die der Wupper zugekehrte Schildwand der alten Tribüne als „optisches Wahrzeichen" aus Denkmalschutz-Gründen erhalten bleiben, eine technisch komplizierte und kostenträchtige Vorgabe.

Als die 1991 begonnene neue Tribüne am 5. Dezember 1993 eingeweiht wurde, hatten sich die Baukosten auf über 30 Mio. summiert. 8.000 Zuschauer sahen ein Rahmenprogramm aus Rugby, Baseball, American Football und Feuerwerk sowie ein 1:1 im 2. Bundesliga-Spiel des WSV gegen den FC Homburg. Ausgerechnet nach Fertigstellung der neuen Tribüne stieg Wup-

pertal 1994 ab. Mit dem Neubau war zwar das drängendste Problem behoben, aber es gäbe im Stadion noch viel zu tun. Was aus der gesamten Anlage einmal werden soll, diese Entscheidung steht noch aus.

Für den WSV ging es derweil noch weiter bergab. 1999 erhielt der Verein auf Grund finanzieller Versäumnisse vom DFB keine Regionalliga-Lizenz und war damit als Zwangs-Oberligist zum ersten Mal in der Vereinsgeschichte viertklassig. *Harald Bennert*

Stadion am Zoo Wuppertal
ER: 1924. FV: 30.000, davon 21.500 StP, 5.000 üd. SiP auf der neuen Tribüne, 3.500 nicht üd. SiP.
ZR: Rund 50.000 beim DM-Halbfinalspiel am 25.7.1948, 1. FC Kaiserslautern – TuS Neuendorf 5:1.
Hubertusallee 4, 42117 Wuppertal, Tel. 0202 / 74 00 51.

■ Stadion Lindenplatz

„Da hat unser Bundestrainer gespielt!"

„Da hat unser Bundestrainer gespielt!", weiß man auf der Geschäftsstelle des SV Rhenania 05 Würselen, und tatsächlich: Bis 1949 stürmte auf dem Lindenplatz Jupp Derwall für die Schwarz-Gelben.

In der heute 36.000 Einwohner zählenden Stadt bei Aachen weihte Rhenania am Ort eines früheren Fußballplatzes am 14. August 1921 das 5.000 Besucher fassende Stadion Lindenplatz mit einem 1:2 gegen Rheydt 08 ein. Die damalige Holztribüne war die erste im Kreis Aachen. Die Spielstätte wurde weiter ausgebaut, zumal der Klub in den 30er Jahren am Mittelrhein Gauligist war. Zum Oberliga West-Aufstieg von Rhenania 1948 galt ein Fassungsvermögen von 15.000. In den Entscheidungsspieler hatte der 1. FC Köln das Nachsehen (0:1, 0:0), damit war die Domstadt 1948/49 ohne einen Oberligisten!

Die beiden Oberliga-Jahre waren Höhepunkt der Vereinsgeschichte, der Zuschauerschnitt lag um die 8.000, je 15.000 sahen die Derbys gegen Alemannia Aachen (3:0, 2:0). 1950, als ein Viertel der Oberligisten absteigen musste, war Würselen einen Punkt schlechter als Aachen, Oberhausen und der Duisburger SpV und musste in den sauren Apfel beißen. Jupp Derwall hatte seine Heimatstadt Würselen bereits 1949 verlassen und setzte seine Laufbahn bei Alemannia Aachen fort.

Als das angrenzende Wohngebiet Ende der 50er Jahre erweitert wurde, musste das Stadion um- und rückgebaut werden.

Rhenania gehört 2000 der Landesliga an; zu Saisonbeginn 1998 zog man die Mannschaft aus finanziellen Gründen aus der Oberliga zurück. *sky*

Stadion Lindenplatz Würselen
ER: 1921. FV: früher 15.000, heute 4.500, davon 500 SiP.
ZR: 16.000. Oberliga West, 8.1.1950, Rhenania Würselen – Schalke 04 2:0.
Im Winkel 22, 52146 Würselen
Tel. 02405 / 42 17 17.

Stadion Frankfurter Straße / Dallenberg / Sepp-Endres-Sportanlage

Wie ein Verein sein Stadion verlor

Hoch hinaus wollten sie in der 2. Bundesliga, doch am Ende standen sie auf einem Schuldenberg und verloren alles: den Namen, die Spielklasse und das Stadion. Gemeint ist der 1. Würzburger FV 04, der am 15. Mai 1981 Konkurs anmelden musste. Zwar scheiterte auch Lokalrivale FK Würzburger Kickers in der 2. Bundesliga, allerdings nicht mit solch verheerenden Folgen wie der Konkurrent.

Würzburg, mit 129.000 Bewohnern Mittelpunkt von Mainfranken, ist bekannt als UNESCO-Weltkulturerbe, Bischofsresidenz, Universitätsstadt, als frühere Residenz und Festung. Fußballerisch war die Mainstadt im Gespräch, als von 1976 bis 1980 der FV 04 der 2. Bundesliga Süd angehörte und in dieser Liga 1977/78 mit dem FK Kickers sogar einen örtlichen Rivalen hatte.

Die 04er, „die Blauen", spielten seinerzeit im vereinseigenen Stadion mit 350-m-Laufbahn an der Frankfurter Straße, wo es 15.000 Stehplätze und 400 überdachte Tribünenplätze gab. Seit 1912 waren sie dort zu Hause und verfügten 1925 über eine 700-Sitzplätze-Holztribüne, unter der sich das Vereinsheim mit öffentlicher Gaststätte befand.

Das Entscheidungsspiel um die Bayernliga-Meisterschaft 1976 hatte der FV vor 12.617 (Rekord) im Dallenbergstadion der Kickers in Würzburg mit 0:2 gegen Wacker München verloren, doch verkündeten in der anschließenden Pressekonferenz die Münchner überra-

schend ihren Verzicht auf die 2. Liga. Prominentester Akteur der 04er war der von Schweinfurt 05 gekommene Ex-Nationalspieler Lothar „Emma" Emmerich, der mit 35 Jahren trotz namhafter Konkurrenten wie Walitza, Hitzfeld, D. Hoeneß, Hofeditz, Ohlicher, Lenz, Heck u.a. Torschützenkönig der Liga wurde (37 Spiele/24 Tore). 04 war auf Rang 7 bester Neuling und verzeichnete im Schnitt fast 6.600 Zuschauer an der Frankfurter Straße. Die alte Tribüne genügte für die 2. Bundesliga nicht mehr, ihr Dach war baufällig, sie musste abgerissen und durch einen 400-Plätze-Neubau ersetzt werden.

Kickers-Umzug nach 60 Jahren
Emmerich wechselte in der Saison 1977/78 zum Zweitliga-Neuling Kickers in Würzburg und war dort sogar Interimstrainer, als Trainer Saller im Januar entlassen – und im Februar wieder eingestellt wurde. Die Kickers liefen im Dallenbergstadion auf, das seit 1967 ihre Heimat ist. Zuvor spielten die 1907 gegründeten „Roten" im Stadtteil Sanderau auf einem engen Terrain mit Hartplatz an der Randersacker Straße. Das neue Stadion war am 15. August 1967 im Beisein von fast 7.800 mit dem Freundschaftsspiel gegen den 1. FC Kaiserslautern (0:1) eingeweiht worden, besaß eine 4.000-Plätze-Haupttribüne und ansonsten nur Erdwälle rund ums Rasenspielfeld. Erst im Herbst 1975 waren die Stehränge fertig gestellt.

Am Dallenberg gab es regelmäßig Gastspiele von Bundesligisten und 1971 sogar das Endspiel um die Deutsche Amateurmeisterschaft (SC Jülich 1910 – VfB Stuttgart Amateure 1:0 vor 6.000), wobei die Rheinländer im Stadion einen fröhlichen Umzug mit Transparenten, Fahnen und einer Pauke – Aufschrift: „Von der Elbe bis zum Rhein, steckt Jülich alle Siege ein" – veranstalteten und bei den Schwaben der 38-jährige „Sawi" Sawitzki im Tor stand. Die ARD-Lotterie „Ein Platz an der Sonne" lockte 1974 bei freiem Eintritt mit Sportschau und Promi-Fußball 12.000 ins Dallenbergstadion, und im April 1976 erlebten dort 11.379 Zuschauer das Bayernliga-Derby Kickers – FV 04 (1:1) mit.

In der 2. Bundesliga erreichten die Kickers die Besucher-Bestmarke von 10.000 gegen den 1. FC Nürnberg; der spätere Bundesliga-Aufsteiger unterlag 0:3, einmal traf Neuzugang Emmerich. 11.454 beim 115. Derby Kickers – FV 04 (2:2) bedeuteten Rekord für Lokalkämpfe, doch am Ende stiegen die Kickers ab, ein Schicksal, das 1980 auch Würzburg 04 ereilte. 17.000 Plätze, davon 4.400 überdachte und 1.400 unüberdachte Sitzplätze, standen in der 2. Bundesliga im Dallenbergstadion zur Verfügung; im Besucherschnitt lag 04 (4.627) vor den Kickers (2.583).

Platzverweis für die 04er
Das 121. Derby seit 1908 zwischen Kickers und 04 im Jahr 1981 war das letzte, da der FV 04 anschließend mit 2,5 Mio. DM Schulden Konkurs anmelden musste. Der einstige Arbeiterverein aus dem Stadtteil Zellerau verlor seinen Namen und sein Stadion, in dem neben der Tribüne auf der Gegengeraden noch eine große Tribüne mit 900 Sitzplätzen und 3.600 Stehplätzen stand, und musste als am 22. Mai 1981 neu gegründeter Würzburger FV in der C-Klasse (!) neu beginnen. Das Stadion an der Frankfurter Straße als Bestandteil der Konkursmasse erwarb bei der Versteigerung DJK Würzburg. Der Würzburger FV war 1981/82 an der Frankfurter Straße noch geduldet, dann musste er auf das frühere DJK-Gelände mit dem Rotgrandplatz an der Mainaustraße umziehen, das er später in seinen Besitz brachte. 1985 erhielt dieses Stadion einen Rasenplatz und eine Beleuchtungsanlage, wofür die Mitglieder 6.000 freiwillige Arbeitsstunden leisteten. Einweihung war im September 1986 vor 1.300 gegen die TG Höchberg (0:1) in der Bezirksliga West. Im November 1997 war dann eine überdachte 800-Stehplätze-Tribüne fertig, die nach dem WFV-Mitgründer und großzügigen Sponsor Ja-

Das ehemalige WFV- und heutige DJK-Stadion an der Frankfurter Straße.

(Foto: Grüne)

Die Sepp-Endres-Sportanlage, die aktuelle Spielstätte des Würzburger FV.

■ Ernst-Thälmann-Stadion

Saisonkarte für 45 Mark

kob Bernanke benannt wurde. Sportlich hat sich der 04-Nachfolger WFV inzwischen wieder nach oben gearbeitet: 1999 stiegen „die Blauen" in die Bayernliga auf, die sie 1981 hatten verlassen müssen.

Das Stadion an der Mainaustraße heißt nach dem 1998 im Alter von 82 Jahren verstorbenen Ehrenmitglied Sepp-Endres-Sportanlage; Josef Endres bestritt 1.000 Spiele für 04, war WFV-Mitgründer und 17 Jahre lang tagtäglich im Arbeitseinsatz auf dem nun nach ihm benannten Sportgelände; sein Enkel Manuel Endres spielt seit 2000 für Eintracht Braunschweig.

Abrisspläne

Das frühere 04er-Stadion an der Frankfurter Straße benutzt wie erwähnt die DJK, die nach der Übernahme die Stehplätze in den Kurven teilweise entfernte und ein Erbbaurecht erhalten hat. Nach dem Auszug der US-Army wollte die Stadt das Stadion verkaufen, die DJK sollte aus der nun DJK-Stadion genannten Anlage auf das ehemalige Kasernengelände der Nordamerikaner umziehen. Da sich bis heute aber kein Interessent fand, der anstelle des Stadions Eigentumswohnungen errichten wollte, besteht die dem Verfall preisgegebene DJK-Arena noch. Ihr Fassungsvermögen liegt heute bei 8.000, doch zu den B-Klassen-Heimspielen kommen nur ca. 20 Menschen.

Im Dallenbergstadion gab es nach dem Absturz von 04 1983 ein „neues Derby", Kickers gegen SV Heidingsfeld vor 3.584 in der Landesliga; Keeper der Kickers war Claus Reitmaier, Trainer des SVH Werner Lorant. Das größte Würzburger Stadion war 1986 Schauplatz des American Football Final Düsseldorf Panthers – Ansbach Grizzlies (27:14, 9.000) und sah immer mal wieder „großen Fußball": 1980 im DFB-Pokal Kickers – Fortuna Düsseldorf (0:2) vor 4.500, „Fuji-Cup"-Halbfinale 1988 Werder – Mönchengladbach 2:2/n.E. 4:5 vor 6.000 und „Fuji-Cup"-Finale 1989 VfB Stuttgart – Werder 1:1/n.E. 4:2 vor 3.800. Dem Bremer Coach Otto Rehhagel war die Spielstätte seinerzeit vertraut: 1967 hatte er sie als Kaiserslauterer Spieler miteingeweiht, war 1980 als Düsseldorfer Trainer wieder dort und nun zweimal mit Werder. *sky*

Stadion an der Frankfurter Straße Würzburg

heute DJK-Stadion: ER: 1912, FV: früher 15.000, davon 700 üd. SiP und 14.300 StP; jetzt ca. 8.000, davon üd.: 400 und 900 SiP sowie 3.600 StP.
ZR: 15.196, 1. Amateurliga Bayern, 1975/76, FV 04 Würzburg – Würzb. Kickers; in d. 2. Bundesliga 14.120, 1976/77, FV 04 – VfB Stuttgart 0:3
Frankfurter Str. 60, 97082 Würzburg, Tel. 0931 / 411 023 (Geschäftsstelle DJK Würzburg).

Dallenbergstadion Würzburg

ER: 1967, FV: 17.000, davon 4.000 üd. SiP
ZR: 20.000, Open-Air-Konzert, Mai 1982, u.a. mit ZZ Top; im Fußball: 12.617, Entscheidungsspiel um die Bayernliga-Meistersch. und den Aufstieg in die 2. Bundesliga, 27.5.1976, FV Würzb. 04 – Wacker München 0:2.
Mittlerer Dallenbergweg 49, 97082 Würzburg, Tel. 09 31 / 766 18, 766 20 (Geschäftsstelle), 766 27 (Kickers-Gaststätte).

Sepp-Endres-Sportanlage Würzburg

ER: jetzige Anlage 1997, FV: 3.500, davon 800 üd. StP
ZR: 2.600, Landesliga, Würzburger FV – FC Kickers Würzburg
Mainaustraße 32, 97082 Würzburg, Tel. 0931 / 424 78 (Gaststätte).

Nicht immer ist in kleineren Städten der Weg zum Stadion ausgeschildert, und so fragten wir in der Oberstadt von Zeitz bei einem Rentner-Ehepaar, das uns aus einer Plattenbausiedlung entgegen kam, nach: „Das Stadion?", war die Antwort. „Sie meinen sicher das Ernst-Thälmann-Stadion!" Es folgte die exakte Wegbeschreibung, und für uns, nachdem die Fensterscheiben des Pkw geschlossen waren, die Feststellung: Na ja, *die* kennen den Namen noch von früher.

Falsch: Das Ernst-Thälmann-Stadion heißt trotz des Umbenennungs-Wahns der Wendezeit, dem mancherorts sogar Maxim Gorki, Käthe Kollwitz u.v.a.m. zum Opfer fielen, weiterhin Ernst-Thälmann-Stadion, benannt nach dem 1944 im KZ Buchenwald von den Nazis ermordeten KPD-Vorsitzenden aus Hamburg.

Ein ganzer „Gürtel" ehemaliger DDR-Oberliga-Spielorte umgibt Leipzig – Merseburg ist zu nennen, Weißenfels, Böhlen, Altenburg und eben auch Zeitz, im Dreiländereck Sachsen-Anhalt / Thüringen / Sachsen gelegen, im Süden von Sachsen-Anhalt, südlich von Leipzig und nördlich von Gera. Will man dort einen Tag verbringen, so empfiehlt die Stadtverwaltung „Rathausturmbegehung, Michaeliskirche, historische Innenstadt, unterirdisches Gangsystem, Schloss Moritzburg sowie die älteste Brikettfabrik der Welt".

Früher hätten uns die Verantwortlichen sicherlich auch vor die Tore der Stadt geschickt, über die Auebrücke und über die Weiße Elster hinweg, vorbei am „Tiergartenhof – Sportlerklause und Tanzlokal" (heute verrammelt und verloren) ins Thälmann-Stadion. Denn früher, in den (nach sowjetischem Vorbild ganzjährigen) Spieljahren 1959 und 1960, nahm die BSG Chemie Zeitz in der DDR-Oberliga teil und stellte in dem jungen Abiturienten Bernd Bauchspieß zweimal den Torschützenkönig der Klasse. Der, in einer Runde mit der Gleichung 25 Spiele = 25 Tore, wechselte anschließend zu Chemie Leipzig, schloss sein Medizinstudium mit dem Doktortitel ab und wurde Nationalspieler. In einer Begegnung, 4:3 gegen Brieske, erzielte er alle vier Treffer für Zeitz. Chemie war populär seinerzeit, Zuschauerschnitt 10.000 in der ersten

Ein Hauch von DDR-Oberliga: der Uhren- und Anzeigeturm im Ernst-Thälmann-Stadion.

■ Sportplatz am Wattweiler Berg

Seit 1955 ein Rasenplatz

Zweibrücken, die 37.000-Einwohner-Stadt in der Westpfalz, im 2. Weltkrieg fast völlig zerstört, wirbt heute als „Europas Rosengarten". Der TSC Zweibrücken ist Spitzenreiter der „ewigen Tabelle" der 2. Liga Südwest, da er von 1951 bis 1961 nie abstieg (aber auch nie aufstieg), und verbrachte im Stadion an der Wattweiler Straße noch drei Jahre in der Regionalliga Südwest.

Das war Neuland für die Zweibrücker, und die Platzierungen 18, 15, 16 (Abstieg) boten keine Perspektive. Die heute Sportplatz am Wattweiler Berg benannte Spielstätte besaß bis 1955 in der 2. Liga einen Hartplatz, dann wurde Rasen eingesät. Eine Erneuerung des Rasenplatzes war 2000 nach Auskunft des Turn- und Sportclub in der Planung.
sky

Sportplatz am Wattweiler Berg Zweibrücken
(ehemals Stadion an der Wattweiler Straße)
FV: 6.000 bis 7.000 StP.
ZR: 6.000, gegen SV St. Ingbert, Datum unbekannt.
Wattweiler Straße 36, 66482 Zweibrücken, Tel. 06332 / 177 25, 06332 / 757 26 (Geschäftsstelle TSC).

Oberliga-Saison, 8.083 in der nächsten, und fanatisch muss der Anhang zuweilen gewesen sein, erhielt man doch nach einem 2:3 gegen ZASK Vorwärts Berlin wegen Zuschauerausschreitungen eine Platzsperre, derentwegen man das „Heimspiel" an der Ostseeküste in Rostock austragen musste.

Allerdings besaß Zeitz just zu Oberliga-Zeiten „eine unansehnliche und internationalen Bedingungen nicht entsprechende Sportstätte", weshalb das Stadion 1959 bis 1962 dank Geldern des Trägerbetriebs VEB Hydrierwerk Zeitz und 645.000 Mark des VEB Sport-Toto sowie 40.000 freiwilligen Arbeitsstunden ausgebaut wurde (20.000 bis 25.000 Plätze, davon 3.000 unüberdachte Sitzplätze auf der Westseite). Zur Einweihung am 30. Juni 1962 – „umrahmt von den an hohen Masten flatternden Fahnen unserer Republik, der Arbeiterklasse und der Sportvereinigungen" (Lokalpresse) – kamen 5.200 zum Spiel (Ujipest) Dosza Budapest – Chemie Zeitz.

Ein Heimspiel war anscheinend gerade vorüber, als wir am linken Ufer der Weißen Elster eintrafen. Der Fanblock des heutigen Landesligisten 1. FC Zeitz hatte Papierschnipsel zurückgelassen (bei näherem Hinsehen entpuppten sie sich als Aufkleber einer längst nicht mehr erhältlichen VEB-Limonade) und ein Programmheft. Die Zeitzer Spielstätte ist eine von jenen, für die es an finanziellen Mitteln für angemessenen Komfort mangelte – hinsichtlich der Sportstätten ein generelles Problem des vergangenen Staates. Jedenfalls waren als Wende-Erfolg neue Stehstufen,

manchesmal zehn an der Zahl hintereinander, angelegt. Vor dem Sprecherhäuschen sahen wir unüberdachte Bänke, andernorts eine funktionale Weitsprunganlage (was nicht für die Aschenbahn gilt) und einen Durchlass in der Kurve, angesichts dessen uns gleich in den Sinn kam: Aha, Aufmärsche!, und wir im Geiste die Sprechchöre vernahmen: „Eff-De-Jott, Ess-E-De, Na-tio-nale Volks-ar-mee!"

Ein Schaukasten klärte noch auf, dass es zwar die BSG Chemie nicht mehr, dafür aber die SG Chemie Zeitz e.V. gibt, deren Ahnen BSG Chemie „Hyzet" und BSG Hydrierwerk und Dr. Bernd Bauchspieß heißen. Die Fußballer von Chemie haben sich 1994 als 1. FC Zeitz selbstständig gemacht, doch gut bekommen ist ihnen dieses nicht, weil sie 2000 in die Landesliga Süd abgestiegen sind. Erfreulicherweise hält trotz alledem ein Getreuer eine Website aufrecht und meldet, dass die Saison-Dauerkarte lediglich 45 DM kostet und der Käufer für die ersparten 22,50 DM „den neuen Fanschal, ein T-Shirt oder zehn Bier kaufen kann".
sky

Ernst-Thälmann-Stadion Zeitz
ER: 1962, FV (nach Angaben auf der inoffiziellen Internet-Seite des 1. FC Zeitz): 20.000, davon ca. 400 unüd. SiP.
ZR: in den DDR-Oberliga-Jahren 1959 und 1960, Näheres unbekannt Tiergartenstraße, 06712 Zeitz/Elster, Tel. 03441 / 21 22 19.

■ Westsachsenstadion

Die Arena, die Nazi-Häftlinge bauten

Eine der eigentümlichsten Stadion-Historien Deutschlands hat das Zwickauer Westsachsenstadion, dessen „Halde" ostdeutschen Fußballfreunden ein gängiger Begriff war. Mitten im 2. Weltkrieg, 1942, und damit als letzte große deutsche Sportstätte der NS-Zeit, wurde es eingeweiht, und es waren vor allem Nazi-Häftlinge und Kriegsgefangene, die den Bau des ehrgeizigen Projektes bewerkstelligen mussten.

Die Halde: „Schwarz vor Menschen"
Doch zuerst zur legendären „Halde": Geht man heute auf das Stadion zu – Ausnahme die Gästeanhänger, die abseits mittels einem langen Aufgang zu ihren Plätzen „geschleust" werden –, so ist das Eingangsensemble fast noch wie zur NS-Zeit erhalten: Zwei Flügelbauten, in einem davon die Stadion-Gaststätte, zwei flankierende Mauerpodeste am Aufgang und dann der markante, aus großen Granitsteinen aufgemauerte Stadionturm, Wahrzeichen der Anlage. Durchschreitet man dessen Torbogen, blickt man in das der (künstlichen!) Landschaft geschickt angepasste Oval: Das Stadion „schmiegt" sich an eine gewaltige Halde, Nachlass des Steinkohleabbaus der einstigen Bergbaustadt. Frühere Traversen und die Bahn der Radrennfahrer sind noch erhalten, werden aber nicht mehr genutzt.

Der Clou des Zwickauer Stadions war, dass dort, wo am Westhang die Stehränge aufhörten, sich das Publikum des darüber liegenden Teils der gewaltigen Bergbau-Halde als Standplatz bemächtigte – ein Menschenwall baute sich auf, wie man ihn sonst so nur auf der gleichfalls legendären Hohen Warte von Wien gesehen hat. Nur so ist erklärbar, dass bei der großartigen Serie des damaligen Klubs Sachsenring Zwickau 1976-77 im Pokalsieger-EC über 40.000 Menschen zusahen! Sie erlebten das Weiterkommen von Croy und Co. gegen Panatinaikos Athen, AC Florenz und Celtic Glasgow, ehe der spätere Cupsieger RSC Anderlecht für die Sachsen Endstation war. „Schwarz vor Menschen" sei die „Halde", auf der es keine Stehstufen (!) gab, damals gewesen, berichten Augenzeugen. Einziges Entgegenkommen gegenüber der UEFA waren Wellenbre-

cher, die man in den Naturhang eingebaut hatte und die heute noch, Erinnerung an die *glory days* des Zwickauer Fußballs, vorhanden sind. Erinnerungen sind gefragt in der westsächsischen Stadt, denn die Qualifikation für die 3. Liga verpasste der FSV Zwickau 2000 sang- und klanglos. Funktionslos stehen die Wellenbrecher nun da, die „Halde" ist heute selbstverständlich für Fußball-Zuschauer tabu.

Apropos Planitz…
Als Zwickau noch kein Begriff war im deutschen Fußball, genoss der SC Planitz aus der gleichnamigen 23.000 Einwohner zählenden Nachbarstadt einen gewissen Bekanntheitsgrad. Zur Einweihung des neuen Rasenplatzes des Vereins gastierte 1938 – wieder einmal, wieviele Plätze haben die eigentlich eingeweiht?! – Schalke 04 und unterlag 2:3. 18.000 sahen das Spiel; das reine Fußballstadion samt Holztribüne war sogar für 30.000 Besucher konzipiert, also 7.000 Menschen mehr, als Planitz Einwohner hatte. (Leider wurde die Tribüne inzwischen abgerissen.)

Da Planitz also ein respektables Stadion besaß, die Nachbarstadt Zwickau aber keines, machte man sich dort Mitte der 30er Jahre an das ehrgeizige Sportstätten-Projekt im Süden der u.a. durch Bergbau und Autoindustrie (Horch,

Audi) geprägten Stadt. Im Februar 1935 tat man den ersten Spatenstich, „um eine landschaftlich öde Gegend umzuformen", denn der Steinkohle-Abbau im Vereinsglückschacht bis 1926 hatte vor allem die riesige Halde hinterlassen. Viel weiter kam man aber nicht, weshalb am 13. Mai 1939 mit der Grundsteinlegung eine weitere Zeremonie folgte; anwesend war Architekt Udo Schwalm aus Marl. Zu dem Zeitpunkt war man sich einig, das Stadion nach dem am 30. April 1939 in Dresden verstorbenen NSDAP-Gauamtleiter und Ministerialdirektor als Erich-Kunz-Kampfbahn zu benennen.

Die Arbeiten waren bereits 1937 wieder aufgenommen worden, für den Sommer 1939 war die Einweihung geplant, und erster Höhepunkt sollten am 15. Oktober 1939 die „Deutschen Gepäckmeisterschaften der SA" sein. Dazu kam es nicht denn am 1. September begann mit dem Überfall Deutschlands auf Polen der 2. Weltkrieg.

Gute Karten beim „Blutrichter"
Als Arbeitskräfte wurden beim Stadionbau unter Bewachung 220 Häftlinge des Zwickauer Zuchthauses Schloss Osterstein zwangsweise eingesetzt. Im Schloss war schon SPD-Ahnherr August Bebel eingekerkert gewesen, und zu den Häftlinger der NS-Zeit zählten Gegner des Regimes. Die Stadt Zwickau hatte die Erlaubnis für den Arbeitseinsatz der Gefangenen von Generalstaatsanwalt Dr. Jung und Staatssekretär Freisler – dem berüchtigten „Blutrichter" am Volksgerichtshof Roland Freisler – erhalten. Mit Ausnahme eines Teils der Maurerarbeiten und Innenausbauten durften Häftlinge nach dem Entscheid der Nazi-„Juristen" als Zwangsarbeiter

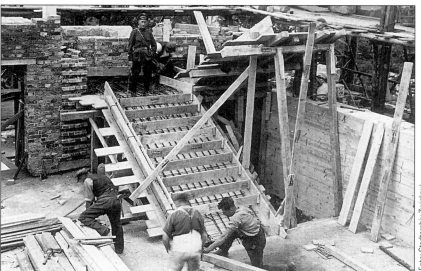

Schon vor dem 2. Weltkrieg mussten KZ-Häftlinge und später Kriegsgefangene unter Bewachung die Zwickauer „Kampfbahn" bauen.

eingesetzt werden. Die Stadt hatte den Stadionbau dementsprechend als Arbeitsmaßnahme „im Rahmen der Haldensanierung" deklariert und als „der Allgemeinheit dienendes Interesse bezeichnet".

Im Mai 1939 arbeiteten 300 Häftlinge auf der Stadion-Baustelle. Als neue Bestimmungen über den Arbeitseinsatz von Gefangenen erlassen wurden, fürchtete Zwickau, die Billig-Baukolonne zu verlieren. Angesichts der erwähnten „SA-Reisegepäckmeisterschaften" bat man den Dresdner Regierungspräsidenten und SA-Obergruppenführer Schepmann um eine „Dringlichkeitsbescheinigung" hinsichtlich des Arbeitseinsatzes. Das half nicht weiter, denn mit Beginn des 2. Weltkrieges wurden die Häftlinge in anderen Bereichen als Arbeitskräfte benötigt: für den Flugplatzbau, die Landwirtschaft und als Rohrverleger der Landesgasversorgung. Zwickau wurden nur noch 25 sog. Haldenarbeiter zugeteilt. Als Zwickaus Oberbürgermeister Dost 1940 auf seiner Ansicht nach wichtige „Nutzlandgewinnung" verwies, antwortete Justiz-Staatssekretär Freisler 1940, „kriegswichtige Arbeiten" seien „vordringlich". Dank Generalstaatsanwalt Jung wurde das Arbeitskommando aber im Frühjahr 1941 nochmals verstärkt, genaue Zahlen sind unbekannt.

Zwickaus damaliger OB scheint ein Sturkopf gewesen zu sein, legte er sich doch ungeachtet sonstiger Schwierigkeiten beim Stadionbau noch mit dem Architekten des Berliner Olympiastadions, Werner March, an. Der hatte am 11. April 1939 auf Zwickaus Anfrage mitgeteilt, er stünde „für eine restliche Bearbeitung der inzwischen begonnenen Sportanlage" nicht zur Verfügung, „weil sie in der grundsätzlichen Erschließung so schwere Mängel enthält, für die ich die Verantwortung nicht übernehmen kann". Leider ist Marchs Kritik in den Akten nicht näher definiert. Der OB jedenfalls reagierte verärgert: Die Erstellung der Sportanlagen im Deutschen Reich könne nicht von Meinungen und Ansichten von March abhängig sein, hieß seine Antwort. Noch drastischer war die Reaktion von OB Dost auf die Kritik des Olympiastadion-Architekten in einem Brief vom 7.7.1939: „Ich muss es als unerhört bezeichnen, wenn Herr Prof. March, obwohl er nur für das Sporttechnische zuständig ist, versucht, die Zwickauer Anlage in städtebaulicher und architektonischer Hinsicht herabzusetzen." Dost drohte, die Kontroverse „zur gegebenen Zeit bei den zuständigen Stellen mit zur Sprache zu bringen".

Dost und die Stadtverwaltung, die den Stadionbau im 2. Weltkrieg unbe-

(Foto: Stadtarchiv Zwickau)

An der gewaltigen Halde werden Stehränge hergerichtet.

dingt zu Ende bringen wollten, begannen mangels Häftlingen um Kriegsgefangene als Bauarbeiter zu feilschen. Zwar gibt die vorhandene Korrespondenz im Zwickauer Stadtarchiv keinen endgültigen Aufschluss über den Erfolg, doch weisen Fotodokumente aus, dass später (vermutlich französische) Kriegsgefangene mitarbeiten mussten. Der wohl private Fotograf hat entweder die Situation begriffen oder bei seinem Schnappschuss nichts gedacht: Die Stadionarbeiter sind hinter einem Stacheldrahtverhau abgelichtet.

Obwohl das Stadion noch nicht fertig gestellt war, erntete man erste Lobeshymnen wie in der Zeitschrift „Der Deutsche Radfahrer": Berlin könne ruhig einmal auf Zwickau schauen, hieß es, wo die 450-m-Zement-Radrennbahn zu zwei Dritteln fertig sei und sich die Aussicht vom Eingangsturm lohnen würde. Die Stadion-Kapazität wurde mit 35.000 Plätzen, davon ca. 17.000 Sitzplätze, angegeben.

„Der Tod war nicht umsonst"
Am 23. August 1942 feierte Zwickau im Rahmen eines Sportfestes „3 Tage Leibesübungen" mit 20.000 Besuchern – es herrschte ansonsten Sport-Veranstaltungsverbot – die Einweihung der Kampfbahn an der Geinitzer Straße. Das Fest sollte Normalität vorspiegeln, denn zu diesem Zeitpunkt starben deutsche Soldaten in der Sowjetunion, in Nordafrika, in Griechenland und anderswo. Zitat aus der Tagespresse: „Die Tatsache, dass in unserer Stadt mitten in dem Kriege dieses Fest der Gemeinschaft überhaupt möglich war, hat zugleich symbolhafte Bedeutung." Man sang im Gedenken an die Kriegstoten das „Lied vom guten Kameraden", was den Zeitungs-Berichterstatter noch beflügelte: Die „Kameraden der ewigen Legion" hätten das bunte Bild im Stadion gesehen und das Gefühl erfahren, „das ihr Tod nicht umsonst war".

Die Anlage war zu dem Zeitpunkt noch eine Art Torso: Die Radrennbahn war nicht fertig gestellt, die Tribüne

fehlte, das nahe 5.000-Plätze-Naturtheater ebenso (es wurde nie verwirklicht).

Selbst Anfang 1943, die Radrennbahn war nun zu fast drei Vierteln fertig, bemühte sich Zwickaus OB nochmals um sein Prestigeobjekt – ein zu diesem Zeitpunkt absurdes Unterfangen. Dost schaltete das Reichsfachamt Radsport ein, das einen negativen Bescheid erteilte: „Alle unsere Bemühungen für die Fertigstellung der Rennbahn sind ergebnislos geblieben."

„Nach Kriegsende werden die Arbeiten durch erhöhten Einsatz von Gefangenen mit aller Kraft zu Ende geführt werden", hatte OB Dost 1940 erklärt. 1945 war Kriegsende, und am 14. August 1949, noch vor Gründung der DDR, war eine weitere Einweihung fällig. Der stilisierte Reichsadler und das Hakenkreuz am Stadion-Turm waren entfernt, heute verdeckt ein großes Schild „Westsachsenstadion Zwickau" die Stelle; der „Gauleiter-Balkon" (oder wie immer man das nennen mag…) ist nach wie vor vorhanden. 1949 jedenfalls war die Radrennbahn „nach mühevoller Arbeit" und „in verblüffend kurzer Zeit" (Presseberichte) ebenso wie Umkleideräume und Toiletten fertig gestellt worden; die Radpiste galt als „schnellste" Deutschlands.

Innerhalb der Sporttage der Jugend gab es einen sonntäglichen Festzug vom Zwickauer Hauptmarkt zum Stadion, Massenvorführungen der Turner, ein Handballspiel Zwickau – Leipzig, Darbietungen von Motorradfahrern und das Radrennen um den „Großen Preis" der Zeitung „Freie Presse" der SED. Teilnehmen durften Radprofis – es ist kaum bekannt, dass es noch in den Anfängen der DDR sogar Boxprofis und Berufsringer (= Catcher) gab. OB Aßmann nutzte vor 15.000 Besuchern den Anlass, die als Südsportfeld bzw. Südkampfbahn bzw. Sportfeld an der Geinitzer Straße bezeichnete Anlage nach Georgi Dimitroff, dem bulgarischen Kommunisten, zu benennen.

„Ein Schande für die ganze Stadt"
Dieser „Vorschlag der demokratischen Sportbewegung Zwickaus" wurde ohne das Votum der Stadtverordneten umgesetzt und löste einen lokalen Konflikt aus. Am 19. Dezember 1949 nämlich lehnten in der Stadtverordneten-Versammlung CDU und LDP (als CDU und LDPD spätere „Blockflöten"-Parteien) die Namensgebung per Mehrheitsbeschluss ab. Der neue Stadionname war dabei nicht, wie fälschlicherweise geschrieben wird, „auf Druck der SED-Kreisleitung" zustande gekommen, denn der Vorschlag kam direkt vom Deutschen Sportausschuss der DDR aus

(Foto: Skrentny)

Oberligastadion mit Radrennbahn: das damalige Georgi-Dimitroff-Stadion in den 60er Jahren. Prägnant blieb bis heute der wuchtige Eingangsturm aus der NS-Zeit.

Berlin: „Der große Kämpfer gegen den Faschismus sollte geehrt werden, der im Reichstagsbrandprozess (Anm.: 1933) den Nazis die Larve vom Gesicht riss und ihre ganze Brutalität und Verlogenheit vor der Weltöffentlichkeit bloßstellte." Aufgrund der CDU/LDP-Ablehnung kam es 1949 zum Tumult, weil die aus KPD und SPD entstandene SED samt Zuhörern protestierte, woraufhin die sog. bürgerlichen Parteien geschlossen den Saal verließen. Wie später bekannt wurde, bevorzugten CDU und LDP gemäß Zwickaus Bergbau-Tradition den Namen „Glückauf-Stadion".

Am 7. Februar 1950 aber meldete die „Freie Presse", „Organ der SED/Bezirk Südwestsachsen", auf Seite 1 den einstimmigen Stadtverordneten-Beschluss für ein Georgi-Dimitroff-Stadion. „Der provokatorische Beschluss vom 19.12. 1949", hieß es, „der eine Schande für die ganze Stadt Zwickau bedeutete", sei nun aufgehoben. Das wäre genug gewesen, doch die SED-Propaganda-Maschine kam nun richtig in Fahrt, fixierte sich auf den LDP-Fraktionsvorsitzenden Oskar Dietz und schob noch Resolutionen von außerhalb, z.B. aus Suhl, nach, um das „provokatorische Verhalten" der „Bürgerlichen" zu brandmarken, „das nicht nur unter den Werktätigen in Zwickau, sondern in der ganzen Republik große Empörung hervorgerufen hat" (auch Erfurt bekam ein Dimitroff-Stadion).

Zurück ins Stadion: Der erwähnte und heute denkmalgeschützte Stadionturm steht noch, laut Internet-Fanpage des FSV Zwickau „die letzte größere Investition, welche die braunen Verbre-

cher vornahmen". Die Entscheidung der NS-Zeit, auf Halden zu bauen, erwies sich als Fehler, denn der Baugrund gab nach, Traversen und die um das Spielfeld angelegte Radrennbahn sackten ab, weshalb die Stehränge teilweise gesperrt wurden und Radsport-Veranstaltungen ab Anfang der 80er Jahre im Dimitroff-Stadion nicht mehr möglich waren. Auf dem Stadiongelände entstand eine Sommerrodelbahn, die sowjetische Ehrengäste anlockte.

Mit der Wende wurde das Dimitroff-Stadion in Westsachsenstadion umbenannt – zitieren wir erneut die Fanpage *www.freiepresse.de/home/ralst/ stadion. htm*: „Ob es, gerade in Anbetracht der Geschichte, eine gute Idee war, Georgi Dimitroff als Namensgeber abzulösen, darüber muss jeder selbst befinden."

Den DFB-Forderungen entsprechend wurde das Spielfeld eingezäunt. Über den Stehtraversen wurden Stahlrohr-Sitztribünen errichtet, wodurch das Fassungsvermögen von 45.000 auf 14.200 Zuschauer sank. „Nächste Errungenschaft des Kapitalismus", so die erwähnte Fanpage, war die elektronische Anzeigetafel. Die Aschenbahn ersetzte eingesäter Rasen. Die Sitzplatztraversen rechts des Turms wurden als VIP-Bereich saniert, ebenso der Turm selbst. Am 10. November 1997 weihte Zwickau die neue Flutlichtanlage, angeblich die hellste in Deutschland, gegen den SC Freiburg (0:1) ein.

Pferdefleisch und Klöße

Es sei nicht vergessen, dass die ZSG Horch Zwickau erster DDR-Fußballmeis-

ter war. In der Meisterschaftsaison kamen im Schnitt 1.715 Menschen ins Stadion, es gab nach dem Titelgewinn Geschenke von FDGB, FDJ, BSG, einen Ball im „Haus der DSF" und im Klub-Lokal „Paulaner" Pferdefleisch mit Klößen, außerdem eine Einladung der „Sektion Fußball Berlin" zum Einkauf im „HO-Gesundbrunnen" und ein Gastspiel anlässlich des „Tag der Frau" in Leipzig. West-Mannschaften kamen auch an die „Halde" und wurden sämtlich „abgefertigt" – 2:0 gegen Schweinfurt 05, 7:2 gegen Hertha BSC, 3:1 gegen den Nord-Oberligisten Eimsbüttler TV.

Doch noch einmal zurück ins Stadion: Die bröckeligen Stehtraversen sind da, überbaut mit Stahlrohrtribünen, und die Radrennbahn wird nie wieder herstellbar sein, weil sie aus baulichen Gründen unterbrochen wurde. Dennoch beeindruckt die Gesamtanlage, und die Legende von der „Halde" wird Bestand haben, so wie die Geschichten von der „Glückauf-Kampfbahn", vom „Zabo", vom Rothenbaum und von der „Plumpe", weil sie der Vater dem Sohn erzählt und der Großvater dem Enkel und der Sohn seinem Sohn.

sky

Westsachsenstadion Zwickau
ER: 1942. FV 14.200, davon 11.200 unüd. SiP und 3.000 unüd. StP.
ZR: über 40.000 in der EC-Pokalsieger-Runde 1976/77.
Dr.-Friedrichs-Ring 55, 08056 Zwickau, Tel. 0375 / 37 00 90.

Platz-Verweise

Was zu erwarten war: Bei nunmehr 342 Stadien, die in diesem Buch gewürdigt werden, konnte es keine Vollständigkeit geben. In so manchem Sportamt, bei mancher Stadt und Gemeinde und bei Vereinen sowieso ruhen unsere Anfragen in der Ablage und gerieten telefonische Nachfragen umgehend in Vergessenheit.

Sei's drum: Auf die „Trefferquote" von 336 Stadien, verbunden mit sehr viel Aufwand, sind wir stolz! Und wollen an dieser Stelle zumindest das Wenige mitteilen, das wir zu Stadien und Sportplätzen in Erfahrung bringen konnten, wo alle Nachfragen unbeantwortet blieben. Falls ausgerechnet „Ihr" Heimstadion fehlt, fragen Sie die lokalen Verantwortlichen! Auch wenn's für diese erste Auflage nicht mehr hilft: Wer zu spät kommt, kommt eben nicht ins Stadionbuch!

Stadion an der Jahnbaude Böhlen

Also südwärts gereist von Leipzig, Grund: Chemie Böhlen, DDR-Oberligist von 1977-79 und 1982/83. Zeitweise unter den Namen BSG Benzinwerk und BSG Brennstoff gespielt. In der „Wendezeit" „Steigbügelhalter" von Grün-Weiß Leipzig (Ex-Chemie Leipzig), das nur durch die Fusion mit Liga-Staffel-Meister Böhlen zum FC Sachsen Leipzig in die (erfolglose) Qualifikation zur 2. Bundesliga gelangte.

Also ein Sonntagvormittag in Böhlen, im Schatten des modernen Heizkraftwerks Lippendorf. Vorbei am Kulturhaus, Eindruck: alles noch sehr „à la DDR". Stadtplan beim Bahnhof: Aha, ein Riesenoval beim Freibad, das Oberliga-Stadion! Denkste: Die Straße verliert sich in Feldwegen, keine Spur von einer Sportarena. Niemand auf der Straße, weiter gesucht: Aschenplatz am Ortsausgang, indiskutabel. Dann endlich, am Ufer der Pleiße: Stadion an der Jahnbaude. Fast ein normaler Sportplatz, etwas ausgebaut, unüberdachte Sitzplätze, Stehstufen, ein Vereinsheim beim Eingang. War's den Weg wert?

Also den Ortschronisten angeschrieben. Dessen Rückruf, außergewöhnliche Honorarvorstellungen, zudem ein Rundflug zwecks Luftbildern erwünscht. Wir empfehlen, mit Bertelsmann zu verhandeln.

Also die Vereinsvorsitzende angeschrieben. Einmal. Zweimal. Dreimal – Böhlen antwortet nicht. Deshalb der

Hinweis: Wir schreiben das Jahr 2000. Der Schriftverkehr mit Westdeutschland, ja sogar der telefonische Kontakt, ist wieder erlaubt!

Waldstadion Girod-Großholbach

Ein Ground für Kenner, denn die geographische Lage herauszufinden, erfordert einigen Aufwand. SpVgg Großholbach, TuS Heilberscheid und SV Girod bildeten 1970 die Sportfreunde 1919 Eisbachtal im Westerwald, die 1972-74 der Regionalliga Südwest angehörten und damals im Waldstadion Girod (8.000 Plätze) spielten. Der Besuch in Regionalliga-Zeiten lag stets im vierstelligen Bereich, Rekord waren 8.000 am 16. September 1973 beim 1:2 gegen TuS Neuendorf. Die Gemeinde Girod im Westerwaldkreis zählt lediglich 1.194 Einwohner – erstaunlich genug, dass die Sportfreunde heute in der Oberliga Südwest mitspielen. Das tun sie nicht mehr im Waldstadion Girod, sondern im 1975 eröffneten 6.000 Besucher fassenden Stadion Nentershausen. Da heißt es für Groundhopper doppelt aufgepasst, wollen sie die „Stadionklause" am Ortsrand erreichen: Nentershausen im Westerwaldkreis darf keinesfalls verwechselt werden mit dem Luftkurort Nentershausen im hessischen Kreis Hersfeld-Rotenburg!

Oststadtstadion Hannover

Hannovers Sportamt riet: Lassen Sie das Stadion im Buch weg, es ist eigentlich ein normaler Sportplatz. Da Platzherr Oststädter SV Bothfeld, ab 1968 Oststädter SV 1923, heute OSV Hannover, nicht reagierte, hier aber doch einige Fakten: 1971-74 in der Regionalliga Nord und 1979-81 in der 2. Bundesliga Nord. In der Regionalliga hieß der Platz schlicht Langenforther Str. 20 (Fassungsvermögen 9.000), in der 2. Liga dann Oststadtstadion, das von 11.800 Plätzen auf der Tribüne 800 überdachte Sitz- und 600 überdachte Stehplätze bot. Heute fasst die alte Holztribüne, eigentlich ein Provisorium, 1.000 Sitz- und Stehplätze, das Fassungsvermögen insgesamt liegt bei 4.000.

Sportplatz Germania Koblenz-Metternich

Metternich ist ein Stadtteil von Koblenz, und der FC Germania 1912 Metternich spielte 1964/65 und 1966/67 in der Regionalliga Südwest. Das Stadion am

Metternicher Kanal hat es gegeben, und vielleicht existiert es noch – mehr wissen wir leider nicht. Nur noch, dass Germania nun auf dem Rasenplatz „In der Kaul" am Trifter Weg spielt.

Sportfeld an der Bleichstraße Mainz-Weisenau

Stadtteilverein SV 07 Weisenau, der seit 1967 als SVW Mainz firmierte und ab 1972 wieder als SV Weisenau, verbrachte zwei Spielzeiten in der Oberliga Südwest und die Jahre 1963 bis 1970 in der Regionalliga Südwest. In der Oberliga lag der Besuch bei 2.500 bis 3.000, gastierten der 1. FC Kaiserslautern und Mainz 05, baute man eine Stahlrohrtribüne auf und zählte mehr Besucher. In der Regionalliga galt ein Fassungsvermögen von 10.000. Platzrekord sind 6.000 zum Oberliga-Auftakt 1958 gegen den FK Pirmasens (1:2).

Sportplatz FSV Trier-Kürenz

Trauriger Schlusspunkt des Kapitels Platz-Verweise: 1946 bis 1950 war der FSV Kürenz aus Trier in der Oberliga Südwest; was seine Spielstätte betrifft, durften wir nichts erfahren. Da wir die Anschrift ermittelten, können wir wenigstens mitteilen: Der Verein besteht noch. *sky*

Abpfiff

Nach Spielschluss im Freiburger Mösle-Stadion,
als dort noch großer Fußball zu sehen war.

Die Stadien der Fußball-WM 2006

„Der Kannibalismus ist ausgebrochen"

Als die Entscheidung für die Vergabe der Fußball-WM 2006 am 6. Juli 2000 in Zürich mit zwölf zu elf Stimmen gegen Südafrika und für Deutschland gefallen war, brach in den Städten, die sich als Austragungsort beworben hatten, mal großer, mal verhaltener Jubel aus. Denn wo gespielt wird, beschließt die FIFA endgültig in Absprache mit dem DFB erst im Jahr 2003. Der DFB wiederum wird seine Vorauswahl am 30. Juni 2001 treffen. Aus 16 Bewerberstädten werden dann zehn bis 14 ausgewählt. Sicher ist, dass die Eröffnung am 9. Juni 2006 in München stattfindet und das Endspiel am 9. Juli im Olympiastadion Berlin.

Als „gesetzt" gelten neben diesen beiden Austragungsorten noch Dortmund, Frankfurt/Main, Gelsenkirchen, Hamburg, Leipzig, Leverkusen und Stuttgart, womit bereits neun Spielorte feststünden. Wird Düsseldorf Sitz des Medienzentrums, dann erlebt das Rheinstadion bzw. ein Neubau ebenfalls WM-Spiele. Das ergäbe zehn Spielstätten; um die restlichen beiden Austragungsorte – wenn es nicht bei zehn bleibt – konkurrieren Bremen, Hannover, Kaiserslautern, Köln, Mönchengladbach (wenn das Nordpark-Stadion realisiert wird) und Nürnberg. Vier, wenn nicht sogar sechs Städte werden demnach leer ausgehen. Düsseldorfs Sportdezernent Franz-Josef Göbel in der „Rheinischen Post" zum Wettlauf der Städte: „Unter denen ist der Kannibalismus ausgebrochen."

Ursprünglich hatte es auch in Bochum, Bielefeld, Dresden, Duisburg, Hamburg-St. Pauli, Karlsruhe, Rostock und Magdeburg Überlegungen gegeben, sich als WM-Spielort zu bewerben, doch daraus ist durchweg nichts geworden.

Berlin: Teurer Umbau
Bereits vor der WM-Vergabe hatte Bundeskanzler Schröder am 3. Juli 2000 den ersten Spatenstich zur Sanierung des maroden Olympiastadions von Berlin getan. Nach dem Umbau wird die 1936 eröffnete Arena die teuerste WM-Spielstätte sein: 473 bis 580 Mio. DM sind veranschlagt. Der Bund trägt 100 Mio. bei, 283 Mio. das Land Berlin und 90 Mio. der Investor Walter Bau AG aus Augsburg. Dessen Kredit wird später aus dem Betrieb des Olympiastadions getilgt. Die 100 Mio. des Bundes hatte bereits im April 1997 – gekoppelt an die WM-Vergabe – der damalige Bundes-

kanzler Kohl zugesagt. Hätte die WM 2006 nicht in Deutschland stattgefunden, wäre eine billigere Variante zur Ausführung gekommen. Die Arbeiten begannen 2000, Ende 2004 soll das sanierte Stadion fertig sein. Den Neubau eines reinen Fußballstadions hatte Berlin 1998 verworfen. Nach den Plänen von Gerkan, Marg und Partner wird das alte Stadion komplett überdacht, erneuert und 77.000 Sitzplätze erhalten. Ärger nicht nur in München rief Berlins Bürgermeister Diepgen hervor, als er nach der WM-Vergabe neben dem Endspiel für das Olympiastadion zusätzlich das Eröffnungsspiel forderte.

Bremen: „Sahnehäubchen und Schokostreusel"
„Das Weserstadion, das ich als Schmuckkästchen zurückgelassen habe, wird nun noch mit einem Sahnehäubchen plus Schokostreusel versehen", erklärte der Bremer Bildungssenator Willi Lemke, ehemals Manager des SV Werder, nach der Entscheidung von Zürich. Was er damit meinte: Bremen bietet künftig 40.000 statt 33.000 Sitzplätze, die sich dann auch auf den Laufbahnen befinden, außerdem „wird der gesamte Stadionkessel einige Meter tiefergelegt" („Weser-Kurier"). Da die Sitze auf der Laufbahn abbaubar sind, können weiter leichtathletische Wettbewerbe stattfinden. Lediglich 30 Mio. Mark müssen investiert werden. Lemke erwartet, dass zwei WM-Spiele an die Weser vergeben werden.

Dortmund: Alles bereit
Frohlocken auch in Dortmund, das mit dem Westfalenstadion eine WM-reife Arena für 52.000 Zuschauer besitzt und auch 1974 Austragungsort war. Neue Baumaßnahmen sind an sich nicht notwendig, allerdings plant der Verein aufwändige Veränderungen am Stadion; u.a. soll das Spielfeld „geliftet" werden können. Die Industrie- und Handelskammer erwartet „ein kleines Konjunkturprogramm" für die Stadt, eine Imageverbesserung und die Änderung der Verkehrsinfrastruktur, der Hotel- und Gaststätten-Verband in der „Saure-Gurken-Zeit" einen Kassensegen. Skeptisch reagierte nur die Bürgerinitiative für den Erhalt des Luftbads, die fürchtet, dieses müsse nun einem weiteren Spielfeld weichen.

Düsseldorf: Aus für das Rheinstadion?
Im Büro des Düsseldorfer OB knallten nach Bekanntgabe der Vergabe die Champagner-Korken, rechnet sich die Stadt doch „gute Chancen" als WM-Spielort aus und „noch bessere als Standort des internationalen Pressezentrums". Bei der Stadt ist man der Meinung, Düsseldorf sei beim DFB bereits als „feste Spielstätte gesetzt", was im Vorfeld den Unmut anderer Bewerber verursacht haben soll. Ein Indiz dafür, dass Düsseldorf „gesetzt" ist: Laut Presseberichten buchte der DFB bereits zwei Minuten nach Bekanntgabe der Entscheidung 66 Zimmer im „Steigenberger Parkhotel". Man wird der FIFA und dem DFB die Messehallen 6, 7 und 8 mit 3.000 qm Fläche von Oktober 2005 bis Juli 2006 als „International Broadcasting Center" für 5.000 Journalisten und Techniker zur Miete anbieten.

Hinsichtlich des Stadions selbst wird im Herbst 2000 eine Entscheidung fallen. Laut Sportamt ist ein Abriss des Rheinstadions – was angesichts des sehr gelungenen Bauwerks ein Frevel wäre! – unrentabel. Die Kosten für den Neubau einer überdachten multifunktionalen 40.000-Sitzplätze-Arena mit mobilem Dach und „Schubladenrasen" nahe Messe und Rheinstadion im Norden der Stadt werden auf 200 bis 400 Mio. Mark geschätzt. Spielen könnten dort ab 2004 die Fortuna (z.Z. drittklassig), das Eishockey-Team der DEG und die Footballer von Rhein Fire.

Bauen übrigens alle Städte wie vorgesehen die multifunktionalen Arenen, so wäre Nordrhein-Westfalen damit in Köln, Oberhausen, Gelsenkirchen, Düsseldorf, Mönchengladbach überreich ausgestattet – zumal man von ähnlichen Plänen auch fürs Dortmunder Westfalenstadion liest.

Frankfurt/Main:
Ein Dach fürs Waldstadion
Das neue Waldstadion von Frankfurt soll 2005 fertig sein. Es wird 52.000 Sitzplätze bieten, bei Bundesliga-Spielen der Eintracht werden diese z.T. in Stehplätze umgewandelt, so dass das Fassungsvermögen dann 60.000 beträgt. Laut Sportdezernentin Sylvia Schenk beginnt der Bau nach dem Saisonende 2002. Die Magistratsvergabekommission hat 16 Bietergemeinschaften ausgewählt, der Sieger des Wettbewerbs muss der Stadt ein schlüsselfertiges Stadion übergeben. Betrieb und Vermarktung des Waldstadions werden ebenfalls ausgeschrieben. Die Arena wird ein verschließbares Dach erhalten, dessen 10 Mio. Mark Kosten ebenso wie weitere 40 Mio. das Land Hessen bezah-

len soll. Die Gesamtkosten belaufen sich auf 200 Mio. DM. Da Frankfurt Sitz des DFB (und damit des WM-Organisations-Komitees) ist, dürfte die Stadt mit Sicherheit Spielort werden.

Gelsenkirchen: „Trumpfkarte" des DFB
Mit Saisonbeginn 2001 wird Gelsenkirchen in der „Arena auf Schalke", einem 358-Mio.-Mark-Projekt, das modernste deutsche Stadion besitzen. Für DFB-Pressesprecher Wolfgang Niersbach galt die „Arena" als „Trumpfkarte des deutschen Fußballs bei der Bewerbung um die WM". Gewissermaßen bleibt man in Gelsenkirchen der Tradition treu: Auch die WM-Spiele 1974 waren in einem Neubau, dem Parkstadion, ausgetragen worden. Profitieren von der neuen „Arena" wird aber erst einmal der FC Schalke 04, der erwartet, dass sich sein Umsatz in der Spielzeit 2001/2002 von 71 auf 110 Mio. steigert und sich der Zuschauerschnitt dann auf 55.000 belaufen wird. In die ausverkaufte Arena passen 62.000 Zuschauer.

Hamburg: FIFA wird Mieter
Hamburg hatte bereits vor der WM-Vergabe von Juni 1998 bis Juli 1999 für 179 Mio. Mark ein komplett neues Volksparkstadion mit 50.048 Plätzen erbaut, das nach langwierigen Arbeiten und Querelen endgültig 2000 überdacht und fertig war. Während des Turniers 2006 wird die HSV-Stadionbesitzgesellschaft die Arena an die FIFA vermieten. Stadionentwickler Andreas C. Wankum hofft infolge der WM-Vergabe auf neue Aufträge aus anderen Städten. Deutschlands zweitgrößte Stadt war bereits 1974 Schauplatz der WM und 1988 der EM.

Hannover:
Gibt's einen „Kanzler-Bonus"?
Der Umbau des Niedersachsen-Stadions von Hannover, das bereits 1974 WM-Austragungsort war, hat bereits begonnen und soll den Neubau der Haupttribüne (Osttribüne), eine komplette Überdachung und 42.000 Sitzplätze bringen. Hannover erwartet bei der Vergabe von Vorrunden- und Viertelfinal-Spielen der WM vor allem die Konkurrenz von Bremen, Düsseldorf, Köln, Kaiserslautern und eventuell Mönchengladbach. 85 Mio. DM wird der Umbau kosten, wobei 47 Mio. für den 2. Bauabschnitt noch nicht gedeckt waren. Die Stadt hofft, dass Sportveranstaltungs-Agenturen investieren, und will dafür Vermarktungsrechte z.B. für Werbeflächen abgeben. Hannover 96 soll sich am Umbau finanziell beteiligen. Schließlich hofft man an der Leine, dass

sich bei der Spiele-Vergabe der „Kanzler-Bonus" auszahlt, hatte sich doch Gerhard Schröder sehr für die WM 2006 engagiert.

Kaiserslautern: Betzenberg zu klein
„Wenn Deutschland die WM bekommt, dann kämpfen wir auch für dieses schöne Fußballstadion auf dem Betzenberg", sagte DFB-Präsident Egidius Braun im April 2000 nach dem Länderspiel gegen die Schweiz in Kaiserslautern. Das Fritz-Walter-Stadion besitzt 30.275 Sitzplätze, für Vorrundenspiele der WM sind aber 40.000 plus Plätze für Ehrengäste, Sponsoren und Medienvertreter verlangt. Die Pläne, die West- und Osttribüne für 25 Mio. aufzustocken und damit zusätzliche 10.000 Sitzplätze zu gewinnen, liegen vor.

Köln: Hoffen auf Auslosung
Weder wird am Ort der Westkampfbahn in Müngersdorf neu gebaut, noch zieht der 1. FC Köln vorübergehend nach Düsseldorf um: Bei laufendem Spielbetrieb wird am Ort des Müngersdorfer Stadions in Köln eine neue Sportstätte entstehen. Darauf einigten sich 2000 CDU, SPD, FDP und der 1. FC. Die 150 bis 200 Mio. DM teuren Arbeiten beginnen nach Saisonende 2001 und sollen zu Beginn der Spielzeit 2003/2004 abgeschlossen sein. Die Stadt, die im alten Stadion jährlich bis zu 2,8 Mio. Mark Verlust registrierte, wird die neue Sportstätte nach der Fertigstellung für 10 bis 15 Jahre an den 1. FC Köln veräußern, der sich durch Bürgschaften absichert. Findet die WM-Auslosung in der Köln-Arena statt, dürfte die Domstadt Austragungsort werden.

Leipzig: Ein Investor sprang ab
Als einzige Stadt der ehemaligen DDR wird Leipzig Austragungsort. Eigenartig – war doch ein DFB-Argument bei der Bewerbung, dass die Bundesrepublik 1974 bereits die WM erhalten hatte, sich nun aber Gesamt-Deutschland präsentieren wolle. Auch Magdeburg, Rostock und Dresden waren im Gespräch. OB Wolfgang Tiefenbach teilte jedoch der „Leipziger Volkszeitung" mit, „an höchster Stelle ist immer wieder beim DFB betont worden, dass Leipzig WM-Spielort sein wird". Allerdings sprang der vorgesehene Investor, die britische RH Sanbar Group, ab, dafür engagierte sich Michael Kölmels „Sportwelt".

Das Schweizer Architekturbüro Wirth & Wirth plant ein reines Fußballstadion, zu dem am 28. Januar 2000 u.a. im Beisein von Bundeskanzler Schröder der Grundstein gelegt wurde. Die Arbeiten in der DFB-Gründungsstadt begannen

im Spätherbst 2000. Das Stadion, Schauplatz des Deutschen Turnfestes 2002, wird 45.000 Plätze haben.

Leverkusen: Ausnahmelösung?

Die moderne BayArena von Leverkusen erfüllt mit 22.500 überdachten Sitzplätzen das 40.000-Plätze-Kriterium der FIFA nicht. Die „Tagungs- und Event-Location" wird aber aller Voraussicht nach per Ausnahmegenehmigung WM-Spielort, denn die Bayer AG gehört zu den Hauptsponsoren der WM-Bewerbung des DFB, der dem Konzern in Abstimmung mit der FIFA dann wohl entgegenkommen wird.

Mönchengladbach: Fußballstadion oder „Multi-Arena"?

Unklar war bei Redaktionsschluss, inwiefern Mönchengladbach einer geplanten Bewerbung als WM-Stadt nachkommen kann. Borussia Mönchengladbach sprach sich im August 2000 für den Neubau eines reinen Fußballstadions mit 40.000 überdachten Plätzen am Nordpark aus, das 2003 fertig sein soll. Ursprünglich war an eine multifunktionale Arena gedacht, doch dieses Risiko kann der Verein nicht eingehen. Die Stadt will möglicherweise an der multifunktionalen Veranstaltungsstätte festhalten und zu deren Finanzierung einen Partner, z.B. die Kinowelt oder die Stadtsparkasse, ins Boot holen. Kritisch äußerte sich in der „Rheinischen Post" CDU-MdL Norbert Post: „Zwei, vielleicht auch noch unpopuläre WM-Spiele können nicht ausschlaggebend sein für eine Jahrhundert-Investition. Wenn sich die Borussia finanziell übernimmt, erleben wir drei Jahre später ein Fiasko."

München: Lange Kontroversen

Nirgendwo wird die Diskussion um ein WM-Stadion so lebendig und kontrovers geführt wie in München, wo das beeindruckendste und schönste deutsche Stadion, das Olympiastadion, wesentlich verändert würde. Für 400 Mio. DM will man das Stadionrund mit zwei übereinander liegenden, komplett überdachten Rängen neu bauen; die Westtribüne würde abgerissen, die Laufbahn wegfallen. Vorgesehen sind 66.000 Sitzplätze sowie 600 Logenplätze und 1.600 *Business seats*. Die Fußball-WM wird München sehen, das ist sicher; in welchem Stadion in welcher Form auch immer.

Nürnberg: „Neuwertig"

Mit „einer glänzenden und neuwertigen Fußballarena für 43.469 Zuschauer" (Bürgermeisterin Helene Jungkunz) reiht sich Nürnberg mit seinem Frankenstadion, das die FIFA-Kriterien erfüllt, unter die Bewerber ein. OB Ludwig Scholz (CSU) verspricht sich „weltweite Werbung für unsere Stadt und das Umland".

Stuttgart: Ein zweiter Rang fürs Daimler-Stadion

Stuttgart darf aus verschiedenen Gründen erwarten, als WM-Spielort ausgewählt zu werden: Es hat Erfahrungen mit sportlichen Großveranstaltungen (wie der Leichathletik-WM 1993), es besitzt mit dem Gottlieb-Daimler-Stadion eine modernisierte und komplett überdachte Spielstätte, im designierten DFB-Präsidenten Gerhard Mayer-Vorfelder einen einflussreichen Lobbyisten, und es ist Sitz des Daimler-Chrysler-Konzerns inklusive Mercedes Benz, das die WM-Bewerbung Deutschlands nachhaltig unterstützte. „Stuttgart ist bestens vorbereitet", erklärte die Sportbürgermeisterin Iris Jana Magdowski, die erwartet, dass „drei oder vier WM-Spiele" am Neckar ausgetragen werden. Der Gemeinderat beschloss am 18. Juni 1998 den 87 Mio. DM teuren Ausbau des Daimler-Stadions; die Kosten wird vor allem der VfB Stuttgart als Hauptnutzer der Arena refinanzieren. Auf der Haupttribüne entsteht ein zweiter Zuschauerrang mit 5.600 Plätzen, das gesamte Gebäude wird erweitert und modernisiert und erhält anschließend ein Parkhaus. Neu sind 44 Business-Logen und 1.200 *Business-Seats*, denen *Lounges* zugeordnet werden. Die noch vorhandenen Banksitzplätze werden in Einzelklappsitze umgewandelt. Im März 1999 belief sich das Fassungsvermögen des Daimler-Stadions auf 52.362 Plätze, davon 3.912 Stehplätze. *sky*

(Foto: Bongarts)

Gerüstet für die WM 2006: das neue Volksparkstadion in Hamburg.

Austragungsorte und Besucherzahlen der großen Fußball-Turniere in Deutschland

Fußball-Weltmeisterschaft 1974

Austragungsorte:
Berlin, Olympiastadion
Dortmund, Westfalenstadion
Düsseldorf, Rheinstadion
Frankfurt, Waldstadion
Gelsenkirchen, Parkstadion
Hannover, Niedersachsen-Stadion
Hamburg, Volksparkstadion
München, Olympiastadion
Stuttgart, Neckarstadion

* = ausverkauft

WM-Endspiel 1974 im Münchner Olympia-stadion: Müller erzielt das 2:1.

(Foto: Horstmüller)

Vorrunde

			Austragungsort	Zuschauer
Gruppe I				
14.6.	BR Deutschland- Chile	1:0	Berlin	83.168
14.6.	DDR – Australien	2:0	Hamburg	17.000
18.6.	DDR-Chile	1:1	Berlin	30.000
18.6.	Australien – BR Deutschland	0:3	Hamburg	53.000
22.6.	Australien – Chile	0:0	Berlin	16.038
22.6.	DDR – BR Deutschland	1:0	Hamburg	60.341*
Gruppe II				
13.6.	Brasilien – Jugoslawien (Eröffnungsspiel)	0:0	Frankfurt	62.000*
14.6.	Zaire – Schottland	0:2	Dortmund	30.000
18.6.	Jugoslawien – Zaire	9:0	Gelsenkirchen	23.000
18.6.	Schottland – Brasilien	0:0	Frankfurt	57.000
22.6.	Zaire – Brasilien	0:3	Gelsenkirchen	37.200
22.6.	Schottland – Jugoslawien	1:1	Frankfurt	56.000
Gruppe III				
15.6.	Schweden – Bulgarien	0:0	Düsseldorf	23.300
15.6.	Uruguay – Holland	0:2	Hannover	55.000
19.6.	Holland – Schweden	0:0	Dortmund	54.000
19.6.	Bulgarien – Uruguay	1:1	Hannover	10.000
23.6.	Bulgarien – Holland	1:4	Dortmund	53.790
23.6.	Schweden – Uruguay	0:0	Düsseldorf	20.000
Gruppe IV				
15.6.	Italien – Haiti	3:1	München	53.000
15.6.	Polen – Argentinien	3:2	Stuttgart	32.700
19.6.	Haiti – Polen	0:7	München	20.000
19.6.	Argentinien – Italien	1:1	Stuttgart	64.500
23.6.	Argentinien – Haiti	4:1	München	17.000
23.6.	Polen – Italien	2:1	Stuttgart	73.058

2. Finalrunde

Gruppe A				
26.6.	Holland – Argentinien	4:0	Gelsenkirchen	55.000
26.6.	Brasilien – DDR	1:0	Hannover	55.000
30.6.	DDR – Holland	0:2	Gelsenkirchen	69.971
30.6.	Argentinien – Brasilien	1:2	Hannover	38.000
3.7.	Holland – Brasilien	2:0	Dortmund	54.000
3.7.	Argentinien – DDR	1:1	Gelsenkirchen	20.000

Gruppe B

26.6.	Jugoslawien – BR Deutschland	0:2	Düsseldorf	67.000
26.6.	Schweden – Polen	0:1	Stuttgart	55.000
30.6.	Polen – Jugoslawien	2:1	Frankfurt	55.000
30.6.	BR Deutschland – Schweden	4:2	Düsseldorf	68.000
3.7.	Polen – BR Deutschland	0:1	Frankfurt	62.000
3.7.	Schweden – Jugoslawien	2:1	Düsseldorf	15.000**

** 40.000 Karten waren verkauft worden, zeitgleich lief Holland – Brasilien im Fernsehen.

Spiel um den 3. Platz

Polen – Brasilien	1:0	München	77.500

Endspiel

BR Deutschland – Holland	2:1	München	80.000

Olympisches Fußball-Turnier 1936

Austragungsorte in Berlin:
Hertha BSC-Platz am Gesundbrunnen im Wedding
Mommsen-Stadion in Charlottenburg
Olympiastadion, Fassungsvermögen 100.000 Zuschauer
Poststadion

		Austragungsort	Zuschauer
Achtelfinale			
Norwegen – Türkei	4:0		
Italien – USA	1:0	Poststadion	
Japan – Schweden	3:2	Hertha BSC-Platz	3.000
Deutschland – Luxemburg	9:0	Poststadion	10.000
Österreich – Ägypten	3:1	Mommsen-Stadion	5.000
Polen – Ungarn	3:0		
Peru – Finnland	7:3	Hertha BSC – Platz	2.500, „ziemlich leer"
Großbritannien – China	2:0		
Viertelfinale			
Norwegen – Deutschland	2:0	Post-Stadion	45.000 bis 50.000
Italien – Japan	8:0	Mommsen-Stadion	„vor leerem Haus" sagt eine Quelle, eine andere nennt 10.000 Besucher
Polen – Großbritannien	5:4	Poststadion	
Österreich – Peru	2:4 n.V.	Hertha BSC-Platz	
Österreich – Peru	Peru trat nicht an		
(Wurde von einem internationalen Schiedsgericht als Wiederholung angeordnet.)			
Halbfinale			
Italien – Norwegen	2:1	Olympiastadion	90.000
Österreich – Polen	3:1	Olympiastadion	
Spiel um Platz 3			
Norwegen – Polen	3:2	Olympiastadion	105.000
Endspiel			
Italien – Österreich	2:1 n.V.	Olympiastadion	90.000 bis 100.000

Olympisches Fußballturnier 1972

Austragungsorte
Augsburg, Rosenaustadion, Fassungsvermögen 43.000 Zuschauer
Ingolstadt, Dr. Grüb-Platz (ESV-Stadion), 15.000
München, Olympiastadion, 80.000
Nürnberg, Städtisches Stadion, 61.000
Passau, Dreiflüssestadion, 20.000
Regensburg, Jahn-Stadion Prüfeninger Straße, 22.000

		Austragungsort	Zuschauer
Gruppe I			
BR Deutschland – Malaysia	3:0	München	
Marokko – USA	0:0	Augsburg	4.000
BRD – Marokko	3:0	Passau	19.000
USA – Malaysia	0:3	Ingolstadt	
Marokko – Malaysia	6:0	Ingolstadt	
BRD – USA	7:0	München	60.000
Gruppe II			
UdSSR – Burma	1:0	Regensburg	
Sudan – Mexiko	0:1	Nürnberg	1.000
UdSSR – Sudan	2:1	München	
Mexiko – Burma	1:0	Nürnberg	
Mexiko – UdSSR	1:4	Regensburg	
Gruppe III			
Iran – Ungarn	0:5	Nürnberg	
Brasilien – Dänemark	2:3	Passau	10.000
Dänemark – Iran	4:0	Augsburg	
Ungarn – Brasilien	2:2	München	
Ungarn – Dänemark	2:0	Augsburg	
Brasilien – Iran	0:1	Regensburg	
Gruppe IV			
Polen – Kolumbien	5:1	Ingolstadt	
DDR – Ghana	4:0	München	40.000
DDR – Kolumbien	6:1	Passau	
Polen – Ghana	4:0	Regensburg	
Polen – DDR	2:1	Nürnberg	10.000
Zwischenrunde			
Gruppe A			
BRD – Mexiko	1:1	Nürnberg	36.000
DDR – Ungarn	0:2	Passau	9.000
BRD – Ungarn	1:4	München	75.000
Mexiko – DDR	0:7	Ingolstadt	4.000
BRD – DDR	2:3	München	80.000
Ungarn – Mexiko	2:0	Regensburg	
Gruppe B			
Marokko – UdSSR	0:3	München	
Dänemark – Polen	1:1	Regensburg	
Marokko – Dänemark	1:3	Passau	3.000
Polen – UdSSR	2:1	Augsburg	
Polen – Marokko	5:0	Nürnberg	
Dänemark – UdSSR	0:4	Augsburg	
Spiel um Platz 3			
DDR – UdSSR	2:2 n.V.	München	72.000
Endspiel			
Polen – Ungarn	2:1	München	45.000

Die ältesten Stadien Deutschlands

Chronologie 1905 bis 1920

Nachstehende Aufstellung hat als Grundlage die in diesem Buch beschriebenen und noch existierenden Stadien – durchaus möglich also, dass es mancherorts ebenso alte Sportstätten gibt. Das Ursprungsjahr ist dabei meist nicht mit dem Stadionbau identisch. Die Jahresangabe steht dafür, dass seit diesem Jahr am Ort des Stadions eine Sport- und Spielstätte bestand.

1905
Karlsruhe: Platz des Karlsruher FV
Lüneburg: Platz des Lüneburger FC, heute LSK-Stadion
Stuttgart: Platz der Stuttgarter Kickers, heute Waldaustadion

1907
Hamburg: Victoria-Platz auf der Hoheluft
Hamburg: Sportplatz Jahnhöhe des Harburger TB

1908
Aachen: Tivoli
Berlin: Union 92-Platz an der späteren Ullsteinstraße (später Blau-Weiß 90)
Hamburg: heutige Adolf-Jäger-Kampfbahn des Altonaer FC 93

1909
Aschaffenburg: Sportplatz am Schönbusch
Hamburg: Sperber-Sportplatz in Alsterdorf
Stendal: Sportplatz „Am Hölzchen"
Stuttgart: Sportfreunde-Platz in Degerloch

1910
Fürth: Ronhof, heute Playmobil-Stadion
Halle/Saale: Platz VfL 96 Halle, heute Stadion am Zoo

1911
Bochum: Platz an der Castroper Straße, heute Ruhrstadion
Hamburg: Eimsbüttler TV-Platz
Kiel: Holstein-Stadion
Leipzig: Heutiger Karl-Enders-Sportplatz in Lindenau
München: Sportplatz Grünwalder Str., heute Städtisches Stadion
Pforzheim: FC Alemannia, heute Stadion Holzhof

1912
Frankfurt/Main: Roseggerplatz
Neunkirchen: Ellenfeld
Pirmasens: FKP-Platz, heute Städtisches Stadion
Völklingen: Sportplatz, heute Hermann-Neuberger-Stadion
Würzburg: FV Würzburg 04, heute DJK-Stadion

1913
Göttingen: Jahnstadion
Hof: Grüne Au
Lüdenscheid: Hohenzollernplatz, heute Stadion Nattenberg
Pforzheim: Platz des 1.FC Pforzheim, heute Stadion Brötzinger Tal

1914
Berlin: Katzbachstadion in Kreuzberg

1915
Leipzig: Heutiger Alfred-Kunze-Sportpark im Stadtteil Leutzsch
1916
Kiel: Sportplatz Hohenleuchte, Friedrichsort

1918
Hannover: Stadion am Bischofsholer Damm von Arminia Hannover

1919
Dresden: DSC-Stadion am Ostragehege, heute Heinz-Steyer-Stadion
Essen: Sportplatz Phönixstr. (später Hafenstr.), jetzt Georg-Melches-Stadion
Mainz: Sportplatz SV Gonsenheim
Mönchengladbach: Sportplatz an der Bökelstr., heute Stadion Bökelberg
Neuß: Platz der Sportfreunde 06, heute Stadion an der Hammer Landstraße

1920
Berlin: Alte Försterei in der Wuhlheide
Gelsenkirchen: Fürstenberg-Stadion, Hauptplatz 1928 angelegt
Hamburg: Sportplatz Rabenstein in Harburg
Hamburg: Jahnkampfbahn im Stadtpark in Winterhude
Heilbronn: Stadion Heilbronn, heute Frankenstadion
Kaiserslautern: Betzenberg
Köln: Sportanlage VfL 99 in Weidenpesch
Lübeck: Sportplatz Phönix Lübeck, Travemünder Allee
Schwerin: Burgsee-Sportplatz

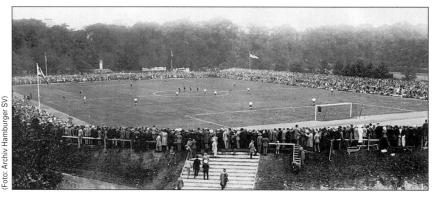

(Foto: Archiv Hamburger SV)

1911 entstand das Stadion Rothenbaum in Hamburg, das heute nicht mehr existiert (und daher in der obigen Auflistung fehlt).

Die Heimspiel-Stadien der deutschen Fußball-Nationalelf 1908 bis 1942

Stadt	Stadion/Sportplatz	Zuschauer	Datum	Deutschland gegen
Berlin	Union 1892-Platz Mariendorf	6.000	20.4.1908	England Amateure 1:5
Karlsruhe	KFV-Platz	7.000	4.4.1909	Schweiz 1:0
Duisburg	Preußen-Platz	8.000	16.5.1910	Belgien 0:3
Kleve/Niederrh.	Platz des VfB 1903	10.000	16.10.1910	Niederlande 1:2
Stuttgart	Kickers-Platz Degerloch	8.000	26.3.1911	Schweiz 6:2
Berlin	Viktoria-Platz Mariendorf	10.000	14.4.1911	England Amateure 2:2
Dresden	Platz an der Hygiene-Ausstellung	7.500	9.10.1911	Österreich 1:2
Hamburg	Victoria-Platz	9.000	29.10.1911	Schweden 1:3
München	MTV-Platz	8.000	17.12.1911	Ungarn 1:4
Leipzig	Platz an der Sportpark-Ges.	10.000	17.11.1912	Niederlande 2:3
Berlin	Viktoria-Platz Mariendorf	17.000	21.3.1913	England Amateure 0:3
Freiburg	FFC-Platz an der Waldseestraße	10.000	18.5.1913	Schweiz 1:2
Hamburg	Victoria-Platz	15.000	26.10.1913	Dänemark 1:4
Berlin	Deutsches Stadion	55.000	24.10.1920	Ungarn 1:0
Dresden	DSC-Platz am Ostragehege	20.000	5.5.1921	Österreich 3:3
Frankfurt/Main	Eintracht-Platz am Riederwald	35.000	26.3.1922	Schweiz 2:2
Bochum	Stadion TuS Bochum	35.000	2.7.1922	Ungarn 0:0
Hamburg	Victoria-Platz	25.000	10.5.1923	Niederlande 0:0
Dresden	Illgen-Kampfbahn	25.000	12.8.1923	Finnland 1:2
Hamburg	Victoria-Platz	20.000	4.11.1923	Norwegen 1:0
Nürnberg	Sportpark Zerzabelshof des 1. FCN	20.000	13.1.1924	Österreich 4:3
Berlin	Deutsches Stadion	25.000	31.8.1924	Schweden 1:4
Duisburg	Stadion (Wedau-Stadion)	40.000	23.11.1924	Italien 0:1
Stuttgart	SSC-Platz	25.000	14.12.1924	Schweiz 1:1
Düsseldorf	Rheinstadion	60.000	18.4.1926	Niederlande 4:2
Nürnberg	Sportpark Zerzabelshof des 1. FCN	25.000	20.6.1926	Schweden 3:3
München	1860er Platz an der Grünwalder Straße	40.000	12.12.1926	Schweiz 2:3
Altona	Stadion	35.000	23.10.1927	Norwegen 6:2
Köln	Stadion	50.000	20.11.1927	Niederlande 2:2
Nürnberg	Stadion	35.000	16.9.1928	Dänemark 2:1
Mannheim	Stadion	30.000	10.2.1929	Schweiz 7:1
Berlin	Deutsches Stadion	40.000	1.6.1929	Schottland 1:1
Köln	Stadion	52.000	23.6.1929	Schweden 3:0
Altona	Stadion	20.000	20.10.1929	Finnland 4:0
Frankfurt/Main	Stadion	45.000	2.3.1930	Italien 0:2
Berlin	Deutsches Stadion	50.000	10.5.1930	England 3:3
Dresden	DSC-Platz am Ostragehege	42.000	28.9.1930	Ungarn 5:3
Breslau	Stadion	40.000	2.11.1930	Norwegen 1:1
Berlin	Deutsches Stadion	40.000	24.5.1931	Österreich 0:6
Hannover	Stadion der Stadt Hannover	30.000	27.9.1931	Dänemark 4:2
Leipzig	VfB-Stadion	50.000	6.3.1932	Schweiz 2:0
Nürnberg	Stadion	30.000	25.9.1932	Schweden 4:3
Düsseldorf	Rhein-Stadion	49.000	4.12.1932	Niederlande 0:2
Berlin	Deutsches Stadion	55.000	19.3.1933	Frankreich 3:3
Duisburg	Stadion in der Wedau	30.000	22.10.1933	Belgien 8:1
Magdeburg	Platz Fußball- und Cricket-Club Viktoria	40.000	5.11.1933	Norwegen 2:2
Berlin	Poststadion	35.000	3.12.1933	Polen 1:0
Frankfurt/Main	Stadion	38.000	14.1.1934	Ungarn 3:1
Stuttgart	Adolf-Hitler-Kampfbahn	60.000 (dank Behelfstribünen)	27.1.1935	Schweiz 4:0
Dortmund	Kampfbahn Rote Erde	35.000	8.5.1935	Irland 3:1
Köln	Stadion	73.000	12.5.1935	Spanien 1:2
Dresden	DSC-Stadion am Ostragehege	61.000 bis 65.000 (Behelfstribünen)	26.5.1935	Tschechoslowakei 2:1
München	Städtisches Stadion Grünwalder Straße	38.000	18.8.1935	Finnland 6:0
Erfurt	Mitteldeutsche Kampfbahn	35.000	25.8.1935	Rumänien 4:2
Breslau	Schlesier-Kampfb. im Herm.-Göring-Sportpark	45.000	15.9.1935	Polen 1:0
Stettin	Richard-Lindemann-Sportpark	18.000	15.9.1935	Estland 5:0

(am selben Tag traten zwei A-Nationalmannschaften an!).

Königsberg	Horst-Wessel-Stadion	14.000	13.10.1935	Lettland 3:0
Leipzig	VfB-Platz in Probstheida	30.000	20.10.1935	Bulgarien 4:2
Berlin	Poststadion	18.000	4.8.1936	Luxemburg 9:0 (Olymp. Turnier)
Berlin	Poststadion	50.000	7.8.1936	Norwegen 0:2 (Olymp. Turnier)
Krefeld	Grotenburg-Kampfbahn	20.000	27.9.1936	Luxemburg 7:2
Berlin	Olympiastadion	102.000 (Stehplätze in den Kurven)	15.11.1936	Italien 2:2
Düsseldorf	Rheinstadion	65.000 (Zusatztribünen)	31.1.1937	Holland 2:2
Stuttgart	Adolf-Hitler-Kampfbahn	70.000	21.3.1937	Frankreich 4:0
Hannover	Hindenburg-Kampfbahn	56.000 (Sondertribünen)	25.4.1937	Belgien 1:0
Breslau	Schlesier-Kampfb. im Herm.-Göring- Sportpark 40.000		16.5.1937	Dänemark 8:0
Königsberg	Horst-Wessel-Stadion	18.000	29..8.1937	Estland 4:1
Berlin	Olympiastadion	95.000	24.10.1937	Norwegen 3:0
Hamburg	Altonaer Stadion	51.000 (Zusatztribünen)	21.11.1937	Schweden 5:0
Köln	Stadion	78.000 (Behelfstribünen)	6.2.1938	Schweiz 1:1
Nürnberg	Stadion	53.000	20.3.1938	Ungarn 1:1
Wuppertal	Stadion am Zoo	20.000	20.3.1938	Luxemburg 2:1
Frankfurt/Main	Stadion	60.000	24.4.1938	Portugal 1:1
Berlin	Olympiastadion	100.000	14.5.1938	England 3:6
Chemnitz	Groß-Kampfbahn an der Reichenhainer Straße (Einweihung)	60.000	18.9.1938	Polen 4:1
Berlin	Olympiastadion	70.000	26.2.1939	Jugoslawien 3:2
Bremen	Stadion	38.000	23.5.1939	Irland 1:1
Breslau	Schlesier-Kampfb. im Herm.-Göring-Sportpark 40.000		12.11.1939	Böhmen-Mähren 4:4

(1. Heim-Länderspiel nach Beginn des 2. Weltkriegs; gegen eine Auswahl des Reichsprotektorats,
nachdem die CSR von Deutschland zerschlagen worden war).

Berlin	Olympiastadion	fast 90.000	26.11.1939	Italien 5:2
Chemnitz	Großkampfbahn	30.000	3.12.1939	Slowakei 3:1
Berlin	Olympiastadion	90.000	7.4.1940	Ungarn 2:2
Wien	Wiener Stadion	40.000	14.4.1940	Jugoslawien 1:2

(sog. Anschluss von Österreich an das Deutsche Reich 1938)

Frankfurt/Main	Stadion	40.000	14.7.1940	Rumänien 9:3
Leipzig	VfB-Platz Probstheida	30.000	1.9.1940	Finnland 13:0
München	Städtisches Stadion Grünwalder Straße	35.000	20.10.1940	Bulgarien 7:3
Hamburg	Victoria-Platz	28.000	17.11.1940	Dänemark 1:0
Stuttgart	Adolf-Hitler-Kampfbahn	60.000 (Zusatztribünen)	9.3.1941	Schweiz 4:2
Köln	Stadion	63.000 (Behelfstribünen)	6.4.1941	Ungarn 7:0
Wien	Wiener Stadion	40.000	15.6.1941	Kroatien 5:1
Dresden	DSC-Platz am Ostragehege	45.000	16.11.1941	Dänemark 1:1
Breslau	Schlesier-Kampfbahn im Hermann-Göring-Sportpark	25.000	7.12.1941	Slowakei 4:0
Wien	Wiener Stadion	35.000	1.2.1942	Schweiz 1:2
Berlin	Olympiastadion	85.000	12.4.1942	Spanien 1:1
Beuthen	Hindenburg-Kampfbahn	50.000	16.8.1942	Rumänien 7:0
Berlin	Olympiastadion	85.000	20.9.1942	Schweden 2:3
Stuttgart	Adolf-Hitler-Kampfbahn	45.000	1.11.1942	Kroatien 5:1

Das nächste Heimspiel der Nationalelf fand wieder in Stuttgart statt, am 22.11.1950 gegen die Schweiz; die Adolf-Hitler-Kampfbahn hieß nun Neckarstadion.

Ein besonderer Dank gilt an dieser Stelle Gerhard Raschke (Linz am Rhein), der zahlreiche ab 1933 fehlende Fakten ergänzen konnte.

Zuschauerandrang beim Länderspiel gegen Dänemark 1931 in Hannover (Stadion der Stadt).

Die Stadien der deutschen Gauligen 1941-42

Nachstehende Aufstellung wurde dem kicker-almanach entnommen. Wir haben darauf verzichtet, die Stadien der „angeschlossenen" und besetzten Gebiete zu erwähnen, als da waren: Elsass (Sportbereich 14a), Donau-Alpenland (= Österreich), Sudetenland (18), Danzig-Westpreußen (19), Sportbereich Warthe und Generalgouvernement (= Polen). De m k cker-almanach abgedruckte Klasseneinteilung entsprach z.T. nicht dem dann tatsächlich durchgeführten Spielbetrieb.

Stadt	Verein	Stadion	Fassungsvermögen (in Klammern Sitzplätze, Tr. = Tribüne)	Zuschauerrekord/ Jahr, Spiel
Gau 1: Ostpreußen				
Königsberg	SpVgg Prussia Samland	Steffeckstr. 29	6.000 (500)	–
Mielau/Mlawa	Preußen Mielau	Städtischer Sportplatz	5.000	2.000 / 1940
Königsberg	VfB	Friedländer Torplatz	22.000 (750 üd., 3.000 unüd.)	18.000 / 1937
Insterburg	SV	Städtisches Stadion	6.000 (250)	–
Osterode	VfB	Städtischer Bismarck-Sportplatz	5.000	3.000 / 30.6.1935
Neukuhren	Lufwaffensportverein (LSV) „Richthofen"	Sportplatz Fliegerhorst	10.000	2000
Memel	VfB Freya	Neuer städtischer Sportplatz	6.000	–
Königsberg	SVg. Rasensp. Preußen	KMTV-Platz	10.000	–
Insterburg	SC „Preußen"	Preußenplatz	3.000	–
Heiligenbeil	LSV	Städtischer Sportplatz	3.000	1.200

Keine Angaben von der Reichsbahnsportgemeinschaft (RSG) Königsberg.

Stadt	Verein	Stadion	Fassungsvermögen	Zuschauerrekord/ Jahr, Spiel
Gau 2: Pommern				
Stolp	SV Viktoria 09	Hindenburg-Kampfbahn	15.000	16.000/1926
Stolp	SV Germania	Germania-Hauptplatz	15.000 (1.000)	12.000/1937
Stettin	MTV Pommerensdorf	Gemeindesportplatz	5.000	2.866 / 1938
Stettin	LSV	SSC-Platz	12.000 (800)	5.000 / 23.3.41 gegen Germania Stolp
Stettin	Stettiner SC	SSC-Platz am Eckerberger Wald	25.000	16.000/1935
Stettin	VfL	Preußen-Sportplätze Stet.-Neuwestend	20.000	5.000 / 1922
Köslin	Kösliner SV „Phönix"	Neue Kampfbahn	20.000	2.000 / 1938
Kolberg	SV Viktoria	–	2.000	1.000 / 1940
Stolp	SpVgg Stern-Fortuna	Regiments-Sportplatz	2.000	300
Pütnitz	LSV	Damgarten u. Städt. Sportpl. Greifsw.	3.000 u. 10.000	–
Pavow	LSV	Fliegerhorst-Sportplatz	10.000	4.000 / 31.8.41 gg. Stadtmann. Stralsund
Kolberg	MSV „Hubertus"	Militär-Sportplatz	3.000	1.200 / 13.7.41 gg. LSV Kamp

Stadt	Verein	Stadion	Fassungsvermögen	Zuschauerrekord/ Jahr, Spiel
Gau 3: Brandenburg				
Berlin	Spandauer SV	SSV-Platz Neuendorfer Str.18-24	7.500	8.500 / 1931, vor dem Umbau
Berlin	SC Wacker 04 B.-Tegel	Wackerplatz	8.000	7.000 / 1935
Berlin	SC Union Oberschöneweide	Union-Sportplätze, Straße in der Wuhlheide	10.000 (2.000)	8.235 / 1937, gegen BSV 92
Berlin	SV Blau-Weiß 1890	Blau-Weiß-Platz	10.000	12.000 / 1938, gg. BSV 92
Brandenburg	Brandenburger SC 05	Musterwiese, Brielower Str. 11-12	12.000 (Tr. 200 sowie weitere 400)	10.000 / 1938 gg. Hertha BSC
Berlin	Hertha BSC	Sportpl. a. Bahnhof Gesundbrunnen	24.000	24.000 / 1932
Berlin	Lufthansa SG	Monumentenstraße, B.-Schöneberg	7.000 bis 8.000	8.000 / 1927
Berlin	SV Minerva 93	Hauptkampfbahn im Volkspark Rehberge, Afrikanische Straße	12.000	12.000
Berlin	Tennis Borussia	Chausseestr. 96	35.000	34.000 / 1938
Marga	SV Marga	Sportplatz Grube Marga N.-L. (bei Senftenberg)	5.000	2.500 / 1941
Berlin	SG d. Ordnungspolizei	Polizeistadion Chausseestraße	45.000	53.000 / 1935

Gau 4: Oberschlesien

Beuthen	Beuthener Spiel- und Sportverein 09	Stadion	40.000	35.000 / 1941
Hindenburg	SC „Preußen" 1910	Preußenplatz im Steinhofpark	18.000	14.894 / 1939 gg. Vorwärts Gleiwitz
Hindenburg	TSV 09	Deichselsportplatz	8.000	7800 / 1935 gg. Vorwärts Gleiwitz
Gleiwitz	SpVg. Vorwärts Rasensport 09	Jahnstadion	15.000 (1.000)	14.000 / 1938 gg. Fortuna Düsseld.
Königshütte	FV Germania	Redenberg-Kampfbahn	20.000 (2.000)	18.000 / 1938
Schwientochlowitz	TSV 1890	Kampfbahn	10.000	5.000 / 1941
Bismarckhütte	Sport-Vg. 1899	Kampfbahn	35.000	–
Kattowitz	1. FC 05	TG-Platz	35.000	20.000 / gg. Sachsen

Gau 3: Niederschlesien

Breslau	Breslauer FV 06	Breslau-Oswitz	6.000-8.000	6.000
Breslau	Breslauer SpV 02	Sportpark Gräbschen	15.000	14.500
Breslau	SC Hertha 1915	Schönstr. 56	10.000	10.000 / 1935/36
Görlitz	Sportvgg. „Gelb-Weiß"	Schenkendorffplatz	ca. 4.000	ca. 3.000 / 21.6.41
Oels	RSG	Stadion	10.000	1.500 / 8.6.41 gg. LSV Reinecke Brieg
Liegnitz	Wehrmacht-SV	WSV-Platz Glogauer/Grünthaler Straße (früherer Blitzer-Platz)	6.000	2300 / 25.5.41 gg. LSV Reinecke Brieg
Liegnitz	NS-TuSG Fußball-Abt. 96	Jahnsportplatz am Schützenhaus und 96er-Kampfbahn am Kreiskrankenhaus	10.000	10.000 / 1938
Liegnitz	VfB	VfB-Stadion Freiherr-von-Stein-Str.	10.000 (2.000)	4.000

Gau 5: Sachsen

Dresden	Dresdner SC	Sportplatz Ostragehege, Pieschener Allee 1	55.000	59.000 (1935)
Chemnitz	Polizei-Sportverein	Polizei-Sportplatz	35.000	32.000 (1938)
Zwickau /Planitz	Planitzer SC	Westsachsen-Kampfbahn	30.000	18.000 (1938)
Riesa	Riesaer SV	RSV-Park am Bürgergarten	8.000	6.000 (1937)
Leipzig	Tura 99	Turaplatz, Böhlitz-Ehrenberger Weg	22.000	22.000 (1939)
Chemnitz	Chemnitzer BC 1933	Großkampfbahn Reichenhainer Straße	60.000 (Tr. 2000, weitere Sitzplätze 5.000)	60.000
Leipzig	VfB Leipzig	Stadion Connewitzer Str.	45.000	50.000 (1932)
Leipzig	SV Fortuna 02	Sportplatz Lpzg.-Engelsdorf	30.000	–
Döbeln	Döbelner SC 02	DSC-Park	10.000	4.000

Gau 6: Mitte

Dessau	Dessauer SV 05	Schillerpark	18.000	15.000 (1938)
Jena	1. SpV Jena	Stadion 1. SpV Jena	25.000	19.000 (1937)
Magdeburg	Cricket Victoria	Polizeistadion	10.000	9.000 (1938-39)
Halle	VfL 1896	Sportplatz Krosigkstr. 24	20.000	16.000 (1929)
Weida	FC Thüringen	Sportplatz Roter Hügel (Aumühle)	8.000	5.000 (1937)
Halle/Saale	HFC Wacker 1900	Wackerplatz	18.000	18.000 (gegen Dresdner SC)
Zeitz	FC Sportvereinigung von 1910	Sportplatz Tiergartenhof	5.000	3600 (1937 gg. Bitterfeld)
Steinach	SV Steinach 08	Steinach Nr. 113	5.000	4800 (1938 gg. Dessau 05)
Dessau	Dessau 98	98er-Sportplatz	10.000	13.000 (1932)
Gera	1. SV Gera	Sportplatz am Debschwitzer Steg	15.000	10.000 (1937)
Lauscha	1. FC von 1907	Sportplatz Oberland	5.000	–

Gau 7: Nordmark

Hamburg	HSV	Rothenbaum	22.000 (1250)	–
Hamburg	SC Victoria	Victoria-Sportplatz Hoheluft	28.000 (Tribüne)	28.500 / 1940
Hamburg	Eimsbütteler TV (ETV)	Tribünenspp. Lokstedt Hindenburgstraße	27.000	27.000 / 1938
Hamburg	Altona 93	AFC-Kampfbahn	22.000	27.000 / 1922
Hamburg	Barmbecker SG	Brucknerstr.	5.000	–

Hamburg	Wilhelmsburger FV 09	Hindenburgstr.	4.000	4.000 / 1930
Lübeck	SG d. Ordnungspolizei	Adolf-Hitler-Kampfbahn (Lohmühle)	6.000	5.000
Kiel	KSV Holstein	Projensdorfer Str. und Mühlenweg	13.000	13.000
Kiel	Kilia	Kilia-Spp. Hasseldieksdammer Weg	5.000-6.000	5.000 / 1941 gg. HSV
Schwerin	WSV	Paulshöhe	5.000	4.000 / 1938-39

Gau 8: Niedersachsen

Osnabrück	VfL 1899	VfL-Kampfbahn	15.000	15.000 / 1939
Osnabrück	TSV 1897	Kampfbahn „Paradies"	10.000	-
Hannover	Hannover 96	Radrennbahn	10.000	9.000 / 1940
Hannover	Arminia	Bischofsholerdamm 119	13.000	-
Osnabrück	SG Schinkel 04	–	15.000	12.000
Hannover	Linden 07	Fössepark	6.000	-
Bremen	SV Werder	Kampfbahn	32.000	32.000 / 1936
Bückeburg	MSV „Jäger 7"	–	8.000	6.800 / 1939
Wilhelmshaven	SpVgg 05	Marinesportplatz Fortifikationsstr.	10.000 (Tr./500 SiP)	10.000
Bremen	ASV Blumenthal 1919	Forsthaus	6.000	6.500 / 1937
Göttingen	1. SC 05	Maschpark	6.000	6.500 / Ostern 1933 gg. Jahn Regensburg
Braunschweig	Eintracht	Hamburger Str. 210	24.000	24.000 / 1937

Gau 9: Westfalen

Gelsenkirchen-Schalke	FC Schalke 04	Kampfbahn Glückauf	35.000 (Tr. 1.480, Vortribüne 630)	32.000
Bochum	VfL	VfL-Stadion Castroper Straße	25.000	12.000 / 1939
Dortmund	BV Borussia 09	Städtische Kampfbahn „Rote Erde"	50.000 (2.200)	30.000 / 1938
Bielefeld	VfB 03	VfB-Kampfbahn	15.000 (450)	15.000
Bielefeld	DSC Arminia	Sportplatz Melanchthonstr.	15.000	18.000 / 1939
Herne	SC Westfalia	Westfalia-Stad. a. Schloss Strünkede	23.000	26.000 / 1939
Gelsenkirchen	BSG Gelsenguß	Gelsenguß-Kampfbahn	10.000	9500 / 1940
Wanne-Eickel	SpVgg Röhlingh. 1913	Goebbelsplatz	15.000	16.500 / 1931
Herten	SpVg 1912	Katzenbusch	8.000	8.000 / 1933 gg. Schalke 04
Altenbögge-Bönen	VfL 1928	Kampfbahn am Rehbusch Altenbögge	7.000-8.000	4.000 / 1941 gg. Schalke 04

Gau 10: Niederrhein

Düsseldorf	Fortuna	Fortunaplatz Flingerbroich 85	19.000 (1.000)	19 026 / 1933
Düsseldorf	Tura Union 1880	Hermann-Göring-Kampfbahn	16.000	14.500 / 1938
Oberhausen	SC Rot-Weiß	Lothringer Str.	10.000	12.000
Hamborn	Hamborn 07	1. Platz an der Buschstraße und Stadion Hamborn	35.000	20.000 / 1940
Essen	Rot-Weiß	An der Hafenstraße	23.000	22.000 / 1939
Essen	ETB Schwarz-Weiß	Am Uhlenkrug, Max-Ring-Kampfbahn	40.000 (3.000)	25.000
Essen	TuS Helene	Hauptkampfbahn (Rasenplatz) Essen-Altenessen, Bäuminghausstr. 29	7.500 (500)	–
Benrath	VfL	Münchener Straße	15.000	17.000 / Nov. 1935 gg. Fortuna Ddf.
Wuppertal	Spfr. Schwarz-Weiß 04	Sportplatz Mallack	12.000	10.000 / 1933 gg. Fortuna Ddf.
Duisburg	TSV 48/99	Am Kalkweg	15.000	

Gau 11: Köln-Aachen

Köln	Mülheimer SV 06	Bergisch-Gladbacher Str. 250, Köln-Mülheim	10.000	9.100 / 1940
Köln	VfL 99	Weidenpescher Park	15.000	13.000
Köln	Victoria	Bonnerwall, gg. der Zugweg-Kaserne	4.000	4.100
Köln	VfR	Köln-Höhenberg	15.000	8.000 gg. Schalke 04
Köln	Sülz 07	Radrennbahn – Stadion	15.000	13.000 / 1927
Troisdorf	SSV 05	Auf der Heide	6.500 (300)	6.700 / 1938 gg. Andernach
Düren	SG Düren 99	„Am Obertor" und Westkampfbahn	10.000	8.000 / 1939

Würselen	SG Rhenania 05	Adolf-Hitler-Platz	8.000	8.000 / 1936-37
Bonn	Tura	Poststadion	12.000	–
Bonn	FV 01	Dietrich-Eckart-Allee	10.000	5.000 / 1940
Beuel	SV 06	Stadion	10.000	8.000

Gau 11a: Moselland

Bad Kreuznach	SG Eintracht	Heidenmauer am Städt. Schlachthof	7.000 (500)	6.000 / Ostern 1939 gg. Fortuna Ddf.
Koblenz (Anm. im Stadion Koblenz)	TuS Neuendorf	Koblenz-Neuendorf	6.000	12.000 / 1939 gg. Schalke 04
Andernach	Sportvereinigung	Städt. Sportplatz Koblenzer Straße	5.000	3.000 / 1929
Koblenz	VfB Lützel	Stadion Koblenz	25.000	–
Trier	SV Eintracht	Trier-West	3.000	3.000 / 1939 gg. Westmark Trier 05

Gau 12: Kurhessen

Kassel	CSC 03	Nürnberger Str.	20.000	25.000 / 1939
Kassel	Kassel 06	Hinter den drei Brücken	8.000	7.200 / 1939 gg. Kassel 03
Kassel	SV Kurhessen	Kurhessensportanlage	16.000 (650)	17.000 / 1933
Kassel	1. Kasseler B.C. „Sport 1894"	Scharnhorststraße/Hafenbrücke	5.000-6.000	6.000 / 1926 gg. Kurhessen Kassel

SV Hermannia Kassel, VfL Marburg, SV Petersberg lieferten keine Angaben zu ihren Stadien

Gau 12a: Hessen-Nassau

Hanau	Hanau 93	Sportf. Hanau 93, Aschaffenburger Str.	15.000	9.000 / 1940
Hanau	Hanau 60	Freigerichtstr.	3.000	1.400 / 1940
Hanau	BSG Dunlop	Dunlop-Sportplatz	6.000	1.500
Fulda	Borussia	Johannisau	12.000	13.000 / 1933/34
Wetzlar	SV 05	An der Nauborner Straße	2.500-3.000	2.500 / 1922 gg. Etr. Frankfurt
Großauheim am Main	VfB	An der Lindenau	4.000	3.500 / 1937

Gau 13: Hessen-Nassau

Frankfurt	SG Eintracht	Riederwald	25.000	25.000 / 1922
Frankfurt	FSV	Bornheimer Hang	15.000	17.000
Frankfurt	RSG Rot-Weiß	Am Brentanobad	20.000	–
Frankfurt	Union Niederrad	Sportplatz Güntherstraße	12.000	6.500
Offenbach	OFC Kickers	Bieberer Berg	–	–
Worms	Wormatia	Adolf-Hitler-Kampfbahn	25.000 (1.000)	20.000 / 1936 Etr. Frankfurt
Darmstadt	SV 98	Stadion am Böllenfalltor	7.500	8.000 / gg. SpVgg Fürth

Gau 13a: Westmark

Ludwigshafen	TSG 1861	Lagerhausstr. 21	10.000	12.000 / 1937
Ludwigshafen	Tura	Tura-Stadion Bayreuther Str.	6.000	3.000 / 1939 gg. Wacker Wien
Kaiserslautern	1. FCK	Stadion Betzenberg	25.000	8.500 / 1937
Mundenheim (Ludwigshafen)	SpVgg	Keßlerweg	5.000	4.500 / 1925
Pirmasens	FKP	Zweibrückerstr.150	14.000	14.000 / 1930 gg. SpVgg Fürth
Frankenthal	VfR	Stadion	12.000	10.000 / 1937
Saarbrücken	FV	Ludwigspark und Camphauser Str.	15.000 (500)	15.000

Gau 14: Baden

Mannheim (Anm. im Stadion Mannheim)	SV Waldhof	An den Schießständen	7.500 (Tr. 150)	7.800 / 1940 gg. VfR Mannheim
Mannheim	VfR	An den Brauereien	12.000	36.000 im Stadion Mannheim / 1938/39

Gauligaspiel auf dem Berliner Hertha-Platz an der Plumpe: Die Zuschauer erwidern den „Hitlergruß" der Mannschaften.

Mannheim	VfL Neckarau	Altriper Fähre	10.000 (Tr. 400)	´2.000 / 1927 gg. SpVgg Fürth
Mannheim	SpVg Sandhofen	SpVg-Platz	6.000	5.500 / 1938
Mannheim	VfTuR Feudenheim	VfTuR-Platz Neckarstr.	6.000	–
Freiburg	Freiburger FC	FFC-Stadion	15.000	´2.000
Freiburg	Freiburger Turnerschaft, Fußballabt. Sportclub	FT-Stadion Schwarzwaldstr. 229	3.500 (Tr. 350)	–
Karlsruhe	FC Phönix	Phönix-Stadion	25.000	18.000
Pforzheim	VfR	Holzhof	5.000	3.000 / 1938
Pforzheim	1. FC	Brötzinger Tal	15.000	17.000 / 1921
Karlsruhe	VfB Mühlburg	Honsellstr.	8.000	7.200 / 1939
Rastatt	FC	Stadion an der Jahnallee	4.000 (Tr. 454)	3.800 / 1932 gg. Bayern München

Gau 15: Württemberg

Stuttgart	SpV Kickers	Degerloch	12.000	–
Stuttgart	VfB	Cannstatter Wasen Mercedesstr.117	7.000	–
Stuttgart	Sportclub	SSC-Platz am Gaskessel	15.000	15.000
Stuttgart	Sportfreunde	Degerloch	6.000	12.000 (Anm. im Kickers-Stadion)
Ulm	1. SSV	SSV-Bad	12.000 (Tr. 800, SiP 200)	9.000 / 1937
Ulm	TSG 1846	TSG-Platz beim Stadion	15.000	10.000 / 1937
Stuttgart	SV Feuerbach	„Im Föhrich"	10.000	9.000 / 1931 gg. Stuttgarter Kickers
Aalen	VfR	Schlageter-Kampfbahn	12.000	–
Friedrichshafen	VfB	VfB-Platz beim Zeppelindorf	5.000	3.500 / 7.9.41 gg. VfB Stuttgart

Gau 16: Bayern

Nürnberg	1. FC Nürnberg	Sportplatz Sportparkstr. 12	22.000	27.600 (1922)
Nürnberg	BSG Neumeyer	Sportplatz Herrnhüttestr. 45	12.000 (Tr. 1.200)	12.000 (1938)
Fürth	Spielvereinigung	Ronhof	20.000	23.000 (1925)
Augsburg	TSV 1847/Schwaben	Schwabenpl. u. TVA-Platz Haunstetter Str.	20.000*	13.000 (1937)*
Augsburg	BC Augsburg	BCA-Platz Donauwörther Str.	12.000	11.500 (1936)
München	FA TSV 1860	Städt. Sportplatz an der Grünwalder Str.	30.000	–
München	FC Bayern	Städt. Stadion an der Grünwalder Straße	30.000 (Tr. 2000, weitere SiP 1.400)	34.800 (1926)
Regensburg	SSV Jahn	Jahnplatz Prüfeninger Str.	12.000	13.000 (1927)
Schweinfurt	1. FC Schweinfurt 05	Willy-Sachs-Stadion	17.000	13.000 (1936)
München	FC Wacker	Städt. Sportplatz a.d. Grünwalder Str., Sportplatz Dantestr., Sportplatz Fuggerstraße	–	–
Weiden	RSG	Sportplatz „Am Wasserwerk"	6.000	4 000 (1932)

Die größten bundesdeutschen Stadionanlagen 1950

Quelle: Statistik der Arbeitsgemeinschaft Deutscher Sportämter; veröffentlicht im DFB-Jahresbericht 1950/51.

Stadt und Stadion	Baujahr	Fassungsvermögen	davon Stehplätze
1. Olympiastadion Berlin	1936	100.000	35.000
2. Neckarstadion Stuttgart	1932	70.000	62.000
3. Stadion Köln	1923	65.500	56.500
4. Südweststadion Ludwigshafen	1936	60.000	57.000
5. Rheinstadion Düsseldorf	1926	56.000	47.000
6. Rosenaustadion Augsburg (damals im Bau)	1951	54.000	51.500
7. Stadion Frankfurt /Main	1925	52.000	48.000
8. Städtisches Stadion an der Grünwalder Straße München	1924	50.000	47.500
8. Stadion Nürnberg	1928	50.000	47.000
10. Stadion Altona in Hamburg	1925	46.000	43.000
11. Vestische Kampfbahn Gladbeck	1928	45.000	42.000
12. Stadion Oberhausen	1926	43.000	39.000
12. Kampfbahn Rote Erde Dortmund	1926	43.000	35.000
14. Stadion Duisburg	1922	40.000	36.000
14. Stadion Wuppertal	1924	40.000	36.000
16. Stadion Bochum	1919	33.000	30.000
16. Stadion Eilenriede Hannover	1922	33.000	27.500
18. Stadion Oberwerth Koblenz	1936	31.000	30.000
19. Stadion Hamborn in Duisburg	1925	30.000	27.500
19. Stadion Mannheim	1927	30.000	27.000
19. Stadion Bremen	1926	30.000	27.000
22. Stadion Remscheid	1927	25.000	23.000
23. Stadion Tivoli Aachen	1927	24.000	23.000
24. Stadion am Südpark Gelsenkirchen	1926	20.000	18.000

Einige der größten deutschen Stadien 2001

	Fassungsvermögen		Fassungsvermögen
Berlin: Olympiastadion	76.200	Bochum: Ruhrstadion	31.000
München: Olympiastadion	69.000	Wuppertal: Stadion am Zoo	30.000
Dortmund: Westfalenstadion	68.600	Dresden: Rudolf-Harbig-Stadion	28.500
Gelsenkirchen: Arena Auf Schalke (im Bau)	62.000	Duisburg: Wedau-Stadion	30.000
Frankfurt: Waldstadion	61.100	Mannheim: Carl-Benz-Stadion	27.000
Düsseldorf: Rheinstadion	55.800	Bielefeld: Alm	26.800
Hamburg: Volksparkstadion	55.000	Kassel: Auestadion	26.000
Stuttgart: Gottlieb-Daimler-Stadion	51.100	Essen: Georg-Melches-Stadion	25.600
Hannover: Niedersachsenstadion	50.400	Braunschweig: Städtisches Stadion	25.000
Köln: Müngersdorfer Stadion	46.000	Dortmund: Rote Erde	25.000
Nürnberg: Frankenstadion	44.600	Rostock: Ostseestadion (nach Umbau)	25.000
Kaiserslautern: Fritz-Walter-Stadion	41.500	Aachen: Tivoli	24.800
Ludwigshafen: Südwest-Stadion	41.300	Darmstadt: Böllenballtor-Stadion	24.000
Saarbrücken: Ludwigspark	35.500	Dresden: Heinz-Steyer-Stadion	24.000
Bremen: Weserstadion	35.200	Leverkusen: BayArena	22.500
Krefeld: Grotenburg-Kampfbahn	34.500	Ulm: Donaustadion	22.500
Mönchengladbach: Bökelberg	34.500	Münster: Preußenstadion	21.700
Karlsruhe: Wildparkstadion	33.800	Wolfsburg: VfL-Stadion	21.600
Augsburg: Rosenaustadion	32.400	Cottbus: Stadion der Freundschaft	21.000
München: Stadion Grünwalder Straße	32.000	Oberhausen: Niederrheinstadion	21.000
Offenbach: Bieberer Berg	31.500	Berlin: Friedrich-Ludwig-Jahn-Stadion	20.000

„Stadion-Hitparade" der Spielzeit 1963/64: Die Top 40

Bundesliga in Herne, Augsburg, Ludwigshafen?

Wäre es beim Bundesliga-Start 1963 nach der Größe der Stadien gegangen, so hätten Ludwigshafen, Hannover 96, Fortuna Düsseldorf, BC Augsburg (oder TSV Schwaben Augsburg), RW Oberhausen, RW Essen, SW Essen und Westfalia Herne in der ersten Liga gespielt. Das zeigt die Top 40 der größten bundesdeutschen Stadien der Saison 1963-64; berücksichtigt wurden die Spielstätten von Bundesliga und Regionalligen.

Rang	Stadion	Verein (BL = Bundesliga)	Plätze	SiP üd.	SiP unüd.	Besitzer	Bemerkungen
1	Olympiastadion Berlin	Hertha BSC (BL)	93.800		63.790	Bund	Flutlicht. Umwandlung d. Kurvenstehplätze im Oberring auf 9.970 Sitzplätze; Fassungsvermögen dann 84.761.
2	Südweststadion Ludwigshafen	Tura Ludwigshafen	75.000			Stadt	Tura spielte auch auf dem Tura-Sportfeld / 18.000 Zuschauer
3	Neckarstadion Stuttgart	VfB Stuttgart (BL)	74.771	3.051	28.525	Stadt	Flutlicht. Durch Umwandlung v. 17.800 SiP in StP Fassungsvermögen von 92.390 möglich; z.T. auch von den Stuttgarter Kickers benutzt
4	Niedersachsen-Stadion Hannover	Hannover 96	74.000			Stadt	Heimplatz auch Eilenriede / 22.000 Zuschauer
5	Volksparkstadion Hamburg	Hamburger SV (BL)	71.000	7.166	23.595	Stadt	Flutlicht
6	Waldstadion Frankfurt	Eintracht Frankfurt (BL)	70.800	1.506	21.813	Stadt	
7	Müngersdorfer Stadion Köln	1. FC Köln (BL)	63.600	2.150	6.350	Stadt	Flutlicht. Durch Bänke im Innenraum weitere 2.500 Plätze möglich.
8	Wildparkstadion Karlsruhe	Karlsruher SC (BL)	55.277	3.681	2.196	Stadt	Flutlicht. Umwandlung v. 5.840 StP der Gegengeraden in 3.670 SiP geplant.
9	Rheinstadion Düsseldorf	Fortuna Düsseldorf	55.000			Stadt	
10	Stad. Grünwalder Str. München	1860 München (BL)	50.300	3.800	–	Stadt	Flutlicht. Bayern München, das am selben Ort spielte, gab das Fassungsvermögen mit „ca. 45.000" an.
11	Städt. Stad. a. Dutzendteich Nürnb.	1. FC Nürnberg (BL)	46.000	4.000	900	Stadt	Flutlicht
12	Rosenau-Stadion Augsburg	BC Augsburg und TSV Schwaben Augsburg	45.000			Stadt	Flutlicht
13	Stadion Rote Erde	Bor. Dortmund (BL)	43.000	3.000	4.000	Stadt	Flutlicht
14	Rot-Weiß-Stadion Essen	RW Essen	42.000			Verein	Flutlicht
15	Weserstadion Bremen	Werder Bremen (BL)	40.000	6.400	900	Stadt	Flutlicht
	Stadion Uhlenkrug Essen	SW Essen	40.000			Verein	
	Westfalia-Stadion am Schloss Strünkede Herne	Westfalia Herne	40.000			Verein	
	Stad. Ludwigspark Saarbrücken	1. FC Saarbrücken (BL)	40.000	1.350	3.232	Stadt	Flutlicht. Durch Stahlrohrtribünenbau weitere 5.000 Sitzplätze möglich.
19	Wedaustadion Duisburg	Meidericher SpV	38.500	Keine!	3.500	Stadt	Auch Heimstätte von Duisburger SpV und Duisburg 08.
20	Borussen-Stad. Mönchengladb.	Borussia Mönchengladb.	38.000			Verein	

Blick ins Berliner Olympiastadion auf eines der DM-Endspiele, die dort vor Einführung der Bundesliga stattfanden.

21	Preußen-Stadion Münster	Preußen Münster (BL)	37.500	2.000	–	Stadt	Flutlicht
22	Glückauf-Kampfbahn Gelsenkirchen-Schalke	FC Schalke 04 (BL)	36.000	1.600	2.600	Verein	Flutlicht
23	Stadion „Tivoli" Aachen	Alemannia Aachen	35.000			Verein	Flutlicht
	Stadion Berlin-Wilmersdorf	Berliner SV 92	35.000			Bezirk	
	Eintracht-Stadion Braunschweig	Eintr. Braunschweig (BL)	35.000	1.200	500	Verein	Flutlicht. Weitere 2.000 SiP auf der Aschenbahn möglich.
	Jahn-Stadion Marl-Hüls	TSV Marl-Hüls	35.000			Stadt	Marl-Hüls spielte auch im Gerhard-Jüttner-Stadion
	Stad. Kieselhumes Saarbrücken	Saar 05 Saarbrücken	35.000				
	Leimbach-Stadion Siegen	Sportfreunde Siegen	35.000				
	Stadion Wuppertal-Elberfeld	Wuppertaler SV	35.000			Stadt	Flutlicht
30	Aue-Stadion Kassel	KSV Hessen Kassel	34.000			Stadt	
31	Stad. Betzenberg Kaiserslautern	1. FC Kaiserslautern (BL)	32.000	4.000	2.000	Verein	Zur Saison auf 35.000 erweitert.
	Stadion Bornheimer Hang Frankfurt/Main	FSV Frankfurt	32.000			Verein	
	Stad. Bremer Brücke Osnabrück	VfL Osnabrück	32.000				
34	Stadion Ronhof Fürth	SpVgg Fürth	30.000			Verein	
	Victoria-Platz Hamburg	SC Victoria Hamburg	30.000			Verein	Vict. spielte ab 1963 in d. neuen Regionalliga Nord
	Fürstenbergstad. Horst-Emscher	STV Horst-Emscher	30.000				
	Ulrich-Haberland-Stad. Leverku.	Bayer 04 Leverkusen	30.000				Werkseigentum?
	Stadion Mannheim	VfR Mannheim	30.000				Auch als Rhein-Neckar-Stadion bezeichnet
	Stad. am Marschweg Oldenburg	VfL Oldenburg	30.000				
	Wormatia-Stadion Worms	Wormatia Worms	30.000			Verein	

Anmerkung: Außer den genannten Vereinen besaßen noch folgende Regionalligsten Flutlichtanlagen: Offenbacher Kickers (Bieberer Berg, Fassungsvermögen 28.000), KSV Holstein Kiel (Holsteinplatz, 25.000) und Concordia Hamburg (!) (Stadion Marienthal, 16.000).

Die Stadien der bundesdeutschen 2. Ligen 1962/63

Verein	Stadion	Fassungsvermögen
2. Liga West		
Sportfreunde Gladbeck	Vestische Kampfbahn	50.000
RW Essen	Rot-Weiß-Stadion Hafenstraße	45.000
VfL Bochum	Stadion Castroper Straße	40.000
Sportfreunde Siegen	Leimbach-Stadion	35.000
Duisburger FV 08	Stadion Duisburg	33.000 – 35.000
Duisburger SpV	Stadion Duisburg	33.000 – 35.000
STV Horst-Emscher	Fürstenberg-Stadion	30.000
SV Sodingen	Glück-Auf-Stadion an der Ringstraße	30.000
VfB Bottrop	Jahnstadion	„rd. 25.000"
Eintracht Gelsenkirchen	Stadion Südpark	25.000
Bonner FV	Gronau-Stadion	20.000
SpVg Herten	Katzenbusch-Stadion	20.000
DSC Arminia Bielefeld	Sportplatz Melanchthonstraße	18.000
SV Neukirchen	Kampfbahn Klingerhof	15.000
TSV Duisburg 48/99	Fugmann-Kampfbahn	15.000
Dortmunder SC 95	DSC-Stadion „An der Flora"	keine Angabe
2. Liga Südwest		
Eintracht Trier	Moselstadion	25.000
SC Friedrichsthal	Sportplatz am Franzschacht	25.000
SV Ludweiler	Warndt-Stadion	15.000
SV St. Ingbert	Mühlwaldstadion	12.000
Phönix Ludwigshafen	Phönixplatz	12.000
SV Völklingen	Stadion Völklingen	10.000
VfB Theley	Waldstadion	10.000
SpVgg Weisenau	Platz a. d. Gärtnerei Becker i. Mainz-Weisenau	10.000
FSV Schifferstadt	„Auf der Portheide"	10.000
Hassia Bingen	Städtischer Sportplatz	10.000
FV Speyer	Platz am Roßsprung	10.000
Phönix Bellheim	FC Phönix/VfL-Stadion	10.000
VfB Wissen	Dr. Grosse-Sieg-Stadion	10.000
FV Engers	Platz am Wasserturm	5.000
TSC Zweibrücken	Platz an der Wattweiler Straße	5.000
FC Germania Metternich	Sportplatz Metternich in Koblenz	5.000
2. Liga Süd		
FSV Frankfurt	Am Bornheimer Hang	32.000
Jahn Regensburg	Jahn-Stadion	28.000
Darmstadt 98	Stadion am Böllenfalltor	25.000
Freiburger FC	Mösle-Stadion	25.000
SV Waldhof	Sportplatz Waldhof in Mannheim-Waldhof	25.000
Borussia Fulda	Städtisches Stadion	22.000
1. FC Pforzheim	Stadion Brötzinger Tal	20.000
VfR Heilbronn	Stadion Heilbronn	20.000
1. FC Haßfurt	Stadion an der Flutbrücke	18.000
Viktoria Aschaffenburg	Sportplatz an der Kleinen Schönbuschallee	18.000
FC Hanau 93	Stadion Wilhelmsbad	15.000
Amiticia Viernheim	Waldpark-Stadion	15.000
SpVg Neu-Isenburg	Sportplatz am Buchenbusch	10.000
FC Singen 04	Hohentwiel-Stadion	15.000
VfL Neustadt (bei Coburg)	Stadion an der Sonneberger Straße	15.000
VfB Helmbrechts	Frankenwald-Sportstätte	15.000
Stuttgarter Kickers	Platz Degerloch	ca. 10.000 (Schätzung des „kicker", keine Angabe vom Verein)
ESV Ingolstadt	Dr.-Grüb-Platz	10.000

Anmerkung: Eine 2. Liga Nord bestand nie.

Die Stadien der DDR-Liga (2. Liga) 1989/90

Staffel A

Verein	Stadion	Fassungsvermögen	Heutiger Name
Bergmann-Borsig Berlin	Nordendarena	4.000	Nordendarena
BSG KWO (Kabelwerke Oberspree) Berlin	KWO-Sportanlagen	5.000	
Rotation Berlin	Ernst-Grube-Stadion	5.000	Ernst-Grube-Stadion
1. FC Union Berlin	Alte Försterei	22.000	Alte Försterei
FC Vorwärts Frankfurt/Oder	Stadion der Freundschaft	15.000	Stadion der Freundschaft
Dynamo Fürstenwalde	Rudolf-Harbig-Stadion	7.000	Rudolf-Harbig-Stadion
Kernkraftw. (KKW) Greifswald	Volksstadion	15.000	Volksstadion
Chemie Guben	Sportanlage der Chemiearbeiter	7.000	
Stahl Henningsdorf	Wilhelm-Florin-Sportanlagen	7.000	
Aktivist Schwarze Pumpe	Friedrich-Ludwig-Jahn-Stadion in Hoyerswerda	12.000	Friedrich-Ludwig-Jahn-Stadion
Motor Ludwigsfelde	Waldstadion	5.000	Waldstadion
Post Neubrandenburg	Günter-Harder-Stadion	15.000	abgerissen
Lok/Armaturen Prenzlau	Ucker-Stadion	8.000	Uckerstadion
Schiffahrt/Hafen Rostock	Stadion der Seeverkehrs- und Hafenwirtschaft	4.000	Sportanl. SV Hafen Rostock
Motor Schönebeck	Sportforum der DSF (= Deutsch-Sowjetischen Freundschaft)	7.000	Sportforum Schönebeck
Dynamo Schwerin	Sportpark Paulshöhe	10.000	Stadion Paulshöhe
Motor Stralsund	Stadion der Freundschaft	10.000	Stadion der Freundschaft
Chemie Velten	Sportanlagen der BSG Chemie	5.000	Stadion an der Germendorfer Straße

Staffel B

Verein	Stadion	Fassungsvermögen	Heutiger Name
Chemie Böhlen	Stadion an der Jahnbaude	12.000	Stadion Jahnbaude
SG Dessau 89	Paul-Greifzu-Stadion	20.000	Paul-Greifzu-Stadion
Dynamo Eisleben	Sportstätte „Bernhard Koenen"	5.000	
Wismut Gera	Stadion der Freundschaft	30.000	Stadion der Freundschaft
Chemie IW Ilmenau	Stadion Hammergrund	7.000	Stadion Hammergrund
Motor „F.H." (= Fritz Heckert) Karl-Marx-Stadt	Stadion Kurt-Wieland-Straße	4.000	Sportplatz Beyerstraße
Dkk Scharfenstein/ Krumhermersdorf	Stadion der Bauarbeiter in Krumhermersdorf	7.000	Stadion der Bauarbeiter
Chemie Leipzig	Georg-Schwarz-Sportpark	20.000	Alfred-Kunze-Sportpark
TSG Markkleeberg	Vorübergehend Sportplatz Möncherei, danach Sportplatz am Wasserturm	6.000 (Wassert.)	Zentralsportpark
TSG Meißen	Stadion der Freundschaft	5.000	Stadion „Heiliger Grund"
Union Mühlhausen	Stadion Aue	15.000	Stadion Aue
Stahl Riesa	Ernst-Grube-Stadion	10.000	Ernst-Grube-Stadion
Chemie Buna Schkopau	Stadion der Chemiearbeiter in Merseburg	14.000	Stadtstadion Merseburg
Robotron Sömmerda	Kurt-Neubert-Sportpark	5.000	Kurt-Neubert-Sportpark
Motor Suhl	Sportpark der Freundschaft	12.000	Stadion „An der Aue"
Stahl Thale	Sportpark der Hüttenarbeiter	10.000	Sportpark Thale
Motor Weimar	Sportplatz Lindenberg	8.000	Sportplatz Lindenberg
Sachsenring Zwickau	Georgi-Dimitroff-Stadion	25.000	Westsachsenstadion

Die Stadien der Frauen-Fußball-Bundesliga 2000/2001

Verein	Stadion	Fassungsvermögen	Adresse	Zuschauerrekord
SC 07 Bad Neuenahr	Apollinarisstadion		Kreuzstraße 53574 Bad Neuenahr-Ahrweiler	–
1. FFC Frankfurt	Stad. am Brentanobad	6.000 (1.000 üd. SiP)	Am Brentanobad 60448 Frankfurt/Main	20.000 (1948)
FFC Brauweiler Pulheim 2000	Sportanlage Brauweiler	2.000 StP	Donatusstraße, 50259 Pulheim-Brauweiler	600 (Pokalspiel 99/00 gegen FCK Duisburg)
FCR Duisburg	Bezirkssportanlage „Am Waldborn", Duisburg- Rumeln	5.000 StP	Am Sportplatz 15 47239 Duisburg	–
FC Flaesheim-Hillen	Haardtkampfbahn		45713 Haltern	–
FSV Frankfurt	Stadion am Bornheimer Hang	28.600 (2600)	Am Erlenbruch 1 60332 Frankfurt/Main	30.000
FC Bayern München	Dantestadion		Dantestraße 14 80637 München	–
1. FFC Turbine Potsdam	Karl-Liebknecht-Stadion			–
FFC Heike Rheine	Jahnstadion Rheine		Schützenstraße 48429 Rheine	5.970 (2.4.1998, WM-Qual. Deutschl. – Niederlande 2:1)
1. FC Saarbrücken	Ludwigspark	35.268 (5.017 üd. SiP, 2834 unüd. SiP)	Camphauser Straße 66113 Saarbrücken	53.000 (1954)
Sportfreunde Siegen	Leimbachstadion	25.108 (2.108 üd.SiP)	Leimbachstr. 148 57074 Siegen	25.000 (1959)
WSV Wolfsburg-Wendschott	Rundling-Stadion	2.000 Stehplätze	Alte Schulstraße 38448 Wolfsburg	

Die Stadien der 3. Ligen 2000/2001

Regionalliga Nord

Verein	Stadion	Fassungsvermögen	* Im Hauptteil behandelt
Fortuna Düsseldorf	Rheinstadion	55.850	*
KFC Uerdingen	Grotenburg-Stadion	34.500	*
Dresdner SC	Rudolf-Harbig-Stadion [1]	30.000	*
Borussia Dortmund Amateure	Kampfbahn Rote Erde	28.000	*
RW Essen	Georg-Melches-Stadion	25.250	*
Eintracht Braunschweig	Städtisches Stadion an d. Hamburger Straße	25.000	*
1. FC Union Berlin	Alte Försterei	22.000	*
Preußen Münster	Preußenstadion	21.700	*
Wattenscheid 09	Lohrheide-Stadion	19.500	*
VfB Lübeck	Lohmühle	18.000	*
FC Erzgebirge Aue	Erzgebirgsstadion	16.300	*
Tennis Borussia Berlin	Mommsen-Stadion	15.400	*
SV Babelsberg	Karl-Liebknecht-Stadion	12.000	*
Fortuna Köln	Südstadion	12.000	*
FC Sachsen Leipzig	Alfred-Kunze-Sportpark	11.800	*
Lüneburger SK	LSK-Stadion Wilschenbruch	8.000	*
SV Wilhelmshaven	Jadestadion	6.000	*
SC Verl	Stadion an der Poststraße	5.000	Siehe unten
Werder Bremen Amateure	Platz 11 Weserstadion	3.500	Siehe unten

1) Der Dresdner SC beantragte während der Saison 2000/01 die Rückkehr in das angestammte Heinz-Steyer-Stadion, das der DFB aus Sicherheitsgründen nicht zugelassen hatte.

Platz 11 Weserstadion Bremen
Im weitläufigen Weser-Stadion-Gelände liegt dieser gewöhnliche Sportplatz, der früher noch nicht einmal eine Sitztribüne (jetzt 500 Plätze) besaß. Da sollte sich Werder mal angucken, welche Arena der FC Barcelona seiner „Zweiten" zur Verfügung stellt! Fassungsvermögen (1950): 3.500, davon 500 überdachte Sitzplätze. – ZR: unbekannt.
Am Weserstadion, 28205 Bremen, Tel. 01805 / 937 337 (Verein).

Stadion an der Poststraße Verl
Als der Sport-Club aus der 23.543 Einwohner zählenden ostwestfälischen Gemeinde 1991 um den Aufstieg in die 2. Bundesliga mitspielte, musste er noch ins Heidewald-Stadion Gütersloh ausweichen. Vor der Regionalliga-Saison 1994/95 entstand die Sitztribüne, die Stehtraversen wurden ausgebaut und ein Vereinsheim erstellt.
Fassungsvermögen (60er Jahre): 4.295, davon 1.200 überdachte Sitzplätze.
Poststr., 33415 Verl, Tel. 05246 / 92 50 80 (Verein)

Regionalliga Süd

Verein	Stadion	Fassungsvermögen	* Im Hauptteil behandelt
Karlsruher SC	Wildparkstadion	33.796	*
Kickers Offenbach	Bieberer Berg	31.500	*
Bayern München Amateure	Grünwalder Straße	28.000	*
1860 München Amateure	Grünwalder Straße	28.000	*
Darmstadt 98	Böllenfalltor	23.800	*
Sportfreunde Siegen	Leimbachstadion	22.500	*
RW Erfurt	Steigerwaldstadion	20.000	*
Eintracht Trier	Moselstadion	16.000	*
FC CZ Jena	Ernst-Abbe-Sportfeld	15.000	*
Jahn Regensburg	Jahn-Stadion	15.000	*
Schweinfurt 05	Willy-Sachs-Stadion	14.000	*
VfR Mannheim	Rhein-Neckar-Stadion	12.000	*
VfR Aalen	Städtisches Waldstadion	11.000	Siehe unten
SC Pfullendorf	Waldstadion an der Kasernenstraße	10.000	Siehe unten
Wacker Burghausen	Stadion an der Liebigstraße	7.600	Siehe unten
SpVgg Elversberg	Waldstadion an der Kaiserlinde	5.000	Siehe unten
VfB Stuttgart Amateure	Robert-Schlienz-Stadion	5.000	*
SV Wehen-Taunusstein	Stadion am Halberg	5.000	Siehe unten

Fan-Shop des VfR Aalen.

Waldstadion Aalen

Schon in den 70er Jahren ging's in der ostwürttembergischen Ringerhochburg (Deutscher Meister 2000 KSV Germania) im Fußball bei Spielen gegen den SSV Ulm 46, Normannia Gmünd, SV Göppingen, FC Eislingen hoch her. Seit Ende der 80er Jahre ist die Stadt (67.000 Einwohner) Stadion-Eigentümerin, die im Hinblick auf das Landesturnfest des Schwäbischen Turner-Bundes 1998 und den Regionalliga-Aufstieg des VfR 1999 2,3 Mio. Mark investierte; die alte Holztribüne fiel der Erneuerung zum Opfer. Ende 2000 wurde die Gegengerade überdacht.
Waldstadion Aalen: ER: 1949. Fassungsvermögen 7.000 (Ausbau geplant), davon 841 überdachte Sitzplätze (Flutlicht, Anzeigetafel!) – ZR: 4.700, Regionalliga Süd, 1999/2000, VfR Aalen – SSV Reutlingen.
Stadionweg 3, 73430 Aalen/Württemberg, Tel. 07361 / 943 904 (Stadion), 460 100 (Club-Restaurant „Sportcafé").

Stadion an der Liebigstraße Burghausen

In der mit 18.000 Einwohnern größten Stadt des oberbayerischen Landkreises Altötting wurden im Hinblick auf die Spielzeit 2000/01 etliche Investitionen im Stadion getätigt: Vier Sektoren auf den Rängen, separater Gästeblock, neue Umzäunungen, die Sitzbänke auf der Gegengerade entfernte man. Der Ausbau auf 10.000 Plätze, wie sie der DFB für die 3. Liga vorschreibt, ist geplant.
Wer zu einem Spiel von Wacker (den Namen lieferte die Wacker Chemie) nach Burghausen reist, kann bei der Gelegenheit die längste Burg Europas besichtigen und Österreich auf der anderen Seite der Salzach besuchen. Der Weg nach München ist doppelt so lang wie der nach Salzburg.
Stadion an der Liebigstraße Burghausen: ER: 1959. Fassungsvermögen 7.600, davon 800 überdachte Sitzplätze. – ZR: 6.000, Regionalliga Süd, Wacker Burghausen – 1. FC Nürnberg.
Liebigstraße, 84489 Burghausen/Salzach, Tel. 08677 / 83 71 71, 91 14 87.

Stadion an der Kaiserlinde Elversberg

Elversberg, eine frühere Kolonistensiedlung von Bergleuten, ist Teil der 1974 gebildeten Gemeinde Spiesen-Elversberg im Saarland. Neunkirchen und sein Ellenfeld-Stadion sind nur vier Kilometer entfernt, doch spielt die SpVgg zu Hause an der Kaiserlinde, einem Naturdenkmal. Seit 1998 gibt es dort eine überdachte Tribüne, an deren Stelle früher ein kleines Pressehäuschen stand. Ehemals wich man bei großen Spielen (Pokal 81/82 gegen Dortmund 1:4 vor 7.000, Regionalliga 96/97 „Heimspiel" gegen 1. FC Saarbrücken) in den 16 km entfernten Saarbrücker Ludwigspark aus. Kurios die Hintertorseiten: Auf der einen ein Erdwall, von wo ein schmaler Pfad ums Stadion führt, auf der anderen ein Hang, an dessen oberem Ende Sträucher wachsen. Umkleiden und VIP-Räume sind quasi im Keller eines Supermarktes untergebracht, an den sich noch eine Tankstelle anschließt.
Stadion an der Kaiserlinde Elversberg: ER: um 1925. Fassungsvermögen 5.000, davon 284 überdachte Sitzplätze – ZR: 3.500, Regionalliga West/Südwest, 1996/97, SpVgg Elversberg – FC Homburg 1:3.
Lindenstraße, 66583 Spiesen-Elversberg, Tel. 06821 / 74 27 59.

Waldstadion an der Kasernenstraße Pfullendorf

Die 13.000-Einwohner-Gemeinde im Landkreis Sigmaringen in Südbaden, 20 km vom Bodensee entfernt, hat ihren sportlichen Mittelpunkt seit 1955 im Tiefental, wo das Stadion in Etappen ausgebaut wurde: 1962-65 Umbau (Drainageprobleme), 1967 Rasenplatz, 1977 überdachte Tribüne, 1989 Erweiterung der Tribüne. Wie in Reutlingen und Göttingen amtiert auch in Pfullendorf mit Angelika Walk-Fritz eine Frau in der Sprecherkabine.
Waldstadion Pfullendorf: ER: 1955. Fassungsvermögen 7.000, davon 432 überdachte Sitzplätze. – ZR: 6.450, 1. Hauptrunde DFB-Pokal, 27.8.2000, SC Pfullendorf – SC Freiburg 1:3.
Kasernenstraße, 88630 Pfullendorf/Baden, Tel. 07552 / 68 43 (Stadiongaststätte), 50 50 (Sprecherkabine).

Stadion am Halberg Wehen

Wehen ist ein Ortsteil von Taunusstein bei Wiesbaden in Hessen, mit 28.000 Einwohnern größte Stadt im Rheingau-Taunus-Kreis (es besitzt keine Kaiserlinde wie Elversberg, dafür eine Winterlinde als Naturdenkmal). Vom Halberg, wo der SV Wehen 1927 spielt, genießt man einen schönen Ausblick ins Land. Das Spiel kann man u.a. von den Hintertorseiten beobachten, die ebenerdig sind.
Stadion am Halberg Taunusstein-Wehen: ER: 1926 (Umbau und Sanierung 1992), Fassungsvermögen 4.200, davon 3.000 überdachte Stehplätze auf der Haupttribüne sowie 200 unüberdachte Sitz- und 1.000 unüberdachte Stehplätze. ZR: 4.000 gegen Kickers Offenbach.
65232 Taunusstein, Tel. 06128 / 64 81 (Stadion).

Die Stadien der 4. Ligen (Oberligen) 2000/2001

Oberliga Baden-Württemberg

SpVgg Au/Iller	4.000	Heinrich-Oßwald-Stad.
Bahlinger SC	8.000	Kaiserstuhl-Stadion
SV Bonlanden (in Filderstadt)	3.500	Humboltstraße
FC Denzlingen	2.000	Einbollenstadion
TSF Ditzingen	4.000	Trumpfstadion
Spfr.Dorfmerkingen (in Netesheim)	5.000	Sportanlage Felsenstr.
SC Freiburg Am.	1.500	Universitätsstadion
SG Heidelberg-Kirchheim	7.000	Carl-Diem-Str.
VfR Heilbronn	17.284	Frankenstadion
TSG Hoffenheim (in Sinsheim)	4.500	Dietmar-Hopp-Stadion
Karlsruher SC II	5.000	Wildpark Platz 2
VfL Kirchheim/Teck	6.000	Stadion Jesinger Allee
FV Lauda	5.000	Tauber-Stadion
SpVgg Ludwigsburg	20.000	Ludwig-Jahn-Stadion
1. FC Pforzheim	8.338	Brötzinger Tal
SV Sandhausen	12.000	Hardtwaldstadion
Stuttgarter Kickers Am.	3.000	ADM-Sportplatz
FC Teningen	6.000	Friedrich-Meyer Stadion

Oberliga Bayern

TSV Aindling	4.000	Am Schlüsselh. Kreuz
SpVgg Ansbach	5.000	Städtisches Stadion
FC Augsburg	32.400	Rosenaustadion
TSV Schwaben Augsburg	6.000	Ernst-Lehner-Stadion
1. SC Feucht	5.000	Waldstadion
SG Quelle Fürth	7.000	Gust.-Schickedanz-Stad.
FC Bayern Hof	18.000	Stadion Grüne Au
MTV Ingolstadt	8.500	MTV Stadion
FC Ismaning	5.000	Stadion Leutschbergstr.
FC Kempten	8.000	Jllerstadion
SV Lohhof	10.000	Hans-Beyer-Stadion
FC Memmingen	15.000	Städtisches Stadion
ASV Neumarkt	8.000	ASV-Sportzentrum
1. FC Nürnberg Am.	7.000	Sportpark Valznerweiher
1. FC Sand	1.500	Sander Seestadion
SC 04 Schwabach	4.500	Stadion Wiesenstr.
FC Starnberg	3.500	Stadion an der Ottostr.
SpVgg Stegaurach	3.500	Aurachtal-Sportanlagen
SpVgg Weiden	10.000	Wasserwerk-Stadion
Würzburger FV	3.500	Sepp-Endres-Sportanlage

Oberliga HH/Schleswig-Holstein

TSV Altenholz	4.000	Sportzentrum Klausdorf
TuS Dassendorf	2.500	Sportplatz Bornweg
Rasensport Elmshorn	4.000	Raspo-Stadion
Eichholzer SV (Lübeck)	2.000	Sportpl.Guerickestraße
Eimsbütteler TV Hamburg	1.000	Sportzentrum Hoheluft
TuS Felde	3.000	Sportplatz Felde
Hamburger SV Am.	1.500	Wolfgang-Meyer-Sport-anlage
SV Lurup Hamburg	5.000	Jonny-Arfert-Sportplatz
FC St. Pauli Hamburg Am.	4.000	Sternschanzenpark
Vorw./Wacker Billstedt (Hbg.)	2.000	Sportpl. Öjendorfer Weg
Harburger TB (Hamburg)	7.500	Stadion Jahnhöhe
Heider SV	10.000	HSV-Stad. Meldorfer Str.
TuS Hoisdorf	4.000	Sportzentrum Oetjendor-fer Landstr.

KSV Holstein Kiel	12.000	Holstein-Stadion
VfR Neumünster	12.000	VfR-Stadion
1. SC Norderstedt	7.000	Stad. im Plambeck-Sport-park
TSV Lägerdorf	3.000	Sportpl. Breitenburg. Str.
VfL Pinneberg	6.000	Stadion am Rosengarten

Oberliga Hessen

Viktoria Aschaffenburg	15.000	Stadion am Schönbusch
FV Bad Vilbel	6.000	Nidda-Sportfeld
KSV Baunatal	8.578	Parkstadion
SV Bernbach	4.000	An der Birkenhainer Str.
FC Ederbergland	2.500	Stadion Entenpark
SV Erzhausen	1.500	Sportplatz Heinrichstr.
SG Croatia Frankfurt	1.500	Römerhof
Eintracht Frankfurt Am.	5.000	Stadion am Riederwald
FSV Frankfurt	28.600	Bornheimer Hang
Borussia Fulda	12.677	Stadion Johannisau
VfB Giessen	10.000	Waldstadion
SG 01 Hoechst (Frankfurt)	4.000	Stadion am Stadtwald
KSV Klein-Karben	3.000	Günter-Reutzel-Stadion
FSC Lohfelden	8.000	Nordhessenstadion
VfB Marburg	7.000	Stadion Gisselberger Str.
SC Neukirchen	3.000	Knüllkampfbahn
OSC Vellmar	4.000	Sportpl. a. Schwimmbad
SG Walluf	1.500	Sportplatz Johannisfeld

Oberliga Bremen/Niedersachsen

FC Bremerhaven	3.000	Zollinlandplatz
TUS Celle FC	11.000	Städtisches Stadion
BV Cloppenburg	6.000	Stadion Friesoyther Str.
BSV Kickers Emden	10.000	Dr.-Helmut-Riedl-Stad.
1. SC Göttingen 05	17.500	Jahnstadion
SV Arminia Hannover	18.000	Bischofsholer Damm
SV Hannover 96 Am.	18.500	Eilenriedestadion
TSV Havelse	4.000	Wilh.-Langrehr-Stadion
SV Concordia Ihrhove (in Westoverledingen)	6.000	Condordia-Stadion
TuS Lingen	7.500	Emslandstadion
TuS Blau-Weiß Lohne	8.000	Heinz-Dettmer-Stadion
SV Meppen	16.450	Emslandstadion
SV Eintracht Nordhorn	9.000	Eintracht-Stadion
VfB Oldenburg	15.000	Marschwegstadion
FC Oberneuland	5.000	Sportpl.am Vinnenweg
Rotenburger SV	5.000	Ahe-Stadion
FC Schüttorf	5.000	Sportpl. Salzbergener Str.
VfL Wolfsburg Am.	5.000	Stadion West

Oberliga Nordost-Nord

SD Croatia Berlin	12.000	Friedrich-Ebert Stadion
Berliner Athletik Klub 07	3.000	Hanne-Sobek Sportanl.
Berliner FC Dynamo	12.000	Sportforum Hohenschönhausen
Hertha BSC Berlin Am.	20.000	Friedr.-Lud.-Jahn Sport-park
Tennis Borussia Berlin II	5.000	Sportplatz Eichkamp
Türkiyemspor Berlin	5.000	Katzbachstadion
Brandenburger FC Süd 05	6.000	W.-Seelenbinder-Stad.
FV Motor Eberswalde	4.000	Westendstadion

EFC Stahl Eisenhüttenst.	10.000	Stad.der Hüttenwerker
Greifswalder SC	15.000	Volksstadion
VfB Lichterfelde	4.300	Stadion Lichterfelde
Schwarz-Rot Neustadt	2.000	Hans-Beimler Stadion
FSV Optik Rathenow	5.000	Stadion Vogelgesang
Reinickendorfer Füchse	3.500	Sportplatz Freiheitsweg
FC Hansa Rostock Am.	5.000	Volksstadion
FC Schönberg 95	6.500	Jahnstadion
FSV Lok Altmark Stendal	10.000	Wilh.-Helfers Kampfba.
Anker Wismar	4.000	Kurt-Bürger Stadion

Oberliga Nordost - Süd

Bischofswerdaer FV	12.000	Wesenitz-Sportpark
VfB Chemnitz	4.000	Stadion an d. Beyerstr.
Energie Cottbus Am.	7.000	Stadion d. Eisenbahner
FC Anhalt Dessau	25.000	Paul-Greifzu-Stadion
Dynamo Dresden	28.500	Rudolf-Harbig Stadion
FV Dresden-Nord	5.000	Sportanl. Wurzener Str.
SV 1919 Grimma	8.000	Stadion d. Freundschaft
Hallescher FC	23.000	Kurt-Wabbel Stadion
VfL Halle 96	6.000	Stadion am Zoo
FSV Hoyerswerda	6.000	F.-L.-Jahn-Stadion
VfB Leipzig	13.500	Bruno-Plache Stadion
1.FC Magdeburg	26.400	Ernst-Grube Stadion
Wacker Nordhausen	8.000	Albert-Kuntz-Sportpl.
VFC Plauen	12.000	Vogtlandstadion
FC Stahl Riesa 98	14.000	Ernst-Grube Stadion
Eintracht Sondershausen	7.000	Sportzentr.Am Göldner
VfB Zittau	8.000	Weinaupark-Stadion
FSV Zwickau	14.200	Westsachsen-Stadion

Oberliga Nordrhein

1. FC Bocholt	18.000	Am Hünting
Fortuna Düsseldorf	7.760	Paul-Janes-Stadion
MSV Duisburg Am.	4.000	BSA Westender Straße
ETB Schwarz-Weiß Essen	20.000	Stadion Uhlenkrug
TSC Euskirchen	8.000	Erftstadion
Borussia Freialdenhoven	2.000	Sportpl. Edener Straße
1. FC Köln Am.	12.000	Franz-Kremer-Stadion
SC Preußen Köln	10.000	Flughafen-Stadion
Bayer Leverkusen Am.	5.000	Ulrich-Haberland-Stad.
Bor. M'gladbach Am.	13.000	Grenzland-Stadion Rheydt
SV Adler Osterfeld (in Oberhausen)	2.000	Sportplatz Friesenhügel
Germania Ratingen 04/19	10.000	Stadion Ratingen
FC Remscheid	12.463	Röntgen-Stadion
Rheydter SV (in M. Gladbach)	20.000	RSV-Stadion
SV 19 Straelen	5.000	Sportplatz Römerstraße
SSVg Velbert	10.000	Stadion An der Sonnenblume
FC Wegberg-Beeck	8.000	Waldstadion
Wuppertaler SV	28.000	Stadion am Zoo

Oberliga Südwest

Eintracht Bad Kreuznach	22.500	Friedrich-Moebus Stadion
Hassia Bingen	5.000	Stadion am Hessenhaus
Sportfreunde Eisbachtal (in Girod)	6.000	Stadion Nentershausen
SC Halberg-Brebach (in Saarbrücken)	3.000	Stadion an der Turnhalle
VfL Hamm/Sieg	5.000	VfL-Platz
SV Rot-Weiß Hasborn	5.000	Waldstadion
SC Hauenstein	5.000	Wasgaustadion
FC Homburg/Saar	20.700	Waldstadion
SC Idar-Oberstein	6.000	Stadion im Haag
1.FC Kaiserslautern Am.	4.000	Betzenberg Platz 4
TuS Koblenz	24.972	Stadion Oberwerth
FSV Mainz 05 Am.	15.000	Bruchwegstadion
FC Germania Metternich		Stadion in der Kaul
SV Mettlach	4.000	Stad. am Schwimmbad
Borussia Neunkirchen	19.600	Ellenfeld-Stadion
FK Pirmasens	16.000	Stadion auf dem Horeb
SV Prüm	4.000	Stadion in der Dell
1. FC Saarbrücken Am.	15.000	FC-Sportfeld
FSV Salmrohr	11.000	Salmtal-Stadion
Glas-Chemie Wirges	5.000	Theodor-Heuss-Stadion
VfR Wormatia Worms	16.500	Wormatia-Stadion

Oberliga Westfalen

VfL Bochum Am.	1.500	Nebenplatz Ruhrstadion
Spvgg Beckum	8.000	Römerkampfbahn
TSG Dülmen	4.000	TSG-Stadion
FC Gütersloh 2000	12.500	Heidewaldstadion
SC Herford	18.400	Jahnstadion
Westfalia Herne	36.000	Schloß Strünkede
VfB Hüls (in Marl)	6.000	Stadion am Badeweiher
DJK/TuS Hordel (in Bochum)	6.000	Hordeler Heide
VfB Kirchhellen (in Bottrop)	3.000	BSA Loewenfeldstr.
SC Preußen Lengerich	3.000	Stadion Münsterstr.
Spvgg Lippstadt 08	8.000	Am Waldschlößchen
Lüner SV	10.000	Stadion Schwansbell
Sportfr. Oestrich-Iserlohn	5.000	Schleddestadion
SC Paderborn 07	9.500	Hermann-Löns-Stadion
FC Eintracht Rheine	10.000	Stadion Delsen
FC Schalke 04 Am.	11.000	Glückauf-Kampfbahn
TSG Sprockhövel	1.500	Stadion am Baumhof
TuS Stadtlohn	8.000	Losbergstadion
SG Wattenscheid 09 II	2.000	Espenloh

(Zusammenstellung: Thomas Hardt / Sky)

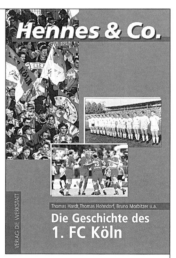

Von Pjönjang bis Tunis.
Die 50 größten Stadien der Welt

Aufgeführt sind Stadionname, Ort, Land (bei den USA zusätzlich Bundesstaaten) und Fassungsvermögen. Falls das Eröffnungs-jahr bekannt ist, so ist es nach dem Stadionnamen in Klammern angegeben.

1. Stadion „1. Mai" Rungnado, Pjönjang, Nordkorea, Fassungsvermögen 150.000
2. Estádio Jornalista Mário Filho (Maracana), Rio de Janeiro, Brasilien 140.000
3. Estádio da Luz Lissabon (1954), Portugal, 130.000
4. West Bengal Yuba Bharati Kriraugan (Saltlake Stad.), Kalkutta, Indien, 120.000
5. Nou Camp (1957), Barcelona, Spanien, 117.000
6. Olympiastadion Sydney (1999), Australien, 115.000
7. Azteca, Mexiko City, Mexiko 114.000
8. Santiago Bernabeu (1947), Madrid, Spanien, 110.000
9. Michigan Stadium (1927), Ann Arbor, Michigan, USA, 107.501
10. Neyland Stadium (1921), Knoxville, Tennessee, USA, 102.854
11. Rose Bowl (1922), Pasadena, Kalifornien, USA, 102.083
12. Respublikansky (1945), Kiew, Ukraine, 100.164
13. Stadion D.A. Nasser, Kairo, Ägypten, 100.000
    Nationalstadion Utama Senayan (1997), Djakarta, Indonesien, 100.000
    Kim Il Sung – Stadion, Pjönjang, Nordkorea, 100.000
    Bukit Jalil Main Stadium (1998), Kuala Lumpur, Malaysia, 100.000
    Nationalstadion, Teheran, Iran, 100.000
    Olympiastadion, Seoul, Südkorea, 100.000
    Estádio Cicer Pompeu de Toledo („Morumbi"), Sao Paulo, Brasilien, 100.000
20. Stadion Crvena Zvezda („Roter Stern") (1963), Belgrad, Jugoslawien, 97.502
21. Beaver Stadium (1960), University Park, Pennsylvania, USA, 93.967
22. LA Memorial Coliseum (1923), Los Angeles, Kalifornien, USA, 92.000
23. Estádio Governador Magalhaes Pinto, Belo Horizonte, Brasilien, 90.464
24. FNB-Stadium, Orlando, Südafrika, 90.000
    José Pinheiro Borba (Est. Gigante da Beira-Rio), Porto Alegre, Brasilien 90.000
26. Ohio Stadium (1922), Columbus, Ohio, USA, 89.841
27. Olympiastadion Rom (1960), Italien, 86.517
28. Sanford Stadium (1929), Athens, Georgia, USA, 86.117
29. Stanford Stadium (1921), Stanford, Kalifornien, USA, 85.500
30. Jordan-Hare Stadium (1939), Auburn, Alabama, USA, 85.214
31. Estádio Octàvio Mangabeira, Salvador, Bahia, Brasilien 85.000
32. Bryant-Denny Stadium (1929), Tuscaloosa, Alabama, USA, 83.453
33. Guiseppe Meazza-Stadion (ehem. San Siro) (1926/1990), Mailand, Italien, 83.107
34. Legion Field (1927), Birmingham, Alabama, USA, 83.091
35. Florida Field (1929), Gainesville, Florida, USA, 83.000
36. Gator Bowl Stadium (1995), Jacksonville, Florida, 82.000
37. Memorial Stadium (1942), Clemson, South Carolina, 81.474
38. Luznikhi-Stadion (früher Centralny Stadion Lenina) (1956), Moskau, GUS, 80.840
39. Shahalam Stadion (1994), Selangor, Malaysia, 80.372
40. Pontiac Silverdome (1975), Pontiac, Michigan, USA, 80.368
41. Williams-Brice Stadium (1934), Columbia, South Carolina, USA, 80.250
42. Notre Dame Stadium (1930), Notre Dame, Indiana, USA, 80.225
43. Rich Stadium (1973), Orchard Park, New York, USA, 80.024
44. Doak Campbell Stadium (1950), Tallahassee, Florida, USA 80.000 Baton Rouge
    Stadion „11. Juni", Tripolis, Libyien, 80.000
    Stadion Mohammed V., Casablanca, Marokko, 80.000
    Est. José Do Rego Maciel, Arruda, Recife, Braslien, 80.000
    Shang Hai Shen Hua, Shanghai, China, 80.000
    Stade de France (1998), Paris, Frankreich, 80.000
    Nationalstadion, Tunis, Tunesien, 80.000

Schwarze Tage in den Stadien

Chronik der Unglücke von 1902 bis 2000

1902

Am 5. April stürzt beim Länderspiel Schottland – England die große Holztribüne an der Westseite des Ibrox Park im oberen Teil ein: 26 Tote, 500 Verletzte. Das Spiel vor 68.000 wurde fortgesetzt. Danach waren hölzerne Stehtribünen in Großbritannien verboten.

1946

Beim Cup-Spiel Bolton Wanderers – Wolverhampton Wanderers am 9. März kommen 33 Menschen ums Leben, 400 werden verletzt. 1.000 bis 1.500 Zuschauer – insgesamt waren 85.000 im Burnden Park – hatten das Railway End gestürmt und Anweisungen der Polizei nicht beachtet. Das Spiel wurde nach zwölf Minuten abgebrochen, zur Wiederholung im Villa Park von Birmingham waren statt 80.000 nur 70.000 Besucher zugelassen.

1950

Infolge gefälschter Karten sind am 12. März beim Oberliga-West-Spiel Schalke 04 – Borussia Dortmund 60.000 statt 45.000 Zuschauer in der Glückauf-Kampfbahn Gelsenkirchen. 30 Verletzte, als eine Betonmauer zusammenbricht. Ein Bergmann erliegt im Krankenhaus den Verletzungsfolgen.

1955

Beim Oberliga-West-Spiel Alemannia Aachen – 1. FC Köln bricht die Absperrung am Aachener Wall im Stadion Tivoli zusammen. Hunderte stürzen nach unten: Viele Verletzte.

1957

120 Verletzte, nachdem im Dezember bei der Begegnung Florenz gegen Juventus Turin ein Geländer im Stadio Comunale bricht.

1961

Erneut ist ein Geländerbruch die Ursache, dass beim Länderspiel Chile – Brasilien in Santiago de Chile im April fünf Menschen sterben und über 300 verletzt werden.

Eine Holzbarriere an einer Treppe im Ibrox Park der Glasgow Rangers bricht zusammen: Zwei Todesopfer.

1964

Tumulte am 24. Mai beim Länderspiel Peru – Argentinien; 350 Tote in Lima, 500 Schwerverletzte.

1964

80 Verletzte infolge eines Gedränges im Roker Park von Sunderland, England.

Todesfall in Kaiserslautern: Am 7.11.1964 wird auf dem „Bezenberg" ein 55-Jähriger von der drängenden Menge so stark gegen eine Absperrkette gedrückt, dass er stirbt.

1967

Bei Zusammenstößen zwischen Zuschauern am 17. September sterben in Kayseri in der Türkei 44 Menschen, 600 werden verletzt.

1968

Gedränge vor dem Stadiontor in Buenos Aires bei der Begegnung Boca Juniors – Rio de Plata am 23. Juni: 73 Tote.

1971

Als Tausende am 2. Januar über Treppe 13 den Glasgower Ibrox Park beim Stande von 0:1 gegen Celtic bereits verlassen, fällt in der 88. Minute der Ausgleich der Rangers. Daraufhin eilen die Massen zurück ins Stadion, um das Tor zu feiern: Im Gedränge ersticken viele und werden zu Tode getrampelt. Die schreckliche Bilanz: 66 Tote und über 140 Verletzte.

1974

Bei der Begegnung Zamalek – Dukla Prag in Kairo durchbrechen am 17. Februar Zuschauer die Absperrungen; 48 Menschen werden zu Tode getrampelt.

1977

Vor dem Spiel Hamburger SV gegen Bayern München am 1. April im Volksparkstadion stürzen 100 Zuschauer in der überfüllten Westkurve, dem Standort der HSV-Fans, auf einer Treppe zwischen den Blocks D und E „lawinenartig" nach unten. Ein 15-Jähriger wird totgetrampelt, zwischen elf und 27 Menschen werden verletzt.

1979

Bei der Meisterfeier des Hamburger SV am 9. Juni gegen Bayern München im mit 61.314 Menschen ausverkauften

Volksparkstadion stürmen z.T. betrunkene Anhänger aus der Westkurve nach dem Abpfiff den Platz. 71 Personen werden z.T. schwer verletzt, der Sachschaden beläuft sich auf 100.000 Mark.

1979

Am 16. September kommen im Gedränge im Stadion von Medan in Indonesien mindestens zwölf Kinder ums Leben.

1981

Als sich Zuschauer nach dem Ende des Spiels Olympiakos Piräus – AEK Athen vor einem verschlossenen Ausgangstor stauen, bricht eine Massenpanik aus. 21 Fußballanhänger sterben, 54 werden verletzt.

Am 18. November stürzt eine Tribüne im Stadion Manuel Munilo Toro in Ibague in Kolumbien ein: 17 Todesopfer.

Als Zuschauer im Januar nach einem Spiel gegen Manchester United aus dem Ayresome Park in Middlesborough, England, stürmen, bricht ein Zugangstor zusammen und tötet ein Ehepaar.

1982

Während Besucher nach Ende des UEFA-Cup-Spiels Spartak Moskau – FC Haarlem am 20. Oktober das Moskauer Olympiastadion verlassen, kommt es zu einer Massenpanik, in der vermutlich 60 Menschen umkommen.

Zuschauer urinieren am 18. November von einer Tribüne des Pascual Guerrero Stadions in Cali in Kolumbien beim Spiel America Cali gegen Deportivo Cali auf den unteren Rang und verursachen eine Panik: 24 Tote, über 50 Verletzte.

Am 27. November bricht bei einem Meisterschaftsspiel in Algier in Algerien eine Tribüne zusammen: Acht Tote, über 600 Verletzte.

1985

Als bei der Meisterschaftsfeier des Drittligisten City Bradford im Stadion Valley Parade im Beisein von 11.000 am 11. Mai die hölzerne Haupttribüne aus ungeklärter Ursache in Brand gerät, werden 52 Menschen getötet und fast 80 schwer verletzt. Das Feuer war in Block G ausgebrochen; innerhalb fünf Minuten stand die gesamte Tribüne in Flammen.

Hooligans aus Leeds verletzen im Stadion St. Andrews von Birmingham City am 11. Mai 96 Polizisten; eine Mauer bricht zusammen, ein unschuldiger Zuschauer kommt ums Leben.

Im Gedränge vor Beginn eines Meisterschaftsspiels sterben am 27. Mai zehn Menschen in Mexico City in Mexiko; 50 werden verletzt.

Europacup-Finale Juventus Turin – FC Liverpool am 29. Mai im Heysel-Stadion Brüssel in Belgien: Als britische Hooligans vor Spielbeginn italienische Anhänger angreifen, bricht eine Panik aus. 39 Menschen kommen zu Tode, 400 werden zum Teil schwer verletzt. Die englischen Klubs werden bis einschließlich der Runde 1990/91 von UEFA-Wettbewerben ausgeschlossen.

1987
Mit Messern bewaffnete Gewalttäter verursachen im Stadion von Tripolis in Libyen am 10. März eine Massenpanik, in deren Folge eine Mauer einbricht: 20 Todesopfer.

1988
Panik am 12. März im Stadion von Katmandu in Nepal: 71 Besucher werden getötet.

1989
Aufgrund organisatorischer Mängel beim englischen Cup-Halbfinale Nottingham Forest – FC Liverpool am 15. April im Stadion Hillsborough in Sheffield ist der Block der Liverpooler Anhänger völlig überfüllt. Im Gedränge – Fluchttore werden nicht geöffnet – sterben 95 Menschen, über 200 werden verletzt. Die Angehörigen der Opfer kämpfen bis heute darum, dass die ihrer Ansicht nach schuldigen Verantwortlichen bestraft werden.

1991
Massenpanik am 13. Januar beim Spiel Kaizer Chiefs – Orlando Pirates im Ernest-Oppenheimer-Stadium in Orkney in Südafrika, als Schlägereien auf der Haupttribüne ausbrechen. Zuschauer werden niedergetrampelt und an die Stadionzäune gedrückt. 40 Tote, 50 Verletzte.

1992
Beim Rückspiel um die brasilianische Meisterschaft zwischen Flamengo und Botafoga sind 150.000 Menschen im Maracana-Stadion von Rio de Janeiro. Als ein Schutzgitter im Oberrang bricht, stürzen zahlreiche Zuschauer vier Meter tief ab. Drei Menschen sterben, über 90 werden z.T. schwer verletzt. Das Stadion wird danach auf unbestimmte Zeit gesperrt.

Eine für das französische Pokal-Halbfinale SC Bastia gegen Olympique Marseille am 5. Mai aufgestellte Zusatztribüne stürzt ein: 15 Menschen sterben, 2.177 werden verletzt. Da das Stadion von Bastia lediglich 8.000 Besucher fasste, hatte man die 9.000-Plätze-Zusatztribüne, eine Stahlrohrkonstruktion, installiert.

1996
Bei den Feiern nach dem Erfolg Sambias über den Sudan im WM-Qualifikationsspiel am 16. Juni in Lusaka werden neun Fußballanhänger zu Tode getrampelt.

Kurz vor Beginn des WM-Qualifikationsspiels Guatemala – Costa Rica im Mateo-Flores-Nationalstadion in Guatemala City am 16. Oktober, für das zahlreiche gefälschte Karten im Umlauf sind, bricht eine Massenpanik aus, bei der vor allem jugendliche Besucher zu Tode getrampelt werden und ersticken. 78 Tote, 180 z.T. Schwerverletzte.

1997
10.000 Zuschauer wollen am 27. Juli das Lokalderby HFC gegen 96 im Kurt-Wabbel-Stadion von Halle/Saale sehen. Eine Fallschirmspringer-Gruppe soll in der Arena landen. Der Schirm eines Springers öffnet sich nicht, der 41-Jährige stürzt in eine Warteschlange vor einem Kassenhäuschen. Mit ihm sterben drei Männer im Alter von 18, 21 und 28 Jahren.

Im Estadio Municipal von Ciudad del Este in Paraguay drückt am 5. September bei einer Veranstaltung der regierenden Colorado-Partei der Sturm die Metallüberdachung einer Stahlrohrtribüne ein, die daraufhin zusammenbricht. 33 Tote, über 100 Verletzte.

1999
Eine Massenpanik im Stadion von Alexandria in Ägypten fordert am 11. Januar acht Menschenleben.

Beim Heimweg von einer Snowboard-Veranstaltung am 4. Dezember im mit 40.000 Besuchern ausverkauften Berg Isel-Skistadion in Innsbruck gerät die Menge auf einem abschüssigen Weg ins Rutschen, ein Begrenzungszaun bricht weg. Fünf Zuschauer, darunter vier junge Mädchen, sterben, 16 Menschen werden verletzt.

2000
Nach einem Tor für Gastgeber America gegen Deportivo am 7. März im Estadio Pascual Guerrero in Cali, Kolumbien,

bricht ein Tribünengeländer und Zuschauer stürzen vom zweiten auf den ersten Rang. 23 Verletzte, davon vier schwer.

Ausschreitungen bei einem Fußballspiel am 6. April in Port Louis, Mauritius: sieben Tote.

Am 28. April stürmen Zuschauer in Liberia ein bereits überfülltes Stadion: Drei Tote.

Die Polizei setzt am 9. Juli beim WM-Qualifikationsspiel Simbabwe – Südafrika in der 82. Minute Tränengas gegen Randalierer ein und verursacht eine Massenpanik. Zwölf Tote und Dutzende Verletzte. *sky*

Die Fanszene und die neuen Stadien

Stehplätze, Museen, und keine Laufbahn mehr!

Die Zeiten, in denen Vereinsobere im Alleingang Stadion-Neubauten und deren Ausstattung beschlossen, sind Vergangenheit. Die einfallsreiche Kampagne **„Sitzen ist für'n Arsch!"** beispielsweise kämpfte lange gegen die sog. Versitzplatzung in den Stadien. Allerdings muss diese Kampagne als weitgehend gescheitert betrachtet werden, denn mit dem Verweis auf ökonomische Zwänge und die Vorgaben von UEFA und FIFA konnten sich die Profiklubs leicht aus der Verantwortung stehlen, zumal sie im Grunde ein anderes Kundenpotential erreichen wollen: zahlungskräftige VIPs und eine „Erlebnisgesellschaft", die ihren Kick nunmehr beim „Kick" sucht.

Die verdienstvollste und älteste Initiative hinsichtlich Stadien befasst sich mit dem Erhalt einer Traditionsarena. Es sind **„Die Freunde des Sechz'ger Stadions e.V."**, die sich im Oktober 1996 gegründet haben und seitdem unbeirrlich für die Rückkehr der Profis des TSV 1860 München in das Stadion an der Grünwalder Straße kämpfen. Das hat ihnen

sogar handgreifliche Konsequenzen eingebracht, denn Polizei und Ordner haben in drastischer Weise – das Hausrecht im Olympiastadion besaß der TSV 1860 – Protestaktionen mittels Transparenten und Flugblättern unterdrückt. Transparente mit Aufschriften wie „Baut das 60er Stadion aus", „100 Jahre Fußball bei 1860, aber ohne Heimat" und „Rettet das 60er Stadion" waren ein Dorn im Auge der Vereinsverantwortlichen. Beim Heimspiel gegen den Hamburger SV ließen die „Freunde" ein – unangreifbares – Flugzeug mit dem Banner „Grünwalder Stadion" kreisen. Akzeptabel für die „Löwen"-Fans wäre dabei sogar ein gelegentliches Ausweichen ins Olympiastadion zu bedeutenden oder internationalen Spielen (die sog. 13 + 4 Lösung).

Wenn man das „Sechz'ger" noch zu Bundesliga-Zeiten und in anderen Ligen erlebt hat, kann man der Faninitiative nur Erfolg wünschen, der allerdings zweifelhaft erscheint. Denn Ex-Amateurboxer und 1860-Präses Wildmoser eilt dem uneinholbaren Punktvorsprung des „Weltvereins" FC Bayern nach und möchte aus den „Löwen" eine Art „FC Bayern light" machen. Das Olympiastadion, so haben viele Anhänger bereits resigniert festgestellt, ist nun mal nicht das „Sech'zger".

Wer alle guten Argumente für die Rückkehr der „Sechz'ger" an die Grünwalder Straße kennenlernen will, der wähle im Internet die website von Hans Thusbass www.geocities.com/Colosseum/Arena/6945/index.htm („ein Forum für alle Löwen, die noch etwas auf den Kult um 1860 geben und denen der Verein wirklich etwas bedeutet"). „Gänsehautstimmung", „Löwen-Atmosphäre", „Tollhaus der Liga", „eng, alles überdacht, 8.000 Stehplätze", werden als Vorzüge einer Rückkehr genannt. Die „Freunde des Sechz'ger Stadions" sind trotz schwieriger Ausgangslage im Vergleich zur Gründerzeit eher gewachsen. Im Stadion an der Grünwalder Straße hat man 1997 den 1. Münchner Fußball-Sportsouvenir-Sammlermarkt veranstaltet (2.000 Besucher), der Reingewinn der Tombola von 4.500 DM ging an ein Altenheim in Giesing, wo sich die Arena befindet. Die Erlöse eines weiteren Sammlermarktes wurden für die Errichtung eines Bolzplatzes in Giesing und ein Altenwohnstift im Stadtteil genutzt.

Derweil macht sich in Duisburg auch die **„F.I.f.A"** Gedanken, natürlich nicht die Altherren-Riege, die demnächst vielleicht noch die Spielzeit vierteln und die Fußballtore vergrößern wird, sondern die „Faninitiative fangerechte Arena", die aus einem losen Zusammenschluss von MSV-Anhängern hervorgegangen ist. Die „F.I.f.A." hat sich im September 1998 gegründet und setzt sich für „ausreichende Stehplätze" beim Neubau (derzeit 21.558 im Wedaustadion), einen Fan-Raum, ein MSV Duisburg-Museum, akzeptable Stehplatz-Preise, gegen ein „megamäßiges Einkaufszentrum" („der Fußball als kulturelles Herzstück für den Einkauf am Samstag" wird abgelehnt) und einen neuen Stadion-Namen (Vorschlag: Bernhard-Dietz-Stadion) ein.

81,4 Prozent der befragten Duisbur-

ger Fans waren für mehr als 6.000 Stehplätze im neuen Stadion. „Gerade in einer Stadt wie Duisburg stellt die Fanszene auch eine Art Spiegelbild der sozialen Situation dar" („F.i.f.A").

Einen umfangreichen plausiblen Forderungskatalog für einen Stadionneubau hat auch die **„Initiative für ein reines Fußballstadion"** (IRF) (Internet: http://eintracht.frankfurt-online.de/texte/ forderungskatalog.html) in Frankfurt/ Main erarbeitet. Die Fanvertreter-Versammlung, höchstes beschlussfassendes Organ der über 250 offiziellen Eintracht-Fanklubs, in denen über 8.000 Fans organisiert sind, beschloss am 17. Oktober 1998 einstimmig eine Resolution, die ein reines Fußballstadion, Stehplätze für Heim- und Gästefans, Vollüberdachung, Fanräume, Fanklub-Blöcke, Eintracht-Museum und „eine Garantie für dauerhaft sozialverträgliche Preise" verlangt. Was den Platzverweis für die Leichtathletik betraf, meinte ein IRF-Sprecher: „Die Besucher solcher Veranstaltungen können wie die vielen tausend Eintracht-Fans alle 14 Tage bei Auswärtsspielen zu Veranstaltungen nach Köln, Stuttgart und Berlin reisen."

In Hamburg hat der einflussreiche **Supporters-Club (SC),** der über 10.000 Mitglieder zählt, erreicht, dass im neuen Volksparkstadion, das ursprünglich ausschließlich über Sitzplätze verfügen sollte, nun 10.000 spielfeldnahe Stehplätze zur Verfügung stehen.

Ebenfalls einbezogen in den „Arena-Auf-Schalke"-Neubau wurden die Anhänger von Schalke 04. Es gäbe noch mehr dieser Beispiele, etwa Dortmunds größte freistehende europäische Stehplatztribüne, doch mancherorts ist der Zug bereits abgefahren, den Fahrplan hat das Management bestimmt. Ein Beispiel dafür ist die BayArena von Leverkusen, ein reines Sitzplatzstadion, in dem längst ein anderes Klientel Einzug gefunden hat, als man es früher in Fußballstadien antraf. Der HSV-Fanbeauftragte Christian Reichert, Mitbegründer des Supporters-Club und ehemals Aufsichtsratsmitglied des HSV: „Es gibt in Leverkusen keine Fankurve mehr, nur noch Großfamilienpublikum, ein Schicki-Micki-Stadion mit Fernsehen ist das. Wenn sich das in Hamburg genauso entwickelt, habe ich keine Lust mehr, zum Fußball zu gehen. Man kann US-amerikanische Verhältnisse nicht hierher übertragen." *sky*

Die Deutsche Stadionansichtskarten Sammlervereinigung (DSS) stellt sich vor

Die 1992 in Gelnhausen (Hessen) gegründete Deutsche Stadionansichtskarten Sammlervereinigung (DSS) zählt zur Zeit der Drucklegung dieses Buches 100 Mitglieder. Neben dem Sammeln von Ansichtskarten der Fußball-Arenen aus aller Welt werden von der DSS alle relevanten Daten zu Stadien wie Fassungsvermögen, Zuschauerrekorde, Baujahre und historische Details archiviert.

Die Ansichtskarten, die gesammelt werden, sind so verschiedenartig wie die Bauten, die sie bildlich verewigen: Neben Standardkarten sind runde, achteckige und gezackte Karten gesucht. Es gibt Exemplare, die entsprechend der Silhouette geschnitten sind, oder Postkarten mit Glitzereffekten, und der „Panoramakarton" aus Barcelona könnte auch an einer Litfasssäule kleben.

Stadionansichtskarten werden weltweit gesammelt. Es herrscht reger Tauschhandel der DSS-Mitglieder nach Australien, Argentinien, Südafrika, Spanien u.s.w. In etlichen europäischen Ländern haben sich in den letzten Jahren Sammlerklubs gegründet, und auch auf anderen Kontinenten wird das spektakuläre Drumherum der populärsten Mannschaftssportart der Welt ebenso akribisch wie begeistert kartiert. In Brasilien etwa zählt der größte Zusammenschluß der Stadionansichtskarten-Sammler über 2.000 Mitglieder!

Die DSS-Zeitung „Das Stadion" erscheint zweimal jährlich und kann auch von Nichtmitgliedern erworben werden (Preis 5 DM inklusive Porto). DSS-Mitglieder erhalten die Zeitschrift kostenlos. Sie enthält wertvolle Hinweise für die Sammlertätigkeit, Meldungen aus der globalen Stadionszene, Buchbesprechungen, Berichte aus dem Leben der Vereinigung sowie einen „Flohmarkt" (Inserate sind kostenlos).

Höhepunkt des Jahres ist das DSS-Sammlertreffen im Sommer in einer deutschen Stadt. Wie es sich gehört, finden die Zusammenkünfte immer in den jeweiligen Stadiongaststätten statt. Der Samstag beginnt mit der großen Tauschbörse, bei der meist Tausende Karten die Besitzer wechseln. Nach der Jahreshauptversammlung klingt der Tag mit einem gemütlichen Beisammensein aus. Am Sonntag folgt als „kultureller Abschluss" die traditionelle Stadiontour, bei der alle größeren Arenen im Umkreis von ca. 50 km aufgesucht, besichtigt und fotografiert werden.

„Weiße Flecken" auf der „Stadionansichtskarten-Karte" werden nach und nach von der DSS geschlossen. In Eigenregie wurden bislang 34 Karten herausgegeben, darunter auch weniger bekannte Stadien wie das „Stadion der Freundschaft" in Frankfurt/Oder und das bereits abgerissene „Stadion der Weltjugend" in Ostberlin.

Die Mitgliedschaft in der DSS kostet jährlich 25 DM.   *Michael Förster*

Kontaktadressen

1. Vorsitzender: Michael Förster, Mühlbachweg 33, 63571 Gelnhausen, Tel./Fax 0605′ / 136 35.
Versand der Zeitschrift „Das Stadion": Burkhard Schulz, Albrecht-Dürer-Str. 78, 09366 Stollberg, Tel. 037 296 / 848 51.

Location:  http://www.stadionwelt.de/

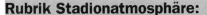

www.stadionwelt.de - Das Fußball- und Stadionportal

Startseite

Stadien

Stadionguides
- 1. Bundesliga
- 2. Bundesliga
- Regionalliga

Tipps zum Stadionbesuch

Stadionforum
- Deutschland
- International

Stadionlisten (mit Fotos)
- Deutschland
- Europa / Weltweit

Stadionatmosphäre

Deutschland
International

Foto der Woche
Wahl des Fotos der Woche
Forum Stimmung im Stadion

Fußball-Links
Offizielle Vereinsseiten
Fanpages

Rubrik Stadien:

Stadionguides, Tipps zum Besuch internationaler Stadien, Stadionforen und Listen mit mehreren tausend Fotos von Stadien in Deutschland, Europa und der ganzen Welt.
Stadionneu- und Umbaupläne, kompakt präsentiert und mit vielen Abbildungen.

Rubrik Stadionatmosphäre:

Eine der weltweit größten Fotogalerien zum Thema mit mehreren tausend stimmungsvollen Fotos aus den Fußballstadien.

Rubrik Fußball-Links:

Mehrere tausend Fußball-Links aus allen Themenbereichen, in übersichtlichen Rubriken und ständig aktualisiert.

Die Geschenk-Idee

Die regionale Fachzeitschrift zum Sport für den ganzen Norden Jeden Monat neu im Zeitschriften- handel und per Abo

Nr. SH 4 Fußball- Sonderheft 2000/2001

Aktuelle Berichte, umfassende Statistiken, kompetente Hintergrundinformationen, exklusive Interviews, Meinungen und Kommentare aus der Feder von Experten mit besten Insider-Kenntnissen, Gewinnspiele u. v. m.

FAIR BRINGT MEHR

Das Magazin des Nordens berichtet über den gesamten regionalen Sport in Schleswig-Holstein und Hamburg von A bis Z

www.sport-aktuell.de

Alles über den Sport im Norden von A bis Z:

<u>täglich</u>: *im Internet „www.sport-aktuell.de"*
<u>monatlich</u>: *Die regionale Zeitschrift zum Sport*
<u>jährlich</u>: *Das regionale Fussball-Sonderheft*

Literatur (Auswahl)

akut-Sportverlag (Hrsg.): Sport Mikrofon/Hamburger Wochenblatt, Sonderheft 2000/2001. Hamburg 2000.

Architektur- und Ingenieur-Verein zu Berlin (Hrsg.): Berlin und seine Bauten. Teil VII. Bd. C. Sportstätten. Berlin 1997

Beyer, E. / Tathoff, H. / Schmitz, H.: Rheinstadion Düsseldorf. Sonderdruck aus „sb", Heft 1/69

Bach, Gerhard: Das Weißenfelser Stadion wird 70 Jahre alt, in: Weißenfelser Heimatbote, 8.Jahrgang, Heft 1, März 1995

Baroth, Hans Dieter: „Jungens, Euch gehört der Himmel!" Die Geschichte der Oberliga West 1947-1963. Essen 1990 (4.Aufl.).

Benz-Rababah, Eva: Leben und Werk des Städtebauers Paul Wolf. (Dissertation) o.O. 1993

Beyer, Roland / Christmann, Gottfried: Das Abseitstor in der 170. Minute (Belegmaterial zur Geschichte des FC Carl Zeiss Jena), in: Markowski, Frank: Der letzte Schliff. Berlin 1997.

Bischofswerdaer Fussballverein (Hrsg.) / Mellentin, Werner: Die Geschichte des Fußballsports in der Stadt Bischofswerda 1908-1991. Bautzen o.J. (1991).

Bringmann, Gilbert (Hrsg.): Fußball-Almanach 1900 - 1943. Kassel 1994 (2. Aufl.).

Creutz, Franz (Hrsg.): Spiele, die man nie vergisst. Alemannia in den 60er Jahren. Aachen 1996.

Das Deutsche Stadion. Sport und Turnen in Deutschland. Berlin o.J. (1913)

Der Sportplatz Zerzabelshof des 1. Fußball-Club Nürnberg. o.J. (1925)

Deutsche Stadionansichtskarten Sammlervereinigung (Hrsg.): Das Stadion. Offizielle Zeitung der D.S.S. 1992. Alle Ausgaben seit 1992.

Diem, Carl / Seiffert, Johannes: Sportplatz und Kampfbahn. Berlin 1926.

Dresdner Geschichtsverein (Hg.): Geschichten vom Sport in Dresden. Dresdner Hefte 55. Beiträge zur Kulturgeschichte. Dresden 1998.

Fischer, Gerhard: Berliner Sportstätten. Geschichte und Geschichten. Berlin 1992.

Florschütz, Inez: Kommunale Sozialpolitik und deren historische Hintergründe am Beispiel des Nürnberger Volks- und Sportparkgeländes in der Weimarer Republik (Zulassungsarbeit für das Lehramt für Gymnasien im Fach Geschichte). o.O. (Nürnberg) o.J. (1994)

Fock, Manfred: Der letzte Spieltag (Anm. im Stadion Grünwalder Straße München). Adelshofen 1997 (2. Aufl.).

50 Jahre Stadion Niederrhein. Oberhausen 1976.

Frankfurter Allgemeine Zeitung: Serie zu Traditionsstadien -
17.12.1983 Rothenbaum Hamburg,
22.12. Betzenberg Kaiserslautern,
24.12. Glückauf-Kampfbahn Gelsenkir.,
28.12. Bökelberg Mönchengladbach,
3.1.1984 „Zabo" Nürnberg,
6.1. Bieberer Berg Offenbach,
12.1. „Plumpe" Berlin.

Friedemann, Horst (Hrsg.): Sparwasser und Mauerblümchen. Die Geschichte des Fußballs in der DDR 1949-1991. Essen 1991.

Fuge, Jens: Ein Jahrhundert Leipziger Fußball – Die Jahre 1883-1945. Leipzig 1996.

Fuge, Jens: Ein Jahrhundert Leipziger Fußball – Die Jahre 1945-1989. Leipzig 1997.

Fuge, Jens: Leutzscher Legende. Leipzig 1992.

Geschichte für Alle (Hrsg.): Geländebegehung. Das Reichsparteitagsgelände in Nürnberg. Nürnberg 1995.

Gräber, Juliane (Chefred.): Fußball-Sonderheft 2000/2001. Sport aktuell. Das Magazin des Nordens. Neumünster 2000.

Grüne, Hardy: Who's Who des deutschen Fußballs: Band 2. Deutsche Vereine von 1903-1992. Kassel 1992.

Grüne, Hardy: Vom Kronprinzen bis zur Bundesliga 1890 bis 1963. Enzyklopädie des deutschen Ligafußballs – Band 1. Kassel 1996.

Grüne, Hardy / Müller-Möhring, Michael: 1000 Tips für Auswärtsspiele. Von Aachen bis Zwickau. Kassel 1999.

Grüne, Hardy / Weinreich, Matthias: Supporters' Guide, 6 Bände: 1. Bundesliga, 2. Bundesliga, Regionalliga Nord, Regionalliga West/Südwest, Regionalliga Süd, Regionalliga Nordost. Kassel 1998.

Handbuch der Architektur. Vierter Teil. 4.Halbband. 3.Heft. Anlagen für Sport und Spiel, von Johannes Seiffert. Leipzig 1928.

Hardt, Thomas / Seiß, Michael: Groundhopping Informer 1999/2000. Kassel 1999.

Hering, Erich: Fußball in Chemnitz / Karl-Marx-Stadt. O.J. (Sammlung im Stadtarchiv Chemnitz)

Hering, Erich: Sportstätten in Chemnitz / Karl-Marx-Stadt. 1987 (Sammlung im Stadtarchiv Chemnitz).

Heugel-Verlag (Hrsg.): Parkstadion Gelsenkirchen. Kornwestheim o.J. (1974).

Hippmann, Walter: Entwicklung der sozialistischen Sportbewegung nach 1945 / Fußball nach 1945 (vorhanden im Stadtarchiv Zwickau)

Hoffmeister, Kurt: 150 Jahre Sport in Braunschweig. Braunschwieg 1982.

Homann, Ulrich (Hg.): Bauernköppe, Bergleute und ein Pascha. Die Geschichte der Regionalliga West 1963-1974. Band 1. Essen 1991.

Homann, Ulrich (Hg.): Höllenglut an Himmelfahrt. Die Geschichte der Aufstiegsrunden zur Fußballbundesliga 1963-1974. Essen 1993 (2.Aufl.).

Inglis, Simon: The Football Grounds of Europe. London 1990.

Institut für Sportgeschichte Baden-Württemb. (Hrsg.): Historische Sportstätten in Baden-Württemberg. Fachtagung des Instituts für Sportgeschichte Baden-Württemberg e.V. am 25.April 1998 in Maulbronn. Maulbron 1998.

International Federation of Football History & Statistics (IFFHS) (Hrsg.) / Dr. Alfredo W. Pöge (Verantwortlicher Chef-Redakteur): Libero Spezial Deutsch; alle Ausgaben

Imgrund, Bernd / Müller-Möhring, Michael: 1000 Tips für Auswärtsspiele. Ein Stadionführer zu 75 Spielorten. Essen 1995 (2. Aufl.)

Internationaler Arbeitskreis Sport- und Freizeiteinrichtungen (Hrsg.): Sportstättenbau und Bäderanlagen (Zeitschrift), diverse Jahrgänge

Jahn, Michael: Hertha BSC. Eine Liebe in Berlin. Göttingen 1999

Kannenberg, Iris: Bau und Nutzung des Weißenfelser Stadions. o.J.

Kicker (Hrsg.), später Kicker-Sportmagazin (Hrsg.): kicker-almanach, alle Jahrgänge.

Manche Dinge sind leicht zu finden. Andere weniger. Auswärtsblöcke zum Beispiel.

Gäste-Fanblock

1000 Tips für Auswärtsspiele.
Der Klassiker unter den
Fußballreiseführern.
Handlich, unterhaltsam, infor-
mativ und verlässlich.
Und natürlich hilfreich - oder
wie lange wollen Sie den Weg
zum Auswärtsspiel suchen?

VON FANS FÜR FANS

AGON SUPPORTERS' Guide

Hardy Grüne • Michael Müller-Möhring

1000 TIPS FÜR AUSWÄRTSSPIELE
Von Aachen bis Zwickau

Hardy Grüne • Michael Müller-Möhring
1000 Tips für Auswärtsspiele
Von Aachen bis Zwickau
296 Seiten, 150 Farb- und s/w-Fotos
DM 29,80, ISBN: 3-89784-125-8

AGON
Sportverlag

Kirchweg 64, 34119 Kassel
Telefon: 0561 - 76 69 01 50
Fax: 0561 - 76 69 01 54
eMail: agon@nikocity.de

Kicker sportmagazin: Sonderheft Bundesliga 2000/2001. Nürnberg 2000 - sowie alle früheren Jahrgänge.

Kluge, Volker / Fotografiert von Harf Zimmermann: Olympiastadion Berlin. Steine beginnen zu reden. Berlin 1999.

Kolbe, Gerd: Westfalenstadion Dortmund. Möglingen o.J. (1974).

Koppehel, Carl (Bearb.): VBB: Geschichte des Berliner Fußballsports. Berlin o.J. (1957)

Krause, Gerhard: Das Deutsche Stadion und Sportforum. Berlin 1926.

Krüger, Ulrich: Sportforum Leipzig - die großen Ereignisse 1994-1996, in: Waldstrassenviertel 9 (1996).

Küsters, Franz Joseph / Römer, Walter: OIÈ Alemannia. Fußballgeschichten vom Aachener Tivoli. Aachen 1989.

Kulturbund zur demokratischen Erneuerung Deutschlands (Hrsg.): Das Walter-Ulbricht-Stadion. Berlin 1951.

Landefeld, Harald / Nöllenheidt, Achim (Hg.): „Helmut, erzähl mich dat Tor..." . Neue Geschichten und Porträts aus der Oberliga West 1947-1963. Essen 1993.

Landeshauptstadt Stuttgart (Hrsg.): Gottlieb-Daimler-Stadion Stuttgart. München 1993.

Langen, Gabi / Deres, Thomas: Müngersdorfer Stadion Köln. Köln 1998.

Medlow, Joachim / Schäfer, Ernst: „Unsere Goalnetze bringen wir gern mit". 90 Jahre Sport-Club Weimar 1903-1993. Weimar 1993.

Müller, Frank: Tarkett Stadionführer. Die Stadien der Fußball-Bundesliga. Saison 1995/96. Leipzig 1995 (2. Aufl.).

Müller-Möhring / Irmgrund / Cremer: 1000 Tips für Auswärtsspiele. Ein Stadionführer zu 70 Spielorten. Essen 1993.

Münchner Olympiapark GmbH (Hrsg.): Der Münchner Olympiapark. München 1982.

Müller, Frank / Näther, Thomas: Tribünen, Tore und Traversen. Stadionführer Sachsen. Kassel 1996.

Nöllenheidt, Achim (Hg.): Fohlensturm am Katzenbusch. Die Geschichte der Regionalliga West 1963-1974. Band 2. Essen 1995.

Nottbrock, Fritz: Beiträge zur Sportgeschichte d. Stadt Köln. Teil 1. Köln 1986.

Nuttelmann, Uwe (Hrsg.): Regionalligen 1963 - 1974, fünf Bände: Nord, West, Südwest, Süd, Berlin. Jade 1992.

Olympia-Verlag (Hrsg.): kicker sportmagazin spezial. 35 Jahre Bundesliga. Beilage zum Bundesliga-Sonderheft 1998/99. Nürnberg 1998.

Ostrop, Max: Deutschlands Kampfbahnen. Berlin 1928.

Otto, Gernot: Träume Titel und Trophäen. 100 Jahre 1.FC Pforzheim. Pforzheim 1996.

Panstadia International Sports Development International Ltd. (Hrsg.): Panstadia International. Quarterly Report. London 1994 ff.

Pfeiffer, Lorenz / Pilz, Gunther: Hannover 96 - 100 Jahre - Macht an der Leine. Hannover 1995.

Presseamt der Stadt Hannover (Hrsg.): Unser Volkssportpark Hannover. o.J. (1954)

Querengässer, Klaus: 100 Jahre Fußball in Dresden. Kassel 1995.

Revier Sport (Hrsg.): Extra Hinrunde: Fussball im Revier 2000/01. Essen 2000.

Rohrbacher-List, Günter: Die roten Teufel sind wieder da (Anm. 1.FC Kaiserslautern). Göttingen 1999.

Salzmann, Peter: 100 Jahre DSC - der Mythos eines Sportvereins. Dresden o.J.

Schmidt, Günter (Hrsg.): Blau - Gelb - Weiß. Die Geschichte des FC Carl Zeiss Jena. Jena 1995.

Schmidt, Jürgen, Barbara Ohm: Let's go Greuther Fürth – ein Traditionsverein kehrt zurück. Rothe 1997.

Schmidt, Thomas: Das Berliner Olympiastadion und seine Geschichte. Berlin 1983.

Schmidt, Thomas: Olympische Stadien von 1896 bis 1988. Berlin 1994.

Schmidt, Thomas: Stadion der 200.000, in: Zeitschrift für Sozial- und Zeitgeschichte des Sports, Heft 3 (1989)

Schnell, Edgar: Das Franz-Hage-Stadion, in: Bewegte Zeiten. Bellheimer Ortsgeschichte(n), o.J.

Senator für Jugend und Sport Berlin (Hrsg.): Spiel- und Sportstätten in Berlin. Berlin 1955.

Skrentny, Werner (Hrsg.): Als Morlock noch den Mondschein traf. Die Geschichte der Oberliga Süd 1945-1963. Essen 1993.

Skrentny, Werner: Das Olympiastadion beim Stadtpark blieb ein Traum, in: Hamburger Fußball-Verband (Hrsg.): 100 Jahre Fußball in Hamburg. Hamburg 1994.

Skrentny, Werner, Prüß, Jens R.: Hamburger Sportverein - Immer erste Klasse. Göttingen 1998.

Skrentny, Werner: Teufelsangst vorm Erbsenberg. Die Geschichte der Oberliga Südwest 1946-1963. Essen 1996.

Sport und Sportstätten. Reihe: Unsere schöne Heimat. Dresden 1959.

Sportanlagen in Duisburg. Beitrag zu einer Chronik des Sports der Stadt Duisburg. (Staatsexamensarbeit)

Stadion GmbH (Hrsg.) / Bauer, Thomas: Frankfurter Waldstadion. 75 Jahre Sportgeschichte 1925-2000. Frankfurt/Main 2000.

Stadtamt für Leibesübungen Köln (Hrsg.): 25 Jahre Kölner Stadion. Köln 1948.

Tarkett Pegulan AG (Hrsg.) / Müller, Frank (Redaktion): Tarkett Stadionführer. Die Stadien der 1.Fußball-Bundesliga. Saison 1994/95. Leipzig 1994.

Verein für Fremdenverkehr (Hrsg.) / Gustav Ströhmfeld (Redakteur): Stuttgart in Sport und Spiel Stuttgart 1912.

Verspohl, Franz-Joachim: Stadionbauten von der Antike bis zur Gegenwart - Regie und Selbsterfahrung der Massen. Gießen 1976.

Vinke, Hans: Die Meppen-Story. Geschichte eines Fußball-Phänomens. Meppen 1997

Weinrich, Matthias / Grüne, Hardy: Deutsche Pokalgeschichte seit 1935. Kassel 2000.

Zeilinger, Gerhard: Triumph und Niedergang in Mannheims Fußballsport. 1945 bis 1970 Mannheim 1995.

Zeilinger, Gerhard: Mannheim, die etwas andere Bundesliga-Stadt. 1970 bis 1997. Mannheim 1997.

Zöller, Martin (Leiter Autorenkollektiv): Fußball in Vergangenheit und Gegenwart. 2 Bände. Berlin (DDR) 1976.

Außerdem: Zahlreiche Festschriften und Jubiläumsschriften von Vereinen; sowohl überregionale als auch lokale Tageszeitungen; „Sport-Bild", „Der Sport' bzw. „Sportmagazin", „kicker", „Der Spiegel"; Stadt-Chroniken; DFB-Jahrbücher u.v.a.m., sowie Dokumentarfilm: Drommer, Renate / Schwartzkopff, Gabriele: Reichssportfeld Berlin, 12.3.2000, in 3 sat.

Dank

Ohne die Unterstützung zahlreicher Ämter, Archive, Vereine und Einzelpersonen wäre dieses Buch nicht zustande gekommen. Ihnen allen gebührt unser besonderer Dank! Einen Grundstock für die Recherche legte Michael Förster aus Gelnhausen von der Deutschen Stadionansichtskarten Sammlervereinigung (DSS), der Anfang der 90er Jahre begonnen hatte, die deutschen Stadien samt ihrer Geschichte zu erfassen, was er aus beruflichen Gründen leider nicht fortführen konnte. Für die Einführung in die „Feinheiten" des DDR-Fußballs und seiner Stadienhistorie danke ich besonders Burkhard Schulz (Stollberg), Dirk Friezel (Magdeburg) und Günter Waßmuth (Bismark). Bernd Beyer vom Verlag Die Werkstatt Dank für die gute und komplikationslose Zusammenarbeit, ebenso Hardy Grüne (Göttingen) für eine Reihe wichtiger Hinweise. Ein Dankeschön weiterhin für all die schönen Wohnungen, die dem Herausgeber als Recherchebasis dienten, so am Kurfürstendamm in Berlin, in der „Bunten Republik" Dresden-Neustadt, im Belgischen Viertel von Köln, im Stuttgarter Westen und im Nordschwarzwald (Klartext: Danke Reinhard, Ulrike, Thomas, Rolf, Marion und Uwe!). Petra danke ich für ihr Verständnis und ihre Geduld.

Das Buch widme ich meinem Vater, meinen zahlreichen Onkels und Anverwandten, dank derer ich von Kindesbeinen an diverse Sportplätze und Stadien kennenlernen durfte.

Der Dank gilt im Einzelnen:
Sylvia Achenbach (FFC Brauweiler Pulheim), Rainer Adam (Würzburg), Ältestenrat von TuS Bayer 04 Leverkusen, Amt für Freizeit, Sport und Bäder Mönchengladbach, Amt für Kultur Villingen-Schwenningen, Abt. Stadtarchiv (Patricia Lehmann), Amt für Schule, Bildung und Sport Villingen-Schwenningen (Walter Klauß), Amt für Schulen und Sport Göppingen (Hr. Stöhr), Amt für Schulen und Sport Schweinfurt, Amt für Schulen, Kultur und Sport Bad Kreuznach (Hr. Schmuck), Amt für Sport und Freizeit Bremerhaven (Hr. Meyer), Archiv Neustadt/Weinstraße (Rolf Schädler), Arminia Hannover (Horst Voigt), Gudrun Bachmann (Offenbach), Badische Landesbibliothek Karlsruhe, Uwe Bauer (Fanprojekt Duisburg), Dirk Baumann (Freiburg), Dr. Jost Benfer (Bochum-Wattenscheid), „Bergische Post"

Remscheid, Rainer Bertelmann (Riesa), Sven Bertelmann (Dresden), Jürgen Bertram (Hamburg), den Berliner Bezirksämtern bzw. Sportämtern in Charlottenburg (Frau Lysek), Hohenschönhausen (Frau Luthardt), Kreuzberg, Lichtenberg (Hr. Mettke), Neukölln (Hr. Klein), Pankow, Reinickendorf (Frau Elliesen), Schöneberg (Hr. Comba), Steglitz (Hr. Sonnenschein und Hr. Seidler), Tiergarten (Hr. Pohle), Wilmersdorf (Frau Ewert), Zehlendorf, Bezirksamt Hamburg-Nord (Hr. Cramer, Sportreferent), Bibliothek des Sportinstituts der Universität Hamburg, Hans Blattmann (ASV Landau), Rainer Blumer („Freunde des Sechz'ger Stadion" München), 1.FC Bocholt, Wolfgang Brenner (SV Röchling 06 Völklingen), BSC Oppau, Paul Bunzelt (Weismain), Büro für Wirtschaftsförderung, Zukunftsplanung und Öffentlichkeitsarbeit Herten (Peter Brautmeier),
Chemnitzer Fußballclub,
Gerd Dembowski (Duisburg), Dirk Dietz (Bingen), Hermann Dörffel (Krumhermersdorf), Hans Eckelt (Neubrandenburg), Willibald Ecker (Ensdorf), E. Enge (Altenburg), Fachbereich Sport und Bäder der Stadt Siegen, Fachdienst Schule und Sport Bielefeld, Fachstelle Sport der Stadt Hanau, FC Emmendingen (Susi und Willi Trost, Geschäftsführer), FC Hansa Rostock (Remo Klotz, Marketing), FC Olympia Bocholt, FCR Duisburg (Carsten Schuparra), FK Pirmasens (Geschäftsstelle, Peter Korz), Fortuna Düsseldorf (Marco Langer, Archiv), Freiburger FC (Rudi Bantle), FSV Salmrohr (Reinhold Barzen, 2.Vors.), FV Speyer (Helmut Malz),
Markus Gauger (Reutlingen), Gelsensport Gelsenkirchen (Hr. Witulski), Gemeinde Schiffweiler (Hr. Persch), 1. SV Gera (Oliver Sachse), Jost Glaeseker, (Oldenburger Faninitiative/ OFI), Lothar Grimm (Witten), Alexander Gröger (Wormatia Worms),
Hamburger SV (Archiv, Werner Müller-Storm), Hauptamt Stadt Lahnstein (Alexi Guretzke), Heimatmuseum Meerane (Frau Palm-Sachet), Axel Heimsoth (Fußball-Ausstellung „Der Ball ist rund", Gasometer Oberhausen), Karl Hekel (Ludwigshafen), Tobias Hentschel (Freiburg), Dr. Othmar Hermann (Frankfurt/Main), Heinz Hilse (Hamm), Heinrich Hiltl, (Ehrenvorsitzender VfR Bürstadt), Frank Hirschelmann (Bürgermeister Thale i. Harz), Historisches Archiv Köln, Historisches Museum Han-

nover, Heinz Hofer (1. Vorsitzender Schwarz-Weiß Essen), Klaus Hofmann (Schweinfurt), Jürgen Hösl (Archiv des 1.FC Nürnberg), Nico Hug (Freiburg), Initiative gegen das Vergessen – Zwangsarbeit in Schweinfurt, Institut für Denkmalschutz und Denkmalpflege Düsseldorf, Institut für Stadtgeschichte Gelsenkirchen, Hartmut Irle (Siegen), Volkmar Jäger (Mudersbach), Werner Jakobs (Kaarst),
Karl Keller (Offenbach), Klartext Verlag Essen, Andreas Klünder (Archiv Eintracht Frankfurt), Rainer Kmeth (Penzberg), Zeitschrift „Köln Sport" (Bastian Campmann), Dieter Kreßner (Leipzig), Otto Krschak (Wuppertal), Kultur- und Sportamt Mühlhausen, Kultur- und Sportamt Neu-Isenburg, Kulturamt St. Ingbert,
Landesarchiv Berlin, Landesbildstelle Berlin, Robert Lemke (VfL Drewer), Erich Lindermeier (Germering/ESV Ingolstadt), LR Ahlen, Lüneburger SK (Erhard Rölcke), Lüner SV (Christiane Marx),
Lutz Mahlerwein (Hamburg), Dieter Maier (Stuttgart), Wolfgang Marx (Berlin), Michael Mathieu (Bonn), MTV Ingolstadt (Sven Forster, Geschäftsführer), Erich Müller (Offenbach), Liselotte Müller (Meerane), Stadtverwaltung Meerane,
Hermann Neumüller (Sportfreunde Burbach), Paul Nikelski (ehem. Geschäftsführer Rot-Weiß Essen),
Olympiapark München GmbH, Dirk Piesczek (F.i.f.A. Duisburg),
Presse- und Informationsamt der Stadt Bochum, Presse- und Informationsamt Herne (Gerd Werner),
Hermann Radam (Leißling), Gerhard Raschke (Linz am Rhein), Rheinsport networking Kaarst (Marcus Majora), Rhenania Würselen (Friedrich Beckers), Günter Rohrbacher-List (Ludwigshafen), Hr. Rolandt (Neubrandenburg), Thomas Rumsch (Erieske-Ost), Heinz Rychlik (SV Sodingen),
Sächsische Landesbibliothek Dresden, Willy Sans (Würzburger FV), SC Freiburg (Udo Bangerter), SC Pfullendorf (Frau Winter), Ernst Schlaak (Neuss), Andreas Schmidt (Offenbach), Volker Schmidt (Freiburg).
Arno Schmitt (Beigeordneter der Stadt Saarbrücken), Josef Schröder, (TSV Marl-Hüls),
die Schul- und Sportämter Bischofswerda (Frau Müller, Amtsleiterin), Frankenthal (Hr. Schönhardt), Eppingen (Hr. Csaszar), Aschaffenburg (Peter Löhr), Bamberg. Ursula Schulze (Sömmerda), Rolf Schwenker (Stuttgart),
Senatsverwaltung Berlin, Arbeitsgruppe Sportanlagenbau, Günther Sens (Stralsund), Karl Siebert (Hamm),

Willi Sieprath (Alemannia Aachen), Sozialamt Merseburg (Hr. Georg),
Sport- und Bäderämter in Bochum, Herne, Hannover (Hr. Lotze), Karlsruhe, Koblenz (Hr. Heiden), Leipzig (Hr. Dr. Karbe und Hr. Heinrichsmeier), Ludwigshafen (Hr. Müller), Neubrandenburg (Gerd Rolandt), Oldenburg (Hr. Gabriel), Potsdam, Siegen,
den Sportämtern in Andernach (Bruno Mainz), Bayreuth (Hr. Kreitmeier), Bielefeld (insbesondere dem. stv. Amtsleiter und. „Almspezialisten" Hr. Bockermann), Bocholt (besonders dem ehemaligen Olympiateilnehmer im Radrennfahren, Hr. Henrichs), Bonn, Chemnitz, Darmstadt, Dresden (Hr. Mönnich), Duisburg (Daniel Jung), Düsseldorf, Frankfurt/Oder (Frau Kiesow), Gera (Hr.Kolb und Oliver Sachse), Göppingen, Gütersloh (Herrn Kottmann), Hagen i. W., Hamm, Heilbronn, Herford (Herr Halgmann), Jena (Hr. Dr. P. Röhrig), Koblenz (Hr. Joras), Köln, Lüdenscheid (Amtsleiter Herr Golumbeck), Moers (Sportstättenverwaltung), München (Nicole Forster), Neuss, Paderborn (Rudi Totzeck), Riesa, Rostock (Hans-Ulrich Matschos), Singen (Hr. Klaiber), Solingen, Stuttgart (Hr. Brodbeck), Velbert, Wiesbaden, Witten, Wuppertal (Herr Elsner), Zweibrücken (Hr. Uhland),
Sportausschuss der Stadt Weiden, Geschäftsstelle (Frau Schimandl, Hr. Heinold), Sportfreunde Katernberg (G. Gromberg), Sportfreunde Siegen, Sportinstitut Braunschweig (Hr. Struck), Sportmuseum Leipzig (Dr. Gerlinde Rohr), Sportstättenbetrieb der Stadt Cottbus (Hr. Przesdzing), Sportstättenverwaltung Stadt Wilhelmshaven, Sportverwaltung der Stadt Weimar, SpVgg 07 Ludwigsburg (07-Seniorentreff, Günter Weiß), SpVgg Fürth (Jür-

gen Schmidt), SpVgg Weiden (Hr. Schön), SSV Reutlingen (Frank Aehlig, Techn. Direktor), SSVg Velbert, Staatsarchiv Hamburg, Staatsbibliothek Carl von Ossietzky Hamburg, Staatsbibliothek Preußischer Kulturbesitz Berlin, Stadt Ahlen i. Westfalen, Stadt Andernach, Stadt Bamberg, Pressestelle, Stadt Baunatal, Sport und Freizeit (Carmen Theis), Stadt Bocholt (Pressesprecher Frank Stupp), Stadt Gera, Stadt Guben, Pressestelle (Bernd Völzke), Stadt Hanau (Ph. Kisselstein), Stadt Heilbronn, Stadt Hof (Hr. Mörtl), Stadt Neubrandenburg (Joachim Paulick), Stadt Neu-Isenburg (Detlef Leukrath), Stadt Neuwied (Hr. Bleidt), Stadt Oer-Erkenschwick (Karl-Heinz Wewers), Stadt Pforzheim (Simone Büchner), Stadt Speyer, Amt für Schule und Sport, Stadt Stralsund, Abt. Kultur und Sport, Stadt- und Kreisarchiv Zeitz (Frau Pentzek), Stadt Weiden, Presseabt. (Alois Kopp), Stadt Weißenfels, Abt. Kultur, Stadtarchiv (Silke Künzel),
den Stadtarchiven in Aachen, Bamberg (Dr. Zink, Archivdirektor), Bielefeld, Bocholt (Dr. Hans-Detlef Oppel), Bochum, Bonn, Bremerhaven (Uwe Jürgensen), Chemnitz, Dresden, Duisburg, Düsseldorf, Erfurt, Gütersloh (Herr Grimm), Hagen i. W., Halle/Saale, Hannover, Herford, Herne, Herten (Horst Spiegelberg), Jena, Kaiserslautern (Gerd Rauland), Karlsruhe, Kleve (Bert Thissen), Koblenz, Leverkusen (Amtsleiter Herr Schröder), Ludwigshafen, Mannheim, Mönchengladbach (insbesondere Hr. Lamers), München, Neunkirchen, Neuss, Nürnberg sowie der dortigen Stadtarchiv-Außenstelle Bild-, Film- und Tonarchiv, Oberhausen, Oer-Erkenschwick (Frau Ulkan), Pforzheim, Pirmasens, Remscheid, Reutlingen,

Rostock, Schweinfurt (Bernhard Strobl), Schwerin, Solingen, Stralsund (Dr. Andreas Neumerkel), Stuttgart, Weiden/Oberpfalz (Frau Vorsatz), Weimar, Worms, Wuppertal, Zeitz (Jörg Rössler), Zwickau,
Stadtbildstelle Dresden (Frau Hewerer), Städtische Bildstelle Herne, Städtisches Sport- und Bäderamt Offenbach, Stadtmuseum / Stadtarchiv Oldenburg (Hr. Ahrens), den Stadtverwaltungen in Eppingen, Kirn (Hans Günter Heß), Moers, Neuwied (Hr. Bleidt), SV 08 Steinach / Thüringen, SV 1919 Mainz-Gonsenheim (Joachim Mayer, 1.Vorsitzender), SV Alsenborn (Ralf Bernhardt), SV Elversberg (Paul Schommer), SV St. Ingbert (Edwin Schetting), SV Südwest Ludwigshafen, 1.SV Suhler SV 06 (Harald Günzler), SV Wacker Burghausen, SV Wehen-Taunusstein,
Tennis Borussia Berlin (Daniel Gäsche, Mediensprecher), Lutz Tietmann (Ingolstadt/ESV Ingolstadt), TSC Zweibrücken, TSG Backnang (Dieter Schaupp), TSV Havelse (Ute Meyer), Karl Turba (Würzburg),
Verbandsgemeinde-Verwaltung Bellheim, VfB Borussia Neunkirchen, VfL 1900 Borussia Mönchengladbach (Markus Aretz), VfL Pinneberg, VfR Bürstadt, Felix Vogel (München), Horst Voigt (Arminia Hannover), Volksbank Bocholt, Rüdiger Wack (Stadt Neunkirchen), Günter Waßmuth (Bismark/Altmark), Mayk Winkler (Stralsund), Bernd Wolf (Senatsverwaltung Berlin), Württembergische Landesbibliothek Stuttgart
Günther Zeh (Saar 05 Saarbrücken), Zentral- und Landesbibliothek Berlin / Zentrum für Berlin-Studien, Zentralbibliothek der Sportwissenschaften Köln , Zentralbücherei der Öffentlichen Bücherhallen Hamburg.

Internet-Adressen

Eine wesentliche Hilfe bei den Recherchen für dieses Buch bedeutete das Internet – kaum zu glauben, wer aus der Fußball-Szene dort inzwischen präsent ist! Diverse Websites lieferten wichtige Angaben, Anlaufpunkte, Korrekturen und oftmals kam über das Netz auch ein nützlicher Kontakt zustande. Bemerkenswert ist, dass manche offizielle Seiten der Vereine auf „ihr" Stadion keinerlei Wert legen und kaum zu dessen Geschichte berichten, dass etliche Fan-Seiten wiederum die offizielle Präsentation bei Weitem übertreffen.
Sollte sich aus der Internet-Adresse der betreffende Verein nicht erschließen, so haben wir ihn in Klammern angemerkt. Letztendlich stellt untenstehende Zusammenstellung eine Auswahl dar; wenn wir die eine oder andere empfehlenswerte Website nicht erwähnt haben, sei dies entschuldigt.

www.aktive-fans.de (Bündnis aktiver Fussball Fans/BAFF)
www.altona93.de
www.arch.INFORM.de (Stadion-Architektur)
www.aschaffenburg.hypo.de/SV01/htm

www.ballparks.com
www.bawue.de/_tommi/kickers.html (Stuttgarter Kickers)

www.bayarena.com
www.borussia.de (Mönchengladbach)
www.borussia-online.de (Neunkirchen)
www.bsc-notrix.de (Bonner SC)

www.cbenthe.de (Hannover 96))
www.chemnitzerfc.de

www.cfc-fanpage.de (Chemnitz)
www.crosswinds.net/~altstadt/stadion.html (SpVgg Bayreuth)

www.dfb2006.de/stadien
www.dieroten.de (Hannover 96)
www.dogbernie.de.sportf.htm (Eisenhüttenstadt)
www.dsc-fussball.98.de (Dresdner SC)
www.dsfs.de (Fußball-Statistik)
www.duesseldorf.com/Comeback/
www.dynamo-dresden.de
www.dynamofans.de (Dresden)

www.eintracht-trier-web.de
www.eintracht.frankfurt-online.de
www.eintracht.frankfurt-online.de/fans/texte/pm04.html (Faninitiative Eintracht Frankfurt)
www.eintracht.frankfurt-online.de/fans/irf.html

www.fanprojekt-duisburg.de
www.fanprojekt.de (Mönchengladbach)
www.fanatics98.de (Brieske-Senftenberg)
www.fc-bayern-hof.de
www.fc-carlzeiss-jena.de
www.fcczjena.de
www.fcenergie.de
www.fc-hansa-rostock.de
www.fcl-feuerrot.de/link/kolum.html (Bayer Leverkusen)
www.fcmfans.de (Magdeburg)
www.fcpforzheim.de
www.fc-sachsen.de
www.fcsachsen-fanpage.net
www.fcschweinfurt05.de
www.fkpirmasens.de
www.flinger-broich.de (Fortuna Düsseldorf)
www.fortuna-koeln.de
www.fortuna-duesseldorf.de
www.fortuna95.de
www.freenet.de/schiebock-rulez (Bischofswerda)
www.freiburgerfc.de
www.freiepresse.de/home/ralst/stadion.htm (Zwickau)
www.fsv-brieske-senftenberg.de
www.fussball-vereine.de
www.fuwo-berlin.de

www.geocities.com/Colosseum/Arena/6945/index (die Kultseiten für alle Freunde des Sechziger Stadions in München)
www.greuther-fuerth.de

www.hamborn-07.de
www.hertha-freunde.de
www.home.t-online.de/home/rolliholli/index-j.htm (Volksparkstadion Hamburg)
www.hsv-bu.de (Barmbek-Uhlenhorst)
www.hsv.de
www.hsv-supporters.de

www.inn-salzach.de/Vereine/SVWacker.de (Burghausen)

www.karlsruhe.de/sport/wildpark.htm
www.kickers-stuttgart.de

www.lostplaces.de (für jene, die sich fürs Olympische Dorf von 1936 interessieren)

www.machno.hbi-stuttgart.de/~pochert/html-dat/verein.htm (Brandenburg)
www.members.aol.com/EintrTrier/index.htm
www.mdr.de/online/sport (viele Links im Osten)

www.msv-duisburg.de
www.mtv-in.de (MTV Ingolstadt)

www.oberligen.de
www.olympiapark-muenchen.ce
www.omnibus.uni-freiburg.de/~rossle (FC Emmendingen)

www.pages.vip-net.de/rwefc/history.htm (Rot-Weiß Erfurt)

www.regionalliga.com/efc (Eisenhüttenstadt)
www.reitberger-online.de/liga/salmrohr/
www.rhenania-wuerselen.de
www.rheydter-spielverein.de
www.rot-weiss-erfurt.de

www.sachsen-leipzig.de
www.scb-preussen.de (SCB Preußen Köln)
www.scdhfk.de (Pressespiegel Leipzig Stadionbau)
www.schalke-unser.de
www.scpaderborn07.de
www.scp-regiotip.de (SC Pfullendorf)
www.sc07-io.de (Idar-Oberstein)
www.seitenwahl.de (Borussia Mönchengladbach)
www.sport.freepage.de/hassiabingen
www.sportfreunde-katernberg.de
www.sportfreunde-online.de (Siegen)
www.spvgg.de (Fürth)
www.SpVggunterhaching.de
www.ssv-jahn.de (Regensburg)
www.ssvreutlingen.de
www.stahl-brandenburg.notrix.de
www.stadionwelt.de
www.sun-only.de/Siegen-2000.html (Sportfreunde Siegen)
www.surf.to/alte-foersterei
www.svb03.potsdam.de (Babelsberg)
www.svelversberg.de
www.svgera.de/fussball
www.sv-gonsenheim.de
www.svmotor-altenburg.de

www.tsv-havelse.atinternet.de
www.tsg-backnang.de
www.tennis-borussia.de
www.timos.here.de (Stuttgarter Kickers)
www.tus-celle-fc.de

www.uni-jena.de/~zfc/club.html
www.union-berlin.de
www.unionfans.de (Union Berlin)
www.union-solingen.com
www.uni-weimar.de/~schoepp/1.FC_Zeitz/index.html
www.user.cs.tu-berlin.de/~schulz/Fussball/Stadion.html (TeBe)
www.usm.de/liga_neu (über 500 Vereinsadressen)

www.vfbleipzig.de
www.vfb-stuttgart.de
www.vfoul.de (Bochum)
www.virutal.nuernberg.de/geländefeld-stadion.html Reichsparteitagsgelände Nürnberg

www.welcome.to/hfc (Hanau 93)
www.weserstadion.de
www.wuerzburgerfv.de

www.zaphol.wh9.tu-dresden.de/~SB",/riesa2.html (Stahl Riesa)

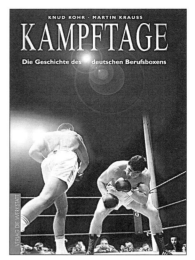

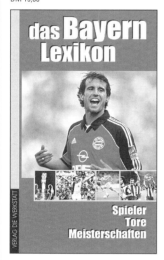

Herausgeber und Autoren

Werner Skrentny, geb. 1949, Redakteur, lebt als freier Autor in Hamburg. Verfasser von Büchern zur Stadt- und Sportgeschichte sowie von Reiseführern. U.a. Herausgeber von Bänden zur Geschichte der Fußball-Oberliga Süd und Südwest sowie zum Hamburger SV („Immer erste Klasse", Verlag Die Werkstatt, 1998). Erfüllt sich mit der Herausgabe dieses Buches einen lang gehegten Wunsch.

Harald Bennert, geb. 1946, Hauptschullehrer (Deutsch, Sport, Geschichte) in Remscheid. Besonderes Interesse an Sportgeschichte, speziell in den Bereichen Fußball und Boxen. Autor mehrerer Zeitungs- und Zeitschriftenbeiträge zur lokalen Sporthistorie im Raum Wuppertal/Remscheid. Über 25 Jahre als Spieler und in der Jugendarbeit im Fußball aktiv.

Rüdiger Bergmann, geb. 1952, langjähriger Sportredakteur der Südwest Presse in Ulm, begleitet u.a. journalistisch den Ex-Bundesligisten SSV Ulm 46. Lebt in Erbach, ehemals Fußball-Schiedsrichter.

Robert Deininger, geb. 1925, Würzburger, lebt seit vielen Jahren in Augsburg. Er war dort 40 Jahre Sportressortchef der „Augsburger Allgemeinen", jetzt Freischaffender. Wiederholt Pressechef zahlreicher Weltmeisterschaften, trug er dazu bei, dass Augsburg 1972 Olympiastadt wurde. Erhielt als Auszeichnungen u.a. die Bundesverdienstkreuze am Band und 1. Klasse. Als Sportler in Handball und Leichtathletik repräsentativ, Tennis-Oberligaspieler, Deutscher Meister der Sportjournalisten in diversen Disziplinen.

Tobias Fuchs, geb. 1981, lebt in Neunkirchen/Saar. Freier Mitarbeiter der „Saarbrücker Zeitung" und anderer Medien und als solcher Begleiter des Saarfußballs und seiner Liebe Borussia Neunkirchen. Mitarbeit an Fan-Büchern und -Reiseführern sowie an Nachschlagewerken über den deutschen und europäischen Fußball. Co-Autor des Buches „Von grauen Mäusen und großen Meistern. Das Buch zur Bundesliga" (1999).

Volker Goll, geb. 1961, im Jahr 1994 Mitbegründer des unabhängigen OFC-Fan-Magazins „Erwin" in Offenbach. Reprofotograf, arbeitet inzwischen freiberuflich in Sachen Druck, Layout, Mediengestaltung. Aktiver Fußballer bei SV Niederursel und DJK Kahl (als Jugendtrainer und Spieler). Lebt mit Tochter Aila Marie und großer WG 20 Fahrminuten vom Bieberer Berg entfernt.

Hardy Grüne, geb. 1962, lebt als Autor und Lektor in Göttingen, wo er unbelehrbar seinen Lieblingsverein Göttingen 05 unterstützt. Verfasser zahlreicher fußballhistorischer Bücher (u.a. „90 Jahre deutscher Liga-Fußball", 1995; Mitautor „Fußball für Millionen. Die Geschichte der deutschen Nationalmannschaft", 1999) sowie Co-Autor und Herausgeber der mehrbändigen „Enzyklopädie des deutschen Fußballs" (Agon-Verlag, Kassel).

Holger Hoeck, geb. 1968, wohnhaft in Bonn. Hat sich nicht zuletzt aufgrund der fast schon „ewigen" Zugehörigkeit „seiner" Braunschweiger Eintracht zur 2000 aufgelösten Regionalliga Nord in den letzten Jahren intensiv dem Recherchieren der Historien bekannter ehemaliger Traditionsvereine sowie dem Sammeln von Stadionfotos verschrieben. War langjähriger Herausgeber eines eigenen Fan-Zines („Eintracht auf Kölsch") und Mitarbeiter bei der Fußball-Fan-Zeitschrift Match live. Seit 1999 einer von zwei hauptamtlichen Leitern der sozialpädagogischen Jugendinstitution „Kölner Fanprojekt e.V.".

Volker Kreisl, geb. 1967, arbeitet als Sportredakteur der „Süddeutschen Zeitung" in München; dort zuständig für die Berichterstattung über Fußball sowie den Münchner Sport.

Ulrich Matheja, geb. 1956, arbeitet nach einem Referendariat für das gymnasiale Lehramt seit 1987 in der Dokumentation des „kicker-sportmagazin" in Nürnberg. Seit seiner Jugend Fan von Eintracht Frankfurt, über die er alle verfügbaren Informationen sammelt. Autor des Buches „Eintracht Frankfurt: Schlappekicker und Himmelsstürmer" (1998).

Achim Nöllenheidt, geb. 1961, lebt als freier Buchautor und Mitarbeiter des Klartext Verlages in Essen. Veröffentlichungen zur Fußball-, Populär- und Ruhrgebietsgeschichte.

Harald Pistorius, geb. 1956, Chef vom Dienst der „Neuen Osnabrücker Zeitung" in Osnabrück. Vorher Sportredakteur, seit 1979 Berichterstattung vom VfL Osnabrück. „Aus Leidenschaft" Mitarbeiter an Fußball-nostalgischen Buchprojekten. Autor des 2000 erschienenen Buches: „Wir sind alle ein Stück VfL Osnabrück" (erhältlich über den Verein).

Dirk Priezel, geb. 1959, Bauingenieur. Interessiert an Fußball und Fußballgeschichte, sammelt seit langem Dokumente zur Entwicklung der deutschen Sportstadien. Aufgewachsen in Leipzig, lebt er heute in Magdeburg und ist Chemie- bzw. FC-Sachsen-Anhänger.

Jens Reimer Prüß, geb. 1950, lebt in Hamburg als Journalist und Mitarbeiter der Umweltbehörde. Zahlreiche Veröffentlichungen zu fußballhistorischer Themen, u.a. zur Oberliga Nord (1991) sowie zur Geschichte des Hamburger SV („Immer erste Klasse", 1998, zusammen mit Werner Skrentny).

Harald Schock, geb. 1953 in Elz, Wahlfrankfurter, studierte Geschichte und Germanistik in Marburg; von Beruf Lehrer und New-Orleans-Jazztrompeter. Er ist zusammen mit Christian Hinkel Hauptautor des umfangreichen Jubiläumsbuchs „Ein Jahrhundert FSV Frankfurt 1899 e.V., Die Geschichte eines traditionsreichen Frankfurter Sportvereins" (erhältlich über den FSV), arbeitet seit 1994 bei den FSV-Fanzines „Bernemer Bibel" und „Der schwarz-blaue Götterbote" mit und ist seit 1996 „süchtiger" Sammler von deutschen Fußballvereinsnadeln.

Burkhard Schulz, geb. 1961, lebt in Stolberg in Sachsen. 1992 Mitgründer der Deutschen Stadionansichtskarten Sammlervereinigung (DSS); beschäftigt sich seit langen Jahren mit der Geschichte ehemaliger DDR-Stadien und anderer Sportarenen. Mitarbeiter des Buches „1000 Tips für Auswärtsspiele". Anhänger des FC Erzgebirge Aue.

Dietrich Schulze-Marmeling, geb. 1956, lebt als Autor, Lektor und BVB-Fan in Altenberge bei Münster. Zahlreiche Veröffentlichungen zu fußballhistorischen Themen, u.a. über die Vereine Borussia Dortmund (1998) und Bayern München (1997) sowie zur globalen Geschichte des Fußballs (2000). Mitautor des Buches „Fußball für Millionen. Die Geschichte der deutschen Nationalmannschaft" (1999).

Matthias Thoma, geb. 1972, ist Student und Mitarbeiter des Archivs von Eintracht Frankfurt. Er ist Anhänger dieses Vereins und arbeitet beim Fan-Magazin „fan geht vor!" mit.

Hans Vinke, geb. 1951, Sportredakteur, Wohnort Hamburg. Als gebürtiger Emsländer jahrzehntelanger Begleiter des SV Meppen. Buch-Veröffentlichungen: SV Meppen: Das blau-weiße Fußballwunder (1992); Die Meppen-Story – Geschichte eines Fußball-Phänomens (1997).

Thomas Zachler, geb. 1961, Polizeibeamter. Von Kindesbeinen an auf unzähligen Fußballplätzen im süddeutschen Raum daheim, ab dem 18. Lebensjahr dann auch Reisender (neudeutsch: Groundhopper) in Sachen internationaler Fußball. Sammelt Fußballstadien wie andere Leute Briefmarken und hat mittlerweile den Fanschal gegen die Schiedsrichterpfeife eingetauscht. Mitarbeit bei mehreren Sportreiseführern, u.a. „1000 Tips für Auswärtsspiele", „1000 Tips Europacup" sowie bei der Zeitschrift „Das Stadion".